四川铁路史

三卷本

第一卷

从无到有

四川进入铁路时代的
艰难历程

田永秀
张雪永
刁成林
著

四川人民出版社

图书在版编目（CIP）数据

从无到有：四川进入铁路时代的艰难历程 / 田永秀，张雪永，刁成林著 . -- 成都：四川人民出版社，2025.5. -- （四川铁路史）. -- ISBN 978-7-220-14082-2

Ⅰ . F532.9

中国国家版本馆 CIP 数据核字第 2025T8W776 号

CONG WU DAO YOU: SICHUAN JINRU TIELU SHIDAI DE JIANNAN LICHENG

从无到有：四川进入铁路时代的艰难历程

田永秀　张雪永　刁成林　著

出 品 人	黄立新
责任编辑	舒晓利　王定宇
装帧设计	李其飞
责任校对	林　泉
责任印制	周　奇　刘雨飞
出版发行	四川人民出版社（成都三色路238号）
网　　址	http://www.scpph.com
E-mail	scrmcbs@sina.com
新浪微博	@四川人民出版社
微信公众号	四川人民出版社
发行部业务电话	（028）86361653　86361656
防盗版举报电话	（028）86361661
照　　排	成都木之雨文化传播有限公司
印　　刷	成都蜀通印务有限责任公司
成品尺寸	170mm×235mm
印　　张	17
字　　数	251 千字
版　　次	2025 年 5 月第 1 版
印　　次	2025 年 5 月第 1 次印刷
书　　号	ISBN 978-7-220-14082-2
定　　价	128.00 元（全三卷）

作者简介

田永秀，西南交通大学马克思主义学院教授，博士生导师，享受国务院政府特殊津贴专家，教育部新世纪优秀人才，四川省社会科学高水平研究团队（四川铁路与西南社会变迁研究团队）负责人。

张雪永，西南交通大学马克思主义学院教授，博士生导师，四川省学术和技术带头人，四川省社会科学高水平研究团队（四川铁路与西南社会变迁研究团队）首席专家。

刁成林，西南交通大学马克思主义学院副教授，硕士生导师。

前　言

四川地形地貌复杂，较为封闭，历史上交通发展落后，有"蜀道之难，难于上青天"之叹。交通阻隔，成了制约四川发展的巨大障碍，尤其随着经济社会的发展，交通制约作用更明显。铁路作为近代的交通工具，具有载运量大、速度快、受自然条件制约小等优点，是解决四川交通问题的好选择。1903 年署理四川总督锡良上奏请修川汉铁路，可以算是四川正式着手建设铁路之始，到 2023 年底四川全省铁路运营里程达 6588 公里，其中高铁运营里程 1863 公里，进出川铁路大通道达 13 条。① 西向进出川通道——川藏铁路也已经开工，这样就逐步构筑了以成都为中心的北、东、南、西进出川通道，实现了四川铁路从无到有、从线到网、从慢到快的根本改变，"蜀道难"变"蜀道通"，再到"蜀道畅"。

已有的铁路史研究，多为研究一条铁路的线路史或者一个大区域如华北、东北等大区域铁路史，因为铁路是通过线路连接起点和终点的，而起点和终点一般是城市，所以很难以某个省的疆域界限来划分，尤其是新中国成立后，国家对全国铁路实行集中统一管理。由国家统一投资、修筑和管理的国有铁路是全国铁路的主体。就四川区域内的铁路而言，国有铁路也是主体。本课题单独研究四川铁路，主要基于三方面的考量：

---

① 王眉灵、陈俊伶：《成宜高铁建成开通》，《四川日报》2023 年 12 月 27 日第 3 版。

第一，四川铁路具有地区独特性。四川盆地独特的地形，使四川铁路具有相对的地区独立性特征。四川区域发展长期受交通桎梏。破解盆地地形造成的交通阻隔，成为四川区域飞速发展的前提。因此，相比其他区域，铁路对破解盆地桎梏、促进区域发展更为重要。铁路是四川社会经济发展不可或缺的重要动力。四川铁路的建设和发展不仅改变了四川的交通格局，而且逐步改变了四川地区的产业格局、城镇格局，在促进城乡经济发展与民族融合方面发挥着重要的作用。且由于四川是国家的战略后方，故其铁路在国防建设上亦有重要意义。成渝铁路的第一次开工就是建设抗战战略后方的举措之一。成昆铁路也是三线建设战略的重要组成部分。如今，四川是国家战略腹地，其铁路也必将是战略腹地建设的重要内容。第二，四川铁路在全国铁路中具有较为特殊的地位。铁路不仅是四川省内交通主动脉，也是全国铁路网的一个组成部分，承担着国内连通西北、华中、西南，国际连通中亚、欧洲、东南亚的重任，具有国内国际双重枢纽地位。同时，四川盆地周边多山区，地质条件复杂，因此铁路修筑技术难度较大，对于新中国铁路技术发展意义重大，如新中国建成通车的第一条铁路成渝铁路、第一条电气化铁路宝成铁路、被联合国誉为"象征20世纪人类征服自然的三大奇迹之一"的成昆铁路，以及正在修建的世纪工程川藏铁路，在新中国铁路建筑史和技术史上均具有重要地位。第三，四川铁路史不仅是铁路修筑运营历史，更是四川人民打破封闭地形的制约、实现开放的历史。新中国成立后，党和政府对西部人民生活和区域发展尤为关注，四川铁路建设承载着党和政府对四川人民的关注和关怀。

本书稿立足四川省独特的战略地位与地理形势，抓住四川铁路"从无到有、从线到网、从慢到快"这一基本线索和主题，围绕四川铁路自身发展和铁路系统自身运转，分析四川铁路发展的历史动因，归纳四川铁路不同发展阶段的特征，阐发四川铁路对经济社会发展的重大影响，全景展示四川铁路发展的复杂曲折历程，总结四川铁路发展的规律，彰显四川铁路建设的巨大成就。总体而言，本书稿主要剖析三大问题：第一，四川铁路是如何从无到有、从线到网、从普速到高速步步推进的。这是四川铁路建设发展的基本历程。第二，铁路作为交通主动脉，在四川从封闭走向开放的过程中发挥了什么作用。这是四川铁路的社会影响。第三，四川铁路在建设中积累了哪些历史经验，这些经验对于中国铁路建设以及四川现代化建设有何借鉴。

围绕着三大问题，着眼于三层关系：一是四川铁路在建设中所体现的央地关系。从四川铁路建设历史看，铁路筹议和建设历经清王朝、民国政府、新中国，三个不同时期央地关系有极大不同。在四川修筑铁路，所费巨大，仅仅依靠四川地方，力有不逮。因此，中央政府的支持，可以说在四川铁路建设过程中发挥着决定性的作用。而中央政府是否大力支持，既与各时期整个国家的政治、经济状况相关，更与中央政府对四川地区的战略定位相关。当然，四川地方政府的态度和努力也影响着中央政府关于四川铁路建设的决策以及四川铁路建设的具体进程。二是铁路系统内部各子系统关系。铁路是一个由规划、管理、运营、制造、教育等各个子系统构成的大体系，本研究不仅着眼于铁路规划、建设与运营，还考察四川铁路工业、铁路人才培养等的兴起、发展。三是铁路与四川社会发展的关系。横向上，研究四川铁路对四川人口流动、城市发展、民族融合、产业布局、科技文教等方面发展的影响；纵向上，考察四川铁路发展在不同时期呈现的阶段性特征，四川铁路在路网、速度、运量等方面的重要变化以及这些变化在四川省总体发展中所起的作用。

根据四川铁路发展的阶段性特点，本书稿分为三卷：

第一卷《从无到有：四川进入铁路时代的艰难历程》。从晚清四川铁路筹议至1952年成渝铁路建成通车，四川铁路经历了从无到有的漫长而坎坷的诞生历程。本卷以该历程作为考察主线，分别对"近代以来川人筑路意识的觉醒""晚清时期四川铁路的谋划及建设""民国时期四川铁路的谋划""民国时期四川铁路的建设""新中国第一条建成通车的铁路"进行了专题探讨。在此基础上，本卷揭示了四川铁路早期发展的阶段性特征及其影响因素，展现了四川铁路从无到有的艰难历程。

第二卷《从线到网：构筑进出川铁路大通道》。本卷以四川铁路从线到网的历程作为考察主线，分别对"国家战略中的四川铁路规划""进出川铁路干线建设历程""四川铁路的管理与运营""在川铁路产业的兴起与发展""四川铁路附属事业持续壮大"进行了专题探讨。本卷分时间段考察进出川铁路建设的历程，梳理不同历史时期进出川铁路建设所取得的成就及其所面临的困难与挑战，重点考察宝成、成昆、襄渝、川黔、内昆、内六等进出川铁路干支线的规划决策、勘测设计、施工建设、运营管理、升级改造等方面，全景式描绘四川铁路由线到网，实现内外连通的历史图景。

第三卷《从慢到快：四川铁路迈进高速时代》。2008年汶川特大地震后，作为铁道部援助四川灾后重建项目，成灌高速铁路的修筑备受关注。两年后的5月12日，成灌客专开通运营。到2023年12月26日，成（都）宜（宾）高铁建成通车，四川高铁运营里程达到1863公里。本卷从成灌客专到成绵乐城际列车、西成高铁、成渝客专等高速铁路建设，考察四川高速铁路的建设发展历程，分析在四川高速铁路建设中四川地方政府和铁道部（国铁集团）的合作，以及高速铁路对四川交通、产业、人们生活方式的影响。

纵观四川铁路建设发展历史，可以看出两个显著的特点：其一，四川铁路建设成绩集中体现在新中国成立后。新中国成立前各界筹划良久，成效却甚微。新中国成立后，四川铁路不仅实现了从无到有的突破，还实现了从线到网、从普速到高速的飞跃。这充分说明，中国共产党才是解决四川内外交通难题的决定性力量。其二，四川铁路的建设发展基本与国家重大战略的实施息息相关。成渝铁路的第一次兴工就与国民政府的备战相关。新中国成立后，三线建设、西部大开发、成渝双城经济圈等国家战略的实施，也极大地促进了四川铁路建设。四川地形结构独特，修筑进出川铁路工程复杂，所费颇巨，仅仅依靠市场的推动，或者仅仅依靠地方政府的财力，很难短期内取得突破性进展。因此，借助国家战略的东风，央地合力，才能掀起四川铁路建设高潮。

总之，自晚清开始，四川人民就梦想着在四川修建铁路，以解四川交通之困。如今，四川人民得偿所愿，铁路成了四川立体交通体系的主动脉，为四川的经济社会发展做出了巨大贡献。现在，就让我们一起去回顾四川铁路发展历史吧！

导　言

　　四川物华天宝，资源丰富，但受交通桎梏，经济发展多受限制。川人一直致力于改善四川的交通面貌，但直到晚清，四川传统水陆运输依旧较为落后，"蜀道难"依然是制约四川经济社会发展的重要因素。随着资本主义经济在四川的产生和初步发展，对改善进出川交通的需求变得更为迫切。英法等国在对南亚、东南亚国家进行殖民统治时，也企图通过西南边境进入四川再进一步深入内陆腹地和长江流域，因而一直觊觎四川铁路修筑权。甲午战后，清廷正式决定修筑铁路。在川督锡良"辟利源而保主权"的号召下，川汉铁路的规划应运而生。可见，四川铁路的最初谋划，不仅是为了解决四川内外交通问题，也与维护铁路主权乃至抵抗侵略紧密交织。在主权不完全独立、民族主义开始勃兴的20世纪初年，四川铁路的诞生注定难以一帆风顺。

　　后来的历史发展也证实了四川铁路的诞生极为坎坷。1904年1月24日，川督锡良在成都岳府街正式成立川汉铁路公司，川汉铁路正式进入筹办阶段。不过川汉铁路面临缺乏资金、缺乏人才等诸多且巨大的困难。这些困难又与清廷和地方、清廷和资产阶级、侵略与反侵略等复杂的矛盾交织在一起，腐朽的清王朝显然没有能力应付如此复杂的局面，致使因川汉铁路而起的保路运动最终演绎成惊天波澜，成为辛亥革命的导火线。可以说，四川的一条铁路，直接影响了近代中国政局和历史进程。清王朝覆灭了，川汉铁路工程亦陷入停滞。清末川汉铁路工程进展缓慢，仅宜万段完成了部分工程。

民国时期，国人多次谋划在川修建铁路，如川藏路、川黔、天成、同成、川广、钦渝、渝柳、宝成等进出川铁路，以及井泸、内宜、成康、成乐等川内铁路，但这些谋划大多只停留在谋划阶段，可以谓之为"世纪长梦"。谋划中的铁路只有两条短途铁路——北川铁路和綦江铁路建成通车。川汉铁路的成渝段（成渝铁路）与叙昆铁路进入了修建阶段，但直至新中国成立，成渝铁路仍寸轨未铺，叙昆铁路也未能建至川境。

民初川人为续修川汉铁路成渝段多方奔走，但都未能成功。直至20世纪30年代，在抗日战争已经局部爆发、日本威胁日益迫近的情形下，国民政府迫切需要重新整合四川，建设"民族复兴之根据地"。因此，在国民政府建设西南大后方的国家战略背景下，成渝铁路作为"择后方国防政治重心之交通干线"，成为国民政府和四川政府共同推进的目标。1937年3月15日，成渝铁路正式开工。然而，因战争局势日益严峻，1941年成渝铁路全面停工。抗战结束后，川内续修成渝铁路的呼声很高，在各界共同努力下，1946年5月，成渝铁路开始复测。1946年10月，成渝铁路正式复工。不过第二次兴工成绩平平，直至四川解放成渝铁路依然寸轨未铺，又一次让四川人民饱尝了失望的滋味。两度修筑，均未能如愿，除了受战争影响外，国民党政府的决心、能力及四川铁路在其整体战略中的地位是深层次原因。

随着四川的解放，中国共产党决定带领四川民众续修成渝铁路。于是，在军工筑路做先锋、十万民工谱新篇、社会各界齐支援等多方加持下，1952年7月1日，在中国共产党建党31周年之际，成渝铁路正式建成通车。新中国重启成渝铁路建设，同样面临资金、技术、材料等困难，但在中国共产党的领导下，集全国之人力物力，只用了2年便建成通车。虽然说成渝铁路此前的两次动工已经具备了一定基础，但2年与40余年的对比，也能清晰地反映出新旧政权建设能力的迥然之别。成渝铁路建成通车实现了四川铁路从无到有的历史跨越，也圆了川人的铁路梦，此时距离1904年川汉铁路公司成立，已经过去了近半个世纪，四川铁路从无到有的建设历程不可谓不艰难。

目　录

——●—— 第一章 ——●——

破茧欲出：近代以来川人筑路意识的觉醒

四川区域，尤其是成都平原自然条件优越，农业生产发达。但盆地特殊的地理环境使得自古以来有"蜀道之难，难于上青天"之叹，交通成了四川对外交往的"瓶颈"。尤其是随着四川商品经济的发展，川人改善交通的要求愈加强烈。而自19世纪40年代起，随着西方信息的传入，与铁路有关的知识逐渐传入中国。历经多次论争后铁路逐步被国人认可。甲午战后，清廷正式决定修筑铁路。西南地区的四川民众也同样认识到铁路对四川发展意义重大，筑路意识逐渐觉醒。此外，英法等国在对南亚、东南亚国家进行殖民统治时，也企图通过进入四川来进一步深入内陆腹地和长江流域，因而一直觊觎四川铁路修筑权。鉴于四川社会经济的发展和西方对开辟四川交通的企图，发展新式陆路交通便成为社会变革和进步的一个刻不容缓的任务。因此，在川督锡良"辟利源而保主权"的号召下，川汉铁路的规划应运而生。

第一节 蜀道之难：传统交通格局对近代川人的限制

四川物华天宝，资源丰富，但困于交通问题，经济发展多受限制。多年来，川人一直致力于改善四川的交通面貌，但直到晚清时期，四川传统水陆运输依旧较为落后，"蜀道难"依然是制约四川经济社会发展的重要因素。在这种情况下，铁路这种具有运载量大、速度较快、运输成本低、不易受气候影响等特点的现代交通工具的引入，为解决四川交通问题提供了新的选择。

一、四川自然地理环境与传统交通格局

（一）四川的自然地理环境

四川位于中国西南腹地，跨长江中上游，境域辽阔、沃野千里、人口众多、物产丰富，素有"天府之国"的美称，但地貌类型复杂多样，有青藏高原、云贵高原、横断山脉、秦巴山地以及四川盆地五大地貌单元。

在整个国家版图中，四川向东可达湖北、湖南；向西可达西藏；南邻云南、贵州；北与青海、甘肃、陕西三省交界。在四川内部，以邛崃山脉、峨眉山、大相岭、大凉山为界，四川可划分为东西两个部分，东部为四川盆地，西部为高原与高山峡谷区。东面的四川盆地形态完整，周边群山环绕、山峰壁立，平均海拔高于千米。盆地内地形可划分为三部分，东部为褶皱山地，平均海拔 700 米有余，山岭峡谷交错，尤在长江、嘉陵江横切之地，形成了许多大小不一的峡谷，尤为险峻；中部为丘陵，主要分布在渠江以西、龙泉山以东的地区，海拔较低，热量充足，比较适宜耕垦；西部主要是成都平原，河渠密布，灌溉便利，是四川最为富庶的农业区域。在西部的高原与高山峡谷区，其南北地貌各不相同，但总体地表起伏大，交通运输非常不便。北面为阿坝—甘孜高原，有着大面积雪山与草地，草场茂密、土壤肥沃，适宜畜牧，但分布着一些沼泽地，造成通行困难。南面为高山纵谷与山河相间的地形，主要有金沙江、沙鲁里山、雅砻江、大雪山、大渡河、邛崃山脉等。

受地形地貌及气候、河流等自然条件影响，四川有着丰富的资源。土壤大多肥沃，利于不同作物生长；并且河系发达，水量丰富，流域面广，提供了丰富的水能。而特殊的地形地貌及气候为生物提供了较为适宜的生长环

境，使得四川物产繁盛多样，加之四川的矿藏资源也极为丰富，使四川成为名副其实的"天府之国"。

但是，由于地形复杂、山势险峻、水流湍急，历史上四川交通极为不便。为改变恶劣交通状况，巴蜀先民曾作出极大努力，例如治水造船，利用天然河道发展航运；开山辟路，克服万难开发栈道、驿道等。这些实践为改善四川交通奠定了一定基础，不过，直到清朝末年，"蜀道难"的问题依旧未得到根本解决，交通是影响和制约四川人走出去和四川经济社会发展的重要因素。

（二）四川传统水上交通格局

成都、重庆自古为四川的政治、经济中心，四川的交通也就形成以成渝两地为中心向四周辐射，水陆联网、贯通内外的格局。

水运是四川传统交通的重要组成部分，主要以长江及其支流的木船航运为脉络。全川共有大小河流 540 条，通航的有 90 余条。[1] 长江横贯四川腹心地带，是四川和西南地区的水运总干，对四川与外省的经济、文化沟通意义重大。长江在四川境内分为金沙江和川江，金沙江两岸悬崖峭壁，有较多险滩；川江水势平稳，流域面积大，易于航行，是公认的"黄金水道"，主要支流包括岷江、沱江、嘉陵江及乌江等。

得益于完整丰富的水系，四川水上航运开发很早，可上溯至夏禹治水时期。先秦时期，巴蜀先民沿河而居，遂治水造船、发展航运，贡道[2]成为官方水上通道。战国时期，四川民众已拥有一定的造船能力、远航能力以及治水能力，水运事业突飞猛进。例如，秦国蜀郡太守李冰曾整治了岷江水系，其中，都江堰水利工程是四川水运史上的创举，大大促进了成都平原、岷江

---

[1] 王笛：《跨出封闭的世界 长江上游区域社会研究（1644—1911）》，北京大学出版社，2018年，第 20 页。

[2] 据记载，四川最早的贡道始自桓水（今白龙江），由西至广元，再溯嘉陵江上行，越通岗山而达汉水。参见王绍荃主编：《四川内河航运史 古、近代部分》，四川人民出版社，1989年，第 4 页。

流域的经济发展。并且，此时还兴起了通海贸易。① 到两晋南北朝时期，三峡的通航能力进一步提升，漕运开始兴起并迅速发展，长江上游的金沙江等新航路被开发，商船运输业开始出现，船舶建造开始向着大型化发展。隋唐两宋时期，得益于相对稳定的社会环境，四川地区农产品、手工业发达，商品运输需求大，川人在造船技术、能力、规模方面均有较大进步。例如，唐代的水驿布设渐趋完备，长江上贡输官漕频繁，长途商船运输发展迅速。在川江上，"万斛舟""万里船"等大型客货船只屡见不鲜。两宋时期，乌江、渠江、涪江、嘉陵江等航道也得到发展。宋末元初后，受政治局势影响，四川水运事业日益衰败、一蹶不振。直至清初，清廷贯彻休养生息政策，四川水运得到恢复与发展，永宁河、横江、南广河、赤水河等航道得到疏浚和开发，三峡与长江上游的助航设施得以兴建，水驿站也得以重新设置。为确保各线路安全，清政府还在四川主要水运沿线州县设立了塘汛，在岷江、长江等沿江滩地也设置了救生船。②

鸦片战争后，随着西方帝国主义入侵，以及应长江上游地区经济发展的内在需求，特别是19世纪末宜昌、重庆开埠后，四川商品进出口运量大增，木船营运繁荣。据《近代川江航运简史》统计，19世纪20世纪初，重庆常年抵埠和离埠的民船不下2万只，运载量约50万吨。③ 同时期，近代机械化交通工具——轮船渐次在四川水运中出现。总体而言，直至清末，四川水运各河道状况如下：

其一，长江上游下段。"由巴县，经长寿、涪陵、丰都、忠县、万县、云阳、奉节以至巫山再通宜昌"，所运货物主要包括煤、丝、牛羊皮等。在洪水期，由于沿途"险滩甚多，时虞失事"，因此该段运输成本相对较高，

---

① 主要是从岷江或者沱江起，经符县（今合江）再溯赤水河到毕节附近，至牂牁江，经红水河、浔江、西江，至番禺。（参见王绍荃主编：《四川内河航运史 古、近代部分》，四川人民出版社，1989年，第37-38页。）

② 王纲：《清代四川史》，成都科技大学出版社，1991年，第769-770页。

③ 邓少琴编著：《近代川江航运简史》，重庆地方史资料组，1982年，第122页。转引自王笛：《跨出封闭的世界 长江上游区域社会研究（1644—1911）》，北京大学出版社，2018年，第21页。

客货运费也比较昂贵。

其二，长江上游上段。"由宜宾起，经南溪、江安、纳溪、泸县、合江、江津，至巴县"，所运输货物主要包括药材、山货、米、茶等。

其三，岷江段。岷江段从发源地起，经灌县、成都、彭山、眉山、青神、乐山、犍为，而至宜宾，沿途运输的货物主要为药材、木料等。岷江段具体又可分为四段，一是灌县以上段，只能使用竹筏；二是灌县至成都段，可通小木船；三是成都至嘉定段，可通小轮船、木船；四是嘉定至宜宾段，可通小轮、木船。

其四，沱江段。"自金堂属之赵家渡，经简阳、资阳、资中、内江、隆昌、富顺以至泸县"，主要运输货物如猪鬃、盐、糖、药材等。

其五，嘉陵江段。"由广元、苍溪、阆中、南部、蓬安、南充、武胜、合川至巴县"，其"合川以下可通小轮，合川以上至广元只通木船"，运载货物主要包括药材、丝、煤、米等。

其六，渠江段。自江口以下，至合川，均通木船，运载货物主要包括煤、铁、草纸等。

其七，涪江段。"自平武以下，至合川，均通木船"，运载货物主要包括药材、丝、棉花等。

其八，黔江段。"自贵州之合伞洞，以至涪陵，均通木船"，运载货物主要包括桐油、药材、山货等。

其九，金沙江段，主要指长江至宜宾以上段。由于金沙江段水浅滩急，通行困难，因此该段商货不多，并未正式开办航运。主要通行交通工具为木船，用以运输木材、药材等沿途特产。[①]

整体而言，四川商运以水运为主体。在清末，四川可通行的河道多集中于川东的四川盆地。这些水道虽均可通行，但大多穿行于高山峡谷之间，地势陡急、滩多流乱，若遇险滩，更觉难驶。且水运通行易受天气影响，如枯

---

① 以上均引自中国工程学会编：《中国工程师学会四川考察团报告》，1935 年，"报告三水利"，第 6-7 页。

水期、洪水期会带来诸多不便。每年 1—4 月为枯水期，"普遍航深不足，船装载量下行须减 6 成以上，上行一半空驶"；7—9 月为洪水期，"水位上涨，船行危险，船只经常被迫停航"①。河道虽经历朝历代疏浚，但总体依旧缺乏系统整治，沿途的主要港口也疏于建设；尽管清廷耗费了巨大的人力、物力、财力对航道进行开发改良，但由于许多河道沿线本身地质情况复杂，最终效果依旧不如人意。例如，为解决川盐入黔，及滇铜、黔铅的过境转运出川等问题，清廷曾尝试对河道进行全线疏浚，但耗时多载也未能达到预期目的。因此，四川水上交通还是存在着运输风险较高、运输时间较长等难以破解的问题。

(三) 四川传统陆上交通格局

尽管四川地理环境复杂，周围多巍峨高山，发展陆上交通十分困难，但经过历代官民努力，四川还是基本形成了以官道、县道、乡道以及小路构成的陆上交通网络。

四川陆上交通最早可追溯至商周时期。巴蜀先民利用天然河谷开辟道路，同时修建栈道、索桥。栈道根据不同地形有木栈、石栈、土栈三种，木栈主要设于悬崖峭壁、河谷地带；石栈主要设于山势陡急之处；土栈主要置于森林茂密的山地之中。战国时期，官办的驿道驿运开始兴起。与此同时，民间通道清溪道也得到开发，该路起自成都，经雅安、西昌至攀枝花入云南大姚，过大理、保山、腾冲等地可达南亚、西亚诸国。自战国时起，四川的丝绸、蜀布、邛杖等通过此道运销印度、阿富汗、波斯、罗马等国，换回黄金和珍稀异物。此道是南方丝绸之路重要一环。它不仅是四川与云贵之间的重要通道，也是一条国际交通线，在沟通中外经济文化交流方面发挥了重要作用。② 到三国时期，四川已建成了沟通内外的驿道，为四川的出川干道奠定了基本格局。到宋朝，经过历代整修，连接各个州县的道路以及川陕干道

---

① 王笛：《跨出封闭的世界 长江上游区域社会研究 (1644—1911)》，北京大学出版社，2018 年，第 22 页。

② 王立显主编：《四川公路交通史》（上），四川人民出版社，1989 年，第 17-18 页。

有了进一步发展。明朝时还特别发展了川藏交通。驿道上设有驿站，具有邮传和交通两种功能。在元代，四川有驿站 132 处，其中陆站 48 处，水站 84处。明代发展为 153 处，其中陆站 83 处，水站 70 处。水陆衔接，外通京城与邻近各省，内联各州府县，形成交通传递网络。紧急时，驿传速度昼夜可达 250 公里，速度惊人。到清代光绪年间，驿站的邮传功能逐步由国家邮政取代，但其交通功能仍继续保持和发展，原有水陆驿站改换名称，为客货运输服务。① 此后，清廷对四川驿路进行了整修、调整、裁并与优化。经过调整，部分驿道逐渐发展成为省级大路。具体而言，四川陆上交通形成了以成都为中心向四方呈放射状、连通省内外主要城市纵横交贯的交通网络，主要干线包括东大路、中大路、西大路、北大路等。

东大路以东路驿站为基础，是联络成都和重庆之间的干路，全长约 500公里。出成都东南，越龙泉山脉，经简阳、资阳、资中、内江到隆昌，再经荣昌、大足、璧山、沙坪坝到达重庆渝中。西段为丘陵地带，东段为山区。

中大路横跨四川中部，是成都与万县之间的重要交通线，全长约 680 公里，从成都东行越龙泉山脉，经金堂赵镇、三台、射洪、蓬溪、南充、渠县、大竹、梁平至万县。其中，渠江以东为山地，跨华蓥等大山，跋涉困难。

西大路是连通成都与康藏间的唯一通道，是经略川藏的军用大路，全长约 2660 公里。自成都经双流、新津至邛州，自邛登山经名山抵雅安。雅安以西分南北两路，道路随山势延伸，沿途十分荒凉。南路为大路，经荥经越大相岭达清溪（今汉源），再北越飞越岭、过泸定到达康定；北路为小路，西沿青衣河谷过天全、越邛崃山，与南路交会于泸定。自康定入藏一段称为西藏大路，西藏大路亦有南北两路。南路从康定经雅江、理塘、巴塘、竹巴笼、察雅到达昌都；北路从康定经道孚、炉霍、甘孜、德格、同普，与南路在昌都交会，然后到达拉萨。

① 四川省地方志编纂委员会编纂：《四川省志·交通志》（上），四川科学技术出版社，1995年，第 2 页。

北大路为联系川陕的大路，全长约 590 公里，又叫"四川官路"或"官马西路"，自成都往北，经德阳、绵阳、梓潼、昭化、广元、汉中、宝鸡至西安。其中，成都到德阳段为南段，均在盆地里，较为平坦；北段须越过大巴山，路途艰险；由德阳经绵阳至梓潼段为丘陵地带；从梓潼到广元剑门关后出川，为古栈道。

除此之外，还有一些连接干线及省内中小城市的支线，如小川东道、川南通路、川北小路等。小川东道从东大路上的简阳分出，经乐至、安岳、大足、铜梁、璧山到达重庆，全长约 815 里，是成渝间交通捷径[①]；川南通路一自成都经双流、彭山、眉山、青神到达乐山，一自成都经仁寿、井研、荣县至自流井；[②] 川北小路自成都经广汉、中江、三台、盐亭、阆中、苍溪至通江、南江与巴中一带，然后从阆中再向南经南部、营山、渠县、达县、宜汉、万源到达城口。[③] 另外，沟通省外的主要驿道还有川陕栈道、米仓道、阴平道、石门道、大理大路、泸县大路、綦江大路等。例如，石门道为连接四川与云南、贵州的道路，在秦朝初修，曾称"五尺道"，在汉武帝时期扩建后改称石门道，起自宜宾，由筠连入云南，经昭通穿过贵州威宁到达昆明。

随着四川贸易的发展，一些交通枢纽城市逐渐发展起来。重庆、成都自然不必说，前者位于长江和嘉陵江的交汇处，在国内和国际贸易中都具有一定的地位；后者则是四川所有官办大路的出发点。另外还有像涪州等城市。涪州位于重庆以东 225 公里处，在黔江和长江交汇处，不仅是川省西南区域的天然水路口岸，而且是通往湖南的重要陆路起点，因优越的地理位置成为桐油、茶叶等商品的集散地。[④]

尽管在清朝末年，四川已经形成了颇具规模的陆驿运输网，但由于当时

---

① 大足县县志编修委员会编纂：《大足县志》，方志出版社，1996 年，第 417 页。

② 四川省交通厅公路局编纂：《四川省公路志》，四川人民出版社，1995 年，第 5 页。

③ 万县地区交通局编：《万县地区交通志》，成都科技大学出版社，1993 年，第 251 页。

④ 王笛：《跨出封闭的世界　长江上游区域社会研究（1644—1911）》，北京大学出版社，2018 年，第 151、152 页。

陆驿运输是利用骡马之力或者力夫人力，其运载量小、速度较慢、成本偏高，且易受天气影响，加之沿途多是崇山峻岭，行路艰险，因此陆驿运输也很难满足四川的交通需求。

二、四川经济发展与社会变化

（一）四川经济发展

四川自古就是富庶之地，沃野千里、资源丰富。鸦片战争后，随着中国被强行拉入近代的轨道，中国社会开始发展变化。四川僻处西南，受之影响较晚。但1876年宜昌开埠，1890年重庆开埠，四川门户洞开，四川经济开始发生比较明显的变化，近代工商业开始产生，交通需求开始增大。

首先，四川对外贸易发生较为明显的变化。鸦片战争后，中国开始融入资本主义经济体系，对外贸易首先发生变化，工业品开始行销国内，资本主义工业所需原料开始成为出口大宗。1890年与1879年相比，四川洋货进口值增长81%，出口值增长746%。重庆开埠后，进出口增长更快。1911年，四川进出口总值相当于1891年的11倍有余。重庆开埠二十年，洋货进口值增加12.86倍，出口土货增加6.2倍。[①] 进口的大宗商品主要有棉纱、生棉、棉布、毛织品、煤油、燃料、药品、食品、卷烟、火柴、五金制品等。出口的大宗商品主要是生丝、鸦片和山货，山货包括猪鬃、牛羊皮、鸡鸭毛、木耳等农副产品，很多农副产品如猪鬃、鸡鸭毛都是此前农村弃之不用的东西，因资本主义工业生产需要而有了价值。进出口商品大多依靠川江水路进出，其中重庆是重要的商品集散地。对外贸易量增大，四川对交通的需求自然也随之增大，尤其是与长江中下游的交通需求最为显著。

其次，四川自然经济逐步解体。鸦片战争后，西方资本主义入侵，四川自然经济开始解体。耕织结合是自然经济的典型模式。剖析四川地区耕织结合模式的破坏，可以窥见自然经济的解体程度。

---

① 彭通湖主编：《四川近代经济史》，西南财经大学出版社，2000年，第109、174-177页。

　　四川棉纺织业比较发达，其产品除了满足川人之用外，还行销滇黔。鸦片战争后，洋布和洋纱进入四川市场，开始对四川耕织结合的模式产生影响。

　　棉布对四川影响并不大。洋布入川的销售市场主要局限在城市，四川农村所需寥寥。1893年，外国人在川考察了棉布销售情况说："没有一件事情比四川人几乎不需要洋布进口一事对我们产生更为深刻的印象。"考察者认为，进口洋布只不过满足了极少部分人的需要，主要在几个城市被有钱人购买，"广大的乡村居民仍继续穿用土布，因为土布又温暖又耐穿"[1]。直到20世纪三四十年代依然如此。1934年，曾有调查表明四川农户购买洋布的仅占21.2%，而同年湖北省的比例为42.8%，是四川省的两倍有余；湖南省的比例也是39.1%，几于四川省的两倍。[2] 可见，洋布对四川耕织结合模式的破坏程度很低。

　　真正对四川自然经济产生比较大影响的是棉纱。四川产棉量甚低，每年都需要从湖北购入大量棉花。但棉花体积大，过长江三峡相当不易。最初进入中国的棉纱是英国产棉纱，这种棉纱过细，"所织之布，不合川省滇黔之用"[3]，因此四川输入的棉纱较少，对四川耕织结合的生产模式并未产生大的影响。19世纪90年代，印度纱代替英国纱输入中国，印度纱粗，迅速占领四川市场。据重庆海关报告："棉纱是四川主要输入品，并且在最近六年间平均每年均占输入贸易总值十分之六至十分之七。"[4] 在洋纱冲击下，四川的手纺业大量破产，耕织结合的第一道程序——手纺业被破坏。但四川的手织业不但没被破坏，而且更兴盛了。19世纪90年代，"在川北，几乎每

---

　　① 姚贤镐编：《中国近代对外贸易史资料（1840—1895）》（第三册），科学出版社，2016年，第1356页。

　　② 章有义编：《中国近代农业史资料（1927—1937）》（第三辑），科学出版社，2016年，第310页。

　　③ 彭泽益编：《中国近代手工业史资料（1840—1949）》（第二卷），科学出版社，2016年，第209页。

　　④ （英）华特森著，李孝同译：《重庆海关1892—1901年十年调查报告》，载中国人民政治协商会议四川省委员会、四川省省志编辑委员会编：《四川文史资料》（第九辑），四川省新华书店，1963年，第192页。

户都有织布机，基本上是妇女使用。用印度纱织出来的布外表和普通土布一样，虽然粗糙，但结实耐用，在云南和贵州需求量很大"①。也就是说，四川自然经济的解体很不彻底。

再次，资本主义经济产生并获得初步发展。四川手工业中早有资本主义萌芽，在四川井盐业中还产生了契约股份制。鸦片战争后，外国资本主义的入侵使得四川手工业被迫朝着两个方向发展：一是部分手工业受到剧烈冲击，逐渐萎缩；二是部分手工业逐渐朝大机器工业转向，不断吸收、引进西方先进机器与技术，扩大了生产规模，改变了经营模式，得到了持续发展。以四川的缫丝业、井盐业、制糖业为例，19世纪下半叶，在进入国际市场后，为适应资本主义市场需求，四川手工缫丝业吸收国外先进生产技术，提高产品质量和数量，进入机器生产的阶段。四川井盐的生产技术也得到革新，井盐产量大幅提高，并逐渐取代淮盐大量销售至湖南、湖北等地。到19世纪70年代，井盐的产量已超过了8亿斤，为清初的十倍多。② 蔗糖业生产工艺也得到一定发展，鸦片战争后，因糖出口增加，四川沱江流域的糖业亦有发展。1912年，内江有糖坊1500多家，被誉为"糖城"，年产糖1亿斤左右。除传统手工业转向外，四川也陆续设立了一些新式工业。成都、重庆、万县、合川等地均成立了由外商经营的原料工业，同时还出现了一些近代官办以及民办工业。据初步统计，1888年至1911年的二十余年间，四川全省先后兴办的火柴、缫丝、纺织、造纸、制革、采矿、玻璃等近代厂矿企业达68家。③

这样，与重庆开埠前相比，四川自然经济开始解体，近代企业开始创办，四川具有了与外界市场联系的更强烈的内在需求。不过，四川交通条件却难以满足这种需求。不仅如此，相对于东南沿海和长江中下游地区，四川

---

① 周勇、刘景修译编：《近代重庆经济与社会发展》，四川大学出版社，1987年，第76页。

② 张学君：《四川资本主义近代工业的产生和初步发展》，《中国经济史研究》1988年第4期，第97页。

③ 隗瀛涛：《关于四川保路运动的几个问题——学习郭老有关保路运动论述的笔记》，载隗瀛涛：《巴蜀近代史论集》，四川人民出版社，2004年，第104页。

的经济相对比较落后，尤其是近代工商业发展比较迟缓，其中交通不便是阻碍近代四川经济进一步快速发展的重要原因。正如锡良入川途中"舍舟而陆，藉以察看由鄂入川之路"所见所感那样，"川省百物蕃昌，而民间生计之艰，公家权厘之绌，皆因商货不畅所致"①。

第一，交通不便虽然阻碍了资本主义入侵，但是也导致四川自然经济解体程度低，给四川资本主义发展提供的先天条件不足。众所周知，相对于传统自然经济，资本主义经济是一种更为先进的经济。自然经济解体为资本主义经济发展提供土壤。受交通条件的限制，四川自然经济解体晚且解体程度低。在近代中国，自然经济解体是由于外国商品的冲击。四川僻处西南，外国商品主要从长江下游依靠水运运往四川，但通往四川的长江水险，运输量相当有限，导致四川的原料及手工产品很难运送出川，西方的工业产品也难以运抵四川。1893 年重庆海关报告中就曾指出："这些纺织品从宜昌经 1 月或 2 月的乏味航行，再用木船以同样缓慢的速度运输，或经最粗笨的轮车都难以行走的陆路运送。"这种状态不利于商品流通。海关报告还悲观地认为，"似乎也没有改善运输条件的迹象。在中国西南边境修筑铁路，因其自然条件的限制，除了附近地区外，不会有多大收益。同时宜渝之间的自然条件也使湖北四川建立铁路联系的任何企图都无法实现"②。到清朝末年，四川市场上行销的商品，以本地所产为主。据清末新都和金堂两县的统计，省内所产占 78%，省外的占 10%，国外的占 12%。而且两县人均所购外地商品价值不过 0.69 两，若以每人每年生活费银 12 两计，每人所购外地商品不过占 5.75%。③ 这两个县大体可以代表四川省整体水平。这种状态，说明四川并没有融入全国大市场。同时，因为自然经济解体程度低，很多农民依然保持自足状态，对资本主义工业品的购买量低。据学者研究，即便到 1926 年前

① 戴执礼编：《四川保路运动史料汇纂》（上），台北"中央研究院"近代史研究所，1994年，第 257 页。

② 周勇、刘景修译编：《近代重庆经济与社会发展》，四川大学出版社，1987 年，第 185 页。

③ 彭朝贵、王炎主编：《清代四川农村社会经济史》，天地出版社，2001 年，第 162 页。

后，成都平原50户农家可用于市场上购买商品的支出比例也仅有22%至23%。① 成都平原是四川比较富庶的区域，在20世纪20年代，其购买力都只有1/5左右。所以，四川虽有4000多万人，但是却没能给资本主义工业发展提供广阔的区域市场。因此，可以说，因为交通不便，四川有抵御西方经济侵略的天然屏障，但反言之，四川也没给资本主义经济发展提供相应条件。

第二，四川交通不便影响资本主义经济发展。近代四川的交通条件，影响着资本主义工厂的创办和发展。投资兴办企业，交通是必须考虑的前提之一。1893年曾有人提议在重庆设立棉纺织厂，但"本地商人不甚赞成这个计划，认股不显踊跃"，其中一个原因在于"纱厂所需棉花即或不是全数也是最多数要从省外输入，在本地民船继续是唯一运输工具的时期，由于航行的困难与危险，就无从保证不会一旦酿成原材料供应的失败"②。重庆海关在报告中也指出改善交通，尤其是修筑铁路对四川投资办厂的重要性："大致说来，据海关人员估计，到达的民船，每10只总约有一只所载货物或多或少地受到水损……除了在运输中致使货物这样受损外，洪水和枯水出现的障碍也时常使货物阻滞。从上海购货的商家要候三个月至六个月才在重庆收货。所有这一切都指明迫切需要：或者轮船航运，或者平治凶滩，或者修一条铁路联络重庆与宜昌。……无论是轮船运输或铁路运输，现时统计所能列示的和轮船可能运载的贸易总值和商品性质，都不够对投机者提供特殊引诱把资金投入这种冒险事业。所以，势已显然，资本家们在四川省的进一步开拓，必须与四川以外的世界互相携手，共同努力改善交通工具。"③ 这两段文献明显揭示了交通不便严重影响有资者在四川创办企业的意愿。

第三，四川交通不便更影响企业发展。长江中下游是近代中国最发达的区域，因此四川经济要快速发展，必定需要与长江中下游市场连通，很多生

① 彭通湖主编：《四川近代经济史》，西南财经大学出版社，2000年，第202页。
② 周勇、刘景修译编：《近代重庆经济与社会发展》，四川大学出版社，1987年，第219页。
③ 周勇、刘景修译编：《近代重庆经济与社会发展》，四川大学出版社，1987年，第106－107页。

产机器需要从上海等地购入，产品也需要进入到长江中下游的大市场。但交通的不便却阻碍着四川与长江中下游市场的联系。如在成都设立的造币厂，其设备"在 1897 年夏间被运到成都……但从宜昌到四川省城的旅途中一系列的事故和船只失事致使铸模锈坏，造成重大损失"[1]。这样，就导致了"川商既难于出""外商又难于入"的结果，影响着四川近代工业的发展。[2] 前述 1888 年至 1911 年四川创办了 80 多家企业，但其中拥有可观资本，长期开办者为数很少。在官办川汉铁路公司成立（1904 年）前，已开办企业仅有 13 家。[3] 四川企业生存的艰难，交通是影响因素之一。即便到抗战全面爆发前，交通依然是影响四川工业发展的首要原因。[4]

  总之，重庆开埠后，四川被逐步拉入资本主义经济体系，资本主义经济初步发展，四川有了改善交通的内在需求。1908 年四川轮船公司创立后，业务繁忙，客货均需预订，经常船未到港，票已售罄。1911 年"每月平均航行两次，总是货物满载，乘客拥挤"[5]。后来四川纷纷设立轮船公司，到 1925 年已发展到 14 家轮船公司[6]，这从侧面说明了四川有强烈的运输需求。但川江水险，轮船航行时间也较长，难以满足客货运输需求。因此，火车这种受自然环境影响小、载运量大的现代交通工具，就逐渐成为四川人解决交通问题的首选。修建一条进出川的铁路，尤其与当时最发达的区域——长江中下游沟通的铁路，自然进入相关各方的考量范围。

  （二）四川社会变化

  铁路是工业文明的产物，与中国民众传统认知有很大的差距。要接纳铁路必须首先改变民众的传统认知。四川交通不便，新思想的传播也较为缓

---

① 周勇、刘景修译编：《近代重庆经济与社会发展》，四川大学出版社，1987 年，第 103 页。
② 《公牍：四川商务议员周善培申本部文略陈商务及现在筹办各情形事》，《商务官报》1907 年第 23 期，第 10 - 11 页。
③ 据隗瀛涛：《四川保路运动史》"1891—1911 年四川民族工业统计表"，载隗瀛涛：《四川保路运动史》，四川人民出版社，1981 年，第 72 - 77 页。
④ 刘方健：《1937 年前四川近代工业发展迟滞的原因》，《财经科学》1985 年第 5 期，第 55 页。
⑤ 周勇、刘景修译编：《近代重庆经济与社会发展》，四川大学出版社，1987 年，第 149 页。
⑥ 王绍荃主编：《四川内河航运史 古、近代部分》，四川人民出版社，1989 年，第 169 页。

慢。时人称，四川"商务不旺，风气闭塞，百姓因出门艰难，也就只有保守的性质，没有进取的精神。士农工商，拘守旧学旧艺，不知变通，以致民穷财尽，有不可终日之势"①。四川高等学堂总理胡雨岚也认为："川人不识铁路之益，因耳目固蔽也。宜先办标本以释群疑而开民智。"② 也就是说要让四川民众接受包括铁路在内的新事物，必须先开民智。19 世纪末 20 世纪初，四川地方政府提倡于上，绅商各界共同发力，四川新式教育成绩斐然，为四川民众尤其社会精英接受铁路奠定了思想基础。

1896 年，川督鹿传霖效仿京师同文馆，设立中西学堂，宗旨是"培植人材，讲求实学，博通时务"，招收 12—15 岁学生 30 名，聘洋教习授课，分讲英法语言、地理、测算、各国历史等；并在重庆设立川东中西学堂，教材为上海江南机器局所出西学书籍。另外，成都还设有算学馆，江津设有西文学堂、算学堂，合州书院附设数学班，遂宁设经济学堂，彭县办经济学舍，荣县设新学书院，蓬溪设崇实学堂，广安设紫金精舍、官立学堂等。原有的传统书院也相继修改章程，除了讲读经史之外，还加进了天文、地理、中外交涉、商务、测算等科目，考试改用策论。③

清末新政期间，教育改革力度颇大。1904 年，清廷颁布《奏定学堂章程》，以日本学制为蓝本，确立了癸卯学制。次年废除科举制度。新式教育开始蓬勃发展。新式高等教育学堂、新式中学、新式小学、补习学校等如雨后春笋般在四川建立起来。到 1910 年，川省新式学堂 11387 所，在校学生 411738 名，④ 分别占全国总数的 26.7% 和 32%。并且，为兼顾对贫民的教育，四川还建立了半日学堂和夜校，"专教贫苦子弟之无力入学及无暇入学者，务以开农工商者普通之知识"。⑤ 川省还对旧私塾进行了改造，并专门

① 《演说：开办川汉铁路说（第四节以下续印）》，《四川官报》1904 年第 1 期，第 74 - 79 页。
② 《四川：铁路要闻》，《广益丛报》1905 年第 60、61 期。
③ 王笛：《跨出封闭的世界　长江上游区域社会研究（1644—1911）》，北京大学出版社，2018 年，第 365 页。
④ 隗瀛涛主编：《四川近代史稿》，四川人民出版社，1990 年，第 397 页。
⑤ 王笛：《跨出封闭的世界　长江上游区域社会研究（1644—1911）》，北京大学出版社，2018 年，第 385 页。

为年长不能入学堂及贫寒无力就学者普遍设立简易识字学塾。据《教育杂志》记载，1911 年全川共有 16314 塾，学生 245487 人，位于全国之首，并且是第二位的三倍多。① 川省兴办女学渐成风气，四川总督竭力推荐各地兴办女子学堂。据统计，到 1910 年，川省共有女学堂 163 所。② 女学生进入学堂学习新知识，对开化社会风气起到了难以估量的作用。

在国内新式教育发展的同时，四川学子也开始积极出国留学。20 世纪初，留日热潮遍及全国，四川地区更是热烈，赴日留学的川籍学子络绎不绝，数量在全国亦名列前茅。1901 年，川督奎俊派遣首批 22 名四川学生赴日留学。首批留日学生数量虽不多，但影响甚广，蜀地"风气渐开，士知墨守为非"，各地士绅和学生在成都创设游学公会，积极准备集资就学日本，"期于速成师范为学堂教习之用"。据统计，1905 年正在日本留学的川籍学生约有 800 名，约占当年中国留日学生的十分之一。四川几乎每县都有留日学生，向来闭塞落后的四川对留学如此热情，在全国极为罕见。③ 这些留日学生中学习师范者甚多，这与川省当局推行新政，竭力兴办近代学堂有关，而学习师范正好可以解决师资困难问题。此外，学习实业是当时热门，涉及机械、应用化学、电气机械、采矿冶金、机织染织、造纸等各方面。因为四川欲修川汉铁路，四川总督锡良主张留日学生学习铁道，学习铁路的留日学生不少，据 1909 年统计，仅成都府属留日学生学铁道者就达 36 人。④ 这些受过西方资产阶级教育的青年学生，对四川近代政治、经济和文化都造成了极大影响，在川汉铁路筹议过程中，留日学生的呼吁也最为努力、最有影响。

新式学堂和留学教育为四川培养了大量的新式人才，也给四川带来新思想。现代报刊的创立更是为在四川传播新知识、新思想提供了有利的条件。

---

① 王笛：《跨出封闭的世界 长江上游区域社会研究（1644—1911）》，北京大学出版社，2018 年，第 387 页。

② 《记事》，《教育杂志》1911 年第 3 卷第 6 期。

③ 王笛：《跨出封闭的世界 长江上游区域社会研究（1644—1911）》，北京大学出版社，2018 年，第 367 页。

④ 王笛：《清末四川留日学生述概》，《四川大学学报》（哲社版）1987 年第 3 期。

自 19 世纪末起，《渝报》《蜀学报》《重庆日报》《广益丛报》《四川官报》等现代报刊相继创立，他们以广见闻、开风气为目的，广泛向四川民众介绍科学文化常识，宣传新政和时务。

随着科学技术的普及、新的生产方式的产生，四川民智逐步开发，思维方式也发生了变革，一系列现代意识遂开始萌芽和发展起来。这些现代意识，主要体现在竞存、重商、自强、民主、参政、变革等多方面，推动了四川社会对新事物的接纳，也为四川民众接受火车这种现代交通工具提供了可能。

顺带一提的是，在四川封闭的地理环境中，川人除了有商品交流的需求，更有着对外进行思想交流的需求。走出四川，自古以来就是部分川人的目标。如果说"蜀道难"是川人对四川交通困难的集体记忆，那么"出夔门"便是优秀川人出川的集体记忆。正如吴玉章 1903 年东渡日本时所言："不辞艰险出夔门，救国图强一片心。"在四川历史上，无数优秀的四川人走出夔门。"一出夔门天地宽"，走出封闭的四川既能获得更大舞台，也能获得更多的新信息新思想。到了清末，随着川省民众思想的日益活跃，冲破封闭的世界、增加与外界的沟通与交流，也成为四川民众的迫切需求。近代四川留日学生包括后来的留法勤工学生数量在全国各省位居前列，就是四川民众想冲出封闭四川、为国家作出更多贡献的体现。四川盆地的自然环境固然难以改变，但交通不畅、信息闭塞的情况却可以改变，火车不仅是大载运量的客货运输工具，也是传播信息的工具。因此，为解决四川封闭环境的问题，20 世纪初川人自筑川汉铁路的计划便应运而生。

第二节　虎视鹰瞵：西方列强对四川铁路的觊觎

在主权独立国家，铁路修筑仅仅是国内的经济事务；而在半殖民地的中国，铁路修筑更为复杂。四川近代铁路修筑史，与其说是经济史，不如说是政治史，从最开始讨论时，就与政治、外交紧密地纠葛在一起。

第一次工业革命后，以英国为首的资本主义国家为夺取更广泛的商品市场和原料产地，走上了殖民扩张道路，对外进行武力扩张和经济掠夺。而铁路则凭借其载量大、速度快、成本低等优势，逐渐成为西方国家殖民侵略的工具。19世纪20至50年代，英法相继开始对中国西南周边的国家进行殖民统治，并企图从各自的殖民地出发，进一步向中国扩张。而到达四川，并进一步深入长江流域等腹地，正是他们妄图打开中国西南后门的最终目标。为此，英法等国曾多次派人潜入中国西南边疆，对当地的地理、经济以及文化进行探查，还规划了多条铁路通道，并不断逼迫清廷向其开放筑路等相关权利。

一、列强窥伺西南边疆的动机

大约从17世纪到19世纪的中后叶，以英法为主的西方列强不断在南亚和中南半岛扩张其殖民版图。早在1757年，英国就通过普拉西战役在印度建立了殖民统治，并不断进行武力扩张，相继发动对尼泊尔、孟加拉、缅甸、拉达克、不丹、锡金的战争。1876年，英国将其南亚次大陆和缅甸的政治实体正式命名为印度帝国，也就是英属印度。而英国的老牌对手法国也不甘落后，于1858年起发动侵越战争，并通过1862年《西贡条约》和1874年《第二次西贡条约》侵占了越南南部，又于1863年取得了对柬埔寨的"保护权"，由此，印支半岛逐渐沦为了法属殖民地。

英法在南亚和中南半岛的殖民统治使得中国西南边疆的地缘政治形态发生了三个重要的变化。一是昔日的邻国成为西方列强的殖民地，例如印度等。二是昔日附属于中国的朝贡国也受到西方列强的殖民或半殖民统治，相继脱离了与中国的宗藩关系，例如缅甸、越南等。第三，也就是最重要的——英国计划继续东拓，在控制与云南和西藏接壤的喜马拉雅山区后，企图将势力范围渗入中国的西南边疆，为进一步深入中国长江流域等腹地开辟自西向东的地缘通道；法国也计划北上，进一步侵占越南北部，并继续染指中国西南边疆的云南和广西，打开中国的西南后门。于是，西南边疆便在历史浪潮中被推到了风口浪尖。

　　商业利益是英国窥伺西南边疆的最初动机。在英国，最早注意到中国西南边疆的是商人。19世纪后半叶，经过两次鸦片战争，英国率先用坚船利炮洞开中国东南沿海的国门，开展对华贸易，且贸易额度不断上升。但英国商人并不满足，认为他们仍在多方面受到清廷限制，并且还面临与西班牙、葡萄牙、法国等国的竞争。为此，在华英商和英属印度政府渴望绕过清廷海禁，避开西、葡、法等国，寻求一条新的、独属于英国的商路。这条商路以英国在亚洲殖民的大本营印度或缅甸为基地，自西向东经过西藏、云南，到达四川，连接长江中下游流域。① 这是一条水陆联运的路线，具有避免海运风险及缩短运输里程等优势。② 此外，西南边疆本身的商业前景也对他们充满诱惑，英国商人一直认为中国的西南地区物产丰富、人口众多，既是丰富的原料产地，也是其倾销商品的广阔市场。特别是在19世纪中期，英国商人中一直存在着"云南神话"③ 的说法。他们对云南的商业前景有着异乎寻常的期待，认为其是继缅甸后足供英国商品输出、购买原料的新市场。④

　　另外，在地缘政治战略上，英国也有自己的考量，计划通过西南边疆将中国与英国已有的殖民地紧密连成一体。"其目的一在由印度打通西藏，一在由缅甸侵入滇康川三省，此两线均可握扬子江上流之牛耳……"⑤ 即通过对西南边疆的渗透，将势力范围自西向东延伸至长江流域，从而维护其对印度的殖民统治，并进而稳固英国在整个亚洲的地缘优势，以及全球霸权。

　　作为丰富的原料产地，中国西南边疆对法国也有着巨大吸引力。特别是在1870年普法战争后，法国将矿产资源丰富的阿尔萨斯和洛林让予德国，这就使得他们对拥有丰富矿产资源的中国西南边疆倍感兴趣。不仅如此，染指云南、广西，只是法国规划的第一步，他们的下一步目标是要将东南亚的

---

　　① 吕昭义：《英属印度与中国西南边疆：1774—1911》，云南大学出版社，2016年，第3页。

　　② （英）托马斯·布莱基斯顿著，马剑、孙琳译：《江行五月》，中国地图出版社，2013年，序言。

　　③ 美国学者Warren B. Walsh著的 The Yunnan Myth 一书对此进行过详细阐述。

　　④ 宓汝成：《帝国主义与中国铁路　1847～1949》，经济管理出版社，2007年，第23页。

　　⑤ 夏光南编著：《中印缅道交通史》，中华书局，1948年，第89页。

法属殖民地与中国腹地联系起来。早在 1787 年，时为越南阮朝皇帝重臣的法国传教士百多禄①就曾建议路易十六先占领越南，并在将来修筑"一条到达中国中部去的商道"，如此便可"获取莫大的利益"②。

二、四川在列强西进计划中的地位

在西南诸省中，四川省受到了西方列强的重点关注。这是因为，在经济层面，四川物产丰富、人口众多，故被外国商人视为中国西南继云南之后的另一富饶之地，具有极大的商业潜力。英国学者戴维斯（H. R. Davies）曾提出，"最初提议修筑云南铁路，简单说主要是为了该省与缅甸的贸易，这几乎完全没得到实施，是因为与之接壤的四川省更富饶，人口众多超过云南。现在建议的这些修筑铁路的计划最终目的未必仅仅是鼓励与缅甸边界一带的地方贸易，而是开辟一条从印度直通四川乃至到中国东部的路线"③。英国驻重庆领事列敦给英国外交部的报告中也认为，四川是法国在云南修筑铁路的醉翁之意，"法国殖民当局准备担保其边城老街至云南府铁路必备资本的利益。据说法国调查团的报告大意如下：这条铁路需花费 400 万英镑，但是不合算，因为途中的矿藏已经耗竭，然而这条铁路似乎仍要修筑。目前，云南府是个无关紧要的城镇，因此只能设想，云南铁路只是通往其真正目标——四川的第一步"④。

在政治层面，四川也因为绝佳的地缘位置而受到列强的关注。对英国殖民者而言，四川是连接英法殖民地与中国长江腹地的关键所在。法属印度支那总督韬美（Doumer）曾提出："云南的铁路，当它经重庆到达成都时，其

---

① 越南国语字 Bá Đa Lộc，百多禄是其在越南时使用的名字，其真实法文名字是 Pierre Joseph Georges Pigneau。

② 中国史学会主编：《中国近代史资料丛刊 中法战争（一）》，上海人民出版社，1957 年，第 364 页。

③ （英）戴维斯著，李安泰、邓立木、和少英等译：《云南：联结印度和扬子江的链环——19 世纪一个英国人眼中的云南社会状况及民族风情》，云南教育出版社，2000 年，第 12 页。

④ 周勇、刘景修译编：《近代重庆经济与社会发展》，四川大学出版社，1987 年，第 282 - 283 页。

真正的价值才将表现出来。通过修建云南和四川铁路，对中国的渗透将得到保障。"① 连侵略者自己都认为，在西南边疆修筑铁路，"铁路问题的政治意义大于商业意义，可能有人会认为如果法国建筑一条铁路，英国也应该建造一条铁路。这已不是商业报告所应考虑的问题了"②。也就是说，西南地区修筑铁路，首先是政治问题而非经济问题。当然，经济也是必须重点考虑的因素，他们认为如果英国愿意花大笔经费在西南修筑铁路，"那就值得考虑开发四川中部的商业目的能否和连接长江和缅甸的政治目的结合起来。这条铁路若能避开滇北毫无价值的地区，在东经 102 度的地方越过长江进入建昌流域，那么这两种目的就有可能结合起来。四川的这个角落以其生产铜、铅、白银、黄金、木材、鸦片、生丝、蜡和其他物产而著名。这个地方如果不是与世隔绝，还可以有更多的人口。铁路从建昌流域的北段出发，经嘉定进入四川中部的心脏地带，从这里可以很容易地建起连接盐井、成都和重庆的各条线路"③。

为此，为稳固和扩大自身势力范围，也谋求更大的经济利益，四川便成为英法等列强关注和争夺的重点。加上 1858 年《中英天津条约》④ 与 1876 年《中英烟台条约》的签订，为西人进入中国内地游历、考察、传教提供了保障与凭证。于是，一大批英、法、日、德等外国人展开了对四川的早期探查。他们身份各异、目的多样，或是外交官员，或是传教士，或是冒险家。

外交官员直接服务于他们国家对外扩张战略，在四川从事情报搜集工作。例如，英国在向西藏和川边藏区渗透时，试图拉拢九世班禅及部分官员，并挑拨藏汉民族关系。1894 年到 1900 年间，英国人戴维斯（H. R. Davies）受云南铁路公司所托，负责"探察一条可以联结缅甸边界滚弄和乘船可能到达

---

① （法）约瑟夫·马纪樵著，许峻峰译：《中国铁路：金融与外交（1860—1914）》，中国铁道出版社，2009 年，第 204 页。
② 周勇、刘景修译编：《近代重庆经济与社会发展》，四川大学出版社，1987 年，第 283 页。
③ 周勇、刘景修译编：《近代重庆经济与社会发展》，四川大学出版社，1987 年，第 283 页。
④ 其中规定"英国民人准听持照前往内地各处游历、通商"。

扬子江上游的铁路路线"①。为此，他们一行人在云南及邻省开展了多次旅行，也曾到达四川会理、冕宁、理塘、打箭炉、雅州府、重庆等地，并将当地的情况以及对这条战略性铁路的具体意见写进了《云南：联结印度和扬子江的链环——19世纪一个英国人眼中的云南社会状况及民族风情》一书。

传教士则利用宗教向四川渗透。早在19世纪50年代，法国就以传播天主教为名，对康藏地区进行宗教渗透，其中四川的打箭炉就是法国天主教向西藏渗透的桥头堡。该教区将主座教堂设在康区的打箭炉，继而向藏区推进。据戴维斯记录，他们一行曾在打箭炉"拜访了基蓝克林主教，他是法国驻藏传教团的主教"。不仅如此，他们还在会理附近遇到一位叫皮尔波根的法国传教士。他就是受委派来四川德昌的五位神父之一，在当地拥有许多皈依宗教的信徒。② 他们还在打箭炉遇到了一群美国的传教士，其中有两位"正考虑要深入西藏，希望到巴塘建传教机构"；在嘉定"碰见了加拿大传教机构的海尔医生"。③

冒险家们则通过探险、游历等方式搜集有关四川的信息。1861年，英国探险家托马斯·布莱基斯顿（Thomas W. Blakiston）等人从上海溯长江而行，行至四川屏山而止。他们的探查包括航道勘测、地质状况调查、地图绘制、气象记录、动植物和矿物标本搜集，以及对风俗民情、自然人文景观的记录。最后，布莱基斯顿把他5个月沿江对四川的探查都写进了《江行五月》一书中。英国人托马斯·索维拉·库伯（Thomas Thornville Cooper），受上海英国商会委托探寻中印商贸捷径，于1868年沿长江而上，经10个月的游历，取道重庆、成都，经打箭炉，穿越藏东到巴塘，后在云南维西被"阻回"，并于1871年将其见闻写入了 *Travels of a Pioneer of Commerce in Pigtail and Petticoats* 一书，译为《蓄辫着袍的英国贸易先锋游记——溯长江而上的

---

① （英）戴维斯著，李安泰、邓立木、和少英等译：《云南：联结印度和扬子江的链环——19世纪一个英国人眼中的云南社会状况及民族风情》，云南教育出版社，2000年，第12页。

② （英）戴维斯著，李安泰、邓立木、和少英等译：《云南：联结印度和扬子江的链环——19世纪一个英国人眼中的云南社会状况及民族风情》，云南教育出版社，2000年，第235、237页。

③ （英）戴维斯著，李安泰、邓立木、和少英等译：《云南：联结印度和扬子江的链环——19世纪一个英国人眼中的云南社会状况及民族风情》，云南教育出版社，2000年，第313、316页。

探索之旅》。①

从 1866 年到 1872 年，法国杜达尔·德拉格赖（Doudart de Lagree）、安邺（F. Garnier）、诸布益（J. Dupuis）等人相继率领探险队沿湄公河上行，从越南进入云南甚至是四川进行考察。② 一名叫作威廉·约翰·吉尔（William John Gill）的英国探险家于 1877 年由上海出发，经宜昌、重庆、自流井至成都，后北上理番府、松潘厅、龙安府，再回到成都；然后从成都行至雅州、打箭炉、理塘、巴塘，再南下经过云南再进入缅甸。③ 他详细记录了中国西南地区的民族和文化，并把这些内容写成了《金沙江》一书。他深入到从前欧洲人没有去过的川北地区，并查看了当地的道路形势，并探明了从四川到云南的路径。④ 来自英国的爱德华·科尔伯恩·巴伯（Edward Colborne Baber，汉名贝德禄）于 1881 年到 1883 年间，完成了多篇对于四川地区的考察报告，"所到之处，详绘地图"⑤，并将这些内容收录进《华西旅行考察记》一书，通过大量实例描写了当时川、滇的民生状况。⑥

他们的考察和著作涉及中国西南地区的地形地貌、民风民俗、商贸状况等诸多情况，大大加深了西方国家对包括四川在内的中国西南地区的认识，让他们了解到中国西南的资源和财富，由此加剧了英法两国对四川的觊觎和争夺；同时，也使西方国家更加了解了四川的交通状况，为其规划四川铁路提供了参考。

---

① 张莉：《论库柏的中国至印度之行及其代表作〈贸易先锋游记〉》，《乐山师范学院学报》2017 年第 9 期，第 88 - 99 页。

② （法）约瑟夫·马纪樵著，许峻峰译：《中国铁路：金融与外交（1860—1914）》，中国铁道出版社，2009 年，第 76 页。

③ （英）威廉·吉尔著，（英）亨利·尤里编，曾嵘译：《金沙江》，中国地图出版社，2013 年，序言。

④ 隗瀛涛主编：《四川近代史稿》，四川人民出版社，1990 年，第 98 页。

⑤ 《丁文诚公（宝桢）遗集》卷十四，"英人窥探西藏陆路情形片"，转引自隗瀛涛主编：《四川近代史稿》，四川人民出版社，1990 年，第 98 页。

⑥ （英）爱德华·科尔伯恩·巴伯著，黄田译：《华西旅行考察记》，重庆出版社，2019 年，第 2 页。

三、列强争夺四川铁路的初步展开

服务于其侵略西南边疆的计划，自 19 世纪中叶开始，以英法为首的西方列强便抓紧一切机会逼迫清廷签订不平等条约，迫使其打开中国的西南后门。为达目的，他们甚至不惜发动战争，最终获得了在西南边疆筑路、开矿以及开辟商埠等诸多权利。

随着铁路技术的逐渐普及，修建铁路逐渐成为西方列强东进的主要战略之一。正如 1866 年英国哈德非尔兹商会在要求探测铁路的建议书中所说："关于我们开发东方帝国的政策，以新辟的道路和交通来代替旧时的战争和并吞领土的政策，成为我国越来越明显的真正的政策。"[①] 可见，多年经营铁路的经验使西方列强对铁路的基本价值和附属价值有着非常清晰的认知。谁掌握了铁路，谁就占有了市场，并能控制铁路辐射地区的命运。因此，自 19 世纪下半叶起，为掠取资源、占领市场、侵略主权，西方列强将开辟新道路作为对中国进行战略布局的关键环节。他们不断通过外交施压甚至是战争等方式，要求中国对其开放西南边疆地区的探路权和筑路权。

为打开中国的西南后门，英法两国各自选择了不同的入侵路线。英国选择贯通印度—西藏路线，即由印度入侵西藏；贯通缅甸—云南路线，即由缅甸入侵云南。他们最终目的都在于"使印度与扬子江流域之交通线打开，连为一气，俾加尔各答经缅境，直达上海，以与英国横跨欧亚非三洲之三政策交通线联合……"[②] 法国则选择贯通越南—云南路线，即由越南入侵云南；贯通越南—广西路线，即由越南入侵广西。并且，由于觊觎"巴蜀之富庶"，他们继而有了将铁路"延展及于川东之要求"，"以接滚弄及扬子江上游之通航处"。[③]

---

① （英）伯尔考维茨著，江载华、陈衍合译：《中国通与英国外交部》，商务印书馆，1959 年，第 144 页。

② 夏光南编著：《中印缅道交通史》，中华书局，1948 年，第 89 页。

③ 夏光南编著：《中印缅道交通史》，中华书局，1948 年，第 94 页。

　　自 1831 年以来，英方就有修筑从缅甸到云南的滇缅铁路的构想，这一规划在英国国内的商人群体中得到了广泛传播与认同。当然，贯通印度、西藏、四川，最终连接长江流域，是英国长久以来的国家战略。1888 年，英国曾提出将通往云南的铁路延长至四川的想法，从而"探察一条可以联结缅甸边界滚弄和乘船可能到达扬子江上游的铁路路线"，① 将整个长江流域与印度连接起来。1897 年 2 月，英国和中国就中缅边界签订条约，其中规定"中国答允，将来审量在云南修建铁路与贸易有无裨益，如果修建，即允与缅甸铁路相接"。同年，英国组织了一个名叫"云南公司"的殖民组织，负责组织勘测从缅甸滚弄至长江江岸的铁路线。1898 年，云南铁路公司雇用英属印度官员戴维斯（H. R. Davies），负责探察此路。在戴维斯看来，这条铁路一旦"到达丰饶的四川省"，将来将"联结在设计中的汉口—成都的铁路"，从而使印度与中国东部连接起来。为此，戴维斯做了充分的工作，规划铁路起点为缅甸的边界滚弄，终点为扬子江或蜀府，全程 1000 英里。因穿越的多数地区难行，有的地方是 25 度的斜坡，有可能需要一些短程的齿轨铁道。按每米平均算，全程需约 1.5 亿至 2 亿英镑，并且时间至少要花十年。

　　除考虑从缅甸出发外，英国也在积极寻找从英属印度进入四川的路径。早在 1863 年，英国人斯蒂文生（MacDonald Stephenson）曾拟订一个以长江流域的商业中心汉口为出发点的中国铁路建设计划，主干线之一便是由汉口西行，经四川、云南等省直趋印度。在 19 世纪 70 年代，"时人以为印度东北之萨地亚（Sadiya），与西康之巴塘间，可以开辟路线"②。1878 年，英方还曾规划了一条从印度阿萨密省③出发，到达云南怒江的铁路。④ 甚至，他们还有开辟印藏路线的想法，主要目的在于获得西藏商权。在他们看来，西

---

　　① （英）戴维斯著，李安泰、邓立木、和少英等译：《云南：联结印度和扬子江的链环——19世纪一个英国人眼中的云南社会状况及民族风情》，云南教育出版社，2000 年，第 12 页。

　　② 夏光南编著：《中印缅道交通史》，中华书局，1948 年，第 90 页。

　　③ 今印度阿萨姆邦。

　　④ 郭嵩焘：《郭嵩焘日记》（第三卷），湖南人民出版社，1982 年，第 477 页。

藏向来用"金银牛羊皮毛药材"来交易四川的茶叶，如果"由印度输入茶叶"，便可"以代华茶销场"。① 所以，他们希望由巴塘经里麻（Rima）至阿萨密开一铁路，以为商道。1881 年，英国率先选择印度铁路干线东孟加拉铁路线上的西里古里作为起点，修筑了一条通往位于喜马拉雅山区的大吉岭的铁路。借助这条铁路，英国人能够在一周内从加尔各答到达西藏边境。从 19 世纪 90 年代起，英国一直在要挟清廷以获得开通印藏通道的权利，但并未获得清廷同意。由于困难重重，这一路线连探测工作都难以推进。并且，由于英方后来专注于滇缅通道的建设，对印滇通道的谋划便再无进展。

1907 年，英国驻滇领事向清廷正式提出修建滇缅铁路，但是要求路权归英方。这一无理要求遭到了清政府和云南地方政府的拒绝，后来初步达成了各修各界的协议。然而，工程技术困难，加之法国于 1910 年抢先修通滇越铁路，使得英国修筑滇缅铁路的利益变小。因此，英国的滇缅铁路计划在晚清最终未能如愿。1899 年，英国曾直接提出修筑四川到汉口铁路的要求，并派专人承筑，"英人周宜师承筑四川铁路已由重庆勘至成都"②。这是英国首次正式提出在四川修筑铁路的要求。

自 19 世纪 60 年代起，法国也在致力于筹划一条从越南通往云南的铁路。1898 年，法国正式获得滇越铁路的修筑权。滇越铁路由越段和滇段构成，其中滇段于 1904 年开工，从越南老开③入境，经河口沿南溪河，过碧色寨、阿迷州④达昆明，全长近 500 公里，于 1910 年竣工通车。法国也有将滇越铁路延伸至四川的想法。早在 1888 年，法国便计划将滇越铁路延长至昭通、叙府，以达成都。⑤ 到 1897 年 4 月，法国亚洲委员会的一份新闻公报介绍了法属印度支那总督韬美的铁路计划。他提出，法国必须走在英国前面，

---

① 夏光南编著：《中印缅道交通史》，中华书局，1948 年，第 90 页。
② 隗瀛涛：《四川保路运动史》，四川人民出版社，1981 年，第 155 页。
③ 今越南老街市。
④ 今云南开远。
⑤ 凌鸿勋编著：《中华铁路史》，台湾商务印书馆，1981 年，第 256 页。

将老开至云南府的铁路展筑至人口稠密的四川。[①] 他规划火车应先到达成都，然后再从成都修一条铁路到重庆。但在晚清时期，法国想把滇越铁路延伸到四川的想法并未实现。

可见，由于铁路具有巨大的疆域联通能力，因此在 19 世纪末 20 世纪初帝国主义瓜分中国狂潮中，铁路成为列强瓜分中国的工具，各国纷纷谋夺铁路的投资权和修筑权。国人也深切地感受到了危机，梁启超曾言，"中国多开一铁路，即多一亡国之引线"[②]。因此，四川铁路从筹议起，便置身于中国外交旋涡之中。

并且，除了之前妄图开辟自西向东进入四川的铁路，列强还图谋打通自东向西进入四川的铁路交通线。1903 年 7 月，四川总督锡良奏请自设川汉铁路公司后，英国和法国于 1904 年先后四次照会清政府外务部，企图磋商铁路借款，并强行索取川汉铁路的建设权、投资权。

帝国主义对四川铁路主权的图谋引起了川人警觉，"川省士绅远迩同词，亦皆力请自办"[③]。四川爱国士绅以及部分地方官吏坚决抵制列强对川汉铁路建设权的掠夺，纷纷要求川路自办、挽回利权。可见，20 世纪初，国人的民族意识已经觉醒，尽管认识到铁路益处极多，但也明白如果通过招外股、借外债筑路则后患无穷。因此，抵御列强成为四川民众的共识。

第三节 一呼百应：近代川人决定自主筑路

既为了走出四川，又为了抵御列强，川人修筑铁路的意识逐渐觉醒。鉴于清廷中枢对在四川筑路展现出力不从心的态度，川省以及整个西南地区的

---

① （法）约瑟夫·马纪樵著，许峻峰译：《中国铁路：金融与外交（1860—1914）》，中国铁道出版社，2009 年，第 161 页。

② 梁启超：《梁启超全集》（第二册），北京出版社，1999 年，第 472 页。

③ 中国社会科学院历史研究所第三所主编：《锡良遗稿·奏稿》（第一册），中华书局，1959年，第 455 页。

官绅和民众便以满腔热血自发地谋划起筑路事宜来。

一、清廷中枢力不从心

铁路起源于英国，是工业革命的产物。第二次鸦片战争后，西方列强正式向清政府提出要在中国修筑铁路，引起了朝野抵制。19 世纪 70 年代初，伴随着愈演愈烈的边疆危机，在对铁路利弊进行反复权衡后，以维护国防安全为重，李鸿章、刘铭传等疆臣率先提出要在中国筑路。[①] 1889 年，清政府确定铁路"为自强要策"，并宣布"但冀有利于国，无损于民"，就可以修筑。[②] 甲午战争后，溃败的军队与被击沉的舰队，就是当时中国的缩影，昔日泱泱大国到了亡国灭种的边缘。清廷也从惊愕中苏醒，逐渐认识到改革的必要性，继而结束几十年来对铁路的论争，全面启动铁路事业。1895 年，光绪皇帝再下谕强调，"铁路为通商惠工要物，朝廷定议，必欲举行"[③]。修铁路获得共识，"及晚近国势大弱，朝野探求致弱之所以，迺有指铁道为万不可不急修者，于是一边舆论蜂起矣，草野唱之朝廷和之，而铁道热遂为全国改革中之最甚者"[④]。清廷开始兴办铁路，开启了近代中国第一次筑路高潮。

然而，这些铁路大多位于东北、华北地区，以及经济比较发达的中部和东南沿海地区。对于交通困难的四川而言，铁路无疑是改善四川交通的极佳方案，清廷深知西方列强对西南边疆地区路权的觊觎，也有一定规划，但清廷中枢对在四川乃至西南地区修筑铁路这件事上还是力不从心的，从国家层面对四川铁路的规划，主要还是停留在纸上谈兵阶段。

---

① 田永秀、曲成举：《从"贻害无穷"到"民命国脉"——近代中国人对铁路认知历程分析》，《西南交通大学学报》（社会科学版）2018 年第 1 期，第 1－7 页。

② 《上谕，光绪十五年四月初六日》，转引自宓汝成：《帝国主义与中国铁路 1847～1949》，经济管理出版社，2007 年，第 46 页。

③ 宓汝成编：《中国近代铁路史资料（1863—1911）》（第一册），科学出版社，2016 年，第 205 页。

④ 刘馥、易振乾：《中国铁道要鉴》，东京中国书林，1906 年，第 26 页。

究其原因，主要是受到地理环境、资金来源、技术水平、市场需求等多方面条件的限制。四川位于中国西南地区，除去成都平原，周围都是巍峨的高山，自古以来就有"蜀道之难，难于上青天"的感叹。因此，复杂的地理环境和当时并不发达的技术水平首先限制了四川铁路的修筑。在回应建设川藏铁路请求时，邮政部称"此路绵延甚长，工程险隘，不惟巨款难筹，且道途阻隔，筹办完全铁路甚难急切图功"，并建议"暂行敷设军用轻便铁路，以期简而易行"。① 当然，这个轻便铁路的计划最后也因种种原因未能施行。最重要的是，清廷在规划铁路时也要考虑收益回报，他们认为四川铁路不仅投资大，收益也慢。况且，由于筑路经费也十分有限，在铁路建设的起步阶段，清廷按照"择要而图""逐渐兴办"的思路，主要想先修筑具有重要政治价值的京奉铁路②、京张铁路③，以及具有重要经济价值的卢汉铁路、正太铁路、沪淞铁路、沪宁铁路、津浦铁路等，并未主动把四川铁路的修筑提上日程。

二、地方官民热情高涨

尽管清廷对在川筑路感到力不从心，但四川以及整个西南地区的官绅和民众对铁路却怀着十分的热情，总体上呈现中央冷淡而地方官绅和地方民众热情高涨的局面。尤其在 20 世纪初，民族觉醒、民众民族主义情绪高涨，国人渴望能够抵制列强的侵略与野心，回收丧失的铁路路权和利权。适逢1903 年 12 月，清廷颁布了《铁路简明章程》，向民间开放筑路权，允许民间集资办铁路，要求"各省官商，自集股本请办何省干路或枝路，须绘图贴

---

① 卢秀璋主编：《清末民初藏事资料选编（1877—1919）》，中国藏学出版社，2005 年，第 209 页。

② 东北作为清朝的龙兴之地，是其最为看重的边疆地区，却受到了沙俄和日本的双重威胁。1889 年，为防御正在规划西伯利亚大铁路的沙俄，清廷决定移缓就急，暂缓卢汉铁路，先办"能控制海防、兼顾边防，于大局深有裨益"的关东铁路。1911 年，关东铁路北京至沈阳段全线通车，并更名为京奉铁路。

③ 在北京的西北方向，沙俄对蒙古地区也虎视眈眈，并且于1891 年动工修筑西伯利亚大铁路，途经靠近西北边疆的七河地区。为此，清廷计划修建干线通往西北边疆，遂筹备京张铁路。

说，呈明集有的实股本若干万，详细具禀"①。于是，从 1904 年先后到 1911 年，爱国群众纷纷要求收回被帝国主义所侵占的铁路与矿山，并筹资自办铁路和矿场。回收利权热潮蔓延开来。

面对列强对四川的虎视眈眈，四川民众也感受到危机迫在眉睫。1898 年，《渝报》上曾发表《论蜀事》一文，感叹"全蜀之大，地利之广，物产之富饶，为外人所垂涎，欲攫取者久矣"②。实际上，自第二次鸦片战争后，列强开始向四川渗透。特别是重庆开埠后，大量洋货流入四川，列强对四川的殖民活动变得更加频繁。到 1903 年，四川地方政府乃至个人与列强订立的有关四川的不平等条约竟有 13 种之多，四川境内铁路的航运权、采矿权等权益相继受到侵犯。西方各国开始在四川境内开办铁矿、煤矿、火柴、卷烟、银行、保险等企业，四川的经济遭到严重损害。

四川交通不便，交通工具的改善自然是头等大事。为尽快占领四川市场，1898 年，英国"利川"号轮船入侵川江，此后英国炮艇"山鸡"号、"山莺"号，以及英国商轮"先行"号于 1899 年先后闯入四川。1900 年 6 月，英商商轮"肇通"号抵渝，后被英国政府收购，改为军舰，更名"金沙"号。此后，法国也强求开办宜昌至重庆的拖轮。列强对川江航权的侵夺，激起了川人自办航运的热情，"外人既难终却，曷若鼓舞蜀中绅商自行创办。能行，则我站先着，主权自有；难行，则以此谢客，断其希望"③。另，重庆开埠后，四川与长江中下游客货运输的繁荣，推动四川掀起兴办轮船业的热潮。1908 年，在护理川督赵尔丰的主导下，四川第一家官商合办的轮船企业——川江轮船有限公司在重庆创建，这也是四川航运现代化的开端。

由于三峡水险，因此航运并不能解决四川交通运输需求，铁路这种载运

---

① 宓汝成编：《中国近代铁路史资料（1863—1911）》（第三册），科学出版社，2016 年，第 926 页。

② 王笛：《跨出封闭的世界　长江上游区域社会研究（1644—1911）》，北京大学出版社，2018 年，第 593 页。

③ 隗瀛涛主编：《四川近代史稿》，四川人民出版社，1990 年，第 426 页。

量大、速度快、受自然环境影响小的现代交通工具自然成为改善四川内外交通的优选方案。四川民众早就感受到英法等列强对西南地区铁路的虎视眈眈，更具有防范意识，因而更是民情激昂①，希望通过自筑铁路来对抗列强的侵略。

　　列强对四川铁路的觊觎引起了有识之士的警觉。梁启超是极力呼吁自筑四川铁路的非川人代表。1904 年，梁启超以四川留学生名义发表《为川汉铁路事敬告全蜀父老》，极力呼吁四川人民关注川汉铁路，支持川汉铁路修筑。梁启超指出控制中国铁路是列强的灭国新法，不能让四川铁路落入外人之手。文章开宗明义就提出控制铁路是列强灭国之新法，"握其政府财政之权，夺其人民生计之路，剥肤吸血，使之奄奄以尽，而国非其国矣"。铁路是列强瓜分中国之手段，"列强谋所以瓜分中国之政策不一端，其最坚牢而最惨烈者，莫铁路政策者"。国内铁路多数被其掠夺，"以中国十八行省而入于各国铁路实力范围内者十四省，其最完全最磅礴而有可为我皇帝子孙立足地着，惟有一四川。四川之关系于一国，以此思量，重可知也"。若四川铁路落入列强之手，则"四川全省土地人民永服属于他国之日也"。文章劝诫全省人民，千万别认为铁路与己无关，"若铁路权而失之，则如全身之脉络血管，悉被制于人，此后欲脱羁轭，更何望矣！"鼓励四川人民奋起，"求吾父老速谋以蜀人治理，办蜀中之路"。②

　　梁启超的呼吁对四川留日学生影响很大。留日学生将梁启超的这篇文章以四川留日学生的名义发表，而且在梁启超主办的《新民丛报》发表了多篇有关四川铁路的文章。基于爱国爱川的热忱，四川留日学生对川汉铁路尤为关注，也最为活跃。他们在《四川留日学生铁道利害详告》中指出，列强修建中国铁路的三大危害，一是"灭国之害"，二是"灭种之害"，三是"身家生计之害"。据此，他们号召全川民众，只有坚持铁路自办，才能

---

① 清朝地方官曾数度言及四川民情浮动，如护理川督王人文曾奏称："特川民向来浮动，铁路又关全省权利，尤其不敢不深维始终，致或措置失宜，贻误大局。"（见宓汝成编：《中国近代铁路史资料（1863—1911）》（第三册），科学出版社，2016 年，第 1244 - 1245 页）

② 戴执礼编：《四川保路运动史料》，科学出版社，1959 年，第 17 - 23 页。

"救国以存种""保身家以谋生计"①。为了进一步向大众宣传，四川留日学生还用通俗易懂的方言撰写了《四川留日学生急修四川铁路白话广告》，文中明确指出铁路主权对于一省乃至国家的重要性，并指出四川的重要战略地位："现在东京留学生，人人都怕法国把四川铁路争夺去，就要灭四川；且四川为中国大关系，四川一灭，各省也就难保了。"他们提出，全体川人都应当认识到自办铁路迫在眉睫，否则，当主权落入列强之手，则家破人亡亦不远矣："生也要修，死也要修，这个时候不修，想到灭四川的时候，要想修也无地方可修了，也无钱来修了"，"望我们四川人，个个晓得灭种惨祸，毁家破产，争修铁路"②。

在四川省内，谈及川汉铁路时，人们也洋溢着爱国爱川的情绪。《重庆日报》发文称："四川铁路，不仅关系到四川省的存亡，并且关系到中国的存亡。不但四川人自己要考虑这个问题，全体中国人也必须如此。"③ 1904年，《四川官报》刊载关于川汉铁路的演说词。这份演说词向川人详细介绍了铁路在军事、商业及生活方面的益处，大赞铁路"真是自古以来未有的便法"，强调"中国宜办铁路，四川尤宜办铁路"。该演说词对川汉铁路建成远景充满期待："那时四川全省的富强，在十八省中，真可以算得第一了。"④

在川汉铁路问题上，四川地方官员与清朝廷态度有些许不同，对在四川修铁路比较支持。署理四川总督锡良还在赴任途中就提请修成都到宜昌的铁路。锡良是一个有爱国心、积极推行新政的官员，他深知铁路的功用："窃为各国互争雄长，铁路所至之地，即势力所及之地……中国处此时局，欲变法自强，政固多端，而铁路尤不可缓！"在锡良看来，于内，交通限制了四川经济发展。"四川天府奥区，物产殷实。只以艰难转运，百货不能畅通。"于外，列强觊觎四川路权，"外人久已垂涎，群思揽办"。四川具有独特的

---

① 鲜于浩、张雪永：《保路风潮——辛亥革命在四川》，四川人民出版社，2011年，第54页。

② 鲜于浩、张雪永：《保路风潮——辛亥革命在四川》，四川人民出版社，2011年，第55页。

③ （日）加藤雅彦著，向蜀珍等译：《梦断巴蜀——竹川藤太郎和他的〈重庆日报〉》，四川人民出版社，1995年，第178页。

④ 《演说：开办川汉铁路说（第四节以下续印）》，《四川官报》1904年第1期，第74—79页。

地理位置及政治地位，"川省西通卫藏，南接滇黔，高居长江上游。倘路权属之他人，藩篱尽撤；且将建瓴而下，沿江数省，顿失险要"。因此，他认为"川汉铁路关系川省犹小，关系全局实大"，自办川汉铁路，"辟利源而保主权"。①

如此，在爱国爱川的感召下，川汉铁路被四川民众寄予高度期望，"人民咸引领而望宜昌至成都之铁路，早日筑成"②。

---

① 中国社会科学院历史研究所第三所主编：《锡良遗稿·奏稿》（第一册），中华书局，1959年，第339页。

② 《调查：蜀道何难：筑路思潮弥漫全川，成渝两处为主要路线：各段已先后兴工，通车即在目前》，《道路月刊》1929年第28卷第1期，第69-73页。

第二章

艰难起步：晚清时期四川铁路的谋划及建设

20 世纪初的中国内忧外患不断，帝国主义用铁路作为划分势力范围的工具，保住铁路主权直接关系到国家与民族的命运前途。于是，当列强开始觊觎川汉铁路时，仁人志士闻风而动，以各种方式抵制列强在川筑路的计划，并广泛号召四川民众筹修铁路。但要修筑铁路，尤其要修筑一条穿越四川东部山区的铁路，其中的艰难可以想知。

第一节　川汉铁路的筹办

20 世纪初，列强对四川铁路主权的觊觎引起了川人的警觉，四川绅民请愿自办铁路，经锡良奏请、清政府应允，川汉铁路正式进入筹办阶段。

一、官办川汉铁路公司的成立及改归商办

交通不便影响四川发展。铁路是解决四川交通问题的优良方案，获得了四川各界的认同。1903 年 7 月，新任四川总督锡良在离京前往四川赴任途中，专折上奏恳请清廷准许修筑成都到汉口铁路。作为新任四川父母官，自

然要思考四川发展问题。蜀道难是国人对四川的集体记忆，加上英法对四川铁路的觊觎，因此，锡良也自然从改善四川交通着手。"再四思维，拟仿'京张铁路章程'，由川省设立川汉铁路公司，先尽华股招集试办""一面延访工师，会同委员，确切查勘，分别枝干各路，照章兴修"。①

外务部在覆折中赞同了锡良的意见，"今该督拟请速筹自办，以保利权，与臣等用意相同。拟请俟设立商部后，由商部达成切实招商，专集华股，力除影射蒙混之弊，以资抵制而保利权"。但也提醒锡良该路"需费数千万。外人度中国目前财力未逮，蓄意觊觎；终难以空言为久拒之计"②。确实，铁路是巨型工程，所费颇巨，而中国财力不足，不是仅凭热情就可修成如此浩大工程。外务部看到了修筑川汉铁路的最大难题，但是这个难题并没有阻止锡良的步伐，或者说难以阻挡川人改善交通状况的决心。

锡良从湖北弃舟走陆路入川，考察川汉铁路的必要性，更坚定了其修筑之决心。到达成都后，锡良立即筹议川汉铁路。1903 年 8 月 26 日，商部成立，两个月后奏定《铁路简明章程》24 条，要求地方大员按章程办理。锡良认为川汉公司完全符合该章程，于是 1904 年 1 月 22 日，再次上呈《照章设立川汉铁路公司折》，他坦诚："川汉轨道，迂回修阻，以及山径之逼仄险峻，咸视卢汉为过之。明知款巨之艰，只以事势威迫，不容缓办。"意思非常明白，虽然知道工程险峻，工款巨大，但川汉铁路却不得不修。为此，"必应设立公司，奏明得旨允行，然后人人知事之必成，无虑旁扰豪夺，俾集款勘路，次第可以措手"③。

1904 年 1 月 24 日，川汉铁路公司在成都岳府街正式成立。川汉铁路公司成立后，锡良奏委确定了公司管理者。他先奏委冯熙为川汉铁路公司督办，继委成绵龙茂道沈秉堃为会办，又因新任藩司许涵度到任，加委其任川汉公司督办，并安排数人充当辅助。1904 年 11 月 5 日，锡良以"前派两司

---

① 中国社会科学院历史研究所第三所主编：《锡良遗稿·奏稿》（第一册），中华书局，1959年，第 339－340 页。

② 戴执礼编：《四川保路运动史料》，科学出版社，1959 年，第 2 页。

③ 戴执礼编：《四川保路运动史料》，科学出版社，1959 年，第 3－4 页。

督办，仍以政务殷剧，未能一意经营"为由，任命"志趣坚卓，识断闳毅，遇事以趋避为耻，规求久远，不辞艰苦"的署理永宁道赵尔丰为川汉铁路公司督办。① 可以说，在公司用人方面，均由锡良奏委决定，也就是说川汉铁路公司是官办公司。同时，为了协同推进川汉铁路建设，锡良加强了与湖北省联系商议。川汉铁路修筑事涉湖北四川两省。锡良最初上奏请示修筑川汉铁路时，是专折上奏，并未商同鄂省。此后，锡良不断与湖广总督张之洞商议，在上奏川汉铁路公司集股章程时就称曾"电商两湖督臣张之洞，意见亦复相同。将来勘路、兴工、购料诸事，当再会商张之洞，悉心筹画，通力合作"②。

川汉铁路公司的成立具有深刻意义。其一，它沉重地打击了列强对四川的侵略计划。筹办川汉铁路的初衷之一，就是抵制英法等国对四川铁路的觊觎。在川汉铁路筹办过程中，英法等国也没有放弃努力，一直企图以包揽川汉铁路路款和路工等方法进一步渗透四川。例如，美国曾提出"如果四川总督不能如数筹集中国资本修筑自成都至汉口铁路，该公司（中国兴业投资公司）愿借款兴修此路"③；而英国也要求川汉铁路"将所需之外国资本，皆在英、美两国借用"④；法国希望包揽川汉铁路款和路工。但这些要求均被公司以"自办为主义"拒绝。⑤ 川汉铁路相关各方均力主自办，"与两广督臣张之洞再四熟商，均主自办"，"川省绅士远迩同询，亦皆力请自办"⑥。在川汉铁路公司的集股章程中，也再次强调："不招外股，不借外债"，"专集中国人股分（份）"，"非中国人股分（份），一概不准入股，并不准将股

---

① 中国社会科学院历史研究所第三所主编：《锡良遗稿·奏稿》（第一册），中华书局，1959年，第442页。

② 戴执礼编：《四川保路运动史料》，科学出版社，1959年，第30页。

③ 宓汝成编：《中国近代铁路史资料（1863—1911）》（第三册），科学出版社，2016年，第1068页。

④ 宓汝成编：《中国近代铁路史资料（1863—1911）》（第三册），科学出版社，2016年，第1066页。

⑤ 戴执礼编：《四川保路运动史料》，科学出版社，1959年，第4-6页。

⑥ 戴执礼编：《四川保路运动史料》，科学出版社，1959年，第29页。

分（份）售与非中国人"。① 这些规定都将抵制列强侵略落到了实处。其二，它在客观上推动了其他各省自办铁路事业的发展，并见证了国人自保利权的开始。自此以后，"各省效行，先后有十多个省成立了铁路公司，可见其影响之大"②。

川汉铁路公司成立时，四川总督锡良几乎主宰一切，是典型的官办公司。1907年3月4日，锡良上奏清廷，陈遵照《商律》将川汉铁路公司定名为"商办川省川汉铁路有限公司"。同年9月，《商办川汉铁路公司续订章程》颁布。这是川汉铁路公司组织管理模式的转变。那么，为什么要从官办公司变为商办川汉铁路公司呢？一是川汉铁路公司作为官办公司，官方没办法出更多的资本。即便到1908年，官方股本也只有37375两，仅占总股本的2%③。到清朝末年，官民已经有了控股的概念，如1904年颁布的《铁路简明章程》就规定，允许中国的铁路公司吸收洋股，但"集股总以华股获占多数为主，不得已而附搭洋股，则以不逾华股之数为限"④。这个章程反映出清廷开始对股份制的规则有了进一步的理解，按股份有限制公司的组织规则，股份多者控制公司。只要所招洋人股份不超过华股，则不用担心公司会被洋人控制。同理，官股少而商股多，若成为官办公司就难以让商股信服。1906年，留日学生在改良川汉铁路公司的建议中一针见血："今川汉铁路以租股为大宗，租出于民而不出于官，则路不属官而属于民，虽欲谓之官办，不可得也。"官方仅仅投资"其数又极微细，虽欲谓之官商合办，亦不可得也"⑤。言下之意很明确，官府的微末投资，即便官商合办都不合理，遑论官办。二是官办川汉铁路公司招股困难。川汉铁路公司"所集之股本，除租股外，而民自行承买之股票，殆寥寥焉"⑥。其原因在于"官屡失信于

---

① 戴执礼编：《四川保路运动史料》，科学出版社，1959年，第32页。
② 陈世松、贾大泉、吴康零等撰：《四川通史》（第6册），四川大学出版社，1994年，第222页。
③ 隗瀛涛：《四川保路运动史》，四川人民出版社，1981年，第165页。
④ 宓汝成编：《中国近代铁路史资料（1863—1911）》（第三册），科学出版社，2016年，第926页。
⑤ 戴执礼编：《四川保路运动史料》，科学出版社，1959年，第45页。
⑥ 戴执礼编：《四川保路运动史料》，科学出版社，1959年，第47页。

民，民亦遂不信官"①。锡良也承认招股困难，"中国招集民股最为难事，川省地居偏僻，耳目拘隘，……骤欲集数百万股之多，此诚难之又难者也"②。为此，锡良认为"惟有开示诚心，祛疑惑之端"③，即需要获取商民的信任，才能招徕股份。要获取商民信任，必须确保股东权益。因此，官府独断不可行。三是川人强烈要求商办。20世纪初年，资产阶级的法人团队——商会已于1904年成立，《公司律》也于同年颁布，都说明资产阶级的权利意识已经全面觉醒，因此，完全官办显然让有资者驻足。1905年5月，四川举人张罗澄等人呈请都察院代奏，请求清廷选派督办川汉铁路大臣，以杜绝锡良对川路公司的直接控制，并提出"此路宜正名为民办"的主张。京官王荃善等也公呈指责川汉铁路公司成效甚微，"不如民款民办，为势较顺"④，要求川汉铁路改归商办；甚至有人以"川省官权尊重，谷捐激变，官幕盘踞，虚耗巨款"之罪名向清廷弹劾锡良。⑤ 1906年，四川留日学生蒲殿俊、胡骏、肖湘等人在日本创办了"川汉铁路改进会"，⑥ 他们列举了官办川汉铁路公司的"股票滞销""股本挪用""租股无限""官绅混杂、权限不明"四大弊端，强烈要求将公司"改归商办"。⑦ 他们以《公司律》为力争之武器，"使铁路公司而不适用'商律'，则必无可以倖成之理"，"依据商部'公司律'及川督奏案，以辨明川汉铁路公司之性质，确为商办之公司"⑧。

要求川汉铁路公司改归商办的民意汹涌，1907年3月，锡良不得不奏请将川汉铁路公司改为商办。锡良裁撤了官总办，修改了公司章程，设立了

---

① 戴执礼编：《四川保路运动史料》，科学出版社，1959年，第46页。

② 中国社会科学院历史研究所第三所主编：《锡良遗稿·奏稿》（第一册），中华书局，1959年，第455页。

③ 中国社会科学院历史研究所第三所主编：《锡良遗稿·奏稿》（第一册），中华书局，1959年，第455页。

④ 宓汝成编：《中国近代铁路史资料（1863—1911）》（第三册），科学出版社，2016年，第1072页。

⑤ 中国社会科学院历史研究所第三所主编：《锡良遗稿·奏稿》（第一册），中华书局，1959年，第559页。

⑥ 鲜于浩：《四川保路运动再研究》，西南交通大学出版社，2021年，第68页。

⑦ 戴执礼编：《四川保路运动史料》，科学出版社，1959年，第44—47页。

⑧ 戴执礼编：《四川保路运动史料》，科学出版社，1959年，第45页。

定期和临时股东会。不过，名为商办，实则官督商办，官方仍然有很大发言权和决定权。在《商办川汉铁路章程》总则第一条就明文规定"至重大事件仍禀承总督办理"，[①] 表明商办川汉铁路公司并未完全商办。

1907 年 2 月，锡良调任云贵总督，赵尔丰出任护理四川总督。5 月，赵尔丰任命锡良提议的乔树枏为川省川汉铁路公司总理，胡峻为副理。9 月，公司仿照浙江省等铁路公司章程制定颁布了《商办川汉铁路公司续订章程》。章程在筹股方式等方面增加了一些新的内容，如提高租股的年息、改变付息方式、规定股东权利以及股东会与董事的选举和组成等，以此提高商民的积极性。[②] 1908 年 1 月，清王朝邮传部奏请援照湖南粤汉铁路公司设立三总理成案，改派胡峻为驻川总理，费道纯为驻宜总理，乔树枏为驻京总理，以三总理的名义组织总公司于成都。但商办川汉铁路公司业绩平平，管理不善。1909 年 11 月 19 日，川省咨议局鉴于"川汉铁路于今开办，已及六年，而工尚未开者"，为"促铁路工事之早日进行"，提出"整理川汉铁路公司案"。该整理案历数川汉铁路公司之弊端，提出筹集股本、修订章程、清查账目、整理财政 4 项议案。[③] 同月，川汉铁路公司召开了第一次股东大会，12 月成立了董事局，肖湘、江树、汪世荣、沈敏政、邓孝然等 13 人为董事，刘紫骧任董事局主席兼铁道学堂监督，郭成书等 3 人为查账员。[④] 至此，商办川汉铁路公司架构基本完成。

二、川汉铁路的筹款集股

川汉铁路公司虽已成立，但这仅仅是第一步，"筹修川汉铁路，事创而工巨；又欲自办，以保利权，其初皆以为万难措手也"[⑤]。当时中国没有筑

---

① 戴执礼编：《四川保路运动史料》，科学出版社，1959 年，第 65 页。
② 鲜于浩、张雪永：《保路风潮——辛亥革命在四川》，四川人民出版社，2011 年，第 63 页。
③ 戴执礼编：《四川保路运动史料》，科学出版社，1959 年，第 80 页。
④ 转引自隗瀛涛：《四川保路运动史》，四川人民出版社，1981 年，第 182 页。
⑤ 戴执礼编：《四川保路运动史料汇纂》，台北"中央研究院"近代史研究所，1994 年，第 261 页。

路技术、缺少筑路人才、缺乏筑路设备并且无资金支持，川汉铁路修筑其实面临诸多困难。不过，公司成立后首先面临的最大难题便是筑路资金的筹措。

修筑川汉铁路，究竟耗资几何？当时，梁启超曾估算其所需费用约为5000万两，锡良也认可该数据。[1] 鸦片战争后，中国在沦为半殖民地的过程中开始了资本原始积累过程，但资本原始积累的暴力是侵略者侵略中国的暴力，其积累的财富多半被侵略者掠夺，因此财富积累严重不足。自清王朝办洋务始，资本便是一个巨大难题，因此洋务运动中创办的民用企业，从轮船招商局开始，多采用股份制的方式。股份公司有集腋成裘、分散风险的优势，便于谋大事业，是一种非常先进的企业组织形式。民用洋务企业一开始就采用股份制不在于赞赏股份制的先进组织方式，而是因为官方无资本，只能寄希望于招徕民间资本。近代民族企业也因资本短缺多采用股份制的形式。

到20世纪初，川汉铁路公司创办时，清廷更是捉襟见肘，不可能投资。当时西方各国均借此来抢夺中国铁路修筑权。1904年5月，英国便提出照会，要预定川汉铁路借款权："该公司如不能筹集全股开办，则贵政府必应照去年贵亲王（按指其时的外务部总理庆亲王奕劻）与署大臣所商……将所需之外国资本，皆在英、美二国借用。"[2] 法国领事也多次诘问川汉铁路公司相关事项，并指责锡良回复他们的要求"颇涉含糊"，[3] 甚至威胁锡良："不论贵督办升迁何省，本领事亦电知敝国钦使，惟贵督办是问！"[4] 可见英法等国确实"坐索川汉铁路，事势日迫"，[5] 也揭示了川汉铁路修筑资金问题绝非单纯的经济问题。为此，川汉铁路从筹备之初，各方就坚决表示"不募外债，不招洋股"[6]，以维主权。

---

[1] 戴执礼编：《四川保路运动史料》，科学出版社，1959年，第23、29页。
[2] 戴执礼编：《四川保路运动史料》，科学出版社，1959年，第4页。
[3] 戴执礼编：《四川保路运动史料》，科学出版社，1959年，第6页。
[4] 戴执礼编：《四川保路运动史料》，科学出版社，1959年，第8页。
[5] 戴执礼编：《四川保路运动史料》，科学出版社，1959年，第9页。
[6] 鲜于浩：《四川保路运动再研究》，西南交通大学出版社，2021年，第63页。

政府没钱，外资又不敢依靠，"川路兴筑固难，筹费尤难"①。筹措不到资本，公司的成立就没有任何意义，而且所谓的"自办"也成了空言。如何解决川汉铁路的资金问题呢？各界人士集思广益，梁启超及留日学生纷纷建言。

梁启超的《为川汉铁路事敬告全蜀父老》②为川汉铁路的资金筹措找到基本的解决思路，即集川人之合力出资认购铁路股票。他还初步建议了川汉铁路股票设置的几种类型，这也是川汉铁路公司认购之股、抽租之股、官本之股、公立之股设立办法的雏形。这篇文章对四川留日学生产生了很大影响，而文中筹备铁路的思路和办法也通过留日学生传达于四川官民，为川汉铁路集股筹款提供了可行路径。川籍留日学生也在梁的思路基础上提出了具体建议。1904 年 9 月，留日学生拟订了《开办川汉铁路公司意见书》，提出了四条具体的集股办法：一是对部分产品增税，其收入作为铁路官股；二是将各州县官府的生息之款用于购买铁路债券；三是"因粮摊认，由地丁一两起，不派小户"，这就是后来的租股；四是"得官款及地方公款以植其大源，然后一面募民款以足之"③。这个建议还是把修筑资金建立在官方款项上。锡良接受了其中"因粮摊认"的建议，提出"并请仿照历届办理积股等项，按租出股，百分取三，意在轻而易举，积微成巨"④。

1905 年 1 月，川汉铁路公司拟订了《川汉铁路总公司集股章程》55 条。章程规定了入股条件、股票面额、股票种类等。川汉铁路规定，"川省绅民皆自愿筹集股分（份）""非中国人股分（份），一概不准入股，并不准将股分（份）售与非中国人"。"凡入本公司股分（份）之人，即系承认本公司章程，一切均应恪守定章，不得妄生异议。"也就是说入股条件一是中国人，二是必须遵守公司章程。川汉铁路公司股票面额以库平银 50 两为一股，"凡

---

① 戴执礼编：《四川保路运动史料汇纂》，台北"中央研究院"近代史研究所，1994 年，第 266 页。
② 梁启超：《梁启超全集》（第四册），北京出版社，1999 年，第 2365 页。
③ 隗瀛涛：《四川保路运动史》，四川人民出版社，1981 年，第 162 - 163 页。
④ 戴执礼编：《四川保路运动史料》，科学出版社，1959 年，第 30 页。

有人入款——无论官款、民款——一律作为股分（份），按股填给股票。俟全路告成之后，停止收股"①。这条规定，反映出川汉公司与一般的股份有限公司不同，并没有设定资本总额，而是只要铁路没建成，就可以不停招徕股份（前提是有人入股）。不过后来在招股公告中，将资本总额暂定为5000万两。② 公司股份，专用于川汉铁路修筑，"无论地方何项要公，不得动用此项股本"。关于股息，章程规定，"均按周年四厘行息"。关于铁路建成后的利润分配，"除本年应支各项及各股应得四厘息银外，先提十分之一作为公积，以积至成本十分之五即行停止；其余仍作十成，以三成报效国家；以六成作红利，分给公司股东；以半成作为岁修；以半成作为花红，奖给铁路在事员役"③。章程规定公司每年都应对外公布所收股本、所用款项，包括通车后的财务状况。对于股东权益，官办川汉铁路公司仅在认购之股中有所涉及，规定若股东确实有建议，可以将之罗列出来，以供参考。如果公司各级有人员出现舞弊的情况，股东都可以凭据指证，一旦查实，必将处置。④ 按道理，官办川汉铁路公司设计了四种股份，抽租之股、认购之股、官本之股、公利之股，但凡股东，除优先股与普通股有所区别外，其他一般都大致相同。但官办川汉公司，居然认为其他三种股份的股东不享有建议、质询公司经营之权，尤其是占比最大的租股股东，说明官办川汉铁路公司并未给予租股股东相应的尊重和权限。

1907年改归商办后，对章程进行了修改，有关股份的部分主要有几个变化：第一，撤销了公利之股和官本之股即官股，从四种股份变成了认购之股和抽租之股即租股。官股变成了认购股的一部分。第二，股息改为每年6厘。第三，增加了股东权利，强调所有股东权利一律平等。"凡附本公司股本者，无论有无官职，均系股东，一律看待。即系公款入股，既给股票，亦

① 戴执礼编：《四川保路运动史料》，科学出版社，1959年，第32—33页。
② 戴执礼编：《四川保路运动史料》，科学出版社，1959年，第73页。
③ 戴执礼编：《四川保路运动史料》，科学出版社，1959年，第33页。
④ 戴执礼编：《四川保路运动史料》，科学出版社，1959年，第34页。

仍与众股东利益相同。"取消了"劝令""摊认"等要求；① 但是，章程关于购买股票和股东的规定依然带有很多明显的封建性特征，比如规定购股股东在提出建议时，不能涉及公司的人事行政权，以避免核心权力旁落。②

川汉铁路公司资本招募从官办川汉铁路公司成立后就着手进行，最初设计了四种股份：抽租之股、认购之股、官本之股、公利之股。其中，抽租之股占比最大。其章程规定及执行情况如下：

1. 抽租之股

《川汉铁路总公司集股章程》规定凡是按租谷入股者，即作为抽租之股，"凡业田之家，无论租遗、自买、当受、大写③、自耕、招佃，收租在十石以上者，均按该年实收之数，百分抽三。假如收租拾石者，即抽股三斗；一百石者，即抽股三石；以次递加照算。无论公产庙田，一律照抽；其收租不及十石者，免抽"④。章程第24至35条进一步对租股的相关内容进行了规定，主要包括五个方面。一是关于抽租入股者的权益。章程规定抽租入股者不能干预公司路权。对于租股数为50两的可将收单缴换股票照计息章程办理，若不及50两可待积成股数或是添缴现银换领，而有收单但还未换领股票者，息银照给。二是关于租股执行时间，即铁路建成后停止抽谷之股。三是要求强制抽取租股。章程明确规定各业户应抽租谷，否则会受到提案追究。四是关于股款的处置。章程规定，抽存租谷的股本均由地方官绅互相稽查，无论地方何事，不准动用分毫。各州县"将按租所抽股本，督同经管绅董，随时批解本公司兑收，不加平水、火耗"⑤。五是关于租股的执行单位及执行办法。章程规定，每年由各分局统计发放川省各州县，自收租之日开办，选派绅董，按乡稽抽；抽收办法先由公司酌定再发放到各州县，各

---

① 戴执礼编：《四川保路运动史料》，科学出版社，1959年，第68页。
② 鲜于浩、张雪永：《保路风潮——辛亥革命在四川》，四川人民出版社，2011年，第76页。
③ "大写"主要是指先租进较多土地，然后又分租出去谋利。
④ 戴执礼编：《四川保路运动史料汇纂》，台北"中央研究院"近代史研究所，1994年，第271—273页。
⑤ 戴执礼编：《四川保路运动史料汇纂》，台北"中央研究院"近代史研究所，1994年，第273页。

乡统计相关信息，收租不足十石之户，需一并注明，照章免抽；州县需派人进行复查，若是有与上一年租数大相悬殊的情况，需查明原因，若所查属实，即照册榜示该处定期抽收，若有错讹，可让各户陈明，报公司查考；遇有地方旱成灾，收成不及三、四分者，本年租谷停抽；按租抽谷，根据各乡市斗，改收折色；各户完缴抽谷折价，即随填给三联收单，收单格式由公司酌定；根据具体工作情况，对各处负责办理抽谷的人员进行奖惩。① 与《川汉铁路总公司集股章程》同时颁布的还有《川汉铁路按租抽股详细章程》，它进一步规定租股均抽自收租之家，若有佃户押重租轻，或是债户以租抵利的，有租谷可收且数额在十石以上，一律照抽。② 随后，各州县便选派士绅成立了租股局，专门负责征收租股工作。租股工作覆盖了全川府、厅、州、县大部分区域，征收对象的范围也十分广泛。

尽管对于是否实行租股的问题，川省各界一直互存歧见，多年来都是舆论纷纷。但自从租股实行以来，每年大约能筹集资金 200 万两，已然成为川路股款的主要来源。因此，川汉铁路公司在 1907 年颁布的《商办川汉铁路公司续订章程》中又针对租股方式补充了 6 个方面的内容：一是提高了租股年息；二是增加了新的租股股票面额；三是新设了租股零数息折；四是改变了付息方式；五是明确了预定租股总额数；六是增添了关于公司股东权利、股东会以及董事构成的规定，给了部分租股者参与公司事务的权利。1908年，公司又公布了《改订川汉铁路租、购各股草章》，针对租股局的人事组成方式作了细致规定。③

以上政策及举措虽为租股征收工作制定了基本方向，但在具体实施过程中，各地方政府并未完全按照"收租在十石以上者，均按该年实收之数，百分抽三"的规定，而是以一定数量的地丁银（粮）额作为实收租股十石的

---

① 戴执礼编：《四川保路运动史料汇纂》，台北"中央研究院"近代史研究所，1994 年，第271－273 页。

② 四川省档案馆编：《四川保路运动档案选编》，四川人民出版社，1981 年，第148 页。

③ 鲜于浩、张雪永：《保路风潮——辛亥革命在四川》，四川人民出版社，2011 年，第63－64 页。

相应标准，同时，征收机构有时还会"变通办理，酌夺更改"。因此，各地租股的起征点很多时候不尽相同。例如，温江县从条粮一钱四分起征收，彭山县从条粮二钱五分起征收。① 此外，部分州县嫌抽谷烦琐，往往将之加入正粮同征。一些农民缴纳正粮后实在无法再承担租股，就会面临严重的处罚，常被官方以抗粮罪处置，受到鞭笞棰楚、监禁锁押。《川汉铁路总公司集股章程》第 1 条即明确规定，"川省绅民自愿筹集股分（份）"，② 但租股征收过程中却变成了强制执行，给四川农民尤其是贫苦农民带来了沉重的负担。为了能够完成租股缴纳，农民卖妻鬻子，倾家破产者不知凡几。③

最终，租股为川汉铁路公司提供了较为可观的资金来源。据统计④，截至 1911 年，川汉铁路租股征收额总计为 9288128 两，占股款总额的 77.51%。⑤ 同时，相较于其他省份，川路租股也是绝无仅有的，其实际征收的总额比浙路实收总额多出 925 万两，比湘路、鄂路实收总额多出 864 万两，与苏路、赣路、闽路、皖路、黑省、同蒲、洛潼等路累积实收总额 1030 万两相差无几。⑥ 由此可见，川汉铁路租股的征收数额是空前的，它已成为川汉铁路公司的经济命脉。

2. 认购之股

认购之股是指"官绅商民皆自愿入股，冀获铁路利益者"。《川汉铁路总公司集股章程》的第 12 至 21 条对认购之股的相关内容进一步进行了规定：

第一，股票认购者，只能提取利息，不能提取本金；如果急需用钱，可将股票转卖给他人，只需要将购买股票人的姓名、住址等详细信息报给公司

---

① 鲜于浩、张雪永：《保路风潮——辛亥革命在四川》，四川人民出版社，2011 年，第 64 页。

② 戴执礼编：《四川保路运动史料》，科学出版社，1959 年，第 32 页。

③ 戴执礼编：《四川保路运动史料汇纂》，台北"中央研究院"近代史研究所，1994 年，第 57 页。

④ 关于川汉铁路股款总额及租股征收额的具体数值，各个资料统计略有出入。此处选择《总纂实收数目简明表》的数据，该表由川汉铁路公司于 1911 年公布。

⑤ 鲜于浩、张雪永：《保路风潮——辛亥革命在四川》，四川人民出版社，2011 年，第 65 页。

⑥ 鲜于浩、张雪永：《保路风潮——辛亥革命在四川》，四川人民出版社，2011 年，第 65 页；宓汝成编：《中国近代铁路史资料（1863—1911）》（第三册），中华书局，1963 年，第 1043 页。

便可换取股票。这是股份制公司的基本规定，即一旦入股，不能撤资，只能转卖。还明确认购范围和分红期限。第二，股东的股票如果不慎遗失，应当第一时间向公司申请挂失，担保人出具担保书之后，公司将查对存根，并及时给予补填。第三，股票的总售票处设在成都岳府街的总公司，分售股票处设在各个州县分局；在各州县选派董事，劝集铁路股份；规定对股票劝购行为以现金或股票发放的形式进行奖励等。①

不过，川汉铁路公司认购之股募集并不顺利。据 1909 年川汉铁路公司整理案所称："顾自今观察，所谓募集之股，应者实行寥寥，成本占最少数。"② 1908 年，认购股票 69420.58 两，仅占当年所收股本的 4%；1909 年认购股票 68589.84 两，占当年所收股本的 2%。③ 川汉铁路公司股票认购低迷，开办之初即有所预料，锡良曾奏称："中国招集民股，最为难事。川省地居僻远，耳目拘隘；昔为邻省办矿等股，寸效未观，至今人多畏之。骤欲集数百万股之多，此诚难之又难者也。"④ 锡良奏折中所说邻省办矿之事，是指 19 世纪 80 年代初，因上海股票市场大热，很多矿业公司到上海招徕股份，其中不乏鱼目混珠之辈，1883 年上海股市崩盘，很多矿业公司股票沦为废纸，致使国人"因噎废食，而视公司、股分（份）为畏途"。⑤ 更严重的是，川汉铁路在管理上也存在颇多问题让投资者心存疑虑，商办川汉铁路"树商办之名，而无商办之实，总理由选派奏委，不由股东集会公举，其他一切用人行政，多未遵照商律办理。出股分（份）者，不得'商律'上应享之权利，人非至愚，孰肯投资"⑥，故而川汉铁路公司资本募集困难。1909 年，川汉铁路公司经过改组，设立了股东会，民众购股稍趋积极。截至1911 年，川汉铁路认购之股共筹集股本 2458147 两，约占总股本的 20.51%。⑦

---

① 戴执礼编：《四川保路运动史料汇纂》，台北"中央研究院"近代史研究所，1994 年，第270－271 页。

② 戴执礼编：《四川保路运动史料》，科学出版社，1959 年，第 80 页。

③ 隗瀛涛：《四川保路运动史》，四川人民出版社，1981 年，第 165 页。

④ 戴执礼编：《四川保路运动史料》，科学出版社，1959 年，第 29 页。

⑤ 《购买股份亦宜自慎说》，《申报》1882 年 9 月 2 日。

⑥ 戴执礼编：《四川保路运动史料》，科学出版社，1959 年，第 80 页。

⑦ 贾本义编著：《中国早期铁路的那些人和事》，中国铁道出版社，2014 年，第 95 页。

3. 官本之股

官本之股是指以官款形式拨入公司作为股本的股份，"凡以官款拨入公司作为股本者，即作为官本之股"。《川汉铁路总公司集股章程》第 37 至 41 条进一步对官本之股的相关内容进行了规定：例如，官本之股以 50 两为 1 股，年息是 4 厘，按股填给股票，待到路成之日，分给红利；官本所得的股息、红利，均分发给各地衙门，作为公款；凡是拨作官本之股的资金，不得向公司提取股本；凡是借拨存放生息公款，只能作为公司的借款计息；不得以借款作为股本，以免利息偏重等。[①]

官办之股实际上是将四川地方衙门的公款投入川汉铁路总公司作为股本。不过，由于地方政府财政捉襟见肘，官本之股所集资金数量较少、杯水车薪，因此在 1907 年 3 月颁布的《商办川汉铁路公司续订章程》未再出现。截至 1911 年，官本之股共筹集股本 236730 两，约占公司总股本的 1.98%。[②]

4. 公利之股

公利之股是指川汉铁路公司在修筑铁路过程中，进行投资等产生的衍生收益转化而来的股份，因规定股息分红用于"公用"而名。可分为两种情况：一是川汉铁路公司进行投资等产生的收益。由于铁路修建非朝夕可成，铁路公司所收资本也非立即用尽，当然，公司也可以公司抵押进行信用贷款，这样，就能用余存的资本金、贷款进行投资，谋求增值。如公司拟在重庆试办铜元局，"业经本公司会同机器局总办详定提借存放当铺、盐局公款银一百万两，并在票号借银五十万两"[③]，所得利润则转化为公司股票。二是川汉铁路修筑过程的开采之各种材料，包括各种副产品，不符合铁路所用或川汉铁路修筑所剩余材料售卖而取得的盈利，转化为公司股票。可见，"公利之股"是川汉铁路公司发起时的一种设想，在招股之初并未有实际的投资。前者相当于川汉铁路公司将公司资本用于创业赚取利润，类似于川汉

---

① 戴执礼编：《四川保路运动史料汇纂》，台北"中央研究院"近代史研究所，1994 年，第 273 - 274 页。

② 贾本义编著：《中国早期铁路的那些人和事》，中国铁道出版社，2014 年，第 95 页。

③ 戴执礼编：《四川保路运动史料》，科学出版社，1959 年，第 38 页。

铁路下设之子公司，后者本身就是川汉铁路公司的财物，这两者按现代股份制公司的定义，当然都应归公司所有，意即归川汉铁路全体股东所有，而不应当将其变成公司的股份。近代国人对股份制公司的规定不甚了了，所以这些收益不归川汉铁路公司，而变成了川汉铁路公司的"公利之股"。且"公利之股"与其他股份一样可以取息分红，所得股息或分红用于"地方紧要公用"，[1] 这其实是不符合股份制规定、损害股东权益的行为。

根据章程规定，四川地方政府选择通过铸造钱币的方式来获取公利之股。于是，川汉铁路公司从 1905 年 2 月起开始筹办隶属于川汉铁路公司的铜元局。在筹办过程中，铜元局向川汉铁路公司进行了借支，后因原料不足无法正常生产。公司在 1907 的《商办川汉铁路公司续订章程》遂取消了公利之股。截至 1907 年 11 月 22 日，铜元局尚欠川汉铁路公司 2 万两银。因此，川汉铁路最终的总股款中并没有公利之股所筹资本。

综上，因为缺乏建设资金，川汉铁路采取了股份制的组织方式。按照股份制的一般情况，股份应以市场自愿认购为主，但在 20 世纪初年的四川，因为资本缺乏，川汉铁路公司不得不因地制宜，在认购之股外，有抽租之股、官本之股，还设计了公利之股。股本的构成，深刻地影响着川汉铁路公司的发展，也影响着四川政局。就筹资而言，抽租之股是从当时四川情况出发的较为有效的方式，但租股的募集，却留下了隐患。租股本质是川汉铁路公司的股票，属于垫支资本。就股份制的企业组织运营方式而言，股票是股东自愿购买的，一旦购买股票成为股份公司股东，股东便与公司利益共享、风险同担。而租股的股东却不完全是自愿购买的。从上述租股的抽取方式可以明显看出，它与川汉铁路公司认购之股的用途都是修筑川汉铁路，也能基本同等享受股东权益，但不同的是购买途径，并非自由购买，而是由地方官府出面进行强制性征收，其征收方式与政府征收捐税方式大致相同。在近代经济观念普遍缺乏、对股份制公司的内涵不够了解的情况下，国人就有可能

---

① 戴执礼编：《四川保路运动史料汇纂》，台北"中央研究院"近代史研究所，1994 年，第274－275 页。

将租股与捐税混为一谈。在租股抽取时，四川很多民众便是如此认为。据记载，由于"川省地居僻远，耳闻拘隘；昔为邻省办矿等股，寸效未观，至今人多畏之"①，于是租股被民众看作是清政府新增的一种捐税，故而又将之称为"铁路捐"。为了打消民众的顾虑，商办川汉铁路公司还在《四川官报》上刊登了易于理解的广告，明确告知："铁路租股，有本有利；不是捐输，切勿疑虑。百分抽三，所取甚细；譬如众人，共本营利。所出之财，不为废弃；况乃铁路，所关甚巨。现虽改办，抽租无异；勿听浮言，妄生异议。"② 但商办川汉铁路公司的解释，显然不能左右清王朝高层的认知，或者说租股的征收方式给腐朽的清王朝后来拒不兑付租股提供了一种可能的说辞③。不过，清王朝没想到的是，租股的征收在客观上使得四川民众与川汉铁路产生了紧密联系，"全川六七千万人民，无论贫富，对民办铁路都发生了经济上的联系"④，"男女老幼，人人皆经投资，人人皆认自办"⑤。它将四川民众与川汉铁路的利益捆绑在了一起，使之成为利益一致、不可分割的强大力量。清王朝可以从征收方式找到借口指鹿为马，但众多的租股股东却不认可，群起捍卫自家血汗钱，致使保路运动最终演绎成惊天波澜，成为辛亥革命的导火线。可以说，四川的一条铁路，直接影响了近代中国政局和历史进程。

---

① 戴执礼编：《四川保路运动史料》，科学出版社，1959年，第29页。

② 戴执礼编：《四川保路运动史料》，科学出版社，1959年，第72－73页。

③ 股份制为从西方引入的先进企业组织运营方式。股票投资与中国传统的投资方式完全不同。由于中国资本原始积累中资金积累严重不足，因此19世纪70年代中国近代企业初兴时便多采用股份制。但很多企业难以筹集股本，不得不对股份制的基本原则进行"中国式的修订"，如"官利制度"的实行便是如此。购买股票不问其公司是否有盈利，首先必须按期收取股息，若有盈利再分红，即股票债券化。这本与股份制的"盈利共享风险共担"的原则相悖，但在近代中国不如此便难以招徕股本。川汉铁路公司的股本亦是如此，规定入股之后，不论铁路是否建成，先取股息。意即，当时国人对股份制的理解并非非常清楚明晰，实施的很多规则也与规范的股份制存在差异。清王朝最初也没搞清楚股票与债券的区别，1898年清廷发行的昭信股票本为债券，却以股票命名，也说明清王朝确实有可能认股为捐。不过，就其后来对川省与湖南省的租股采取不同的政策，则说明确因川省租股数额过于巨大，清王朝在找借口贪没民财。

④ 吴玉章：《辛亥革命》，人民出版社，1963年，第23页。

⑤ 戴执礼编：《四川保路运动史料》，科学出版社，1959年，第367页。

第二节 川汉铁路的勘测与动工

1906 年，川汉铁路公司派人对川汉铁路进行了勘测，决定将之分为成渝段、渝万段及宜万段分批施工。在这三段中，只有宜万段依据沿江筑路方案艰难开工，并完成了部分工程，而成渝段、渝万段并未正式动工。

一、川汉铁路的勘测

川汉铁路全路的预定路线所经地为：成都、资阳、内江、永川、重庆、万县、夔州（今奉节）、归州（今秭归）、宜昌、汉口，"计里四千有奇"①。在川境者，主要由成都经重庆以达夔州巫山边界；在楚境者，主要由巫山边界入鄂境，经巴东、兴山两县至宜昌，再"经当阳县、荆门州、襄阳府以达应山县属之广水驿，与京汉大干路接通"②。两省商议决定将川汉铁路采用分境自修办法进行施工，即川省负责修筑宜昌至成都段干路，宜昌以下的干路则由鄂省负责。

铁路修筑是技术性很强的工程。《川汉铁路公司续订章程》规定，"先延本国人为工程师，其应聘东、西洋各国人，均由本公司商同总工程师妥立合同，规定权限，仍归公司监督。若应聘人怠于职守，本公司可随时知照总工程师辞退"③。1906 年，川汉铁路公司聘请了曾在美国学习铁道工程技术的陆耀庭和胡栋朝开展川汉铁路的勘测。他们与其他相关人员主要勘测了马南坡、两河口、杨家河、马良坪、石家坝、大峡口、香溪、夔州、夔万、夔

---

① 戴执礼编：《四川保路运动史料汇纂》，台北"中央研究院"近代史研究所，1994 年，第267 页。

② 戴执礼编：《四川保路运动史料汇纂》，台北"中央研究院"近代史研究所，1994 年，第259 页。

③ 戴执礼编：《四川保路运动史料》，科学出版社，1959 年，第71 页。

宜一线。① 经过多次实地勘测后，胡栋朝撰写了《川路工程师胡栋朝勘路报告》，详细记录了勘测的具体线路长度、建设所需经费，并主张将川汉铁路分为三段。根据胡的报告，川汉铁路公司于 1907 年 3 月颁布了《商办川汉铁路公司续订章程》，最终确定将川汉铁路分为成渝段（成都至重庆）、渝万段（重庆至万县）以及宜万段（万县至宜昌），分段建设。

随后，社会各界从经济、技术等方面就先修哪一段铁路展开了激烈的讨论。川汉铁路公司有人提出宜万段建设所需费用较高，应当先修成渝段；而有人又认为成渝段机器、路轨等材料运输困难，主张先修建宜万段。东京川汉铁路改进会的留日学生认为宜万段太险峻，修筑工程浩大，主张先修成渝段②；川汉铁路工程师胡栋朝也主张先修成渝段，他在《川汉铁路宜由何地开工论》一文中对这三段的施工难度、经费情况以及预计耗时进行了比较：宜万段"山路崎岖，峰峦峻蠹，屡穿洞凿岩，其工程最难，平均核计每里需款三万七千两，约五年工竣"；渝万段"睹其河阔溪多，架铁桥而工程非易，危岩峭壁，开隧道而费用尤多，其工程亦难，平均核算每里需款三万二千余两，约四年竣工"；而成渝段"多系田陌，只用锄高填低之法，稍有险峻不过几处数里之遥，其工程容易，平均核算每里需款二万一千余两，约三年竣工"，因此综合看来成渝段"费少而成功速也"。③ 胡栋朝的意见得到了留日学生与省内人士的支持，但是最终却未被川汉铁路公司采纳，公司采用了内部投票的方式决定先修宜万段。④

在正式动工前，川汉铁路公司又派胡栋朝与陆耀庭两名工程师先后再次对宜万段的路线进行了勘测。1908 年，邮传部也调派了京汉铁路的一名李姓工程师赴川，与胡、陆二人共同勘测。赵尔丰接任四川总督后，认为"此

---

① 詹文琮、邱鼎汾编辑：《川汉铁路过去及将来》，湘鄂路局工务处，1935 年，第 16 页。
② 隗瀛涛：《四川保路运动史》，四川人民出版社，1981 年，第 184 页。
③ 胡栋朝：《川汉铁路宜由何地开工论》，《四川杂志》1907 年第 1 号，转引自隗瀛涛：《四川保路运动史》，四川人民出版社，1981 年，第 184 页。
④ 《四川川汉铁路与辛亥革命之溯记》，《四川月报》1934 年第 2 期。

路关系西南大局，未可轻率。但本国于工程有经验者推詹天佑一人"，[①] 电请邮传部派詹天佑为川汉铁路总工程师。詹天佑于 1908 年 11 月临危受命，同意就任川汉铁路总工程师。由于当时京张铁路尚未竣工，詹天佑无法及时赴川，他便邀请颜德庆担任川汉铁路副总工程师代为主持工作。1909 年 3 月，颜德庆被任命为川汉铁路副总工程师。之后，颜德庆亲赴宜昌进行实地考察，并每日与詹天佑书信讨论川汉铁路的勘测情况。例如，通过 1909 年 4 月 19 日詹天佑写给颜德庆的信件可知，詹天佑就码头、测量与定线、宜昌站的位置、材料等事宜进行了规划。在码头的选取方面，詹天佑强调选址尤为重要，因此要求颜在勘测时需沿江了解江底情况，查明对码头打桩是否有限制，另需考察确定"最高洪水位上升高度以及码头所在地的河床断面"。在测量与定线方面，詹天佑告知颜德庆，美国工程师洛克（Luk）正在宜昌和香溪间沿扬子江岸进行路线测量，洛克认为没法选出一条沿江路，故主张采用山区路线。因此，詹指示颜到达宜昌后，需向洛克详细询问有关情况与较优路线方案，并在定线之前先和洛克及相关人员一同对全线进行一次踏勘，这样可判断哪一路线为较优方案。另外，詹还告知颜，他发现洛克"将 1600 英尺作为一里，这当然是错了，因此，路线长度实际上比他们计算的要减少 1/8 的距离"[②]。对于路线的选定，他叮嘱颜仔细地进行一次沿江踏勘，若确实无线可选时就采用山区路线。而颜德庆在沿江勘测过程中确实找出了一条更为理想的路线，相较于之前洛克所测的内陆线缩短了约一半的距离。但是，由于当时的督办张之洞选择支持洛克的选线方案，因此颜德庆的方案暂被搁置了。

　　1909 年 10 月，京张铁路建成通车后，詹天佑于次月便赶往宜昌准备宜万段的筹备工作。他亲赴工段勘定线路，决定选取颜德庆此前提出的沿江筑路方案。最终，宜万段的计划建设线路"由宜昌起，经宋家嘴、雾渡河、大峡口、香溪，而至归州"，全长约 160 公里，"路径难远，避绕南沱一带高山

---

　　① 《赵季和电稿》卷 2，《致邮传部》，手抄本，转引自隗瀛涛：《四川保路运动史》，四川人民出版社，1981 年，第 183 页。

　　② 詹同济编译：《詹天佑日记书信文章选》，北京燕山出版社，1989 年，第 116 页。

峻岭"①，划分为 10 个工段逐段开工，分别为宜昌—商家湾段、商家湾—泰山庙段、泰山庙—邓家坪段、邓家坪—箭楼子段、箭楼子—下马粮坪段、下马粮坪—学堂坪段、学堂坪—董家河段、董家河—游家沟段、游家沟—香溪段、香溪—东瀼口段。②

二、川汉铁路的动工

根据此前的决定，川汉铁路三段中的宜万段首先动工。1909 年 12 月 10 日，詹天佑主持了在宜昌举行的川汉铁路宜万段开工典礼。庆典当天军乐大作、火炮齐鸣，热闹非凡。就在这一天，川人正式"向全世界宣告，川汉铁路已经开工"③。《血泪碑》④记载了开工的盛况："东西宾侣，联袂来观，诧为盛事，时方召集第一次正式股东会于成都，工作俶新，嘉谋如云，所在骕（欢）跤。于是攻金、攻木、攻石之工，铁泥沙土竹木陶埴之材，汽电机体、鲍革钢镍钱镈之器，银铜之货，骈填咽塞，自夷陵达秭归三百里间，同时兴作，徒夫万千，是为川路开工建筑之始。"⑤

对于宜万段建设的各项事宜，詹天佑来回奔忙，尽力兼顾，妥善安排。其一，他曾参照京张铁路的标准确定铁路设备、材料、设计标准及工程技术管理规程等，并根据四川的地形及气候条件对各项进行优化。例如，他规定川汉铁路的工程标准及设备选型按照京张铁路的经验加以制订，机车的使用与管理也参照京张铁路的章程与规则，开山炸药同样使用拉克洛炸药，钢轨均向汉阳铁厂订购，水泥均向唐山启新公司订购。但是，车站房屋设计上比照京张铁路标准要有所提高，以适应南方潮湿气候；定制川汉铁路专用的大马力机车以适应山区多隧道铁路行驶；隧道断面尺寸，要比照京张铁路标准

---

① 詹文琮、邱鼎汾编辑：《川汉铁路过去及将来》，湘鄂路局工务处，1935 年，第 17 页。

② 詹文琮、邱鼎汾编辑：《川汉铁路过去及将来》，湘鄂路局工务处，1935 年，第 17－18 页。

③ 詹同济编译：《詹天佑日记书信选集》，珠海出版社，2008 年，第 139 页。

④ "血泪碑"是指"四川商办川汉铁路宜昌工场志痛之碑"，由李稷勋编撰于 1915 年。

⑤ 詹文琮、邱鼎汾编辑：《川汉铁路过去及将来》，湘鄂路局工务处，1935 年，第 26 页。

稍予提高。^① 其二，选派骨干技术人员分赴工段任职。如前所述，詹天佑就职后，先是代表公司聘请正工程师颜德庆赴川汉铁路担任副总工程师，然后又调派了一定数量的工程师分赴宜万段所划定的 10 个工段负责技术工作，大大充实了川汉铁路的技术力量。据统计，宜万段第 1 至第 10 工段的工程师分别为耿瑞芝、温维清、张鸿诰、程锡培、苏以昭、黄锡兰、王国勋、周良钦、周琳、陆耀庭。这些工程师大都有专业系统的学习经历，如耿瑞芝、张鸿诰、苏以昭、王国勋、周良钦、周琳均是山海关北洋铁路官学堂的第一届学生，陆耀庭则是北洋大学与美国康奈尔大学的毕业生，程锡培也曾就读于天津头等学堂（北洋大学）并赴英美进修。除此之外，大部分工程师也同时具备实际工程经验，他们曾参与了关内外铁路、京张铁路的建设，是其骨干力量。在川汉铁路宜万段的建设中，詹天佑要求他们针对工程情况"开具说帖，送局核阅，再汇报公司，刊入每季报告册"^②。其三，制定政策，规范管理工程人员。1910 年 5 月至 8 月期间，詹天佑在宜万段工地考察了施工情况。只要发现问题，他就及时告知副总工程师颜德庆监督修正，"在我最近去工地巡视的过程中，发现一些工程确实不太令人满意。作为总工程师，我必须指出，并要求按照我认为必须做的进行改正"^③。为进一步提升工作效率，提高工作质量，詹天佑制定了相关政策，对全路的工程学员和工程技术人员品格、学力、才干、业绩等方面的考核标准进行了规定。^④

虽然詹天佑对宜万段的各项工作做了细致的安排，但宜万段的实际施工过程并不顺利，工程推进极为缓慢。论其原因，主要有三。

其一，宜万段沿线地势险峻，工程难度高。据《血泪碑》载："宜万工事绝艰，若隧洞、若桥梁、若斜坡、若湾线者皆国内它线所未有。"具体而言，宜万段沿线"盖穿山盘亘，涧谷丛沓，仰蹑青天，下瞰无底，将一切堑而通之，埋而平之，不惟苦于措置，且乖事实，则易堑而隧，不埋而桥，非

---

① 经盛鸿：《詹天佑评传》，南京大学出版社，2001 年，第 226 页。
② 王成廉主编：《詹天佑研究文集》，中国铁道出版社，1997 年，第 109 页。
③ 詹同济编译：《詹天佑文选》，北京燕山出版社，1993 年，第 148 页。
④ 经盛鸿：《詹天佑评传》，南京大学出版社，2001 年，第 227 页。

乐为其难，扦于势也。故宜万路线，距离才逾六百里，凡为隧峒，无虑什伯，深者一万数千尺，或二万尺。溪桥无虑什伯，长者五六千尺，高或二三百尺；斜坡之差比，大抵以四十尺高一尺为常率；弯线之弧角，大抵以六百尺之半径为恒例；无所谓砥与矢之平直也。东西工程学者，薄游来观，往往咋舌"[1]。乔树枏因为路工重大，望而却步，辞去代理川路驻宜总理职务，继任总理李稷勋，也"彷徨却顾，窃窃以为大忧"[2]。有学者认为，以当时的技术条件，宜万段根本修不通，宜昌到万州的铁路通车是在一个世纪以后的 2010 年。[3] 不过当年川汉铁路线路、工程与后来建成通车的宜万铁路是否完全一致还需要进一步考证，但川汉铁路宜万段的艰难可以窥见。

其二，资金短缺。川汉铁路从 1904 年到 1909 年共筹集到股款 1100 余万两，[4] 其总额仅为预估费用的五分之一左右，这对于川汉铁路修建而言，杯水车薪。更糟糕的是，川汉铁路公司财务管理混乱，"账目繁杂，簿册凌乱"[5]。川汉铁路公司先在成都、重庆设立铜元局，但投资 212.6 万元，收回 210 万元，基本没有正收益。[6] 各地贪污、挪用公款不知凡几。1910 年，川汉铁路公司总收支、上海办事处保款委员施典章挪用路款，投机橡皮股票，又被上海正元、谦余、兆康钱庄倒骗。当时川汉铁路公司存上海路款 350 万两，被施典章挪用 200 多万两。

这也直接导致铁路开工后的工作无法有效开展。

其三，川汉铁路公司内部的管理非常混乱。铁路修筑是非常复杂的工程，股份制公司的管理对于近代中国人而言，也是新事物，大部分管理者并不具备相应的管理能力，因此管理好股份制铁路公司并促进铁路修筑有效推进并非易事。主持商办川汉铁路公司工作的领导层在重大问题的决策上常常

---

① 詹文琮、邱鼎汾编辑：《川汉铁路过去及将来》，湘鄂路局工务处，1935 年，第 27 页。

② 隗瀛涛：《四川保路运动史》，四川人民出版社，1981 年，第 185 页。

③ 鲜于浩、张雪永：《保路风潮——辛亥革命在四川》，四川人民出版社，2011 年，第 38 页。

④ 宓汝成编：《中国近代铁路史资料（1863—1911）》（第三册），科学出版社，2016 年，第 1096 页。

⑤ 戴执礼编：《四川保路运动史料》，科学出版社，1959 年，第 74 页。

⑥ 鲜于浩、张雪永：《保路风潮——辛亥革命在四川》，四川人民出版社，2011 年，第 73 页。

各执己见、互不相让、冲突不断，这样导致决议事项无法定断、一推再推。例如，1910年11月，川汉铁路公司在成都召开了第二届股东大会。会上，各方又因为线路问题产生了较大的分歧。有人认为应当改修成渝段，有人主张宜万与成渝两端同时修筑，有人"复驰书极言兼办两线之非"①。诸如此类的主客观因素，加大了施工难度，影响了工程进度。

尽管如此，各方依旧尽力推进施工。1910年7月，宜昌新码头至小溪塔长7.5公里的线路开始铺轨。与此同时，其他的相关设施如工程总局用房、宜昌车站、材料厂、机车厂以及库房等都已盖好。② 1910年8月，工程第1段中有9处土方工程以及7处涵洞工程正在施工，有1处涵洞工程与8处桥工程已经告竣，小溪塔车站月台也已完工；在工程第2段中，有15处土方工程及河改堤工程正在施工；在第3段中，有7处土方工程及1处桥涵工程正在施工，2处涵洞工程已经竣工。③ 直至1911年，清政府出台"铁道干线收归国有"政策给川汉铁路带来了致命一击，最终，川汉铁路的建设被迫搁浅。至1911年冬，川汉铁路宜万段共完成了可供工程运料列车行车的线路约17.5公里以及大部分路基、站房及桥隧工程的线路约48公里。④

第三节　川汉铁路的搁浅

1911年，清政府出台了"铁路干线收归国有"政策，同时又与四国签订借款协议，企图收回川汉、粤汉、湘汉、鄂汉几条商办铁路。全国各地陆续爆发了抗议活动。四川爆发的群众基础广泛的保路运动，成为辛亥革命的导火线。清王朝覆灭，川汉铁路建设被迫搁浅。

---

① 隗瀛涛：《四川保路运动史》，四川人民出版社，1981年，第185页。

② 詹文琮、邱鼎汾编辑：《川汉铁路过去及将来》，湘鄂路局工务处，1935年，第18-19页。

③ 鲜于浩：《四川保路运动再研究》，西南交通大学出版社，2021年，第75页。

④ 铁道部档案史志中心编：《中国铁路历史钩沉》，红旗出版社，2002年，第125页。

一、清廷铁路国有政策的出台

1911 年 5 月 9 日，清廷颁布了"铁路干线收归国有"的上谕，宣布："干路均为国有，定为政策。所有宣统三年以前，各省分设公司，集股商办之干路，延误已久，应即由国家收回，赶紧兴筑。除支路仍准商民量力酌行外，其从前批准干路各案，一律取消。"① 这则上谕标志着清王朝的铁路干线国有政策正式出台。然而，该政策的出台却掀起了轩然大波，导致粤、湘、鄂、川四省保路运动爆发，其中四川保路运动发展成武装保路，成为辛亥革命的导火线。清王朝为何要出台"铁路干线收归国有"政策？该政策何以引起民间如此大的反对浪潮？四川的保路运动为何能激化到不可收拾的程度？

铁路国有政策，撇开清王朝的集权野心、当事者盛宣怀的私心等不谈，客观而言有其合理性和必要性。出台铁路国有政策大约有三个方面的原因：

一是随着中国铁路修筑的增多，需要对全国的铁路进行统一规划。铁路具有巨大的区域联通能力，在统一国家的建设中具有重要作用。给事中石长信在奏折中也说得很明白："我国幅员广阔，风气各殊，尤非铁路联络，不足以收行政统一之效。"各省纷纷修筑铁路，但是全国铁路如何修筑，却缺少统一规划，"溯自我国兴造各省铁路，其病在事前并未谋定后动"，"兹当朝廷力行宪政，注重统一，自应以铁路为当务之急。而规画线路，尤宜贯通南北，扼要以图"②。因此，他认为，由朝廷总揽，统一规划全国的铁路势在必行。

二是各省商办铁路弊窦不断，成效甚微。铁路的修筑是复杂而艰巨的工程，费用巨而周期长。邮传部大臣盛宣怀认为在中国修铁路，有三难："一

①《中国近代史资料丛刊　辛亥革命（四）》，上海人民出版社，1963 年，第 339 页。
② 宓汝成编：《中国近代铁路史资料（1863—1911）》（第三册），科学出版社，2016 年，第 1233 页。

无款，必资洋债；一无料，必购洋货；一无人，必募洋匠。"① 20 世纪初，民族主义勃兴，掀起了轰轰烈烈的回收铁路修筑权和矿山开采权的利权回收运动。民间强烈要求收回卢汉铁路路权，向民间资本开放。1903 年春夏清廷用 650 万美元高价收回卢汉铁路修筑权，允许鄂、湘、粤三省集资商办。是年底清廷颁布《铁路简明章程》，允许铁路商办。② 卢汉铁路的赎回商办和铁路章程的颁布，激起了全国铁路商办热潮。到 1907 年，四川、湖南、江西、云南等 15 个省先后创办铁路公司，筹资修筑本省铁路。但仅有热情不能彻底解决铁路修筑实际问题，各省商办铁路普遍出现了集资困难问题，经营管理也弊窦丛生。川汉铁路办理过程中的租股强收也好，司员贪污倒账也罢，都引发了川人的强烈不满。不仅如此，商办铁路还成效甚微。1908 年光绪帝发布上谕说："铁路为交通大政，绅商集股，请设分公司，奏办有年，多无起色，坐失大利，尤碍交通。"③ 即便到 1911 年，商办铁路也只有 675 公里，仅占全部铁路里程的 7.8%。④

三是依靠外债解决铁路建设资金是当时可能的选择。铁路是跟随着侵略者的步伐来到中国的，正如著名铁路史专家宓汝成所说，路权问题是近代中国铁路史的核心问题。⑤ 清廷最开始讨论是否修筑铁路，就强调要将铁路修筑权控制在自己手里，"与其任洋人在内地开设铁路电线，又不若中国自行仿办，权自我操，彼亦无可置喙耳"⑥。1896 年铁路总公司设立，"先造卢汉干路，其余苏沪、粤汉等处亦准展造，不再另设公司"。该公司之设立，也有"泯各国窥伺之心，断却无数葛藤"之目的。⑦ 1898 年路矿总局颁布的矿

① 夏东元编著：《盛宣怀年谱长编　下》，上海交通大学出版社，2004 年，第 561 页。

② 宓汝成编：《中国近代铁路史资料（1863—1911）》（第三册），科学出版社，2016 年，第 925－926 页。

③ 《邮部派员勘察各省商办铁路北京》，《申报》1908 年 10 月 29 日，第 4 版。

④ 《中国铁路建设史》编委会编著：《中国铁路建设史》，中国铁道出版社，2003 年，第 24 页。

⑤ 宓汝成编：《中国近代铁路史资料（1863—1911）》（第一册），科学出版社，2016 年，叙例第 3 页。

⑥ 宓汝成编：《中国近代铁路史资料（1863—1911）》（第一册），科学出版社，2016 年，第 26 页。

⑦ （清）李宗棠：《李宗棠文集奏议辑览初编》，黄山书社，2016 年，第 151 页。

务铁路公共章程 22 条中，规定："凡办铁路，无论洋股、洋款，其办理一切权柄，总应操自华商，以归自主。"① 所以，中国铁路从最开始修筑起，就与反侵略交织在一起。为此，强调"不准洋人入股"，或者洋股不能占控制地位，以杜绝外资控制中国铁路。

然而，尴尬的是，中国却缺乏修筑铁路所需的财力。清王朝国库空虚，想修铁路却缺乏修铁路的资金，挣扎之下，不得不借用外资力量。早在1887 年前后，李鸿章为修津沽铁路，"舌敝唇焦，仅招得商股银十万八千五百两"②，不得不向英商怡和洋行、德商德华银行借款筑路。自此，借洋款修路，逐步成了解决筑路经费的一个途径。铁路总公司设立时，在讨论修路经费时，也将洋债计划在内。③ 1898 年，张之洞向比利时借卢汉铁路修筑款。见卢汉铁路借债成功，李鸿章随之也寄希望于借外债筑路，而且说："各国造路，均系凑集他国入股，鲜有独力能成者。"④ 张之洞认为洋债和洋股有所不同，"洋债与洋股迥不相同。路归洋股则路权倒持于彼，款归借债则路权仍属于我"⑤。不过，在国家主权不独立的情况下，哪怕是借外债，想要保全路权其实也是非常困难的。

20 世纪初年，因民族主义勃兴，国人热衷收回铁路自办，但热情却不能解决铁路建筑经费问题，再加上商办铁路成效甚微，借债筑路主张再度占据了上风。1909 年 10 月 2 日，为解决东北铁路建设资金问题，锡良上奏要求借外债："就东三省计之，路长款巨，无论部臣不认筹拨，各省不肯协济，即竭全国之力以图之，路未成而力先竭，其道亦至危。"⑥ 1910 年，锡良在

① 宓汝成编：《中国近代铁路史资料（1863—1911）》（第二册），科学出版社，2016 年，第529 页。

② 中国史学会主编：《中国近代史资料丛刊 洋务运动（六）》，上海人民出版社，1961 年，第 293 页。

③ 宓汝成编：《中国近代铁路史资料（1863—1911）》（第二册），科学出版社，2016 年，第496 页。

④ 《李鸿章全集》，电稿二，上海人民出版社，1986 年，第 80 页。

⑤ 《张文襄公全集》（卷 44），文华斋刻本，1928 年，第 24 页。

⑥ 中国社会科学院历史研究所第三所主编：《锡良遗稿·奏稿》（第一册），中华书局，1959 年，第 960 页。

"筹借外债以裕财政而弱敌势"密折中，提出："欲以政治兵力争胜于各国，一时万难幸胜，故上下内外今日种种之设施，俱非解决根本之论，尤属缓不济急。为今之计，惟有实行借债造路，可为我国第一救亡政策。盖借债乃十年以内救亡之要著，造路乃十年以外救亡之要著。"他强调了借外债可以促进宪政，"如能以借债为题，吸收外资，以厚国力，以纾民困，则财政可一，币制可定，将来立宪之筹备可以进行而无阻也"。同时，锡良对借债亡国的言论进行了驳斥，"我国将亡于不借债，即今图之犹可及也；失今不图，濡迟其时，更数年后，恐欲借而人将不我许矣。臣等所谓借债造路乃我国救亡第一政策者，此也"。① 他说："借债故非所宜。然以中国财政之困难，如修路、开矿与兴利皆不妨借债兴办。"② 具体到川汉铁路，张之洞也认为非借款不足以成。他说："川路久不开工，不惟川民失望，川股难筹，恐各国亦将生心。故川汉路工，鄂不能不急筹开办，以通川路而维大局。然鄂既分认粤汉赎路修路之款，再欲另筹川路之款，断无此力，故此路非借款万不能成。"③ 也就是他认为川汉铁路除了外债别无他途。为此，将铁路收归国有，方便对外借款。盛宣怀也曾言："查四国借款合同不能销灭，所以提议铁路国有。如铁路不为国有，则借款合同万不能签字，是铁路国有之举，其原动力实在于借款之关系。"④

这样，一方面，要杜绝侵略者对中国铁路的觊觎，另一方面却不得不依靠外债修筑铁路。这势必会产生冲突。

仅就借债筑路而言，在中国缺乏资金的情况下，确实是一个不错的选择。为此，清廷认为将铁路干线收归国有，由国家来统一规划、统一筹款进行修筑是必要的，也是合理的。时任《泰晤士报》驻华首席记者莫理循认

① 中国社会科学院历史研究所第三所主编：《锡良遗稿·奏稿》（第一册），中华书局，1959年，第1204-1205页。

② 宓汝成编：《中国近代铁路史资料（1863—1911）》（第三册），科学出版社，2016年，第1220页。

③ 戴执礼编：《四川保路运动史料》，科学出版社，1959年，第81页。

④ 陈旭麓、顾廷龙、汪熙主编：《盛宣怀档案资料 辛亥革命前后 第3卷》，上海人民出版社，1979年，第170页。

为清廷颁布铁路国有政策，"中国选择的时机很好，因民众已对各地方当局在获得筑路权后之屡次失败感到厌烦。民众更厌恶种种无休止之争论，贪污腐化以及挥霍公共财物，而当民众逐渐认识铁路之无限价值时，他们就更加支持由中央政府制订一项强有力的铁路政策。"①

二、保路风潮迭起

清政府的"铁路干线收归国有"政策出台以后，迅即引起了国人强烈的反对，保路运动在广东、湖南、湖北、四川兴起。其中，四川保路运动最为猛烈，最终成为辛亥革命的导火线。

如前所述，铁路国有有其合理性和必要性。那么，铁路国有政策出台后，为什么引发了巨大的反弹呢？其实，国人反对的不是铁路国有政策，而是借之卖路以及对原铁路商办公司股款的处置。②

首先，从当时的情况看，国人并不强烈反对铁路国有政策，甚至可以说大部分人持默许态度。梁启超在《国风报》上发表的《收回干线铁路问题》最具代表性。他认为"盖今世之治国民生计学者，以国家社会主义为最协于中庸，而国有铁路政策实能使此主义之精神现于实者也。故此策渐为并世多数国所采用，吾党亦素所服膺"。他虽然反对政府立即实行铁路国有政策，但是"今政府采之，吾无以为难也"③。当时立宪派人士称："此次路

---

① （澳）骆惠敏：《清末民初政情内幕——泰晤士报驻北京记者袁世凯政治顾问乔·厄·莫理循书信集》（上卷），知识出版社，1986年，第1页。

② 关于四川保路运动爆发的原因，学界有很多探讨。除了本文所提及的两大原因，近年有学者认为四川绅商害怕清廷查川汉铁路公司账目从而发动保路运动以掩盖其劣行。四川保路运动是一场群众运动，参与运动各方各有其目的也属正常。但四川绅商的阴谋恐怕很难将保路运动演绎成惊天波澜。因为川汉铁路公司的股本毕竟是股东们的血汗钱，经营者无法应对查账说明主其事者渎职。所以四川绅商即便想以此发动川人起来反对清廷，也不敢明言。且即便部分绅商遭遇不公平待遇，与之干系不大的官大民众，也不可能仅仅因其宣传鼓动而甘冒杀头之险。说到底，还是川汉铁路与四川民众有巨大关系，于情感上是爱川爱国，反对侵略；于经济上是保卫川人的血汗钱，川人才一呼百应。

③ 张枬、王忍之编：《辛亥革命前十年时论选集》（第3卷），生活·读书·新知三联书店，1977年，第786页。

归国有……绅商均知朝廷政策，自无反对之意。"① 四川护理总督王人文就四川绅商对铁路国有政策的反应说："川绅路见，现分为两派。甲纯主自办；乙则主归国有。……有力量者，渐趋乙说。"② 因为川汉铁路修筑工程过于艰巨，商办难以胜任，"宜万全线，因乡人迫促开工，未经总工程师实测估价，不免冒险盲进……约计宜万全线完竣期限，在十年以外，工费在四千万以外，费巨工艰，久深焦虑。上年股东开会时，曾将此项情形，据实报告。故此次国有命下，本公司同仁确知工费重巨，绝非一隅财力所能担任。且建设期限过长，成本过重，恐将来路成通车，不惟无利可言，或恐赔累不堪，蹈沪宁、正太及江苏各路之覆辙，转贻股东无穷之累。以此屡经磋商，均以力争收回历年用款，俾得完全还之股东，为唯一之目的，即驻宜董事诸君，亦均视此目的为正当。"③ 1911 年 7 月 5 日出版的《四川保路同志会会告》第9 号刊载的《四川保路同志会宣言书》，宣布该会"保路者，保中国之路不为外人所有，非保四川商路不为国家所有"④，也说明了四川保路运动反对的不是铁路国有。在川人看来，川汉铁路收归国有，也许才是能让川汉铁路建成通车的正确方式。因此，民国成立后，川路股东遂于民国元年 5 月召集股东大会，经众议决，将川路全线让归国有。⑤ 不过一年多，保路运动最为激烈的四川就顺利地同意川汉铁路国有的事实也说明，川人坚决反对的，并非是铁路国有。

其次，川人反对的是清廷卖国卖路。既然不反对铁路国有，那么保路运动为何爆发呢？保路运动，保的是铁路路权，强烈反对的是清廷卖国卖路之急切。

张之洞最先筹议铁路借款时，并没有将川汉铁路计划在内。后来他认

---

① 沈云龙主编，盛宣怀撰：《近代中国史料丛刊续编 第十三辑 愚斋存稿》，文海出版社，1975 年影印版，第 1709 页。

② 沈云龙主编，盛宣怀撰：《近代中国史料丛刊续编 第十三辑 愚斋存稿》，文海出版社，1975 年影印版，第 1646 页。

③ 戴执礼编：《四川保路运动史料汇纂》，台北"中央研究院"近代史研究所，1994 年，第 37 页。

④ 戴执礼编：《四川保路运动史料》，科学出版社，1959 年，第 183 页。

⑤ 宓汝成编：《中华民国铁路史资料（1912—1949）》，社会科学文献出版社，2002 年，第 2 页。

为："川汉铁路在川境者二千余里，半系大山，工费必数千万，集款甚非易易。其于鄂境之路，川省更无能为力矣。"他认为川汉铁路川境段虽然集股自办，但"至今尚无头绪。鄂境此路亦长千有余里，急切间更从何处招集千数百万之巨款？故非借款，万办不成"①。因此，将川汉铁路鄂境段划入借款范围，"粤汉、川汉合借为兼筹并举之策"②。在此主张下，最终将川汉铁路鄂境段列入了借款筑路的范围。

铁路国有政策颁布后，清廷转头就与英、法、美、德四国签订了借款合同，完全没有顾及国人的爱国之心。如前所述，从中国最初决定修筑铁路起，铁路路权就与主权深刻地交织在一起。在利权回收运动中，收回铁路路权更获得了国人的高度支持。在清政府欲出卖苏杭甬路主权时，不仅江浙两省绅商慷慨解囊入股，就连"贩夫竖子以及劳动食力之辈，莫不争先认缴，万众一心，集股得逾千万之巨"③。"杭垣舆论……街谈巷议，人人皆以不附路股为耻。"④ 这两则文献充分体现了国人捍卫铁路路权的热情。因此，虽然有越来越多的人，尤其是朝廷大吏开始明白借债筑路从促进中国铁路发展而言是明智的，但依然面临着与国人爱国情绪的巨大冲突，借款筑路之事不得不谨慎为之。

然而，1911 年 5 月 9 日，清廷颁布铁路国有上谕，5 月 20 日邮传部盛宣怀就与英、法、德、美四国银行团在北京正式签订了《粤汉川汉铁路借款合同》，前后相距不过十日，无疑在昭示颁布铁路国有政策的目的就是把铁路修筑权出卖给四国银行团，丝毫未考虑国人的爱国之情，这让国人难以接受。如此急切，一方面是四国银行团催促，更重要的是主其事者盛宣怀始终认为借款是解决铁路问题的最优办法。他也曾预料到可能会引发民众反对，

---

① 戴执礼编：《四川保路运动史料汇纂》，台北"中央研究院"近代史研究所，1994 年，第454 页。
② 戴执礼编：《四川保路运动史料汇纂》，台北"中央研究院"近代史研究所，1994 年，第458 页。
③ 《浙咨议局请开临时会杭州》，《申报》1910 年 9 月 4 日。
④ 《浙路集股付款办法再志》，《时报》1907 年 11 月 26 日。

还咨请民政部控制舆论。① 可民众反对的激烈程度远远超出了他的预料。

湖北、湖南与广东三省最先形成了群众性的政治运动。湖北商股群情激愤，纷纷质问铁路公司；革命党人、留日学生以血谏言反对借款卖路，表示要誓死捍卫国家主权。湖南的各界人士也大声疾呼，希望清政府取消铁路国有政策，并提出以商人罢市、学生罢课、人民抗粮税的方式争取路权。② 广东铁路公司员工、粤路股东，以及普通群众亦纷纷表示誓死不从。四川民众也继之而起。川人愤怒地指出："果政府有钱，政府自造，不以路权抵借外款，不受外人干涉，真正是国家全力经营，又何尝不好。无如此次以路抵款，是政府全力夺百姓而送与外人。"③ 护理四川总督王人文也坦陈原本以为铁路国有是"天佑中国，救亡图强，将在此举。及昨承准邮传部咨寄合同底稿，反复寻绎，不觉战栗！臣之初心，以为此次借款，可以救亡图强者；不意合同乃举吾之国权、路权，一界之四国，而内乱外患不可思议之大祸，亦将缘此合同，循环发生，不可究诘。"④ 他强烈要求清廷"修正合同"。四川咨议局指责朝廷该举是"务国有之虚名，坐引狼入室之实祸"⑤。以"保路废约为宗旨"⑥，川人成立了保路同志会，直指"盛宣怀卖国、卖路，欺君、蔽民"⑦。四川2400余人联合上书清廷，提出"收路国有之命，川人尚可从；收路而为外人所有，川人决不能从"⑧。

因此，四国借款合同的火速签订，犹如切开了一个宣泄口，让原本就对外国侵略痛恨不已的国人心中怒火喷涌而出。长沙杨文鼎曾致电盛宣怀，劝诫盛宣怀徐徐图之，"盖无论官办商办，此路均属国有。现值众情汹汹之时，

---

① 《老盛欲缔制言论》，《民立报》1911年5月21日，第2页。
② 隗瀛涛：《四川保路运动史》，四川人民出版社，1981年，第206页。
③ 《驳邮传部奏请干路归国有折》，《四川保路同志会报告》第21号。
④ 戴执礼编：《四川保路运动史料》，科学出版社，1959年，第200页。
⑤ 戴执礼编：《四川保路运动史料》，科学出版社，1959年，第142页。
⑥ 戴执礼编：《四川保路运动史料》，科学出版社，1959年，第184页。
⑦ 戴执礼编：《四川保路运动史料》，科学出版社，1959年，第188页。
⑧ 戴执礼编：《四川保路运动史料》，科学出版社，1959年，第208页。

惟有设法转圜，徐图就范。若操之过急，祸患立致"①。当初四国借款团索要川路筑路权时，盛宣怀还强调："本大臣有言在前，谓川汉等路，不欲筑造则已，苟欲全工告竣，则非借外债不可。然此事亦宜待时而行，以免操之过急，激出意外之变端耳。"② 然而，事到临头，盛宣怀不仅忘记了当初的考量，也未听从劝告，而是过于急切地行动，最终导致了保路运动的爆发。因此，保路运动可以说是利权回收运动的延续和高潮。

再次，清廷对原有商办铁路公司的股款的处理，更是火上浇油，是四川保路运动蔓延的根本原因。铁路干线国有政策将各省商办铁路收归国有并以之向四国银行团借款，那么如何处置此前的商股，便成为其中的关键。按理而言，收归国有后，理所当然应当妥善处理此前投资及所使用的各项费用，但主其事者盛宣怀却并不打算用借款来了结这些费用。③ 这个打算必定会与商股股东产生激烈冲突。

对于川汉铁路股东而言，铁路国有政策出台后，川人出现了保路和保款两派意见，后者的呼声还是很强烈，如"宜万干路路线收归国有之议，自当尽量欢迎"。1911 年 5 月 10 日，度支部大臣载泽、邮传部大臣盛宣怀、督办粤汉川汉铁路大臣端方会奏收路办法称，川路现存款 700 余万两准换为国家保利股票，宜昌局已用款 400 余万两发给国家保利股票，宜昌局开办费 33 万两及成都局、重庆局所用费用发给国家无利股票。④ 5 月 15 日，川汉铁路公司驻宜昌总理李稷勋致电成都总公司和咨议局，提出路权可以收归国有，但是不能转于外人，并需将全部股款尽数拨还，"川省人民办路用款，应照数拨还现银；若尽空言搪塞，苦我川人，当抵死争之"。⑤ 川汉铁路公司汉

①　沈云龙主编，盛宣怀撰：《近代中国史料丛刊续编　第十三辑　愚斋存稿》，文海出版社，1975 年影印版，第 1636 页。
②　戴执礼编：《四川保路运动史料汇纂》，台北"中央研究院"近代史研究所，1994 年，第515 页。
③　沈云龙主编，盛宣怀撰：《近代中国史料丛刊续编　第十三辑　愚斋存稿》，文海出版社，1975 年影印版，第 453 页。
④　戴执礼编：《四川保路运动史料》，科学出版社，1959 年，第 181 页。
⑤　戴执礼编：《四川保路运动史料》，科学出版社，1959 年，第 181 页。

口办事处致电希望"顺旨不争路,争用款代办支路,此为切要宗旨"①。这个要求,在川人看来,已经属于后退忍让的态度,但是没想到这种隐忍退让的愿望却迅速被粉碎。5月22日,清廷发布上谕,"所有川、湘两省租股,一律停止"②。6月1日,盛宣怀和铁路督办大臣端方联名致电四川代理总督王人文,表示川汉铁路公司已用之款和公司现存之款,均由政府一律换发国家铁路股票,概不退还现款,"该公司股票,不分民股、商股、官股,准其更换国家铁路股票"。并且表示,"该公司股票,如愿换领国家保息之股票,则该公司虚糜之款,除倒账外,准不折扣股本,俟将来得有余利,再行分别弥补,以示体恤"③。电文中盛、端二人语气强硬,并要求查明川汉铁路未用款项。在当时,国家铁路股票也好,保利股票也罢,是毫无信用可言的。也就是说,政府不但收回了路权,而且强行夺去了川汉铁路股东的款项,这个决策,川人难以接受。更让川人难以接受的是,清廷对川路股款的处置与粤、湘完全不同。粤路、鄂路、湘路的商股准予全部或大部归还现银,而川路股款却准备"悉数更换国家保利股票"。④ 这让川人产生了遭受不公平对待的强烈感受。"部臣对待川民种种,均以威力从事,毫不持以公平。"⑤ 然而,清廷却认为这种区别对待却正好体现公平。度支部制定的川汉、粤汉铁路收归国有的详细办法中,其基本出发点即为"大约以商股与公捐不同,实用与虚糜又不同,故不得不稍示区别,或还现款,或给保利股票,或给无利股票"⑥。双方感受的完全相反源于对租股认知的巨大差异。清廷认为,租股不是"股"是"捐"。清皇室认为,"按租抽谷之议,名为商办,仍系巧

① 戴执礼编:《四川保路运动史料汇纂》,台北"中央研究院"近代史研究所,1994年,第556、557、563、570页。
② 宓汝成编:《中国近代铁路史资料(1863—1911)》(第三册),科学出版社,2016年,第1242页。
③ 戴执礼编:《四川保路运动史料》,科学出版社,1959年,第160-161页。
④ 粤路"拟每股从优先行发还六成";湘路"实在商股一百万两,照本发还";鄂路"其真正商股应准凑足归还现银"。见戴执礼编:《四川保路运动史料》,科学出版社,1959年,第180-181页。
⑤ 戴执礼编:《四川保路运动史料》,科学出版社,1959年,第208页。
⑥ 戴执礼编:《四川保路运动史料》,科学出版社,1959年,第181页。

取诸民"，是"捐作修路之款"。① 邮传部认为，"在粤股真是商股，而川股实系民捐"②。因此，在清廷看来，要退还也只能退还商股，即便是川汉铁路所余 700 万现款，盛宣怀也明确表示"系通省租股，势难分还"③。如果已经被使用了，不还可以理解，明明是现款，却以租股为由，拒绝还给川汉铁路公司股东，确实过分。如前所述，租股虽然是强制性征收，但征收中却一再强调是股票，在实际作用中也发挥的是垫支资本的作用，④ 因此，在这个问题上，显然是清王朝认知出了偏差。6 月 14 日四国银行团贷款合同到达成都后，川人怒不可遏，"抵死而争"，四川保路运动喷涌而出，并因租股遍及全省而迅速在川省呈蔓延之势。

1911 年 6 月 17 日，四川保路同志会正式成立。这是为了争取更多的人参与到保路运动中"据死力争"，当然也意味着公开与清政府对立。6 月 18 日，保路同志会在川汉铁路公司门口拉起横幅发表演说，动员民众参与保路。听闻路权一事关乎国家存亡，四川民众纷纷失声痛哭，表示要斗争到底。在大会结束后，保路同志会便带领民众到总督衙门请愿，这也标志着四川保路斗争开始同群众的反帝反封建斗争结合起来了。⑤ 7 月 5 日，保路同志会发表了《四川保路同志会宣言书》，正式提出"破约保路"的口号，"保路者，保中国之路不为外人所有，非保四川商路不为国家所有。破约者，破六百万镑认息送路之约，并破不交院议违反法律之约"⑥。与此同时，区域、群体的保路同志会分会纷纷成立，四川的农民、工人、商人、学生、教师、记者，甚至是地方官员纷纷参与其中，极大地充实了保路运动的群众队伍。

前期四川保路运动主要通过向清政府请奏的方式来争取路权，即所谓的

① 戴执礼编：《四川保路运动史料》，科学出版社，1959 年，第 139 页。
② 戴执礼编：《四川保路运动史料》，科学出版社，1959 年，第 161 页。
③ 戴执礼编：《四川保路运动史料》，科学出版社，1959 年，第 218 页。
④ 鲜于浩：《试论川路租股》，《历史研究》1982 年第 2 期。
⑤ 隗瀛涛：《四川保路运动史》，四川人民出版社，1981 年，第 216 页。
⑥ 鲜于浩、张雪永：《保路风潮——辛亥革命在四川》，四川人民出版社，2011 年，第 125 - 126 页。

"文明争路"。然而，"文明争路"并未见效，清廷态度越发强硬。于是，四川民众不得不选择新的形式来捍卫路权。8 月初，川汉铁路公司打破了立宪派"文明争路"的主张。在之后一个月的时间里，全川开始出现更为激烈的运动，商人罢市、学生罢课、农民抗粮抗捐。同时，有的地方还有群众打毁捐税局所……这些行动让清廷陷入窘境。清政府下令"商店罢市，既系有人播弄，省外伏莽蠢动，著仍切实弹压，毋任嚣张"①。一再谕令四川总督赵尔丰立即采取镇压措施。赵尔丰最初对川民的抗拒深表同情，他致电内阁说"此时所最要者，在勿失民心"，②川人抗粮、抗捐之举，系"川人因未奉俞（谕）允，恐商办终无可望"所致③，并不想采取镇压措施，但遭到清廷严厉斥责。9 月 5 日，赵尔丰表示要顺旨镇压，但依然忧心忡忡，"惟有假兵力之所能及，尽力剿办，地方之损害，则固所不免；外人之危险，更所在堪虞。尔丰既有所见，不敢不言之于先，恐将来必有藉此以为口实者"。④9 月 7 日，赵尔丰奉命诱捕了蒲殿俊、罗纶、邓孝可等同志会的数名领导人物，并查封了川汉铁路公司，取缔了保路同志会。得知同志会领导人被捕的消息后，数万名民众跪在总督衙门口，请求释放同志会领导人。赵尔丰"派出巡防军手持枪械，分站各街口，禁止居民行走，开枪乱击"，"又驰放马队，分巡各街"⑤，导致 30 余名请愿者永远地倒在了血泊之中，他们多是最底层的普通劳动者，有的是机房工人，有的是饭店学徒，有的是小商贩、裁缝、中医……除此之外，还有许多民众受伤。这就是震惊中外的"成都血案"。

民怨难诉，民愤难伸，唯有拿起武器，誓死力争。"成都血案"彻底激怒了四川民众，它成为四川同志军起义的起点，四川保路运动也从和平保路变为武装保路。此后，从成都到各个区县市，四川同志军展开了更为激烈的斗争。四川人民的反抗，完全是清廷咎由自取。正如成都将军玉昆认为的那

---

① 转引自隗瀛涛：《四川保路运动史》，四川人民出版社，1981 年，第 258 页。
② 戴执礼编：《四川保路运动史料》，科学出版社，1959 年，第 297 页。
③ 戴执礼编：《四川保路运动史料》，科学出版社，1959 年，第 302 页。
④ 戴执礼编：《四川保路运动史料》，科学出版社，1959 年，第 309 页。
⑤ 转引自隗瀛涛：《四川保路运动史》，四川人民出版社，1981 年，第 292 页。

样，"此番川民激变，可谓官逼民反。比年以来，将川民膏血搜掠殆尽，民贫财尽，所以与行政诸公结成敌忾之仇，商农士庶无不痛恨。俗云官清民自安，近来新政繁兴，建立局所，各项摊派无不应付，无不由民出资，因此愈结愈深，故然造意谋反之心生矣"①。清廷慌忙令端方从湖北率兵前往四川弹压，致使武昌城内防卫空虚，这为武昌首义的成功创造了条件。因此，四川保路运动可谓是辛亥革命的导火索，川汉铁路可谓压死清王朝这只瘦死骆驼的"最后一根稻草"。当然，保路运动最终演绎成惊天波澜，根本原因还在于清王朝权威的崩溃。

因川汉铁路而起的四川保路运动敲响了清王朝的丧钟，为民国的成立作出了贡献。但川汉铁路修筑却并未因此推进，反而在 10 月正式停工。宜万段已完成约 40% 的工程，土工、山洞、桥工、涵洞、房屋、改良线路等工程约完成十分之三四，重点工程东兴岭隧道已完成工程量 1/3，各段电报电话工程亦经告竣，通讯无阻。② 最终建成了 17.5 公里可供工程运料列车行车的线路。③ 川汉铁路千辛万苦所筹得的资金实际为 1000 多万元，而以上工程就花费了约 804 万元。宜万段许多建成未建成之工程在川汉铁路建设停工后就被搁置一旁，无人管理维护。④ 也就是说，耗费了近 80% 资金所建成的建筑物在铁路停工后并未得到有效利用，千万两投资石沉大海，百万余款也未能追回，着实是损失惨重。

从 1903 年初川人提出自办铁路，到 1911 年末川汉铁路建设正式停工，这 8 年多的时间凝结了无数国人的心血、汗水与期待。单从里程上看，宜万段所建成的 17.5 公里的里程数或许显得很不如意，可无论如何，细细考量，方知每一寸都来之不易，其价值与意义也绝不是仅用最终几公里路的数字所能衡量的。

---

① 玉昆：《蓉城家书》，载《辛亥革命史丛刊》编辑组编：《辛亥革命史丛刊》（第一辑），中华书局，1980 年，第 210 页。

② 詹文琮、邱鼎汾编辑：《川汉铁路过去及将来》，湘鄂路局工务处，1935 年，第 18－19 页。

③ 铁道部档案史志中心编：《中国铁路历史钩沉》，红旗出版社，2002 年，第 125 页。

④ 詹文琮、邱鼎汾编辑：《川汉铁路过去及将来》，湘鄂路局工务处，1935 年，第 19 页。

第三章

世纪长梦：民国时期四川铁路的谋划

民国时期，针对四川铁路，无论是国家层面，还是四川或西南地方层面，无论是对进出川路线，还是对川省内部路线，国人都进行了多次谋划。然而，在这些谋划中，只有两条短途铁路——北川铁路和綦江铁路建成通车。另外，尽管川汉铁路成渝段即成渝铁路，与叙昆铁路进入了修建阶段，但直至中华人民共和国成立，成渝铁路寸轨未铺，叙昆铁路也未能建至川境。除上述四路外，其余铁路都只停留在谋划阶段，可谓之为"世纪长梦"。

第一节　国家整体规划中的四川铁路

尽管着墨不多，从晚清时期开始，我们还是能在一些国家整体铁路规划中看到四川铁路的身影。这种情况在民国时期发生了重大变化。随着治理兴边理念的迅速发展和传播，以及抗日战争局势下国民政府向西南地区的重心转移，四川以及整个西南地区逐步成为民族复兴的后方，因而，在国家层面对四川铁路的规划便如雨后春笋般多了起来。

民国时期，中央政府对四川铁路颇为关心，还主导了成渝铁路的修筑。

— 070 —

尽管成渝铁路在民国时期并未完工，但也体现了中央政府对四川铁路的重视。之所以有这样的转变，主要有两方面原因，一是筑路理念的变化，二是国家局势的倒逼。

从筑路理念来看，无论是北洋政府还是民国政府，都已经在反思传统的"重防卫轻开发"的边疆经略，认识到除了传统的运兵应援，开发和治理边疆也可以达到稳固边疆、保卫腹地的政治效果，是巩固国防的另一途径，从而产生治理兴边理念。从 1914 年开始，北洋政府与掌管边疆当地的军阀就在不断推进西康、青海、新疆等地的垦务进程。南京国民政府也将开发边疆纳入国家整体发展规划之中，还成立了蒙藏委员会、西北建设委员会等来专门负责相关事务。民国时期还出台了一系列有关开发边疆的计划和政策，例如 1930 年《开发康藏交通邮电计划案》等。而四川处于西南的次边疆地区，是联结中央和西南边疆的关键地带，自然也受到重视。

从国家局势来看，随着日本侵略加剧，为长期抗战，也必须建立稳定的后方基地。大西南、大西北因此而成为开发建设的重点区域。随着东北边疆形势的逐渐严峻，开发治理尚未被列强过度染指的西南边疆的呼声越来越高，并在 1931 年"九一八"事变后达到高潮。至于如何开发西南？交通建设自然成了有识之士的重要目标。而无论是通往边疆的交通建设，还是边疆内部的交通建设，都与铁路建设息息相关。此外，随着抗战局势的变化，国民政府迁都重庆。由于日本切断了东南沿海的海上航线，为获得国际援助，国民政府必须打通从西南边疆地区通往外国的铁路线，因此，整个西南地区的铁路建设都受到了中央政府和政治精英们的重视。而四川作为西南次边疆地区重要组成部分，区域内部和周边的交通发展问题也就更加凸显。特别是到了备战和抗战时期，以四川为首的西南地区更是具有了"民族复兴的根据地"的战略定位，因而其铁路交通的发展就变得愈发重要了。正如 1935 年3 月，蒋介石在成都作《四川应作复兴民族之根据地》讲话："四川在天时地利人文各方面，实在不愧为中国首省，天然是复兴民族最好的根据地……其实不必说川滇黔三省的存在，就是只剩下了我们四川一省，天下事也还是大有可为。"①

因而，民国时期的各中央政府一直都在筹划和推进四川铁路的修建。1912 年 12 月，北洋政府将川汉铁路收归国有，并于 1913 年与英、法、美、德四国签订汉粤川铁路借款协议，开始测勘筹备进川铁路。到 1917 年，汉宜段已完成汉阳至皂市之间 100 多公里的土石方工程，但因一战爆发，德国贷款中断而停工。1919 年，广州军政府交通部也曾提出一项包含滇、黔、川、陕、粤、桂、湘、闽在内的西南八省铁道计划。② 奈何广州军政府财政空虚、经费匮乏，故而准备向列强以出卖路权形式举借外债筑路，此举遭到孙中山反对，此后，八省铁路计划便不了了之。

民主革命先行者孙中山清楚地认识到铁路对于国家发展的重要性。他认为"建设大业以交通为最要"，"建设最要之一件，则为交通。以今日之国势，交通最要者为铁道，无交通则国家无灵活运动之机械，则建设之事千端万绪皆不克举，故国家之有交通，如人之有手足四肢，人有手足始可以行动，始可以作事。……余现以全力筹画铁道，即为国家谋自存之策……"③他强调，"故交通为实业之母，铁道又为交通之母"④，认为铁路不仅有益于实业，"亦且有裨于政治前途也"⑤。1919 年 8 月，孙中山在《建国方略》中详细总结了自己多年来对中国铁路问题的思考，并提出了要建成覆盖全国的铁路网的计划目标，从而改变中国的落后状况。为此，孙中山设计了包括中央、西北、西南、东南、东北以及高原铁路系统等在内的十万英里铁路方案。他在《建国方略》"第三计画"中的"第三部 建设中国西南铁路系统"中，曾提及对四川的认识："四川，中国本部最大且最富之省份也。"

---

① 隗瀛涛、沈松平：《重庆史话》，社会科学文献出版社，2000 年，第 112 页。

② 根据宓汝成编《中华民国铁路史资料（1912—1949）》（社会科学文献出版社，2002 年）第 523 页内容，1919 年，南方政府代表缪嘉寿提议筹办滇川黔粤桂湘铁路，对西南铁路规划了五大干线与四大支线。

③ 《选录：孙先生政见之表示（录民立报）：报界欢迎会演说辞》，《铁道》1912 年第 1 卷第 2 期，第 214 - 223 页。

④ 尚明轩主编：《孙中山全集》（第八卷），人民出版社，2015 年，第 200 页。

⑤ 中国社会科学院近代史研究所、中华民国史研究室中山大学历史系孙中山研究室、广东省社会科学院历史研究室合编：《孙中山全集》（第 2 卷），中华书局，2011 年，第 489 页。

在他看来，在中国西南地区"大有开发铁路之机会""在中国此部建设铁路者，非特为发展广州所必要，抑亦于西南各省全部之繁荣为最有用者也"①。建设西南铁路，既有利于开发种种丰富矿产，又有利于开发沿途城镇，将来获利必极丰厚；并且，西南铁路系统也有利于将广州港与南方大港相联结。

当然，孙中山也意识到在西南地区建设铁路的困难性，提出"西南地方，除广州及成都两平原地各有三四千英方里之面积外，地皆险峻……故建此诸铁路之工程上困难，比之西北平原铁路系统乃至数倍，多数之隧道与凿山路须行开凿"②。因此，他提议以广州为西南铁路系统终点，建设七条干线，其中有四条干线都经过四川，分别是：第一线，自广州经湖南到达重庆；第二线，自广州经湖南、贵州到达重庆；第三线，自广州经桂林、泸州到达成都；第四线，自广州经梧州、叙府到达成都。另外，他还规划了一条成都到重庆的铁路。③ 由此，沿线的稀有金属，如钨、锡、锑、银、金、白金等，以及普通金属，如铜、铁、铅等均能得到开发与运输，尤其是四川省的石油矿、煤气资源极为丰裕，因而开发矿产资源将获得巨大利益。④ 此外，孙中山在"中央铁路系统"中也设计了一些通往四川的铁路，分别是第九线西安—重庆线、第十线兰州—重庆线。并且，他在"东南铁路系统"中也设计了一条通往四川的铁路，即第一线东方大港—重庆线。最后，在"高原铁路系统"中也有一些从四川出发的铁路，分别是第二线拉萨—成都线、第十线成都—宗札萨克线、第十二线成都—门公线、第十三线成都—元江线、第十四线叙府—大理线以及第十五线叙府—孟定线。⑤

开发西南地区的铁路交通一直是国民政府的重要目标。1928 年，国民政府交通部组织编制全国铁路网计划书，对全国一等干线、二等干线、一等

---

① 黄彦编：《孙文选集》（上册），广东人民出版社，2006 年，第 190 页。
② 黄彦编：《孙文选集》（上册），广东人民出版社，2006 年，第 190 - 191 页。
③ 黄彦编：《孙文选集》（上册），广东人民出版社，2006 年，第 196 页。
④ 黄彦编：《孙文选集》（上册），广东人民出版社，2006 年，第 191 - 196 页。
⑤ 黄彦编：《孙文选集》（上册），广东人民出版社，2006 年，第 257 页。

支线等路线进行了规划。其中，一等干线中的东西系统共有八条，其中第三干线为沪藏线，自江苏吴淞口起，至西藏拉萨止，经过江苏、安徽、湖北、陕西、四川、西藏与印度铁路连接①；南北系统共有六条，其中第四干线为滇库线，自云南昆明起，至外蒙古库伦止，经过云南、四川、陕西、甘肃、山西、察哈尔及外蒙古直抵俄境。② 二等干线分为联络线、海防线、国防线三类。联络线中，有四条与四川有关，分别是第一联络线阳成线，由广东阳江西港口起，至成都止，经过广东、广西、贵州、四川四省③；第四联络线长成线，由湖南长沙起，至成都止，经过湖南、湖北、四川三省④；第五联络线成兰线，由成都起，至甘肃兰州止，经过四川、甘肃二省⑤；第六联络线叙洛线，由四川叙州起，至河南洛阳止，经过四川、陕西、河南三省。⑥一等支线分为东南区、东北区、西北区、西南区。其中西南区⑦的一等支线也有两条涉及四川，分别为广元石硅线⑧与垫江酉阳线⑨。⑩

　　1929 年 1 月 28 日，时任国民政府铁道部部长孙科在"庚关两款筑路计划提案"中提出，为实现孙中山遗志，应利用部分退还的庚子赔款以及部分关税收入修筑以南京为中心、以江南为重点的铁路网，并计划完成四组铁路，渝柳线（重庆—柳州）与成渝线（成都—重庆）就是其中的一段。⑪ 然而，这一计划因庚关两款难以落实和利用，以及 1929 年 3 月开始的中原大

　　① 刘统畏主编：《铁路经济勘察史略》，中国铁道出版社，1994 年，第 138 页。
　　② 刘统畏主编：《铁路经济勘察史略》，中国铁道出版社，1994 年，第 141－142 页。
　　③ 刘统畏主编：《铁路经济勘察史略》，中国铁道出版社，1994 年，第 142－143 页。
　　④ 刘统畏主编：《铁路经济勘察史略》，中国铁道出版社，1994 年，第 143 页。
　　⑤ 刘统畏主编：《铁路经济勘察史略》，中国铁道出版社，1994 年，第 143 页。
　　⑥ 刘统畏主编：《铁路经济勘察史略》，中国铁道出版社，1994 年，第 144 页。
　　⑦ 西南区以云南、四川、贵州、西藏、青海为范围。
　　⑧ 具体路线为：由一等南北系第四干线之广元站起，经过保宁至顺庆，与一等东西系第三干线连接；由顺庆起至定远、武腾与二等干线之长成线连接；由定远起，经过合川至重庆，与二等支线之徐洛线及阳成线连接，由重庆起，经过涪州至石硅，与一等支线宜昌石硅线连接。
　　⑨ 具体路线为：由二等干线叙洛线及长成线之垫江起，经过涪州、彭水至酉阳，并拟展入湘境，经过永顺至长州。此线联络二等干线之叙洛线、长成线及一等南北系第三干线。
　　⑩ 刘统畏主编：《铁路经济勘察史略》，中国铁道出版社，1994 年，第 154－155 页。
　　⑪ 中国第二历史档案馆编：《中华民国史档案资料汇编　第五辑　第一编　财政经济（九）》，江苏古籍出版社，1994 年，第 46、60 页。

战而未能付诸实施。

中原大战结束后，国民党实现了形式上的统一。由于备战和抗战的需要，建设西南地区的陆上国际运输线、接受国际战略物资援助也是国民政府的重要战略目标和迫切需要。因此，1931 年 11 月，国民党第四次全国代表大会出台《国家初期建设方案》，提出"应完成由广东至云南，由云南至四川，四川至陕西之铁道。如时间不许，亦应先筑轻便铁道"。1935 年 11 月，国民党五大通过的《西北国防之经济建设案》规划了"滇省通江通海通缅铁道"①，其中对于通江铁道的具体规划就是"起于云南昆明，讫于四川坝圩，约七零五公里"。1936 年底，国民党出台《五年铁道计划》。这一筑路设想，大多是出于当时战略的需要，在经济方面考虑较少，其中许多线路的走向、经由定得很细。"计划"涉及的西南铁路网，以湘黔铁路与成渝铁路为中心，尤以湘黔、川黔、滇黔三路为骨干。②"计划"强调，"成渝路为贯通成都重庆两地之干线，沿途所经重庆、永川、荣昌、隆昌、内江、资中、资阳、简阳等处，皆为川省富庶之区，该路拟二年半完成。同时川黔铁路亦正在筹建，自贵阳至重庆因山路崎岖不易修筑，改至四川之隆昌，约长 500 公里，以及滇黔铁路（即延长为川滇铁路）自贵阳至昆明约 784 公里，该二路之建筑，为湘桂滇黔四省交通网之要线，以后不但可南望出海，助长国防之希望，至若各路沿线之农产，如砂糖、花生、大麻、桐油、药材、烟叶、茶叶、棉花、生丝、谷物、竹林、木材以及其他森林产物等等之活动，尤其余事也"③。之后便交由铁道部和中国银公司着手筑路。

---

① 浙江省中共党史学会编：《中国国民党历次会议宣言决议案汇编（第二分册）》，内部发行，时间不详，第 200 页。
② 陆士圻：《成渝铁路沿线土地征收之经过》，成文出版社，1977 年，第 50610 页。
③ 陆士圻：《成渝铁路沿线土地征收之经过》，成文出版社，1977 年，第 50611 - 50612 页。

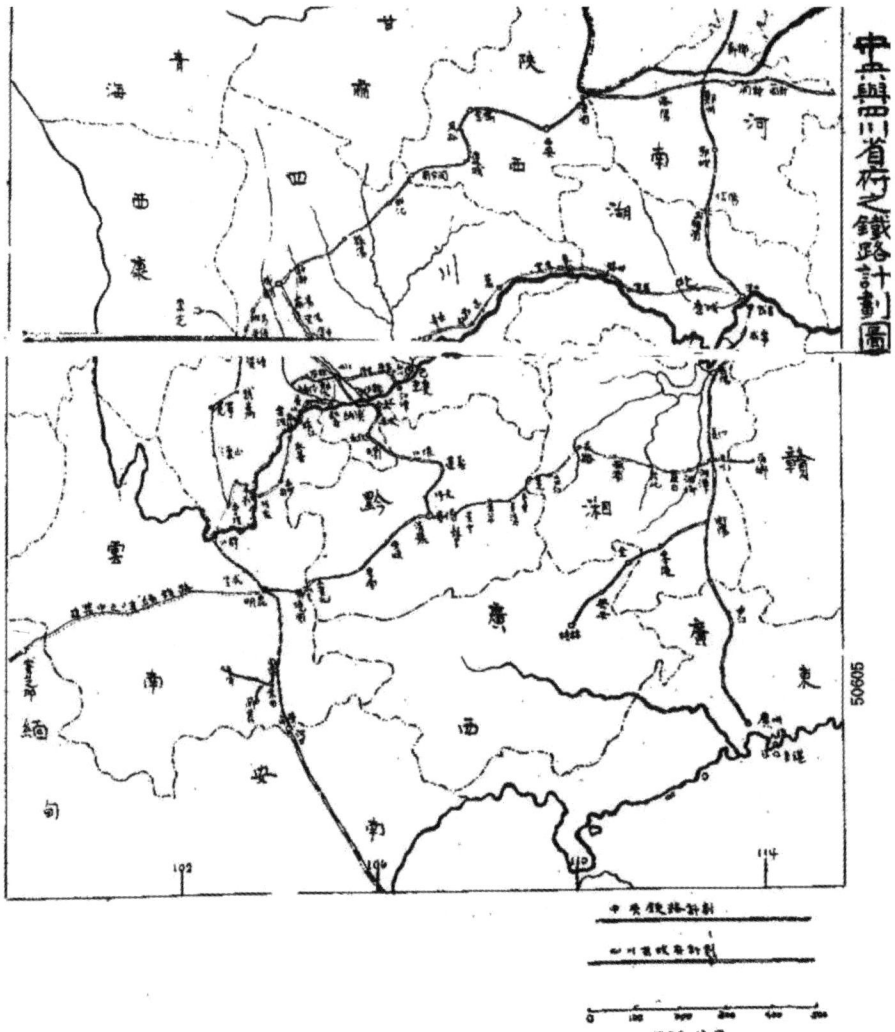

中央与四川省府之铁路计划图①

　　1938 年，国民党临时全国代表大会通过《非常时期经济方案》，提出
"叙昆铁路该路自昆明经宣威、威宁以达四川之叙府，全长 773 公里，现与
滇缅路同时兴筑，拟于年底完成自昆明至曲靖一段，计 155 公里，明年底完

---

　　① 图片来源：陆士圻：《成渝铁路沿线土地征收之经过》，成文出版社，1977 年，第 50604－
50605 页，该图是综合 1936 年国民党《五年铁道计划》与 1937 年四川省政府《铁路计划》而绘制
的地图。

成自宣威至威宁一段，计 370 公里，后年全部完成"。至于成渝铁路，"现为迅速兴筑起见，已饬将重要工程，竭力赶修。一俟叙昆通车，材料能输入时，即可铺轨通车"[1]。1939 年，国民政府交通部部长张嘉璈提出关于战时交通设施与建设的报告，提及 1939—1940 年的铁路建筑计划，并提出三个选线标准：一择可通海口或可通邻疆之国际路线；二择后方国防政治重心之交通干线；三择后方补充之必要路线。因而，他计划要全力完成川滇、成渝铁路等抗战后方的重点国防交通路线的建设。但是在战争时期，筹措建设所需的大量资金和材料十分困难；加上在修建过程中，常常遇到技术人员、工人和器材缺乏，材料供应不上，工价上涨，粮食不足和塌方等事故，特别是1941 年越南、缅甸失陷，铁路建设器材来源切断，铁路建设几乎全面陷于停顿。[2]

　　抗战结束后，出于联络各省主要政治中心、巩固军事重镇以及促进经济发展的考量，国民党尤其着眼于贯通西北、西南各省，于是仍出台了一些对于四川铁路的规划。例如 1945 年出台的"对日抗战后第一期五年建设计划"，国民党计划"完成叙昆铁路沾益至威宁段，东展至贵阳，筑川黔、成渝、天成、天兰诸路，北延至哈密，构成南北第一干线"；并且，"为开发川康富源计，建筑成都至乐山，及内江经乐山、富林以达康定诸铁路，并筑宜宾至自流井之线"。[3] 只是由于种种原因，这些规划都未能付诸实施。

第二节　成渝铁路的筹备

　　成渝铁路是原川汉铁路的西段即成都至重庆段。尽管直到抗战时期才正式兴工，但早在 1919 年，成渝铁路就进入了四川省政府高层的讨论。此后，

---

　　① 浙江省中共党史学会编：《中国国民党历次会议宣言决议案汇编（第二分册）》，内部发行，时间不详，第 379 页。

　　② 段渝主编：《抗战时期的四川》，巴蜀书社，2005 年，第 138–139 页。

　　③ 凌鸿勋编著：《中华铁路史》，台湾商务印书馆，1981 年，第 26 页。

杨庶堪、刘文辉、周道刚、刘湘等人都曾积极策划修筑成渝铁路。然而，直至 20 世纪 30 年代，随着日本侵略加深，成渝铁路才真正迎来转机。1935 年冬，国民党四届五中全会通过"国内提前兴修铁路干线"决议案，成渝铁路被列入其中。就这样，成渝铁路建设的各项准备工作终于紧锣密鼓地开展起来。

一、从"川汉"到"成渝"

民国成立后，川汉铁路被收归国有，其修筑却被完全搁置。川人多方奔走，谋求先修川汉铁路的成都至重庆段，即成渝铁路。

（一）川汉铁路让归国有

辛亥革命后，由于财力窘困，各省地方铁路公司开始与北洋政府交通部协商将地方铁路让归国有事宜，川汉铁路也在讨论之列。1912 年 5 月，川汉铁路的股东们在成都集会，商讨川汉铁路让归国有办法，公举刘声元、邓孝可、赵熙等人为代表，赴北京与交通部协商，议定了接收川汉铁路合约，共计 7 条：

1. 川汉宜万段（宜昌—万县）和成万段（成都—万县）都让归国有；

2. 公司现存款项由公司提回自办实业；

3. 宜昌路工发给包工工价的公债票由国家代赎；

4. 各洋行料价由国家代还；

5. 公司直接、间接用于路工的款，都由交通部发给一种定期期票，年息 6 厘；

6. 直接用款分十年摊还，间接用款自接收后第 11 年起分 5 年摊还；

7. 上海倒账存款归省清理。①

---

① 金士宣、徐文述：《中国铁路发展史（1876—1949）》，中国铁道出版社，1986 年，第 289 页。

1912 年 11 月，股东代表在合约上签字。12 月，交通部派员赴宜昌接收川汉铁路，原来的商办川汉铁路总公司也被撤销。至此，川汉铁路让归国有。

辛亥革命胜利后，粤汉铁路负责者谭人凤首先向英法美德四国银行团提出继续履约支付借款的要求。为此，四国银行团提出了开工、提款、担保、查账等四项办法，并要求北洋政府接收川湘鄂三省商营铁路公司。于 1912 年 12 月接收了川汉铁路后，北洋政府于 1913 年 6 月接收了湘路，由交通部与湖南粤汉铁路公司订立收路还股合约二十条；鉴于鄂路已于 1911 年由端方接收，北洋政府将粤汉路和川路合为汉粤川路，并于 1913 年 3 月与四国银行团代表议定办法四种：

1. 四路同时开工；
2. 提华款项暂存德华汇丰、东方汇理及花旗银行；
3. 厘捐作为借款的担保并以铁路上的财产材料作为"担保上的担保"；
4. 雇用外籍管账员及驻厂外籍工程师。[1]

北洋政府任命黄兴为汉粤川铁路督办，詹天佑为会办，并开始筹备测勘进川铁路，在汉口设立汉粤川铁路督办公署，设立宜夔段（宜昌—夔州[2]）铁路工程局，聘请美籍总工程师，同时又设汉宜段铁路工程局，聘请德籍总工程师。

一年后，詹天佑任汉粤川铁路督办。在担任汉粤川铁路督办期间，詹天佑批驳了德籍总工程师雷诺请修川汉干路以外支线的要求[3]，将川汉铁路广宜段改为汉宜段，以汉口为起点，经应城、京山、安陆等处到达宜昌，较原路线缩短了三分之一；还批驳了德籍工程师伦多富勘测的成渝路线。[4] 到 1917 年，汉宜段已完成汉阳至皂市之间一百多公里的土石方工程，但一战

---

① 徐启恒、李希泌：《詹天佑和中国铁路》，上海人民出版社，1957 年，第 78 页。

② 今奉节。

③ 为了德方利益，雷诺要求在川汉路干线广宜段之外加修杨家泽至老河口支线，并请着手测量老河口至西安间的路线。

④ 徐启恒、李希泌：《詹天佑和中国铁路》，上海人民出版社，1957 年，第 79 - 80 页。

爆发后德国贷款中断，该路段因筹款困难而停工。至于宜万段，仅于1913年7月进行过一次踏勘，由于工程本身十分艰巨，也并未动工。至此，川汉铁路的建设又被搁置下来。

（二）四川省议会请求广州军政府批准主持成渝铁路

四川民众的铁路梦并未因川汉铁路的搁置而放弃。只是，与以往谋划的东段宜万段不同，四川省政府开始讨论起川汉铁路的西段成渝段。实际上，早在1909年川汉铁路动工之初，川汉铁路公司内部曾就从何处开始动工进行过一番讨论。最终，鉴于成渝、渝万段材料运输困难，公司董事会决定先修宜万段。

到1919年，成渝铁路又再次被四川省政府高层提起。当年11月，四川省第二届议会召开了临时会议，讨论主题是时任四川省督军、省长杨庶堪提出的成宜（成都—宜昌）交通案。鉴于晚清川汉铁路先修宜万段以失败告终，此时议员们便围绕着成宜交通案展开讨论。在议员们看来，成宜交通共由两段组成，一段是宜昌—重庆段，该段水上航路畅通，可通过浅水拖轮航行；另一段是重庆—成都段，这一段水路不畅，需要发展陆路交通。但是，究竟是发展公路还是铁路，议员们各有想法。议员梁荣宾率先提出修筑成渝铁路，议会审查会也主张修铁路，如若不能修成，再修轻便铁路，若连轻便铁路也办不到，则可以修马路。议员任瀛、陈悦霖、谢继宗、游盛祥等人就铁路与马路的利害得失进行了详细比较。最终，大多数议员偏向于铁路。随后，议会又进行了第二次讨论。讨论伊始，会议就明确暂不提修马路一事，只讨论修大铁道与轻便铁路。所以，会议讨论的重点聚焦到了到底是修铁路还是轻便铁路。任瀛等议员发言支持修铁路，认为修铁路在材料、经费等方面障碍并不多，而轻便铁路的修筑属于军事范围，四川省议会是无权过问的。议员游盛祥等人则支持修轻便路，担心铁路既成，将来国家会以借款之由把铁路收回，但如果修轻便铁路，国家则可能不会收回。最后，有41人表决赞成修铁路，居多数。即便如此，其他议员对于铁路仍存质疑，主要集中在筑路资金来源上。四川省议会又继续展开讨论。议员们认为，应当要求北洋交通部交还川路之款①，作为此后修路的资金来源。另外，或许也可以趁南北议和之机向北洋政府索要"善后款"来筹集筑路资金。为此，四川省议会的议长以"请求和会取得交通部应还款项之抵借权"以及"请求军府给予路线由川人建筑永久"立案并交付表决，多数人表示赞成。

会后，杨庶堪向广州军政府呈送了四川省议会关于成渝交通案的报告，详细说明了讨论情况。1920 年的《实业旬报》刊登了杨庶堪的《呈请军府主持成渝铁路办法》一文。文章详细讲述了四川省议会动议修筑成渝铁路的全过程，以及筹款的办法。② 杨庶堪谈道，经川汉铁路总公司清算处川路公司成渝段创办处呈第四届股东大会议决，四川省政府已经同意移修成渝段铁路。所以，杨庶堪希望广州军政府予以立案，以便开展。然而，这一则呈文，后续并未得到广州军政府的回应。实际上，广州军政府对西南交通也曾有规划，并于 1919 年 12 月成立了八省③铁路局，任命岑春煊为铁路局总裁。奈何广州军政府财政空虚、经费匮乏，便准备以出卖路权形式向列强借债筑路，遭到孙中山通电反对，西南八省铁路计划遂搁置。

（三）四川省借债、招商筑路计划的失败

尽管向广州军政府呈文没有下文，但四川省政府并没有完全放弃建设成渝铁路计划，一面寻求英、法、日、美四国银行团的帮助，希望其能提供贷款；一面发布招商公告，希望通过招商引资推进成渝铁路。

1922 年 8 月 2 日，北京花旗银行经理林奇致函美国驻华公使舒曼，提及四川省政府向银行团申请贷款修建成渝铁路事宜，意图向舒曼核实四川情况，以便评估贷款风险——明确贷款本利偿还是否有保证，以及用以抵借贷

---

① 清末铁路收归国有政策出台后，邮传部大臣盛宣怀便将川路之款余下的 700 万两白银收归国有了。这一笔钱后来被北洋政府继承，没有退给四川人民。后北洋政府再次将川汉铁路收归国有，却未能在事实上用这笔款项修筑川汉铁路。

② 杨庶堪认为，交通部应付前川汉铁路总公司的股款，向华侨或者欧美抵借，万一因事实上之障碍，交涉上之困难，致妨交通计划之进行时，得酌量情形，直以成渝路线做担保品，向华侨或外国抵借亦可。

③ 包括滇、黔、川、陕、粤、桂、湘、闽等八省。

款的担保财产是否安全。① 8 月 14 日，舒曼回函林奇，考虑到中国的政治、财政情况与四川省的动乱势必影响本利回收，他不建议四国银行团贷款给四川。至此，四川省政府向四国银行团贷款修筑成渝铁路的计划也落空了。

随后，四川省政府又将希望寄予招商引资，希望能招徕资金推动包括铁路在内的四川省路矿业发展。1924 年 11 月，四川省政府拟定了 14 条招商条款。其中对四川铁路进行了简单的规划，包括三条干线及其支线，其中首先规划修筑的就是成渝铁路，计划 5 年完工，其他各路计划 15 年完工。四川省政府在招商条款中首先明确了四川省政府的权益，例如在铁路股份中占据10% 的虚股，需派两人参与公司管理等。此外，四川省政府还就资方权益和限制进行了规定，例如允许公司营业 50 年，铁路建成后，经政府同意可不加利息购回铁路。为保证资方权益，川省政府承诺，如除去各项经理费，公司剩余款不敷 9 成实本 7% 的利息时，虚股票就不分享利益；政府可将原来的铁路勘测图纸提供给各公司；如遇战事，无论何方军队损毁修路材料或公司车辆，政府照价赔偿；允许投资公司在铁路沿线适当地点修建制造铁路或铁路用品的工厂以及水力发电厂。②

为推进招商工作，四川省政府委托德国无线电报厂副经理契卜沙台尔前往上海及欧洲等地，负责接洽发展四川省路矿业的事宜。四川省政府明确，如果有人愿意遵照招商条款，可派代表到上海根据具体情况商定正式合约。然而，由于此时四川政局动荡、军阀混战，即便四川省当局对路权已做出一定让步，也允诺提供一定保障，但仍旧无人问津，招商投资的办法也未能奏效。

二、抗战前成渝铁路的筹议

尽管中央和地方两次启动成渝铁路的尝试皆以失败告终，四川省政府仍

---

① 冯金声：《中国西南铁路纪事》，西南交通大学出版社，2017 年，第 87 页。
② 冯金声：《中国西南铁路纪事》，西南交通大学出版社，2017 年，第 88 页。

旧没有放弃，20 世纪 30 年代左右，成渝铁路又迎来了转机。

（一）刘文辉对成渝铁路的筹议

1929 年，正值政治极盛时期的四川省政府主席刘文辉，又向四川省政府提出《建筑成渝铁路计划书》。这份计划书详细介绍了成渝铁路的路线规划、修筑方法、筹款办法、修建概算、营业概算等内容。在路线规划上，计划书拟定了三条路线：

第一线由成都东北起，沿沱江，绕简阳，经资阳、资中、内江到富顺，至泸县接航路以达重庆，此路线最短；

第二线由成都东北起，沿沱江，绕简阳，经乐至、安岳、铜梁、大足、璧山以达重庆，此线 800 余里；

第三线由成都东北起，沿沱江，绕简阳，经资阳、资中、内江、隆昌、荣昌，绕江津以达重庆，此线 900 余里。

在这三条路线中，第一线系拟定线；第二线系预定线，未经测准；第三线系 1915 年宜夔局所测。第一线虽比第二线短，但铜梁、重庆一段工程颇大。第二线虽长，但沿途经过均属繁盛之地，最有价值。在修筑办法上，计划书对轨距、轨条、枕木、桥梁、沟渠、涵洞、土方等做了具体规划。考虑到经费不足，建议借鉴日本明治时期东海铁路干线修筑的窄轨标准，建筑 3 尺 6 寸轨距，以期费省易举。

关于筹款办法，计划书提出了四种途径：

第一种是以原川汉铁路公司的债券作抵押，向外国借款；

第二种是以路线作担保向欧美借款；

第三种是机械借款与税收摊派；

第四种是机械借款与地方政府入股。

但无论哪一种，其经费的来源都属于借款，足可见这一时期修筑成渝铁路在经费上的困窘。最后，计划书详细列出了经费预算表，规划成渝铁路全线长 970 余里，算上复线假定 1 千里。若修 3 尺 6 寸轨，大约需要 2579.5 万元；若修广轨，则须再增加 1000 万元。计划书认为，从四川经济状况出发，修窄轨比修马路效果好。①

然而此时的四川，仍旧是军阀争战不止。在向四川省政府提出这份计划书后，成渝铁路建设仍无实质性进展。

（二）周道刚对成渝铁路的筹议

前四川督军周道刚也曾出面为成渝铁路奔走。1931 年，他曾聘请工程师对成渝一线详加勘测，其中由渝至永一段已勘测完竣。他便分别向善后督办刘湘及省政府主席刘文辉呈请建设成渝铁路。他的呈请得到了四川各军阀的响应。1932 年，四川第 21 军和 24 军协议共筹成渝铁路，并委任周道刚全权负责办理。②

周道刚在接受这一任务后，便亲赴江南考察京杭国道的建筑方法，并聘请蓝田为总工程师入川勘测线路、进行工程设计。蓝田曾对成渝铁路进行过详细踏勘，并将其踏勘报告发表于《中国建设》1933 年第 8 卷第 6 期，详细阐述了包括成都和重庆车站选址、铁路路线、沿路重要工程概况、建筑收支概算等重要内容。③

周道刚深知，要推进成渝铁路建设，必须得到四川各军阀的持续支持。于是，他携工程师蓝田前往成都，与刘文辉、邓锡侯、田颂尧商洽，三人均允诺各卫戍区预征粮税一年作为筑路专款，这就筹得约 400 余万元路款。周道刚返回重庆后，刘湘也允诺将渝简马路经费全部划出，年可得 100 余万元，用于支持成渝铁路修建。实际上，按照周道刚的筑路计划，每年约需款项 500 余万元，计划 5 年完成，应该不成问题。

在周道刚的倡议下，成渝铁路筹备委员会随即成立。刘湘、刘文辉、邓锡侯、田颂尧、杨森、刘存厚、向传义等均为委员，周道刚任委员长。委员会制定了《建筑成渝铁路办法大纲》（以下简称《大纲》），对成渝铁路的路线走向、设备标准、经费预算、筹款办法、修筑程序等方面进行了规定。在

---

① 《建筑成渝铁路计划书》，《川南马路月刊》1929 年第 7 期，第 9 - 16 页。
② 吕平登：《四川农村经济》，商务印书馆，1936 年，第 61 页。
③ 蓝田：《成渝铁路踏勘报告书》，《中国建设》1933 年第 8 卷第 6 期，第 1 - 12 页。

路线走向方面，《大纲》主张"以由重庆经东大路各县以达成都为标准，依据成渝铁道筹备处已经测勘之路线，再由本会复勘，决定之在可能范围内，当以不占用已成之成渝马路线为原则，期于铁路、马路，并行不悖，各尽其交通之能事"。① 在设备标准方面，《大纲》主张"宜以广距重轨（即轨重每码 60 磅以上，轨间距 4 尺 8 寸半）为目前规画（划）之张本，而以筹备处所拟之轻轨广距计划为将来之变通办法，俟经济上筹划确实，再作最后之决定"。在经费预算方面，《大纲》认为"本路全长约 500 公里"，"总计需国币 4000 万元"。本着节约筑路经费的目的，《大纲》首次提出了军工筑路的办法，主张"将来对于路基工程之大一部分，或可实行兵工、征兵，种种经济办法"。在筹款办法方面，《大纲》主张集合本省财力和利用外国资本，以省营或民营方式进行。本省财力计划通过征收全省田赋以及成渝两市进出货物的 1.5% 作为铁路股款或公债，从而负担全额 1/4，经费主要用于路基建设；利用外资负担 3/4，相比单纯借款，《大纲》更主张通过订购材料形成长期付价方式，因而经费主要用于订购设备和材料。《大纲》也考虑到了利用外资可能出现的路权旁落问题，提出"利用一部分外资，条件较为优良，对于主权、利率、担保品、管理权诸端，均因有三分之一本省资本，可望获最平允美满之条款"。最后，《大纲》还从审定路线图纸、制作设备预算、拟定贷款核定、组织管理机构等方面，对成渝铁路的修筑程序进行了筹划，预计成渝铁路建设的筹备期为 1 年左右，待一部分经费到位后，就可以从重庆先行动工。②

不料 1933 年夏天，"二刘"之间的岷江战役突起，周道刚对成渝铁路的筹议也不了了之。可见，除了修筑经费的掣肘，政局不稳也是影响成渝铁路的重要因素。

（三）刘湘对成渝铁路的筹议

1933 年，刘湘打败刘文辉入驻成都，基本掌握了四川军政大权，成渝

---

① 《建筑成渝铁路办法大纲》，《四川月报》1933 年第 3 期，第 92 - 98 页。
② 《建筑成渝铁路办法大纲》，《四川月报》1933 年第 3 期，第 92 - 98 页。

铁路一事又出现了转机。为壮大军事力量、巩固防区，刘湘积极主张生产建设，因而成渝铁路作为"急切之所需"，得以重新开始筹划。

1934年3月4日，时任四川善后督办的刘湘致电国民政府行政院长汪精卫，并派四川善后督办公署顾问朱懋昭赴京，催收前川汉铁路公司存放交通银行的约100余万元，并呈请交通部拨付应还川路路权款项2700余万元，用以兴筑铁路等建设事项。国民政府行政院162次会议，废除了此前议决之2700余万元用于修筑四川其他铁路的决议书，通过了刘湘的拨还申请，川路存款也一并用于成渝铁路修筑。① 随后，汪精卫饬令铁道、财政、交通三部确定投资方案。②

同年4月15日，刘湘又邀请中国工程师学会赴四川进行考察。考察团对四川的工业、交通、矿山、农业、药材等进行了详细考察，并撰写了报告书一册送交刘湘审阅。其中，由铁道部的苏以昭和苏纪忍、全国经济委员会的赵履祺，以及川籍工程师盛绍章组成的铁道公路组，对包括成渝铁路在内的四川铁路、公路干线进行了考察，并提出了诸多建议。③

考虑到经济力量薄弱，不能独自完成建设，刘湘试图效仿滇越铁路，交由法国人包修成渝铁路，限期完成。1934年8月，四川善后督办公署代表周见三、高显鉴等人，与法国实业自组团阿米斯基筑路公司草拟了建筑成渝铁路合同三十八条，主要围绕建筑成渝铁路包工购料等方面对中法双方的权利和义务作出了规定。合同明确指出，成渝铁路一切主权完全属于四川善后督办公署，法国实业自组团作为工程承包方，主要承担工程建设。合同对人员和材料的规定相对宽泛，并未规定总工程师的国籍，也没有限定筑路材料必须为国产。④ 据《四川经济月刊》报道，奉四川善后督办公署命令，成渝铁路筹办委员会成立，其中成员多为从前办理川汉铁路人员。该会自成立后

① 《刘湘请拨川路股款》，《四川月报》1934年第4卷第6期，第143-144页。
② 张莉红：《民国时期四川军阀财富的积累与流向》，见谭继和、龙凤阳主编：《社会科学文选2 成都市社会科学研究所建所十周年 1985.2—1990.2》，成都出版社，1990年，第404页。
③ 详见中国工程师学会：《四川考察报告》，内部资料，1935年。
④ 《督署与法国实业团体签订成渝铁路草约》，《四川月报》1934年第5卷第2期，第121-129页。

便在京沪各地招聘工程人员，并广招川中铁路专门人才，计划等工程人员到齐后，着手测量路线和预算经费，并期望在两年内完成成渝铁路的修筑。报道强调，"督署对之，甚为重视，每届月终，须将月内工作情形，一切计划，呈报一次"。① 不过，他们草签的借款合同却未能得到国民政府批准，尽管四川地方十分重视，但成渝铁路的修筑又被搁置了起来。

第三节　四川其他铁路的谋划

一、对进出川铁路的谋划

纵观整个民国时期，有无数仁人志士都曾热心于四川铁路的规划和筹备。然而，遗憾的是，这些铁路除去成渝铁路，以及两条短途专线铁路，即1935 年通车运营的轻便北川铁路与1947 年通车运营的綦江铁路，还有修建了但却未能通车至四川的叙昆铁路，其余在四川境内或者途经四川的铁路，都只是处于谋划或者勘测阶段。因此，本节将对这些被谋划但却未能进入实际修筑的铁路进行专门梳理。

（一）川藏铁路

川藏铁路主要是指从四川到西藏的铁路。1919 年，孙中山在《建国方略》中设计了"高原铁路系统"，其中第二线就是拉萨—成都线。在具体路线上，此线起自拉萨，经德庆、南摩、墨竹工卡、江达，经过托拉山至拉里，后经边坝、硕督、洛龙宗、恩达、察木多至四川巴戎，由此前行桥渡金沙江、依杵谷地，沿雅砻江下行至甘孜，再经长葛、英沟至倍田、望安、灌县、郫县，最后进入成都平原，距离约1000 英里。② 当然，孙中山也认识到

---

① 《筹筑中之成渝铁路近况》，《四川经济月刊》1934 年第 2 卷第 4 期，第 12 页。
② 黄彦编：《孙文选集》（上册），广东人民出版社，2006 年，第 259－260 页。

高原铁路系统工程繁难、费用巨大、经济收益至微，因而提出其修筑顺序应在其他铁路系统完全建成后。①

在孙中山之后，鉴于西北地区的陇海铁路建设缓慢，刘文辉在1928年认为可以从川康方向建设进藏铁路，尽管知晓"时届冬春，冰雪盈途，其困难尤难言喻""艰涩十倍于内地"，但依然建议国民政府"筹设成康、康藏两路铁道"。同年，国民政府交通部组织编制《全国铁路网计划书》，对全国路线进行统一规划。其中，一等干线有东西、南北两大系统，东西系统共有八条一等干线，第三干线就为沪藏线，自江苏吴淞口起，至西藏拉萨止，经过江苏、安徽、湖北、陕西、四川、西藏与印度铁路连接。② 1929年，刘文辉又提议开建川藏铁路，提及此路具有普及教育、实行移屯、广事开凿、国防军备的功效。③ 1930年，蒙藏委员会召开第七次会议，讨论了有关康藏交通的事宜，尽管认识到交通建设对于边疆安全的重要性，但也意识到"康藏一带山高水急""建筑铁道亦非旦夕所能成功"④。由此，川藏之间的铁路规划便又搁置了。

1939年，国民政府曾赞助国民经济研究会⑤进藏进行铁路调研。该组织对拟建川藏铁路的沿途城市做了考察，包括四川的新津、邛崃、名山、泸定、康定、雅江等，以及昌都、江达等地。国民经济研究会得出的结论是，川藏铁路的修筑遥遥无期——"川藏铁路所经各县，已略述梗概，而因国库空绌，迄未举办测量，修筑更遥遥无期也。"⑥

1941年，为速辟国际路线以应对抗战需要，国民政府计划修筑中印公

---

① 黄彦编：《孙文选集》（上册），广东人民出版社，2006年，第257页。

② 刘统畏主编：《铁路经济勘察史略》，中国铁道出版社，1994年，第138页。

③ 四川省档案馆、四川省民族研究所编：《近代康区档案资料选编》，四川大学出版社，1990年，第33-37页。

④ 中国藏学研究中心、中国第二历史档案馆编：《民国时期西藏及藏区经济开发建设档案选编》，中国藏学出版社，2005年，第38页。

⑤ 民国时期的一个非官方学者组织。

⑥ 《国民经济研究会西康交通之调查》，1939年12月1日。中国藏学研究中心、中国第二历史档案馆：《民国时期西藏及藏区经济开发建设档案选编》，中国藏学出版社，2005年，第86页。转引自张永攀：《西藏铁路筹建的历史考察》，《中国边疆史地研究》2015年第3期，第32-43、180页。

路。据蒙藏委员会驻藏办事处处长孔庆宗的信件，"现中央已与英国商妥修筑康印公路，自西昌经德钦、盐井、察隅入印接塞的亚铁路边站，已派袁梦鸿为测勘队长，率队前往测勘，已出发在途……"可见，国民政府还计划将中印之间的公路与印度阿萨姆省的塞的亚①铁路车站相接。1941 年 7 月 28 日，行政院发布蒋介石训令，称由交通部长张嘉璈提议，"拟将中印公路工程设计，改按轻便铁路标准办理，并就西昌中甸段先行组织中印轻便铁路工程局，紧急施工。所需材料，拟于美国租借法案内设法加入。在材料未输入前，即就轻便铁路路基加铺路面，通行汽车……"② 至于具体原因，张嘉璈称，根据中印公路的工程设计，路线绵长，且多担负国防军用笨重物品，每非公路运输所能因应裕如；并且，目前滇缅公路运输捉襟见肘，足为殷鉴，权衡利害，似以铺筑轻便铁路为宜。"年来孔副院长一再主张滇缅公路铺设轻便铁道，惜以滇缅坡度弯道均系公路标准，若欲铺设轻轨，势须大事改建，等于重修，必致妨碍行车，影响国际运输，未能照办。而以大量运输集中一路，其经常改善保养费用，所费甚巨，完工以后，改善养护已达六千万元。最近该路拟改铺柏油路面，估计所费至少须费八九千万元。是以全部工程经费而论，几等于轻便铁路。据工程方面估计，建筑轻便铁路之工程费用，约较公路增加三分之一，但铁路筑成，一劳永逸，可无需经常之改善保养费用，而可省汽油汽车之消耗。故本部一再考虑，此次建筑中印公路之工程设计，拟采用轻便铁路。"③

　　然而，这一"轻便铁路"计划却遭到了西藏噶厦的反对，④ 测量队在西藏门工、帕彬、掘罗瓦、察隅等地，"被藏官拆桥毁路"。⑤ 而西藏噶厦的幕

---

　　① 今萨地亚，印度阿萨姆邦东北部城市。

　　② 中国藏学研究中心、中国第二历史档案馆编：《民国时期西藏及藏区经济开发建设档案选编》，中国藏学出版社，2005 年，第 123 页。

　　③ 中国藏学研究中心、中国第二历史档案馆编：《民国时期西藏及藏区经济开发建设档案选编》，中国藏学出版社，2005 年，第 124 页。

　　④ 中国藏学研究中心、中国第二历史档案馆编：《民国时期西藏及藏区经济开发建设档案选编》，中国藏学出版社，2005 年，第 126 页。

　　⑤ 才杰主编：《元以来西藏地方与中央政府关系档案史料汇编》，中国藏学出版社，1994 年，第 2838 页。

后支持者即是英国。另外，西藏与西康交界地带的混乱社会状况也阻碍了轻便铁路的修筑。[1] 根据 1944 年 7 月交通部对行政院的呈文，在道路修建中，沿路小桥铁件被窃者极多，甚至有人焚毁路桥。[2] 因而，这条轻便铁路最终也未能修建。

（二）川黔铁路

川黔铁路也叫作贵渝铁路，主要是指从贵州贵阳到四川重庆的铁路。最早在 1911 年，贵州巡抚沈瑜庆上奏清廷，建议向英、法、日、俄等国借款 1000 万两白银，修筑贵阳到重庆的铁路。由于民众反对，加之辛亥革命爆发，沈瑜庆的设想未能实现。1914 年，北洋政府与中法实业银行签订《钦渝铁路借款合同》，决定修筑一条以当时广东钦州海湾为起点，经南宁、百色、贵州兴义、云南罗平、昆明进入四川叙府，到达重庆的铁路，川黔铁路就是这一铁路的设计末端。

自积极修筑黔桂路后，丁文江等于 1929 年至 1930 年在研究地质及矿产时，曾对川黔铁路加以探测，但由于钦渝铁路一直未能付诸实践，川黔铁路也就无从提起。直到 1939 年，南京国民政府准备打通川黔铁路，于是在 1939 年至 1947 年的 8 年间，对川黔线组织了 5 次勘测选线，拟定了东线和西线两个方案。

东线为渝筑线。国民政府于 1944 年派川黔铁路测量总队进行渝筑路线的踏勘与初测。其所探路线，由重庆南行，经綦江、松坎、桐梓、遵义、息烽，到达贵阳，长约 530 公里。此路大致与公路干线平行，但桐梓—綦江一段线路非常曲折，坡陡，工程困难。西线为隆筑线。鉴于渝筑线工程困难，测量队另测了西线隆筑线，自成渝路上的隆昌起，经泸县[3]，过长江，经贵

---

[1]　张永攀：《西藏铁路筹建的历史考察》，《中国边疆史地研究》2015 年第 3 期，第 32－43、180 页。

[2]　中国藏学研究中心、中国第二历史档案馆编：《民国时期西藏及藏区经济开发建设档案选编》，中国藏学出版社，2005 年，第 176 页。

[3]　今泸州。

州赤水再沿赤水河而上，在桐梓之南温子场，与渝筑线相接，而至贵阳。另由赤水测一线，经合江，再沿扬子江东行至朱杨溪，与成渝路相接。此两线在经济上各有其意义，工程困难程度则次于渝筑线。当时重庆参议会要求采用东线方案，由重庆直达贵阳，但国民政府认为东线方案有凉风垭、娄山关险阻，工程艰巨，故最终于 1947 年批准西线方案。然而，尽管确定了具体方案，此路却因战争爆发而无法开工，直到中华人民共和国成立后，川黔铁路才得以修建通车。

（三）天成铁路

天成铁路主要是指从甘肃天水到成都的铁路。近代国人对天成铁路的规划经历了两个阶段。它最早的前身是 1912 年由甘肃都督赵维熙提出的陇蜀铁路（天水—重庆），未果；直到 1936 年，由于宝成铁路施工困难等原因，修筑天成铁路一事又被提上了日程。

1912 年，甘肃都督赵维熙曾附图致函交通部，提议修建一条由陇南入蜀的路线——陇蜀铁路。规划的具体路线为，"由秦州①、徽县、略阳循嘉陵江直达重庆路线"。赵维熙指出，"陇秦豫海干路议案，对内对外，均有绝大关系"，"其由兰州狄道顺渭水至秦州一段，实系陇南坦道；不惟入蜀之线可以由此，即将来西兰干路，由长武溯泾源而过六盘，固不如由凤翔经陇阪溯渭水而由秦达兰之为便也"。"此议若能即日实行，则文化之输进，实业之输殖，军事之便利，指日可与腹地贯通联结。促进文明，边陲幸甚！民国幸甚！"并且，比利时工程师贺尔慈已经对这一路线进行了全方位考察，将其思考写入了《呈请甘肃都督转致交通部兴筑铁路文》中，从经济和军事两个方面总结了修建陇蜀铁路的必要性，提出"苟欲国富兵行，风气开通，非修铁路不可""行兵为邦国之常。西北诸省，人类庞杂，偶一不测，则待援不及。蜀与陇相为表里，铁路一通，则行兵甚易"。贺尔慈又详细阐述了具体线路，"预轨自兰州起，道经狄道、巩昌、秦州、徽县、广元、保

---

① 今甘肃省天水市。

宁、顺庆诸地，至重庆止"①。然而，这一计划并没有付诸实践。

直到 1936 年，国民政府铁道部与比国银行团签订了建筑宝成铁路材料借款合同，决定修筑宝成铁路，从天水到成都的铁路才有了转机。在实地勘测宝成铁路时，由于穿越秦岭工程确实艰巨，加以日寇常在河南骚扰，唯恐宝鸡受到威胁。并且，抗战军兴，国民党迁都四川，为尽快使苏联援华物资及玉门石油迅速运川，最后决定放弃成都—宝鸡走向，由成都筑到天水，途经绵阳、广元和徽县，全长 770 公里。② 1940 年，国民政府成立了天成铁路工程局。在 1940 年到 1948 年间，宝天铁路工程局及天成铁路工程局又相继对天成铁路进行定线测量，限制坡度为 15‰；最小曲线为 6，相当半径为191.07 米，但并未施工。③ 1940 年，天成铁路工程局曾对广元—绵阳段如何翻越嘉陵江与涪江间的分水岭，进行过勘测比较，认为线路经会龙场、江油，较经剑阁、梓潼的方案为佳；也对穿越剑门山区的线路进行过勘测比较。1947 年，天水铁路局又对礼县方案④进行过定测。⑤ 然而，由于"抗战几年下来，政府的财力物力都集中在西南方面，西北方面难以兼顾，所以天成铁路仅作测量工作而已"⑥，该路只得又搁浅下来。

（四）同成铁路

同成铁路，即山西大同至成都的铁路。这条铁路于 1913 年开始规划，路线大致为从京绥铁路线上的大同起，往西南行，经太原、平阳、蒲州、潼关、西安、汉中至成都。在时人看来，这条铁路"北接张绥、南联滇蜀"，具有"控引藩部、抚驭蒙旗"作用，"实为内地行政、用兵亟占优

---

① 宓汝成编：《中华民国铁路史资料（1921—1949）》，社会科学文献出版社，2002 年，第115 页。

② 凌鸿勋口述：《凌鸿勋口述自传》，湖南教育出版社，2011 年，第 139 页。

③ 中国人民政治协商会议天水市委员会文史资料委员会编：《天水文史资料》（第 8 辑），1995年，第 115 - 116 页。

④ 宝鸡经天水、礼县至略阳。

⑤ 刘统畏主编：《铁路经济勘察史略》，中国铁道出版社，1994 年，第 328 页。

⑥ 凌鸿勋口述：《凌鸿勋口述自传》，湖南教育出版社，2011 年，第 139 - 140 页。

胜之路"①。

自清末商办铁路风潮始，山西地方官绅便在筹划同蒲铁路（大同—蒲州），然而直到 1911 年 9 月，同蒲铁路通车仅 15 里。② 到 1913 年，鉴于正太铁路已于 1907 年通车，张绥铁路即将通车至大同，且中方也与比利时商定借款修筑陇海铁路，因而连接上述三条铁路的同蒲铁路便亟需建成。然而，由于同蒲铁路公司财力困穷、工事延滞，北洋政府拟将同蒲铁路收归国有，并且归并到同成铁路。于是，财政部与交通部委托陇海铁路督办施肇与比利时和法国公司代表磋商多次，于 1913 年 7 月 22 日与比法铁路公司签订《同成铁路借款合同》。③ 该合同共有 22 项条款，约定借款总数为 1000 万英镑，年息为 5 厘；预计测勘定线后 5 年内完竣；借款以 40 年为期，并将同成铁路作为头次抵押。④

但是，当时国会并没有通过该借款合同。1913 年 9 月 18 日，北洋政府声称这"无碍于公司应享同成合同之权利"，并以正太铁路财产收入以及京汉铁路余利为担保，与比法公司签订《同成铁路垫款条件》，要求该公司先行垫付 100 万英镑和 800 万法郎，交换北洋政府国库券。⑤ 实际上，这笔款项并未用作筑路，反而被挪用为军政费用。1914 年 2 月，北洋政府交通部路政局发布布告，称"同成铁路系斜贯中国西北方一大干线，因国内集资不易，故政府与比法公司签订合同，由比法公司代为募借造路款英金一千万镑，即以该铁路为担保品，利息按虚数长年五厘，以四十年为期"。⑥ 交通

---

① 关赓麟：《交通史路政编》（第十五册），交通铁道部交通史编纂委员会，1931 年，第 101 页。

② 关赓麟：《交通史路政编》（第十五册），交通铁道部交通史编纂委员会，1931 年，第 100 - 101 页。

③ 关赓麟：《交通史路政编》（第十五册），交通铁道部交通史编纂委员会，1931 年，第 53 页。

④ 王景春等编：《中国铁路借款合同全集》（下册），交通部，1922 年，第 117 - 148、155 - 163 页。

⑤ 关赓麟：《交通史路政编》（第十五册），交通铁道部交通史编纂委员会，1931 年，第 104 页。

⑥ 《交通部路政局布告》，《政府公报》1914 年第 647 期，第 22 页。

部与比法公司商定，计划从 3 月开始发行第一批债票，计 400 万英镑。① 据记载，比利时工程师锡乐土曾于 1915 年主持测量同成铁路踏勘。其中，川陕一段北起宝鸡，往东经河驿、凤县、录官峡、白水江、略阳、广元、剑阁、绵阳而抵成都。翻越秦岭时采用的最大坡度是 26‰，设环峒② 3 座，环峒共长 20 多公里。③ 但由于此时一战爆发，各国金融停滞，售票延期，比法公司未能如期付款，同成铁路工事也进展缓慢。到 1915 年，同成铁路所有公所及附属机关一律裁撤，原有员司均即停差。④

1919 年一战结束后，山西军阀阎锡山电致执政府，希望协助其将同成铁路建成，段祺瑞即令交通部酌办。交通部随即与中比公司商议，该公司代表狄西业亦极力赞同。然而，交通部却认为，此时不必贯通同成全路，应率先贯穿山西全省，筑大同—蒲州一段，并邀阎锡山秘书贾景德为该路督办。⑤ 于是，同成铁路这一长线的规划便彻底被搁置了。

（五）川广铁路

川广铁路也称广渝铁路、成广铁路，主要是指从重庆或者成都到广州湾的铁路，这条铁路也是四川通海的最好途径之一。

1913 年 7 月 4 日，由孙中山创办的中国铁路总公司在上海与英国伦敦宝林公司订立由广州至重庆的铁路借款合同。⑥ 合同共有条款 19 条，约定每年 5 厘利息，本息偿还由中华民国政府担保，以广州—重庆铁路为特别抵押。⑦ 但现实使孙中山根本无法集中精力办铁路。袁世凯接任总统不久，就暴露出

---

① 关赓麟：《交通史路政编》（第十五册），交通铁道部交通史编纂委员会，1931 年，第 107－108 页。

② 即隧道，就是线路呈"∞"字形，两次通过同一地点，第二次在第一次的头顶上通过。

③ 中国人民政治协商会议天水市委员会文史资料委员会编：《天水文史资料》（第 8 辑），1995 年，第 135 页。

④ 关赓麟：《交通史路政编》（第十五册），交通铁道部交通史编纂委员会，1931 年，第 108 页。

⑤ 宓汝成：《中华民国铁路史资料（1921—1949）》，社会科学文献出版社，2002 年，第 577 页。

⑥ 凌鸿勋编著：《中华铁路史》，台湾商务印书馆，1981 年，第 285 页。

⑦ 关赓麟：《交通史路政编》（第十五册），交通铁道部交通史编纂委员会，1931 年，第 135－140 页。

独裁面目，于 1913 年 7 月 23 日解除了孙中山铁路督办职务，并撤销铁路总公司，广渝铁路也就没了下文。英国伦敦宝林公司曾与北京政府交通部磋商，改为先行修筑该路的沙兴段（湖北沙市—贵州兴义），然而此铁路后来也遭搁置未办。

1919 年 8 月，孙中山又在《建国方略》中详细地规划了四条从广州出发，经不同路线到达重庆和成都的铁路线路，分别是：第一线，自广州经湖南而到达重庆。此线全长 900 英里，由广州出发，与粤汉线同方向，直至连江与北江会流之处，后折向连江流域，经连州、道州①、永州、宝庆、新化、辰州②、酉阳，由酉阳横过山脉而至南川，从南川前行渡扬子江而至重庆。此路经过富饶的矿区——在广东北部有丰富的煤、铁、锑、钨矿；在湖南西南部有锡、锑、煤、铁、铜、银矿；在四川酉阳则有锑与水银。另外，沿线农产品也颇为丰富，有砂糖、花生、大麻、桐油、茶叶、棉花、烟叶、生丝、谷物等等，又有竹材、木材等森林产物。③

第二线自广州经湖南、贵州到达重庆。此线约长 800 英里。自广州起，经道州、全州再入湖南西南境，过城步、靖州入贵州界，经三江④、清江⑤、镇远、遵义，由遵义则循商人通路直至綦江，以达重庆。沿线木材、矿物资源极其丰富。⑥

第三线自广州经广西、贵州而到达成都。此线长约 1000 英里。由广州西行，经三水、四会、广宁，于怀集入广西，经贺县、平乐、桂林、永宁⑦，又循柳江流域上越贵界至古州、都江、八寨、平越、瓮安、岳四城、仁怀、赤水、纳溪，渡扬子江以至泸州，经过隆昌、内江、资中、资阳、简阳，以达成都。此路最后一段经过的四川盆地，是有名的富庶区域，桂林—

① 道州原属湖南省永安府，此指民国初废州改名的道县。
② 湖南省辰州府于民国初已废，此指原府治沅陵县。
③ 黄彦编：《孙文选集》（上册），广东人民出版社，2006 年，第 191 - 192 页。
④ 三江镇，属贵州省锦屏县。
⑤ 贵州省清江县，今改名剑河县。
⑥ 黄彦编：《孙文选集》（上册），广东人民出版社，2006 年，第 192 页。
⑦ 广西永宁县，今改名永福县。

泸州段则矿产颇丰，且"此路将为其两端人口最密之区，开一土旷人稀之域，以收容之者也"①。

第四线自广州经广西、贵州、云南而到达成都。此线长约 1200 英里，自三水铁路桥西端起，入肇庆峡至肇庆城，经德庆、梧州、大湟②、象州、柳州、庆远。于是进至思恩，过桂、黔边界入贵州、独山、都匀、贵阳、黔西、大定③、毕节，于镇雄入云南，北转而至乐新渡，到达四川界，经叙府、乐山，最终到达成都。此路经过广阔的未经开发、人口稀少之地，沿线煤、铁、银、锡、锑等矿产较丰富。④

南京国民政府铁道部成立后，曾派队广测西南各省铁路干线；同时，还组织西南地质调查队调查沿线的矿产，由中央地质调查所所长丁文江负责。丁文江建议，除铁道部已决定必勘的湘滇、滇粤两路外，应同时测勘从四川重庆经广西通往广州湾的路线，并且将其名为川广铁路。其时，贵州省已开辟公路，北面已到桐梓，南面已到独山，因而丁文江认为，如果重庆和桐梓之间、独山和河池之间无重大障碍，则可筑一条铁路从重庆经桐梓、贵阳、独山，到广西南宁，经广州湾出海。在丁文江看来，要开发西南，首先要使西南地区有一通达海口的铁路，鉴于云南、贵州、广西三省人口稀少、工程艰难，且不如四川富庶，因而，"如由四川通海口，则所经各省可以连带开发"。这一建议得到铁道部的赞同，于是，丁文江率领地质调查队在 1929 年 11 月到 1930 年 4 月间完成了相关地质调查和路线勘察，⑤ 并于 1931 年 11 月发表了《川广铁道路线初勘报告》。⑥ 此外，曾任交通部长兼交通大学校长的王伯群也极力倡导修筑成广铁路。他曾于 1933 年 3 月发表《致西南人士及当局论成广铁路有速成之必要书》，倡议在西南修铁路，"我西南诸省十

---

① 黄彦编：《孙文选集》（上册），广东人民出版社，2006 年，第 191 – 192 页。

② 大湟，时属广西省藤县。

③ 贵州省大定县，今改名大方县。

④ 黄彦编：《孙文选集》（上册），广东人民出版社，2006 年，第 193 – 194 页。

⑤ 凌鸿勋编著：《中华铁路史》，台湾商务印书馆，1981 年，第 290 页。

⑥ 朱从兵：《铁路与社会经济　广西铁路研究　1885—1965》，合肥工业大学出版社，2012 年，第 102 – 103 页。

九偏于陆，航行虽亦有相当之需要，然其最关重要而急切者则莫若铁路干线之敷设"。他从政治、经济、军事、文化等多方面论证西南发展铁路的重要性，并参考孙中山"权衡缓急，宜别后先"的筑路原则，倡导率先修筑成广铁路，认为"此线完成，凡川黔桂粤四省之重要城市，悉可通达"。① 然而，尽管几经倡议，并且已经完成了初勘，川广铁路最终还是只停留在规划层面。

（六）钦渝铁路

钦渝铁路，也被称为渝钦铁路，是指从广东钦州②到四川重庆的铁路。这条铁路也是四川入海的重要路线之一，在民国曾经历过两度集中谋划，但都无疾而终。

1913 年，为回应西南五省的筑路请求，时任北洋政府交通总长的周自齐牵头策划钦渝铁路，并准备与中法实业银行进行借款磋商。大致路线为，从钦州湾出发，经广西南宁、百色，到贵州兴义，再经云南罗平、昆明进入四川叙府，到达重庆。1914 年 1 月 21 日，北洋政府与中法实业银行签订《钦渝铁路借款合同》，规定债额为 6 亿法郎，利息 5 厘。至于法国为何愿意借款修筑钦渝铁路？这是因为法国已于清末索得广州湾的租借权，而钦州湾位于广州湾与法属越南之间，钦渝铁路不仅可以扩大法国在中国西南地区的势力范围，还可以便于其将在中国西南地区的势力范围与法属殖民地连成一片。在实践中，钦渝铁路也办得十分不顺。根据合同，法方需自合同签订之日起，分五批交付借款，每星期一批。但直到 1914 年 6 月，中法实业银行只交付了 3211 万法郎。事实上，这笔钱也未能真正投入筑路使用，而是被全部移充军政费。1918 年冬，北洋军阀政府致函中法实业银行，以第一次世界大战已经结束为理由，要求速派工程人员筹备开工。但因南方局势不稳定，未能如愿。1920 年，中法实业银行曾主动致函北洋政府，认为当时金

---

① 汤涛编：《王伯群文集》，上海书店，2018 年，第 177 - 182 页。
② 今属广西。

融较为活跃，只要发行债票即可筹到路款，但不久后中法实业银行却忽然发生停兑，再也无力继续交款。钦渝铁路由此搁置，实际勘测工作也并未开展。

1927 年 1 月，南方政府交通部计划重启钦渝铁路，但由于当时广西省政府筹筑的重点是邛梧铁路及三水—梧州铁路的展筑，[①] 因此这次筹议又没有了下文。直到国民党在军阀混战结束后，考虑到"钦渝线既可使云南与大江相通，又可使四川有出海之港口，且能减削滇越铁路之运输，使云南商货得由本国海口出入，筑一路而三利备焉"[②]，便要求西南各省加紧联合筹建钦渝铁路。1929 年 1 月，旅京滇籍人士曾致函南京国民政府要求废止之前的钦渝路约，并筹议自建，称此路"不徒边省之幸，亦国家建设大业所宜先事着手者！"[③] 为此，旅京川、滇、黔人士还组织发起了西南铁路促成会，提出"吾西南各省，同处帝国主义者势力范围内，于彼族敷设之铁路，收回无期；于吾边通海之要冲，咽喉遏阻。另订条约，则公理抑于强权；修改路章，则恶例视为固有。与虎谋皮，终鲜实效！吾西南一线之生路，惟有自谋通海而已"[④]。随后，西南政务委员会[⑤]也议决筹筑钦渝铁路，提议为求平均负担，拟每省建筑五分之一，并给出了具体的修筑计划及预算。全路由广东钦县起，经邕宁、隆官、思林，至广西奉议，经兴义到云南罗平、曲靖、宣威，至贵州可渡河，经威宁、黑章、毕节至四川叙永，经古宋、纳溪、隆昌、永川，至重庆止。全长约 2000 英里，每英里约需工料费大洋 9.22 万元，为求平均负担，拟每省建筑五分之一。[⑥] 但这一提议并未得到五省的积

---

① 朱从兵：《铁路与社会经济　广西铁路研究　1885—1965》，合肥工业大学出版社，2012 年，第 100 页。

② 胡焕庸：《西南亟应建造之铁道》，《时代公论》1932 年第 3 期。

③ 《旅京滇人请废止钦渝路约》，《民国日报》1929 年 1 月 23 日。

④ 宓汝成编：《中华民国铁路史资料（1921—1949）》，社会科学文献出版社，2002 年，第 774 页。

⑤ 指国民政府管理广东、广西、云南、贵州、福建五省的机构，成立于 1931 年 12 月，1936 年 7 月撤销。

⑥ 宓汝成编：《中华民国铁路史资料（1912—1949）》，社会科学文献出版社，2002 年，第 761 页。

极回应。四川省主席刘湘倒是对钦渝铁路津津乐道。1930 年，刘湘曾致函铁道部部长孙科，建议自建渝钦铁路，并提出这条铁路具有九利：

利一	衔接成渝铁路，联络西南腹部，既有利于政治控制，也便于物产出海
利二	鉴于越南海防港与香港分属于法国和英国势力范围，渝钦铁路有利于巩固国防，保护北海要塞
利三	贯通川、黔、桂三省而出海口，解决了黔、桂两省争筑湘滇及粤滇两路的问题，四川也少了偏远的问题
利四	相比粤滇线长度更短、难度更小、耗资更少
利五	筑成后可逐次选筑长沙—贵阳、贵阳—昆明、广州三水—迁江、昆明—迁江等路线
利六	已有一定前期工程铺垫，包括正在着手的渝綦马路、温水—贵阳马路、贵阳—桂林马路即将竣工
利七	四川物产、人口丰富，路成之后有利于促进西南垦荒移民、发展农村经济、开发矿藏、促进西南工业化；同时，此路营业收入也可以增加国库收入
利八	有利于以路养路，筑成以后可用营业所入赶筑成康铁路，以及从康定到拉萨，进而在亚东关出境，与英国大吉岭、加尔答各铁路相接的铁路，便于开发康藏资源、巩固西南边防
利九	有利于促成全国横纵贯线的形成。鉴于陇海铁路已通车至西安，若将来与成渝铁路贯通，即可与陇海相连、直达海州，形成横贯第一大干线；而同蒲铁路即将通车，将来与同蒲线联络，则可贯通察绥特区及晋、陇、川、黔、桂、粤各省，形成纵贯全国腹部第一大干线

资料来源：根据宓汝成编《中华民国铁路史资料（1912—1949）》（社会科学文献出版社，2002 年）第 747 页整理。

1932 年 1 月，西南曾拟议发起粤、滇、黔、川、桂五省共同参与的钦渝铁路会议。但至 11 月，实际联合起来的只有粤、桂、黔三省。1933 年，五省代表在广州数度会商后，决定成立筹备委员会办理各项事宜。为促该路早日开工，广东代表陈济棠曾派代表麦焕章、胡畏三去四川，与四川善后督办刘湘商洽各事。刘湘答允以全力扶助该路兴筑，并出路款 100 万元。麦、胡又请第 24 军刘文辉、第 28 军邓锡侯、第 29 军田颂尧对筑路事予以支持，但并无圆满答复。因为此时川内各军阀正忙于解决自身立足问题，无暇顾及筑路之事。此外，关于路线走向，各省之间也有争论——云南方面坚持，为防止法国延长滇越铁路，应先修昆明—钦州段；广西与广东方面则对原有路线不甚满意，提出了新的线路，准备以广三路（广州—三水）上的三水为起点，经广西梧州、柳州入贵州，经贵阳而入重庆与成都，再由贵阳筑一支线接通云南昆明，另一支线达湖南长沙。[①] 可见，西南各省实质性的联合确实比较困难，难以有突破性进展。1934 年 1 月，广西省政府主席黄旭初在南京时会晤丁文江。丁文江谈到，湖南有了粤汉铁路，必不愿再筑株钦铁路，所以广西应设法促成钦渝铁路，才合实际。这也正符合当时四川和贵州的要求，所以，广西改变了此前对钦渝铁路筹建不甚积极的态度，转而设法促成钦渝铁路的筹建。1935 年 11 月底，黄旭初由南京返回广西经过上海时，卢作孚和李石曾特地介绍一家法国银团与他商谈借款修筑钦渝铁路问题，但因初步接洽问题又较复杂，商谈没有结果。[②] 由此看来，由于工程浩大、筹款困难，且五省各有利益诉求、难以团结，故而一时难以群策群力，最终钦渝铁路未能开工。

（七）渝柳铁路

渝柳铁路是指从广西柳州到重庆的铁路，最早于 1919 年由贵州省政府提议修筑，未果；于 1929 年由南京国民政府庚关两款筑路计划再次提起，最终还是未能得到兴工。

1919 年，贵州省政府曾倡议兴筑渝柳铁路，并向广西省政府建议合筑该路，由其负责展筑从柳州经南宁至龙门港的线路。然而此事后来并没有下文。直到 1929 年，国民政府铁道部决定利用庚子赔款和海关盈余建筑铁路，时任铁道部部长孙科拟订了庚关两款筑路计划提案，并将其提交给了国民政府中央政治会议。经由冯玉祥、阎锡山、何应钦、李济深和李宗仁等人审查

---

① 朱从兵：《铁路与社会经济 广西铁路研究 1885—1965》，合肥工业大学出版社，2012年，第 108 - 109 页。

② 朱从兵：《铁路与社会经济 广西铁路研究 1885—1965》，合肥工业大学出版社，2012年，第 206 页。

后，他们对庚关两款筑路计划进行了修改，其中之一就是增加了一条从重庆至柳州的铁路，即渝柳铁路。国民政府中央政治会议之所以做这样的修改，是因为考虑到"以谋广西与中央之联络"，并使四川以最直接的路经由贵州和广西出海。《审查报告》认为，"盖筑路如有余力，京粤、粤滇两线，自可举办，藉增交通之便利。又成渝既修之后，应将粤滇线之贵阳分线延长至重庆，以成渝柳线加入此组，以与宝钦线连接，则川省客货可由黔桂出海，其取径为最直接，故亦有兴筑之价值"①。然而，遗憾的是，庚关两款筑路提案通过以后，因受国内局势影响以及央地政府间未臻融洽，渝柳铁路并未得到兴工。

（八）宝成铁路

宝成铁路是指从陕西宝鸡到成都的铁路，也被称为"川陕铁路"。1936年，陇海铁路通至宝鸡后，即有西上与南下两种考虑。西上者，以兰州为目标；南下者，以成都为终点。考虑到一旦中日战争爆发，敌人将潼关以东的陇海铁路切断，西北国防与民生就需要依靠西南资源接济。并且，为了开发西北、加强川陕两省与中部地区的沟通，南京国民政府决定先行筹划从宝鸡到成都的铁路。

与此同时，自陇海铁路债票整理后，比利时银行团对投资中国铁道建设深感兴趣。因此，国民政府以借新款为条件，允诺比银团中方将整理旧债。1936年8月25日，在与比银团驻华代表郎勃脱多次磋商后，国民政府铁道部与比国银团签订了建筑宝成铁路材料借款合同——《展筑陇海铁路购料合同》。根据合同内容，宝成铁路材料借款总额为4亿5千万比国法郎，周息6厘，中方应于7年还清。② 此后，在1936年至1939年间，陇海铁路西段工程局为寻找过秦岭的适当地点，曾航测过五条比较线，分别是天水—永宁

---

① 朱从兵：《铁路与社会经济　广西铁路研究　1885—1965》，合肥工业大学出版社，2012年，第100－102页。

② 姚崧龄编：《张公权先生年谱初稿》（上），社会科学文献出版社，1982年，第156－157页。

镇、天水—徽县、天水—成县、天水—西和线、天水—礼县线。① 在这期间，工程师龚继成首次采用航空测量与地面测量相结合的选线法来测定比较路线，为铁路定线工作提供了许多宝贵资料和可靠数据。② 但通过实地勘测后，国民政府发现穿越秦岭工程确实艰巨，于是决定放弃宝鸡—成都走向，西绕天水，改为天水—成都走向。由此，宝成铁路也就被搁置了。

二、对川内铁路的规划

（一）井泸铁路

井泸铁路是指从自流井到泸州的铁路。其历史最早可以追溯到清末，四川总督锡良以四川富顺县自流井产盐丰富但运输艰难为由，曾饬富顺县会同官运局议修铁路。官绅李裴臣、王棪、刘石芝等人也迭议兴筑，但此事最终以款项难筹而告终。③

进入民国后，为改变四川交通闭塞现状，地方人士积极倡议修建铁路。1915 年，川人廖思桢听说洋员④丁思以运输艰难为由，有修筑铁路的打算。为避免铁路利权落入外人之手，廖思桢便召集当地绅商开会，建立公司，分担认股，建筑井厂到富顺的轻便铁路。

公司内部组织大约分为 6 组，总务部有总理 1 人、副理 1 人及员工 32 人；董事局有董事 8 人、监察 2 人及员工 20 人；收支局有局长 1 人、账员等 15 人；工程部有工程师和副工程师各 2 人，及书记、夫役共 56 人；机厂部有技师 1 人、工匠等 25 人；车务部有站长 5 人，及电报、售票员、夫役等 330 人。以上六组的薪资共计每年银圆 100644 元。具体规划路线为由自流井东兴寺起，经詹家井等处，至富顺县半边寺止，共长 55 华里。公司资

---

① 中国人民政治协商会议天水市委员会文史资料委员会编：《天水文史资料》（第 8 辑），1995 年，第 115 页。

② 江苏省政协文史资料委员会、海门市政协文史资料委员会编：《江苏省文史资料 第 92 辑 海门文史资料 第 15 辑 故土方圆》，江苏文史资料编辑部，1998 年，第 235 页。

③ 关赓麟：《交通史路政编》（第十六册），交通铁道部交通史编纂委员会，1931 年，第 951 页。

④ 清代海关邮政时期和国家邮政时期，掌管邮政的外籍人员。

本总额 130 万元，分为 130 股，每股千元，再分为十小股，由创办人担任 37 万元。原定于 1921 年 5 月 1 日开工，1922 年 10 月底竣工。预定轨距为 3 英尺，轨条每米重 18 公斤，设车站 5 所、水塔 3 座、转车台与计量台各 2 座、400 尺拱桥 1 座、237 尺机厂客货车库各 1 所。预采购 22 吨重机车 4 辆，牵引力为 6 万磅；客车 30 辆，其中头等客车重 7.8 吨、可容纳乘客 28 人，二等客车重 7.8 吨、可容纳乘客 35 人，三等客车重 7.5 吨、可容纳乘客 40 人；货车 120 辆，其中有盖货车重量 5 吨、积重 7 吨；无盖货车重量 4 吨、积重 7 吨。[①]

根据预算，公司预计开办测量及建筑设备一切费用为 1300000.5 元；线路用地预计 983 亩，预计费用为 58980 元；车站用地 220 亩，预计费用为 17600 元；堆栈等用地预计费用为 2000 元。另外，预计全年收入（包括货车收入与客车收入）为 70.74 万元；预计全年支出为 10.0664 万元。因此，预计全年盈利为 60.6756 万元。

1916 年 11 月，公推公司创办人刘延桢等，去北京呈请交通部准发执照。但英国公使称自流井盐商拟借外款修筑井富铁路，由于当时政府明确规定民营铁路禁止私借外资，为证明该公司并无此打算，四川同乡京官李昌宪等 4 人出具保证书，声明公司所有股款纯系招自中国商民，及由各界人士分认，并无私借外资之事。四川留京官绅张伯英、周骏及公司股东谢持、王燮枢等人又迭次函电呈请，四川督军、泸州道尹亦以并无外款在内屡电交通部，申请颁发执照。公司总理刘延桢、协理陈元銮又向交通部声明，如领照之后查有外资外股一事，甘受相当处分。最终，交通部为提倡地方实业起见，于 1921 年 1 月 24 日批准正式立案，并于所发执照内附加条件规定，该公司不得让渡外人，日后倘若有私招外股或借外资一事，将撤销执照。当时，四川盐运使张英华亦以交通梗阻、运输不便为由，拟由自流井至邓关，建筑一条长约 50 华里的铁路，专供运盐之用。但由于这条铁路起点与井富

---

① 关赓麟：《交通史路政编》（第十六册），交通铁道部交通史编纂委员会，1931 年，第 952 - 953 页。

铁路有重复之嫌，随即叫停。同年，川军第九师师长兼重庆商埠督办杨森，在四川省盐运使张英华的建议下，计划兴筑一条从自贡自流井经富顺到泸州的井泸铁路。因泸州有长江航运，自贡和富顺地区的人货便可在泸州经航运顺长江而下，直达重庆和上海。这条铁路便是井富铁路的延伸线。

于是，杨森便和井富轻便铁路公司共同推进筑路事宜。1922 年 3 月，杨森等人在重庆成立"井泸铁路有限公司筹备处"，由杨森任处长。但此消息一经传出，立即引起相关人士的异议和反对。时人的主要担心还是集中在借外债的问题，他们担心路权尽落外人之手，因而反对借款。不久，交通部却发现，公司协理陈元黎、刘德麟早已于 1921 年 4 月 30 日，以井富轻便铁路创办人名义与日本东亚兴业株式会社代表森清治订立特别借款合同，计借日金 311998.47 元为公司创办筹备费，又以创办人自己全部财产担保。交通部又继续调查，发现该公司在 1916 年到 1921 年间，先后借日金 25 万元，加上利息约日金 30 余万元。另外，为规避中国民营铁路依法不能掺入外资的规定，合同还删去了借款单位的"民业"二字。

以上种种引起社会质疑，认为如此借款行为是陈元黎等"违法图私，贻祸桑梓"。① 于是，1923 年 6 月 6 日，交通部撤销了公司执照并责令该公司从速清理日债，以免发生纠纷。加之此时杨森在川内军阀内战中战败，遂离开四川，由其主导的井泸铁路也就没了下文。

（二）内宜铁路

内宜铁路是指从内江出发，经自流井到宜宾的铁路。1938 年，由于战事吃紧，中国迫切需要打通西南铁路国际通道，叙昆铁路的重要性陡然上升。鉴于宜宾作为叙昆铁路终点，与成渝铁路干线中间尚隔一段距离，为连接成渝铁路与叙昆铁路，以及发展自流井一带资源，成渝铁路局便派廖鸿猷为队长，踏勘内江经自流井至宜宾的路线。因而此段路线也是成渝铁路的支线，共长 134 公里，仅须凿短隧道 3 座，其余工程颇为平易。然而，鉴于成

---

① 冯金声：《中国西南铁路纪事》，西南交通大学出版社，2017 年，第 87 页。

渝铁路干线在近代都寸轨未铺，因而这条支线也就没有了下文。

1945 年，为感念四川民众抗战有功，国民政府又将诸多途经四川境内的铁路纳入"对日抗战后第一期五年建设计划"之中。国民党计划"完成叙昆铁路沾益至威宁段，东展至贵阳，筑川黔、成渝、天成、天兰诸路，北延至哈密，构成南北第一干线"；并且，"为开发川康富源计，建筑成都至乐山，及内江经乐山富林以达康定诸铁路，并筑宜宾至自流井之线"。① 只可惜，随着内战爆发，国民政府无暇筑路，上述计划也未能实现。

（三）成康铁路及其延长线

成康铁路是指四川和西康的联络线，也被称为"川康铁路"。除成康铁路外，民国时期，时人对其延长线康藏铁路（西康—西藏）以及康滇铁路（西康—云南）等也有所规划。西康在晚清和民初隶属四川，主要指东起打箭炉（康定），西至丹达山，南接云南，北连青海的广大地区。② 在抗日战争由防御转入相持阶段的背景下，"为保持国际联络，获得友邦援助"③，1937 年 9 月，第 135 次国民党中央政治会议通过决议，西康与绥远、察哈尔、热河、青海等特别行政区域改建行省。但直到 1939 年 1 月 1 日，西康省政府才正式在康定宣告成立。由于本书的研究对象为整个近代的四川铁路史，因而也将西康建省后的交通事务一并放入四川铁路史中进行讨论。

1933 年，刘文辉在与刘湘争霸四川的较量中败退西康，占据宁、雅、康三属。他一直是西康地区交通建设的积极推动者，不仅积极推动川康、康青、康藏、康印等线公路建设，对铁路建设也是十分热衷。早在 1928 年，刘文辉就曾建议国民政府从川康方向建设进藏铁路，"筹设成康、康藏两路铁道"④。而时为四川省主席的刘湘也十分关心西康地区的铁路建设。1930

① 凌鸿勋编著：《中华铁路史》，台湾商务印书馆，1981 年，第 27 页。
② 张宪文、陈兴唐、郑会欣编：《民国档案与民国史学术讨论会论文集》，档案出版社，1988 年，第 321 页。
③ 刘文辉：《完成西康建省之意义及今后施政之中心骨干》，《康导月刊》1939 年第 1 卷第 5 期，第 11－19 页。
④ 张永攀：《西藏铁路筹建的历史考察》，《中国边疆史地研究》2015 年第 3 期。

年，刘湘在致函铁道部部长孙科请自建钦渝铁路时，曾提及钦渝铁路筑成后，可用营业所入赶筑成康铁路，并建设康藏甚至其延伸线，"由康定、雅江转宁静、昌都入前藏至拉萨，渡雅鲁藏布江而达亚东关出境，与英国大吉岭、加尔答各铁路相接，便于开发康藏资源、巩固西南边防"①。

另外，1937 年 7 月，四川省政府又出台了一份《铁路计划》，称"四川省政府为谋沟通各省交通，及发展西部各地宝藏，决于三年内设法完川省主要铁道"，以成都为中心点，修筑一系列铁路，其中就包括成会铁路（成都—会理）及其延长线川康铁路（会理—康定）、川滇铁道（会理—云南）。② 可以看出，在这份计划书中，成会铁路成为川康铁路的第一段。计划书称，"现成渝铁路、川陕铁路及川滇铁路（由宜宾至昆明全线计长 639 公里）已由铁道部主持修筑，成会铁路及川康铁路第一步测量成都至雅安，再由雅安至会理，测量竣事即行开始建筑，此项计划省府正详细拟中"③。

但直到 20 世纪 40 年代，这些筹划才有了进一步的发展。1940 年，凌鸿勋等人受聘于天成铁路工程局，计划花费一年时间对天成铁路进行定线和估计。但由于抗战几年下来，政府的财力物力都集中在西南方面，西北方面难以兼顾，所以天成铁路仅做测量工作而已。于是，为鼓舞路工人员的士气和避免专门人才的走散，交通部又命令天成铁路工程局派员兼测川康铁路路线。④ 于是，天成路局派正工程师段品庄为测量队长，率队进行踏勘。共计踏勘了三条路线：一为成都—康定线，自成都经双流、新津、雅安、荥经、汉源、冷碛、泸定、瓦斯沟，而至康定，全程约 340 公里；二为康定—西昌线，自康定经瓦斯沟、泸定对岸、安顺场、东厂、洗马沽、冕宁、泸沽而至西昌，全程约 290 公里；三为东厂—乐山线，自东厂、富林、沙坪而至乐山，约长 150 公里。到乐山后，即与成乐铁路相接，可作为成都—康定的比

① 宓汝成编：《中华民国铁路史资料（1912—1949）》，社会科学文献出版社，2002 年，第 747 页。

② 四川省档案局编：《抗战时期的四川——档案史料汇编》（下），重庆出版社，2014 年，第 1545－1546 页。

③ 陆士圻：《成渝铁路沿线土地征收之经过》，成文出版社，1977 年，第 50612－50613 页。

④ 凌鸿勋口述：《凌鸿勋口述自传》，湖南教育出版社，2011 年，第 139－140 页。

较线。以上各线于 1940 年 9 月开始施测，1941 年 6 月完成，同时并作沿线经济调查。当时规定路线标准，希望最陡的坡度不超过 1.5%，最小弯线半径不小于 300 米。但经实际踏勘后，因山势起伏太大，瓦斯沟—康定 24 公里距离间路线升高约 1000 米，须用 3% 的坡度。洗马沽—小相岭高差亦大，须用 2.5% 坡度。荥经至汉源再越大相岭，虽用 2.5% 坡度，然亦尚须凿长达 9000 米的隧道，故上述坡度限制殊不可能，势须加以变通。经踏勘比较后，成都—康定线若经荥经、汉源、泸定，工程过于困难，坡度亦过陡。另有比较线由荥经越飞越岭之北隘，径达泸定，而不经过汉源。坡度虽仍陡，但可避免长隧道。因此，比较各线后，认为川康铁路应采取从乐山溯大渡河而上，经沙坪、富林，而达东厂，再北溯大渡河以至康定（约 406 公里）；南经洗马沽、冕宁、泸沽，而至西昌。此路冕宁、泸沽一带铁矿蕴藏丰富，可能成为另一重工业区。

1945 年，抗战结束后，出于联络各省主要政治中心、巩固军事重镇以及促进经济的考量，国民政府尤其着眼于贯通西北、西南各省。特别是，为感念四川民众抗战有功，国民政府继续出台了一些对于四川铁路的规划，将诸多途经四川境内的铁路纳入"对日抗战后第一期五年建设计划"之中，其中就包含成康铁路。国民党计划，"为开发川康富源计，建筑成都至乐山，及内江经乐山富林以达康定诸铁路，并筑宜宾至自流井之线"。[1] 1946 年春，交通部又派勘测队踏勘康滇铁路路线。由昆明起，经武定、元谋，由元谋分东西二线，东线经会理、摩沙营而至西昌，西线则由元谋偏西，经苴却、永仁，再渡金沙江，再由摩沙营至西昌，而以会理一线比较直捷。此线与川康铁路成都—西昌线连接，可为成都昆明间最直捷之路线。勘测完竣后，该路也被列入战后第一期交通建设五年计划。

1947 年，孙汝坚等人曾呈《请积极筹建昆明至西昌及西昌至成都铁路以利边政而资开发案》，从政治与交通之间的重要关系出发，提出两条铁路对于稳定川边具有重要作用。在此基础上，孙汝坚等人提出了四点筹建康滇

---

[1]　凌鸿勋编著：《中华铁路史》，台湾商务印书馆，1981 年，第 27 页。

铁路与川康铁路的办法，分别是：

1. 已勘测完竣昆明至西昌线，请交通部积极筹备兴工；

2. 西至成都线（该线应经越嶲县城至雅安到成都）请交通部派员继续勘测竣事；

3. 完成昆明至西昌线后，即继续展修西昌至成都线；

4. 建筑铁道器材，除枕木可就沿线两旁森林砍伐备用外，其需购自国外者，由滇越路运输。

同年 12 月，四川省参议会又推出《成会铁路计划书》，提及拟先在川康境内建筑南北铁路一条。具体路线为自成都起，为避免新津、乐山河谷起见，拟在岷江东岸南行，经新店子、白沙、仁寿至五通桥，长约 207.3 公里；自五通桥渡岷江抵犍为，西北行至铜街场，沿大渡河南岸至三渡溪，西南行抵峨边，长约 162 公里；自峨边西南行入西康境，沿越嶲河南岸经越嶲抵泸沽，长约 158.7 公里。自泸沽南行，经西昌、铁匠房、益州抵会理，长约 252 公里。该计划书称，成会铁路为孙中山手订成都—元江线的一段，将来展筑可与多条铁路接轨，如在成都接天成与成渝铁路；自会理往东，经姜州、巧家、大海子至威宁接叙昆铁路；自会理往西，经盐边、小维西，出国境至印度境入雷多，接印度铁路；自会理往南，经松平关、罗次至昆明，接昆明各铁路；自峨边往西北，经金口河、汉源、荥经至雅安，接成都门公线，等等。①

上述提案均得到通过，但由于国民政府忙于内战，成会铁路以及它的延长线成康铁路、康藏铁路、康滇铁路均未得到实际兴筑。

（四）成乐铁路

成乐铁路是指从成都到乐山的铁路，也被称为"成嘉铁路"。对成乐铁路的谋划诞生于抗日战争即将胜利的背景之下。1943 年是世界反法西斯战

---

① 《四川省参议会等建议修筑成渝、成天、叙昆、川柏、成会铁路提案罗江县府呈无线电收音室收费表报及四川省建设厅代电公函》，四川省档案馆藏，民 115 - 01 - 1059。

争发生根本性转折的一年，苏联对德战役取得巨大成功，美军在南太平洋战役中取得决定性胜利，国内抗战胜利展现曙光。战后如何恢复和发展四川经济，成为四川民众最为关心的话题。因此，在1943年11月四川省临时参议会第二届第二次大会上，与交通等相关的经济类提案最为集中，议员们就如何进行四川经济建设各抒己见，其中就有新建成乐铁路的提案。当时，成渝铁路已经停工且余工尚多，难以赶成，成都对外交通只靠公路，不足以应付，因而有人便提议筹建成都至乐山的成乐铁路。至于乐山以下，则可利用岷江水道南下至宜宾，以通长江，如此水陆衔接，较为方便。议员杜致远、魏楚华等人向大会提交"为拟请政府速建成乐铁路以便交通而利抗战案"，从里程、经费、材料供给等方面建议修筑成乐轻便铁路。

在国民政府交通部拟定的《战后铁路建设计划》公布后，1944年6月，四川省临时参议会第二届第三次会议召开。鉴于国民政府对于在四川兴修铁路一事咸表赞同，且对技术与原料也有确切打算，议员们认为四川兴筑铁路的时机已成熟。但对于究竟是修建成渝铁路，还是修建成乐铁路这一问题意见并不统一。最后，会议对建筑铁道路线提出解决办法："或续修成渝铁路，抑或新修成乐铁道，以期与水道衔接，均无不可，究以何者相宜，由政府缜密考虑决定。"至于经费，则"拟由今年中央应还三十、三十一两年征购粮食本息数额中，以一半划归各县作各县兴办水利动力之用，其余一半，即拨作兴建铁路。将来即以铁道股票及收益，归还川民"。[①] 这项建议呈送国民政府后，政府当局原则上当即表示赞同，并由行政院令饬主管部拟具计划研讨。此后，四川兴修铁路的问题，便成了大后方民众舆论中的中心论题，大体上还是分为续修成渝铁路与新修成乐铁路两派。1944年7月19日，重庆《新蜀报》《国民公报》《商务日报》发表联合社论《建筑成渝铁路之必要》，主张先修建成渝铁路渝内段，从修筑成渝铁路的技术、价值、具体办法等方面做了详细阐述，认为成渝铁路贯通四川中部，联系川省两大城市，其价值远在成乐铁路之上，指出若是放弃成渝而转修成乐，是"舍基干而求

---

① 四川省临时参议会编：《四川省临时参议会第二届第三次大会会议纪录》，1944年，第55页。

枝节"。① 而后，四川社会各界又对成渝铁路的优点，以及成乐铁路的优缺点进行了探讨。现将上述舆论观点整理如下：

成渝铁路优点	成乐铁路缺点	成乐铁路优点
沿途工业较盛，可以促进四川工业化	所经过的路线工业意义较差，仅为地方性路线	路线较短，工程费用较少
由重庆起点可以从铁路本省运输材料	叙府至嘉定冬季不能通航，疏浚甚巨	修成后，可达成成渝联运目的
内江铁桥工程的基础业已完成，渝内段桥梁涵洞工程已完成80%	即使叙嘉段水道终年畅通，但成渝间至少须经9日夜，若成渝路通车，至多两日两晚即可往返	开发西南与开发康藏，可以同时兼顾
一旦修成，连贯川东西两大城，纵贯全川精华之地，上引西康、下接长江，更加强了对省外的交通，将来西连由新疆到云南的后方大铁路，南连川黔路，东下而接修川汉铁路，规模宏远	收购沿途路基所费金钱，较成渝路七八年前收购时费用为巨	便于兴特种工程线路，目前只能敷设轻轨铁道，如成渝铁路敷设轻轨，短期内势必改敷重轨，颇不经济
	是一个地方性的次要线，实不足与成渝铁路相提并论	可以附带救济凋敝的航业

根据 1944 年《四川经济通讯》第 2 期《四川铁路问题》、1944 年 7 月 28 日《大公报》《成渝与成乐的抉择》整理。

最后，国民政府不仅决定续修成渝铁路，也将成乐铁路纳入战后第一个"五年铁路建设计划"中所拟筑之线，并派杜镇远主持施测。具体路线为自成都沿岷江上游南行，经眉山到达嘉定，长约 165 公里，路线经过工程多属容易。根据《经济汇报》转载的《大公报》在 1944 年 7 月 24 日的电讯，"交通当局已分别拟就修建成渝铁路及成乐铁路全部施工计划"，"前者需费约一百二十万万元，后者则为其半"。② 然而，遗憾的是，直到中华人民共和国成立，成乐铁路还仅仅存在于规划之中。

民国成立后，各方对四川铁路多有谋划。但除了成渝铁路正式动工外，

---

① 《建筑成渝铁路之必要》，《新蜀报》1944 年 7 月 19 日。
② 《成渝成乐铁路施工计划拟就》，《经济汇报》1944 年第 10 卷第 5、6 期，第 244 页。

其他谋划的铁路多停留在谋划层面，也就是说，如果从建成通车的角度来看，四川铁路的谋划多成空言。那么，为何四川铁路的谋划大多以失败告终？

其中原因颇多，最主要的还是政治原因。我们可以在川路谋划中看到央地关系、府际关系之间的种种问题。铁路是巨型工程，合作方之间的罅隙是导致其计划失败的重要原因。例如，由西南五省请筑的钦渝铁路，也是由于五省各有利益诉求、难以团结而未能开工，可谓成也萧何败也萧何。加之在近代纷繁复杂的政治环境之下，这些央地关系与府际关系中又夹杂着民族关系与国际关系的较量，使得筑路之事变得更为复杂。这一复杂性在川藏铁路以及川康铁路的谋划中体现得最为明显。

军阀混战作为政局不宁的一个体现，是导致谋划失败的关键原因。筑路一事，可能是"明修栈道，暗度陈仓"，表面为筹集路款，实际却只是军阀假以筑路之名筹集军费。以钦渝铁路为例，北洋政府出面与法国签订借款合同，但法方交付的3211万法郎并未真正投入筑路使用，而是被全部移充军政费。同样，四川从1912年"省门之变"到1935年川政统一，二十多年时间发生过400多次军阀间的战争，因此尽管各军阀都曾有筑路计划，但连年的战争状态根本不可能推进筑路工作，更打击投资者的信心。例如，1924年，四川省政府计划通过招商来推进筑路事宜，然而由于此时四川政局动荡、军阀混战，即便当局对路权已做出一定让步，也允诺提供一定保障，但仍旧无人问津。

筹款困难是导致筑路困难的直接原因。1921年，杨森等人曾计划借日债兴筑井泸铁路，但因川人担心路权尽落外人之手故反对借款，因而井泸铁路未能修建。可以观之，在筹款困难的表象之下，是近代国人对待外资的态度问题。对于后发国家而言，在本国资金有限的情况下，要快速启动现代化，选择利用外债筑路无可厚非。但是，在主权不独立的情况下，国人在借债筑路时常常被迫与列强签订了不合理的借、垫款合同，接受了许多附加条件，丧失了大量铁路权益。因此，近代国人对待外资是十分矛盾的，这种情况直到民国后期，随着引进外资新模式的开创，才有所缓解。总之，铁路建设是巨型工程，建设周期长，所需经费巨大。但近代四川政局不宁，经济相对落后，再加之抗日战争爆发，四川铁路修筑颇受战争干扰，因此，虽然各方对四川铁路多有谋划，但终归大多无缘付诸实践。

第四章

百折千回：民国时期四川铁路的建设

尽管在整个近代，国人对四川铁路进行了很多谋划，却只有四条铁路进入了修筑环节，其中两条短途铁路——北川铁路和綦江铁路建成通车，成渝铁路、叙昆铁路进入了修建阶段但未建成。四条铁路的建设过程都颇为艰辛。

第一节　成渝铁路的兴工与停建

尽管在北洋政府时期，川内对成渝铁路有多种筹议，但遗憾的是，均以失败告终，直到国民政府主持成渝铁路事宜后，这条搁置了二十余年的铁路才真的开始动工。

一、国民政府对成渝铁路的筹备

在南京国民政府方面，20 世纪 30 年代，随着日本侵略加剧，特别是1932 年"一·二八"事变后，国民政府已经完全意识到中日冲突迫在眉睫。为做相应国防准备，国民政府准备将国防中心迁至西南地区。实际上，四川长期军阀混战，在国民政府控制之外，处于"半独立"状态。直到1934年底，刘湘赴南京乞援；1935年1月，贺国光率领参谋团进驻重庆，四川与国民政府的关系才迎来了新转机。国民党中央势力开始渗入四川，并改组四川省政府、废除防区制，完成了川政统一。四川曾经"半独立"的状态逐渐被打破，开始被纳入国民政府的政治版图中。在对日关系不断恶化、战争威胁日益迫近的情形下，国民政府迫切需要重新整合四川，建设"民族复兴之根据地"①。此后，国民政府便对四川的政治、军事、经济、交通、金融等进行大力整顿，全力建设全国抗战大后方。因此，在国民政府建设西南大后方的国家战略背景下，成渝铁路作为"择后方国防政治重心之交通干线"②，成为国民政府和四川政府共同推进的目标，"年来因国难日亟，四川已变为民族复兴根据地，成渝铁路之兴筑，自属刻不容缓"③。

1935年秋，考虑到成都—重庆一带地方富庶、资源丰厚，以及重庆的经济、政治双中心地位，中国建设银公司④倡议组织川黔铁路公司，先筹资修建重庆—成都段铁路，然后再筹划川黔两省铁路交通，用以协助政府建设。为使中央和地方都支持筑路，中国建设银公司协理刘景山便邀请铁道部及四川省政府共同认股。1935年冬，国民党四届五中全会通过"国内提前兴修铁路干线"决议案，成渝铁路被列入其中。1936年2月，铁道部成立新路建设委员会⑤，拟定先修筑成渝铁路，在南京招收铁路员工，并组织测量队筹备施工。

可见，此时成渝铁路的兴筑被国民政府重视，并且进入了中央和地方统筹合作阶段。值得注意的是，除了成渝线，滇黔铁路和滇钦铁路也在国民政

---

① 1935年3月4日，蒋介石在国民党四川省党部特派员办事处的讲演中，提出四川应作为"民族复兴之根据地"。

② 中国第二历史档案馆编：《中华民国史档案资料汇编 第五辑 第二编 财政经济（十）》，江苏古籍出版社，1994年，第5页。

③ 《成渝铁路将兴工》，《教育短波》第60期，1936年4月21日，第16页。

④ 中国建设银公司是由宋子文于1934年5月在上海创办的一家股份有限公司，该公司最初创办的目的是开辟国内资本市场、引进外资，进而投资国内交通、工矿等实业。

⑤ 主要负责各新路线的规划与测量、沿线的经济调查、工程的设计和审定、材料的支配和审核、工程的实施和考核，以及工程费用的筹划及计核等事项。

府的计划中。所以，此次国民政府是将成渝铁路作为川黔铁路的一段，也是西南铁路网的一部分来规划的。

（一）成立川黔铁路公司与筹措筑路经费

中国建设银公司一直想对中国铁路事业做一次新的商办试验，并试图与法国银团合作投资，获得开发沿线实业的机会。1936 年 1 月，通过中国建设银公司董事李石曾，法国人梅莱（M. L. Mmerlet）[①] 与铁道部部长张嘉璈接触，双方一拍即合，张嘉璈也认为此时吸引法国投资兴建成渝铁路是合时宜的。[②] 而一直苦于无资金支持的四川省政府，面对突如其来的转机非常珍惜，亦积极促成此事。于是，1936 年 2 月，铁道部部长张嘉璈、中国建设银公司协理刘景山，以及四川省建设厅厅长卢作孚三人，共同商讨了成渝铁路借款的具体内容。为落实引进法资，中国建设银公司计划参照浙赣铁路南玉萍段的借款成例，联合铁道部和四川省政府共同成立川黔铁路公司，由中国建设银公司出面与法国银团订约，筹集成渝铁路的筑路资金。1936 年 3 月 24 日，国民政府政务院公布了《川黔铁路公司章程》，对股份、股东会、理事会、监察人、公司组织、会计等分别做了规定。根据章程，川黔铁路公司的业务不仅包括"建筑及经营自成都至重庆铁路干线"，还包括成渝铁路"自内江至自流井之支线"[③]；整个工程预计两年半完成。在人员构成上，川黔铁路公司理事长由铁道部政务次长曾养甫担任，理事会由张嘉璈、曾养甫、邓益光、刘航琛、甘绩镛、卢作孚、汪楞伯、周作民、徐新六、胡笔江、宋子安、刘竹君、叶琢堂、徐子青、蒋逵、李石曾、杨介眉 17 人组成，曾养甫、李石曾、宋子安、卢作孚、刘竹君 5 人为常务理事。其中张嘉璈由财政部指派，曾养甫、邓益光由铁道部指派，刘航琛、甘绩镛、卢作孚由四

[①] 梅莱是巴黎荷兰银行总理费钠来（Horace Finaly）的朋友，他正在中国调查实业投资情况，为中法工商银行寻找新的投资对象。中法工商银行于 1925 年由中法实业银行改组而成，为中法合资银行，在上海、天津、北京等地设有分行。

[②] 姚崧龄编：《张公权先生年谱初稿》（上），社会科学文献出版社，2014 年，第 140 页。

[③] 陆士坼：《成渝铁路沿线土地征收之经过》，成文出版社，1977 年，第 50639 页。

川省政府指派。其余的人员则是商股代表。监察人为杜镇远、邓汉祥、吴蕴斋，分别受铁道部、四川省政府和商股指派。1936 年 12 月 16 日，中国建设银公司代表川黔铁路公司与法国银团代表中法工商银行在上海签订合同，向法国银团借款 3450 万元，分 15 年还清，利率 7 厘，其中 2750 万元为材料价值及运费，其余 700 万元为现款，由铁道部无条件担保。① 1937 年 3 月 9 日，国民政府行政院第三〇三次会议又通过了《川黔铁路特许股份有限公司章程》，对《川黔铁路公司章程》进行了补充，明确成渝铁路建筑经费为 5450 万元，其中 2000 万元作为川黔铁路公司股本总额，剩余 3450 万元从法国借款。川黔铁路公司的 2000 万元股本是川黔铁路公司开办资本，其中由铁道部与四川省政府各认 450 万元，剩下的 1100 万元由中国建设银公司负责通过招募商股筹集。② 不久后，川黔铁路公司又召开理事会议商讨成渝铁路建筑经费，因材料涨价，原来预算不敷，经理事会决定增加资本 500 万元，连同外商增加投资，共为 1550 万元，全数总计达 7000 万元。这一新增的股本 500 万元，按照官方 9/20、商方 11/20 的比例来进行分配，因而，四川省政府认 115 万元，四川商界认 100 万元，其余由铁道部、建设银公司分认。③

这样，三方终于凑够了成渝铁路修筑经费。值得注意的是，在借款性质上，相比此前通过外债修路的投资方式，成渝铁路的借款方式迥然不同。这首先体现在该路的性质上，川黔铁路公司系民营性质，完全依照商业公司办理，只在必要时向政府要求协助；其次，法国银团借款不附其他条款，全为现金材料长期借款，与普通商业借款相同；最后，该路的建筑、经营、管理，纯由国人主持，合同内仅规定雇用法国人两名，且属技术人员。④ 因此，成立川黔铁路公司以商办形式筑路，改变了此前中国铁路建设借款需通

---

① 《一月来之成渝铁路：(1) 借款合同在沪签订办法》，《四川经济月刊》1937 年第 7 卷第 1、2 期，第 53 - 54 页。
② 《建筑成渝铁路借款成立：由法国银团承借》，《银行周报》1936 年第 20 卷第 50 期，第 54 页。
③ 陆士圻：《成渝铁路沿线土地征收之经过》，成文出版社，1977 年，第 50660 页。
④ 陆士圻：《成渝铁路沿线土地征收之经过》，成文出版社，1977 年，第 50659 页。

过政府并以铁路收入作为担保的形式，在一定程度上削弱了西方国家对中国铁路的控制，为外资引进开创了新模式，达到了既利用外资又避免丧失路权的效果。

（二）成渝铁路的勘测设计

修筑铁路，勘测设计必须先行。自 1935 年冬国民党四届五中全会决定建筑成渝铁路后，铁道部即于 1936 年 1 月特派专员余垿由京赴渝，调查成渝铁路工程的路线。1936 年 3 月 24 日，行政院制定公布了《川黔铁路公司章程》。自此章程公布后，成渝铁路规模大体确定，铁道部便派新路建设委员会工程长邓益光（兼铁路局长），率领工程人员来川查勘路线，勘察各线地势及沿线一般经济状况。同行者有测量工程人员 9 人，共分两队，一队负责初测路线，另一队负责查勘桥梁、山洞工程。他们于 4 月 1 日出发，沿长江行至江津、永川、简阳而达成都，于 14 日完成此线踏测，又另外查勘二线，直至 5 月初结束。① 因此，对于成渝铁路路线的初勘，共有三道：

南道：由璧山、永川、荣昌、隆昌、资中、资阳、简阳而达成都；

北道：由嘉陵江至合川、潼南、遂宁、乐至而达成都；

南北两道间另辟一路：由江津经永川、荣昌、隆昌、内江、资中、简阳、金堂、新都而达成都。②

为使工程实施得到统一组织和管理，1936 年 6 月，中国建设银公司、国民政府铁道部、四川省政府决定在重庆成立成渝铁路工程局，全权负责成渝铁路干支线测勘、建筑、设备、会计及其他附属事宜，下设总务课、设计课、工务课、机务课、总稽核、会计课、材料课、地亩课、各工务总段以及运输事务所、警务段等部门。③ 并且，工程局还计划在铁路通车后增设运输课掌管客货运输车辆、调度运转等事项，并下设运输段及车站。为统一组织，铁道部命令，从 1937 年 1 月 15 日起，成渝铁路工程局直接受川黔铁路

---

① 陆士圻：《成渝铁路沿线土地征收之经过》，成文出版社，1977 年，第 50673 - 50674 页。

② 陆士圻：《成渝铁路沿线土地征收之经过》，成文出版社，1977 年，第 50674 页。

③ 陆士圻：《成渝铁路沿线土地征收之经过》，成文出版社，1977 年，第 50641 - 50642 页。

公司管辖。由此，川黔铁路公司在工程上、经济上成为实际负责修筑成渝路的主体。

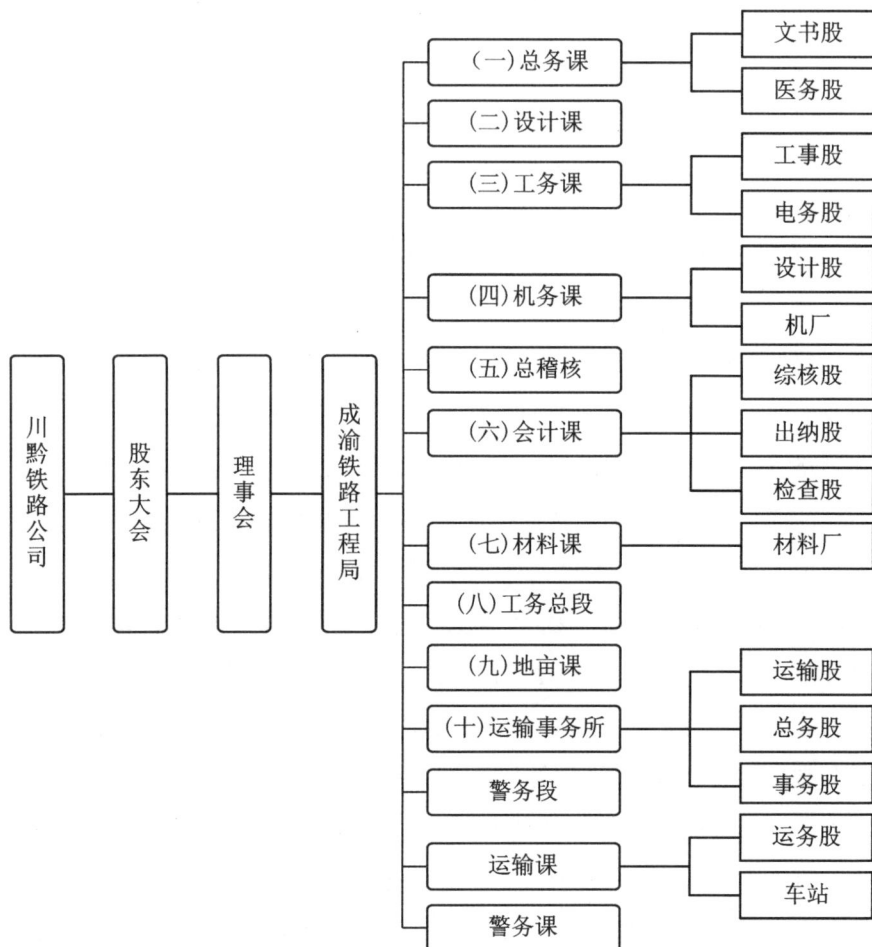

川黔铁路公司 → 股东大会 → 理事会 → 成渝铁路工程局

- （一）总务课
  - 文书股
  - 医务股
- （二）设计课
- （三）工务课
  - 工事股
  - 电务股
- （四）机务课
  - 设计股
  - 机厂
- （五）总稽核
- （六）会计课
  - 综核股
  - 出纳股
  - 检查股
- （七）材料课
  - 材料厂
- （八）工务总段
- （九）地亩课
- （十）运输事务所
  - 运输股
  - 总务股
  - 事务股
- 警务段
- 运输课
  - 运务股
  - 车站
- 警务课

成渝铁路工程局组织系统①

在人员配置上，由邓益光担任局长兼总工程师，陈祖贻担任副局长兼副总工程师。另外，还有总稽核1人，专员2人，正工程师、副工程师、帮工程师30余人，课长每课1人，厂长每厂1人，所长每所1人，股长每股1

① 根据陆士圻《成渝铁路沿线土地征收之经过》，成文出版社，1977年，第50642－50645页整理。

人，医师若干、警务长 1 人，警务段长每段 1 人，另外还有课员、工务员、工务佐理员、工程实习生、事务员、司事若干人。

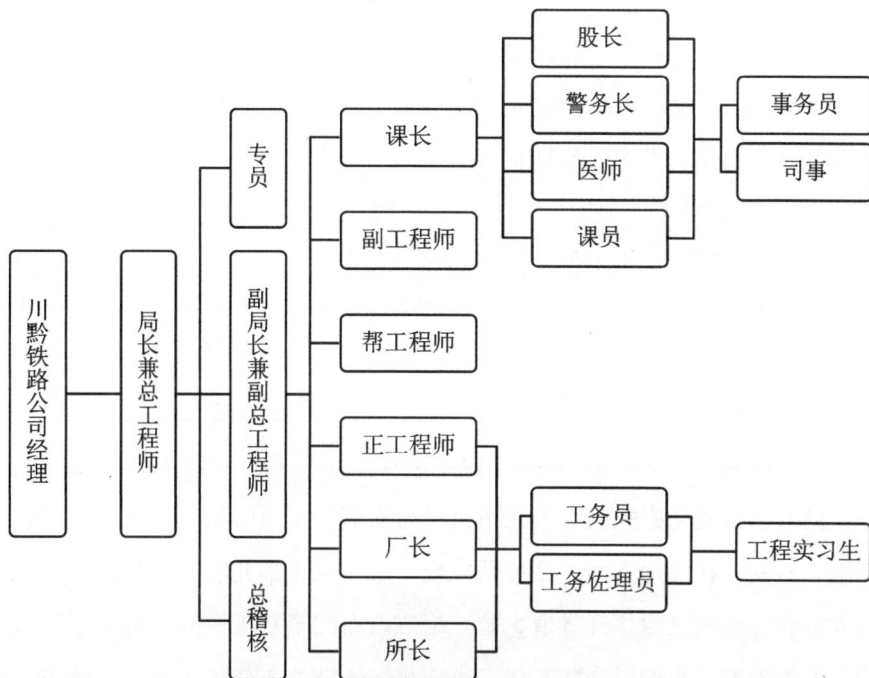

成渝铁路工程局行政系统①

1936 年 4 月，铁道部成立定线测量队，先派一队到沱江测勘桥址及查勘队工。同年 5 月，铁道部又从胶济、株韶、京沪、津湘等铁路调用了大批优秀的勘测技术人员携带仪器入川，组织了 7 支队伍共同进行定线测量工作，并请四川省政府予以协助。省政府便派沿途军警保护，并命璧山等 15 县县府于工程师到境时予以协助。成渝铁路全路分为 8 段，每段派一队担任测量工作。

---

① 根据陆士圻《成渝铁路沿线土地征收之经过》，成文出版社，1977 年，第 50646 页整理。

各队定线测量分配情况及测量起讫日期①

队别	地段	实测长度（公里）	测量开始日期	定测开始日期	完竣日期
一	重庆—江津	51661.50	5月20日	5月26日	9月4日
二	江津—金刚沱	48788.93	5月31日	6月13日	9月29日
三	金刚沱—临江场	43193.00	5月31日	6月1日	9月28日
四	临江场—荣昌	63274.78	6月1日	9月7日	11月8日
五	荣昌—内江	68892.66	5月31日	8月6日	11月8日
六	内江—球溪河	77207.53	6月2日	7月16日	10月26日
七	球溪河—简阳	75930.60	6月7日	6月25日	1月25日
八	简阳—成都	93458.06	6月5日	6月5日	9月3日
总计		522436.06公里②			

同时，国民党中央政府也派飞机进行航测。至10月，各段已完成航测、踏测、探验。在地形方面，测量队发现，第一段中猫儿峡为悬崖峭壁，无路可通，在5公里之内须开隧道5处。第三段石门至石板桥间，有李家坝分水岭，颇为险峻。第四段岗陵起伏，毫无规则，选线工作极为繁重。第五段中瓜子岩绝壁峭拔，有300余米高，无法绕越。第六段循沱江西蜿蜒于半山之间，山势错什，较长江西岸尤甚。第七段经莲花山峭壁，穿昆仑山等分水岭，地势崎岖、工作困难。只有第八段地势平坦，间有丘陵，尚无险阻。③

经过踏勘后，成渝铁路的设计标准也得到确立。在速度方面，全线最低设计时速为50公里。在坡度方面，全线坡度总长为335.596公里，最陡坡度为1%，简阳—成都100余公里的坡度皆在7‰以下。在弯道方面，弯道总长226.266公里，占全线43%，曲线半径一般等于或小于382米，除猫儿峡附近长约8公里一段为地势所限，不得不暂用公制5°曲线外，其他曲线最

---

① 根据陆士圻《成渝铁路沿线土地征收之经过》，成文出版社，1977年，第50685页整理。原文数据汇总为522436.06，系计算错误。

② 根据计算，各段总和应为522407.06公里。

③ 陆士圻：《成渝铁路沿线土地征收之经过》，成文出版社，1977年，第50686页。

锐者只有公制 4°。曲线半径 229 米的路段全线共 8 处，散见于江津—重庆之间；曲线半径为 286 米的路段全线共 35 处，散见于重庆—简阳之间；其余曲线半径等于或小于 382 米。在轨距方面，轨距为标准轨，计 1435 毫米。钢轨重量为每米 35 公斤及 40 公斤两种，标准长度为 12 米。在隧道方面，全线共有隧道 20 余座，总长约 2200 余米。隧道所经地俱属软石，施工时均须用木撑及衬砌。在桥梁、涵洞方面，所有重要桥梁均经再三设计、详加比较后确定。全线大桥约 57 座，小桥约 308 座，涵洞水管约 1166 处，每处坡度、弯度、斜度、地质及地形各不相同，其中以沱江球溪河油溪桥基最为困难。且因山洞深宿、岩壁陡峭，山洪急流，桥座桥墩的高度在 30 米以上者甚多，其余大多数亦在 20 米以上；涵洞长度大多也比普通涵洞更长。因川江每年枯水时期仅 5 个月的时间，所有桥渡工程必须在枯水期内赶做，否则一遇涨水则十分危险。[①] 另外，该路线所经过地带冈峦起伏，沿线浮土平均约深 1 米，其下约属砂石，以此路基挖方中，石方占 4/5，土方仅占 1/5。因而，全线共需填土 1110 万立方米，挖土 333 万立方米，开挖松石 590.7 万立方米，坚石 613.6 万立方米。[②] 而沿江一带路基需御土墙，共 94 万余立方米，可采用当地石料。为运送起卸机车、钢桥及重大机具，还需在重庆九龙坡修筑一码头，用以装置趸船。

1937 年，时人李应元在《成渝铁路与四川经济》中感叹："在山岭崎岖之地带，而能测得若是之优良路线，实为始料未及，此不得不归功于成渝之测量队也。"[③] 其中，石门—板桥以及成都—新子店两段为测量重点。石门至板桥间，沿江岸长 25 公里，弯道多为美制 8 度（即公制 5 度 15 分）曲线，由于峭壁临江，因而御土墙的工程量极大。第三队在实施定测时，先测有一山内直达线，长仅 17 公里，但这条线须穿过李家坝分水岭，因而必须开凿长约 800 米的隧道，还须增加一段蜷线[④]来减缓坡度。因川黔铁路计划

---

① 陆士圻：《成渝铁路沿线土地征收之经过》，成文出版社，1977 年，第 50690 页。
② 陆士圻：《成渝铁路沿线土地征收之经过》，成文出版社，1977 年，第 50691 页。
③ 李应元：《成渝铁路与四川经济》，《四川月报》1937 年第 11 卷第 1 期，第 37－49 页。
④ 又称串线或弧线（Loop Line）。

在朱杨溪口与成渝铁路接轨，测量队便拟采用沿江线。成都至新子店间，测得一直达线长19公里。

最终，全线测量于11月底全部告竣，测定可供选择的路线有两条：

一为从巴县出发，经江津、永川、大足、荣昌、隆昌、内江、资中、资阳、简阳、金堂、新都、华阳而达成都；

二为从巴县出发，经璧山、永川、荣昌、隆昌、内江、资中、资阳、简阳、龙泉驿而达成都。

这两条路线中，第二线本是捷径，且经济价值大，是原东大路旧道，也是此前成渝铁路筹备处所拟路线，但此路线前段要经过青木关大山，最后还要经过龙泉驿大山，山岭崎岖，施工困难。至于初测时的北道，即巴县—合川—潼南—遂宁—乐至—成都一线，从各方面比较来看，不若前两线好，因此不纳入选择。

最后，铁道部再三研究，确定采纳第一线。该线从重庆菜园坝出发，经九龙坡，沿长江北岸达江津，再由白沙镇向东北行，经永川、荣昌、隆昌、椑木镇而达内江，渡沱江，由沱江西岸，经资中、简阳及金堂养马河、五凤桥，过新都华阳而达成都，全线长522公里，横贯四川腹地。该线西端北接川陕公路，西接成雅公路，南接成嘉公路及岷江上游；东端北连嘉陵江，东通扬子江，南接川黔公路，构成四川省的交通总枢纽与经济大动脉，对于四川实业发展、西南国防巩固等皆有裨益。

据估算，全线建筑总额约5600万元，主要包括以下几项开支：

1. 总督务费一项，照实际需要情形核实、估计。

2. 筹备费一项，根据测量队及探验队经费概算。

3. 购地费一项，根据各测量队用地简明图之总面积，连同迁坟费在内，每亩按照合同规定以20元估算。

4. 轨枕一项，根据原计划将购本省木料，以每根2元计算，倘将来本省不能供给而须改用外洋枕，此项尚须增加。

5. 其他各项工程数量，均根据各测量队的定线图及初步设计图计算。每项工程之草价，均根据调查所得，本省公路之工价及国外料价附加，最初与民生公司拟定的长江运费，与沿线各地之运价比较后估计。①

（三）用地征收

在路线测量、设计、预算完成后，相关的用地征收、工程招标、材料准备等工作便紧锣密鼓地陆续开展起来。要使铁路建设得以兴工，首先需要解决用地问题，这就涉及土地征收。成渝铁路沿线居民世代以土地为生，一旦土地被征则生计告绝，既影响民生，也事关抗战后方的安定。因而成渝铁路的用地征收事宜极为关键。而工程的招标与承办，以及材料准备也在同时进行中。

1. 确定征收流程

1937 年春，四川省政府率先出台了关于征收民地办法酌定步骤，依次为圈地—登记—免粮—审查地价—核定地价—发给地价。但由于人民对于圈地办法极力反对，四川省政府不得不变更手续，改为先行丈量，并保障业主在未动工前仍可耕作与使用被征土地，从而减少纠纷。因此，成渝铁路工程局在定线测量后，先行实施地亩丈量，由路局指派专职人员与沿线地政机关或县政府派员共同办理地亩丈量事宜。所谓地亩丈量，总共由以下几个步骤构成。

第一步是边线的确定。根据测定路线图进行水准测量，再计算土方、确定边线，并安置界桥或于土地上用灰划界绘具边线确定图，并在测定边线范围内绘制界址图。

第二步是调查地籍。绘具界址图后，一面呈请履行法定手续，一面依照土地法第 365 条规定，随时进入界线内工作。在丈量前，须由工程局派专职人员，会同主管地政机关或县政府所派人员，调查地籍，以便通知业主。

第三步是通知业主。查明用地业主后，由上述机关所派人员，将土地丈量日期及丈量地段等信息通知各保甲长，再通知土地所有人。②

① 陆士圻：《成渝铁路沿线土地征收之经过》，成文出版社，1977 年，第 50694 页。
② 陆士圻：《成渝铁路沿线土地征收之经过》，成文出版社，1977 年，第 50696 页。

第四步是丈量编号。保甲长通知各业主依时到场指界，并同测量人员实施丈量，如土地所有人不能到场则视为有意规避，事后该土地所有人不得提出异议。丈量完毕后，即将所丈结果依次编号。

第五步是调查土地种类。丈量完毕后，专职人员着手调查土地种类。土地一共分为公私两种。公地是指国家所有土地，分道路、河沟、荒山、荒地、营地、旗地及其他官产；私地是指私人及团体所有之土地，如个人或家族或公司产业，以及社团或地方公产和学产之类。其中，田包括水田、旱田；地包括园地、宅地、滩地、山地、荒地、坟地。再分别计算面积，若地面有定着物，便一并调查定着物种类及数量。

第六步是发放土地丈量单。需要被征用的私有土地一经丈量后，即由路局丈量人员先行发放征用土地丈量单和申报书（包括土地申报书和土地附着物申报书），以作日后登记之用。至于坟墓，则因其性质特殊，不能与其他土地附着物同论，故专有迁坟申报书。

第七步是丈量公地。丈量公地、公庙及其他国家所有不动产后，将其丈量单发归各县县政府或地政机关收执，如附有定着物则同时发放定着物申报书。

最后一步是绘图造册。土地征用手续完毕后，工程局按照丈量结果绘制地图，将地亩面积标于图内并依号编注；再将土地丈量单存根转送征地机关，以备日后填发征收土地执照；并将丈量绘图分别造成清册，一并交送征地机关。①

2. 成立征地机构

用地丈量完毕后，便正式进入征购工作。1937 年 5 月，四川省政府派员与成渝铁路工程局组织成立了成渝铁路征地委员会作为征地的机关办事处，负责土地等级核定、土地附着物调查、清丈地亩、土地估价、发放补偿及编制地亩图册，以及发布征地公告、登记、发放补偿等。② 并于沿线各县

---

① 陆士圻：《成渝铁路沿线土地征收之经过》，成文出版社，1977 年，第 50706 - 50707 页。
② 黄华平：《民国成渝铁路土地征收问题考察》，《重庆工商大学学报》（社会科学版）2009 年第 5 期。

设立 12 个分办事处①，直属于用地委员会，协同处理一切事宜，负责所辖区域的土地征收。总会办事处于 6 月 4 日在重庆成立，各地分办事处从 6 月 12 日起先后成立。在组织构成上，主任委员由四川省地政局长禧祖佑担任；副主任委员由四川省建设厅厅长何北衡担任，其下设立秘书、组长和雇员若干；委员有刘航琛、卢作孚、邓益光等，其余职员大多也是由四川省政府机关及成渝铁路工程局所属职员派充。

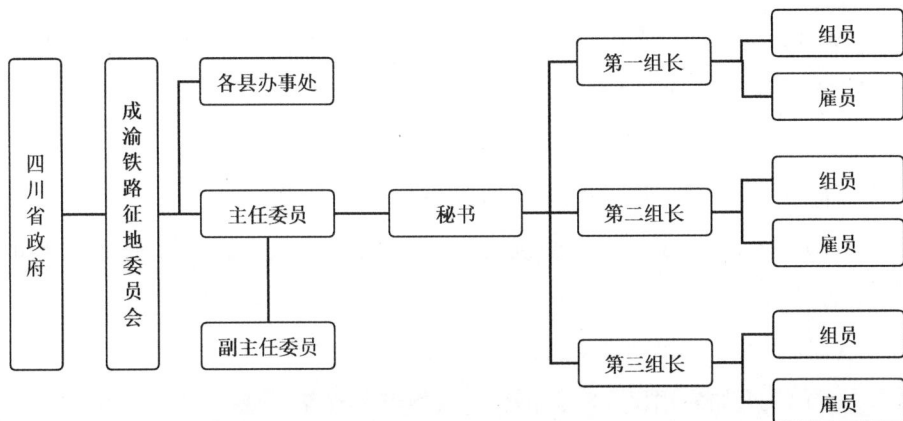

四川省政府成渝铁路征地委员会组织结构图②

在成渝铁路征地委员会带领下，一系列有关征地的大纲和章程相继颁布，包括《成渝铁路用地委员会办事处组织大纲》《成渝铁路用地委员会办事处细则》，以及《成渝铁路用地委员会各县分办事处组织章程》等。其中，《成渝路征用民地办法》言简意赅地对整个征地的减免赋税及补偿地价办法进行了明确：

（1）被征用土地，经丈量明确登记手续完竣后，其被征用部分应纳赋税并从 1937 年起即予核免。

（2）被征用之土地，一律核定等级，发给地价。

①　分别为巴县、江津、永川、荣昌、大足、隆昌、内江、资中、资阳、简阳、金堂和成华办事处。

②　根据陆士圻《成渝铁路沿线土地征收之经过》，成文出版社，1977 年，第 507-14 页整理。

（3）被征用土地之附着物，"如房屋、树木、青苗、坟墓等项"均照规定分别核给迁移费或补偿金。

（4）工程机关依照建筑铁路征收土地暂行办法于测量定线后，一面履行法定程序，一面进界线内动工。

（5）筑路工人由成渝铁路工程局严加约束，不得有非法行为，但当地人民对于筑路工作，亦不得借故阻挠，否则均予依法制裁等项布告沿铁路线各业主及人民路工等一体知悉。①

另外，为保护沿途居民及工作便利起见，特经省政府派员会同路局拟定《路工及沿线居民遵守规则》：

（1）工人不得践害民间禾苗及农林附业。

（2）工人不得占用向民间借用的农具或其他器物。

（3）工人不得于民间有骚扰情事，但须借住庙宇或房时，应请由当地保甲商得主人之许可。

（4）工人于市镇购买物品，务须公平交易。

（5）工人如雇用民力时，仍须给以相当之劳资。

（6）居民于路工，须有相当之协助。

（7）居民不得妨害建筑工作。

（8）居民于铁路建筑各项材料，不得任意携取。

（9）各市镇商民，于勘界限内做工时，不得无故阻挠。②

3. 减免赋税及补偿地价

成立征地机构后，征地委员会便开始履行复勘及调查工作。他们先是派员根据工程局交送的丈量单存根、图幅及清册，到预征地处进行复勘，并通过各行政区域保甲长通知征地业主到场办理手续。③ 复勘结束后，便由各县办事处通知业主限期申请登记，登记对象分为土地、附着物及坟墓三种。登记后，征地委员会便核发执照，业主可凭执照领取迁移费或补偿金。

---

① 《成渝路征用民地办法》，《四川经济月刊》1937 年第 8 卷第 1 期，第 51 页。
② 陆士圻：《成渝铁路沿线土地征收之经过》，成文出版社，1977 年，第 50663－50664 页。
③ 陆士圻：《成渝铁路沿线土地征收之经过》，成文出版社，1977 年，第 50721 页。

征地委员会依据 1936 年 4 月行政院公布的"土地赋税减免规程"第 13 条规定，以及"民营铁路及汽车路，与地方交通及生产事业有重大关系者，其用地得呈请减免赋税"的规定，拟定"征收成渝铁路用地减免赋税暂行办法"。根据这一办法，被征收土地所有权人因土地被征用、所有权转移，可自 1937 年起免除全部或部分粮赋义务。当被征收土地如为业主全部土地时，则照原契全部豁免；当被征用土地为业主部分土地时，则照原契所载额按比例减免其赋税。①

除去减免税赋，补偿地价也是成渝铁路征地工作的关键环节。根据法律，被征收土地所有人有权收领补偿金，而补偿金的内容包括附着物迁移费补偿金、地价补偿金及其他因征地所受损失的补偿金。②

一是在附着物迁移费补偿金方面。依照风俗旧习，人民对于坟墓甚为重视，不肯轻易移动，因此迁移坟墓耗资较大，分别是石坟每坟 4 元、砖坟每坟 3 元、土坟每坟 2 元、浮厝每坟 1 元以及乱葬每坟 0.5 元。③ 据统计，成渝铁路沿线各县发给征地附着物迁移费补偿金总额为 275643.66 元。④

二是在地价补偿金方面。成渝铁路工程局局长邓益光、川黔铁路公司协理刘景山与四川省政府主席刘湘反复磋商后，按照"土地法五年平均办法办理"，即以 1932 年到 1936 年的土地均价⑤为标准，最后决定平均每亩以 45 元收买。虽然，资中、简阳、内江一带民田较多、土质亦肥，每亩约在百元以上，不过重庆、永川、江津一带民田则较贫瘠，故沿线水旱田地各段地价以 45 元为平均价格，至于"如何勘测分配，给费，则统归省府负责规定"⑥。而且，根据用地委员会估计，预计征地款合计 500 万元，除中央允拨 250 万元现金，四川省政府需承担 250 万元。但四川地方政府并无资金，便决定以将来省府所得铁路盈利为基金，发行 250 万元地价券，对征地少、

---

① 陆士圻：《成渝铁路沿线土地征收之经过》，成文出版社，1977 年，第 50753 页。

② 陆士圻：《成渝铁路沿线土地征收之经过》，成文出版社，1977 年，第 50757 页。

③ 陆士圻：《成渝铁路沿线土地征收之经过》，成文出版社，1977 年，第 50766 页。

④ 陆士圻：《成渝铁路沿线土地征收之经过》，成文出版社，1977 年，第 50770 页。

⑤ 《成渝铁路近讯》，《四川经济月刊》1937 年第 8 卷第 2 期，第 58 页。

⑥ 《成渝铁路问题解决　渝车站三月动工》，《四川经济月刊》1937 年第 7 卷第 4 期，第 90 页。

金额小的支付现金，其余支付地价券，地价券也可以流通抵押。

三是在其他因征地所受损失的补偿金方面。此部分主要是指在征地过程中可能造成的沿线两旁土地产业的损毁。为此，四川省政府派麦德奎、徐国卿等，会同铁路工程局与沿线地方政府商议，订立《成渝铁路沿线两旁损毁民有土地及其他各项产业补偿暂行办法》《征地界外采取石料补偿办法》等，以资准绳。依照上述办法，成渝铁路全线征地工作在 1938 年基本完成。

（四）工程招标与承包

除去用地征收，工程招标与承包也在如火如荼地进行。1936 年底，成渝铁路工程局内部大致就绪，全线桥梁、土方、车站预算图表均告完成，并将全线分为 7 个总段，分别是第一总段重庆—江津段、第二总段江津—永川段、第三总段永川—荣昌段、第四总段荣昌—内江段、第五总段内江—球溪河段、第六总段球溪河—简阳段以及第七总段简阳—成都段。工程局一面履行法定手续进入界内工作，一面登报招请包工。为此，成渝铁路工程局还出台了《成渝铁路工程局包工章程》[①]，分"名称释义""工程种类""图说""局备材料""局租机具""承包人供给之材料工具""承包人之责务""双方接洽手续""押款及保证""完工期限""工程之检视及验收""付款""合同之废止""变更及评判" 14 个部分，对承包方的权利和义务做了说明。

招请包工通知发出后，来自京沪各地共四十余家商家前来登记投标，例如有华西公司、程记隧道公司、上海康益公司、新蜀建筑事务所、洪发利、利源、福记等。局方审查登记商家，于 1936 年 11 月底开标，第一总段的 39 标中的 34 标，由胡光麃的华西公司中标承包，其中 30 标为土石方工程，4 标为堡坎工程，总标额达 390 万元。其余 5 标为桥梁工程，因施工难度大，由上海康益公司中标。华西公司之所以中标多，是因为其对于各项大小工程承建经验丰富；而且，在勘测队测量第一总段沿途工程时，华西公司就曾派

---

① 成渝铁路工程局，1936 年，成都档案馆藏，民国档案 133 - 01 - 0293。

员 5 人前往，相对其他公司特别慎重。① 另外，1937 年 2 月 26 日、28 日两日，成渝铁路各种重大工程，如沱江大铁桥、九龙坡码头及沿途 10 个隧道的建筑工程招标在成渝铁路工程局开标。其中，九龙坡码头工程由华西公司承包，并于 3 月间开工。② 江津—永川段为第二总段，其中第四、五、六分段土石方工程于 1937 年 4 月招标，"奉令先将第四、五两分段发包，暂筑至石门为止。该两分段内土石方预算数量共计 230 万公方，分为 17 标，由华中公司、精华建筑社及蜀通公司分别承包"③。荣昌—内江段为第四总段。根据《四川经济月刊》报道，"业于前日曾通告招标，包筑桥梁、涵洞、隧道等。前往登记者，固不乏人，然投标价目，多未合格，以致纷纷向隅，不敢着手，其原因盖由金额太少，经费不敷，故包商裹足不前，而铁路工程局为早完成成渝铁路起见，特将经费提高，以广招徕。刻间内江全境之涵洞、隧道等均已纷纷动工云。"④

　　在承建过程中，劳动力是一个重要问题。四川连年灾荒奇重，人民嗷嗷待哺，灾民众多。据记载，1936 年至 1937 年间，四川遭遇大旱灾。仅 1936 年 12 月，四川因饥饿死亡 700 余人，饥民争食树皮、草根以及观音土。到 1937 年上半年，灾情仍是十分严重。据 1937 年 4 月 14 日天津《大公报》记载，"成渝公路两旁，为四川最富厚之区域，本年 2 月份统计，沿线饥饿倒毙之不幸同胞达 3000 余人"。⑤ 为救济灾民，四川省政府除筹集巨款外，又采取了"以工代赈"的办法，并领令各县遵行。等到成渝铁路分段开工时，四川省政府于 1937 年 8 月拟定《招纳灾民赴铁路工作办法》和《招纳远地灾民赴铁路工作办法》，规定由铁路工程局或建筑公司代为招募灾民，以资救济。于是，成渝铁路工程又吸纳了不少沿线灾民参与到成渝铁路的建

---

① 《成渝铁路第一总段定四一开工》，《四川经济月刊》1937 年第 7 卷第 4 期，第 91 页。

② 《川黔铁路公司工作报告　成渝铁路工程局建筑费用修正概况表》，四川省档案馆藏，民国档案 115－010063。

③ 《川黔铁路公司工作报告　成渝铁路工程局建筑费用修正概况表》，四川省档案馆藏，民国档案 115－010063。

④ 《内江段动工》，《四川经济月刊》1937 年第 8 卷第 2 期，第 60 页。

⑤ 《为四川灾民请命》，《大公报（天津）》1937 年 4 月 14 日。

设中。① 成渝铁路沿线 "以工代赈" 具体办法为：

1. 为熟悉地方情形计，除江北因特殊情形不在外，招募工人应以各县沿铁路附近各乡镇居民为定；

2. 每保招取一组，每组定为 30 人，如一保人数不足，可在邻保招取补足，因每组工人，均为一保居民，可由于互识之关系，增加工资效能；

3. 在各保登记后，即留予本区内，不必集中县府再分赴各处，以免来往耗资费时，俟工作地点决定后，即直赴工作地点；

4. 工作所需撮箕、铲子等工具，统由自备。②

（五）材料准备

铁路需求最多的材料是钢轨、机械、枕木等。根据中法借款合同规定，法国银团向成渝铁路所借款项共计 3450 万元，多为材料款，其中有 2750 万元为料价及运至重庆之运费。因此，大多数材料均在法采购。材料采购事宜，由法国银团代表中法工商银行办理。为慎重起见，1937 年 2 月，川黔铁路公司派员两名前往法国巴黎成立购料处，专门负责监督筑路材料的采购事宜，同时也在上海设置运输事务所，专门处理材料的购买和运输事务。为便于材料运输，四川省政府还训令对购置的成渝铁路各项建筑材料及机械等免征地方捐税。在中法双方的共同努力下，第一批材料提前于 1937 年 4 月运抵上海，随后 "材料大批运到"。③

当然，除依靠法国进口材料，川内材料利用也很重要。例如枕木，若考虑就地取材，则可节省大笔运费。1936 年，蒋介石就曾训令："查成渝铁路，转瞬开工，为减少支出，当以采伐川西森林为原则，惟于采伐后，亟应同时注重培林，以资救济。"④ 随后，四川省建设厅不断派人赴川中各森林

---

① 陆士圻：《成渝铁路沿线土地征收之经过》，成文出版社，1977 年，第 50664 页。

② 《渝津段以工代赈》，《四川经济月刊》1937 年第 8 卷第 2 期，第 59－60 页。

③ 《材料大批运到》，《四川经济月刊》1937 年第 7 卷第 1、2 期，第 54 页。

④ 《训令：治信字第一四二七号（二五，七，八）：令四川省政府为据该省第十六区专员谢培筠建议发放边区森林用供成渝铁路枕木一案仰核办具报由》，《军政月刊》1936 年第 7 期，第 33 页。

区考察，准备采伐。1936 年初，四川省政府拟就地开采建筑成渝铁路需用枕木，于是便委托中国科学社南京生物研究所研究员郑万钧进行勘察。根据勘察结果，四川峨边森林资源十分丰富、林木品质十分优良，峨边森林也成为国防建筑重大资源之一。根据郑万钧的报告，单以峨边森林中杨村、沙坪、盐井溪举例，在这三处可以使用的木材在 400 万株以上，除供给成渝铁路所需的 80 万株外，还可负担全国各路数年内抽换枕木之用。为此，四川省政府主席刘湘向蒋介石汇报说："成渝铁路所需枕木，自应遵照钧旨，采用川产木材，本府建设厅曾作此项准备，于本年 3 月，即先后指派学林人员，查明森林地段、树种以及面积、材积、交通情况等，用供实施采伐之参考与设计。"[①] 另外，1936 年 6 月，成渝铁路工程局在成立之初亦派员赴川西南一带调查，发现大渡河、青衣江沿岸各地山深林密，尚未开发，质料可作铁路枕木的资源甚多，约 110 万株。根据推算，相比全用美国洋松，可省经费一百五十万元。再考虑到减少入超贸易等问题，成渝铁路的枕木更应采用川木。

不仅如此，对于成渝铁路的应用材料，除钢轨电料等，川黔铁路公司均向外国采购，因而，鉴于"所需枕木，数量甚巨，若采用舶来品，成本运费，均不经济"[②]，川黔铁路公司便更加坚定尽量在国内采办全线所需枕木。1937 年 2 月，成渝铁路局招标枕木 20 万根，投标公司有新西南、新蜀、华西三家，最后决定由新蜀公司完全承办。其余不足枕木，则着手另筹采木公司，开发峨边森林以备用。

经理事会议决，1937 年 6 月 10 日，成渝铁路局与铁道部、实业部，以及四川省政府以及中国建设银公司，合办四川采木公司（后更名为中国木业公司），专门供应成渝铁路建设所需枕木。公司资本为 200 万元，铁实两部及川省政府各认 20 万元，在上海及四川各募商股 70 万元，其余由中国建设银公司与川黔铁路公司分担，并由建设银公司派员筹备。公司业务主要为在

①　刘湘：《公牍　呈文　四川省政府呈（三）奉令饬核专员谢培筠建议发放边区森林用供成渝铁道枕木一案谨将遵办情形呈请鉴核由》，《四川省政府公报》1936 年第 55 期，第 78 - 79 页。

②　《江津将设枕木厂》，《四川经济月刊》1937 年第 7 卷第 3 期，第 97 页。

四川森林区采运木材，并在当地设厂锯木、制售各种木材，及经营其他木材工业。公司设董事 11 人，其中董事长 1 人、常务董事 2 人，另设经理 1 人、协理 1 人，主要办公地点设在重庆。成渝铁路工程局便在 1937 年 3 月派员前往江津，会同该县政府勘测厂址，设立枕木厂。① 可见，无论是中央还是地方政府，都主张应充分利用川内资源来解决枕木问题。

二、成渝铁路的正式开工

一切准备就绪后，成渝铁路于 1937 年 3 月 15 日正式开工。最先动工的路基工程是第一总段重庆—江津段。该段共 68.15 公里，土石方数量约 360 余万立方米，由华西公司承包，于 1937 年 4 月开工。"开工以来，发展特别迅速，现在北岸浒溪口、中渡街、两溪沟桥梁因工程浩大，特先赶工建筑，约有工人数千。泥工则挖泥沙，或运应用材料至工次一带，石工则多以火药轰炸巨石，常闻隆隆之声，不绝于耳。又有工人在城外河坝，搬运河沙石堡过河。据云每人月薪十元，亦颇自足。"② 可见，开工之初工人们的热情高涨，施工状况看似不错。

但实际上，由于整个工程修建主要集中在第一总段，且进展并不理想，成渝铁路工程局的领导对修建进度并不满意。1937 年 6 月，成渝铁路工程局局长邓益光在重庆市府学术研究会讲演时，指出"关于工程方面，已开工者，有沱江大桥、九龙坡码头，第一总段之土石方工程，第一、二总段之隧道及石桥涵洞工程。自此以外，除少数零星工程外，大都尚未动工。自去年 11 月定线测量完竣，迄今已逾半载，成绩不过如此，当然不能使人满意"。为此，"中央亦已令饬将成渝铁路积极修筑。并将派公路监理处副处长彭霞浦为督修专员，限期提早于一年完成"。③

---

① 陆士圻：《成渝铁路沿线土地征收之经过》，成文出版社，1977 年，第 50649－50652 页。
② 《成渝铁路工程情形》，《四川经济月刊》1937 年第 7 卷第 5、6 期，第 107 页。
③ 四川省档案局编：《抗战时期的四川——档案史料汇编》（下），重庆出版社，2014 年，第 1546－1547 页。

战事扩大后，国民政府曾一度要求积极赶修成渝铁路，希望在一年内完工。但事实上，由于上海沦陷，筑路所需各种钢铁材料不得不运停香港，材料运输到四川成了大问题。成渝铁路工程局报告："上海不能入口，必须改运香港，由广九粤汉两路转运武昌，公司在战事未发动前已早注意，几次经钮代表孝贤（按指成渝铁路局驻法国材料采购代表钮孝贤）准备改运手续，现运出各料均在香港卸落，公司已派出主办运输人员分驻港粤武汉等地，不知一切。惟以国营各新路材料现均屯集香港数量甚巨，铁道部并已派员驻港统制运输，成渝材料之专业前途尚多困难。"路局本计划由香港经昆明经陆路运川，但每吨运费高达200元，便"由公司函呈铁道部请求将成渝材料加入国营各路统筹办理，并饬粤汉广九两路局按照国营各路材料收取运费"，但由粤汉铁路经长沙转水道运川，运费也为每吨80至90元。此外"现时战险保率超过料价之10%，损失亦殊重大，除少数材料已保战险外，并经分电巴黎香港所有国内外战险一律停保"①。但这条运输路线也困难重重。直到1938年3月，因缺乏材料和运输困难，工程推进缓慢，川黔铁路公司当局已经认识到很难实现全线通车，于是决定继续紧缩，以期适应环境、减轻负担，改为逐段通车，先完成从重庆到内江的渝内段，其余工程待运输畅通后再兴工。为此，川黔铁路公司特推刘景山赴汉，与交通部协商拟定下列五项原则：

1. 仅现有资金，在1938年9月底以前完成已经开工之各项工程，以免受可能之损坏。

2. 完成用地收买及地价发给，避免积极兴工时再有纠纷发生，致使工期延误。

3. 再行紧缩公司及路局开支，以适合施行是项紧缩工程计划为度。

4. 上述三项原则进行预计至9月底止，共需现金1450万元（法国料价在外现已付出约200万元），除已收股本1000万元，借款现金部分250万元外，尚短200万元（即等于第二项原则应发给之地价），应即向官商各股比

① 《川黔铁路公司工作报告》，四川省档案馆藏，民 059－010063。

例收缴。

5. 核准完成渝内段工程计划，确定逐段通车之原则以谋便利地方。[①]

在如此情况下，成渝铁路工程局利用有限资金，"集中人力物力，赶工修筑重庆—内江间270余公里之路基工程，而以重庆九龙坡—江津石门一段进展最速，约有土石方工人14000多名，桥梁涵洞石工5000余名。预定渝内间全线路基，在27年度（1938年）内，全部完成"。到1938年春时，"第一、二两总段工程，已大部告竣，只俟铺上钢轨，即可通车"。截至1939年9月底，已完成渝内段工程32%。[②]

由于全线隧道较多，且隧道修筑难度大，四川又缺乏机具和技工，所以四川当地包工多难胜任，外地包工也观望不前。后来，为解决这一问题，成渝铁路工程局设法从香港代招熟练工匠数十名，并向外国订购了开山机、气压机、削钻机等各10架，同时开设了10余个训练班，专门训练使用开山机的技工，以及钻石工、爆炸工等。

到1938年7月，成渝铁路第三总段（永川—荣昌）全线沿途大小桥梁、涵洞工程已竣工。

三、成渝铁路的停建

然而，随着战争局势日益严峻，特别是自淞沪会战发生以来，材料运输更加困难，成渝铁路屡呈停工之象，工程进展缓慢。

（一）陆续停工

1938年底武汉沦陷后，不但材料的来源和运输愈加困难，修路经费也成问题。同时因战局关系，西南地区的国际交通尤感迫切，成渝路大部员工都奉令调至昆明修筑滇缅及川滇铁路，成渝铁路的建筑工程陆续停止。只是

---

① 陆士圻：《成渝铁路沿线土地征收之经过》，成文出版社，1977年，第50669－50670页。

② 邓益光：《抗战中诞生之成渝铁路》，《抗战与交通》1940年第33期，第635－636页。

成渝铁路的支线——内江沿自流井至宜宾段，作为成渝与川滇铁路接轨的铁路，受到中央重视，被要求速即踏测，特别是宜宾遇江桥的选址。① 于是，该局便派正工程师廖鸿猷组织内宜铁路踏测队开始工作。1939 年，成渝铁路工程局由重庆迁至内江，员工由 1078 人减少为 193 人。到 1940 年 1 月，受到战争局势影响，"沪渝航路阻断，国外材料无法输入，工款来源亦艰，不得已实行紧缩政策，裁撤员工约三分之二，仅已运到之材料，及已筹得之工款，将渝内段繁重工程择要进行"②。到 1941 年太平洋战争爆发后，本来已经由法国运到香港的几十吨钢轨，也因香港沦陷而难以运抵四川，于是逐段通车的希望也完全断绝，致使成渝铁路全线完全停工，仅保留养路工程。1942 年后，由于料款双双告竭，成渝铁路的养路工程也全部停止了。

分析原因，主要有三点：

第一，战争导致材料采购断绝。由于大部分筑路材料需向法国采购，但二战中法国沦陷后，法国银行团未能按合同履行供应筑路器材，致使筑路成为"无米之炊"。

第二，材料运输困难。从法国采购的材料之前是经上海沿长江运至四川，但上海沦陷后长江航运阻断，材料难以送至四川。为此，成渝铁路工程局也曾尝试通过香港经越南、云南转运四川，但此法不仅运输时限长、运送艰难，而且"每吨运费，高达二百元，较之平时渝申间每吨运费三十余元者，高昂太甚"。③ 高昂的运费是预算外的支出，难以承受。

第三，经费问题。抗战时期物价大涨，成渝铁路的预算入不敷出。首先是原材料涨价，"欧战开始后，欧洲钢料缺乏，市价升幅超从前市价 1 倍至 3 倍，因其他未及预料增加之数，超出原来预算甚巨"④。其次是国内也因战争通货膨胀严重，人工费、生活费迅速上涨。1940 年 6 月，四川米、面等主要食材比 1937 年 6 月上涨 20 多倍。1940 年重庆工人的工资较 1937 年也

---

① 陆士圻：《成渝铁路沿线土地征收之经过》，成文出版社，1977 年，第 50670 页。

② 邓益光：《抗战中诞生之成渝铁路》，《抗战与交通》1940 年第 33 期，第 635 – 636 页。

③ 《成渝铁路渝内段路基年内完成》，《四川月报》1938 年第 12 卷第 1 期，第 122 – 123 页。

④ 《交通：成渝铁路筹备之经过》，《四川月报》1937 年第 10 卷第 6 期，第 196 – 198 页。

上涨 10 倍有余。这样，经费预算就完全不敷使用。

当然，成渝铁路的停工，最根本的原因，还在于成渝铁路在国民政府的抗日大局中的地位，不足以让国民政府排除万难决意建成通车。成渝铁路是四川省内的一条主干线，对四川重要，但在国民政府的抗战大局中，与湘桂铁路、陇海铁路、黔桂铁路，甚至与未建成的滇缅铁路相比则次要得多，所以才会出现从成渝铁路建设工地调派技工和筑路机械前去支援滇缅铁路建设之事。对此，当时人们也看得很清楚，有人分析说："二十五年（1936）中央和地方统筹举办后，才开始认识成渝路在全国的重要性——认为是西南和西北铁路交通的联络线，可是这认识也仅至于此，所以到抗战发生后的艰苦阶段，成渝路又被搁置下来了。我们都知道在抗战中我们完成了湘桂路和黔桂路的大部，还延伸了陇海路，可是成渝路终被搁置的事实，这无可讳言的是大家认为成渝路的重要性较次一等的结果。"① 正因为在全国抗日大局，或者说在国民政府的战略版图中，成渝铁路的重要性和紧迫性并不在最顶层，所以成渝铁路修筑遇到的困难才难以克服，不得不停工。

（二）实际工程进展

据统计，到 1941 年全部停工为止，成渝铁路的新工完成了 24.9%。当时铁道部规定，筹备工作占全部工程的 20%，因此，成渝铁路建筑工程合计号称进行了 44.9%。其完成的工程主要有：

第一，路基工程。到 1938 年春，第一、二两总段工程（即重庆至永川），已大都告竣，只等铺上钢轨即可通车。其后由于材料问题，工程进度缓慢。内江以上至成都的工程基本未大规模进行。到停工时，成渝铁路共计完成路基土石方工程约 500 万立方米，据成渝铁路工程局估计，完成的土石方工程约占全线（2432 万立方米）的 23%。

第二，桥梁、隧道、涵洞。与平原和浅丘地区相比，成渝铁路的隧道修筑难度比较大，修筑隧道的开山机、气压机、削钻机等均需从国外购买，技

---

① 《成渝铁路的过去》，《四川经济季刊》1945 年第 2 卷第 4 期，第 111－120 页。

工也需要临时培训。1937 年 4 月 1 日，第一总段内 5 座桥洞率先开工。但由于水泥无法运进，再加上钢价上涨，多数本来定为钢铁结构的桥台、桥墩、涵洞、隧道顶部都改为石砌。1938 年滇缅铁路开工后，需工甚急。由于滇缅铁路与抗战大业关系更为紧密，成渝工程局调拨了两部开山机及技工前去支援，使得自身的隧道与涵洞工程变得更加缓慢。到 1938 年 9 月底，第一、二、五分段间的桥梁，均已由成渝铁路工程局桥工队建筑完成，其余桥涵因工款不继而不得不暂缓进行。到 1941 年，成渝铁路全线已完成涵洞 760 个；完成隧道 11 座；完成小桥 194 座，完成大桥 32 座。在未完成的大桥中，有 5 座桥的桥墩及桥台已经建成，但桥面钢梁尚未架设。在成渝铁路的所有桥梁中，位于内江椑木镇的沱江大桥工程最为艰巨。沱江大桥全长 350 米，是成渝铁路工程中桥梁跨度最长者。经过艰苦奋斗，沱江大桥的桥台及钢筋混凝土桥墩已于 1938 年 12 月建成。

　　第三，九龙坡站码头。经成渝铁路工程局勘定，成渝铁路重庆站的车站，选址在距重庆城 7 公里外的九龙坡。该处地势良好，是重庆水陆联运最佳地点。故"拟在此处设总站，并在菜园坝设客站，九龙坡至菜园坝之间建一马路，以便运输"[1]。为了便于成渝铁路工程起卸材料，首先应于该处建筑永久码头。1937 年 1 月，九龙坡码头公开招标，由华西公司承包；[2] 同年 3 月开工，8 月告竣，并设置趸船及 40 吨起重机，成为西南地区唯一的半机械化码头。虽因铁路未通车，九龙坡站码头没能发挥陆上运输作用，却在抗战水运中发挥了积极作用。

　　除上述工程外，成渝铁路还修建了 230 公里的通信线路。四川各界都曾对成渝铁路通车抱有热切希望，尤其是成渝铁路正式动工后，"其时我们欣悉这一伟大工程的开始，兴奋鼓舞，以为四川从此迈上了建设发展之途径，无不心怀光明美丽之建设远景"。但结果却难如人愿，不但全路修成无望，逐段通车亦不可能。1941 年成渝铁路"被迫全线停工，大西南人们之希望，

---

　　① 陆士圻：《成渝铁路沿线土地征收之经过》，成文出版社，1977 年，第 50662 页。
　　② 《川黔铁路公司工作报告　成渝铁路工程局建筑费用修正概况表》，四川省档案馆藏，民国档案 115－010063。

遂成泡影"。①

第二节 抗战胜利后成渝铁路的复工与停工

抗战结束后，成渝铁路的修筑被再度提上议事日程。1946 年 11 月，成渝铁路二度动工。

一、成渝铁路的复工

成渝铁路停工后，复工呼吁不断。

（一）四川民众筹备续修成渝铁路

1943 年，眼见抗日战争胜利在望，如何恢复和发展作为"复兴民族根据地"的四川，是四川民众最为关心的话题，而建设四川，交通是首先需要解决的问题。因此，在 1943 年 11 月四川省临时参议会第二届第二次大会上，议员张澍霖、罗承烈、牟炼先等人向大会提交了"请省政府协商交通部，迅速修建成渝铁路以利交通而发展产业案"。提案从成渝铁路战前已完成工程量、沿线钢铁产量、经费筹集、建成影响等方面进行了分析，提出"成渝铁路渝内段建筑之条件，已十分具备，机不可失，不忍弃之"，② 希望四川省政府转请中央令饬川黔铁路公司继续兴工，提早完成成渝铁路。

1944 年 6 月，四川省临时参议会第三次会议召开。这次会议围绕着国民政府"还粮款"的用途，续修成渝铁路再度被提出。抗战时期，为解决城市及军队的粮食供应问题，国民政府遂定价向民间征购、征借粮食，对各

---

① 《成渝铁路施工概况》，《建设评论》1948 年第 1 卷第 5 号，第 42 - 43 页。
② 四川省临时参议会编：《四川省临时参议会第二届第二次会议纪录》，1943 年，第 56 页。

省均有摊派，而四川被征粮食最多。① 根据国民政府的承诺，中央政府所征借的粮食应该在 1943 年至 1947 年间归还完毕。四川省被征借粮食高达 265 万石，按 1943 年的折价为法币 100 多亿元。1944 年，国民政府归还了四川省法币 67 亿元。

这笔"巨款"的用途，引发了四川各界的热烈讨论。议员但永治、刘觉民、杨鸣九、唐绍明、杜致远等，以"拟请省府将本年征实应扣还川民三十年三十一年（1941 年与 1942 年）购谷部分本息 265 万石拨作建筑川境铁路及发展各县经济建设"议案，提出用之兴筑四川铁路。在资金筹措上，大多数人赞同"还粮筑路"提议，认为此举一可以维持钢铁和机械工业；二可以降低粮食、盐、糖、煤等物资的运输成本，平抑物价；三可以防止技工失业；四可以将利益普及全省人民；五可以集中分散资金进行国家经济建设。不过，究竟修筑哪条铁路，议员们出现了分歧，在续修成渝铁路和新修成乐铁路中相持不下。最后，议员们得出结论——二者"均无不可，究以何者相宜，由政府缜密考虑决定"。②

四川参议会的提案获得了国民政府支持，"中央政府于原则上当即表示赞同并由行政院令饬主管部"。③ 由此，引发了四川民众对铁路建设的高度关注。"政府将以民国三十、三十一两年中央应退还人民之粮食库券本息黄谷约 265 万石，价值 100 余亿巨款悉数归还民间。省参议会并有运用此巨款以修筑川中铁路之议，川人闻讯之余，靡不欣然赞同，盼其早日实现。"④ 三民主义青年团永川分团致电省议会强烈请求续修成渝铁路，"吾川成渝铁路为我国西南之主要干线，战前即已筹集巨款，鸠工兴筑。惜以种种原因，未能克竣厥工，以致战时后防运输诸感不便"。他们历陈修成渝铁路的四大好处："第一，自政治文化方面言之，成渝铁路在吾国政治文化上意义之重

---

① 国民政府在征购粮食时，通常只支付部分法币，其余用粮食库券支付，实质仍是部分征借。全面抗战时期所征购地区包括四川、湖南、江西、西康、安徽、广东、广西、河南、陕西、宁夏、绥远等 11 省，其中四川省所征粮食最多，达 265 万石。

② 四川省临时参议会编：《四川省临时参议会第二届第三次大会会议纪录》，1944 年，第 55 页。

③ 《兴建四川铁路问题》，《川康建设》1944 年第 1 卷第 5、6 期，第 6 页。

④ 三民主义青年团永川分团：《关于修建成渝铁路以利交通的代电》，重庆市档案馆藏。

大，无论成乐铁路非其俦比，即川中任何一路亦均无过其重要者。""第二，就经济国防方面言之，成渝铁路西端，北接川陕公路，西接成雅公路，南接成嘉公路及岷江上游。其东端北达嘉陵江，东通扬子江，沿途所经凡二十县，为川省交通之枢纽，经济之动脉，而影响所及，又不特该路沿线而已。""第三，以施工难易言，成渝铁路所权，测勘收地、桥梁、涵洞、隧道及椑木大桥各项工作，早已完成。目前只需加紧土方铺轨，一年内即可竣工，渝内段之通车。"第四，以经费而言，他们也认为成渝铁路所需费用，尤其是先通渝内段比成乐铁路费用更少。①

当时的《大公报》《四川经济季刊》《川康建设》等纷纷刊文参与讨论，并呼吁"川省各地工商界的人士，以及素孚众望的公正人士，应该集合起来，调协各种纷歧的意见，筹备民营四川铁路公司，促进四川铁路的建设"②。

就当时舆论而言，虽然围绕着谷款用途，有续修成渝铁路和新修成乐铁路两派主张，但续修成渝铁路的呼声明显占了上风。这样，以"讨论中央应还四川的谷款用途"为契机，四川民众再度对续修成渝铁路充满了希望。

（二）国民政府主持续修事宜

抗战胜利后，成渝铁路再度迎来了修筑机会。1945 年 11 月，国民政府任命邓益光为成渝铁路工程局局长兼总工程师。

四川各界不断请求续修成渝铁路。1946 年 1 月 31 日，四川省复原协进会致电交通部，提出"中央近复命令定本省委建设实验省区"，则续修成渝铁路则是建设实验省区的最重要举措，"查各项经济建设莫不仰赖于交通以期调剂盈虚，供求相应，是铁路之于经建实有一停百滞、一举百应之密切关系，如不早日完成，则以有用之货财废弃于地，生产工具无法输入，何以符中央特定四川为建设实验省区之旨"。因此，"特电贵会咨请省府转请中央

---

① 三民主义青年团永川分团：《关于修建成渝铁路以利交通的代电》，重庆市档案馆藏。
② 《四川铁路问题》，《四川经济通讯》1944 年第 2 期，第 1-2 页。

从速兴建成渝铁路并予见复，以慰数千万川民之渴望"①。四川省政府回电称："自抗战胜利后，困于该路兴工，本府曾积极迭向中枢洽催保持密切洽商，未稍延缓。"②

国民政府有感于四川在抗战中的贡献及推进西南地区建设计，也打算推进四川铁路建设。1944 年 3 月交通部铁路会议拟定了"战后铁路复兴计划"，提出战后要全面修建铁路网，提及"今就南北方向言，当成渝天成川黔三路线完成后，亦可有三大干线"。也就是说，在交通的规划中，不仅要建成成渝铁路，而且是作为南北干线来定位的。③ 在三年后交通部制定的"西南国防区第一期建设之计划纲领"中，也描述了四川省铁路网规划图："完成成渝线，再由成都北达广元以通西北，由隆昌南达贵阳以通湖广，修筑川中之成都乐山向，内江乐山向及贡井宜宾向各铁路，以开发岷江流域之工业，并得南连昆明以通国外。"这里规划了四川铁路网建设，并将成渝铁路的建成通车作为首要任务。④

1946 年 5 月，国民政府交通部、四川省政府和中国建设银公司三方代表共商复工事宜，议定下列各原则：

1. 继续由川黔铁路公司组织；2. 复工材料约共需美金 1600 余万元，拟向法方交涉继续供应⑤；3. 按 1936 年 5 月物价估计，完成成渝线尚需国内工款 520 亿元，因商股资力不足，未能继续投资，改由交通部及四川省政府各负担一半，作为增股；4. 原官股商股按照物价变迁情形，详细估计升值；5. 中国建设银公司放弃经理权；6. 材料运输和民生公司商谈以特价担任；7. 全线工程定两年完成。同时，三家商定，1946 年交通部和四川省各

①　《四川省复原协进会代电：为来交通部复电请咨请省府转请中央从速修建成渝铁路并予见复由》，四川省档案馆藏，民 049 - 01 - 0247。

②　《转四川复员协进会代电请从速修建成渝铁路一案》，四川省档案馆藏，民 049 - 01 - 0247。

③　《交通部战后铁路复兴计划概要、交通复员计划及复员实施办法》，中国第二历史档案馆藏，二〇（2）- 45。

④　《交通部西南国防区第一期建设之计划纲领》，中国第二历史档案馆藏，二〇（2）- 49。

⑤　法商打算主要材料从美国采购。

拨款 3000 亿元。①

在各界共同努力下，1946 年 5 月，成渝铁路开始复量。6 月，成渝铁路"奉令"复工。② 首先着手进行了一系列准备工作。

在设计上，复工后，遵照交通部新颁布的铁路建筑标准，成渝铁路的设计略有更改。路基宽度在直线上为 5.4 米，最大坡度为 1%（包括曲线折减率），最急曲线为 4 度，桥梁荷重按 C－20 级计算，钢轨重量采用每米 37 公斤，车站内有效长度预留 600 米，暂时按 400 米设置。

在征地问题上，原本成渝铁路征收的土地使用期限为 5 年，即 1941 年 1 月至 1945 年 12 月，但因为战事仍在进行而无法持续兴建，国民政府要求沿线各县征土延长使用期限至 1949 年 12 月。1947 年 5 月，重庆市又设立成渝铁路用地委员会，由成渝铁路工程局、市参议会、重庆市政府、地政局、工务局、民政局、警察局等负责人兼任委员。与此同时，沿线各地拆迁工作也开始进行，截至 1948 年 10 月，重庆市拆迁工作全部完成，共计房屋 2193 栋，居民 5000 余户。③ 在筑路材料上，重庆钢铁机器各厂得知成渝铁路即将复工后，希望能与政府签订各种承包订货合同。1946 年，时任迁川工厂联合会理事长的潘仰山便向四川省建设厅建议，应尽量采取自制器材以挽救工业。但是，因国内成品价钱过高，成渝铁路所需零件，如最简单易做之道钉、鱼鳞板、沿途水塔铁板等，最终均由法国供给，分为两批由法国运至四川。

在筑路经费上，与第一次兴工相比有了比较大的改变。第一次兴工系由铁道部、中国建设银公司和四川省政府三方出资。但第二次兴工，中国建设银公司退出，成渝铁路建设经费由中央及四川各出一半。交通部先拨款 30 亿元，但四川省政府无法负担约定的一半工款 260 亿元。原本在 1944 年后

---

① 宓汝成编：《中华民国铁路史资料（1921—1949）》，社会科学文献出版社，2002 年，第 841 页。

② 邓益光：《成渝铁路概况》，《工学通讯》1948 年第 304 期，第 1－4 页。

③ 《关于报送成渝铁路用地房屋拆迁情形的呈、指令》，1948 年 11 月 4 日，重庆市档案馆藏，民国档案，档案号 0053－0019－02579－0000－132－000。

讨论得非常热烈的"还粮修路"，四川省先后也获得了 170 多亿的粮食款。但讽刺的是，这笔款项并未用于成渝铁路，最终按四川省政府 40%、各县政府 60% 的比例进行了瓜分。

为解决成渝铁路建设经费问题，1947 年 1 月，四川省参议会举行第三次会议，讨论议决有关成渝铁路续修的八大事项：

1. 公司名称定为"成渝铁路公司"，由省政府同交通部改组川黔铁路公司而成。

2. 成渝铁路之性质，为官商合办，其原有中国建设银公司之股款项，设法归还，收回路政。

3. 为使成渝铁路提早完成，径筹 260 亿元，其筹集方式则为发行股票，以各县市局为一单位，视股金之多少定之。其权益之享受，为出款人民所共有。

4. 股款筹募标准，暂定为田赋占 60%，成渝两地工商业占 20%。铁道线县市之工商业占 10%，全省营业税 10%，由省政府通重庆市政府订定之。

5. 由省政府令各县市局，会同各县市局会议会商推选股权代表办法，每县市局推选代表一人。

6. 由省政府定期召集各县市局股权代表，开股东大会，选举董监事，成立成渝铁路公司。

7. 目前所需之款，由省政府向中央先行借贷，将来筹募归还。

8. 川滇铁路股款，从速清理收回，依投资成渝铁路自己之一部，以便发展其支线。①

四川参议会讨论的这八大事项，其初衷可嘉，但却缺乏可操作性，诸如其中的关键问题——经费的筹措，通过向各县市局征募，既需要各县市局的高度配合，又加重了人民负担，缺乏可操作性。因此，在抗战胜利后，川省欲将成渝铁路收回川省商办的办法行不通。

1947 年 7 月 15 日，行政院致电四川省政府，为解决四川省政府"未能

---

① 《建筑成渝铁路，川参会议定办法》，《民国日报》1947 年 1 月 12 日。

依照原议拨"半数工款，交通部准备出台两项办法。一是"由中央尽量拨款修筑完成。至战前川省府及中国建设银公司投资股本，拟俟成渝线完工通车后，再行详细清算"；二是"四川省政府及中国建设银公司战前投资股款，现时即由中央拨款偿还，将成渝路完全归国有。"这两种办法请四川省政府"择一施行"。另外，"四川省政府及中国建设银公司战前投资股款，由该部与财政部洽商办法"①。很显然，四川无法筹集相应的资金，但四川省又不愿意放弃对成渝铁路的所有权。以笔者所见，并未见到四川省政府的回答。但从后续资金筹措上，依然强调的是四川地方和交通部各自负责一半费用。

二、成渝铁路的再度停工

1946 年 10 月，成渝铁路工程局局长邓益光从国民政府交通部领到 30 亿元工程费，对外宣布成渝铁路正式复工，并发布了招商公告，成渝铁路二次兴工的各项工作自此开始逐步推进。为便于指挥全线工程及供应全路材料，同年 12 月，成渝铁路工程局自内江迁回至重庆办公。

第二次兴工，原计划在两年内实现全线通车，其目标首先在于实现渝内段（重庆至内江）通车。然而，直到 1949 年 10 月，邓益光离开重庆②，成渝铁路依然寸轨未铺，渝内段通车也成泡影。

与第一次兴工相比，第二次兴工的成绩平平。根据邓益光 1948 年 2 月在《工学通讯》杂志上发表的《成渝铁路概况》，截至 1948 年，成渝铁路全线已完成 38%，总共完成了以下工程量：

1. 土石方。全线土石方工程量计划约有 2350 万立方米，已完成 600 万

---

① 宓汝成编：《中华民国铁路史资料（1921—1949）》，社会科学文献出版社，2002 年，第 840 页。

② 邓益光直到 1949 年 2 月还在筹划成渝铁路渝内段通车事宜，为此专门邀请铁路专家齐尊周到重庆就任成渝铁路工程局运输处处长。1949 年 10 月邓益光与齐尊周密谈，决定离开重庆，后经香港赴美。

立方米。

2. 御土墙及护坡。全线御土墙及护坡工程量计划约有 50 万立方米，已完成 39.8 万立方米。

3. 隧道。全线共有隧道 28 座，总长 3300 余米；已完成隧道 15 座，共长 1646 米。

4. 桥梁、涵洞。全线共计划修筑大桥 64 座。重庆到内江间计划 37 座，除了 4 座因缺乏钢梁材料未能建成外，其余均完成；内江至成都间计划 27 座，其中的球溪河、天马河、龙马河三大桥正在动工；全线小桥共计划 372 座，涵洞共计划 1146 座，目前已完成小桥 195 座，涵洞 776 座。[①]

其余车站、电报及电话、铺轨、码头等工作量，几乎与复工前工程量一致，新动工量甚微。成渝铁路的第二次动工，又一次让四川人民饱尝了失望的滋味。

那么，成渝铁路的第二次修筑为什么会成绩惨淡？

其一，恶性通货膨胀严重影响了铁路修筑。国统区恶性的通货膨胀，"原有建设经费预算，日感不敷""成渝铁路工程局今年上半年的预算，系照本年一月份物价指数列算为三千亿元，但预算编订后，由于物价节节剧涨，已高出一月份三倍以上，因此预算不敷，工程进行困难"。预算经费根本赶不上物价疯涨的速度。[②]

其二，材料供应困难。第二次修筑成渝铁路的很多材料仍购自国外。但从国外购买材料并不顺利，材料交涉、购运交涉手续繁多，导致成渝铁路所需材料不时短缺。再加上国民政府在军事上节节败退，主管者、主事者等难以专心筑路，因此成渝铁路"工程进展若断若续"。[③]

第三，经费上的掣肘。成渝铁路二次兴工，由交通部和四川省政府各出一半的经费，但是四川省政府该付的经费，基本都未曾支付。1946 年 11 月刚动工时，"领到工款只有三十亿元，另外省款三十亿元还是未知数，这一

---

① 邓益光：《成渝铁路概况》，《工学通讯》1948 年第 304 期，第 1—4 页。

② 廷：《时评：成渝铁路建筑问题》，《西南经济汇报》1948 年第 1 卷第 2 期，第 1—2 页。

③ 廷：《时评：成渝铁路建筑问题》，《西南经济汇报》1948 年第 1 卷第 2 期，第 1—2 页。

点款项也只适建筑桥梁。不过邓局长表示，如果省款亦不成问题，则土石方工程也可以同时开始。明年度的预算是四百亿元，中央和地方各半，希望再没有什么耽搁和变故，以致工程再停顿"[1]。邓益光的担心不无道理，第二次兴工由川省负责的经费一直是"未知数"，省款不是不成问题而是第二次兴工的"大问题"。在成渝铁路工程局拟定的"民国三十七年度工程计划书"中也指出，"本路自三十五年十月奉令复工后，迄今已逾一年又八月，在此时期中迭受工款限制及物价波动影响工程进展，未能如预期迅速"[2]。第二次兴工的款项基本都是国民政府交通部先垫付，四川省政府的经费并未到位。当然，中央支付并不是中央政府比四川地方政府更有担当，其支付是靠大量发行货币来完成的，但四川地方政府却无此权力。

成渝铁路第二次开工不久便爆发内战，工程进展深受影响。虽然邓益光直到1949年上半年都还在内江一带视察工地，多方筹备机车车辆及各类器材，并且延揽人才准备在渝内段通车后任用。但可以想见，国民党在战场上的节节败退，必然会导致人心惶惶，成渝铁路的第二次兴工不可避免地受到干扰。

第三节 其他四川铁路的修建情况

尽管成渝铁路的修筑不如人意，民国时期，在四川境内，仍然有两条专线铁路建成通车，并进行了运营。这就是1935年通车运营的轻便铁路——北川铁路和1947年通车运营的綦江铁路。

一、四川境内的专线铁路

铁路的诞生往往与矿产运输息息相关。1881年诞生了中国历史上的第

---

① 《成渝铁路近状》，《粤汉半月刊》1946年第10期，第25页。
② 《成渝铁路工程局民国三十七年度工程计划书》，中国第二历史档案馆藏，二〇（2）-767。

一条铁路——唐胥铁路，它的出现就是为了解决开平煤矿的外运问题。四川境内的两条专营铁路的诞生亦是如此。

（一）北川铁路

在四川北碚，有一个名为天府镇的小镇，虽然地理位置偏僻，但有着丰富的煤炭资源，是四川盆地重要的产煤区。天府矿区具有两百多年的开采历史。早在清朝嘉庆年间，在小镇上就有人出卖煤洞；到了清末民初，天府镇的小煤窑星罗棋布于几十里矿区，并逐步通过兼并等方式发展成较大的煤厂。1904 年，为制止英商立德乐（Archibaldj. Little）染指煤矿，当地士绅唐凤来、文化成等人用巨资购买了东山石牛沟、西山后峰岩、视视沟、楼梯沟（又名芦笋沟）一带的煤矿，又投资后峰岩合太厂等，组成"益太公司"，产煤量日增。尽管产煤量多，但人力运输的运量很小，导致煤石堆积如山，影响销量。① 到了 20 世纪 20 年代，江北、合川一带有六家民营煤厂②产煤质量优良，但运输状况仍然没有好转，需用人力挑运三十多里，才能到白庙子江边装船运往重庆。③ 1925 年，鉴于交通运输限制了生产发展，当地士绅唐建章、文化成、张艺耘、唐凤来、李云根、李佐臣等人开始倡议修建一条轻便铁路，以济煤运，兼利商旅。由于这条铁路将途经北碚的文星乡和戴家乡，当年属于江北县与合川县地界，便取江北之"北"与合川之"川"，命名为"北川铁路"。同年秋天，工程师刘竞之和德国籍工程师徐利先后勘探了工程线路，并提交了工程预算报告书。④ 在路线规划上，开始"拟采由江北县黄桷树经土地垭入合川之路"，"后因故改自江北县白庙子起

---

① 中国人民政治协商会议江北县委员会文史资料研究委员会编：《江北县文史资料》（第一辑），1986 年，第 105 页。
② 分别是麻柳湾公和厂、芦梯沟天泰厂、枧槽沟同兴厂、老龙沟福和厂、石笋沟又新厂、和六煤厂。
③ 重庆市江北区政协文史资料研究委员会编：《江北区文史资料选辑》（第五辑），1991 年，第 63 页。
④ 上海中国航海博物馆主办：《国家航海》（第 12 辑），上海古籍出版社，2015 年，第 71 页。

经水岚垭、大田坎至合川渠河东岸止之线路"①。

然而，北川铁路的筹备在筹款和征地两方面遇到了极大的困难。首先是筹款，按计划，工程概算预计需银24.5万两，商定由发起人和铁路沿线各煤窑厂主负责筹集资金，预筹10万两，平均每人筹银5000两。然而，由于交通限制，当地煤矿经营状况并不好，实际仅筹到5万两。其次是征地，由于川东地区人多地少，土地问题非常棘手，关于土地纠纷的案件层出不穷。而修筑北川铁路需要的地皮数量巨大，在1925年市政管理尚不明确的情况下，土地纠纷比资金的筹措更难解决。② 因此，北川铁路迟迟不能动工。

1927年2月，素有"中国船王""北碚之父"的爱国实业家卢作孚来到北碚，就任四川省江（北）巴（县）璧（山）合（川）四县特组峡防团务局③局长，此后便专注于该地区的乡村建设。卢作孚就任峡防团务局局长后，当地士绅们感到新的机会来临了，他们想借助卢作孚和峡防团务局的力量，重启北川铁路建设，于是向卢作孚发出共同推进北川铁路的邀请。卢作孚对天府煤矿及北川铁路很感兴趣，并有了"航运—煤炭—铁路"三位一体经营模式的蓝图，而北川铁路的修建是实行这个蓝图的第一步。④ 因此，同年8月，卢作孚与当地士绅唐建章、李佐成、唐凤来、李云根等人一起，促成了北川民业铁路股份有限公司的组建。1928年，公司从上海聘请原胶济铁路总工程师丹麦籍铁路专家守尔慈（Schultz）为北川铁路总工程师，北川铁路公司经理唐瑞五为副总工程师，勘测设计北川铁路，并筹备施工。经过了9个月的反复勘察，守尔慈完成设计，并提出预算，需30万元。于是公司通过了《北川铁路股份有限公司投股章程》，定为3000股，每股100元，总额合计为30万元，由重庆、合川两处发起人分三期，各自负责15万

---

① 中国人民政治协商会议江北县委员会文史资料研究委员会编：《江北县文史资料》（第一辑），1986年，第105页。

② 上海中国航海博物馆主办：《国家航海》（第12辑），上海古籍出版社，2015年，第71页。

③ 嘉陵江三峡匪患猖獗，故于1923年设立江巴璧合特组峡防团务局，负责剿匪。

④ 上海中国航海博物馆主办：《国家航海》（第12辑），上海古籍出版社，2015年，第74页。

元，对第 1 期缴纳者，每股特设 98 元，以示优待。① 在线路选择上，本来计划"经麻柳湾出黄桷树达于江岸，因线路通过封建乡绅王尔昌祖坟受阻，只好改道至白庙子出江"②。

在卢作孚的支持下，北川铁路进展顺利。在资金方面，有来自卢作孚创办的民生公司稳定的资金投入；在测量和征地方面，峡防团务局用强硬的手段压制了纠纷，为铁轨的铺设扫清了障碍。1928 年 6 月 14 日，北川铁路副总工程师唐瑞五致函卢作孚，提及总工程师守尔慈在测勘河口一段时，测量队遭到当地人为难，并有人将标志拔去。由于担心发生事故，唐瑞五一面嘱咐测量人员谨守退让主义，一面与卢作孚通气，恳请其于必要时派兵保护，以免发生意外变故，而这一要求也得到了卢作孚的肯定答复。③

1928 年 11 月，北川铁路水岚垭至土地垭段开工，公司购置了两台 26 千瓦蒸汽机车，于 1929 年正式通车营运。第一段铁路通车运营后，煤、客、货运均可观，收入颇丰，来参观的人也络绎不绝。公司还推出了免费乘车的活动，北川铁路"信誉陡增，声名鹊起""原认股者，踊跃缴纳股金，观望者亦积极入股"。④ 1931 年，北川民业铁路股份有限公司决定在旧股 30 万元基础上，添招新股 30 万元，在当年集得资本 41.38 万元。后又决定将股额提高为 120 万元，每股仍为 100 元。对股东权利和义务也作出了规定，特别是不能将股权转让或抵押给外国人，如果在 1931 年 4 月前缴齐股金，还会按股面额奖励 7% 的酬劳金。⑤

1930 年秋，水岚垭—白庙子和土地垭—戴家沱两段工程同时开工，分别于 1932 年和 1933 年通车。1933 年 6 月，戴家沟—大田坎段和白庙子码头

---

① 重庆市江北区政协文史资料研究委员会编：《江北区文史资料选辑》（第五辑），1991 年，第 63 页。
② 重庆市地方志编纂委员会总编辑室编：《重庆市志》（第 5 卷），成都科技大学出版社，1994 年，第 322－323 页。
③ 卢作孚著，黄立人主编：《卢作孚书信集》，四川人民出版社，2003 年，第 87－88 页。
④ 中国人民政治协商会议江北县委员会文史资料研究委员会编：《江北县文史资料》（第一辑），1986 年，第 107 页。
⑤ 中国人民政治协商会议江北县委员会文史资料研究委员会编：《江北县文史资料》（第一辑），1986 年，第 107 页。

重力绞车下煤轨道同时动工，并于 1934 年 4 月修筑完工。四川多山地，铁路修建难度较大，由于缺少机械设备，开山降石全靠人工，当时筑路工就有近千人。虽然困难程度令人难以想象，但最终在各方共同努力下，北川铁路于 1935 年 3 月全线通车，"自嘉陵江左岸的白庙子起东北行，经水岚垭、麻柳湾到达万家湾，经文星场、后丰岩而至郑家湾，过土地垭、戴家沟、大岩湾，直趋终点大田坎，共 11 个站，全长约 16.8km"①，是四川第一条窄轨专线铁路。后来公司又购置 81 千瓦和 55 千瓦蒸汽机车各 1 台，全线贯通并投入营运。②

在轨距选择上，北川铁路为轻轨窄距，低功率牵引，路基宽 4 米，轨距 0.61 米，轨重 15.89 公斤，坡度 1.8‰至 4.4‰。③ 第一期工程（水岚垭—土地垭段）所用轨距 20 英寸（后改为 24 英寸）。钢枕、铁轨以及两部机车头都是在 1927 年用 1.5 万元在江合公司购入的。这两部机车头均为 35 匹马力，分别被命名为"文星"号和"守慈"号。公司又在上海禅臣洋行购买了数十吨铁轨、40 部煤车及 110 匹马力及 70 匹马力机车头各 1 台。1932年，公司在水岚垭设立办公点和总车站，任命郑章义为站长，全线共设 11站，以利营运。④

北川铁路建成后，创造了运输上的奇迹。全公司共有职员 260 人，有35—110 匹马力火车头 8 台，5 吨自动卸煤车厢 118 辆，客车厢、货车水厢共 14 辆，绞车 1 台，卸煤桥 4 座，机器修理厂 1 座。35 匹马力机车往返水岚垭—白庙子，每日 10 次；110 匹马力机车往返水岚垭—大田坎，每天5 次。⑤

铁路将煤炭运输到白庙子码头后，与码头的下河绞车形成完整的运输

---

① 胡以德：《地质科普丛书 重庆地质之最》，重庆大学出版社，2017 年，第 109 页。

② 李静：《守尔慈 主持修建重庆第一条铁路的丹麦人》，《重庆与世界》2015 年第 12 期。

③ 政协合川市委员会、中共合川市委统战部编：《纪念卢作孚先生诞辰一百周年专辑》，合川市人民印刷厂，1993 年，第 178 页。

④ 中国人民政治协商会议江北县委员会文史资料研究委员会编：《江北县文史资料》（第一辑），1986 年，第 108 页。

⑤ 中国人民政治协商会议江北县委员会文史资料研究委员会编：《江北县文史资料》（第一辑），1986 年，第 108 页。

链，日运量达到 1000 余吨，使此地的煤矿开采进入了新时代。此前一天依靠人力运一吨煤到嘉陵江边，20 人都难以完成，铁路通车后，最初日运量有 200 至 400 吨，后逐渐增加，最高的时候达到 2000 吨。[①] 每年能运送铁路沿线煤窑所产之煤 60 万吨以上，大大支持了煤炭生产。同时，北川铁路不仅运煤，也供沿线居民使用。

关于运价，公司固定：煤、货运价均为每 60 公斤，里程 30 华里，收运费 1 角 3 分 6 厘；客运价为每人里程 30 华里，收铜元 100 文。为避免逃票，车厢、车站及铁路沿线场镇均张贴公告——"请君乘车，必先买票，不分亲疏，一律查照，惟有炭头，半价必要，恐不尽意，特此布告！"煤、货、客运收入，以 1931 年 6 月为例，扣除成本后，每月至少可得纯利 4000 元。另外，铁路乘务人员接待顾客也十分热情、谦和有礼。如顾客不慎失物在车内，不分巨细，均拾捡归还。沿路旁复植绿化树，间以杏橘。乘客睹之，心旷神怡，忘却行旅疲劳。西南影片公司还曾为北川铁路摄制铁路影片。[②]

北川铁路初见成效，铁路沿线的麻柳湾公和厂、芦梯沟天泰厂、后峰岩和泰厂等 6 家煤厂邀请北川铁路公司、民生轮船公司一起参与，于 1933 年 6 月 24 日成立天府煤矿股份有限公司，总部设于江北文星镇。[③] 北川民业铁路作价约 500700 元，作为股本投入天府煤矿公司，占公司总股的三分之一多一点（公司总股 150 万元）。1938 年 5 月 1 日，公司又与内迁重庆的河南焦作"中福煤矿股份有限公司"合并，成立新的天府矿业股份有限公司，实行路矿合一，铁路为公司运煤专用。1941 年，天府矿业股份有限公司对铁路轨道进行改造，将白庙子—水岚垭段原重 28 磅钢轨和水岚垭以上原重 20 磅钢轨全部换为 35 磅钢轨，使 110 匹马力蒸汽机车得以在全线畅通。1943 年 10 月，天府矿业股份有限公司自制出的第一台机车，被当时新闻界称为

---

① 政协合川市委员会、中共合川市委统战部编：《纪念卢作孚先生诞辰一百周年专辑》，合川市人民印刷厂，1993 年，第 178 页。

② 中国人民政治协商会议江北县委员会文史资料研究委员会编：《江北县文史资料》（第一辑），1986 年，第 109 页。

③ 上海中国航海博物馆主办：《国家航海》（第 12 辑），上海古籍出版社，2015 年，第 75 页。

"中国第一部自制的火车头"。后来该公司又连续制造 2 台机车，每台为 110 匹马力。[1]

天府煤矿的蒸蒸日上也造就了天府镇这个极具特色的小镇的繁荣。在北川铁路的带动下，北碚以天府镇为核心拓展工矿业，沿线煤厂不断合并扩大，形成规模化生产，满足了战时重庆 1/3 以上的能源需求，是战时大后方最大的能源基地。新中国成立后，华蓥山南段煤田建设指挥部合并，成立天府矿务局。直到 1968 年，随着磨心坡、刘家沟等新矿区的开建，北川铁路全线拆除，完成了它的历史使命。

（二）綦江铁路

作为四川境内的第二条专线铁路、第一条标准轨（1.435 米）的专线铁路，綦江铁路也是应解决铁矿石和煤炭的运输问题而诞生的。

抗日战争时期，国民政府宣布迁都重庆后，在武汉沦陷前，决定将汉阳钢铁厂迁至内地。1938 年 2 月 7 日，蒋介石向国民政府经济部长翁文灏和军政部兵工署长俞大维下达迁移汉阳钢铁厂的手令："汉阳钢铁厂应择要迁移，并限于三月底迁移完毕。"于是，军政部兵工署和经济部资源委员会共同组成钢铁厂迁建委员会，派杨继增任主任委员。随即，钢铁厂迁建委员会派人到四川勘测原料基地、选定厂址，最后决定在重庆大渡口建厂。因为这里靠近綦江土台铁矿与南桐煤焦，便于继续炼铁、轧钢。然而，两矿原料只能通过綦江的船只运输，运输能力有限，不能保证需要。并且，由于綦江滩险多、水涨流急、水退搁浅，运输困难。尽管修筑闸坝消灭了部分滩险、提高了水位，但水势稍涨就漫闸，水退闸圩需清理，加之船多闸多，排队进出，等待误时，运输仍为不便，始终不能保证钢铁厂所需原料供应。为此，钢铁厂迁建委员会于 1941 年 11 月向国民政府提出："为求本会炼铁原料不致匮乏计，如能将川黔铁路干线之由重庆附近长江南岸至綦江三溪（江）一段，

---

① 重庆市地方志编纂委员会总编辑室编：《重庆市志》（第 5 卷），成都科技大学出版社，1994 年，第 323 页。

提前兴筑，本会由南桐修一支路至三溪（江）接轨，则不特本会原料之运输问题解决且对渝市之燃料供给，亦不无补助也"。这一要求，经国民政府研究决定，由交通部负责修筑北起长江岸边的江津猫儿沱，南至綦江县三溪（今三江）的标准轨距（1.435 米）铁路，用蒸汽机车牵引。另由钢铁厂迁建委员会成立煤铁两矿联络铁路工程处，自行修建三江—南桐、三江—赶水的轻便铁道（0.6 米轨距），用人力斗车推运。至此，綦江铁路得以修筑。①

　　1942 年 5 月，交通部接受修筑綦江铁路的任务后，在四川江津县仁沱乡成立交通部綦江铁路工程处。何显华任处长兼总工程师，汪菊潜任副处长兼副总工程师，处机关设总务课、工务课、会计课，处以下设 3 个工务总段、4 个工务分段，全处共有职员 304 人。② 在勘测设计时，比较过两条路线：一是由猫儿沱起，经五岔、綦江到三江镇；二是从珞璜起，经五岔、綦江到三江镇。后者沿线为丘陵地区，并须横穿一道山梁，高填深挖及谷地架桥等工程较多，因而采用前方案。主要设计技术标准为：最大坡度 15%；最小曲线半径 163.8 米；轨距 1435 毫米；到发线有效长 300 米，预留展长至 600 米（实际最短 210 米，最长达 570 米）；桥梁载重等级为中 - 12 级（实际为中 - 16 级）。③

　　1943 年 1 月，綦江铁路工程处采取投标招商、发包承修的办法，随即从猫儿沱开始施工。最开始由聚成、全裕、工信工程、庆成、裕和等 28 个公司承包，但公司承包后，又转包给各个开山铺老板，老板们再招雇农村劳动力修筑。层层转包中不乏贪污、剥削，因此，工程进展缓慢。到 1945 年 8 月，仅从猫儿沱修到五岔，共 38 公里，完成隧道 1 座、桥梁 13 座、涵渠 155 座、御土墙 17 处，以及架设通信线路等工程。然而，道路修筑标准低、质量差，沿途多处塌方、路基下沉，有的枕木腐朽，影响通车。抗日战争结束，交通部于 1945 年 10 月撤销了綦江铁路工程处，将綦江铁路的施工任务

---

　　①　政协四川省綦江县委员会文史资料研究委员会编：《綦江县文史资料》（第十辑），1990 年，第 135 页。

　　②　凌鸿勋编著：《中华铁路史》，台湾商务印书馆，1981 年，第 176 页。

　　③　《中国铁路建设史》编委会编著：《中国铁道建设史》，中国铁道出版社，2003 年，第 139 页。

交由钢铁厂迁建委员会接办。①

1945 年 12 月，钢铁厂迁建委员会成立綦江铁路局，由军政部兵工署和经济部资源委员会共同领导。由申大礼任局长兼总工程师，郭则溉任副局长兼副总工程师，局机关设总务课、工务课、材料课、会计课、运输课，局内有职员 252 人；局以下设机务段、车务段、3 个工务总段、7 个工务段，有工人和警察 896 人。綦江铁路局成立后，首先整修已建成的猫儿沱—五岔段，该段于 1946 年 6 月通车，开始接运煤焦和铁矿。

1946 年 8 月，綦江铁路继续从五岔站开工。綦江铁路局仍采用投标招商、发包承修的办法。当时由大中工程公司、中华营造厂、大丰公司、生记公司、建国公司、静记公司、全裕公司等 30 余家投标承包。这些公司又继续把工程转包给开山铺，当时一共有 70 余个开山铺进入工地施工，有工人五六千人。为加快进度，綦江铁路局采取"多标发包"的办法，将土石方、桥、涵等工程化整为零，分散项目，固定单价，限定工期，如期未完，除收罚金外，还取消承包资格，使承包公司互相竞争，施工进度加快。1947 年 4 月，五岔—綦江段 28 公里线路完工，计土方 477379 立方米、松石 70515 立方米、坚石 394012 立方米、大桥 7 座、涵渠 90 座、沿堤 8 座、车站 4 个，以及通讯线路、站房、房舍等工程。此段于 8 月 24 日试运，安全到达綦江站。

1947 年 11 月，綦江铁路局举行全线正式通车典礼，綦江铁路猫儿沱—綦江段全线通车，从江津县猫儿沱起，沿綦江东岸，经仁沱、庙基、墨斗沱、贾嗣场、五岔、夏坝、广兴场，通车到綦江县城北街对面的大佛庙，全长 67 公里。② 从通车的当天起，重庆《大公报》以"四川第一条铁路——綦江铁路全线巡礼"为题，连续报道三天。③

---

① 政协四川省綦江县委员会文史资料研究委员会编：《綦江县文史资料》（第十辑），1990 年，第 136－137 页。

② 政协四川省綦江县委员会文史资料研究委员会编：《綦江县文史资料》（第十辑），1990 年，第 137 页。

③ 政协四川省綦江县委员会文史资料研究委员会编：《綦江县文史资料》（第十辑），1990 年，第 138 页。

加上之前整修的猫儿沱—五岔段，綦江铁路总工程总计完成土石方216立方米，大中桥梁12座，总延长704.5米，小桥20座，涵洞262座，隧道1座68米，正线铺轨67公里，钢轨为17.4公斤每米。铁路所铺设的钢轨，除由大渡口钢铁厂拨用一部分旧轨外，其余由该厂自制。猫儿沱至綦江共设10个车站，站间距离最长为9.3公里，最短的是4.8公里，站台长度一般为40米。全线有机车3台，行车速度平均每小时约20公里，每台牵引150吨；货车全部为高敞车，有10吨、20吨、25吨三种，共30余辆，有客车20辆。机车由大渡口钢铁厂拨一部分外，其余机车和客货车从交通部桂林存车委员会保存的机车车辆中拨用。綦江铁路通车后，每日对开火车2列，时速为20公里；挂车20余辆，以运煤、铁矿为主，兼营客货运。①

中华人民共和国成立后，中国共产党从1950年3月开始延修綦江铁路，10月通车到三江。接着从三江延修，到1952年1月通车到赶水。随即又修通三江—万盛支线。1953年6月，铁道部重庆铁路管理局接管了綦江铁路。随着川黔铁路的修建，1958年起，在珞璜—五岔线上新修一段铁路来代替原綦江铁路，原綦江铁路从猫儿沱到五岔一段乃废弃。1965年10月，川黔铁路全线接轨通车，綦江铁路成了川黔铁路的组成部分，即"渝赶段"。②

二、已开筑但未通车至四川境内的铁路

近代四川还有一条进入到修筑阶段的进出川铁路——叙昆铁路，不过直到中华人民共和国成立，该路亦未修筑到川境。叙昆铁路主要是指从四川到云南的铁路。近代滇省和川省民众对自云南到四川的铁路进行过几次筹议，对它的起始点和路线规划也都有所调整，因而这条铁路的名称也多有变化，在晚清时多被称为"滇蜀铁路"，在民国时多被称为"滇渝铁路""川滇铁

---

① 《中国铁路建设史》编委会编著：《中国铁道建设史》，中国铁道出版社，2003年，第139-140页。

② 政协四川省綦江县委员会文史资料研究委员会编：《綦江县文史资料》（第十辑），1990年，第134页。

路""叙昆铁路""成昆铁路",也是"川缅铁路"的第一段。

1905 年 4 月,为防止法国将滇越铁路修到终点昆明后再展筑铁路到四川叙府,云南绅商陈荣昌、罗瑞图、李坤、倪维诚、解秉和等,倡议以官商合办的方式,从滇东北方向自筑滇蜀铁路进入叙府(今宜宾),以贯通珠江、长江两大流域。5 月,清廷批准云贵总督丁振铎成立滇蜀铁路公司,修建云南至四川的铁路。1906 年,为抵制英国从缅甸修建铁路经腾越(今腾冲)至昆明的图谋,丁振铎奏请清廷将腾越至古里戛交界处的路段纳入滇蜀铁路公司的修建范围,并将公司改名为滇蜀腾越铁路公司。公司参照川汉铁路公司的集股办法,拟集资白银 2000 万两。丁振铎又明确滇蜀铁路的具体规划,除大理至宁远这条主干线外,有三条支线,支线一由东川、昭通、叙府至成都;支线二由威宁、毕节、泸州至成都;支线三由贵州、重庆至成都。[①] 1909 年至 1910 年,滇蜀腾越铁路公司聘美国工程师多莱(Dawly)勘测自昆明沿牛澜江经昭通,再沿横江至叙府的线路。除大理—宁远线外,1910 年,云南籍工程师吴珣在《筹办滇蜀铁路刍议》中又规划了滇蜀线的三个方案,分别是"一由东川、昭通、叙府至成都二千三四百里;一由威宁、毕节、泸州至成都二千七八百里;一由贵州、重庆至成都三千里"[②]。然而,此时云南省内部更倡导先修滇邕铁路(昆明—广西南宁),因而这次对于滇蜀铁路的倡议便不了了之。

进入民国后,因管理不善、筹款困难、施工无期,滇蜀腾越铁路公司于 1917 年宣告破产。同年 3 月,北洋政府交通总长许世英,受命筹建自云南东川至四川叙府的轻便铁道,并派阮维宜领队考察。时值四川军阀混战,考察也未能实现。[③]

1921 年,北洋政府曾秘密计划修筑滇渝铁路,但由于动机不纯,这一

① 冯金声:《中国西南铁路纪事》,西南交通大学出版社,2017 年,第 39 页。
② 庄兴成、吴强、李昆编纂:《滇越铁路史料汇编》(上),云南人民出版社,2014 年,第 92 页。
③ 四川省地方志编纂委员会编纂:《四川省志·交通志》(下),四川科学技术出版社,1995 年,第 30 页。

计划受到留法的中国学生与华工华侨的激烈反对，最后以失败告终。1921年6月中旬，为购买军火继续内战，北洋政府朱启钤与吴鼎昌到法国借款。为获得3亿法郎的借款，北洋政府允诺了法方一系列不平等的借款条件，诸如以中国的烟酒税和印花税作为担保，法国监理收取50年；滇渝铁路建筑使用权也归法国所有，并且承诺北京、浦口、广东的修路材料必须用借款从法国购进，等等。为此，此时正在法国的周恩来等人便组织留法的中国学生，以及旅法的华工华侨共同抗议，迫使中法当局取消了此次秘密借款。①

1937年，四川省主席刘湘曾提出四川建设三年计划。根据此计划，政府顾问刘宗涛开始着手研究除成昆铁路（成都至会理，会理至昆明）之外，另一通往昆明的路线——叙昆铁路，以资比较。9月1日，刘湘专门就修筑成昆铁路致函法国驻蓉领事，称："为沟通川滇交通，以达海口起见"，"拟新筑成昆铁路一条与滇越铁路相衔接。在成昆铁路未建筑前，并拟定就成昆间建筑成昆公路，将来即作为铁路路基"②。在地方呼吁下，为适应目前的急迫需要，经行政院通过，国民政府决定由铁道部与川滇两省政府合力办之。1937年末至1938年初，国民政府决定让铁道部与四川省、云南省政府联合组建了川滇铁路公司，建筑从四川叙府经昭通、宣威、曲靖至昆明的铁路，下设叙昆铁路工程局，由沈昌任局长，设15个工程总段；并于1938年1月21日颁布了《国民政府特许川滇铁路股份有限公司条例》。根据条例，在经费预算上，"公司股本总额定为国币二千万元，分二十万股，每股一百元，由铁道部认十万股，云南省政府、四川省政府各认五万股。将来如须增加股本应由公司理事会议决，呈请核准后，另行募集之"。在人员构成上，"公司设理事九人至十一人，由铁道部指派三人，财政部指派一人，云南、四川两省政府各指派二人，公司总经理为当然理事"，"设监事三人，由铁

---

① 施春生：《周恩来反对中法秘密大借款》，《党史纵横》2003年第5期，第22-25、1页。
② 四川省档案馆编：《抗战时期的四川——档案史料汇编》（下），重庆出版社，2014年，第1547页。

道部、云南、四川两省政府各指派一人"。① 1938 年 1 月，叙昆铁路工程局开始测勘路线，由四川省建设厅总工程师刘宗涛组队，量得的大致线路为自昆明经曲靖、宣威、威宁、昭通、大关、盐津、筠连、高县到叙府，长约 850 公里。鉴于战事紧迫，西南地区的国际铁路线变得更为重要，于是原有成渝铁路员工亦大部调往该线工作。另外，时人规划的叙昆铁路只是川滇铁路公司的一部分业务，除了叙昆段，川滇铁路公司还计划借英款或法款修筑滇缅段，从而使叙昆铁路与滇缅铁路接轨，即自成都经叙府至昆明，由昆明经腾越而至密支那，或经勐定而至滚弄，形成川缅铁路，从而更好地获得国际援助。② 叙昆铁路修筑重点线段开始发生倾斜，"川滇铁路本意叙昆为干线，嗣以抗战环境之推演，国际交通为急，遂转而注意滇缅"③。

为筹集筑路资金，从 1937 年 2 月到 1938 年 6 月，中方一直与英法两国银团交涉接触。1938 年 5 月 28 日，法方允诺承借 3 亿法郎，只是需要担保，并以矿产出口偿付本息；同时表示愿协助中方开发沿线矿产。1938 年 8 月，法国银团向中国建设银公司提出《叙昆路借款大纲及合同草案》。国民政府审核该草案后，对其中的一些条款进行了驳回。1939 年 12 月，中法双方终于达成借款合同。根据合同，法国银团承借料款及运费 4.8 亿法郎；中国建设银公司承借现款 3000 万元；其余约 9000 万元款项，由川滇铁路公司和政府补充。1940 年 3 月，法国政府批准了借款合同。但由于二战局势愈发严峻，6 月，越南政府禁运中国物资；9 月，日军从海防登陆，外购材料无法运入。至此，合同也就无法履行。

在具体实践上，国民政府拨款 1000 万元，川滇二省各拨 500 万元，并约定剩余不足的资金和材料问题由铁道部负责解决。到 1943 年 4 月，国民

---

① 四川省档案馆编：《抗战时期的四川——档案史料汇编》（下），重庆出版社，2014 年，第 1549－1550 页。

② 宓汝成编：《中华民国铁路史资料（1921—1949）》，社会科学文献出版社，2002 年，第 821 页。

③ 四川省档案馆编：《抗战时期的四川——档案史料汇编》（下），重庆出版社，2014 年，第 1557 页。

政府拨款到账，四川省已交款 130 万元，云南省政府交款 200 万元。① 另外，本着节约成本、配合国际交通等方面的考量，叙昆和滇缅两段均决定采用窄轨。② 从昆明和叙府南岸坝两端开工，昆明端工程进展快。1940 年 9 月，日军从越南海防登陆。1941 年 2 月，随着日军占领越南，滇越铁路交通被彻底切断。为阻止日军沿滇越铁路入侵，国民政府将滇越铁路河口—碧色寨段铁路材料拆除，材料移铺到叙昆铁路昆明—曲靖路段，促成该路段于 1941 年 4 月 1 日通车。同年底，曲靖—宣威段 100 公里路基全部完成，宣威—威宁段 171 公里隧道、桥梁也已开工，威宁以北勘测工作已结束。但叙昆铁路修筑最终还是因为战争被逼停，宣威以北的工程于 1940 年 9 月停工，曲靖—宣威段于 1942 年停工。1943 年，沾益飞机场即将建成，为了便于运输，又决定将叙昆铁路昆靖段延长至沾益。1944 年，曲靖—沾益段通车。由此，叙昆铁路昆明—沾益段通车，总称为昆沾线，长约 173 公里。1945 年，国民政府声称将威宁—叙府 430 公里铁路列入铁路建设五年计划项目，然而并未实现。

　　1947 年，南京国民政府召开第一届国民大会。鉴于叙昆铁路重要经济社会价值，凌均吾等 24 位代表联名提案要求政府依照原定计划续修叙昆铁路。鉴于此，蒋介石在国民政府离川还都南京时，向川人承诺将积极续修叙昆铁路。1948 年，滇越铁路滨段管理处与川滇铁路公司合并，成立昆明区铁路管理局，统一管理云南境内铁路。但在实践方面，对叙昆铁路的推进确无任何进展，直至中华人民共和国成立，叙昆铁路依旧没能修到四川境内。

---

　　① 四川省档案馆编：《抗战时期的四川——档案史料汇编》（下），重庆出版社，2014 年，第 1560 页。
　　② 该路建成后将与滇越铁路接通，采用与滇越铁路相同的 1 米轨距，以便构成西南大后方的国际运输通道。

第五章

夙愿成真：新中国第一条建成通车的铁路

川人亟盼望着修建铁路，若大旱之望云霓。川汉铁路公司设立，貌似让川人的铁路梦有了希望。然而，晚清至民国期间曾无数次筹办、建设四川铁路却一直未果，中华人民共和国成立后，成渝铁路才终于建成通车，川人夙愿得偿。

第一节　筹备续修成渝铁路

成渝铁路是四川人民的夙愿，建成成渝铁路可让川人圆梦，也能带动地方经济的恢复与发展，同时还能增强人民对新政权的认同。中共中央及西南军政委员会经过系统科学的论证后作出了重修成渝铁路的决定。

一、毅然决然重修成渝铁路

1949 年 11 月初，解放军开始按计划向西南进军。1949 年 11 月 30 日，刘邓大军挺进重庆；12 月 8 日，中共中央西南局正式进驻重庆；12 月 27 日成都宣告和平解放；12 月 30 日，在民众的欢呼声中，解放军正式进入成都。这一天，四川全境解放。从此，四川迎来了崭新的时代，川人第一次真正成为天府之国的主人翁。在经历了战火摧残后，西南地区的出路在哪里？川人的幸福生活如何实现？西南地区的千里沃土如何建设？对于自古便是"蜀道难，难于上青天"的西南地区来说，发展生产需要解决的首要难题就是交通，因此，川人渴望多年的成渝铁路的续修便成了解决西南建设与发展的一个重要突破口。它既可作为解决西南工业问题的可能"出路"，提供就业岗位，又可带动四川恢复生产，推动经济的发展，同时也能增强人民对新政权的认同。

中国共产党对西部铁路建设尤为重视。中华人民共和国成立前，中国的铁路主要集中在东北和华北、华东、华南地区，偌大的西北、西南地区，土地面积占全国总面积的60%，却只有1600多公里铁路，仅占全国铁路的6%左右。因此，西部铁路建设就成了发展西部经济和改善人民生活的前提条件。对于续修成渝铁路，党的领导人在解放四川以前便已有所考虑。在进军西南以前，邓小平就已经提出过修筑成渝铁路的建议，并提前进行了调研。邓小平出生在四川，对成渝铁路的修筑历史了解甚多，对川人的铁路梦也感同身受。早在1949年6月，邓小平便在时任上海市代市长的陈毅家会见了陈修和。陈修和是陈毅的堂弟，地地道道的四川人，毕业于法国的高等兵工学校，是我国著名兵工专家。对于如何快速修建成渝铁路，陈修和向邓小平建议，将抗战时期汉阳钢铁厂的许多设备和技术力量迁到重庆钢铁厂，加以充分利用，每年可产出4万多吨的铁路钢轨，这样的话，修筑成渝铁路缺少钢轨的问题便迎刃而解。同时，他也指出，如果能充分利用已建成的不少路基以及部分桥墩、桥涵、隧道，则可以缩短成渝铁路的建设工期。为建设大西南，包括修建成渝铁路，邓小平还专门委托陈修和帮忙招揽技术人才。后来，邓小平还为此致信陈修和并派人接洽："面托物色兵工技术人才事，谅蒙办妥，兹派陈志坚同志来沪办理此事，请赐接洽。"[①] 陈修和向邓小平推荐了以留法、留德为主体的相关技术人才。不难看出，陈修和实际上

---

① 余志森、陈雪良、刘国平编：《伟人邓小平》，上海人民出版社，1998年，第46页。

是向邓小平提供了成渝铁路的修建可行性建议。

在进军西南前，毛泽东也谈到了成渝铁路的问题。1949 年 7 月 9 日，毛泽东在向全国铁路职工临时代表会议暨全国机务会议全体代表和铁道部、铁道兵团、平津铁路管理局部分工作人员的讲话中，就提到了成渝铁路："在国民党反动统治时期，我们早就不相信它能办好铁路。在辛亥革命前就想修筑成渝铁路，并在辛亥那年闹过保路风潮，到现在已经三十八年了。这条铁路国民党政府只修了很短的一小段。这就说明靠国民党政府要办好铁路是不可能的。我们跟它是不同的，我们能够恢复铁路和建设好铁路。"这说明，当时四川尚未解放，毛泽东就已经有了要把成渝铁路建成的决心，"只要我们依靠群众，就有力量，就能够修好铁路"。①

进入重庆后，邓小平组织相关人员系统论证解决西南问题的相关办法。邓小平向中央汇报"我们到后，即将重庆一二流专家组织成若干小组或委员会，进行调查研究，找出路"②，为决策提供支撑。12 月 8 日，邓小平在西南局扩大会议上，就提出"兴建成渝铁路，造船修建码头"的计划，可见，修筑成渝铁路的想法一直留存在邓小平脑海。1949 年底，钢铁厂迁建委员会綦江铁路部撰写了一份《成渝铁路解放后继续兴修工程计划书》，计划书从多方面对成渝铁路修建的必要性和可行性进行了论证。

关于兴修成渝铁路的必要性，计划书共列举了四点。其一，促进经济发展。首先是能促进川渝两地的货物贸易。成渝铁路途经四川最富饶的地区，铁路沿线盛产大米、丝绸、烟草、糖类，同时拥有丰富的矿产资源及来自重庆的各类工业品。以往均依靠公路、水路运输货物，运量受限，运费较高，不利于货物快速流通，限制了各地生产，进而影响川渝地区的贸易往来和经济发展。其次是能加强西北西南地区的经济往来。成渝铁路建成后，北接天成路，南接筑隆路，西北的皮革、棉花、燃料，以及川内的矿产、药材工业品，甚至贵州的矿产木材都可通过铁路相互流通。东面可将汉、沪商品沿江

---

① 《毛泽东文集》（第五卷），人民出版社，1996 年，第 305 页。

② 中共中央文献研究室、中共重庆市委员会编：《邓小平西南工作文集》，中央文献出版社、重庆出版社，2006 年，第 44 页。

引进，进而转运西部各省。概而言之，成渝铁路是东西部地区贸易往来的桥梁。

其二，保证中央对四川的政治领导。交通不便而政令难通，政令不通则难以统治。过去，川渝地区正是因山高路远、交通阻隔，政令不畅，中央统治难以深入，进而形成了军阀割据的局面。若成渝铁路修筑成功，可让中央政令畅通无阻，从根本上解决地方割据的问题。当前，西南军政委员会驻地重庆，四川省政府则驻地成都，成渝铁路亦可方便委员会与政府间的政务联络，而同时，成渝铁路的修筑有助于长期闭塞环境下的川陕、川甘、川康边境的土著民与中原地区人民的政治文化交流。

其三，保障西南边疆安全。当前海军建设尚在初创阶段，若国际局势有变，侵略国将从东部漫长的海岸线发起进攻，退守内陆作战将不可避免。海岸线的丢失，将对运输造成较大困难，重要的战备物资只能通过陆路运输到战场。而西部地区多数为高原地带，西南地区更是战略大后方，进可攻、退可守，若是没有铁路将其与中原地区连接起来，会在战略上造成极大的被动。目前计划在建的有天兰路、天成路、成渝路、筑隆路等，而连接西北、西南的成渝路则显得特别重要，它向北可经天成、天兰路河西走廊入疆而通苏，向西南经筑隆路、桂滇可分别进入缅甸、安南，在内外战略上，都有着极其重要的作用。

其四，改善四川交通。成渝间公路存在着坡度大、弯度较小、路面不平整等问题，汽车行进起来较为不便，成渝路汽车单程需要两天，耗时较长，水路则更为缓慢。每年的洪水期，道路都会因遭到洪水冲击而致交通阻断，如果成渝铁路修筑完成，便可避免以上问题，也能大大降低成渝间通行往返时间，且经济舒适，将来也可以北连天成路，南接筑隆路，具有较大的交通价值。

关于修建铁路的可行性，计划书分别从人力、物资、财力、时间四个方面进行了分析。其一，人力。中华人民共和国刚刚成立，铁路建设缺乏技术人才。如果开展全面施工，会出现向其他地方借调技术人员难、施工人手不齐等困难，而采取集中人力资源，分段攻坚则较为可取。其二，物资。修建铁路所需的钢材可以通过在重庆的钢铁厂和改造的兵工厂赶制解决，这样既可以促进重工业发展，也可以为成渝铁路提供钢轨，一举两得。铁路所需枕木在綦江、赤水、峨眉等地均可大量收集。通过水路从国外购置，从其他地方调拨，成本较高，不宜采用。其三，财力。建设成渝铁路要力求节约，等到将来与天成、筑隆铁路接通业务发展所需时再慢慢改善。其四，时间。要修好成渝铁路，需提前完成很多工作，各方面都需考虑到。

通过分析，计划书提出结论：修筑这条铁路最好是继续使用原有的筑路人员，应尽量使用国内生产的各种器材，要充分考虑财政能力，并参考各项事业的进展情况，力求节约，采用轨距 1435 毫米，轨重 17 公斤，集中力量分段施工，达到符合各方面实际情况，加速完成。[①] 可以看出，这份计划书详细、清晰地论证了筑路的必要性和可行性，为中央及西南军政委员会最终决定重修成渝铁路提供了决策支撑。

有了科学的论证，接下来便是正式决策。12 月 31 日，邓小平主持西南局常委会办公会议，指出："要以修建成渝铁路为先行，带动百业发展，不但可以恢复经济，而且可以争取人心，稳定人心。"[②] 这次会议明确作出了重修成渝铁路的重大决策。1950 年 1 月，邓小平向中央汇报工作，提出要"着重于修建成渝铁路"。据赵健民回忆，他 1 月奉命到达重庆就任西南军政委员会交通部部长时，刘伯承、邓小平在向他交代交通部的任务时，就告诉他要积极筹备修建成渝铁路，而且说党中央、毛主席、周总理已经同意西南局修建成渝铁路。[③] 这说明邓小平已经和党中央及主要领导人进行了有效沟通，获得了他们的支持。2 月 8 日西南军政委员会正式成立，作出的第一个重大决策就是"以修建成渝铁路为先行，带动百业发展，帮助四川恢复经济"[④]。西南军政委员会的报告送交北京后，周恩来亲自审定了西南军政委

---

① 《成渝铁路解放后继续兴修工程计划书》，重庆市档案馆藏，档案号 03360001004150000001000。
② 曾灵、唐澜芯：《二仙桥》，四川文艺出版社，2020 年，第 35 页。
③ 赵健民：《赵健民文集》，山东人民出版社，2002 年，第 561 页。
④ 刘金田：《世纪伟人邓小平》，江苏人民出版社，2022 年，第 111 页。

员会关于成渝铁路修筑的报告，并直接呈交毛泽东。① 中央同意了西南局的决定，指示："依靠地方，群策群力，就地取材，修好铁路。"② 中共中央书记处还批准向成渝铁路"先拨 2 亿斤大米作修路经费③"。在得到中央的批准后，邓小平随即指出："现在中央批准我们修成渝铁路了，这对西南和四川人民来说，都是一件大事，政治上和经济上具有重大战略意义。成渝铁路一开工，不但可以带动四川的经济建设，而且可以争取人心，稳定人心，给人民带来希望。四川人民渴望了 40 多年的愿望，就要实现了！"④

1950 年 1 月初，赵健民被任命为西南军政委员会交通部部长，他上任后接到的首要任务是"接收国民党中央政府在重庆的交通机构，恢复西南的水陆交通，支援西南各省区的经济恢复，支援进军西藏，接收国民党在重庆的成渝铁路机构人员，积极筹备修建成渝铁路"⑤。筹备成渝铁路，要解决的首要问题便是经费。西南地区刚刚解放，财政困难，力不从心。为此，西南军政委员会派赵健民于 1950 年 3 月赴北京，请中央财经委员会批拨成渝铁路开工的经费，批拨鞍山钢坯及解决钢坯运输问题。赵健民首先向中央财经委员会副主任薄一波汇报了情况，薄一波也告诉他，毛主席、周总理已经批准了成渝铁路的修筑计划，中财委也已经专门研究过这个计划。1950 年 6 月，中央财经委员会主任陈云在"关于财政运算情况的说明"中提及上半年的投资情况时，专门指出增加了成渝铁路的投资预算，"经济建设投资，包括对维持私营企业的加工、成渝铁路的修建和水利的修建等，增加了二十五亿"⑥。这说明，中央 1950 年上半年就充分考虑到了成渝铁路的投资需求。

---

① 转引自俞荣新：《新中国第一条铁路：成渝铁路》，《炎黄春秋》2021 年第 4 期。

② 四川省地方志编纂委员会编纂：《四川省志·交通志》（下），四川科学技术出版社，1995年，第 3 页。

③ 四川省地方志编纂委员会编纂：《四川省志·交通志》（下），四川科学技术出版社，1995年，第 8 页。

④ 中共四川省委党史研究室编：《邓小平与四川》（第 2 版），四川人民出版社，2011 年，第 133 页。

⑤ 赵健民：《赵健民文集》，山东人民出版社，2002 年，第 560 页。

⑥ 《陈云文选》（第 2 卷），人民出版社，1995 年，第 140 页。

在薄一波的介绍下，赵健民找到了财政部和交通部。财政部表示已经研究过成渝铁路的事情，在资金上无论有什么困难都会保证成渝铁路的修筑经费，先拨 4000 万斤大米折价款开工，并让赵健民回去后上报预算，财政部按预算立即拨款。交通部承诺，对恢复交通所需款项，交通部一律承认，地方财力不能解决的，交通部设法解决。至于鞍山钢坯运输问题，因为当下海运局、长航局正愁没业务，所以保证能及时运到重庆大渡口。

正当赵健民在北京与中央部委沟通时，邓小平也到北京参加毛泽东主持的中央政治局扩大会议。听说赵健民要去铁道部请求调配车辆时，邓小平表示铁道部的领导对于成渝铁路修筑很重视，便和赵健民一起去铁道部见了部长滕代远和副部长吕正操。邓小平说："四川人民、西南人民对修成渝铁路是盼望了几十年的，是十分迫切的。对修铁路，从地方上可以说是要什么有什么，铁道部加强领导，一定会很快地修好修成。"滕代远表示铁道部当前会集中力量修好成渝铁路，铁道部的领导和调机车车辆均没有问题。吕正操还详细交代了铁路建筑中的技术问题。① 得到了中央的支持，启动经费得以解决，成渝铁路建设的各项筹备工作陆续展开。

二、成渝铁路修筑机构的设立

1950 年 3 月，中共中央、中央人民政府政务院在听取赵健民关于成渝铁路的修建计划方案时决定由西南军政委员会负责领导成渝铁路的筑路工程，铁道部负责相关技术业务。为进一步贯彻执行党中央和政务院的指示，西南军政委员会随后临时组建了重庆铁路工程局，负责成渝铁路开工前的各项准备工作，如整理器具、筹划材料、制定标准、整顿机构以及精简人员等。准备工作就绪后，为了进一步完善组织机构，西南军政委员会决定将原有的成渝铁路工程局与其他铁路旧有机构进行合并，组建西南铁路工程局。1950 年 6 月 12 日，西南铁路工程局正式成立，局址在重庆嘉陵新村，原重

---

① 以上参见赵健民：《赵健民文集》，山东人民出版社，2002 年，第 561－563 页。

庆铁路工程局与前成渝铁路工程局被撤销。[①] 西南铁路工程局成立后，迅速完善了管理机构、安排了管理人员、充实了技术人员的配备。

其一，完善管理机构。首先，局内设置了 8 个处，分别是计划、工务、财务、材料、人事、机运、公安、总务处。另外，还设置了局办公室与巡视组。其次，铁路工地沿线组建了 9 个工务段，分别是九龙坡、油溪、永川、荣昌、内江、资中、资阳、简阳及成都工务段，下属 29 个分段。在各个分段，又根据具体的工作内容陆续设立了相关大队，如工程大队、建筑大队、运转大队、桥工队、隧道工程队、通信工程队等，分别负责相应的建筑工作。

其二，配备管理人员。西南局和西南军政委员会决定由赵健民（时任西南军政委员会交通部部长）兼任西南铁路工程局局长，赵锡纯任副局长，萨福均（时任西南军政委员会交通部副部长）兼任西南铁路工程局副局长与总工程师，王直哲任政治部主任，赵淘任总工会主席。另外，调派了一批师级干部（布克、黄新义、张子厚等）和重庆铁路军事代表（孙连捷、刘备耕、刘圣化等）分别担任工程局各处室的领导；调集 80 余名县团级干部分别担任各段、各队、各厂的领导。[②]

其三，充实技术人员。成渝铁路的技术人员主要包括四类：一是相关单位的接管留用人员，主要包括解放初期接管的 7 个相关单位[③]的留用人员，共计 1243 人。对于接管留用人员，均"按照党的政策，政治上信任、工作上尊重、生活上关心，一视同仁"[④]，使其能够发挥专长，成为技术业务骨干。邓小平强调不拘一格用人才，对旧技术人员要善于使用。他亲自点将让原国民党政府的交通常务次长萨福均出任西南铁路工程局副局长兼总工程

---

① 《通告局长副局长到职视事日期　并宣布撤销原重庆铁路局及前成渝铁路局》（铁办字第1582 号），1950 年 6 月 12 日，中国中铁二局集团有限公司档案。

② 陈文书、谭继和主编：《成渝铁路今昔记》，四川人民出版社，1999 年，第 96 页。

③ 解放初期接管的相关单位分别是：成渝铁路工程局、川黔线隆筑段铁路工程筹备处、湘桂黔铁路重庆办事处、浙赣铁路保管处、陇海铁路重庆储运所、东北运输总局保管处及中国桥梁公司。

④ 陈文书、谭继和主编：《成渝铁路今昔记》，四川人民出版社，1999 年，第 103 页

师。成渝铁路建成后，还给萨福均记功嘉奖。① 西南铁路工程局的每个工务段都安排了接管留用的工程技术人员任段长，负责管辖路基、桥涵、隧道等线路工程施工；在下设分段，配置了3至4名工程师和工务员，负责各工地的施工组织、验方计价、技术指导等方面的工作。② 但有少部分人员经思想教育后仍未能提高认识，最终未被留用。二是全国其他路局以及相关单位调配的人员，主要包括1950年底从贵阳工程处（原湘桂黔铁路都筑段工程处）先后调来的1330人以及施工过程中陆续调入的其他技术人员。三是招考培训人员，主要包括在开工前进行技术人员的招考选拔录取的377人。四是相关院校的毕业生、练习生。

三、成渝铁路勘测与改线

若算上川汉铁路时期，在中华人民共和国成立以前，成渝铁路的大规模线路勘测约有三次。不过，解放前成渝铁路的勘测设计工作并不完整，部分线路并不科学，且设计与施工标准也较低。中华人民共和国成立后，相关部门对成渝铁路重新进行了勘测与改线，线路总体是沿原川汉铁路西段走向。在标准方面，也进行了调整。对已完工的工程暂参照原标准，对未完工的新修路段则进行了改测和改变设计，基本按照铁路建筑规程二级的标准进行建设，即限制坡度10‰；最小曲线半径300米（保留部分小于300米）；钢轨42公斤/米、38公斤/米；站线有效长近期650米，远期900米。③

成渝铁路的设计工作以"设计不误施工"为前提，采取分段、分点，一边设计一边施工的办法。在施工过程中，设计人员争分夺秒，对各段的选线方案进行了反复的勘测与修订。其中，较为典型的改线方案有乱石滩改线、黄鳝溪改线、闪将坳改线等。

---

① 金刀：《邓小平与成渝铁路》，《炎黄春秋》2016年第8期。
② 孙连捷编著：《邓小平与中国铁路》，中共中央党校出版社，1995年，第76－77页。
③ 四川省地方志编纂委员会编纂：《四川省志·交通志》（下），四川科学技术出版社，1995年，第9页。

第一，乱石滩改线。原定线路计划自成都向东北，行经姚家渡、赵家渡，沿沱江经淮州镇对岸至乱石滩。这条线路虽较为平坦，但迂回曲折，线路绕长，并且有遭遇大塌方的风险。对此，老工程师蓝田多次踏勘，提出了新的改线方案，即改经龙潭寺、洪安乡，穿过柏树坳隧道，然后再到达乱石滩。[①] 方案一经提出，便引起了极大的轰动，工程师们为此争论不休。大多数工程师都不同意采用新线，有人说新线施工太困难；有人认为旧线沿线经济状况比新线好，货运数量会更多；有人提出旧线里程更长，可收得更多的运费。对此，赵健民与其他选线专家反复研究论证后肯定了蓝田的提议，并报请铁道部审核。谨慎起见，铁道部副部长吕正操和苏联专家扎冈达耶夫亲自赴川进行了实地考察，并且在成都召开了讨论会。扎冈达耶夫认为，"我们决定线路不能单纯以工程的难易、费用的大小来作采选的标准，应该考虑到广大人民的长远利益。"吕正操也同意选择新线，他指出："为了百年大计，我们决定走新线。"[②] 最终，蓝田的新线建议获得了铁道部的认可与采纳。相较于旧线，蓝田设计的新线方案虽然多建了几座隧道和桥梁，但缩短了23.8千米路程，节约了大量的钢轨、枕木、车站建设所需材料以及各项筑路费用。此外，线路通车后，其客货运费、铁路运营费、维修费用大幅降低，新线方案总计为国家节约了600亿元（旧人民币折合新人民币为600万元）左右费用。

第二，黄鳝溪改线。资阳工务段的黄鳝溪一段，原是计划经资阳城东沿沱江修筑，但是该线路的路堤过于靠江，易遭水患。对此，老工程师郭彝和资阳工务段长谭其芳反复进行了勘测，提出了新的线路方案。新方案虽然加长了2公里，但避免了线路遭受江水冲刷、改道的危害，保证了铁路运输安全。[③] 该方案经铁道部审批，最终也得以采纳。

第三，闪将坳改线。闪将坳是资中工务段一座隧道所经过的山坳，原定的线路方案是沿沱江岸迂回。但是，沿江的地质状况较差，且需多建3座桥

---

① 《成渝铁路工程总结》，成渝铁路工程总结编辑委员会1953年编印，设-7，设-8，设-9。

② 《从成都工务段工程看苏联专家对我国的帮助》，《川西日报》1952年6月23日，第2版。

③ 《成渝铁路工程总结》，成渝铁路工程总结编辑委员会1953年编印，设-9，设-10。

梁。为此，资中工务段段长陈祖阊提出了穿过闪将坳的截弯取直的改线方案，从而避开不良地质区段，总体线路也缩短了 2.3 公里。该方案也经过反复论证最终获准。

除此之外，工程师们还提出了许多其他的改线方案，如唐明渡、盘街子改线方案等。[①] 实践证明，这些改线方案大多科学合理，为成渝铁路的顺利建成以及持续使用作出了重要贡献。

当然，由于勘测设计工作一开始就是在原来已建成的部分工程基础上进行，且设计时间紧迫，设计单位组织分工尚不完善，设计制度也未完全建立，整个设计工作在初期是摸索前进的，自然也有部分不尽合理的地方，如部分斜交涵洞未做特别设计、桥上没有设置栏杆等。而这些问题，在进一步的研究中也已及时更新，获得了丰富的经验。

第二节　各方支援建设成渝铁路

成渝铁路的建设得到了多方支援。在筑路人力上，军工民工接力；在材料上，全国支援；在技术上，也得到了苏联的帮助。

一、军工民工接续奋战

20 世纪 50 年代初铁路工程施工，机械化程度非常低，工程施工主要依靠人工。成渝铁路的修筑，需要大量人力。当时依靠军工、民工接续奋战的方式，解决了成渝铁路施工的人工需求。

（一）军工筑路作先锋

军工主要由军区直属部队以及各军区的官兵组成。在西南铁路工程委员

---

① 《当代四川》丛书编辑部：《当代四川铁路》，四川人民出版社，1993 年，第 50 页。

会的组织领导下，军工战士们在筑路过程中不断钻研技术，提高效率，圆满完成了任务。

决定续修成渝铁路时，四川各地的秩序还不够稳定，人民群众还未有效地组织起来，地方也难以抽调大量干部。在这种情况下，由谁来带头筑路较为关键。对此，邓小平果断决定由军工带头筑路。① 至于为何要派军工"开路"，主要是出于三点考虑。

其一，军工筑路是进入新社会后的必然选择。中华人民共和国成立后，大规模的军事斗争已经结束，而建设新社会则成为主要任务，军队参与建设就是主动适应该变化的体现。早在 1949 年 12 月 5 日，毛泽东就曾号召军队参加生产建设，"人民解放军不仅是一支国防军，而且是一支生产军"，人民军队参加生产建设是"除了保卫国防、巩固治安和加强整训这些伟大任务以外的一个光荣而巨大的任务"。② 1950 年 1 月 7 日，陈云指出，"大陆上只需少数兵力入藏和剿匪，有大量兵力可以剩余"，因此，他提出，这些剩余的兵力特别适合铁路建设，"拟议以西北、西南、华中的剩余兵力，除去进行农业生产、水利工程外，有计划地使用于修筑某些必要铁路的路基、山洞，利用军队的空闲劳动力，争取时间，把今后几年内需要或可能修筑的铁路，先筑好路基"③。当时陈云提出拟建的 7 条已有一定基础的铁路就包括成渝铁路。

其二，军工筑路，可以减少劳务开支。由于军队给养是由国家财政支出，铁路也是国家财政投资的，而筑路经费的开销中，有很大一笔开销是人工劳务费。若是使用军工参与铁路建设，则可以将部分筑路劳务费发放给军工。在当时，拟定的军工参与经济建设的工资发放方式是 60% 归军队集体，剩余 40% 发给个人，这样也可以解决军队给养问题。此外，陈云还提议

---

① 军工筑路早有经验可循，它源于 1948 年东北的铁路抢修工作。

② 中共中央文献研究室、中国人民解放军军事科学院编：《建国以来毛泽东军事文稿》（上卷），中央文献出版社，2010 年，第 96 页。

③ 中国社会科学院、中央档案馆编：《中华人民共和国经济档案资料选编　1949—1952　交通通讯卷》，中国物资出版社，1996 年，第 168 页。

"个人所得 40%，拟以 3/4 作定期储蓄，或购公债，由政府分几年摊还"。这样可以暂时缓解财政窘境①。所以，军工筑路"不仅战胜了困难，减少了政府的开支，改善了军队的生活，并且经过劳动锻炼，还提高了军队的政治质量，改善了官兵关系和军民关系"②。从这个角度而言，军工筑路，就是在践行邓小平说的"少花钱，修好路"。

其三，可以震慑反动分子。蒋介石逃离大陆时，有计划埋伏了大量党团特务，准备伺机而动。西南地区作为蒋介石最后的老巢，更是如此。成渝铁路作为新中国成立初期万众瞩目的工程，自然也是反动分子破坏的目标。因此，军工筑路，可以震慑反动分子，维护社会秩序，保证施工顺利推进。

筑路军工主要由军区直属部队以及各军区的官兵组成，统一编入筑路总队。筑路总队共有 5 个，共计人数 30174 人。③ 第一总队由西南军区司令部直属部队 4000 余名官兵组成；第二总队由川东军区 6000 余名官兵组成；第三总队由川南军区 4000 余名官兵以及十五军 1000 余名官兵组成；第四总队由川西军区与西康军区 8000 余名官兵组成；第五总队由川北军区约 3000 余名官兵组成。

军工部队主要负责成渝铁路的路基工程，工作任务涉及土方、松石、坚石、沟渠、道碴、打夯等。军工所分配的施工地段主要包括 7 处，分别是：九龙坡工程段、油溪工务段、永川工务段、荣昌工务段、内江工务段、资中工务段以及资阳工务段。④ 其中，第一总队主要分配在九龙坡工程段、油溪工务段；第二总队主要分配在油溪工务段；第三总队主要分配在荣昌工务段、内江工务段；第四总队主要分配在资中工务段、资阳工务段；第五总队主要分配在永川工务段。此外，除了实际参与路基施工的人员，还有少部分军工负责管理及勤杂等工作。与此同时，施工期间，军工还需负责清除匪

① 中共中央文献研究室编：《陈云文集》（第二卷），中央文献出版社，2005 年，第 60 页。
② 中共中央文献研究室、中国人民解放军军事科学院编：《建国以来毛泽东军事文稿》（上卷），中央文献出版社，2010 年，第 97 页。
③ 《成渝铁路工程总结》，成渝铁路工程总结编辑委员会 1953 年编印，筑－1。
④ 《关于修筑成渝铁路军工筑路工作的决定》（铁办字第 2898 号），1950 年 8 月 3 日，西南铁路工程局档案。

患，维持工地秩序。

军工筑路的决定得到了军方积极响应。为更好地管理军工筑路，西南军区与西南军政委员会以及相关单位进行了组织安排，军工领导在施工过程中还总结经验，逐渐制订了工作制度。

第一，设置管理机构。其一是成立西南铁路工程委员会，由西南军区与西南军政委员会共同组成，负责统一领导、指挥筑路军工部队以及工务段的筑路工作。西南工程委员会办公室下设指挥处、财粮处以及工程处，负责政治领导工作。其二，成立工程委员会，由各筑路军工总队、路局各工务段、地方民政机关、粮食机关、工会等机构共同组织，主要任务是沟通配合各方工作。其三，在各个工务段以及对应的军工成立工程委员会分会，主要负责劳动力的调整、粮料的供给、工具及工人的调配以及沟通群众、确保工程计划的实施等任务。其四，在各总队所属支队，配合工段及地方政府组成了工程技术委员会。其五，各营配合地方干部、各连干部与工务支段组成工程技术研究委员会，下设管理、工程、器材三股，各司其职，相互协作。其六，在各个军工总队，根据工作类型，设置了不同的工作小组。例如，军工四总队设置了工程技术研究组、工程测量计算组、爆破组、器材组四个组，小组都直属连队。另外，各队还会根据每日具体情况以班为单位，根据技术、体力、工程及经验进行灵活编组分工，机动运用，如指导组、爆破组、打眼组、杂务组、广播组、扫荡组、木工组及竹工组等。[①]

第二，配备干部。西南铁路工程委员会主任委员由李达担任，副主任委员由孙志远、赵健民担任，下设办公室主任，由赵锡纯（西南铁路工程局副局长）担任，副主任由李静宜（军区军政处长）担任，指挥处、财粮处、工程处由军区政治部安排干部任职。工程委员会的主任委员由相关军工总队的司令员担任，副主任委员由对应的路局工务段长担任。工程委员会分会的主任委员设置视情况而定，由总队司令员担任，若是同一工务段有两个总队参加工作，则是选择具体参与工作的军工人数较多的总队的司令员担任。下

---

① 《成渝铁路工程总结》，成渝铁路工程总结编辑委员会1953年编印，筑-4，筑-5。

属组队机构的干部，也是根据工地的实际情况决定，通常以分、支段长为主任委员，副主任委员由部队派任。

第三，形成工作制度。开工初期，尚缺经验，并未设立专门的管理制度，对于军工具体的工作安排不够合理，比如不按距离远近分配、不按体力强弱分配，因此，工地上常常出现忙闲不均、零落散乱的局面。在发现问题后，军工领导吸取经验，及时进行了调整，并形成了一定的工作制度。例如，区分难易，对不同工种的工效进行有区分的规定；区分任务，对不同任务进行明确的划分界定；区分时间，规定作业时间与休息时间；灵活协调，随时针对具体情况进行机动调配等。[①]

为了更好完成筑路任务，除建立管理制度，军队还进行了深入的筑路动员。西南军区警卫团提出了筑路五好运动，即，修好路、爱护好工具、搞好伙食生活、睡好觉、搞好文娱活动，同时号召全体军工在筑路中展开革命的竞赛，争创劳动英雄和模范单位，各单位连还制作了修路专刊的墙报。[②] 在成渝铁路开工典礼上，贺龙向全体军工战士提出要坚决响应毛主席号召，积极参加国家经济建设："我们渡过了黄河，跨过了长江，解放了西南区全境，马上就参加到生产建设的岗位上来，这是我们无比的光荣。因为我们是毛主席的好学生，是人民最忠实的警务员，因此人民需要我们干什么，我们就要给人民做好什么。"[③] 工兵司令部发出了"修筑成渝铁路政治动员令"，号召西南工兵部队"积极紧张起来，团结在毛泽东旗帜下，在建设祖国——西南交通铁路线上，立下不朽的功劳，出现更多的英雄模范，用我们万能的双手配合西南人民建设新的繁荣的大西南"[④]。军工部队各总队开展了持续的动员工作。军工第一总队曾在开工前讹传"参加筑路可吃中灶"的谣言，该想法得到及时批判，使得部队在开工前就树立了良好风尚；军工第五总队坚

---

① 《成渝铁路工程总结》，成渝铁路工程总结编辑委员会1953年编印，筑-5。
② 《迎接成渝线路开工　西南军区警团掀起参加筑路热潮》，《新华日报》1950年6月15日，第1版。
③ 中央新闻纪录电影制片厂：《成渝铁路》，1952年纪录片。
④ 《成渝铁路工程总结》，成渝铁路工程总结编辑委员会1953年编印，筑-3。

持对军工进行了为时半月的政治教育，打消了军工战士的顾虑，并树立了正确的劳动观念；军工第四总队针对部分成员为旧军官的情况，提前进行了长达一个月的反复动员教育，由上至下提出要求，进行深入动员；军工第三总队进行了动员与宣誓仪式，以鼓舞战士们的工作热情。①

地方政府与群众对军工筑路予以了高度支持与配合。如沿线地方政府与群众组织起来，开展了系列活动欢迎、欢送军工，向军工战士们传达他们的支持与感谢。这也是一种无形的思想激励，战士们深切地感受到修筑成渝铁路，参与祖国建设，也是参与战斗、为国出力的一部分，同样是无比光荣的。

事实证明，提前动员的安排甚有成效。军工战士们纷纷表示，要积极参与这项任务。有人表示，"要坚决执行毛泽东所提出的变战斗队为工作队的任务，圆满完成西南交通建设的光荣任务，争取为人民立功"②；有人立下誓愿，"上级交给我们修筑成渝铁路的任务，我们觉得无上光荣，因为这对人民有很大的利益，因此，我们坚决打响建设大西南的第一炮"；有人提出，"要以战斗姿态来坚决彻底地完成这伟大而光荣的建筑任务"③。

1950年6月15日下午，成渝铁路开工典礼在西南军区举行。庆典由赵健民主持，参加庆典的有中共中央西南局、西南军政委员会、西南军区和重庆市的党政军领导同志，也有军工一总队、铁路职工和民工第一支队、市民代表，共5万余人。

时任西南军政委员会主席、二野司令员的刘伯承传达了党中央关于修筑成渝铁路的指示：成渝铁路是四川人民渴望了40年的夙愿，我们一定在两年时间里修通。他强调，这次派部队修路就是执行"既是战斗队又是工作队"的指示，筑路的同时，还需确保四川社会秩序的稳定。④ 邓小平在会上

---

① 《成渝铁路工程总结》，成渝铁路工程总结编辑委员会1953年编印，筑-3。
② 《川北军区军工三千余名参加修筑成渝路永川段》，《新华日报》1950年9月10日。
③ 《川西军区部队六千余人参加修建成渝铁路工程》，《新华日报》1950年8月23日。
④ 孙贻苏：《那旗帜，仍飘在我心中》，载于《铁二局史志　13》，内部资料，1992年，第40页。

也讲到，目前筑路困难重重，需要逐步克服："我们今天建设成渝铁路，是在经济与设备困难的条件下开始的。因此，人民对建设的希望是花钱少，事情办得好，我们调出一部分部队参加建筑，也是为着替人民少花一些钱，把铁路建设起来。"①"我们今天订出修路计划，开始兴工，并不等于问题解决了，真正的困难是在开工之后才能发现，所以今天不能盲目乐观，许多的困难问题必须要以为人民服务的精神，逐步地求得解决，求得克服。"② 此外，他还要求筑路人员要团结起来，相互尊重，遵守劳动纪律，研究掌握修路技术。这是对筑路军工做的一次思想动员，它极大地鼓舞了军工的斗志。随后，贺龙司令员将一面绣有"开路先锋"四个字的锦旗授予军工筑路第一总队筑路大军③。军工们唱着军歌、扛着枪满怀激情地走上了建设成渝铁路的工地。

军工主要负责成渝铁路的路基土石方工程。这项任务工程量大、施工条件复杂多变，需要周密的组织计划以及一定的施工技术及经验。筑路初期，虽已有专业技术人员的指导，但军工在施工过程中依旧面临着许多困难，最大的困难是不懂技术。赵健民曾坦言："说实在的，我只是在战争年代学会了开汽车，在冀鲁豫、在进军长江的途中，可以一下子开上几百公里，但对于领导组织西南地区的水陆交通来说，那是什么也不懂。特别对铁路更是不懂，车、机、工、电、桥梁、隧道等什么也不懂。"④ 大部分军工亦是如此，没有筑路技术，更无作业经验，筑路初期的工作难免耗时耗力，事倍功半。例如，打炮眼工作中，有的战士不懂得按照山坡的斜度与石质的情形合理地打炮眼，掌握不好炮眼深度，最终不但没有炸开石头，还浪费了资源。尽管困难重重，但军工们并没有放弃，他们选择在筑路中发扬战斗精神，攻克难题。

一方面，军工战士之间在施工过程中会利用各种方式交流经验，并相互

---

① 刘金田：《世纪伟人邓小平》，江苏人民出版社，2022 年，第 112 页。
② 刘金田：《世纪伟人邓小平》，江苏人民出版社，2022 年，第 112 页。
③ 军工筑路第一总队筑路大军由西南军区直属部队组成。
④ 陈文书、谭继和主编：《成渝铁路今昔记》，四川人民出版社，1999 年，第 70 页。

鼓励。例如，有战士打炮眼打不准时，其他战士就会鼓励"多打几次就行"；他们也会充分利用休息时间，召开"诸葛亮"会议，和技术人员一起研究技术，刻苦钻研摸索施工方法。在不懈地努力下，战士们的实践学习得到了回应。例如，军工第一总队直属大队二中队仅用一个月时间就把工作效率从27%提高到了105.5%；三支队五中队经过一个多月勤学苦练，全队134人全部学会了石工使"二锤"技术，有的战士还掌握了砲钎淬火的技术。

另一方面，军工总队为提升军工技术水平进行了统一的安排，开展了各类活动。一是组织技术人员在工地上开办石工、爆破等技术训练班，及时给战士们提供专业学习的平台。二是提出"立功创模"的号召，让全体军工各个班排及个人开展挑战与应战。这样的安排也甚有成效。例如，在修筑泥皂段（泥壁沱至皂角树）时，军工二支队开展了革命竞赛。无论是普通战士还是干部，都在奋力地参与竞赛。战士王乃夫以平均4分19秒一趟的频率来回扛着100斤的大石头；指教员牛二朋同战士们一同挑土，肩膀磨肿了也未曾停下……各中队还开展夺红旗运动。军工三支队的战士们夜以继日，挑灯夜战，五中队某班凌晨3点半便起床挑土，一直挑到第二日上午11点。① 无论是烈日当空，抑或刮风下雨，军工们始终分秒必争、积极工作。他们已经把工地视为了战场，拼尽全力，挥洒热血。②

学习新知识的过程虽然艰难，但日积月累的收获使得战士们的筑路技术得到了有效的提升，从而进一步提高了工作效率。例如，打炮眼这项任务，经过学习、实践，战士们仅仅用了不到一个月的时间，就从之前的两人一天一米左右提升到五六米。很多参加筑路的石工们都表示战士们的成绩让人难以置信："解放军真了不起，我们作了几十年的坚石工，最多的也没有超过4公尺！"③

日复一日，军工战士逐渐了解了技术，积累了经验，施工作业渐入佳

① 《军工三支队星夜加班突击　上月底完成干线工程》，《新华日报》1950年9月5日。
② 《后勤修路支队工作情绪高涨》，《新华日报》1950年7月26日。
③ 《成渝铁路工程总结》，成渝铁路工程总结编辑委员会1953年编印，筑－6。

境。军工的筑路工效自开工第三个月起的每个月都超过了百分百，具体情况为：1950年6、7月99%，8月117.6%，9月106.8%，10月142.5%，11月起因归建停工；1951年2月118%，3月150%，4月166%，5月186%，6月174%。最终，军工提前并超额完成了既定任务的14%。原计划1951年8月底，需完成76万标准工，然而，军工在7月底就提前完成了868893个标准工。不仅如此，还节约了黑炸药规定使用量的1/3。除此之外，军工战士还将60%的筑路酬劳无偿捐献给了国家。在成渝铁路的"战场"上，军工们从零开始、苦学技艺、埋头苦干，取得了令人满意的成绩，他们用实际行动担起了人民的"开路先锋"。

1950年6月，朝鲜战争爆发，7月抗美援朝运动正式开始，中国人民志愿军自10月起赴朝作战。各军工筑路总队的主体力量在1950年10月底完成了原定施工任务后均归原建制，仅少数干部留在工地继续带领工人筑路。1951年2月，西南工兵部队7000余名官兵再次奉令参与成渝铁路建设，负责永川、资中、资阳、简阳四个工务段的部分土石方工程。在任务完成以后，这批军工陆续调离工地，于1952年1月全部归还建制。①

（二）10万民工谱新篇

早在军工筑路的阶段，就有失业工人参与了成渝铁路的施工。新旧政权更迭之际，城市存在大量失业人口，这是影响新社会秩序重建的重大问题。西南军政委员会为贯彻落实生产自救方针决定组织失业工人参与建设成渝铁路，既能解决失业人员过多的社会问题，又能解决成渝铁路修筑的人力问题。1950年8月2日至4日召开的西南铁路工程局筑路会议，确定了动员24000名失业工人参加筑路工作，② 并规定由军工派出干部带领各城市由失

---

① 《成渝铁路工程总结》，成渝铁路工程总结编辑委员会1953年编印，筑－2。

② 孙连捷：《天府建铁路 蜀道不再难》，载铁道部第二工程局史志编写办公室编《铁二局史志 12》，内部资料，1992年，第48页。

业工人为主组织的民工支队、大队参加筑路。① 会议决定将失业工人共编成三个支队，第一支队以原民工一支队为基础，并将油溪、永川、川东工人编入；第二支队由原隆昌支队（原泸州支队）、宜宾支队、乐山支队、内江大队、义务大队编成；第三支队由原资中大队资阳九个中队、简阳川西一支队、成都川西二支队编成，各支队番号，统称"西南铁路工程委员会铁道工程总队第 X 支队"。②

1950 年 8 月 4 日，工程委员会正式发布了《关于失业工人参加筑路工作的决定》③，决定"在西南军工筑路之定额公款中，及工程任务中，按照工程总数量之标准工期出 2 万名额交给失业工人担任，每 1 个工人以 100 个工作日为计算，应共完成 200 万个标准工的任务"④。失业工人主要由西南铁路工程委员会负责分配至各军工总队，由军工总队负责领导，带领开展施工。该决定对失业工人的待遇和器材等进行了规定，要求"与军工的工率相同，工资按兵工标准工实得数支付之"，换言之，失业工人的工资和军工一样，每一标准工可获得大米 8 市斤，同时"每人每日由政府津贴救济粮米二斤"。⑤ 这样，失业工人因为参加筑路工作获得了收入，解决了失业救济的社会问题。在各地的组织动员下，来自各个领域的失业工人（煤矿工、搬运工、野力工人等）纷纷报名加入筑路队伍。

失业工人所负责工段主要包括九龙坡工程段、油溪工务段、永川工务段、荣昌工务段、内江工务段、资中工务段、简阳工务段以及成都工务段。⑥ 在各个工务段按要求组成中队分队，中队领导由各筑路部队派干部

---

① 孙连捷：《天府建铁路　蜀道不再难》，载铁道部第二工程局史志编写办公室编《铁二局史志　12》，内部资料，1992 年，第 48 页。

② 《筑路军工干部会议总结》，1950 年 8 月 22 日，西南铁路工程局档案。

③ 《西南铁路工程委员会关于失业工人参加筑路工作的决定》（铁办字第 2912 号），1950 年 8 月 4 日，西南铁路工程局档案。

④ 《西南铁路工程委员会关于失业工人参加筑路工作的决定》（铁办字第 2912 号），1950 年 8 月 4 日，西南铁路工程局档案。

⑤ 《西南铁路工程委员会关于失业工人参加筑路工作的决定》（铁办字第 2912 号），1950 年 8 月 4 日，西南铁路工程局档案。

⑥ 《关于修筑成渝铁路军工筑路工作的决定》（铁办字第 2898 号），1950 年 8 月 3 日，西南铁路工程局档案。

（指导员）担任，主要负责失业工人的政治工作及筑路施工的领导。为更好地开展工作，军工干部做了细致的安排。

第一，妥善安置。一是派出大量干部赴重庆为之准备住房、茶水、饭食及给养等，并亲自带领他们赴工地；二是提前在工地为之安排好食宿以及欢迎大会；三是在军工战士中开展自报捐献运动，战士们为工人捐出了许多生活物资，包括衣裤、鞋子、毛巾、铅笔、香烟、冬瓜等，另外还有 114 万元现金。①

第二，对失业工人进行思想教育。在失业工人到达工地后，军工总队领导开展了一系列政治文娱活动来提高失业工人的政治认识，让他们认识到劳动光荣，知道了今后努力的方向，明白了建设西南铁路的意义。这些活动形式丰富，贴近工人群众的实际，如戴花、夺旗、广播、表扬、挑战、竞赛以及评模等活动。此外，军工还在生活上对工人无微不至地照顾，帮助他们解决医疗问题，帮助他们解决家人的生活问题等。民工们不由得感慨："我们今天才真正明白，解放军是人民的子弟兵，是人民自己的部队。"②

第三，确立行动标准，树立工作作风。除了注重思想教育以外，军工干部还重视对工人工作纪律的规范化管理。根据失业工人的具体情况，军工干部适当建立了各类规章制度，例如规定最低工作标准、召开生活会议、进行业报总结、落实检查记功制度等。工人们有了明确的工作任务，工作中的付出也得到了应有的表扬与奖励，工作情绪与工作效率不断提高。

自 1950 年 10 月底，各军工总队相继完成施工任务，归还建制。为贯彻生产自救方针，保证施工进度，中共中央西南局、西南军政委员会决定动员更多的民工参与筑路。1950 年 11 月 16 日，邓小平签发了《为动员民工完成成渝铁路土石方之指示》，决定："1951 年成渝铁路土石方工程全部由沿线地方政府负责领导，动员民工按路局要求时限及标准，保证完成。"③

---

① 《成渝铁路工程总结》，成渝铁路工程总结编辑委员会 1953 年编印，筑 - 8。

② 《成渝铁路工程总结》，成渝铁路工程总结编辑委员会 1953 年编印，筑 - 9。

③ 李兴鳌：《心血倾注第一路——缅怀邓小平同志修建成渝铁路的功绩》，《铁路春秋》1992 年第 1 期。

1950 年 11 月 25 日至 28 日，西南军政委员会召开了西南铁路成渝线民工筑路会议，正式决定动员 10 万民工参与建设成渝铁路全线的路基工程。

为便于开展工作，西南军政委员会自 1950 年 12 月起陆续成立了川东、川南、川北民工筑路指挥部，主要负责筑路动员工作，地方各个区、县、乡的相关人员也积极配合。例如，资阳的动员会进行了广泛的宣传，所招纳的民工群体中有当地的区长、农会主任、民主人士及小学教员等；隆昌的动员会上，各界人民代表均纷纷提出"要保证完成筑路任务"，农民代表、医生代表、商人代表纷纷表示要给予支持，妇女代表还提出，"我们不能作工，可以打草鞋送给民工弟兄"[①]。各地的动员会开展较为顺利，仅仅两个月左右的时间就完成了既定目标（原计划第一批预定动员 65200 人，第二批预定动员 79800 人）。因此，截至 1951 年 1 月底，成渝铁路的工地上已经陆陆续续有 10 万民工开始参与筑路工作，原计划的第二批民工动员工作便未再进行。

这 10 万民工的构成较为复杂，主要包括工人、农民、商人、学生、教员、医生、旧军人、资遣人员、游民、自新人员、旧职员、复员军人、地主等。其中，农民占多数，约占总人数的一半以上。从地区分布情况来看，民工大多来自铁路沿线地区，如内江、资中、隆昌、巴县、璧山、江津、铜梁、大足、永川、荣昌、资阳、简阳等地。

民工的主要任务是完成沿线土方工程，也涉及部分铺轨、桥涵工程等。民工分配情况为："九龙坡工务段、油溪段 5860 人，永川段 18000 人，荣昌段 15400 人，内江段 16230 人，资中段 13000 人，资阳段 11800 人，简阳段 5800 人，成都段 4036 人。"[②] 其中，川东民工担任重庆至李市镇以东工程；川南民工负责李市镇以西的三个工务段（内江、资中、资阳）及简阳工务段石桥以东的工程；川北民工负责资中与资阳工务段的分工程；川西民工负责石桥以西至成都工程。

10 万规模的民工队伍，没有有效的组织定会失控，因此，西南军政委

---

① 《成渝铁路工程总结》，成渝铁路工程总结编辑委员会 1953 年编印，筑－15。
② 四川省地方志编纂委员会编纂：《四川省志·交通志》（下），四川科学技术出版社，1995 年，第 12 页。

员会在民工的组织上也下了功夫。

第一，设立组织机构。为系统管理民工筑路，相关单位结合工地的实际情况，逐渐完善了组织机构。一是设立总指挥部。1950 年 11 月，在西南军政委员会召开的西南铁路成渝线民工筑路会议上，决定在西南铁路工程委员会的基础上，下设成渝线民工筑路指挥部，直接负责指挥并领导成渝铁路全线民工的筑路工作。二是设立各区指挥部及其行政机构。1950 年 12 月，各行署组成川东、川南、川北民工筑路委员会，再同各个工务段成立川东、川南、川北民工筑路指挥部。川西区域，由于民工较少，当时并未成立专门的指挥部。直到 1951 年 6 月 1 日，因工程发展的需要，川西方才正式成立专门的指挥部。另外，川东指挥部下分设 3 科，分别是政工、工程、秘书；川南指挥部下分设 6 科，分别是行政、组教、财粮、工程、保卫、卫生；川北指挥部下也分设 6 科，分别是行政、组教、财粮、工程、保卫、卫生。三是设立县指挥部及下属机构。在各个民工筑路指挥部对应的县设立指挥部（支队），支队之下再设置大队和中队。其中，川东民工筑路指挥部共设立了 5 个县指挥部（江津、巴县、大足、永川、荣昌）、2 个支队部（铜梁、璧山）以及 38 个大队；川南民工筑路指挥部共设立了 5 个支队（直辖隆昌、内江、资中、资阳、简阳）以及 35 个大队；川北筑路民工指挥部共设立了 7 个大队以及 47 个中队。四是对民工进行编组。民工的编组，主要以人数进行划分。一般由 10 至 15 人组成一个小队（班），3 至 5 个小队组成一个分队，3 至 5 个分队组成一个中队，3 至 10 个中队再组成一个大队。各个支队所辖大队的数量不尽相同，主要根据民工人数及工地的实际情况而变化。由于筑路初期，干部与民工均有许多顾虑，为使民工尽快融入集体生活，在编队时，各县会根据民工来自的区乡进行划分，尽量保证同乡人员在一个分队、小队或中队，例如 "100 人以上的乡都单独编成中队，100 人以下的乡则以 2—3 乡编成中队"[①]。五是成立群众组织。在群众组织方面，各队都是根据工地的实际情况进行安排，具体设立的机构并不完全一致。通常来说，有经济委

① 《成渝铁路工程总结》，成渝铁路工程总结编辑委员会 1953 年编印，筑－17。

员会，负责生活保障、记账、工资发放；记功评功委员会，主要负责记功评功工作；纪律检查组，主要负责协助领导检查纪律执行情况；技术研究指挥组，主要负责研究与改进技术，调配劳动力；文娱卫生组，主要负责安排文娱活动、检查卫生、宣传防病等；工具器材保管组，主要负责保管、清查及整修用具；安全卫生委员会，主要负责安全防险、卫生防病、保管火药等。通过组织机构，对10万民工进行分格管理，确保了民工的组织性，为有序有效工作提供了根本保障。

第二，配备干部及指导人员。民工筑路指挥部的各级领导干部主要包括三类：一是部队抽调的军工干部；二是地方政府干部兼任；三是民工推选的干部。其中，军工干部、政府机关的干部最多，约占总人数的72.6%。一般而言，县指挥部（支队）的指挥长都由县长兼任，政委则由县委书记或副书记兼任。县指挥部（支队）下安排了政指挥、组教、文书员以及通信员等干部各1名；大队之中，设有大队长、教导员或大队附①、供给员、会计、粮秣各1名；中队设有中队长、指导员或中队附②、会计、司务长各1名；分队以及小队里设正副分队长、小队（班）长，这些干部都是由民工推选而来，民选干部是领导实际生产上的带头者，在筑路过程中，起了相当大的作用。另外，医务人员属于雇佣性质。各大队的医务人员主要包括两类，一是卫生所安排的医生、卫生员，二是工程局在各队中每300至500人专门配备的1名医生以及1名卫生员。除此之外，西南铁路工程局还从贵阳工程处、昆明铁路管理局抽调了190名技术人员，负责指导民工作业。

第三，设立工作制度。由于参与筑路的民工来自各行各业，大都未经过专业的组织与学习。筑路初期，民工的政治觉悟还未提高，缺乏主人翁意识，因此，一些必要的制度与规范显得尤为重要。各指挥部制订的管理制度主要包括点名、请假、会议、业报、学习、评工记分等。但根据所在区域的不同情况，各类制度以及各项制度的要求都不尽相同。例如，川东民工定有

---

① 除巴县、江津以外的各县都是由大队工程师兼大队附。
② 中队附一般从民工中选拔。

劳动纪律制度，具体内容涉及听从指挥、按时作息、固定工位、礼貌谦让、提高技术、爱惜工具、精细作业、注意施工安全等；川南民工则有各类公约，涉及生活、生产、学习、管理、工地、防火、防特等方面。

在健全制度的同时，施工队伍也非常注意民工的动员教育。由于民工队伍构成复杂，筑路技术与经验也各不相同，加上西南地区刚刚解放，土匪特务恶意造谣导致流言四起，民工筑路的认识各不相同，因而民工多有顾虑。有的民工担心受到压迫，拿不到工资；有的认为参与筑路是在罚劳役；有的担心筑路是人民政府骗他们去当兵的借口；有的担心减租、退押、土改等无法受益；还有些地主与自新分子，担心被斗争。诸如此类的担忧，让民工无法全身心投入工作，也影响了筑路效率。在这种情况下，西南铁路工程局和地方政府互相配合，做了多方面的工作。

第一，开展广泛宣传，举办欢送等活动，打消民工的思想顾虑。筑路指挥部以及相关地方党委、政府都派出了干部开展工作，主要涉及两个方面。一是组织丰富多样的宣传教育活动，例如座谈、黑板报以及街头宣传等。宣传材料通常也是通俗易懂、直截了当的，如"人民铁路人民建"。二是耐心开导，讲解相关政策。例如，各地地方党委、政府不时同民工沟通慰问民工，并向他们保证，让民工也享受减租退押及土地改革的斗争果实。另外，还告知民工，家里有困难的由农会组织代耕，不误农业生产，以解除他们的后顾之忧。三是为筑路民工开办欢送会。通过组织欢送会活动，让民工感受到参与筑路是一件光荣的事。

第二，保障民工的福利待遇。在工资待遇方面，民工每月都会根据各自的工作量得到相应的米粮及现金。同时，为了使民工的家庭及时得到供养，统一由中队将民工的米票同大队证明文件寄回原籍，在当地兑换成大米，解决民工养家问题。另外，1951年的春节未回家的筑路民工也都得到了额外的慰问品与经费。① 在医疗保障方面，每个民工筑路大队都设有医务组，去

---

① 新民工3斤米，老民工6斤米，伤病民工每人增发猪肉1斤，每个民工中队还获得经费4万元，用于春节各种活动开支。

县人民医院就医也均免费。各级党委和地方政府在春秋两季，还为民工进行防疫接种，以防天花、霍乱、伤寒、脑膜炎等疾病。① 除此之外，各级党委和地方政府时常关注着民工的日常生活需求，例如冬天为民工调拨棉衣、毯子，夏天为民工发蚊帐等。各指挥部也在力所能及的范围内针对各地的不同情况，对民工衣食住行相关的生活用品进行了统一安排，例如，统一采购蔬菜、利用空间组织磨豆腐或种菜、为民工采购草鞋、为民工制作棉衣等。这些保障，让民工感慨不已。初到工地时，民工大都衣衫褴褛，无法御寒。了解到情况后，领导向民工保证"给没有棉衣的民工每人发一套新棉衣，钱在工资内分期扣回"。在领到棉衣后，民工感叹道："人民政府这样爱护我们，再不好好地干，就对不起人民了。"就在筑路的第二个月，民工的工效就提高了50%。1951年12月，《新华日报》刊登了川南民工筑路模范写给毛泽东的书信，信里写道："随着生产的提高，生活也改善了，我们是计件工资制，去年才到工地时，有的穿着褴褛褛，盖着破棉絮，现在都换成里外全新了，每天吃三顿白米饭，三天打一次牙祭。"② 1952年的春节，全体10万民工也给毛泽东写了一封汇报信。信中梳理了一年来民工们的筑路成绩，讲到了他们生活状态的改善："一年多来，我们很少有人生过病，从前面黄肌瘦的人现在也都变得结实了，过去穿着拖一块吊一片的破旧衣服的人也都穿上里外三新的棉衣了。"③

第三，深入开展思想政治教育，激发民工的自豪感成就感，调动民工劳动积极性。思想政治教育的内容主要包括阶级教育、时事教育、爱国主义教育等方面，总方针是提高民工的政治思想认识，使之成为一支坚强的劳动队伍。由于民工队伍的组成较为复杂，因此针对不同的群体，拟定了不同的教育方针。例如，针对农民，强调在劳动中锻炼，回到农村带动生产；针对失

---

① 中央人民政府铁道部：《视察成渝铁路基本建设工作总结报告（1952年11月）》，中铁二局集团有限公司档案室，档案号2-90-53。

② 《川南民工筑路模范代表二百四十余人写信给毛主席报告工作》，《新华日报》1951年12月25日，第2版。

③ 《修筑成渝铁路的全体十万民工在新年给毛主席写信报告一年来筑路成绩》，《新华日报》1952年1月17日，第2版。

业工人、知识分子，强调改造思想，争取留在铁路上工作；针对商人，强调修好铁路才能繁荣贸易，从而推动自己就业；针对自新分子，强调争取摘帽子，立功赎罪等。在开展的各类活动中，最为典型的就是诉苦活动。何为诉苦活动？顾名思义，就是让民工们倾诉过去在国民党时期所受的种种剥削与压迫。通过诉苦活动，给民工摆事实、讲道理，民工逐渐认识到中国共产党是为人民服务的，筑路是为了自己。诉苦活动成效甚好。春节期间，很多人表示"不完成任务不回家"。大足一大队四中队的刁绍周，在旧中国曾经为了避免被抓壮丁装了 8 年的哑巴，而在筑路期间他突然说话了，他开口说的第一句话就是"修不好铁路，我绝不回家"①。在土改、镇压反革命期间，各工地也向民工传达了文件精神，民工检举了隐藏的土匪特务，并揭发了各类反动组织及帮会道门。另外，在抗美援朝期间，各支队还安排报告员定期对民工进行抗美援朝爱国主义教育。教育活动从小型诉苦会展开，主要是揭露美国在四川等地的暴行。活动结束后，民工纷纷表示想为抗美援朝出力。在进一步的教育中，他们认识到，修铁路也是在出力，因为铁路可以增强国防力量。因此，他们更加勤勉筑路。为了支援中国人民志愿军，民工还主动提出了增产节约运动，例如节省炸药、节省开支；增加副业生产，提高工作效率等方式；此外，川南以全区中队为单位，每天安排文书、文化教员、事务长、炊事员等职位的人员挤出部分时间来参加增产节约运动，这样每一个中队每月可增产约 30 个标准工。

第四，给予民工关怀与鼓励，丰富精神生活。军工干部、地方政府以及铁路沿线群众都对民工无比关怀，使民工得到了精神上的慰藉，提高了工作积极性。一是对民工的日常生活关心备至、细致入微。例如，永川县筑路一大队四中队的队长邹德隆，常常在夜间查铺时给民工盖被子；给生病的民工送药、送水、送饭。② 二是给予民工充分的信任与鼓励。例如，《新华日报》曾刊登相关单位领导干部给全体民工的慰问信，肯定了民工在成渝铁路建设

---

① 陈文书、谭继和主编：《成渝铁路今昔记》，四川人民出版社，1999 年，第 102 页。

② 陈文书、谭继和主编：《成渝铁路今昔记》，四川人民出版社，1999 年，第 163 页。

中付出的辛勤劳动，肯定了民工的工作成绩。三是为民工组织丰富多彩的文娱活动。例如，西南铁路工程局常组织铁路文工团到工地演出，演出的节目内容也多是取材于成渝铁路。第五，发挥干部带头作用。筑路初期，民工筑路指挥部的带工干部都是与民工同吃、同住、同劳动的。在筑路过程中，干部们以身作则、冲锋在前，极大地鼓舞了民工的筑路积极性。例如，"内江支队直属中队，干部和民工共同研究双轮木板车，提高工效30%"①。

通过这些工作，民工逐渐消除了顾虑，转变了认识，筑路效率得到了大幅度提高，筑路队伍逐渐向着专业化发展。②

在成渝铁路修筑中，民工主要负责成渝铁路路基土石方工程。筑路初期，由于一切尚属摸索阶段，民工没有筑路经验，在民工筑路管理上也缺乏经验，各队并未注重民工工作方法的引导，工作效率较低。为了进一步提高工作效率，1951年2月，西南铁路工程委员会号召各筑路队开展立功创模运动。在此过程中，各队不断更新完善工作方法，民工也积极创造、贡献智慧，各工地陆续有了不少行之有效的建议与创造。

第一，各筑路指挥部根据工地实际情况制定先进工作方法。根据劳动力的身体状况、年纪、技术等合理地进行分组，形成专业的工作单位，如挖土班、挑土班、撬石班、炮班、抬石班、打夯班等；采用同工种换工的办法，相互配合；及时制订并更新工程计划，如根据民工的劳动习惯、体力强度、技术的发展以及气候季节等情况，制订不同阶段的计划；规定作业时间，按规律工作，保证民工的休息时间；开工前，做好充分准备，工地、工棚、工具、工程范围等都提前向工人交代清楚；对民工进行卫生及安全教育等。

第二，各筑路队开展合理化建议及发明创造活动。民工在提高了思想认识后，筑路积极主动，在工作中有了许多行之有效的建议与创造。例如，在爆破工作上，川东区民工谢家全创造了"压引放炮法"，大大降低了炸药的

---

① 陈文书、谭继和主编：《成渝铁路今昔记》，四川人民出版社，1999年，第183页。
② 以上内容参考习成林：《新中国成立初期成渝铁路建设与民工动员》，《当代中国史研究》2019年第4期。

消耗，所需炸药只达定额的 35.3%；川东区还组织谢家全所在的爆破组到沿线示范推广，大大节约了炸药开销。在打眼工作上，民工们为提高工作效率，进行了持续的钻研。成渝线上山多石硬，土石方工程十分艰巨。刚开始施工时，打眼工作安排的是两人一班，每天前进 7 到 8 米，炸药使用量为 8 至 11 两左右。在北川民工二大队的颜绍贵改进创造"单人冲眼法"后，仅需一人用长钢钎冲眼，相较于之前两人打眼的工效提高了几倍，创下了每天前进 24 米的新纪录。五大队的民工杨兴发结合颜绍贵的方法进行了改良，利用开门石来控制炮钎，该方法创造了单日打普坚石炮眼的最高纪录。民工萧光汉继续钻研，进一步提高了打眼效率，将之提高至 30 米，甚至 50 米。萧光汉的打眼纪录，震惊了许多留学归国的技术专家，盛赞"真是奇迹"①。除此之外，民工们还有"炮打三面空""炮打三方盧""一炮双响""杠杆打夯机""石质找纹路办法""运土车""推拉耙"等大大小小的发明或改进。这些发明创造，提高了工作效率。根据施工局的统计，土石方工程的平均劳动效率相较于民国时期高出了 3 倍。

通过制定先进工作方法，开展合理化建议及鼓励发明创造等活动，民工的筑路效率不断提高，如川北第二大队第二中队平均工效高达 220%；隆昌支队在筑路初期的平均工效是 68.6%，但 9 月提高至 150%；内江支队的平均工效由 100% 提高至 209%。据统计，1950 年 12 月至 1951 年 11 月，各筑路指挥部所辖民工的平均工效分别为：川东 107.2%，川南 134.8%，川北 133.7%，工程总队为 142.9%。② 最终，全线民工共计完成土石方 2541 万立方米，提前完成了既定任务。除此之外，民工还在规定时间内完成了一些其他工作，如锤道碴、挖稀泥、铺筑改移公路路面等。

（三）组建专业工程队伍

1951 年 1 月，西南铁路工程委员会决定有计划、有步骤地组建一批技

---

① 《我国人民用本国器材修成的第一条铁路》，《人民日报》1952 年 9 月 13 日。
② 《成渝铁路工程总结》，成渝铁路工程总结编辑委员会 1953 年编印，筑－29。

术人员形成一个专业的工程队，使之成为西南铁路建设的主力。于是，1951年3月，西南铁路局工程委员会召开了筑路工作会议，决定着手筹建工程总队。经过数月的筹备，工程总队队部6月1日正式成立。在工程总队之下，设置了11个大队，其中，"每编5个中队，在川东民工中编2个大队，失业工人编1个大队；川南民工编3个大队，失业工人编2个大队；川西失业工人编2个大队；川东失业工人编1个大队（2个中队）"①。工程总队是西南铁路的施工单位，是永久性的组织。总队干部由军工干部、地方干部以及民工中的劳动模范、积极分子以及少数川西军大学员担任，总队所招聘的民工年龄均在25至35岁之间。工程总队成立后，陆续承担了新建铁路的土石方、桥隧、机械施工等工程，逐渐发展成为西南铁路建设的骨干力量。

二、社会各界齐支援

材料是铁路修筑必须解决的问题。民国时期成渝铁路两度修筑未成的一个重要制约因素就是材料。中华人民共和国成立初期，西方国家对中国实行封锁禁运，中国只能自力更生解决材料问题。按照中央的"群策群力，就地取材"的指示，成渝铁路立足地方，依靠全国人民支援，最终完满地解决了成渝铁路修筑的材料问题。

（一）地方工厂轧制钢轨

成渝铁路全线共需钢轨约56000吨。解放初期，整个西南地区只有重庆101厂有一台轧机能轧制钢轨，101厂自然就承担起了成渝铁路全线钢轨的轧制工作。101厂的这台轧钢机是清末时期从德国购入的，1937年被搬至大渡口，多年来一直闲置。对于它是否还能正常工作，许多人都没有把握。在成渝铁路动工前，中央人民政府重工业部派出相关人员同苏联专家一起对这

---

① 《成渝铁路工程总结》，成渝铁路工程总结编辑委员会1953年编印，筑-34，筑-35。

台轧钢机进行了全面的检查，得出的结论是稍加改装仍可使用。[1] 工人们得知该消息后随即将机器搬出，并修改了烘钢炉及其他部分。

1950年3月，中央财经委员会批示将鞍山钢坯拨给101厂。鞍山钢坯由中央交通部通过海运送至上海，再由长江航运局江运至汉口，最后通过重庆航运分局经川江运达重庆大渡口101厂。钢坯运输十分艰险，尤其是从汉口经宜昌进入川江这一段，江水湍急，舟行困难，险滩重重。钢坯运达以后，101厂便迅速开展工作。早在接到筑路任务时，101厂的工程师和职工就激动不已，他们在工作中展现出了极高的热情。工人们在苏联专家帮助下，连夜试制，很快便试轧成功。[2] 1950年5月10日，101厂轧制出了新中国的第一根钢轨。一时间，全厂欢声雷动，工人们高呼，要为完成全部钢轨任务而奋斗。但是，由于当时工人的技术还不够熟练，工作效率还是很低，为了完成钢轨生产任务、保证施工进度，101厂通过开展各类竞赛鼓励工人提高技术，最终按时完成了既定任务。据统计，1950年至1952年，101厂共生产出56000吨的42公斤钢轨、450组道岔、3万多吨鱼尾钣以及80万套配件。[3]

（二）当地民众采集枕木

成渝铁路全线枕木需求量大约在125万根以上。西南铁路工程局原本计划通过招商承办以及向沿线各县群众收购的方式来解决枕木问题。招商、采购工作从1950年5月开始一直持续到7月，但因路局及相关单位采购经验有限，采购标准不一，这两种途径都成效甚微，枕木数量远远不够。[4] 为进一步解决枕木供应问题，西南财经委员会于1950年8月5日至9日举行了采运枕木动员会议，决定动员和组织群众采运枕木，会议主要涉及五个方

---

[1] 王芝芬：《成渝铁路》，新知识出版社，1954年，第22页。

[2] 《当代四川》丛书编辑部：《当代四川铁路》，四川人民出版社，1993年，第58页。

[3] 《铁二局史志 12》，铁道部第二工程局史志编写办公室1992年编印，第55页。

[4] 西南铁路工程局：《关于成立铁路工程委员会及召开军工筑路会议、枕木供应会议经过情形的报告》，1950年8月22日，西南铁路工程局档案。

面。一是"统一了采运枕木的组织与领导关系，由依靠商人转为由各地方机关有组织有计划地动员群众，联系财经政策，救济失业等工作，统一办理"；二是"统一了各级干部的认识，使采运的步调方法一致起来"；三是"分配了采运枕木任务"；四是"确定了枕木价格与规范"；五是"通过了《关于各地组织修筑铁路地方工作委员会及采运枕木的决定》"①。

会议结束后，各地方政府开始动员民众响应号召，向民众宣传解释了运送枕木的意义，民众也积极响应，随即便投入工作。当时缺乏现代的采伐及运输工具，枕木的采伐、运输也颇为困难。但群众的热情高涨，川南某县有位农民甚至把自己培植了一生，准备留做寿木的树砍下送交当枕木。民众认为，"盼望了40年的成渝路，还是共产党、人民政府修通的，献点枕木是应该的"②。

通过发动群众，不少地方迅速超额完成了枕木采购任务。例如，荣昌县原计划一个半月备齐38000根枕木，最终仅用20天完成任务；合江县原计划备齐2万根枕木，最终收到了43000根。③ 总体而言，成渝铁路全线共收到枕木146万余根，具体来源为："川东、川西、川南各县供应121万7000余根；在綦江县零星砍伐，招商承办，綦江铁路局让售合计12万余根；在川西洪雅等县发动灾区群众，用以工代赈方法供应7万5千根；由各工务段在沿线各县收购900根；在川南招商承办交货5万根；在重庆招商承办交货5000余根。"④ 这样，圆满解决了成渝铁路的枕木问题。

（三）各方调拨与自制炸药

炸药是开山爆破所需的主要材料，预估的需求量约为460吨。原计划这些黑火药由中央财政部拨发，由军械部调配，但后来由于供应军需，未能实

---

① 西南铁路工程局：《关于成立铁路工程委员会及召开军工筑路会议、枕木供应会议经过情形的报告》，1950年8月22日，西南铁路工程局档案。
② 《铁二局史志 13》，铁道部第二工程局史志编写办公室1992年编印，第32页。
③ 《我国人民用本国器材修成的第一条铁路》，《人民日报》1952年9月13日。
④ 《成渝铁路工程总结》，成渝铁路工程总结编辑委员会1953年编印，材-3，材-4。

现。为尽快解决炸药供应问题，西南铁路工程局紧急制订了计划，主要包括五个方面。第一，组织人员到各兵工厂了解情况，从兵工厂中挑选不合军用的废枪炮弹药发给成渝铁路工地用来开石。摸清情况后，禀西南物资清理调配委员会①批准，陆续从21、23、31、50等兵工厂调拨了60吨废弹药。第二，安排人员从贵阳工程处调拨50.09吨炸药。第三，组织人员赴九龙坡挖取TNT炸药。当时，西南航空处在九龙坡存有9014枚报废炸药，这些报废炸药可以用来做爆破炸药。从1950年12月到1951年1月，一共挖取了71.34吨TNT炸药。第四，向私营工厂定制黑火药90吨。其中，重庆私营群力工厂60吨；贵阳青山炸药厂30吨。第五，收购原料火硝，由群力工厂加工100吨，工段就地制药100吨，总共制成200吨黑火药。发送到工地的黑火药共计542吨，超过了成渝铁路修建炸药需求量。②

（四）各方调拨与生产挖装工具

成渝铁路全线土石方工程大多依靠人力完成，因此需要大量的挖装工具，这些工具包括铁锤、钢钎、撬棍、铁锹、土镐、锄头等。首先，西南物资清理调配委员会从化龙桥仓库调拨了54398件工具；从大湾仓库调入急需的7/8寸高碳八角钢锻制钢钎及1寸以上的中碳钢改制撬棍。随着需求量的不断增加，西南财经委员会将一部分筑路工具交由私营厂商加工，这样解决了工具问题，也同时救济了私营企业。例如，条锄、板锄由160余家铁作业工厂、80余家机械工业工厂以及240余家大小公私厂商陆续承制；从中国兴业公司及供销公司订购来7/8寸八角高碳工具钢，分别锻制钢钎与撬棍；供给新民机器厂及其合作厂钢板用以制造洋铲等。③

除上述主要材料，成渝铁路建设所需的其他工程材料也大都通过就近采

---

① 1950年3月，政务院颁布《关于统一国家财政经济工作的决定》，成立了全国物资清理调配委员会，以统一、合理调度所有库存物资，在东北、华北、西北、华东、中南、西南行政区，各个省、市、县，以及各个后勤部及工商企业，均分设了物资清理调配委员会。

② 《成渝铁路工程总结》，成渝铁路工程总结编辑委员会1953年编印，材-5。

③ 《成渝铁路工程总结》，成渝铁路工程总结编辑委员会1953年编印，材-6。

购、设厂自制、中央调拨等办法解决。虽然工程任务紧，且一边设计一边施工，计划常有变动，材料供应工作有时会陷入混乱，不免造成一些浪费或是准备不及时等问题；但是，整体而言，本着"自力更生"的原则，成渝铁路的工程材料不足问题在社会各界的支持下逐一得到了妥善解决，材料供应任务基本得以完成。据统计，成渝铁路整个工程使用的主要工程材料包括 7 万吨钢轨及配件、129 万根枕木、2200 吨炸药、450 组道岔、5.1 万吨水泥、5.5 万立方米木材、1.9 万根电杆木、44 孔（3300 吨）钢梁、2100 吨钢筋，以及大量施工工具及房屋建筑材料等。[①]

成渝铁路的前两次兴工，铁路器材大都依赖国外，材料购运困难是其两度修筑无果的重要原因。因此，筑路初期很多人都质疑，认为成渝线如此庞大的器材需求量是极难克服的困难，有人说"历史上还没有用中国钢轨修铁路的先例"，有人说"中国树木不能做枕木"[②]，而这些论断，最终都被新中国人民的实践推翻了。成渝铁路成为新中国完全依靠国产材料建成通车的第一条铁路。

三、苏联专家的技术指导

铁路建设技术要求高。在成渝铁路的建设过程中，苏联专家结合西南地区的实际情况，在路基、桥涵、站场、通信信号以及验收交接等方面提供了许多宝贵的技术指导，例如就地取材方针、丁字梁桥、连孔拖拉架桥法、相对式接头铺轨、填土打夯、路基防水、站场合理布置等等建议。

（一）关于铁路路基的建议

路基是轨道的基础，它直接承受轨道的重力，以及机车车辆与荷载的压力。因此，路基的状态与线路质量关系尤为密切。对成渝铁路的路基建设，

---

① 四川省地方志编纂委员会编纂：《四川省志·交通志》（下），四川科学技术出版社，1995年，第 13－14 页。

② 《我国人民用本国器材修成的第一条铁路》，《人民日报》1952 年 9 月 13 日。

苏联专家主要提了七个方面的建议。一是加强对路基的重视。1950 年 10 月，苏联专家扎冈达也夫到川考察。他提出工程人员在铁路线路建设中最容易忽视路基土石方工程，这样是不行的，因为路基占比大，花钱多，稍有不慎便会引起事故。因此，必须加强对路基的重视。二是在路基的不同地带做特别设计。扎冈达也夫建议凡是高填土、深路堑及沼泽地带，需要提前研究其地质情况，做出特别设计，选择适宜土壤填土，若是遇有地下水滑层等特殊情况，则需谨慎研究，单独设计。基填方在 6 至 12 米间的话，则不可用一致的边坡，自上到下最初 6 米坡度需为 1:1.5，以下部分为 1:1.75；当路基填挖超过 12 米时，则需研究地质组织节理及地下水状况，选择渗水土壤确定填方不同的边坡，单独设计挖方边坡和排水设备。三是根据四川的具体情况对路基基础进行加工、设计排水。扎冈达也夫建议斜坡填方应当先割用草皮做阶梯，水田填方则应当先将水放干，再挖稀泥换干土，这样可以确保路基的稳定。此外，由于四川经常下雨，应当根据这一特点加大边沟、加深天沟，边沟底宽和深度 0.6 米，这样，可以利于去除积水。同时要注意在施工前应当先排水，这样可以有效防止路基坍塌。四是通过分层填土打夯来填筑路基。扎冈达也夫在考察了成渝线的地形后，了解到铁路沿线多风化石头，若是用过去常用的自然沉落法[1]，会导致路基不稳固，同时也会延长工期。因此，扎冈达也夫提出填筑路基必须进行分层打夯，且填土需要细致均匀，若是有大块则必须打碎，然后再用木夯或石夯接连夯打三至四次，待一层夯实后，再依次重复续铺下一层。用这种方法，可以使得路堤紧密坚实，既少沉落，也不易积水。这个建议最初遭到了很多人质疑[2]，但最终实践证明，分层填土打夯法是可行的。例如，荣昌段在填土打夯筑好路基后，尽管运料车辆往来不断，路基却少有沉落。而民国时期已完成的油溪段路基却经

---

[1] 自然沉落法是指打好路基后，经过一两个雨季的自然沉落，再铺轨；再经过一两个雨季，才能通车。

[2]《苏联专家对成渝铁路的帮助》，《人民铁道》1951 年 7 月 26 日。

常沉落，不时妨碍行车。① 五是在铺轨前预先给枕木钻眼。扎冈达也夫建议，铺轨前先给枕木钻眼，在枕木钉眼位置上预先钻 12 毫米的眼孔，深度大约在道钉三分之二即可。对于较硬的枕木，可以用 16 厘米的道钉钻眼，这样可以确保枕木不易钉裂。对于这个建议，开始也有很多人担心提前钻眼既增加人力，也影响施工进度，但最终采用该方法以后，发现这样做反而加速了铺轨进度。② 六是在钢轨上预先划定枕木位置线。扎冈达也夫指出，铺轨前在钢轨上预先用油漆画好枕木位置的中线，这样可以便于方正枕木，也有利于以后养路修路。此外，他还提出将鱼尾螺栓抹油可使丝口滑润、不易生锈，从而延长使用寿命。七是改用相对式接头铺轨。成渝铁路的铺轨最初的一段是用的相互式接头，扎冈达也夫到工地考察后，建议将之更换为相对式接头。他认为，用相对式接头铺轨可以减少行车震动的次数，减少轮缘与钢轨的损耗，这样既可增加乘车的舒适度，也方便线路保养。此外，后续还可采用"集中钉道分节运铺的机械化铺轨方法"。③

（二）关于桥隧建筑物的建议

桥隧建筑物也是轨道的基础，主要包括桥梁、涵洞、隧道等。苏联专家对成渝铁路施工过程中桥隧建筑物的指导主要可归纳为八个方面。一是桥涵设计上关于孔径、定型等细节问题。苏联专家西林提出，成渝线上的桥涵孔径需要参考当地的水文资料、根据实际情况进行设计；桥涵的式样应当统一定型设计，以减少人力消耗、方便施工。二是涵洞分节砌筑的相关问题。西林认为，较长的涵洞，其基础、墙身、拱部等都需要分节砌筑，约 4 米 1节，这样若其中某一节偶尔出现不匀沉落，也不会波及其他邻近部分；节与节间的缝隙，需用可伸缩的材料填塞；18 米以上的长涵洞，最小孔径应当设置为 1 米，以便检修。三是桥墩两端的形状。西林建议桥墩两端的形状最

---

① 《加强中苏两大国际的团结——苏联专家对成渝铁路的帮助》，《人民铁道》1951 年 11 月15 日。

② 《苏联专家对成渝铁路的帮助》，《人民铁道》1951 年 7 月 26 日。

③ 《成渝铁路工程总结》，成渝铁路工程总结编辑委员会 1953 年编印，先－2。

好做成半圆形，因为这样在设计和工程经验上都是较优良的形式。根据这一建议，成渝线上的桥墩，除了此前已建好的和谷架桥以外，都做成了半圆形，利于流水减少冲刷。四是桥涵的防护问题。西林建议，在桥涵的出入水口安装排水防水设备。具体的做法是在桥涵的拱背与填土接触部分先按 1∶3 比例抹上水泥砂浆，然后再用柏油与油毛毡作防水层，并且在拱背槽内安装泄水钢管，使砌石部分不受渗水侵蚀。成都工务段工程师梅逢春曾谈道：当时，防水层在欧美国家的铁路上也不多见，这是苏联工程界的新发明。不加防水层的桥隧能用 50 年，加填后至少可用 200 年。[①] 此外，苏联专家还建议在桥台后用卵石或片石作滤水盲沟，并在桥头用渗水性土壤填土，以防对桥台圬工的侵蚀。同时，重视铺砌河底泄床、修建上下游的防护及排水等工程，派专员调查统计沿线的水文情况。五是使用拖拉架桥法架桥。由于此前建设柳江大桥使用了苏联专家吉赫诺夫曾提出的拖拉架桥法，效果很好。在建设成渝线上的沱江大桥时，西南铁路工程局决定也使用这个方法，并请吉赫诺夫到现场指导。[②] 沱江大桥采用了连接拖拉法，不仅节约了大量木料铁件和人工，还极大地缩短了工期，经济高效。六是厂制钢筋混凝土丁字架。西林建议，统一制造钢筋混凝土丁字梁，逐段送达工地，用 40 吨架桥机进行安装。成渝线内江以西便是如此安排的，该路段的"19 孔钢筋混凝土丁字梁中桥达到了'好、省、快'的要求"。这样也培养了许多能够掌握相关工作的熟练工人。七是就地取材、节约钢料。20 世纪 50 年代初期，我国的钢桥材料非常缺乏。1950 年 10 月西林在成渝铁路工地考察时，发现沿线有很多石料，他随即提出就地取材的建议，即将大多数钢桥都改成混合桥梁，桥梁的拱圈使用钢筋混凝土，桥身则用石料砌筑，这样就节约了大批钢桥材料。八是隧道施工防水相关问题。西林指出，在隧道施工中要"在峒底找水源，边墙后留暗沟来排水；在峒顶作防水层排除渗透的潜水；山顶留天沟于适当地位，以防地面水浸入隧道地区"。[③]

---

① 《我国人民用本国器材修成的第一条铁路》，《人民日报》1952 年 9 月 13 日。

② 《苏联专家对修建成渝铁路有巨大贡献》，《人民日报》1952 年 7 月 2 日。

③ 《成渝铁路工程总结》，成渝铁路工程总结编辑委员会 1953 年编印，先－5。

（三）关于站场的建议

铁路站场是铁路系统的重要组成部分，站场内的设施主要有路基、桥梁、站线等与铁路运输密切相关的站前建筑物，以及电缆、信号、排水等站后设备。苏联专家对成渝线上站场的建议主要有三个方面。一是站场设备应根据实际情况逐期发展。苏联专家祖布可夫指出重庆站与九龙坡站相距仅8公里，根据客车对数只需2个站台就够了。他认为根据当时的行车密度，不应在重庆站建机车库、煤台、转盘以及专为修理客车的车辆库等。二是股道和机务设备布置相关问题。祖布可夫提出应当根据机车车辆的技术作业过程来布置站场股道和机务设备。对于使用蒸汽机车牵引的铁路，其机车补给应按照六个程序执行：上煤，清除烟室的烟灰，同时还需补给沙、油脂、线头、软水剂等，清炉、上水，清理行驶部分并刷洗机车，检修机车、机车转头。祖布可夫认为，若是这些作业有适当的股道与设备，符合流水作业的程序，就能消除横越交叉及之字形的驶程。此外，他还提出，设计联轨站或其他车站总布置图，对于补给设备须考虑机械化问题，储煤场的面积要考虑到扩大的可能，并设计贯穿的股道。三是在进行站场设计时要与相关方面积极沟通。祖布可夫指出："站场设计工作，要取得铁道部各有关局的积极帮助，并提出技术作业的要求，施工人员对于车站或联轨站的营运管理工作应该进行研究，尤其是该研究技术管理规程，以便能够判定站场的设计是否正确。"[①] 成渝线上，由于初期在设计成都站时并未考虑到客运与货运的运输组成，在站内运行期间，列车会出现对向运行的情况，这样就可能会造成事故。后来根据苏联专家的建议，成都站全站的总布置图进行了重新设计，避免了风险。[②]

（四）关于通信信号的建议

铁路信号与通信设备主要用以指挥列车运行，确保行车安全，提高运输

---

① 《成渝铁路工程总结》，成渝铁路工程总结编辑委员会1953年编印，先-6。
② 《成渝铁路工程总结》，成渝铁路工程总结编辑委员会1953年编印，先-5，先-6，先-7。

效率，传递信息。苏联专家在成渝铁路施工过程中关于通信信号的建议主要有九个方面。一是提高对电务设备的认识。苏联专家敏石果夫指出电务设备在铁路建筑、临时营业及正式营业的各个阶段都会起到巨大的作用，是铁路线上极为重要的工具。施工期间，它可加强工程领导；临时营业期间，它可保证列车的正确组织与行车安全；在正式营业时，它可有效组织职工开展业务，确保列车正确及时运行，提高线路的通过能力。二是提前备足临时通信设备，且尽量利用正式通信材料。扎冈达也夫、西林、特洛扬诺夫、敏石果夫等苏联专家提出，临时通信设备很重要，需要提前备好。在设计与施工环节，对临时通信线路的安装，应充分考虑永久通信线路时可延续利用的相关系数，合理利用材料，尤其是木材等材料。成渝铁路在建设初期，通信设备不够齐全。在听取了苏联专家的建议后，1951 年在内江以西各段安装了长短途通信线路。但是，整体而言，通信设备还是较为简陋，相关制度也不健全，尤其是未建立工程调度通信，使得整个工程在劳动力和材料机具的调配上不够及时。三是通信线路测定务必准确。苏联专家提出，通常通信线路离开路基中线 20 至 30 米，必要时可减少，特殊情况可设于规定最近界限内。另外"车站范围内的通信线路，应从车站的咽喉部分起，离开股道边线 300—500 公尺并以环线引入值班站长室"，以便灵活安排。越过河流或者是大于 150 米的大桥，通信线路应该离开铁路中线 300 至 500 米，这样可不妨碍架桥施工，保持通信。成渝铁路后期的施工，吸取了这个经验。四是对电杆进行防腐措施，将电杆涂油，这样可延长其使用时间。五是关于电杆的安置。"线路跨越河流或路基的地方，电杆应设为半 H 形，还要加设拉线和支柱，拉线须具备调整螺栓以控制拉线的松弛，临近河流或谷架两端的电杆在每一岸上的杆距离应缩短一半"，这样可确保跨越线路的稳定性。另外"应将横担木一面方法改为顺次双面安设法"，这样可保证线路的坚固。六是同一回线内须用同一直径的线条。七是信号的显示应当要统一。八是信号机显示器的设置问题。敏石果夫指出成渝线的远方信号机全部设有信号显示器，这不是必需的，但进站信号机应当增设显示器，这样可使站长确认进站信号的显示情况，多一重安全保障。成渝线照此执行，既节省了架空线，也提高了安全性。九是通信和信号的防护问题。敏石果夫认为桥梁、隧道及给水站的防护通信信号对于安全的保障具有重大意义，设计预算不应被漏列。[①]

由此可见，在成渝铁路修建中，苏联专家在技术方面发挥了重要作用，提出了很多建议。这些良好的建议解决了成渝铁路建设中的诸多技术难题，有力推动了成渝铁路顺利建成通车。此外，苏联专家的很多建议也充分考虑了新中国成立初期的经济状况，尽量因地取材，帮助中国节约建设经费。成渝铁路工务处的工程师曾统计，成渝铁路的筑路费用是当时所有中国铁路建筑中费用最低的。赵健民也曾谈道："苏联专家对铁路永久性的建筑工程设计与施工都是非常审慎的，一方面照顾到我们国家建设的百年大计；一方面也照顾我们的现实条件，仔细地为我们精打细算。"[②] 可以说，成渝铁路是中苏友谊的见证，凝聚了苏联专家的心血。

第三节　成渝铁路工程概貌

成渝铁路全线除少量桥梁、隧道的部分工程外，其他大部分主体工程均是在中华人民共和国成立以后开工完成的。全线重点工程主要包括沱江大桥、王二溪大桥、柏树坳隧道、瓜子岩路堑等，重点车站包括成都站、重庆站等。

一、整体工程概况

成渝铁路西起成都，途经龙潭寺、简阳、资阳、资中、内江、隆昌、荣昌、大足、永川、江津、铜罐驿，向东抵达重庆。全线共完成土石方 4211

---

① 《成渝铁路工程总结》，成渝铁路工程总结编辑委员会 1953 年编印，先 -7，先 -8，先 -9。
② 《加强中苏两大国际的团结——苏联专家对成渝铁路的帮助》，《人民铁道》1951 年 11 月 15 日。

万立方米，御土墙、护坡共 119170 立方米；正线铺轨 505.6 公里，站线铺轨 136.67 公里；共有大桥 7 座、中桥 77 座、小桥 353 座、涵渠 1195 座、隧道 43 座以及房屋 15 万平方米①；车站 60 个，给水 14 站。

路基工程方面，全线的土石方工程几乎都是由军工、失业工人、民工在技术人员的指导下独立完成的。当时，筑路机械设备极为缺乏，大部分的施工任务都是依赖于人工。经过思想教育与技术培训，工人们在施工过程中充分发挥了主人翁精神，团结协作、积极创造，最终提前完成了目标任务。

桥涵工程方面，中华人民共和国成立前，修建的大中桥占全线大中桥 14.8%，小桥涵占全线小桥涵的 37.6%，但这些桥涵质量不高。中华人民共和国成立后，对 18 座中桥加长了桥身；对 5 座大中桥（包括沱江大桥）进行了护坡护堰及挡土墙工程；废弃或拆除重建小桥涵 14 座。② 由于桥梁架设安装工程是一种综合技术作业，需要由许多工种的专业人员共同完成。在成渝铁路铺轨前，工程局就计划成立专业的架桥施工队伍，但苦于技术人员短缺，队伍一时难以组建起来。1950 年 11 月，铁道部副部长赴工地考察工作，了解到相关情况后，决定从其他路局调入专业的技术人员以及架桥工具。经过上海管理局的协调安排，1951 年 2 月至 9 月，先后有来自南昌桥工队、杭州桥工队、张华滨桥梁厂、西北干线工程局桥梁厂、上海市冷作工会以及贵阳工程处的 86 名路局职工（主要为桥工、铆工、冷作工人）被调派到成渝铁路工地。1952 年 6 月，成渝线桥工队组建后便开展施工。此外，因听取了苏联专家关于使用丁字梁的建议，1951 年 8 月，桥工队中又专门成立了丁字梁制造分队，负责钢筋混凝土丁字梁的制造工厂化。沱江大桥通车后，从各个路局调来的职工陆续返回原单位，剩下的工作则由工程局的职工完成。③ 除此之外，桥梁中的部分工程还有些是交由承包商承建的。

隧道工程方面，中华人民共和国成立前，已完成的隧道共 15 座，但是

---

① 《当代四川》丛书编辑部：《当代四川铁路》，四川人民出版社，1993 年，第 51 页。
② 《成渝铁路工程总结》，成渝铁路工程总结编辑委员会 1953 年编印，施－桥－1。
③ 《成渝铁路工程总结》，成渝铁路工程总结编辑委员会 1953 年编印，施－架－1。

大多没有衬砌，质量较差。中华人民共和国成立后，新建了 28 座隧道。① 隧道工程主要由西南铁路局隧道工程队负责，另外，还聘有临时雇工参与。隧道工地普遍地质条件复杂，常有塌方情况出现，但工人们不仅克服了困难，还在施工过程中不断进行发明创造，优化工作方法，最终在通车前全面完工。

轨道工程方面，成渝全线的轨道施工主要由失业工人、云南铁道兵等组成的工程大队完成。铺轨所需的材料大多是就地解决，例如钢轨主要来自重庆 101 厂，枕木则由当地民众采集而来。铺轨过程中，工人们一边工作一边总结经验，在分工明确、有序组织的情况下，于 1952 年 6 月 13 日完成全线铺轨任务。

二、重点工程

（一）沱江大桥

沱江大桥位于内江市椑木镇，是成渝线上最大的一座桥，由 7 孔 50 米的下承式钢桁梁构成，其总长 370.83 米，高 27 米。沱江大桥的全部墩台是在 1938 年完成的，当时并未根据当地的水文资料和水流冲刷情况来确定其跨度与长度，因此，桥身的长度偏短。中华人民共和国成立前，桥台处也曾修建过锥形砌石护坡，但因施工中遇洪水冲刷而毁，没有全部完成。

中华人民共和国成立以后，首先对沱江大桥进行了护坡护堰工程。1950 年，沱江大桥开工时正值洪水期前，工程局桥工队先培修了砌石护坡。为了避免桥台圬工和桥头路堤受洪水冲刷，桥工队采用了苏联的先进经验，在护坡的外围砌筑了与普通水位等高的弧形护堰。护堰由竹笼卵石构成，全长 180 米，顶宽 2 米，总计消耗 13914 立方米竹笼卵石、32740 个竹笼、44840 公斤竹子、14729 根竹绳。这些竹料、卵石等材料大都来自地方政府及广大

---

① 《成渝铁路工程总结》，成渝铁路工程总结编辑委员会 1953 年编印，施-隧-1。

农民的支援。① 为了赶在洪水期之前完工，施工人员夜以继日，加班加点，终于在 1951 年 7 月完成了全部护堰工程。

完成护堰工程后，工程大队着手钢梁架设的准备工作。架设所需钢梁均由铁道部调拨。但是，由于调拨来的钢梁长 51.92 米，而沱江大桥设计钢梁长 50 米，因此只能对这些钢梁现场进行改制。改制的方法是，除了两端的桥台加宽台帽外，其余钢梁在每孔两端各截短 0.96 米。在改制设计过程中，苏联专家西林建议画一个放大的正规圆，并画上每一个铆钉眼的位置，这样就知道旧眼是否妨碍新眼，便于设计补救。② 采纳了西林的建议后，改制工作效率得到了进一步的提高。1951 年 9 月 22 日，在桥料运达后，大桥的钢梁架设工作正式开始。钢梁架设主要采用了悬空拖拉法和鹰架法。成都端的第 1 孔钢梁是在木排架上组装的；第 2、3 孔钢梁为第 1 组，在重庆端岸上组装，第 4、5、6 孔钢梁为第 2 组，连接后由重庆端拖拉就位；第 7 孔钢梁则在梁上组装。③

1951 年 12 月 5 日，沱江大桥正式建成。大桥的建成背后凝结了无数人的付出，如军工柴九斤在施工过程中为抢建桥台护坡不幸掉进江里，献出了年轻的生命。沱江大桥的建成意义重大，由于修建成渝线西北段所需要的筑路材料必须经沱江大桥才能运达，因此它是决定成渝铁路通车时间的关键工程。

（二）王二溪大桥

王二溪大桥位于资阳市忠义镇，是成渝线上最长的连拱桥，全长 313.95 米④。大桥有 13 孔 12.6 米的钢筋混凝土拱以及 9 孔 6 米的石拱，位

---

① 《成渝铁路工程总结》，成渝铁路工程总结编辑委员会 1953 年编印，施－桥－37。

② 《加强中苏两大国际的团结——苏联专家对成渝铁路的帮助》，《人民铁道》1951 年 11 月 15 日。

③ 《当代四川》丛书编辑部：《当代四川铁路》，四川人民出版社，1993 年，第 51 页。

④ 关于王二溪大桥的总长度，相关记载略有差异，具体数据如 313.95 米（《成渝铁路工程总结》，1953）、318.95 米（《四川省交通志》)、314（《现代交通工具——铁路》，1975）、313.92 米（《重庆桥谱》，2013）等。此处选取《成渝铁路工程总结》的数据。

于 3 度弯道（半径 382.03 米），在 7‰坡度上；砌石 12807 立方米，混凝土基础及钢筋混凝土拱为 1189 立方米。[①] 中华人民共和国成立前，王二溪大桥已完成 17、18、19、20、21 各墩和渝台的基础部分，而其他主要工程都是新中国时期完成的。

1951 年 2 月，王二溪大桥开始进行挖基工程。挖基工程由 4 家判工承包，先挖深基和被水淹的墩基。其他的墩台，如 14、15、16 及 1、2、3、4、5、6、7、8 各墩及桥台，赶在了 1951 年的雨季前抢挖完竣下基安砌。最后兴工的是位于山坡上的 9、10、11、12、13 各墩，在 9 月完工。大桥的所有桥基均挖达红砂岩层。砌石工程蓉端交由承包商做，渝端墩台则由工程队完成。施工过程中，由于劳动力短缺，台墩砌石工程的竣工时间由原计划的 7 月延长至 10 月；钢筋混凝土拱的施工从 8 月底开始，"共做钢筋混凝土拱架 5 孔，除可倒用一次外，再调用孔子溪桥拱模，并做石拱架 5 孔，先砌石灌筑钢筋混凝土拱圈，同时桥面砌石、防水层及桥面填石等工程均与打拱工程紧密配合进行"[②]。

王二溪大桥的全部工程于 1952 年 3 月 29 日完工。由于物资紧缺，桥上所用到的每一块毛条石都是就地开采再经过石工精心安砌的[③]，尽管料石本身的尺寸和质量参差不齐[④]，在很大程度上影响了大桥的整体质量，但是，作为成渝线上的第一座石拱桥，它也为工程积累了宝贵经验。

（三）柏树坳隧道

柏树坳隧道位于成都龙泉山脉的北端，全长 622 米，是成渝铁路全线最长的隧道。原设计长 540 米，后因施工过程中路堑边坡屡次塌方，遂有所延长。

---

① 《成渝铁路工程总结》，成渝铁路工程总结编辑委员会 1953 年编印，施－桥－14。
② 《成渝铁路工程总结》，成渝铁路工程总结编辑委员会 1953 年编印，施－桥－14，施－桥－15。
③ 高景湘：《西南铁路的摇篮》，《铁道建设报》1992 年 7 月 12 日。
④ 其中，劣质料石达 1500 立方米，风化石有 500 立方米。

隧道主要施工队伍为工程局工程总队隧道工程一、二中队，队员大多为掌握一定风钻技术的失业工人，还有少部分从贵阳调入的隧道工人以及聘用的临时雇工。两队人员分别在进出口两边同时施工，一中队负责成都端，二中队负责重庆端。工程项目涉及洞口、土石方、导坑、扩大、挖底、砌拱圈、砌边墙水沟、洞门以及清理等。

1951年6月15日，柏树坳隧道正式动工。开工时正值酷暑、雨季，工人们或顶着烈日，或冒着大雨，在泥石中夜以继日奋力工作。经过一个月的努力，在成都、重庆两端口同时拉开了一条宽4.5米、高4至6米的路堑，这为提前掘进导坑创造了条件。洞内打导坑的工程非常艰巨和危险，在导坑开挖初期，各小班通过手钎二锤打眼，主要依赖油灯、电石灯、煤气灯照明，土箕、鸡公车以及人力运输，民用风车排烟。由于隧道通风不良，空气浑浊，作业条件极为艰苦，工人时常被呛得流泪、咳嗽。在导坑达到70米时，工程总队配备了发电机、空压机、鼓风机、手风钻、小钢轨、翻斗车等相关设备与工具，于1951年10月16日起，机械开盘工作，推进了施工进度。在导坑推进到80米时，由于岩层破碎、渗水量大，普通的防水装备根本不起作用，工人们在作业时几乎全身都是汗水和油泥。并且，安砌拱圈、边墙等工序也全是依赖人工抬运石料，工人的劳动强度非常大。[1] 当导坑推进到200米到400米之间时，洞内的温度使得工人作业时呼吸困难，时有昏厥。但是，无论遇到怎样的困难，工人们都没有退缩，正如工人李升良所言："为了祖国建设和广大人民的幸福，我们有勇气战胜任何困难，打通隧道。"[2] 坚定的信念鼓舞着大家不断向前，"被药烟闷昏的工人抬出洞口，经过施救恢复知觉后，又勇敢地参加了工作"[3]。就这样，导坑工程不断突破重重难关，最终于1951年1月贯通。

除了导坑工程，在扩大、卧底、砌边墙等工程施工过程中，也常有工人被洞内潜水与药烟溶合而成的毒液侵蚀双脚，或因吸入石层灰末而生病。一

① 王兴华：《艰苦奋斗的象征》，《铁道建设报》1992年8月15日。
② 荒山、刘恽：《成渝铁路柏树坳隧道工程修建纪实》，《川西日报》1952年5月27日，第1版。
③ 荒山、刘恽：《成渝铁路柏树坳隧道工程修建纪实》，《川西日报》1952年5月27日，第1版。

中队一分队工人徐金亮，因开石方时石层灰末钻入胃内生病，进食困难，日渐消瘦，但是他始终坚持工作，他说道："打通隧道是大事情，我的病是小事情。"[1] 正是这样的奉献精神，让工程得以顺利推进。为了保证在"七一"前完成任务，工人们还展开了红旗竞赛。在竞赛中，职员和工人家属也积极参与，大大提高了工效。此外，工人们在施工过程中也有许多发明创造，如双层栈道出碴运料、拖拉拱石的小车、吊式绞车、活动三角脚绞车以及"侧拉正放"操作方法等。

1952 年 5 月 15 日的深夜，柏树坳隧道全部打通。隧道的衬砌圬工、安砌水沟、洞门等工程所用的材料均是出自沿线的石料，节省了大批钢材和水泥，既经济也耐久。[2] 在施工前，因为工程艰巨，不少工程师都把它当作一个"控制点"，担心会影响"七一"全线通车。但最终，在当时那样艰苦的环境下，施工队伍仅用一年的时间就建成了如此长的且经济耐用的隧道，可谓是一个奇迹。[3]

（四）瓜子岩路堑

瓜子岩路堑位于隆昌站至石燕桥站之间，是成渝铁路土石方重点工程。全长 1.8 千米，坡度为 8.8%，路堑中心开挖最深为 17 米，大部分由坚硬的砂岩构成。

中华人民共和国成立前，路堑已经采用机械开挖施工，原设计路基宽为 4.88 米，侧沟宽为 0.4 米，未达到标准。1950 年 11 月，铁道部副部长吕正操与苏联专家现场勘察后，决定采用新标准对路堑进行改修。具体办法是加宽路堑宽度，并加大侧沟，为 0.8×0.8 米。此外，还在成都端修建了防水堤，以防止隆昌河洪水倒灌。1951 年 5 月 12 日，由于当时大雨冲毁了填方6000 余立方米，在进行防护工程施工时便将防水堤进行了加高延长，同时加大了涵洞口径，消除了洪水倒灌的隐患。

---

① 荒山、刘恽：《成渝铁路柏树坳隧道工程修建纪实》，《川西日报》1952 年 5 月 27 日，第 1 版。
② 王兴华：《艰苦奋斗的象征》，《铁道建设报》1992 年 8 月 19 日。
③ 荒山、刘恽：《成渝铁路柏树坳隧道工程修建纪实》，《川西日报》1952 年 5 月 27 日，第 1 版。

瓜子岩路堑工程的整个施工过程危险重重。大部分时候，工人们都像壁虎一样攀爬在绝岩峭壁上，有时遇到一些较窄的地方，还只能靠单脚踏在石棱上，而另一只脚则是悬在空中。更甚之，脚下的石头常常会突然开裂，工人需要十分小心谨慎地对待每一次的抢铁钻孔。有时遇到部分悬崖不能攀登，工人只能用绳子套在腰间，吊在半空中冲炮眼。除此之外，在夹谷之中，大部分的碎石都需要工人从矗立空中的云梯上挑出去。这些云梯是顺着边坡架起的，"下面是一层木梯，木梯上面接一层石阶，石阶上面再接一层木梯，木梯上面再接两层石阶"，"挑着石块走在上层石阶和木梯上的工人，如果一不小心，就有掉下去摔死的危险"①。在这样的作业条件下，工人们始终坚持施工完成了任务。瓜子岩路堑是成渝线上一个艰巨的工程，是又一个"开山移地"的奇迹。

三、重点车站

车站是办理旅客乘降及货物运输的基地，是铁路运输的基本生产单位。成渝铁路建成初期，全线设12个给水站、2个辅助给水站；设成都、隆昌、九龙坡站机务段；设资阳、永川折返段。全线共有车站60个，一等站3个，分别是成都站、九龙坡站（今重庆南站）、重庆站；二等站4个，分别是资阳站、内江站、隆昌站、永川站；三等站7个，分别是石桥站、简阳站、资中站、石燕桥站、荣昌站、白沙站、江津站；四等站18个，分别是石板滩站、五凤溪站、养马河站、长沙埂站、归德乡站、银山镇站、椑木镇站、安富镇站、广顺场站、邮亭铺站、临江场站、朱杨溪站、平等站、油溪站、黄磏站、铜罐驿站、茄子溪站、大渡口站；五等站28个，分别是龙潭寺站、洪安乡站、陈家湾站、红花塘站、灵仙庙站、烧炭沟站、庙子沟站、临江寺站、墨池坝站、侯家坪站、顺河场站、登瀛岩站、陶家沟站、茅店子站、史

① 张更生：《四十年的希望实现了——访问成长中的成渝铁路》，《人民日报》1951年5月22日，第2版。

家乡站、号志口站、双凤驿站、迎祥街站、李市镇站、峰高铺站、长河碥站、双石桥站、栏杆滩站、柏林站、茨坝站、金刚沱站、古家沱站、小南海站。[①]

1950 年，成渝铁路刚开工时，由于铁道部尚未颁布相关规章、标准图，亦没有设计图，同时也没有确定枢纽站、中间站等项目的设计单位，全线所有车站都是根据各地情况在现场施工中赶做设计，因此，一些设计不太合理。同时，在早期的施工中，由于各项设备相对落后、部分材料设备也未到齐，很多站场的施工也并不完善，这也造成了初期营运困难的局面，如九龙坡的转车盘轴心，直到 1953 年底依旧还在运输途中。除此之外，由于各大站站场的排水工程在施工前未经过全面系统的设计，在营运初期，经常出现站坪积水，道路泥泞的情况；另外，尽管站场设备贯彻落实了就地取材的原则，如全线的旅、货物站台的墙、煤台以及部分栅栏立柱等，均采用的是经济耐用的料石砌筑，但是，由于站场设备施工缺乏提前设计规划，还是造成了不少翻工浪费。成渝铁路通车以后，各车站又陆续进行了改建。改建工程主要包括成都站、重庆站、九龙坡站、内江站；另增建了黄沙溪站、伏牛溪站、石场站 3 个车站；增建了货物站台 34 座；增建站客货运房屋 26000 平方米；设置给水、电力及机械化等设施，并架设了养路机械电力线；有 20 余站新建、改建了信号设备；24 个站接入了专用线；44 个站增设了股道。[②]

（一）成都站

成都站为成渝铁路的起点站。其站场用地是由铁道部设计局派专员到成都就地设计的，占地范围为 7353 市亩，包括当时成都市区的 2 个区以及 5 个乡（青龙、驷马、和平、隆兴、保和）。成都站设计与施工过程较为波折，从筑路初期一直到通车后，都在不断地进行调整，站场的设计工作在通车前并未有十分明确的详细图样。

---

① 《成渝铁路工程总结》，成渝铁路工程总结编辑委员会 1953 年编印，施－站－2，施－站－3。
② 四川省地方志编纂委员会编纂：《四川省志·交通志》（下），四川科学技术出版社，1995年，第 18 页。

1950 年 10 月，当时铁道部设计局提出，成都站布置为顺列式编组站。1950 年 12 月，铁道部专家与苏联专家一同拟定平列式站场布置草图，并根据该草图制作了详细布置图呈部。1951 年 5 月，成都市人民政府建议将车站往北移动 900 米。同年 9 月，铁道部设计局相关人员在成都作出了远期布置方案，该方案超过了实际需要，"嗣经电催，仍未颁发详细图样，延误施工甚久。最后奉部电示，即按此施工"①。成渝铁路通车后，又对成都站进行了重新设计改建。铁道部部长滕代远携苏联专家祖布可夫指出了成都站场设计的缺点，并建议设计单位提出方案多方比较。新的设计中，考虑到了枢纽站问题，并"设有客站、驼峰编组场、货物装卸场、机务段、车辅段等设备及连接各工厂之专用线进口"②。此外，在站场附近的成都铁路工厂以及成都材料厂，都设有轨道连通。

（二）重庆站

重庆站为成渝铁路的终点站，由于地势原因，分别设计 2 个站，一站为菜园坝站（现重庆站），一站为九龙坡站，两站相距 7 公里。菜园坝站距市中心区近，设有客站及货物装卸站；九龙坡站地势宽阔，设有"客站、货物列车编组场、机务段、车辆段、码头等设备，以编组场为主"③。

站场的设计工作始于 1950 年 7 月，由西南铁路工程局负责设计并呈报铁道部。后因苏联专家扎冈达也夫建议将九龙坡机务段行车库改为车库，12 月又对设计图进行了修改。1951 年，相关单位再次对设计图进行讨论、修订。菜园坝站、九龙坡站的设计施工同其他站场一样，受限于工程材料以及施工标准等问题，在建成通车后也出现了营运困难的问题。因此，后期也进行了统一的整修。1951 年 7 月 1 日通车时，苏联专家建议取消机车库、客车库，将之集中在九龙坡办理。另外，在菜园坝站共投资 301 万元，"增建车辆停留线、走行线、牵出线及客车整备、站修等线，股道由原来的 6 股增至

---

① 《成渝铁路工程总结》，成渝铁路工程总结编辑委员会 1953 年编印，设 -35。
② 《成渝铁路工程总结》，成渝铁路工程总结编辑委员会 1953 年编印，设 -33。
③ 《成渝铁路工程总结》，成渝铁路工程总结编辑委员会 1953 年编印，设 -33。

21 股；另增建货物仓库、货物站台、旅客站台及公路等"；九龙坡站共投资823 万元，"股道由 8 股扩建至 28 股；增建候车室、货物仓库及通站公路等"。①

第四节　成渝铁路建成通车

1952 年 6 月，成渝铁路全线铺轨完成后试通车。7 月 1 日，成都、重庆两地同时举行了热闹非凡的通车庆典。成渝铁路的建成彻底改变了四川的交通格局，促进了四川经济发展，并且提升了民众对新政权的认同。

一、全线运营通车

（一）铺轨

铺轨可以说是铁路修筑的最后一项大工序。轨道铺设在路基之上，是列车运行的基础，主要由钢轨及配件、轨枕及扣件、道床及道岔等组成。成渝铁路全线钢轨主要由重庆 101 厂轧制，制作钢轨的钢锭则大多是从鞍山钢铁厂经水路运送入川至大渡口再送往重庆 101 厂。成渝铁路建设初期，为了便于钢锭运输，急需先将九龙坡码头至大渡口段铺轨通车，因此成立了工程大队负责这一段的铺轨工作。工程大队最初主要是由重庆劳动局招考的一批失业工人组成，他们大多为搬运工人，体力较好。这批工人被编组为 4 个中队，一、二、四中队主要负责铺轨整道，三中队则是负责房屋修筑。1950年底，西南军区又将云南军区铁道队共计 600 余名战士调拨到西南铁路工程局。1951 年 2 月，调入的铁道队与原工程大队一、二中队重新整编为 5 个中队，成立了铺轨工程大队；原工程大队三、四中队扩编为建筑大队，专门负

---

① 四川省地方志编纂委员会编纂：《四川省志·交通志》（下），四川科学技术出版社，1995年，第 17－18 页。

责房屋建筑任务。① 此外，在后续的施工过程中，济南铁路局养路队也有少量助勤人员被调往工地参与作业。

成渝铁路的铺轨工程于 1950 年 8 月 1 日起正式动工，工人们利用重庆 101 厂里的库存钢轨从大渡口站向九龙坡铺轨；1950 年 10 月，开始由大渡口向成都方向铺展；1950 年 12 月，轨道铺至江津站，与此同时，九龙坡至重庆站也完成了铺轨工程；1951 年 3 月 25 日，至朱杨溪桥头；1951 年 6 月，至永川车站；1951 年 9 月，至沱江东岸；1951 年 12 月，至内江；1952 年 1 月，至资中；1952 年 4 月，至资阳……铺轨的过程十分艰辛，有许多不可控的因素，如降雨导致路面泥泞湿滑，影响钢轨器材的运输。另外，铺轨初期，由于经验不足，工具缺乏，工人们的工效较低。为了按时完成工程任务，工人们一边开工一边学习，总结经验，调整方式，排除万难。在小南海至朱杨溪铺轨作业中，工程队根据工作性质进行了区队划分，一队负责排枕木、抬钢轨、接续鱼尾板；二队负责推小车、装卸轨料；三队负责散布枕木。这样分工明确、有序组织，进一步提高了铺轨进度。② 在永川段，为赶在 1951 年 7 月 1 日前完工，工人们不惧风雨、夜以继日工作。6 月 26 日，突降暴雨，路基被雨水冲塌，工人们连夜进行抢修，发誓："你下刀子，我也得把路修好。"③ 经过持续奋战，工人们最终如期完成铺轨。1952 年 6 月 13 日，轨道铺至成都，至此，成渝铁路全线铺轨完成，绵延的轨道如星河般汇聚逐渐连接了成渝大地间的各个站点，总计正线 505.08 公里，侧线 136.67 公里。④

（二）临时运营

由于成渝铁路实行"边修路、边通车、边营业"的政策，因此，各个区段铺轨完成后，便相应地开办了临时运营业务。营运所需的机车、车辆均

---

① 《成渝铁路工程总结》，成渝铁路工程总结编辑委员会 1953 年编印，施－铺－2。

② 《成渝铁路工程总结》，成渝铁路工程总结编辑委员会 1953 年编印，施－铺－4。

③ 《工人冒雨抢修战胜山洪　成渝路"七一"如期通至永川》，《人民日报》1951 年 7 月 11 日。

④ 《成渝铁路工程总结》，成渝铁路工程总结编辑委员会 1953 年编印，施－铺－2。

由铁道部从全国各个铁路局调拨。因陆路运输困难，省外支援的机车、车辆都需要先在汉口江岸与武昌东站进行检验、拆解，再由长江水运进川，待起岸后再重新进行组装。据统计，1950 年有机车 8 台、平车 27 辆；1951 年有机车 11 台、客车 22 辆、货车 200 辆；1952 年有机车 13 台、客车 35 辆、货车 248 辆。①

在一边铺轨一边通车的过程中，每通车一处，沿线的群众都会前来庆贺。例如，1951 年 6 月 30 日，铺轨至永川后，在 7 月 1 日的庆祝大会上，群众欢呼雀跃，激动不已。上午 9 时，由重庆菜园坝开往永川的第一列火车，以每小时 20 公里的车速越过崇山峻岭，于下午 6 点安全抵达永川。② 永川车站也早已汇聚了数万名群众，他们不约而同相聚于此，只为见证这令人兴奋的时刻。1951 年 9 月 1 日，重庆至永川段正式开办了临时运营业务，上午 8 点 45 分，第一列客货混合列车开出。火车徐徐驶来，引得路人驻足观望，小孩追风奔跑。乘客罗站云、谢国良等是扎筏放水工会的工人，他们上车厢时自豪地说道："这些枕木都是我们放水放来的，这个路是我们自己修的。"③ 又如 1951 年 12 月 7 日，成渝铁路内江段举行了庆祝大会，内江城郊数万民众头天深夜便从四面八方赶来。一位 80 多岁的老人，拄着拐杖走向车站说道："火车嘛！闹了几十年都没有成功，共产党来了以后，今天就有了火车，我一定要去看看，了了心愿。"④ 1952 年，成渝铁路全线通车后，客货运量持续增长，"客运量在 1951 年为 35 万人次，1952 年为 180 万人次；货运量在 1951 年为 71 万吨，1952 年为 98 万吨"⑤。

---

① 四川省地方志编纂委员会编纂：《四川省志·交通志》（下），四川科学技术出版社，1995 年，第 16－17 页。

② 《西南铁路工程局职工庆党的生日　"七一"举行渝永段通车典礼》，《新华日报》1951 年 7 月 4 日。

③ 吴士嘉：《第一次列车》，《新华日报》1951 年 9 月 2 日。

④ 《内江人民的喜悦——记成渝路重庆内江段通车盛况》，《人民铁道》1951 年 12 月 29 日。

⑤ 四川省地方志编纂委员会编纂：《四川省志·交通志》（下），四川科学技术出版社，1995 年，第 17 页。

（三）全线通车庆典

1952 年 7 月 1 日，在中国共产党建党 31 周年之际，成渝铁路正式建成通车。为了纪念这一激动人心、具有划时代意义的一天，成渝两地同时举行了盛大的通车典礼。毛泽东亲笔题写了"庆贺成渝铁路通车，继续努力修筑天成路"的锦旗，周恩来、朱德、刘伯承、邓小平、贺龙等也都题词祝贺。另外，邓小平、贺龙、王维舟、滕代远还亲赴现场，参加了通车庆典。贺龙和滕代远分别在成都和重庆主持了通车剪彩仪式。

7 月 1 日上午 8 点整，成渝两地庆祝大会正式开始。

成都会场的通车典礼设在北郊车站广场，当天，广场上汇聚了三十万余万人前来庆祝。在庆祝大会上，贺龙代表西南局发表了讲话。他表示："成渝铁路全线通车，不仅说明新旧中国的不同，而更重要的还说明了中国工人阶级继承了中国劳动人民的一切优良传统，具备着勤劳勇敢的高尚品质，在领导和参加祖国的各种建设上，已经表现了他们的伟大力量和卓越才能。成渝铁路是中华人民共和国成立后首先修筑起来的第一条铁路，同时也是在我国历史上空前出现的一条完全由人民自己修筑起来的铁路。筑路同志在工作中不仅发挥了高度的爱国主义劳动热情，在苏联专家的友谊帮助下，完全掌握了各种复杂的技术，战胜了一切困难，用自己的双手生产了筑路所需要的全部器材，从而在祖国大地上出现了一条崭新的人民铁路。"① 成都市市长李宗林代表全市人民讲话，"我们决心跟随中国共产党和毛主席建设伟大的祖国"；西南各民主党派代表纷纷发言，表示成渝铁路的建设历史充分说明了"中国共产党所领导的人民民主政权与过去一切反动政权有着本质上的不同。成渝铁路的全线通车，进一步说明了中国工人阶级，中国共产党不但能够领导中国人民推翻国内反动统治，也完全能够领导中国人民，依靠自己的力量在伟大苏联的友谊帮助下进行经济建设与文化建设的巨大工作"。另外，西南各界人民向西南军政委员会、西南铁路工程局献上锦旗；西南铁路工程

---

① 《在庆祝成渝铁路全线通车大会上贺龙司令员讲话》，《新华日报》1952 年 7 月 2 日。

局也向川西中国共产党委员会献上了锦旗。① 上午 10 点，贺龙在人群的簇拥下剪落彩绸，满饰鲜花的开往重庆的首趟列车从站台缓缓开出。这趟列车的第一批乘客是川西区、成都市的代表，他们激动不已，纷纷挥手向窗外欢呼的人群告别。一时间，广场上响亮的鸣笛声、人群的喝彩声、战机的轰鸣声汇聚在一起，响彻成都平原。②

重庆会场的通车庆典设在菜园坝重庆车站。在大会上，滕代远发表了讲话，传达了毛主席的祝贺，并将毛主席亲笔题词的"庆贺成渝铁路通车，继续努力修筑天成路"锦旗送给西南铁路工程局全体职工。滕代远在讲话中高度肯定了筑路过程中人民群众的智慧，例如民工谢家全、颜绍贵的发明创造，老工程师蓝田的改线建议，萧梦岗先进生产小组的放炮经验，共产党员在筑路中的先锋模范事迹，等等。他指出："他们在工作中都能够团结群众，克服困难，钻研和改进技术，提高生产效率，对于成渝路的修筑都有着很多的贡献。"此外，他还对成渝铁路的经济社会影响进行了展望，并鼓励工人们总结经验，提高筑路技术，"为继续完成和发展新中国交通运输事业的光荣任务而奋斗"③。随后，其他与会领导、劳模也纷纷发言，祝贺铁路通车；苏联专家代表表示，成渝铁路是中苏两国友谊的果实。上午 10 点，滕代远在重庆会场剪彩，开往成都的首趟列车从重庆站台开出。这趟列车上的首批乘客有筑路工人、劳模，以及少年儿童队员。④

从成渝两地分别开出的两列火车按计划到达目的地，两地迎接的民众激动不已，欢呼声此起彼伏、不绝于耳……

成渝铁路在全线通车以后，经过一系列的交付验收，于 1953 年 7 月 30 日全线正式运营。经过近半个世纪的努力，四川人民的夙愿终得圆满。

---

① 以上均引自中央新闻纪录电影制片厂：《成渝铁路》，1952 年纪录片。

② 《重庆成都热烈庆祝成渝铁路通车》，《人民日报》1952 年 7 月 2 日。

③ 以上内容均引自：《滕代远部长在重庆庆祝"七一"暨成渝铁路全线通车典礼上的讲话》，《西南军政报》1952 年第 22 期，第 37－38 页，四川省档案馆藏。

④ 《重庆成都热烈庆祝成渝铁路通车》，《人民日报》1952 年 7 月 2 日。

二、四川交通格局的改变

成渝铁路是四川第一条运营的标准化铁路，实现了四川铁路从无到有的历史跨越。成渝铁路建成通车，开始逐渐改变四川原有的交通格局。

（一）沿线地区水运格局的改变

成渝铁路的建成通车，客观上促进了沿线地区水运事业的变革。一是使得部分区域的水运码头逐渐走向衰落，退居二线。例如，在成渝铁路通车前，内江凭借沱江水运成为川东南地区重要的货物集散中心，然而到了20世纪60年代，内江水运逐渐被成渝铁路取代，内江的牌楼坝码头、甘蔗码头等货运码头开始走向衰落。[①] 重庆的部分水运码头也相继衰落，其中，最为严重的是永川县的朱沱和松溉码头。在成渝铁路通车后，朱沱、松溉码头的大部分物资改由朱杨溪火车站运输，因此码头的平均运货量不断降低。[②] 二是促进了部分处在水运与铁路交会地城镇的水运事业，并提升了其交通区位优势。例如，曾以水运为主的大渡口站在成渝铁路通车后，逐渐发展成为重庆货物集散中心；冬笋坝码头也在成渝铁路与襄渝铁路通车后开始逐渐兴盛起来。[③]

（二）沿线地区陆路交通方式的丰富

成渝铁路的建成通车，在很大程度上发展了沿线地区的陆路交通方式。自古以来，因地形复杂、地势险峻，川渝地区的陆上交通相较于其他地区发展缓慢。从商周时期修建栈道，到秦汉三国时期建成驿道，到南北朝、隋唐

---

① 余子美主编：《内江市志》，巴蜀书社，1987年，第331页。
② 重庆市地方志编纂委员会总编辑室编：《重庆市志》（第5卷），成都科技大学出版社，1994年，第182页。
③ 重庆市地方志编纂委员会总编辑室编：《重庆市志》（第5卷），成都科技大学出版社，1994年，第184页。

宋元明时期驿道的整修发展，到清朝时期官马大路的形成，再到民国时期公路的兴修，四川陆上交通的每一步都走得格外艰难。多年来，四川的陆上交通方式都有所局限，商品的运输通常都需要很长的周期。即便是民国时期成渝公路通车后，成都到重庆乘汽车也需要整整两天时间，况且由于运营车辆非常有限，汽车运输仅仅只能承担零星的旅客及货物运输。中华人民共和国成立以后，成渝铁路建成通车，按照当时成渝铁路通车初期的运行时间看，大约需要 13 个多小时，也基本实现了一日达，可以说是彻底改变了四川的传统陆路交通格局，为陆路交通方式提供了新的选择。四川各地在物资交流上对交通工具的选择已不再局限于公路，有更多的物品通过铁路送达各地。成渝铁路的建成通车，使得四川地区的陆路交通事业得到了快速发展。

（三）四川交通运输格局的重塑

成渝铁路自开通后，凭借其运输量大、运输速度快、运输成本低等优势，逐渐成为四川各地区的重要客货运输通道，成为川内运输主动脉。例如，1951 年 9 月，重庆至永川站开始临时营业；1952 年 7 月，成渝全线通车，在这数月的时间里，列车货运量从最初的日均 247 吨增至 3265 吨；而客运量则从日均 1070 人增至 7629 人。1953 年，成渝铁路的年客运量达 359.3 万人，货运量达 240.7 万吨。①

但是，成渝铁路运营初期，车站里没有较为规范的货场，配套设施也非常简陋。如一等站中，成都东站仅有 4 条货场装卸线、几间木房及简易雨棚，每天仅装卸 10 余个车皮，全年的发货量不到 10 万吨；重庆九龙坡站的情况亦是如此，货场较为分散，仓库也十分简易，仅 1 条货物装卸线。其他各站的货场设备则更为落后。总体而言，全线总共只有 16 座仓库、19 座雨棚，12 座货物站台，而货物的装卸则大多利用列车到发线，仅有几个主要站配有设备陈旧的装卸机械，其余作业几乎都是依靠人力。② 因此，当时成

---

① 《当代四川》丛书编辑部：《当代四川铁路》，四川人民出版社，1993 年，第 62 页。

② 陈文书、谭继和主编：《成渝铁路今昔记》，四川人民出版社，1999 年，第 386－387 页。

渝铁路的运输能力还是相对较低。1954 年起，相关部门开始对成渝铁路站场、桥隧建筑物、房屋、水电、通信信号、线路等各项设备进行整修与扩建，提高了线路质量，增强了线路通过能力。成渝铁路的运输能力也因此得到了快速提升。随后，为了进一步满足地方经济迅猛发展的需要，对成渝铁路进行了电气化改造。改造工程由成都铁路局负责，1978 年 4 月正式动工，至 1987 年完工。

三、经济发展动脉

作为川东南的大动脉，成渝铁路一方面带动了川渝企业恢复生产，刺激了一批新工业的诞生，促进了工业的发展；另一方面，还推动了区域间的工农业产品等物资交流，也同时促进了农业的发展。

（一）企业生产恢复

解放战争时期，受到战争及通货膨胀的影响，四川的工业逐渐衰败，许多企业都处于瘫痪停滞状态。直到 1950 年，成渝铁路的续修使得这些企业开始恢复活力。由于成渝铁路筑路所需的器材、钢轨等材料，大都交由当地的工厂负责，因此，许多相关工厂如机器制造厂、钢铁厂、土铁厂、水泥厂等在国家的大力支持下开始陆续恢复生产。据统计，该时期重庆恢复生产的机器制造厂约有 400 多家[1]，还有 30 家大中型钢铁厂逐渐转亏为盈[2]。同时，四川的宣汉、万源、威远、綦江等地区有近百家土铁工厂恢复生产[3]；许多水泥厂不仅恢复了生产，还常常供不应求，平均生产量甚至达到了历史最高纪录。铁路沿线城镇的中小工商业也得到了发展，如硫黄业、煤业、电

---

[1] 政协重庆市中区委员会文史资料委员会编：《重庆市中区文史资料》（第 5 辑），1993 年，第 61 页。
[2] 余楚修主编：《重庆市志》第 4 卷上《工业综述》，重庆出版社，1999 年，第 6 页。
[3] 政协重庆市中区委员会文史资料委员会编：《重庆市中区文史资料》（第 5 辑），1993 年，第 61 页。

工器材、化工、五金商业等行业也随着成渝铁路的建设得以复苏。

（二）新工业诞生

在成渝铁路通车前，四川主要以农业经济为主，现代工业较少。铁路通车以后，铁路沿线地区得益于便利的交通条件开始出现了更多企业。一是铁路沿线陆续诞生了上百个大中型企业，例如重庆电厂、成都电厂、成都量具刃具厂、四川化工厂等。二是沿线城镇先后建立了多家小型食品、化工企业，如冬笋坝先后建立了20多家罐头工厂、甜橙包装厂、化学肥料厂等。①三是沿线的县市里新建了许多轻工业工厂。例如，内江、永川专门制订了兴办地方工业的计划，包括增设制糖生产部门、添加制糖设备以提高产量②，增加砖瓦业、手工造纸业数量等③。与此同时，为了解决新兴企业的运输需求，人民政府因势利导，又不断在沿线增设站点、拓展支线。④ 例如，1952年，成渝铁路资阳站建成通车；1953年，成渝、綦江两线开始发展直通整车运输业务；1959年，资威支线建成通车，开始承运煤和焦炭等货物。此后，在以成渝铁路为中心的交通运输网的带动下，四川地区逐步形成了成都工业区、重庆经济工业区、内江轻工业区三大工业区。⑤

（三）区域间物资交流

成渝铁路通车后，四川货物运费空前降低，极大地促进了四川城乡之间、县市之间以及四川与全国各地间的物资交流。同时，便利的货物运输条件进一步刺激了农业生产发展，并推动了对外贸易的发展。具体而言，主要体现在四个方面。

一是促进了城乡之间的物资交流。成渝铁路沿线的各个铁路站点，尤其

---

① 李楠、许上遴：《成渝铁路沿线人民的喜悦》，《川西日报》1952年1月24日。

② 何溶、向地：《伟大祖国的伟大建设成渝铁路带给人民更多的糖》，《西南工人日报》1952年7月4日。

③ 林凌：《四川大中城市经济概况》（上），四川省社会学院经济研究，1982年，第329页。

④ 《当代四川》丛书编辑部：《当代四川铁路》，四川人民出版社，1993年，第127页。

⑤ 陈文书、谭继和主编：《成渝铁路今昔记》，四川人民出版社，1999年，第361页。

是一些三等、四等车站，为其所在县城以及周边农村地区的生产生活物资交流提供了极大的便利，它们逐渐成为县城与农村地区沟通的物资集散中心。例如，朱杨溪火车站运达货物主要包括甲醛、硫黄等，发送货物主要是化肥以及军用品等。[①]

二是促进了四川各地之间以及与四川同省外各地间的物资交流。成渝铁路线上的重要车站，如成都、重庆、内江等站，都逐渐成为西南地区重要的物资转运中心，在促进省内外的物资交流上起到了非常重要的作用。例如，成渝铁路建成通车后，川东南地区有一些商业、厂矿单位在内江站陆续设立了30多个物资转运站。[②] 重庆站也是西南地区重要的物资中转中心。由于当时重庆及其周边地区是典型的重工业基地，因此，站内周转的物资大多是相关的货物，如煤炭、矿物性建材、钢铁、金属矿石等，除此之外，还有粮食、食盐等。[③]

三是促进了四川对外贸易的发展。例如，在商品运输环节，川西地区的商品大多先汇集于成都的站点，再通过木船、汽车以及火车运送至重庆、万县等地，然后通过水运运至上海汉口。到达汉口以后，这些产品有的通过汉口口岸公司出口，有的会转运至北京、天津、广州等口岸公司再出口。[④]

四是刺激了本地农业生产的发展。成渝铁路的通车，使得四川商品市场扩大，无数土特产品源源输出，运往中南、东南、华北的各大城市以及西北各省，这在一定程度上也刺激了本地农业生产的发展。例如，在铁路通车后，四川烟草业得到了快速发展。绵竹的烟叶生产量不断增加，绵竹村干部曾写信给成渝铁路全体职工："我们计划明年增产粮食五万一千八百市石，烟叶四千五百市斤。我们全区播种的一万四千八百一十二亩烟田，已经冒出

---

① 《江津县志》编纂委员会编：《江津县志（1986—1992）》，四川科学技术出版社，2015年，第234-235页。

② 四川省地方志编纂委员会编纂：《四川省志·商业志》，四川科学技术出版社，1996年，第391-392页。

③ 重庆市地方志编纂委员会总编辑室编：《重庆市志》（第5卷），成都科技大学出版社，1994年，第353页。

④ 四川省地方志编纂委员会编纂：《四川省志·对外经济贸易志》，四川科学技术出版社，1998年，第342页。

嫩烟芽，种了烟的农民，都在凑钱，准备修七十个烤烟炉。"①

四、民众政治认同

成渝铁路通车，完成了四川人民多年夙愿，促进了当地经济发展、民众就业、人民增收，同时也体现了新政权强大的建设力、制度的优越性。四川人民普遍认同中国共产党和新政权的"好"与"行"。

（一）民众认同中国共产党和新政权的"好"

所谓"好"，是指中国共产党和新政权一心为民、急民众之所急的价值取向和工作作风。四川人民从成渝铁路建成通车中获得了好处，感念中国共产党和新中国政权。

首先，圆了四川人民几十年火车梦。铁路修建之于川人可谓是一梦多年，从川汉铁路的最初倡议开始，历经近半个世纪的艰难斗争，终在中国共产党领导下的新政权得以圆梦。圆梦路上，川人反抗过腐朽清王朝的铁路卖国政策，也无奈于因战乱不断而无力建设铁路的民国政府的腐败无能。圆梦路的坎坷让川人对旧政权失望至极，而中国共产党本着造福川人、发展经济的目的，在短短两年时间内就将成渝铁路建成通车。看得见的列车铁轨和听得到的火车鸣笛让川人实实在在地感受到了新政权的"好"，从情感上认同了这个真心为民的新政权。

其次，给了四川人民看得见的实惠。

第一，增加就业机会。西南军政委员会将成渝铁路建设作为救济失业的重要途径。据统计，成渝铁路修建过程中，"前后共计动员了军工 28416 人，失业工人 18981 人，民工 70177 人"②。除已就业的军工外，为大批失业工人

---

① 《解放军筑路部队写信给成渝铁路职工祝贺成渝路重庆内江段通车》，《川西日报》1951 年 12 月 31 日，第 2 版。

② 赵健民：《为更好地完成西南铁路建设而奋斗》，《西南军政报》1952 年 7 月 22 日，第 38 - 40 页。（四川省档案馆藏）

及民工共创造了约89158个工作岗位。另据报道，"川南沿着铁路线的五个县有十五万人直接间接靠着修路生活。沿线各地的石工全部参加了修路，铁工、木工制作筑路家具，许多妇女和小孩锤道碴石子、为路工打算（草）鞋①洗衣服；还有数十万人运输枕木"②。可见，铁路修建期间，众多人员也得以间接就业。

成渝铁路修筑解决了大量无业人员的就业问题，既安抚了四川民心，又稳定了社会秩序，让历经政权更迭、饱经社会动荡的川人重获安身立命之本，他们打心底感激中国共产党，自然而然地在情感上对中国共产党和新政权产生了直接的认同感。"失业工人的情绪已有转变，党与人民政府和工人阶级的关系更加密切了，有的失业工人说：'这样的救济失业工人的工作，中国有史以来是第一次。'工会在失业工人中的威信也大大提高了。"③

第二，促进民众增收。成渝铁路修建在创造就业机会的同时，也提升了民众的收入。"川南区一九五一年民工获得的工资约有三亿斤大米，其他各项收入为数更多、失业工人大为减少、广大群众生活都有了出路。因筑路直接间接初步改善了生活的群众，仅川南的隆昌、内江等五县即达十五万人，各县石工几乎全部参加筑路工作，铁工、木工制作筑路所需工具、家具。妇女锤道碴石子，每天可得工资三升多米。"④ 收入的增加，改善了民众的生活质量："去年开工时穿着破烂衣服来修路的民工，现在有很多人都换上了新的衬衣和短裤。很多人每个月还可以节余一二百斤工资米，寄回家去。"⑤有路工在给毛主席的信中写道："一年多来，我们很少有人生过病，从前面黄肌瘦的人现在也都变得结实了，过去穿着拖一块吊一片的破旧衣服的人也都穿上里外三新的棉衣了。一般人都有了几十万元以上的储蓄，在返乡前大

---

① 算鞋是一种草鞋，其鞋面形似算盘珠子。
② 《成渝路的修筑将给四川带来繁荣》，《人民日报》1951年5月9日。
③ 《西南区救济失业工人工作逐步改进贯彻生产自救以工代赈方针》，《人民日报》1950年10月13日。
④ 《成渝铁路的修筑使西南人民的生活发生了巨大的变化》，《人民日报》1950年7月23日。
⑤ 《成渝路的修筑将给四川带来繁荣》，《人民日报》1951年5月9日。

家都购置了农具和耕畜。"① 增收给民众带来了实实在在的实惠，也进一步提升了民众对中国共产党和新政权的情感认同。

第三，提升民众主体意识。铁路修筑过程中，无论是技术人员还是普通民工，社会地位较旧社会都有了明显提高，产生了主人翁的责任感和自豪感。有设计人员说："解放后，我经过了学习，明确地认识到自己是工人阶级一分子，是国家的主人翁。在工作中，我们可以提出自己的意见。所以我觉得今天的建设工作基本上是与旧社会不相同的。现在不是单纯地完成某一个人的任务，而是要搞好咱们人民自己的家务。我们今天的工作，再不是向少数几个人负责，而是要向人民负责。在我们的工作中，就应该尽量考虑可能发生的各种情况。"② 可见，中国共产党和新政权充分尊重民众的主体地位，充分调动他们的积极性。正如滕代远所讲："这条铁路的提前修通，是由于在工作中依靠了群众的力量和智慧，发挥了群众的积极性和创造性。正因为依靠了群众，也就在群众中出现了很多新创造。"③ 例如，技术专家蓝田的改线方案、民工谢家全的压引放炮法、民工颜绍贵的单人冲炮法等。④这些正是在新政权尊重群众、尊重劳动，提升民众主人翁意识基础上，创造出的群众智慧。此过程，也增进了民众与新政权之间情感上的相互认同。

邓小平强调："人民对于政府的信赖，不是靠它的口号，而是看它的实际。"⑤ 这种"实际"就是新政权修建成渝铁路给人们带来的实惠，具体而言，就是"现在，我们吃的是大米干饭，穿的是细布新衣服。想想从前，比比现在，我们首先要感谢毛主席的英明领导，我们永远跟着毛主席走"⑥。这种与旧政权非常实际的比对，增强了民众对新政权的情感认同。

① 《成渝路的修筑将给四川带来繁荣》，《人民日报》1951 年 5 月 9 日。
② 《工程设计人员要打破"雇佣观点"》，《人民日报》1951 年 7 月 26 日。
③ 《滕代远部长在重庆庆祝"七一"暨成渝铁路全线通车典礼上的讲话》，《西南军政报》1952 年 7 月 22 日，第 37 - 38 页。(四川省档案馆藏)
④ 《滕代远部长在重庆庆祝"七一"暨成渝铁路全线通车典礼上的讲话》，《西南军政报》1952 年 7 月 22 日，第 37 - 38 页。(四川省档案馆藏)
⑤ 中共中央文献研究室、中共重庆市委员会编：《邓小平西南工作文集》，中央文献出版社、重庆出版社，2006 年，第 4 - 5 页。
⑥ 《川南区全体筑路民工来信摘要》，《人民日报》1951 年 10 月 31 日。

（二）民众认同中国共产党和新政权的"行"

所谓"行"，是指中国共产党和新政权在修建成渝铁路中所表现出的超强建设能力，增强了民众对中国共产党和新政权的信任。

首先，成渝铁路仅用两年时间就建成通车，这与旧政权四十余年寸轨未铺形成鲜明对比，在民众心中展现出新政权强大的建设能力。中华人民共和国成立前，若从川汉铁路算起，其修筑经历了清封建王朝、北洋军阀、四川军阀、国民党反动政府。成渝铁路也曾两次动工，但均未建成。因此，在初期民众对新政权修建成渝铁路大都持怀疑态度。然而，中华人民共和国成立后成渝铁路仅用两年时间就建成通车，这与旧政权四十余年寸轨未铺形成鲜明对比，这样的事实彻底消除了民众顾虑。如成渝铁路工程师萨福均所说："人民政府一声号召，从最高级的政府到最下级的政府一齐动员，几十万民工马上集合到路线上来。过去国民党抓都抓不来，现在他们是争着来，干了还不肯回去。川东一个地区就有四千多民工自动要求永远留在铁路上做工人。一百二十多万根枕木也从铁路两侧百里以外的山区源源运到铁路线上。钢轨厂开工了，被国民党认为是一堆废铁的轧钢机开动起来，制出了成千上万根铁轨铺到路线上。所有桥工队、装修队、铺轨队全都很快成立起来。更使人感动的是毛主席和中央人民政府对我们的关怀，发动全国各地支援我们。这些都是我过去想都想不到的。"经过一年多成渝铁路建设工作实践，萨福均认为："三十八年前我就参加了成渝铁路（当时称川汉路）的勘测工作，但是只有在今天我才敢说它一定能够修成，而且一定修得很好。"① 翟鹤城、萨福均等作为参与成渝铁路建设几十年的技术人员深切感受到新政权的强大建设能力。

其次，新政权集中力量办大事的制度优势，也在成渝铁路修建过程中体现出来。新政府尽管财政困难，但能以举国之力修筑成渝铁路，与国民政府的无力修建对比鲜明，充分显示出中国共产党和新政权在人力、物资、技术

---

① 陈文书、谭继和主编：《成渝铁路今昔记》，四川人民出版社，1999年，第86页。

等方面强大的资源调配和社会控制力。

在人力资源方面，新政权采用军民共筑方式。西南军区约有28000多人参与了成渝铁路修筑，训练有素、纪律性强的人民解放军展现出非常强大的生产力和自我管理能力，成为建设中的重要力量。他们扛起铁锤扁担，先后奔赴工地，成为"开路先锋"，仅用半年时间，就超额完成任务①。同时，他们也对意图破坏铁路修筑的敌对分子起到了震慑作用。同时，新政权还征集了10万民工参与铁路修筑。为管理和使用这支民工力量，1950年11月，"西南军政委员会决定由西南财政经济委员会召开民工筑路会议，动员民工参加筑路，并抽出很多的地方负责干部，如省（区）人民政府的厅长、专员、局长、县长，党的组织也动员许多县委书记等亲自组织领导民工筑路"②。在这些干部的组织下，成渝铁路建设呈现出良好的施工秩序，工程质量和进度得到了有效保障。此外，为保证铁路修建拥有足够的技术力量，"东北、北京、天津、上海、汉口、昆明、贵阳等地数千铁路职工和工程师，远道来援"③。技术和管理人员的到来，不但使成渝铁路的技术和管理问题得到有效解决，也培养了更多的技术、管理人才。

在物资力量方面，中国共产党和新政权争取到了全国人民的支持。与国民党政府在财政、物资方面困境上的腐败无能对比，新政权尽管财政极为艰难，却依然筹足了成渝铁路修筑所需的近2亿元经费。中央方面，"先拨2亿斤大米作修路经费"④，其余的经费则依靠地方。修建中，新政权也想尽办法节约经费。邓小平说："我们今天建设成渝铁路，是在经济与设备困难的条件下开始的。因此，人民对建设的希望是花钱少，事情办得好，我们调

---

① 张更生：《四十年的希望实现了——访问成长中的成渝铁路》，《人民日报》1951年5月22日。

② 张更生：《四十年的希望实现了——访问成长中的成渝铁路》，《人民日报》1951年5月22日。

③ 张更生：《四十年的希望实现了——访问成长中的成渝铁路》，《人民日报》1951年5月22日。

④ 四川省地方志编纂委员会编纂：《四川省志·交通志》（下），四川科学技术出版社，1995年，第8页。

出一部分部队参加建筑，也是为着替人民少花一些钱，把铁路建设起来。"①国民政府时期，钢轨、铁桥等修建材料全部购于国外，材料的不可替代性，严重影响着铁路修建的进程。为此，新政权采取"就地取材"，自力更生的办法，解决修建材料的问题。

在资源配置方面，中国共产党和新政权体现出强大的控制协调力。上下一心、步调一致，中央批准成渝铁路的修建后，便与地方相互配合、齐心协力，经费、征地②、材料、运输等问题迎刃而解。以国营企业为主体的新中国，经费、材料、运输等通过计划、命令、调拨等方式得以高效解决。这种制度优越性，是旧政权无法比拟的。铁路的修筑在技术上也得到了苏联专家的帮助，这也是资源调动能力的一种体现。在这样强大资源配置力的推动下，成渝铁路得以顺利建成，民众因此认定："勇敢而勤劳的中国人民，在共产党领导下完全可以用自己的力量建设好自己的国家。"③ 而成渝铁路的顺利通车也是新政权各方面能力的最好体现。

综上，民众对于中国共产党和新政权的认同是基于两方面的，即眼前利益的获得和长远利益的可期，眼前利益的实现可以从情感上打动民众，长远利益的可期可以让民众从能力上认同新政权。而成渝铁路作为中国共产党领导的新政权修建的第一条铁路，既为民众提供了就业、改善了生活，让民众切切实实得到了肉眼可见的物质上的实惠，也在极其困难的条件下，完成了以往政权无法完成的伟大工程，让民众从中看到了未来建设美好祖国的可能。这就让民众深度认同了中国共产党建立的新政权，这种认同也让民众坚信这个新政权能带领他们走向更美好的未来。④

---

① 陈文书、谭继和主编：《成渝铁路今昔记》，四川人民出版社，1999年，第279页。

② 铁路建设中，征地是一个很复杂的问题。民国时期成渝铁路修修停停，征地尤其复杂，虽基本完成，但新中国成立初修筑时由于改道等，依然需要征地。不过其时已经进行了土改，征地相对于民国要简单一些。

③ 刘宗棠：《中国人民完全可以用自己的力量建设好自己的国家——老工程师萨福均谈成渝铁路的修筑》，《人民日报》1951年10月15日。

④ 田永秀：《成渝铁路建成通车与民众认同》，《西南交通大学学报》（社会科学版）2016年第6期。

大 事 记

1863 年

在印度从事铁路建筑工程多年的英国人麦克唐纳·斯蒂文森（MacDon-ald Stephenson）应怡和洋行邀请，来到中国，他曾拟定一个以长江流域的商业中心汉口为出发点的中国铁路建设计划，主干线之一便是由汉口西行，经四川、云南等省直趋印度。

1893 年

沙俄外交部亚洲司官员巴德马耶夫于 1893 年 2 月上书沙皇亚历山大三世递交了一份关于俄国"远东历史使命"的备忘录，即所谓的巴德马耶夫计划。该计划建议俄国从西伯利亚铁路干线上修一条支线到达中国兰州，以便渗入四川，并控制蒙古、西藏及中国东部，并诱使铁路沿线的中国少数民族发起暴动。

1894 年

1894 年到 1900 年间，英国人戴维斯（H. R. Davies）受云南铁路公司所托，负责探察一条连接缅甸边界滚弄和乘船可能到达长江上游的铁路路线。为此，他们一行人在云南及邻省开展了多次旅行，也曾到达四川会理、冕宁、理塘、打箭炉、雅州府、重庆等地，并将当地的情况以及对这条战略性铁路的具体意见写进了《云南：联结印度和扬子江的链环——19世纪一个英国人眼中的云南社会状况及民族风情》一书。

1896年

英国计划修建一条从上海经南京、汉口、宜昌、万县、重庆直达成都的铁路，想要使"条约港重庆""成为远东的圣路易"。

1897年

4月，法国亚洲委员会的一份新闻公报介绍了法属印度支那总督韬美的铁路计划。他提出，法国必须走在英国前面，将老开至云南府的铁路展筑至人口稠密的四川。他规划铁路应先到达成都，然后再从成都修一条铁路到重庆。

1903年

7月，锡良调任四川总督，鉴于民情之激昂与帝国主义侵略之日甚，力主自办川汉铁路，并奏请设立川汉铁路公司，"以辟利源而保主权"，得到清帝批准。

1904年

1月，川汉铁路公司在成都岳府街成立。

2月，为宏远大计，造就人才，锡良在文庙前街杨昭勇府邸，设立了铁道学堂。举人王铭新任学堂监督，其余聘请省内外人才为教习，遴选学生，分科分班讲授，两年毕业。

5月，英国提出照会，要预定川汉铁路借款权。

10月，四川留日学生关心路政，上书锡良《四川留日学生同乡会上锡良愿认集股勉力提倡请速实行开办川汉铁路公司电》《开办川汉铁路公司意见书》，条陈集股办法，主张官绅合办。

11 月，锡良任命赵尔丰为川汉铁路公司督办。

1905 年

1 月，川汉铁路总公司拟订《筹款集股章程》55 条，分股款为"认购之股""抽租之股""官本之股"与"公利之股"，是年开始征收。

4 月，为防止法国将滇越铁路修到终点云南府时再展筑川滇铁路到四川叙府，云南绅商倡议，从滇东北方向自办滇蜀铁路进入四川叙府，以贯通珠江、长江两大流域。

5 月，清廷批准云贵总督丁振铎成立滇蜀铁路公司，修建昆明至四川的铁路。

7 月，四川各界对铁路名为自办，实为民款官办，路事为清廷官吏一手把持极为不满。锡良迫于舆论，乃在督办之下设官、绅总办各 1 人，沈秉堃为官总办，乔树枬为绅总办，改官办为官绅合办。在督办之下设总办。

1906 年

2 月，川督锡良与湖广总督张之洞协议，川汉铁路自汉口起，经宜昌、万县、重庆、内江到达成都。其中，汉口至宜昌段，由湖北人负责，宜昌至成都段，由四川人修建。

是年，川汉铁路总公司聘请留美学生陆耀庭、胡栋朝为工程师，分别从成都、宜昌勘测川汉铁路。

是年，四川总督锡良与驻藏大臣有泰向清廷提出修建川藏铁路，认为此路既可以开发西藏的商业利益，还可以杜绝英人的侵略企图，受到后来新任驻藏大臣联豫、驻藏帮办大臣张荫棠等人的支持。

是年，滇督为抵制英国从缅甸修建铁路经腾越（今腾冲）至昆明的图谋，奏请清廷将腾越至古里戛交界处的路段纳入滇蜀铁路公司的修建范围，并将公司名称改为滇蜀腾越铁路公司。[①]

---

① 冯金声：《中国西南铁路纪事》，西南交通大学出版社，2017 年，第 39 页。

1907 年

2 月，锡良调任云贵总督，赵尔丰出任护理四川总督。川汉铁路改进会发行的铁路刊物《川汉铁路改进会报告》正式创刊。

3 月，锡良上奏清廷，陈遵照《商律》将川汉铁路公司定名为"商办川省川汉铁路有限公司"，川汉铁路虽由官办改为商办，但官方仍然有很大发言权和决定权，实则官督商办。

9 月，川汉铁路公司颁布了《商办川汉铁路公司续订章程》，最终确定将川汉铁路分为成渝段（成都至重庆）、渝万段（重庆至万县）以及宜万段（万县至宜昌），分段建设。

1908 年

公布了《改订川汉铁路租、购各股草章》，针对租股局的人事组成方式作了细致规定。

1 月，川汉铁路有限公司设于成都，胡峻任驻省总理，费道纯任驻宜总理，乔树枏任驻京总理。

11 月，在赵尔丰推荐下，聘请詹天佑任川汉铁路宜万段总工程师兼驻宜会办。

1909 年

1909 年到 1910 年，滇蜀铁路公司聘美国工程师多莱（Dawly）勘测自昆明沿牛澜江经昭通，再沿横江至四川叙府（今宜宾）的线路。

8 月，邮传部派该部参议李稷勋（川人）为驻宜总理。詹天佑、颜德庆以及大批工程技术人员、工人分赴宜昌，勘测线路，组织施工。

11 月，川汉铁路有限公司第一届股东大会在成都召开。11 月 19 日，川省咨议局鉴于提出"整理川汉铁路公司案"，历数川汉铁路公司的弊端，提出筹集股本、修订章程、清查账目、整理财政 4 项议案。

12 月，詹天佑主持了在宜昌举行的川汉铁路宜万段开工典礼。川汉铁路宜（昌）万（县）段正式动工修建。

1911 年

5月，清政府宣布铁路"干路国有政策"，这一行径激起全川人民的愤怒，保路风潮呼啸而起。

6月，四川保路同志会成立。该会由蒲殿俊、罗纶任正、副会长，许多府、州、县设立分会。"保路同志会"奋斗目标为"拒借洋款、破约保路"。奏请清廷收回成命，并推派代表赴京请愿。

8月，由于清政府不仅不让步，反而先行劫夺四川铁路公司宜昌分公司资产。为此，铁路公司召开特别股东大会，决定以罢市、罢课相争，进而发展成抗粮、抗捐。清政府予以镇压。

9月，清廷命端方率湖北新军一部入川，查办路事。四川总督赵尔丰，在朝廷的高压之下，于9月7日诱捕蒲殿俊、罗纶、邓孝可、张澜等保路运动领导人。成都商民闻讯，涌至督署前抗议。赵尔丰竟下令开枪，并出动马队冲撞，请愿者死32人，伤者无数，造成震惊全国的"成都血案"。成都血案使官民关系破裂。同盟会、哥老会暗中组织的保路同志军乘势起义，围攻成都。同盟会员吴玉章、王天杰领导的义军占领荣县，于9月25日宣布独立。

10月，革命军于武昌起义，重庆、成都于11月相继独立。川汉铁路宜昌至秭归段工程随之停工，当时在宜昌附近通车仅17.3公里。

是年，贵州巡抚沈瑜庆上奏清廷，建议向英、法、日、俄等国借款1000万两白银，修筑贵阳至重庆的铁路。由于人民群众反对，加之辛亥革命爆发，沈瑜庆的设想未能实现。同年末，川汉铁路建设正式停工。

1912 年

5月，辛亥革命胜利后，川汉铁路的股东们在成都集会，商讨川汉铁路让归国有办法，公举刘声元、邓孝可、赵熙等人为代表，赴北京与交通部协商，议定了接收川汉铁路合约，共计7条。

11 月，川汉铁路股东代表在合约签字。

12 月，交通部派员赴宜昌接收川汉铁路，原来的商办川汉铁路总公司也被撤销。至此，川汉铁路让归国有。

1913 年

3 月，北洋政府将粤汉路和川汉铁路合为汉粤川路，并与英法美德四国银行团议定办法 4 条。

7 月，孙中山创办的中国铁路总公司在上海与宝林公司订立由广州至重庆铁路（渝广铁路）借款合同。

北洋政府财政部与交通部委托陇海铁路督办施肇曾与比利时和法国公司代表磋商多次，于 7 月 22 日与比法铁路公司签订《同成铁路借款合同》。

9 月，四川人民为纪念和缅怀在保路斗争中英勇牺牲的人们，于成都少城公园（今人民公园）建"辛亥秋保路死事纪念碑"。

1914 年

1 月，北洋政府国会回应西南各省筑路请求，决定修筑钦渝铁路，与中法实业银行签订《钦渝铁路借款合同》。

1915 年

川人廖思桢听说洋员丁思以运输艰难为由，有修筑铁路的打算。为避免铁路利权落入外人之手，廖思桢召集当地绅商开会，建立公司，分担认股，建筑井厂到富顺的轻便铁路。

1919 年

8 月，孙中山连续在《建设》杂志上发表《实业计划》。该计划中最精华部分即铁路计划，孙中山计划建造包括中央铁路系统、西北铁路系统、西南铁路系统、东南铁路系统、东北铁路系统、高原铁路系统等在内的 10 万英里铁路。

11 月，四川省第二届议会召开了临时会议，讨论主题是时任四川省督军、省长杨庶堪提出的成宜（成都—宜昌）交通案。

12 月，广州军政府成立了八省铁路局，包括滇、黔、川、陕、粤、桂、湘、闽等八省，任命岑春煊为铁路局总裁。

1921 年

川军第九师师长兼重庆商埠督办杨森，在四川省盐运使张英华的建议下，计划兴筑一条从自贡自流井，经富顺，到泸州的井泸铁路。这条铁路是井富铁路的延伸线。

1924 年

11 月，四川省政府拟定了 14 条招商条款，计划招募资金推动四川路矿发展。其中对四川铁路进行了简单规划，包括 3 条干线及其支线：一条是成渝铁路；一条是成都到松潘的铁路，还有一条支线到理番（今理县）；再一条是成都经雅安到打箭炉（今康定），附一条支线到西昌。其中首先规划修筑的是成渝铁路，计划 5 年完工，其他各路计划 15 年完工。

1925 年

江北、合川士绅唐建章、李云根、张艺耘等人，倡议修建轻便铁路北川铁路，用火车代替人力挑运。

1927 年

8 月，卢作孚与北川当地士绅唐建章、李佐成、唐凤来、李云根等人一起，促成了"北川民业铁路股份有限公司"的组建。

1928 年

刘文辉建议可以从川康方向建设进藏铁路，筹设成康、康藏两路铁道。

11 月，北川铁路水岚垭—土地垭段开工，该段于 1929 年正式通车营运。

1929 年

四川省政府主席刘文辉向四川省政府提出《建筑成渝铁路计划书》。这份计划书详细介绍了成渝铁路的路线规划、修筑方法、筹款办法、修建概算、营业概算等内容。

1月，时任南京国民政府铁道部部长的孙科向国民党中央政治会议提出《庚关两款筑路计划》，获准通过公布，计划包括成渝铁路、渝柳铁路。

1930 年

刘湘致函铁道部部长孙科，建议自建渝钦铁路，并提出这条铁路具有九利。

4月，铁道部派队广测东南及西南各省铁路干线。中央地质调查所所长丁文江认为如果重庆、桐梓之间和独山、河池之间无重大的障碍，则从重庆起经过桐梓、贵阳、独山，到广西南宁，经广州出海，乃是四川广海的最好途径。铁道部赞同其建议，即托丁氏于调查地质之外，同时勘测上述路线。

1930年秋，北川铁路水岚垭—白庙子和土地垭—戴家沱两段工程同时开工，分别于1932年和1933年通车。

1932 年

四川第二十一军和二十四军协议共筹成渝铁路，并委任周道刚全权负责办理。周道刚在接受这一任务后，便亲赴江南考察京杭国道的建筑方法，并聘请蓝田为总工程师入川勘测线路、进行工程设计。蓝田曾对成渝铁路进行过详细踏勘，并将其踏勘报告发表于《中国建设》1933年第8卷第6期，详细阐述了成都和重庆车站选址、铁路路线、沿路重要工程概况、建筑收支概算等重要内容。

1月，西南曾拟议发起粤滇黔川桂五省共同参与的钦渝铁路会议。

1933 年

6 月，北川铁路戴家沟—大田坎段和白庙子码头重力绞车下煤轨道同时动工，并于 1934 年 4 月修筑完工。

1934 年

4 月，刘湘邀请中国工程师学会赴四川进行考察。考察团对四川的工业、交通、矿山、农业、药材等进行了详细考察，并撰写了报告书一册。其中，由铁道部的苏以昭和苏纪忍、全国经济委员会的赵履祺，以及川籍工程师盛绍章组成的铁道公路组，对包括成渝铁路在内的四川铁路、公路干线进行了考察，并提出了诸多建议。

8 月，四川善后督办公署代表周见三、高显鉴等人，与法国实业自组团阿米斯基筑路公司草拟了建筑成渝铁路合同 38 条，主要围绕建筑成渝铁路包工购料等方面对中法双方的权利和义务作出了规定。

1935 年

3 月，北川铁路全线通车，自嘉陵江左岸的白庙子起东北行，经水岚垭、麻柳湾到达万家湾，经文星场、后丰岩而至郑家湾，过土地垭、戴家沟、大岩湾，直趋终点大田坎，共 11 个站，全长约 16.8 公里，是四川第一条窄轨专线铁路。

11 月，国民政府铁道部拟定修建成渝铁路规划，组织测量队并筹备施工。

1936 年

国民政府铁道部与比国银团签订了建筑宝成铁路材料借款合同，决定修筑宝成铁路。

2 月，铁道部成立新路建设委员会，决定先修筑成渝铁路，并在南京招收铁路员工，并组织测量队筹备施工。

4月，铁道部派新路建设委员会工程长邓益光（兼铁路局局长），率领工程人员来川踏勘路线，勘察各线地势及沿线一般经济状况。同行者有测量工程人员9人，共分两队，一队负责初测路线，另一队负责踏勘桥梁山洞工程。他们于4月1日出发，沿长江行至江津、永川、简阳而达成都，于14日完成此线踏测，又另外踏勘二线，直至5月初结束。

5月，铁道部从胶济、株韶、京沪、津湘等铁路调用了大批优秀勘测技术人员携带仪器入川，组织了7支队伍共同进行定线测量工作，并请四川省政府予以协助。省政府便派沿途军警保护，并命璧山等15县县府于工程师到境时予以协助。

6月，成渝铁路工程局在重庆成立，邓益光任局长兼总工程师，陈祖贻任副职。局内设工务课、设计课、材料课、会计课、总务课、地亩课，在上海设运输事务所，在宜昌设运输事务分所，共有员工500余人。

8月，在与比银团驻华代表郎勃脱多次磋商后，国民政府铁道部与比国银团签订了建筑宝成铁路材料借款合同——《展筑陇海铁路购料合同》。

12月，中国建设银公司代表川黔铁路公司与法国银团代表中法工商银行在上海签订合同，向法国银团借款3450万元，由铁道部无条件担保。

1937 年

1月，成渝铁路工程局改隶川黔铁路特许股份有限公司领导，时有员司、工警1078人。

2月，成渝铁路各种重大工程，如沱江大铁桥、九龙铺码头及沿途10个隧道的招商承包在成渝铁路工程局分别开标。

3月，成渝铁路于1937年3月15日正式开工。

4月，成渝铁路重庆至江津段共68.15公里，土石方数量约360余万方米，由华西公司承包，于当月开工。

5月，四川省政府派员与成渝铁路工程局组织成立了成渝铁路征地委员会作为征地的机关办事处，负责土地等级核定、土地附着物调查、清丈地亩、土地估价、发放补偿及编制地亩图册，以及发布征地公告、登记、发放补偿等。并于沿线各县设立 12 个分办事处，直属于用地委员会，协同处理一切事宜，负责所辖区域的土地征收。总会办事处于 6 月 4 日在重庆成立，各地分办事处从 6 月 12 日起先后成立。

1937 年末至 1938 年初，国民政府决定让铁道部与四川省、云南省政府联合组建川滇铁路公司，建筑从四川叙府经昭通、宣威、曲靖至昆明的铁路，下设叙昆铁路工程局，由沈昌任正副局长，设 15 个工程总段。并于1938 年 1 月 21 日颁布了《国民政府特许川滇铁路股份有限公司条例》。

1938 年

四川省主席刘湘在南京与云南省主席龙云商定修建川滇铁路（四川）叙府（宜宾）经符庆、高县、筠连、云南盐津、大关、昭通、鲁甸、会泽至昆明）。

3 月，武汉沦陷前夕，汉阳钢铁厂迁至重庆大渡口，以木船沿綦江运输綦江县境内的铁矿和南桐煤矿的焦炭生产钢铁，运输能力有限，不能保证需要。国民政府行政院转令交通部修建北起长江岸边的江津猫儿沱，南至綦江县三溪（今三江）的铁路，以代替水运。

9 月，叙昆铁路修筑工程局设立，国民政府交通部与川滇两省共同投资修建从四川叙府（今宜宾）经昭通、宣威、曲靖至昆明的铁路，组成川滇铁路公司理事会，下设总经理处和叙昆铁路工程局。沈昌、萨福均先后任工程局局长。待川滇铁路公司理事会正式组成后，叙昆铁路修筑工程局便隶属于理事会。

12 月，叙昆铁路开工修建。该铁路计划从四川长江之滨的叙府，经盐津、昭通、威宁、宣威、曲靖，至云南昆明，全长 850 公里左右。该铁路建成后将与滇越铁路接通，采用与滇越铁路相同的 1 米轨距，以便构成西南大后方的国际运输通道。

1939 年

是年，国民政府赞助国民经济研究会进藏进行铁路调研。该组织对拟建川藏铁路的沿途城市做了考察，包括四川的新津、邛崃、名山、泸定、康定、雅江等，以及昌都、江达等地。国民经济研究会得出的结论是，川藏铁路的修筑遥遥无期。

是年，国民政府准备打通川黔铁路，在 1939 年至 1947 年的 8 年间对川黔线组织了 5 次勘测选线，拟定了东线和西线两个方案。

12 月，中法双方达成成渝铁路借款合同。法国银团承借料款及运费 4.8 亿法郎；中国建设银公司承借现款 3000 万元；其余约 9000 万元款项，由川滇铁路公司和政府补充。

1940 年

1940—1948 年，宝天铁路工程局及天成铁路工程局相继对天成铁路进行定线测量。

1941 年

是年，太平洋战争爆发后，由法国运到香港的几十吨钢轨，也因香港沦陷而难以运抵四川，致使成渝铁路全线完全停工，仅保留养路工程。

2 月，日军占领越南，滇越铁路交通被彻底切断。为阻止日军沿滇越铁路入侵，国民政府将滇越铁路之河口至碧色寨段铁路材料拆除，移铺到叙昆铁路昆明至曲靖路段。

4 月，叙昆铁路昆明至曲靖路段通车。

11 月，汉阳钢铁厂迁建委员会向国民政府提出修筑铁路解决原料运输问题。这一要求经国民政府研究决定，由交通部负责修筑北起长江岸边的江津猫儿沱，南至綦江县三溪（今三江）的标准轨距（1.435 米）铁路，用蒸汽机车牵引。另由钢铁厂迁建委员会成立煤铁两矿联络铁路工程处，自行修建三江—南桐、三江—赶水的轻便铁道（0.6 米轨距），用人力斗车推运。綦江铁路得以修筑。

1942 年

5 月，交通部綦江铁路工程处在四川江津县仁沱乡成立。何显华任处长兼总工程师，汪菊潜任副处长兼副总工程师，下设总务课、工务课、会计课，有职员 304 人。

是月，叙昆铁路全线停工；由于料款双双告竭，成渝铁路的养路工程也全部停止。

是月，民国中枢与四川省政府议筑成乐铁路，即自成都起沿岷江西岸，经双流、新津而至乐山，长约 160 公里。

1943 年

1 月，綦江铁路猫儿沱至五岔段开工。

1944 年

是年，沾益飞机场建成。为了便于运输，又将叙昆铁路曲靖到沾益段铺轨，总称为昆沾线，长 173.4 公里。

6 月，四川省临时参议会第二届第三次会议召开。鉴于国民政府对在四川兴修铁路一事咸表赞同，且对技术与原料也有确切打算，议员们认为四川兴筑铁路的时机已成熟，但对于究竟是修建成渝铁路，还是修建成乐铁路这一问题意见未能统一。

1945 年

是年，国民党提出新一期五年铁路建设计划，提出要完成叙昆铁路沾益至威宁段，东展至贵阳，筑川黔、成渝、天成、天兰诸路，北延至哈密，构成南北第一干线；为开发川康富源计，建筑成都至乐山，及内江经乐山富林以达康定诸铁路，并筑宜宾至自流井之线；修筑花园至襄阳之铁路，为将来西安汉口线之一部分，或为经紫阳入四川之一段。

12 月，由军政部兵工署和经济部资源委员会共同领导的綦江铁路局成立，接办綦江铁路工程。申大礼任局长兼总工程师，郭则溦任副局长兼副总工程师，局内设总务课、工务课、材料课、会计课、运输课，有职员 252人，工人和警察 896 人。

1946 年

1 月，黔桂铁路工程局与湘桂铁路管理局合并改组为湘桂黔铁路工程局，继续修复黔桂铁路。至中华人民共和国成立前，只修复柳州至金城江段和清泰坡至南丹段。

6 月，綦江铁路猫儿沱至五岔段通车。

8 月，綦江铁路五岔至綦江段开工。

10 月，成渝铁路工程局局长邓益光从国民政府交通部领到 30 亿元工程费，对外宣布成渝铁路正式复工，并发布了招商公告。

1947 年

2 月，四川省组织"成渝铁路权益保障会"，反对川黔铁路公司垄断全川路权，另组建官商合营的成渝铁路公司，但因工款欠缺，工程陷于瘫痪状态。

7 月，国民政府行政院电令成渝铁路收归国有，撤销川黔铁路股份有限公司及理事会，部分路段恢复了施工。

11 月，綦江铁路局全线举行正式通车典礼，綦江铁路猫儿沱—綦江段全线通车，从江津县猫儿沱起，沿綦江东岸，经仁沱、庙基、墨斗沱、贾嗣场、五岔、夏坝、广兴场，通车到綦江县城北街对面的大佛庙，全长 67公里。

12 月，四川省参议会推出《成会铁路计划书》，提及拟先在川康境内建筑南北铁路一条。具体路线为自成都起，拟在岷江东岸南行，经新店子、白沙、仁寿至五通桥，长约 207.3 公里；自五通桥渡岷江抵犍为，西北行至铜街场，沿大渡河南岸至三渡溪，西南行抵峨边，长约 162 公里；自峨边西南行入西康境，沿越嶲河南岸经越嶲抵泸沽，长约 158.7 公里；自泸沽南行，经西昌、铁匠房、益门抵会理，长约252公里。

1948 年

5月，成渝铁路因工款欠缺，机构紧缩，工点收缩。到1949年新中国成立之前成都重庆之间寸轨未铺。

7月，滇越铁路滨段管理处与川滇铁路公司合并，成立昆明区铁路管理局，统一管理云南境内的窄轨铁路。

1949 年

6月，邓小平在上海会见了兵工专家陈修和，咨询修建成渝铁路事宜。

11月30日，重庆解放。

12月7日，中国人民解放军重庆市军事管制委员会接管成渝铁路工程局。陈志坚、刘备耕为军事代表，负责接管事宜。钢铁厂迁建委员会綦江铁路部提出《成渝铁路解放后继续兴修工程计划书》，论证成渝铁路修建的必要性和可行性。27日，成都解放。31日，邓小平主持西南局常委会办公会议，作出重修成渝铁路的重大决策。

1950 年

1月，中国人民解放军对綦江铁路局实行军管，并将其更名为西南工业部綦江铁路局。中央同意了西南局修建成渝铁路的决定，并指示："依靠地方，群策群力，就地取材，修好铁路。"

3月，中央财经委员会拨4000万斤大米折价款，支持成渝铁路开工建设。10日，綦江铁路綦江至三江段开工。21日，重庆铁路工程局成立，受西南军政委员会交通部领导。

铁道部以略阳为界，分南北两段，先后于5月和12月下达天成铁路勘测任务。参加南段勘测设计的，有天成线第二、第三测量总队，以及天成线南段勘测设计总队和西南设计分局。

6月12日，西南铁路工程局正式成立，局址在重庆嘉陵新村，原重庆铁路工程局与前成渝铁路工程局被撤销。15 日，在重庆举行成渝铁路开工典礼，西南军区政委邓小平致词，发出了"两年修通成渝铁路"的号命，贺龙司令员将"开路先锋"锦旗授予筑路军工。西南军区组成 5 个军工总队共 30174 人，开赴成渝铁路指定地段。

7 月，西南军政委员会为加强对成渝铁路修筑的领导，成立西南铁路工程委员会，由西南军区副司令员李达任主任委员，孙志远、赵健民任副主任委员。26 日，綦江铁路綦江至三江段 28 公里建成通车。

8 月 1 日起，成渝铁路的铺轨工程正式动工。4 日，西南铁路工程委员会发布了《关于失业工人参加筑路工作的决定》，对失业工人参与筑路的组织领导、工资待遇、使用器材等方面进行了规定。在各地的组织动员下，来自各个领域的失业工人（煤矿工、搬运工、野力工人等）纷纷报名加入筑路队伍。

10 月 10 日，101 厂轧制出了新中国的第一根钢轨。

11 月，西南军政委员会工业部部长段君毅、副部长万里组织 101 厂（今重庆钢铁厂）等多家重型钢铁企业制造每米 42 公斤钢轨、道岔及各种配件，供成渝铁路铺轨用。

是月，铁道部副部长吕正操和苏联专家到成渝铁路工地视察，决定采用蓝田工程师提出的乱石滩改线方案，该方案可缩短线路 23.8 公里。

是月，16 日，邓小平签发了中共中央西南局、西南军政委员会《为动员民工完成成渝铁路土石方之指示》，决定："1951 年成渝铁路土石方工程全部由沿线地方政府负责领导，动员民工按路局要求时限及标准，保证完成。"

是月，11 月 25—28 日，西南军政委员会召开各行署、专署、县人民政府领导干部参加的民工筑路会议，决定动员 10 万民工担任成渝全线的路基工程，以期加速工程的进行。

12 月，川东、川南、川北民工筑路指挥部成立，开始广泛进行成渝铁路民工动员工作。成渝铁路重庆至江津段铺轨通车，九龙坡至重庆站也完成了铺轨工程。各行署组成川东、川南、川北民工筑路委员会，各个工务段成立川东、川南、川北民工筑路指挥部。

1951 年

2 月，中国人民解放军工兵部队 7000 余人，参加成渝铁路建设工程，西南铁路工程委员会号召各筑路队开展立功创模运动。

3 月，西南铁路局工程委员会决定筹建工程总队，6 月 1 日工程总队正式成立。

4 月，西南铁路工程局改由铁道部直接领导，西南军政委员会监督指导。

6 月 30 日，成渝铁路铺轨到永川。

9 月 1 日，成渝铁路重庆至永川段开办临时营业。

12 月 5 日，沱江大桥正式建成，成渝铁路铺轨至内江。20 日，临时营业延伸至内江。

1952 年

1 月 10 日，綦江铁路三江至赶水段 41 公里通车。

7 月 1 日，成渝两地同时举行了盛大的通车典礼。毛泽东亲笔题写了"庆贺成渝铁路通车，继续努力修筑天成路"的锦旗；邓小平、贺龙、王维舟、滕代远亲赴现场参加通车庆典。贺龙和滕代远分别在成都和重庆主持了通车剪彩仪式。2 日，宝成铁路成（都）绵（阳）段开工。铁道部部长滕代远、西南军政委员会领导人李达、程子健、川西行署主任李井泉为宝成铁路举锄破土动工。

1953 年

7 月 30 日，成渝铁路经过一系列的交付验收，全线正式运营。

参考文献

一、档案资料

1. 成渝铁路工程局，1936 年，成都档案馆藏，民国档案 133－01－0293。

2. 《成渝铁路工程局民国三十七年度工程计划书》，中国第二历史档案馆藏，二〇（2）－767。

3. 《关于报送成渝铁路用地房屋拆迁情形的呈、指令》，1948 年 11 月 4 日，重庆市档案馆，民国档案，档案号 0053－0019－02579－0000－132－000。

4. 《通告局长副局长到职视事日期　并宣布撤销原重庆铁路局及前成渝铁路局》（铁办字第 1582 号），1950 年 6 月 12 日，中国中铁二局集团有限公司档案。

5. 《关于修筑成渝铁路军工筑路工作的决定》（铁办字第 2898 号），1950 年 8 月 3 日，西南铁路工程局档案。

6. 《西南铁路工程委员会关于失业工人参加筑路工作的决定》（铁办字第 2912 号），1950 年 8 月 4 日，西南铁路工程局档案。

7. 西南铁路工程局：《关于成立铁路工程委员会及召开军工筑路会议、枕木供应会议经过情形的报告》，1950 年 8 月 22 日，西南铁路工程局档案。

8. 《筑路军工干部会议总结》，1950 年 8 月 22 日，西南铁路工程局档案。

9. 中央人民政府铁道部：《视察成渝铁路基本建设工作总结报告（1952 年 11 月）》，中铁二局集团有限公司档案室，档案号 2 - 90 - 53。

10. 铁道部第二工程局史志编写办公室编：《铁二局史志　13》，内部资料，1992。

11. 铁道部第二工程局史志编写办公室编：《铁二局史志　12》，内部资料，1992。

12. 《成渝铁路解放后继续兴修工程计划书》，重庆市档案馆藏，档案号 03360001004150000001000。

13. 《四川省参议会等建议修筑成渝、成天、叙昆、川柏、成会铁路提案罗江县府呈无线电收音室收费表报及四川省建设厅代电公函》，四川省档案馆藏，民 115 - 01 - 1059。

14. 《川黔铁路公司工作报告　成渝铁路工程局建筑费用修正概况表》，四川省档案馆藏，民国档案 115 - 010063。

15. 《川黔铁路公司工作报告》，四川省档案馆藏，民 059 - 010063。

16. 三民主义青年团永川分团：《关于修建成渝铁路以利交通的代电》，重庆市档案馆藏。

17. 《四川省复原协进会代电：为来交通部复电请咨请省府转请中央从速修建成渝铁路并予见复由》，四川省档案馆藏，民 049 - 01 - 0247。

18. 《转四川复员协进会代电请从速修建成渝铁路一案》，四川省档案馆藏，民 049 - 01 - 0247。

19. 《交通部战后铁路复兴计划概要、交通复员计划及复员实施办法》，中国第二历史档案馆藏，二〇（2）- 45。

20. 《交通部西南国防区第一期建设之计划纲领》，中国第二历史档案馆藏，二〇（2）- 49。

二、回忆口述

凌鸿勋口述：《凌鸿勋口述自传》，湖南教育出版社，2011。

三、文献史料

1. 中共中央文献研究室、中国人民解放军军事科学院编：《建国以来毛泽东军事文稿》（上卷），中央文献出版社，2010。

2. 中共中央文献研究室、中共重庆市委员会编：《邓小平西南工作文集》，中央文献出版社、重庆出版社，2006。

3. 中共中央文献研究室编：《陈云文集》（第二卷），中央文献出版社，2005。

4. 王景春等编：《中国铁路借款合同全集》（下册），交通部，1922。

5. 《张文襄公全集》（卷44），文华斋刻本，1928。

6. 关赓麟：《交通史路政编》（第十五册、第十六册），交通铁道部交通史编纂委员会，1931。

7. 四川省临时参议会编：《四川省临时参议会第二届第二次大会会议纪录》，1943。

8. 四川省临时参议会编：《四川省临时参议会第二届第三次大会会议纪录》，1944。

9. 中国史学会主编：《中国近代史资料丛刊 中法战争（一）》，上海人民出版社，1957。

10. 中国社会科学院历史研究所第三所主编：《锡良遗稿·奏稿》（第一册），中华书局，1959。

11. 戴执礼编：《四川保路运动史料》，科学出版社，1959。

12. 中国史学会主编：《中国近代史资料丛刊 洋务运动（六）》，上海人民出版社，1961。

13. 中国史学会主编：《中国近代史资料丛刊 辛亥革命（四）》，上海人民出版社，1963。

14. 中国人民政治协商会议四川省委员会，四川省省志编辑委员会编：《四川文史资料》（第九辑），四川省新华书店，1963。

15. 沈云龙主编，盛宣怀撰：《近代中国史料丛刊续编 第十三辑 愚斋存稿》，文海出版社，1975 年影印。

16. 四川省档案馆编：《四川保路运动档案选编》，四川人民出版社，1981。

17. 鲁子健：《清代四川财政史料》（上），四川省社会科学院出版社，1984。

18.《李鸿章全集》，电稿二，上海人民出版社，1986。

19. 中国人民政治协商会议江北县委员会文史资料研究委员会编：《江北县文史资料》（第一辑），1986。

20. 詹同济编译：《詹天佑日记书信文章选》，北京燕山出版社，1989。

21. 四川省档案馆、四川省民族研究所编：《近代康区档案资料选编》，四川大学出版社，1990。

22. 政协四川省綦江县委员会文史资料研究委员会编：《綦江县文史资料》（第十辑），1990。

23. 重庆市江北区政协文史资料研究委员会编：《江北区文史资料选辑》（第五辑），1991。

24. 政协重庆市中区委员会文史资料委员会编：《重庆市中区文史资料》（第 5 辑），1993。

25. 詹同济编译：《詹天佑文选》，北京燕山出版社，1993。

26. 戴执礼编：《四川保路运动史料汇纂》，台北"中央研究院"近代史研究所，1994。

27. 中国第二历史档案馆编：《中华民国史档案资料汇编》（第五辑），江苏古籍出版社，1994。

28. 才杰旦主编：《元以来西藏地方与中央政府关系档案史料汇编》，中国藏学出版社，1994。

29. 中国人民政治协商会议天水市委员会文史资料委员会编：《天水文史资料》（第 8 辑），1995。

30. 中国社会科学院、中央档案馆编：《中华人民共和国经济档案资料选编 1949—1952 交通通讯卷》，中国物资出版社，1996。

31. 江苏省政协文史资料委员会、海门市政协文史资料委员会编:《江苏省文史资料 第92辑 海门文史资料 第15辑 故土方圆》,江苏文史资料编辑部,1998。

32. 梁启超:《梁启超全集》,北京出版社,1999。

33. 宓汝成编:《中华民国铁路史资料(1912—1949)》,社会科学文献出版社,2002。

34. 赵健民:《赵健民文集》,山东人民出版社,2002。

35. 卢作孚著,黄立人主编:《卢作孚书信集》,四川人民出版社,2003。

36. 卢秀璋主编:《清末民初藏事资料选编(1877—1919)》,中国藏学出版社,2005。

37. 中国藏学研究中心、中国第二历史档案馆编:《民国时期西藏及藏区经济开发建设档案选编》,中国藏学出版社,2005。

38. 黄彦编:《孙文选集》(上册),广东人民出版社,2006。

39. 詹同济编译:《詹天佑日记书信选集》,珠海出版社,2008。

40. 顾廷龙、戴逸主编:《李鸿章全集 34 信函六》,安徽教育出版社,2008。

41. 中国社会科学院近代史研究所、中华民国史研究室中山大学历史系孙中山研究室、广东省社会科学院历史研究室合编:《孙中山全集》,中华书局,2011年。

42. 姚崧龄编:《张公权先生年谱初稿》,社会科学文献出版社,2014。

43. 四川省档案局编:《抗战时期的四川——档案史料汇编》(下),重庆大学出版社,2014。

44. 庄兴成、吴强、李昆编纂:《滇越铁路史料汇编》(上),云南人民出版社,2014。

45. 尚明轩主编:《孙中山全集》(第八卷),人民出版社,2015。

46. 陈旭麓、顾廷龙、汪熙主编:《盛宣怀档案资料 辛亥革命前后 第3卷》,上海人民出版社,2016。

47. (清)李宗棠:《李宗棠文集奏议辑览初编》,黄山书社,2016。

48. 宓汝成编：《中国近代铁路史资料（1863—1911）》，科学出版社，2016。

49. 姚贤镐编：《中国近代对外贸易史资料（1840—1895）》（第三册），科学出版社，2016。

50. 章有义编：《中国近代农业史资料（1927—1937）》（第三辑），科学出版社，2016。

51. 彭泽益编：《中国近代手工业史资料（1840—1949）》（第二卷），科学出版社，2016。

52. 浙江省中共党史学会编：《中国国民党历次会议宣言决议案汇编（第二分册）》，内部发行，时间不详。

53. 四川省资阳县志编纂委员会编纂：《资阳县志》，巴蜀书社，1993。

54. 政协合川市委员会、中共合川市委统战部编：《纪念卢作孚先生诞辰一百周年专辑》，合川市人民印刷厂，1993。

55. 万县地区交通局编：《万县地区交通志》，成都科技大学出版社，1993。

56. 重庆市地方志编纂委员会总编辑室编：《重庆市志》（第5卷），成都科技大学出版社，1994。

57. 四川省地方志编纂委员会编纂：《四川省志·交通志》（上、下册），四川科学技术出版社，1995。

58. 四川省交通厅公路局编纂：《四川省公路志》，四川人民出版社，1995。

59. 大足县县志编修委员会编纂：《大足县志》，方志出版社，1996。

60. 四川省地方志编纂委员会编纂：《四川省志·对外经济贸易志》，四川科学技术出版社，1998。

61. 余楚修主编：《重庆市志》第4卷上《工业综述》，重庆出版社，1999。

62.《江津县志》编纂委员会编：《江津县志（1986—1992）》，四川科学技术出版社，2015。

四、著作

1. 刘馥、易振乾：《中国铁道要鉴》，东京中国书林，1906。

2. 詹文琮、邱鼎汾编辑：《川汉铁路过去及将来》，湘鄂路局工务处，1935。

3. 中国工程学会编：《中国工程师学会四川考察团报告》，1935。

4. 吕平登：《四川农村经济》，商务印书馆，1936。

5. 夏光南编著：《中印缅道交通史》，中华书局，1948。

6. 《成渝铁路工程总结》，成渝铁路工程总结编辑委员会，1953。

7. 王芝芬：《成渝铁路》，新知识出版社，1954。

8. （英）伯尔考维茨著，江载华、陈衍合译：《中国通与英国外交部》，商务印书馆，1959。

9. 吴玉章：《辛亥革命》，人民出版社，1963。

10. 陆士坼：《成渝铁路沿线土地征收之经过》，成文出版社，1977。

11. 张枬、王忍之编：《辛亥革命前十年时论选集》（第 3 卷），生活·读书·新知三联书店，1977。

12. 《辛亥革命史丛刊》编辑组编：《辛亥革命史丛刊》（第一辑），中华书局，1980。

13. 隗瀛涛：《四川保路运动史》，四川人民出版社，1981。

14. 凌鸿勋编著：《中华铁路史》，台湾商务印书馆，1981。

15. 林凌：《四川大中城市经济概况》（上），四川省社会学院经济研究，1982。

16. 金士宣、徐文述：《中国铁路发展史（1876—1949）》，中国铁道出版社，1986。

17. （澳）骆惠敏：《清末民初政情内幕——泰晤士报驻北京记者袁世凯政治顾问乔·厄·莫理循书信集》（上卷），知识出版社，1986。

18. 周勇、刘景修译编：《近代重庆经济与社会发展》，四川大学出版社，1987。

19. 余子美主编：《内江市志》，巴蜀书社，1987。

20. 张宪文、陈兴唐、郑会欣编：《民国档案与民国史学术讨论会论文集》，档案出版社，1988。

21. 王绍荃主编：《四川内河航运史　古、近代部分》，四川人民出版社，1989。

22. 王立显主编：《四川公路交通史》（上），四川人民出版社，1989。

23. 铁道部第二工程局史志编写委员会编：《铁道部第二工程局四十年》，1990。

24. 隗瀛涛主编：《四川近代史稿》，四川人民出版社，1990。

25. 谭继和、龙凤阳主编：《社会科学文选　2　成都市社会科学研究所建所十周年　1985.2—1990.2》，成都出版社，1990。

26. 王纲：《清代四川史》，成都科技大学出版社，1991。

27. 《当代四川》丛书编辑部组编：《当代四川铁路》，四川人民出版社，1993。

28. 陈世松、贾大泉、吴康零等撰：《四川通史》（第6册），四川大学出版社，1994。

29. 刘统畏主编：《铁路经济勘察史略》，中国铁道出版社，1994。

30. 孙连捷编著：《邓小平与中国铁路》，中共中央党校出版社，1995。

31. （日）加藤雅彦著，向蜀珍等译：《梦断巴蜀——竹川藤太郎和他的〈重庆日报〉》，四川人民出版社，1995。

32. 王成廉主编：《詹天佑研究文集》，中国铁道出版社，1997。

33. 余志森、陈雪良、刘国平编：《伟人邓小平》，上海人民出版社，1998。

34. 《回顾与前瞻——刘圣化铁路建设文集》，中国铁道出版社，1998。

35. 陈文书、谭继和主编：《成渝铁路今昔记》，四川人民出版社，1999。

36. 彭通湖主编：《四川近代经济史》，西南财经大学出版社，2000。

37. 隗瀛涛、沈松平：《重庆史话》，社会科学文献出版社，2000。

38.（英）戴维斯著，李安泰、邓立木、和少英等译：《云南：联结印度和扬子江的链环——19 世纪一个英国人眼中的云南社会状况及民族风情》，云南教育出版社，2000。

39. 经盛鸿：《詹天佑评传》，南京大学出版社，2001。

40. 彭朝贵、王炎主编：《清代四川农村社会经济史》，天地出版社，2001。

41. 铁道部档案史志中心编：《中国铁路历史钩沉》，红旗出版社，2002。

42.《中国铁路建设史》编委会编著：《中国铁路建设史》，中国铁道出版社，2003。

43. 隗瀛涛：《巴蜀近代史论集》，四川人民出版社，2004。

44. 段渝主编：《抗战时期的四川》，巴蜀书社，2005。

45. 宓汝成：《帝国主义与中国铁路　1847 ~ 1949》，经济管理出版社，2007。

46.（法）约瑟夫·马纪樵著，许峻峰译：《中国铁路：金融与外交（1860—1914）》，中国铁道出版社，2009。

47. 鲜于浩、张雪永：《保路风潮——辛亥革命在四川》，四川人民出版社，2011。

48. 中共四川省委党史研究室编：《邓小平与四川》（第 2 版），四川人民出版社，2011。

49. 朱从兵：《铁路与社会经济　广西铁路研究　1885—1965》，合肥工业大学出版社，2012。

50.（英）托马斯·布莱基斯顿著，马剑、孙琳译：《江行五月》，中国地图出版社，2013。

51.（英）威廉·吉尔著，（英）亨利·尤里编，曾嵘译：《金沙江》，中国地图出版社，2013。

52. 贾本义编著：《中国早期铁路的那些人和事》，中国铁道出版社，2014。

53．上海中国航海博物馆主办：《国家航海》（第 12 辑），上海古籍出版社，2015。

54．吕昭义：《英属印度与中国西南边疆：1774—1911》，云南大学出版社，2016。

55．冯金声：《中国西南铁路纪事》，西南交通大学出版社，2017。

56．胡以德：《地质科普丛书　重庆地质之最》，重庆大学出版社，2017。

57．王笛：《跨出封闭的世界　长江上游区域社会研究（1644—1911）》，北京大学出版社，2018。

58．（英）爱德华·科尔伯恩·巴伯著，黄田译：《华西旅行考察记》，重庆出版社，2019。

59．曾灵、唐澜芯：《二仙桥》，四川文艺出版社，2020。

60．鲜于浩：《四川保路运动再研究》，西南交通大学出版社，2021。

61．刘金田：《世纪伟人邓小平》，江苏人民出版社，2022。

五、期刊论文

1．鲜于浩：《试论川路租股》，《历史研究》1982 年第 2 期。

2．刘方健：《1937 年前四川近代工业发展迟滞的原因》，《财经科学》1985 年第 5 期。

3．王笛：《清末四川留日学生述概》，《四川大学学报》（哲社版）1987 年第 3 期。

4．张学君：《四川资本主义近代工业的产生和初步发展》，《中国经济史研究》1988 年第 4 期。

5．李兴鳌：《心血倾注第一路——缅怀邓小平同志修建成渝铁路的功绩》，《铁路春秋》1992 年第 1 期。

6．施春生：《周恩来反对中法秘密大借款》，《党史纵横》2003 年第 5 期。

7．朱兰：《邓小平与成渝铁路建设》，《四川档案》2004 年第 4 期。

8．黄华平：《民国成渝铁路土地征收问题考察》，《重庆工商大学学报》

（社会科学版）2009 年第 5 期。

9. 张永攀：《西藏铁路筹建的历史考察》，《中国边疆史地研究》2015 年第 3 期。

10. 李静：《守尔慈　主持修建重庆第一条铁路的丹麦人》，《重庆与世界》2015 年第 12 期。

11. 田永秀：《成渝铁路建成通车与民众认同》，《西南交通大学学报》（社会科学版）2016 年第 6 期。

12. 金刀：《邓小平与成渝铁路》，《炎黄春秋》2016 年第 8 期。

13. 张莉：《论库柏的中国至印度之行及其代表作〈贸易先锋游记〉》，《乐山师范学院学报》2017 年第 9 期。

14. 田永秀、曲成举：《从"贻害无穷"到"民命国脉"——近代中国人对铁路认知历程分析》，《西南交通大学学报》（社会科学版）2018 年第 1 期。

15. 刁成林：《新中国成立初期成渝铁路建设与民工动员》，《当代中国史研究》2019 年第 4 期。

16. 俞荣新：《新中国第一条铁路：成渝铁路》，《炎黄春秋》2021 年第 4 期。

17. 徐跃、高龙：《川汉铁路宜昌工程与四川保路风潮》，《四川大学学报》（哲学社会科学版）2023 年第 6 期。

六、报刊资料

1. 《演说：开办川汉铁路说（第四节以下续印）》，《四川官报》1904 年第 1 期。

2. 《四川：铁路要闻》，《广益丛报》1905 年第 60、61 期。

3. 胡栋朝：《川汉铁路宜由何地开工论》，《四川杂志》1907 年第 1 号。

4. 《公牍：四川商务议员周善培申本部文略陈商务及现在筹办各情形事》，《商务官报》1907 年第 23 期。

5. 《浙路集股付款办法再志》，《时报》1907 年 11 月 26 日。

6. 《邮部派员勘察各省商办铁路北京》，《申报》1908 年 10 月 29 日。

7. 《浙咨议局请开临时会杭州》，《申报》1910 年 9 月 4 日。

8. 《选录：孙先生政见之表示（录民立报）：报界欢迎会演说辞》，《铁道》1912 年第 1 卷第 2 期。

9. 《老盛欲缔制言论》，《民立报》1911 年 5 月 21 日。

10. 《四川保路同志会宣言书》，《四川保路同志会报告》1911 年第 9 号。

11. 《交通部路政局布告》，《政府公报》1914 年第 647 期。

12. 《调查：蜀道何难：筑路思潮弥漫全川，成渝两处为主要路线：各段已先后兴工，通车即在目前》，《道路月刊》1929 年第 28 卷第 1 期。

13. 《旅京滇人请废止钦渝路约》，《民国日报》1929 年 1 月 23 日。

14. 《建筑成渝铁路计划书》，《川南马路月刊》1929 年第 7 期。

15. 胡焕庸：《西南亟应建造之铁道》，《时代公论》1932 年第 3 期。

16. 《建筑成渝铁路办法大纲》，《四川月报》1933 年第 3 期。

17. 《四川川汉铁路与辛亥革命之溯记》，《四川月报》1934 年第 2 期。

18. 《筹筑中之成渝铁路近况》，《四川经济月刊》1934 年第 2 卷第 4 期。

19. 《督署与法国实业团体签订成渝铁路草约》，《四川月报》1934 年第 5 卷第 2 期。

20. 《建筑成渝铁路借款成立：由法国银团承借》，《银行周报》1936 年第 20 卷 50 期。

21. 《成渝铁路将兴工》，《教育短波》第 60 期，1936 年 4 月 21 日。

22. 《训令：治信字第一四二七号（二五，七，八）：令四川省政府为据该省第十六区专员谢培筠建议发放边区森林用供成渝铁路枕木一案仰核办具报由》，《军政月刊》1936 年第 7 期。

23. 刘湘：《公牍　呈文　四川省政府呈（三）奉令饬核专员谢培筠建议发放边区森林用供成渝铁道枕木一案谨将遵办情形呈请鉴核由》，《四川省政府公报》1936 年第 55 期。

24. 《为四川灾民请命》，《大公报（天津）》1937 年 4 月 14 日。

25. 《一月来之成渝铁路：（1）借款合同在沪签订办法》，《四川经济月刊》1937 年第 7 卷第 1、2 期。

26. 《材料大批运到》，《四川经济月刊》1937 年第 7 卷第 1、2 期。

27. 《江津将设枕木厂》，《四川经济月刊》1937 年第 7 卷第 3 期。

28. 《成渝铁路问题解决 渝车站三月动工》，《四川经济月刊》1937 年第 7 卷第 4 期。

29. 《成渝铁路第一总段定四一开工》，《四川经济月刊》1937 年第 7 卷第 4 期。

30. 《成渝铁路工程情形》，《四川经济月刊》1937 年第 7 卷第 5、6 期。

31. 《成渝路征用民地办法》，《四川经济月刊》1937 年第 8 卷第 1 期。

32. 《成渝铁路近讯》，《四川经济月刊》1937 年第 8 卷第 2 期。

33. 《渝津段以工代赈》，《四川经济月刊》1937 年第 8 卷第 2 期。

34. 《内江段动工》，《四川经济月刊》1937 年第 8 卷第 2 期。

35. 《交通：成渝铁路筹备之经过》，《四川月报》1937 年第 10 卷第 6 期。

36. 李应元：《成渝铁路与四川经济》，《四川月报》1937 年第 11 卷 1 期。

37. 《成渝铁路渝内段路基年内完成》，《四川月报》1938 年第 12 卷第 1 期。

38. 刘文辉：《完成西康建省之意义及今后施政之中心骨干》，《康导月刊》1939 年第 1 卷第 5 期。

39. 邓益光：《抗战中诞生之成渝铁路》，《抗战与交通》1940 年第 33 期。

40. 《建筑成渝铁路之必要》，《新蜀报》1944 年 7 月 19 日。

41. 《四川铁路问题》，《四川经济通讯》1944 年第 2 期。

42. 《兴建四川铁路问题》，《川康建设》1944 年第 1 卷第 5、6 期。

43. 《成渝成乐铁路施工计划拟就》，《经济汇报》1944 年第 10 卷第 5、

6 期。

44.《成渝铁路的过去》,《四川经济季刊》1945 年第 2 卷第 4 期。

45.《成渝铁路近状》,《粤汉半月刊》1946 年第 10 期。

46.《建筑成渝铁路,川参会议定办法》,《民国日报》1947 年 1 月 12 日。

47.《成渝铁路施工概况》,《建设评论》1948 年第 1 卷第 5 号。

48. 廷:《时评:成渝铁路建筑问题》,《西南经济汇报》1948 年第 1 卷第 2 期。

49. 邓益光:《成渝铁路概况》,《工学通讯》1948 年第 304 期。

50.《迎接成渝线路开工　西南军区警团掀起参加筑路热潮》,《新华日报》1950 年 6 月 15 日。

51.《成渝铁路正式开工　全部工程由西南军区解放军包修　预计明年年底即可全线通车》,《人民日报》1950 年 6 月 21 日。

52.《成渝铁路的修筑使西南人民的生活发生了巨大的变化》,《人民日报》1950 年 7 月 23 日。

53.《人民解放军大规模的生产建设运动,半年来获得辉煌成就》,《新华日报》1950 年 7 月 29 日。

54.《川西军区部队六千余人参加修建成渝铁路工程》,《新华日报》1950 年 8 月 23 日。

55.《成渝路修建工程顺利进行　对沿线社会经济发生良好影响》,《人民日报》1950 年 8 月 27 日。

56.《军工三支队星夜加班突击　上月底完成干线工程》,《新华日报》1950 年 9 月 5 日。

57.《川北军区军工三千余名参加修筑成渝路永川段》,《新华日报》1950 年 9 月 10 日。

58.《西南区救济失业工人工作逐步改进贯彻生产自救以工代赈方针》,《人民日报》1950 年 10 月 13 日。

59.《成渝路的修筑将给四川带来繁荣》,《人民日报》1951 年 5 月

9 日。

60. 张更生：《四十年的希望实现了——访问成长中的成渝铁路》，《人民日报》1951 年 5 月 22 日。

61.《记成渝铁路渝永段通车》，《新华日报》1951 年 7 月 4 日。

62.《西南铁路工程局职工庆贺党的生日"七一"举行渝永段通车典礼》，《新华日报》1951 年 7 月 4 日。

63.《工人冒雨抢修战胜山洪 成渝路"七一"如期通至永川》，《人民日报》1951 年 7 月 11 日。

64.《苏联专家对成渝铁路的帮助》，《人民铁道》1951 年 7 月 26 日。

65.《工程设计人员要打破"雇佣观点"》，《人民日报》1951 年 7 月 26 日。

66. 吴士嘉：《第一次列车》，《新华日报》1951 年 9 月 2 日。

67. 刘宗棠：《中国人民完全可以用自己的力量建设好自己的国家——老工程师萨福均谈成渝铁路的修筑》，《人民日报》1951 年 10 月 15 日。

68.《川南区全体筑路民工来信摘要》，《人民日报》1951 年 10 月 31 日。

69.《加强中苏两大国际的团结——苏联专家对成渝铁路的帮助》，《人民铁道》1951 年 11 月 15 日。

70.《川南民工筑路模范代表二百四十余人写信给毛主席报告工作》，《新华日报》1951 年 12 月 25 日。

71.《内江人民的喜悦——记成渝路重庆内江段通车盛况》，《人民铁道》1951 年 12 月 29 日。

72.《解放军筑路部队写信给成渝铁路职工祝贺成渝路重庆内江段通车》，《川西日报》1951 年 12 月 31 日。

73.《修筑成渝铁路的全体十万民工在新年给毛主席写信报告一年来筑路成绩》，《新华日报》1952 年 1 月 17 日。

74. 李楠、许上遴：《成渝铁路沿线人民的喜悦》，《川西日报》1952 年 1 月 24 日。

75. 荒山、刘恽：《成渝铁路柏树坳隧道工程修建纪实》，《川西日报》

1952 年 5 月 27 日。

76.《成渝铁路的通车给川西土产打开了广阔的销路》，《川西日报》1952 年 6 月 1 日。

77.《从成都工务段工程看苏联专家对我国的帮助》，《川西日报》1952 年 6 月 23 日，第 2 版。

78.《在庆祝成渝铁路全线通车大会上贺龙司令员讲话》，《新华日报》1952 年 7 月 2 日。

79.《苏联专家对修建成渝铁路有巨大贡献》，《人民日报》1952 年 7 月 2 日。

80.《重庆成都热烈庆祝成渝铁路通车》，《人民日报》1952 年 7 月 2 日。

81. 何溶、向地：《伟大祖国的伟大建设成渝铁路带给人民更多的糖》，《西南工人日报》1952 年 7 月 4 日。

82. 赵健民：《为更好地完成西南铁路建设而奋斗》，《西南军政报》1952 年 7 月 22 日。

83.《滕代远部长在重庆庆祝"七一"暨成渝铁路全线通车典礼上的讲话》，《西南军政报》1952 年 7 月 22 日。

84.《我国人民用本国器材修成的第一条铁路》，《人民日报》1952 年 9 月 13 日。

85. 高景湘：《西南铁路的摇篮》，《铁道建设报》1992 年 7 月 12 日。

86. 王兴华：《艰苦奋斗的象征》，《铁道建设报》1992 年 8 月 15 日。

四川铁路史

三卷本

第二卷

从线到网

构筑进出川铁路大通道

田永秀
张雪永 著
刁成林

四川人民出版社

图书在版编目（CIP）数据

从线到网：构筑进出川铁路大通道 / 田永秀，张雪永，刁成林著 . -- 成都：四川人民出版社，2025. 5. （四川铁路史）. -- ISBN 978-7-220-14082-2

Ⅰ. F532.9

中国国家版本馆 CIP 数据核字第 20256JF163 号

CONG XIAN DAO WANG: GOUZHU JINCHU CHUAN TIELU DA TONGDAO

从线到网：构筑进出川铁路大通道

田永秀　张雪永　刁成林　著

出 品 人	黄立新
责任编辑	刘姣娇　王定宇
装帧设计	李其飞
责任校对	吴玥
责任印制	周奇　刘雨飞
出版发行	四川人民出版社（成都三色路238号）
网　址	http://www.scpph.com
E-mail	scrmcbs@sina.com
新浪微博	@四川人民出版社
微信公众号	四川人民出版社
发行部业务电话	（028）86361653　86361656
防盗版举报电话	（028）86361661
照　排	成都木之雨文化传播有限公司
印　刷	成都蜀通印务有限责任公司
成品尺寸	170mm×235mm
印　张	21.25
字　数	314千字
版　次	2025年5月第1版
印　次	2025年5月第1次印刷
书　号	ISBN 978-7-220-14082-2
定　价	128.00元（全三卷）

导　言

　　本卷叙述 1953 年宝成铁路动工至 2008 年四川铁路建设发展的历史。在第一卷的基础上，本卷时间跨度半个多世纪，是四川铁路特别是进出川铁路通道快速、成规模发展的 55 年。至 2008 年，四川铁路营运里程达到 3020 公里，是 1953 年的 6 倍。特别是进出川铁路通道建设，打通了四川与区域外的联系，使得四川接入全国铁路网。加之铁路支线、地方铁路及专线铁路的建设，四川铁路网主骨架基本形成。

　　1952 年成渝铁路建成通车后，四川告别了没有铁路的历史。然而，四川与其他地区的物资、人员等交流与沟通仍然不能通过铁路实现。因此，进出川铁路的修建，成为此时四川经济社会发展的当务之急。1953 年宝成铁路的开工，揭开了进出川铁路大通道修建的序幕，也开启了四川铁路电气化的进程。这是四川第一条北向进出川通道。它的建成通车不仅沟通了西南、西北地区，也搭建起四川与全国铁路网的连接。自此，四川铁路建设发展进入崭新阶段。

　　1964 年党中央作出开展三线建设的重大战略决策后，四川铁路迎来建设发展的黄金时期。在三线建设整体规划布局下，国家集中人力、物力、财力先后修建了内昆、川黔、成昆、襄渝等铁路干线，进一步打通了进出川通道。这些铁路的修建，使得四川交通状况得到了根本性改善，对四川乃至西南地区的经济社会发展、民族团结、国防安全、民生改善等都产生了重要影响。不仅如此，三线建设时期四川区域内铁路支线、铁路专用线以及地方铁路的修筑，像毛细血管一样填补了"大动脉"的空缺，使四川铁路网进一步得以完善。

21 世纪初党中央提出西部大开发战略，又一次为四川铁路建设提供了新的发展契机。达成、达万、遂渝等铁路相继开工建设，进一步丰富了四川铁路网。与此同时，金筇、隆泸、泸纳、纳叙、普乐、万南、青温等地方铁路也先后规划建设。伴随四川铁路建设发展，四川铁路管理机构也实现了从初步建立到多次调整再到趋于稳定的状态，与之相对应的管理制度也逐渐确立，为四川铁路运营发展提供了坚实保障。在铁路运营方面，四川铁路也先后经历了奠定基础、曲折变化、逐步上升、快速发展四个阶段，不仅运营里程不断增加，运输能力和运输效率也不断提升。至 2008 年时，四川铁路已基本进入客运快速、货运重载同步发展的良好态势。铁路真正地成为四川的"大动脉"。

与此同时，为改善铁路工业布局，满足铁路设备制造修理的需要，四川先后兴建了成都机车车辆工厂、成都桥梁厂、资阳内燃机车工厂、眉山车辆工厂等，逐步形成了完备的铁路产业链，覆盖勘测设计、工程建设、设备制造、运营维护等领域。不仅如此，四川铁路附属事业伴随四川铁路建设而不断壮大发展，不仅助力铁路系统自身发展，也为四川地方经济社会发展提供了重要支撑。

从"一五"计划时期北向进出川铁路的建设，到三线建设时期西南铁路建设大会战的实施，再到西部大开发时期铁路网的不断完善，逐步实现了"从线到网"的历史巨变，构建起四川乃至西南地区铁路主骨架网。值得注意的是，这一时期四川铁路建设发展呈现出一个鲜明的特点，即四川铁路的建设发展始终与国家重大战略的实施息息相关。在国家重大战略支持下，四川铁路"奋勇向前"，不断延伸，不仅联通了四川区域内部，也畅通了四川区域内外联系，实现了从"蜀道难"到"蜀道通"的历史巨变。

目　　录

第一章

大刀阔斧：国家战略中的四川铁路规划

四川地处中国西南盆地，四面环山，北面是秦岭与大巴山脉，西、南两边分别与青藏高原和云贵高原连接，东部则是大巴山脉与云贵高原延伸出来的大片条状山地，山地和高原共占全省土地面积的 78.8%。[1] 复杂的地形使得四川自古以来就交通不便，可谓"蜀道难，难于上青天"，也严重阻碍了四川地区经济社会的发展。为改善四川交通条件，近代以来，从中央到地方政府都曾试图在四川修筑铁路，但由于种种原因，诸多筑路方案几乎均以失败告终。1950 年 6 月 15 日，作为干线铁路的成渝铁路动工修建，并于 1952 年 7 月 1 日建成运营，使四川铁路实现了从无到有的历史性突破，也拉开了四川铁路建设的序幕。

此后，国家先后三次作出西部大开发的战略决策，均为四川铁路建设发展提供了重要契机。"三次西部大开发"的概念最早由学者陈东林提出，他认为第一次是 1950 年代以"一五"计划为中心的大规模西部新工业基地建设，第二次是 1964 年至 1978 年以战备为中心在西部后方进行的三线建设，第三次是 1999 年启动至今仍在进行的西部大开发战略。[2] 在三次西部大开发

---

[1] 杨超等主编：《当代四川简史》，当代中国出版社，1997 年，第 1 页。

[2] 陈东林：《党的三次西部开发战略及指导思想的探索发展》，《毛泽东邓小平理论研究》2011 年第 6 期。

的时代契机下，四川铁路也先后迎来三次建设高潮，实现了"从线到网"的历史巨变，构建起四川乃至西南地区铁路主骨架网。这不仅使得四川乃至西南区域内部联通，也使其与全国铁路网相衔接，畅通了四川与外省的联系，加快了四川地区经济社会发展，也为四川民众出行提供了便利。

第一节 "一五"计划与进出川铁路建设

新中国成立后，四川工农业生产得到迅速恢复发展。1950—1952 年间全川工农业总产值以平均 10.7% 的速度增加，其中工业总产值年增长率达 30.1%。[①] 到 1952 年底，四川工业总产值已达 16.08 亿元，比 1949 年增长 1.2 倍。[②] 经济的恢复发展加大了对交通的需求。虽然成渝铁路建成通车加快了川渝之间的联系，但这仅仅是一条省内大干线，四川交通落后的状况仍未得到根本改变，与其他地区的交通联系仍未能畅通。为此，修建进出川大通道，成为推动四川经济发展的重要突破口。在"一五"计划中，党中央对西部展开了第一次大规模的开发，推动了宝成铁路的建设。这标志着四川第一次铁路建设高潮的到来。到 1958 年，宝成铁路正式投入运营，北向进出川通道得以打通，极大改善了"蜀道难"的局面。

一、"西南是交通第一"

四川地区历来比较封闭，所以有"天下未乱蜀先乱，天下已治蜀未治"的说法。唐朝诗人李白也曾赋诗："尔来四万八千岁，不与秦塞通人烟。"先民们为了改变这种状况，开辟了一些古道，但大多都崎岖难行，危险程度很高，且只能供人马行走，根本不能运输大宗货物，效率低下。而大片地区

---

① 杨超等主编：《当代四川简史》，当代中国出版社，1997 年，第 67 页。

② 《当代中国》丛书编辑部：《当代中国的四川》，中国社会科学出版社，1995 年，第 69 页。

甚至连此等羊肠小道都未能修筑，交通隔绝，长期制约着四川地区的发展。

党和国家领导人早已认识到铁路对西南地区经济社会发展的重要性。在中国共产党第一次全国宣传工作会议上，陈云便指出："在西南铁路还没有修通以前，有很多粮食运不出来，那里农民的生活是不会太好的。"足见在西南地区建设铁路的重要意义。陈云还深入分析了发生这种情况的原因："现在西南的粮食很贱，成都的大米五百块钱一斤都没有人要，可是西南有的地方老百姓没有裤子穿。这是因为交通不便，农产品运不出来，工业品运不进去，就是进去一点也是背进去的。如果我们把西南、西北铁路修通了，就不会发生这样的问题。无论从经济来讲，还是从国防来讲，把那个地方的铁路搞起来，是一件大事情。"① 因此，以四川为代表的西南地区铁路建设迫在眉睫。

随着成渝铁路的修筑与通车，四川人民实实在在地体会到了铁路的重要意义。成渝铁路建成通车后的第一年，客运周转量就达到了四川省全年旅客周转量的50%以上，四川人民切身感受铁路给生活带来的便利。成渝铁路的修筑也犹如一个火车头，带动了四川经济恢复和发展。② 早在这条铁路动工时，重庆及附近地区停工已久的私营钢铁、机械、水泥等工业就已实现部分复工生产。四川老百姓不光直接参与铁路建设，增加了收入，改善了生活，还充分体会到了自己成为国家真正的主人。成渝铁路通车以后，"老百姓都穿上花衣服、新衣服，像过节一样，差不多每天有五六万人去看铁路"③。在物质上和精神上，川人都体会到了铁路带来的巨大效益，对发展铁路的渴望也愈发强烈。

当时主政西南的邓小平对发展西南铁路的重要性也有深刻洞见。他指出："西南的铁路是全国建设的一个重点，恐怕今后要争取每一年有一条铁路开工。铁是不成问题的，主要是技术问题。过去我们说过要修天成路，现

---

① 《陈云文选》（第二卷），人民出版社，1995年，第142页。
② 田永秀：《成渝铁路建成通车与民众认同》，《西南交通大学学报》（社会科学版）2016年第6期。
③ 《邓小平西南工作文集》，重庆出版社，2006年，第548页。

在已经开工了，明年争取川黔路开工，川滇路也开工，甚至争取滇黔路开工。往后的任务是很多的，西南是交通第一，有了铁路就好办事。"① 不难看出，西南铁路在政治、经济、国防上均具有重要意义，其规划建设理应成为全国铁路建设的重点。

党和国家领导人的重视，加之人民群众对铁路的期盼，使得四川铁路建设在"一五"计划期间迎来第一次发展契机。换言之，国家规划和地方需求，共同推动了这一时期四川铁路的规划建设。具体而言，促使"一五"时期四川铁路建设发展的因素集中在以下三个方面。

一是地方服从国家规划发展全局的典型体现。"一五"计划明确要求地方在制定自身发展计划时，必须"根据统一的国家计划，从国家整体利益的观点出发，使地方的利益同国家的利益相结合起来"②。"一五"计划中明确要修建贯通西南和西北的宝成铁路，强调这是将西南与全国各地区连接起来，开发西南经济的重要条件。四川省委和政府在制定四川省发展国民经济的第一个五年计划时，就明确要"从各方面保证国家重点建设，准备和创造四川进一步发展工业的条件"，在交通运输业方面，提出建设宝成铁路。③同时，成昆、内昆等铁路的勘测设计工作也开始陆续着手进行。因此，规划建设四川铁路是地方服从国家，贯彻落实党中央战略意图的具体实践。

二是适应工业分布调整与新工业基地建设的需要。由于历史等原因，我国工业布局集中在沿海地区。新中国成立后，为改变工业地区分布不合理的状况，国家决定"一五"期间，"在西南开始部分的工业建设，并积极地准备新工业基地建设的各种条件"④。四川是西南地区的经济中心，具有重要

---

① 《邓小平西南工作文集》，重庆出版社，2006 年，第 522 页。

② 《中华人民共和国发展国民经济的第一个五年计划》（1953—1957），人民出版社，1955 年，第 145 页。

③ 四川省地方志编纂委员会：《四川省志·大事纪述》（下），四川科学技术出版社，1999 年，第 39 页。

④ 《中华人民共和国发展国民经济的第一个五年计划》（1953—1957），人民出版社，1955 年，第 32 页。

战略地位。"一五"期间，国家 156 项重点建设项目和 694 个限额①以上项目分别有 6 个和 16 个在四川，加上其他重要的工业、交通项目，总计为 93 个，重点为能源和交通事业。其中，工业、交通、邮电的基本建设投资共 18.24 亿元，占全省基建投资总额的 68.1%。② 铁路是工业化的产物，也随着工业化进程而发展。四川铁路建设将为这些重点项目的原材料输入和产品输出提供便捷通道，降低运输成本，提高生产效率。因此，为实现四川这一西南新工业基地的建设发展，铁路建设必须跟上。

三是四川自身经济社会发展需要现代化的铁路。四川省自古被称为"天府之国"，以物产丰富而闻名于中华大地。但一直以来囿于四面环山的地理条件，山高路险，物资往来难以畅通。因此，交通条件的改善对于其经济发展至关重要。倘使进出川铁路得以修建，路网得以构建，则四川丰实的物资、土特产便可以通过铁路运出去，四川境内蕴藏的丰富矿产和能源资源也将进一步得到开发，四川与其他各地区的交流紧密了，经济也就自然"活"起来了。因此，规划建设四川铁路是促进该地区经济社会发展的重要推手。

二、"一五"时期进出川铁路规划

四川为盆地结构，四面群山环绕。按地貌可分为四川盆地东部山区和四川西部高山高原区，即除成都平原外，几乎全为高原、山地、丘陵等地貌。四川盆地东部山地区从广元经灌县、雅安、泸定、大渡河、锦屏山东侧、木里至省界一线，即龙门山断裂带和康定、磨西、金河、菁河断裂带一线以东地区，总面积 291 860 平方公里，占全省总面积的 51.42%，为海拔 750 米以下的四川盆地和 2000～3000 米的破碎山地。③ 换言之，四川省域内四川盆地的北、南、东三面均为山地结构，出省后又分别与秦岭、云贵高原以及大

---

① 重工业投资在 500 万元以上，轻工业投资在 300 万元以上的建设单位叫限额以上的单位，在这以下就叫限额以下的建设单位。不过各工业部门的限额也并不相同，视具体情况而言。

② 四川省地方志编纂委员会：《四川省志·政务志》（上），方志出版社，2000 年，第 270 页。

③ 四川省地方志编纂委员会：《四川省志·地理志》，成都地图出版社，1996 年，第 453 页。

巴山与云贵高原延伸出来的大片条状山地相连接。至于四川西部高山高原区，分布在四川东部盆地山地大区以西，总面积 275 740 平方公里，占全省总面积的 48.58%，为海拔 4000 米以上的高原和深切峡谷，并有不少 5000 米以上极高山，冰川地貌较普遍。① 因此，修建进出川铁路的难度可想而知，特别是西部进出川通道的修建挑战更大。

早在 1950 年 1 月，陈云在向中央汇报财政经济工作时就提议："以西北、西南、华中的剩余兵力，除去进行农业生产、水利工程外，有计划地使用于修筑某些必要铁路的路基、山洞，利用军队的空闲劳动力，争取时间，把今后几年内需要或可能修筑的铁路，先筑好路基。"② 其中，涉及四川的便有成渝、天成（后更名为宝成）、叙昆（后更名为内昆）三条铁路。

继 1952 年成渝铁路建成通车后，首先列入国家"一五"计划的便是宝成铁路。其原因何在？修建铁路的首要目的，是利用铁路的优势，带动沿线经济发展。东面成渝铁路已建成通车，如若从南线再建一条东向出川通道，那么其川内段将与成渝铁路功能重合。如果从北线修建东向出川通道，那么铁路线将进入湖北，但不能与国家铁路网连接，仅能沟通川鄂两地。如果从南面出川，云贵高原地质复杂，山高林密，修建的难度比东、北两面更大。而且西南地区经济落后，相互之间的沟通迫切性相较于其他地方更弱。换言之，相较于沟通西南地区的铁路，修建与全国铁路并网的通道意义更大，对经济发展的促进作用也更明显。

在综合比较衡量之下，四川第一条出入川大通道选择由北向通道出川，初步设计在天水与陇海铁路相连接，以并入全国铁路网。后经再次勘测设计，有天水至略阳以及宝鸡至略阳两个北段修建方案。经过比较，虽然宝略段比天略段长 4 公里，但是从宝鸡进入四川的货物约占全部运量的三分之二，而天水到宝鸡的距离长达 153 公里，故最终选择宝略段，并将该线定名为宝成铁路。正如时任铁道部部长滕代远所言，这条铁路的规划"对于加强

---

① 四川省地方志编纂委员会：《四川省志·地理志》，成都地图出版社，1996 年，第 456 页。
② 《陈云文集》（第二卷），中央文献出版社，2005 年，第 59 页。

物资交流，进一步改善人民生活，促进西南地区文化和经济的发展，以及支援国家工农业建设和国防建设，都将起着巨大的作用"[①]。

第一，它对沿线地区经济发展意义重大。宝成铁路沿线有丰富的工业原料和足够的劳动力，尤其成绵段有采矿、化学、制革、酒精、肥料、制烟、水泥及粮食加工等工业，并有中坝、广元的煤、嘉陵江上游的水力、陇南的铁泥及嘉陵江上游的森林，农产品有棉、小麦、豆类、大米、蔗糖。[②] 如若宝成铁路通车，四川盆地、川西北秦岭山地以及陇南盆地的丰富资源，将通过该线运往全国各地。物资流通起来以后，四川地区工农业产品的差价将会一天天缩小，这将惠及这一地区 1100 万余人民的生活。

第二，它可以为四川民众出行提供便利。在没有这条铁路的时候，四川人民要去往省外的各个大城市，只有通过汽车和轮船，这两种交通工具不仅速度很慢，而且运载能力十分有限。如果宝成铁路建成通车，从重庆坐上火车，可以直达北京，到达遥远的东北、西北和南方各省，还可到达莫斯科。[③] 不仅如此，云南、贵州、西藏等地的人民也可以通过公路到达成都、重庆，再换乘火车去往全国各地，大大缩短了西南各省与全国的距离。

第三，它对丰富四川铁路网具有重要价值。如前所述，四川第一条出川大通道选择北面出川，就是因为能与全国铁路并网。那么，并网之后，修建连接西南各省以及四川到湖北等地的铁路意义就更为重大。宝成铁路未修建之时，这些铁路规划只能用作省际交流，建设意义相对较弱。宝成铁路修建通车之后，这些铁路可以通过宝成铁路，在成都或重庆与全国铁路并网。这无疑更利于四川铁路网的规划安排，将不再受未与全国铁路网相连接这一问题所制约。

"一五"计划期间，在宝成铁路修建的同时，为进一步改变四川交通落后的状况，内昆、成昆铁路的勘测设计工作也开始着手进行。1952 年 11

---

① 《在宝成铁路通车典礼大会上 铁道部长滕代远的讲话》，《人民日报》1958 年 1 月 2 日。

② 铁二院史志编辑委员会：《铁道部第二勘测设计院志（1952—1995）》，内部发行，2000 年，第 61 页。

③ 襄征：《通向幸福之路——宝成铁路介绍》，四川人民出版社，1956 年，第 1 页。

月，西南铁路工程局设计分局①成立后，在极端困难的条件下，在成都至昆明间1000多公里长、200多公里宽的范围内，经过一年多的步勘和草测，提出了东、中、西三大方案。其中，西线方案为成昆铁路，东线方案则发展为内昆铁路。

成昆铁路是一条南向进出川通道。当时，在三大线路方案中，以中线最短、工程最省，又利于云南东川铜矿的开发，作为推荐方案，经批准采用。1954年编制了初步设计，次年鉴定时，由于金沙江沿岸地质不良、工程费大量增加，同时根据国民经济的发展，中线方案不能适应煤铁主要资源开发和工业布局规划，故决定放弃。1956年初，为开发峨眉磷矿、攀枝花铁矿和永仁煤矿，铁道部决定采用西线方案，由西南设计分局改组成立的铁道部第二设计院编制了《成都至昆明设计意见书》，报送铁道部。方案上报后，不仅铁道部内部争论不休，周恩来总理也召集各方反复研究，因为各种复杂因素，该线方案一直未能确定。最后，由于地矿工作者在攀枝花地区发现了蕴藏着非常具有综合利用价值的铁矿石、煤炭、钒钛等资源，促使了党中央、国务院选择了西线方案。1957年国庆前夕，进行了成昆铁路方案审定，最终否定了苏联专家推荐的中线方案，大胆确定了中国专家据理力争的西线方案。② 成昆铁路曲折的线路方案比选过程，也侧面印证了这一时期进出川铁路规划具有长期性、灵活性、经济性、社会性等特点，需要予以综合性考量。

内昆铁路也是一条南向进出川通道。该线在内江站与成渝铁路接轨，且内昆铁路南段与贵昆铁路西段共轨，这就将云、贵、川三省③串联起来。内昆铁路的修建对完善四川铁路网乃至西南铁路网都有着重要的作用。

首先，内昆铁路能完善西南内部路网结构。内昆铁路修建之前，西南三省相互之间没有任何一条铁路。而内昆铁路将连接云、贵、川三省，打破三

---

① 1955年更名为铁道部第二勘测设计院（简称铁二院）。

② 中共四川省委党史研究室、四川省中共党史学会：《三线建设纵横谈》，四川人民出版社，2015年，第312页。

③ 重庆市当时为四川省省辖市。

省之间没有铁路连接的尴尬局面。其次，黔煤入川有路可循。四川是一个能源大省，也是一个耗能大省。煤炭的后备资源不足，供需矛盾突出。而贵州省的六盘水市被称为"西南煤海"，内昆铁路的修建，可使贵州的煤通过贵昆铁路经梅花山从内昆铁路北段运入四川。这不仅能解决四川能源紧张，还能加速贵州的煤炭资源开发。最后，内昆铁路能带动沿线人民致富。西南三省的经济具有依赖性和互补性，内昆铁路的修建，不但能促进三省之间更大规模的经济交流，而且能把资源优势转化为经济优势，促进三省经济腾飞。内昆铁路沿线，资源丰富，工业基础薄弱，经济落后，由于公路运输运费昂贵，产品无竞争力，人民生活贫困。[1] 所以，内昆铁路的修建既是改善交通状况的大事，也是带动当地人民脱贫致富的实事。于是，内昆铁路于1956年勘测设计完成后，随即动工修建。

第二节 三线建设与西南铁路建设大会战

进入20世纪60年代，为应对日趋紧张的国际局势，解决国内工业布局不平衡的问题，党中央根据各地区战略定位的不同，把全国划分为一、二、三线地区，作出了加快三线建设、建立战略后方的重大战略决策。四川是三线建设的重点省份，国家对四川基本建设投资达300多亿元，约占整个三线地区投资的三分之一，约占1949年新中国成立至1976年国家在四川基本建设总投资的80%左右。[2] 在西南铁路建设大会战中，四川铁路迎来新的发展契机，先后规划建设了成昆、襄渝、川黔等铁路干线和支线，使得四川各地区之间相互沟通起来，也进一步打开了进出川客货运输通道。自此，四川铁路形成了"H"形的国家铁路与诸多支线、专用线相结合的铁路网。

---

① 中铁二院工程集团有限责任公司：《内昆铁路》（上），西南交通大学出版社，2008年，第13页。

② 中共四川省委党史研究室：《中国共产党四川100年简史》，中共党史出版社、四川人民出版社，2021年，第120页。

一、三线建设与四川工业发展

1964 年，以毛泽东为核心的第一代领导集体毅然决然地作出并雷厉风行地指导实施一项重大战略决策，即以战备为目的、以国防经济建设为中心，在我国中西部地区进行大规模工业、交通等基本建设，简称三线建设。[①] 这与当时错综复杂的国内外形势密不可分。在国际方面，中国周边的国际局势逐渐趋向紧张，受到了来自四面八方的严重威胁。一方面，中苏关系交恶。苏共二十大之后，双方已然出现严重分歧，在 1958 年苏联提出有损中国主权的"长波电台"和"联合舰队"事件之后，中苏两国关系走向决裂。20 世纪 60 年代初，苏联不断在中苏边境挑起侵犯我国主权的事件。另一方面，来自美国的威胁也不断增加。中美两国在台湾问题、越南战争问题以及核问题上都存在诸多分歧。加之台湾蒋介石政权叫嚣反攻大陆、中印边界的军事冲突不断等，更加坚定了中共中央要加紧建设三线的决心。

在国内方面，通过"一五"计划的实施，我国工业布局得到了一定的改善，西南地区的新工业基地建立起来，但是基础仍然十分薄弱，并未改变我国工业交通布局的不合理现象。约 60% 的民用机械工业、52% 的国防工业（包括潜艇制造业的 77.8%、兵器制造业的 40%、飞机制造业的 72.7%、无线电工业的 59%）以及 50% 的化学工业都集中于沿海地区百万人口以上的大城市。[②] 主要的铁路交通枢纽、港口等也都集中在大城市附近，从我国的地理位置与历史发展来看，在历次战争中，由于海岸线太长，沿海是敌人进攻的重点。那么，一旦发生现代化战争，我国主要的工业中心、人口大城市将在极短时间内受到极大的打击，我国将毫无反击之力。

由于战争的紧迫感，中共中央开始了以备战为目标的又一次工业布局调整。根据毛泽东对总参谋部作战部《关于国家经济建设如何防备敌人突然袭

---

① 宋毅军：《关于以毛泽东为核心中央领导集体作出三线建设战略决策的回顾和思考》，《安徽史学》2014 年第 2 期。

② 陈东林：《三线建设——备战时期的西部开发》，中共中央党校出版社，2003 年，第 76 页。

击的报告》的批示，1964 年 8 月 19 日，李富春、薄一波、罗瑞卿联名向毛泽东和中共中央提交《关于落实毛泽东对国家经济建设如何防备敌人突然袭击问题批示的报告》，建议在国务院成立专案小组，由李富春任组长，薄一波、罗瑞卿任副组长。指出"各有关方面，都必须按照主席指示的'精心研究，逐步实施'的原则，尽快进行研究"，并应注意以下几点：

（1）一切新的建设项目，不在第一线、特别是 15 个一百万人口以上的大城市建设；

（2）第一线，特别是 15 个大城市的现有续建项目，除明年、后年即可完工投产见效的以外，其余一律要缩小规模，不再扩建，尽早收尾；

（3）在第一线的现有老企业，特别是工业集中的城市的老企业，要把能搬的企业或一个车间，特别是有关军工和机械工业的，能一分为二的，分一部分到三线、二线；能迁移的，也应有计划、有步骤地迁移；

（4）从明年起，不再新建大中水库；

（5）在一线的全国重点高等学校和科学研究、设计机构，凡能迁移的，应有计划地迁移到三线、二线去，不能迁移的，应一分为二；

（6）今后，一切新建项目不论在哪一线建设，都应贯彻执行分散、靠山、隐蔽的方针，不得集中在某几个城市或点。①

这份报告无论从时间还是从内容来看，可以说是确立三线建设决策最早的文件，具有重要意义。② 从这份文件不难看出三线建设对工业布局的调整。其一，新建项目不在一线安排，而是转入二线，尤其是三线进行建设；其二，一线的工程、学校、机构有步骤地、分阶段地迁移至二线、三线；其三，新建的项目要贯彻执行"分散、靠山、隐蔽"的选址原则。

1964 年 10 月 30 日，中共中央批准并下发国家计委提出的《1965 年计划纲要（草案）》。该计划的指导思想为："争取时间，积极建设三线战略后方，防备帝国主义发动侵略战争。"提出三线建设的总目标是："要采取多

---

① 《建国以来重要文献选编》（第 19 册），中央文献出版社，1997 年，第 133 – 134 页。

② 陈东林：《三线建设——备战时期的西部开发》，中共中央党校出版社，2003 年，第 57 页。

快好省的方法，在纵深地区建立起一个工农业结合的、为国防和农业服务的比较完整的战略后方工业基地。"① 大规模的三线建设随之展开。

在西南地区，相较云贵两省，由于特殊的战略地位，四川成为西南地区三线建设的重中之重。从投资来看，1964年到1976年，中央和地方投入四川的建设资金总共335.05亿元。按年度计，1964年7.44亿元，1965年19.8亿元，1966年30.5亿元，"文化大革命"初期的两年投资略有减少，1969年上升到40.83亿元，以后几年保持在20亿元以上。这一时期国家在四川的三线建设投资是新中国成立到1964年三线建设决策的14年总投资的4倍。② 从建设项目数量来看，三线地区823个大中型项目中，安排在西南地区的共有435个，其中四川247个，占整个西南地区项目总数的57%。③

那么，为何四川成为三线建设的重点省份？从地理条件来看，四川地貌最显著的特点是东、西两大部分的地貌类型及其结构组合都有很大差异。西部为山地、高原。川西高原属青藏高原的东缘，从西北向东南倾斜，平均海拔由4200~4500米逐渐降到3500~3700米。川西山地处于横断山脉的北段，多海拔5100~5200米山岭，冰川地貌发育普遍，河谷深切。④ 这样的地形十分适合国家重要国防项目的建设条件，与三线建设提出的分散、靠山、隐蔽的方针也十分契合。再者，由于中苏关系交恶，西北失去了原有的位置优势，在当时来看，四川的地理条件与位置是进行大量国防工业建设的最佳选择。

地理环境复杂、地质活动活跃、矿产资源丰富，这是四川作为三线建设重点的又一原因。早在1914年，丁文江便由滇入川，对四川的矿产进行了考察，发现了煤矿、铜矿、镍矿等矿产。新中国成立后，西南军政委员会立即成立专门机构对四川的地质矿产资源进行勘探，并在"一五"计划期间

---

① 徐棨华等：《中华人民共和国国民经济和社会发展计划大事辑要》（1949—1985），红旗出版社，1987年，第222页。

② 陈东林：《三线建设——备战时期的西部开发》，中共中央党校出版社，2003年，第133页。

③ 陈夕主编：《中国共产党与三线建设》，中共党史出版社，2014年，第10页。

④ 四川省地方志编纂委员会：《四川省志·地理志》，成都地图出版社，1996年，第380页。

向国家提交了可供规划和设计的21种矿产资源。20世纪50年代又查明和扩大了綦江铁矿，天府、南桐、永荣、广旺、宝鼎等煤矿，石棉矿、云母矿、天宝山铅锌矿、炉厂铜矿等老矿山的储量，同时新发现和证实了攀枝花、红格、白马、泸沽、华弹、邓家乡等铁矿，峨眉和雷波的磷矿，团宝山、二郎、寨子坪、大梁子等铅锌矿，以及力马河镍矿和拉拉铜矿等一大批具有重大价值的矿区。① 丰富的矿产资源，保证了三线建设对矿山设计和生产的需要。

从工业基础上来看，四川在三线建设之前工业经历了两次发展。首先是抗日战争爆发时，西南作为抗战大后方，大批工厂迁入四川，加强了四川的工业实力。其次是"一五"计划时期，苏联援助的156项工程项目中有6项在四川，进一步促进了四川工业能力提升。因此，从各个方面来看，四川都是三线建设选址的绝佳之地，四川也顺理成章地成为三线建设的重点地区。

由于党中央对四川三线建设的重视，四川各项事业迎来发展的最佳时机，也奠定了四川工业雄厚的发展基础。就建设项目类别而言，国家在四川的布局涉及国防、钢铁、有色金属、煤炭、石油、机械等几乎所有工业行业。具体而言，一是以攀枝花钢铁基地为代表的冶金工业，这是西南地区三线建设的重点之一。早在1964年5月27日，毛泽东在中共中央政治局常委会议上指出，"攀枝花铁矿下决心要搞"，而且"应该把攀枝花和联系到攀枝花的交通、煤、电的建设搞起来"。② 6月8日，他在中共中央政治局扩大会议上进一步指出："攀枝花钢铁工业基地的建设要快，但不要潦草，攀枝花搞不起来，睡不着觉。"③ 足见毛泽东对攀枝花钢铁基地建设的重视。二是以四川东方电机厂、东方汽轮机厂、东方锅炉厂、德阳第二重型机器厂、四川重型汽车厂等为代表的机械工业。三是以成都为中心，沿铁路线在绵

---

① 四川省地方志编纂委员会：《四川省志·地质志》，四川科学技术出版社，1998年，第6页。

② 中共中央文献研究室：《毛泽东年谱（一九四九——一九七六）第五卷》，中央文献出版社，2013年，第355页。

③ 薄一波：《若干重大决策与事件的回顾（修订本）》（下卷），人民出版社，1997年，第1236页。

阳、广元、重庆共 4 个地区布局形成四川电子工业基地。其中，沿宝成线规划了成都、绵阳、广元三个电子工业区，沿成渝线布局了重庆、永川、宜宾等地的电子工业。四是沿成昆铁路布局了西昌航天发射基地，以及以成都为中心的航空工业基地。五是建设了以中国西南物理研究院、中国核动力研究设计院、821 厂为代表的核工业，主要从事核原料生产、核燃料元件制造、核动力装置以及核武器研制等。六是以重庆为中心的常规兵器工业基地，以及重庆化工厂、川南化工厂、西南合成制药厂等化工工业。此外还有石油、船舶、建材等工业规划建设。

二、四川铁路规划建设新契机

为了调动各方面积极因素，集中力量，大力协作，使三线建设进行得又快又好，1965 年 2 月 26 日，中共中央、国务院对西南三线建设体制问题作出决定。具体如下。

（1）凡是在三线一个地区建设的重大综合项目，如以钢铁为中心的攀枝花工业基地的建设、以重庆为中心的常规兵器工业的配套建设，以及铁路建设工程等，都应采用大庆经验，即集中领导、各方协作的办法，以中央主管部为主，负责统一指挥，统一管理，有关各省、市、区和各部门协助进行。

（2）西南三线的中央直属建设项目，所有建设的施工力量、技术力量、设备和材料，由各有关部统一安排，负责解决，并由国家经委（在国家建委成立后由国家建委）督促检查执行情况。所需的地方建筑材料、地方协作产品、粮食和副食品供应、临时工以及其他问题，如协调地方与建设人员的关系等，由有关省、市、区负责安排。

（3）为了加强对整个西南三线建设的领导，决定成立西南局三线建设委员会，并撤销原攀枝花基本建设筹建小组，由李井泉同志任该委员会主任，程子华、阎秀峰同志为副主任。其他委员人选，请西南局提出，报中央批准。西南局三线建设委员会的工作机构由西南局计委、经委、建委负责或另设小的办公室，亦请西南局决定。[①]

文件还明确规定了西南局三线建设委员会的权力与职责，除要求该委员会完成国家三线建设任务之外，还给予了其极大的自主权。党中央、国务院表示，如果西南局三线建设委员会与其他部门发生重大分歧时，可以直接报给党中央解决。这足以体现西南三线建设的重要性。

建设西南，交通先行。但是，当时四川、云南、贵州三省之间都未能实现铁路联通，远不能满足西南三线建设的需求。"一五"计划结束后，虽然四川地区便陆续有铁路动工，由于基建压缩政策，建设几经曲折。川黔铁路于1961年8月被迫停工，川豫铁路于1963年1月1日停止修筑，成昆铁路也是"三上三下"。也就是说，三线建设前夕，四川省境内只有成渝、宝成两条铁路，远不能满足备战需要和经济发展需求。

因此，三线建设的实施，为四川铁路发展提供了新的契机。在这期间，四川规划建设了成昆、川黔、襄渝等铁路干线。这些铁路工程任务艰巨，线路多处在崇山峻岭之间，需要修建大量的桥梁、涵洞和隧道才能将线路打通。其中，尤以成昆铁路建设最为困难。成昆铁路线的蓝图出来后，许多专家一看，铁路所经之地，山势陡峭，奇峰耸立，深涧密布，沟壑纵横，地质和地形极为复杂。更有一些外国专家得知中国要在此地修建成昆铁路的消息时，发出这样的嘲笑："中国人简直是疯了。"[②] 概括起来有四难：山高谷狭，地势险恶，铁路线可行的平地极少，必然要穿山跨谷，筑路工程极难，这是第一难；一条线路上，气候变化多端，反映线路海拔高程的起伏，铁路线要多次上坡下坡，对设计和修建铁路又是一难；河流湍急，河床地质不良，对修筑铁路桥梁也是一难；第四难则是地质状况复杂，被称为"地质博物馆"。

虽然难度极大，但这三条铁路的规划修建十分必要，对四川的交通情况改善、域内铁路构成网络以及三线建设都有重大的意义。川黔铁路于1964

---

① 《建国以来重要文献选编》（第20册），中央文献出版社，1998年，第74-75页。
② 四川省档案馆：《档案中的初心故事》，四川人民出版社，2020年，第118页。

年全面复工。在成昆铁路未修建成功之前，川黔、内昆和贵昆三线与成渝铁路一起将成都、重庆、昆明、贵阳四个西南大城市连成了一个圈，使得西南三省融为一体，西南地区落后的交通面貌得以初步改善。这是"一五"时期调整沿海与内地经济布局的延续，同时也为三线建设提供了支持。另外，川黔铁路是纵贯四川、贵州的一条大干线，北连成渝铁路可通至西北地区，南接黔桂铁路可以到达湛江港口，构成了四川南向出海最直接的一条大通道。而且它不仅担负着西北、西南方面对外进出口运输的重任，还对开发沿线的煤、铁、猛、铝及磷肥等矿，促进地方工农业生产，改变地区的经济面貌，提高人民文化生活水平均有重要意义。[1]

成昆铁路的规划建设，首先能填补成都与昆明之间铁路的空缺。成都与昆明之间原本是由内昆铁路连接，但由于基建压缩，内昆铁路于 1962 年停工之后便没再次启动，仅完成四川境内内江至宜宾段的修建，并未与贵昆铁路连接，只是四川境内的一条铁路，并不能构成西南三省相互沟通交流的铁路网。虽然自昆明经贵昆铁路，再经川黔铁路，最后通过成渝铁路可到达成都，但是相比修建成都到昆明的直达铁路，这样的路线规划显然不利于云南和四川之间交流。

其次，成昆铁路对加强民族团结，维护地区稳定作用突出。这条铁路沿线聚居彝族、苗族、藏族、白族、壮族、傣族、傈僳族等几十个少数民族。[2] 可以说，这是新中国成立近 20 年以来，修建的沿线聚居少数民族数量最多的一条铁路。在铁路的推动下，少数民族地区与其他地区的融合现代化发展将进入新时期，少数民族地区的人民与其他地区的沟通交流也会不断增多，对于开阔民族视野，加强和谐幸福的民族关系有强大的推动作用。

最后，成昆铁路对四川经济发展和国防建设也具有重要作用。由于四川处在地质活跃地带，矿藏丰富且相对集中，如钒钛磁铁矿、铅、锌、铜、锡

---

① 铁二院史志编辑委员会：《铁道部第二勘测设计院志》（1952—1995），内部发行，2000 年，第 75 页。

② 彭清源、韩永言：《中华人民共和国五十年成就事典 1949—1999》，沈阳出版社，1999 年，第 294 页。

等主要集中在攀西地区，稀有金属则主要分布在川西高原。铁路建成后对这些矿产的开发以及工厂的兴建提供了可靠的运输条件。此外对开发川滇高原的水力资源和森林资源也奠定了基础。[①]　对国防建设的意义自然不言而喻。三线建设的首要目的就是国防建设，作为重点项目之一的成昆铁路，在开发经济的同时，建设大后方的国防作用在这一时期是更为重要的。

襄渝铁路的规划在川黔铁路和成昆铁路之后，其重要性似乎也经常被人们所忽视，但它也是三线建设时期国家规划修建的一条非常重要的铁路。首先它是一条重要的战备铁路。该线路四川段沿线人口众多，资源丰富，且大量的国防工业在沿线布点。地方工业中的优势企业也分布在该线，其中，三汇镇、双河等地的水泥厂也与襄渝铁路同时动工。在全国铁路网中，它既是连接祖国东、南、北方的重要交通干线，也是陇海铁路的迂回线，东接焦枝铁路，在安康与阳安铁路相交，西接成渝、川黔铁路，在我国东西走向的铁路网中占有重要位置。

综合来看，川黔、成昆、襄渝铁路的规划建设，彻底改变了四川地区只有宝成、成渝一线的局面，使四川铁路实现了由线到网的突破。以成都为中心，南向可经成渝铁路由内江转入内昆铁路北段到达川南重镇宜宾，由成昆铁路经西昌、攀枝花到达昆明，由成渝铁路到达重庆后，经川黔铁路可达贵阳。北向则可经宝成铁路到达陕西宝鸡，并可由宝鸡再经陇海线去往全国各地。东向成渝铁路到达四川另一经济中心重庆，再经由襄渝铁路进入华中，并与焦枝铁路衔接，亦可去往全国各地。

三、西南铁路建设大会战部署

伴随三线建设这一国家重大战略的提出，四川铁路建设的重要性进一步凸显。对此，毛泽东亦有深刻认识。谈到攀枝花钢铁基地建设时，他指出

---

① 铁二院史志编辑委员会：《铁道部第二勘测设计院志》（1952—1995），内部发行，2000 年，第 84 页。

"应该把攀枝花和联系到攀枝花的交通、煤、电的建设搞起来"①。这足以见，铁路是大后方工业基地建设的重要环节。对于成昆铁路的修建，他也颇为重视。1964 年 7 月 15 日，毛泽东在与党的主要领导人的谈话中指出，"如果材料不够，其他铁路不修，也要集中修一条成昆路"②。一个月后，毛泽东在北戴河听取薄一波关于计划工作的汇报时再次强调，"湘黔、滇黔、川黔三条路，搞了几年了，没有影子。成昆路要两头修，滇黔路也可以两头开工还可以更多的点开工"③。

除此之外，从"三五"计划制定过程中对成昆铁路安排的变化，也可以看出党和国家加强四川铁路建设的决心。在"三五"计划的初步设想中，对交通基础建设尤其是铁路建设的重视程度其实并不够。李富春直言："我们在计划中间对西南的建设就注意不够。比如铁路修建，成昆路没有安排，湘黔路只安排了一半。"④ 当时的主要任务是建立国防工业基地，那么工业布局就一定要纵深配备，要实现这一目标，建立相应的现代交通体系至关重要，铁路是重中之重。工业的绝大部分产品需要通过铁路运输才能完成生产、流通和分配过程，因而工业发展与铁路运输之间的关系非常密切。⑤ 但是四川地区仅有宝成铁路一条线与全国铁路网相连，这对三线建设的安排部署极为不利，铁路的修建成为配合三线建设的头等大事。因此，中央明确提出："第三个五年计划战略布局中最重要的就是工业布局的纵深配备问题。搞纵深配备，战略展开，就要修铁路。把攀枝花搞起来，湘黔路修通了，摊子就铺开了。要把成昆路、攀枝花搞上去……要集中力量搞湘黔、川黔、成昆，打攀枝花这个歼灭战，这是个总的战略安排。"⑥

---

① 中共中央文献研究室：《毛泽东年谱（一九四九——一九七六）第五卷》，中央文献出版社，2013 年，第 355 页。
② 中共中央文献研究室：《毛泽东年谱（一九四九——一九七六）第五卷》，中央文献出版社，2013 年，第 375 页。
③ 中共中央文献研究室：《毛泽东年谱（一九四九——一九七六）第五卷》，中央文献出版社，2013 年，第 391－392 页。
④ 李富春：《关于计划安排的几点意见》，《党的文献》1996 年第 3 期。
⑤ 《陈云文选》（第二卷），人民出版社，1995 年，第 241 页。
⑥ 李富春：《关于计划安排的几点意见》，《党的文献》1996 年第 3 期。

故"三五"计划作出了具体安排，交通运输总共投资 133 亿元，其中铁道部投资 93 亿元。西南地区的新线预计铺轨里程占全国一半，新线投资占68%。其中成昆铁路是建设重点，五年计划投资 16 亿元，占西南新线投资的一半以上。且出川干线安排在全国铁路干线前列，"第三个五年首先建成成昆线，在成昆线的建设高峰过去以后，铁路干线建设的顺序是：川汉线、川豫线、京原线和侯西线"①。

为迅速落实以成昆线为中心的西南铁路建设，1964 年 9 月 1 日，铁道部代部长吕正操向中共中央提交了《关于西南铁路建设初步部署的报告》，针对具体线路投资、兵力部署、指挥机关配备等问题作了详细阐释。9 月 4 日周恩来批示：一、同意这个初步部署，修路进度，请计委、经委和铁道部李（富春）、薄（一波）、吕（正操）三同志亲往西南（此事我已向一波同志建议，并请转告富春同志）与井泉同志和西南局，切实计算下。看可否争取1965 年 2 季度川黔线通车，1966 年滇黔线通车，1968 年成昆线南段直达攀枝花通车，1969 年成昆线北段通车，湘黔线 1970 年通车。二、指挥部驻地，初期在西昌颇不便，应到西南后与总指挥井泉同志当面商定。②

9 月 11 日，在周恩来亲自组织下，成立了西南铁路建设指挥部，具体分工安排是：由李井泉同志任总指挥，吕正操、刘建章、郭维城、彭敏等四同志任副总指挥，并指定吕正操同志为第一副总指挥，负责筑路的具体组织工作。③ 翌日，铁道部、铁道部政治部联合下发《关于加速修建西南铁路，动员全路支援勘测设计和施工力量及有关问题的指示》，以此来解决西南地区现有的建设力量远远不能满足任务要求的困难，强调"必须在全路范围内继续抽调大量的人力、物力；同时依靠全国各方面的支持才能确保这一任务的胜利完成。这是一项迫切的政治任务，要求路内各单位全力支持，按照指

---

① 《建国以来重要文献选编》（第 20 册），中央文献出版社，1998 年，第 388 页。
② 陈夕主编：《中国共产党与三线建设》，中共党史出版社，2014 年，第 78 页。
③ 陈夕主编：《中国共产党与三线建设》，中共党史出版社，2014 年，第 81 页。

示,保质保量,迅速行动"①。"指示"还就勘测设计单位、施工单位、工厂等单位的党政干部、技术干部和技术工人成建制的调动作出了安排。自此,揭开了西南铁路建设大会战的序幕。

时任铁道部代部长、西南铁路建设指挥部第一副总指挥吕正操指出,建设西南三条铁路,除了人力、物力的保障,还需要有正确的部署。他将其形象地比喻为"力争主动,赢得时间,主要是打歼灭战,不打糊涂仗,不打乱仗"。在毛泽东提出"多开点工,两头修"的指示下,铁道部进一步形成"多开工点,分线完成"的总体会战思路。具体而言,"先取川黔线,这条线容易打,好练兵;其次是打贵昆(贵阳到昆明);最后几路进军围攻成昆。部署的方针是以成昆线为中心,速取川黔、贵昆来保成昆;攻成昆的重点工程来促川黔、贵昆快快上去。力争打一条,通一条,交一条,一鼓作气,一气呵成"②。

据不完全统计,从 1964 年下半年到 1965 年,在四川参加三线建设的人数高达二三百万人。1968 年不包括军事工业和铁道兵,各部进四川的人数达 44 余万,1969 年达 54 万。③ 为了适应西南铁路建设大会战的需要,铁道部从东北、华北工程局和北京、郑州铁路局等 22 个单位成建制抽调 4 万余名精兵强将的专业施工队伍,以加强第二工程局的施工力量,加之铁道兵第一、五、七、八、十师以及沿线民工,共 30 余万人参加筑路。④ 一场轰轰烈烈的西南铁路建设大会战就此迅速展开。

第三节　西部大开发与四川铁路新发展

支持西部地区发展,促进东西部地区发展平衡,是党的经济工作中的一

---

① 《部、部政治部等关于西南铁路勘测设计、施工力量安排等有关问题的指示、通知》,内部资料,中铁二局档案室藏。

② 吕正操:《吕正操回忆录》,解放军出版社,2004 年,第 448—449 页。

③ 陈东林:《三线建设——备战时期的西部开发》,中共中央党校出版社,2003 年,第 126 页。

④ 李鸿达:《当代中国铁路劳动工资管理》,中国铁道出版社,1996 年,第 189 页。

条重要方针。长期以来，党为西部地区的发展作出了不少的努力和探索，西部地区相较于新中国成立初期已经取得了长足的进步。但由于自然、历史、社会等原因，西部地区与东西地区的发展差距一直在扩大，这已经成为影响中国经济社会健康发展的全局性问题。为此，面向 21 世纪，党中央作出了实施西部大开发的重大战略决策。在此背景下，四川铁路建设迎来新发展，达成、达万、遂渝等铁路干线，以及金筠、隆泸、泸纳、纳叙、普乐、万南、青温等地方铁路相继建成，使得四川铁路网进一步完善。

一、西部大开发战略出台

世纪之交，国际格局发生深刻变革。首先，世界经济政治关系呈现出重组的新态势，随着苏联解体和中国、日本以及欧盟等国家和组织的迅速发展，世界格局由两极争霸向多极化发展。邓小平指出，和平与发展成为时代的主题。这就意味着中国可以利用相对稳定的和平的国际环境来谋求发展。其次，经济全球化趋势不断增强，促使资源在全球范围内的配置以及各国家之间、各地区之间的利益角逐日益激烈，中国既面临巨大的挑战，也迎来了前所未有的机遇。

国内形势也发生巨大变化。改革开放以来，我国的经济社会建设取得了举世瞩目的成就。社会市场经济体制逐步建立并完善，全方位、多层次、宽领域的开放格局初步形成。党的十一届三中全会后，我国确定了分"三步走"基本实现现代化的战略。与此相适应，国家对区域经济发展战略也进行了调整，采取了由内地向东部沿海较发达地区倾斜的非均衡发展战略，东、中、西部的差距越来越大。

一方面，东西部经济发展差距进一步扩大。1998 年，东部、中部、西部地区的国内生产总值分别为全国国内生产总值平均水平的 179.04%、84.32%、66.07%。城镇居民收入差距较大，以四川为例，1998 年，四川城镇居民可支配收入为 5127.08 元，中部地区的湖南比四川多出 307 元，而上海则比四川高出 71%。农村居民收入差距更大，1998 年时全国农村居民人均纯收入为 2161.98 元，西部农村人均收入最高的四川为 1789.17 元，与全国平均水平有一定差距。同时期上海农村居民人均收入为 5406.87 元，是四川省的近 3 倍。[①]

另一方面，东西部现代化程度差距越过警戒线。科技部、中科院、国家自然科学基金委员会共同支持发布的《中国现代化报告 2002》对全国 34 个地区现代化进程进行了评估。但是令人遗憾的是，在"第一次现代化"进程中处于后 16 位的有 11 个在西部地区，后 5 位全部在西部地区。最发达地区与最落后地区实现现代化的时间差距，已经达 50 年以上。[②] 因此，加强西部地区的发展，缩小东西部之间的发展差距，改变全国经济发展不平衡的局面，迫在眉睫。

首先，实施西部开发是区域经济发展的必然。我国地域广袤，各个地区之间差异巨大，想要全国整齐划一地向前齐步走是几乎不可能实现的。因此，在一定时期，选择一部分条件优越的地区优先发展起来，在发展起来之后带动落后的地区进一步发展，这样的决策是相当明确的。改革开放之后，我国实施了沿海城市优先发展战略，取得了极大的成功，东西差距逐步拉大。可控范围内的不平衡是允许的，但如果差距过大，形成极不平衡的状态，将造成整个经济战略的失衡，影响到全国经济的持续稳定健康发展，甚至逐步从经济问题演化为社会和政治问题，引起落后地区人民强烈不满，引发社会不稳定，那将得不偿失。综上可知，"运用区域经济发展规律，缩小地区差距，实现东、西部之间的协调发展"[③]，成为亟须解决的问题。

其次，实施西部开发是西部的重要地位所决定的。西部地区的范围通常指的是中国地理位置偏西的省份和自治区，包括重庆、四川、贵州、云南、西藏、陕西、甘肃、宁夏、青海、新疆、内蒙古和广西等 12 个省、自治区、直辖市。西部地区国土面积为 685 万平方公里，占全国领土面积的 71.4%，

---

① 国家统计局：《中国统计年鉴 1999》，中国统计出版社，1999 年，第 325、339 页。
② 陈东林：《三线建设——备战时期的西部开发》，中共中央党校出版社，2003 年，第 460 页。
③ 张敦富：《西部开发论》，中国轻工业出版社，2001 年，第 173 页。

其中耕地面积占约 30%，人口 3.5 亿人，占全国总人口 28%。① 整体来说，地域辽阔，地广人稀，交通不便。这一地区曾是中华民族文明的摇篮和主要发祥地之一，但到了近代，由于环境的变迁和海洋经济的发展，西部地区经济相对落后了。从未来的发展来看，西部地区以其富饶的资源、独特的区位和一定规模的技术经济积累，必将在整个国民经济中占据越来越重要的地位。

最后，实施西部开发是社会主义本质所决定的。社会主义的本质究竟是什么？马克思、恩格斯没有给出明确答案。也正因为如此，到底市场经济是社会主义还是资本主义的问题才在中国引发了不小的争论。直到 1992 年，经过长期的总结和对这一问题的深入思考，邓小平对社会主义的本质作了完整的表述，概括为"解放生产力，发展生产力，消灭剥削，消除两极分化，最终达到共同富裕"②，且社会主义最大的优越性就是共同富裕。那么实施西部大开发，让落后地区的人民富裕起来，顺理成章地成为中国特色社会主义的题中应有之义。

西部大开发，交通要先行。"在西部大开发中，交通基础设施建设是基础性工作。加快交通等基础设施建设，尽快改变交通落后状况，是实施西部大开发的当务之急和长远大计。"③ 西部地区基础设施建设虽然经历多年发展也取得了一定成绩，但与西部经济社会发展的需要以及其他地区相比，还有很大差距，基础设施薄弱仍然是制约西部地区发展的重要因素。

1999 年 11 月 11 日和 12 月 30 日，江泽民先后主持召开中央政治局常委会和政治局会议，认真听取和研究了国家发展计划委员会关于实施西部大开发战略初步设想的汇报。在交通基础设施方面，汇报中指出，"西部地区的铁路路网单薄，铁路密度仅为东部地区的 54.3%、中部地区的 37.2%，西藏是全国唯一不通铁路的省区，全国未通公路的乡镇大部分集中在西部"。因此，应"加快打通西部地区与东部地区、西南地区与西北地区的运输通

①　陈栋生：《西部大开发干部参考读本》，中央文献出版社，2000 年，第 6 页。
②　《邓小平文选》（第三卷），人民出版社，1993 年，第 373 页。
③　《吴邦国论经济社会发展》（上），人民出版社，2017 年，第 434 页。

道，并实现通江达海，形成全国统一的综合运输体系，促进西部地区与周边国家的联系和交流"。① 2000 年 1 月 13 日，中共中央、国务院印发《关于转发国家发展计划委员会〈关于实施西部大开发战略初步设想的汇报〉的通知》，拉开了西部大开发的序幕。同年 10 月 26 日，国务院发出《国务院关于实施西部大开发若干政策措施的通知》，将"加快基础设施建设"列为西部大开发的重点任务之一。

党中央、国务院的高度重视和大力支持，优先安排西部项目资金投入，保证了重点项目有稳定的资金来源，为加快铁路建设奠定了坚实的基础。自 2000 年起，铁道部共安排西部铁路大中型基建项目 26 个，其中国家铁路及合资铁路项目 23 个，地方铁路项目 3 个。至 2001 年底，西部铁路建设完成投资 458.6 亿元，占同期铁路大中型基建项目总投资的 50.2%；安排国债资金 134.2 亿元，占同期铁道部使用国债资金总额的 81.8%；安排铁路建设基金 280.6 亿元，占同期铁路大中型基建项目使用建设基金总额的 47.2%。② 由此，西部铁路建设迎来新发展。

二、四川铁路发展新机遇

"要想富，先修路"，交通与经济发展的关系不言而喻。四川铁路经过几十年的发展，铁路网规模进一步扩大，结构得到了优化。加之党中央实施西部大开发战略的决心以及对于西部交通建设与发展的重视程度，战略推动与政策倾斜无疑为四川铁路乃至整个西部交通的跨越性发展提供了巨大的机遇。然而，这一时期与全国铁路面临的问题一样，铁路建设始终是在运输需求快速增加的压力下发展的。"铁路从改革开放以后到现在，一直是瓶颈状态，每次都是在有所缓解还没有缓解时，'嘭'地就又是一个瓶颈。"③ 所以，铁路发展的速度始终跟不上国民经济增长的速度。西部大开发战略的首

---

① 《曾培炎论发展与改革》（中卷），人民出版社，2014 年，第 682－683 页。
② 《世纪之交的中国铁路》，中国铁道出版社，2002 年，第 51 页。
③ 闫鹏飞：《投融资改革——中国铁路迟到的选择》，《中国科技财富》2004 年第 10 期。

要目标就是帮助西部地区发展经济，那么加强铁路建设，改善交通落后局面，是进行西部大开发的先决条件。

首先，西部铁路是形成全国铁路网的关键拼图。铁路的分布与经济发展程度呈正比。21世纪初，我国铁路分布密集程度从东部沿海向西部内陆递减，西部铁路是全国铁路网中的薄弱部分，主要表现在西部与中东部联系的铁路干线数量少、标准低、运力小。如陇海线和宝中线不仅是西北与东部和中部联系的主通道，也是西北与西南联系的主通道，运量已不堪重负；与东部和中部之间的交流受襄渝、湘黔、川黔等线路运输能力的制约，通道不畅。甚至在一些人口密集区和资源丰富区还不通铁路，有的重要口岸没有与铁路连接。[1] 因此，东西部之间的长距离运输主要依靠铁路运营，西部大开发战略的实施，必将促进东西部人才、物资等交流，而从20世纪90年代的趋势来看，东西部运用铁路相互发送的货运量逐年递增，并呈现出越来越快的增长速度。

其次，铁路在西部交通运输体系中占有重要地位。西部地区地域辽阔、资源丰富，有许多优势矿产以及农作物，这些资源的开发不够，其中一个很重要的原因就是交通落后。铁路以其安全性好、全天候、成本低、运输量大等特点，在促进市场化发展以及资源开发利用有很大的优势。货运方面，西部向外部的货运主体是能源、原材料等资源性物资。2003年，西部货运中能源和冶炼物的运量比重约为66%，而且发展势头不减[2]，并且铁路在中长距离以及高密度旅客运输中发挥了其他交通工具不可比拟的重大作用。铁路承担了中长途80%以上的旅客运输，尤其是改革开放以后，西部地区的大量农民工前往发达城市求职引发的"民工潮"以及春运等节假日的密集性运营，只有铁路才能完成这样的工作。因此，铁路是西部地区改善人民生活条件的必要条件。

---

① 马立平：《浅谈铁路建设在西部大开发中的战略意义》，《中国科协第四届青年学术年会卫星会议——中国铁道学会第八届青年学术会议论文集》，2001年，第477页。

② 许浩平：《铁路建设在西部大开发中的重要作用》，《中国铁道学会2003年年会论文集》，2003年，第434页。

再次，铁路是西部地区深化对外开放的桥梁。西部地区与 10 多个国家接壤，连接 15 个贸易口岸，对全面开放、发展外向经济十分有利。但目前仅有 2 个口岸有铁路线与外相连，且运输能力有限，不能满足对外开放和交流的需要，难以发挥对外区域合作的使用。① 随着西部大开发的深入以及中国加入世贸组织之后的客观需要，西部地区与国外的联系必将日益紧密，只有强化西部地区的铁路建设，才能满足西部进一步的对外开放和经济发展。因此，加快西部铁路网的建设和与相关铁路的连接是世纪之交的当务之急。

最后，加强西部铁路建设是民族团结和国家安全的必然要求。西部地区有超过 50 个少数民族，约 3000 万人，占地区总人口的 15.4%，占全国少数民族人口的 41.9%，是我国最大的少数民族聚居区。少数民族的分布在地形复杂的边远地区，各民族之间的经济文化交往十分不便，这种状况极不利于西部民族团结和社会稳定。② 因此，加快铁路建设可以加强民族间、地区间的沟通与交流，大大减少地区差异，增进民族团结。另外，虽然和平和发展已经成为时代的主题，但是防患于未然的意识还是需要。从我国历次反击作战和军事演习过程来看，不论是物资装备运输还是人员调动，铁路运输运力大、运距长，优势明显，在保障军事行动中发挥了骨干和动脉作用。③ 故加强西部铁路建设，对我国国防事业的发展来说也意义重大。

经过 50 年的发展，四川铁路基础设施建设取得了巨大成就。改革开放之前，成渝、宝成、成昆、川黔、襄渝、内昆等铁路的修建，奠定了四川铁路网的基本格局。改革开放之后，四川新建了达成铁路，并进行了宝成线复线建设和成渝线、成昆线、襄渝线等铁路的电气化改造。21 世纪

---

① 马立平：《浅谈铁路建设在西部大开发中的战略意义》，《中国科协第四届青年学术年会卫星会议——中国铁道学会第八届青年学术会议论文集》，2001 年，第 478 页。

② 严新平、曹钟勇：《中国交通研究与探索（1999）》，人民交通出版社，1999 年，第 1001 页。

③ 王东：《铁路建设对西部大开发战略的贡献分析》，《扩大铁路对外开放、确保重点物资运输——中国科协 2005 年学术年会铁道分会场暨中国铁道学会学术年会和粤海通道运营管理学术研讨会论文集》，2005 年，第 39 页。

初，四川交通运输形成了以铁路与公路为骨架，多种现代化运输方式共同构成的综合交通运输网络。其中，铁路在四川综合交通运输中作用越来越大，2000 年末，四川铁路客运量达 6932 万人次，完成客运收入 36.6 亿元；货物发送 9682 万吨，完成货物运输收入 41.1 亿元，铁路逐渐成为四川经济发展大动脉。[①] 不过，四川铁路运输仍存在许多问题，不能满足经济社会发展需求。

一方面，经济总量太低导致铁路发展速度不快。2000 年，四川地区国内生产总值仅 4010.3 亿元，人均 GDP 仅 4770 元，折合 500 多美元，刚刚摆脱低收入状态。另外，此时四川省尚未解决温饱问题的人口仍高达 160 万人，63 个贫困县贫困农民年人均纯收入在 1999 年仅 1202 元。[②] 在如此低的收入水平下，要大规模进行铁路建设十分困难，四川依靠自身经济实力建设铁路的能力还远远不够。加之国家政策等影响，在三线建设之后，四川地区的铁路新线建设停滞了十余年，直到 20 世纪 90 年代中后期，才开始新建铁路。

另一方面，铁路发展的相对滞后制约了四川经济发展。四川铁路仅有宝成铁路部分实现复线，铁路线路的运输能力较弱，不能满足经济日益发展带来的对铁路运能运量的要求。此外，自然条件恶劣也是一个重要原因，四川山地、丘陵多，生态环境比较脆弱，滑坡、泥石流、地震等自然灾害时常影响铁路运输，即增加了维修费用和维护难度，还会耽误运输进度，从而影响经济发展。

在西部大开发的战略背景下，四川铁路再次迎来了发展机遇期。为抓住历史机遇，加快四川发展，2000 年 5 月，四川省委、省政府制定出台《关于抓住西部大开发机遇加快发展的意见》，明确指出"基础设施建设时加快四川发展的基础"。在铁路建设方面，"以基本实现全川铁路干线电气化，形成内外通畅、优质高效运输网为目标"，提出要加快襄渝铁路达渝段和内

---

① 四川年鉴编辑委员会：《四川年鉴 2001》，四川年鉴社，2001 年，第 92 页。
② 赵昌文：《可持续发展与全球化挑战——中国西部开发新思路》，巴蜀书社，2006 年，第 203－204 页。

宜铁路电气化工程，及内昆、达万、金筇 3 条在建铁路建设，争取遂渝怀快速铁路遂宁—重庆段、隆纳铁路泸州—纳溪段等项目尽快开工，做好隆昌—广西百色铁路、兰渝铁路的前期工作。[①] 由此，四川铁路网进一步得以完善。

三、新世纪四川铁路规划

新中国成立后，四川铁路经历了"一五"计划和三线建设两个时期的建设高潮，已打通南、北向进出川铁路通道，但东、西向铁路通道尚未修建。虽然通过北通道的襄渝铁路，南通道的川黔铁路，与区外的焦柳、汉丹、湘黔铁路线相连，能起四川外运物资到中南、华东地区的铁路运输东通道的作用[②]，但未能直接连通。为解决这一问题，20 世纪 90 年代初开始规划建设渝怀铁路，打通了第一条四川东向大通道。但是由于该线在 2000 年才开始动工修建，这一时期重庆已经成为直辖市，故在此不作讨论。实际上，这一时期四川共规划了达成、达万、遂渝三条铁路。从地理位置上看，达万线属于北向通道，但由于渝怀铁路的修建，它也能起到打通进出川东通道，与华南、中南相联系的作用，并极大地缓解了襄渝铁路、川黔铁路的运输压力。遂渝铁路亦是如此。

达成铁路拟议最早，是改革开放以来四川规划的第一条国家铁路新线。这条铁路的规划填补了川东北地区没有铁路的空白。在全国铁路网中，达成铁路为规划的宁（南京）襄（樊）成（都）铁路东西干线的一段，是中国铁路网南北通道中兰昆通道和包柳通道间重要的连接线，与既有襄渝铁路、在建的西康铁路以及规划中的宁西、遂渝、渝怀铁路和沿江铁路通道，共同构成成渝之间和四川联系华北、华东、中南、华南的主要通道，具有重要的

---

① 《中共四川省委　四川省人民政府关于抓住西部大开发机遇加快发展的意见》，《四川政报》2000 年第 18 期，第 11 - 13 页。

② 马述林、张同庆：《四川铁路东通道建设研究》，西南交通大学出版社，1994 年，第 3 - 4 页。

铁路网意义。① 在推动经济发展上，它能解决川西、川北地区缺煤的问题，并有利于川中地区经济开发。

达万铁路是连接三峡库区的第一条铁路，也是国家"十五"铁路通道的重要组成部分。因万州火车站和万州深水港连接，达万铁路建成后，将与达万铁路、长江航运一起，构成四川和重庆水陆联运的综合运输网络，是四川客货出川向东、通江达海的直接通道。② 因此，达万铁路的修建对加速西南铁路通道建设，完善全国路网，开发沿线资源，推动四川、重庆的改革开放和经济发展等，都具有重要意义。

遂渝铁路则主要是为缓解成渝铁路运输压力而规划筹建的，也是我国"四纵四横"快速铁路网主骨架中沪汉蓉通道的重要组成部分。成都与重庆之间的客货往来几乎全部由成渝铁路承担，铁路长期超负荷运行。加之1998 年内昆铁路南段复建，建成后，经过成渝、内昆铁路运输的客货量必将越来越大。这使得原本已超负荷运行的成渝铁路运能更显不足。因此，国家规划修建遂渝铁路，设计旅客列车最高时速为 200 公里、货物列车最高时速为 120 公里。③ 如此一来，成渝之间旅客列车的运行时间将由 10 小时缩短至 2 小时，开创了西南快速铁路的新纪元。

此外，这一时期四川还先后规划了金筠、隆泸、泸纳、纳叙、普乐、万南、青温 7 条地方铁路。规划之初，这些地方铁路多为运输煤炭、矿石等重要能源资源而建设，没有与任何其他铁路相连接，即"尽头线"④，路网意义等同支线。但是，这些地方铁路规划合并在一起之后，结束了"尽头线"状况，形成干线或干线之间的联络线，融入了四川铁路网乃至全国铁路网。以普乐铁路为例，它与既有的国家铁路广普支线和在建的乐巴合资铁路相连，成为广（元）巴（中）铁路，是规划中连接宝成、襄渝铁路的广（元）

---

① 四川省地方志编纂委员会：《四川省志·铁路志（1986—2005）》，方志出版社，2018 年，第 145 页。

② 康莲英：《达州百年大事纪略》，四川人民出版社，2014 年，第 199 页。

③ 卿三惠：《铁路工程勘察设计与施工技术研究》，中国铁道出版社，2014 年，第 110 页。

④ 尽头线是指一端已经终止，无任何道岔连接，并安设车挡，以防车辆溜出的线路。参见于仲友：《铁路词汇》，人民铁道出版社，1959 年，第 96－97 页。

达（州）铁路干线的一段。① 因此，这些地方铁路的规划，是力求在平衡地方与国家铁路网规划的基础上着眼长远进行，对改善地区交通条件、完善四川铁路网、推动沿线经济发展都作出了重要贡献。

伴随 2004 年《中长期铁路网规划》的出台，这一期时期四川铁路的规划也逐渐由被动转为主动。实际上，此前的几十年中，中国铁路建设一直被动地跟着需求勉力前行，始终无法系统谋划中国未来发展需要多少铁路、哪些地方需要建设铁路。② 四川的铁路发展就是这种现象的缩影，直到 2004 年，这种情况才有了初步转变。2004 年 1 月 7 日，国务院原则通过了《中长期铁路网规划》，对全国路网规模、结构和质量作出了总体规划。其中，在"四横"客运专线中，规划了南京—武汉—重庆—成都客运专线，连接西南和华东地区。在新线建设上，规划新建兰州（或西宁）—重庆（或成都）线，形成西北至西南新通道。在此基础上，2008 年 10 月31 日，国家发展和改革委员会正式批准《中长期铁路规划（2008 年调整）》，提出在成渝等经济发达和人口稠密地区建设城际客运系统，规划新建哈达铺—成都、太原—侯马—西安—汉中—绵阳、乐山—贵阳—广州等线路，进一步加强四川与其他地区的联系通道，扩大四川地区铁路网规模。

四川省顺势而为，主动谋划。2006 年，四川省政府在充分认识铁路建设对全省经济社会发展的重要性和必要性后，将"十一五"时期四川铁路建设发展聚焦在以下四个方面。一是加强进出川通道建设，开辟新的运输通道；二是进一步强化成都枢纽，促使点、线能力协调发展；三是建设城际客运专线，提升旅客运输质量；四是强化内部通道、增强路网灵活性、全面提高运输能力。③ 具体而言，提出要加快建设达成铁路扩能改造、襄渝铁路增

---

① 四川省地方志编纂委员会：《四川省志·铁路志（1986—2005）》，方志出版社，2018 年，第 168 页。

② 张雪永等：《扩张的动脉——改革开放 40 年的中国铁路》，社会科学文献出版社，2021 年，第 140 页。

③ 《四川省人民政府关于我省铁路建设有关问题的通知》，《四川政报》2006 年第 15 期。

建二线和纳叙铁路，开工建设兰渝铁路、成都铁路枢纽工程，遂渝铁路增建二线、乐坝—巴中铁路、绵阳—成都—乐山城际客运专线、归德—连界地方铁路，加快隆黄铁路叙永—川黔界段，成昆铁路复线，昭通—攀枝花（西昌）—丽江铁路，绵阳—遂宁铁路，内江—遂宁铁路，泸州集装箱码头铁路专用线、巴中至达州等铁路前期工作。

特别是在进出川通道上，当时四川省每万平方公里铁路里程51.6公里，每万人拥有铁路里程0.3公里，分别仅为全国平均水平的70.7%和52.7%。不仅如此，进出川运输主动脉的宝成铁路北段、襄渝线、川黔线和成昆线仍为单线铁路，全省铁路复线率仅为10.8%，运输能力难以满足对外运输需要。[1] 为解决进出川通道运输能力紧张、运输网络密度低、有效供给不足的问题，2007年4月四川省政府出台的《四川省"十一五"及2020年综合交通体系发展规划》提出要加强进出川通道建设。在此基础上，2007年12月，中共四川省委九届四次全会作出构建西部综合交通枢纽的重大战略决策，进一步明确要加快进出川运输大通道建设，"优先安排各类出川大通道，积极安排纳入国家大通道的项目"，以实现贯通南北、连接东西、通江达海、承接华南华中、接连西南西北、沟通中亚东南亚。[2] 这就为四川铁路建设发展提供了坚实的政策支持。

---

① 《四川省人民政府办公厅关于印发四川省"十一五"及2020年综合交通体系发展规划的通知》，《四川政报》2007年第24期。
② 《打造西部综合交通枢纽》，《四川日报》2009年10月1日。

─────•═══ 第二章 ═══•─────

如火如荼：进出川铁路干线建设历程

1952年7月1日，成渝铁路建成通车，实现了四川人民期盼半个世纪的铁路梦。但是，当时的成渝铁路只是四川省内的一条交通大动脉，且并无与之相连的铁路线，四川对外不畅的交通格局仍未得到根本性改善。因此，进出川铁路的修建成为四川经济社会发展的"当务之急"。于是，在成渝铁路通车的同时，毛泽东发出"继续修筑天成铁路"的号召，这是四川第一条北向进出川通道。20世纪60年代，在三线建设背景下，四川铁路建设又一次迎来新契机，川黔、成昆、襄渝等干线铁路相继修建，进出川铁路通道得到极大改善，并由此接入全国铁路网。进入21世纪后，伴随内昆、遂渝全线建成通车，进一步助力四川铁路交通快速发展。由此，"蜀道难"逐渐变为"蜀道通"，对四川乃至西南地区的政治、经济、国防、社会等都产生了重要影响。

第一节　北向进出川铁路通道建设

进出四川的北向通道建设主要有两条，即宝成铁路和襄渝铁路。在成渝铁路建成通车后，宝成铁路的修建便被提上了日程，而襄渝铁路则是三线建设时期西南铁路干线建设的重要组成部分。这两条铁路与既有的成渝铁路，以及后来修建的成昆铁路等共同构成了四川铁路网主骨架，不仅是四川连接全国的重要交通干线，也是推动四川经济发展、改善民生和提升战略地位的关键基础设施。

一、宝成铁路

秦川八百里的关中平原与素称"天府之国"的四川盆地，自古以来被巍峨的秦岭和陡峻的大巴山脉所隔断，蜀道难，古来多少战将裹足不前，多少诗人望山兴叹，"黄鹤之飞尚不得过，猿猱欲度愁攀援"。早在 1913 年，北洋政府就曾计划修筑由山西大同，经陕西潼关、宝鸡，到四川成都的同成铁路，但最终未能成行。国民政府时期，川陕之间的物资流通多赖于 1936 年建成通车的川陕公路，但囿于路况不良以及公路交通本身的局限性，难以满足川陕之间的运输需求。

1950 年 7 月 1 日，在庆祝成渝铁路通车的同时，毛主席发出了"庆祝成渝铁路通车，继续努力修筑天成路"的伟大号召。[①] 随后，在修建过程中，经过中苏专家勘测论证，最终决定该线北端改由宝鸡接轨，1953 年 12 月 1 日，铁道部将"天成铁路"更名为"宝成铁路"。线路由陕西省宝鸡市起，经双石铺、汉中、阳平关、广元、雁门坝、中坝、绵阳等地而达成都，全长 668.2 公里，在四川境内长 375.3 公里。宝成铁路北接陇海铁路，南连成渝铁路，横跨 3 省 19 个县市，是第一条北向进出川通道，为四川提供了通往西北、华北乃至全国其他地区的铁路通道。

（一）勘测设计

宝成铁路沿线区域约 80% 为高山地区，仅 20% 为丘陵、平原地区，线路经过陕西、甘肃、四川 3 省 19 个县、市，沿途不良地质的多种多样和严

---

① 《天成铁路南段今日正式开工》，《人民铁道》1952 年 7 月 1 日，第 1 版。

重程度，在国外的铁路史上也是少有的。沿线地质复杂，地表覆盖层是洪积层和堆积层，厚自几米至几十米。其基本岩层在秦岭间是花岗岩、片麻岩、片岩等，多褶皱、断层；沿嘉陵江是页岩、变质页岩、碟岩、石灰岩、片岩等相互间杂，并有泥质夹层及火成岩侵入，形成断续的坍方、滑坡地带；剑门山一带是沉积岩，丘陵和平原地区是冲积层。不仅如此，沿线雨量大，地层松散，地下水特别发育，且地质构造又经过多次造山运动，扭曲褶皱剧烈，岩层风化破碎，且略阳以北多为六七级地震区。苏联设计专家巴斯库金曾很恰当地将宝成铁路沿线地质情况比喻成"一个完整的工程地质科学博物馆"[1]。

早在1913年时北洋政府欲连接黄河上游与长江上游的铁路交通，开始计划在平汉铁路以西筑一条南北干线，即同（大同）成（成都）铁路，并于1915年由比利时工程师锡乐土进行测量，该线拟从山西大同向南延伸至陕西省的天水，与陇海铁路交叉再越秦岭，经略阳入川至广元、剑阁、绵阳而达成都。后国民政府时期又经过多次勘测比较，选定天水至成都的方案，计划称"天成铁路"，但终因工程艰巨且经费有限而无力兴筑被搁浅。

新中国成立后，铁道部于1950年组成天成测量总队，以略阳为界，分南、北两段进行勘测，其中，一总队负责天水至陕西略阳段，二总队负责略阳至成都段。1952年4月复勘天成铁路北段的天水礼县线时，苏联地质专家在勘察后，认为"该线沿西汉水有40公里地质不良，建议改走成县线，并于宝略段进行技术经济及运营的全面比较"[2]。"改走他线"的建议顿时引发了一场中苏专家的勘测论战。1952年秋由时任铁道部工程总局副局长的武可久主持召开了中苏技术人员辩论会，经过双方的激烈辩论，最终会议决定"放弃天成线改修宝成线"。于是，天成测量总队也改组为宝成北段勘测设计纵队。[3] 1953年春宝略段及天略段初步设计完成，经过比较，宝略、天

---

① 《宝成铁路（纪念集）》，人民铁道出版社，1958年，第22页。
② 铁道部宝成铁路修建总结委员会：《线路勘测与设计 宝成铁路修建技术专题总结》，人民铁道出版社，1959年，第6页。
③ 天水市政协文史资料委员会：《天水文史资料 第八辑》，1995年，第121页。

略两线长度大体相当，天略段工程数量虽较宝略段为少，工程价值可省7000 万元。① 但因四川与宝鸡以东货物占全部运量的三分之二，如由天水起，多走宝天段 153 公里，加之旧中国留下的宝天段通过能力有限，修建天成铁路从长远看并不理想。② 基于上述原因以及当时政治意义上的考虑，铁道部领导决定采用苏联专家的建议，选择难度大的宝鸡至略阳方案，1953年 12 月 1 日，"天成铁路"更名为"宝成铁路"。

线路方向确定之后，勘测人员便开始进行勘测设计工作。其中，宝略段的线路设计关键在于如何越过秦岭。宝成铁路出宝鸡溯清江河而上进入秦岭山区，在航空距离 25 公里内须上升 810 多米，为全路引线最困难地段。③1936 年曾参加过宝成北段勘测的工程师就曾感慨："宝鸡到凤县之间的秦岭，峰峦耸峙，自然坡度极陡，铁路万难通过。"④ 但勘测人员并未因此而退却，1952 年 9 月他们即从宝鸡出发，开始进行徒步踏勘。他们面临的主要问题是选择跨越秦岭的垭口，勘测人员结合军用地图、1936 年航测资料及由地质学家赵亚曾、黄汲清于 1931 年编写的《秦岭山及四川之地质研究》，实地踏勘了左右 80 公里范围内的四处垭口，最终选定在东裕口东河桥间的茶坪垭口越过秦岭，再沿嘉陵江南下。⑤ 这正是秦汉以来的陈仓故道，为历代南北交通的咽喉，是宝鸡附近最低的垭口。

垭口地点既已确定，如何在这 25 公里的航空距离内克服 810 多米高度穿过达到嘉陵江流域，又成为关键性问题。为了使线路经济安全地越过秦岭，先后勘测了三条线路，即公路南线、公路北线和中线。从 1952 年 9 月开始到 1953 年 11 月，先初测了公路南线和北线作比较，皆因工程量大、缺点多，又进一步研究选定了中线方案。中线方案是群众智慧的结晶，它综合

① 铁道部宝成铁路修建总结委员会：《线路勘测与设计 宝成铁路修建技术专题总结》，人民铁道出版社，1959 年，第 7 - 8 页。
② 西宁铁路局：《宝成铁路（修建记）》，人民铁道出版社，1960 年，第 8 页。
③ 铁道部宝成铁路修建总结委员会：《线路勘测与设计 宝成铁路修建技术专题总结》，人民铁道出版社，1959 年，第 1 页。
④ 西宁铁路局：《宝成铁路（修建记）》，人民铁道出版社，1960 年，第 7 页。
⑤ 铁道部宝成铁路修建总结委员会：《线路勘测与设计 宝成铁路修建技术专题总结》，人民铁道出版社，1959 年，第 8 页。

了南北两线的优缺点，取两线之长，舍两线之短，尽量利用清江河谷，在河谷两岸附近地区内左右展线，避开了南线垮石山、北线等处地质不良地段。同时，该方案基本取消了高栈桥，最深沟减到53米，地质情况较好，又靠近公路，便于施工运输。[①] 尽管工程量较大，但在地质问题和工程技术上是可以应对的。

越过秦岭之后，顺嘉陵江而下，直达广元，长310公里，依山傍水，共16次跨嘉陵江。其中，秦岭至双石铺间长约60公里，属嘉陵江上游范围，河谷大部宽坦，且大部分与川陕公路平行，此段铁路、公路、河流三者争道干扰多，成为一大特点。为减少改移公路及避绕不良地段，线路沿嘉陵江时左右共跨江7次。川陕双石铺至略阳约110公里，多为峡谷地区，最窄处仅30米，河流曲折，峭壁高耸，而台地几乎绝迹；地质复杂，岩层破碎，坍塌、滑坡严重。在三渡水、李家河两地右岸形成马蹄状山脊，突入嘉陵江中，为使线路顺直及避让地质不良地段，采用了裁弯取直的改河措施。略阳至广元长约140公里。除燕子砭车站前后的急道沟至木槽沟约7公里一段，改走左岸，可少建长隧高桥，既节省投资又能适应当时设计和施工技术水平。堂上沟至八庙沟放弃沿河走的设计，新建长1615米的八庙沟隧道，可缩短线路3.6公里。这一段傍山沿河，线路坡度平缓，唯河流弯曲，山势陡峭，桥梁隧道皆多，工程艰巨。广元至绵阳，长197公里，线路离开嘉陵江，进入剑门山区，山势虽也较陡，但远不及双石铺至广元之间险峻。绵阳以南，丘陵起伏，地势开朗，进入川西平原后，虽然路基工程相对简易，不过由于河渠交织，出现较多桥涵工程。

（二）全面铺开

宝成铁路是国家"一五"计划的重点工程。线路全长668.36公里，横跨川、甘、陕三省，其中四川境内375.34公里。所经路段地形地质条件复

---

① 铁道部宝成铁路修建总结委员会：《线路勘测与设计 宝成铁路修建技术专题总结》，人民铁道出版社，1959年，第11页。

杂，山高岭峻，流急滩多，需跨越秦岭、大巴山，施工难度巨大。与民国时期修建天成铁路时将施工任务发包给建筑公司或营造厂不同，宝成铁路的修建本着先设计后施工的原则，以发承包制度，由基建分局发包给各工程局以及工程公司开展施工。根据工程分布、勘测设计进度及国家计划等因素，以甘肃境内的黄沙河为界，分成南北两段，先南后北分段施工。

1952年7月1日在成渝铁路建成通车的当天，天成铁路正式开工。为加快建设进度，12月25日，四川省人民政府成立天成铁路筑路委员会，负责物资、后勤供应和民工动员。1955年4月，为了加强宝成铁路施工现场的领导，铁道部在宝鸡成立了施工指挥所，由时任铁道部第二工程局局长熊宇忠为所长，负责组织监督计划的完成，并加强设计、基建、施工各单位间的相互协调。在施工安排上，一开始安排由铁道兵修建秦岭至黄沙河段，第二工程局修建成都至黄沙河段，第六工程局修建宝鸡至秦岭段。由铁道部设计总局第一、第二设计院和第一、第二基建分局承担略阳以北和以南的勘测及基建监察任务。1954年秋，由于鹰厦铁路施工在即，铁道兵调离宝成线，铁道部遂调第四工程局负责凤州至黄沙河段，第六工程局的任务则从秦岭延长至凤州（宝凤段）以及凤黄段的铺轨架桥工程；隧道工程公司第一工程处宝鸡至秦岭间的12座隧道群及线路桥涵工程，第二工程处则负责黄沙河至成都长度500米以上的隧道施工。[①]

由于宝成铁路是第一条沟通西南和西北地区的山区铁路干线，线路两旁地势狭窄，坡陡弯急，隧道密集且桥隧相连，线路盘错迂回，跨江河次数多，两岸陡峭，水急滩险，可谓"陡险攀绝，跨谷飞洞"，施工难度巨大。灵官峡是陕西、甘肃交界点的峡口，要使宝成铁路从嘉陵江左岸的陡壁上穿过，就需要沿着灵官峡峭壁挖6座隧道，要解决的第一个问题就是如何到达隧道口。其中，凤县至黄沙河段的三号隧道便是"石壁笔陡，草木稀疏，没有立脚的地方"，筑路人员需要从上边吊下安全绳，在山腰进行工作。但如何把安全绳吊上去也是一个难度极大的工作。此种情况下，承担该段施工任

---

① 西宁铁路局：《宝成铁路（修建记）》，人民铁道出版社，1960年，第40页。

务的铁道部第四工程局第二工程处二队党支部发出了"想办法拴上第一条安全绳为全队开路"的号召，共产党员张奎喜率先响应，他带上镰刀、斧头，寻找着任何可以攀援的地方，一点一点爬上了山，把安全绳拴好，开辟了前往洞口的路。① 就这样，铁路工人身悬半空，在绝壁上挖路堑、开横洞。1955 年雨季时，洪水不止一次将便桥冲垮，在峭壁上开挖横洞、路堑的工人就在开出的小小洞子里换班工作，换班睡觉，铺麻袋，盖蓑衣，通过由对岸扯过的铅丝滑道送饭，供应工具，最长时坚持了 1 个月的时间。②

地质不良是隧道施工的一大难题。在宝成铁路施工中常遇到因地质不良而发生的塌方事故。例如，剑门山区的会龙场二号隧道在雨季中便发生了严重塌方，几乎"冒顶"。施工工人研究出一种搭道木垛的方法，每清除一小段后，即用圆木垛纵横架迭，直撑到顶，下面只留土斗车出入的地方，有效地治理了塌方。隧道涌水也是常见难题。坛子湾隧道石质复杂，地下水严重，当地老乡有这样一句话："坛子湾，千板岩，打通洞子是神仙。"足以证明施工难度之大，这个隧道开挖到沙夹卵石层时，突然出水，每小时流水360 吨，加上砂石大量涌出，无法施工。危急之下，突击队员们一面抽水一面支撑、开挖工作。寒冷袭人，他们却仍坚持浸在水里工作，毫无惧色。③承担秦岭隧道北口施工任务的青年突击队，以战斗的姿态投入施工，冒着生命危险带头修复了 8 次大塌方，并使挖掘隧道的日进度由 1.4 米提高到 2.7米，最终打通了秦岭隧道北口。

为了加快铁路建设进程，川、陕、甘三省各级政府分别成立了支援委员会，积极支援铁路建设，沿线民众帮助筑路工人搭盖工棚、借家具、搬运物资等。从筑路工人所需的粮食、菜蔬到筑路所需的木材、枕木也都是由沿线农民积极支援供应的。许多深山地区的农民表示："我们有吃，筑路工人就有吃；我们有住，筑路工人就有住，铁路修到哪里，我们就支援到哪里。"④

---

① 西宁铁路局：《宝成铁路（修建记）》，人民铁道出版社，1960 年，第 22 页。
② 《战胜灵官峡》，《人民铁道》1956 年 6 月 26 日。
③ 西宁铁路局：《宝成铁路（修建记）》，人民铁道出版社，1960 年，第 24 页。
④ 《支援宝成铁路修建工程的农民兄弟们》，《人民铁道》1954 年 1 月 3 日，第 2 版。

梓潼县五区的董天志家门口有两棵"神树"，他把这两棵树当作宝贝，谁也不能动一下，为了支援铁路建设，他请了十几个人，在半月时间内把这两棵树锯成76根枕木，送到工程段。绵阳石板乡贾老大娘把她留下做棺材和嫁女儿做陪嫁用的木料，高兴地卖给工程局，做了十三根枕木。① 这种热情十分令人感动，激发着筑路职工的劳动热情，并坚定了修通宝成铁路的信心和决心。

不仅如此，在人员、技术、材料等方面，宝成铁路的修建也得到了地质部、水利部、工业部等单位的大力支持。地质部分别于1954年、1956年两度派人进行沿线地质情况调查，并提出大量意见。四川省水利厅、陕西省水利局也分别派出技术人员帮助开展地质勘测、河岸防护等工作。机械工业部和建筑材料工业部等也支援了机械和大量水泥。② 除此以外，苏联专家的技术援助也加速了修建进程。在勘测阶段，苏联地质专家瓦库连克发现天略段礼县以南40公里一段地质极为恶劣，建议改走他线，遂有宝略线的研究、勘测和正式施工。③ 全面施工开展后，施工组织专家特诺扬诺夫和桥梁专家鲁达在宝成线成（都）绵（阳）段的现场调查中，纠正了设计施工中的许多错误。例如，他们建议合并一些灌溉涵渠，就使得工程施工减少了44座小桥涵，节省了大量的工程费用。爆破专家契契金帮助办爆破训练班，训练工程技术干部，审核大爆破设计，还参与了宝成铁路北段有名的青石岩大爆破，一次使用炸药300余吨，炸除岩石二十多万方。④

在宝成铁路修建过程中，广大铁路职工也充分发挥了积极性和创造性，广泛推进先进经验、提合理化建议，进而提高劳动效率，降低成本。据不完全统计，铁道部第二工程局职工在施工期间共提出合理化建议8114件，被采用3611件，共节约27 000多万元。不仅如此，在筑路中还"培养和提拔了1404名工程技术人员，6458名管理人员，有11 864名工人原是不懂技术

---

① 西宁铁路局：《宝成铁路（修建记）》，人民铁道出版社，1960年，第72－73页。
② 西宁铁路局：《宝成铁路（修建记）》，人民铁道出版社，1960年，第70页。
③ 西宁铁路局：《宝成铁路（修建记）》，人民铁道出版社，1960年，第75－76页。
④ 《宝成铁路（纪念集）》，人民铁道出版社，1958年，第23－29页。

的懂得了技术，原来技术水平较低的也有了不同程度的提高"①。这些筑路工人经过修建宝成铁路的锻炼，迅速地成长起来，壮大了铁路建设的专业队伍。

（三）技术革新

宝成铁路的修建，也是中国铁路修建技术的一次革新，在这一过程中，通过铁路建设者的共同努力，在隧道、桥梁等方面都取得了巨大进展。具体有以下几个方面。

一是"人力开挖"转向"机械开挖"。隧道多是宝成铁路的一大特点。全线共有隧道304座，总长84 428米，约占线路总长度的八分之一。② 其中，四川境内共有隧道71座，长13 759米，500米以上的6座，长4948米。绝大多数隧道位于人烟稀少、交通困难的崇山峻岭中，全线通过秦岭、大巴山及剑门山等主要山脉，经过的险关峡谷有马陵关、清风峡及明月峡，特别是秦岭盘山展线，由于使线路升高穿过秦岭山脊，往复迂回成双马蹄形及上下重叠的∞形，该段线路有87.3%是隧道，洞口与桥涵紧接，材料运输和施工都极为困难。

根据宝成铁路隧道多且较为密集的特点，全线有80%的地段在崇山峻岭中，故而隧道工地多半在深沟峡谷或悬崖崇山中，工作场地又极为狭窄，对施工极为不利。为此，铁道部集中了第二、第六工程局和隧道工程公司，以及第四工程局的第一、第二工程处等专业建设队伍来承担施工任务，其中隧道工程公司和第四工程局第一工程处以分包方式承担长隧道或隧道群的局部建设任务，以此加快施工进度。面对隧道施工中的重重困难，铁路工人和工程师们齐心协力，采用"分割围歼"的办法，即将隧道用横洞分成几段，以此增加工作面，变长隧道为短隧道，同时采用上下导坑先拱后墙法、漏斗架棚法等先进方法③，进而解决了施工中遇到的施工场面狭窄、工序和工种

---

① 熊复主编：《熊宇忠纪念文集》，成都科技大学出版社，1992年，第115页。

② 铁道部宝成铁路修建总结委员会：《隧道工程》，人民铁道出版社，1960年，第1页。

③ 四川省地方志编纂委员会：《四川省志·交通志》，四川科学技术出版社，1995年，第23页。

多、装卸运输困难等问题。

当然，宝成铁路的隧道施工实践，也推动了我国隧道掘进机械化的进程。施工初期和修建成渝铁路一样，工具多以铁锹、土箕为主，许多工点在汽车道和拖拉机道尚未修好前，依靠驮马运输或人力运输，使用机械很少。全线最长的秦岭隧道为 2363 米，前期几乎都是人力开凿，后来在施工中采用风动凿岩机及轨行式砟车，首次使得秦岭隧道的修建从"人力开挖"过渡到"机械开挖"。在 1955 年施工高潮阶段，宝成铁路全线所使用的 14 种主要建筑机械达 1294 台，占全国新建铁路施工系统所有主要机械设备的一半以上，成为我国铁路实现机械工具筑路的标志。[1] 此后，宝成铁路在土石方、隧道和桥梁施工中逐渐开始并增加机械施工比重，提高了机械化和小型机械化施工程度。

不仅如此，在施工实践中，工人们不断自制小型施工机具，有翻板车、各式扒杆、索道、滑板、滑坡车、单轨等。这些小型机具成本低，使用方便，工效高。特别是摇头扒杆能代替人力作提升运输，在山地施工很有用处，使用小型机具，既减轻了公认的体力劳动，又节约了大量施工脚手架用材，并使劳动生产率大幅度提高。机械化和小型机械化施工加速了工程进度，保证了工程质量，节省了建设资金，改善了劳动条件。宝成铁路的机械施工，也从侧面反映出这一时期我国铁路施工技术正朝着机械化道路前进。

二是长跨度石拱桥的应用。桥梁基础是桥梁工程的关键部分，从工程困难度来说，一座桥如果完成了基础工程，就可以说完成了一大半。从成都到宝鸡，线路不仅要爬过崇山峻岭，还要越过毗河、青白江、涪江、安昌江、白水河、嘉陵江、渭河等成百上千的江河沟渠。要想穿江渡河，就需要修筑大量桥梁。据统计，宝成铁路全线共有大中桥 161 座、小桥 835 座、涵渠 1002 座，大中小桥总延长 25 732 米，平均每 1 公里就有中小桥 1.5 座。[2] 其中四川境内有大桥 27 座，总长 4892 米；200 米以上大桥 10 座，总长 2921

---

① 铁道部宝成铁路修建总结委员会：《机械施工》，人民铁道出版社，1959 年，第 1 页。
② 西宁铁路局：《宝成铁路（修建记）》，人民铁道出版社，1960 年，第 31 页。

米；中桥 60 座，总长 3029 米；小桥 418 座，涵管 573 座。[1] 因此，宝成路上桥梁之多，全国少有。

宝成铁路上的桥梁，基础形式各式各样，筑桥工人们因地制宜，针对各墩的具体情况，曾采用了明挖、打桩、更换土壤、下沉井和压浆等方法。[2] 为了克服桥梁基础工程中所遇到的困难问题，各施工单位的领导干部到现场指挥开展工作。如 1953 年春在涪江大桥修建过程中，河床地质为粗砂加卵石，含沙量小，渗水量大，最大排水量每分钟达 214 吨。[3] 如此一来造成该桥几个沉井出现涌水问题，水抽不干，沉井下不去。为更好指挥现场解决问题，负责该桥施工任务的铁道部第二工程局党委书记兼局长熊宇忠以及副局长黄新义、刘圣化等，就率领工作组住在工地，最终采取了不抽水下沉井和水下灌注混凝土的办法，使大桥终于在洪水之前完成。

为充分利用四川石料多的优势，节约国家投资，宝成线吸取了石太线的经验，广泛采用了石拱桥，在全线共建筑了 156 座，总长 3789.72 米，不仅节约了大量钢筋水泥，还避免了在地形复杂地带架梁的麻烦，同时大大节省了桥梁养护费用。在宝成线的石拱桥修建中，筑路技术人员不但继承了传统建筑技艺，也不断在施工技术和理论上进行探索。1953 年，在以吴成三为代表的技术人员的努力钻研下，成功地采取了"分段砌筑、预留空缝"和合理设置建筑拱度的方法，改变旧的拱桥施工方法。自此，长跨度桥梁设计也在宝成铁路上普遍被采用了。

不过，由于石拱桥的工程数量庞大，料石式样繁多，备料需大批劳动力。为此，铁路沿线政府组成各级筑路委员会，动员各县的石工来参加筑路。[4] 秦岭北坡最多用到自山东、河北、四川、陕西各省 7000 多个石工，从事开采备料工作。譬如秦岭北坡没有成层岩，为了开采质量合格的礅石和拱

---

[1] 四川省地方志编纂委员会：《四川省志·交通志》（下），四川科学技术出版社，1995 年，第 23 页。

[2] 西宁铁路局：《宝成铁路（修建记）》，人民铁道出版社，1960 年，第 33 页。

[3] 四川省地方志编纂委员会：《四川省志·交通志》（下），四川科学技术出版社，1995 年，第 26 页。

[4] 刘圣化：《回顾与前瞻：刘圣化铁路建设文集》，中国铁道出版社，1998 年，第 50 页。

石，石工们跑遍了每个山巅和河沟。在开采过程中，宝成南段劳模老石工任吉安钻研出"跳锲截石法"，大大地提高了开采效率，当石料开采出来后，抬工再通过高架索道、滑槽、泥板船等方式将石料送到工地。① 此外，石工中也不乏女性，例如女石工何淑芳与其他石工一起不畏炎热开凿石料，还尝试改进绳拴承锲等采石工具，不断提高工作效率。②

当然，想要在水深流急的江河上修桥，也并不容易。在宝成铁路全线诸多桥梁修建中，需要16次跨越嘉陵江，修建16座大桥，不仅工程量大，且施工时还要面临水流湍急、严寒威胁等恶劣的施工条件，为此修桥工人们也展开了激烈的"搏斗"。例如，在修建涪江大桥时，英雄的工人们没有被困难所吓倒，喊出了"和时间赛跑""和洪水抢时间""战胜洪水，修好江桥"等口号，以高度的积极性与江水进行搏斗。③ 战斗在嘉陵江上的工人们，除与江水搏斗、忍受严寒外，还冒着生命危险征服流沙。嘉陵江二号大桥修建时，下沉井工程曾因流沙威胁停过好几次。在这种情况下，宝成铁路上各施工单位陆续组建的青年突击队便发挥了重要作用。为战胜流沙，推进工程，青年突击队员们用麻袋装上棉絮，打上钢钎，止住沉井里冒水的泉眼，同时用钢钎打进土箕的办法来堵住流沙。是时，当流沙开始在嘉陵江二号大桥第七号桥墩的沉井里涌起时，一位名叫王在贵的青年突击队员正在挖基，他发现后立刻叫身旁的两位同志沿梯爬上去，自己用身体堵住了流沙，被流沙淹没，以身殉职。④

三是大爆破技术的采用。由于宝成铁路在多山地带施工，土石方工作量很大，也是控制工程的主要环节。据统计，"宝成铁路挖填路基土石方有6563万立方米，若把这些土石方来砌筑高宽各一米的堤坝，可以绕地球一周半还多"⑤。四川省境内有土石方2627万立方米，量大而集中，有的地段

---

① 西宁铁路局：《宝成铁路（修建记）》，人民铁道出版社，1960年，第30页。
② 西宁铁路局：《宝成铁路（修建记）》，人民铁道出版社，1960年，第32页。
③ 匡于中：《战斗在宝成铁路工地上的英雄们》，重庆人民出版社，1954年，第10页。
④ 中华人民共和国铁道部第六工程局政治部宣传部：《不灭的光辉　宝成铁路通讯特写集》，陕西人民出版社，1956年，第45页。
⑤ 西宁铁路局：《宝成铁路（修建记）》，人民铁道出版社，1960年，第34页。

平均每公里有 14 万立方米左右。宝成铁路筑路人员根据具体情况，采用了不同的对策，在土石方较分散的工点，采用先进的小型爆破如葫芦炮、木棍炮、二大炮、缝子炮等；在土石方集中地点，分别以机械开挖、运输或大量爆破法施工。

大爆破的技术在此前的山区铁路修筑中未曾采用过。虽然 1953 年宝成铁路开工初期，铁道部中铁二局曾在成都至黄沙河段用黑火药、土引线施放大炮，曾创造一次爆破 6000 立方米的纪录，但所使用的炸药量并不多。同年 12 月，该工段又进行了 8 次爆破，共爆落了 10 900 立方米土石方，每人工天最高完成 30 立方米左右，工效比小爆破提高 27 倍。[①] 因此，大爆破的效果不言而喻。随后，1954 年 10 月铁道部派刘圣化、刘维功等人参加蒙古学习团赴苏联 505 工程局学习筑路经验，其中就有大爆破[②]一项。1955 年刘圣化等人学成回国后，便把大爆破的设计和施工技术传授给一些工程技术人员，之后在宝成铁路修建过程中，大爆破技术的技术理论与实践经验得到不断丰富和发展。

秦岭北段青石崖车站的修建，便是一次大爆破技术应用的成功实践。由于线路傍陡坡，临深沟，峰峦陡峭，在短短的 600 米范围内有土石方 50 多万立方米，其中一个高填工点，在长仅 164 米范围内，须填石方 23 万立方米，另一个深挖工点，挖方中心高度 48.8 米，有 12 层楼房高，工程之艰巨是世界少有的。[③] 经过中苏专家们的反复研究和铁道部的批准，最后决定采取大爆破施工。这次大爆破把 334 吨炸药分装在 36 个药室，经过 1200 人日夜不停地努力，一次爆破成功。这是我国铁路建筑史上空前的一次大爆破。这一炮共计扬弃土石方 8 万多立方米，松动和填入谷中 18 万多立方米，节约投资 67 万元，提前工期 4 个月，是宝成铁路成功的最大爆破工点。[④] 此

---

① 铁道部宝成铁路修建总结委员会：《爆破工程》，人民铁道出版社，1959 年，第 3 页。

② 大爆破使用巨量炸药来破坏和松动大范围内的岩石，技术人员可先做好设计，使爆破飞扬起来的石块依照预计的方向落到指定的地点，把需要填的深沟填成平地，有效地解决大量土石方集中的困难。

③ 西宁铁路局：《宝成铁路（修建记）》，人民铁道出版社，1960 年，第 36 页。

④ 铁道部宝成铁路修建总结委员会：《爆破工程》，人民铁道出版社，1959 年，第 14 页。

外，北段三渡水、店子坪、李家河也采用过大爆破法移山改河，其中，三渡水改河装填炸药 17.57 吨，李家河改河装填炸药 269.76 吨，共炸去土石方 176 655 立方米。李家河改河原设计限界内 95% 的岩石爆落，其中设计方数 84% 的土石方被飞扬出去，河水立即进入新河道，给铁路让出路来。① 大爆破的成功使用，大大提高了工效，节约了工时。

（四）建成通车

1958 年元旦，宝成铁路全线建成通车。它的建成通车也产生了重要影响，主要体现在以下三个方面。

一是沟通了西南、西北地区，使其接入全国铁路网。宝成铁路的修建是陕西、甘肃、四川人民多年来的愿望。新中国成立前，西南、西北未有铁路相通，尽管北洋政府、国民政府都曾试图修筑一条贯通川陕的铁路，但终究未成。新中国成立后，尽管一开始修建了成渝铁路，然这也是一条省内铁路干线。然而，宝成铁路的建成通车，不仅打通了进出四川的铁路通道，沟通西北与西南地区，且连接成渝铁路，使得四川铁路干线得以接入全国铁路网。这极大地改变了四川乃至西南的交通格局。在通车当天，《人民日报》即发表社论，称"从此，古称'天府之国'的四川省有了一条同全国铁路网联结起来的铁路干线，蜀道不再难；这条伟大的铁路就把西南西北和全国连接起来了"②。如此一来，宝成铁路成为西北、西南几省的交通枢纽，其经济效应也由此凸显。它不仅是西北、西南地区建立工业基地必需的运输干线，也是"关联着陕甘川三省一亿以上人民经济生活的重大事件"③。

二是宝成铁路的通车密切了四川与全国各地的经济、文化交流，对四川乃至西南地区经济社会发展起到了重要作用。正如通车典礼上时任铁道部部长滕代远所言："宝成线的建成，对于加强物资交流，进一步改善人民生活，促进西南地区文化和经济的发展，以及支援国家工农业建设和国防建设，将

---

① 西宁铁路局：《宝成铁路（修建记）》，人民铁道出版社，1960 年，第 39 页。
② 《把西南西北和全国连接起来了》，《人民日报》1958 年 1 月 2 日，第 1 版。
③ 《在宝成铁路通车典礼大会上贺龙副总理的讲话》，《人民日报》1958 年 1 月 2 日，第 3 版。

起着巨大的作用。"① 宝成铁路全线通车后，仅 1957 年、1958 年两年，运入四川的物资达 137 万吨。后来修建川黔、内昆等铁路的建设器材也是通过宝成铁路直达工地。在这之前，重庆钢铁工业经长江从鞍钢运输材料，运费为每吨 79 元，需 35 天，而改由宝成铁路运输的话，运费降低至每吨 41 元，且仅需 20 天，较之前耗时大为缩短。过去每年直接运往西北的粮食只有 3 万多吨，大部分粮食不得不经过长江绕道京汉线、陇海线兜了半个中国，才运到西北。通车后，1957 年及 1958 年共运出粮食 106 万吨，供应到长江以北的各个省份，远在东北大兴安岭的伐木工人和内蒙古草原上的牧民，都吃到了四川的粮食。过去运出猪肉是以飞机装运，而膘肥、肉厚的四川大肥猪则无法外运。宝成铁路通车后，仅 1957 年四川就运出生猪 3 万头，腊肉也行销全国各地。②

依托宝成线，省外的工业品和省内的粮食、土特产可大批流通，有力调节了过去四川省内工业品价格偏高，农产品价格偏低的状况，提高了四川广大人民的生活水平。四川从宝成线运入的工业品比重占一半以上，平均每吨货物的运费比长江进川低 25 元。由于运费的降低，四川省即全面调整了物价。其中："有近三万二千种工业品调低了销价；农副产品一般都调高了收购价，如大米收购价全省平均提高了 6.48%，生猪收购价调高 15.46%，各种经济作物收购价分别调高了 6% 到 10%。工农业产品的剪刀差逐渐减少。全省人民由此增加的收入和减少的支出每年共约一亿四千五百多万元"③。

三是充分彰显了"集中力量办大事"的优势。由于宝成铁路是我国发展"一五"计划期间完成的铁路三大工程之一，工程艰巨、复杂和建设速度较快，备受国内外瞩目，曾获得许多好评。在它正式运营前，便有 15 000 多名中外人士前来参观，甚至也令当时并不相信中国可能跨越 3000 多米高山修建铁路的外国专家惊叹折服。然而，这条铁路的修建，沿途山险水深，

---

① 《在宝成铁路通车典礼大会上　铁道部长滕代远的讲话》，《人民日报》1958 年 1 月 2 日，第 3 版。

② 西宁铁路局：《宝成铁路（修建记）》，人民铁道出版社，1960 年，第 80 页。

③ 西宁铁路局：《宝成铁路（修建记）》，人民铁道出版社，1960 年，第 81 页。

地质复杂，隧道深长，桥梁甚多，如此艰难情况下，没有"愚公移山"的精神是必不能成功的。在修建过程中，沿线地方政府彼此的协作、铁路工人的付出、铁路沿线民众的支持以及苏联专家的支援，都加速了铁路修建的进程。宝成铁路的建成，充分彰显了集中力量办大事的优越性，证明了在中国共产党领导下的筑路队伍，是一支战无不胜、攻无不克的建设大军，在这样的大军面前，"高山也要低头，河水也要让路"。

二、襄渝铁路

连接四川、湖北两省的铁路，早在清朝末年就有川汉铁路之议。后来，国民党也作过修建信（阳）成（都）铁路的考虑，但均未成行。新中国成立后，伴随三线建设重大战略的实施，作为北向进出川通道的襄渝铁路被列为三线建设的重点工程之一。线路东起湖北襄樊，经十堰、陕西安康，穿大巴山入四川，经万源、达州、广安入重庆，经北碚至重庆铁路枢纽重庆西站，全长897公里。其中，四川境内全长395.24公里[①]。该线东端连接汉丹、焦枝两条铁路，中段经由阳安铁路实现与宝成铁路的连通，西端则与成渝、川黔铁路及长江相连，是四川连接华中地区的一条重要铁路干线，在西南铁路网主骨架构建上具有重要地位。

（一）勘测设计

早在1944年至1945年，南京民国政府就曾派员勘测过紫（阳）渝（重庆）铁路和广（元）襄（樊）铁路，这两条铁路包含了现襄渝铁路，但未修筑。1958年7月，国家决定修筑川豫铁路（襄渝铁路的前身），由铁道部第二、四设计院进行勘测设计，线路由成都经南充、达县、宣汉沿中河而上，于白芷口垭口以11公里长隧道穿过大巴山，再沿任河、汉江经光化、

---

① 1997年3月重庆直辖前，襄渝铁路四川境内正线长度395.24公里。2005年，襄渝铁路重庆境内正线长93.9公里，四川境内正线长301.3公里，其中成都铁路局管辖162.2公里。

襄樊至河南信阳。① 为修建川豫铁路，四川成立川豫铁路修建指挥部，组织民工 12 万人，在四川境内分段展开施工。1959 年 4 月，因缩短基本建设战线停工。1960 年初，"工管合一"后的成都铁路局再次组织施工，筑路工人最多时达 6 万余人。然而 1961 年又因调整基本建设计划而再次停工。这段工程施工"两上两下"，又因管理松弛，规章制度执行不严，部分工程质量不良。

1964 年，国家作出三线建设重大战略决策后，为突破川鄂两省交通瓶颈，铁道部第二设计院于 1965 年 12 月再次进行勘测，线路走向改为襄樊至成都，更名为襄成铁路。② 随后，铁道部第二设计院于 1966 年完成了 1672 公里的初测和方案比选，并于次年元月编制出初步设计文件。③ 1967 年 3 月至 6 月，铁道部组织襄成铁路初步设计现场鉴定，提出在麻柳地区双机坡越岭方案进行比选，随后铁道部第二设计院又做了大量工作。1967 年 10 月，报请国家计委、建委审查后，铁道部、铁道兵联合签发了《襄成铁路的初步设计文件鉴定意见》。然而，1968 年，为支援军工建设，中央决定先修渝达段，缓建成达段。1969 年底，中央又决定将渝达、襄成两线合一，改名为襄渝铁路。

全线以胡家营为界，以东由铁道部第四设计院负责，以西由铁道部第二设计院负责。其中，1968 年，第二设计院组织 3 个总队，共 2500 余人对胡家营至重庆段间的线路进行了实地踏勘，并于 1979 年分段完成设计。④ 此外，仙人渡汉江特大桥、旬阳和紫阳汉江大桥，以及南河、北河、洲河、嘉陵江 7 座大桥由铁道部大桥工程局负责设计，全线电气化工程由铁道部第三设计院和电气化工程局设计。由于建设工期紧张，故襄渝铁路采取"边勘

---

① 中国人民解放军铁道兵第一指挥部：《襄渝铁路施工总结》，内部资料，1981 年，第 24 页。
② 陕西省地方志编纂委员会：《陕西省志 第二十七卷 铁路志》，陕西人民出版社，1993 年，第 49 页。
③ 四川省地方志编纂委员会：《四川省志·交通志》（下），四川科学技术出版社，1995 年，第 59 页。
④ 四川省地方志编纂委员会：《四川省志·交通志》（下），四川科学技术出版社，1995 年，第 59 页。

测，边设计，边施工"。据统计，各设计院共投入 50 多个设计队，6000 余勘测设计人员。[①]

从线路走向来看，襄渝铁路东起湖北襄樊，西至四川重庆，正线全长 915.6 公里。襄樊至莫家营 56 公里为既有汉丹线的一段。线路自襄樊沿既有汉丹线至克家营出岔西行，在仙人渡首跨汉江，而后穿武当山，越白云山，九跨东河，七跨将军河，进入陕南地区，沿汉江峡谷而上，过白河，于构园铺再路汉江，经旬阳、安康，在紫阳三跨汉江，转沿任河而上穿越大巴山进入川东，33 次跨后河，经万源、青花至达县，然后循洲河、渠江而下，顺华蓥山西麓、渠江东岸过前锋在北碚跨嘉陵江，至西永穿中梁山，接入重庆枢纽，终止于枢纽内川黔铁路的珞璜。主要工程量有：土石方 10 964 万立方米；挡护污工 230 万立方米；涵管横长 52 公里；隧道 405 座，折合单线延长 287 公里，桥梁 716 座，单线延长 113 公里；全线桥隧折合单线延长 400 公里，为正线延长的 46%；车站 90 个，其中区段站 5 个；铁路房屋 64 万平方米。[②] 其修建地域环境之艰苦、工程量之大，以及修建时间之短可以说是世界罕见。

从技术标准来看，襄渝铁路运量大、标准高。线路设计为 I 级干线，设计年运量 1700 万吨。正线为单线，单机限坡 6‰，六里坪至胡家营、权河至花楼坝采用双机坡 12‰，最小曲线半径为 700 米，个别困难地段 500 米。到发线有效长 850 米，牵引定数，达县至重庆段近期 2800 吨，远期 3400 吨；近期半自动闭塞，小站继电集中，襄樊至达县一次电化，达县至重庆近期蒸汽牵引，预留远期电化。

（二）施工组织

由于襄渝铁路是三线建设的一个重要组成部分，国家高度重视，并要求全线在 1972 年实现通车。同时，中央还指示，要先修北头的莫家营至十堰

---

① 中国人民解放军铁道兵第一指挥部：《襄渝铁路施工总结》，内部资料，1981 年，第 24 页。
② 中国人民解放军铁道兵第一指挥部：《襄渝铁路施工总结》，内部资料，1981 年，第 25 页。

段，支援第二汽车制造厂的建设，并要求西头达县至重庆段一年建成，以支援重庆地区军事工业建设。① 为此，国家有关部委多次召开会议，研究解决襄渝铁路建设的有关问题。工期十分紧迫，任务十分艰巨。周恩来总理亲自部署，召开专门会议，研究加快襄渝铁路建设问题。而此时成昆铁路尚未完工，建设队伍很难全部从成昆线转撤至襄渝线。为解决襄渝铁路施工问题，1969 年 12 月 29 日，周恩来接见了刚就任铁道兵司令员不久的刘贤权，讲道："毛主席亲自确定了襄渝铁路的走向，这条铁路要快修。修好这条铁路，四川就形成了四通八达的局面，'天府之国'的交通就活了。"他还再三嘱咐："这个任务就交给你们铁道兵了，要依靠广大人民群众，把铁路早日修起来。"②

为了实现 1972 年建成通车的目标，铁道兵部队确定了"先两头、后中间，一次部署，全面展开施工"的原则，立即统一部署，把全线划分为 10 段，投入 8 个师另配 6 个半团，修建襄渝铁路。具体部署为："东段一师、西段（四川境内）七师在原管区基础上再向前延伸一段，八师管区相应东移，担任西段毛坝至松树段任务，十三师、六师在完成既定任务后向前倒一次，中段（陕西境内）剩下的由：二、十、十一师分担。十、十一师于 1970 年第一季度，二师于第二季度调入。"③ 考虑到通车时间紧迫，劳动力缺乏的现实情况，1969 年，铁道兵报请中央决定，由四川、陕西、湖北三省分别成立"襄渝铁路修建指挥部"，负责组织各省境内民兵参加修路，以及开展地方物资供应工作。通过动员，1971 年至 1972 年全线施工进入高潮时期，铁道兵投入兵力 24 万人，鄂、陕、川三省共组织民兵 58.5 万人，其中湖北民兵 13.5 万人，陕西民兵、学兵共 15 万人，四川民兵 30 万人，共计 82.5 万人，全面展开大会战。④

在施工力量组织上，四川省政府积极响应国家号召，在动员民兵参加襄

---

① 中共四川省党史研究室：《三线建设在四川·省卷》（上），内部资料，2016 年，第 10 页。
② 《襄渝铁路创建记》，《人民日报》1978 年 6 月 15 日，第 3 版。
③ 中国人民解放军铁道兵第一指挥部：《襄渝铁路施工总结》，内部资料，1981 年，第 25 页。
④ 湖北省地方编纂委员会：《湖北省志　交通邮电》，湖北人民出版社，1995 年，第 331 页。

渝铁路修建的过程中，做了大量的工作。1970 年 5 月，四川省成立"襄渝铁路西段指挥部"，由四川省军区副司令员杨青同志任总指挥，副政委赵卓如、孙仲一任政委，铁道兵西南指挥副司令员秦云、贾庆祥担任副总指挥，指挥部参谋长为郭全政，政治部主任为周广铎，后勤部部长为刘志华，政委为高岳。① 由此可见，四川地区民兵的组织动员工作，实际由四川省军区与铁道兵西南指挥部协作开展。为保障民兵日常工作与生活，参加筑路的民兵每人每月补足粮食 45 斤定量，每人每月工资为 32 元，集体与个人按三七开或四六开。② 这样的分配方式和比例，兼顾了集体和个人利益。

四川省参加襄渝铁路建设的民兵主要来自四川万县、江津、涪陵、达县、南充 5 个地区。1970 年 5 月至 6 月，共抽调民兵 21 万，后因工程需要，又于同年 9 月再次抽调了 4 万名。其中，万县地区 3.8 万人，涪陵地区 3.4 万人，江津地区 4.8 万人，南充地区 5 万人，达县地区 4.8 万人，重庆市 3.2 万人。③ 至 1972 年 11 月时，四川省参加筑路的民兵人数已达到 24.8 万人。④ 在民兵的组织上，由地、市为单位编成师，以县为单位编成团，共编为 6 个师 49 个团和 3 个独立营。这些民兵以自愿报名、领导批准为原则，分批拉练上场，被沿线的人民群众称为"不穿军装的解放军"。民兵的工作主要是配合铁道兵部队修建襄渝铁路西段 455 公里铁路和白沙至新华 100 公里公路。一方面，在铁道兵部队的技术指导下，担负土石方、中小型桥梁、短隧道、挡土板、采备砂石料和修建住房等；另一方面，抽调 11 万民兵配合铁道兵部队担负长、大隧道和桥梁的施工。⑤

（三）会战襄渝

1970 年下半年起，襄渝铁路大会战逐步全面展开。会战中，襄渝铁路

---

① 四川省地方志编纂委员会：《四川省志·军事志》，四川人民出版社，1999 年，第 532 页。

② 中共四川省党史研究室：《三线建设在四川·省卷》（上），内部资料，2016 年，第 440 页。

③ 中国人民政治协商会议南充市委员会：《襄渝铁路大会战　南充民兵师纪实》，内部资料，2004 年，第 2 页。

④ 中共四川省党史研究室：《三线建设在四川·省卷》（上），内部资料，2016 年，第 456 页。

⑤ 四川省地方志编纂委员会：《四川省志·军事志》，四川人民出版社，1999 年，第 532 页。

地质复杂，岩层变化多端，导致隧道具有多、长、烂的特点，给施工带来很大困难。仅四川境内就有"隧道115座，总长70.24公里，占线路长度的17.7%。长度在3000米以上的有大巴山隧道、大成隧道、铁山隧道和中梁山隧道等"[1]。其中，号称"地下长廊"的大巴山隧道，全长5333米，是全线的关键工程。这条隧道在变质岩地区，地质条件恶劣。既有铁青钢硬的"特坚石"，又有日夜喷涌的地下水；既有罕见的"泥沙流"，又有特殊收缩能力的"橡胶泥"。据《人民日报》报道，在大巴山隧道施工中，有一次，一排炮后，导坑内从几个溶洞里同时涌出泥沙浆来，一昼夜流量达10万立方米。几百米的导坑很快被淤积了一米多高。在这种情况下，铁道兵部队某连连长秦志发带领战士和民兵，冒着生命危险，冲向溶洞，在齐腰深的泥沙浆里筑墙堵沙。经过20多个小时的艰苦奋斗，才封住溶洞，截住了泥石流。[2] 与此同时，在不良地质隧道施工中，筑路军民还逐渐在实践中摸索出了"短开挖，强支撑，快衬砌""先上后下，先棚后挖，先梁后柱""大坍穿，小坍清"等一整套烂洞子施工方法。[3]

由于沿线为各类片岩组成的变质岩地区，岩性软硬更替极为复杂，岩层完整性差，山高坡陡，高填深挖较多，全线路基土石方和挡护圩工量大而集中。如四川境内的石柱槽站、三汇镇站的土石方工程都在50万立方米以上，磨心坡和前锋站土石方达100万立方米以上，达县站更是达到了432万立方米以上。可见土石方工程量之巨大。为缩短工期、节省劳力，路基土石方施工统筹安排，充分发挥机械的作用，集中力量，分段分站打"歼灭战"。采取大中小爆破。少数工点人力施工，大部分工点机械施工。如在北碚车站内进行了8次大爆破，共用炸药110吨，爆破土石方32万立方米，加快了工程进展。

不过，对于一些不宜采用大爆破的工点，则不能勉强爆破，特别是对崩

① 四川省地方志编纂委员会：《四川省志·交通志》（下），四川科学技术出版社，1995年，第61页。

② 《襄渝铁路创建记》，《人民日报》1978年6月15日，第3版。

③ 中国人民解放军铁道兵第一指挥部：《襄渝铁路施工总结》，内部资料，1981年，第136页。

坍、滑坡、错落体等不良地质地段，一般不宜采取大爆破。如罗文车站施工时为抢进度，不顾地质不良，采用大爆破施工，结果造成古滑坡体复活，加之路堑边坡开挖高过陡，排水设施和支挡工程未及时跟上。1972 年 5 月下旬，连降大雨，使古滑坡复活，边坡顺层塌滑 13 处，共 1.6 万立方米，中断行车 15 天，迫使车站由原来的 4 股道减为 3 股道，迁建货场，增建 3 线棚洞 128 米，单线明洞 257 米，增加锚固桩和挡护墙等大量工程。① 事与愿违，欲速不达。

在桥梁建设方面，因襄渝铁路横贯川、陕、鄂三省，沿汉江、嘉陵江两大水系，江河纵横，山高谷深，桥梁甚多。铁道兵、大桥局的部队、职工同三省广大民兵团结一致，并肩战斗。全线桥梁于 1969 年初展开重点施工，至 1973 年 5 月全部完成主体施工。在四川省境内，共有桥梁 282 座，总长 41.88 公里，占线路长度的 10.6%。其中 300 米以上的大桥有 19 座，墩高在 50 米以上的桥梁有 10 座。② 不过，沿线石料多，质量好，民兵中又有石匠，在水泥供应紧张的情况下，铁道兵六、七、八师部队和民兵一起，自力更生，艰苦奋斗，就地开采石料，砌筑桥梁墩台，大搞"一石三代"。石砌墩台高度从 20 米发展到 30 米，最高达 37 米。从大巴山隧道出口到望溪车站地段，石砌墩台有 1191 个，占该段墩台总数的 84%。③ 不但为国家节约了大量材料，还保证了质量，坚固美观。

在修建过程中，铁道兵部队还充分动员群众，推广先进施工方法，土洋结合，大力开展技术革新，采用和推广新技术、新工艺。各项工程革新推广 1300 多项，节约投资 2500 多万元。④ 如为改变桥梁建设中长期存在的"肥梁胖墩"的落后状态，减轻梁重，节约材料并加快架梁速度，由铁道兵西南指挥部组织，与铁道部第二设计院、西南交通大学、铁道兵后勤部 2664 工

---

① 中国人民解放军铁道兵第一指挥部：《襄渝铁路施工总结》，内部资料，1981 年，第 44 页。

② 四川省地方志编纂委员会：《四川省志·交通志》（下），四川科学技术出版社，1995 年，第 61 页。

③ 中国人民解放军铁道兵第一指挥部：《襄渝铁路施工总结》，内部资料，1981 年，第 263 页。

④ 中国人民解放军铁道兵第一指挥部：《襄渝铁路施工总结》，内部资料，1981 年，第 26 页。

厂共同组成了无碴梁研制组，于1971年开始进行无碴预应力混凝土梁的研制工作。[①]在高桥墩施工中，积极学习地方先进经验，加快了工程进度，推广滑动模板施工，制造了圆形、圆端形、矩形三种人工提升滑动模板。例如，铁道兵七师在万白专用线付家河大桥采用了"无井架液压顶升收坡滑动模板"进行实验，取得成功，解决了收坡问题，使滑动模板逐步完善。先进经验的采用和技术的革新，不仅节约了材料，减少了投资，还加快了施工进度，提高了工程质量。

不仅如此，襄渝铁路的修建也得到了沿线地方政府大力支持，沿线各级革委会成立了"支铁"办公室。在四川，成立了支援襄渝铁路建设领导小组，下设办公室，主要负责组织修建铁路所需的地方二、三类物资以及沿线部队、民兵、铁路专业队伍生活物资的供给。此外，襄渝铁路建设也得到了全国支援，如丹江口水电站和重庆电力局为铁路工地输送了强大的电力。在施工紧张阶段，山东、安徽两省还派出两个汽车运输队来支援运输。建工部下辖的西安红旗构件厂加紧生产铁路用混凝土预应力梁，以保证铺架的需要。[②]沿线民众更是热情支持，经常举行义务劳动和现场慰问活动。这些都大大鼓舞了筑路队伍，加快了筑路进度。

（四）通车运营

为尽快实现通车，襄渝铁路采取修好一段、铺轨一段、使用一段的策略。全线由东、西两端分别向中间铺架。在四川境内，1970年3月1日由铁道兵六师从铜罐驿开始向东铺轨，同年12月20日铺轨到渠县，共完成正线铺轨194.6公里。1970年底由铁道兵七师接替六师，从渠县开始铺轨，1971年7月铺轨到达县。1973年10月2日铺轨至南溪沟，10月19日在陕西境内棕溪车站接轨通车。历时4年零3个月。

襄渝铁路接轨通车前后，还遗留大量未完工程。根据周恩来总理"要搞

---

① 中国人民解放军铁道兵第一指挥部：《襄渝铁路施工总结》，内部资料，1981年，第362页。

② 《襄渝铁路穿险峰跨江河建成通车》，《人民日报》1978年6月15日。

好质量，不要单纯强调时间"的指示，国家计委、建委召开襄渝线收尾配套协作会议，决定渝达段从 1974 年起到 1976 年止，由铁道兵分段完成收尾配套工程。主要任务有四个方面：一是继续完成未完的尾工，二是整治病害、清除隐患，三是完成上碴整道、房建、给水、电力等设备安装配套工程，四是做好线路维修和桥隧守护。四项共使用 9210 万工天，占全部工天的 23%。[①]

通车后由于中段线路地质恶劣，加上突遭特大暴雨和山洪的冲击，致使一些地段出现山体滑动、隧道开裂、站房倾斜、钢轨变形等现象，给铁路安全带来严重隐患。经过国家有关单位和铁道兵领导机关的多次实地考察、研究，决定采用打锚固桩锚山的综合整治方案，即在滑动的山体上，从山底到山腰，分三排筑起深达 14 米到 48 米、桩身断面为 9 平方米到近 25 平方米的 63 根钢筋混凝土巨桩。在施工过程中，由于山洪暴发，冲断了通往工地的便道，粮食和施工料具均无法运到，铁道兵指战员们喊出"有条件要上，没条件创造条件也要上"的口号，白天刷坡平场地，抢修便道，晚上背运粮米，抬扛机具。[②] 最终，经过 27 个月的顽强奋战，铁道兵指战员在 20 多处滑动的山体上，打进 288 跟钢筋混凝土锚固桩，将移动山体和大地牢牢地锚固在一起，创造了筑路史上制服大滑坡的奇迹。[③] 经过病害整治后，襄渝铁路全线于 1979 年 12 月正式交付运营，其间国家建委、铁道部会同有关部门对襄渝铁路分段验收，当时交验总的评价是："襄渝线工程建艰巨，条件比较困难，设计标准是高的，建设速度是快的，符合国家 I 级干线标准。"[④]

襄渝铁路建成通车后，成为连接中南、西南地区的重要干线，也是继宝成铁路、川黔铁路、成昆铁路后第四条进出四川的铁路干线通道。它的建成不仅改善了我国西南和中南地区的交通，尤其是对沿线经济社会发展发挥了

---

① 中国人民解放军铁道兵第一指挥部：《襄渝铁路施工总结》，内部资料，1981 年，第 26 页。
② 《锚山记》，《解放军报》1977 年 5 月 16 日。
③ 《当代四川》丛书编辑部：《当代四川铁路》，四川人民出版社，1993 年，第 121 页。
④ 四川省地方志编纂委员会：《四川省志·交通志》（下），四川科学技术出版社，1995 年，第 64 页。

重要作用。四川境内的煤炭、金属矿石、钢铁、木材、粮食、土特产品等物资都得以运输出川。作为曾经川陕革命根据地的四川达县地区[①]在襄渝铁路通车后，大型农业机械及生产小型农具所需的原材料得以运入，该地区农业机械化程度提高，粮食产量大幅提升。据统计，1977 年该地区大中型拖拉机数量比 1971 年增加 4.8 倍，手扶拖拉机增加 9 倍，其他农机也增加了 4倍多。[②] 与此同时，襄渝铁路通车后，陕南山区的煤、铁、桐油、生漆、茶叶、木耳、蚕茧和名贵药材等也得以运出，铁路沿线的民众说："山区到处都有宝，运不出去等于草；火车通到深山沟，死宝从此变活宝。"[③] 与襄渝铁路几乎同时动工的十堰汽车制造厂，在铁路修通以前，该厂需派出上千台汽车通过坡陡弯急的山区公路，才能将从外地运输的大型设备和各类物资运入。但在襄渝铁路通车以后，就算几百吨重的大型设备也可以用特制车皮较快运到厂里。这也有力地促进了汽车生产的发展。

第二节　南向进出川铁路通道建设

新中国成立后，宝成、襄渝铁路的相继建成通车，使得北向进出川铁路通道大为改观。但是，南向进出川通道建设也不容忽视。1964 年在毛泽东下达"成昆路要快修""川黔路、贵昆也要快修"的重要指示后，铁道部提出"多点开工，分线完成"的修建策略，即"以成昆线为中心，速取川黔、贵昆来保成昆"。力争打一条，通一条，交一条，一鼓作气，一气呵成。[④]由此，在三线建设背景下，四川铁路也迎来了发展的黄金时段，先后修建了川黔、成昆两条南向进出川铁路。进入 21 世纪后，以西部大开发为契机，

---

① 1976 年，国务院批准成立达县市（县级市），属达县地区领导。1993 年，达县地区、达县市更名为达川地区、达川市。1999 年，撤达川地区设立达州市（地级），原达川市（县级）改设达州市通川区。2013 年，撤达县改设达州市达川区。

② 《今朝更好看　襄渝线纪行》，《人民日报》1978 年 7 月 7 日，第 4 版。

③ 《今朝更好看　襄渝线纪行》，《人民日报》1978 年 7 月 7 日，第 4 版。

④ 吕正操：《吕正操回忆录》，解放军出版社，2007 年，第 449 页。

内昆铁路的修建又被提上国家议事日程，进一步提升了南向进出川铁路通道能力。

一、川黔铁路

新中国成立后，成渝铁路、宝成铁路相继建成通车，使四川交通格局大为改善。但川、黔两省之间的铁路交通尚未打通。换言之，南向进出川通道也亟须修建。于是，在宝成铁路通车以后，川黔铁路便被提上了国家议事日程。

（一）修建缘起

川黔铁路北起四川省重庆市，由綦江进入贵州，再经桐梓、遵义而达贵阳，全长457公里，其中四川境内改建、新建135.72公里。[①]该线北段与成渝、襄渝两线相接，南段连接贵昆、湘黔、黔桂等铁路，是西南铁路主骨架网的重要组成部分，同时也是四川沟通南方诸省的一条重要通道。线路所经地区有丰富的煤、铁、铝、磷等矿产资源，且人口稠密，工农业生产比较发达。因此，川黔铁路的修建，对于促进沿线经济社会发展、巩固国防都具有重要意义。

川黔铁路的修建，先后经历了清政府、北洋政府、国民政府三个历史时期，但都未能实现通车。早在1911年8月，贵州巡抚沈瑜庆就曾奏请清政府，向英、法等国家借款1000万两白银修筑贵渝铁路（贵阳至重庆），因人民群众反对借款筑路和辛亥革命爆发，成为泡影。1914年，法国为延伸经济侵略至川黔两省，欲筑广州至重庆的钦渝铁路，后因欧战爆发而未果。1929至1948年间，南京国民党政府也先后对川黔铁路进行5次勘测选线，但并未实质性开展施工，只是在其北端建成从长江南岸的猫儿沱，经綦江到

---

① 四川省地方志编纂委员会：《四川省志·交通志》（下），四川科学技术出版社，1995年，第35页。

达三江，一段约 68 公里的准轨铁路，称"綦江铁路"。① 新中国成立伊始，川黔铁路的勘测设计工作便已启动，并被列入"一五"计划的修建项目。

新中国成立后，川黔铁路分南北两段修建，也经历了曲折漫长的过程。大致分为三个阶段：第一个阶段是 1950 年至 1951 年，改造原有的綦江铁路，向贵州方向延伸。1950 年 3 月，西南工业部綦江铁路局组织军工、民工 4000 人，修筑由綦江通往三溪的 18 公里新线，同年 10 月通车。1951 年初，又继续往南延伸 41 公里，至川黔边境赶水站，于 1951 年 10 月通车。第二个阶段是 1956 年至 1961 年。1956 年初，川黔铁路勘测设计任务完成，当年 6 月全线重点工程开工建设，12 万筑路大军分期分批源源不断地开赴沿线重点工程，一场声势浩大的川黔铁路建设轰轰烈烈展开。1961 年 8 月，因国家压缩基建战线，川黔线全线停工。第三个阶段是 1964 年至 1965 年。1964 年，党中央决定加强三线建设，成立西南铁路建设总指挥部，下设工地指挥部统一组织指挥川黔、贵昆、成昆三条铁路的建设。于是，川黔铁路迅速恢复施工，并于 1965 年 10 月 1 日建成通车。

（二）勘测设计

1929 至 1948 年，国民政府交通部门多次组织对四川至贵州的铁路进行踏勘，提出了隆昌至贵阳的西线方案、江津至贵阳的中线方案和重庆至贵阳的东线方案。当时限于国力，经过比选，推荐西线方案。但只是进行过踏勘、初测和编制工程概算，均无实质性的设计成果。

新中国成立后，铁道部对川黔铁路的勘测设计做了大量工作。从 1950 年 9 月至 1956 年 7 月，西南铁路工程局对原隆筑线展开草测、初测，选定凉风垭分水岭方案。1950 年 9 月起，西南铁路工程局隆筑测量总队对原隆筑线进行草测和初测，选定铁路穿越凉风垭分水岭的最佳方案。为充分利用綦江铁路，1951 年 8 月，綦江铁路局又提出由赶水经新站越麻垭口，再至

----

① 贵阳铁路分局史志办公室：《贵阳铁路分局志（1898—1988）》，中国铁道出版社，2000 年，第 67－68 页。

大河场，接隆筑线的方案，以此缩短越岭隧道的长度。1951 年 9 月，铁道部第 18 勘测总队对这一新的方案进行了实地踏勘后，提出自新站起双机牵引穿越凉风垭，至桐梓后，经板桥穿娄山关，再接隆筑线的方案，并于 1952 年完成赶筑段初测，同年 12 月完成初步设计。① 1956 年 1 月铁道部审批同意这一方案。

根据初步设计审批意见，1956 年 1 月至 11 月，铁道部第二设计院（简称"中铁二院"）完成了定测。在定测中，为节省工程投资，特别是对凉风垭越岭地段线路做了大量补测工作，反复进行了比选，隧道比较方案多达 20 多个，纸上定线超过 300 公里。1957 年初，中铁二院技术室副主任胡惠泉在对翻越凉风垭线路进行技术审查时，两次下现场对越岭方案进行全面研究比选，感到 3500 米方案仍有局限，而将隧道越岭高程再降低，改用 4270 米方案。② 虽然隧道长度增加，但整个越岭线路的地质条件大为改善，可避开严重的岩溶地段，并使高桥、土石方及挡护墙工程相应减少，又使线路缩短 6 公里，节省投资 310 万元。

从川黔铁路的走向来看，该线自重庆起，与成渝铁路共轨至小南海后，作环形展线上升，与成渝铁路形成立交。随后以大桥跨越长江至珞璜站，经五岔溯綦江至赶水，再溯松坎河进入贵州境内。过蒙渡后，因地势急剧上升，铁路在马鞍山作环线立交展线，并以 4270 米长隧道穿过凉风垭分水岭，经桐梓，又以 2147 米长隧道越过娄山关，沿仁江河至遵义，再以 319.10 米大桥跨越乌江，经息烽而至贵阳。③ 全线长 340 公里。在这条线路中，隧道有 110 多处，大小桥涵 990 多座，工程艰巨。④

川黔铁路北段（小南海至赶水）主要在四川境内，计长 135.72 公里。

---

① 四川省地方志编纂委员会：《四川省志·交通志》（下），四川科学技术出版社，1995 年，第 36 页。

② 贵州省地方志编纂委员会：《贵州省志·铁道志》，方志出版社，1997 年，第 51 页。

③ 贵阳铁路分局史志办公室：《贵阳铁路分局志（1898—1988）》，中国铁道出版社，2000 年，第 69 页。

④ 《加速新线铁路的建设　川黔铁路定测基本结束　兰新铁路加强施工领导》，《人民日报》1956 年 10 月 23 日，第 3 版。

按 Ⅰ 级干线标准修建，限制坡度 6‰，最小曲线半径新建地段 600 米，改建地段 300 米。其中，小南海至五岔 33.3 公里为新建，五岔至赶水 98 公里为改建。牵引定数上行 2400 吨，下行 1900 吨，年输送能力 783 万吨。

（三）施工概况

川黔铁路是对原有綦江铁路的五岔至赶水段进行全面技术改造，新建小南海至五岔、赶水至贵阳段而成。早在 1950 年 3 月，西南工业部綦江铁路局便组织军工、民工 4000 人，修筑由綦江通往三溪（即三江镇）的 18 公里新线，同年 10 月建成通车。1951 年初，又继续往南延伸 41 公里，至川黔边境赶水车站藻渡河南头，并于 1951 年 10 月通车。[①]

1958 年，川黔铁路分为渝赶、赶筑两段施工。其中，川黔铁路渝赶段小南海至赶水全在四川境内，由成都铁路局所属基建部负责施工。赶筑段赶水至石门坎有 15 公里在四川境内，由铁道部第二工程局负责施工。渝赶段工程比较复杂，既有新线建设，也有旧线改造，由成都铁路局基建处部署的三个工程队负责施工，其中第一工程队负责五岔至赶水的旧线改造，第二工程队负责珞璜至五岔段的新线施工，第三工程队负责环线新建。与此同时，江津、合川两县调集部分民工参加新线施工。全面铺开修筑时，整个渝赶段约投入施工人员 21 600 多人。[②] 1959 年 4 月，为控制工期，成都铁路局基建处通过南北两段分别开挖的方式，集中力量突击全长 947 米的新房子隧道工程，于年底贯通。随后，1959 年 12 月 10 日，川黔铁路铺轨至五岔，与原綦江铁路接轨，五岔至猫儿沱一段线路即拆除。1960 年 1 月 1 日交付运营。

1958 年 9 月，五岔至赶水段的旧线改造工程开工，采取边运营、边改造的策略。担任施工的成都铁路局第一工程队制定了严格的施工组织措施，发挥群众智慧，因地制宜，采取分层落底、逐层加高的办法，创造出一套在

---

① 成都铁路局志编纂委员会：《成都铁路局志稿 综合篇》，1992 年，第 97 页。
② 《当代四川》丛书编辑部：《当代四川铁路》，四川人民出版社，1993 年，第 87 页。

运营中改造旧线的经验。并利用地形条件，开展技术革新，如水力绞车、架空天线、跨线地道等，对提高施工质量和工效，发挥了很好的作用。[①] 正当工程如火如荼进行之时，国家经济政策开始调整，工程不得不停工。直到1964 年西南铁路大会战，川黔铁路全面复工，由成都铁路局工程处（由第七工程处改组建成）所属的第一工程段负责该段旧线改造施工，并于1966 年全部改造完成。

赶水至石门坎段由铁道部第二工程局所属工程队负责施工。这一带线路因地势陡峻，给养不便，施工难度大。1956 年 4 月该段开工后，为解决赶水至松坎段的工程材料运输，在施工组织安排上，先抢修赶水至岔滩的正线。随后，以岔滩为转运站，利用火车运送工程材料和机具至岔滩，为后续施工作准备。岔滩至松坎段，地势陡峻，工程密集，又远离川黔公路，在铁路线松坎河对岸修建长 27.4 公里的轻便小道，由小火车从岔滩接运路料，解决了南段路料及生活用品的运输问题，加快了这一段的施工进度。[②] 1965 年 7 月 8 日，川黔铁路在贵州桐梓白沙窝中桥南头提前实现接轨。

（四）通车运营

1965 年 10 月 1 日，川黔铁路全线交付运营正式通车。这条铁路北起四川省重庆市，南迄贵州省贵阳市，北端连接成渝、襄渝铁路，且通过重庆港与广大长江流域相通；南端与黔桂、贵昆、湘黔线相接，由此将当时全国铁路网在西南的缺口缝合起来，成为川渝黔联系华南、华东地区的重要铁路干线，也是川黔间物资、人员往来的重要通道。

由于川黔铁路穿越的地区人口较为密集，工业和农业生产相对发达，故其建成通车对促进沿线地区经济社会发展具有重要推动作用。铁路沿线遍布扎佐煤矿、綦江铁矿、遵义锰矿、开阳磷矿以及修文、贵筑（今花溪区）的铝资源等。川黔铁路通车以后，这些矿产资源得以迅速地开采。四川生产

---

① 成都铁路局志编纂委员会：《成都铁路局志稿　综合篇》，1992 年，第 97 - 98 页。
② 四川省地方志编纂委员会：《四川省志·交通志》（下），四川科学技术出版社，1995 年，第 37 页。

的食盐得以运往贵州，而贵州盛产的粮食和烤烟、桐油、药材等经济作物，也经过铁路运输畅销全国。

川黔铁路通车运营以后，运量逐年增加。据统计，渝赶段珞璜至石门坎货运量 1976 年为 169.8 万吨，1980 年增至 226.6 万吨，1985 年增至 329.9 万吨，1990 年增至 399.7 万吨。1990 年较 1976 年增长近 1.4 倍；客运量 1976 年为 139.5 万人，1980 年增至 170.5 万人，1985 年增至 179.8 万人，1990 年为 123.2 万人。[①] 运量的增加使得川黔铁路的运营面临不小压力。因此，根据发展需要，川黔铁路在实现通车之后，一方面陆续开展线路病害整治工作，另一方面不断更新运输设备，改善运输条件。在病害整治上，1963 至 1985 年间，四川境内路基病害整治共有 116 处，投资 2446.8 万元；桥隧病害整治共 38 处，投资 341.4 万元。其中，自 1971 年开始整治滑坡病害 118 公里，至 1978 年完成该线绕通工程，共投资 721.3 万元。[②]

与此同时，自 1966 年开始，线路上的轻便钢轨被陆续更换，至 1990 年，渝赶段全线均换为 50～59 公斤/米的钢轨，由此改善率线路质量。在通信设备方面，川黔铁路的长途通信设备原仅有 3 路载波机，20 世纪 60—70 年代开通了 3 对 12 路载波机，70 年代后期又开通了高 12 路载波机 1 对，调度电话亦于 70 年代从实回线选叫改为载波调度遥控设备，实现了音频选叫，全线信号也改为继电半自动设备。[③] 此外，在站台上，一是将珞璜站扩建为重庆枢纽的辅助编组站，车站新增 8 股道，开增铺驼峰线、三角线、牵出线、机务段管线、站修线，共增铺轨 13 743 米，在机务段内修建中检棚、检查坊，砂塔和给煤、清灰等设施，配套修建山上水池和水泵船等设备，增设发电设备、架空明线以及通信、信号等；二是扩建綦江站和赶水站，分别增设给水、电力、通信、站台、地道、油罐等。[④] 通过病害整治、设备更新及

---

① 《当代四川》丛书编辑部：《当代四川铁路》，四川人民出版社，1993 年，第 90 页。

② 四川省地方志编纂委员会：《四川省志·铁路志（1986—2005）》，方志出版社，2018 年，第 38 页。

③ 《当代四川》丛书编辑部：《当代四川铁路》，四川人民出版社，1993 年，第 91 页。

④ 四川省地方志编纂委员会：《四川省志·铁路志（1986—2005）》，方志出版社，2018 年，第 38－39 页。

改建、扩建，进一步改善了川黔铁路的线路状况，提升了其运输能力，使得川黔铁路经济社会效应得到进一步发挥。

二、成昆铁路

在川滇之间修筑一条铁路通道，是四川、云南两省乃至西南民众的夙愿。早在19世纪末20世纪初，英、法两国就曾觊觎川滇之间的路权。抗战爆发后，南京国民政府也试图想要用铁路连通川滇两省，最终未果。新中国成立后，成昆铁路的修建，历经"三上三下"。1958年开工后，至1962年仅成都至青龙场61.5公里的线路通车。1964年8月，毛泽东发出"成昆路要快修"的指示后，中共中央采取了一系列重大举措，以加快成昆铁路的修建，并于1970年7月1日实现通车。成昆铁路的建成，对于服务三线建设，促进沿线经济社会发展，加强民族团结、巩固国防等都具有战略意义。

（一）线路概况

成昆铁路北起四川成都，经彭山、眉山、夹江、峨眉等县，溯大渡河而上，经峨边县至乌斯河，跨越大渡河折入牛日河谷，经甘洛、越西、喜德、冕宁、西昌、德昌、米易、渡口（今攀枝花）等17个县、市，南抵云南昆明，全长1083.3公里。其中，川滇两省以师庄为界，四川境内全长809公里。它北面与宝成、成渝铁路相连，南面与贵昆、昆河铁路相接，是沟通川滇两省以及内地连接西南边陲的重要铁路干线。

一方面，沿线所经区域资源丰富。其中，成峨段位于川西平原，沿线人口稠密，物产和矿产资源丰富，素有"川西粮仓"之称。峨眉至喜德段贯穿凉山彝族自治州，山高谷深，人烟稀少，农业较落后。喜德至金江段贯穿西昌及安宁河、雅砻江谷地，气候温和，盛产粮食和经济作物，周围矿产资源丰富，是西南三线建设的重要基地。自金江以南沿龙川江上溯入云南的元谋，广通至昆明段属滇中温和气候地区，农业生产较为发达。因此，成昆铁路吸引范围包括"四川、云南两省的七个专区（州）五十个县，土地面积达 13.6 万平方公里，人口 875 万人"①。

另一方面，成昆铁路沿线地质情况十分复杂，素有"地质博物馆"之称。线路行经四川盆地、横断山脉、云贵高原三个地理单元，以及四川台向斜、康滇台背斜、滇东台褶带三个大地构造单元。其中，四川境内更为复杂，要穿越成都拗陷区、峨眉山隆段区、凉山拗褶区、安宁河隆起区、三台山隆起地带等地质构造单元。② 因地质构造的复杂，形成了各种成因的新第三系和第四系堆积层，其中有遇水膨胀、软化性强的"成都黏土"，沿某些含淤泥质夹层易于滑动的"昔格达层"，富含粉土粒易受冲刷、溶蚀的"龙阶层"，等等。且岩层含盐、石膏、芒硝等易溶物质，导致地下水具有强烈腐蚀性，坍塌、滑坡、泥石流较多发生。据不完全统计，"线路通过各种不良地质现象的计有滑坡 103 处，崩坍落石 500 余处，泥石流沟 249 条，严重的河岸冲刷 9 处"③。由于区域地质构造的作用，次一级断裂和褶皱发育，岩层松软具有膨胀力，有 300 多公里的地段位于 8—9 级地震区。

不仅如此，成昆铁路沿线所经地区地形变化较大，沿线气候情况也很复杂。

成都至沙湾为川中盆地湿热区，沙湾以南为大渡河、金沙江峡谷干热区，气候的水平差异与垂直差异都较为显著，可谓"一山分四季，十里不同天"。在四川境内，川西平原气候温和湿润，风力不大，多阴雨天，相对湿度 80% 左右，峨眉附近年平均水量高达 1600 毫米。凉山地区地势高亢，气候冬寒夏凉，且多雨雾霜雪，昼夜温差可 15℃，沙木拉达分水岭地带最低气温 -11℃，为全线最冷地段。安宁河、金沙江、龙川江等河谷地带干湿季明显，年降水量的 90% 集中在 6 至 10 月，且多暴雨，旱季气候炎热，金江一带最高气温可达 45℃，为全线最热地带。"金江的太阳，马道的风，普雄

---

① 《成昆线施工设计配套文件总说明书》（1970 年 11 月），内部资料，中铁二院档案馆藏。

② 成昆铁路技术总结委员会：《成昆铁路 第二册 线路、工程地质及路局》，人民铁道出版社，1980 年，第 60 - 63 页。

③ 成昆铁路技术总结委员会：《成昆铁路 第二册 线路、工程地质及路局》，人民铁道出版社，1980 年，第 71 页。

下雨如过冬，燕岗打雷像炮轰"，形象地反映了这一地段的气候特点。沿途雨量充沛而集中，一时烈日如火，一时狂风怒号，降水较多及岩层褶皱断裂发育，导致地下水发育。此外，还有岩溶、流沙、岩爆、有害气体等，给设计和施工带来很大困难。

由于线路出川西平原后，逆大渡河、牛日河而上，穿小相岭，经大凉山，沿安宁河，跨金沙江而达滇中高原，全线有 700 公里穿过川西南和滇北山地。为克服巨大的地形高差和绕避重大不良地质地段，"全线 7 处盘山展线，4 处越岭，18 次跨牛日河，8 次跨安宁河，49 次跨龙川江，共修建隧道 427 座，桥梁 991 座，桥隧总长占全线总长度的 41.6%"①。其中，长度在 6 公里以上的隧道两座，6397 米的沙木拉达隧道是当时中国最长的隧道。金沙江大桥主跨 192 米，是当时中国铁路上最大跨度的钢梁桥；一线天的石拱桥跨度 54 米，也是当时中国最大跨度的铁路石拱桥。1166 米的大田菁大桥和 1817 米的青衣江大桥为全线最长的大桥，墩高 56 米的密马龙五号大桥，是全线最高桥墩。沿线 122 个车站中，站内有大中桥、隧道的 42 个。② 可见，成昆铁路工程之浩大，修筑之艰巨，为当时世界铁路史前所未有，被苏联专家断言为"修路禁区"。

（二）勘测设计

成昆铁路的勘测工作可以追溯至 1952 年。当时的西南设计分局（现中铁二院）在极端困难条件下，派出曾经参与过成渝铁路勘测设计工作的蓝田带队，队员有刘培璋、郭彝、张庚融、荣永乐、王昌邦等人。勘测小分队在成都至昆明间 1000 多公里长、200 多公里宽的范围内，经过一年多的步勘和草测，提出了东、中、西三大方案。具体如下：

东线方案，自成都经内江、宜宾、彝良、威宁、沾益至昆明，全长 1112 公里；

① 成都铁路局志编纂委员会：《成都铁路局志稿 综合篇》，1992 年，第 104 页。
② 《当代中国》丛书编辑部：《当代中国的四川》（上），中国社会科学出版社，1990 年，第 314－315 页。

中线方案，自成都经内江、宜宾、巧家、东川至昆明，全长 1033 公里；

西线方案，自成都经乐山、西昌、会理、广通至昆明，全长 1167 公里。①

其中，中线方案的线路最短、工程最省，且利于开发云南的矿产资源。1954 年编制了初步设计，后因金沙江沿岸地质不良，同时中线方案不能适应煤铁资源开发和工业布局规划，故决定放弃。经过重新比选东、西方案，西线沿线矿产丰富，有建设钢铁基地规划，经济据点多，又经过少数民族地区，在经济、政治、国防和路网上均有重要意义，因而决定采用。

1956 年国家选定成昆铁路按西线方案设计，东线方案改为内昆线筹建，放弃中线方案。在成昆铁路西线方案确定后，全线以必经之点西昌为界，分南北两段深入研究线路走向。对成昆铁路西线方案的线路、桥梁、隧道、土石方工程、车站站位等进行逐个选址，不断调整优化设计方案。

1956 年 3 月，铁道部在下达成昆铁路（成都—西昌）设计任务技术书时，提出 1958 年修通成都至峨眉段，为此成峨段立即采取一次定测，西昌至昆明段步勘草测，并进行初测。1957 年 4 月铁道部第二勘测设计院根据定测资料编制初步设计送部审定，确定了成都经峨眉、普雄、西昌、金江、龙街至昆明的大致走向。

1964 年国家作出三线建设重大战略决策后，掀起了西南铁路建设大会战。1964 年 9 月 12 日，铁道部下发《关于加速修建西南铁路，动员全路支援勘测设计和施工力量及有关问题的指示》，要求必须在全路范围内继续抽调大量的人力、物力，同时依靠全国各方面的支援才能确保这一任务的胜利完成。② 在勘测设计力量方面，具体而言，一方面从第一设计院调 1 个勘测队，第三设计院调 2 个勘测队，第四设计院调 1 个勘测队，共 4 个勘测队，共 456 人给第二设计院；另一方面，从第一、三、四设计院各抽调参加勘测

---

① 成昆铁路技术总结委员会：《成昆铁路 第二册 线路、工程地质及路基》，人民铁道出版社，1980 年，第 3 页。

② 中国社会科学院、中央档案馆：《1958—1965 中华人民共和国经济档案资料选编 交通通讯卷》，中国财政经济出版社，2011 年，第 349 页。

设计工作 3 年以上的技术人员 50 人，共 150 人给第二设计院，以加强成昆线的勘测设计力量。[①]

为勘测设计好西南铁路，1964 年 10 月 28 日，中铁二院机关跟随西南铁路建设工地指挥部迁至安顺，1965 年又迁至西昌，人数由 1964 年初 2000 人增至 5000 人。设计人员纷纷响应号召"下楼出院"深入现场，跋山涉水，克服重重困难，开展勘测设计工作。胡惠泉回忆："白天爬山越沟，中午啃干粮，晚上借宿民宅，在油灯下研究方案。"[②] 有时为了得到一个准确的数据，为寻找一个合适的垭口，得翻越几座高山，遇到复杂的地形，还要冒着生命危险前进。不仅如此，沿线不时有土匪出没，极大地威胁着勘测设计队员的安全。如 1958 年 11 月 23 日，中铁二院二总队第五勘测队 225 机组长杨太明在随队勘测中被匪徒开枪击中，壮烈牺牲。[③] 据不完全统计，会战前后，"先后看测过 11 000 多公里，比较过大小 300 多个方案，地质钻探 21 万多米"[④]。其中有百家岭、沙木拉达、关村坝等隧道以及乃托、乐武、两河口展线等 62 个重大方案，经反复比选确定。

在 20 世纪 50 年代成昆铁路初测工作中，各个勘测队提出不少改善线路、改善工程的合理化建议，单第十八勘测设计总队就提出合理化建议大小 122 件。工程师凌爵刚提出的普渡河、"火焰山方案"比原来草测长度缩短了 7 公里，为国家节约建筑费 700 亿元。[⑤] 20 世纪 60 年代，勘测设计人员根据毛泽东"精心设计，精心施工"的指示，对局部段进行改线或变更设计。在四川境内，仅关村坝到金江 487 公里线路，改善和变更设计达 63 段、

---

① 中国社会科学院、中央档案馆：《1958—1965 中华人民共和国经济档案资料选编 交通通讯卷》，中国财政经济出版社，2011 年，第 349 页。

② 王春才主编：《三线建设铸丰碑》，四川人民出版社，1999 年，第 113 页。

③ 四川省地方志编纂委员会：《四川省志·交通志》（下），四川科学技术出版社，1995 年，第 40 页。

④ 成昆铁路技术总结委员会：《成昆铁路 第二册 线路、工程地质及路基》，人民铁道出版社，1980 年，第 2 页。

⑤ 《西南铁路勘测设计人员开展合理化建议 工作质量提高给国家节约大量财富》，《人民日报》1953 年 12 月 30 日，第 2 版。

143.8 公里。① 以关村坝隧道为例，原设计线路沿河，长 16.6 公里，迂回曲折，工程复杂。经勘测设计人员认真分析，采取截弯取直方案，使线路缩短10.1 公里、减少 1 个车站，且避开地质不良地段，可节约大量运营费用。真正做到了精心比选，缜密校核。

（三）会战展开

1958 年 7 月，成昆铁路北段成都至峨眉段全面开工，由铁道部第二工程局负责施工。百家岭隧道、沙木拉达隧道两个重点工程也先后开工。同年12 月，铁路实行"工管合一"的管理体制，第二工程局撤销，成峨段施工任务改由成都铁路局第六工程处负责。1959 年 4 月，由于国家压缩基建投资，成昆线建设也随之"下马"。1960 年 1 月，中央又决定成昆线复工，但由于材料、资金缺口较大，工程进度缓慢。1960 年底，除维持成都至青龙场 61.5 公里线路的收尾工程，以及沙木拉达隧道施工外，其余工程再次停工。1961 年 5 月，成昆铁路第三次复工，主要施工地段为西昌以北工程。同年 7 月，关坝村隧道开工。至 1962 年，由于国家再次调整基本建设计划，成昆铁路又一次陷入停工，仅成都至峨眉段整治水害及路基病害工程得以维持。据统计，在"三上三下"期间，成昆铁路"累计完成土石方 2166 万立方米，隧道 10 600 米，桥梁 4980 米，完成投资 13 809 万元（其中用于正式工程 8871 万元）"②。

进入 20 世纪 60 年代，中国周边形势骤然紧张。1964 年下半年，基于对国内外形势的研判，中共中央作出了三线建设的重大战略决策。1964 年 7月下旬至 8 月上旬，根据毛泽东关于三线建设的指示，中共中央西南局、国家计划委员会等在四川西昌召开会议，重点研究以成昆铁路为中心的西南铁路建设问题。8 月 17 日，毛泽东在北戴河中央书记处会议上明确指示：成

---

① 成都铁路局志编纂委员会：《成都铁路局志 综合篇》，1992 年，第 103 页。

② 《当代四川》丛书编辑部：《当代四川铁路》，四川人民出版社，1993 年，第 102 页。

昆路快修，没有轨，拆其他铁路的。[①] 成昆铁路建设大会战序幕由此拉开。

对于施工力量的组织，早在 1964 年 7 月 2 日，周恩来在中央军委罗瑞卿的报告上便批示："修成昆路，主席同意，朱委员长提议，使用铁道兵。"[②] 8 月 11 日，铁道部代部长吕正操向中共中央提交了《关于加速修建成昆等西南铁路的报告》，明确了"西南铁路用军工来修建，最为合适"[③]。为加强对西南铁路建设的领导，1964 年 9 月 10 日，西南铁路建设总指挥部在成都成立。由中共中央西南局第一书记李井泉任总指挥，铁道部代部长吕正操、副部长刘建章，国家科委副主任彭敏，铁道兵副司令员郭维城，商业部副部长张永励，四川省委副书记熊宇忠任副总指挥，彭敏兼总工程师。[④]下设工地指挥部、技术委员会和支援铁路修建委员会，统一领导和集中指挥这场"大会战"。其中，西南铁路建设工地指挥部（简称"西工指"）经解放军总参谋部批准，属部队建制，番号为解放军总字 302 部队，负责全面指挥和组织工程的进行。

在施工力量安排上，铁道兵部队进行扩编，第一、五、七、八、十师，每师定额 36 820 人（共定员 184 100 人），按 5 团制，即 1 个桥梁团、4 个线路隧道团编成。铁道部第二工程局组织 18 个工程处 16.9 万人参加"大会战"，并将局机关迁至成昆铁路北段的甘洛县，现场办公。铁道兵第一、八、十师与铁道部工程局进入施工现场，安家、准备，1965 年底，铁道兵第五、七师由贵昆转入，总人数达到 195 646 人，至 1966 年底，已增长到 359 754 人[⑤]，这个人数超过了同一时期川黔、贵昆两条铁路。

北段施工部署大致如下：成都至吴场段 115 公里由中铁二局负责施工，吴场至金口河段 134 公里由铁十师负责施工，金口河至礼州 282.6 公里由中

---

①　孙东升：《我国经济建设战略布局的大转变——三线建设决策形成述略》，《党的文献》1995 年第 3 期。

②　陈远谋：《昨日铁道兵　陈远谋新闻通讯选集》，中国书籍出版社，2004 年，第 154 页。

③　陈夕主编：《中国共产党与三线建设》，中共党史出版社，2014 年，第 57 页。

④　陈夕主编：《中国共产党与三线建设》，中共党史出版社，2014 年，第 81 页。

⑤　成昆铁路技术总结委员会：《成昆铁路　第一册　综合总结》，人民铁道出版社，1980 年，第 29 页。

铁二局负责施工,礼州至米易段150.3公里由铁十师负责施工,米易至三堆子段56.7公里由铁五师负责施工,跨越南北段的三堆子至庆门口段19公里由铁四局负责施工,大渡河、金沙江大桥及礼州至米易间的6座大桥,由铁道部大桥工程局施工。① 南段金江至昆明段,有57.1公里在四川省境内,这段线路由铁道兵一师、七师分段施工。

在成昆铁路建设过程中,技术难题的攻克尤为重要。1965年9月23日,西南铁路第一次新技术会议在成都举行,会议讨论决定根据《关于成昆线采用和发展新技术的决定》中提出的难点在总指挥部技术委员会之下成立桥梁、隧道、线路路基、通信信号四个专业委员会,广泛开展路内外大协作,将来自全国的1200多名科技人员分项组成牵引动力、通信信号、线路上部建筑、桥梁、隧道、路基土石方共41个新技术战斗组,另外成立20个试验研究课题,共7大类65个新技术项目。② 技术战斗组成为成昆线上技术难题攻克的主要力量。在人员构成上,战斗组采用科研力量、设计力量、施工力量"三结合"的方式组织开展工作。在技术攻关上,战斗组实行研究、试验、设计、制造、检验、安装、使用"七事一贯制"的方针,既实现了分工,也确保各自责任。

在隧道施工上,为提高隧道的设计施工水平,组织了关村坝隧道快速施工战斗组、沙木拉达隧道快速施工战斗组、蜜蜂菁2号隧道全断面掘进战斗组、碧鸡关隧道快速施工战斗组等新技术战斗组16个。③ 以关村坝隧道为例,施工中,国家科学技术委员会、冶金部井巷三队、重庆大学等十多个单位共同组建隧道快速施工战斗组。在施工、设计和科研单位配合下,通过试验和实践,先后改进、创造和推广了"自动风门""锚杆支撑""移车器""导坑作业流线图"等先进经验和技术,对促进隧道的快速施工起到了良好

----

① 四川省地方志编纂委员会:《四川省志·交通志》(下),四川科学技术出版社,1995年,第44-45页。

② 《部首长和有关单位领导同志在西南铁路第一次新技术会议上的讲话》,1965年,中铁二局档案室藏。

③ 成昆铁路技术总结委员会:《成昆铁路 第三册 隧道》,人民铁道出版社,1980年,第6页。

效果。① 与此同时，在隧道施工中掀起的"百米成洞"和"双百双保两不超"② 运动也有效推动了工程进度。1965 年 1 月，关村坝隧道首创双口各百米成洞的纪录。③ 3 月 9 日，中共中央向铁路职工、铁道兵等发出关村坝隧道创造了双口各月成洞百米纪录的贺电。这是中共中央第一次为一条隧道掘进成绩专门发来贺电，全线施工人员受到极大的鼓舞，精神饱满，斗志昂扬。当年月成洞百米以上的计有 150 口次，其中 150 米以上 17 口次，200 米以上 12 口次，300 米以上 4 口次。④ 1966 年，全线完成了隧道 135.5 公里，占隧道总长度的 40%，为全线通车奠定了基础。

在桥梁施工上，全线共有大中小桥 991 座，工程量大，也是能否如期通车的关键。在桥梁建设方面，开展路内外大协作，成立了钻孔桩基础、预应力拼装墩、栓焊梁、预应力梁、拱桥、新型架桥机等新技术战斗组。以孙水河五号大桥为例，由铁道科学研究院、铁道部第二勘测设计院、铁道部专业设计院等组成预应力混凝土桥梁新技术组，集中进行科研试验、设计。为探索大跨度预应力混凝土梁在铁路上的应用，第一次在成昆线上选点试用铰接悬臂梁新结构。⑤ 与此同时，西南铁路建设工地指挥部提出"大桥不过月、中桥不过旬、小桥不过夜"的号召，掀起桥梁墩台快速施工的高潮。到 1967 年秋，有 37 座大桥做到"大桥不过月"，且有 6 座多线大桥平均月进度实现百米以上。⑥

全国各地支援也加速了建设进程。成昆铁路在建设中，朱德、邓小平、

① 四川省地方志编纂委员会：《四川省志·交通志》（下），四川科学技术出版社，1995 年，第 51 页。

② "双百双保两不超"是在隧道施工过程中提出的方针口号，"双百"指月成洞百米、每米百工，"双保"指保质量、保安全，"两不超"指材料、风电不超耗。

③ 成昆铁路技术总结委员会：《成昆铁路 第三册 隧道》，人民铁道出版社，1980 年，第 1 页。

④ 成昆铁路技术总结委员会：《成昆铁路 第三册 隧道》，人民铁道出版社，1980 年，第 37 页。

⑤ 成昆铁路技术总结委员会：《成昆铁路 第四册 桥梁》，人民铁道出版社，1980 年，第 5 页。

⑥ 成昆铁路技术总结委员会：《成昆铁路 第四册 桥梁》，人民铁道出版社，1980 年，第 564－565 页。

彭德怀等党和国家领导人亲临现场视察、指导，关心成昆铁路建设，关心职工生活。周总理亲自指示，材料有问题，中央要解决，全国为修建成昆铁路"开绿灯"。成昆铁路还受到了全国人民，尤其是西南人民的大力支援。四川、云南及沿线各专区、县，先后成立了支援成昆铁路建设委员会，充分发挥地方政府在铁路建设中的作用。其中，四川公路部门沿线新建和修复公路干线780公里，改建地方公路、施工便道，新建支线、环线引入线约3000公里，新建公路索桥9座，保证了施工运输的需要。电力部门在四川境内的三个供电区段，经过20个月的施工，四川境内建成内燃电站7个，火力、水力电站各1座，架设输电线路926公里，建设变电站17个，直配变电点29处，变压器总容量为6.7万千伏安。加上地方电力，使总电量达到11万千瓦，保证了沙湾以南施工用电的需要。邮电通信部门在沿线共架设通信线路14 450对公里，平均每公里13.3对公里，构成全线上下联系及通向全国的通信网，保证每个开工点都能立即通上电话。①

沿线广大人民群众翻山越岭割山草、砍树条、送木料、盖工棚，积极支援施工筹备工作。如："甘洛县共有8万人，一次就动员了2万多人上山，割了上百万斤山草，解决了盖工棚的困难。""泸沽地区动员了900多部马车、架子车运输工程材料。喜德县组织了上万人上山采砂石和砍伐背顶柴。"② 此外，沿线共建临时房屋、使用活动房屋、租用民房、公房共计391万平方米。敷设给水管950公里，为沿线铁路施工人员提供了生活保障。

在筑路军民共同奋战下，在沿线各地方政府支持下，成昆铁路施工进展迅速。从施工进度来看，1964年至1966年底，四川境内路段的工程施工正常，"北段隧道工程完成总工程量50%以上，桥涵土石方工程完成40%以上"③。按这样的进度，原定1968年"七一"建成通车的计划本可以实现。

---

① 四川省地方志编纂委员会：《四川省志·交通志》（下），四川科学技术出版社，1995年，第43页。

② 《交通部第二铁路工程局革命委员会参加修建成昆铁路初步总结（1971年1月）》，内部资料，中铁二局档案室藏。

③ 四川省地方志编纂委员会：《四川省志·交通志》（下），四川科学技术出版社，1995年，第45页。

不过，突如其来的"文化大革命"对成昆铁路建设造成巨大冲击。其中，由中铁二局负责施工的甘洛至礼州段工地受到的干扰和破坏特别严重，致使工程全部停工。礼州以南地段由铁道兵负责施工，情况相对稳定，但仍受到影响，导致工效逐渐下降。

1969 年 5 月 12 日，经毛泽东批准，周恩来指示："非常时期，成昆铁路建设由铁道兵实行军管，统一指挥，加速施工。"[①] 8 月，中共中央、国务院、中央军委发布命令，宣布撤销西南铁路建设总指挥部，对中铁二局、中铁二院实行军管。成昆铁路的修建改由铁道兵统一指挥施工。年底，中共中央发出"成昆线务必于 1970 年 7 月 1 日全线通车"的命令。[②] 于是，被中断仅两年的成昆铁路工程快速上马，广大筑路兵工积极响应，在短短十几天里，数十万员工兼程返回工地，掀起了抢建高潮。

由于距离通车时间不到一年，工期特别紧迫，任务繁重。尤其中铁二局施工的甘洛至礼州段剩余工程数量大且集中，"共有隧道 29 公里，控制工期的 23 座；桥梁 7.2 公里，控制工期的 2 座；土石方 561 万立方米，重点工点 14 处"[③]。两年停工使得工地荒芜，工具损坏，加之当时运力缺乏，材料一时供应不上，抢建工作面临着巨大的困难。中铁二局在西工指的指导下制定了"南北并进，集中兵力，分段突击，保证重点，会师两河口"的战斗部署。[④] 经过半年时间日夜施工，控制工期的工点相继完成。整个地段达到了铺轨要求，成昆铁路南北段终于于 1970 年 7 月 1 日在礼州接轨。随即，根据国务院关于成昆铁路 1971 年 1 月 1 日正式交付使用的指示，四川三线建设领导小组于 1970 年 11 月 27 日组成了成昆铁路四川段验收交接小组，在国务院验收工作小组的直接领导下，经过对沿线主要工程、设施实地查看，认为"主体工程质量良好，正式运营条件已基本具备。可以在 1971 年

---

① 刘国光主编：《中国十个五年计划研究报告》，人民出版社，2006 年，第 298 页。

② 陈远谋：《昨日铁道兵　陈远谋新闻通讯选集》，中国书籍出版社，2004 年，第 155 页。

③ 四川省地方志编纂委员会：《四川省志·交通志》（下），四川科学技术出版社，1995 年，第 46 页。

④ 第二铁路工程局革委会办公室：《交通部第二铁路工程局革命委员会参加修建成昆铁路初步总结（1971 年 1 月）》，内部资料，中铁二局档案馆藏。

1 月 1 日起全线正式交付使用"①。

由于成昆铁路的修建险关道道，困难重重，沿线工地危石坠落、山洪和泥石流暴发、瓦斯爆炸、地下水突袭等难以预测的自然灾害。以铁道兵、铁路职工、沿线民工为代表的筑路人员为此付出了巨大贡献和牺牲。据不完全统计，全线牺牲人数达 2000 多人，沿线留下 1000 多座丰碑，烈士陵园 20 余处②，谱写下可歌可泣的壮丽诗篇。

（四）建成通车

1970 年 7 月 1 日，成昆铁路全线通车大会在西昌车站隆重举行。这条铁路的修建，对于开发西南资源、加速国民经济建设、加强民族团结和巩固国防等都具有重要意义。

首先，成昆铁路建成通车促进了西南工农业生产发展的需要，加速了我国社会主义建设。西南三省虽物产丰富、资源雄厚，但长期交通不发达，阻滞了工农业生产的发展。成昆铁路的通车有效地促进西南三省的工农业生产的飞速发展，改变沿海和内地工业发展水平不平衡的状态，促使我国国防工业、原料、材料、燃料、动力、机械、化工等工业体系的布局更加合理。

其次，成昆铁路建成通车有利于加强民族团结。成昆铁路有 376 公里贯穿凉山彝族自治州的 6 个县市，凉山州解放前交通不便，生产力低下。新中国成立后，经过民主改革，尤其是交通改善后，给彝族人民带来了历史性变化。今日号称凉山"粮仓"的越西县，1973 年粮食总产量与铁路通车前的 1969 年相比增长了 60%。几年来，凉山州充分利用国家从铁路运进大批农业机械和先进技术，发展农业生产，全州人民平均收入比成昆铁路通车前的一年提高一倍以上。过去甘洛没有电，成昆铁路通车后全线陆续建成 60 座水电站。特别是凉山地区，在成昆铁路通车后，一改解放前的偏僻、落后面貌。正如当地彝族同胞所言："在旧社会，夜里我们只能看天上的星星，地

---

① 成昆铁路四川段验收交接领导小组：《成昆铁路四川段验收交接工作纪要（1970 年 12 月 30 日）》，内部资料，中铁二院档案馆藏。

② 魏晓萌等：《做好成昆铁路红色资源的保护与利用》，《理论学习与探索》2023 年第 2 期。

上的萤火虫，从来没有点过灯。现在，我们翻身做主人，有了铁路，有了工厂，还有了电灯，毛泽东思想的光辉照亮了社会主义的新凉山。"①

最后，成昆铁路建成通车有利于加速我国战略后方基地建设，巩固国防。修建成昆铁路是贯彻落实毛泽东"备战、备荒、为人民"伟大战略方针的重要措施。成昆铁路通车后，西南三省更紧密地连成了一片，内地边疆、前方后方更紧密地连成一片。这就可以把支援前线建设的大批人员、机械、设备、材料更迅速地运进来，加速我国战略后方基地的建设。

三、内昆铁路

内昆铁路北起成渝铁路内江站经自贡、宜宾，于安边进入云南省，经水富、盐津、彝良进入贵州省，再经威宁、树舍、云南的宣威、沾益而抵达昆明，全长 872 公里。② 其中，四川省境内北段内江至安边段 140.84 公里于 1960 年建成，跨川、滇两省的安边至水富段 4 公里由云南省出资于 1996 年建成。南段贵州省境内的树舍至昆明段 343 公里为贵昆铁路共用路段，于 1965 年建成。③ 中段水富至梅花山 357.53 公里电气化铁路于 2002 年建成。它作为连接云、贵、川三省的重要干线铁路，不仅是成昆、川黔铁路的重要分流线，更开辟了西南、西北便捷的出海通道、劳务输出和"黔煤入川"通道。

（一）修建缘起

四川至云南的铁路，新中国成立之前曾多次筹建和勘察。早在 1898 年至 1901 年间，英、法两国先后 5 次派员勘测，未果。1905 年，滇越铁路由

① 《成昆路上处处春》，《人民日报》1974 年 4 月 29 日，第 4 版。
② 中铁二院工程集团有限责任公司：《内昆铁路》（上），西南交通大学出版社，2008 年，第 2 页。
③ 四川省地方志编纂委员会：《四川省志·交通志》（下），四川科学技术出版社，1995 年，第 30 页。

法国修筑议成，云南士绅感到主权丧失，力谋补救，以陈昌荣、罗瑞为首，积极倡议官、商、民合办滇蜀铁路。云贵总督丁振铎奏请清廷兴办滇蜀铁路，设立公司，仍照川汉铁路章程，专集华股。[①] 后经清政府批准，成立滇蜀铁路总公司。宣统元年（1909 年），聘请一美国人勘测自昆明经曲靖、宣威、威宁、昭通、盐津至叙府的线路，因筹措资金困难，该公司于 1917 年结束。[②] 同年 3 月，北洋政府交通总长许世英受命筹建自云南省东川至四川叙府的轻便铁道，并派阮维宜领队考察，时值四川军阀混战，考察也未能实现。1937 年，四川省主席刘湘拟议修建川滇铁路，取得云南省主席龙云同意，并与国民政府共商筹款事宜，因次年刘湘逝世而作罢。

1938 年 1 月，国民政府决定修筑川滇之间的铁路，并责成四川省交通厅及成渝铁路工程局分别组织铁路踏勘队，经反复勘测比选，确定修建由叙府经安边至昆明的叙昆铁路。随后，国民政府交通部与四川、云南两省组成川滇铁路股份有限公司，筹集法币 458 万元，在昆明成立叙坤铁路工程局，派出测量队进行初测，修建 1 米的窄轨铁路。从昆明和叙府南岸坝两端开工，昆明端工程进展快，1940 年秋，为防止日军侵入，国民政府下令拆除河口至碧色寨段路轨，移铺昆明至沾益 174 公里线路，1943 年 4 月通车。后因经费、路料困难，工程进展极为缓慢。[③] 到全线停工时，除昆明北至曲靖段已铺轨通车外，曲靖至宣威桥涵路基工程均已竣工，宣威至威宁间仅完成部分隧道工程。1945 年，国民政府声称将威宁至叙府 430 公里铁路列入铁路建设五年计划项目，直到 1949 年都未实现。

新中国成立后，1952 年西南设计分局承担成（都）昆（明）铁路的勘测任务，在大面积选线的基础上，经过方案研究和勘测，提出了东、中、西三大线路方案进行比选。1956 年初，铁道部正式确定成都至昆明修建两条

---

① 中铁二院工程集团有限责任公司：《内昆铁路》（上），西南交通大学出版社，2008 年，第 2 页。

② 成都铁路局史志编纂委员会：《成都铁路局志》，中国铁道出版社，1997 年，第 175 – 176 页。

③ 成都铁路局史志编纂委员会：《成都铁路局志》，中国铁道出版社，1997 年，第 176 页。

铁路干线，西线方案改称成昆铁路，东线方案正式称为内昆铁路。① 从此以"内昆铁路"为名，由中铁二院承担内昆铁路的勘测设计工作。1956 年 2 月内江至宜宾段开工建设，1958 年 10 月 1 日竣工通车。1960 年和 1965 年，内昆铁路北段内江至安边段，南段与贵昆铁路共轨的树舍至昆明段，分别建成通车。

　　1962 年 2 月，国家压缩基本建设规模，内昆铁路中段停工，建成路基土石方工程 1183 万立方米，桥梁 5259 米，隧道 1138 米，使用投资 8315.9 万元。② 内昆铁路中段停工后，沿线政府一直进行着复工续建的努力。由于内昆铁路的修建对完善西南铁路网，实施西部大开发战略，以及加快沿线贫困山区人民脱贫致富等具有重要意义，受到党和国家领导人的高度重视。1995 年 10 月 6 日，朱镕基副总理赴昭通视察工作时指示，要求在"九五"计划里把内昆铁路建成通车。随即，内昆铁路中段水富至梅花山 357.53 公里全面铺开，于 1998 年 6 月复工续建，2002 年 5 月 12 日建成通车。经历了漫长的 100 多年，内昆铁路几起几落，历经曲折，终于在中国共产党的领导下实现了全线贯通，圆了川滇人民的世纪长梦。

（二）勘测设计

　　内昆铁路的勘测设计大致可分为两个阶段。

　　第一阶段主要集中在 20 世纪 50 年代。1952 年 4 月西南铁路工程局开始勘测设计成昆铁路，利用叙昆铁路补测和草测提出了东线、中线和西线三个走向方案，其中东线方案以成渝铁路上的内江为起点，经宜宾至安边过金沙江南行。1953 年，西南设计分局编制成昆意见设计书报铁道部，同年 10 月，国家计划委员会批准采用中线方案，并要求先修内江至宜宾段。③ 1954

---

① 中铁二院工程集团有限责任公司：《内昆铁路》（上），西南交通大学出版社，2008 年，第 6 页。

② 四川省地方志编纂委员会：《四川省志·铁路志（1986—2005）》，方志出版社，2018 年，第 110 页。

③ 云南省地方志编纂委员会：《云南省志　卷三十四　铁道志》，云南人民出版社，1994 年，第 137 页。

年9月，作为中线方案的内江至昆明段初步设计完成。但是，次年鉴定时，铁道部认为此线金沙江沿岸地质不良，工程浩大，且不能适应煤铁主要资源开发和工业布局规划，故决定放弃中线方案。但内宜段仍列入修建计划，并于1954年12月开始定测，1956年3月内宜段完成定测交付施工。[①]

1956年，铁道部正式确定成都至昆明之间修建两条铁路干线，西线方案是成昆铁路，东线方案即为内昆铁路。同年5月，铁道部第一勘察设计院编制的内昆线设计意见书在大湾子以南提出了两个线路方案，一是经彝良、威宁、宣威、沾益到昆明，二是经昭通、田坝、德泽至昆明。第一种方案线路经过威宁，沿线不仅有重要的工矿区域，充分利用了原叙昆铁路的资料，而且线路位置好，施工运输条件比较便利。较第二种方案，第一种方案支线缩短148公里，建筑费节省4000多万元。[②] 7月，国务院批准采用威宁方案，并定为Ⅰ级铁路。在大湾子至威宁间又有经彝良与昭通两个方案，昭通方案的大湾子至高桥直线距离仅30公里，高差1200米，地形地质复杂，展线工程艰巨，经综合比选后决定采用彝良方案。

1956年2月，内江至宜宾段开工建设，并于1958年10月1日竣工通车。1956年11月，宜宾至沾益段的初步设计完成。在后续的施工设计过程中，1958年4月，威宁至宣威段又提出两个比较方案，一是天生桥方案，二是草海西线方案，前者比后者短10公里，且可与贵昆铁路共用80公里，故最终被采用。[③] 1958年10月，宜宾（安边）至树舍段设计完成，施工全面展开。

第二阶段的勘测设计，从20世纪60年代延续至80年代，主要集中此前在因国家压缩基建而停工的安边至树舍段。然而受到诸多因素影响，勘测设计工作进展并不明显，主要围绕原有方案重新进行论证比选。1977年，

---

① 四川省地方志编纂委员会：《四川省志·交通志》（下），四川科学技术出版社，1995年，第31页。

② 《内昆铁路线路方向已经确定》，《人民铁道》1956年8月11日，第2版。

③ 中铁二院工程集团有限责任公司：《内昆铁路》（上），西南交通大学出版社，2008年，第6页。

中铁二院编制安边至树舍段方案研究报告，其线路走向与以往方案基本一致。1983年，中铁二院向铁道部报送该段的可行性研究报告。1986年，内昆铁路被列入国家"七五"计划的重点建设工程后，1988年9月，中铁二院以"复工"建设内昆铁路为出发点，编制复工可行性研究报告，在利用已施工的既有工程基础上，续建工程仍按原建设规模及标准进行设计。随后，1996年至1998年间，中铁二院又根据铁道部的要求，在编制内昆铁路安边至树舍段补充可行性报告及深化可行性研究报告中对既有工程利用及该段设计采用的建设规模及技术标准等都进行了充分论证，以为决策提供参考。

（三）工程施工

内昆铁路分三段施工：北段四川内江至安边、南段梅花山至昆明和中段云南水富至贵州梅花山。北段内江至安边段长140.84公里，于1956年2月28日开工，由铁道部第二工程局负责施工。施工队伍由中铁二局两个工程处，以及内江、自贡两市的部分盐业、装卸、运输工人和城镇待业人员，共2万余人投入施工。不过，1957年，由于国家基建任务处于调整时期，中铁二局部分施工队伍调出内宜段，留下的施工队伍只负责已铺轨地段补修、收尾和整治线路病害。[1] 1958年10月，铁路实行"工管合一"，中铁二局在内昆铁路的施工队伍划归成都铁路局领导。11月，内昆铁路铺轨至宜宾，交付通车。

由于内江至安边段地处四川盆地南端丘陵地区，除少量低洼地带有松软泥沼外，岩层均以单一的砂页岩互层为主，无其他不良地质现象，施工条件较好。但沿线的小山头、小河流和深沟低堑纵横交错。因此，在施工中，需把削去的小山头、大山梁完全利用，来填平那些深沟低堑，有些地方填不满，还得把别的山头炸开再来填，土石方工程浩大。[2] 承担施工任务的中铁

---

①　四川省地方志编纂委员会：《四川省志·交通志》（下），四川科学技术出版社，1995年，第31页。

②　《内昆路内宜段工地见闻》，《人民铁道》1956年8月25日，第2版。

二局爆破工程师结合宝成铁路上的施工经验,先后实施了3次大爆破,效果良好。例如,1956年7月20日工人们用70吨炸药炸开了号称内昆路大门的马鞍山,爆破地点离内江市中心只有2公里,市区并没有受任何伤害。① 不仅如此,施工人员还改进生产工具,创造了不少新的先进操作方法。如在土石方施工中,将向前翻的翻板车改进为多向翻板车运送土石,增设梭槽、漏斗、棚架等装车设施,采取重车带动清车的循环运输。在桥涵及路基防护等工程中,采用起重扒杆、缆绳吊车等小型机具,降低成本,提高工效。② 施工期间,沿线各级地方政府成立支援铁路建设委员会,组织民工参加筑路,协助施工单位进行征地、购买物资等。

1958年初,安边金沙江大桥至威宁段开工。7月,威宁至沾益、沾益至昆明段新建、改建工程开工,由铁道兵负责施工。威宁至宣威段工程有云贵两省民工4.7万人参加,投入劳力最多时达5.7万人。③ 1960年7月,铁道部作出内昆线全线停工的决定。其中,金钟至树舍段延至1962年全部停工。在内昆铁路宜宾(安边)至树舍段停工后,树舍至昆明段与贵昆铁路为共用路段,得以继续施工,并于1965年建成通车。

1995年10月6日,时任国务院代总理的朱镕基,不畏严寒,不顾身患感冒,冒着细雨和浓雾,前往云南昭通海拔2700米高寒特困的宁边山村调研。映入眼帘的是衣衫褴褛的贫困村民和破旧的权权茅草屋,通过走访他得知宁边村民718户中就有610户人均收入不足100元,一年洋芋、苞谷的收成还不够一家人吃半年,不禁潸然泪下。④ 次日,朱镕基在昭通发表了重要讲话,指出昭通的困难关键是交通不便,要赶快恢复内昆铁路的建设。⑤ 11月15日,朱镕基在广西视察南昆铁路建设时,又一次强调"铁路建设要雪

---

① 《内昆铁路内宜段全面开工》,《人民铁道》1956年7月28日,第1版。

② 成都铁路局史志编纂委员会:《成都铁路局志》(上),中国铁道出版社,1997年,第178页。

③ 成都铁路局史志编纂委员会:《成都铁路局志》(上),中国铁道出版社,1997年,第178页。

④ 杨永寿:《百年梦圆——内昆铁路建设写真》(上),云南民族出版社,2003年,第78页。

⑤ 杨永寿:《百年梦圆——内昆铁路建设写真》(上),云南民族出版社,2003年,第79页。

中送炭"，并希望内昆铁路可以尽快修通。1996年5月4日，朱镕基在南昌考察时吐露心声："我目前主要抓四条铁路的建设，一是南昆，二是株六，三是内昆，四是南疆。"① 在短短几个月里，朱镕基多次强调一定要建成通车的线路，就是一直搁浅的内昆铁路中段，即云南水富至贵州梅花山段。于是，停建30多年以后，内昆铁路以扶贫线路进入党和国家高层领导的视野。

内昆铁路是继成昆、南昆铁路之后，在西南艰险山区修建的又一条干线铁路，也是我国跨世纪铁路大会战中一场最为艰巨的攻坚战。为加强内昆铁路建设的组织指挥，1998年3月铁道部成立了内昆铁路建设指挥部（简称"内昆指"），负责内昆铁路的建设管理和组织指挥。6月，内昆铁路水富至梅花山段施工全面展开。续建工程施工采用议标方式，由成都铁路局、中国铁路工程总公司、中国铁道建筑总公司三大单位划段实行施工总承包。② "内昆指"与三家单位签订施工总承包协议。

水梅段续建工程沿着横江、洛泽河两大水系而上，16次跨越江河，经盐津天星场后越岭至昭通，再经威宁至贵昆线梅花山站。线路纵贯金沙江、乌江和北盘江的分水岭，处于四川盆地爬升至云贵高原的过渡地带，地形艰险，地质构造复杂，越岭地区褶皱紧密，滑坡、泥石流、软土和煤层瓦斯等不良地质广为分布。桥隧总长占线路总长的53%，工程浩大艰巨。具有"隧桥密、桥墩高、限坡大、地形险、地质差、气候恶"等突出特点。③

李子沟特大桥是内昆铁路头号重难点工程，横跨在高差相距350米的李子沟大峡谷上，集高墩、大跨、桥长为一体，工程量大，技术要求高。李子沟峡谷里常年云雾弥漫，夏季淫雨霏霏，冷风飕飕；冬天严寒难耐，冰雪封山，施工条件极其艰苦。在施工过程中，中铁十八局把科技视为制胜法宝，不仅在硬件上投资6000多万元，购机械设备1724台（套），还十分注重组织技术人员进行现场科技攻关，参加建设的有高级工程师10名、工程师20

---

① 中华人民共和国铁道部主编：《决战大西南》，中国铁道出版社，2003年，第78页。
② 中铁二院工程集团有限责任公司：《内昆铁路》（上），西南交通大学出版社，2008年，第53页。
③ 杨永寿：《百年梦圆——内昆铁路建设写真》（上），云南民族出版社，2003年，第95页。

名、助工和高级技师200名。① 最终，共取得攻关成果20多项，使大桥质量达到"精品"标准。此外，花土坡特大桥"一桥跨两省"——建在云南、贵州两省交界之处，全长678.55米，15个墩台，也是内昆铁路的控制性工程之一。该桥位于"龙翻身"大断层上，地质情况非常复杂，地层碎得就像摔坏的一摞盘子，毫无规律可言，施工难度大。② 承担施工任务的中铁十七局奋战在建桥工地上，"啃"下一个又一个工程难题。其中，8号桥墩高110米，是当时亚洲之最。

施工中注重环境保护，是内昆铁路建设的一大突出特色。例如，为有效保护威宁草海自然保护区，经过反复研究论证，将威宁客站、货运设施移至威宁北站，在自然保护区范围内增设了防噪隔离设施。此外，为增设绿色通道建设要求，增补了路基及铁路用地范围内的绿化工程。③ 在施工中，各参建单位在采用推广新技术、新设备、新工艺等方面也取得了一大批新成果、新经验。如中铁二局一处施工的盐津一号隧道，从盐津县城横穿而过。为了确保地表建筑物的安全和居民正常生活，施工技术人员采用"爆破干扰降震法"和安全监测新技术，使隧道顺利通过地标建筑群。④ 中铁二院为攻克特大桥墩、大跨、长联等设计难点，确定"山区铁路高墩、大跨刚构——连续组合体系桥梁关键技术研究"等项目，展开科技攻关。一大批科技人才也在这一过程中得以培养。据统计，参建内昆铁路的1021名工程技术人员中，有424人晋升了技术职称，有215人走上了各级管理岗位⑤，为我国铁路建设事业积蓄了人才力量。

（四）通车意义

2002年5月12日，穿越乌蒙群山，串连云、贵、川、渝的内昆铁路全

---

① 杨永寿：《百年梦圆——内昆铁路建设写真》（下），云南民族出版社，2003年，第689页。
② 杨永寿：《百年梦圆——内昆铁路建设写真》（下），云南民族出版社，2003年，第574页。
③ 中华人民共和国铁道部编：《决战大西南》，中国铁道出版社，2003年，第89页。
④ 《彩虹飞架乌蒙山——来自内昆铁路建设工地的报告》，《人民日报》2000年8月10日，第2版。
⑤ 中铁二院工程集团有限责任公司：《内昆铁路》（上），西南交通大学出版社，2008年，第38页。

线通车运营。时任国务院总理朱镕基对内昆铁路的开通作出重要批示："内昆铁路建设、条件困难，工程艰巨，四年完成，实属不易，铁路职工厥功至伟，尤其是对促进云南经济、社会发展，帮助民族地区脱贫致富，作用巨大。"①

具体而言，内昆铁路的建成通车具有以下三个方面的重要意义。一是助力沿线地区脱贫致富。俗话说，要想富，先修路。内昆铁路沿线虽自然资源丰富，但由于交通困难，经济落后，工业基础相当薄弱，人民生活贫困，沿线吸引区内 27 个县，就有 21 个为贫困县。② 因此，内昆铁路全线通车是促进铁路沿线民众脱贫致富的大事，其重要意义不言而喻。铁路建设还带动了部分山民观念的转变，水富县两碗乡三角高山的苗族老乡，过去老死不下山。铁路建设队伍开进两碗乡之后，许多苗族人下山学做生意，或去铁路工地做工。与内昆铁路建设前相比，集镇上新楼多了，商店和饭店多了，许多居民家里树起了电视天线。修铁路对拉动经济起到了"立竿见影"的效果。③ 不仅如此，由于内昆铁路是云、贵、川三省"口"字形铁路网中一条中轴线，它对盘活西南三省的经济资源，促进沿线三省四地市 1200 多万贫困人口的脱贫致富，具有不可估量的作用。此外，内昆铁路沿线旅游资源丰富，有蜀南竹海、"五尺道"古道、标水岩大瀑布等著名景点。因此，其建成通车对促进沿线旅游经济发展也产生了带动作用。

二是对完善西南地区铁路网有着重要作用。内昆铁路北接成渝，南连贵昆、南昆，是贯通云、贵、川三省的一条重要铁路干线，它的建成可解决西南运输的困难，也为西南地区出海开辟了一条更为便捷的通道。"经内昆线从成都到广西防城港，比经成昆线少 385 公里，比经川黔和黔桂线少 279 公里。尤其是在黔桂线能力不足，技术改造又十分困难的情况下，内昆铁路的

---

① 《内昆铁路全线开通运营》，《人民日报》2002 年 5 月 13 日，第 1 版。
② 中铁二院工程集团有限责任公司：《内昆铁路》（上），西南交通大学出版社，2008 年，第 13 页。
③ 中华人民共和国铁道部主编：《决战大西南》，中国铁道出版社，2003 年，第 110 页。

建成，成为打通西北地区和四川省最为便捷的入海通道。"① 此外，从线路布局来看，内昆铁路位于成昆、川黔两条干线的中轴线位置，其建成通车可以这两条铁路的分流，有效减轻成昆、川黔两条线路的客货运输压力。

三是促进沿线地区资源互通有无。四川是能源和原材料消耗大省，煤炭资源不足，然与之相邻的贵州则盛产优质煤炭。内昆铁路的全线通车，开辟了"黔煤入川"的新通道，缩短了入川煤炭运距的 2/3 至 3/4，不仅可以缓解四川省能源的紧张状况，降低企业成本支出，同时促进贵州煤炭资源开发，给两省带来巨大的经济效益。② 云南省磷矿资源丰富，受运输条件制约，未能充分开发。建成后的内昆铁路，为云南磷矿石北上外运创造了条件，对于西南地区改善运输条件，加快经济发展，都具有重要意义。

第三节　东向进出川铁路通道建设

遂渝铁路西起四川遂宁，途经重庆潼南、合川，东至重庆北碚，是第一条东向进出川铁路通道，也是中国西部第一条城际快速铁路。铁路正线全线长 146.6 公里，其中遂宁至北碚北新建线路 120.2 公里，北碚北至井口新建正线 26.4 公里。③ 其中，新建地段四川省境内长 31.2 公里，重庆市境内长 115.4 公里。

遂渝铁路是我国"四纵四横"铁路快速客运网中沪汉蓉通道的重要组成部分，也是连接成都、重庆两个西南地区特大城市的一条便捷快速通道。该路于 2003 年 2 月 25 日开工，2006 年 1 月开通运营。由此，成渝两地之间的通行时间由原来的 10 小时缩短为 2 小时。此外，遂渝铁路连接渝怀铁路，成为四川盆地的东向大通道，不仅使四川与华东、华中、华南的铁路客货交

---

① 中华人民共和国铁道部主编：《决战大西南》，中国铁道出版社，2003 年，第 146 页。

② 中铁二院工程集团有限责任公司：《内昆铁路》（上），西南交通大学出版社，2008 年，第 13 页。

③ 王志国主编：《中国铁道年鉴 2004》，铁道部档案史志中心，2004 年，第 227 页。

流距离得以缩短，还为四川增加了一条新的出海通道。

一、遂渝铁路的修建缘起

新中国成立后，经过 40 多年的艰苦奋战，四川铁路建设实现跨越式发展，先后建成了成渝铁路，进出川的宝成、川黔、成昆、襄渝、内昆等铁路干线，以及三万、德天、资威、成汶、宜珙、渡口等铁路支线，基本搭建起连通四川区域内外的铁路网骨架。截至 1992 年底，四川全省营运里程为 2684 公里。[①] 从四川铁路走向来看，北面宝成、襄渝线有两条，南面有川黔、成昆线两条，东面一条也没有。尽管四川在"一五"计划和三线建设时期经历了两次铁路建设高潮，但自 1976 年到 20 世纪 90 年代初，四川基本上未增加过新的国家铁路，致使全省铁路运输能力远远滞后于经济发展需要。

为了加快西南地区经济发展，20 世纪 90 年代初，铁道部对西南铁路提出了"开辟南口，缓解北口，扩大东口，准备西口，强化内部"的方针。据此，四川省作出了"缓解北口、开辟南口、强化内部"的铁路发展规划，计划修建宝成线阳平关至成都复线、达成铁路以及隆泸地方铁路，对襄渝线达县至重庆段、成昆铁路进行电气化改造。[②] 如此一来，四川北向通道、南向通道和省内铁路能力将得以增强，运输紧张的局面将有所缓解。不过，这样的布局仍存在一个问题，即缺少通往东部及南部海港的铁路运输通道。

因此，对于地处西南内陆的四川而言，要扩大开放，发展经济，亟需打开一条便捷通道加强与东南沿海地区的联系。从货物流向、运输上看，进出川的物资，大部分"由北面襄渝线绕道 500 多公里，南面川黔线绕道 200 多公里运输，要增加费用和时间"[③]。从线路实际承担的运量来看，路网骨架

---

① 马述林等：《四川铁路东通道建设研究》，西南交通大学出版社，1994 年，第 10 页。

② 《缓解北口　开辟南口　强化内部　四川铁路建设紧锣密鼓》，《人民日报》1993 年 8 月 2 日，第 1 版。

③ 马述林等：《四川铁路东通道建设研究》，西南交通大学出版社，1994 年，第 22 页。

干线处于全面饱和状态，其中成渝、襄渝、川黔三条铁路的利用率均已达到100%，难以承担东向出川物资的运输任务。加上四川又是劳务输出大省，前往华南、华东的四川民工逐年增加，使得旅客运输更为紧张，出川旅客列车严重超员，"买票难""乘车难"的问题始终难以解决。

在没有进出川的东向铁路通道的情况下，四川东向的客货运输多依赖成渝铁路迂回中转。但成渝铁路自1987年实现电气化以来，"设计输送能力客车10对、货运1298万吨。货流密度上行1370万吨/公里、下行1149万吨/公里"①。成渝铁路长期超负荷运行。为缓解成渝铁路运能与运量的矛盾，四川东向的客货运输大量迂回达成、襄渝铁路，运输距离长达635公里，增加了运输时间和成本，不利于旅客、货主。再者襄渝铁路渝达段电气化后运量逐年增长，同样难以承受繁重的运输任务。

1998年6月，内昆铁路水梅段续建工程开工。内昆铁路全线通车后，取道成渝、内昆铁路去往云南、贵州的客货列车势必会增加许多。就在内昆铁路通车当年，"成渝铁路成都至内江段增加客车4对，增运货物400万吨"②。可预见的是，日益增加的客货运输量，使本就超负荷运行的成渝铁路更加不堪重负。铁路部门考虑如若成渝铁路兴建二线，不仅线路长、投资大，施工和运输还会相互干扰，建设难度还较大。而修建遂渝铁路，连接达成铁路遂（宁）成（都）段，则可形成川渝地区一条新的便捷通道，即成（都）遂（宁）渝铁路。其运营长度为303公里，比既有成渝铁路少201公里，列车时速160~200公里。由此，可使得成渝之间旅客列车运行时间由10小时缩短为2小时。③ 更重要的是，遂渝铁路不仅可以分流既有成渝铁路的客货运量，以满足内昆铁路建成后既有成渝铁路运输能力的要求，还可作为四川、重庆东向通道的延伸，连接渝怀铁路，建构起川渝地区与华东、华

---

① 四川省地方志编纂委员会：《四川省志·铁路志（1986—2005）》，方志出版社，2018年，第123页。

② 四川省地方志编纂委员会：《四川省志·铁路志（1986—2005）》，方志出版社，2018年，第123页。

③ 四川省地方志编纂委员会：《四川省志·铁路志（1986—2005）》，方志出版社，2018年，第123页。

南沿海区域的客货运输通道，对于疏解内昆铁路进出川渝地区的客货流和构成川渝快速客运新通路，增强路网运输的灵活性和完善路网布局具有十分重要的作用。

2000年，党中央作出了实施西部大开发的国家战略。西部大开发，铁路要先行。于是，党中央、国务院将铁路建设作为西部大开发的先导因素，做出了加大西部铁路投资，加快西部铁路建设的战略部署。中国西部铁路建设又一次迎来了难得的历史性机遇。为此，铁道部制定《西部铁路"十五"建设计划》，计划在"十五"期间西部铁路基本建设投资规模为1400亿元，约占全国铁路总投资的52%，进一步加大西部铁路建设力度。具体而言，一是要加快沟通东西部通道的建设，二是加强西部省区间通道的建设，三是抓好西部国际通道的建设，四是加快西部既有线改造力度，五是加快西部快速运输系统的建设。[1] 其中，在加快沟通东西部通道建设上，遂渝铁路被列入其中。与渝怀、湘黔、浙赣、京广铁路共同形成川渝地区至华东、中南地区的便捷通道。

二、遂渝铁路的勘测设计

连接云、贵、川与沿海口岸的交通大通道是加快西南建设发展的重要任务。为满足重庆市经济发展和对外开放需要，1990年重庆市向国家提出了建设渝怀铁路的建议，并将其作为西南东通路的关键路段。随即，国家计委把渝怀铁路列入了"八五计划"探讨项目。经过铁道部第二、第四勘察设计院和经济规划研究院两年的研究比选工作，于1993年3月正式向铁道部报送了《西南东通路规划研究报告》。从大范围选线的五个方案中比选推荐出两个西南东通路方案，具体如下：

方案一：成都—遂宁—重庆—涪陵—怀化—株洲；

方案二：成都—达县、重庆—达县—万县—利川—枝城—荆门—汉西，

---

[1] 中华人民共和国铁道部主编：《世纪大决策》，中国铁道出版社，2003年，第141页。

并建议"九五"期间建设重庆—怀化线。[①]

其中，遂渝铁路就是报告中第一个方案的关键路段，即遂宁至重庆段。

遂渝铁路全线位于四川盆地中部，属亚热带季风气候，温暖湿润，气候宜人。线路经过川中丘陵、川东南低山两个地貌单元，地势起伏大。其中，合川以西为川中红层丘陵，受构造影响轻微，岩层产状平缓，地面高程195至380米，相对高差为20至100米。[②] 合川以东为川东台褶带地层，狭长的条形低山山脉与丘陵沿区域构造线方向交替排列，组成平行岭谷地貌，受地质构造影响较严重，岩层产状多变，节理发育。主要区域地质构造有华蓥山断裂、璧山向斜、观音峡背等。地面高程500～900米，相对高差100～500米。[③] 其中，四川境内沿线大部分地势平缓，地质构造较简单，且无地下水发育，工程地质条件较好。

1998年根据中央3号文件要求，经铁道部研究决定将川渝东通路和遂宁—重庆线的建设列入了1998—2002年铁路建设计划。遂渝铁路作为成渝铁路分流线和川渝东通路第一路径，仍由中铁二院规划设计。不过，"遂渝线的勘测设计，面临的是内无经验、外难借鉴的困境"[④]。虽然在这之前，我国曾在普速铁路的个别桥梁、隧道铺设过无砟轨道，但系统开展适应高速列车、成区段建造的无砟轨道技术研究，这是首次。

接到任务后，中铁二院即着手对遂渝无砟轨道的各种型式、结构尺寸、无砟轨道岔和桥、隧、路等线下关键技术，以及信号、轨道、电路等技术进行深入研究和论证，形成可行性研究报告。1998年10月，铁道部在审查完可行性研究报告后，要求中铁二院编制初步设计文件上报。同年11月，中铁二院开始对遂渝段的常规铁路预留快速铁路标准方案进行初测，并于1999年2月完成初步设计。9月，铁道部审查遂渝铁路上报项目建议书。10月铁道部对遂渝铁路进行现场调研。12月，中铁二院完成文件编制并上报

① 马述林等：《四川铁路东通道建设研究》，西南交通大学出版社，1994年，第29－30页。
② 卿三惠：《铁路工程勘察设计与施工技术研究》，中国铁道出版社，2014年，第110页。
③ 卿三惠：《铁路工程勘察设计与施工技术研究》，中国铁道出版社，2014年，第111页。
④ 《突破创新，为"中国牌"铁路技术填空立碑》，《人民日报》2012年10月20日，第6版。

铁道部。2003 年，遂渝铁路入选国家第四批基本建设新开工大中型项目，7
月 15 日，铁道部印发遂渝铁路初步设计批复。[①] 经过勘测设计，线路自四川
境内的达成铁路出岔，线路经复桥、莲池、磨溪，在丁家湾进入重庆市潼南
线境内，再经太和、合川，到达北碚。

三、遂渝铁路的施工概况

2002 年 11 月 25 日，成都铁路局成立遂渝铁路建设指挥部，组织领导工
程建设。2003 年 2 月 25 日，遂渝铁路开工典礼在重庆合川市举行，时任铁
道部副部长蔡庆华等出席典礼并为工程奠基。在施工中因"非典"和更新
提高技术标准停工 4 个月，于 2005 年 4 月 23 日全线铺轨完成。次年 1 月 15
日，遂渝铁路开通货运列车，5 月 1 日开行成渝城际列车。设计时速 160 公
里，是当时西南地区设计时速最高的线路。

在遂渝铁路在修建中，备受关注的是无砟轨道综合试验段建设工程。该
试验段始于龙凤隧道进口，止于蒋家大桥，全长 12.65 公里，包含襄渝引入
客车联络线工程并建段 4.903 公里，铺设无砟轨道 17.57 公里，有砟轨道
1.95 公里，投资概算为 5.778 亿元，建设工期 12 个月。[②] 该实验是在铁道
部的部署组织下进行的，以探索高速铁路新型轨道构造技术，借此为我国客
运专线大规模采用无砟轨道技术奠定基础。

遂渝铁路无砟轨道综合试验段建设主要由中铁八局与中国铁道科学院研
究院、中铁二院组成联合科研组进行攻关，试验分为三个阶段进行。第一阶
段：2005 年 7 月 30 日前完成龙凤隧道、二岩隧道轨道电路绝缘性能和轨道
电路传输距离先行试验段建设及轨道电路绝缘性能和轨道电路传输距离的实
验测试。第二阶段：2005 年 11 月完成路基钻孔桩施工，2006 年 4 月完成 A
组填料施工，6 月完成级配碎石施工，土建工程于 2006 年 7 月全部完成。第

---

① 四川省地方志编纂委员会：《四川省志·铁路志（1986—2005）》，方志出版社，2018 年，
第 123 页。

② 成都铁路局史志办公室：《成都铁路局年鉴》，中国铁道出版社，2007 年，第 99 页。

三阶段：完成轨道底座施工，在路基沉降6个月后进行轨道板施工，站后工程全面展开；10月底完成全部工程并具备试验条件，年底路局组织对各专业工程进行现场对口交验。①

2007年1月10日，铁道部组织在遂渝铁路引入重庆枢纽无砟轨道综合试验段开展实车试验，沿线的桥梁、隧道、路基等工程分别经受时速200公里动车组列车、时速120公里货物列车和轴重25吨双层集装箱列车高强动力作用的考验。② 试验表明，国产动车组在无砟轨道往返最高时速可达232公里，桥梁结构能满足时速200公里及以上旅客列车运行的安全性要求。这项试验的成功"填补了中国在该领域的技术空白，实现了中国高速铁路工程建造技术的重大突破"③。这说明，中国首条无砟轨道设计和建造技术达到世界先进水平。④ 2010年，"遂渝无砟轨道关键技术研究与应用"获得了国家科技进步奖一等奖。借鉴遂渝铁路建设经验，成灌、武广、郑西、合武、石太等高速铁路建设顺势开展。

四、遂渝铁路通车的意义

重庆和四川是我国重要的工业基地，是我国西部地区经济基础最好、潜力最大的地区之一，处于大西北和东南沿海的联系地带，据调查资料显示，重庆和四川对外经济联系的主导方向是东南沿海、港、澳、台地区和东南亚各国，目前四川和重庆向东南方向的铁路通道脆弱，遂渝铁路的建成，将与渝怀铁路共同构成铁路西南出海大通道，大大缩短了运输距离，降低了工业企业运输成本。

遂渝铁路建成通车后，不仅可以较大提高成渝间铁路运输能力，满足客

---

① 成都铁路局史志办公室：《成都铁路局年鉴》，中国铁道出版社，2007年，第100页。

② 四川省地方志编纂委员会：《四川省志·铁路志（1986—2005）》，方志出版社，2018年，第127页。

③ 《突破创新，为"中国牌"铁路技术填空立碑》，《人民日报》2012年10月20日，第6版。

④ 《首条无砟轨道铁路试验成功》，《人民日报》2007年1月12日，第2版。

货运输需要，而且可以较既有成渝线缩短运距 160 公里以上，使得成渝两地之间的通行时间缩短为 2 小时内。这对于完善西南铁路网布局，进一步发挥重庆和成都两个区域中心城市的辐射作用，促进川渝地区经济社会发展也具有重要意义。成渝铁路、川黔铁路、襄渝铁路运量已经饱和，东南方向出口运输能力十分紧张。遂渝铁路的建设，对于缓和川渝地区外部运输能力紧张，特别是内昆铁路建成后运量分流的需要，具有非常重要的作用。与此同时，随着遂渝二线的修建，将进一步完善川渝便捷铁路通道，连接并凸显成都、重庆两个西部特大城市的功能作用，同时将进一步提升沪汉蓉大通道的运输能力，对于加速川渝地区间与其他区域之间的人员、物资交流等都具有重要价值。

第三章

日臻完善：四川铁路网初具规模

　　自"一五"计划实施开始，到 2008 年进入高铁时代前，四川境内先后建成通车了宝成、川黔、内昆、成昆、襄渝、遂渝等重要铁路干线，基本上搭建起了四川区域内外铁路干线网，并连通了全国的铁路网。作为"大动脉"的铁路干线打通了，固然对四川经济社会发展起到极大推动作用，不过只有"各级动脉""毛细血管"以及"血液中转站"与大动脉一起才能构成一个流畅的循环。也就是说，铁路作为一个巨大的系统，每一个"零部件"的作用都不容忽视。故而，铁路支线、专用线、地方铁路、铁路枢纽都是四川铁路网的重要组成部分。在干线修建的同时，四川的铁路支线、地方铁路、铁路专用线以及铁路枢纽的建设也在同步进行，并发展到一定规模。也正是因为这些支线、专用线、地方铁路、铁路枢纽的存在，四川铁路网才更加完善，四川铁路发挥的作用才更加巨大。

第一节　铁路支线与专用铁路的修筑

　　铁路支线是指由铁路干线分支出来的次要铁路线，是地方运输的主力，而且在铁路网中起联络干线等辅助作用。[1] 在运输布局中合理配置，就能充分发挥铁路支线的重要作用。一是能改善物流运输：铁路支线的修建可以方便货物、物资等的运输，缩短运输时间，提高运输效率。二是能促进区域经济发展：铁路支线能够连接起各个地区，便于资源共享和产业转移，促进区域经济发展。三是能减轻公路交通压力：铁路支线可以减少道路运输量，缓解公路交通运输压力。

铁路专用线与专用铁路（道）都是指由企业或者其他单位管理的与国家铁路或者其他铁路线路接轨的岔线，主要是为本企业内部运输服务的。[2] 一般来说，铁路专用线是专用铁路的一种。两者所不同的是，专用铁路一般都自备动力，自备运输工具，在内部形成一套系统的运输生产组织，而铁路专用线则仅仅是一条线，其长度一般不超过 30 千米，使用的是与其相接轨的铁路的动力。[3] 无论是铁路支线还是专用铁路都是为了解决铁路干线辐射不到的范围的交通问题，是国家铁路干线的有益补充，是整个铁路网络的毛细血管。

自 20 世纪 50 年代起，四川在加快进出川铁路干线建设的同时，也修建了广普、广岳、三万、德天、资威、成汶、宜珙、渡口等铁路支线，与此同时也修筑了钢铁、煤炭、国防、铁路、化工等行业的专用线。如此一来，使得四川形成干支结合的完整铁路网。

一、铁路支线

1950 年至 1970 年代，随着四川境内多条铁路干线建成通车，铁路沿线城镇和工矿企业快速发展，为配套发展，以满足铁路辐射区域内企业和居民的出行和物流需求，充分发挥铁路运输的经济效应与社会效应，四川铁路的支线建设逐渐成为必然。在此期间，如表 3－1 所示，四川省先后修建了 9

① 《辞海　修订稿》（工程技术分册　下），上海人民出版社，1977 年，第 45 页。
② 牛鱼龙主编：《现代物流实用词典》，中国经济出版社，2004 年，第 161 页。
③ 张东辉等：《火力发电项目前期工作实务》，哈尔滨工程大学出版社，2011 年，第 67 页。

条铁路支线。随着 1997 年重庆直辖市设立，川黔铁路三（江）万（盛）支线归入重庆境内。截至 2008 年，四川境内国家铁路支线有 8 条，其中 4 条与宝成铁路接轨，1 条与成渝铁路接轨，1 条与内昆铁路接轨，1 条与成昆铁路接轨，1 条与襄渝铁路接轨，四川境内国家铁路支线正线总长 391.4 公里。

表 3－1　四川省境内铁路支线修建情况表（1952—2008）①

线名	起止地点	长度（公里）	开工时间	通车时间	运营单位
三万支线	三江—万盛	32.6	1951 年 11 月	1953 年 7 月	重庆分局
德天支线	德阳—天池	42.0	1959 年 1 月	1960 年 3 月	成都分局
资威支线	资中—威远	29.3	1959 年 3 月	1966 年 1 月	成都分局
成汶支线	青白江—都江堰	59.5	1959 年 11 月	1969 年 10 月	成都分局
广普支线	广元—普济	82.7	1959 年 12 月	1979 年 11 月	成都分局
广岳支线	广汉—岳家山	64.9	1960 年 6 月	1978 年 1 月	成都分局
宜珙支线	宜宾—珙县	54.4	1966 年 1 月	1978 年 3 月	重庆分局
渡口支线	三堆子—格里坪	40.9	1967 年 1 月	1971 年 1 月	西昌分局
万白支线	万源—白沙	17.7	1972 年 12 月	1975 年 10 月	安康分局

从表 3－1 可以看出，四川境内的铁路支线多数是在干线铁路修建通车后为工业企业和矿山修建的。这些铁路支线的建设，为四川地区的经济发展提供了重要的基础设施支持，不仅为企业提供了便捷的物流运输条件，同时也让人们的生活和工作变得更加便捷高效，还为当地的经济发展注入了强大动力。

（一）三万支线

川黔铁路三江万盛支线西起綦江县三江镇，东迄南桐矿区万盛场。沿途经石角、蒲河、谷口河等地。全长 32.64 公里。② 1997 年 3 月以前位于四川

---

① 《当代四川》丛书编辑部：《当代四川铁路》，四川人民出版社，1993 年，第 142 页。
② 邵桂宝主编：《重庆市地名词典》，科学技术文献出版社重庆分社，1990 年，第 363 页。

省重庆市境内，全线穿越了綦江县和万盛区，共设有 4 个车站和 1 个乘降所。该线经过的南桐矿区有煤、硫铁矿、石灰石、滑石、石英砂等矿产，尤以煤矿著称，煤种较齐全，储量丰富。[①] 三万支线则主要用于运输南桐矿区的煤炭，是重庆市主要厂矿企业燃料用煤的重要渠道。

在民国时期，万盛地区出产的煤焦只能用人力推车运至三江集中，然后再转运到綦江码头上木船，经綦江铁路最终运抵猫儿沱，再通过长江快速运抵大渡口。为了解决万盛地区煤炭外运的问题，曾计划修建綦江铁路。这条铁路计划从三江开始修建，然后再分别从万盛和赶水修建一条轻便铁道，连接至三江。尽管个别路段已经开始施工修建，但最终该计划未能实现，轻便铁道工程也随之停工。新中国成立后，綦江铁路于 1950 年 10 月修到三江并延伸到赶水，但矿区至三江的运输条件依然困难。

为解决这一问题，1951 年，西南工业部决定继续延修綦江铁路，并修建三江至万盛支线，由川东行署、贵州遵义专署、綦江县人民政府和綦江铁路局组成綦江铁路筑路委员会。綦江铁路局先后成立了三江至温塘和温塘至万盛两个工程段，负责三万支线的施工技术管理工作。[②] 这样不仅解决了赶水、万盛两个地区的煤、铁运输问题，也为以后修建川黔铁路和发展南川一带交通创造了条件。1951 年 12 月，三江至温塘段破土动工。该线是在民国时期所修轻便铁路基础上建成的。工程技术由綦江铁路局负责，铁路施工由川东筑路民工总队承担。1951 年 11 月，三赶段工程完工后，川东筑路民工总队陆续转移到三万支线工地动工。1952 年 7 月三江至温塘完工，1953 年 6 月温塘至万盛完工，同年 7 月 1 日三江至万盛全线通车。[③] 由重庆铁路管理局负责运营管理。

煤炭和铁矿石运输问题得到解决后，各矿区的产量大幅增加，因此铁

---

① 《四川省》编纂委员会：《中华人民共和国地名词典 四川省》，商务印书馆，1993 年，第 100 页。

② 中共重庆市委党史研究室、重庆市地方志办公室：《半个世纪看重庆》，重庆大学出版社，1999 年，第 19 页。

③ 綦江县志编纂委员会主编：《綦江县志》，西南交通大学出版社，1991 年，第 422 页。

路运输量也迅速上升。为了适应运输量的增长，1954 年将全线的旧型 17 公斤/米的铁轨更换为 43 公斤/米的钢轨。此外，还对站线进行了延长并对通信信号进行了改造，此后在 1959 年与綦江铁路的接轨点改在新三江车站。该线路的建成通车，不仅对于重庆经济的发展作出了巨大的贡献，还促进了万盛地区旅游资源的开发。

（二）德天支线

德天支线是为开发天池一带山区的煤、铁、磷等矿产资源，由四川省投资修建的一条以运煤为主的综合性地方铁路。线路在宝成铁路德阳车站出岔向西，经扬嘉、孝泉、绵竹至汉旺，全长 41.952 公里。[①] 德天支线由中铁二院设计。原计划在宝成铁路的黄许镇站出岔，1958 年底，四川省决定将接轨点移至德阳。该线德阳至汉旺 41.952 千米为标准轨距，按工业企业铁路Ⅲ级专用线设计，最小曲线半径 200 米，限制坡度 10‰，钢轨类型 42 千克/米。汉旺至天池段长 6.1 千米，为 762 毫米轨距的窄轨铁路，货物在汉旺车站换装。[②]

该支线于 1959 年 1 月开工建设，德阳至汉旺段大多通过川西平原，地势平坦，无不良地质情况，于 1960 年 3 月建成通车。汉旺至天池段位于绵远河上游，沿线山势陡峭，地质情况复杂。受到龙门山褶皱带影响，地下节理发育，且部分地区存在严重的风化和破碎现象。由于施工条件恶劣，这段路段建设进度缓慢。直到 1960 年 6 月，该路段才建成并通车。德天支线通车后由成都市交通局德天铁路管理处管理，1962 年四川省铁路管理处成立，此路归属省管。1966 年 5 月，成都市德天铁路局和四川省地方铁路局将德天支线移交成都铁路局运营。

德天支线建成后，速度为每小时 50 公里，用"解放型"蒸汽机车，

---

① 成都市交通局、中国民用航空西南管理局、成都铁路分局、四川省地方铁路局彭州分局：《成都市交通志》，四川人民出版社，1994 年，第 226 页。

② 成都市地方志编纂委员会：《成都市志·科学技术志》（上册），四川科学技术出版社，1999 年，第 575 页。

牵引定数上行 2000 吨，下行为 1050 吨，开行客车 1 对、货车 2 对，能力利用率只达到 14%。[①] 在成都铁路局接管德天支线后，对该线进行了技术改造，以改善运营条件。这些改进工作包括对线路和车站进行维护和升级，小型钢轨改为中型钢轨，道床加铺道砟，改造桥涵，延长车站路线，安装先进的通信和信号设备，以及引入新型的列车和货车，使之基本适应客货运输发展的需要。在这些改进的帮助下，该线路的运输能力得到了明显提高。

在货物运输上，德天支线以金属矿石、磷矿石、磷渣和化肥为主要出发货物，而非金属矿石、粮食、煤炭、饲料和磷酸则为主要到达货物。从 1966 年的 18 万吨开始，不断增长，1989 年达到了 91.8 万吨的高峰，1990 年更是突破百万吨，达到了 112 万吨。而到了 2005 年，该支线的货物运输量已经达到 155 万吨，大约是接管时的 8.6 倍左右。不过，2008 年汶川特大地震对德天支线造成了严重的破坏，其中包括路基陷塌、沿线信号设备受损、车站和干线铁道设施遭到重创，生产生活建筑物等基础设施也遭到严重破坏。加之厂矿企业的衰落和东方汽轮机厂迁往德阳等因素的影响，该条铁路的运营面临着更大的压力。虽然该铁路德阳到汉旺段还在维持运营，但是货运量骤减同样成为不争的事实。

在旅客运输上，从 1966 年的约 30.6 万人增加到 1971 年的 75.6 万人。不过，随后该路的效益逐年下降。20 世纪 80 年代末期，该线的客运人数还能够维持在 13.7 万人左右，但到了 90 年代，客流量开始逐年减少，2000 年仅有 9.14 万人，到 2005 年仅剩下 3.1 万人。特别是受 2008 年汶川特大地震影响，德天支线汉旺到天池段几乎全线损毁，客运也就此中断。

在当地政府积极协调下，成都铁路局立即展开修复工作。这项工程一共投资 5546.2 万元，重点包括更换德天支线再用轨及再用枕 4 公里，重建落石滑坡处所 2 处路基，修复重建涵渠 4 座，修复给水管网 1990 米、电力线路 4 站，重建 2 站水源设施和 10 千伏电力贯通线 1 条。修复重建生产生活

---

① 国务院能源基地规划办公室：《能源基地概况　第Ⅳ部分：铁路》，1987 年，第Ⅳ-57 页。

建筑物等 1.1 万平方米，重建 3 站货运设施。[①] 在进行全面修复之后，德天支线将继续承担货运任务。不过，该线经过的汉旺地震遗址也为该地区的旅游开发带来一定的机遇。作为 20 世纪中国工业发展历史的"见证者"，这条铁路所蕴藏的工业历史底蕴，也为旅游资源开发提供了必要的资源。随着区域经济的不断发展，德天支线有望吸引更多的游客观光乘坐，它将以另一种方式为地方经济发展作出积极贡献。

（三）资威支线

资威支线位于资中县、威远县境内，全长 29.293 千米，为开发两县的煤铁资源而建。[②] 威远煤矿，原为资本家所开的三口小煤窑，因井深、水大停办。1939 年，自贡盐务总局组织复建，1940 年又与资源委员会、中福公司合办，命名威远煤矿公司，1942 年投产，1951 年由川南行政公署接管，改名川南区公营威远煤矿，1952 年改名四川省合营威远煤矿。[③] 该矿主要产品煤、焦，素以质优著称，供省内化工、冶金工业原燃料之用。

该支线由中铁二院勘测设计，线路按 II 级专用线设计，最小曲线半径 200 米，标准轨距，限制坡度，上行 12‰，下行 22‰，牵引定数 1300 吨，年运量 150 万吨，铺设 38 公斤/米钢轨，蒸汽机车牵引列车。[④] 1959 年 3 月，资威支线开工建设，投资 988 万元，平均每公里造价 33.7 万元。[⑤] 由四川省人民委员会投资，内江专区筑路指挥部组织民工 1 万多人和四川省交通厅施工队伍共同修建，钢轨及通信器材由成都铁路局调拨。1960 年 6 月，该线建成通车。1966 年 1 月，由成都铁路局接管运营。由于仓促上马，未

---

① 《汶川特大地震抗震救灾志》编纂委员会：《汶川特大地震抗震救灾志 卷九 灾后重建志》（上），2015 年，第 512 页。

② 成都市地方志编纂委员会：《成都市志·科学技术志》（上册），四川科学技术出版社，1999 年，第 575 页。

③ 威远县地名领导小组：《四川省威远县地名录》，1986 年，第 243 页。

④ 四川省地方志编纂委员会：《四川省志·铁路志（1986—2005）》，方志出版社，2018 年，第 182 页。

⑤ 四川省地方志编纂委员会：《四川省志·交通志》（下），四川科学技术出版社，1995 年，第 67 页。

进行地质钻探和线路比选，边勘测、边施工，开工后改线长度竟占全线长度的47%。修建过程中，有些隐患没有得到处理，以致修通后陆续出现许多病害，不具备通车条件。成都铁路局接管该支线后，会同铁道部第二设计院，先后进行了两次全面复查整治，直到1966年才具备正式运营条件。

该支线自通车以来，年运量呈下降趋势。1961年，发送货物51万吨；1971年，发送货物50万吨；1980年，发送货物28万吨；1985年，发送货物22万吨；1990年，发送货物15万吨。然而，进入21世纪后，资威支线的运量增幅明显上升。2005年，该支线共发送货物76.6万吨，到达货物18.6万吨。资威支线主要承运煤炭和焦炭等物资，货物的发送和到达车站均在宋家铺。虽然该支线没有定点旅客列车，但货物列车会附挂简易客车，运送来往旅客。该支线虽然历经了许多波折，但是在当地经济发展和交通运输事业中仍起到了重要作用。

（四）成汶支线

成汶支线位于成都市青白江区，彭州市、都江堰市境内，为原路网规划中成都至兰州干线的一段，是为开发岷江上游丰富的水力、森林资源，发展川西地区经济而修建的。[①] 成汶支线1957年由中铁二院勘测设计，设计为Ⅰ级准轨铁路，最小曲线半径600米，最大坡度6‰，1960年通车时铺设24公斤/米轻型钢轨，信号设备为臂板信号机联锁，电话闭塞，通信线路为架空明线，蒸汽机车牵引列车。[②]

该支线的建设始于1959年11月。为了加快铁路建设进度，温江专区和成都铁路局联合成立了"成汶铁路修建指挥部"，组织参建者包括成都铁路局第二工程处及沿线3万名民工。1960年10月20日，铁路铺轨至灌县（今都江堰市），并于11月5日正式开办临时运营。然而，由于基建压缩的原因，灌县至朱罗坝之间长达13.4公里的铁路工程在1961年4月停工，同时

---

① 张家文主编：《成都经济地理大辞典》，天地出版社，1996年，第583页。
② 四川省地方志编纂委员会：《四川省志·铁路志（1986—2005）》，方志出版社，2018年，第180页。

朱罗坝至汶川老母孔之间的 3.8 公里木材专用线也未得到建设。直到 1966 年，成汶支线才正式开始运营。据不完全统计，该支线的修建投资总额约为 1308 万元人民币，平均每公里造价高达 22 万元。虽然建设过程中遭遇了许多困难和挑战，但是通过不懈努力，该支线得以如期竣工并开始正常运营。

不过，成汶支线仅通到灌县（今都江堰市），未能发挥出预期运输效果。货运只担负了彭县、白水河一带矿产运输及附近部分农副产品运输，且灌县车站至都江堰市区还有 4 公里，又因成灌公路扩建，旅游汽车增加，列车客运减少。青白江至都江堰市每日开行旅客列车仅一对。该线路通车后，允许速度为每小时 60 公里，用 JF 型机车牵引定数上行为 2000 吨，下行为 1200 吨，开行客车 1 对，货车 2 对，能力利用率为 15%。① 改革开放以前，成汶铁路效益低下，经常出现亏损现象。但在改革开放后，铁路实行"大包干"政策，成都铁路局根据成汶支线的实际情况对运输组织和管理进行了改革，将成汶支线与地方铁路公司实行联营，立即扭亏为盈，从过去年亏损 100 万元左右变为盈利 200 余万元。②

遗憾的是，成汶支线在 2008 年汶川特大地震中也遭受重创。2008 年 7 月 2 日，四川省于铁道部签署《加快推进四川省灾后铁路恢复重建部省会谈纪要》，将成汶支线修复作为灾后重建的重大项目安排。③ 为了保障成汶支线的顺利修复和运营，当地政府安排恢复重建资金 18 665.6 万元对该铁路进行了重大维修和改造工程。

首先是修复道床病害。在此次工程中，共修复了 59.5 公里的道床病害，同时更换了 58.5 公里的再用钢轨和 50.6 公里的轨枕。此外，还对 8 处滑坡、路基下沉等不良处所进行了修复。其次是桥梁设备的修复。整个工程中，共有 7 座桥梁设备得到了修复和加固，以确保它们能够承受足够的负载和使用寿命。此外，修复给水管网 2800 米，同时重建了水源设施 2 站，并且修通了一条 10 千伏的电力贯通线。最后，在本次工程中，还修复了信号

---

① 国务院能源基地规划办公室：《能源基地概况 第Ⅳ部分：铁路》，1987 年，第 57 页。
② 吕荫华：《中国铁路在改革中前进》，中国铁道出版社，1994 年，第 36 页。
③ 连玉明主编：《汶川案例·决策篇》，中国时代经济出版社，2009 年，第 335 页。

设备4站，确保这些设施能够正常使用。通过这次大规模的修缮，成汶支线的基础设施相较之前得到了极大的提升和改进，运输服务能力得到提升。

（五）宜珙支线

宜宾珙支线是四川域内重要的铁路支线之一。该支线从内昆铁路宜宾站分岔出来，向东至南岸坝，再向南经过福溪、汉玉山、沙河驿、金沙湾、巡场、武家岩、卷子榜最终到达珙县站，全长65.8公里。这条铁路线主要是为了开发四川珙县境内的煤炭资源而修建的，由国家投资建设。宜宾是长江上游重要的港口城市，也是川滇边区的物资集散地和新兴工业城市。在国家路网规划中，宜珙支线可延伸至贵州遵义方向的干线，也可与成都至昆明和贵阳至昆明的铁路线连成一体。因此，该铁路支线的建成对于四川煤、铁等矿藏和其他能源的开发，以及对川南边远山区和云南北部一带的交通和货物运输都起到了至关重要的作用。

线路处于四川盆地西南部边缘，地势为由北向南逐渐升高的山岳地带，线路大多沿河谷台地，部分位于山间丘陵。武家岩至珙县段，从塘坝起有软土、陷穴、溶洞，地质较为复杂。宜珙支线由中铁二院和铁道部大桥工程局勘测设计，根据之际情况，宜宾至武家岩段按照Ⅱ级干线设计，而武家岩至珙县段则按照Ⅰ级专用线设计，并由成都铁路局、铁道部大桥工程局和四川省铁路工程总队组织施工。金沙江特大桥1965年9月开工，1968年10月建成。宜宾至武家岩段工程1966年1月开工，1970年3月建成，10月通车。[①]武家岩至珙县段的建设则从1971年5月开始，仍然由四川省铁路工程总队负责该段的施工工作。然而，在同年7月，铁路部门决定将其交由铁道部第二工程局负责施工，这场变故导致了建设进度的延迟。经过艰苦卓绝的施工和修建，1977年底，武家岩至珙县段终于竣工。随即在1978年3月，宜珙支线全线交付成都铁路局。至此，宜珙支线正式开通运营，该铁路的通车，

---

① 四川省地方志编纂委员会：《四川省志·铁路志（1986—2005）》，方志出版社，2018年，第182页。

为宜宾地区的交通建设提供了有力的支持。

为尽快满足四川省东南部地区的铁路运输需求,1965 年,宜珙铁路现场指挥部成立,负责领导该支线的施工工作。宜宾至武家岩段长 54.4 公里,由成都铁路局、铁道部大桥工程局和四川省铁路工程总队共 12 000 余人分段参加施工。1966 年 1 月,该段铁路正式开工。经过四年的艰苦卓绝的施工,宜宾至武家岩段的铁路工程于 1970 年 3 月建成,同年 10 月正式通车。武家岩至珙县段 11.4 公里,先由四川省铁路工程总队 1971 年 5 月开工,1972 年 7 月四川省铁路工程总队调离工地,改由铁道部第二工程局续建,1978 年 1 月建成。支线共投资 15 563 万元,平均每公里造价 236.3 万元。[①]

该支线特别值得一提的,就是其重点控制性工程宜宾金沙江大桥。该桥位于宜珙铁路线上,全长 1053 米,是中国第一座伸臂架设、跨中合龙的钢桁梁桥。正桥为跨单线连续钢桁梁桥,主桁采用平行弦菱形钢桁架,铆钉连接,桁高 20 米,桁宽 8 米。该桥采用两岸悬臂拼装,跨中合龙法架设,创国内先例。[②] 宜宾金沙江大桥在 20 世纪 50 年代末期由铁道部第二工程局进行勘测工作。不过由于历史原因和现实困难,勘测工作并没有得到进一步的推进和实施。

直到 1964 年,勘测设计工作得以继续实施,改由铁道部大桥工程局接手该大桥的勘测设计工作。宜宾金沙江大桥是宜珙支线上跨度最大的斜拉桥之一,也因此成为当时的一项重大技术挑战,作为建造一个稳固和安全的大型桥梁的基础,勘察和设计工作尤为重要。因此,大桥局先后比较了 5 个桥位,其中有:利用内昆线安边金沙江桥而不建新桥;在吊黄楼车站出岔,于南广河上游跨长江;猫儿石、马门溪跨金沙江;现址宜宾天星窝方案。前四种方案因为各种原因被放弃。唯天星窝方案穿过市区边缘,拆迁较少,枯水期江面较窄,引桥基础均在洪水位以上,容易施工。[③] 四川省在 1965 年 4 月

① 四川省地方志编纂委员会:《四川省志·交通志》(下),四川科学技术出版社,1995 年,第 72 页。

② 尢宾、纪丽君、白月廷:《图说建国初期铁路》,中国铁道出版社,2011 年,第 92 页。

③ 王昌骅等:《中国铁路桥梁史》,中国铁道出版社,1987 年,第 245 页。

26 日的自贡会议上同意采用。该桥由铁道部大桥工程局施工，于 1965 年 9 月 23 日开工，1968 年 10 月竣工。

（六）渡口支线

成昆铁路渡口支线位于四川省攀枝花市①境内，线路分别从成昆铁路牛坪子站和三堆子站出岔，向西双向进入偰果，经密地、渡口、弄弄坪、巴关河至格里坪站，全长 37.6 公里。② 渡口支线于 1967 年 1 月开工建设，其目的是开发沿线的铁、煤、钒、钛、石灰石、白云石等资源，建成后主要用于运输攀枝花钢铁公司的原料和产品，是攀枝花钢铁工矿企业的重要运输线路。

渡口支线的勘测设计与成昆铁路几乎同步。1964 年 10 月，铁道部第二设计院组织 2000 余人，开动钻机 50 多台，承担广通至昆明、金沙江至泸沽和乌斯河至成都段的线路勘察；地质部决定以四川及云南两个水文地质工程地质大队为基础，并调集三峡、丹江及广西、贵州、安徽、山东、黑龙江等省队或直属队的人员共 3000 多人，配备钻机 70 余台，组成南江、北江两个大队，承担成昆线南段金江至广通，北段泸沽至乌斯河及渡口支线。③ 随后，该支线按照Ⅱ级干线标准进行勘测设计，铺设了 50 公斤/米和 43 公斤/米的钢轨，限制坡度为 6‰，最小曲线半径为 400 米。该支线设计采用内燃机车牵引，设计区间通过能力为 32.9 对，牵引定数为 2450 吨。到发线初期的有效长度为 650 米，远期可达 850 米。信号采用半自动闭塞系统。车站布局与攀钢厂矿布局相协调，密地为工业编组站，弄弄坪为路矿联合站。

渡口支线地质复杂，沟壑纵横，断裂带多，岩层破碎，完全不亚于"地质博物馆"之称的成昆干线。渡口支线有桥梁 39 座、涵渠 72 座、隧道 13 个，总长 16.13 公里。当年，铁道兵筑路时曾付出了沉重的代价，直接牺牲

---

① 1965 年，攀枝花特区对外称四川省渡口市，1987 年恢复旧名，称四川省攀枝花市。

② 四川省地方志编纂委员会：《四川省志·铁路志（1986—2005）》，方志出版社，2018 年，第 181 页。

③ 卿三惠主编：《西南铁路工程地质研究与实践》，中国铁道出版社，2009 年，第 95 页。

于施工的就有 64 名战士。此外，还有工矿专用线 187.84 公里，承担内部的物资运输。[①] 渡口支线于 1965 年 9 月开始修建，工程包括跨越多条江河沟渠的高填深挖，13 座隧道总长 10.2 公里、39 座桥梁总长 3.2 公里和 72 座涵渠等。经过三年半的施工，完成了 459 万立方米的路基土石方的建设，全线投资 10 848 万元，平均每公里造价 265 万元。该支线于 1970 年 6 月建成，并于同年 7 月 1 日交由西昌铁路分局运营管理。由于地形复杂，工程艰苦，桥隧占总线路长度比例较大，因此建设过程非常困难。

青龙山隧道位于成昆铁路与渡口支线的地下接轨处，设计十分独特。由于渡口支线分别往成都、昆明、格里坪 3 个方向，运输量较大，是成昆线上最为重要的一条支线，其接轨、接线十分复杂。故在隧道设计时，先后设计了 4 个方案，经过反复比对，择优选择了雅砻江口三角地带的方案。这个方案采用青龙山隧道连接牛坪子（成都方向）及三堆子（昆明方向）两联轨站，渡口支线则从两站引出两线均穿过青龙山，合并通过雅砻江大桥联轨站，这样，成都至昆明、成都至格里坪和昆明至格里坪三线分别以 3 座隧道穿过青龙山，形成地下三角区，被称作"三龙戏珠"，巧妙而合理地解决了 3 个车流方向的问题，适应了运输的需要，这种接轨的方法是比较独特的。[②]

渡口支线是四川运输最繁忙的支线，它担负了整个攀枝花钢铁基地的产品、原料、物资、人员出入运输任务，西昌铁路分局年运量的 70% 左右是集中在这里完成的。1971 年，该支线客运量 13.9 万人，货运量 192 万吨；1985 年，客运量 34.2 万人，货运量 888.3 万吨；1990 年，货运量 1024 万吨，客运量降至 8.5 万人；2005 年，开行货物列车 11 对，发送货物 1492.1 万吨，是 1988 年的 1.58 倍，到达货物 987.0 万吨。2005 年，渡口支线开行旅客列车 1 对（直挂 1 节客车，旅客以通勤职工为主），年发送旅客 1 万人左右。

---

① 解洪主编：《攀西开发志（综合卷）》，四川人民出版社，2007 年，第 401 页。
② 《攀枝花市志》编纂委员会：《攀枝花市志》，四川科学技术出版社，1994 年，第 355 页。

二、专用铁路

我国铁路专用铁路多为各部门和企业根据生产运输需要自筹资金自修自管，或修建委托国家铁路局管理，也有部分线路由国家修建后租给企业使用。除小部分企业共用外，一般不对社会公开营业，虽然绝大多数也与国家路网相连接，但在统计和管理上自成系统。专用铁路修建后随生产规模等的变化，有的加强延伸，有的关闭停用，有的运用一定时间后并入国铁路网，设备较为简单，大多为窄轨，使用轻便车辆和小机车，在国家铁路中有延伸、完善路网和集散客货流的作用。①

1949年以前四川域内仅重庆大渡口101厂（现为重庆钢铁公司）、北川煤矿等铺设了专用铁路。新中国成立后，随着西南地区大中型工矿企业的建立，专用铁路逐渐兴起并不断发展，70%以上分布在铁路沿线。这些铁路专用线和专用铁路一头连接大中型企业和厂矿，一头连接铁路干线和支线，与铁路干线、支线一起，构成完整的铁路网。据不完全统计，成都铁路局管内货物运输的装卸作业量60%在专用线和专用铁路完成。专用铁路的不断发展，对铁路沿线企业降低运输成本，提高运输效率，减轻铁路干线、支线车站压力，发挥了重要作用。除铁路企业的专用线外，成都铁路局其余专用线和专用铁路由沿线大中型企业、厂矿投资修建，供投资单位专用或多个企业共用。

纵观四川铁路专用线的发展历程可以分为以下几个阶段。

第一个阶段是20世纪50年代末到60年代初。随着"一五"计划提出的西部新工业基地的建设，许多工业厂矿在四川地区建立起来，四川的专用铁路因此得以起步发展。此阶段专用铁路发展呈现出两个特征。一是在铁路干线辐射范围内专用铁路大量修筑。以宝成铁路建成后青白江地区为例，在宝成铁路通车后，青白江火车站设置为三等车站。站内设11股道，有转运、

---

① 《中国铁路建设史》编委会：《中国铁道建设史》，中国铁道出版社，2003年，第825页。

客运、货运、装卸等车间，有正式职工 200 人，装卸临时工 100 人，承办通往全国各地的客货运输。① 以青白江站为节点，该地区先后建成通车三条重要专用铁路。首先是四川化工总厂专用铁路，该线建于 1956 年初，全长 5.7 公里，自青白江火车站接轨，止于化工总厂，于 1957 年建成通车。其次是成都市青白江粮食仓库专用铁路，该铁路建于 1956 年，全长 1.02 公里，自青白江火车站接轨，止于粮食仓库，于 1957 年通车。最后是成都钢铁厂专用铁路，该线建于 1958 年，全长 1.054 公里，自四川化工总厂专用铁路 3.95 公里处接轨，止于钢铁厂，于 1959 年通车。这些专用铁路在当时为青白江地区提供了重要的运输支持，减轻了当地企业的运输成本和压力，也为当地居民的生活提供了一定的便利，对推动地区经济发展和建设作出了巨大的贡献。

二是大型工矿企业专用铁路迅速建成。以重庆南桐矿务局为例，南桐矿务局位于川黔交界的重庆市南桐矿区，始建于 1938 年，是重庆地区主焦煤生产基地之一。② 在 1958 年到 1964 年期间，该局先后投资 435 万元修建 5 条煤炭运输专用线路，旨在提高煤炭运输效率和降低成本。这 5 条线路分别是：

（一）万鱼线，由万盛火车站至鱼田堡煤矿，是煤炭运输的专用线，全长 6.024 公里，其中正线 4.611 公里，站岔线 1.43 公里；桥梁 2 座、涵拱 17 个，长 2647 米。于 1958 年修建，9 月竣工，总投资 159.17 万元。有煤仓 5 个，总容量为 800 吨；贮煤场一处，总容量 100 吨。

（二）砚红线，山砚石台煤矿到红岩煤矿，煤炭运输专用线，全长 5.016 公里，占地面积 110.5 亩，在砚石台与万盛至砚石台煤矿的专用铁路运输线相接。于 1964 年开工修建，1964 年 12 月竣工。有涵洞 15 个，总长度 226.4 米；有煤仓 12 个，总容量为 3000 吨。总投资 106 万元。

（三）万砚线，由万盛火车站至砚石台煤矿，煤炭运输专用线，全长

---

① 青白江区地方志编纂委员会：《成都市青白江区志》，成都出版社，1995 年，第 228 页。

② 《中国煤炭工业年鉴》编审委员会：《中国煤炭工业年鉴 1993》，煤炭工业出版社，1993 年，第 297 页。

6.758 公里，其中正线 6.197 公里，站岔线 0.561 公里，占地面积 163 亩，在万盛火车站与三万支线相接，于 1960 年动工，1961 年竣工，总投资 110 万元；有煤仓 31 个，总容量为 1800 吨。

（四）干坝子段，由万盛火车站至二井洗选厂（干坝子），全长 4.56 公里，其中正线 1.5 公里，站道岔线 3.063 公里。在新华大队与万盛火车站至鱼田堡煤矿的专用铁路运输线相接。于 1960 年建成。有涵洞 5 个，长 227 米；有煤仓 15 个，总容量 2700 吨；贮煤场一处，总容量 1 万吨。总投资 60 万元。

（五）谷南线，由谷口河火车站至南桐煤矿，全长 0.551 公里，是谷口河站的岔线。于 1953 年建成，有煤仓 30 个，总容量 2900 吨；贮煤场一处，总容量 8000 吨。[①]

以上 5 条专用铁路总长度为 22.909 公里。其中，站岔线长达 7.134 公里，104 个煤仓的设置让物资储备更加充足，3 座桥梁和 52 个涵洞的建设为煤炭运输提供了良好的基础设施环境。这些专用线路使得煤炭可以顺畅地从 4 个发线上运到万盛火车站，然后再分别运往重庆、贵阳等地。值得一提的是，这些专用线路的建设并不容易。由于地理条件的限制以及建设技术的落后，修建过程中面临着诸多困难和挑战。但南桐矿务局始终坚持不懈，克服困难，最终完成了这些线路的建设，为当地的煤炭工业和交通运输事业作出了突出的贡献。

第二个阶段是三线建设时期。进入 20 世纪 60 年代以后，四川省内的铁路专用线得到了快速发展。这些专用线主要服务于煤炭、物资、石油、钢铁、铁路、国防、化工、建材、机械、森工、食品等行业。截至 1960 年，四川共拥有 58 条铁路专用线，总长度为 301.6 公里。[②] 在三线建设时期，川黔、成昆、襄渝铁路相继建成通车。因战备需要，国家按照"山、散、洞"的原则，在铁路干线和支线沿线进行布点，投资兴建大批大中型企业。1975

---

① 重庆市南桐矿区交通局：《重庆市南桐矿区交通志》，1991 年，第 27-28 页。
② 四川省地方志编纂委员会：《四川省志·铁路志（1986—2005）》，方志出版社，2018 年，第 185 页。

年底，四川省内铁路专用线和专用铁路的数量已经增加到242条，并分布在铁路干线和支线沿线，为三线建设时期的大批大中型企业提供了必要的交通保障。在这个过程中，铁路专用线和专用铁路的建设对四川省经济的稳步发展起到了重要的推动作用。同时，它们也为四川省的交通运输事业作出了巨大贡献，为当地的民生和社会经济的发展提供了坚实的基础。

这一时期由于四川境内专用铁路大量修筑，总体呈现出三种形态。一种是为军工服务的专用铁路。如235库专用线，235库是兵器工业部下属的军用仓库。为了军用物资的转运储藏便利，于1965年由兵器工业部拨款，铁路局第六工程处第二工程队承建，1966年2月动工，1970年2月竣工投入使用。全长1339公里（其中站台线234.87米，安全线88米）。此线由双石火车站重庆方向接轨，直达库房，运输装卸较为便利。① 另一种是中央以及地方工业企业出资修建，为本单位进出物资运输服务。如绵竹县境内就建成厂矿专用铁路2条，共长10公里。其中东方汽轮机厂专用铁路全长7公里，绵竹磷肥厂专用铁路全长3公里。② 最后一种便是为了支援三线建设修建的临时性专用铁路。例如为支援龚嘴电站建设，在成昆铁路龚嘴镇李山处专门铺设了一条专用铁路与刘沟车站接轨，配有两台蒸汽机车，主要运输建设龚嘴电站的物资。③ 该专用铁路以施工单位命名为水电七局专用铁路，但是随着电站的建成，该铁路被弃之不用。

第三个阶段是改革开放初期。这一阶段专用线发展又分为两个时期，一是1978—1986年。随着四川省经济由计划经济向市场经济转型和"三线"企业的搬迁，四川省内专用线和专用铁路建设和布局也发生了相应变化。截至1986年，四川省境内的铁路专用线和专用铁路总数达到322条，较1975年增长80条，总长度达到954.8公里。如表3-2所示，这些专用线涉及多个行业，如煤炭、物资、石油、钢铁、铁路、国防、化工、建材、机械、森工和食品等，其设施和功能较为齐全，并且有内部通勤列车提供服务。

---

① 永川县交通局：《重庆市永川县交通志》，1987年，第193页。
② 四川绵竹县志编纂委员会：《绵竹县志》，四川科学技术出版社，1992年，第432页。
③ 乐山市沙湾区交通局：《沙湾区交通局志》，2003年，第70页。

表3－2　1986 年四川省内 322 条专用铁路行业分布表①

序号	行业名称	专用线数量（条）	里程（公里）	序号	行业名称	专用线数量（条）	里程（公里）
1	国防系统	28	77.1	8	钢铁系统	30	314.1
2	铁路系统	30	77.6	9	化工系统	21	60.8
3	煤炭系统	39	125.3	10	森工系统	16	27.3
4	邮电交通系统	7	29.9	11	建材系统	18	32.8
5	石油系统	31	28.5	12	食品系统	14	15.5
6	电力系统	20	40.2	13	物资系统	34	38.6
7	机械系统	16	61.3	14	其他	18	25.8

具体而言，主要专用线有：大渡口重庆钢铁厂专用线，广顺场永荣煤矿专用线，万盛南桐煤矿专用线，赶水松藻煤矿专用线，成都无缝钢管厂专用线，青白江四川化工厂专用线，中坝长城钢铁厂专用线，漫水湾西昌卫星基地专用线，弄弄坪攀枝花钢铁厂专用线，自贡张家坝、晨光、鸿鹤化工厂专用线，大安盐厂专用线，巡场芙蓉煤矿专用线，德阳旌阳磷肥厂专用线，中坝江油电厂专用线，二郎庙江油水泥厂专用线，九里峨眉水泥厂专用线等。②

二是 1986—2008 年。伴随我国推行市场经济体制，四川境内铁路专用线和专用铁路的建设运营也随之改变。这一时期四川境内既有的铁路专用线和专用铁路运营管理开始突破原来的计划经济模式，开始按市场规律配置运输资源。例如 1997 年，遂宁境内开始修建国家粮食储备库、万通煤气公司煤炭转运库、市石油公司中转油库三条专用铁路。这三条专用铁路的建设分属三家建设单位，由此组成以市铁路建设办公室为组长单位，三家建设单位

---

① 四川省地方志编纂委员会：《四川省志·交通志》（下），四川科学技术出版社，1995 年，第 74 - 75 页。

② 四川省地方志编纂委员会：《四川省志·交通志》（下），四川科学技术出版社，1995 年，第 74 页。

为副组长单位的"地方专用铁路建设协调小组"。协调小组下设办公室，负责处理日常事务工作。在具体施工过程中，坚持"三公开""一协商"，即：公开工程承包和造价、公开工程费分摊、公开资金收支情况，重大事项均由协调小组协商决定。①

如此一来，极大地促进了专用铁路进一步发展，一大批新式工业企业的专用铁路纷纷出现，截至2005年达到了382条，主要有成都热电厂专用线、嘉陵成都电厂专用线、攀钢集团成都钢铁有限责任公司专用铁路、川化集团有限责任公司专用铁路、攀钢集团石灰石专用铁路、中国石化销售有限公司川渝分公司天回油库专用线、中国第二重型机械集团公司专用铁路、四川双马投资集团有限公司专用线、广安发电有限责任公司专用线、东方汽轮机厂专用铁路、四川省清平磷矿专用铁路、攀钢集团四川长城特殊钢有限责任公司专用铁路、四川巴蜀电力开发公司江油电厂专用铁路、国营814厂专用铁路、芙蓉矿务局杉木树煤矿专用线、四川川投峨眉铁合金（集团）有限责任公司专用铁路、四川金顶（集团）股份有限公司峨眉水泥厂专用铁路、白马电厂专用线、攀枝花钢铁有限责任公司专用铁路、彭山县青龙场粮食市场专用线、成都无缝钢管公司江油钢铁厂专用铁路、四川省芙蓉煤矿专用线、国营812厂专用铁路、宜宾发电总厂黄桷庄电厂专用铁路、宜宾发电总厂豆坝电厂专用铁路、自贡鸿鹤化工股份有限公司专用铁路、自贡东方锅炉厂专用铁路等。②

2005年3月前，建设专用线和专用铁路的可行性研究报告由四川境内的成都、重庆、西昌铁路分局对接轨点、接轨方案提出审查意见报成都铁路局。成都铁路局审查后，以文件批复专用线和专用铁路建设单位，建设单位委托有相应资质的铁路设计单位承担设计，有相应资质的铁路施工企业承建施工。工程竣工后，由建设单位主持，国家铁路部门参加，检查验收工程。验收合格后，建设单位和铁路分局签订运输协议，专用线和专用铁路开通使

---

① 遂宁市志编纂委员会：《遂宁市志》（上），方志出版社，2006年，第555页。

② 四川省地方志编纂委员会：《四川省志·铁路志（1986—2005）》，方志出版社，2018年，第186页。

用。2005 年 3 月，全国铁路撤销铁路分局，原铁路分局在专用线、专用铁路建设中的工作职责由铁路局承担。[①]

与我国专用铁路发展历程一样，四川的专用铁路也经历了由弱到强的发展过程。改革开放以前，特别是三线建设期间，四川的专用铁路在数量上突飞猛进，取得了巨大发展。改革开放以后，四川专用铁路又在质量上不断突破，随着技术的不断提升和产业的逐步升级，四川省内的专用铁路也开始向多样化、高效化方向发展。在 20 世纪 90 年代，四川省陆续引进了一批先进的专用铁路设备和技术，这些新技术的应用，极大地提高了专用铁路的运输效率和安全性能，为四川地区经济社会加快速发展提供了有力保障。目前，四川省内铁路专用线和专用铁路数量共计 300 余条，已经形成了较为完善的网络体系。可以说，四川省内的专用铁路在经历由弱到强的发展过程后，已经成为当地交通运输体系中不可或缺的重要组成部分，对铁路沿线企业降低运输成本，提高运输效率，减轻铁路干线、支线车站压力等发挥了重要作用，也对促进四川地区经济社会发展大有裨益。

第二节　地方铁路与合资铁路相继建成

地方铁路是指由地方集资修建和管理的铁路，是国家铁路运输网的重要补充，一般由地方铁路局或各地区交通厅（局）经营管理，主要担负地方物资和为国家铁路集散运输，是为地方经济发展服务的。中国地方铁路有准轨（1435 毫米）和窄轨（762 毫米）两种轨距。地方铁路以其投资省、工期短、经营活、效益好的特点显示出强大生命力，与国家铁路相比，只是修建标准低、运量较小和行政隶属关系的不同，在业务性质、经营管理上并没有本质区别。

---

① 四川省地方志编纂委员会：《四川省志·铁路志（1986—2005）》，方志出版社，2018 年，第 185 页。

同样，合资铁路的出现是为了解决铁路发展滞后的现象，究其根本，便是铁路建设一直资金短缺。在国家投资不足的情况下，为了满足铁路建设投资的需要，最现实的办法是改变此前铁路建设由国家投资的单一体制，建立多元化多渠道的投资体制，而这就需要对原有投资的投资体制进行改革。①因此，在 1992 年 7 月铁路全路召开的领导干部会议上，对深化投资体制改革作出了明确规定：在国家批准建立铁路建设基金、实行新路新价的基础上，大力发展合资铁路，形成以国家、地方、企业为投资主体，以集资、贷款、发行债券等多种融资手段为筹资形式的铁路建设投资新机制。②

四川地区地方铁路和合资铁路的修建，都是为了解决铁路运力不足，满足地方经济发展和民众出行需求，吸收地方、企业等多种力量进行铁路建设的有益探索，也是促进四川地区经济社会发展的重要途径之一。

一、地方铁路

地方铁路的发展往往与该地区的经济发展状况有莫大的关联。四川地方铁路并不是新中国成立之后就立即开始发展的，而是在"一五"计划完成之后，因为经济状况的改善带来对铁路客货运输的需求，为了更好地发展地方经济，开始了地方铁路的建设并迅速达到了高潮。四川各地区大修铁路，地方铁路数量上升迅速，可是质量确得不到保证。很快随着进入国民经济调整时期，此前许多仓促上马、质量不过关以及盲目建设毫无意义的地方铁路均作了下马、拆除和技改等处理。与全国情况不一样的是，由于其地理位置的特殊性，四川地区的地方铁路技改之后，质量得以提升，交由成都铁路局管理，不再作为地方铁路。所以，在"三五"和"四五"期间，全国地方铁路随着工农业生产的发展出现的又一建设高潮时，四川地方铁路的建设进

---

① 张雪永等：《扩张的动脉——改革开放 40 年的中国铁路》，社会科学文献出版社，2021 年，第 112 页。

② 张国荣：《"八五"铁路改革将有重大突破：建立铁路建设基金，实行新路新价，大力发展合资铁路》，《人民日报》1992 年 7 月 17 日。

入了沉寂期，四川省地方铁路局都被撤销，四川境内运营的地方铁路仅剩 1 条。改革开放以后，这种情况才得以改善，四川铁路运量运能不足的矛盾凸显，地方政府对铁路的认识越来越深入，积极性也越来越高，加之铁道部计划统计局地方铁路处与中国地方铁路协会先后成立。四川地区的地方铁路再次发展起来，通过不断发展，四川地方铁路以及成为国民经济发展中不可或缺的重要组成部分。

　　四川地方铁路的发展历程可以分为四个阶段。在建设高潮期，地方政府大力推进地方铁路的建设，铁路网格局逐渐形成。但随着经济发展的变化，地方铁路的建设进入了一个趋于沉寂的时期，一些线路停运或废弃。再次尝试阶段，地方政府开始重新关注地方铁路的重要性，并重启了一些被废弃或停运的线路。在大力发展阶段，地方政府加大投入，优化铁路布局，提升服务水平，推动了地方铁路的快速发展。与四川省地方铁路局的设立、撤销和再设立密切相关，这反映了地方政府对地方铁路功能的解读与认识的变化。在不同时期，地方政府对地方铁路的作用认知有所不同，导致了管理的转变，例如地方铁路局的设立、撤销和再设立。总体上说，四川地方铁路从数量上经历了由多到少再到多的过程，在质量上则由差到好再到优。这反映出地方政府和人民对铁路的认知历程，更深刻地体现了地方政府与人民对铁路发展的认知、反思和不断完善的态度。

　　第一阶段是 20 世纪 50 年代末至 60 年代初，四川地方铁路建设处于高潮时期。全国的地方铁路虽然在 20 世纪 50 年代末期才开始修建，但是以"大跃进"为契机，便迅速达到高潮。1957 年第一个五年计划提前完成，全国客货运量迅速增长，铁路运输十分紧张。铁道部为适应工农业生产发展的需要，提出铁路权力下放，改变铁道部"一家独办"的做法，由地方投资修建并经营铁路。在发挥"中央和地方两个积极性"方针的指引下，各省、市自治区出现了兴办地方铁路的热潮。[1] 且这一时期，各地都大炼钢铁，为社会主义工业化服务，地方运量需求猛增，各类小铁路、土铁路如雨后春笋

---

① 《中国铁路建设史》编委会：《中国铁道建设史》，中国铁道出版社，2003 年，第 813 页。

般冒了出来。四川亦是如此,自 1958 年开始到 1960 年,计划共修建 115 条 计划里程 1198.4 公里,完成路基达到铺轨程度 101 条、里程 915.4 公里, 已铺轨 91 条 795 公里,通车 785.7 公里,其中:全线通车 84 条 696.8 公里, 部分通车 7 条 88.9 公里,煤炭线占 44.7%,冶金线占 35.8%,其他线及土 铁路占 19.5%。[①] 值得一提的是,已通车的 10 条主要线路在 1960 年共发送 货物 145 万吨,1961 年发送货物 144 万吨,逐步解决了运力不足的问题。

1960 年铁道部组织全国各地代表在蚌埠召开了第一次全国地方铁路技 术经验交流会,这次会议明确了地方铁路采用标准轨距和窄轨两种,各省、 市、自治区政府应加强对地方铁路的组织领导,设置专门机构,自筹资金, 自力兴办,自负盈亏。四川的地方铁路也根据实际情况,作出了符合省情的 具体安排。年运量在 100 万吨以上的准轨铁路由省、市修建,其他都由各 专、县(市)修建。地方铁路标准大体有三种类型:年运量在 100~400 万吨 的一般按国家工矿企业三级铁路标准修建,采用标准轨距,轨重 24 公斤/米, 牵引总重 400~600 吨之间;年运量 60~100 万吨的,轨距按 762 毫米窄轨 标准修建,铺 15 公斤/米轻轨,牵引总重 160 吨至 240 吨;年运量 15 万吨 至 60 万吨的,按 762 毫米窄轨修建,路基宽度 2.8 米至 3 米,铺 8 公斤/米 钢轨。[②] 这一时期修建的铁路多为窄轨铁路,全省各类地方铁路的投资达到 了 1.2 亿元,所修铁路大都用于厂矿企业的物资运输。

但也有例外,这一时期,四川设计规划了成都市的环城铁路,称为成都 轻便铁路。该线于 1959 年 1 月动工修建,于 1961 年 9 月建成,共修建 3 条 轻便铁路,共长 78.4 公里。第一条是东半环城线,从成都火车站经市区东 部、南部至神仙树止,全长 27 公里;第二条是西半环城线,从东半环城线 的终点站神仙树开始经过市区南部、西部至西北桥木材综合厂,该线全长 24.4 公里;第三条是成都至龙泉驿线,从成都火车站经过市区东部经过洪 河、大面到达龙泉驿,线路全长 27 公里。三条线路共占用农田 1613.3 亩

---

① 《四川省地方铁路三年来的基本情况》,1961 年 10 月,四川省地方铁路局档案。
② 四川省地方志编纂委员会:《四川省志·交通志》(下),四川科学技术出版社,1995 年, 第 64 页。

（东、西环城线占用 196 亩，成龙线占用 1417.3 亩），耗资 4 902 943 元（东西环城线 4 080 000 元，成龙线 822 943 元），耗用主要原材料有木材 4428.44 平方米，钢轨 285.665 吨，铸铁轨 2303.751 吨。[①]

为了迅速修建三条铁路线，1959 年 1 月起，组织了省、市、区三级全部下放干部和上千民工开始修建环城线大会战，工程一铺开就搞得轰轰烈烈。但是由于当时正处于"大跃进"，受到"左"倾思想的影响，在工程上采取了片面求快、就地取材、边建边生产的模式。当时铺轨达到了"日进两公里"，曾经有"两天过陈家碾，四天过倪家桥"的进度，东半环城线仅用了 10 个月就宣布建成，而西半环城线也在 12 月底宣布建成。环城线建成后，所有人员下放到了成都至龙泉驿铁路建设上。

修建成功通车的东半环城线，也在当时为双流机场的扩建工程、锦江宾馆的基建工程等起到了一定的作用。但是由于修建的过程中缺乏科学的技术，一味追求建设的速度，东半城环线运营最高时速也仅 12 公里，且路基经常塌陷，运营过程中不但不能盈利，还需继续投资维护铁路，先后亏损近 30 万元。不能解决运量运能的矛盾，反而长年亏损，于是 1961 年 9 月东半环城线歇业。而西半城环线因为国家基建收缩，建成之后根本无货可运，没有参加一次营业性的运输便被全部拆除。成都至龙泉驿甚至路基工程还未竣工便下马停建。

这条环线的修建始终，是这一时期四川地方铁路发展的缩影。建设高潮确实出现了，但是数量上升的地方铁路，质量却是一塌糊涂。修建地方铁路本是为继续发展经济提供一些支持，但是结果却是修建时花费大量财力物力，修建后不但解决不了运输问题，反而还需要继续投入资金维护铁路。从经济效益来看，许多地方铁路没有任何意义。所以这一时期的地方铁路主要向三个方向继续发展，没有意义的铁路完工的拆除，在建的立即停工，筹建的迅速下马；能为地方以及沿线工矿企业的发展以及资源运输起到一定作用

---

① 成都市交通局、中国民用航空西南管理局、成都铁路分局、四川省地方铁路局彭州分局：《成都市交通志》，四川人民出版社，1994 年，第 352 页。

的交由相关单位主管，位置较好能融入国家铁路运营当中的进行技改后移交成都铁路局管理。

第二阶段是 20 世纪 60 年代初至 80 年代中期，四川地方铁路建设趋于沉寂。在经历"井喷式"上升和快速回落的过程后，1962 至 1984 年，四川没有新建任何一条地方铁路，境内仅有 1 条地方铁路，由此四川地方铁路趋于沉寂。但是仅剩的彭白铁路经过改造，也发挥了重大作用。彭白线从彭县西郊乡花盆村起，至白水河镇止。途中经过隆丰、新兴、思文等乡镇，全长 55 公里，其中正线 39 公里。起初为开发彭县山区蕴藏丰富的蛇纹石、石灰石、煤炭等矿产资源，于 1959 年 4 月动工修建。温江专区采取边测量、边设计、边施工的方式进行。于 1960 年 3 月通车，通车之初，彭白线跟其他地方铁路一样，线路设备状态不符合技术要求。铸铁铁轨易折断，行车时上坡打滑、下坡溜车、掉道频繁；洪水季节，设在河滩上的路基无防洪设施，常被洪水冲毁；桥孔断面过水量不够，常被洪水冲翻；边坡未放够，塌方落石，泥沙堆积，翻浆冒泥，线路经常中断。[①]

该线与国家铁路青灌支线相衔接，并在青灌支线进行货物换装。主要运输物资有蛇纹石、石灰石、滑石、磷肥、煤炭、水泥等十余种。货运量年均 33 万吨，客运量年均达 60 万人。铁路修通以前，白水河山区经济不发达，人口少，每天从彭县开出一班汽车，还常不满员。铁路通车后，沿线地方工业崛起，从业人员增加，城乡经济活跃。因此，对彭白铁路未作像其他地方铁路那样的处理，而是进一步改造，提升质量，继续为沿线经济发展作贡献。在省地方铁路局的指导和省政府的资助下，1961 年以来，按森林铁路标准进行了彭白线的技术改造：更换钢轨、降坡裁弯、处理病害、修建永久性桥梁等，提高了运输能力。[②] 运输速度达每小时 35 公里，此后还多次进行了局部改造。1960 年至 1985 年，彭白铁路共发送旅客近 1500 万人，发送货物近 800 万吨。

---

① 成都市交通局、中国民用航空西南管理局、成都铁路分局、四川省地方铁路局彭州分局：《成都市交通志》，四川人民出版社，1994 年，第 263 页。

② 《成都年鉴》编辑部：《成都年鉴 1988》，成都出版社，1989 年，第 162 页。

彭白铁路的继续运营具有两大重要意义。一是经过改造之后，该线运输能力提升，进一步为沿线的资源开采、物资交流沟通带来便利。该线因地制宜而建，投资少、收效快，运营后充分显示出地方铁路节约能源、成本低、运效高，社会效益和经济效益显著等特点。在当时四川地方铁路几乎空白的情况下，彭白铁路的发展与影响力，无疑加深了四川省政府以及四川人民对地方铁路对经济、社会与生活带来的好处的认知。二是彭白铁路的长期运营，为四川再次兴建地方铁路提供了宝贵的经验。虽然历史不能假设，但是如果四川当时将所有地方铁路都作了处理，那么当改革开放之后，四川再次发展地方铁路时，只有"大跃进"时期的失败教训，成功的经验无迹可寻，四川的地方铁路也不会迅速地发展起来。

第三阶段是 20 世纪 80 年代中后期，四川地方铁路建设再次恢复。改革开放之后，国家经济迅速发展，铁路发展严重滞后，铁路运输成为国民经济发展中一个突出的薄弱环节。这个问题不解决，国民经济就难以发展。此时，地方铁路再次成为缓解国家铁路运输压力、完善各地路网结构的最佳选择映入人们的眼帘。1985 年，国家科委蓝皮书第 9 号提出："长期以来，发展地方铁路的方针和政策不够明确，今后应将它作为一项重要的交通运输技术政策确定下来，把建设地方铁路纳入国家计划。"[1]

虽然地方铁路主要是解决短途运输问题，但它和汽车、畜力车、木帆船等其他短途及民间运输工具比较起来还有所不同，具有下列主要优点。

一是运能大：一辆汽车在公路上行驶约能托载 10 吨货物，若把解放牌汽车改装成牵引动力车，在平坡的地方铁路轨道上行驶，却能牵引 100 吨左右。用小型蒸汽机车就拉得更多。

二是运输成本低：地方铁路每 1 吨公里的运输成本仅需 0.1 ~ 0.2 元，汽车需要 0.2 ~ 0.3 元，马车需要 0.3 ~ 0.5 元。

三是地方铁路不受季节和气候的影响，同时可以日夜行驶。

---

① 国家科学技术委员会：《中国技术政策 交通运输》，1985 年，第 343 页。

　　四是地方铁路可使广大劳动人民从肩挑人抬的笨重劳动中解放出来。①

　　这些优点都极为符合四川的省情。一是工程造价低，投资省。同国家干线铁路相比，地方铁路设备简易，而且由地方自建自管，拆迁购地比较容易解决，建设起来造价低、投资省，见效也快。二是能加快铁路建设，改善路网布局。新中国成立以来，国家铁路网有了很大的发展，但远不能适应国民经济发展的需要。地方铁路与国家铁路的区别，仅仅在于标准高低和管理体制上的差别，本质上都能为国民经济发展作出贡献。加上四川地势复杂，除成都平原外，均为丘陵、山区地貌，修建长距离、高标准的铁路固然能改善交通现状，但是难度大、修建时间长、耗费资源多，远没有地方铁路优势明显，需要进行多次设计论证才能施工修建，不能及时解决运输压力。地方铁路则能很好地解决这一问题。三是能做到修旧利废，提高投资效果。地方铁路由于距离短，运输重载要求不高，标准可以适当降低，国家铁路改造和修理更换下来的设施设备可以运用到地方铁路的修建当中，做到一举两得。

　　四川省政府也根据这一实际情况，开始重视地方铁路的发展。恢复成立了四川省地方铁路管理局，并在《四川省国民经济和社会发展第七个五年计划》中明确指出："大力发展地方铁路。新修青（白江）温（家店）路、万（盛）南（川）路、广（元）乐（坝）路、普济至乐坝段。"② 预计到1990年，四川地方铁路货运量达到600万吨，增长2.6倍。因此，1959年曾经施工的青温铁路，经过国家计经委、省计经委以及省建设厅批准，由宝成线青白江站四川化工厂专用线出岔，至金堂温家店，长28公里的准轨铁路于1985年底率先动工。它是四川省境内建的第一条准轨地方铁路。该线属成都铁路枢纽北环线的一段，其建设与计划修建的国家干线成（都）达（县）线引入成都枢纽布局有关，它与宝成、成渝、达成线连通后，既能为国家干线分流，又能为成都市开辟新的工业区，合理工业布局，发展地方经济，实

---

　　① 北京铁道学院铁道运输系行车组织教研组：《铁道概论》，人民铁道出版社，1960年，第80页。

　　② 四川经济年鉴编辑委员会：《四川经济年鉴　1987》，四川科学技术出版社，1988年，第53页。

现成都中心城市总体规划创造条件。[①]

该线总投资 1400 万元，其中铁道部补贴 600 万元，四川省各级政府投资 400 万元，沿线工厂投资 400 万元。其中，四川省政府投资 300 万元，成都市政府投资 70 万元，金堂县政府投资 30 万元；四川锅炉厂和成都无缝钢管厂金堂分厂各投资 200 万元。经过 3 年多的建设，于 1989 年 8 月 1 日建成通车。这条铁路平均每公里造价 70 万元。为国家铁路干线的五分之一，充分体现了"投资省、见效快"和"人民铁路人民建"的地方铁路特色。[②] 地方铁路的优越性不仅仅是理论上的推测，而是在实践中得到了验证和体现。地方铁路的建设不仅可以促进城乡一体化发展，还可以缩小地区间的交通距离，提高生产力水平，增强地方经济的竞争力。实际上，已经有许多成功的案例表明，地方铁路的建设对于促进地方经济的发展具有积极的推动作用，比如青（白江）温（家店）、万（盛）南（川）、广（元）乐（坝）、普济至乐坝段等线路，都为当地的经济和社会发展带来了巨大的影响。这些铁路不仅改善了当地居民的出行条件，还有效地促进了地方产业转型升级，拉动了相关产业的发展，创造了更多的就业机会，并进一步推动了地方经济的快速增长。

第四阶段是 20 世纪 90 年代，这一阶段四川地方铁路得到大力发展。在四川地区，地方铁路的优越性进一步凸显，证明了其在促进地方经济发展、缩小地区间的交通距离、提高生产力水平等方面具有重要作用。因此，地方政府应该进一步加大对地方铁路的投资和支持，推动其不断发展和完善。故青温铁路建成通车之后，以四川省铁路局牵头，想方设法，多方筹集资金，发展地方铁路，四川地方铁路迎来了快速发展。首先，地方铁路运营里程逐年增加。20 世纪 90 年代，先后重点进行了万南铁路、隆泸铁路以及普乐铁路三条新线建设以及配套设施完善。建成通车后，开始运营的地方铁路共 173 公里，联营铁路 87 公里。三条铁路建成后，又先后修建了泸纳、纳叙

---

① 《当代四川》丛书编辑部：《当代四川铁路》，四川人民出版社，1993 年，第 145 页。

② 《成都年鉴》编辑部：《成都年鉴　1990》，成都出版社，1990 年，第 216 页。

以及金筠三条地方铁路。但是，2008 年发生的金融危机给全世界的经济发展带来了巨大压力，四川地方铁路建设也深陷开发银行政策性贷款未落实的困境。资金不到位，铁路建不成。为支持地方铁路建设，川铁集团采取多渠道贷款、多方筹资、统筹调度的方针，解决了在建铁路项目资金极度紧缺的问题。当年完成四川省地方铁路基本建设投资 3.5 亿元。其中纳叙铁路占 1.7 亿元，当年全线基本铺通。建成通车后，四川省地方铁路营业里程将达到 382 公里，是仅有彭白铁路时的 6.25 倍。

其次，地方铁路进行技改，运输能力大幅提升。以彭白铁路为例。1990 年，彭白窄轨铁路完成大小技改 15 项，投入资金 110 余万元。省市地铁局在完成该线更换重轨后，为解决站线换轨问题，在一无生产厂家、二无现成资料的情况下，自力更生，试制成功全国第一组 762 毫米轨距的重轨 9 号单开道岔，经使用完全符合要求，水平、轨距、高低等技术指标非常稳定。使用这种道岔后每年维修工作量仅为原来的 1/3，费用为原来的 1/5，大大节约了人力、物力和财力。[①] 通过技改，原来落后的技术修建的地方铁路也向新建地方铁路的建筑标准靠拢。地方铁路的建设质量得到提升，运输能力也显著增强。2008 年，四川地方铁路一年就完成货运量 476 万吨，货物周转量 25 822 万吨/公里。

最后，铁路效益不断增长。地方铁路在扩大规模之后，不仅给沿线发展起到推动作用，自身创造的效益也是与日俱增。20 世纪末，四川先后建成通车三条地方铁路，地方铁路运输收入大幅提升。1999 年，四川地方铁路运输收入 3832.38 万元，施工产值 6610.30 万元，产品销售收入 651.3 万元，经营收入 1557.8 万元，缴纳各种税金 502.29 万元。[②] 该年四川省地方铁路局下属各运营单位新增货主 25 家，货源 27 万吨，收入 338 万元，且枕梁厂生产再创新高，生产各类轨枕 8 万余根，创收 651 万元。进入 21 世纪，四川地方铁路继续大踏步向前发展，多条地方铁路先后开工，四川地方铁路

① 四川年鉴编辑委员会：《四川年鉴 1991》，1991 年，第 299 页。
② 四川年鉴编辑委员会：《四川年鉴 2000》，四川年鉴社，2000 年，第 93 页。

网不断延伸。2008 年，遭遇地震和金融风暴双重打击，运量来源枯竭、轨枕停止生产、项目施工停滞。在如此困境下，川铁集团挖潜提效、开发市场，仍然实现了地方铁路运营稳步增长。2008 年全年实现营业收入 41 214万元，增长 25%；报表显示减亏 1960 万元，减亏 41.25%，如考虑新增贷款增加财务费用的因素，实际减亏额 4943 万元，超额完成省国资委下达的利润考核指标。[①]

总之，四川地方铁路经历了极其曲折的发展过程，但是，与国家铁路一样，四川的地方铁路通过不断开拓创新，提升实力，从开发市场到融入市场再到占领市场，实现了由小到大、由弱到强的历史性发展。

二、合资铁路

合资铁路即由中央政府、地方政府和其他组织甚至个人共同出资修建的铁路，这一修建铁路的方式于 1992 年被正式提出。为了推动合资铁路的发展，1992 年 7 月 10 日，国家计委、铁道部联合出台《关于发展中央和地方合资建设铁路的意见》，指出合资铁路要贯彻"统筹规划，条块结合，分层负责，联合建设"的方针，充分发挥中央和地方两个积极性，拓宽铁路建设资金渠道，积极发展合资铁路。[②] 合资铁路是对传统的铁路建设和管理体制的一大突破，是深化铁路改革的一条新路。随后，1993 年 11 月，国家计委和铁道部出台了《〈关于发展中央和地方合资建设铁路的意见〉实施办法》，明确了合资铁路的性质、组织形式、投资方式、投资各方的权力和义务、建设管理原则、运营管理方式、优惠政策等。[③]

国家的积极引导和大力支持，有力推动了合资铁路的建设，"八五"期间达成、广大、广梅汕、合九、石长、横南等 13 个合资铁路项目陆续开工

---

① 四川年鉴编辑委员会：《四川年鉴 2009》，四川年鉴社，2009 年，第 160 页。

② 国家计委办公厅：《1992—1993 经济政策法规汇编》，中国计划出版社，1994 年，第 40 页。

③ 张雪永等：《扩张的动脉——改革开放 40 年的中国铁路》，社会科学文献出版社，2021 年，第 119 页。

建设，掀起了合资铁路建设的热潮。① 随着合资铁路建设的不断推进，铁道部控股的合资公司逐渐成为承担大型项目建设和运营管理的主要力量。这些公司在铁路建设和管理上具有雄厚的实力和丰富的经验，能够保证工程质量、提高服务水平、降低成本开销。同时，为了更好地发挥铁路的作用，一些线路的运输工作也委托给国家铁路进行管理。

达成铁路的修建，便是合资铁路在四川实践的开始。此后，四川省又相继建成了达万、乐巴等合资铁路。这些合资铁路的修建，充分调动了四川地方政府和相关企业在铁路建设中的积极性，推进了四川铁路建设进程，提升了地区交通运输的效率和服务水平，为四川地区经济发展注入了新的活力，也为四川民众出行带来更多便利。

（一）达成铁路

达州至成都铁路简称达成铁路。线路于襄渝铁路三汇镇站出岔，斜贯四川盆地，经渠县、营山、蓬安、南充、蓬溪、遂宁、大英、金堂等市、县，至龙潭寺站以复线引入成都铁路枢纽，全长396.47公里。② 这条铁路横贯四川腹部，与宝成、成渝、成昆、襄渝铁路相通，是国家"八五"期间重点建设项目，也是铁道部和四川省合资建设的第一条干线铁路。

达成铁路的前身是早年国家安排修建的川豫铁路。1958年，中央政府决定在川中地区修建一条连接四川和河南两省的重要铁路，南充、达州等地设立了指挥部，开始了动工和修建的工作。随后，由于国家压缩基建规模，达成铁路建设被暂时搁置。在三线建设时期，随着国民经济的好转，国家再次提出了修建达成铁路，但又因决定先修建襄渝铁路而再次搁浅。1986年初，在邓小平同志的直接关怀下，达成铁路再次提上建设日程。在短短的两年时间内，编制完成了可行性研究报告，并很快通过了审查和评估。但由于

---

① 中国铁道学会、铁道部统计中心：《中国铁道（1949～2001）》，中国铁道出版社，2003年，第127页。

② 四川省地方志编纂委员会：《四川省志·铁路志（1986—2005）》，方志出版社，2018年，第144页。

建设方式和建设资金等未落实，达成铁路立项工作再次中断。①

1990 年，达州、南充、遂宁、四川省交通厅和铁道部联合向中央和四川省争取资金支持。建设资金实行两个"三七开"：中央承担 70%，省上承担 30%；省上的 30% 再"三七开"：省上负担 70%，5 地市负担 30%。② 1990 年 7 月 13 日，国家计委转发了国务院批准的《达成铁路项目建议书》。同年 9 月，四川省成立了达成铁路建设办公室；11 月 23 日，国家计委下达了《达成铁路设计任务书》。1991 年 4 月 24 日铁道部下达了《关于新建达成铁路初步设计的批复》；4 月 27 日，铁道部和四川省政府正式签订了《关于达成铁路建设协议书》。③ 达成铁路历经"三上三下"之后，终于迎来了建设通车的可能。

与此前不同的是，达成铁路采用了股份制的方式进行修建，成为国内首个采用股份制模式建设的重要铁路，这是对中央和铁道部号召大力发展合资铁路的一次重要试点。通过引入股份制的机制，达成铁路的建设充分调动了社会资本的积极性，扩大了筹措资金的渠道。同时，股份制建设也为铁路运营管理带来了新的思路和方法，加强了企业自主创新和市场竞争能力，推动了我国铁路建设和管理的不断发展，为全国范围内的铁路建设提供了重要的借鉴和参考。

达成铁路工程分两期实施：第一期修建三汇镇至南充段，长 120 公里；第二期修建南充至成都段，长 230 公里。④ 1992 年 6 月 29 日南充地区段正式动工。但作为合资铁路的第一次尝试，不可避免地面临着诸多问题。首先是集资问题。由于达成铁路计划工程总投资为 15.4 亿元，那么按照合资的要求，四川省政府负责资金为 3.234 亿元，其余 5 地市负责 1.386 亿元。但由于物价上涨，1993 年初设计概算为 22.3 亿元，1998 年工程竣工时，投资决算为 43.2 亿元。虽然说合资铁路的出现极大地调动了各地修建铁路的积

---

①　南充市交通局：《南充市交通志》，四川人民出版社，2007 年，第 381 页。

②　康莲英主编：《达州百年大事纪略》，四川人民出版社，2014 年，第 182 页。

③　四川年鉴编辑委员会：《四川年鉴　1992》，1992 年，第 311 页。

④　《中国铁路建设史》编委会：《中国铁道建设史》，中国铁道出版社，2003 年，第 201 页。

极性，但是巨大的投资数额成为一个亟待解决的难题，给铁路建设项目的组织实施带来一定的困难。

其次是征地问题。20 世纪 90 年代以来，分离建设方（业主）和征地方（地方）是一种流行且有效的方法，特别是在重点交通基础设施建设方面，这种方法对于加速项目进程、保障工期控制和控制建设成本起到了至关重要的作用。但由于达成铁路建设的特殊性，很多征地工作的问题都在实际操作过程中逐渐暴露出来。一是要使征地方和建设方分离，就存在设计概算与实际征地拆迁补偿量差和资金拨付到位问题，也就是空缺的资金来源问题。二是为了加快建设进程，争取时间，达成铁路采取预征先用、边建边征的方针，征地工作周期长，业务操作中征用报批间隔时间长，导致已征用土地的农业税、粮食定购减免等工作无法及时从上而下开展；同时，政策不到位，铁路正线外用地税费减免不明确，报批工作无法及时开展。三是施工中根据需要随时用地，跨年度因物价变化因素给整个征地拆迁补偿的前后统一性、连续性造成很大的困难。①

再者是协同问题。由于工程施工战线长、摊子大，随着现场施工活动的深入开展，铁路建设影响沿线当地正常生产、生活的问题逐渐显露出来。以蓬安县为例，该县域内工程由 2 个专业施工队伍、12 个地方施工队伍、20 个地材生产场地以及为各施工队伍运送物资的庞大运输队伍组成，队伍规模共约 3000 人、300～400 辆运输车辆和机具。这支建设大军来自全省各地，人员复杂，任务繁重，工作紧张，施工队伍内部、施工队伍之间、施工队与当地村社之间的具体问题和矛盾众多。② 因此，各方的协调工作变得前所未有地艰巨。

为了解决这些问题，四川省政府以及沿线各地政府纷纷成立铁路建设领导小组（下设办公室，以下简称铁办）以及铁路建设指挥部，专门负责铁路集资、征地拆迁、路基土石方、站场土石方、站场房建及土工布施工和地

---

① 中国人民政治协商会议四川省遂宁市市中区委员会文史学习委员会：《遂宁文史资料选辑 第 15 辑 热烈庆祝中华人民共和国中国人民政治协商会议成立五十周年》，1999 年，第 194 页。

② 政协蓬安县文史资料委员会：《蓬安县文史资料 第八辑》，1999 年，第 75 页。

材生产供应、安全保卫等工作。针对集资问题，一是狠抓集资宣传工作，发动广大群众。沿线各地区领导经常利用各种会议作铁路集资的思想动员工作。同时，通过标语、广播、电视、宣传车等形式，向群众宣传铁路建设对该地区经济发展的重要意义。二是各地政府还进一步落实了责任制，由铁办负责宣传发动，合理分解任务，催促集资进度，适时上缴。由财政负责集资款的收存，凭铁办通知划拨上解，杜绝任何单位挪用。这些举措取得了良好的动员效果，甚至出现了个人义捐，各地县级领导带头自愿义捐，很多小学生将自己一分一分筹集起来的零花钱献给铁路建设，无不让人感动。以南充市顺庆区为例，铁路在其境内全长仅 10.197 公里，但从 1991 年至 1994 年底止，顺庆区人民为达成铁路集资高达 355.42 万元。①

针对征地问题，首要任务就是做通老百姓的工作。沿线地方政府先是摸排铁路沿线实际情况，制定出有针对性的拆迁政策。在此基础上，做好宣传解释，寻求沿线干部群众对铁路建设的支持。沿线各乡镇先后召开党代会、人代会、村社干部会和群众大会，铁办工作人员还分组深入到各乡镇组织召开沿线村社干部群众座谈会，宣传有关法规、政策，做到家喻户晓、人人皆知。② 以金堂县征地拆迁工作为例，该县政府先是印发了《关于达成铁路金堂段工程征地拆迁有关问题的通知》，把铁路征地纳入一级目标管理，分片包干，层层落实。截至 1997 年 12 月，达成铁路金堂段工程征用土地 3158.4 亩，拆迁房屋 89 411.07 平方米，拆迁"三线"（电力线、电话线、广播线）409 处，砍、移竹木果树 36 万株。③ 当地政府的积极配合，使达成铁路建设工作赢得广大群众特别是拆迁户的理解、支持，避免了钉子户的出现，有力地加快了建设进程，为工程建设争取了时间。

针对施工协调问题，各地政府引导基层干群遵循"绝不影响现场施工，通过组织争取解决"的原则，在保护人民根本利益的前提下，解决了许多实际问题。在遂宁市域施工现场，各级领导多次深入现场协调问题。1996 年

---

① 本书编纂委员会：《南充市顺庆年鉴　1995》，四川辞书出版社，1995 年，第 215 页。
② 政协蓬安县文史资料委员会：《蓬安县文史资料　第八辑》，1999 年，第 77 页。
③ 金堂县地方志办公室：《金堂年鉴　1991—1997》，1999 年，第 254 页。

11 月 6 日，时任遂宁市市中区区长张锦明、副区长何国泽深夜冒雨在泥泞中赶到铁路涪江大桥桥头，耐心说服群众，及时处理了这起影响铁路铺轨作业的突发事件。①

经过长时间的努力，达成铁路于 1996 年 12 月 29 日实现了东、西段接轨，全线顺利铺通。并于 1997 年 12 月 25 日全线交付达成铁路公司临管运营。达成铁路的建设是我国铁路建设史上的重要里程碑。它的建成通车可以有效地分流襄渝铁路的物资运输到成都地区，缓解了宝成、成渝等铁路的运输压力，同时也缩短了运距。与西康铁路和达万铁路连通后，达成铁路成为进出四川的又一条北通道，为进一步完善西南铁路网、构建水陆新通道、加大铁路运输能力和促进地区经济发展作出了重要贡献。

（二）达万铁路

达万铁路位于四川盆地东北部，西起襄渝铁路达县站，经四川省达川地区的达县与开江县，以及重庆市的梁平县，东至万县市龙宝区，全长160.264 公里。达万铁路是四川省境内的第二条合资铁路，由铁道部、四川省和重庆市共同投资建设。该项目于 1997 年正式开工建设，2002 年顺利建成并通车，历时 5 年。

达万铁路的筹备工作始于 1993 年初。当时，万县地区和达县地区的行署以及计划委员会负责人联合召开了前期工作座谈会，就线路走向、投资总额、投资比例、征地费用等进行了充分讨论，并达成一致性意见。② 这次会议标志着达万铁路项目进入了实际推进阶段，并为后续的建设工作奠定了基础。

中铁二院于 1993 年 8 月完成达万线可行性研究报告的编制，并在 1995年至 1997 年完成勘测设计。相较于达成铁路，达万铁路沿线地形地貌条件优越，但地质问题却比较突出。该铁路位于四川盆地东北部边缘的低山丘陵

---

① 中国人民政治协商会议四川省遂宁市市中区委员会文史学习委员会：《遂宁文史资料选辑第 15 辑　热烈庆祝中华人民共和国中国人民政治协商会议成立五十周年》，1999 年，第 199 页。

② 何爱好主编：《万县市城乡建设志（1993～1997）》，2001 年，第 36－37 页。

区，主要地质问题为一系列呈北北东—北东向的带状背斜低山和长条形的开阔向斜谷地，横跨在达县至万县之间。全线特殊地质主要包括危岩落石、岩堆、滑坡、顺层、软土、煤层瓦斯、岩溶等问题。

1995 年 3 月 10 日，四川省和铁道部签订协议，决定共同出资，建设达万铁路。协议确定四川省出资 52%，铁道部出资 48%，组建四川达万铁路有限责任公司。四川达万铁路公司董事会 9 人，其中四川省 5 人，铁道部 4 人。3 月 22 日，公司在四川省工商管理局正式注册。该公司为达万铁路前期筹备作了许多相关工作。① 1996 年 1 月 23 日，国家计委批复达万铁路可行性研究报告，并要求力争在"九五"期间建成。然而 1997 年 3 月重庆市成为直辖市，使得达万铁路建设出现变化。

1997 年 5 月 6 日，国家计委召开达万铁路建设协调会议，重新确定达万铁路作为支援三峡工程的重要基础设施，并决定重启工程项目。为确保达万铁路尽快开工，铁道部、四川省和重庆市三方会议授权成都铁路局牵头，筹备重新组建达万铁路公司并开展建设工作。经过多方努力，在 1997 年 9 月 3 日，铁道部、重庆市和四川省正式批准成立了新的达万铁路有限责任公司，由三个出资方出资 10 亿元。其中，铁道部出资 7 亿元，重庆市出资 1.665 亿元，四川省出资 1.335 亿元。此外，亚洲开发银行还提供了 1 亿美元的贷款，国家开发银行提供了 3.44 亿元的贷款，三个出资方按照资本金比例共筹措了 3.76 亿元。在 10 月 27 日，达万铁路公司在重庆万县市注册，并且将原四川达万铁路公司注销，其资产移交四川省，由其投资并进行达万铁路的管理。这一系列举措标志着达万铁路的重启和全面建设正式拉开帷幕。

1997 年 10 月 30 日，达万铁路正式开工建设。作为一条担负支援三峡工程，连接川渝鄂陕地区，促进西部大开发的跨世纪大通道，达万铁路在广大铁路建设者的不懈努力下高质量推进，铁路人精神也在建设过程中得到生动体现。其中，中铁达 A 项目部就是一个范例。该项目部承担了达万铁路起

---

① 四川省地方志编纂委员会：《四川省志·铁路志（1986—2005）》，方志出版社，2018 年，第 158 页。

点，即达州南外段的 A3 段施工任务，全长 3.35 公里。该项目部 1997 年 11 月中旬进场后，指挥部便建立健全了质量、安全、生产等规章制度，每月组织一次质量大检查，每月组织一次操作技能竞赛，在原材料采购、搅拌等工序上设立了质检。他们还将工程质量与职工报酬紧密挂钩，对分项工程综合评定优良率达 90% 以上单位工程负责人给予重奖，对发生一般质量事故者则给予罚款，鼓励多创优质工程。为此，该项目部承建施工的工程质量、速度受到达万铁路公司的一再好评。[①]

2002 年 10 月 23 日，达万铁路通过初步验收，并于 2004 年 1 月 11 日正式交付运营。当年开行旅客列车 3 对，其中成都与万州间开行 2 对，全年发送旅客 139 545 人。2005 年，开行旅客列车 5 对，其中成都至万州间开行 4 对，全年发送旅客 2 220 160 人，是 2004 年的 15.9 倍。货运量也逐年增长。[②] 这说明，达万铁路在建成通车初期即取得了良好的运营成果。不仅如此，作为国家"九五"铁路通道的重要组成部分，特别是三峡工程建成后，达万铁路与长江水上通道相配套形成铁水联运格局，构筑起川渝地区连接华中、华东和出川最为便捷的交通运输大动脉。该线路不仅可以缩短川西、川北地区物资运往中南及华东地区的运输距离，还能减轻重庆铁路枢纽以及宝成铁路、襄渝铁路等的运输压力，对推动西南铁路东通道建设发挥了积极作用。同时，对推动川渝两地的改革开放和经济社会发展，进一步促进西部大开发战略实施，都具有重要意义。

2004 年 6 月，达万铁路公司与达成铁路公司重组，成立了达成铁路有限责任公司。至此，达成、达万铁路连成一线，运输组织更加顺畅。在重组后，达成铁路公司对达万铁路进行了全面改造，并与万州港口集团确定战略合作伙伴关系，实施港铁联运，极大促进了三峡库区经济发展，运量大幅增长。这一合作使达成、达万铁路和长江航运构成了川渝地区的铁路水陆联运综合运输网络，并和国家规划中的沿江铁路相连，构成沪汉蓉大通道，是物

---

① 《达万铁路质量速度稳步提高》，《科技日报》2000 年 9 月 4 日。
② 四川省地方志编纂委员会：《四川省志·铁路志（1986—2005）》，方志出版社，2018 年，第 164 页。

流、客流出川通江达海的直接通道。① 此后，随着成渝高速铁路的开通和达成铁路扩能改造建设，达成、达万铁路在加快四川现代物流发展中将会发挥重要作用。

（三）乐巴铁路

乐坝至巴中铁路简称乐巴铁路，线路北起普（济）乐（坝）地方铁路乐坝站，与广（元）普（济）国家铁路相连接，经巴中市南江县赤溪、下两、元潭、枣林等乡镇，南至巴中市巴州区设巴中站。正线长 51.197 公里。

乐巴铁路是由铁道部成都铁路局、四川省地方铁路局和巴中市三方合资修建的铁路。地方铁路局的参与进一步扩充了合资主体，故而乐巴铁路在四川铁路建设史上具有里程碑式的意义。它不仅为地方经济发展注入了新的活力，也为新世纪铁路建设提供了宝贵的示范经验。乐巴铁路的建设深刻体现了国家对西部地区基础设施建设的高度重视，是西部大开发政策的落地实施，同时，也表明了地方政府积极投身于国家铁路事业发展的决心。

乐巴铁路建设由四川省地方铁路局发起，初期拟建设为四川省地方铁路。2002 年 8 月 20 日，受四川省地方铁路局委托，中国华西工程设计建设总公司（集团），对乐巴铁路进行预可行性研究，并于当年 12 月完成。2003 年 12 月，四川省发展计划委员会下达关于乐巴铁路项目建议书的批复。次年 8 月，中国华西工程设计建设总公司（集团）编制完成乐巴铁路可行性研究报告。② 是月，时任第十届全国政协副主席、中央统战部部长刘延东来到巴中市视察工作，要求铁道部支持乐巴铁路的建设。在此背景下，铁道部决定加入乐巴铁路建设，这一重要举措为乐巴铁路的建设提供了有力保障。

2005 年 4 月，由铁道部、四川省地方铁路局、成铁局等单位专家组成的专家组前往巴中，就乐（坝）巴（中）铁路可行性研究报告进行审查。

---

① 马麟主编：《四川省现代物流业 2006—2007 发展报告》，西南交通大学出版社，2007 年，第 80 页。
② 四川省地方志编纂委员会：《四川省志·铁路志（1986—2005）》，方志出版社，2018 年，第 165 页。

专家组一行 50 余人，由铁道部设计鉴定中心副总经理毛斌任组长，专家们深入乐巴铁路沿线进行了实地考察。① 随后，铁道部专家组对乐巴铁路可行性研究报告进行审查，并对其建修标准、建设工期等提出调整意见。② 2005年 8 月 4 日，铁道部发展计划司同意巴乐铁路投资方案，明确由铁道部负责铺轨、架桥、修建隧道、安装信号、建设站房等工程投资，省、市政府负责征地拆迁和线路下部（路基）的投资，并按可研批复投资估算的 50% 安排项目资金。其中，线上铺轨架桥、隧道项目由成都铁路局出资，出资比例55.53%，出资额为 46 089.90 万元，资本金为 23 044.95 万元；线下路基由省地方铁路局出资，出资比例 37.47%，出资额 31 100.10 万元，资本金为15 550.05 万元；巴中市负责拆迁及征地，出资比例为 7%，出资额 5810 万元，资本金 2905 万元。③

2005 年 9 月 25 日，乐巴铁路工程正式开工。至 2008 年初，乐巴铁路建设进入攻坚阶段，整个工程完成近 50%。据中铁四局乐巴铁路项目部负责人介绍，经过 120 天的劳动竞赛，乐巴铁路一标段已完成工程量的 60%，已贯通蒋家河、白杨坪、学堂梁 3 座隧道，17 座大中型桥梁已完成 70% 左右。④ 整体工程进度比预期设计较缓，其主要原因是巴铁路建设资金缺口很大。为此，巴中市委、市政府积极争取大政策，多方寻求国家有关部门支持，农行巴中分行也组织专门班子多次赴中国农业银行总行争取支持。⑤ 经过多方努力，2008 年 11 月，中国农业银行总行批准乐巴铁路 4.2 亿元贷款计划，解决了乐巴铁路修建资金不足的燃眉之急。

经过四年多的不懈努力，2009 年 12 月 31 日，巴中人民期盼已久的乐坝至巴中铁路正式建成通车，设计时速为 100 公里。⑥ 这条铁路的开通标志着巴中地区结束了不通铁路的历史，极大地方便了当地居民和游客的交通出

① 《乐巴铁路项目进行可研审查》，《巴中日报》2005 年 4 月 18 日。
② 中共巴中市委党史办公室：《中国共产党巴中百年历史大事件》，2021 年，第 135 页。
③ 《乐巴铁路外业勘探结束》，《巴中日报》2005 年 10 月 14 日。
④ 赵陈：《乐巴铁路建设进入攻坚阶段》，《巴中日报》2008 年 1 月 8 日。
⑤ 冯一鸣：《中国农业银行总行批准乐巴铁路贷款 4.2 亿元》，《巴中日报》2008 年 11 月 21 日。
⑥ 《乐坝—巴中铁路正式开通》，《巴中日报》2010 年 10 月 1 日。

行，也为当地经济社会发展注入了新的活力，并为巴中主动融入成都、重庆、西安经济圈提供了机遇。同时，该铁路的通车也使得四川省内的铁路网更加完善，为全国铁路网的互联互通提供了更多的便利条件。

第三节　既有铁路电气化改造与复线建设

铁路电气化是铁路现代化的基础。将由蒸汽机车牵引或者内燃机车牵引为动力改为由电力机车牵引，这是铁路电气化最直接的例证。电力牵引的好处在于：节省动力费用，牵引力大，速度高，运转操纵容易，维修费用低，实现无烟化，是一种理想的牵引动力。[①]　因此，铁路电气化对解决运能与运量的矛盾问题具有重要的意义。我国的铁路电气化以宝成铁路电气化为序幕，在改革开放以后有了突飞猛进的发展，并随着电气化铁路的发展，已基本上形成我国自己的电气化铁路技术体系，探索、积累了一套建设电气化铁路的经验，培养和锻炼了一支有一定经验和技术水平的队伍，建立和装备了能制造电力机车和电气化铁路各种专用器材与设备的生产基地。

四川铁路电气化是全国铁路电气化的缩影，宝成铁路同样也揭开了四川铁路电气化的序幕。同时，四川的独特地理环境决定了提高现代化水平、提升铁路运力不宜采用复线的形式，因此，电气化改造是四川域内铁路升级的最佳途径。在 20 世纪末，四川全省干线铁路全部实现电气化。截至 2008年，四川省内电气化铁路 4506.5 公里，占全省铁路总里程的 89%。[②]

一、宝成铁路电气化改造与复线建设

宝成铁路是进出四川的第一条铁路，中国首条电气化铁路。它承担着连

---

① 胡庆生总主编：《现代电气工程实用技术手册》（下），机械工业出版社，1994 年，第 24–3 页。

② 四川年鉴编辑委员会：《四川年鉴　2009》，四川年鉴社，2009 年，第 158 页。

接西南、西北、华北等地区的重要功能，是四川名副其实的"生命线"。由于沿线地形复杂，宝成铁路建设标准低，设计能力不高，长期以来，运能十分紧张，已经严重地制约了沿线地区经济发展。为迅速解决运能严重不足与运量增长的矛盾，国家决定对宝成铁路实施电气化改造。在此基础上，1992年国家决定在宝成铁路阳平关至成都段增建二线工程，即宝成复线。如此一来，进一步拓宽了进出四川的北向大通道，有效解决了"蜀道之难，难在进出川"的问题。

（一）宝成铁路电气化改造

在我国铁路电气化刚刚起步阶段时，铁道电气化电流、电压制的选择是决定我国铁路电气化发展方向最为关键的技术决策之一。在当时的国际上，工频交流电压制和直流电压制因其各自的优劣势引发了不少争论。各国铁路电气化采用的制式各不相同，苏联采用直流电压制，西欧部分国家则采用低频交流电压制，而像法国等一些国家则选择工频交流电压制。电流、电压制式发展电气化铁路关系着中国铁路事业的长远发展。

时任唐山铁道学院（现西南交通大学）电机系主任的曹建猷对这一问题十分重视，他敏锐地认识到铁道电气化将对国家铁路运输发展产生重大而深远的影响。于是，他经过大量数据分析研究，并结合我国国情，认定我国应选择工频交流电压制。曹建猷主持组织专题组进行了全面而深入的研究和试验，提出了强有力的论据，这一成果也取得了国内同行专家的支持和认同。[1] 最终他的主张被铁道部采用，国家于1957年正式决定我国铁路电气化采用单相工频25千伏交流制。曹建猷在制定我国铁道电气化采用"单相工频交流电压制"决策和在牵引供电系统的理论研究上作出了突出的贡献。

为尽早完成对宝成铁路的电气化改造，成倍地提高运能，降低成本，沟通西南、西北、华北的铁路运输，通过对全线各区段的通过能力和运量情况

---

[1] 中国教育报刊社组编，西南交通大学文艺建设委员会撰稿：《西南交通大学》，重庆大学出版社，2013年，第72—73页。

的调查和分析，如表3－3所示，铁道部决定对宝成铁路分段进行电气化改造。其中，宝鸡至凤州段率先开始进行电气化设计。1954年底，铁道部西北设计分局（现第一勘测设计院）完成直流3千伏电气化初步设计。1957年7月铁道部决定改用单相工频25千伏交流制，改由第三设计院重新设计。[1] 除此以外，通信信号改造工程的设计由电务设计事务所负责，站场改建工程的设计由成都铁路局负责。工程施工单位有铁道部华北工程局、第四工程局、电气化工程局、西安铁路局、成都铁路局及陕西省工业设备安装公司等。[2]

表3－3 宝成铁路电气化分段改造时间表[3]

分段名称	开工时间	通车时间
宝鸡至凤州段	1958年6月	1961年8月15日
广元至马角坝段	1968年12月	1969年10月17日
马角坝至绵阳段	1970年1月	1970年9月23日
凤州至略阳段	1970年10月15日	1972年10月20日
略阳至广元段	1971年7月	1973年12月24日
绵阳至成都段	1973年11月	1975年6月25日

宝成铁路电气化改造过程呈现出两个突出的特点。一是改造技术先进。宝成铁路在电气化改造过程中采用了不同种类的技术与设备。宝凤段作为先行试点，在牵引供电、接触网、牵引变电、通信铺设、信号设备以及机车等方面都采用了当时较为先进的技术设备。而凤州至广元段电气化铁路的建设，由于开工更晚，技术更为发达，便采用了很多当时较为先进的技术设备。牵引供电采用钢铝导线，有的站场采用钢筋混凝土支柱，25千伏油开关改用六氟化硫开关，相分段"八跨无电区"改用玻璃钢绝缘分段，通信

---

① 铁道部第三勘测设计院志编写委员会：《铁道部第三勘测设计院志》（1953—1993），1995年，第140－141页。

② 庄正主编：《中国铁路建设》，中国铁道出版社，1990年，第173页。

③ 铁道部第三勘测设计院志编写委员会：《铁道部第三勘测设计院志》（1953—1993），1995年，第141－142页。

载波增音机改用 15 路无人增音机。在机车上安装接近连续式机车信号，各车站不设预告信号机。信号 75 赫电源改为每站装设可控硅变频器分散供电。电力机车使用国产韶山型（用硅二极管整流）机车和从法国进口的半控桥6G 型（用可控硅整流）机车。① 二是建设者们热情高涨。宝成铁路作为我国第一条电气化铁路，许多问题与困难都是此前没有遇到的。建设者们制定了一个个克服困难的措施。设计文件没到齐，他们就派工程技术人员到设计部门协助搞；施工材料供应不上，就组织工人到有关工厂去帮助生产；专用器材一时订不到货，就发动群众自己制造。② 广大的建设者们充分发扬斗争精神，战胜了重重困难，保证了工程顺利进行。

经过长达 17 年的努力，1975 年 7 月 1 日，宝成电气化铁路全线通车。这是中国电气化铁路的建设史上浓墨重彩的"一笔"。全线实现电气化通车后，货物通过能力将比电气化以前提高一倍以上，同时，电力机车运转效率比过去的蒸汽机车高。③ 这条通往祖国西南的咽喉要道改造成为先进的、高效能的运输大动脉，为我国国民经济的发展作出了更大的贡献。与此同时，宝成铁路电气化改造成功，也标志着我国铁路运输事业向现代化又跨进了重要一步。自此，我国铁路电气化实现从无到有的突破，研制的系列配套技术装备、制定的标准和培养的大批人才，也在我国铁路后续大规模电气化中发挥了重大作用。

（二）宝成铁路复线建设

宝成铁路是一条最为重要的北向进出川通道。进入 20 世纪 90 年代，沿线经济的发展，加之线路标准较低且病害多，致使该线路运能与运量的矛盾日益突出。经调查，1991 年，"经宝成铁路上西坝分界站进出四川货物2220.3 万吨，其中进川石油产品 143.1 万吨，占经铁路调入四川石油产品

① 陕西省地方志编纂委员会：《陕西省志 第二十七卷 铁路志》，陕西人民出版社，1993年，第 44 页。

② 《社会主义到处都在胜利前进》，天津人民出版社，1976 年，第 56 页。

③ 《我国第一条电气化铁路——宝成路全线通车》，《人民日报》1975 年 7 月 6 日。

222 万吨的 64.5%；进川粮食 260.4 万吨，也占经铁路调入四川粮食 404 万吨的 64.5%，货运满足率不足 70%"①。在整个西南铁路干线中，宝成铁路开行跨铁路局直通旅客列车最多，列车超员也最严重。1992 年雨季，由于宝成线马蹄湾、徐家坪间受水害连续断道，累计中断行车 40 天，造成四川"油荒"，导致成都公共汽车一度定时限开，甚至发展到所有的社会办加油站都无油可加的地步。据估计，当年由于交通、能源滞后，"四川工业生产一年减少产值 200 多亿元，数百万吨物资难于进出川"②。四川人民深刻地认识到宝成铁路是四川经济社会发展的"生命线"。

"拓宽北上通道"日益成为四川人民的强烈呼声，这与铁道部的战略决策不谋而合。1989 年 6 月，铁道部下达西南铁路北通路扩能可行性研究任务。铁道部第二勘测设计院（简称中铁二院）等展开研究，形成东、西两大方案。东方案是新建西安至安康铁路（简称西康铁路），襄渝铁路安康东至三汇镇增建第二线；西方案是宝成铁路全线增建第二线。③ 这两大方案都面临着工程艰巨、投资巨大的困难，一时间，不知如何抉择。后经铁道部多方比选论证，最后采用折中方案，即新建西康铁路，对阳安铁路进行技术改造，宝成铁路阳平关至成都段增建二线方案。④ 之所以选择折中方案，一方面是可以避免宝成铁路全线增建二线的工程、征地拆迁和施工配合困难，另一方面可以满足陕西省在西安和陕南之间建设便捷铁路通道的愿望，为陕南的经济发展创造有利条件。这充分体现了社会主义国家"人民铁路为人民"的特质。

1992 年 6 月 29 日，为缓解西南铁路运输紧张状况，铁道部制定"缓解北口，开辟南口，扩大东口，强化内路"的西南铁路发展战略。宝成复线工

---

① 成都铁路局志编纂委员会：《成都铁路局志（1989—2012）》（上），中国铁道出版社，2017 年，第 215 页。

② 《从长远打算为经济发展增添后劲 四川重视交通能源建设》，《人民日报》1992 年 8 月 12 日，第 1 版。

③ 成都铁路局志编纂委员会：《成都铁路局志（1989—2012）》（上），中国铁道出版社，2017 年，第 215 页。

④ 四川省地方志编纂委员会：《四川省志·铁路志（1986—2005）》，方志出版社，2018 年，第 77 页。

程作为西南铁路"缓解北口"的关键扩能项目进入国家决策视野。1993年6月，国家计划委员会批复同意宝成铁路阳成段增建第二线（含成都枢纽相关工程）。① 估算投资36亿元，由部、省共同投资。其中，铁道部承担75%，四川省承担25%。

宝成复线工程分南北两段施工。其中，北段为阳平关至广元，南段为广元至青白江。1992年12月29日，新会龙场隧道开工，标志着宝成复线建设拉开了序幕。作为我国首次在山区铁路既有电气化单线铁路上增建二线的项目，由于最优位置已被既有线占用，复线与既有交互穿越，导致宝成铁路复线建设面临诸多难题。正如西南铁路建设专家，成都铁路局前总工程师周丕烈说："在宝成线增建二线，难度甚于修一条新线！"②

具体而言，体现在以下三个方面。

一是复线施工被迫与既有线"换边"。宝成铁路蜿蜒于高山峡谷之中，尤其是在大巴山区的嘉陵江峡谷和剑门山区的清江峡谷一带，沿线不乏悬崖峭壁，宝成铁路单是跨越嘉陵江就达18次之多。当初宝成铁路施工时，线路本来就紧贴悬崖峭壁。再修复线，几乎无立锥之地，其施工难度可想而知。一般情况下，在既有线一侧修建铁路就颇为艰难，偏偏宝成复线是在既有电气化铁路旁修建，这在我国铁路建设史上尚无先例。复线与既有线并行长度占线路总长的2/3，线间距4米至4.5米，与既有线不足50米的隧道洞门有54处，新建宝龙山隧道距离既有铁路隧道边墙不足10米。③ 这导致复线工程被迫一会儿在既有线左边，一会儿在既有线右边，仅广元至成都近300公里的工程，区间换边就达38次之多。④ 新会龙场隧道进出口因复线与既有线紧挨在一起，又先后6次换边。⑤

---

① 四川省地方志编纂委员会：《四川省志·铁路志（1986—2005）》，方志出版社，2018年，第78页。

② 中华人民共和国铁道部主编：《决战大西南》，中国铁道出版社，2003年，第25页。

③ 四川省地方志编纂委员会：《四川省志·铁路志（1986—2005）》，方志出版社，2018年，第80页。

④ 中华人民共和国铁道部主编：《决战大西南》，中国铁道出版社，2003年，第25页。

⑤ 《春风再度剑门关——宝成铁路复线建设纪事》，《人民日报》1995年4月26日，第4版。

二是复线施工与既有线运输的尖锐矛盾。宝成铁路是当时中国最繁忙的单线铁路之一，仅四川广元口每天交出、接进的客货列车有近 40 对。[①] 但复线工程施工紧邻既有线，加上广元至成都段区间线路 38 次换边，38 个车站站改或封闭，站场改造、道岔改造等都得占用施工"天窗"，这必将导致运输受到影响。为解决这一矛盾，成都铁路局立下"军令状"，保证在复线建设期间，既有线运量不但不减，每年还要增加 50 万吨。[②] 然而，要实现这一目标，谈何容易。为了处理好施工与运输的矛盾，成都铁路局一方面在技术上着力。如在广元至成都间采用"单级计轴自动闭塞技术"，使自动闭塞开通区段每天可以多开 2 对以上列车，以此来挖潜扩能。[③] 同时还加强了机车联控，有利于安全行车。另一方面就是在组织管理上下功夫。成都铁路局充分发挥其建设单位的优势，将建设和运输两方面统筹起来，形成合力。尤其是在工程进入攻坚阶段后，复线建设和既有线的运输压力越来越大，使得施工与运输的矛盾接近白热化。在这一关键时期，路局下达指令，"由成都铁路分局局长担任复线开通领导小组组长并交纳风险保证金，复线不能按期开通，铁路分局的负责人与建设单位负责人同罚，反之同奖"[④]。这样一来，建设、运输、施工三方的积极性就被调动起来了，复线施工"天窗"的保证率和利用率大大提高，使得宝成复线的开通得以顺利推进。[⑤] 后来，这种同奖同罚的建设模式在铁路系统内被称为"成都模式"。

三是复线施工和行车安全的矛盾。复线工程施工不仅要面对山高谷深、地质复杂的自然挑战，还要妥善处理好既有电气化铁路的"天罗地网"。既有电气化铁路设备环境极为复杂，下有电缆、光缆和管路，上有电气化铁路接触网、高低压输电线，地面除线路设备外，还有当时中国铁路唯一在用的

---

① 中华人民共和国铁道部主编：《决战大西南》，中国铁道出版社，2003 年，第 30 页。
② 中华人民共和国铁道部主编：《决战大西南》，中国铁道出版社，2003 年，第 26 页。
③ 中华人民共和国铁道部主编：《决战大西南》，中国铁道出版社，2003 年，第 26 页。
④ 中华人民共和国铁道部主编：《决战大西南》，中国铁道出版社，2003 年，第 26 页。
⑤ 成都铁路局年鉴编委会：《成都铁路局年鉴 2000》，中国铁道出版社，2000 年，第 105 页。

干线计轴自动闭塞信号装置。① 这些设备极容易受到飞石、振动和冲击波等的损坏，施工中稍有不慎，就会造成人员伤亡、设备毁坏、行车中断等重大事故。所以，宝成复线对施工组织的要求极高，其精细程度堪比"绣花"。为了保障施工安全，施工单位采用人挖肩扛的老办法。在嘉陵江峡谷的施工中，因复线的隧道大都在既有线靠山一侧，隧道出砟只能如"蚂蚁搬山"一般，用小四轮拖拉机装上弃砟，穿过既有线的涵洞，倒在嘉陵江边的砟场。②

但是，宝成复线仅四川境内"就需修桥梁 58 座、隧道 6 座、涵洞 275个，需挖路基土石方 288 万方"③。如此庞大的工程量靠人挖肩扛几乎是不可能的，还得靠爆破施工。与 20 世纪 50 年代修建宝成铁路使用的爆破技术不同，宝成复线大量使用的是控制爆破技术。中铁二局在新会龙场隧道进出口施工时，与既有线紧挨，有的地方距既有线仅 4 ~ 10 米，且先后 6 次与既有线换边。既有线上每天还有 47 对列车通过，有时三五分钟就要过一趟车。④ 一旦施工放炮，极易砸断电力牵引线和铁路，在这样的环境下施工无异于"虎口拔牙"。为了解决这一问题，1993 年 8 月，中铁二局组织路内 15名爆破专家到工地研究控制爆破。针对不同的情况采取"控制药量、定向爆破、松动爆破、人工开挖和浆砌挡墙"等办法，千方百计抢施工进度，保行车安全。⑤

宝成复线工程还得到了沿线地方政府和群众的大力支持。征地拆迁本是令人头疼的事，但在宝成复线却出奇顺利。如宝成复线在四川江油市境内长达 111.2 公里，需征地 4000 多亩，拆迁房屋 5 万多平方米。市支铁领导小组为确保拆迁任务按期完成，认真研究制定拆迁方案，对重大问题现场办公，当场解决。沿途拆迁群众把支援铁路建设视为爱国，群众热情地支持拆

① 四川省地方志编纂委员会：《四川省志·铁路志（1986—2005）》，方志出版社，2018 年，第 80 页。

② 中华人民共和国铁道部主编：《决战大西南》，中国铁道出版社，2003 年，第 26 页。

③ 《春风再度剑门关——宝成铁路复线建设纪事》，《人民日报》1995 年 4 月 26 日，第 4 版。

④ 张必容：《宝成铁路复线建设速写》，《今日四川》1995 年第 1 期。

⑤ 《春风再度剑门关——宝成铁路复线建设纪事》，《人民日报》1995 年 4 月 26 日，第 4 版。

迁工作，他们有的住亲戚朋友家，有的搭临时草棚，实在没法的就住岩洞。① 最终，拆迁任务提前 50 天完成，保障了施工开展。此外，当家住大炉山村的张老汉在得知自己新房正好位于新会龙场隧道的出口，需要拆迁时，虽不忍，但也直言："铺路架桥是造福后代的事，咱不能让国家为难。"②

1999 年 12 月 26 日，宝成复线全线开通。它的建成通车一是提高了四川北通路运输能力。作为西南尤其是四川"缓解北口"的关键项目，宝成复线建成通车后使"客车通过能力从以前的每天 43 对，增加至 78 对，货运能力由以前的每年 1158 万吨增加到 5000 万吨"③。这有力地缓解了北通路运输紧张的状况。此外，它与经过技术改造的阳安铁路、西康铁路一起，构筑起四川新的北向通道，基本解决了进出川的难题，实现了由"通"到"畅"的转变。

二是带动了沿线经济社会发展。宝成复线途经广元、江油、绵阳、德阳、广汉等，受铁路之惠，这些城市发展势头迅猛。他们不仅全部由县改市，还在经济上发展成为四川的"发达"地区。如绵阳市成了中国西部的"电子城"，其国内产值位居四川第二，仅次于成都；德阳市也成为中国有名的重型机械、发电设备制造基地。④ 广元、江油、广汉等市的发展也早已超过昔日享"舟楫之利"的城市，不难预料，这些因铁路交通而兴的城市必将影响四川的发展战略布局，由此带动四川经济社会大发展。

三是构筑了"北煤南运"和劳务输出大通道。20 世纪 90 年代，四川经济快速发展，电力资源十分紧张，亟需高质量的煤来支撑火力发电。而四川优质的煤并不多，需向外寻求。宝成复线的通车就为"北煤南运"开辟了大能力的通道，在保证四川电力供应方面，扮演着非常重要的角色。正如李鹏所言："新建铁路，把陕西煤经过安康进入四川，宝成复线也是解决陕西

---

① 《把爱国主义教育落到实处——江油大力支援重点工程建设》，《人民日报》1995 年 1 月 26 日，第 3 版。

② 《春风再度剑门关——宝成铁路复线建设纪事》，《人民日报》1995 年 4 月 26 日，第 4 版。

③ 《为了西部腾飞——西铁分局运输经营改革发展纪实》，《人民日报》2000 年 6 月 1 日，第 2 版。

④ 中华人民共和国铁道部主编：《决战大西南》，中国铁道出版社，2003 年，第 27 页。

煤到四川的问题。"①

四川历来是劳务输出大省。据统计，仅 2002 年，四川全省就有 600 万人外出务工，劳务收入规模达到 430 亿元。② 这 600 万出省人口，大多会选择宝成铁路"北上出川"，前往北京、上海、新疆等地务工。早在 1992 年，宝成铁路的农民劳务输出客流就占到成都铁路局全局客流的 29.5%。③ 宝成复线通车后，四川劳务输出的运输压力得到极大缓解。宝成线也成为四川民工外出选择的"热线"。因此，宝成复线的建成，彻底了解决人员、物资北向进出四川的难题，宝成铁路也成为四川乃至西南的名副其实的"生命线"。

二、襄渝铁路电气化改造与复线建设

襄渝铁路是连接中南与西南地区的重要通道，也是横贯鄂、陕、川三省的主要干线，经过十堰、安康、达县、广安等城市，最终到达重庆西站，全长 897 公里，其中四川境内 301.3 公里。④ 襄渝铁路在中国铁路路网中占据着重要地位，东接汉丹、焦枝铁路，中连阳安、达成铁路，西通成渝、川黔铁路。尽管修建襄渝铁路时，铁道部依据国家规划决定将其建成高标准的现代化铁路干线，在襄渝铁路通车后，其达渝段也是成都铁路局管辖、技术标准最为严格和先进的铁路干线。但是襄渝铁路通车后，客货运量逐年递增。1980 年达渝段货运密度 242 万吨公里/公里，1991 年增至 837 万吨公里/公里，年递增 13%。按当年运行图计算，达渝段能力利用率达 0.93，运能饱和。⑤

---

① 李鹏：《建设全国统一的综合交通运输网络体系》，《中国交通报》1996 年 11 月 23 日，第 1 版。

② 四川年鉴编辑委员会：《四川年鉴　2003》，四川年鉴社，2003 年，第 35 页。

③ 四川年鉴编辑委员会：《四川年鉴　1993》，1993 年，第 307 页。

④ 1997 年 3 月重庆直辖前，襄渝铁路四川境内正线长度 395.24 公里。2005 年，襄渝铁路重庆境内正线长 93.9 公里，四川境内正线长 301.3 公里，其中成都铁路局管辖 162.2 公里。

⑤ 四川省地方志编纂委员会：《四川省志·铁路志（1986—2005）》，方志出版社，2018 年，第 102 页。

襄渝线电气化工程是根据新线建设的进度分段进行设计和施工的。根据设计任务书的规定，东段襄樊至安康 372.6 公里和中段安康至达县 276.3 公里先进行电气化，西段达县至重庆西 254.6 公里暂采用蒸汽机车过渡，预留电气化条件。[1] 该线路的中段初步设计于 1970 年 12 月完成，东段则在 1973 年 7 月完成。其中，铁三院电化处负责电气化部分的设计，而通信信号部分和中段则由中铁二院负责设计，东段则由铁四院负责设计。

襄渝铁路襄达段电气化工程由铁路电气化工程局施工。1977 年 7 月，胡家营—安康段开工，1980 年 10 月 15 日实现电力机车牵引；1979 年 10 月，安康—达县段开工，架设接触网导线 623.88 条公里，建成变电所 8 处，在安康设供电段和电力机车段。1983 年 12 月 25 日实现电力机车牵引。[2] 在具体技术设备方面，襄渝铁路电气化，牵引供电采用"吸流变压器—回流线"（即 BT 供电方式）；通信采用小同轴大综合长途电缆，使用 300 路载波设备；信号采用移频轨道电路和接近连续式移频机车信号。[3] 襄渝铁路襄达段电气化铁路的建成极大地提高了湖北至四川地区的铁路运输能力。在电气化之前，该段上行方向年货运量很低。然而，到了 1991 年，该数值已经增加到 1285.7 万吨，增长了 20.9 倍。下行方向年货运量也从 96 万吨增加到 1073.7 万吨，增长了 10.2 倍。

不过，这条线的通过能力在"七五"期间就已经饱和。因此，1990 年又对该线西段进行了扩能改造。西段达渝段在 20 世纪 80 年代末期开始勘测工作。分为两个项目：一是达县至重庆西站既有铁路电气化改造项目，由成都铁路局成都勘测设计院勘测设计；二是电气化引入重庆枢纽相关工程项目，由中铁二院勘测设计。1995 年 6 月西段达渝段电气化正式动工，由成都铁路局自主设计和施工，并于 1998 年 12 月 28 日交付运营。如此一

---

　　① 中国铁道学会电气化委员会：《中国铁路电气化建设（1958～2012）》，中国铁道出版社，2014 年，第 129 页。
　　② 安康市建设志编纂委员会：《安康市建设志》，三秦出版社，2000 年，第 234 页。
　　③ 陕西省地方志编纂委员会：《陕西省志　第二十七卷　铁路志》，陕西人民出版社，1993 年，第 53 页。

来，有效缓解了西南铁路北向通道运能与运量的矛盾，对于开发沿线丰富资源，加速西部地区经济建设，以及改善沿线人民生活等都发挥了重要作用。

2003 年配合全国铁路主要干线列车提速，成都铁路局又对达渝段进行提速改造，列车时速从 110 公里提高至 120 公里。但是，由于襄渝铁路安康至重庆段为单线铁路，坡度大，曲线地段较多，造成客货列车运行速度难以提高。而该段的通过能力利用率高，达到 85% 至 90%。这就造成运输能力紧张，无法满足沿线经济社会发展的需求。[1] 于是，襄渝铁路安康至重庆段增建二线（襄渝铁路复线）便被提上了议事日程。与旧线相比，襄渝铁路复线减少了许多弯道，建成后的通过能力可达客车 50 对，货运 4000 万吨以上，届时西安至重庆、成都的旅行时间均缩短至 8 小时和 10 小时以内，北京至重庆、成都实现一日到达，武汉至重庆、成都的旅行时间均缩短至 12 小时以内，实现朝发夕至。

襄渝铁路复线工程的勘测设计仍由铁道部第二勘察设计院承担。2004 年 5 月，中铁二院完成襄渝复线可行性研究报告。线路全长 507 公里，四川境内正线全长 301.3 公里。为顺利推进工程实施，2004 年 9 月，成都铁路局成立襄渝铁路增建二线建设指挥部，负责组织施工。[2] 2005 年 8 月 13 日，襄渝铁路复线正式动工。线路横跨汉江、嘉陵江水系，沿途穿越安康盆地、南秦岭以及大巴山区，点多线长，桥隧比例大，地质复杂。加之紧邻既有线路施工多，故而建设、运输都需兼顾，施工难度大。施工中，建设人员克服了山区施工条件艰苦、工程地质情况复杂、自然灾害多发等不利因素，有序推进工程进展。

2009 年 9 月 20 日铁路二线全线建成通车。线路全长 507 公里，设计时速 160 公里，重庆至襄樊特快列车运行时间缩短为 8.5 小时，北京至成渝两

---

[1] 四川省地方志编纂委员会：《四川省志·铁路志（1986—2005）》，方志出版社，2018 年，第 106 页。

[2] 四川省地方志编纂委员会：《四川省志·铁路志（1986—2005）》，方志出版社，2018 年，第 106 页。

地客运可实现朝发夕至。该线建成通车后，不仅成为川渝地区北上、东出的重要通道，还与新建的渝怀铁路、西延铁路以及黔桂铁路扩能工程有机结合，系统强化了包柳通道，使之真正成为贯通我国西部地区的南北大通道。因此，襄渝铁路复线的建成通车对于完善全国铁路网布局，提升西南地区铁路运输能力，促进国家西部大开发建设，推动西部地区经济持续、健康、快速发展等都具有重要意义。

三、成渝铁路电气化改造

成渝铁路是新中国成立后修建的第一条铁路新线。线路东起重庆，西至成都，全长505公里，横贯四川中心地带。成渝铁路沿线是我国人口最密集和工农业最发达的地区之一，该地区的人口和农业产量占全省的35%，而工业总产值则占全省的71%。该线与宝成、成昆和达成铁路相连，在重庆则与川黔、襄渝铁路以及长江航运相接，同时还与内昆铁路在内江交会。因此，成渝铁路不仅是连接四川重要工业城市的主要通道，也是连接西南、西北和中南地区的交通枢纽。

1952年成渝铁路建成通车时每年的运输量不到200万吨。随着宝成、川黔、成昆和襄渝铁路相继建成通车，以及四川省工农业生产迅速增长，成渝铁路铁路运量急剧增加。到1975年，成渝铁路的运输量已经接近1000万吨。然而，由于当时历史条件的限制，该铁路是按照Ⅱ级线路标准设计修建的，因此全线设备老旧、落后，线路标准较低。到1978年铁路运量已增加到652万吨，超过原设计运量9%至63%。而且当时的客货运量还在继续增长，运输形势十分紧张。① 为解决运能与运量的矛盾，1977年国家决定对成渝铁路进行电气化技术改造。

为了加快成渝线电气化技术改造步伐，铁道部决定这条线的电气化工程

---

① 庄正主编：《中国铁路建设》，中国铁道出版社，1990年，第180页。

设计和施工由成都铁路局承担。① 1978 年初，成都铁路局成立了成渝铁路电气化工程指挥部，以实现对该工程的统一领导。初期设计力量较为薄弱，仅有 20 余人，他们在学习中逐渐掌握技能，深入现场调查、搜集资料并征求意见。在设计过程中，得到了电气化工程局的大力协助。经过艰苦的工作，该指挥部于 1978 年 7 月完成了电气化初步设计。

成渝铁路电气化改造包括技术改造、电化工程和通信信号改造三大部分。② 为及早发挥投资效益，成渝铁路电气化工程采取分段投资、分段施工、分段开通投产的方式。③ 1977 年国家批准成渝铁路电气化工程后，部分土建技术改造工程先行开工。至 1980 年 3 月，通信、信号以及电气化工程陆续开工。1983 年 12 月，成都至资阳段 122 公里通车；1984 年 9 月，资阳至内江段 97 公里通车；1985 年 8 月，内江至永川段 121 公里通车；1985 年 12 月，永川经石场及小南海至重庆西段 145 公里通车；1986 年 12 月，沙坪坝至重庆西段 17.5 公里通车；1987 年 12 月，小南海经九龙坡、黄沙溪至沙坪坝段 38 公里通车。至此，成渝铁路电气化改造完成。成渝铁路实现电气化后，年运输能力由过去的 610 万吨提高到 1300 万吨，相当于新修了一条成渝铁路。④

成渝线电气化改造后，线路状况得到优化，技术设备有了很大的提高。由于电力机车牵引力大，速度快，不仅可以提高劳动生产率，还能大量节约能源，减少环境污染，缓解此前运输紧张状况。通过能力由原来每天 31.5 对增加到 45 对，列车牵引重量达到 2600 吨，比电气化前提高了 30% ~ 80%，而且统一了成都至内江段和内江至重庆段的牵引定数，机车交路延长，因而缩短了列车的运行时间和车辆的停留时间，加速了货物和机车车辆的周转。据测定，电气化铁路全线通车后，平均单位成本降低 1.01 元，每

---

① 中国铁道学会电气化委员会：《中国铁路电气化建设（1958～2012）》，中国铁道出版社，2014 年，第 132 页。

② 重庆市地方志编纂委员会总编辑室：《重庆市志》（第五卷），成都科技大学出版社，1994 年，第 307－308 页。

③ 中国交通年鉴社：《中国交通年鉴　1988》，1988 年，第 174 页。

④ 董兆祥、彭小华主编：《中国改革开放 20 年纪事》，上海人民出版社，1998 年，第 684 页。

年可减少运输支出近 70 万元，节约能源 4.6 万吨换算标准煤，相当于节约资金 414 万元，运输安全也得到了可靠的保障。[①] 因此，成渝电气化铁路的建成，对改善运营条件，缓解运输紧张状况，保证行车安全，降低运输成本，振兴四川经济都产生了巨大的效益。

四、川黔铁路电气化改造

川黔铁路是重庆至贵阳的铁路，在 1997 年重庆市直辖前，四川境内线路营业里程为 135.8 公里。线路北接成渝、襄渝、渝怀、遂渝铁路，南连湘黔、贵昆、黔桂铁路，是川渝地区连通华南、华东地区的重要铁路干线。改革开放后，随着川渝劳务输出的增长，以及沿线贵州工业带和重庆能源基地迅速发展，川黔铁路运量不断增长。尽管川黔铁路通车后，成都铁路局对其进行了部分路段技术改造，更新了部分运输设备，但其运输能力仍不能满足经济社会发展需要，成为西南铁路网中运能紧张的干线之一。为此，国家决定对这条线路进行电气化改造。

川黔铁路电气化技术改造是国家"七五"计划重点建设项目之一，于 1986 年 3 月开工，1991 年 12 月 28 日全线开通。工程总投资 7.7 亿元，建设内容包括新建 8 个牵引变电所、10 个接触网工区，改、扩建 55 个车站，改线 14 处，铺设通信干线电缆 400 多公里，新建 4 个通信站及其配套设施和生活福利设施。[②] 电气化技术改造设计由铁道部第二勘测设计院负责，施工由铁道部电气化工程局二处承担，第二铁路工程局、成都铁路局成都工程总公司配合施工，成都铁路局、贵阳铁路分局以及贵州省电力、邮电等部门支持协作。[③] 1984 年 2 月，中铁二院完成川黔铁路电气化初步设计，同年 12 月

---

① 罗茂城、陈华：《七年艰苦施工　分段建成通车　成渝铁路实现电气化　年运输能力可翻一番》，《人民日报》1987 年 12 月 29 日。

② 重庆市地方志编纂委员会：《重庆年鉴　1992》，1992 年，第 116 页。

③ 贵阳铁路分局史志办公室：《贵阳铁路分局志（1898—1988）》，中国铁道出版社，2000 年，第 73 页。

完成定测。1989 年 9 月，电气化施工设计全部完成。

1986 年 2 月 26 日，川黔铁路赶水至贵阳的技改工程由中铁二局承包施工。全线电化工程由铁道部电化工程局承包。由于土地征用及拆迁问题未能及时解决，1986 年开工时，只能进行重点施工，以致影响整个电气化进度，电气化工程局第一工程处施工队伍 1988 年才陆续开始工作。川黔铁路电气化工程同样采取分段的方式。1990 年 12 月 16 日，中段赶水至南宫山（166 公里）电气化铁路开通；1991 年 10 月 9 日，南段南宫山至贵阳（144 公里）电气化铁路开通；12 月 28 日，北段重庆至赶水电气化铁路开通。[1] 至此，川黔铁路电气化改造工程全线开通，四川地区又建成了一条电气化铁路干线。

川黔电气化铁路全线开通后，运力提高了一倍多，对缓解川、黔两省的运输压力，促进西南地区经济繁荣和发展有重要作用。[2] 具体表现为：赶水至珞璜段运输能力由电气化前的 510 万吨提高到 1300 万吨，提高了 1.5 倍；南宫山至贵阳南段由电气化前的 950 万吨提高到 1400 万吨，提高了 0.5 倍。[3] 20 世纪 90 年代初期，中国出现"民工潮"，大量农民工南下寻求就业机会。其中，四川省的农民工也纷纷涌向沿海，而川黔铁路成为他们南下珠江三角洲地区以及东去长江三角洲的出省主要通道。

五、成昆铁路电气化改造

成昆铁路北起四川成都，经峨眉、甘洛、西昌、德昌、金江、元谋、禄丰、安宁至云南昆明，全长 1100 公里。线路北连接宝成铁路和成渝铁路，南连贵昆铁路、昆河铁路，同时还与渡口铁路、昆阳铁路等支线交会，不仅在客运、货运上都发挥着重要作用，也成为西南地区经济社会发展的重要

---

① 四川省地方志编纂委员会：《四川省志·铁路志（1986—2005）》，方志出版社，2018 年，第 88 - 89 页。

② 陈代册、向虎：《川黔电气化铁路全线通车》，《人民日报》1991 年 12 月 29 日。

③ 中国铁道学会电气化委员会：《中国铁路电气化建设（1958～2012）》，中国铁道出版社，2014 年，第 164 页。

支撑。

成昆铁路通车后，客、货运量增长速度较快。1970 年至 1984 年，年客货运量平均递增 4.4%，货物到发量平均递增 7.5%。[1] 据四川省 1988 年统计，成昆铁路发送旅客 819.9 万人，发送货物 1002.0 万吨，到达货物 1240.0 万吨。实际上，成昆铁路很多区段的运输已经超过了设计能力，长期处于超负荷运转状态，全线通过能力利用率仅为 0.86～1.13。尤其是四川境内成昆铁路，成都东至金江（今攀枝花站）段上行货流密度 967.33 万吨/公里，在西南仅次于已电气化的宝成铁路和成渝铁路。[2] 这导致沿线大量物资积压待运，云南运往成都及西北地区的磷矿石、化肥等物资，甚至不得不绕道贵昆线。为化解运能与运量的矛盾，虽然采取了很多扩能挖潜措施，如增建线路所、采用多机牵引、增设信号设备等，仍不能适应运量增长的需要。为提高成昆铁路的运输能力，解决沿线运能不足的问题，1992 年 10 月国家决定对成昆线进行电气化改造。

不过，成昆铁路全长 1083 公里，除成都至九里约 160 公里位于川西平原，广通至昆明约 150 公里位于滇中高原外，其余 770 公里皆在川西南和滇北的中高山地区，大部分为深切峡谷地区，大渡河和金沙江水系蜿蜒出没于崇山峻岭之间，是一条地质工程条件十分复杂的山区铁路。[3] 复杂的地质条件决定了其电气化工程挑战异常巨大。该工程设计由中铁二院负责，建设由成都铁路局负责，施工则由中铁二局、中铁五局、中铁十二局、成都铁路局成都铁路工程总公司、成都铁路局昆明铁路工程总公司五家单位共同进行。

1986 年 12 月，中铁二院编制完成《成昆线技术改造可行性研究报告》。随后中铁二院对成昆铁路电气化改造进行部分初步测量，因铁道部计划调整中断。1992 年完成初步设计工作。至 1998 年，全线施工设计完成，共历时 12 年。在这期间，这条铁路不仅要面临泥石流、滑坡、危岩落石等病害，

---

① 《成昆线电气化工程初步设计总说明书》，内部资料，中铁二院档案馆藏。
② 四川省地方志编纂委员会：《四川省志·铁路志（1986—2005）》，方志出版社，2018 年，第 93 页。
③ 《成昆铁路工程地质回访考察报告》，内部资料，中铁二院档案馆藏。

还历经了运营单位西昌铁路分局与成都铁路分局合并，昆明铁路局成立等重大变化，给设计工作都造成了一定困难。但中铁二院的设计人员坚持下现场修改设计，研究采用新技术、新设备、新工艺和新材料。这就为成昆铁路电气化工程的顺利推进奠定了重要前期基础。

由于成昆铁路穿越崇山峻岭，地质结构复杂，加之运输生产和运输安全都必须得到保障，成昆电气化改造的施工难度极大。因此，施工单位和运输单位按照逐级落实承包责任制的原则，成立了成昆电气化改造建设指挥部，着力协调并解决施工与运输间的各种矛盾、问题。1992 年 12 月，成都铁路局西昌铁路分局组建成昆铁路电气化建设西昌指挥部，负责工程建设管理。1993 年 3 月 18 日，四川境内成昆铁路电气化站前技术改造工程开工典礼在西昌车站举行。时任四川省副省长甘宇平参加典礼，并要求"铁路沿线各级政府和各主管部门要本着'会战西南，特事特办'原则，为成昆铁路电气化的早日建成作出贡献"①。与老成昆铁路建设一样，成昆铁路电气化工程改造也得到了沿线各地的大力支持，谱写了一首壮丽的史诗。据当时参加永仁县民兵营支援成昆铁路电气化建设的民兵孙承鸿回忆："在支援成昆铁路电气化建设中，民兵们吃大苦、耐大劳，出色地完成了任务。"②

1994 年 12 月，承担施工任务的中铁二局电务处职工在眉山火车站铁路线旁竖起了一根标有"千里成昆电气化第一杆"的混凝土柱。这标志着成昆铁路四川境内的站后电气化工程开始施工。四川境内的成昆铁路电气化工程分为四段开通。1998 年 12 月 20 日首先开通了成都至燕岗 159 公里，1999 年 11 月 28 日开通了普雄至西昌南 168 公里，12 月 26 日开通西昌南至攀枝花（含渡口支线）204 公里，12 月 28 日开通普雄至燕岗 234 公里。至此，成昆铁路电气化改造四川境内的 765 公里正线电气化线路全段开通并交付运营。2000 年 9 月 30 日，成昆铁路南段攀枝花至昆明的电气化改造完成。至此，成昆铁路全线实现电气化。

---

① 四川年鉴编辑委员会：《四川年鉴 1994》，1994 年，第 789 页。
② 中共永仁县委党史研究室：《情满永仁 永仁县老同志革命工作回忆文集》，2004 年，第 74 页。

成昆铁路电气化实现后，有效缓解了该线运能与运量矛盾。铁路的客、货列车密度由原来的 27 对增加到 37 对，列车牵引定数由原来的上行每列 1900 吨增加到 4000 吨，下行每列 1060 吨增加到 3250 吨。输送能力由原来不足 1000 万吨提高到 1900 万吨（成都至燕岗段）和 1800 万吨（燕岗至攀枝花段）。[1] 与此同时，列车运行速度也由原来 60 公里/小时提高到 80 公里/小时。如此一来，旅客从成都到昆明的乘车时间从原来 24 小时缩短至 18 小时 30 分钟，对于四川西昌、攀枝花及云南昆明等地的旅游业发展也起到了助推作用。

第四节　铁路枢纽建设与升级改造

在几条铁路干线相互交叉或接轨的地点，建有几个专业车站或联合车站，除办理列车运转和客货业务外，还要办理各铁路干线之间车流的交换，货物的中转以及旅客的换乘等作业，这种地区的铁路设备总称为铁路枢纽。[2] 铁路枢纽是客货流从一条铁路转运到其他接轨铁路并送往其他地区的中转站，作为连接各条铁路线的关键节点，也是铁路网的重要组成部分，对各条铁路线之间、各种交通运输工具之间、各个城市之间的紧密联系以及枢纽属地的经济发展、城市规划意义重大。铁路枢纽是在铁路网建设和城市、国民经济以及社会发展中逐步建设形成的。各个铁路枢纽的结构、布局和设备，均有其地理特征、历史特点和发展条件，一般都经历由小到大、由简单到复杂、由不合理到合理的发展过程。[3] 四川的铁路枢纽发展也经历了这样一个过程，并逐步形成了成都、重庆两大铁路枢纽。

---

① 中华人民共和国铁道部主编：《决战大西南》，中国铁道出版社，2003 年，第 46 页。
② 北方交通大学运输系：《铁路站场设计基础》（下），人民交通出版社，1974 年，第 211 页。
③ 李海军主编：《铁道概论》，西南交通大学出版社，2018 年，第 198 页。

一、成都枢纽

成都铁路枢纽（以下简称成都枢纽）位于成都市境内，以成都市区为中心，枢纽范围北起宝成铁路的青白江站，东至成渝铁路的洪安乡站，南抵成昆铁路的白家站，构成北、东、南三面的半环状枢纽。向北经宝成铁路转陇海、京广或兰新、兰青等铁路，与华北、西北各条铁路相连；向东经成渝铁路转川黔、襄渝铁路和水路航运，贯通西南、西北、华北、华中及南方各省；向南经成昆铁路与贵昆、昆河铁路相接，沟通川、滇、黔三省，成渝、宝成、成昆等铁路干线以及成汶等铁路支线在此交会衔接。[①] 因此，成都枢纽是西南地区铁路交通要冲，西南地区内部和西南地区与其他地区相互联系以及物资集散、经济开发、文化交流的重要通道，是西南地区乃至全国的重要铁路交通枢纽。

如图 3-1 所示，成都枢纽内有青白江、新都、天回镇、成都、成都东、龙潭寺、石板滩、洪安乡、沙河堡、成都南、双流 11 个站，线路长 145 公里。[②] 经过多次扩建和改造，随着西环线与达成铁路的建设，成都枢纽形成了以成都站、成都东站为中轴，宝成线、北环线、达成线构成北环，成昆线、西环线、成渝线构成南环为基础的"8"字环形枢纽。并逐步成为设备先进、能力充足、功能强大的区域性铁路枢纽，为四川的经济社会发展发挥了十分重要的作用。

---

① 《中国城市综合实力五十强丛书·成都市》编委会：《成都市》，中国城市出版社，1995 年，第 151 页。

② 成都市交通局、中国民用航空西南管理局、成都铁路分局、四川省地方铁路局彭州分局：《成都市交通志》，四川人民出版社，1994 年，第 240 页。

图 3-1　成都铁路枢纽示意图①

　　早在成渝铁路修建时，西南铁路工程局和铁道部设计局在 1950 年 6 月和 1951 年 8 月对成都站进行了规划设计。将成渝铁路的起点，位于成都北部的成都车站选定为客站，并在成都站 4 公里处的八里庄建编组站和货站，设计完成后即交付施工。1952 年，成渝铁路通车时成都站便修建完成，功能定位为办理旅客列车始发终到，行李包裹发送、到达、中转业务的客运站。不过，此时作为成都枢纽主体的成都车站的硬件条件十分简陋，车站仅有一座呈一字形的主站房和连接两翼的简易的砖木结构平房，总建筑面积仅987.4 平方米。站场设备仅有三合土面站台一座，长度为 320 米；铁皮顶木头柱的风雨棚一座，长 231 米和四条到发线路。至于行车设备，全部都靠人工操作。列车进站信号机为臂板式，夜间灯光由人工揭挂煤油灯，接发列车、调车和扳道作业用点煤油的信号灯，行车联络用的通信设备都是摇把式

---

① 铁道部办公厅等：《中国铁路地图集》，中国铁道出版社，2005 年，第 124 页。

磁石电话机。① 此时的成都站只有60名职工，每日开行2对列车，日均发送旅客2000余人，发送行包仅200多件。

由于宝成铁路的开工建设，成都枢纽的压力必将逐步增大。因此，1953年2月，铁道部西南设计分局又对成都枢纽进行初测，1955年完成技术设计，1956年8月经修改后交中铁二局施工，1958年竣工。② 此时的成都枢纽比1952年有了很大提升，设施不断丰富完善。成都站新建一座3米宽的天桥。成都东站在1955年进行了局部扩建工作，股道由4股变成了9股，并随着宝成铁路分段通车开始新建站场。1958年10月27日建成交付使用，东站迁移至新场。1958年底车站在站场东头修建土驼峰，编组站初具雏形。原"老东站"改作存车场，同时扩建货场、增设仓库和货物线。③ 中间站新增青白江站，共3股道。通信信号设备进一步优化，成都枢纽内各站的信号设备均为电锁器联锁，并且成都站在1959年建成电气集中联锁。地区通信也优化为步进制自动交换机。

20世纪60年代初到80年代初，伴随西南铁路大规模建设，成都枢纽通过新建、改扩建，进一步完善功能。首先老站进行多次改扩建。1964年、1967年成都站先后对站内线路和基本设施进行较大的改造扩建。④ 1975年至1981年，车站再次进行了部分扩建。全站候车室面积增加到2910平方米，售票处面积增加到1330平方米，行包房面积增加到2956平方米，旅客站台由4座增加到5座，风雨棚面积增加到14 640平方米，并利用原站房基础改建成347平方米的软席候车室。⑤

---

① 陈文书、谭继和主编：《成渝铁路今昔记》，四川人民出版社，1999年，第400页。
② 四川省地方志编纂委员会：《四川省志·交通志》（下），四川科学技术出版社，1995年，第78页。
③ 成都市交通局、中国民用航空西南管理局、成都铁路分局、四川省地方铁路局彭州分局：《成都市交通志》，四川人民出版社，1994年，第241页。
④ 陈文书、谭继和主编：《成渝铁路今昔记》，四川人民出版社，1999年，第400页。
⑤ 成都市交通局、中国民用航空西南管理局、成都铁路分局、四川省地方铁路局彭州分局：《成都市交通志》，四川人民出版社，1994年，第242－243页。

成都东站扩建为一级三场①的编组站，增铺股道 14 股，即成渝、成昆两条正线，南到发场、编组场，北到发场，东头 1 号、2 号驼峰牵出线，联络线，机车出入库线，机车走行线，西头 1 号、2 号、3 号牵出线，驷马桥立交桥，青龙场地道、灯桥以及给水、站场排水系统等。② 由于成渝、宝成、成汶线均在青白江站出岔，且青白江域内的四川化工总厂专用铁路、成都钢铁厂专用铁路、成都合成洗涤剂厂专用铁路等也需与其接轨至厂站，故在1971 年和 1974 年进行了两次大规模扩建，逐渐形成了一级二场的规模。此外，成都枢纽内的天回镇、新都、石板滩、洪安乡等车站，都进行了不同规模的改建扩建。

其次是新建成都南站。1958 年在成昆铁路成都至峨眉段开工建设的同时，成都南站开工建设，并于 1962 年建成投入使用。随后，成昆铁路通车后，成都南站又在 1972 至 1979 年间进行了扩建。③ 成都南站的建设与扩建在一定程度上缓解了成都站的压力，也一直担负着成昆线上的运输任务，对成都枢纽建设贡献了力量。

再次枢不断完善纽设置。通信信号设备方面，电气集中联锁在枢纽各站如火如荼进行建设。行车区间闭塞由人工操作全部改为继电半自动闭塞。1969 年成都东站建成 600 门分电话所，1972 年成都南站建成 60 门纵横制自动化电话所。这些通信设备的使用，初步建立起了枢纽内部的通信网络。成都东站货场装卸机械设备数量提升至 13 台，机械化水平进一步提高，作业效率得到提升。

进入 20 世纪 80 年代以后，伴随国民经济迅速发展，四川的铁路客货运量大大提升。成都站和成都东站由于地理位置以及承担任务等因素，枢纽中轴的地位日益凸显。于是，铁道部、四川省、成都市决定对成都车站及周边

---

① 级是指在一个调车系统内纵向排列的车场数，或者指车场不同标高数。一级则是指所有车场横向布置，处于同一标高。场则是指全站主要车场的总数。

② 四川省地方志编纂委员会：《四川省志·交通志》（下），四川科学技术出版社，1995 年，第 79 页。

③ 四川省地方志编纂委员会：《四川省志·交通志》（下），四川科学技术出版社，1995 年，第 80 页。

环境和市政建设进行全面的统一规划和彻底改造。①

一是建设重点主体建筑候车大楼。该大楼平面长 167.5 米,进深 36 米,高 24.01 米,总建筑面积 14 774 平方米。于 1984 年 10 月 1 日投入运营,候车规模仅次于北京站,最多可容纳候车旅客 7000 人。车站建成后可谓是当时的新鲜事物,二楼中央大厅的壁画《蜀国仙山》,长 36 米,高 7.3 米,总面积 262.2 平方米,以峨眉山、青城山、都江堰等著名旅游胜地和成昆铁路为背景,是当时我国室内装饰的最大壁画之一。

二是规划建设站前广场。该站场由成都市政建设投资,广场东西宽 230 米,南北深 120 米,总建筑面积为 27 600 平方米,广场可停放各种客运车辆,亦是市内、市郊中巴车始发站和终点站,两侧为绿化带及人行道,交通功能区分明确、宽敞,方便旅客集散。②

三是站内配套设施,新建天桥 1 座,延长站台 4 座,增建第四站台风雨棚 1 座,设置供水栓 164 个,新建软席、贵宾候车室 1 座。建设完工之后,极大地改善了成都车站的条件,成都车站成为全国最大的客运站之一。整个站区面积 13.2 万平方米,建筑总面积 2.92 万平方米,站线 15 股,旅客站台 4 座,天桥 1 座,进出口地道 2 座。③ 新建的成都车站成为成都的一张名片,成都市民引以为傲。

成都东站也在 20 世纪 80 年代中期开始逐年完善硬件设施条件,极大地提升了业务能力。截至 1988 年,成都东站货场有货物装卸线 17 条,轨道车停留线 1 条,选车线 6 条,总有效长 4958 米;货物仓库 17 座,面积 2.7 万平方米;雨棚 2 座,面积 0.4 万平方米;站台 6 座,面积 0.6 万平方米;装卸机械 83 台,最大起重能力 60 吨;货场总面积 32 万平方米。货物年到发量 700 万吨,零担货物中转量 80 余万吨。④

---

① 陈文书、谭继和主编:《成渝铁路今昔记》,四川人民出版社,1999 年,第 401 页。

② 陈文书、谭继和主编:《成渝铁路今昔记》,四川人民出版社,1999 年,第 402 页。

③ 《中国城市综合实力五十强丛书·成都市》编委会:《成都市》,中国城市出版社,1995 年,第 150 页。

④ 四川省地方志编纂委员会:《四川省志·铁路志(1986—2005)》,方志出版社,2018 年,第 133 页。

不过伴随改革开放的深入实施和市场经济的不断发展，城市经济对铁路运输的依赖程度不断扩大。加之自三线建设后到20世纪90年代初期，四川境内没有新建任何一条铁路，不仅四川各条铁路的运量与运能矛盾突出，成都铁路枢纽也难以满足经济社会发展需要。因此在结合成昆铁路电气化、达成线引入以及宝成南段复线改造三项工程后，1990年，中铁二院对成都铁路枢纽总布置图进行了设计，对枢纽主要站段和车站发展作出规划。根据规划，成都枢纽西环线、北环线、成都东编组站扩建，成都北编组站建设，成都枢纽青白江至成都增建二线工程，成都西站货场等工程先后开工并顺利建成。

成都枢纽的西环线自成都南站起，利用既有132厂专用线13.8公里，新建线路接132厂专用线末端，线路全长30.4公里，其中新建线路17.2公里，在苏坡桥附近设成都西站，第二货场和机械保温车车辆段设在本站。机保段担负着西南地区机械保温车检修任务，近期12台位、远期15台位，辅修4列位。西环线的贯通具有重要意义。一方面，成都东站货场长期负责成都枢纽的货物运输工作，该站的设备设施虽然多次完善，但是与日益增长的货物运输需求相比仍然相形见绌。且由于地理因素，东站自身改扩建基本没有余地，在西环线上的新建成都西站设置第二货场即成都西站货场，能有效地分解成都东站的压力。西部地区的货物可到成都西站货场办理到发作业而无须进城，对进出藏货物运输也能起到类似的作用。无论是从货物运输距离、费用，还是从为地方经济发展服务来说都是利好。另一方面，修建西环线有利于机保段的建设工作。这能解决整个四川省外地输入的鱼肉、鲜果以及蔬菜等鲜活货物的运输问题，极大地提高四川人民的生活水平。

北环线北起青白江车站北端，经大石桥、太兴、龙潭寺至成都东站，并在青白江站南端修建宝成线上下行联络线，形成枢纽北环线。与此同时，北环线的修建有利于成都北编组站的建设。成都北编组站位置适中，径路顺直，各方向车流走行距离短，能把住各线入门车流，可减轻成都东编组站的负担。该线与达成铁路相连接，川东地区以及重庆方向的货物便可不用运达成都东站，运输距离减少了约50公里，从而减少物流成本，提升货物周转率。此外，对线规划也有利于成都规划的工业点布局，并给沿线以及铁路吸引范围内的工农业生产发展提供便利、经济、安全可靠和全天候的运输条件。

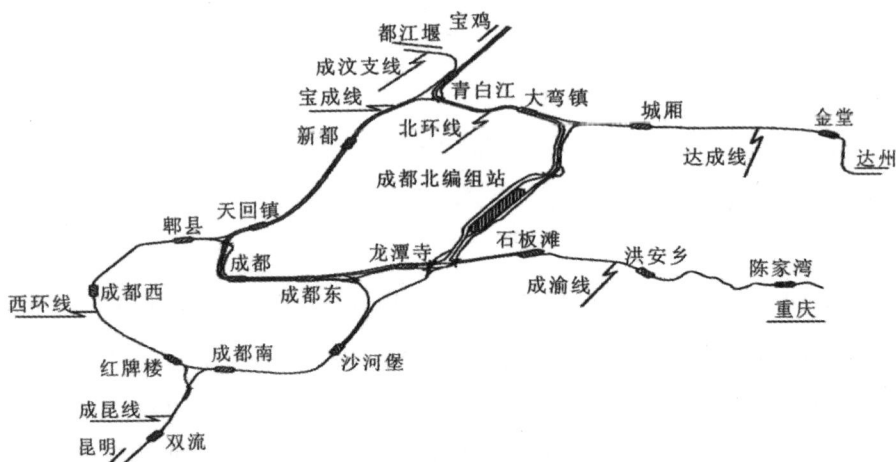

图3-2 2005年成都铁路枢纽示意图①

如图3-2所示，经过几十年的持续建设，成都铁路枢纽由一个成都站，扩展为包括成都东、成都南、成都西等多个火车站和成都东站货场、成都西站货场、大弯镇站货场、青白江站货场等组成的客货运系统，以东南西北环线构成的1个大圈、2个小圈的"8"字形环线组成的枢纽内部铁路线系统，以及成都东编组站、成都北编组站构成的解编系统等在内的大型区域性铁路枢纽。加上新建铁路引入枢纽以及既有铁路技术改造，成都枢纽的铁路通过能力和综合能力也将大大提高，满足了成都乃至四川经济发展对铁路的需求。在不断建设与完善的过程中，成都铁路枢纽为衔接四川铁路网各条干线，集中调配铁路运量，处理各线路之间的各种技术作业以推动四川经济建设作出了巨大贡献。

---

① 四川省地方志编纂委员会：《四川省志·铁路志（1986—2005）》，方志出版社，2018年，第129页。

二、重庆枢纽

重庆铁路枢纽[1]位于重庆市，是一处至关重要的铁路交通要塞。该枢纽位于成渝、川黔、襄渝3条铁路交会处。枢纽范围包括：成渝铁路铜罐驿—重庆段、襄渝铁路西永—重庆西段、小南海—梨树湾线、梨树湾—菜园坝（重庆站）线、四线路所—梨树湾线、铜罐驿—西永便线，以及重庆西编组站和西端的南北疏解线，正线总里程161.743公里。[2]

如图3-3所示，该枢纽辐射范围广泛，南至川黔铁路小南垭站，北至襄渝铁路磨心坡站，东起渝怀铁路鱼嘴站，西至遂渝铁路线石子山以及成渝铁路铜罐驿站。截至1997年，重庆铁路枢纽共有25个车站，其中包括成渝铁路的铜罐驿、石场、小南海、伏牛溪、茄子溪、大渡口、洛中子、重庆南、黄沙溪和重庆站，襄渝铁路的磨心坡、北碚、回龙坝、团结村、西永、重庆东（原上桥）和重庆西站，川黔铁路的小南垭、珞璜和跳蹬站，梨菜联络线的梨树湾和沙坪坝站，以及西铜便线的石板场、白市驿站和中梁山支线的中梁山站。[3] 这些车站连接重庆市内和周边地区的交通方面发挥着至关重要的作用。

---

① 本书所撰写的重庆枢纽发展情况，以1953年到1997年重庆成为直辖市为止。

② 重庆市地方志编纂委员会总编辑室：《重庆市志》（第五卷），成都科技大学出版社，1994年，第314页。

③ 四川省地方志编纂委员会：《四川省志·铁路志（1986—2005）》，方志出版社，2018年，第139页。

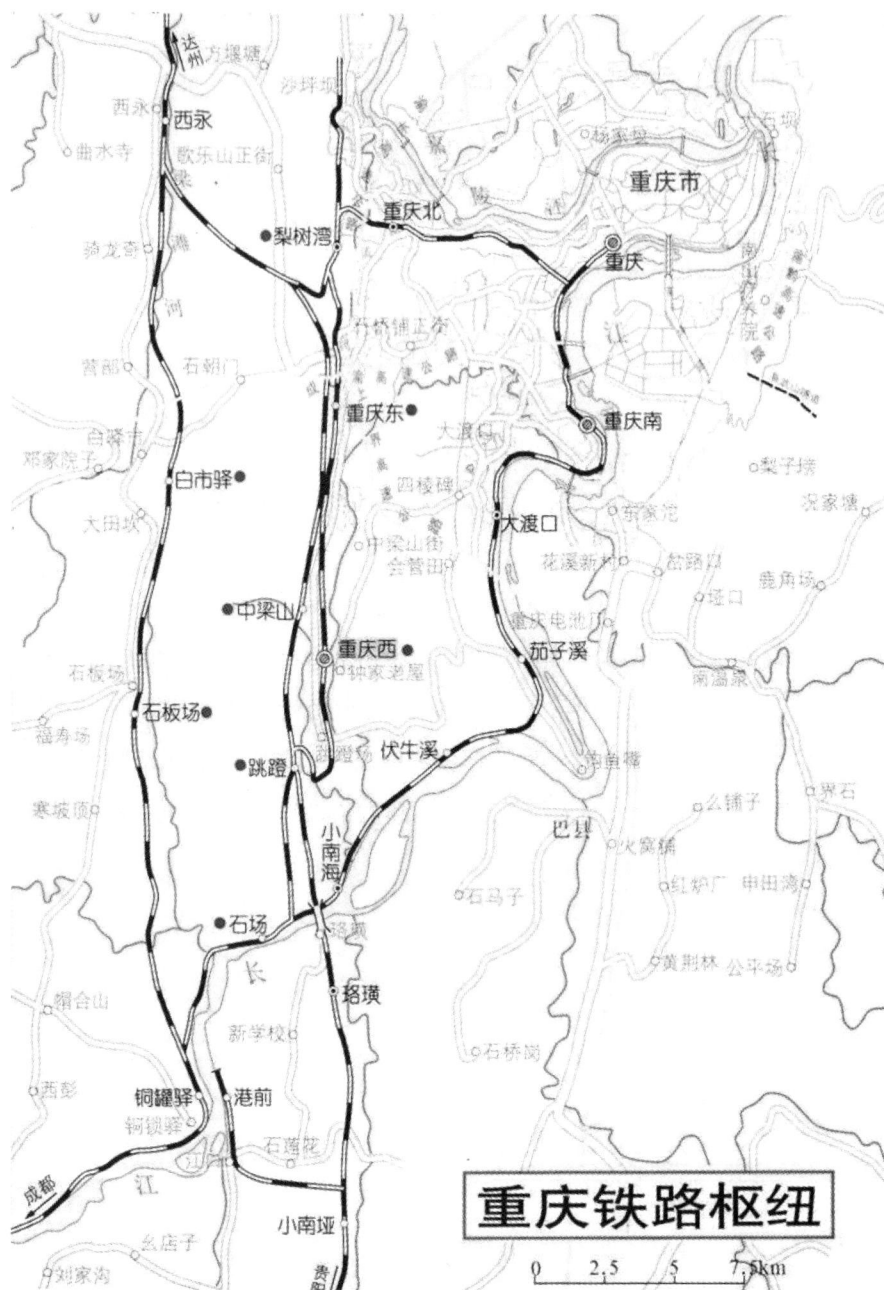

图 3-3　重庆铁路枢纽示意图①

————————

① 铁道部办公厅等:《中国铁路地图集》,中国铁道出版社,2005 年,第 124 页。

重庆铁路枢纽从"一五"时期末开始规划建设，到 20 世纪 80 年代初基本形成规模。[①] 重庆枢纽的勘测设计由中铁二院主导，在此期间，由于面临不同的困难，进行了多次更改。1957 年以前，重庆枢纽尚无总图规划，九龙坡为重庆地区的主要编组站，也是成渝铁路基本机务段及客货车混合车辆段所在地。铁道部第二勘测设计院于 1957 年 12 月编制了枢纽总布置图，选定在人和场（建成后改名重庆西）设主要编组站，杨家坪为客运站及客技站，预留珞璜及土桥两个辅助编组站。[②] 1959 年 6 月，中铁二院完成枢纽初期工程的施工设计。

1961 年 3 月，重新进行了枢纽初步设计的编制工作，确定初期不修重庆西编组站，先扩建重庆客运站和九龙坡编组站，扩建大渡口为工业编组站，小南海为川黔、成渝两线换重作业站。[③] 1965 年，由于三线建设的开展，建好重庆枢纽的意义更加重大。同年 12 月，中铁二院针对重庆枢纽总布置进行了修改设计，新增工程项目包括将原中梁山专用线改造为川黔、成渝铁路的联络线，以及新建珞璜编组站和梨树湾货运站，还有川黔铁路至中梁山的联络线。1969 年，又推荐沙坪坝为枢纽第二客站、梨树湾为枢纽新货场，长江以南扩建珞璜站，长江以北新建重庆西编组站。[④] 直至 1970 年，铁道部决定把上桥定为新货场，并定位为地区性货场，重庆枢纽规划的总布置图这才趋于定局。

从重庆枢纽的构成来看，主要由重庆站（菜园坝站）、重庆北站（沙坪坝站）、重庆东站（上桥站）、重庆南站（九龙坡站），以及两条疏解线和两条联络线组成。其中，重庆站因其位于重庆市渝中区菜园坝，故也叫菜园坝站，是重庆枢纽的主要客运站。重庆站历史悠久，在成渝铁路通车时，正式

① 马述林、孙力达、张海荣：《重庆铁路发展：历史与愿景》，重庆大学出版社，2020 年，第 30 页。

② 《中国铁路建设史》编委会：《中国铁道建设史》，中国铁道出版社，2003 年，第 517 页。

③ 重庆市地方志编纂委员会总编辑室：《重庆市志》（第五卷），成都科技大学出版社，1994 年，第 314 页。

④ 马述林、孙力达、张海荣：《重庆铁路发展：历史与愿景》，重庆大学出版社，2020 年，第 31 页。

投入运营，有站线 6 股。开站之初，仅有售票房 20.6 平方米，行包房 96.9 平方米，候车室（为木结构）1007.5 平方米，旅客站台 2 座各长 420 米、宽 9 米；站内各种线路共 15 股，总有效长 4896 米；采用色灯电锁器联锁，路签闭塞。[①] 建站初期，由于铁路运量有限等原因，每日仅开行旅客快车 1 对，混合列车 2 对，货车 1 对，旅客流量仅 1000 多人次。随着国家经济建设的发展，重庆站的客运量迅速上升，1953 年发送旅客 73.1 万人次，到 1959 年便增至 173.4 万人，年旅客发送量增加了 100 万人次。既有的站场、站舍已经远不能满足运量的增加，1958 年便初步扩建，除线路增加外还新增了贵宾室。此后，1960 年至 1980 年间又先后 6 次扩改建，逐步发展为办理客货运输业务的一等站。

重庆南站原名九龙坡站，位于重庆市九龙坡区，该地"江心有一石滩，有九石翘首若龙"，故名九龙滩。抗日战争时期修建机场取名九龙坡机场，毛泽东来重庆谈判时经由九龙坡机场乘降。1950 年成渝铁路在此建站，故得名为九龙坡车站。[②] 值得一提的是，与一般车站不同，该站有站线与九龙坡港口连接，是重庆地区水陆联运换装站，是重庆地区主要的货运窗口。早在 1956 年铁道部和交通部在全国范围内开展水陆联运业务时，九龙坡站便和九龙坡港口作业区被选中为水陆联运协作区。自 1957 年起，开始负责水陆联运换装业务，并将云南、贵州和四川三省与长江中下游沿岸城市连接起来。这使得来自西南三省的资源、农产品等能够不断地运往全国各地。同时，还可以将西南缺少的矿产资源、工业产品等从外省运入四川，再转运到云南、贵州等省份，成为西南地区货物运输的主要渠道。1988 年该站更名为重庆南站。

沙坪坝站位于重庆市沙坪坝区，是重庆枢纽梨菜联络线上的客运站，距重庆站 9 公里。1978 年建成，有站线 9 条，其中到发线 6 条，停留线 3 条；

---

① 重庆市地方志编纂委员会总编辑室：《重庆市志》（第五卷），成都科技大学出版社，1994 年，第 323 页。

② 张培林、孙孝文、崔文：《物之驿站——长江流域的物流枢纽》，长江出版社，2014 年，第 137 页。

旅客站台 3 座，地道 1 座。1980 年开始办理客运业务，当年即发送旅客 20 万人次。1988 年，沙坪坝站更名为重庆北站，2006 年，因位于重庆市江北区的龙头寺站被定名为重庆北站，复名沙坪坝站。重庆东站即原来的上桥铁路货运站，也位于重庆市沙坪坝区，是北疏解线上的中间站。20 世纪 90 年代，曾是川东地区最大的铁路货运站，办理普零、笨零、爆炸品和各型集装箱发到业务，年到发货物达 200 万吨。[①] 该站于 2009 年停止集装箱货运业务，并于 2014 年关闭货场，只留三条专用线。

除了四个主要车站，重庆枢纽还包括重庆西编组站的南北疏解线和四梨、梨菜两条联络线。其中，重庆西编组站的前身就是 1957 年初步设计时的人和场编组站。由于重庆西编组站规划设计为重庆枢纽内规模最大的编组站，担负成渝、川黔、襄渝 3 条铁路到发货物列车、区段货物列车以及枢纽内小运转列车的编解作业。因此配套修建了南北疏解线以缓解编组站的压力。[②] 四梨、梨菜联络线修建的目的是使襄渝铁路客车直接引入重庆站，同时向西接通成渝铁路构成环线，增加枢纽运输的灵活性，缓解大渡口至九龙坡区间通过能力紧张的状况。两条线路均于 1970 年代修建并投入使用，并成为重庆枢纽的重要组成部分，襄渝铁路线上到重庆的列车可以通过两条联络线绕过重庆西站直接拉到重庆站，大大缓解了重庆西站的压力。

至此，重庆枢纽初步建设完毕。形成了南起珞璜、北至西永、西接铜罐驿、东至重庆站的环形枢纽，大环全长 164.5 公里，其中有隧道 22 座，桥梁 57 座。重庆铁路枢纽经过多年的修建，成为重庆铁路分局的心脏，其能力已初具规模，对完成重庆市的物资运输具有举足轻重的作用。[③] 客运方面，枢纽重庆站承担成渝、川黔、襄渝 3 条干线客车始发、到达和中转。货场方面，重庆铁路货场能力为 345 万吨每年，分局在重庆市范围内现有货场

---

① 重庆市人民政府办公厅：《重庆年鉴 1996》，重庆年鉴社，1996 年，第 154 页。

② 重庆市地方志编纂委员会总编辑室：《重庆市志》（第五卷），成都科技大学出版社，1994 年，第 316 页。

③ 重庆年鉴编辑委员会、重庆市地方志编纂委员会：《重庆年鉴 1989》，科学技术文献出版社重庆分社，1989 年，第 106 页。

能力 953 万吨每年，企业专用线及专用铁道能力 1246 万吨每年。编组站能力方面，主要由重庆西编组站负责，自 1982 年交付运营以来，效果显著。

虽然重庆枢纽已经初具规模，但是并没有形成综合能力。客运上仅有重庆站唯一的客运站，加之成渝铁路通车数十年来设备基本无大改观，重庆站已远远不能适应日益增长的旅客运输需求。据统计，重庆站客运量 1953—1983 年间每年平均递增 5.7%，1983—1987 年间每年平均递增 5.46%，远远高于铁道部 1986 年全国南昌会议确定的平均增长 2.56%。[①] 货运亦是如此。而编组站由于设计时要求较高，修建的规模也大，压力相对客货运小，但也到了不容忽视的地步。自 1982 年 10 月开始运营以来，重庆西编组站日均办理辆数逐年直线上升。1982 年日均办理 1501 辆，到 1988 年该站日均办理车辆数就达到 3045 辆，翻了一番。且日均办理车辆数和最高办理车辆数均已超过设计能力。

因此，从 20 世纪 80 年代中期到 1997 年，重庆枢纽又进行了大规模的改扩建，以应对新增的客货运压力。客运系统方面，重庆站经过多次扩建，新建综合站房建成投入使用并相应改造站场给水、供电、信号集中、通信等设备。1997 年，重庆站为西南铁路功能最全、条件最好的客运站。货运系统方面，由于货运压力不断上升，成都铁路局决定在重庆东站新建综合性货场，由成都铁路局设计并施工，1986 年 12 月动工修建。[②] 新建重庆东站货场占地 24 万平方米，有粮食等 3 条专用线接轨，到发线 6 条含正线，存车线 3 条。截至 1997 年，重庆东站货场的货运能力已达到 224 万吨/年。解编系统方面，在"七五"和"八五"期间，为了适应川黔铁路电气化和成渝、襄渝等铁路运量增长的需要，又分别对重庆西编组站进行了一些扩建，主要是增加了股道、改善了设备，以提高作业能力。

总体而言，经过几十年的持续建设，重庆枢纽发生了巨大变化。在其发展过程中，也经历了许多艰难曲折的阶段。例如，在建设早期，因技术落

---

① 吕伟俊主编：《中国当代社科研究文库》（下），中国城市出版社，1998 年，第 2358 页。
② 四川省地方志编纂委员会：《四川省志·铁路志（1986—2005）》，方志出版社，2018 年，第 142 页。

后、资金短缺等原因，重庆枢纽的建设进度受到了很大影响。此外，随着社会经济的快速发展，重庆枢纽的运输需求也日益增长，这给枢纽的建设和管理带来了更大的压力。尽管面临着诸多困难和挑战，但在铁路运输、货物装卸、储运、信息化等方面不断引进先进技术和管理经验，由此提高了枢纽的运输效率和服务质量。现在，重庆枢纽已经成为国家重要干线铁路交通网络中纵横交汇的大型枢纽，在区域经济发展中发挥着重要作用。

第四章

循序渐进：四川铁路的管理与运营

铁路的管理与运营是铁路能否发挥其作用的关键环节。铁路修建成功，铁轨铺设完成，就像是一个没有火车头的货车，而运营管理就是"火车头"，合理的运营管理才会带领铁路向前良好"迈进"。随着四川域内铁路数量不断增多，与之相对应的国家铁路与地方铁路的管理机构也逐渐建立起来。虽然说国家铁路与地方铁路发展进程不尽相同，但不管过程如何，它们都对四川地区经济社会发展发挥了重要作用。截至 2008 年，四川铁路营运里程达到 3020 公里，是 1953 年的 6 倍。[①] 在这期间，成都铁路局和四川省地方铁路局安全合理的运营，使四川境内各类铁路成为全川人民的出行、生活与生产不可或缺的交通工具，铁路真正地成为四川的大动脉。

第一节　国家铁路管理机构的设立与发展

成渝铁路的建成通车，使四川地区铁路的运营管理工作亦随之起步。伴

---

① 《四川省政府工作报告》（2008 年），四川省人民政府网：https://www.gov.cn/govweb/2008lh/content_ 893024. htm。

随四川铁路规模的不断扩大，四川地区的铁路管理机构也经历了从初步探索到多次调整再到趋于稳定的局面。换言之，四川铁路管理机构是伴随着成渝铁路的建成而诞生的，是随着四川铁路网的形成而发展的。在历经顺应历史变迁和满足现实情况的双重考验后，四川地区的铁路管理机构及其管理制度等也都逐渐确立，为四川铁路运营发展提供了坚实的保障。

一、管理机构初步建立

四川铁路管理机构是在接管旧有铁路机构的基础之上成立的。1949 年底重庆解放后，重庆市军事管制委员会便接管了成渝铁路工程局、川黔线隆筑段铁路筹备处、浙赣铁路保管处、陇海铁路重庆储运所、东北运输总局保管处、中国桥梁公司重庆分公司、湘桂黔铁路重庆办事处等 7 个国民政府交通部在重庆的铁路机构。[①] 翌年元月，中国人民解放军对綦江铁路局实行军管，改名为西南工业部綦江铁路局。[②] 1950 年 3 月 21 日，重庆铁路工程局成立。6 月 7 日，经中央财政经济委员会批准，该局改组为西南铁路工程局，下设工务、机运、财务、计划、人事、总务、公安等 8 个处室，同时设立巡视组和办公室。由此，西南铁路工程局成为西南地区铁路建设的统一管理机构，集勘测设计、工程施工和运营管理为一体。

1952 年 7 月，成渝铁路建成通车，列车飞驰在巴蜀大地上。但铁路的建设只是铁路这个庞大系统中的一部分，随即而来的问题就是铁路的运营管理工作。要想铁路发挥其大联动机的作用，运营管理工作尤为重要。建设该线的西南铁路工程局此时还担负着宝成铁路的施工建设以及其他铁路的勘测设计工作。为此，铁道部对西南铁路工程局的机构作了一次大的调整，将设计处改建为西南设计分局；成立施工局和基本建设分局，专司新线施工事

---

① 成渝铁路工程总结编辑委员会：《成渝铁路工程总结》，1953 年，人 - 2。
② 重庆市地方志编纂委员会总编辑室：《重庆市志》（第五卷），成都科技大学出版社，1994
年，第 297 页。

宜；将管理处改建为重庆管理分局，专门负责运营指挥工作。① 西南铁路工程局改制之后，为成渝铁路的运营管理提供了有力支持，其中，新成立的重庆管理分局是四川省最早建立的铁路运营管理机构。

1953 年 1 月 1 日，铁道部再次作出调整，将所属原西南铁路工程局的重庆管理分局更名，正式成立重庆铁路局，负责成渝铁路的运营管理工作，且不再隶属于西南铁路工程局，受铁道部直接领导。局机关机构设置局长室、人民监察室、行车安全监察室、车务科、商务科等 17 个科室，并代管九龙坡临时机厂，职工人数 9982 人。同年 5 月，原西南工业部綦江铁路局撤销，并入重庆铁路局。1953 年 8 月，重庆铁路局改名为重庆铁路管理局。设人民监察室、行车安全监察室和运输、货运、机务、工务、车辆，以及公安处等 20 个科室，下辖綦江办事处。②

在重庆铁路管理局成立之后，面临着管理人员严重不足、管理机制亟待确立等困难局面。此时，恰逢全路推广中长铁路经验，重庆铁路管理局把学习中长铁路经验作为重点任务提出。时任重庆铁路管理局党委书记张允号召大家认真"学习苏联、推广中长"，以便加速改进我们的经营管理和计划管理。③ 为解决管理人才不足问题，重庆铁路管理局分期、分批次派职工前往东北，实地学习中长路的先进经验，并在局内推广。自 1964 年 7 月开始，在局内大力推行的李锡奎调车法、杨茂林装车法、鲁宁式机车保养法等先进工作方法，对提高劳动生产率、降低运输成本起了很大作用。④ 与此同时，还针对文化程度较低、技术业务不熟练的管理干部，设置了专门的技术学校与培训班进行培训，极大地提升了管理人员的素质，也为新建四川铁路的运营培养了大量的人才。

---

① 《当代四川》丛书编辑部：《当代四川铁路》，四川人民出版社，1993 年，第 14 页。

② 四川省地方志编纂委员会：《四川省志·交通志》（下），四川科学技术出版社，1995 年，第 213 页。

③ 张允：《认真贯彻"学习苏联、推广中长"的方针为保证完成 1954 年的国家计划而奋斗》，《重庆铁道》1954 年 1 月 1 日。

④ 重庆日报编辑部：《重庆在前进 执行第一个五年计划三年来的成就》，重庆人民出版社，1955 年，第 50 页。

为进一步加强成渝铁路的运营管理工作，重庆铁路管理局在所属的铁路部门中，开展了以"满载、超轴、机车日行五百公里"为中心的劳动竞赛，充分发动广大干部职工的积极性和创造力，凝聚全员合力，为安全、高效以及合理的运营贡献力量。除此之外，重庆铁路管理局还创立了机关刊物《重庆铁道》，用以阐明党的各种政策和主张以及局的要求和规章制度，进而提高职工思想政治觉悟，提升管理成效。[①]

此外，重庆铁路管理局也对管理机制进行了探索，1953 年重庆铁路管理局派出若干工作检查组，对成渝全线进行了大排查，迅速发现并汇总了新成立的各级管理机构当中存在的各种问题，并在学习中长铁路经验的基础上，酝酿出一套较为合理的管理机构，明确了各单位、各岗位的职责，确立了生产行政工作的首长负责制。根据客货运输的需要和可能挖掘的潜力，以争取更多的利润为原则，把生产和财务结合起来编制综合生产财务计划，制定局及所属基层单位的各项生产指标、消耗定额，开展经济核算，并建立各种检查、分析制度，监督计划的实施，按照生产财务计划的要求层层制定技术组织措施，开展社会主义劳动竞赛，确保每年生产财务计划顺利实现。[②]

随着四川铁路的进一步延伸，1957 年 5 月 25 日，重庆铁路管理局机关迁往成都并改称成都铁路管理局。[③] 与此同时，对局机关机构、派出机构、基层单位等进行了相应调整，以便分工更加明晰。6 月，《重庆铁道》也改名为《成都铁道报》（1986 年更名为《西南铁道报》），声明将继续宣传党的方针政策，坚持不懈地向工人进行共产主义教育，鼓动职工完成生产运输任务。[④] 至此，四川铁路管理机构、管理机制等已经初步建立起来，四川铁路的运营也随之步入正轨。

---

① 《发刊词》，《重庆铁道》1953 年 7 月 1 日。

② 《当代四川》丛书编辑部：《当代四川铁路》，四川人民出版社，1993 年，第 20－21 页。

③ 黄世玮、张海舟、徐开扬等主编：《中国铁路历史上的今天》，中国铁道出版社，2001 年，第 152 页。

④ 《敬告读者》，《成都铁道报》1957 年 6 月 8 日。

二、管理机构多次调整

成都铁路管理局成立之后，历经多次机构调整，其管理模式也不尽相同。到改革开放之前，分别经历了"工管合一"、"工管分开"到"文化大革命"之前、"文化大革命"时期三个历史阶段。这一时期，是成都管理铁路局也是四川铁路各级管理机构曲折发展的历史阶段，成都铁路局通过管理模式和各级机构的调整，在最大限度上保证了四川域内铁路的运输顺畅。

1958 年，党中央提出"全党全民办铁路"的方针和"铁道部所属工程局、管理局实行中央和地方双重领导"的决定。铁道部根据中央要求，同年10 月将第二工程局的第 2、3、4、7 工程段，隧道 1 处全部，隧道 2 处及建筑工程处等单位的大部分人员（共 43 358 人，其中干部 699 人，工人 26 367人）、设备以及川豫铁路指挥部与成都铁路管理局合并成立成都铁路局。①进入"工管合一"时期，新成立的成都铁路局受铁道部和四川省政府的双重领导，即成都铁路局既要负责域内铁路的运营管理工作，又要负责新建铁路的施工建设任务。在"大跃进"开始后，在内昆、成昆、川豫和川黔等铁路干线相继上马的同时，四川地方铁路建设也"一哄而上"。这导致成都铁路局的建设任务超过了其承受的能力，对于铁路运营管理也表现出一些力不从心。

在"工管合一"期间，这个矛盾一直很突出，成都铁路局采取了多种办法加以解决，在一定程度上改善了这种情况。首先，增加施工力量。1959年初，川豫铁路指挥部和成昆铁路指挥所撤销，随即将其所属施工单位与原第二工程局的施工单位合并，成立成都铁路局第一至八工程处，以缓解成都铁路局的施工建设压力。其次，撤销废弃线路与所属单位，为其他铁路运营提供力量。例如，1959 年 12 月 10 日川黔铁路北段的白沙沱大桥以及小南海至五岔段的铁路建成通车后，原来的綦江铁路猫儿沱至五岔段因此废弃，成

---

① 成都铁路局志编纂委员会：《成都铁路局志稿 综合篇》，1992 年，第 26 页。

都铁路局把该段的铁路单位撤销并调用他处，以此减少人力资源的浪费。再次，设置多个办事处，分担管理压力。1960 年 7 月，成都铁路局管理范围内共成立成都、广元、内江三个办事处，还扩大了办事处的职权范围，赋予了其人事、财务和计划等权力。为加强运输调度管理，保证铁路运输畅通，成都铁路局在每个办事处内均设调度所，每个办事处有权处理管内车辆调度工作，分散整个铁路局的运能与运量矛盾带来的压力。

由于"工管合一"，一省一局，以省划界，铁路分界交接口多，限制了运力，造成运量和运能的矛盾。① 因此，1961 年 3 月，在党中央精简机构、压缩人员、大力支援农业的指示下，铁道部要求将人权、财权及生产指挥、运输调度等等权力集中于铁路局，于是成都铁路局撤销了此前办事处的全部下设科室，并将具有管理性质的办事处再次改为铁路局派出单位。1961 年 9 月，成都、贵阳两铁路局所属的基建单位重新划出，组建了铁道部西南铁路工程局，主管铁路建设，而成都铁路局则主管在川铁路的运营工作。② 成都铁路局成立不久的 8 个工程处，除第七处以外，全部移交至西南铁路工程局，并移交职工 37 289 人。移交后，成都铁路局职工人数大幅减少，全局职工总数不到 47 000 人。自此，西南地区的铁路建设任务不再由成都铁路局承担，其职责范围又恢复到"工管合一"之前。"工管合一"的体制宣告结束。

1961 年，中央提出"调整、巩固、充实、提高"八字方针，并作出《关于调整管理体制的若干规定》，明确要求"全国铁路由铁道部统一管理，铁路运输由铁道部集中指挥，各级党委应保证完成铁道部运输计划"③。铁路局受铁道部直接领导，不再受铁道部和地方政府的双重领导。铁路局与地方政府的关系也发生了一定的变化，由原来的管理与被管理关系转变为铁路局是铁道部的驻地方单位，地方政府应为铁路局的工作开展提供帮助。为加强统一集中管理，成都铁路局在基层单位设置人事、劳资、财务、计划等机

---

① 铁道部第二工程局史志编写委员会：《铁道部第二工程局四十年》，1990 年，第 12 页。
② 《当代四川》丛书编辑部：《当代四川铁路》，四川人民出版社，1993 年，第 26 页。
③ 成都铁路局志编纂委员会：《成都铁路局志稿　综合篇》，1992 年，第 31 页。

构，或者设置专职人员，对基层单位实行直接领导。同时，铁道部要求全路严格实行"三制"（负责制、验收制、经济核算制）、"八规"（技术管理规程、货运规程、客运规程、危险品运输规程、产品设计规程、各种设备大中修规程、工程设计规程、施工规程）。① 据此，成都铁路局重新确立了以"三制""八规"为核心的管理制度。

1965 年，成都铁路局对下设机构进行了微调。此前成立的成都、重庆、广元、内江四个办事处被全部撤销，并成立成都、重庆两个铁路分局，分局与"工管合一"时期的办事处性质类似，甚至铁路分局的管理范围比办事处进一步扩大。除文教、卫生、工厂等单位之外，分局管辖范围内的一切事务均由铁路分局直接领导与处理，局机关下设单位也相应进行了调整。此前在基层单位设立的人事、劳资、财务、计划等机构和专职人员都相应撤销。就在成都铁路局管理体制和机构逐步确立的时候，"文化大革命"爆发了。成都铁路局各级领导机关受到了猛烈的冲击。为了保证铁路安全以及运输任务顺利完成，1967 年 3 月成都铁路局军事管制委员会成立，实行全面军管，同时成立成都铁路局抓革命、促生产临时领导小组，统一管理全局工作，局机关各处、室、部随即停止运作。各分局、基层单位也先后成立军事管制委员会或军管小组。12 月成立成都铁路局军事管制委员会生产指挥部，下设运输组、基建组、综合组、办公室、总工程师室。② 1970 年，交通部与铁道部合并，成都铁路局更名为交通部成都铁路局革命委员会。1972 年 5 月，原基本建设处改为基建工程分局，负责领导各工程基层单位。同年 10 月，已经中断工作 6 年之久的成都铁路局的各机关单位恢复了工作。伴随成昆铁路建成通车，还新增了西昌铁路分局，管理成昆铁路北段及其渡口支线。1973 年，成都铁路局军事管制委员会撤销。

1975 年，邓小平主持日常工作之后，将全国整顿工作的突破口放在了

---

① 中华人民共和国国家经济贸易委员会：《中国工业五十年——新中国工业通鉴 第四部（1961—1965）》（上），中国经济出版社，2000 年，第 263 - 264 页。

② 成都铁路局史志编纂委员会：《成都铁路局志（1903—1988）》（上），中国铁道出版社，1997 年，第 83 页。

铁路，以《关于加强铁路工作的决定》（即"九号文件"）为标志，开始了轰轰烈烈的铁路整顿。成都铁路局十分重视"九号文件"的贯彻落实，经过不懈努力，基本上实现了铁道部提出的"四通八达，畅通无阻，安全正点，当好先行"的整顿目标，铁路管理从混乱趋于稳定。但是好景不长，1975 年年底，江青反革命集团在全国掀起了"反击右倾翻案风"运动，整顿被迫中断。成都铁路局广大干部、职工在极其困难的条件下，坚守生产管理岗位，才使运输生产得以维系，保证了国家安排的任务得以完成，但是，动荡的形势给管理、生产带来的巨大难度，已经让广大干部职工身心俱疲。

三、管理机构趋于稳定

1976 年"四人帮"被彻底粉碎后，伴随全国拨乱反正工作的开展，成都铁路局的各项工作也逐渐步入正轨。1978 年 4 月 1 日，成都铁路局撤销各级革委会，对局直属机关进行了大幅度调整，先后恢复建立了"4 室、17 处、1 部"的行政机构体系，即办公室、总工程师室、安全监察室、顾问（视察）室"4 室"，运输处、货运处、机务处、车辆处、工务处、工程处、电务处、房建处、人事处、教育处、卫生处、计划统计处、基本建设处、财务处、物资管理处、生活管理处、公安处"17 处"和人民武装部"1 部"。其中，工程处由基建工程分局改编，属于路局职权机构。

相较于成都铁路局成立之初，下设机构总量有所增加，有些部门经过合并，节约了管理成本，管理效率有所提升。新增的机构也使路局管理更加扁平化，对重点工作的管理更加有力。首先，增加了顾问（视察）室，相较于安全监察室，顾问室的工作更偏向于检查与监督，主要负责铁路新建和改建各项工程项目的检查验收，为其运营安全质量的可靠性提出意见，并为政府部门提供有关铁路安全运营的技术咨询与建议。其次，对原来职权范围略大而不适宜安排工作的机构进行了调整，将业务分工更加明确。具体而言，运输处细分为运输处和货运处，机车车辆处细分为机务处和车辆处，工务电务处细分为工务处、电务处以及房建处，人事处细分为教育处、卫生处、劳动工资处并另重新成立人事处等。最后，针对一些特定的工作，成立了生活管理处和集体经济处等。

1979年6月18日，华国锋在第五届全国人民代表大会第二次会议上指出："我们要实现四个现代化，当然要建设一批必要的新企业，但是主要必须依靠对大量的现有企业实行挖潜、革新、改造，使它们逐步接近或达到现代化的水平。"[1] 因此，包括铁路行业在内的各行各业开始实行"挖潜、革新、改造"。在中央以及相关管理部门看来，铁路的问题，最首先和最突出的，不是技术问题，而是管理问题。因此，必须"大挖潜力"，以"挖潜扩能"来化解"薄弱环节"。[2] 成都铁路局也不例外，在"挖潜扩能"上主要进行了五方面的改革。

一是进行机构调整。局设处室在1978年的基础上再次进行了调整，截至1985年，局机关设有办公室、安全监察室、运输、货运、客运、机务、车辆、审计、集经处等5室19处，局党委下设政治部，比此前的22个部门增加了3个。对基层单位进一步调整，减少一等站。调整之后，在四川境内共有一等站3个，包括成都站、成都东站以及重庆站，二等站7个，三等站56个，其余车站228个。[3] 二是完善路局党委机构，加强党的领导。1989年3月1日起，成都铁路局撤销了政治部，原政治部下设的职能部门转变为党委办公室、党委组织部、党委宣传部等由局党委直接领导的办事机构。同时将人事处改为干部处，对内作为局党委干部部，负责全局行政、党群干部的统一管理。三是实施厂长负责制改革。1982—1983年，成都铁路局在企业全面整顿中，完善了党委领导下的厂长负责制。1984年5月，中共中央办公厅、国务院办公厅联合发出《关于认真搞好国营企业领导体制改革试点工作的通知》[4]，成都铁路局于1985年在管辖内的29个站段进行厂长负责制试

① 华国锋：《在五届人大二次会议上的政府工作报告》，《人民日报》1979年6月26日。

② 张雪永等：《扩张的动脉——改革开放40年的中国铁路》，社会科学文献出版社，2021年，第26页。

③ 四川省地方志编纂委员会：《四川省志·交通志》（下），四川科学技术出版社，1995年，第214页。

④ 高新才主编：《中国发展之魂·经济篇》，甘肃文化出版社，2004年，第75页。

点，并于1987年在全局正式实行厂长负责制。四是成立一批行业经济机构，如工程总公司、物资工业总公司、铁道工程成都交易中心、四川省建设工程交易中心铁路分中心等。五是扩大下属企业的经营自主权，将财务、计划、劳动、干部管理等权限下放到各铁路分局，增强企业经营管理活力。

在经历扩大企业自主权改革之后，成都铁路局的管理体制与组织机构趋向稳定，各个部门分工明确、协同有力，为四川铁路在改革开放后的运营发展提供了保障。此后的机构调整，多是根据具体需要进一步完善，以便更好地管理四川铁路。例如，为承担《成都铁路局志》以及地方志、地方年鉴中铁路部分的编纂工作，将史志编写组扩大为局史志办公室；为进一步加强老干部管理工作，发挥老干部余热，改制成立了成都老干部管理处等。

机构趋于稳定后，管理效果发生了显著变化。首先是财务管理。为增加收入，成都铁路局采取堵漏保收和专项检查等方式，加强了各分局、站段的营业收入管理。堵漏保收是确保运输收入完整、维护运输收入纪律的重要方式，主要对车站、列车进行检查，重点追补货物运杂费、查堵无票旅客追补票款、查堵携带品超重等。1986年，成都铁路局出台《成都铁路局堵漏保收奖励办法》，鼓励基层单位落实堵漏保收制度。1996年，成都铁路局重新制定了该办法，规定除按部定税后提成10%奖金全部用于基层外，超上年同期部分由路局按增收额奖励5%。由此调动了广大客货运职工查堵漏收的积极性。仅在当年，全局堵漏保收收入32 487万元，较1995年增加7834万元，增长30.7%。[①]

其次就是开展专项检查，规范收费行为，打击违法犯罪。从1998年开始，根据铁道部要求，成都铁路局每年开展运输收入专项检查。分为自查自纠、路局检查和铁道部检查三个阶段。通过运输收入专项检查活动，进一步规范站段运输收入管理，维护了寄收货双方和铁路的合法利益。此外，为了效益最大化，加强财务管理，调整财务关系，成都铁路局从1998年4月1

---

① 成都铁路局志编纂委员会：《成都铁路局年鉴　1997》，中国铁道出版社，1997年，第139页。

日起将局多元企业的财务关系移交局多经中心，从 10 月 1 日起将机关直属运营单位的计划管理和会计决算由财务处计划科、会计科移交到财务处综合科。①

再次是劳资人事管理。在劳资方面，实行全员合同制度。1996 年，根据铁道部相关文件，成都铁路局颁布《成都铁路局实行劳动合同制度实施办法》，仅在当年年底，全局共有 210 118 人签订了劳动合同，占应签合同人数的 99.7%，基本实现全员合同制度，为新型劳动关系的确立奠定了良好的基础。合同制度的建立，也为解除聘用关系提供了合法依据。在干部管理任用方面，采取多种方式结合，具体情况具体处理的方式。1993 年以前，全局各级行政干部采取委任制为主，实行厂长负责制后，中层领导干部由局长任免。1993 年之后，全局除公检法干部和依照章程选举的党、团干部之外，其他干部的任用实行聘用制，且要按要求不定期进行考核。1997 年开始，公开招聘竞争上岗成为干部选拔的常态，干部质量不断提升，还能从源头预防和治理用人上的不正之风。对于专业技术干部和政工专业干部则采取评聘的方式进行选拔。

最后是路风管理。铁路路风管理指对职工进行"人民铁路为人民"的宗旨教育，使铁路的各项工作都体现"为人民"的宗旨。② 1989 年 12 月，成都铁路局精神文明建设办公室更名为路风监督办公室，并于 1999 年 7 月改为路风监察室，主要负责全局路风和精神文明建设的指导、组织、督查等工作，并成立由铁路局局长亲自担任组长的路风建设领导小组。该监察室坚持"强化监督，服务营销，标本兼治，纠建并举"③ 的工作方针，从路风制度、路风检查、路风整顿和路风监督四方面展开工作，使路风建设取得了良好效果，基本实现制度化和规范化。

---

① 成都铁路局年鉴编纂委员会：《成都铁路局年鉴 1999》，中国铁道出版社，1999 年，第 135 页。
② 王源峰等主编：《中国铁路站段长（经理）手册》，中国经济出版社，1993 年，第 27 页。
③ 四川年鉴编辑委员会：《四川年鉴 2000》，四川年鉴社，2000 年，第 93 页。

第二节 地方铁路管理机构的设立与发展

我国的地方铁路基本上由各省、自治区、直辖市设置相应的管理机构自行管理。归纳起来，大概有五种形式：一是在省、自治区的铁路局内设有地方铁路处；二是在省、自治区内设地方铁路公司或总公司；三是在省、自治区、直辖市设地方铁路局；四是在省计委、经委下设地方铁路局；五是在省交通厅下设地方铁路局或处。① 随着地方铁路事业的发展，其经营管理形式也在不断变化。四川的地方铁路管理机构先后经历了成立—撤销—再成立—改制的历程，相当艰辛。

20 世纪 50 年代后期，为适应地方运量急剧增长的需要，根据中央提出的"两条腿走路"和"发挥中央和地方两个积极性"的建设方针，我国地方铁路"应运而生"。② 在这一背景下，四川地方铁路开始建设，并在"全民办路"的号召下迅速达到高潮。1959 年至 1962 年 4 年间，在四川各地动工兴建的地方铁路就达 115 条，其中建成通车 84 条。地方铁路的大力发展，迫切需要进一步加强其经营与管理。1959 年，四川省交通厅组建了地方铁路处。次年，以地方铁路处为基础，成立轻便铁路办公室。1960 年 8 月 19 日，"四川省地方铁路局"成立，由成都铁路局领导，承担全省地方铁路的技术改造、施工建设、运营管理等工作。③

1961 年，根据铁道部《关于改进铁路管理体制的若干规定》："修建地方铁路所需的投资、材料、劳动力应列入地方计划，由地方修建，地方铁路局由地方负责管理，铁道部门在技术上给予支援"④，四川省地方铁路局于

---

① 马洪、孙尚清主编：《经济社会管理知识全书》（第三卷），经济管理出版社，1988 年，第 515 页。

② 谭金宇主编：《地方铁路设备及运营》，中国铁道出版社，1990 年，第 8 页。

③ 《关于成立地方铁路局问题向省委的请示报告》，1960 年 8 月，四川省地方铁路局档案。

④ 《关于地方铁路局的建制和领导关系建议改属于省人委直接领导的请示报告》，1961 年 9 月，四川省地方铁路局档案。

该年 12 月改由四川省人委直接领导，成都铁路局负责业务上的指导。1962年以后，由于国家开始对国民经济进行调整，此前仓促"上马"的工厂、企业等停止运营，为这些单位修建的地方铁路也受到很大影响。部分准备修建但已失去修建意义的按要求"下马"，正在修建还未通车的停止修建，已经建成通车的立即拆除。经过处理之后，四川地方铁路通车运营的由 84 条锐减到 21 条。此外，1963 年至 1965 年，四川省修建的德天、广旺、成汶、资威、宜珙等准轨地方铁路，因和国家铁路联系紧密，在铁道部的支持下，经过技术改造，提高了运输能力，先后移交成都铁路局管理。① 另外，除彭白铁路之外，其他窄轨铁路也均交由相关的工厂企业自行管理运营，由地方铁路转变为专用线。

彭白铁路是为了彭县（现彭州市）矿区的煤矿、铁矿的开采以及其他物资对外交流而建的一条地方窄轨铁路。其前身为湔江铁路，1961 年 2 月全线通车后，改名为彭白铁路。铁路全长 40.92 公里，另有厂矿专用线 2.3公里，站线 8.621 公里。② 为加强铁路运营管理，1960 年 3 月，温江专区湔江铁路管理局成立。1961 年彭白铁路全线通车后，湔江铁路管理局也更名为彭白铁路管理局。1966 年，四川省地方铁路局被撤销后，彭白铁路管理局由温江地区管理，业务上受成都铁路局指导。实际上，彭白铁路管理局不仅仅是对彭白铁路进行运营管理，还是四川省地方铁路局撤销后四川境内唯一存在的地方铁路管理机构，在此后四川地方铁路管理机构的重建与发展中发挥了巨大作用。

改革开放之后，在国家"改革、开放、搞活"的方针指导下，四川地方经济不断发展，随之而来的是物资流通、旅客运输等需求与日俱增，铁路运输不适应经济发展的矛盾逐渐凸显。四川省虽有宝成、成渝、成昆、襄渝、川黔、内宜等国家干线，但没有形成合理的网络。全省国铁运营里程仅

---

① 四川省地方志编纂委员会：《四川省志·交通志》（下），四川科学技术出版社，1995 年，第 219 页。

② 成都市地方志编纂委员会：《成都市志·大事记》，方志出版社，2010 年，第 279 页。

2879 公里，只有 57 个市、县通了铁路，占全省市、县的 30%。^① 在当时，国家经济适才有所起色，不可能运用大量的资金在四川地区建设国家铁路。在铁道部也准备恢复地方铁路建设的时候，合理地利用地方的优势和建设铁路的积极性，有针对性地修建地方铁路，快速发挥铁路运输的优势，解决铁路运输不足给国民经济发展带来的问题，以适应和促进经济的发展，是一个十分合理的经济举措。

在这种形势下，为了发展四川的地方铁路事业。1984 年 2 月，省政府批准在彭白铁路局的基础上，成立"四川省地方铁路管理局"和"成都市地方铁路管理局"，实行"两块牌子、一套机构"的管理体制。^② 其中，地方铁路的技术、业务、物资供应以及铁路专用备品、备件由省计经委负责，党的关系、干部管理、劳动组织财务管理由成都市负责。新的地方铁路管理机构建立后，除对现有地方铁路管理运营之外，还积极开展了联营、联办和新建铁路的规划、调查、可行性研究、争取国家立项、落实安排投资、基建管理、协调关系及人员培训、物资供应等方面的大量工作，开拓了四川地方铁路发展的新局面。

1985 年，四川地方铁路管理局调整了机构设置，开始尝试新的管理模式，即四川地方管理铁路局与成都铁路局实行联合运营。由此成立了成都地方铁路公司，是我国第一个由地方与铁路合资经营的企业。其经营范围是：成汶铁路的青灌段（青白江站至灌县站），铁路东面由青白江站衔接宝成铁路，西面由彭县站衔接地方铁路的彭白线（彭县至白水河）。^③ 青灌线全长 60 公里，有 6 个车站，该线自 1961 年到成都地方铁路公司成立以前一直亏损。成立公司后，实行独立核算，自负盈亏，在新的运营制度与管理模式下，国家铁路的优越性和地方铁路的灵活性结合起来。当年该线运送货物就比前一年上升了 95.5%，运营 3 年后，青灌线扭亏为盈，还带动当地居民创

---

① 《成都年鉴》编辑部：《成都年鉴　1988》，成都出版社，1989 年，第 163 页。
② 四川年鉴编辑委员会：《四川年鉴　1990》，1990 年，第 268 页。
③ 四川经济年鉴编辑委员会：《四川经济年鉴　1986》，四川科学技术出版社，1987 年，第 452 页。

产增收。

这种管理模式使得四川地方铁路的效益逐年上升。1990 年 11 月 24 日，四川省政府批复，原则上同意了成立四川省地方铁路局。"该局为独立核算、自负盈亏的地方省级预算内全民所有制大型企业。省地方铁路局挂靠在省计经委，负责领导全省地方铁路企业并对国地铁联营体实行行业管理，统一组织全省地方铁路的建设及营运。"[1] 简言之，四川省地方铁路局是统一组织全省地方铁路建设及营运的省属国有大型骨干企业。[2] 时隔 30 年，"四川省地方铁路局"再次设立，与 20 世纪 60 年代名称相同，但其性质却已改变，成为"企业"。

此后，四川省地方铁路局又进行了多次机构调整，下设彭州分局、普乐分局、青温管理处，后又陆续成立了四川省铁路建设有限公司、四川省地方铁路局枕梁构件厂、四川省地方铁路局铁路工程勘察设计所、四川省地方铁路监理有限公司、四川省地方铁路物业有限公司、四川泸州铁路有限责任公司、中铁（宜宾）铁路有限责任公司、四川中铁纳叙铁路有限责任公司等下属单位，经营范围逐步拓宽。四川省地方铁路局已不再只是一个专门修建、管理和运营地方铁路的公司，而逐渐发展为一个涉及勘察设计、轨枕桥梁制造、工程检测等业务的综合性企业。

2006 年 12 月 25 日，四川省地方铁路局整体改制为四川铁路集团有限责任公司，注册资本金 30 亿元，注册资金 30 亿元。在此基础上，2008 年 12 月 26 日，四川省铁路集团有限责任公司和四川公路桥梁建设集团有限公司整合成立四川省铁路产业投资集团有限责任公司，注册资本 90 亿元，成为省委、省政府批准出资设立的国有特大型投资集团，主要代表四川省承担铁路、公路投资建设和运营管理，同时经营工程建设、资源开发、新型城镇化

---

[1] 四川省地方志编纂委员会：《四川省志·铁路志（1986—2005）》，方志出版社，2018 年，第 653 页。

[2] 中共四川省委全面深化改革领导小组办公室、四川省地方志工作办公室：《四川改革开放 40 周年大事记（1978—2018）》（上册），方志出版社，2018 年，第 373 页。

建设、现代服务业、现代农业五大产业。① 至此，四川省地方铁路的管理机构完成了从最初隶属于成都铁路局到四川省政府直接领导，再到建立现代化企业的转变，推动了四川铁路现代化发展。

第三节　四川铁路的运营状况

四川铁路的运营情况与国家铁路建设发展大致同步，是中央与地方、个别行业与国民经济整体发展互动的结果。其一，国家政策变化势必会影响四川铁路的运营。在政策偏向西部地区的时期，四川铁路飞速发展，成果突出；在国家整体收紧政策或者是政策偏移经济的时期，四川铁路发展速度自然就会放缓。其二，四川铁路的发展为四川经济社会发展注入了强大的动力，也为全国国民经济发展作出贡献。在某种程度上，四川铁路运营状况也能体现出中国铁路的发展趋势。

一、奠定基础时期（1953—1957）

"一五"计划时期是四川铁路从少到多、奠定基础的时期。由于五年计划政策向西部侧重，四川地区的经济快速发展。这是中国共产党执政以来进行的第一次西部开发，开启了西部新工业基地建设的新纪元。单独从区域的工业化程度来说，以"一五"计划为核心的基础建设，填补了四川地区几乎没有交通设施的空白，建成通车了第一条进出川大通道，即宝成铁路。

宝成铁路在临时运营阶段就显示出铁路运输对国民经济发展的巨大推动作用。在一年多的临时运营阶段，就发送旅客 300 余万人，货物 445 万吨，大大便利了四川的交通。如果把这些货物用长江水运，即使用 2000 吨的船

---

① 中共四川省委全面深化改革领导小组办公室、四川省地方志工作办公室：《四川改革开放40周年大事记（1978—2018）》（下册），方志出版社，2018 年，第 878 页。

舶进行运输，需要 2000 多船次才能运完。原本不方便装运的物资，如大型的机械以及重型设备等，都可以通过铁路，从生产厂装车，直接运往目的地。宝成铁路建成运营后，铁路的优势显而易见。

其一，铁路修到哪儿，哪儿的经济就活跃起来。以广元为例，1954 年时，两斤木耳换一斤盐，火车通了以后，变成了一斤木耳换九斤盐；1954 年供销社收购土特产品只有 100 种左右，投放金额只有 40 万元，1958 年通车后，收购品增加到 420 种，投放金额 300 多万元。① 除此之外，旺苍、昭化等地的煤炭，能迅速地供应至成都、德阳等沿线工厂，煤炭产量迅速提高。1955 年绵阳、德阳、新都等地的余粮，就通过宝成线运出 70 万吨。宝成铁路通车后，仅绵阳一个地区，就运出 8 亿多斤粮食，供应了 15 个省市。农民从调高粮价方面增加收入 260 万元，从购买工业品方面却减少支出 250 万元。人民直接能感受到的就是，需要购买的产品种类增加了、价格降低了，生活便利了许多。

其二，铁路促进了四川经济尤其是工业的发展。由于四川的交通情况改善，四川各项经济指标都有大幅度的提升。"一五"期间，四川农业总产值由 110.1 亿元上升到 141 亿元，运输业总产值由 1.74 亿元上升到 3.49 亿元，工业和商业总产值都翻了一番。② 铁路沿线一批中大型工厂，如第二重型机器厂、东方电机厂、江油水泥厂、长城钢铁厂、四川化工厂和一些军工企业，都是在宝成铁路通车前后陆续建设起来的。这些工厂的建立，提升了四川的工业水平，四川的现代化工业基本空白的局面不复存在。

其三，铁路密切了四川与全国各地的经济、文化交流，对四川的建设逐步跟上全国发展的步伐起着重要作用。四川省自古被称为"天府之国"，以物产丰富而闻名于中华大地，但限于地理条件，外面的东西进不来，四川出产的东西也出不去，大大地限制了其发展。宝成铁路通车以后，"它所出产的富饶的大米和土特产品，可以从这条线运出去；它所蕴藏着的丰富的矿产

---

① 朱海燕：《沧桑拾零》，长城（香港）文化出版公司，2001 年，第 119 页。
② 国家统计局综合司：《全国各省自治区直辖市历史资料汇编（1949—1989）》，1990 年，第 697 页。

和动力资源，可以从这条线运入机器加以开发"①。四川与各地的交流紧密了，经济也就活起来了。由于外地工业品由铁路运入以及本地工业的发展，工农产品之间的差距逐步减小。1956 年宝成铁路全线贯通，下半年全省约有 33 000 余种工业品调低了售价，平均降价 3.53%。相反，出川物资增加后，农副产品收购价却在提高，如大米收购价平均提高 6.48%，生猪收购价上调 15.46%，其他经济作物收购价也分别作了调整，调价幅度都在6%~10% 之间。②

　　通过不断摸索，四川铁路运营开始步入正轨，首先，铁路运输服务质量有所提升。旅客运输方面，重点改善客运服务。为方便旅客购买车票，四川铁路除在各营业站出售车票之外，还在成渝两市设市内售票处，办理预售业务。在车站服务中，提出"全心全意为旅客服务"的口号，并在20 世纪 50 年代中期，开展"变车站为旅客之家，服务人员为旅客之友"的活动。广大职工为旅客排忧解难，开展了许多便民利客的服务项目。从1952 年开始，四川的旅客列车实行包车制，由两个包乘组包乘 1 组车底，配两班乘务员、固定车次、固定线路、固定车厢，实行由客运车长统一领导的客运、公安、车辆"三乘一体"的乘务制度，并制定了对客运乘务工作制度和各工种的职责范围、要求范围，要求乘务中做到仪容整洁、热情礼貌、服务周到、举止大方，对首长、外宾、港澳台同胞、老弱病残等重点旅客主动迎送、重点照顾；车容布置整洁，车内保持"三条线"（行李架、毛巾架、衣帽钩物品摆放整齐），地板随脏随扫；每餐送饭到车厢等。③ 不仅如此，四川较长列车上均挂有餐车，为旅客提供饮食供应。旅客票价与行李、包裹运价也根据实际情况，取消了 40% 的加价，实行铁道部统一定价。

　　货物运输方面，成渝铁路通车后，便立即办理了整车运输与零担货物运

① 《在宝成铁路通车典礼大会上　铁道部长滕代远的讲话》，《人民日报》1958 年 1 月 2 日。
② 《当代四川》丛书编辑部：《当代四川铁路》，四川人民出版社，1993 年，第 75 - 76 页。
③ 四川省地方志编纂委员会：《四川省志·交通志》（下），四川科学技术出版社，1995 年，第 96 页。

输业务。在 1953 年，开始试行月度运输计划，且由于各单位物资需求量不大，"一五"期间四川铁路运能还有所富余。由于铁路货物运价水平较公路运价和民航运价偏低，仅为公路运价的 10% 和民航运价的 1.7%，相较而言，货物运输采用铁路运输的方式是性价比最高的。这导致了铁路运输十分紧张。四川铁路为减轻运输压力，两次提高了运价。第一次是宝成铁路成都至广元段临时运营时，运价比全国运价高一倍。1955 年 6 月，全国统一铁路货运价格。四川相应作出调整，成渝铁路和宝成铁路（成绵段）整车及零担货物运价均比全国统一运价高出 30%，綦江铁路整车运价高出全国统一运价 150%，零担货物运价以整车货物运价为标准，再加价 50%。此举在一定程度上对缓解货物运输压力起到了作用。

其次，铁路运输安全有所保障。四川铁路开办运营初期，虽然域内铁路数量不多，但是由于安全管理系统未建立起来，安全法律法规也比较缺乏，加之职工技术也不太熟练，安全事故频发。仅 1953 年，就发生各类行车事故 1308 件，其中重大事故 34 件，大事故 20 件，险性事故 184 件，造成了巨大损失。从 1954 年开始，四川铁路管理部门开始加强安全生产管理，重视路外安全事故，安全形势有所好转。为加强安全生产，监督职工执行相关法律法规。重庆铁路局成立之时就设置了行车安全监察室，并在綦江办事处设置行车安全监察分室。针对其他职能部门，如车务、机务等均配备 1 至 2 名专职安全监察员。在"一五"后期，又把专职安全监察员改为选取优秀的职工不脱产进行监督，名称改为人民监察员，负责深入基层开展安全检查，针对不安全行为，及时制止，做好记录，并协助基层单位领导制定安全防范措施。

为保证客货运安全，四川把中长铁路的安全服务经验与四川实际情况结合起来，逐步建立起一套完整的安全工作制度和作业流程。为调动广大职工积极性和创造性，开展了许多安全竞赛，路局还时常发起安全生产旬、安全生产月等运动。对于路外安全事故占比较高的情况，开展大规模的铁路安全常识宣传教育。1957 年，还在铁路局设置路外安全监察员，专门负责路外的安全监察工作。通过积极采取措施，到 1957 年，四川铁路发生行车安全重大事故 8 件、大事故 1 件、险性事故 30 件，分别比 1953 年下降 76%、95% 和 84%。

"一五"计划期间，四川省重视运输邮电业的发展，总计投资 8.05 亿元，占总投资额的 30.6%，远远超出五年计划中全国运输邮电业投资占比的 11.9%。正因为如此，四川铁路事业在"一五"期间发展十分迅速。截至 1957 年，四川铁路营业里程增长 65.5%，客货运量分别增加 616.7 万人和 711.3 万吨，旅客周转量达到 8.51 亿人公里，而货物周转量则达到 16.37 亿吨公里。尤其是宝成铁路通车后，原来只靠长江唯一通道出入四川的客货，大部转由从宝成铁路运送，而且一直承担着出入川客货运输的大宗。[①]如表 4-1 所示，"一五"期间，四川铁路各项发展数据均高出全国平均水平很多，许多指标成倍增长，其中，货物周转量更是增长了 3.3 倍之多。

表 4-1 "一五"期间四川铁路运营概况

年份 (年)	营业里程 (公里)	客运量 (万人)	货运量 (万吨)	旅客周转量 (亿人公里)	货物周转量 (亿吨公里)
1953	572.1	359.3	240.7	3.5	3.82
1957	947.0	976.0	952.0	8.51	16.37
1953	23 794.0	22 861.0	16 131.0	281.68	781.39
1957	26 708.0	31 262.0	27 421.0	361.30	1345.90

注：本表根据四川省地方志编纂委员会《四川省志·交通志》（下）第 3 页、国家统计局综合司《全国各省自治区直辖市历史资料汇编（1949—1989）》第 709 页以及中国铁路总公司计划统计部、中国铁道学会统计委员会《中国铁路统计志（1876—2010》第 354 页编制。

二、曲折变化时期（1958—1978）

"大跃进"和三年严重困难时期，四川铁路经历了一段困难和曲折发

---

① 成都铁路局志编纂委员会：《成都铁路局志稿 综合篇》，1992 年，第 7 页。

展的过程。跟全国一样，出现了冒进的倾向，掀起"全省办铁路"的热潮。川黔、川豫、成昆等干线"上马"，另有 115 条支线和地方铁路也相继兴建。铁路兴建里程达 2000 余公里。但是由于这一时间段违反客观规律办事，浮夸风盛行，修筑质量下降，事故频发，铁路建设止步不前。调整之后，情况有所好转。但是因为基建压缩，许多铁路被迫"下马"。川黔铁路 1961 年 8 月被迫停工，四川铁路建设进入了低谷期。铁路运输安全情况恶化，事故发生次数回到 1953 年的水平，在 1960 年达到了新中国成立以来的顶峰。

不过铁路运营的其他方面仍然取得了一定成绩。宝成铁路全线通车后，四川铁路与全国铁路网连接起来，铁路的运输能力大幅提升。1958 至 1960 年，成都铁路局共发送旅客 4431 万人，发送货物 4615 万吨，比"一五"计划期间完成的总和还多发送旅客 1805 万人，多发送货物 2416 万吨。[①] 20 世纪 60 年代初，四川铁路开始淘汰旧时杂型客车，采用国产新型客车作为正式客车。由于客车更新换代且数量有所增加，旅客列车开行对数逐渐增多，满足了这一时期对运量的需求。货运设施也得到了巨大改善。至 1961 年，营业车站增加到 128 个；各站货运仓库增加到 117 座，面积 68 129 平方米；雨棚 15 座，货物站台 111 座；装卸线 84 条，全长 34 485 延米。较 1953 年，营业车站数量翻了一番，货运仓库和货物站台的数量更是之前的十倍有余。

与此同时，客运服务质量继续提高，从 20 世纪 60 年代开始，四川铁路执行对号入座制度，并开始实行区段售票，即一趟列车从始发站到终点站划分为多个区段，按行程距离的长短，对车票进行定价，这是列车车票出售业务的一次有意义的探索，这种运价制定方式在今天还在使用。1959 年起，实行行李优先运送办法，旅客托运的行李随旅客所乘列车及时装运，做到旅客乘车到达目的地后能及时取到自己的行李；包裹则根据承运能力，按照先行李后包裹、先中转后始发和长短途列车分工的原则进行装运，对按包裹托

---

① 成都铁路局志编纂委员会：《成都铁路局志稿 综合篇》，1992 年，第 136 页。

运的抢险救灾、急救药品等急需物资优先安排。① 此外，列车饮食也进行了改进，主要提供大众化套餐，针对不同人群的要求，也在餐车内提供单炒，以满足不同需求的旅客。

但是，"左"的思想仍在铁路战线上体现得十分明显。高指标给铁路带来的恶果是：设备失修，质量下降。1960 年，成都铁路局机车不良率由1958 年的 7.5%上升到 16%，机务运缓、退坡、临修明显增多，不良路基占正线延展长度高达 87.2%，许多设备带病运转，给安全运输造成威胁。② 于是，在"调整、巩固、充实、提高"八字方针提出后，1961 年 1 月 27 日，铁道部在北京召开全国铁路领导干部会议。出席会议的邓小平指出："会议的中心是整章建制，整顿运输秩序。现在铁路秩序不好，主要原因是把原有的规章制度破坏了，却没有建立新的规章制度，或者立错；迷信要破除，但不能违反科学。"③ 会后，全路立即开始整顿，使得全国铁路运营状况有所好转。在四川，1958—1960 年期间，铁路货运周转量均在货运周转总量的1/4 左右。随着铁路形势向好发展，1961 年之后三年，铁路货运周转量达到了总量的 50%左右，铁路秩序恢复正常。

三线建设期间，国家在四川投入了大量的人力物力财力。从资金上看，1964 年到 1976 年，中央和地方投入四川的建设资金总共 335.05 亿元。按年度计，1964 年 7.44 亿元，1965 年 19.8 亿元，1966 年 30.5 亿元，"文化大革命"初期的两年投资略有减少，1969 年上升到 40.83 亿元，以后几年保持在 20 亿元以上。1964 年到 1976 年的 12 年中，在四川的三线建设投资相当于 1949 年到 1963 年 14 年总投资的 4 倍。④ 有了资金的保障，全川有 6 条铁路干线建成通车，建筑里程 2361 公里，初步构成四川铁路网骨架。同时，建成 9 条铁路支线，以及若干便线、联络线。此外，在铁路沿线为方便各厂

---

① 四川省地方志编纂委员会：《四川省志·交通志》（下），四川科学技术出版社，1995 年，第 97 页。
② 成都铁路局志编纂委员会：《成都铁路局志稿 综合篇》，1992 年，第 138 页。
③ 中国铁道学会安全委员会、本书编委会：《中国铁路安全志（1876—2011）》，上海交通大学出版社，2012 年，第 44 页。
④ 陈东林：《三线建设——备战时期的西部开发》，中共中央党校出版社，2003 年，第 133 页。

矿企业生产而修建铁路专用线 322 条，共计长 954 公里。四川铁路网初具规模，四川交通情况大为改善。

不仅如此，四川铁路开始了电气化的初试验，即宝成铁路四川境内的广元至成都段电气化改造。1975 年 7 月 1 日，宝成铁路电气化工程全线建成通车。如图 4-1 所示，宝成铁路电气化改造的实现，极大提升了其运输能力，改变了此前运力紧张的局面。宝成铁路的电气化改造也打破了诸多技术瓶颈，为下一阶段四川铁路"挖潜扩能"积累了宝贵的经验。

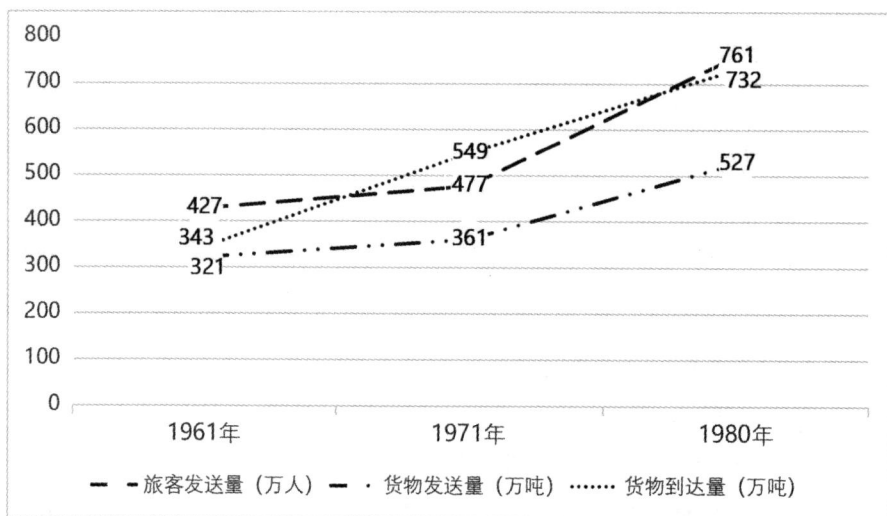

图 4-1　宝成铁路四川境内客货运输完成情况对比①

虽然路网规模不断扩大，铁路运输能力也不断增强，但是三线建设期间，四川铁路的运营再次经历波折。受"文化大革命"影响，四川铁路的运营在林彪、江青两个反革命集团的严重干扰和破坏下陷入了混乱，客货运量呈现出波浪式变化。第一，客货运量极不稳定。由于派仗、武斗愈演愈烈，运输生产形势急剧恶化。1967 年和 1968 年，货运量连续两年下降，分别减少 763 万吨和 903 万吨。在 1969 年，周恩来总理亲自过问铁路工作，

---

① 成都铁路局史志编纂委员会：《成都铁路局志（1903—1988）》（上），中国铁道出版社，1997 年，第 117 页。其中，旅客发送量、货物发送量和货物到达量只包括上西坝至天回镇各站。

减轻了动乱对铁路的影响，从 1970—1973 年，客运量和货运量逐年增长。1974 年，由于江青集团制造的"批林批孔"运动，铁路运营再次受到破坏，后经 1975 年的铁路整顿，有所好转。直到"四人帮"被粉碎之后，铁路运输才恢复正常。第二，铁路安全形势急转直下。由于动乱带来的管理削弱，规章制度废弃，劳动纪律松弛，设备设施年久失修。这一时期的铁路安全事故频频发生。年均发生行车事故 2213 件，比 1965 年增加 2.4 倍，其中重大、大事故 49 件，增加 5.1 倍。特别是 1970 年和 1971 年，重大事故、大事故发生次数是新中国成立以来最多的两年。

不过，从长时段来看，到 1978 年时，四川铁路运营状况较"一五计划"初期也大幅度改善。一是铁路客货运输能力大大提升，铁路旅客周转量从 1953 年的 3.5 亿人公里增长到 48 亿人公里，铁路货物周转量从 1953 年的 3.82 亿吨公里增至 176.85 亿吨公里。运输业总产值在 1978 年达到 13.69 亿元，是宝成铁路通车时的 2.7 倍。二是长期受交通不便影响的商业也有了活力。自 1973 年襄渝铁路通车，四川铁路网初步形成之后，商业生产总值逐年增长，1978 年首次突破 25 亿元，达到了 26.25 亿元。三是四川工农业生产总值突飞猛进。此前的四川工业基础薄弱，重工业基础更是几乎没有。在铁路的带动下，国家政策得以顺利实施，许多建设项目在四川落地，诸多铁路相关科研单位、高等学校迁移进川，无疑对四川的工业发展起到了很大的作用。农业也得益于运输能力提升，农作物能运出去了，农民收入增加了，积极性大幅提高，农业自然就发展起来了。工农业总产值的提升也就顺理成章了。

三、稳步上升时期（1979—1991）

1979 年至 1991 年，四川铁路运营处于稳步上升时期。这期间四川铁路的重心放在"挖潜扩能"上，先后完成了成渝和川黔铁路电气化改造。铁路运输能力较改革开放之前有所提升。"六五"期间，四川铁路以改革促发展，不光提前一年完成了"六五"计划，四川铁路还在促进国民经济发展、改善工业布局、巩固国防以及提升人民物质文化生活水平等诸多方面都发挥了重要作用。但是，随着改革开放的深入进行，经济大力发展，四川铁路的运输能力迎来了挑战，加之此阶段四川境内并未修筑任何新线，急剧增加的客货运需求，让四川铁路的压力很大。从 1985 年四川铁路主要运输指标（表 4-2）来看，四川铁路发展情况是向好的，客、货运量都在提升，但较之于国民经济的发展与社会对铁路的需求，四川铁路仍无法满足。为解决这一矛盾，四川铁路采取多种方式提升运能运量，并筹划修筑新线，在此阶段末已经完成多条铁路的勘测设计工作。

表 4-2　1985 年铁路运输主要指标完成情况①

项目	1984 年完成	1985 年完成	1985 年为 1984 年（%）
客运量	4817 万人	4991 万人	103.6
旅客周转量	86.1 亿人公里	106.1 亿人公里	123.2
货运量	4995 万吨	5184 万吨	103.8
货物周转量	238.3 亿吨公里	264.7 亿吨公里	111.1
货车净载重	51.3 吨	52 吨	101.8
日均装车数	2669 辆	2731 辆	102.3
日均卸车数	2901 辆	3085 辆	106.3

1986 年，四川铁路开始实行"投入产出、以路建路"的经济承包责任制。成都铁路局进行了管理体制和运输组织的改革。一方面，扩大了分局以及站段在生产经营方面的自主权，并对各个分局的管辖范围按更适应运输指挥的要求进行了调整。围绕挖潜扩能，进一步提高效益。另一方面，在行车组织方面，对列车运行图进行了 8 次较大的调整；在一些通过能力紧张的区段，采用双机、三机乃至四机牵引，有效地提高了列车牵引重量，扩大了输送能力。如宝成线广元至马角坝区段电力双机牵引 3600 吨（原单机牵引

---

① 四川经济年鉴编辑委员会：《四川经济年鉴　1986》，四川科学技术出版社，1987 年，第 113 页。

2400 吨）的试验获得成功，川黔线重庆至赶水区段更换前进型大马力蒸汽机车等。① 开展延伸服务，成都铁路分局在多个市县设立货运代办点和客运售票点，重庆铁路分局还在泸州、大足、荣县等不通铁路的市县设点开设延伸服务点。

"七五"期间，通过"挖潜扩能"，经济效益大幅提升。这期间，四川省铁路累计完成货物发送量 28 593 万吨，旅客发送量 25 100 万人，分别比"六五"时期增长 22.0% 和 11.8%。不过，在 1989 年客票上调价格后，中、短途旅客被公路运输吸收，铁路客运量明显减少。但由于四川是民工输出大省，春运期间大量客流给四川铁路带来巨大压力。货运方面，由于国家压缩基建规模，一定程度上减少了其他部门对铁路运输的需求，铁路货源减少。加之四川铁路运输常常处于超负荷状态，导致 20 世纪 90 年代初时，铁路开始逐渐成为制约四川经济发展的"瓶颈"。在重大的运输压力下，安全事故也逐渐增多。1990 年 7 月 3 日，成都铁路局一列装有 46 节航空汽油罐车、汽油 2300 吨和 9 节货车编组的列车，在襄渝线行至四川万源县梨子园隧道内时爆炸起火，导致 4 人死亡，14 人重伤，报废油罐车 28 节，中断襄渝铁路行车 23 天，情况严重。②

四川铁路到了不得不做出改变的阶段了。1991 年，成都铁路局开展了多项整改工作，初步稳定了局势，为四川铁路迎来新发展打下了基础。首先，强化铁路安全。全年安排安全投资 2795 万元，从山区铁路特点出发，强化应变能力，在全局 8 条干线上建立了 35 个救援起复点，举办大规模救援演练 24 次，1481 人次参加；大力采用新技术、新设备，新建无线站车电话 234 公里、机车信号侧线电码化 140 个站，研制机车速度监控装置，进一步强化"三大件"的修管用工作。同时，充分发挥职工家属保安全的优势，加强安全工作的第二道防线，使安全工作跃上了一个新的台阶。③ 其次，加

---

① 四川经济年鉴编辑委员会：《四川经济年鉴 1987》，四川科学技术出版社，1988 年，第 262 页。

② 四川年鉴编辑委员会：《四川年鉴 1991》，1991 年，第 297 页。

③ 四川年鉴编辑委员会：《四川年鉴 1992》，1992 年，第 309 页。

强路风建设。路局陆续下发《关于开展自查自纠活动加强路风建设的通知》等 8 个文件，深入开展了群众性的自查自纠运动，全年处理路风事件和问题 160 余项。再次，继续深化企业改革。1991 年主要目标放在劳动工资改革上，重点搞活内部分配，以发挥有限工资的最大作用，并将奖金、津贴和工资绑定，努力克服平均主义。最后，开始筹划铁路新线建设。1991 年，铁道部第二勘测设计院（中铁二院）完成交付进出四川北通路修改汇总可行性研究报告、四川南川全水江铁路可行性研究报告，并率先开始了北向新线的设计，缓解宝成等铁路的运输压力。[①] 由此，四川铁路的新线建设开始被提上日程。

四、快速发展时期（1992—2008）

从 20 世纪 70 年代中期到 1992 年间，四川没有建设新的铁路，但是进出物资却随着经济的发展不断增加，运能与运量的矛盾再次凸显。四川每年有大量物资积压待运，导致不少企业以运定产，以致被迫停产；许多农副产品运不出川，卖不成钱。虽然四川地区的政治、经济、社会都较宝成铁路通车前有了巨大进步，但是铁路滞后经济发展的状况又开始"重演"。为了解决这个问题，四川贯彻落实铁道部对西南铁路提出"开辟南口，缓解北口，扩大东口，准备西口，强化内路"的方针，掀起了四川铁路跨世纪的建设高潮。

这次铁路跨世纪建设高潮，以成都为中心向四周展开。北为宝成复线阳平关至成都段和达（县）成（都）线，南为内昆线安边至树舍段，东为襄渝线重庆至达县段电气化改造，西为成昆线电气化改造，中为成都铁路枢纽。据测算，仅"八五"期间，在成都铁路局管内，各种大中型铁路建设项目总投资超过 100 亿元。其中在四川省境内铁路建设总投资约 70 亿元，

---

① 四川年鉴编辑委员会：《四川年鉴 1992》，1992 年，第 312 页。

将建成新线 350 公里，复线 400 公里，电气化改造 977 公里。[①] 为加强对铁路建设工作的领导，1993 年四川省委、省政府决定成立四川省铁路建设领导小组，由时任省委书记的杨汝岱担任组长。随后开启了这一时期的"西南铁路建设会战"。

在这一过程中，此前因各种问题未能全线通车的线路，以及部分增建二线工程的顺利实施，直接提高了四川铁路的运输能力。内昆铁路续建工程于 1998 年 6 月 26 日开工。中途虽遭到洪灾侵扰，到 2001 年 9 月 18 日全线铺通，为成昆铁路运输减轻了巨大压力。此外，宝成铁路阳成段、襄渝铁路安康至重庆段都增建了二线。以襄渝铁路为例，2009 年 9 月二线建成通车后，运能运量大幅提升，列车时速由 120 公里提高至 160 公里，成为兼顾成渝两地与外部城市间客货运交流的主要通道。2005 年，襄渝铁路达渝段开行旅客列车 20 对，客运量 1081 万人。四川境内襄渝铁路三汇镇至达州段上行客流密度 825 万人公里/公里，为 1987 年的 3.97 倍，居四川境内铁路干线主要区段之首。[②] 由此，四川铁路运营状况得到大幅度改善。如图 4 − 2 所示，1992 年至 2008 年间，四川铁路运营数据虽然在 1997 年重庆直辖后有所起伏，但由于新线建设与旧线改造，整体上运营状况呈良好发展态势，进一步化解了运能与运量之间的矛盾。

合资铁路也是这一时期四川铁路运营和发展的重要组成部分。1992 年以来，四川铁路加快推进合资铁路的建设。由铁道部、四川省合资修建的达成铁路是四川第一条合资铁路。1998 年，达成铁路货运量 252 万吨，运送旅客 168.9 万人次，运营收入 1.22 亿元。2000 年正式运营第一年，达成铁路开行旅客列车 7 对、管内小客车 3 对、货物列车 5 对。货物运输量 552.4 万吨，旅客运输量 641 万人次、旅客周转量 11.2 亿人公里，运输总收入 3.27

---

① 四川年鉴编辑委员会：《四川年鉴　1993》，1993 年，第 308 页。
② 四川省地方志编纂委员会：《四川省志·铁路志（1986—2005）》，方志出版社，2018 年，第 108 页。

亿元。① 可以说，合资铁路的建设和运营，在很大程度上解决了四川铁路不能满足该地区经济社会发展需求的问题。2006 年 1 月 15 日，中国西部首条列车时速 160～200 公里客货共线铁路快速通道——遂渝铁路开通运营。② 这条铁路将成渝两地之间的通行时间缩短到两个半小时，不仅为改善此前四川铁路技术标准低、列车速度慢、设备设施陈旧的面貌作出了有益探索，也为进一步满足运能要求注入生机活力。

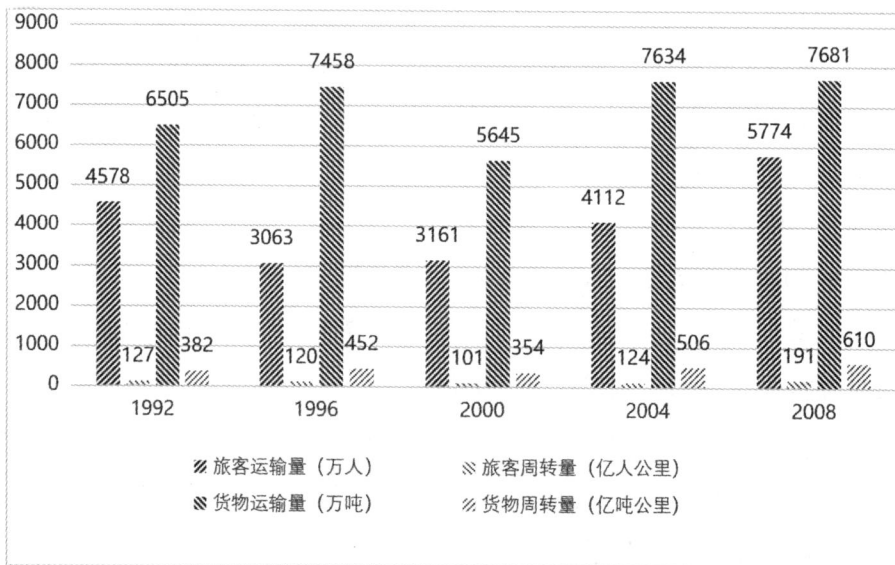

图 4-2 四川铁路运输概况（1992—2008 年）

注：根据四川省统计局《四川省统计年鉴》1992、1997、2001、2005、2009 年版中有关数据制作。

因此，1992 年至 2008 年，伴随宝成复线、襄渝复线、内昆、遂渝等铁路新线建设，以及成昆、襄渝等铁路电气化改造完成，四川运营里程大幅增加，铁路运能和运输效率提升，客运设施改善，四川铁路开始进入客运快速、货运重载新时代。截至 2008 年，四川运营历程达到 3000 余公里。成都

---

① 四川省地方志编纂委员会：《四川省志·铁路志（1986—2005）》，方志出版社，2018 年，第 152 页。

② 成都铁路局史志办公室：《成都铁路局年鉴 2007》，中国铁道出版社，2007 年，第 99 页。

铁路局固定资产原值 1178.69 亿元、净值 865.18 亿元，全年共完成运输收入 215.5 亿元，比 2007 年增长 2.2%，完成旅客发送量 10 948 万人，增长 5.1%；完成货物发送量 14 099 万吨，减少 5.7%，完成换算周转量 1712 亿吨公里，增长 1.5%。[①]

---

① 四川年鉴编辑委员会：《四川年鉴 2009》，四川年鉴社，2009 年，第 158 页。

第五章

方兴未艾：四川铁路装备工业的兴起与发展

新中国成立之后，四川境内的铁路规模不断扩大，为满足铁路建设、运营等的需要，四川铁路装备工业逐步建立起来，并得到快速发展。经过 50 多年的建设与完善，已经形成了比较完整的铁路产业体系，其中主要有包括机车货车制造，修理以及铁路通信、信号设备在内的铁路装备工业，以及车辆配件修造、铁路轨枕与桥梁修建与保护、养路与装卸机械修造等其他铁路工业。在这一过程中，四川铁路装备工业也经历了从无到有、从弱到强的巨大变化，支撑着四川铁路朝着现代化方向发展。

第一节　铁路运输装备趋向完善

四川的铁路运输装备工业始于 20 世纪 50 年代，并随着铁路的发展而不断壮大，规模和业务能力一直在西南首屈一指。为满足西南地区铁路机车车辆修理能力不足的现实状况，加之成渝铁路已经展开修建，对机车车辆修理的需要进一步增大，1954 年我国自主设计的第一座机车车辆工厂——铁道部成都机车车辆工厂（以下简称成都机车车辆工厂）建成，主要负责当时的机车以及客货车的修理。1964 年起，根据三线建设在四川的战略布局，又先后建成了资阳内燃机车厂及眉山车辆工厂，负责生产机车与货车。这三家大型铁路国有企业的建立，使四川铁路运输装备工业遥遥领先于西南其他地区。改革开放以后，面对市场经济带来的变化与挑战，三家企业转变经营方式，适应路内、路外与国外的需求。此外，铁路电务设备业发展良好，进一步提升了四川铁路装备工业的水平。

一、机车车辆修理

成都机车车辆工厂（现南车成都机车车辆有限公司）是四川第一个铁路工厂。1951 年，为保证成渝铁路通车，铁道部将安徽淮南煤矿下属的九龙岗机车修理工厂迁移重庆九龙坡，与西南铁路工程局装配大队合并为临时机车修理工厂，装配在武汉拆卸用登陆艇运到九龙坡的机车、车辆。1953 年划归重庆局领导。[①] 1954 年 12 月，成都机车修理工厂在主要生产厂房修建完成、设备安装就绪之后，就以此前迁渝的临时机车修理工厂为班底，组织临时生产。当时工厂任务繁杂，负责修理机车、货车，制造机车车辆配件和其他铁路建设的工程用料，还负责制造机车与货车。当年底，该厂职工仅用不到一个月的时间，就修理完成了一辆蒸汽机车。

1957 年，为了增强该厂技术实力，铁道部又从戚墅堰、唐山、南口、长辛店、沈阳、济南等机车工厂抽调一批干部和工人加以充实，同时调入江岸机厂修理蒸汽机车人员，职工达 1000 余人。1958 年，成都机车车辆工厂建厂工程基本结束之后，工厂转入正式生产，当年完成修理蒸汽机车 54 台。[②] 同年，成都机车修理厂改为铁道部直属工厂，并更名为成都机车车辆工厂。正式投产后，该厂不仅负责机车车辆修理，还承担起机车、货车的制造业务，初步形成机车车辆制造能力。

---

① 成都铁路局志编纂委员会：《成都铁路局年鉴　1997》，中国铁道出版社，1997 年，第 189 页。
② 四川省地方志编纂委员会：《四川省志·交通志》（下），四川科学技术出版社，1995 年，第 189 页。

1961 年，铁道部对铁路工厂作出统一规划，要求成都机车车辆工厂把主要生产任务放在修理机车和制造机车配件上，停止制造机车、货车。于是该厂将主要精力放在修理机车上，修理技术不断优化。到 1965 年末，该厂年修理能力已经达到 207 台。[1] 1965 年开始，伴随西南地区铁路牵引动力逐步由蒸汽机转变为内燃机，大量内燃机车的修理需求与原有的修理技术与能力不匹配的矛盾日益凸显。铁道部遂决定将该厂的主要生产任务转为修理内燃机车，并实施改建工程。但受"文化大革命"的影响，工程陷入半停顿，迟迟不能完工。最终，经相关部门组织四五千人"大会战"，改建的主体工程才在 1968 年 11 月完成。一个月之后，工厂成功修理出第一台东风型内燃机车，成为当时全国第一个专修内燃机车的工厂。此后，工厂修理能力不断提升，虽然 1974 年因受到"文化大革命"干扰，工厂一度陷入停工，但经过 1975 年铁路整顿之后，业务能力再次提升。据统计，工厂在 1969 年修车 57 台，1973 年增至 100 台，1975 年修车 135 台，1977 年修车 167 台，到 1978 年时达到 200 台，超过原来设计能力的 33%。因此，1979 年，成都机车车辆工厂被评为全国先进企业，还受到了国务院的嘉奖。

改革开放之后，工厂以"增强企业素质，提高经济效益"为目标，进行了企业全面整顿，建立和完善了经济责任制，推行全面质量管理，使工厂的管理水平和经济效益不断提高。年厂修内燃机车台数从 1979 年的 205 台增长到 1984 年的 228 台，超过原设计能力的 52%。[2] 1985 年，为应对新形势，解决成都机车车辆工厂机车修理能力不足的问题，该厂再次进行大规模的技术改造和厂房扩建。1993 年年末，改扩建工程基本建成并投产，历时 8 年。在这期间，工厂先后购置安装蒸汽锅炉、双梁吊车、曲轴车床、蒸汽锤、曲轴氮化炉、压风机等设备 1465 台（套），其中标准设备 927 台（套），非标准设备 538 台（套）；完成建筑面积 101 929.86 平方米，其中厂

---

① 四川省地方志编纂委员会：《四川省志·交通志》（下），四川科学技术出版社，1995 年，第 189 页。

② 四川省地方志编纂委员会：《四川省志·交通志》（下），四川科学技术出版社，1995 年，第 190 页。

区 49 240. 29 平方米，生产区 52 689. 57 平方米；完成投资总额 11 825 万元，其中工程投资 6389. 62 万元，设备投资 4208. 1 万元，其他投资 1227. 28 万元。[①]

通过改造，成都机车车辆工厂的业务范围与能力显著提升。首先，机车修理更加专业，各种新型车辆都能进厂承修。截至 1992 年，该厂先后完成了罗马尼亚制造的 ND2 型内燃机车以及国产东风 2、3、4 型内燃机车的试修。此后，该厂还对东风 4C、5、7C 型内燃机车进行试修，每次试修，都通过了铁道部、中国铁路机车车辆总公司组织的专家评审组的验收，铁道部运输局确认了该厂具有上述类型内燃机车的试修能力。另外，为了开辟更广阔的市场，1993 年成都机车车辆工厂尝试电力机车的修理，并于当年 3 月与成都铁路局达成协议。通过一年多的努力，完成了第一台韶山 1 型电力机车的厂修并通过验收。从此，该厂形成了内燃机车和电力机车皆能修理的业务能力，成为西南地区第一家能修理电力机车的企业。其次，该厂电机制造技术不断成熟。在内燃机车电机制造方面，该厂先后研发东风 4 型配套电机、东风 7 型配套电机、东风 8B 型配套电机、米轨机车配套电机以及配套东风 11G 型内燃机车的 ZD106E 牵引电动机。在电力机车电机制造方面，该厂针对韶山 7 型电力机车，于 1992 年试制成功功率为 850 千瓦的牵引电机。2004 年 5 月还成功开发配套地铁动车的 CDJD101 交流电机，7 月开发成功配套工矿机车的 CDJD102 交流电机。这说明成都机车车辆工厂成为既能生产直流电机又能生产交流电机的工厂，功能更加全面。最后，该厂还在邮政车、空调发电车、空调硬卧车、特种车等方面进行尝试。

由于业务广泛、能力突出，该厂承担了全国多个铁路局的机车车辆厂修任务，不仅如此，其生产的产品还开始出口国外。1999 年该厂与中铁成都物资公司及中国机械进出口（集团）有限公司合作，完成了建厂以来最大的一笔出口业务。9 月，与乌兹别克斯坦正式签订第一标铁路轨道垫板生产

---

①　四川省地方志编纂委员会：《四川省志·铁路志（1986—2005）》，方志出版社，2018 年，第 556 页。

合同。此项目系亚洲银行贷款，总金额为 9 975 097 美元，总量为 120 万块，加工费折合人民币约 1000 万元。10 月开始生产，12 月首批 12.6 万块加工完成发往乌兹别克斯坦。2000 年 3 月加工完成第二批 40.32 万块，7 月加工完成第三批 66.9 万块轨道垫板，均通过国际权威公证机构瑞士 SGS 公司的检验后装车发运。[①] 由于质量有所保障，该厂的产品还远销伊朗、纳米比亚和委内瑞拉等国。

至此，成都机车车辆工厂成为南方地区唯一集铁路内燃与电力机车、车辆修理以及制造大型电机于一体的综合性专业工厂。这期间，成都机车车辆工厂通过技术改造提高技术装备水平，生产能力不断提升，并积极参与市场竞争，根据市场需求调整产品结构和经营方式，生产经营从单一内燃机修理，逐步拓展至电力机车、客车并举，由最初的机车车辆修理，逐渐发展为各类机车主发电机、牵引电机，以及各种机车车辆大部件、配件制造，业务能力变化显著，形成了机车修理、车辆修理和电机制造三大主营业务。

二、机车制造

四川铁路机车制造产业起步较晚，到 20 世纪 60 年代，才在四川省资阳市雁江区松涛镇修建了铁道部资阳内燃机车工厂（现中车资阳机车有限公司），先后经历了选址建厂、试制投产、转轨变型和快速发展四个时期。该厂是我国西南地区唯一一个生产大功率干线内燃机车和调车内燃机车的大型工厂，也是全国铁路骨干企业，工厂建成投产之后，生产能力稳步提升，机车制造能力逐步领先其他机车工厂，成为中国年产量最大的机车制造企业。

资阳机车厂始筹建于 1964 年，是在四川三线建设的重要组成部分。工厂厂址原定于广元，并于 1965 年完成该厂的初步设计。不过，1985 年 8 月，因"备战"需要，铁道部决定重新选址建设，原先选定的广元厂址让给四

---

① 四川省地方志编纂委员会：《四川省志·铁路志（1986—2005）》，方志出版社，2018 年，第 565－566 页。

机部某军工单位，并最终选定搬迁至资阳。1966 年资阳内燃机车工厂开始建设，对外称铁道部 431 厂。根据"分散、靠山、隐蔽"的原则，工厂选址在成渝公路两侧的山沟里，厂房长度绵延十余公里，呈带状分布。虽说当时满足了战备的要求，不易被敌人发现，但这样的布局使建设工厂的难度与需要投入的资金都增大，建成之后，运输线路过长，导致生产成本增加，而且各单位之间联系不方便，不利于合作，导致制造工艺流程不太合理。在如此困难的情况下，资阳机车厂仍然奋发进取，通过 7 年的建设，于 1973 年正式投产，投产当年便制造出第一台内燃机车，即东方红 2 型液力传动调车内燃机车。

工厂建成之初，占地 154 万平方米，有固定资产 2.18 亿元。全厂拥有各类设备 4061 台，其中引进国外精密设备 90 余台；具有 3600 吨和 800 吨水压机和 0.5～16 吨模锻锤等配套齐全的锻压设备，还配有铸钢、铸铁、有色金属熔炼及 5 吨炼钢电炉等设备。工厂下设 7 个分厂、3 个总站以及教育培训中心等直属单位。工厂在生产大功率柴油机、大型模锻件、齿轮、柴油机、曲轴加工及内燃机车制造等方面具有突出优势。[1] 工厂建成不久，厂名更改为铁道部资阳内燃机车工厂革命委员会，下设分厂也进行了一定的调整。该厂克服种种困难，保证机车生产，到 1976 年时，累计生产东方红 2 型液力传动调车内燃机车 50 台。1977 年该厂试制成功第一台东方红 4 型液力传动干线内燃机车。这台机车装有两台 16V200Z 型柴油机，功率为 4500 马力（3375kW），带正副驾驶室，最高时速达 100 公里的机车，在当时可以胜任国内各大干线的客货运任务，是当时功率最大的国产内燃机车。[2] 1978 年 9 月，机车厂恢复原名。

1980 年，该厂又生产出两台东方红 4 型机车。然而，东方红 4 型机车在实际试运过程中出现了一些问题，由于高速柴油机油耗高，磨损大，运营周

---

[1]　四川省地方志编纂委员会：《四川省志·交通志》（下），四川科学技术出版社，1995 年，第 190－191 页。

[2]　中国南车集团资阳机车有限公司：《岁月如歌　中国南车集团资阳机车厂 40 年　1966—2006》，中国铁道出版社，2006 年，第 37 页。

期短，甚至在部分路段发生了前后机组分别或先后因故障停车的状况，多次"途停待援"，使得机车本身的先天不足暴露出来。因此，东方红4型机车面临被淘汰的危机。1982年，铁道部决定停止东方红4型液力传动干线内燃机车的生产。这对资阳机车厂造成了巨大压力，面临转产改造的挑战。铁道部要求资阳机车厂转产东风4型电传动干线内燃机车，并对其进行技术改造。1983年，该厂试制出第一台东风4型机车。此次转产意义重大。首先，这不仅仅是对资阳机车厂生产任务的调整，还是应对铁路运能紧张以及内燃机车产能不足问题的尝试。其次，停止柴油机以及液力传动内燃机车的试制与制造，改产电力传动内燃机车，结束了长期以来关于大功率内燃机车发展是用电力传动还是用液力传动的争论。

1985年12月，铁道部对工厂实行厂长负责制，标志着机车厂体制改革迈出重要一步。改制之后，资阳机车厂展现出更为强大的实力。1985年该厂生产东风4型机车20台、东方红5型机车307台，用户遍及全国26个省、市、自治区的25个铁路机务段，以及部分冶金、石油、矿山、港口等企业。此外，该工厂还制造出180系列增压器、高压油泵及喷油器、各型曲轴、齿轮、连杆等配件，不仅供全路需求，还有少量供出口。[①] 1989年，资阳内燃机车工厂名列中国500家最大经营规模企业之一。"七五"期间生产能力达到年产100台东风4型内燃机车设计纲领，"八五"期间在实施中国铁路机车辆工业总公司"立足铁路、面向全国、走向世界"的战略方针中，年生产能力超过查定能力8%，实现生产销售内燃机车859台（其中出口泰国8台），比"七五"增长58.5%，上缴利税15 523万元，比"七五"增长216%，创外汇404.8万美元。[②]

1998年，受亚洲金融危机影响，国内机车市场紧缩，机车厂的产量有所下降。为扭转被动局面，该厂试制成功东风8B型机车。进入新世纪之后，国内铁路机车市场进一步紧缩。2000年，机车车辆购置费缩减，铁道部对

---

① 四川省资阳县志编纂委员会：《资阳县志》，巴蜀书社，1993年，第332-333页。
② 成都铁路局志编纂委员会：《成都铁路局年鉴 1997》，中国铁道出版社，1997年，第465页。

内燃机车的采购量降至 450 台，是"九五"期间最低的一年。严峻的经营形势下，机车厂效益受损，职工收入减少。机车厂不得不采取春节放长假 20 天的方式，实行大面积轮流息工，职工只拿基本工资。[①] 工厂发展面临严重危机。在此情况下，机车厂化被动为主动，提出了建设"三大制造基地"的发展战略构想，即建设"内电并举、以内为主的机车制造基地，以系列柴油机商品化生产为主的动力制造基地，以曲轴、齿轮、连杆、增压器、调速器等重要配件为代表和锻压产品为优势的机器零部件制造基地"。

从这一构想的内容来看，有三个特点：一是聚焦轨道交通装备的生产，这是工厂一以贯之赖以生存和发展的主业；二是调动工厂一切资源，全力实现动力商品化，在继续做好机车用柴油机系列化基础上，快速进入燃气发动机、柴油发电机组和船舶辅助柴油机等领域；三是打入非机车车辆领域，形成机器零部件产业群。由此来打造机车厂的经营特色，提高核心竞争力，以形成专业化的制造公司。就在这一年年底，在全厂上下的努力下，在株洲电力机车厂、成都铁路局、大同机车厂等兄弟单位的大力支持和帮助下，机车厂试制出韶山 3 型电力机车，开始了电力机车的制造。

与此同时，机车厂还非常注重产品的质量管理。该厂质量管理认证体系建立于 1996 年，1997 年 12 月正式通过了中质协质量保证中心按照 ISO9001：1994 标准进行的质量管理体系认证。2002 年 7 月，公司按照 ISO9001：2000 标准重新编制了质量手册和程序文件，以顾客为关注焦点，制定了"满足顾客要求，实践精细文化，持续改进品质，奉献一流产品"新的质量方针。2002 年 12 月通过了中质协质保中心按照 ISO9001：2000 标准进行的换版审核认证。质量管理体系审核范围覆盖了公司生产的内燃机车、电力机车、城轨车辆和机车车辆配件的设计与制造。以 ISO9000 质量管理体系为基础，公司相继通过了国家质量技术监督局按 ISO10012 标准进行的"企业完善计量检测体系"复评认证，2004 年 11 月通过"国家实验室认

---

① 中国南车集团资阳机车有限公司：《岁月如歌　中国南车集团资阳机车厂 40 年　1966—2006》，中国铁道出版社，2006 年，第 65 页。

可"的认证。① 质量认证系统的建立极大地推动了资阳机车厂走向世界，对该厂开辟国外市场提供了直接的帮助。资阳机车厂生产的机车出口到泰国、越南、土库曼斯坦、苏丹、南非、哈萨克斯坦等国家，是土库曼斯坦、越南最大的机车供应商，成为驰名中外的机车制造企业。

2006 年，工厂开始整体改制，建立多元投资主体的现代企业。同年 5 月，中国南车集团资阳机车有限公司正式成立。新公司是中国南车集团公司以所属资阳机车厂现有主业实物资产出资，联合新力博交通装备投资发展有限公司和资阳市国有资产管理委员会共同出资组建的法人治理结构健全的现代企业。公司注册总资本 7.1 亿元，主营业务包括各型机车、动力装置及其各类关键零部件的制造、销售与服务。② 至此，经过 40 年的建设发展，工厂目前已成为 21 世纪初我国最大的重载货运内燃机车和调车内燃机车研制基地。截至 2006 年 4 月底，工厂共生产各型机车 4029 台，累计创产值 162 亿元，为我国铁路运输事业的发展作出了突出贡献。

三、货车制造

西南地区的货车制造主要依靠铁道部眉山车辆厂（现中车眉山车辆有限公司），该厂建厂过程异常艰辛，通过全体职工的不断努力，情况渐渐好转，成为西南地区唯一生产各类货车以及机、货车制动机的专业性工厂。20 世纪 60 年代，党中央作出三线建设重大战略决策，为调整铁路工业布局，加强内陆地区铁路工业实力，铁道部决定在成昆铁路思蒙车站（眉山市东坡区崇仁镇）附近新建一个制造铁路货车的大型企业。于是，眉山车辆厂"诞生"。

工厂于 1966 年开始筹建，其设计生产规模为：年造货车 3000 辆，以

---

① 《南车资阳机车有限公司认证体系》，南车资阳机车有限公司官方网站，http://www.zyloco. com/thread-168-1/。

② 《南车集团资阳机车厂整体改制后成立有限责任公司》，中华人民共和国中央人民政府网站，http://www.gov.cn/govweb/jrzg/2006-05/18/content_284005.htm。

P13 型棚车和 65 吨敞车各半为代表产品。同时，年产货车制动机及各种塞门 4000 辆件、机车制动机 300 台件、各种铸钢件 2 万吨。[①] 确认筹建之后，立马进行了勘测设计、和施工准备工作。但是由于对三线建设对工业工厂所提的"靠山、分散、隐蔽"的认识不同，工厂的平面设计经过多次修改仍然不能确定。直到 1970 年，交通部才对此作出批复，并将上报的方案作了较大的调整，且因此增加了近 65% 的计划投入资金。

施工建设前期，由于受到"文化大革命"的干扰，进度十分缓慢，4 年时间才完成全部投资总额的 6%。不过多次斟酌的建厂方案比较合理，1974 年，制造车间主厂房以及中心实验室顺利建成，已经初步形成了生产能力。眉山厂随即执行边设计、边施工、边生产的方针，该年就试制生产 C62M 货车 51 辆，改写了西南地区不能生产货车的历史。1975 年，铸钢车间的电炉安装完成并投入生产，当年铸钢 800 多吨。虽然距离工厂主体建设仍然有很大差距，但是铸钢车间的竣工，使工厂从铸造钢铁毛坯到精加工零件，再到组装完成产品的基本产业链形成，一定规模的生产系统建立起来。为了加快工厂建设速度，尽快进行正规生产。1979 年 3 月，工地指挥部发动群众力量，如职工家属、民兵等，和全厂职工一起参加施工大会战，工厂的主要建设项目在 1979 年终于基本完成，随后的收尾工作一直进行到 1981 年。由于施工战线拉得过长，原本计划投入 5760 万元建设的眉山厂，用了高达 9000 多万元的资金方才建设完成。

建设完成之后，工厂立即进行了整顿，活力十足，迅速融入改革开放的浪潮。此前的艰难修建过程并未影响职工的生产热情，反而在 20 世纪 80 年代即工厂建成投产的头十年取得了可喜的成就。1984 年产量突破设计能力，超过 3000 辆，产值突破亿元，利润突破 1000 万元，成为全国铁路机车车辆企业中较快达到设计能力的工厂。1985 年，推行厂长负责制。随着改革措施不断出台和企业管理水平的提高，工厂的生产能力和经济效益大幅度增

---

① 四川省地方志编纂委员会：《四川省志·交通志》（下），四川科学技术出版社，1995 年，第 192 页。

长。从1982年到1987年，工厂的货车产量年递增12.87%，工业总产值年递增17.23%，实现利润年递增57.84%。1988年与1987年比，货车产量增长11.6%，工业总产值增长22.2%，全员劳动生产率增长20.8%，实现利润增长49.8%，出厂车返修率连续9年为零，安全生产连续3年消灭了重大伤亡事故，达到了新的水平。1989年，工伤频率已降到1.07‰，大大低于国家规定的5‰的指标。国家级企业标准规定的产品质量、物资消耗、经济效益三类18项指标全部达到国家二级企业标准，有17项指标达到国家一级企业标准。①

　　进入20世纪90年代以后，眉山厂围绕着科技兴厂的战略，主要进行技术改造、新产品研发以及对外出口，成为具备自主研发能力和具有综合生产能力的设计和制造铁路货车和制动配件的主要企业。首先，从1989—2005年，先后进行了多次技术改造。1989年实施制动机技术扩能改造，从西班牙、德国、美国等国家引进先进设备和加工工艺，成功研发货车空气分配阀——120阀，并达到年产120阀2万套。1993年启动C64型货车的扩能改造，改造目标是将年生产能力从4000辆提高到6000辆。改造工程历时两年，于1995年完成。改造完成之后，工艺流程更加合理，生产质量得到提高，生产水平迈入国内先进行列。1996年开始，对棚车生产与部件工艺进行多项改造。两年内，先后进行了包括货车生产焊接自动化工艺、二氧化碳混合气体保护焊、风缸自动化应用等在内的91项技术进步项目。2003年之后，该厂利用世界银行贷款项目和国债项目，继续加大对产品开发和生产工艺等方面的技改投资，技术水平不断优化。

　　其次，眉山厂加大了新产品研发力度。货车制造上，工厂先后设计制造了C31型1000毫米轨距米轨敞车、C64型敞车、P31型米轨棚车、N31型平车、L18型粮食漏斗车、G70K型轻油罐车和K18AK型煤炭漏斗车等货车，货车制造的种类和质量直线上升。为配套提速的货车，2005年，该厂自主研制开发160公里/小时快速货车转向架，以适应新型的运行速度为160公

---

　　① 《当代四川》丛书编辑部：《当代四川铁路》，四川人民出版社，1993年，第164-165页。

里/小时的快速货车。在工厂另一主要产品制动机的制造上，通过长期自主研发，到 2004 年，制动机产品有 120 型货车空气分配阀、104 型客车分配阀、DK-1 型机车阀、旋压缸及具有自主知识产权的 TWG 型空重车制动调整装置和 KH 型快运货车制动系统等产品。[①] 该厂还针对国外需求，针对性地进行产品开发。缅甸和泰国修造米轨铁路时，该厂就根据实际情况，为缅甸设计并制造米轨甘蔗车和木材车，为泰国研发了水泥罐车、集装箱平车以及油罐车。巴基斯坦境内为 1676 毫米轨距的列车，眉山车辆工厂就开发出能在该轨距上行驶的 P60-PAK 型棚车、C60-PAK 型敞车以及 S93-PAK 型守车，并出口巴基斯坦。

再次，针对国内市场铁路货车需求量减少，眉山厂利用自营进出口经营权，开拓国际市场，扩大自营出口，开辟南美、非洲市场，全年与纳米比亚、委内瑞拉签订铁路货车出口商贸合同 4 份，签约额 1145 万美元。其中与纳米比亚签订出口 30 辆油罐车商贸合同，当年完成生产出口。与委内瑞拉签订的合同，当年完成生产出口矿石敞车 150 辆，次年完成生产出口矿石敞车 100 辆、矿石漏斗车 175 辆和侧翻车 20 辆。12 月 15 日，与委内瑞拉签订出口 75 辆漏斗车商贸合同，2005 年全部完成生产出口。2005 年 1 月 22 日，与委内瑞拉签订出口 150 辆矿石敞车、20 辆侧翻车、100 辆漏斗车商贸合同，当年完成生产出口。同年 4 月 20 日与苏丹签订出口 80 辆敞车、平车商贸合同，5 月 10 日与苏丹签订出口 70 辆敞车、平车商贸合同，两项合同均于次年完成生产出口。6 月 17 日，与澳大利亚签订出口 100 辆集装箱平车商贸合同，当年完成生产出口，产品首次进入发达国家。[②] 通过不断地技术改造，增产扩能，眉山机车厂生产能力迈入全国前列，产出的产品也走向了世界。

---

① 成都铁路局史志办公室：《成都铁路局年鉴 2005》，中国铁道出版社，2005 年，第 413 页。
② 四川省地方志编纂委员会：《四川省志·铁路志（1986—2005）》，方志出版社，2018 年，第 554 页。

四、铁路电务设备

铁路电务设备包括铁路信号与通信设备。铁路信号是保证行车安全，提高区间和车站通过能力以及编组能力的自动控制及远程控制技术的总称，其主要功能是保证行车安全，提高运输效率。[1] 铁路信号包括信号系统和信号设备、器材[2]两个层次，其中铁路信号设备通过相互组合形成铁路信号系统。铁路通信设备则是为完成铁路公务联络的各种通信设备，其主要特点是覆盖整个铁路沿线，按传输媒质分为铁路有线通信和铁路无线通信，按应用范围分为铁路长途通信、铁路地区通信、铁路区段通信和铁路站场通信。[3]

1953—2008 年，四川铁路信号通信设备经历了翻天覆地的变化。铁路信号操纵模式由过去的机械操作转变为计算机自动控制阶段，极大地提高了效率。铁路通信也从电磁电话发展成为铁路统一的专用通信网。铁路信号与通信的发展，对保障运输安全和调度指挥发挥了重要作用。成都铁路局铁路信号、通信设备以及电务设备管理机构都经历了由小变大的过程，体现着四川铁路电务设备更新换代、电务设备管理力量不断增强的动态变化。

电务设备管理维护机构逐渐壮大。1953 年重庆铁路管理局内设电务科，下设九龙坡和成都电务段，负责局内的各类通信信号业务。此后 8 年时间，先后成立绵阳电务段、广元电务段、内江电务段和直属通信段，局电务科也改为电务处。1965 年成都铁路局分别成立成都、重庆两个分局，并在分局内部设置电务科，与此同时，电务处也有职权机构改为职能机构。此后，电务处随着成都铁路局的变动增添或撤销了相应的电务段。至 1988 年末，电务处设通信、信号、技术、无线机要科，调度室、试验室。全局共有 17 个

---

[1]　林瑜筠主编：《铁路信号基础》，中国铁道出版社，2019 年，第 4 页。

[2]　信号系统包括车站联锁、区间闭塞、列车运行控制、驼峰调车控制、行车调度指挥控制、道口信号、信号集中监测等系统。信号设备、器材包括继电器、信号机、轨道电路、转辙机、控制台、电源屏等。

[3]　夏征农、陈至立主编：《大辞海　交通卷》，上海辞书出版社，2015 年，第 368 页。

电务段和 2 个通信段。段下设领工区，17 个无线领工区，75 个信号领工区，76 个其他领工区；1080 个基层生产班组，其中通信 424 个、无线 75 个、信号 452 个、电话所 55 个、电报所 67 个、电台 7 个。[①] 电务机构的设置已经趋于完善。

改革开放以后，随着融入市场经济的紧迫要求，成都铁路局提出"多元化经营，一体化管理"的战略部署，电务处紧紧抓住机遇，率先进入市场，充分把电务系统的力量凝聚起来，于 1996 年 3 月 19 日正式成立了成都铁路局电通总公司，下设办公室、计财部。成都铁路局电通总公司直接受管委会领导，重大决策由管委会决定。该公司下属共有 8 个独立核算的经济实体：成都铁通集群公司、西南程控中心、西南寻呼总台、电通开发公司、电通汽车租赁公司、中国联通铁路营业厅、成铁家电营业厅、新都电务培训中心。电通总公司成立之后，立即制定了公司章程和各种管理制度，公司迅速步入正轨。成立当年，电通总公司全年完成局下达的营业收入 1000 万元，上交路局工资额 20 万元，实现利润 15 万元的指标，经济效益上初见成效。[②]

为进一步深化改革。1999 年 8 月，成都铁路局决定组建成都铁路通信信息有限公司，并于 8 月 19 日正式挂牌成立。成都铁路通信信息有限公司为局属企业，负责路局通信资产的使用、经营、开发和管理。路局全部通信从业人员（含电通总公司，通信建设指挥部）整建制划入该公司。[③] 同年，公司实行内部资产经营责任制，总公司与各分公司签订了经营承包责任书，并要求各分公司主要负责人交纳风险抵押金，完成年度任务后返还，并追加与抵押金同数额的奖金。此方法充分激发了经营责任者的积极性。1999 年，成都铁路通信信息有限公司完成实际经营收入为 1.09 亿元，利润 325 万元，分别为年度计划的 3.11 倍和 2.03 倍。

---

① 成都铁路局史志编纂委员会：《成都铁路局志（1903—1988）》（上），中国铁道出版社，1997 年，第 400 页。

② 成都铁路局志编纂委员会：《成都铁路局年鉴　1997》，中国铁道出版社，1997 年，第 213 页。

③ 成都铁路局年鉴编委会：《成都铁路局年鉴　2000》，中国铁道出版社，2000 年，第 194 页。

进入 21 世纪，铁道通信信息有限责任公司四川分公司（以下简称"铁通公司"）在原成都铁路通信信息公司的基础上，于 2001 年 3 月 9 日正式成立，由铁通公司直接管理，授权负责四川省范围内的公众电信业务及成都铁路局范围内的铁路专用通信业务，同时接受四川省电信行业主管部门的行业管理。[①] 通过建章立制、稳定运营、改造网络等过渡措施，公司实力进一步提升，基本满足了铁路对通信专网的需求。而后，因铁道通信信息有限责任公司由铁道部移交国资委管理，股权也全部划归国资委。

2004 年 8 月 20 日，铁道通信信息有限责任公司正式更名为中国铁通集团有限公司，四川分公司也正式更名为中国铁通集团有限公司四川分公司。该公司以"专用网 + 区域化"的战略核心为指导，围绕公司经营中心，开源抓增收，节流抓利润，解决问题抓管理，克服了资金短缺、成本紧张、市场竞争激烈等前所未有的困难，较好地完成了既定的经营、改革任务。[②] 四川铁路通信信号事业也向更加专业化、精细化方向发展，由改革措施有效，效果显著，面对 2008 年的经济危机，该公司仍然满足四川铁路对专业通信的要求。

铁路通信网逐步建立。成渝铁路为建成通车以前，四川铁路的通信设备相当简陋，运输通信基本以人工操作交换，綦江铁路上仅有少量的磁石电话。随着四川境内各国家铁路干线的建成，四川铁路专用的通信网才逐渐建立起来，通信设备的自动化程度也逐步提高，在通信线路、通信设备和专用通信三方面得以体现。

宝成铁路建设过程中，沿线埋杆架空明线，此时的通信线路仍然十分简陋，明线由木电杆和铁线、铜线构成。1958 年，在成都和西安间开通了 3 路载波机，沟通了北京至成都之间的有线干线电路。随后，在成都至西安、重庆、内江和广元的路线间先后开通了 12 路载波机。使成都铁路局电路数量成倍增长，通信覆盖率大幅增加，通信能力也显著增强。随着业务发展，

① 成都铁路局志史志办：《成都铁路局年鉴 2002》，西南交通大学出版社，2002 年，第 338 页。
② 成都铁路局史志办公室：《成都铁路局年鉴 2007》，中国铁道出版社，2007 年，第 246 页。

通信能力日益紧张，新增设备已难以跟上形势的发展，1979 年，四川铁路在原先试验采用在一对明线上开通 3 路和 12 路载波机的基础上，再加开通 12 路载波机，为通信开创了一条扩容新路。[①] 为解决明线质量得不到保证，安全性能不高的问题。1968 年，以宝成铁路电气化改造为契机，逐渐开通对称长途电缆。1975 年，宝成铁路四川段长途通信电缆全段开通。

电缆覆盖率增加之后，1985 年，成都铁路局对通信自动化作出初步探索。在宝成和成昆铁路部分区段利用对环路载波进行试验，并利用对称低频线对成功构成环路，开通环路载波。同时，在成渝铁路沿线利用三路载波机及接口设备为各站安装了自动电话。20 世纪 90 年代初期，铁道部电务技术装备政策提出要大力发展光缆技术。四川铁路立即开始建设光缆线路，建设长度逐年递增，到 2000 年，四川境内国家铁路光缆总长达到 7529 皮长公里，并以更快的速度继续增长。通信设备逐步现代化。传输设备由进口电子管单路或 3 路载波机更新为中兴公司 S360，建成了完整的先进的电信传输系统网络。交换设备由人工交换更新为纵横式交换机，进入新世纪以后，采用更为先进的程序控制交换机。专用通信线路里程成倍增长，设备功能更加齐全。铁通四川分公司搭建出铁道部至铁路局高清可视电话会议系统。四川铁路通信更加自动化、专业化、智能化。

铁路信号设备也不断更新。成渝铁路通车初期全线各站未设出站信号和预告信号，只设 3 个木制预告牌代替预告信号。从 20 世纪 50 年代起，各线相继建成能确保行车安全的信号、联锁及闭塞设备。经过 30 多年的建设，到 1985 年省内各条铁路干线的联锁设备已由机械为主发展到电气为主，电话闭塞及电气路签闭塞也更新为半自动闭塞，机车信号在干线上大量使用，非机械化驼峰、调度集中、大站遥控等设备也先后采用。[②] 列车调度更加流畅合理，信号设备的更新换代也为安全事故的减少作出了贡献。2003 年，四川铁路开始建设调度指挥管理信息系统（以下简称 DMIS 系统），宝成、

① 《当代四川》丛书编辑部：《当代四川铁路》，四川人民出版社，1993 年，第 302 页。
② 四川省地方志编纂委员会：《四川省志·交通志》（下），四川科学技术出版社，1995 年，第 141 页。

成渝、成昆、襄渝铁路 4 条干线，渡口支线、成都铁路枢纽和成都铁路分局调度中心先后建成并开通 DMIS 系统。DMIS 系统采用现代信息技术，将通信、信号、计算机、网络、数据传输、多媒体技术融为一体，构成网络，取代运输部门沿用的人工作业运输指挥方式，实现由计算机网络系统直接完成阶段计划调整、调度命令生成和下达、列车运行状况和信号设备状态的采集和显示等功能，全面提高调度指挥管理水平、运输能力和铁路服务社会的质量。①

虽然四川铁路各类运输装备工业的起步时间不尽相同，但是在铁路发展需要不断增加，对运输装备质量要求逐渐攀升的现实状况和各个铁路运输装备企业全体职工的努力下，四川的运输装备工业不断发展，跟上了铁路的发展步伐。大部分企业的实力位居西南地区第一、全国前列，在满足铁路运输需要的同时，自身的发展也取得了长足的进步。

第二节　中小铁路企业不断崛起

四川铁路工业企业除三家大型机车车辆工业企业之外，还有由成都铁路局、中铁二局等单位所办的中小企业。改革开放之前，这些企业主要围绕其主业需要而制造、修理各种铁路器材、配件、机械设备、桥梁轨枕、养路与装卸机械等产品。改革开放以后，为适应市场化需求，这些企业也开始不断进行技术改造、调整结构、开发新产品，探索局外和路外市场，生产规模和销售市场不断扩大，实力显著增强。总之，不管其企业结构如何变化，它们在四川铁路的发展进程中都发挥了不可磨灭的作用。

---

① 四川省地方志编纂委员会：《四川省志·铁路志（1986—2005）》，方志出版社，2018 年，第 365 页。

一、铁路器材及配件修造

为满足三线建设需要，合理布局铁路工业以满足铁路需求。铁道部以及成都铁路局先后筹建了 7 个工厂。这一批铁路工厂是为保证铁路运输生产而建立的，分别生产电务、工务、机车、车辆配件及器材。按功能分为三类：生产通信信号器材的资中通信工厂、广汉通信信号工厂，生产工务配件的隆昌工务工厂、成都焊轨厂，主产机车车辆配件的成都车轮厂、重庆配件厂以及资阳配件厂。

第一，通信信号器材。铁道部于 1968 年决定在四川新建通信信号工厂，并安排北京、沈阳、西安和上海信号工厂组成选厂工作小组，赴四川考察，因为未能选出条件理想的厂址，当年未能启动修建工作。1969 年铁道部又委托中铁二院负责筹建。同年 8 月，中铁二院成立建厂筹备组并选定原中铁二院资中材料厂为基地建厂。后经在上海开会讨论，由北京、上海两厂协助拟定建厂规划和工艺设计，同时由中铁二院派人去上海厂培训学习。初步拟定的规划为通信、信号产品共有四大类，总投资为 1500 万元，定员 1865人。1970 年因国家经济计划调整未能在国家计划中立项，改为铁道部控制项目，总投资改为 300 万元。1973 年工厂基本建成，命名为第二铁路设计院资中通信信号工厂，具备了生产条件，开始试生产薄膜电容、铁氧体磁性瓷和电缆加感箱，同时着手研制载波设备。[①] 1974 年，该厂正式投入生产。因厂房与设备不配套，原定生产移频自动闭塞器以及其他 14 种元件改为生产明线中距离载波机、集中电话机以及少量原件。1977 年 12 月该厂划归铁道部管理，改名铁道部资中通信工厂。后因资中地理位置不利于该厂发展，经铁道部与四川省委协商决定，将该厂迁至成都。迁厂工作分为两期，于1993 年迁移完毕，同时更名为成都铁路通信设备工厂。通过不断发展，1993 年，成为全国 500 家最大电子通信设备企业之一。

---

① 本书编辑委员会：《中国铁路通信史》，中国铁道出版社，1999 年，第 485 页。

　　为适应四川铁路线路增多而日益提升的对通信信号配件需求，1968 年，成都铁路局在广汉筹建了电务修配厂。1970 年该厂建成运营，开始试产直流升压机，并逐年扩大生产规模。1977 年，成功制成红外线轴温探测器，填补了国内车辆专用测试装置的空白，经铁道部鉴定后，开始大量生产，成为该厂的品牌产品，其产值约占全厂总产值 70%。到 1985 年，其工业总产值为 2181.4 万元，实现利税 437.5 万元，效益可观。1986 年，该厂更名为广汉通信信号工厂。1999 年年末，全厂固定资产原值 1553.7 万元，产品销售收入 1748.8 万元，实现利润 49.7 万元，职工人数 245 人。进入 21 世纪，该厂继续发挥企业品牌作用，形成了红外线轴温探测系统设备的研发、生产、销售和售后整条服务链，其产品应用于多个铁路局和铁路公司，推动了全国铁路推广使用红外线探测轴温技术。

　　第二，工务配件。1966 年，成都铁路局为推广无缝线路焊接长钢轨技术，在成都八里庄兴办了成都焊轨厂。因为成昆铁路的修建准备采用此项新技术，但是成昆铁路线路复杂，有许多问题需要通过试验解决，所以在许多相关单位的协作下，该厂于当年 9 月就建成。工厂建成后，随即开始了试焊工作。制造了 125 米和 250 米双层长轨运输列车，测定了适应山区新建铁路铺设无缝线路的设计参数。从 1966 年开始，先后在成昆线青龙场至彭山间一般路基地段、九里至沙湾间小半径曲线地段、青衣江特大桥上试铺了无缝线路 150 余公里，并进行了原轨焊铺试验。[①] 成都焊轨厂一经建立就发挥了巨大作用，对初步探索在山区新建铁路扩大铺设无缝线路的范围作出了贡献，为我国铺设无缝线路提供了非常重要的技术资料。从成昆铁路的建成通车与长期运营结果来看，成都焊轨厂的焊接技术与质量都是值得认可的。1973 年，该厂进行了扩建工程，并添置了许多生产设备，生产规模进一步增大，开辟了工务配件产品模块，工厂业务范围进一步扩大。2005 年 4 月，该厂更名成都铁路局焊轨段。2007 年，该段拥有固定资产 10 779 万元，设

---

　　① 成昆铁路技术总结委员会：《成昆铁路 第二册 线路、工程地质及路基》，人民铁道出版社，1981 年，第 334 页。

有 7 个职能部门、4 个生产车间、下设 13 个生产班组，职工现员 310 人。[①]
该年焊轨段加强了新产品开发的同时，完成了生产任务。全年完成工业总产值 8403.6 万元，实现销售收入 1.56 亿元。

　　成都焊轨厂主要负责钢轨的焊接，而建成铁路还需要大量的工务器材。1967 年，铁道部在成渝铁路隆昌车站附近筹建隆昌工务器材厂。1970 年工厂开始动工，设计年产各类工务器材 18 300 吨。但是由于当时的建厂工作和生产都不正常。初期建设项目 22 项，安装设备 273 台（套），由于缺乏总体规划，生产产品不能相对稳定，从 1971 年开始生产，直到 1975 年，只能生产少量的道钉、鱼尾螺栓及车辆用紧固件。1976 年以后，经过不断改扩建和产品工艺改进，从 80 年代起才略有起色。[②] 1984 年工厂开始探索实行厂长负责制，逐步符合企业现代化管理和社会主义市场经济的要求，给工厂发展增添了活力。1985 年，工厂年产弹条扣件 110 万套、鱼尾螺栓 500 吨、紧固件 801 吨，优质产品占 91%，工业总产值高达 1600 万元。第二年，工厂年产螺纹道钉、鱼尾螺栓、标准紧固件等 11 200 吨。历年累计利润税金达1996 万元，超过国家历年累计投资 50.3%。而后工厂继续进行改革，通过竞争上岗，各部门能招录到高素质、高质量的人才。正因为如此，该厂2001 年被选定为"铁道器材开发中心研究发展基地"，2005 年成立的技术中心被认定为省技术中心，2008 年被认定为国家高新技术企业。

　　第三，机车车辆配件。20 世纪 50 年代末，铁道部将机车、车辆配件的生产任务交给铁路局，自给自足。成都铁路局在六七十年代先后建立了成都机车车辆配件厂、资阳内燃电力机车配件厂（1980 年更名为资阳配件厂）、成都车轮厂，分别生产蒸汽机车车辆配件、电力机车配件，负责轮对新组装、新轮轴换件修、旧轮轴拼修和轮对检修等任务。成都机车车辆配件厂由于机构调整，与重庆工程机械制造厂组成重庆配件厂，于 1962 年投入生产。3 个工厂投入生产之后，都迅速为机车车辆制造提供了优质配件，发挥了重

① 成都铁路局史志办公室：《成都铁路局年鉴　2008》，中国铁道出版社，2008 年，第 291 页。
② 庄正主编：《中国铁路建设》，中国铁道出版社，1990 年，第 399 页。

要作用。

为了更好地为铁路生产服务，3个工厂都于2004年进行了合并重组。资阳配件厂与重庆配件厂合并重组，分别更名为成都铁路局重庆机器制造厂资阳分厂和重庆分厂。资阳分厂在合并当年，就建成投产精密铸造线，完成ZY6电液转辙机及配件和新型材质钩尾框的工艺验证。2005年，该厂开发的接触网零部件、电液转辙机等产品成为新的经济增长点，全年完成销售收入4611.36万元，创历史新高。产品销售全国24个省、市、自治区的12个铁路局和一些矿山、航运等企业。① 成都车轮厂则先与成都东车辆段、广元车辆段合并，又于2006年3月20日再次与重庆西车辆段和西昌车辆段合并，统称成都东车辆段。虽然经历了合并，但是成都车轮厂仍然继续在为机车车辆的维护工作奉献力量。

二、混凝土制品工业

三线建设时期，四川铁路迎来第二次建设高潮，尤其是成昆铁路的修建需要新建大量的桥梁，导致对混凝土桥梁与混凝土轨枕的需求陡然上升。当时仅有铁道部第二工程局桥梁工厂能生产混凝土制品，显然不能满足铁路建设需求。于是，铁道部和成都铁路局先后建设了铁道部基建总局成都桥梁厂、养马河桥梁厂和成都铁路局黄许镇轨枕厂，配合此前的中铁二局桥梁工厂，不仅保证了四川境内各大干线的成功修筑，还提升了四川铁路工业的整体实力。

中铁二局桥梁厂是四川域内的第一个铁路桥梁工厂，前身为西南铁路工程局在内江设立的工厂。成立之初，设备简陋，效率低下，仅能利用人工操作，生产10米出头的普通钢筋混凝土丁字梁。随后工厂迁至成都，扩建完成后更名为中铁二局桥梁厂，1953年该厂投入生产。1958年，工厂再次扩

---

① 四川省地方志编纂委员会：《四川省志·铁路志（1986—2005）》，方志出版社，2018年，第568页。

建之后，实现了半机械化生产，次年开始制造 23.8 米及 31.7 米的预应力梁，供成昆铁路使用。1964 年，为了满足中铁二局铺设成昆铁路长隧道新型道床需要，开始生产预应力轨枕板。20 世纪 60 年代中期，该厂制梁工艺水平已有很大提高，其生产过程已全部实现机械化。[①] 先后改称中铁二局水泥制品厂、混凝土制品厂、103 厂、物资处桥梁工厂、路桥公司，1998 年更名为中铁二局集团路桥公司，主要为该局承建的铁路工程生产钢筋混凝土桥梁及其他混凝土制品。该厂成立以后，为四川域内多条铁路干线、支线的修建制造各种类型的桥梁，多次承担铁路桥梁技术突破性试验，为铁路桥梁技术的进步作出了突出贡献。

铁道部成都桥梁工厂位于成都市青白江区大弯镇，为生产铁路桥梁预制构件的专业性工厂。前身为 1958 年兴建的金堂混凝土制品厂，次年进行扩建。1961 年设计生产能力达到年产轨枕 60 万根，电杆及管桩 2.8 万根，预制桥梁 500 孔。1965 年西南三线铁路急需上马，再次扩建，更名为成都混凝土制品厂。1966 年 3 月更名为铁道部基建总局成都桥梁厂，有职工 900 人，其中固定工人 200 余人，其余为轮换工。[②] 同年 4 月试制成功第一片跨度为 31.7 米的钢筋混凝土桥梁。1969 年，该厂基本建成，预设计年产轨枕 60 万根，桥梁 500 孔，1996 年改造后年产轨（岔）枕 50 万根，桥梁 260 孔。改革开放以来，工厂遵循对外开放的原则，从 1980 年至 1989 年先后派出 410人次分别到伊拉克、利比亚等国提供劳务输出，1983 年至 1989 年还派出144 人次分批到科威特 KPBC 工厂承包预制钢筋混凝土构件工作，工厂获利417.3 万元，创汇 82.2 万美元。1983 年和 1990 年各有两台龙门铺轨机出口到非洲的博茨瓦纳。[③]

2003 年 12 月 22 日，由原成都铁路局、昆明铁路局各自所属的工程集团

---

① 四川省地方志编纂委员会：《四川省志·交通志》（下），四川科学技术出版社，1995 年，第 194 页。

② 成都市交通局、中国民用航空西南管理局、成都铁路分局、四川省地方铁路局彭州分局：《成都市交通志》，四川人民出版社，1994 年，第 195 页。

③ 张家文主编：《成都经济地理大辞典》，天地出版社，1996 年，第 547 页。

以及中国铁路工程集团有限公司所属的成都桥梁工厂等单位组建成立了中铁八局，成都桥梁工厂正式更名为中铁八局集团成都桥梁工厂。由于此前的人才培养和技术引进工作一直开展，加上重组顺利实现，该厂的技术实力明显增强。2006年，该厂生产的提速道岔用新型混凝土岔枕，采用长线台座生产工艺，不仅具有设备投入少、钢模投资少和劳动力用量少的特点，生产出来的产品质量还十分稳定，为国内首创。重组前后，该厂的产品主要应用于成昆铁路、达成铁路、宝成铁路复线等多条四川域内的国家铁路干线建设。经技术改造、设备更新和新产品开发，工厂成为大二型综合国有企业，形成了铁路桥梁、混凝土轨枕、无砟轨道板及机械加工等系列产品。

养马河桥梁厂建成时间较晚，1969年开始筹建，1978年才正式建成投产。1969年12月，铁道兵在简阳县养马镇七里坝村成立"中国人民解放军第2664工程筹建处"，进行基本建设，第二年即开始小规模生产铁路钢筋混凝土桥梁。1977年7月，按审定项目全部建成投产。解放军总后勤部批准，列入军队企业化工厂管理序列，代号为"中国人民解放军第6620工厂"。1984年12月，国务院中央军委命令，铁道兵集体专业并入铁道部，工厂改称"铁道部工程指挥部养马河桥梁厂"。1990年10月，更名为"中国铁道建筑总公司养马河桥梁厂"。① 厂区规模是四川域内桥梁厂之最，达到40万平方米。工厂下设4个生产单位，另附属一个钢厂和预制构件厂，主要生产铁路桥梁及混凝土轨枕。1997年，该厂成为中国轨枕代表性企业之一，累计产量达到500万根，年产量达到单线生产50万根轨枕水平。从2000年4月开始，养马河桥梁厂的研制开发生产合格率、优良率均达到100%，并获得3项国家专利。2004年该厂更名为中铁二十三局集团养马河工程有限公司。该厂不仅支持了成昆、襄渝等铁路建设及部分地方铁路和专用线建设，还在上海参加"万人大战'磁悬浮'"，顺利完成了中国第一条磁悬浮高速铁路——上海磁悬浮列车示范运营线轨道梁开发预制任务。

黄许镇轨枕厂是四川地区唯一的大型专业制造轨枕的工厂，该厂于

---

① 养马区志编写办公室：《养马志》，1992年，第100页。

1971 年动工兴建，1978 年方始建成。工厂采取边建设、边生产的方针。在建设过程中，就采用土法制造轨枕、桥梁和轨枕板。1976 年，轨枕生产流水线建成试生产之后，该厂成为专门生产轨枕的企业。但是其生产水平一直达不到要求，因此成都铁路局对黄许镇轨枕厂的轨枕生产线进行了更新改造或加强完善，使生产能力大幅度提高。原本生产能力一直徘徊在 15 万根以下，距设计要求 30 万根尚差一半。生产线完善后，很快突破 20 万根，1988 年末产量已达 26 万根。此外，黄许镇轨枕厂对混凝土拌合工序采用连续灌注新工艺，实现了集中控制的改造，提高了效率和拌合质量，并结合粉尘污染治理，改善了操作环境。在推广使用减水剂后，不但节约了水泥，还提高了轨枕质量。[1] 1993 年，该厂更名为成都铁路局德阳轨枕厂，主要从事钢筋混凝土轨枕以及防腐木枕、橡胶配件的生产。随后德阳轨枕厂继续发挥专业优势，坚持以产品开发为龙头，不断适应铁路变化，开发出能满足铁路需要的各型混凝土轨枕。为各铁路局新开发了 CZ 系列、SC 系列、CHG 系列、专线用岔枕等 15 种岔枕，开发"贰线（05）3006"隧道用无砟轨道短枕、新Ⅱ型电容枕和双向带伸缩调节器的Ⅲ型混凝土桥枕等。[2] 通过持续快速的发展，德阳轨枕厂为四川铁路与全国铁路提供了轨枕产品，逐步成为西南地区铁路轨枕行业的知名企业。

另外，随着四川地方铁路的发展，在四川省地方铁路局成立后，于 1993 年在成都彭州市西郊乡陈家村投资兴建了四川省地方铁路局枕梁构件厂，1996 年正式投产。并先后生产 S-1 型、S-2 型轨枕、YⅡ-F 型轨枕，其中 YⅡ-F 型轨枕通过 ISO9000 质量管理体系认证，增强了该厂的竞争实力。生产的各型轨枕先后用于金筠铁路、泸纳铁路等多条四川地方铁路及达成铁路、达万铁路等合资铁路。截至 2005 年年末，该厂职工人数 127 人，总投资 2488 万元，占地面积 5.3 万多平方米，有厂区铁路专用线 2 条、轨枕生产线 1 条，拥有微机自动控制配料搅拌站 1 座、轨枕蒸汽自动养护设备

---

① 成都铁路局志编纂委员会：《成都铁路局志稿 综合篇》，1992 年，第 311 页。
② 四川省经济委员会：《四川工业年鉴 2007》，四川科学技术出版社，2007 年，第 180 页。

1 套、微机自动控制张拉和放张设备各 1 套等主要设备。厂实验室取得国家三级实验室资格证书,年生产轨枕能力为 20 万根。[①]

三、养路与装卸机械制造

新中国成立初期,铁路的养护工作主要靠人工完成。四川铁路跟全路情况一样,养路工作主要靠发动群众以及护路队完成,养路机械几乎没有。但是此时的四川铁路仍然在继续兴建,养路机械缺乏与日益增长的铁路营业里程之间的矛盾日益凸显。于是,成都铁路局于 1967 年开始筹建什邡养路机械厂,并于 1969 年建成投产,主要生产电动、液压捣固机。原设计年产 5000 台电动捣固机,1974 年,该厂就超过原设定年产量。其批量生产的 Z3G-250 型电动捣固机,经铁道部工务局批准为定型产品,在当时不仅满足了四川铁路对电动捣固机的需求,还在其他路局推广使用,成为我国铁路使用较早的养路机械之一。

1978 年,该厂开始试制小型液压捣固机。产品试制成功后,铁道部于 1980 年批准批量生产,至此,该厂转产制造液压捣固机,并逐渐形成规模。其研制生产的 XYD-2 型液压捣固机,在 1988 年广州首届国际专利技术及新设备展览会上获得银牌奖。通过技术改造,不断创新,该厂先后生产的 YQD-10 型液压起道器、YB-60 型液压拨道器、SYT-210 型液压试验台等设备都凭借过硬的质量先后成为铁路常用养路机具。2000 年该厂作为路局第一批改制试点企业进行有限责任公司制改造,改制为国有控股、职工参股的有限责任公司。2002 年 5 月更名为什邡瑞邦机械有限责任公司,发展成为液压捣固机、起道机、直动捣固镐转辙机等铁路工务专用设备的生产制造企业。

与什邡养路机械厂同一时间成立的成都铁路局广汉内燃机修配厂,是什

---

① 四川省地方志编纂委员会:《四川省志·铁路志(1986—2005)》,方志出版社,2018 年,第 576 页。

邡养路机械厂的广汉分厂。主要从事中小型铁路养路机械的生产与制造。
2002 年 1 月成都铁路局将"广汉分厂"改为独立建制，更名为成都铁路局
广汉机械厂。改制之后，工厂主导产品有 YQ-4 型液压起道机、YQ-4B 型
桥用型起道机、YQ-6 型液压起拨道机及各类货运施封锁、ZY 系列电液转
辙机、新型安装装置等。产品覆盖工务、电务、车务三大领域，出口越
南。① 2007 年什邡瑞邦机械有限责任公司吸收合并成铁广汉机械厂，进行扩
股，注册资本金 2348 万元，主要从事铁路专用设备的研发、制造、销售和
计算机软件的研发、销售。其销售布局分东北、西北、华北、华中、华南、
西南 6 个片区。② 两个养路机械制造企业再次合二为一，继续生产铁路养路
机械。

　　四川的装卸机械化起步较晚，很长时间内不能与铁路的发展相适应。成
渝铁路与宝成铁路相继建成后，四川全省只有十几台装卸机械，装卸机械的
作业完成量还不到总量的 1%。虽然之后因为铁路运输任务日益繁重，需要
运输的大型货物也不断增多，成都铁路局从国内其他地区以及苏联等国家引
进了一些装卸设备，使装卸机械数量达到 70 余台，但是相较于总作业量的
增长速度仍然是杯水车薪。20 世纪 70 年代初期，装卸机械的作业完成量也
仅仅只达到总量的 10%。1966 年，成都铁路局在成昆铁路的白家站筹建装
卸机械厂，并于 1971 年建成投产。开始试制大型起重机与装砂机和 1 吨集
装箱，同时定修 1 吨和 5 吨的集装箱。不久后，白家装卸机械厂改建了集装
箱车间及定修车间，生产能力进一步加强。从建厂投产至 1985 年，白家装
卸机械厂累计制造装卸机械 149 台，为提升四川铁路装卸作业机械化程度提
供了巨大帮助。1985 年年末，有职工 252 人，厂区占地 3.54 万平方米，房
屋建筑面积 1.62 万平方米。固定资产原值 174.4 万元，有工业设备 90 台。
1985 年生产集装箱 870 个，总产值 269.1 万元，利润 48.8 万元。③ 同年，四

---

　　① 成都铁路局志史志办：《成都铁路局年鉴　2002》，西南交通大学出版社，2002 年，第
377 页。
　　② 成都铁路局史志办公室：《成都铁路局年鉴　2012》，中国铁道出版社，2012 年，第 316 页。
　　③ 四川省双流县志编纂委员会：《双流县志》，四川人民出版社，1992 年，第 287 页。

川铁路装卸机械作业量达到 1262.5 万吨，机械作业比重提升至 26.1%，两项数据分别是该厂建成之初的 5.3 倍和 2.4 倍。虽然与当时全路的装卸机械化水平还有一定差距，但是能看出的是，四川铁路装卸机械化也取得了较大的发展。

进入 20 世纪 90 年代以后，该厂采用新技术新工艺致力于新产品开发和产品升级换代，主要产品扩展为：5 ~ 75 吨单梁、双梁电动门式起重机、5 ~ 125 吨双梁电动桥式起重机、10 吨以下单梁电动桥式起重机、装砂机及卸煤机、20 吨以下装卸桥、8 吨以下固定式简易起重机、电气化钢支柱及电化件。所生产的各类型门式、桥式装卸机械受到用户好评，为提高产品质量，严格贯彻执行了新标准。1997 年 4 月，四川省机械工业厅代表机械工业部对该厂生产的桥式起重机，按国家有关标准进行鉴定，真硬件（产品质量）达到标准要求，软件（质量管理及内部质量控制）得 409 分（380 分为合格），顺利通过国家鉴定，取得生产许可证，成为四川省首获此类证书的企业之一，也是西南铁路系统唯一的单位，为该厂开拓市场和自身的发展创造了有利条件。[1] 同年 7 月，该厂更名为成都铁路局双流起重运输机械厂。更名后，该厂继续把技术创新摆在首位，先后试制成功 50 吨门吊、50 吨通用桥式起重机、160 吨铁路门式起重机等。2007 年该厂再度更名为成都铁路起重运输机械厂。2007 年，全年工厂完成大小门吊 8 台、桥吊 10 台、施工便梁 1 台、施工便梁的纵、横梁若干，东汽吊具 12 台，20 米集装箱状态修9738 台，实现销售收入 2300 万元。[2]

---

① 成都铁路局志编纂委员会：《成都铁路局年鉴 1998》，中国铁道出版社，1998 年，第320 页。

② 成都铁路局史志办公室：《成都铁路局年鉴 2008》，中国铁道出版社，2008 年，第 299 页。

—•———• 第六章 •———•—

开枝散叶：四川铁路科教事业持续壮大

铁路科教事业时铁路附属事业的重要组成部分。新中国成立后，由于社会基础设施相对薄弱，铁路部门在进行铁路建设的同时，逐渐建立起了为职工生产、生活而服务的一个"大而全"的自我服务体系，并伴随中国铁路事业发展不断壮大。其中，铁路科技机构的组建及其科技成果转化应用是提升铁路现代化水平的重要途径，铁路教育的实施则是为铁路建设发展提供技术人才支持的重要途径。

四川铁路科教事业伴随四川铁路建设而不断壮大发展，不仅为铁路系统自身发展提供了有益助力，也为四川地方经济社会发展提供了重要支撑。

第一节 四川铁路科技事业的发展

铁路科技是铁路事业发展的重要支撑，1953 年至 2008 年，四川铁路科技经过长达半个多世纪的探索、改革和发展，不断优化科技机构，加强科技管理，加大科技投入，组织科技攻关，开展各种形式的科研和技术革新活动，改善设备设施，先后取得了一大批科研成果，为四川铁路事业乃至全国铁路事业作出了重要贡献。在川铁路单位纷纷加强科学技术工作，加大科技投入，使四川铁路整体科技水平得到较大地提升。

一、铁路科技机构的充实

组建科研机构是进行科学技术研究的前提条件。20 世纪 50 年代初，四川铁路事业处于起步阶段，在建设和运营单位尚未设置专门的科技工作机构，主要通过学习苏联、学习中长铁路以及推广兄弟单位的先进经验，建立了一套较为基础的科技工作制度。[①] 随着四川铁路事业的不断发展，科学技术在铁路勘测设计、施工、运营及维护等环节中的重要性越发凸显，特别是三线建设时期伴随成昆、襄渝等复杂山区铁路建设，施工中对铁路科技的需求进一步增强，故而伴随唐山铁道学院（现西南交通大学）的内迁，铁道部科学研究院西南分院的成立，以及资阳机车厂、眉山机车厂等铁路装备修造企业的设立，四川铁路科研机构不断壮大，逐渐形成集产、学、研为一体的铁路科研体系。在这一过程中，铁路科技管理制度也随之不断完善，铁路科技成果不断涌现。这些铁路科研机构的组建及其演变发展，使得四川铁路科研能力不断增强，也为四川铁路科技的大发展积蓄了强劲动力。

（一）铁路企业科技管理机构的演变

科技管理是指对科技活动进行计划、组织、协调和控制。四川铁路企业自成立起，就对如何组织开展科技活动进行了持续性探索，企业内部科技管理机构也根据企业发展需要不断进行调整，从早期行政化管理到 20 世纪 80 年代伴随科技体制改革而逐步转向科技经营管理型，其机构名称的变迁与主管业务的变化，也反映出这一时期四川铁路企业科技事业发展的历程。

具体而言，四川铁路企业科技管理机构的设置及其演变如下。

一是勘测设计企业。四川的铁路勘测设计绝大部分由中铁二院工程集团

---

① 四川省地方志编纂委员会：《四川省志·交通志》（下），四川科学技术出版社，1995 年，第 179 页。

有限责任公司（简称中铁二院）完成，其前身是成立于 1952 年 11 月的西南设计分局。1956 年建院初期，设有计划技术处和科研所负责全院的科研工作，当时有技术人员 1242 人。[①] 1959 年 10 月 1 日，中铁二院科学研究所正式成立，主要负责专业课题的研究工作，技术改革推先，情报收集以及管理工作。[②] 1961 年根据"调整、巩固、充实、提高"的八字方针，以及铁道部关于设计系统编制方案的决定，铁道部从中铁二院抽调部分技术人员加强铁道部西南科学研究所的研究力量，并将峨眉迳流试验站划归西南研究所领导。同年撤销中铁二院科学研究所，院内有关技改、推先、情报等组织和管理工作改由院计划技术处技改推先室负责办理，有关专题研究任务由各专业处结合生产进行。

1977 年，为贯彻执行党中央关于加强科技工作的重要指示，尽快把中铁二院的科学研究工作搞上去，努力实现铁路勘测设计现代化，以适应铁路建设迅速发展的需要，中铁二院科学研究所恢复成立，同时撤销技术处，原技术处科技情报组（包括技术图书）、科研管理组划归科研所。[③] 科研所在院革委会的直接领导下，负责全院科学研究的管理工作，对各总队（处、厂）的科研工作实行业务领导，并直接完成部分重大科研项目。1983 年，为进一步加强和充实科研所，调整院体制机构编制，设定员 49 人，除原设置的桥梁研究室、隧道研究室、轨道路基研究室、科技情报室外，增设电子计算站。在职能上规定科研所主要完成铁道部下达的流程长涉及面广、实验量大的重点科研项目，并负责全院的科学研究、科技情报、技术图书等管理工作。

1985 年 1 月 1 日，院技术室和科研所合并为"科学技术处"。撤销原科研所的桥研究室、隧道研究室、轨道路基研究室，全部科研项目和生产任务

---

①　铁二院史志编辑委员会：《铁道部第二勘测设计院志（1952—1995）》，内部资料，2000 年，第 1 页。

②　铁二院史志编辑委员会：《铁道部第二勘测设计院志（1952—1995）》，内部资料，2000 年，第 453 页。

③　铁二院史志编辑委员会：《铁道部第二勘测设计院志（1952—1995）》，内部资料，2000 年，第 453 页。

按技术专业分别移交给各生产处。1988 年 8 月 20 日，为进一步加强科学技术工作，以适应此后竞争形式的需要，成立了铁道部第二勘测设计院科学技术研究所。下设锚索研究室、遥感、泥石流研究室、综合研究室（后分为岩土室和结构室）、软件室、电算站、科技情报室、办公室、学会。全所共有科研人员 101 人，设所长 1 人、副所长 2 人。① 1992 年 1 月，成立电算所，科研所下属的电算站、软件室划归电算所。1996 年 8 月 1 日，成立工程经济设计处，负责院下达的各项助测设计、标准设计、科学技术研究和业务建设任务的实施。1997 年 11 月，技术处与科研所合并，成立科学技术管理处。在此基础上，自 2003 年开始，根据国家深化改革的要求，铁路系统陆续进行重组。2004 年 4 月至 2005 年 5 月，相关铁路局所辖的西安、武汉、昆明、成都 4 个小型设计院划归或并入中铁二院，为加强科学技术工作的管理，2005 年底，中铁二院又对科学技术管理处进行了调整。与此同时，中铁二院科技人才队伍也不断扩大，经过 55 年的发展，截至 2008 年底，中铁二院有员工 4799 人，其中教授级高级工程师 89 人、高级技术人员 1015 人、中级技术人员 1499 人、初级技术人员 1119 人。②

除中铁二院以外，中铁西南科学院研究有限公司（以下简称"西南所"）是以隧道及地下工程、桥梁及工程结构、地质灾害防治工程等为主要研究方向的铁道建筑专业研究机构，其前身是 1959 年 12 月 15 日成立的铁道部隧道科学技术研究所。1961 年 3 月，为了适应西南地区铁路建设的需要，铁道部西南科学研究所在成都成立。该所的科研力量主要来自原铁道部隧道科学技术研究所、中铁二院科学技术研究所以及铁科院铁建所。如此一来，自组建后的两年多内，该所人员便由最初的 9 个人迅速发展到百余人。研究专业也由一开始时仅有的一个隧道专业，发展成隧道、桥梁、水工水

---

① 铁二院史志编辑委员会：《铁道部第二勘测设计院志（1952—1995）》，内部资料，2000 年，第 453 页。

② 四川年鉴编辑委员会：《四川年鉴 2009》，四川年鉴社，2009 年，第 157 - 158 页。

文、线路和工程地质 5 个专业。① 但在 1959 年至 1962 年建所初期，未专门设置科研管理机构，由主管科研的副所长组织各研究室负责人或专题负责人进行科研计划的编制和实施。

1963 年起，在所长办公室增设了技术秘书，可以将其视为协助所领导进行科研管理的专职干部。1964 年至 1966 年之间，为服务三线铁路建设，科研人员"下楼出院"，组成了 20 余个科技战斗组，所内外的联系及各战斗组之间的协调皆由技术秘书负责。1973 年西南所响应抓革命、促生产的号召，在建立制度、恢复科研秩序方面作了一些工作。如 1973 年成立了科研计划室，在革委会领导下，负责归口管理各研究室、试验室、情报室、迳流站和试验工厂的科研、试验、加工试制工作。

1978 年"科学的春天"到来后，科研工作出现了转机。西南所恢复了党委领导下的所长分工负责制，由于机构和人事变动，科研计划室与所长办公室合并，定员 2 人，负责科研和政管理的日常工作。1979 年，为推进科技工作开展，科研所重新组建科研科，定员 3 人。从 1985 年开始，科研所进行了一系列科技体制改革，逐渐由科研管理型转化为科研经营管理型，并设立了技术开发部，与科研科配合统管科学研究和技术开发工作，两块牌子，一套人马，以便协调。② 1986 年西南所从峨眉搬回成都，并成立了铁道部科学研究院西南土木工程勘测设计所，进一步拓宽所内科研范围。1992 年更名为铁道部科学研究院西南分院。

2000 年 10 月，该院从铁科院剥离，划入中国铁路工程总公司，正式冠名为中铁西南科学研究院，并于次年 6 月注册登记。2005 年底完成改制，成立了第一届董事会、监事会和股东会，制订了新的公司章程。2006 年 2 月 13 日，正式改名为中国西南科学研究院有限公司。③ 进入 21 世纪以后，

---

① 铁道部科学研究院西南研究所志编辑组：《铁道部科学研究院西南研究所志（1959—1987）》，1988 年，第 3 页。

② 铁道部科学研究院西南研究所志编辑组：《铁道部科学研究院西南研究所志（1959—1987）》，1988 年，第 10 页。

③ 中国铁路工程总公司年鉴编委会：《中国铁路工程总公司年鉴　2008》，中国铁道出版社，2009 年，第 440－441 页。

西南研究所继续发挥其知识型企业的优势，业务范围更为广泛。

二是铁路施工企业。20 世纪四川境内铁路建设施工主要由铁道部第二工程局（简称"中铁二局"）负责，其前身为西南铁路工程局。该局成立初期未设置专门的科研机构和科管机构，主要由局施工技术处设推先科，局属工程处、专业处、直属大队的施工技术部门设推先组，负责先进施工方法的推广应用。1953 年至 1958 年，实行建设、设计、施工"三足鼎立"的新线施工制度，施工技术管理工作由施工处、技术处分工负责。[①] 与此同时，在全局范围内普遍建立"推行先进工作方法示范组"。这虽不是正式的科研管理机构，但在广泛引进和推广先进施工方法、促进技术革新和开展技术革命活动方面起到了积极的推动作用。

1958 年 10 月至 1961 年 10 月，铁路实行"工管合一"，为避免工作重复，施工处和技术处合并为施工技术处。同时，成立了贵阳铁路局科学技术研究所，并将实验室划归科研所。至此，有了专门的科研机构。1959 年，局科学技术研究委员会成立，下设桥涵、隧道、站场、机械等 7 个研究所。[②] 伴随着西南铁路大会战的展开，1965 年，西南铁路工程局技术委员会成立，其主要任务是采用和发展新技术。1972 年，成立西南铁路工程局科学技术研究所，分设贵阳科研室和怀化科研室。改革开放以后，铁道部将中铁二局分建为中铁二局、中铁五局，机构随之调整，成立了铁道部第二工程局科学技术研究所，下设工程室、机电室、情报室，其中工程室又设桥梁组、隧道组和路基组。同年 5 月，成立局科学技术委员会。1985 年 3 月，随着中铁二局改为第二工程公司，施工技术业务由工程管理部和技术开发部分工负责，科研所更名为技术开发部。

1987 年 6 月 20 日，技术开发部更名为科学技术处，下设工程研究室、机电研究室、科技信息室、标准计量所、计算中心。1989 年 6 月，成立局

---

① 中铁二局集团有限公司史志编纂委员会：《铁道部第二工程局志（1950—1995）》，中国铁道出版社，2000 年，第 461 页。

② 中铁二局集团有限公司史志编纂委员会：《铁道部第二工程局志（1950—1995）》，中国铁道出版社，2000 年，第 461 页。

科学技术委员会办公室（简称科委办），科委办主任由一名副总工程师兼任。自 1990 年开始，局属各单位相继成立科研管理机构，到 1992 年，全局有专职科研管理机构的单位已达 12 个。1993 年 4 月 1 日，科学技术处调整为科学技术研究所，试行企业化管理，并实行科研所与科委办合署办公。[①] 1996 年中铁二局提出了"科技兴局"的号召，通过全局科技大会，全局上下深刻认识到"科学技术是第一生产力"。因此，中铁二局加大了科技投入，全面提升了科技水平，科技进步硕果累累。1998 年 6 月 18 日，中铁二局正式改制为中铁二局集团有限公司（以下简称中铁二局集团），并于 2000 年跟随中国铁路总公司变更隶属关系，不再受铁道部领导，进入了央企序列。截至 2008 年末，局科研队伍结构不断优化，各类技术管理人员 11 204 人，其中全国劳动模范、先进工作者、五一劳动奖章 14 人，教授级高工 31 人，高级职称 796 人，省（部）级专家 33 人。[②]

进入 21 世纪，中铁八局和中铁二十三局先后在成都成立，增强了四川铁路建筑业的整体实力。由于两个企业都是多个铁路单位合并而成，实力十分强劲，发展也十分迅猛。其中，中铁八局由原成都铁路工程集团、昆明铁路建设集团、中铁成都桥梁厂三家成员企业于 2003 年重组而成。成都铁路局工程总公司在 1989 年以前无专职科研机构。1990 年，成都铁路局工程总公司设立技术科，设专职人员负责基建技术革新和日常科技工作。1994 年，因施工领域的扩大和施工科技含量的提高，成都铁路局工程总公司成立了总公司、公司两级科学技术委员会，主要任务是加强学术性工作的领导。同时，技术科也改为科技科，主要职责逐步转向科技管理。

2003 年 12 月 22 日，根据铁路施工企业深化改革，进一步走向市场的现实需求，原成都铁路工程集团、昆明铁路建设集团、中铁成都桥梁厂三家成员企业按照现代企业制度，重组成立国有特大型施工企业——中铁八局。重组形成的中铁八局积极探索科技管理制度，设立了科技部，由集团公司总工

---

① 中铁二局集团有限公司史志编纂委员会：《铁道部第二工程局志（1950—1995）》，中国铁道出版社，2000 年，第 461 页。

② 中铁二局集团史志编纂委员会：《中铁二局集团年鉴 2009》，内部资料，2009 年，第 132 页。

程师领导，主管全局的科技管理和技术创新工作。不仅如此，为了更好地开展科研工作，中铁八局集团又陆续组建科学技术委员会、专家委员会、科技研发中心以及技术中心，负责组织管理全局的科研项目攻关、试验、试制等，并牵头重大科研项目的研究与开发。根据中铁八局集团有限公司强化专业性发展的要求，结合下属各子（分）公司的施工专业特点与具体情况，分别成立了 11 个专业研究所，形成了第二级科技孵化器，对口安排重点科研项目、组织技术攻关。①

中铁二十三局的发展历程与中铁八局大体相似，由原中铁路桥集团有限公司、中铁十四局集团第一工程有限公司、齐齐哈尔铁路建设集团有限公司、中铁十五局集团第三工程有限公司于 2004 年 3 月整合重组而成，隶属于中国铁建股份有限公司。在重组合并后，集团立即形成了以本部为中心，其余为重点，集团公司承接大项目，子公司承接中小项目的模式，适应了激烈的市场竞争。集团注重设计、科研、施工一体化，设立科学技术部，重点开发无砟轨道技术，成立了研制开发领导小组，在所属的上海五公司建立了试验基地，先后聘请了西南交大、铁道部通信信号设计院等院校专家、教授十多名，组织各类技术人员 40 余名，经过艰苦攻关，12 项组合轨道于 2006年 2 月 26 日通过北京全路通信信号设计院的测试。② 此外，该集团先后开发的上海磁悬浮轨道梁、重庆轻轨跨座式单轨 PC 梁获国家级科级进步奖，香港西铁东铁无砟轨道技术先进可靠，产品质量受运营单位高度评价，还先后在也门、吉布堤、坦桑尼亚、赞比亚、伊拉克、俄罗斯、越南等国承建五十余项工程和新型混凝土轨枕出口。

三是铁路装备企业。在四川境内的三个铁路装备修造单位，成都机车厂、资阳机车厂、眉山车辆厂皆是伴随着国家重大战略的实施而建立的，历史悠久。在成立中车公司之前，在川的 3 个装备修造单位在科研机构设置上有着各自的探索。1986 年中车公司成立后，这 3 个单位的科研机构设置均

① 四川省地方志编纂委员会：《四川省志·铁路志（1986—2005）》，方志出版社，2018 年，第 582 页。

② 蔡崇金：《中铁 23 局集团公司两项科技创新方案通过评审》，《经理日报》2006 年 7 月 8 日。

以公司的归口管理为导向，结合自身的特点进行科研机构的设置。

南车成都机车车辆有限公司（原成都机车车辆厂）是新中国第一座自行设计的机车车辆工厂，始建于1951年8月。1954年11月，重庆九龙坡临时机车修理厂迁入成都，正式成立成都机车修理工厂。1958年9月，工厂改名为铁道部成都机车车辆工厂。[①] 建厂初期，主要修理蒸汽机车，1965年开始转产、修理内燃机车。这一时期，成都机车车辆厂的综合技术管理工作主要由工艺技术部门负责，技术革新管理工作由技术科负责。1978年，成都机车车辆厂成立科技办公室，将技术科的新技术、新工艺、新材料的研究和推广应用、技术革新及合理化建议、科技情报、科技资料、科技管理等工作统归科技办公室领导。随后，1984年6月成立科学技术协会（1986年改为科学技术办公室），由厂总工程师任主任，各技术部门负责人任委员。伴随1985年以后国家科技体制改革的推进，成都机车车辆厂也开始注重科技成果的应用转化，遂于1988年8月撤销科学技术办公室，一方面成立应用技术研究所，主要负责进行科研攻关，承担全厂主要产品技术改造的大型工装设计；另一方面设置总工程师办公室，负责技术革新及合理化建议、专利、科技情报、科技资料和科技管理等工作。1997年6月，撤销总工程师办公室及应用技术研究所，成立产品开发处和综合技术处，负责新产品开发计划的设计试制，参与首批试制产品的推销及售后服务。[②] 与此同时，综合技术处主管"双革"（技术革新，技术革命）管理、合理化建议及新产品、新技术鉴定组织工作、科技情报及专利申报等工作。随后，几经变革，到2002年时，成立技术开发部，综合管理规划开发、技术革新、成果奖励等工作。2003年1月，又组建技术中心，科技管理更加专业化、分工化。

中车资阳机车有限公司（原铁道部资阳内燃机车工厂）始建于1966年。建厂初期，工厂仅在技术部门设专职标准化人员。1975年，成立设计组。

---

① 《中国铁路机车车辆工业总公司十年》编纂委员会：《中国铁路机车车辆工业总公司十年1986—1995》，中国铁道出版社，1996年，第90页。
② 四川省地方志编纂委员会：《四川省志·铁路志（1986—2005）》，方志出版社，2018年，第583页。

1980 年，设计组撤销，设计人员分到机车、柴油机、传动、配件 4 个分厂，分别成立设计科。1981 年，设计组恢复。1983 年 7 月成立科学技术协会，为厂党委领导下的群团组织，负责组织管理、科普学术、技术咨询工作，下设设计、人才、财务、机车等 20 余个专业学组。① 1984 年 1 月，为适应工厂技术引进的需要，工厂成立了技术引进办公室临时机构，由总工程师领导。同年，工厂设计组、科研组、技术档案室合并成立设计研究科。1986 年 2 月，随着工厂转产改造的推进，为加强技术改造和技术引进工作的领导和规划统筹，工厂正式成立技术改造办公室，并于 1988 年 9 月撤销，将其技术引进工作划归工艺管理处，其余工作划归综合技术处。② 后续几经调整，2000 年，成立省级技术中心。技术中心下设总体、车体、电气、传动等 15 个室。拥有设计人员 101 人，其中高级工程师 31 人，工程师 41 人，助理工程师 29 人。③ 2003 年 7 月，为适应铁路跨越式发展及工厂引进国外先进技术的需要，工厂再次成立技术引进办公室，并于 2004 年更名为技术发展部，负责重大技术项目的引进扩展与技术引进、技术改造和总图规划的组织实施。④ 经过多年的建设，至 2008 年时，工厂已经形成一个以产品开发和工艺开发为龙头，包括技术引进、技术改造、质量保证、检测技术的科技管理体系，具有较强的科技竞争力。

中车眉山车辆有限公司（原铁道部眉山车辆厂）始建于三线建设时期。1966 年选址建厂，工厂筹建期间，内部机构均以组设置。1972 年 10 月，工厂设技术科，负责建厂基建和试生产的工艺技术准备管理及产品的引进设计。1979 年 2 月，增设科学技术研究室，负责工厂的科研工作。1980 年 12 月，根据生产需要撤销技术科，成立设计、工艺、冶金 3 个科。随后分别增

---

① 四川省地方志编纂委员会：《四川省志·铁路志（1986—2005）》，方志出版社，2018 年，第 582 页。

② 中国南车集团资阳机车有限公司：《岁月如歌 中国南车集团资阳机车厂 40 年 1966—2006》，中国铁道出版社，2006 年，第 101 页。

③ 中国南车集团资阳机车有限公司：《岁月如歌 中国南车集团资阳机车厂 40 年 1966—2006》，中国铁道出版社，2006 年，第 108 页。

④ 中国南车集团资阳机车有限公司：《岁月如歌 中国南车集团资阳机车厂 40 年 1966—2006》，中国铁道出版社，2006 年，第 101 页。

设技术引进办公室、技术改造办公室、科学技术协会和标准化办公室。工厂从 1985 年开始，调整、充实了产品研发机构，形成了一支由总工程师领导的，以设计处为主，总师办、工艺、冶金、检查等技术处室和有关车间的工程技术人员参加的产品开发机构。1986 年 3 月，撤销技术引进办公室，成立制动技术科主管制动技术开发与管理。1987 年 8 月，增设总工程师办公室，总体协调管理全长产品设计及工艺技术。同时成立中心实验室隶属冶金科，撤销制动技术科。进入 20 世纪 90 年代以后，眉山厂围绕着"科技兴厂"的战略，主要进行技术改造、新产品研发以及对外出口，成为具备自主研发能力和具有综合生产能力的设计和制造铁路货车和制动配件的主要企业。1994 年 7 月撤销总工程师办公室，12 月增设制动技术中心，负责制动产品的研发与管理。1996 年 4 月成立总工程师办公室，履行科技发展规划、更新改造计划、新产品试制、老产品改进、技术革新、综合技术管理职能。①

四是铁路运营公司。四川地区的铁路主要由中国成都铁路局集团有限公司（原铁道部成都铁路局）负责运营，其前身为 1953 年成立的重庆铁路管理局。成立初期，路局内设置推行先进工作方法科，负责各业务科室及基层单位的科技管理。1954 年，成立总工程师室，推行先进工作方法科并入该室。1957 年 5 月重庆铁路管理局迁成都，更名为成都铁路管理局后，局属图书馆扩充为技术馆，划归总工程师室领导。1959 年 1 月，技术馆扩大为科学技术研究所（简称科研所），归局总工程师领导，除开展科研外，还负责科研计划、科研经费以及推广先进经验和合理化建议审核等工作。后几经调整，到 20 世纪 70 年代，为了适应四川铁路运输事业发展的需要，大力发展科学技术，实现挖潜扩能、扩大再生产，成都铁路局于 1977 年 8 月成立了"科学技术委员会"，负责路局的科技工作，并由主管局长和局总工程师

---

① 南车眉山车辆有限公司年鉴编纂委员会：《南车眉山车辆有限公司年鉴 2009 卷》，内部资料，2009 年，第 139 页。

任正副主任，各业务处总工程师任委员。① 1985 年 1 月，又成立科技办公室，为全局科技管理的专业机构，负责全局科技管理的日常工作。1996 年，局科技办和计划统计处、设计鉴定室合并，正式恢复成立局总工程师室，下设科委办公室、设计鉴定室、综合技术室和科学技术馆。② 2005 年 7 月，局科技馆重新划归局科研所管理，局科研所下设科技管理开发室、办公室和 3 个研究室、5 个科技开发中心。③ 与此同时，实行铁路局直管站段，全局科技工作实行路局、基层单位两级管理体制。路局成立科学技术委员会，为全局科技工作的管理机构，负责归口管理全局科技日常工作，局长任主任，总工程师、副总工程师任副主任；基层单位成立科技领导小组，由段（站、厂、所）长任组长、总工程师（或行政副职）任副组长，负责领导本单位的科技工作，并在技术科（或相应机构）内设置专职或兼职人员办理本单位科技日常工作。④

（二）高等学校科研机构的设置

高等学校科研机构在四川铁路科技事业发展中扮演着重要角色。1971 年，伴随着唐山铁道学院（现西南交通大学）内迁峨眉，四川铁路科研机构又进一步壮大。学校内迁峨眉后，在"一无场地，二无设备，三无资料"的艰难条件下，全校师生靠着顽强的毅力和艰苦奋斗、自强不息的传统，因陋就简，或以教学、生产、科研相结合的形式，或以承接铁道部、四川省科研项目的形式，开始了科研的起步。⑤ 1977 年 11 月 3 日，学校撤销各专业

---

① 四川省地方志编纂委员会：《四川省志·交通志》（下），四川科学技术出版社，1995 年，第 178 页。

② 成都铁路局志编纂委员会：《成都铁路局志（1989—2012）》（下），中国铁道出版社，2017 年，第 805 页。

③ 四川省地方志编纂委员会：《四川省志·铁路志（1986—2005）》，方志出版社，2018 年，第 581 页。

④ 成都铁路局志编纂委员会：《成都铁路局志（1989—2012）》（下），中国铁道出版社，2017 年，第 805 - 806 页。

⑤ 何云庵主编：《西南交通大学史（第五卷 1972—1989）》，西南交通大学出版社，2016 年，第 32 页。

教育革命实践队，恢复教研室，加强教学和科研工作。1978 年，设科研生产处，承担全校的科研管理工作。在建设现代化大学的进程中，学校紧密围绕教学、科研两个中心，调整办学思路，建立和扩大科研队伍，建立了一批科研机构，保证了重大项目的承担和完成。

实验室是学校进行教学、科研以及学科建设的重要支撑条件。在铁道部的大力支持下，学校先后建立了计算中心、电教中心、结构工程试验中心、测试分析中心等 8 个校级中心实验室和 49 个院系级教学科研实验室，专职实验室人员 300 余人。[①] 加上千余名兼职教师队伍和研究生队伍，已经形成了一支实力雄厚的科技队伍，改变了此前学校没有专职科研队伍的历史。值得一提的是，在沈志云教授带领下，科研人员历时多年，克服各种困难，于 1993 年建成了我国交通系统唯一的国家级牵引动力实验室。[②] 这个实验室具备国内最先进的科学实验设备，能承担教学、科研双重任务，为重大科技攻关项目提供了高水平的实验手段。2008 年，牵引动力国家重点实验室在科技部评估中再次获得优秀。

此外，为了适应学校科研发展的需要，保证重大科研项目的承担与完成，1983 年 7 月，学校建立了铁道电气化自动化研究所、结构工程研究所、应用力学研究所。从 1984 年起，学校先后建立了 16 个科研机构。其中铁道部批准的专职科研机构有 4 个，即结构工程、应用力学、机车车辆、铁道电气化与自动化 4 个研究所。同时，设立 12 个兼职的研究机构：岩土工程、计算机应用与信息工程、软科学、交通运输系统工程、电磁场与微波技术、物理电子学与光电子学、机械工程、材料工程、测量工程与地质工程、应用数学、环境保护工程、高等教育 12 个研究所。此外，还成立了重载运输技术研究中心、计算中心、结构工程试验中心、风工程试验研究中心、CAD研究中心、城市交通及地下铁道研究中心、机车模拟操纵研究及培训示范中

---

① 何云庵、李万青主编：《崇实扬华　自强不息　从山海关北洋铁路官学堂到西南交通大学》（下），西南交通大学出版社，2011 年，第 350 页。

② 何云庵、李万青主编：《崇实扬华　自强不息　从山海关北洋铁路官学堂到西南交通大学》（下），西南交通大学出版社，2011 年，第 353 页。

心、振动冲击与噪声测试中心、分析测试中心等十余个跨学科的研究中心。① 这些科研机构的建立，对于突出学校主要科研方向，形成优势和特色，建成教学、科研两个中心，以及力争建成较高水平的"211 工程"院校起到了重要的推动作用。

为适应科技为经济服务的需要，尽快把科技成果转化为生产力，1988年10月，经校长办公会议和校务会议研究，决定成立西南交通大学科技开发办公室（处级机构，对外称"科技开发总公司"）。不仅如此，学校还大力推进实验室建设。在铁道部的大力支持下，学校先后建立了计算中心、电教中心、结构工程实验中心等8个校级中心实验室和49个院系级教学科研实验室，专职实验室人员300余人。②

(三) 四川铁道学会的成立

学术团体在科学技术发展过程中具有重要的促进作用。为了更好地开展学术交流、普及铁道科学技术知识、传播先进生产技术经验等，1978年4月，全国性的铁道科学技术工作者的学术性社会团体——中国铁道学会正式成立，下设14各专业委员会和4个工作委员会。③

四川铁路紧随其后，于1980年1月成立了四川省铁道学会（以下简称铁道学会），该学会挂靠成都铁路局，业务受四川省科协和中国铁道学会的指导帮助，主要开展学术交流、期刊编辑和组织建设等工作。④ 同年，为进一步加强学术交流，开展学术讨论，传播先进的生产经验，提高铁路科技工作者的学术水平，密切学会与会员之间的联系，四川铁道学会创办了《四川铁道》杂志，除刊登学术论文外，还开辟铁道科技述评、典型经验总结、国

---

① 何云庵、李万青主编：《崇实扬华　自强不息　从山海关北洋铁路官学堂到西南交通大学》（下），西南交通大学出版社，2011年，第336页。

② 何云庵、李万青主编：《崇实扬华　自强不息　从山海关北洋铁路官学堂到西南交通大学》（下），西南交通大学出版社，2011年，第350页。

③ 中共中央党校理论研究室：《历史的丰碑——中华人民共和国国史全鉴　科技卷》，中央文献出版社，2005年，第184页。

④ 成都铁路局志编纂委员会：《成都铁路局志（1989—2012）》（下），中国铁道出版社，2017年，第811页。

外铁道、科技讲座等专栏，成为四川铁路科技成果交流的平台。① 该学会是四川铁路运营、设计、工程、工厂、科研、院校等企业和事业单位共同的学术性团体，下设学术、编辑、科普、咨询 4 个工作委员会和 13 个专业委员会，为团结四川地区铁路科技工作者和广大铁路职工，开展学术交流活动，加速实现铁路现代化作出了重要贡献。

截至 2012 年，铁道学会共有成员单位 15 个：成都铁路局、中铁二局集团有限公司、中铁二院工程集团有限责任公司、西南交通大学、中铁八局集团有限公司、中铁二十三局集团有限公司、中国南车集团成都机车车辆有限公司、中国南车集团资阳机车有限公司、中国南车集团眉山车辆有限公司、中铁西南科学研究院有限公司、中国铁路物资成都有限公司、成都铁路通信设备有限责任公司、中铁隆昌铁路器材有限公司、四川省铁路集团有限责任公司、攀钢集团攀枝花钢铁有限公司运输部。②

二、铁路科技管理制度的健全

科技管理制度是随着科研机构的建立而随之建立的，也随着科技工作的不断发展而逐步朝着科学化、规范化和法治化方向健全。与全国铁路一样，四川铁路科技管理制度的建立与完善是一个逐步推进的过程，涉及多个阶段和方面。新中国成立后，四川铁路开始大规模建设，科技管理初步形成。改革开放后，铁路系统进行体制改革，科技管理逐步规范化。引入现代化管理理念和工具，科技管理制度逐步完善。

（一）铁路科技管理办法的出台

铁路科技管理办法的制定，是规范铁路勘测设计、建设运营、科研院所等企业和事业单位开展科技活动的重要前提，也是完善铁路科技管理制度的

---

① 四川铁道学会：《四川铁道》创刊号，1980 年 11 月。
② 成都铁路局志编纂委员会：《成都铁路局志（1989—2012）》（下），中国铁道出版社，2017年，第 1012 页。

重要举措。四川铁路科技管理办法主要由从事铁路科技研究的企业、事业单位制定，并不断根据铁路科技管理体制变化而调整。

首先，在铁路勘测设计方面，20 世纪 50 年代初期，根据全路学习中长铁路的管理方法和经验，中铁二院在科技管理上基本上按照苏联总体设计负责制的模式，以贯彻巴斯库金设计文件组成内容为中心，建立了一系列勘测设计技术管理体制。"文化大革命"期间，批判了"专家治院"，废除了总体负责制。党的十一届三中全会以后，迎来了铁路科技事业繁荣的春天，恢复建立了以总工程师为首的技术负责制，总体负责制也随之恢复。

1986 年，中铁二院颁发《关于加强总体负责制暂行办法》，并在集通线初步设计阶段和上海江湾排水工程勘测设计中进行试点。1989 年 5 月院颁了《总体设计组工作要点》，进一步明确了总体设计组的工作是一个系统工程，在新形势下，不断完善和改进，以提高设计质量、技术水平和工作效率。与此同时，中铁二院始终坚持"求实、发展、开拓、创新"的宗旨，按照不同时期相关科研工作的发展规划，改进完善科研管理办法。在科研工作中，先后制定了《南昆线结合工程试验研究的项目承包办法》《经费管理实施细则》。对科研经费实行切块管理，做到专款专用。在科研项目管理上，坚持"三查两挂钩"（自查、抽查、全面检查，领导责任制与项目管理打分挂钩、课题实物工作量及质量与产值清算挂钩），对科研成果实行"分级审查、评定等级、按级奖励及分期验收、鉴定推广"制度。[①] 随着科学技术管理工作的进一步规范化，1991 年制定颁发了《铁二院科学技术工作管理办法》，从立项程序、经费管理、成果的验收和管理以及奖励标准等都作了详细的规定，使中铁二院的科学技术研究工作管理逐步规范化、程序化，做到有章可循、有法可依，保证了科技工作的健康发展。

其次，在铁路工程施工方面，以中铁二局为例，20 世纪 60 年代以前，中铁二局没有系统的科学管理制度，除了按铁道部和基建总局的一些规章制

---

① 铁二院史志编辑委员会：《铁道部第二勘测设计院志（1952—1995）》，内部资料，2000 年，第 457 页。

度实施简单的管理，基本靠行政命令和行政手段。1960 年 2 月，局转发铁
道部《关于科学技术委员会暂行组织条例》，以此统筹相关科研工作。直到
70 年代末期，1978 年 7 月，局制定了《关于科研、双革管理工作暂行办
法》，对科技发展计划的编制、"双革"计划的编制、科研和"双革"的经
费来源、科研和"双革"经费的使用范围、科研和"双革"成果的鉴定等
作了一系列规定；1979 年 8 月，制定《科学技术研究工作管理办法》，对年
度计划编制和执行、科研经费管理、科研物资供应、科技成果鉴定的推广、
技术革新等作了规定。① 由此，局科研工作得到了进一步规范。

　　施工技术管理工作贯穿工程施工的全过程，是铁路工程单位科技管理的
一项重要工作。在指令性任务时期，重点在微观具体措施。改革开放之后，
由于任务分散，施工对象类别繁多，过去传统的铁路专业技术已不能适应发
展的需要，迫使施工技术管理有了较大的扩展。1985 年中铁二局颁布了
《工程队施工技术管理暂行办法》《测量工作职责暂行规定》《铁路基本建设
工程竣工文件编制办法》等规定，以加强基层的施工技术管理工作。② 随
后，又陆续出台《施工组织设计编制实施细则》《设计文件审查实施办法》
《技术交底实施办法》等，以适应当时施工技术管理规范化、现代化的
需求。

　　进入 20 世纪 90 年代，在总结以往科技管理工作成绩和经验的基础上，
中铁二局先后修订、补充、制定并颁发《科学技术开发推广项目计划管理办
法》《科学技术成果鉴定办法》《工法制度管理暂行办法》《专利工作管理暂
行办法》和《学术性学会、协会、研究会归口管理办法》等文件。③ 2000
年 7 月，局出台《科研项目推进及经费使用管理办法》《科技成果奖励暂行
办法》。2008 年，公司针对管理制度的缺项，建立了技术创新的相关工作机

　　① 中铁二局集团有限公司史志编纂委员会：《铁道部第二工程局志（1950—1995）》，中国铁
道出版社，2000 年，第 462 - 463 页。
　　② 铁道部第二工程局史志编写委员会：《铁道部第二工程局四十年》，内部资料，1990 年，第
257 页。
　　③ 中铁二局集团有限公司史志编纂委员会：《铁道部第二工程局志（1950—1995）》，中国铁
道出版社，2000 年，第 461 页。

制和制度体系，在修订、完善《科研项目管理办法》《科技成果评审办法》的基础上，结合公司技术创新实践，制定了《工程建设工法管理办法》《专利管理办法》和《技术中心管理办法》《中铁二局科技管理与科技开发工作手册》。① 这样一来，形成了覆盖全公司，并与国家、地方政府和行业科技工作方针、政策对接的制度体系，为公司科技创新注入了新的活力。

再者，在铁路运营方面，虽然成都铁路局早已于 1953 年建立了科技管理机构，即推行先进工作方法科，但因这一机构屡次变动，未能根据运输生产的实际制定完善科技管理办法。其后，虽然建立了科研与科技管理合一体制，也因"文化大革命"干扰，未形成相应的管理制度。直到 1977 年，成都铁路局召开首次科技工作电话会议，成立了科委，才使科技管理工作步入正常的发展轨道。由于科技工作的蓬勃发展，1985 年 1 月，局成立了科技管理的专业机构——科技办公室，致力于建立适应路局实际的铁路技术管理体系，制定了一系列制度办法。1986 年路局公布《科技成果奖励办法》，随后又陆续出台《科学技术工作管理试行办法》《科学技术发展基金管理试行办法》《科技合同管理试行办法》《科学技术成果鉴定（评审）管理试行办法》《技术转让管理试行办法》以及《科技成果档案材料管理试行办法》等②，使得科技管理制度逐步完善。

为进一步提高科技管理水平，至 2008 年，成都铁路局又先后修订了《成都铁路局科学技术工作管理办法》《成都铁路局科技研究开发计划管理办法》《成都铁路局科技推广项目管理办法》《成都铁路局推广使用新技术、新产品、新材料、新工艺管理办法》《成都铁路局科技成果评定办法》。③ 这些科技管理办法的完善，使得成都铁路局的科技管理越来越规范，适应路局实际情况的铁路技术管理体系也逐渐建立起来。

---

① 中铁二局集团有限公司史志编纂委员会：《中铁二局集团年鉴　2009》，内部资料，2009 年，第 237 页。

② 成都铁路局志编纂委员会：《成都铁路局志（1903—1988）》（下），中国铁道出版社，1997 年，第 708 页。

③ 成都铁路局史志办公室：《成都铁路局年鉴　2009》，中国铁道出版社，2009 年，第 193 页。

最后，在铁路装备方面，中国中车集团有限公司成立之前，在川装备修造单位均按照工厂的生产实际进行科学技术管理。中车公司成立后，为加强科技工作管理，制定了《机车车辆产品质量检查工作规则》《机车车辆工业科技成果评审、鉴定和优秀科技成果奖励办法》《机车车辆产品设计工作条例》等一系列管理制度。这些规则、办法、条例成为在川修造装备单位遵循的基本制度。此外，成都机车厂、资阳机车厂和眉山车辆厂在这些技管理制度的基础上，也根据工厂自身的实际情况状况在科技工作管理方面作了一些探索。

资阳机车厂实行厂长领导下的总工程师负责制。根据国家和铁道部的科技政策、内燃机车技术发展需要以及工厂生产经营实际情况适时推进科技管理。在厂总工程师的领导下，逐渐形成以技术中心为龙头的新技术开发、新产品研发、新工艺管理的科技管理体系。此后，资阳机车厂不断探索科技管理体制改革，至 2001 年，工厂颁发《产品开发管理制度》《标准化工作管理制度》《质量体系管理制度》《工艺管理制度》等 13 个科技管理制度，为加快技术创新和技术开发的步伐，加强并完善企业技术创新体系发挥了重要作用。

同样，眉山车辆厂的科技管理工作由总工程师领导，各部门具体实施管理的模式进行。工厂筹建时期，科技管理工作大致分为技术准备、综合技术管理和技术档案工作三部分，由筹建处负责。此后，根据眉山车辆厂科技管理工作范围的扩大，科技管理办法进一步增多。1983 年至 1995 年，根据国家和铁道部科技政策，紧密围绕铁路主要技术政策和工厂发展目标，建立企业技术标准化管理体系，眉山车辆厂先后制订管理标准 155 项、工作标准645 项，技术标准 1246 项，编制了《技术标准体系表》《管理标准体系表》《工作标准体系表》。[①] 在此基础上，2000 年 4 月，根据工厂质量体系要求，分别制定并颁布了《铸造（铸钢）工序质量控制标准》《焊接工序质量控制

---

① 眉山车辆厂志编审委员会：《眉山车辆厂志（1966—1995）》，中国铁道出版社，1999 年，第 153 页。

标准》《锻造工序质量控制标准》等 11 个技术标准，进一步规范了全厂的技术标准的管理。① 2005 年，工厂优化管理机制，组建产品开发部和工艺技术部。在制度层面，一方面，与铁道部标准计量研究所共同完成了《铁道货车通用技术条件》《铁道货车组装后的检查与试验规则》两项国家标准的修订工作，以及《拉铆钉、套环热处理工艺操作规程》《铸铁型芯砂处理工艺操作规程》《金属冷冲压件通用技术条件》等 31 项企业标准的制定②；另一方面，为进一步提高工艺技术管理水平，强化工艺纪律和工序质量，提高产品实物质量，自 2007 年开始眉山车辆厂逐渐修订完善《新产品试制管理办法》《工艺管理考核细则》《工艺纪律检查及管理制度》等第三层次文件，进一步规范了工艺管理程序。

（二）铁路科技发展规划的制定

科技发展规划是国家在一定时期内根据国民经济和社会发展的需求，对科技事业发展制定的总体策划和安排。③ 科技发展规划制定是否合理，不仅影响科技单位本身，甚至会影响整个国家科技发展的速度和水平。自 20 世纪 50 年代中期以来，根据国民经济发展和科学自身发展需要，先后制定中长期科技发展规划。在此背景下，铁路部门也相应制定各类铁路科技发展规划。在川的铁路科技相关单位，也根据铁路事业和企业自身发展需要，在不同阶段制定出台相关科技发展规划。

以成都铁路局为例，早在 1959 年，成都铁路局围绕提高运输效率和线路通过能力，改善铁路设备技术状态，改善劳动条件，制定了 1960—1965 年科技计划和科研项目。1966 年初又下达了科研、"双革"计划，但因"文化大革命"的冲击而被迫停顿。1978 年末开始编制以"加速铁路运输生产的电气化、机械化、自动化"为目标的《科学技术发展八年规划》。从 1979

---

① 眉山车辆厂年鉴编纂委员会：《眉山车辆厂年鉴 2001 卷》，内部资料，2001 年，第 87 页。

② 眉山车辆厂年鉴编纂委员会：《中国南车集团眉山车辆厂年鉴 2006 卷》，内部资料，2006 年，第 124 页。

③ 本书编写组：《科技创新管理》，上海科学技术出版社，2010 年，第 56 页。

年开始，路局开始逐年下达年度科研计划。如 1980 年，根据《全国科学技术规划会议纪要》的精神，编制了《发展新产品，采用新技术五年规划（草案）》。这个规划中，采用新技术组织科研和进行"双革"两部分有 35 个项目，其中机车车辆 14 项，通信信号 7 项，工务工程 5 项，客货运 3 项。①

随后，1988 年，根据铁道部"七五"铁路技术进步规划，以及"七五"时期铁路主要技术政策，结合西南铁路的技术现状，成都铁路局编制《"七五"后三年技术进步规划》，以西南铁路实现中等水平现代化为目标，开展科技攻关。一是主攻安全、重载、扩编 3 个方向，二是开发状态修、信息技术领域，三是注重运营管理的 3 门软科学。②

1992 年，成都铁路局召开全局科学技术大会，部署"科技兴局"战略目标，并编制《"八五"技术进步计划及"中长期"技术发展规划》，表彰了全局 177 名优秀知识分子、38 名 1992 年度优秀中青年科技及管理人才。③ 1996 年是全面实施成都铁路局科技发展"九五"规划的头一年，路局投入科研经费 821.70 万元，比上年增加三倍多，完成科研成果 16 项。④ 与之相适应，成都铁路局于 1996 年 5 月召开全局科技大会，随即出台《关于加速科学技术的决定》《局科技发展"九五"计划和 2010 年长远规划纲要》和《关于加强专业技术队伍建设的意见》等政策性文件，确定实施科技攻关的重点项目，并提出要加大科技奖励力度。⑤ 这就为"科技兴局"的实施奠定了基础。

---

① 成都铁路局志编纂委员会：《成都铁路局志（1903—1988）》（下），中国铁道出版社，1997 年，第 708 页。

② 成都铁路局志编纂委员会：《成都铁路局志（1903—1988）》（下），中国铁道出版社，1997 年，第 708 页。

③ 四川省地方志编纂委员会：《四川省志·铁路志（1986—2005）》，方志出版社，2018 年，第 584 页。

④ 成都铁路局志编纂委员会：《成都铁路局年鉴 1997》，中国铁道出版社，1997 年，第 230 页。

⑤ 成都铁路局志编纂委员会：《成都铁路局年鉴 1997》，中国铁道出版社，1997 年，第 231 页。

进入 21 世纪后，在西部大开发战略背景下，结合中国即将加入 WTO，路局实施资产经营责任制和大客运、大货运战略等新形势，成都铁路局于 2001 年又制定《成都铁路局科技发展"十五"计划和 2015 年中长期规划纲要》，在科研和推广经费、科技成果鉴定和评定等方面进行了规划。如此一来，进一步推动了成都铁路局铁路技术创新以及科技成果的转化。2006 年，为了充分发挥直管站段新体制优势，强化技术管理和质量管理，结合路局实际制定了《成都铁路局"十一五"科技发展规划》，提出了路局"十一五"期间科技发展的目标和重点工作，这就为铁路发展和生产力布局调整提供了有利的技术支持。

（三）铁路科技奖励办法的推行

科技奖励制度是科技管理的重要内容，是"科技管理机关为了实现其科技管理目标，依法给予严格遵守法律、法规或做出重大贡献的单位或个人的精神奖励和物质奖励"①。科技奖励制度的建立，对激发科技人员的科研积极、促进科技与经济紧密结合等都发挥了重要作用。根据我国科技奖励制度，铁路系统根据自身情况，在不同时期也相应出台了具体的科技奖励办法、条例，以此调动铁路科技人员的积极性，促进科技研究进一步发展。

四川铁路科技奖励的实施主要分为两个阶段。第一个阶段为新中国成立后至改革开放前，这一时期四川铁路建设经历了起步到快速发展的时期，在宝成、成昆、襄渝等铁路干线建设实践中，根据工程实施现场情况，施工单位组织科技人员和发挥群众智慧"两条腿走路"来解决施工中诸多技术问题。因此，与施工相关的合理化建议、技术改造和发明等涌现，往往伴随劳动竞赛的开展。以施工单位为例，为充分发挥铁路职工在生产中的积极性和创造性，鼓励全体职工改进技术、提高技术，学习和掌握新技术，1958 年铁道部第二工程局和中国铁路工会第二工程局委员会联合下发《社会主义劳动竞赛奖励暂行办法》，详细规定了个人及单位开展劳动竞赛奖励的细则，

---

① 李光柏主编：《中国总工程师指南》，武汉出版社，1993 年，第 1015 页。

其中就包括积极推行或创造先进经验，开展合理化建议等。① 奖励的方式包括物质奖励和精神奖励。不过，这一时期对铁路职工的奖励侧重于生产劳动，而非单纯技术，但对于激励铁路建设人员的生产热情、提升劳动效率等也发挥了重要作用。

20 世纪 60 年代至 70 年代，特别是三线建设时期掀起的西南铁路建设大会战，由于成昆、襄渝等铁路建设面临复杂地形、地质情况，施工难度较大，对铁路施工技术的要求也随之增强。为解决施工中的技术难题，西南铁路建设工地指挥部开始把科技工作提上重要议事日程，结合工程实际，有针对性地开展新技术、新工艺、新材料、新设备等研究应用工作。在这一过程中，西南铁路建设工地指挥部以战斗组的方式，使科研机构、施工单位和大专院校协力进行技术攻关，这一时期在西南铁路建设实践中涌现出大量的铁路科技成果。不过这一时期的奖励依旧延续了此前的形式，加之受学习解放军运动的影响，奖励重在凸显"先进性"，例如先进集体的"硬骨头工程队""勘测设计尖兵队"，以及先进个人的"技术能手""革新能手""三八红旗手"等都偏向荣誉性奖励。

第二阶段是改革开放后，1978 年 3 月，全国科学大会在北京召开，表彰了大批优秀科技工作者和先进集体，奖励了由地方和部门推荐的 7657 项科技成果。② 其中，四川铁路方面的"宝成铁路电气化""新型架桥机""锚定式支挡建筑物""DTG－1 型电力线路故障探测仪""供电系统新技术"获全国科技大会奖。③ 同年，国务院重新印发《技术改进条例》并修订发布《发明奖励条例》，1979 年又制定并颁布《自然科学奖励条例》，1982 年又重新发布《合理化建议和技术改进奖励条例》。这些条例的颁布，使得科技奖励制度逐步得到恢复和完善。在此基础上，1984 年 8 月，国务院颁布

①　《关于公布社会主义竞赛奖励办法的联合指示》(1958 年 4 月 15 日)，内部资料，中铁二局档案室藏。

②　周寄中、吴佐明：《科技奖励学：科技奖励系统的机制和功能》，浙江科学技术出版社，1993 年，第 130 页。

③　四川省地方志编纂委员会：《四川省志·交通志》(下)，四川科学技术出版社，1995 年，第 23 页。

《科学技术进步奖励条例》，分为国家级和省部级奖励，进一步完善了科技奖励制度。

在此背景下，四川铁路科技奖励制度也逐步建立起来。例如，作为施工单位的铁道部第二工程局就积极响应，先是转发国务院《合理化建议和技术改进奖励条例》，并先后制定《关于合理化建议和技术改进奖励工作补充规定》《合理化建议和技术改进奖励实施办法》。不仅如此，为确保奖励的评审工作正常推进，1987 年 9 月，铁道部第二工程局成立局科技进步奖励基金委员会，同时颁发《科技进步奖励试行办法》，明确该基金主要用于奖励对促进全局科技进步等方面的科研项目。其中，奖励设 4 个等级：特等奖 3000 ~ 4000 元，一等奖 2000 ~ 3000 元，二等奖 1000 ~ 2000 元，三等奖 300 ~ 1000 元。[①] 与此前的荣誉奖励不同的是，这一时期的奖励则更兼顾物质与精神。这些奖励办法的实施，不仅激发了铁路科技工作者的工作积极性，也加强了企业技术管理，提高了企业技术素质。

1992 年，四川省作出"科技兴川"的兴省战略。在此背景下，铁道部第二工程局也顺势确立了"科技兴局"的方针，加快了全局各项科技工作进步的步伐。1992 年 9 月，召开建局以来的第一次科技大会，一方面总结全局科技进步成果，表彰先进，另一方面就此后该局科技进步方针、目标和任务进行具体部署。这次大会表彰奖励科技项目 93 项，其中特等奖 2 项、一等奖 11 项、二等奖 27 项、三等奖 50 项、四等奖 3 项，发放奖金 12.12 万元，获奖人数 317 人，表彰奖励优秀科技工作者 141 人。[②] 1997 年 6 月，召开局第二次科技大会，动员全局实施"科技兴局"战略，表彰奖励了 25 个科技进步先进单位、135 名优秀科技工作者，授予 65 名同志"局青年科技拔尖人才"称号，表彰奖励近五年来取得的 80 项优秀科技成果和 60 篇优秀

---

① 中铁二局集团有限公司史志编纂委员会：《铁道部第二工程局志（1950—1995）》，中国铁道出版社，2000 年，第 463 页。

② 中铁二局集团有限公司史志编纂委员会：《铁道部第二工程局志（1950—1995）》，中国铁道出版社，2000 年，第 465 页。

科技论文。① 2003 年 11 月，召开第三次科技大会，大会期间，表彰奖励 7 个"技术创新先进单位"、23 个"技术创新先进集体"、2 个"科技队伍建设先进单位"、26 名"突出贡献优秀科技工作者"、101 名"优秀科技工作者"、100 名"青年科技拔尖人才"及"秦沈客运专线综合施工技术"等 80 项优秀科技成果。② 此外，大会就进一步加强人才培养和管理、加大科技投入力度、主攻高难新项目、科学技术与市场、生产经营相结合、改进技术引进方式、重视管理科学等问题进行了深入探讨，促进了公司提升专业化技术水平，增强核心竞争力，造就一流科技队伍。

与铁道部第二工程局相同，作为承担四川铁路勘测设计工作的铁道部第二勘察设计院，于 1977 年 11 月召开第一次科学大会，通过了"关于表彰我院比较重大科技成果，科技工作先进集体，先进工作者的决定"，对"突破禁区"选好成昆铁路等 81 项比较大的科技成果，隧道通风组等 19 个科技工作先进集体，以及陆玉珑、陈俊真等 49 名先进科技工作者予以表彰和奖励。③ 除内部开展奖励外，中铁二院也积极选送科技成果参加国家级奖励评选。其中，1985 年，以中铁二院为主勘测设计的"在复杂地质、险峻山区修建成昆铁路新技术"获国家科学进步特等奖。④ 不仅如此，为鼓励全院职工发扬成昆精神，推动科技进步，1990 年 7 月 12 日，中铁二院以国家发给的成昆铁路"国家科技进步特等奖"的奖金为基础，设立"成昆杯——科技兴院奖励基金"，用以奖励对"科技兴院"作出突出成就和贡献的集体和个人。1992 年 3 月，中铁二院召开了第二次科学大会，传达贯彻全国科协"四大"和铁道部、四川省科学大会精神，总结院首次科学大会特别是"七五"以来的科技工作，修订院"八五"科技发展规划，落实"科技兴院"的办法与措施。最后，评选出成昆杯科技兴院奖集体项目 3 个，个人 5 名，

① 《局第二次科技大会在蓉隆重召开》，《铁道建设报》1997 年 6 月 28 日，第 1 版。

② 《中铁二局第三次科技大会隆重召开》，《铁道建设报》2003 年 11 月 22 日，第 1 版。

③ 铁二院史志编辑委员会：《铁道部第二勘测设计院志（1952—1995）》，内部资料，2000 年，第 460 页。

④ 四川省地方志编纂委员会编：《四川省志·大事纪述》（下），四川科学技术出版社，1999 年，第 261 页。

表彰奖励院科技工作先进集体 5 个，院优秀科技工作者 71 名。① 这迅速掀起了向铁路科学技术现代化进军的热潮，进一步调动了全院职工依靠科技进步提高中铁二院勘测设计水平和竞争能力、提高社会主义建设的积极性。

三、铁路科技成果持续涌现

四川铁路尤其是进出川铁路多为山区铁路，地质复杂，修建难度大，因此铁路科技攻关尤为重要。四川铁路科技在历经宝成、成昆、襄渝等大型铁路工程建设后，随着四川铁路建设发展，也逐渐形成了一支专业配套、设备完善、技术先进的攻关队伍，铁路科技攻关成果不断涌现，并实现了在其他铁路基础设施建设中的转化应用。

（一）铁路勘测设计技术成果

四川铁路勘测设计技术的起步与成渝、宝成等新中国成立初期的铁路工程建设息息相关。20 世纪 50 年代，成渝铁路、宝成铁路的勘察设计就是中铁二院的技术人员在艰苦的条件较下殚精竭虑、跋山涉水的创举。20 世纪六七十年代，承担成昆铁路勘测设计工作的铁道部第二勘察设计院是开展勘测设计科技攻关的主力。

曾经参与过成昆铁路勘测设计工作的何光全回忆："1965 年初，在成昆全线 1100 公里的工地上，布满了二院 8000 名铁道勘设尖兵，这在我国乃至世界铁路勘测设计史未曾有过。几十万铁道施工大军在等候施工图纸施工，勘测设计形势十分严峻。"② 因此，为精心勘测、精心设计好成昆铁路，二院在西南铁路工地指挥部的领导下，与全国各地有关单位开展大协作，组成了 56 个有工人、干部和技术人员参加的三结合新技术战斗组，深入施工现场，开展新技术研究和试验，胜利完成成昆铁路勘测设计任务。其中，在选

---

① 铁二院史志编辑委员会：《铁道部第二勘测设计院志（1952—1995）》，内部资料，2000 年，第 460 页。

② 何光全：《难忘峥嵘岁月》，宁夏人民出版社，2010 年，第 37 页。

线技术上，一是采用长隧道大面积选线，合理比选越岭方案和线路走向；二是采用复杂展线，克服巨大高差，全线共设计有乃托、乐武、韩都路、两河口、六渡河、巴格勒、法拉、大平地等展线；三是采用高桥大跨，跨过深谷大江，全线大于 30 米高墩的桥梁共有 50 座；四是为避免不良地质地段，多次过河迂回，全线共跨越江河 86 次；五是依靠科学技术，克服复杂地质条件，在全线做了 16 000 平方公里的地质测绘，226 400 多米的钻探和大量试验研究工作。① 1978 年，"突破'禁区'选好成昆铁路""铁路拱桥——成昆铁路跨度 54 米空腹式铁路石拱桥""锚钉式支挡建筑物"等科研项目获得"全国科学大会奖"。同时，成昆铁路也是国内第一条采用新技术、新设备密集的主要干线。"全线采用和推广新技术 54 项，通过国家鉴定，有 12 项工程达到当时世界先进水平，31 项达到国内先进水平。"② 这些新技术，对不少重大工程对提高和发展我国铁路设计水平起到了重要的推动作用，取得了显著的经济与社会效益。不仅如此，西南铁路建设工地指挥部根据成昆、川黔、滇黔等西南铁路勘测设计的实践，总结制定了《西南铁路勘测设计工作条例（草案）》，共 30 条，从设计思想、设计内容、设计方法等方面进行了规定。③ 这一条例在此后西南铁路乃至全国铁路勘测设计工作也得到应用。

二十世纪八九十年代，中铁二院紧随改革开放的步伐，迈入市场，科技创新在铁路、公路、地铁等领域全面开花。中铁二院结合南昆线、宝成二线、达成线、成昆电化、广州地铁及高速公路等重点工程建设和科技发展的需要，积极开展科研工作。在这期间，全院科学研究立项 221 项，其中部控 122 项，院控 99 项；获国家科技进步奖 6 项，获国家发明奖 1 项，获省、部

① 铁二院史志编辑委员会：《铁道部第二勘测设计院志（1952—1995）》，内部资料，2000 年，第 463 页。

② 铁二院史志编辑委员会：《铁道部第二勘测设计院志（1952—1995）》，内部资料，2000 年，第 456 页。

③ 中共中央文献研究室：《建国以来重要文献选编 第 19 册》，中央文献出版社，2011 年，第 295 页。

级科技进步奖 23 项，获总公司奖 13 项。① 这些项目均取得了有实用性价值的成果尤其是对提高设计技术水平，改进技术手段，加速设计进程，节约工程投资等都取得了明显效果。在南昆铁路勘测设计中，中铁二院和各兄弟单位一起开展了 39 项科研项目攻关，完成 36 项新技术推广，形成了"复杂地质艰险山区修建大能力铁路干线成套技术"，并获得国家科技进步奖一等奖。② 成套技术的各项成果逐渐应用到内昆、西康等 15 条铁路及成昆、渝达等 4 条电气化铁路改造，推动了铁路修建的技术进步。

在南昆铁路的 39 个科研项目中，中铁二院主持承担南昆结合工程的科研项目达 24 项，参加项目 1 项，推广项目 1 项。③ 涉及地质、路基、桥梁、隧道通信、环境保护等诸多专业类别。其中，中铁二院设计的南昆"科技明珠"乐善村 2 号隧道及其研究成果达到国内领先水平，1997 年荣获铁道部科技进步二等奖。④ 南昆线板其二号大桥是我国第一座铁路平弯桥，它的建成，拓宽了桥梁设计领域，总体技术达到国家先进水平，铁路弯桥跨度及曲率达到国际先进水平，1998 年获铁道部科技进步二等奖。此外，南昆线清水河大桥设计及施工技术达到国际先进水平，其中铁路桥百米高墩技术达到国际领先水平，2001 年获得贵州省科技进步一等奖。⑤ 此外，中铁二院在地铁领域也出手不凡。20 世纪 90 年代初，由中铁二院承担总包设计的广州地铁 1 号线工程，在设计中采用了许多新技术，获得国家及省部级优秀设计奖 10 余项，如芳村车辆段工艺设计获铁道部"优秀工程设计一等奖"，全国第九届"优秀工程设计银质奖"，轨道减振研究成果获"广东省科技进步三等奖"等。⑥ 这些研究成果为我国地铁建设提供了丰富的实践经验和理论。

进入"十五"期间，全院更加注重科技创新，科研成果丰硕。共投入

---

① 铁二院史志编辑委员会：《铁道部第二勘测设计院志（1952—1995）》，内部资料，2000 年，第 456 页。

② 马有举：《崛起之路：中铁二院 60 年发展纪实》，作家出版社，2012 年，第 330 页。

③ 铁二院史志编辑委员会：《铁道部第二勘测设计院志（1952—1995）》，内部资料，2000 年，第 457 页。

④ 马有举：《崛起之路：中铁二院 60 年发展纪实》，作家出版社，2012 年，第 330 页。

⑤ 马有举：《崛起之路：中铁二院 60 年发展纪实》，作家出版社，2012 年，第 331 页。

⑥ 马有举：《崛起之路：中铁二院 60 年发展纪实》，作家出版社，2012 年，第 329 页。

科研经费 1.99 亿元；新开科研项目 167 项，其中部控 23 项；获省部级及总公司以上科技进出、优秀勘察、优秀设计、优秀软件等奖项 176 项，其中国家级 18 项，詹天佑土木大奖 4 项，创中国企业新纪录 36 项。[①] 新世纪以来，中铁二院除在山区铁路勘察设计方面保持优势外，更是与时俱进，将高速铁路的勘察设计技术作为主攻方向。从 2003 年起，中铁二院针对各项目的技术难点，设立了 100 余项科研课题，投入科研经费 4000 多万元，有 12 个课题进行了评审[②]，并及时地将一批中间成果运用到胶济、遂渝、郑西等项目的设计中。西安院研制的"ZN－27.5 型户内铁道真空断路器"于 2004 年通过了郑州铁路局科委组织的专家评审鉴定，认为其综合技术性能处于国际领先水平。2004 年，中铁二院还有五项科技成果载入"中国企业新纪录"，分别是长寿长江大桥、下塘口乌江特大桥、黄草乌江大桥、圆梁山隧道和曾家坪一号隧道。这些新纪录的开创，展示了中铁二院作为知识密集型设计企业巨大的创新能力。

"十一五"期间，院全面推进科技创新工作，每年下达科研攻关项目 200 余项，科研经费上亿元，研究的重点方向仍然是高速铁路和艰险山区铁路。2007 年，集团公司被确定为"创新型示范企业"。"十一五"期间，实现了技术创新的重大跨越，创造了一大批具有自主知识产权的科技创新成果，尤其是在高速铁路勘察设计领域取得了整体突破，由"追赶者"成为"领跑者"，部分核心技术达到国际先进水平。如高速铁路精密测量技术、无砟轨道技术、高速道岔技术、路基沉降控制技术、声屏障技术、综合接地技术、车－桥耦合动力响应分析等。其中由中铁二院主持和设计的中国首条无砟轨道试验段——遂渝线无砟轨道综合试验段，攻克了一系列关键技术难题，"遂渝线无砟轨道关键技术研究与应用"获 2010 年国家科技进步奖一等奖。[③] 同时，"十一五"期间，中铁二院在大理至瑞丽、成都至兰州、重庆至利川等艰险山区项目中，有针对性地开展了一系列关键技术研究，进一步

---

① 马有举：《崛起之路：中铁二院 60 年发展纪实》，作家出版社，2012 年，第 334 页。

② 马有举：《崛起之路：中铁二院 60 年发展纪实》，作家出版社，2012 年，第 332 页。

③ 马有举：《崛起之路：中铁二院 60 年发展纪实》，作家出版社，2012 年，第 335 页。

提升了中铁二院在复杂地质、艰险山区修建铁路的水平。此外，中铁二院承担勘察设计的胶济、浙赣铁路既有线提速改造项目获铁道部优秀工程设计一等奖、全国优秀设计铜奖及詹天佑奖。襄渝线提速改造项目获 2010 年铁道部优秀设计一等奖。①

（二）铁路工程施工技术成果

四川铁路施工技术自成渝铁路建设开始起步，成渝铁路修建过程中施工多以人力为主，施工技术水平相对较低。随后，在修建宝成铁路时，施工队伍开始注意技术装备的改善，逐步开展小型机械化施工。1957 年 9 月，中国铁路总工会和铁道部工程总局在成都召开全路基建系统"小型机械化示范交流会"，总结宝成铁路施工中的技术革新经验，并向全路推广车类运土 14 种、扒杆 7 种、索道运输 7 种、滑道 6 种，其他如高站台低货位等 6 种，推广面积高达 80%，提高工效 20%～500%。② 此外，承担宝成铁路施工任务的铁道部西南工程局（现中铁二局集团建筑有限公司）施工技术处，还派遣推行先进工作方法科人员，深入宝成铁路现场组织示范队，召开现场会和推广新经验，这对全局施工技术水平的提高有极大的促进作用。此后，中铁二局也成为四川铁路建设的主力施工单位。

20 世纪六七十年代，中铁二局虽经历了体制改革，即"工管合一"又分家、隧道公司合并等，但在西南铁路大会战中，随着川黔、贵昆、成昆、湘黔、枝柳铁路等相继上马，科学技术又被提上了重要的议程。在此期间，经过中铁二局全体职工的克难攻坚，中铁二局的施工技术水平也推进到一个新的高度。如在成昆铁路修建过程中有"全隧道平均单口月成洞 152.31 米""大跨度 112 米栓焊梁系杆拱桥"等 12 个项目创世界水平，其中二局参加协

---

① 马有举：《崛起之路：中铁二院 60 年发展纪实》，作家出版社，2012 年，第 336 页。
② 铁道部第二工程局史志编写委员会：《铁道部第二工程局四十年》，内部资料，1990 年，第 225 页。

作攻关的有 7 项。^① 有 30 余个科研项目达国内领先水平或居国内首创，如"大跨度栓焊梁施工技术""隧道综合机械化快速施工技术""小同轴电缆300 路载波通信技术""全线动力内燃化牵引技术"。^② 其中铁二局参加协作攻关的有 26 项。值得一提的是，由中铁二局、中铁二院、铁道兵部队等 7个单位主要完成的"在复杂地质、险峻山区修建成昆铁路新技术"项目，获 1985 年国家科技进步奖特等奖。在被外国专家视为"禁区"的地方修建铁路，标志着我国铁路设计水平和建设技术水平达到了新的高度。此外，中铁二局在烂坝软土治理、预应力混凝土技术、隧道工程等方面也取得了巨大的突破。

在三线铁路建设中进行科技协作攻关的经验，在此后中铁二局的施工技术开展中也得以延续。20 世纪 70 年代末至 80 年代，中铁二局围绕引进新技术、新设备，开发新产品，结合中铁二局实际情况，重点项目采用横向联合的方式进行技术开发。20 世纪 70 年代末，局副总工程师许宁根据日本技术，进行了较长时间关于铝热燃烧剂的应用研究，并将其研究成果运用于土建工程。后根据日本 Brista 介绍的基本原理，研究了一种新配方，制成了新型静态破碎剂。^③ 这两项研究成果一同申请了国家专利，并被国内若干工厂和单位采用。由局自主研发的"N 型线圈"（中和变压器）项目于 1981 年完成，经部组织现场测试，各项技术指标达到或超过现行标准，并在陇海铁路郑州至孟塬段通信改造中试用成功。^④ 该项目在我国铁路电气化低频通信干扰设备器材方面填补了一项空白。

1982 年，中铁二局与中南工业大学共同开展"CGTS－ZYB 型铁路隧道小断面全液压凿岩钻孔台车"研制，较传统的风动凿岩设备，这个技术成果

---

① 铁道部第二工程局史志编写委员会：《铁道部第二工程局四十年》，内部资料，1990 年，第227 页。

② 中铁二局集团有限公司史志编纂委员会：《铁道部第二工程局志（1950—1995）》，中国铁道出版社，2000 年，第 468 页。

③ 铁道部第二工程局史志编写委员会：《铁道部第二工程局四十年》，内部资料，1990 年，第229 页。

④ 中铁二局集团有限公司史志编纂委员会：《铁道部第二工程局志（1950—1995）》，中国铁道出版社，2000 年，第 469 页。

具有更加高效、节能、低污染，易实现自动化等优点，经实际应用，取得较好的生产效率和良好的经济效益。① 1988 年获铁道部科技进步奖二等奖。1989 年，中铁二局与中铁二院等单位合作完成的"大瑶山长大铁路隧道修建新技术"获铁道部科技进步奖特等奖。② 此外，这一时期中铁二局还参与了竹胶板、竹郊合波瓦、竹胶板房活动性能与制造工艺研制和隧道工程新奥法施工应用、陇海铁路软土路基施工技术等项目的技术攻关，并先后在工程施工中推广，均取得良好效果。

20 世纪 90 年代也是中铁二局科技含量快速增长的一个时期，在这一时期，取得了多项在路内外有影响的科技成果。1990 年，中铁二局技术攻关组对二滩电站桐子林斜拉桥施工技术进行攻关。施工中，局科研所先后进行了拉索安装工艺及索力测、大桥结构应力测试、主梁 50 MPa 混凝土泵送试验及弹性模量测定等 6 项科学实验，其施工技术具有国内先进水平。③ 1992 年该项目作为桥梁综合施工技术成果，获局科技大会特等奖。1991 年，局自主开发研制的 CMT－12 型公路隧道平移式衬砌钢模台车在成渝高速公路的缙云山隧道投入使用，月平均衬砌速度 150 米。1993 年通过局级鉴定，获中铁工程总公司科技进步奖四等奖。

1992 年至 1993 年中铁二局承建的广深准高速铁路石龙特大桥取得"广深准高速铁路石龙特大桥北主桥施工技术"成果。在该桥的修建中，依靠科技先后解决了深水基础大直径钻孔桩、水中承台、悬灌工艺等技术难题。其中，栈桥施工技术和盆氏橡胶测力支座尚属首创，并于 1995 年获铁道部科技成果四等奖。④ "八五"期间，在南昆铁路一系列科研项目中，中铁二局承担多个子项目的开发和研究。1994 年，在南昆铁路米花岭隧道快速施工

① 中铁二局集团有限公司史志编纂委员会：《铁道部第二工程局志（1950—1995）》，中国铁道出版社，2000 年，第 467 页。
② 四川省地方志编纂委员会：《四川省志·铁路志（1986—2005）》，方志出版社，2018 年，第 588 页。
③ 中铁二局集团有限公司史志编纂委员会：《铁道部第二工程局志（1950—1995）》，中国铁道出版社，2000 年，第 470 页。
④ 中铁二局集团有限公司史志编纂委员会：《铁道部第二工程局志（1950—1995）》，中国铁道出版社，2000 年，第 470 页。

机械选型配套课题中，先后取得"自动极坐标系统在隧道炮眼孔位、断面测量综合应用技术研究""单线铁路隧道钢模衬砌台车研制""降低喷射混凝土回弹及粉尘试验研究""新型低预应力锚杆加工及应用研究"等一批科研成果。其中"自动极坐标系统在隧道炮眼孔位、断面测量综合应用技术研究（APS 系统）"于 1995 年通过部级鉴定，获铁道部科技进步二等奖。① 该系统可靠性、兼顾性兼具且操作简单，达到国际先进水平，被列为四川省、铁道部"九五"重点科技推广项目。1999 年，在修建南昆铁路等 19 个科技项目中总结形成的"复杂地质艰险山区修建大能力南昆铁路干线成套技术"获铁道部科学技术进步奖特等奖。次年，获国家科技进步奖一等奖。

进入 21 世纪以后，随着铁路及其他基础建设的快速发展，中铁二局为了适应新形势的需要，不断加大科研经费投入，扩大科研项目并加快新技术推广。2001 年，安排科技开发项目 71 项，投入科研经费 775.10 万元。在完成的项目中，获工程总公司科技进步奖三等奖 1 项、四川省科技进步奖三等奖 1 项、国家科技进步奖一等奖 1 项。② 2003 年，安排科研及新技术推广应用项目 56 项，计划投资 834.2 万元（后调减为 718.3 万元），是"十五"以来投入最多的一年。③ 2008 年，安排科研和新技术推广 61 项，计划投入科研经费增至 2150.66 万元。该年获国家科技进步奖特等奖 1 项，四川省科技进步奖一等奖 1 项、三等奖 2 项，工程总公司科学技术特等奖 1 项、一等奖 2 项、二等奖 2 项，获部（省）级工法 27 项。④ 这些令人瞩目的科技成就，不断调动着中铁二局全体职工的创新热情和创造潜能，力争继续努力以取得一批达到国际领先的科研和新技术的推广应用成果。

① 中铁二局集团有限公司史志编纂委员会：《铁道部第二工程局志（1950—1995）》，中国铁道出版社，2000 年，第 468 页。

② 中铁二局集团有限公司史志编纂委员会：《中铁二局集团年鉴　2002》，内部资料，2002 年，第 74 页。

③ 中铁二局集团史志编纂委员会：《中铁二局集团年鉴　2004》，西南交通大学出版社，2004 年，第 139 页。

④ 中铁二局集团史志编纂委员会：《中铁二局集团年鉴　2009》，内部资料，2009 年，第 236 页。

（三）铁路运营技术成果

四川铁路多系山区铁路，曲线多，坡度大，对铁路运营技术提出了诸多挑战。四川铁路运营技术的起步发展，经历了学习苏联到自己自主探索的过程，且伴随成渝、宝成、成昆、襄渝等多条铁路的通车运而不断得到改进和提升。承担四川区域内铁路运营业务的主要是成都铁路局，1953 年重庆铁路局（成都铁路局前身）组建伊始，便设立了推先科，主要是学习中长铁路管理经验，如李锡奎调车法、杨茂林装车法、孙晓菊调度法、机车新架检法和新洗检法、鲁宁式机车保养法、白晓生紧密检修法、不甩车快速修检法、郭春林养路法等。这些先进工作经验和工作方法一定程度上促进了管内运输生产的发展。例如，成都机车段的姜国玉包乘组在推广郑锡坤机车操纵法和鲁宁式机车保养法后，学会了 18 项修车本领，并于 1953 年 12 月在成都至陈家湾间创造了牵引 89 辆超重 1204 吨、超长 780 米的纪录。[①] 与此同时，成都铁路局针对管内多为山区铁路的特点，紧密围绕提高运输效率和线路通过能力，改善铁路设备技术状态，积极组织局内职工尤其是专业技术人员开展科研和技术革新活动。

20 世纪 60 年代，成都铁路局的科技攻关呈现出明显的协作攻关特色，先后与中铁二院、铁科院、四川大学等科研院所、高校开展合作。如 1961 年，与中铁二院、贵阳局、成都铁路学校共同研究完成"铁路设计洪水频率标准"，与中科院微生物研究所等共同研究完成"自然土壤对地下建筑物的腐蚀研究分析"，与江津水果站共同完成"水果运输有效方法的研究"。1962 年，与铁科院共同完成"磷铁闸瓦的研究"，与中铁二院、铁道部西北研究所共同完成"山岳地区铁路线路滑坡研究"等。[②] 这些科研成果为相关的科研攻关奠定了良好的研究基础。

---

① 成都铁路局志编纂委员会：《成都铁路局志（1903—1988）》（下），中国铁道出版社，1997年，第712页。

② 成都铁路局志编纂委员会：《成都铁路局志（1903—1988）》（下），中国铁道出版社，1997年，第712页。

1972 年科研所恢复后，1973—1988 年，路局共完成科技研制项目 75 项。主要有由铁科院主特、绵阳供电段制成的 DTF－1 型电力线路故障探测仪，局勘测设计所与工程处合作研究的锚定式支挡建筑物——挡墙、锚固桩，西昌分局综合技术室、峨眉机务段和西南交大电机系共同研制的可控硅三级充电机等。① 这一时期，除完成相关的科技项目外，路局还于 1976 年完成了铁道部下达的 12 项科学实验，有滑坡调查分析、隧道喷锚技术、合成闸瓦试验以及铁路信号设备防止雷击等。② 1977 年 9 月，成都铁路局召开了首次科学大会，对取得这些科技研究成果的 80 个集体和 115 名先进个人进行了表彰。科技工作者受到了极大的鼓舞。

1978 年以后，成都铁路局的科研工作开始向加速铁路运输生产的电气化、机械化、自动化目标发展，在挖潜扩能、增产提效诸多方面都取得了可喜的成绩。仅 1979 至 1988 年，通过各级鉴定认可的科研成果就有 169 项，更是有部分科技项目获得国家级、省部级奖励。如 1978 年 3 月，在全国科学大会上，路局有 5 项科研成果获奖，分别是"宝成铁路电气化（与西安局共同完成），红旗 130 型架桥机，锚定式支挡建筑物（锚定式挡墙和锚固桩），DTF－1 型电力线路故障探测仪（与铁科院共同完成），电气化铁道采用双氧树脂绝缘子、电分段绝缘子、低净空隧道接触网悬挂 3 项新技术（与铁科院、电化局共同完成）"③。

与此同时，1978 年 5 月，在四川省召开的科学大会上，路局有 25 项科技成果获奖。同年 11 月，铁道部召开全路科学大会，路局有红旗 130 型架桥机、HZT－1 型红外线轴温探测仪、WY－72 无接点大站遥控等 12 项科技成果获得大会奖励。随后，路局与铁科院共同研究完成的 25HZ 长轨电路和

---

① 成都铁路局志编纂委员会：《成都铁路局志（1903—1988）》（下），中国铁道出版社，1997 年，第 712 页。

② 成都铁路局志编纂委员会：《成都铁路局志（1903—1988）》（下），中国铁道出版社，1997 年，第 712 页。

③ 成都铁路局志编纂委员会：《成都铁路局志（1903—1988）》（下），中国铁道出版社，1997 年，第 714 页。

抗磨耐热裂车轮分别获得铁道部 1983 年的科技成果三等奖、四等奖。① 1983 年和 1985 年，成都铁路局与铁科院合作的 XYD - 2 型液压捣固机和"无缝线路新技术研究和推广应用"分别获得国家发明三等奖和国家科技进步奖一等奖。无疑，这些国家级、省部级奖励的获得，展示了四川铁路科技成果的科技含量。

1989 年至 2008 年，成都铁路局科研所面对不断发展的运输需求，精心组织科研攻关，不断取得技术突破，科研水平不断提高。这期间，成都铁路局先后完成部级鉴定 21 项，省级鉴定 5 项，局级鉴定 789 项。② 1989 年，与中铁二院等单位合作的"地基土几种原位测试技术研究"获铁道部科技进步一等奖，1990 年获国家科技进步三等奖。③ 同年，科研所参研的"铁路泥石流沟判别、报警、防治机理研究"获铁道部科技进步奖二等奖，并于 1991 年获国家科技进步奖二等奖。"组钉板用于木结构连接的试验研究"获得四川省科技进步奖二等奖。④ 1990 年起，成都、北京、广州、上海等铁路局工务部门推广使用，经济和社会效益良好。1993 年，路局编制的单线区段列车运行图科研成果"单线铁路列车运行图优化方案的研究与实施"，增加了列车对数（客车 7 对、货车 42.5 对），不仅提高了列车旅行速度，还增大了安全系数，获 1994 年度四川省科学进步奖三等奖。⑤

除了开展科研活动外，成都铁路局也注重科研成果的转化应用，把解决运输生产中的关键问题作为科技工作的主要任务。1996 年，由成都科研所与路内 5 家单位共同研制完成"LKJ - 93 型列车运行监控记录装置"。这一

---

① 成都铁路局志编纂委员会：《成都铁路局志（1903—1988）》（下），中国铁道出版社，1997 年，第 715 页。

② 成都铁路局志编纂委员会：《成都铁路局志（1989—2012）》（下），中国铁道出版社，2017 年，第 810 页。

③ 四川省地方志编纂委员会：《四川省志·铁路志（1986—2005）》，方志出版社，2018 年，第 587 页。

④ 成都铁路局志编纂委员会：《成都铁路局志（1989—2012）》（下），中国铁道出版社，2017 年，第 810 页。

⑤ 四川省地方志编纂委员会：《四川省志·铁路志（1986—2005）》，方志出版社，2018 年，第 587 页。

研究所形成的列车运行数据为安全检索、事故分析、列车跟踪查询以及机车的故障、临修、状态修提供了重要依据，经过铁道部鉴定，获铁道部科技进步奖一等奖①，并在全路推广应用。1997 年由局科研所、局运输处、呼和浩特局科研所共同研制完成的"CP－3 列车尾部安全防护装置"通过铁道部技术鉴定并获铁道部科技进步奖二等奖，成功申报国家专利，也被铁道部列为全路推广项目。② 同年，由科研所等单位联合攻关的"LKJ－93 型列车运行监控记录装置"项目获得国家科技进步奖三等奖，并在全路推广应用。③1999 年，路局完成科技项目鉴定、评定共 39 项。其中，属国内先进、领先水平的有 6 项，属路内先进、领先水平 4 项。④

"十五"计划期间，路局进一步加速了科研开发和科技成果转化，全局共安排科研开发和推广经费 7254.4 万元，比"九五"增长 61.77%。在"十五"期间，路局"共取得科研成果 255 个，科技推广项目 153 项，省部级及以上科技成果奖 9 项，局级科技进步奖 41 项"⑤。其中，2001 年，局科研所研制开发的"线路及站场实景微机信息系统"在成达线"7·13"重大路外伤亡事故、宝成"9·20"水灾行车重大事故、黔桂线 30054 次货物列车脱轨颠覆行车事故救援中起到重要作用，并于 2002 年获得成都铁路局科技进步奖二等奖。⑥ 2003 年，局机务处"机务段股道管理自动化系统"获四川省科学技术进步奖二等奖。2005 年，由成都铁路局和西南交通大学共同研究的"襄渝线兰家河大桥车桥振动体系及病害整治研究"获中国铁道学会科学技术奖三等奖，参加研究的"既有铁路桥梁抗洪能力评估及水害整治

---

① 成都铁路局志编纂委员会：《成都铁路局志（1989—2012）》（下），中国铁道出版社，2017 年，第 811 页。

② 成都铁路局志编纂委员会：《成都铁路局志（1989—2012）》（下），中国铁道出版社，2017 年，第 811 页。

③ 成都铁路局年鉴编纂委员会：《成都铁路局年鉴 1998》，中国铁道出版社，1998 年，第 200 页。

④ 成都铁路局年鉴编委会：《成都铁路局年鉴 2000》，中国铁道出版社，2000 年，第 201 页。

⑤ 成都铁路局史志办公室：《成都铁路局年鉴 2006》，中国铁道出版社，2006 年，第 4 页。

⑥ 成都铁路局史志办公室：《成都铁路局年鉴 2002》，西南交通大学出版社，2002 年，第 219 页。

技术"获中国铁道学会科学技术奖二等奖。①

"十一五"规划期间，路局科研所提出"紧扣运输生产安全需要，切实加大科技创新和技术服务"的工作目标，为加快推进山区铁路安全保障体系建设，组织技术人员进行科技攻关。2006 至 2008 年间，路局投入科技经费 5833.2 万元，承担科研项目 42 项，科研成果推广 19 项，科技成果鉴（评）定 158 项。② 其中，在高速铁路工程技术研发过程中，成都铁路局也付出了努力。2007 年 1 月 3 日，遂渝铁路无砟轨道试验段开始综合试验，这是我国首条无砟轨道试验段。路局组织 1000 余人参与试验，经过连续 7 天的试验，组织开行往返试验列车 41 趟，顺利完成遂渝线无砟轨道综合试验。③ 与此同时，路局科研所承担的部级科研项目"遂渝线无砟轨道长期观测研究"主要负责对无砟轨道路基工后沉降的研究测试工作，为进一步完善设计和运用维修提供可靠的科学数据，并于 2009 年通过铁道部科技司组织的项目验收。④

2008 年 4 月，"JYC – I 型便携式电力机车硅机组在线均压监测装置"课题通过路局组织的科技成果鉴定，在成都、重庆、贵阳机务段推广应用。⑤ 这项装置为机务段在机车检修和运用中较准确地掌硅机组的技术状态提供有效保证。此外，"无砟轨道路基工后沉降长期观测""无砟轨道小型养路机系列机具研究"课题先后通过路局组织的技术评定。同年 12 月，由总工室牵头，在沪昆线湘黔段牵引最为困难的区段，采用坡停启动以及人工喷水（模拟雨天环境）等极限考核方式对装有"CHTTCU – 1（SS3B）电力机车特性控制及粘着控制系统"的 SS3B 型固定重联机车进行 5000 吨牵引试验并取得成功。⑥ 路局首次跨入重载运输行列。

---

① 成都铁路局史志办公室：《成都铁路局年鉴 2006》，中国铁道出版社，2006 年，第 184 页。
② 数据整理自《成都铁路局年鉴》2006 年、2007 年、2008 年。
③ 成都铁路局史志办公室：《成都铁路局年鉴 2008》，中国铁道出版社，2008 年，第 189 页。
④ 成都铁路局志编纂委员会：《成都铁路局志（1989—2012）》（下），中国铁道出版社，2017 年，第 811 页。
⑤ 成都铁路局史志办公室：《成都铁路局年鉴 2009》，中国铁道出版社，2009 年，第 197 页。
⑥ 成都铁路局史志办公室：《成都铁路局年鉴 2009》，中国铁道出版社，2009 年，第 193 页。

（四）铁路装备制造技术成果

进入 20 世纪 80 年代后，资阳机车厂将科学技术研究的重点放在转产调整和技术改造。80 年代初期东风 4 型内燃机车的技术改造被列入国家大中型基建项目，共投资 14 048 万元。经过近 7 年的努力，于 1989 年全面完成技术改造工作，形成批量生产能力，工厂也因此被列为中国 500 家最大工业企业之一。[①] 80 年代中后期，工厂将"ND5 型机车牵引齿轮、齿轮箱""空气滤清器系统"技术引进作为重点工作，总投资 4465.76 万元，后又纳入转产改造项目。[②]"九五"期间，工厂共投资 2 亿多元，重点实施对"提高机车车体、转向架制造质量"等 5 个技术改造。通过这次技术改造，工厂机车、柴油机及零部件生产能力又上了一个新台阶，形成了"年产东风 4 型机车 150 台，GK 系列调车机车 50 台及 240、280 柴油机曲轴 400 根"的生产能力及规模。[③] 在这期间，工厂于 1999 年研制成功 GK1M 型液力传动调车内燃机，形成了 GK 系列工矿调车内燃机车。其中，GK1C 型内燃机车成为液力传动调车内燃机车的主型车，该车技术先进，先后获得铁道部和四川省科技进步奖。[④]

"十五"期间，工厂新产品开发进入了快速发展时期，从内燃机车领域进入电力机车领域，从直流走向交流，从米轨走向窄轨、宽轨，从机车产品走向非机车产品。2001 年，工厂技术中心成为省级技术中心，拥有较强的科研人才队伍和优质的技术创新设备。尤其是购置了世界著名的设计和计算分析软件，使得新产品研发可以采用 CAD/CAM 系统，"以集成化的 CAD/CAE/CAM 软件 I－DEAS 为骨架，以 AN－SYS、ADAMS、EAI、

①　中国南车集团资阳机车有限公司：《岁月如歌　中国南车集团资阳机车厂 40 年　1966—2006》，中国铁道出版社，2006 年，第 102 页。

②　中国南车集团资阳机车有限公司：《岁月如歌　中国南车集团资阳机车厂 40 年　1966—2006》，中国铁道出版社，2006 年，第 103 页。

③　中国南车集团资阳机车有限公司：《岁月如歌　中国南车集团资阳机车厂 40 年　1966—2006》，中国铁道出版社，2006 年，第 102 页。

④　中国南车集团资阳机车有限公司：《岁月如歌　中国南车集团资阳机车厂 40 年　1966—2006》，中国铁道出版社，2006 年，第 106 页。

Alias/Wavefront 等专业分析应用软件作为功能补充，构成了完整的、基于三维实体模型的 CAD/CAE/CAM 应用系统"①。技术中心在此基础上，具备了在集成化的 CAD/CAM 环境中进行产品概念设计、方案设计、结构分析、性能评估、装配检查、样机组装的设计开发能力，关键零部件的数控模拟及数控编程工作可根据需要在系统中实现并行作业。工厂技术中心还积极加强产学研合作与技术引进。在国内与西南交通大学、株洲电力机车研究所、大连内燃机车研究所等单位进行合作，在国外与 GM 公司、卡特彼勒公司等进行合作，通过合作研发与引进技术的方式在新产品开发上取得巨大的成绩，硕果累累。这些新产品技术先进，性能优良。其中 CKD7F 型内燃机车和 GKD3B 型内燃机车分别获得四川省科技进步奖二等奖和三等奖。② 这些科研成果不仅对工厂的技术创新和科技进步有巨大的推动作用，还有力地提升了工厂在行业和社会中的影响力。

除资阳机车厂外，眉山车辆厂在建厂后，坚持产品升级换代和提高产品质量，致力于开发新产品与改造老产品并举的做法，使科学技术工作取得了突破性进展。"七五"前后，工厂本着"生产一代、试制一代、设计一代、构思一代"的方针，先后开发了 C62A 重载车、C62A（N）耐候钢车、K60 矿石漏斗车、K20 盐漏斗车、103 型货车制动机系列产品、104 型客车制动机系列产品、MSP 型油压减震器系列产品、三支点 90 吨低边车、出口缅甸 3 种米轨货车等 26 种新产品，基本建立起了适应市场"多品种，小批量"需求的生产经营格局。其中，适应大秦线运煤的重载车，在晋煤外运中发挥了重要作用，取得了显著的经济效益和社会效益，获得国家"六五"重大科技攻关奖。③ 此外，工厂对 C62A 型货车进行了 7 次重大技术改造，使编组载重量由 3000 吨提高到 7400 吨，大大提高了铁路运输能力。同时，工厂

---

① 中国南车集团资阳机车有限公司：《岁月如歌 中国南车集团资阳机车厂 40 年 1966—2006》，中国铁道出版社，2006 年，第 108 页。

② 中国南车集团资阳机车有限公司：《岁月如歌 中国南车集团资阳机车厂 40 年 1966—2006》，中国铁道出版社，2006 年，第 107 页。

③ 李吉荣主编：《奋进自强，争创一流 铁道部眉山车辆工厂经验集》，西南交通大学出版社，1990 年，第 44 页。

在掌握分析世界个发达国家先进技术后，改进并提高了103型货车制动机的缓解波速和104型客车制动机的经济波速，其主要性能达到当时美国、西德同类产品的水平，104型荣获国家银奖。[1] 1991年，工厂与铁道科学研究院联合研发的适应万吨重载列车的120型货车空气控制阀，成为铁路货车主导制动装置，并于1994年通过了铁道部旋压制动缸技术条件审查，1995年11月，120型获全国"双龙杯"科技发明成果博览会金奖。[2] 1996年12月获国家科技进步奖二等奖。进入新世纪后，工厂以市场开拓和产品开发为重点，通过自主开发、技术转让、工艺技术改造，主型货车和转向架产品实现了升级换代。2002年完成新产品开发13项。其中，转K2型转向架顺利通过了部级生产质量认证，米轨货车转向架和快运活动侧墙棚车通过了部级技术审查；完成重大技术进步项目4项，其中，钢水炉外吹氩精炼工艺通过了南车集团公司组织科技成果审定，颁发了科技成果鉴定证书。[3]

2003年，工厂结合实际，围绕铁路跨越式发展战略以及铁路货车提速、重载要求，确定了走系统引进国外发达国家的关键技术与自主创新之路。全年完成新产品开发及技术进步项目共46项，其中13号小间隙车钩、转K4型转向架通过了部级生产质量认证，C64A焦炭车改造通过了部级技术审查，并完成了240辆车的技术改造。在2003年新产品开发工作中，通过引进南非运煤专用车成熟技术，在3个月内，完成了25吨轴重全钢运煤专用敞车及25吨轴重副构架转向架的研发，创造了铁路车辆研发史上的奇迹。同时，在2003年度四川省认定企业技术中心评价中被评为优良。技术创新工作"钢水炉外精炼工艺研究"项目获得2003年度南车集团科学技术三等奖。[4] 2004年，工厂新产品技术引进与自主研发取得历史性突破，全年完成新产

① 李吉荣主编：《奋进自强，争创一流　铁道部眉山车辆工厂经验集》，西南交通大学出版社，1990年，第45页。

② 眉山车辆厂志编审委员会：《眉山车辆厂志（1966—1995）》，中国铁道出版社，1999年，第149页。

③ 眉山车辆厂年鉴编纂委员会：《眉山车辆厂年鉴　2003卷》，内部资料，2003年，第119页。

④ 眉山车辆厂年鉴编纂委员会：《中国南车集团眉山车辆厂年鉴　2004卷》，内部资料，2004年，第119页。

品开发及技术进步项目共 20 项，技术进步项目 7 项。其中 L18 型粮食漏斗车、微合金奥贝球墨（ADI）磨耗板通过了部级生产质量认证，新型粮食漏斗车设计方案通过了部级技术审查。同时，25 吨轴重全钢运煤敞车完成了各种形式试验，并通过了部级技术审查。[1] 2005 年，根据铁路技术政策要求，以市场为导向，加强自主开发研制工作，相继完成棚车、敞车、两室漏斗车等生产线预计制动机"三线一中心"建设，产品制造工艺水平显著提升。全年完成新产品厂级鉴定项目共 26 项，其中 22 个项目（方案）通过铁道部或南车集团公司组织进行的技术审查或生产质量认证。[2] 2006 年，工厂坚持走系统引进国外关键技术与自主创新之路，新产品开发取得重大成果。全年共完成重大设计项目 14 项，完成技术转化项目 10 项，全年有 31 项重大产品通过厂级鉴定，有 15 个项目通过部级技术审查或生产质量认证，副构架转向架、自卸汽车货箱减震装置获得国家专利。[3] 新主营业务产品开发取得实效，开发的拥有完全自主知识产权的迈隆牌 TSZ9270 型、TSZ9400 型半挂车专用汽车获得行业准入，高强度钢煤砂自卸车专用汽车获得国家专利；成功开发了 T12 型系列拉铆钉、25 米双层小汽车运输专用车专用的 T6 型系列铆钉以及 BOM 钉系列新产品，打破了国外厂家在此产品上的垄断。

2007 年，工厂立足 70 吨级产品技术平台，围绕用户需求进行产品研发，提高自主创新能力，在整车、转向架、大部件等各方面，取得一系列重要成果。其中，副构架转向架通过装备部技术审查并被定型为转 K7 型转向架，配装转 K7 型转向架的两种车型分别被定型为 C70F、C80BF 并实现批量生产，这是工厂首次在国内准轨铁路货车上推出自主开发的转向架；70 吨级活动侧墙棚车、黄磷罐车相继通过铁道部技术审查，滑动顶专用棚车通过铁道部设计方案审查，新型 70 吨级黄磷罐车是工厂首次取得新型 70 吨级准

---

① 眉山车辆厂年鉴编纂委员会：《中国南车集团眉山车辆厂年鉴 2005 卷》，内部资料，2005 年，第 113 页。

② 眉山车辆厂年鉴编纂委员会：《中国南车集团眉山车辆厂年鉴 2006 卷》，内部资料，2006 年，第 121 页。

③ 眉山车辆厂年鉴编纂委员会：《中国南车集团眉山车辆厂年鉴 2007 卷》，内部资料，2007 年，第 105 页。

轨铁路货车设计主导权。① 还有 24 项产品或技术获得专利授权，相继被授予
"四川省自主知识产权优势企业"和"四川省企业技术创新能力建设先进单
位"等荣誉称号。2008 年，该公司围绕"推进精细管理、精益制造"总体
目标，持续提升自主创新能力，仅当年就有 3 项铁路货车产品、6 项制动产
品通过部级技术审查；完成 15 项新产品样机试制及 15 种产品批量生产技术
准备工作；取得 70 吨级焦炭运输专用敞车主导设计权，样机通过部级技术
审查；中哈过轨转向架通过部级方案评审；结合客货分运、货运大通道能力
建设，95 吨级运煤专用敞车等 7 个项目获得南车股份立项。②

（五）铁路高校科学技术成果

1972 年唐山铁道学院迁至四川峨眉后，正式更名为西南交通大学。迁
校初期，主要是解决校舍筹建、招生恢复、机构调整、职工安顿等问题，由
于无场地、无设备、无资料，可以说并不具备开展科研工作的条件。但是，
学校师生凭借"竢实扬华、自强不息"的精神，因陋就简，在建校的同时，
坚持进行科学研究。据统计，仅在迁校初的 1972 年至 1973 年间，学校开展
的科研项目有"空心高桥墩设计问题的试验研究""长隧道运营通风"等 32
项。③ 这些科研项目大多与铁路建设紧密相关，也为这一时期四川乃至全国
铁路建设提供了重要科研力量支撑。

"文化大革命"结束后，学校教学科研工作秩序逐步恢复。1978 年 3 月
18 日，全国科学大会在北京召开。学校有"TDG－IA 型 1 吨可控硅电瓶叉
车""新型轨下基础——整体道床""韶山 I 型电力机车"等 14 项科研成果
获奖。④ 全国科学大会的召开，不仅推动了科教领域的拨乱反正，而且使得

① 南车眉山车辆有限公司年鉴编纂委员会：《南车眉山车辆有限公司年鉴　2008 卷》，内部资
料，2008 年，第 44 页。

② 南车眉山车辆有限公司年鉴编纂委员会：《南车眉山车辆有限公司年鉴　2009 卷》，内部资
料，2009 年，第 32 页。

③ 何云庵主编：《西南交通大学史（第五卷　1972—1989）》，西南交通大学出版社，2016 年，
第 33 页。

④ 何云庵、李万青主编：《竢实扬华　自强不息　从山海关北洋铁路官学堂到西南交通大学》
（下），西南交通大学出版社，2011 年，第 266 页。

包括西南交通大学在内的高等学校的科技工作者备受鼓励。10 月 16 日,铁道部发布《关于表彰铁路科技战线先进集体、先进个人和优秀科技成果的决定》,学校有无砟无枕预应力钢筋混凝土梁科研组、可控硅牵引电机反馈试验台研制组和成昆线百家岭隧道病害调查整治组 3 个单位获先进集体称号,有王金诺、潘启敬、吴炳焜、孙训方 4 人获先进个人称号,有韶山 I 型电力机车等 14 个项目获优秀科技成果奖状。① 这一系列表彰也肯定了西南交通大学在铁路科技战线所做出的贡献。12 月 11 日至 16 日,全路铁路科学技术大会在北京召开,学校共有 14 个科技项目获奖。这些荣誉的获得,也进一步凝聚了学校师生的共识,把学校办成既是教学的中心,又是科研的中心的"两个中心"办学思想由此确立。②

此后,在全校师生的共同努力下,学校科技成果不断涌现。1979 年学校有"铁道部车辆强度计算试验鉴定规范""抗滑柱的理论分析和应用""DCG-1 型隔离开关电动操纵机构"等 6 项科研成果获得铁道部或四川省奖励。③ 1980 年,曹建猷教授当选中国科学院学部委员(1994 年改为中国科学院院士)。同年,任朗受邀参加在怀仁堂召开的"长征二号"方案评定会议,其主张的"单塔绝缘"导航天线方案被采纳。"六五"时期,学校教师更是树雄心、立壮志,取得丰硕科技成果。例如,靳蕃关于"新型复数旋较码及编码译码器"的研究获得首届全国发明展览会发明奖,黄时寿等参与的"无缝线路新技术的研究和推广应用"项目获首届国家科技进步奖一等奖,马荣斌等完成的"腾冲区域航空遥感应用技术"课题的子课题"遥感在铁路选线中的应用"获中国科学院科研成果一等奖、国家科技进步奖二

---

① 何云庵、李万青主编:《竢实扬华 自强不息 从山海关北洋铁路官学堂到西南交通大学》(下),西南交通大学出版社,2011 年,第 268 页。

② 何云庵、李万青主编:《竢实扬华 自强不息 从山海关北洋铁路官学堂到西南交通大学》(下),西南交通大学出版社,2011 年,第 268 页。

③ 何云庵主编:《西南交通大学史(第五卷 1972—1989)》,西南交通大学出版社,2016 年,第 76-77 页。

等奖。①

"七五"时期，学校主要在电气化铁路多机远动技术的开发、重载列车动力学研究、计算机编制列车运行图等研究方面取得突出科研成就。一是在电气化铁路多机远动技术的开发方面，1985年学校开始进行多机系统的研制，在钱清泉教授带领下于1986年试制成功。随后该产品经过国内外招投标，应用于川黔、石太、宝中、郑武、鹰厦等多条铁路。二是在重载列车动力学方面，1986年学校主持铁道部重大科研项目"重载列车成套技术"的子课题"重载列车动力学的研究"，并于1988年5月再次主持国家级重大科技攻关项目"大秦铁路万吨单元重载列车纵向动力学试验"。② 1990年5月，大秦铁路万吨单元重载列车在大秦线湖东编组站至茶坞车站段试验成功，成为迄当时铁道部有史以来规模最大的综合试验，被外电称为中国铁路的"阿波罗计划"。该项目也于1991年获国家重大技术装备特等奖。三是在计算机编制列车运行图方面，杨明伦带领课题组扎根现场开展数据采集、模型优化、软件调适等研究工作，最终实现了计算机编制符离集——徐州北站复线区段列车运行图，成为全路编图工作的突破性进展。

与此同时，学校在高级别科研项目和科研获奖方面都取了的丰硕成果。1986年，"加筋土以挡结构的工作机理""非控轧微合金化高强钢中粒贝的形成及其对性能的影响""含表面裂纹结构的弹塑性断裂力学分析及安全评定""表面裂纹及三维弹塑性断裂力学分析"等4个科研项目被批准为国家自然科学基金资助项目③，实现了学校承担国家自然科学基金项目零的突破。1987年，学校获省、部级以上科技成果奖共17项，其中电气工程系钱清泉等人研制的"电气化铁道多微机远动实验装置"荣获四川省科技进步奖一等奖，航地系马荣斌等研制的"陆地卫星MSS数据在成昆线沙湾—泸

―――――――――――

① 何云庵主编：《西南交通大学史（第五卷　1972—1989）》，西南交通大学出版社，2016年，第183－184页。

② 何云庵主编：《西南交通大学史（第五卷　1972—1989）》，西南交通大学出版社，2016年，第192页。

③ 何云庵主编：《西南交通大学史（第五卷　1972—1989）》，西南交通大学出版社，2016年，第184页。

沽段泥石流普查中的应用"获二等奖,运输系孙腊凤、韩慧珍、尹启泰3位教师与其他单位共同研制的"交通远动技术政策研究"获得国家科学技术进步奖一等奖。[1] 1988年,"重载列车动力学研究"课题组参加的"组合列车推广应用"项目获得国家科技进步奖二等奖。[2] 1989年,学校获国家级技成果进步奖三等奖1项、铁道部科技进步奖11项、四川省科技进步奖5项。同时,学校的两项科研成果"DWY牵引供电远动系统"和"高压隔离开关电动操作机构"被列入1989年度国家级重大新产品试产计划。[3] 同年7月,学校与北京铁路局、沈阳铁路局等单位联合研制的"组合列车行车组织方法及其技术经济效果分析"通过了铁道部科技局主持的技术鉴定。[4] 此项目是国家重点科技攻关项目"重载组合列车成套技术"的一部分,不仅为开行组合列车提供了理论方法,还填补了各种重载运输组织软科学开发的空白。

"八五"期间,学校紧跟全国高等教育改革的步伐,在优化学校管理结构、提高教育质量和办学效益的同时,进一步加快了科研工作的步伐。鉴于这一时期铁路建设严重滞后于国民经济发展的现实情况,学校在开展好基础研究和高新技术研究的同时,依旧把主要科研力量投入铁路建设主战场,把推动铁路科技进步、发展重载高速技术作为主攻方向,积极组织科研力量进行技术攻关。例如,1992年学校承担"减轻重载列车与线路相互作用及操纵优化研究""新型单元重载列车研究""高速机车转向架的研制""城市桥梁工程集成化CAD系统技术研究"等"八五"科技攻关项目11项。[5] 这些项目的开展对缓解铁路运量与运能的矛盾、促进城市交通发展等有重要作

---

① 何云庵主编:《西南交通大学史(第五卷 1972—1989)》,西南交通大学出版社,2016年,第186页。

② 何云庵主编:《西南交通大学史(第五卷 1972—1989)》,西南交通大学出版社,2016年,第192页。

③ 何云庵主编:《西南交通大学史(第五卷 1972—1989)》,西南交通大学出版社,2016年,第187页。

④ 何云庵主编:《西南交通大学史(第五卷 1972—1989)》,西南交通大学出版社,2016年,第186页。

⑤ 西南交通大学校长办公室:《西南交通大学年鉴 1992》,西南交通大学出版社,1993年,第82页。

用。在这期间，学校共获得国家科技攻关项目 28 项，数量是"七五"的 2.55 倍，承担国家自然科学基金项目数量是"七五"的 2.4 倍。此外，学校"863"项目、攀登计划项目、国际合作项目、霍英东基金项目、国家社会科学基金项目均实现了零的突破，成为全路唯一受国家新设立的"跨世纪人才基金"和"国家杰出青年基金会"资助的单位。[①] 经过"八五"期间的努力，学校在高速、重载、信息、安全及铁路新线建设、铁路重大装备研制等方面均取得了重要成果，基本形成立足铁路，面向社会纵横交叉、软硬并举的局面。

"九五"期间，学校依旧将科技工作面向国家经济建设和铁路运输主战场，围绕国民经济和铁路科技发展关键技术研究领域，集中力量争取国家高水平项目和铁路发展中的重大项目研究。同时，通过积极转化科研成果促进科研领域的拓展和高新技术产品的发展，学校科研工作呈现出快速发展的新局面。据统计，"九五"期间学校承担科研项目近 2000 项，科研经费 3.4 亿多元。其中，经过专家鉴定的科研成果 120 多项，获国家级、省部级科研成果奖励 81 项。以 1999 年为例，学校共有 32 项成果通过省部级以上有关部门组织的鉴定，其中"机车车辆整车滚动振动试验台"获国家科技进步奖一等奖，沈志云院士还获得具有重要影响的何梁何利基金科技进步奖。[②]

进入 21 世纪，为更好地服务于国家经济社会发展，促进学校发展，学校一方面积极争取纵向科研项目，另一方面进一步加强与政府、企业之间的联系，积极投身行业与地方经济建设。仅 2000 年学校便新增科研项目 357 项，科研总经费达到 10 142 万元。同年，共有 3 项科研成果奖获得国家科技进步奖一等奖、7 项成果获得四川省科技进步奖。[③] 2003 年牵引动力国家重点实验室顺利通过评估，被列为优秀国家重点实验室。同年，共有 18 项科技成果获省部级科技进步奖，其中国家科技进步奖一等奖 2 项、国防科学技

---

① 西南交通大学校长办公室：《西南交通大学年鉴 1995》，西南交通大学出版社，1996 年，第 48 页。

② 四川省科学技术厅：《四川科技年鉴 2000》，巴蜀书社，2000 年，第 166 页。

③ 四川省科学技术厅：《四川科技年鉴 2001》，巴蜀书社，2001 年，第 151 页。

术三等奖 1 项、四川省科技进步奖 8 项、中国铁道学会科技奖 2 项。① 2004 年，学校启动了以"高速铁路和高速磁悬浮、重载运输、新型城市轨道交通"为研究对象的轨道交通国家实验室建设申请，并于 2006 年被科技部列入拟启动建设的第二批 10 个国家实验室建设试点计划。不仅如此，2005 年学校的国家级创新团队实现突破。经过多年的努力，以牵引动力国家重点试验室为依托，学校实现了机车车辆、轮轨系统动力学、摩擦学与新型材料等优势学科相关设备与人才资源的整合，组建了"高速列车运行安全性"研究群体。② 这标志着学校高速列车运行安全性方面的研究进入了国家队行列。同年 11 月，学校经过十余年建设的"国家大学科技园"申报成功，为学校科研发展、科技成果转化等提供更加完善的服务平台。③

此后，学校抓住国家基础设施工程建设快速发展的机遇，在科研项目、科研成果奖励、重点基地建设和创新团队建设等方面都取得了丰硕成果。特别是在高速铁路技术方面，2006 年学校负责总设计的上城轨磁悬浮车辆研究项目进入实地实验阶段。同时，在铁道部"动车组技术的引进消化吸收再创新"的 9 个重点项目中还承担了转向架技术、列车牵引与网络控制、弓网关系等技术攻关项目。④ 2007 年，作为国家重点基础研究发展计划（"973"计划项目）的"高速列车安全服役关键基础问题研究"正式获准通过。在此基础上，2008 年国家级创新团队"高速列车运行安全的关键科学技术问题研究"通过评审。这些成就的取得，充分证明了西南交通大学在铁路科技特别是高速铁路技术发展中的重要作用。

① 四川省科学技术厅：《四川科技年鉴 2004》，巴蜀书社，2004 年，第 198 页。
② 西南交通大学校长办公室：《西南交通大学年鉴 2005》，西南交通大学出版社，2006 年，第 64 页。
③ 西南交通大学校长办公室：《西南交通大学年鉴 2005》，西南交通大学出版社，2006 年，第 23 页。
④ 西南交通大学校长办公室：《西南交通大学年鉴 2006》，2006 年，第 89 页。

第二节　四川铁路教育的实施

铁路企业素有自办教育的传统。新中国成立后，伴随着四川铁路事业的快速发展，铁路教育事业也随之兴盛起来，按其发展脉络，大致可划分为三个阶段。一是 20 世纪 50 年代后期，铁道部及成都铁路局、中铁二局等单位相继成立中专学校、技工学校，主要培养铁路初、中级专业技术人才。二是 1971 年唐山铁道学院迁至四川峨眉，次年更名西南交通大学。[①] 从此，四川开始有了培养铁路高等专业人才的高校。三是 1983 年开始兴办铁路成人中等专业学校、四川广播电视大学成都铁路局分校等，主要为主办单位职工提供学历教育和专业技术培训。[②] 同时，各单位通过职业学校和自办的教育设施，组织开展多渠道、多形式、多层次的职工教育培训，提高职工专业技术能力和文化素质。此外，各企业还办有中学、小学、幼儿园等普通的基础教育，在此不予论述。

一、铁路高等教育的勃兴

新中国成立后，四川省境内承担铁路高层次人才培养任务的主要有西南交通大学、四川大学和重庆大学等高校。在 1953 年院系调整前，重庆大学设有铁道工程组，四川大学土木系设有铁道部分。随着全国高校院系调整的展开，重庆大学铁道工程组调至唐山铁道学院，四川大学铁道部分则调整至中南土木建筑学院。由此，四川省铁路高等教育的办学历史也按下了"暂停键"，直至 1972 年唐山铁道学院奉令迁川，定址峨眉，同时改名为"西南交

---

① 何云庵、李万青主编：《埃实扬华　自强不息　从山海关北洋铁路官学堂到西南交通大学》（下），西南交通大学出版社，2011 年，第 241 页。

② 四川省地方志编纂委员会：《四川省志·铁路志（1986—2005）》，方志出版社，2018 年，第 598 页。

通大学"，四川铁路高等教育才得以再度开启。

西南交通大学是中国第一所工程教育高等学校，是中国近代土木、交通、矿冶教育的发祥之地，素有"东方康奈尔"的美称。该校创建于1986年，其前身是山海关北洋铁路官学堂，曾用唐山路矿学堂、唐山交通大学、国立唐山工学院等校名。1952年改名为唐山铁道学院。[①] 1972年内迁四川，改名为西南交通大学。该校建立至今，已跨越3个世纪，为国家培养了一代又一代活跃在铁路行业各个领域的高级人才。正如校友诗中赞叹："奠基山海关，扎根在蓉城，凡建铁路线，皆有交大人。"[②]

西南交通大学内迁四川峨眉初期，在艰难建校的同时开展教学工作。入川初期，主要作了三个方面工作。一是恢复招生，1972年5月，交通部指示学校恢复招生，设置铁道工程、桥梁隧道工程、机械工程、电机工程和运输等5个系。学制3年，1972年共录取新生364人（不包括进修生）。[③] 二是举办短期训练班。为了应对铁路现场专业技术人才缺乏的局面，交通部有关局委托学校举办铁路各类干部和专业技术岗位人员短训班。1972年9月至1976年间，运输系招收了行车组织、站场设计、货运组织、铁路运输等4个班，学生共113人，进修期1年。[④] 短训班教学紧密联系生产实际，学员大都收获了丰富的实践经验，提高很快。三是实行"开门办学"。1973年，学校先后安排了11个专业的350余名学生前往成都铁路局、中铁二局、成都机车厂进行为期4周至2个月的学工活动。到1974年1月，学校建立的厂、校挂钩"三结合"（教学、科研、生产）教学基地，与13个铁路现场单位建立密切联系。到1974年9月底，全校成立了18个专业实践队，到路内外各单位进行"开门办学"。这种教学方法虽然增强了学生生产实践能

---

①　何云庵、李万青主编：《竢实扬华　自强不息　从山海关北洋铁路官学堂到西南交通大学》（下），西南交通大学出版社，2011年，第60页。

②　李万青主编：《竢实扬华　自强不息　从山海关北洋铁路官学堂到西南交通大学》（上），西南交通大学出版社，2007年，第8页。

③　西南交通大学校史编辑室：《西南交通大学（唐山交通大学）校史》，西南交通大学出版社，1996年，第320页。

④　何云庵主编：《西南交通大学史（第五卷　1972—1989）》，西南交通大学出版社，2016年，第20页。

力，但也导致学生理论知识学习不系统、不扎实、不全面。

为了谋求学校更好的发展，1979 年 11 月，学校党委向上级提出解决学校校址的问题，并于 1984 年获得批准，迁校至成都。① 至此，从山海关到唐山，又辗转上海、北京、湖南、四川等地，西南交通大学师生跋涉千山万水，历经千难万险，终于有了一个固定的办学地点。同时，再一次开启了铁路教育事业新的起点。这一时期，由于我国铁路运输已经严重制约国民经济发展，铁路建设面临着一个大的发展机遇。因此，铁路技术人才培养的迫切性和重要性由此凸显。

1984 年 10 月，在学校第七次党代会上，正式宣布向多科性现代化重点大学进军。同年，铁道部在对学校"七五"事业发展计划的批复中也指出："到 1990 年，把学校办成立足铁路，面向全国，以工科为主体，工、理、管、文相结合的多科性重点大学。"② 此外，还要求学校学校组建教学和科研两个中心，以适应现代化建设需要，力争在教学、科研、学校管理等方面达到国内第一流水平。学校以既定目标和铁道部的要求为工作中心，经过历届领导及广大教师、职工多年的努力与奋斗，在专业设置、重点学科建设、教学改革、师资队伍、人才培养等方面都取得了巨大的突破。

一是优化专业设置，加强重点学科建设。在专业设置上，根据形势发展的需要，至 1990 年，学校设有铁道工程、桥梁及地下工程、建筑工程、航空测量与工程地质、建筑学、机车车辆、机械工程、材料工程、电气工程、计算机科学与工程、运输工程、管理工程、工程力学、应用数学、应用物理、人文社会科学、外语 17 个系，29 个专业。③ 一所以工科为主体，工、理、管、文相结合的多科性重点大学已见雏形。在重点学科建设方面，1987 年 7 月 24 日，该校铁道电气化与自动化、桥梁隧道及结构工程、固体力学、

---

① 何云庵主编：《西南交通大学史（第五卷　1972—1989）》，西南交通大学出版社，2016 年，第 142 页。

② 何云庵主编：《西南交通大学史（第五卷　1972—1989）》，西南交通大学出版社，2016 年，第 279 页。

③ 何云庵、李万青主编：《踔实扬华　自强不息　从山海关北洋铁路官学堂到西南交通大学》（下），西南交通大学出版社，2011 年，第 323 页。

计算机应用、机车车辆、机械学、工程机械、岩土工程、铁道工程、运输管理工程、计算力学 11 个学科被铁道部教育局评为铁路高校重点学科。① 1988年 7 月 22 日，该校桥梁隧道及结构工程、铁道牵引电气化与自动化、机车车辆 3 个学科被列为全国高等学校重点学科。② 在此基础上，学校继续深化拓展学科建设，到 1990 年时，初步形成了土木工程类学科、机械工程类学科、电器类学科、计算机与通信工程学科以及运输与管理类学科等五大类重点学科群。其中，桥梁与隧道工程、机车车辆学科、铁道牵引电气化与自动化学科是国家级和铁道部重点学科。这些重点学科在该校建设成现代化多科性的全国重点大学方面起到了关键作用。依托重点学科建设，推动了高层次人才培养工作。1981 年 12 月 2 日，西南交通大学成为首批有权授予博士、硕士学位的高校。截至 1990 年，该校博士学位授权点共有 6 个，共招收博士生 106 人；硕士学位授权点共有 27 个，共招收硕士生 1479 人。③

2000 年 2 月 12 日起，学校由铁道部划归教育部直属，开启了一个新的发展阶段，进一步在人才培养、科学研究等方面作出了积极探索。经过多年的艰苦奋斗，学校从入川初期的单科性、行业性大学，发展成为以轨道交通为鲜明特色，工、理、管、经、文、法等多学科协调发展的大学，是全国首批"211"工程重点建设大学。2007 年 11 月，该校再次以优异成绩通过教育部普通高校本科教学工作水平评估。④ 至 2007 年，共有教师 2437 名，其中教授 393 人，副教授 538 人；共有全日制在校学生 40470 人，其中本科生27776 人，博士、硕士研究生 7995 人，外国留学生 345 人。⑤

---

① 何云庵、李万青主编：《踔实扬华　自强不息　从山海关北洋铁路官学堂到西南交通大学》（下），西南交通大学出版社，2011 年，第 354 页。

② 何云庵主编：《西南交通大学史（第五卷　1972—1989）》，西南交通大学出版社，2016 年，第 354—355 页。

③ 何云庵、李万青主编：《踔实扬华　自强不息　从山海关北洋铁路官学堂到西南交通大学》（下），西南交通大学出版社，2011 年，第 334 页。

④ 李万青主编：《踔实扬华　自强不息　从山海关北洋铁路官学堂到西南交通大学》（上），西南交通大学出版社，2007 年，第 3 页。

⑤ 李万青主编：《踔实扬华　自强不息　从山海关北洋铁路官学堂到西南交通大学》（上），西南交通大学出版社，2007 年，第 3 页。

二是重视教学制度改革。1978 年率先实行学分制，保证基础理论课时的同时，压缩必修课课时，大量开设各种类型选修课，这样一方面使得学生在学习上有一定选课自主权，另一方面也有利于拓宽学生知识面。此外，学校还在招生、培养和分配制度等方面进行改革。1988 年以来在全国率先进行了毕业生预分配改革，实行供需见面、双向选择。在实行毕业生分配制度改革的第一年，峨眉校区举行了 1989 届毕业生预分配供需见面会。仅 3 天时间，学生与用人单位签下了 420 份协议书，占分配学生总数的 71%。[1] 1988 年 9 月，机工一系机械专业 1984 级 13 名学生，除一人推荐为硕士研究生继续深造外，其余 12 人按照新的分配制度全部被分配到铁路单位工作，受到铁路现场单位的欢迎。[2] 这种新的分配制度，有利于加强学校与社会的联系，既调动了学生学习的积极性，促使他们按照社会需要，练就本领；又促使用人单位尊重知识，爱惜人才。

三是重视师资队伍建设。师资队伍是一个学校生存与发展的基础，是提高教学质量的关键。经历了"文化大革命"的摧残和迁建峨眉，教师队伍减员 200 多人，学校把加强师资队伍建设作为一个战略性任务来抓。一方面是扩大教师队伍数量。在全国统一高考后，为解决师资力量不足的困难，学校逐年从学生中选拔政治思想好、理论基础较强的学生组成师资班加以培养。如 1978 年 4 月，学校从 1977 级新生中选拔了 60 名学生作为数学师资培养。之后，又从 1978 级新生中选拔了 100 名学生，组成物理、力学、铁路电气化与自动化 3 个师资班。同时，在 1978 年还招收了 43 名新生，组成了马列主义师资班。这些师资班的学生一部分留校任教，一部分统一分配到铁路或其他高校任教。他们成为学校教师队伍中的新生力量，使学校 1982 年教师中助教的比重从 18% 上升到 32%。[3] 这在极大程度上缓解了当时教师

①　何云庵、李万青主编：《崇实扬华　自强不息　从山海关北洋铁路官学堂到西南交通大学》（下），西南交通大学出版社，2011 年，第 328 页。

②　何云庵主编：《西南交通大学史（第五卷　1972—1989）》，西南交通大学出版社，2016 年，第 171 页。

③　何云庵、李万青主编：《崇实扬华　自强不息　从山海关北洋铁路官学堂到西南交通大学》（下），西南交通大学出版社，2011 年，第 286 页。

队伍青黄不接的状况。经过多年苦心经营，栽树引凤，学校教师队伍不断壮大。截至2007年11月，该校共有教师2437名，其中教授393人，副教授538人。① 另一方面是提高教师队伍质量。从1986年起，学校除体育、外语、测量、制图课外，明确规定本科生不能留校任教，要有研究生学历，鼓励教师在职培养。同时，学校还通过举办短训班、研讨班、进修班等方式，帮助中青年教师提高业务水平。如1982年前，学校就先后派出20余名访问学者和教师出国进修。② 绝大多数教师回国后，都成为学校改造旧专业、创建新专业、引进世界先进科技的学科骨干和学术带头人。

四是重视多样化办学。为了服务社会和适应教育形势的发展，经过多年的办学时间与探索，学校形成了多类型、多层次、多形式的办学格局。如在本科生教育中招收走读生和代培生、举办干部培训班、开展函授教育、开办业余学校和夜大等。值得一提的是，1981年至1984年，该校举办的铁道运输团干部进修班招收了来自铁道部和铁路局共青团学员共83人。③ 这一批团干培训班在艰难的条件下刻苦学习，多位校友成长为省部级领导人员，为铁路现代化，特别为高速铁路发展建设，为地方社会经济的发展改革作出了重大贡献。之后，该校举办过多届干部班，如监理班、经济管理班、团干班、政干班等，为铁路建设作出了重要贡献。

经过不断探索，该校逐渐形成了"严谨严格，求真务实"的办学理念与优良传统。"双严"精神更是在2000年全国本科教学优秀评估中被教育部评为该校的教学特色。④ 严谨的校风、严整的教师队伍、严格的管理，使得学校人才辈出，先后培育了以沈志云、曹建猷、钱清泉等为代表的院士，姚桐斌、吴自良、陈能宽3位"两弹一星功勋奖章"获得者，以及国内外知名

---

① 李万青主编：《竢实扬华　自强不息　从山海关北洋铁路官学堂到西南交通大学》（上），西南交通大学出版社，2007年，第3页。
② 何云庵主编：《西南交通大学史（第五卷　1972—1989）》，西南交通大学出版社，2016年，第86页。
③ 何云庵主编：《西南交通大学史（第五卷　1972—1989）》，西南交通大学出版社，2016年，第91页。
④ 张宝生主编：《春华秋实——西南交通大学杰出校友风采录》（第一卷），西南交通大学出版社，2006年，第7页。

专家、教授、行业领军人物、企业家等优秀人才。[①] 不仅如此，在铁路工程、勘察设计、铁路运营、铁路高校等岗位上的领导、技术负责人、专家教授更是难以计数，他们中有何华武、秦顺全、马庭林、刘培硕、王年鸣、王玉泽、徐恭义、张鲁新、吴维洲等。[②] 这些杰出人才以其开创性的业绩，为发展科学技术、培养教育人才、从事祖国建设、造福人类社会奉献着自己的智慧与力量，赢得了人们的尊敬。

二、铁路职业技术教育的兴办

1953 年 1 月，重庆铁路管理局成立后，即着手专业技术教育基地建设。先后开设荣昌铁路技术训练班、资阳铁路技术学校、重庆铁路运输学校、成都铁路机械学校、内江铁路技工学校等。[③] 其中，四川铁路筹办的中等专业学校属铁道部，主要由成都铁路局和中铁二局主管，如内江铁路机械学校、成都铁路运输学校、成都铁路卫生学校、成都铁路工程学校等；技工学校由铁道部批准成立，相关在川铁路单位主办，如成都铁路运输技工学校、西昌铁路运输技工学校、成都铁路技工学校等。这些职业院校为四川铁路事业和全社会培养了一大批技术人才和劳动后备力量。直至 2004 年 12 月，成都铁路局所办的省内职业学校全部移交地方政府管理。

（一）中等职业学校

四川铁路部门历来重视职业技术教育，加大了对中专、技校的投入和支持，一大批职业学校开办起来，形成了以普通中专为主体，成人中专为辅助的中等职业技术教育体系。具体如下。

---

① 李万青主编：《竢实扬华　自强不息　从山海关北洋铁路官学堂到西南交通大学》（上），西南交通大学出版社，2007 年，第 8 页。

② 何云庵、李万青主编：《竢实扬华　自强不息　从山海关北洋铁路官学堂到西南交通大学》（下），西南交通大学出版社，2011 年，第 375 页。

③ 四川省地方志编纂委员会：《四川省志·交通志》（下），四川科学技术出版社，1995 年，第 186 页。

一是内江铁路机械学校。该校前身是 1960 年铁道部拨款筹建、成都铁路局主管的"内江铁路技工学校",后因调整、整顿历经曲折,最终于 1983 年正式更名为"内江铁路机械学校",开设电力机车、铁道供电、铁道信号、铁道通信、内燃机车等 5 个专业。后因专业调整,取消内燃机车专业,改设铁道运输专业。至 1990 年时,共有学生 1454 人,其中普通中专学生 1324 人,职工中专学生 52 人,技工班学生 79 人。[1]

学校在教学中奋力突破,取得了可喜的成绩。1990 年末,该校独立承担的"电力机车模拟驾驶系统"科研项目通过局级鉴定,为中专、技工学校学生实习及机务段培训机车乘务员提供科学、逼真、高效的教学工具。模拟驾驶系统的使用,不仅丰富了办学的基础物质条件,还在模拟情境中激发了学生兴趣、提高了教学效率。值得一提的是,1991 年,该项目被铁道部推荐参加全国职业技术教育成果展览,并在 11 月的第六届全国发明展中获金奖。[2] 这在极大程度上鼓舞了学校师生继续努力,再创佳绩。学校先后获得"全国铁路职业技术教育先进单位""四川省一类普通中专学校""四川省重点中专学校""首批全国重点普通中专学校"等荣誉称号。学校在发展过程中不断积累办学经验,办学条件逐步提高,办学规模日益扩大,为铁路和社会培养了一大批中等技术人才。

随着办学条件的不断改善,学校在 1995 年正式成为成都铁路局机车、信号专业技能鉴定站和电力机车、供电专业实习演练基地。这不但使校企合作更为深化,还促进了教学、管理等各方面的发展。1999 年,学校电力机车、铁道信号、综合电信、铁道供电专业经过铁道部组织的专家评估,被评为全国铁路普通中专学校优秀专业点。此外,在既有专业基础上,学校为扩大办学规模,还进行了跨国合作和校企联合办学的尝试。1997 年,学校与加拿大荷兰学院结为"姐妹学校",签订了联合办学、联合颁证等意向性协

---

① 成都铁路局教育志编纂委员会:《成都铁路局教育志(1901—1990)》,内部资料,第 49 页。
② 四川省地方志编纂委员会:《四川省志·铁路志(1986—2005)》,方志出版社,2018 年,第 599 页。

议，与重庆、贵阳分局联合举办铁道电力供电和企业供电成人中专班。[①]

2000 年，学校被教育部再次确定为"国家级重点中等职业学校"。[②] 学校按照"双主动"的办学原则和"内部分立"的要求，加大内部管理和运行机制改革力度。[③] 尤其在教育教学领域方面实现了新的突破，学校充分尊重新生意愿，实行自由选择专业，试行弹性学制和学分制，修订并实施《教师工作质量评估体系》，与四川省轻化工学院联合开办大专班并设立教学站，继续参与加拿大政府项目合作，推进与荷兰学院开展联合办学。2001 年，学校坚持"主动适应，主动服务"的办学思想，大力调整办学思路，办学重点逐步向职工学历教育、岗位培训转变。[④] 同年，学校被评为铁路中专教育研究优秀单位、铁路中专教育信息报道优秀单位、局"九五"职工教育先进集体和学校德育先进单位。与此同时，根据铁路技术人才需求，学校进一步拓展了职工岗位达标培训业务。2002 年，实现职工学历教育招生 2014人，完成岗位达标培训 1611 人次、技能鉴定 812 人。[⑤] 此外，学校还新增了成都铁路局和社会急需的供用电技术专业（高职），在强化内部管理、深化为学生服务、实施素质教育等举措之下，学校办学受到各方面好评。2002年再次被授予"全国职业教育先进单位"称号，这也是四川省唯一两次获此称号的学校。2004 年 9 月，该校移交四川省教育厅管理。

二是成都铁路运输学校。该校的前身是成都铁路局主办的成都铁路技术学校。1979 年 7 月，根据铁道部通知，成都铁路局将成都铁路技术学校划归西南交通大学，更名为"西南交通大学成都分部"。[⑥] 直到 1992 年 4 月，

①　成都铁路局年鉴编纂委员会：《成都铁路局年鉴　1998》，中国铁道出版社，1998 年，第198 页。

②　成都铁路局年鉴编纂委员会：《成都铁路局年鉴　2001》，中国铁道出版社，2001 年，第204 页。

③　成都铁路局年鉴编纂委员会：《成都铁路局年鉴　2001》，中国铁道出版社，2001 年，第204 页。

④　成都铁路局年鉴编纂委员会：《成都铁路局年鉴　2002》，西南交通大学出版社，2002 年，第 214 页。

⑤　四川省地方志编纂委员会：《四川省志·铁路志（1986—2005）》，方志出版社，2018 年，第 600 页。

⑥　成都铁路局教育志编纂委员会：《成都铁路局教育志（1901—1990）》，内部资料，第 76 页。

成都铁路局将其与成都铁路师范学校合并成立成都铁路运输学校，设铁道运输、铁道工程、铁道桥梁隧道和中师等专业，主要为铁路培养和输送具有较强实践能力的中级技术人才和合格的小学教师，办学规模1280人。1999年1月，成都铁路运输学校、四川省广播电视大学成都铁路局分校、成都铁路成人中专学校3所学校合并，校名仍为成都铁路运输学校。学校在合并过程中整合教育资源，优化专业设置和教学资料配置，广泛拓宽生源渠道，使得学校综合实力大大增强。[①]

进入21世纪后，为适应市场需求，根据成都铁路局"经费包干、自助管理、服务内部、面向社会"的要求，学校进一步优化教育资源，提高办学质量，在教育教学方面取得了显著的成绩。一是主动适应、服务铁路改革发展，为提高路局职工素质服务。学校除办好既有的岗位培训班以外，还利用学校资源开展职工培训，并与局管内各分局、站段合作，将培训班搬到基层站段。仅2000年，学校共举办各类岗位培训班85个，培训学员达4430人次；完成技能鉴定工种18个、26个班，鉴定学员1040人次。[②] 同年，被教育部批准为"首批国家级重点中等职业学校"。[③] 二是以市场为导向，设置新专业。开设空调与制冷管理工程、计算机网络、电子商务与英语、影视制作等5个新专业，同时，还与川大网络学院联合办学，作为四川大学网络教育成铁教学部共招收新生100多人。[④] 在全校师生共同努力下，2003年，在四川省教育厅组织的国家级重点中专办学水平复核评估和省级重点专业评估中，学校办学水平被评定为优秀，铁道运输管理专业被评定为四川省中等职

① 成都铁路局年鉴编纂委员会：《成都铁路局年鉴 2000》，中国铁道出版社，2000年，第199页。

② 成都铁路局年鉴编纂委员会：《成都铁路局年鉴 2001》，中国铁道出版社，2001年，第204页。

③ 四川省地方志编纂委员会：《四川省志·铁路志（1986—2005）》，方志出版社，2018年，第598页。

④ 成都铁路局年鉴编纂委员会：《成都铁路局年鉴 2002》，西南交通大学出版社，2002年，第214页。

业学校省级重点专业。① 2004 年 9 月，成都铁路运输学校移交成都市政府管理。②

三是成都铁路师范学校。该校是为了适应成都铁路局中小学教育和幼儿教育的发展而创办的普通中等师范学校。1979 年 9 月，成都铁路局决定成立"成都铁路局教师进修学校"，负责路局管内小学教师和幼儿教师的业务进修工作。1984 年 9 月改建为中等师范学校。③ 这便是成都铁路师范学校的前身。1988 年四川省教育委员会正式批准"成都铁路师范学校"在省备案。学校规模 480 人，设置中师、幼师两个专业，学制 3 年，面向路内和社会招收初中毕业生。④ 其主要任务是为成都铁路局培养合格的小学教师和幼儿园教师，同时负责成人在职师资培训和教育信息传递工作。

学校自 1984 年成立中等师范以来，办了两届成人中师，学制两年半。招收学员 156 人，这些学员都是成都铁路局管内的青年职工，通过统一考试取得入学资格，毕业后统一分配至管内小学教书。此外，学校还开办了各类培训班，如幼师培训班、小学教师培训班、小学校长岗位培训班、小学干部培训班等，据统计，学校成立 6 年以来，共办短训班 32 个，培训学员 1063 人。⑤ 可见，成都铁路师范学校为局管内的小学和幼儿园培养了一大批专业能力过硬的教师，在很大程度上提升了教师的专业素养，优化了教师结构。1990 年 8 月，根据铁道部中专招生计划，学校首次面向社会招收普通中师班 1 个，学生 40 人。⑥ 值得一提的是，这些新招的路外学生主要来自云、贵、川三省的应届初中毕业生，包括彝、回、苗、布依等少数民族在内，不仅满足了管内小学、幼儿园教师的需求，还促进了民族间的沟通和交流。

①　四川省地方志编纂委员会：《四川省志·铁路志（1986—2005）》，方志出版社，2018 年，第 599 页。

②　成都铁路局年鉴编纂委员会：《成都铁路局年鉴　2005》，中国铁道出版社，2005 年，第 184 页。

③　成都铁路局教育志编纂委员会：《成都铁路局教育志（1901—1990）》，内部资料，第 57 页。

④　四川省地方志编纂委员会：《四川省志·铁路志（1986—2005）》，方志出版社，2018 年，第 600 页。

⑤　成都铁路局教育志编纂委员会：《成都铁路局教育志（1901—1990）》，内部资料，第 57 页。

⑥　成都铁路局教育志编纂委员会：《成都铁路局教育志（1901—1990）》，内部资料，第 57 页。

1992 年 4 月，学校并入新组建的成都铁路运输学校。

四是成都铁路工程学校。该校创建于 1952 年 7 月，名为成都中级技术学校。1953 年因铁路中专专业调整，更名为"成都铁路学校"。1955 年，学校更名为"铁道部成都铁路工程学校"。此后，学校名称历经数次变更，直到 1987 年 7 月，学校与中铁二局广播电视函授大学工作站、中铁二局成都职工中等专业学校合并，实行一套班子、两块牌子，学校名称仍为"成都铁路工程学校"。① 至此，终于迎来了稳定的发展阶段。学校的宗旨是为铁路建设培养合格的中级技术人才，办学分两种：一是普通中专教育，每年按计划指标面向全国招生，学生毕业以后，统一分配到铁路基建系统以及个铁路局、铁路工厂单位；二是成人中专教育，学生属铁路内部在职职工，按成人教育有关规定组织教学，毕业后原则上回原单位。② 这样的分流教育使教学培养更有针对性，有利于学生职业发展。

在不同的时期，学校设置的专业、招生对象、学习年限都有一些变化。初建校时，设有一年制的公安、运输、商务、会计、通信信号等专业，后又开设一年半制的测绘专业，两年制的会计、统计、材料专业，三年制的铁道线路、桥隧、通信信号专业等。"工管合一"后，学制改为四年制，设铁道线路、桥隧、工民建、蒸汽机车、车辆等 5 个专业，招收初中毕业生。1973年恢复建校后至 1981 年，设有铁道工程和铁道工程机械专业，后增设地质专业，招收对象为工农兵学员，学制 3 年。③ 1987 年秋三校合并后，共设置铁道工程、铁道工程机械、工业与民用建筑、工程管理、物资管理、财务管理 6 个专业。正式中专教育部分招生对象为初中毕业生，学制 4 年；职工教育部分招生对象为铁路内部职工，学制 1 至 3 年。④ 截至 2008 年，学校开办

① 中铁二局集团有限公司史志编纂委员会：《铁道部第二工程局志（1950—1995）》，中国铁道出版社，2000 年，第 643 页。
② 铁道部第二工程局史志编写委员会：《铁道部第二工程局四十年》，内部资料，1990 年，第 244 页。
③ 中铁二局集团有限公司史志编纂委员会：《铁道部第二工程局志（1950—1995）》，中国铁道出版社，2000 年，第 643 页。
④ 铁道部第二工程局史志编写委员会：《铁道部第二工程局四十年》，内部资料，1990 年，第 244 页。

有三年制中专、两年制高中中专和五年制高职，有铁道施工与养护、工业与民用建筑、公路与桥梁等 16 个专业。[①] 与此同时，学校的办学条件也在不断地完善和进步，至 2008 年时学校拥有高标准试验基地 6 个、19 个实验室和最先进的测量全站仪，激光测距仪及其他精密测量仪器。

在学校领导和教师的不懈努力下，学校获得了社会各界的好评。2003年，学校被评为"省级重点中专学校"、成都教育局"职业教育先进单位"。[②] 2005 年，学校更是被命名为"国家级重点中专学校"。[③] 不仅如此，历届毕业生也受到用人单位肯定。成都铁路局昆明工程处负责人说："铁工校培养的学生，他们在艰苦和实干方面都是不错的。"中铁二院一总队人事科负责人也评价说："工程学校分来的学生是吃得苦、肯干的，技术上肯钻研，素质比较好，有的在这里成了骨干，有的已是专业组组长。"中铁五局人事处负责人也表示，铁工校来的学生就是"拿得起（工作），放得下（面子、无架子）。很适合现场需要"[④]。

五是成都铁路卫生学校。该校始建于 1945 年，其前身为法国教会举办的"仁爱医院附属高级护士学校"。1951 年西南铁路工程局接管"仁爱医院附属高级护士学校"，改名为"西南铁路工程局成都护士学校"，其任务是为新中国铁路事业培养卫生中专人才。1954 年改名为"铁道部成都卫生学校"。"文化大革命"期间曾一度停止办校，直到 1974 年在西昌复校，定名为西昌铁路卫生学校，开始恢复招生。1980 年，学校由西昌搬迁回成都原址，恢复原校名，改为铁道部第二工程局领导。[⑤] 历经多年风风雨雨的成都

---

① 中铁二局集团有限公司史志编纂委员会：《中铁二局集团年鉴　2009》，内部资料，2009年，第 321 页。

② 中铁二局集团史志编纂委员会：《中铁二局集团年鉴　2004》，西南交通大学出版社，2004年，第 168 页。

③ 四川省地方志编纂委员会：《四川省志·铁路志（1986—2005）》，方志出版社，2018 年，第 600 页。

④ 铁道部第二工程局史志编写委员会：《铁道部第二工程局四十年》，内部资料，1990 年，第245 页。

⑤ 中铁二局集团有限公司史志编纂委员会：《铁道部第二工程局志（1950—1995）》，中国铁道出版社，2000 年，第 644 页。

铁路卫生学校，终于回到正常发展的轨迹。

在专业设置方面，最初开设护士、医士2个专业，面向全国招收高中毕业生，学制3年。考虑到招生对象的具体情况，学校从1984年起护士专业改招初中毕业生，仍学3年。到1986年起医士专业改招初中毕业生，学制4年。1993年增开了口腔（技）士专业，学制3年，1994年将护士、医士专业名称改为护理、社区医学专业。① 此后，学校的专业设置就在此基础上不断发展。在职工培训方面，从1981年后，学校陆续开办三年制职工医士、职工护士、职工中医士等中专班，并开办两年制干部中专班（医士、护士2个专业），随着职工教育的需要，从1988年起还开办了一年制的职工护士专业证书班和职工专业证书班。② 在教学管理上，制定系列规章制度以规范学生行为，加强对学生进行思想政治教育，尤其注重对学生进行医护职业道德的教育，使同学们认识到作为医务工作者的责任感和使命感。③ 由此，逐渐形成勤奋学习、遵纪守法的良好校风。

为了提高办学水平，1999年，学校与成都中医药大学联合办学，经四川省教育厅批准成立川北医学院成人教育学院成都铁路卫生学校分院，联合开办临床医学、高级护理、英语护理和中西医结合等专业，于2002年正式招生。同年9月，学校被评定为省级重点中专学校；12月，教育部批准该校护理专业为"国家级护理专业"。④ 这些荣誉是对全校师生极大的鼓舞与肯定。截至2008年，学校开设护理、英语护理、美容护理、医学检验、口腔工艺技术、助产、药剂等十余个高职及中专专业，各类在册学生7266余

---

① 中铁二局集团有限公司史志编纂委员会：《铁道部第二工程局志（1950—1995）》，中国铁道出版社，2000年，第644页。

② 四川省地方志编纂委员会：《四川省志·铁路志（1986—2005）》，方志出版社，2018年，第600页。

③ 铁道部第二工程局史志编写委员会：《铁道部第二工程局四十年》，内部资料，1990年，第246页。

④ 四川省地方志编纂委员会：《四川省志·铁路志（1986—2005）》，方志出版社，2018年，第601页。

人。毕业学生 1000 余名，实习学生 1776 名，毕业生就业率达 97% 左右。[①]
学校在继续发展，不断探索育人新模式，不断为铁路和各医疗卫生部门源源
不断地输送各类人才。

此外，四川铁路中等职业技术教育除开设普通中专外，还有成人中等专
业学校，如成都铁路成人中等专业学校、成都铁路人民警察训练学校、成都
铁路成人中等勘测设计学校、资阳铁路成人中等机械学校、资阳成人中专眉
山分校等。这些学校是培养在职职工中级技术人才的基地，同时开展学历教
育及岗前培训、业务短训等多功能、多层次的职工教育，造就有理想、有道
德、有文化、有纪律的铁路中级应用型人才，为铁路事业的发展服务。

（二）技工学校

为了适应铁路事业改革和发展的需要，改变不合理的人才结构，自
1983 年起，成都铁路局和中铁二局先后办起了 4 所技工学校。具体如下。

一是成都铁路运输技工学校。1983 年成都铁路局成立"新都铁路运输
技工学校"，规模 500 人，设客货运作业、线路工 2 个专业，学制为 3 年。[②]
1985 年，成都铁路局将该校划给成都铁路分局管理后，为适应学校发展需
要，原设置的专业被调整为"客货运作业"和"建筑工"。1990 年 2 月 15
日，成都铁路分局将学校更名为"成都铁路运输技工学校"。8 月，学校正
式开班办学，招收房建工和运输作业各 1 个班，学生共 86 人。[③] 在全校师生
共同努力下，该校 1996 年顺利通过评估，被评为省部级重点技校。在办学
方向上，该校大胆尝试，努力探索以适应铁路运输事业发展的需要。1999
年 10 月，成都铁路运输技工学校曾改称成都铁路烹饪专业学校，主要培养
旅客列车餐车厨师等。2000 年，该校又面向社会，积极探索联合办学形式，
集大专、中专、技校学历教育及职工培训为一体，办学重心逐渐从技工教育

---

① 中铁二局集团有限公司史志编纂委员会：《中铁二局集团年鉴 2009》，内部资料，2009
年，第 318 - 319 页。
② 成都铁路局教育志编纂委员会：《成都铁路局教育志（1901—1990）》，内部资料，第 61 页。
③ 成都铁路局教育志编纂委员会：《成都铁路局教育志（1901—1990）》，内部资料，第 61 页。

转移到职工培训及技能鉴定。① 2001 年，该校更名为成都铁路分局职工培训中心成都中心，主要承担成都铁路分局以中级技术培训为主的各种技术培训及成人大、中专学历教育。此外，学校又在成都市青龙场方家桥开设分部，开办车辆钳工、车辆检车、线路、通信、信号、机务、行车、烹饪等专业，分别进行大、中专学历教育及技校技能鉴定双证教育。② 经过学校师生共同的努力，2002 年被评定为四川省重点技工学校。

2003 年，学校曾短暂划归成都铁路局客运中心，为其直属职工培训服务。不久，学校重新划归成都铁路分局。至此，学校形成了较为成熟的办学模式。一是开设铁道运输、铁道工程、铁道信号、铁路危险货物运输等专业，进行大、中专学历教育。二是技能培训及鉴定。三是承担成都铁路分局在职职工培训工作。2004 年 12 月 24 日，该校移交成都市劳动和社会保障局管理。

二是西昌铁路运输技工学校。1985 年，成都铁路局成立"西昌铁路运输技工学校"，规模 300 人，学制 3 年，设线路工、桥隧工、内燃机车钳工 3 个专业，招收初中毕业生。③ 1986 年 8 月学校正式开班办学，开办车辆钳工专业 3 个班，招收初中毕业生 117 人。后因发展需要，1987 年西昌铁路分局决定，将西昌分局职工学校与技工学校合并，更名为"西昌铁路技职校"。1988 年学校将专业调整为线路工（含桥隧）、车辆钳工、内燃机车钳工 3 个。1992 年 4 月，西昌铁路分局党校并入技校，更名为"西昌铁路分局党校技职校"。1994 年，被国家教委和劳动部命名为全国重点技工学校。④ 1998 年 12 月西昌铁路分局撤销后，学校交由成都铁路分局主管。2002 年 8 月，经劳动和社会保障部批准，晋升为高级技工学校。2004 年 12 月 29 日，

---

① 四川省地方志编纂委员会：《四川省志·铁路志（1986—2005）》，方志出版社，2018 年，第 603 页。

② 四川省地方志编纂委员会：《四川省志·铁路志（1986—2005）》，方志出版社，2018 年，第 603 页。

③ 成都铁路局教育志编纂委员会：《成都铁路局教育志（1901—1990）》，内部资料，第 62 页。

④ 四川省地方志编纂委员会：《四川省志·铁路志（1986—2005）》，方志出版社，2018 年，第 603 页。

成都铁路分局与凉山州教育局签订协议，将该校移交凉山州教育局管理。

三是重庆铁路运输技工学校。该校于 1985 年由重庆铁路分局开始筹备，于 1989 年正式开办。9 月，学校首届招收技工班学生 170 人，职业班学生 52 人。1990 年招收技工班学生 124 人，职业高中班学生 50 人，有在校学生 396 人，其中通信专业 178 人，信号专业 218 人。随着办学越来越成熟，学校不断获得业界肯定，1992 年被命名为四川省重点技工学校。1996 年 6 月，学校通过评估被命名为国家级重点技工学校。[①] 2004 年铁路主辅分离辅业改制时，划归重庆市经济委员会（2009 年机构改革时更名为重庆市经济和信息化委员会）管理。

四是成都铁路技工学校。1984 年 7 月 1 日，以"铁二局汽车修理厂"为基础，成都铁路技工学校成立，由中铁二局直接领导，设置施工机械驾驶、钢筋混凝土工、线路工等专业。[②] 1985 年 1 月，学校与汽车修理厂分离，并于 1987 年与中铁二局成都第二子弟中学、成都职业高级中学合并，学校规模进一步扩大。到 1995 年末，有在校职工 113 人，在校学生 18 个班 628 人。自成立以来，该校一直坚持"服务生产经营，服务职工群众"的方针，从最初的只能承担短期培训，到后来承担技工、职高学历教育和职工培训两方面职能。学校专业设置也从初期的 5 个专业发展到电钳、机钳、内钳、机驾、房建、桥隧、测量、材料试验 9 个技工专业和幼师、电子电器、文秘公关、会统、护理等 5 个高职专业，累计毕业学生 1901 人，为局办各类短期训练班 21 个。[③] 1999 年，学校被评定为"四川省重点技工学校"，为施工生产输送了大批技术人才。

① 四川省地方志编纂委员会：《四川省志·铁路志（1986—2005）》，方志出版社，2018 年，第 603 页。

② 中铁二局集团有限公司史志编纂委员会：《铁道部第二工程局志（1950—1995）》，中国铁道出版社，2000 年，第 645 页。

③ 中铁二局集团有限公司史志编纂委员会：《铁道部第二工程局志（1950—1995）》，中国铁道出版社，2000 年，第 645 页。

三、铁路职工教育的探索

职工教育是指企业或组织为了提高员工的专业技能、知识水平、综合素质和工作效率而进行的系统性、有计划的教育和培训活动。四川铁路的职工教育紧紧围绕铁路工作特点展开,结合生产实际,实行按需施教,以建设一支职业道德良好、善于经营管理、精通业务技术的铁路职工队伍。

(一)改革开放前的铁路职工教育

新中国成立初期,全国各地都在工人中开展扫盲运动,取得了很大的成效。尽管如此,到成渝铁路修建时,职工队伍文化水平仍然较低,还有许多文盲、半文盲,各类干部尤其是技术干部和技术工人十分缺乏。面对这样的困境,为适应铁路事业发展的需要,在川各铁路单位以扫盲和技术教育为重点,展开职工教育工作。

一是扫盲和办干部文化班,提高职工文化水平。如在西南铁路工程局党委领导下,中国铁路工会西南区筹备处开展了声势浩大的扫盲运动。到1952年,职工中的文盲、半文盲有85%摘掉了文盲帽子。[1] 根据测验,铁路职工中已有1万余人识2000字以上,达到会读、会写、会用的程度。1953年重庆铁路局成立后,局党委就高度重视职工的扫盲工作,联合政、工、团发出了"向科学文化进军"的号召,相继开办了局机关业余文化学校及菜园坝、九龙坡、铜罐驿、隆昌、内江、资阳、成都、江口、綦江等10所业余文化学校,这些学校在扫盲运动中发挥了重要作用。次年,根据《工农速成中学暂行实施办法》的要求,铁路局又在上述学校开设了小学班和初中班。不仅如此,铁路局还高度重视提高干部的文化水平。于1955年在九龙坡设干部文化学校,入校人员达218人,主要培训参加革命多年、文化程度

---

[1] 成都铁路局教育志编纂委员会:《成都铁路局教育志(1901—1990)》,内部资料,第4页。

较低的处、科、股级干部。① 1956 年，又设广元地区文化学校。这段时间是开展文化教育的鼎盛时期。令人遗憾的是，1959 年底，在"大跃进"的冲击下，所有业余文化学校全被撤销。

二是开展技术教育。20 世纪 50 年代初期，西南铁路工程局职工队伍整体文化素质较差，各类干部尤其是技术干部和技术工人特别缺乏。为了适应新建铁路人才培养的需要，西南铁路工程局在开展扫盲工作的同时，结合铁路建设单位的特点，按需施教，举办了各种培训班，开展两年制的技工和三年制的中级技术人员培训。此外，还普遍建立了师徒合同，包教包学，边干边学。据统计，西南铁路工程局共有 1 万余职工接受了各种文化、技术、业务培训，装备了 7 个工程段，5 个专业段（处）。② 通过职工教育的方式培养起来的人才，提高了职工队伍的整体素质，满足了这一时段铁路施工生产需要，保证了成渝、宝成、内昆铁路修建任务的胜利完成。

为了搞好铁路运营管理和运输生产，自 1953 年开始刚成立不久的重庆铁路局在职工技术教育上主要开展了两个方面工作。一方面是学习新《铁路技术管理规程》。1953 年至 1958 年，为了提高铁路运输效率和技术水平，铁道部先后对《铁路技术管理规程》进行了 5 次修改，每次重庆铁路局都组织干部、职工积极学习，并组织从上到下的各级新技规考试。少数多次考试不合格的干部、职工要调离岗位。另一方面是学习"中长经验"。伴随着 1952 年中长铁路结束中苏共管归还中国管理，中长铁路的管理经验及各种先进工作方法也被总结出来。1953 年初，铁道部发出"全面学习和推行中长经验"和开展"满载、超轴、五百公里运动"的通知，全国铁路掀起了"学中长"的高潮。重庆铁路局积极组织干部、职工学习中长铁路的先进经验和先进工作方法，并通过开办学习班的方式以推广。③ 通过学习中长铁路

---

① 成都铁路局教育志编纂委员会：《成都铁路局教育志（1901—1990）》，内部资料，第 4 页。

② 中铁二局集团有限公司史志编纂委员会：《铁道部第二工程局志（1950—1995）》，中国铁道出版社，2000 年，第 646 页。

③ 四川省地方志编纂委员会：《四川省志·交通志》（下），四川科学技术出版社，1995 年，第 184 页。

的经验，路局干部的管理水平和工人的生产操作水平均得到了提高，使全局的运输生产和管理工作逐步走上正轨。

随着1958年开始的"大跃进"，铁路实行"工管合一"，各铁路机构进行调整或撤销，导致铁路职工教育工作受到影响，时断时续。1961年中央"调整、巩固、充实、提高"方针提出后，1963年9月30日，铁道部党委发布《关于加强铁路职工业余文化、专业教育的指示》，终止了过去3年中铁路职工教育上下管理体制不统一、专职干部和专职教员精简过多、职工学校时办时撤、频繁的合并搬迁、教学工作时断时续或处于停顿状态的混乱局面。职工教育经过调整后又逐步走上正常轨道。按铁道部党委指示："全路职工业余文化教育（包括扫盲、小学、中学）和业余专业教育（包括初技、中技、大专）统一由工会主管，行政和共青团积极配合。"① 在川各铁路单位开始有序组织职工的技术业务学习，签订师徒合同、举办业余技术夜校和短训班等，促进职工文化技术学习。

1966年之后，四川铁路职工教育受"文化大革命"影响，时断时续。不过，随着成昆铁路、川黔铁路、襄渝铁路相继通车，铁路职工人数成倍增加，加上这一时期在牵引动力转产、电气化、通信信号、闭塞等新技术运用的需要，四川铁路职工技术教育也在20世纪60年代末到70年代初得以逐步恢复。1968年10月，成都铁路分局马角坝机务段选拔86名职工到西安铁路局宝鸡电力机务段学习电力机车技术理论和操作方法。1969年6月又到株洲电力机车工厂实习，再返回宝鸡电力机务段"练兵"3个月。同年9月，学习人员返回后，在段内连续办了3期培训班，每期70人，培训1个月。1970年，该段成立了教育室，连续开办培训班，每班培训3个月，基本上将全段人员轮训了一遍，提高了全段职工的技术业务水平。② 因工作成绩突出，该段成为成都铁路分局内电力机车运用和检修的教学点。1974年，由铁道部拨款在马角坝机务段开办全路发展电力机车的段长、检修、设备、

---

① 成都铁路局教育志编纂委员会：《成都铁路局教育志（1901—1990）》，内部资料，第8页。
② 成都铁路局教育志编纂委员会：《成都铁路局教育志（1901—1990）》，内部资料，第9页。

技术、运用主任的训练班，共培训 67 人次。①

重庆分局九龙坡车辆段业于 1970 年 12 月恢复职工技术教育。此后，机务、电务、车务等部门相继开展新工人培训工作，组建教育室或设专职教育干部抓职工教育。1973 年 11 月，重庆分局人事科设专职职教干部 1 人，组织开展全分局的职工教育工作。与此同时，新建的西昌分局、峨眉机务段也相继成立了教育室，并定员负责职工教育工作。可见，在较为艰难的环境中，四川铁路的职工教育工作依然在艰难地进行，正是由于抓住了转产培训这一重要环节，发展和培养了一大批骨干力量，才保证了铁路技术改造的胜利过渡和新技术的采用。

1975 年，以铁路整顿为契机，四川铁路职工教育迅速发展。当时办的各种培训班，又演变为"七·二一"工人大学。四川境内的第一所"七·二一"工人大学，是 1972 年峨眉机务段开办的，接着中铁二局、眉山车辆厂等单位也陆续开办。1975 年，成都铁路局便成立了"中国共产党成都铁路局委员会七·二一工人大学领导小组"，下设办公室，协助局工会和各业务处开展相关工作。从 1972 年到 1977 年，成都铁路局共开办了 21 所"七·二一"工人大学，学制 1~2 年，学员总计 788 人。②"七·二一"工人大学的课程基本上按照大专院校有关专业设置，培养"相当于大专水平的技术人才，招生对象是具有高中文化的有实践经验的优秀职工"，实行脱产或半脱产学习，学制最短的一年，长的两年零三个月。③虽然把这类工人培训班称为"大学"有些言过其实，但其创办毕竟使铁路职工教育普遍地开展起来，也在一定程度上提高了职工的文化技术水平，提升了职工队伍素质。

（二）改革开放后的铁路职工教育

改革开放后，伴随教育工作的拨乱反正，全国职工教育得到迅速恢复，

---

① 成都铁路局教育志编纂委员会：《成都铁路局教育志（1901—1990）》，内部资料，第 9 页。

② 成都铁路局教育志编纂委员会：《成都铁路局教育志（1901—1990）》，内部资料，第 10 页。

③ 四川省地方志编纂委员会：《四川省志·交通志》（下），四川科学技术出版社，1995 年，第 183 页。

出现了前所未有的崭新局面。1981年2月，中共中央作出《关于加强职工教育的决定》，四川各铁路单位积极响应，结合生产建设和管理服务的需要，以干部和青壮年职工为培训重点，开展多层次、对规格、多形式的职工教育。眉山车辆厂在全厂进行职工文化、技术普查的基础上，于1981年7月组织2100名"双补"对象①参加考试，在此基础上，工厂于1982年2月开办了3个扫盲班，经过扫盲补习，全厂76名文盲和84名半文盲全部达到扫盲要求。② 1982年至1983年中铁二局重点开展2万多名青年职工"双补"（文化、技术补课）。随后，1984年至1985年又重点开展大、中专学历教育，选送入大、中专接受学历教育的达2387人。③ 毕业后，这些职工大部分返回原岗位工作。

"六五"期间，成都铁路局在职工教育上更为系统全面。在干部培养方面，共计轮训在职干部5600人次，其中副科级以上领导干部2036人次，轮训面为干部总数的61%；组织各级各类干部2万余人参加现代管理知识学习，约占干部总数的52%。在后备力量培养方面，考入各类职工中专1436人（1985年毕业351人），考入各类大专院校2228人，1985年毕业901人（其中电大737人，函大35人，其他院校129人）。在技术工人培养方面，对主要行车工种、生产骨干（工班长）、关键岗位的技术工人进行脱产1~6个月的系统培训，5年累计培训32245人。④ 在转产培训方面，共培训9611人，其中机车乘务员983人，机车检修工545人，供电812人，电务678人，车务2752人，工程（通车前施工培训）725人，其他与通车有关人员3116人。⑤ 在新技术培训方面，先后共举办17期微电脑培训班，培训700余人。电务系统培训操作维修人员共2000余人。6个车辆段全部实现红外

---

① "双补"对象指1968—1980年初、高中毕业而实际文化水平达不到相应程度的职工和未经技术培训的3级以下的职工。

② 眉山车辆厂志编审委员会：《眉山车辆厂志（1966—1995）》，中国铁道出版社，1999年，第234页。

③ 铁道部第二工程局史志编写委员会：《铁道部第二工程局四十年》，内部资料，1990年，第236页。

④ 成都铁路局教育志编纂委员会：《成都铁路局教育志（1901—1990）》，内部资料，第12页。

⑤ 成都铁路局教育志编纂委员会：《成都铁路局教育志（1901—1990）》，内部资料，第13页。

线轴温探测，自培了一整套安装、操作、维修工人队伍。① 此外，为了适应旅游事业和外援工作需要，成都铁路局各相关部门还举办了短期外语学习班，组织职工学习简单的外语会话和技术培训。

可见，通过自培、代培、脱产与业余等多种形式培养人才，四川铁路职工教育事业得到了空前发展。与此同时，随着各铁路单位对职工教育的重视，实施职工教育的各类机构得以健全。如眉山车辆厂于1981年3月成立了职工学校，配专职教师49人。② 1985年底，成都铁路局、分局、基层（二等以上站、段）均成立了职工教育专职机构。有大专1所、中专4所、分局职校5所、基层教育室82个、专业培训点4个，共有专职教师238人。③ 这就为铁路职工教育的高质量发展提供了重要保障。

进入"七五"时期后，四川铁路职工教育逐步形成多层次、多规格、多形式的发展格局。一是建章建制，加强管理。如中铁二局为了加强职工教育管理，结合铁路施工单位特点，制定了《职工教育管理九法》等17种规章制度。④ 成都铁路局从1986年开始，先后制定了《基层教育室标准化管理暂行办法》等规章制度。⑤ 这些文件的实施，有利于各单位职工教育顺利地实施。值得一提的是，从1987年起，成都铁路局职工教育实行宏观控制管理，由过去只抓组织培训和实施培训两个阶段，发展为抓组织培训，实施培训和培训效果反馈三个阶段。

二是建立健全职工培训基地。随着铁路职工教育工作的不断开展，相关的教育机构、设施也不断完善。1986年后，各铁路单位积极整合、优化、升级职工教育资源，为铁路职工教育提供了更好的办学条件。如1987年中铁二局将成都铁路技工学校、成都铁路第二子弟中学、成都职业高级中学三

---

① 成都铁路局教育志编纂委员会：《成都铁路局教育志（1901—1990）》，内部资料，第13页。

② 眉山车辆厂志编审委员会：《眉山车辆厂志（1966—1995）》，中国铁道出版社，1999年，第236页。

③ 成都铁路局教育志编纂委员会：《成都铁路局教育志（1901—1990）》，内部资料，第13页。

④ 中铁二局集团有限公司史志编纂委员会：《铁道部第二工程局志（1950—1995）》，中国铁道出版社，2000年，第647页。

⑤ 成都铁路局教育志编纂委员会：《成都铁路局教育志（1901—1990）》，内部资料，第17页。

校合并，形成高、中、初级培训网络，总容量为 3080 人，有专职教师 157 人、兼职教师 300 余人。① 局 8 个工程处、专业处将原工人大学分校整顿、改建为职工学校，物资处、医院工大分校改为常设训练班。1996 年，各指挥部开办职工培训班，形成局、处、指挥部三级职工培训网络。

三是开展职工岗位职务培训。自 1986 年开始，成都铁路局职工教育工作就以岗位职务培训为重点。② 次年，路局根据职工实际情况调整了岗位培训重点，主要从新工人培训、工班长培训和安全教育三方面着手开展岗位培训工作。在培训方式上多以短期培训、业务培训和自学为主。在培训内容上既注重工作能力、操作技能的培训，也把安全教育、职业道德教育、国防知识教育纳入教学计划。1987 年，路局共培训新工人 8011 人、工班长 2817 人。③ 1990 年路局制定的《工人提职、定职、改职工作管理办法》进一步强调了"先培训，后上岗"，体现了对岗位职务培训的高度重视。据统计，在"七五"期间共培训新工人 20 363 人，初级工 33 534 人，中级工 21 594 人，高级工 632 人，工班长 13 252 人以及岗位适应性培训 36 894 人。④

四是加强职工学历教育。随着铁路事业的快速发展，对铁路职工的专业和文化水平要求也越来越高，学历提升成为职工教育不可忽视的一项重要工作。1986 年后，在川铁路单位除利用所办的学校外，还举办广播电视大学分校、函授工作站等开展职工学历教育，提高职工科技文化水平。第一，举办广播电视大学及其辅导站。1978 年 10 月，为适应改革开放培养人才的需要，教育部和中央广播事业局共同举办了中央广播电视大学。⑤ 随后，成都铁路局及所辖单位在组建电大工作站、电大辅导站的基础上，成立了所在省、市的广播电视大学分校。如四川省广播电视大学成都铁路局分校、重庆

---

① 四川省地方志编纂委员会：《四川省志·铁路志（1986—2005）》，方志出版社，2018 年，第 608 页。

② 成都铁路局教育志编纂委员会：《成都铁路局教育志（1901—1990）》，内部资料，第 18 页。

③ 成都铁路局教育志编纂委员会：《成都铁路局教育志（1901—1990）》，内部资料，第 19 页。

④ 成都铁路局教育志编纂委员会：《成都铁路局教育志（1901—1990）》，内部资料，第 20 页。

⑤ 四川省地方志编纂委员会：《四川省志·交通志》（下），四川科学技术出版社，1995 年，第 183 页。

市广播电视大学重庆铁路分局分校。中铁二局、中铁二院、资阳机车工厂、眉山车辆工厂等在川铁路单位分别设立电大辅导站或电大班。第二，进行函授教育。在 20 世纪 80 年代中期前，四川各铁路单位的函授教育，主要是接受由中央党校、全国铁道大专院校等开办的函授教育，在川铁路单位较少独自承担。但随着四川铁路教育事业的发展，在川各铁路单位纷纷依托单位所办学校、电大开设相关院校的函授分院或工作站，直接对本单位职工进行函授教育，如成都铁路局、中铁二局、眉山车辆厂等。

　　进入新世纪，四川铁路的职工教育工作经过多年的发展，不仅拥有了一支具有良好文化技术水平的职工队伍，还积累了丰富的办学经验，建立起了较完善的职工教育制度和激励约束机制。在川各铁路单位结合生产实际，开展更具针对性、实用性和实效性的职工教育工作。例如，2000 年成都铁路局以新技规培训、安全管理培训和开展安全反思自查活动为重点，围绕运输生产需求，开展职工培训。全年共完成岗位培训 141 535 人次，其中"适应性岗位培训 136 486 人次，规范化岗位培训 5049 人次"。[1] 为进一步增强各级领导重视职工教育的责任感和抓好职工教育的自觉性，2001 年，路局更是开展了"职工培训年"活动，开始对车站广播员、车站客货运人员普通话等级培训，春运、暑运临客乘务人员培训，新线人员培训等。全年共完成岗位培训 126 831 人次，其中"适应性岗位培训 120 926 人次，规范化岗位培训 5905 人次"。[2] 2002 年以"职工岗位达标训练"为重点，提高培训质量和效益。[3] 2004 年伴随铁路"主辅分离"改革的实施，成都铁路局所辖职业技术学校移交地方政府管理，并于 2005 年将局教育管理中心更名为职工教育处，负责全局的职工教育培训工作。[4] 2008 年，路局颁布了《成都铁路局站段职工教育培训工作考核办法（修订稿）》，进一步巩固形成路局、站段、

---

①　成都铁路局年鉴编委会：《成都铁路局年鉴 2001》，中国铁道出版社，2001 年，第 202 页。

②　成都铁路局年鉴编委会：《成都铁路局年鉴 2002》，中国铁道出版社，2002 年，第 211 页。

③　四川省地方志编纂委员会：《四川省志·铁路志（1986—2005）》，方志出版社，2018 年，第 609 页。

④　成都铁路局志编纂委员会：《成都铁路局志（1989—2012）》（下），中国铁道出版社，2017 年，第 834 页。

车间三级组织齐抓共管的职教工作局面。不仅如此，路局开通了职工教育网所有功能，实现职教信息、培训资源网上共享。全局职教系统围绕新技术、新设备、新规章运用、春暑运、防洪、营业线施工安全、事故救援、军事运输等生产实际，全年共培训 15.8 万人次。①

中铁二局的职工培训工作紧紧围绕重点工程建设以及组织专业化施工队伍需要而展开。为了提高职工的专业素养，局开展了各类适应性岗位培训、继续教育培训和学历培训。如为了做好技术工人的技能鉴定工作，从 2003 年起，中铁二局对技术工人的技能鉴定培训，采取送教上门、现场办班、培训与鉴定相结合的方法，开展了 31 个工种的职业技能培训和鉴定。② 此外，为适应建设部项目经理培训合格后持证上岗，并在工程招标中将企业等级、工程等级与项目经理等级挂钩的要求，中铁二局每年还会开办项目经理培训班。截至 2005 年末，累计培训项目经理 1798 人。③ 这些技术培训，为中铁二局建设高质量的专业化施工队伍培养了大批技术人才。

眉山车辆厂紧密围绕生产经营需要，在坚持按需培训、适度超前的培训原则基础上，开展层次分明、类型多样、针对性强的职工培训，培训方式主要有开办各类学习培训班、委外培训及技能考评等。2001 年，工厂先后选送厂级领导干部、专业技术人员、一线技术工人等到北京、香港、成都、太原等地学习，有针对性地开办各种技术培训班 15 期，全年共培训中层及以上领导干部 180 人次，专业技术人员 430 人次，特种作业人员 1078 人次，考评技师 4 名、高级技师 3 名。④ 值得一提的是，此次高级技师考评填补了眉山厂无高级技师的空白。此后，工厂每年都开展各类培训班，进行职工培训。到 2008 年时，工厂在一年中就举办 226 个培训班，培训员工 8063 人

① 成都铁路局志编纂委员会：《成都铁路局志（1989—2012）》（下），中国铁道出版社，2017 年，第 835 页。

② 中铁二局集团史志编纂委员会：《中铁二局集团年鉴 2004》，西南交通大学出版社，2004 年，第 161 页。

③ 四川省地方志编纂委员会：《四川省志·铁路志（1986—2005）》，方志出版社，2018 年，第 609 页。

④ 眉山车辆厂年鉴编纂委员会：《眉山车辆厂年鉴 2002 卷》，内部资料，2002 年，第 133 页。

次；技能鉴定工种 41 个，共鉴定通过 319 人，其中高级技师 4 人，技师 27 人，高级工 67 人，中级工 76 人，初级工 145 人；在岗职业资格准入率 100%。较 21 世纪初而言，培训规模、培训种类都大幅度增加。因此，2008 年，该厂被人力资源和社会保障部命名为"国家高技能人才培养示范基地"。① 这些培训也为工厂持续快速发展提供了坚实的人才支撑。

---

① 南车眉山车辆有限公司年鉴编纂委员会：《南车眉山车辆有限公司年鉴 2009 卷》，内部资料，2009 年，第 75 页。

大 事 记

1953 年

1月1日，西南铁路工程局撤销，铁道部第二工程局同时成立。局址在成都。

是日，原属西南铁路工程局的重庆管理分局更名，正式成立重庆铁路局，负责成渝铁路的运营管理工作，且不再隶属于西南铁路工程局，受铁道部直接领导。

2月，铁道部西南设计分局对成都枢纽进行初测。

3月16日，《西南铁道建设》报创刊，为中央人民政府铁道部新建铁路工程总局第二工程局政治部机关报。

4月，宝成铁路从成都开始向北铺轨。

5月，原西南工业部綦江铁路局撤销，并入重庆铁路局。

7月1日，成都铁路局党委机关报创刊，报名为《重庆铁道报》。

7月31日，成渝铁路正式交付重庆铁路管理局运营。

7月，经过实地踏勘后，宝成铁路完成初步设计。

8月，重庆铁路局改名为重庆铁路管理局。设人民监察室、行车安全监察室和运输、货运、机务、工务、车辆，以及公安处等20个科室，下辖綦江办事处。

10 月，国家计划委员会批准西南设计分局编制成昆意见设计书，决定采用中线方案，并要求先修内江至宜宾段；宝成铁路成都至绵阳段 118.1 公里通车，并开办临时运营。

11 月，宝成（宝鸡—成都）铁路四川段全面破土动工。

12 月 1 日，铁道部将"天成铁路"更名为"宝成铁路"。

12 月，宝成铁路绵阳至中坝段铺通。

1954 年

2 月 15 日至 21 日，新建铁路第二工程局首届劳动模范代表大会在成都召开。152 名劳动模范代表、97 名列席代表和 5 名特邀代表出席大会。四川省人民政府副主席李大章为大会题词："积极加强宝成线的建设工作，发展人民铁路交通运输事业，为胜利完成国家在过渡时期的总路线总任务而奋斗"。

7 月 10 日，中共四川省委组织部通知：省委同意撤销天成铁路地区党委，隧道公司、设计分局的党委由省委直接领导；第二基建分局、第二工程局合并成立第二工程局党委，由省委领导；建厂工程处由成都市委领导。

9 月，内江至昆明段初步设计完成。

同年秋，由于鹰厦铁路施工在即，铁道兵调离宝成线，铁道部遂调第四工程局负责凤州至黄沙河段，第六工程局则负责从秦岭延长至凤州（宝凤段）以及凤黄段的铺轨架桥工程。

11 月，重庆九龙坡临时机车修理厂迁入成都，正式成立成都机车修理工厂。

12 月 15 日，新建铁路第二工程局改称铁道部新建铁路工程总局第二工程局。

12 月，宝成铁路中坝至广元段铺通，成都机车修理工厂主要生产厂房修建完成。

1955 年

3 月 15 日至 19 日，铁道部第二工程局召开第二届劳模代表大会，157 名劳模代表及列席、特邀代表共 351 人参加。

4 月，铁道部成立宝鸡施工指挥所，负责统一组织、监察、协调设计、基建和各施工单位的工作。

6 月，宝成铁路上西坝至略阳段铺轨通车，四川铁路对铁路货运价格作了调整。

1956 年

1 月 1 日，铁道部撤销西南设计分局，在此基础上成立了铁道部第二设计院，院机关设在成都。

2 月 28 日，内昆铁路北段内江至安边段新建工程开工，由铁道部第二工程局负责施工。

4 月，川黔铁路赶水至贵阳段（304.84 公里）开工。

7 月 12 日，宝成铁路陕西段顺利接轨，并在甘肃省徽县黄沙河举行庆祝典礼。

10 月，宝成铁路货物运输全线开通。

1957 年

4 月，铁道部第二勘测设计院根据定测资料编制初步设计送部审定，确定了成昆铁路成都经峨眉、普雄、西昌、金江、龙街至昆明的大致走向。

5 月 25 日，重庆铁路管理局机关迁往成都并改称成都铁路管理局。

9 月，铁道部工程总局在成都召开全路基建系统"小型机械化示范交流会"，总结推广在宝成铁路使用小型机械施工的经验。

1958 年

1 月 1 日，宝成铁路通车典礼在成都车站举行，标志着宝成铁路的正式通车。

同日，经铁道部设计总局审批批准后，中铁二院下达了《重庆枢纽勘测技术任务书》，开始对枢纽范围内各站进行初测。

2月14日，铁道部第二工程局局机关迁至贵阳市枣山路，3月1日正式办公。在成都成立铁道部第二工程局办事处。

3月，川黔铁路开始全面施工。

5月7日，铁道部通知："铁道部新建铁路工程总局第二工程局"更名为"铁道部第二工程局"。

6月，内昆铁路北段宜宾至威宁段（330.5公里）开工（1962年修通至安边，其余在1960年停工）。

7月，国家决定修筑川豫铁路（襄渝铁路前身），由铁道部第二、四设计院进行勘测设计；四川成立川豫铁路修建指挥部，组织民工12万人，在四川境内分段展开施工；成昆铁路北段成都至峨眉段全面开工，峨眉至西昌段重点工程百家岭隧道、沙木拉达隧道先后开工，由第二工程局负责成峨段重点施工；内昆铁路威宁至昆明段新建、改建工程开工，由铁道兵第五师负责施工。

9月17日，铁道部副部长武竞天在重庆召开第二工程局和成都铁路管理局党、政、工领导干部会议，讨论实行"工管合一"问题。

9月，川豫铁路青白江至南充段全面开工。

10月1日，内昆铁路内江至宜宾铺通临管。

10月18日，《西南铁道建设》报更名为《贵州铁道》报，每周二、四、六出版。

10月，川黔铁路在五岔至赶水进行旧线改造的第一工程队开工，五岔至三江段的改建工程按国家I级干线标准，边运营、边改造；内昆铁路宜宾（安边）至树舍段设计完成，施工全面展开；成都机车车辆工厂成功试制第一台工建型蒸汽机车。

1959 年

1 月，宝成铁路德天支线开工建设，成都市环城铁路即成都轻便铁路动工修建。

3 月，成昆铁路最长的沙木拉达隧道（全长 6379 米）开工，资威支线开工建设。

4 月，因缩短基本建设战线，成昆铁路、川豫铁路停工；温江专区抽调民工近万人动工修建湔江铁路。

8 月，铁道部隧道科学技术研究所（铁道部科学研究院西南研究所）开始在成都市筹建。

10 月 1 日，中铁二院科学研究所正式成立，主要负责专业课题的研究工作，技术改革推先，情报收集以及管理工作。

11 月，成汶支线开工建设。为了加快铁路建设进度，温江专区和成都铁路局联合成立了"成汶铁路修建指挥部"，组织参建者包括成都铁路局第二工程处及沿线 3 万名民工。

12 月 10 日，川黔铁路铺轨到达五岔，与原綦江铁路接轨通车。

12 月 15 日，铁道部隧道科学技术研究所成立。

12 月，广罗支线（广元至罗家坝，长 100.78 公里）新建工程开工。

1960 年

1 月，中央决定成昆铁路再次上马。

3 月 1 日，经温江地委批准，成立四川省温江专区湔江铁路管理局，同时成立中共湔江铁路管理局委员会，隶属温江专区交通局直接领导，业务上受省地方铁路局领导。

6 月，宝成铁路德天支线建成通车，资威支线建成通车。

7 月，川黔铁路贵阳北至都拉营（12.42 公里）铺轨通车并办理临时运营。

8 月 19 日，成都铁路局向中共四川省委呈请《关于成立地方铁路局问题向省委的请示报告》，请求正式批准成立"四川省地方铁路局"。

1961 年

2 月，湔江铁路从彭县城郊至白水河全线通车，并改名为彭白铁路。

3 月 22 日，铁道部西南科学研究所在成都正式成立，由原铁道部隧道科学技术研究所、中铁二院科学技术研究所部分力量和铁研院铁建所部分力量联合组成。

8 月，川黔铁路因国家压缩基建战线而停工。

9 月，成都轻便铁路建成通车；成都、贵阳两铁路局所属的基建单位重新划出，组建了铁道部西南铁路工程局，主管铁路建设。

10 月 20 日，成汶支线铺轨至灌县（今都江堰市）。

11 月 5 日，成汶支线正式开办临时运营。

12 月，成昆铁路全线停工；四川省地方铁路局划归四川省人委直接领导，成都铁路局继续负责业务指导。

1962 年

1 月 1 日，铁道部政治部和中共四川省委批准：西南铁路工程局政治部机关报《西南铁道建设》出版，每周两期。

2 月，国家压缩基本建设规模，内昆铁路中段停工。

4 月 13 日，铁道部党委通知：经征得中共中央西南局同意，西南铁路工程局党委受中共中央西南局和铁道部党委双重领导，以铁道部党委领导为主。

12 月，在精简机构和人员的背景下，为了储备干部，西南铁路工程局在四川金堂城厢成立干部学校。

1963 年

1 月 1 日，川黔铁路停止修筑。

4 月，成昆铁路最长的沙木拉达隧道停工。

1964 年

6 月 23 日，《西南铁道建设》报停刊。

8 月，成昆铁路大会战正式拉开序幕。铁道兵第一、八、十师与铁道部工程局进入施工现场，安家、准备。

9 月，川黔铁路赶（水）筑（贵阳）段复工。

9 月 1 日，铁道部代部长吕正操向中共中央提交了《关于西南铁路建设初步部署的报告》，该报告针对具体线路投资、兵力部署、指挥机关配备等问题作了详细阐释。

9 月 11 日，在周恩来亲自组织下，西南铁路建设指挥部成立。

9 月 12 日，铁道部、铁道部政治部联合下发《关于加速修建西南铁路，动员全路支援勘测设计和施工力量及有关问题的指示》，要求必须在全路范围内继续抽调大量的人力、物力，同时依靠全国各方面的支援才能确保这一任务的胜利完成。

9 月 14 日，西南铁路工程局机关搬迁至贵阳市枣山路，在成都设立留守处。

10 月，成昆铁路全面复工。

1965 年

1 月 5 日，西南铁路工程局成昆指挥所在成昆线北段四川甘洛县设立。

3 月 9 日，成昆铁路关村坝隧道创双口百米成洞纪录。中共中央发来贺电。

6 月，西南铁路建设工地指挥部筹办《铁道工地》报，作为下属单位所办的《西南铁道建设报》停刊。

7 月，唐山铁道学院在四川省峨眉县的建校工程破土动工。

7 月 8 日，川黔铁路在桐梓白沙窝中桥南台接轨通车。

9 月 23 日，西南铁路第一次新技术会议在成都举行，会议讨论决定根据《关于成昆线采用和发展新技术的决定》中提出的难点，在总指挥部技术委员会之下成立桥梁、隧道、线路路基、通信信号四个专业委员会，广泛开展路内外大协作，将来自全国的 1200 多名科技人员分项组成牵引动力、通信信号、线路上部建筑、桥梁、隧道、路基土石方共 41 个新技术战斗组，另外成立 20 个试验研究课题，共 7 大类 65 个新技术项目。同日，内昆铁路宜宾珙支线金沙江特大桥开工建设。

10 月 1 日，川黔铁路正式交付运营。

11 月 6 日至 23 日，中共中央总书记、国务院副总理邓小平，中共中央政治局委员、国务院副总理李富春，中共中央政治局委员、西南局第一书记李井泉，中共中央政治局候补委员、国务院副总理薄一波，以及煤炭部、中共中央西南局的领导，在铁道部部长吕正操等的陪同下，视察了成昆、川黔、贵昆铁路施工工地，参观沿线的线路、隧道、桥梁施工情况。

12 月，成昆铁路铺轨至沙湾，相继开办临时运营。

1966 年

1 月，内昆铁路宜珙支线（宜宾—珙县 66.7 公里）新建工程开工。

4 月，四川省地方铁路局撤销。

5 月，成都市德天铁路局和四川省地方铁路局将宝成铁路德天支线移交成都铁路局运营。

5 月 15 日，成昆铁路重点工程之一关村坝隧道（长 6107 米）顺利建成。

8 月 1 日，"铁道部西南铁路工程局"更名为"铁道部第二铁路工程局"。

10 月 22 日，铁道部资阳内燃机车工厂正式成立，隶属于铁道部工业总局。

12 月，成昆铁路通车到甘洛。

1967 年

1 月，成昆铁路渡口支线开工。

8月18日，国务院、中央军委发来急电，作出"关于西南铁路工地指挥部由铁道兵司令部接管的决定"，原属西工指领导的铁道部所属设计、施工单位，一律归铁道兵统一领导，但建制和供给关系不变。

10月，报请国家计委、建委审查后，铁道部、铁道兵联合签发了《襄成铁路的初步设计文件鉴定意见》。

1968 年

10月，内昆铁路宜宾珙支线金沙江特大桥建成。

1969 年

3月，周恩来指示："襄渝铁路必须于1972年全线通车。"

5月12日，经毛泽东批准，周恩来指示："非常时期，成昆铁路建设由铁道兵实行军管，统一指挥，加速施工。"

12月，铁道兵在养马镇七里坝村成立"中国人民解放军第2664工程筹建处"。

12月29日，周恩来接见了刚就任铁道兵司令员不久的刘贤权，就如何加快襄渝铁路建设的问题进行了商议。

年底，中共中央发出了"成昆线务必于1970年7月1日全线通车"的命令。

1970 年

3月1日，襄渝铁路从铜罐驿开始向东铺轨。

5月16日，四川省领导批准了四川省军区关于组织动员民兵参加修建襄渝铁路西段的报告，并决定成立"襄渝铁路西段指挥部"。

6月29日，成昆铁路全线在两河口提前胜利接轨通车。

6月25日，成昆铁路渡口支线建成通车。

6月30日，中共中央发来贺电，祝贺成昆铁路建成通车。

7月1日，成昆铁路通车典礼在西昌礼州举行。

12 月 20 日，西昌铁路分局正式成立，负责运营管理成昆铁路北段及渡口支线。

1971 年

1 月 1 日，成昆铁路正式交付使用。

1 月，渡口支线正式交付成都铁路局运营；《西南铁道建设报》复刊，更名为《铁道建设报》；铁道兵西南指挥部负责组织，与铁道部第二设计院、西南交通大学、铁道兵后勤部 2664 工厂共同组成了无碴梁研制组，开始进行无碴预应力混凝土梁的研制工作。

7 月，襄渝铁路铺轨至四川达县。

10 月中旬，交通部决定：唐山铁道学院唐山部分全部搬迁峨眉。

1972 年

3 月 1 日，唐山铁道学院更名为西南交通大学。

5 月，交通部指示西南交通大学恢复招生，设置铁道工程、桥梁隧道工程、机械工程、电机工程和运输等 5 个系。

同年，西南铁路工程局科学技术研究所成立，并分设贵阳科研室和怀化科研室。

1973 年

3 月，"铁道部成都铁路工程学校"恢复建校，更名为"交通部第二铁路工程局成都工程学校"。

10 月 19 日，襄渝铁路东、西两段在陕西境内棕溪车站接轨通车。

同年，中铁二院自主创办工程类季刊《科技通讯》。

1974 年

3 月 23 日，《人民日报》第一次以头版头条对"成昆铁路胜利建成通车"进行大篇幅报道。

9 月底，西南交通大学成立了 18 个专业实践队，到路内外各单位进行"开门办学"。

1975 年

3 月 5 日，中共中央发出《关于加强铁路工作的决定》（即中共中央 9 号文件），提出整顿铁路的方针政策。

7 月 1 日，成都车站举行了庆祝宝成铁路全线电气化通车大会，标志着宝成电气化铁路全线贯通。

年底，四川省内铁路专用线和专用铁路的数量已经增加到 242 条。

1976 年

黄许镇轨枕厂轨枕生产流水线建成试产，成为专门生产轨枕的企业。

1977 年

7 月，襄渝铁路襄达段电气化工程胡家营—安康段开工。

8 月，成都铁路局成立了"科学技术委员会"，负责路局的科技工作，并由主管局长和局总工程师任正副主任，各业务处总工程师任委员。

9 月，成都铁路局召开了首次科学大会，对 80 个集体和 115 名先进个人进行了表彰。

11 月 3 日，西南交通大学撤销各专业教育革命实践队，恢复教研室，加强教学和科研工作。

同年底，内昆铁路宜珙支线武家岩至珙县段竣工。

1978 年

3 月，内昆铁路宜宾珙支线交付成都铁路局，宜珙支线正式开通运营。

同月，成渝铁路电气化工程动工。

4 月 1 日，成都铁路局撤销各级革委会，并对局直属机关进行了大幅度调整，先后恢复建立了"4 室、17 处、1 部"的行政机构体系。

4月，温江地委通知，"彭白铁路管理局革命委员会"撤销，恢复"彭白铁路管理局"。

1979 年

7月15日，铁道部决定，成都铁路局所辖成都铁路技术学校及中铁二局所辖成都铁路工程学校改名为"西南交通大学中专部"，划归西南交通大学。

9月，成都铁路局决定成立"成都铁路局教师进修学校"，负责路局管内小学教师和幼儿教师的业务进修工作。

12月，襄渝铁路正式交付运营。

1980 年

1月，四川省铁道学会成立，挂靠成都铁路局，业务受四川省科协和中国铁道学会指导帮助，主要开展学术交流、期刊编辑和组织建设等工作。

10月15日，襄渝铁路襄达段实现电力机车牵引。

12月17日，成昆铁路铁西车站滑坡整治工程启动。

1981 年

5月29日至6月5日，中铁二局职工教育工作会议召开，通过《1981年职工教育工作计划》和《1981年至1985年职工教育工作规划》。

8月，成都铁路局批准成立"成都铁路教师进修学校"，定员14人。

10月20日，宝成铁路水害整治工程启动。

1982 年

3月，铁道部《关于川黔铁路电气化计划任务书的报告》得到国务院批准。

10月，重庆枢纽西编组站开始运营。

1983 年

12 月，电气化成渝铁路成都至资阳段 122 公里通车。

12 月 25 日，襄渝铁路安康—达县段实现电力机车牵引。

1984 年

2 月，四川省人民政府办公厅发布通知，决定对原"彭白铁路局"进行改建，分别设立"四川省地方铁路管理局"和"成都市地方铁路管理局"，实行一套机构、两块牌子的管理模式。

5 月 20 日，成都铁路技工学校成立，属中铁二局领导（后改为中铁二局教育卫生处领导）。

6 月 13 日，成昆铁路铁西车站滑坡整治工程结束，经验收合格，移交成都铁路局西昌分局使用。

7 月 1 日，经铁道部批准成立成都铁路技工学校，办学规模为 600 人。

9 月，电气化成渝铁路资阳至内江段 97 公里通车。

10 月 1 日，铁道部通知：自即日起，中铁二局更名为"铁道部第二工程公司"，局长、副局长改称为经理、副经理。

1985 年

8 月 24 日，铁道部通知：铁道部第二工程公司为铁道部扩大厂长负责制试点单位，决定 1985 年底前准备，1986 年推行。

8 月，电气化成渝铁路内江至永川段 121 公里通车。

9 月 1 日，"铁道部第二工程公司"恢复原名"铁道部第二工程局"。

10 月 22 日，青温铁路动工修建。

12 月，电气化成渝铁路永川经石场及小南海至重庆西段 145 公里通车。

1986 年

1 月，铁道部决定撤销昆明铁路局，将其并入成都铁路局。自此，川、滇、黔三省铁路运输系统由成都铁路局负责管理。

7月1日，成都铁路局党委机关报更名为《西南铁道报》。

12月，中铁二院根据铁道部计划，编制完成《成昆线技术改造可行性研究报告》。

同月，电气化成渝铁路沙坪坝至重庆西段17.5公里通车。

1987年

12月22日，铁道部眉山车辆工厂召开第三次党员代表大会，通过了"奋进自强，争创一流"企业精神，这标志着"眉厂精神"正式诞生。

12月24日，成渝铁路电气化工程全线完成。

1988年

1月13日，辛亥秋保路死事纪念碑经国务院批准，列入第三批全国重点文物保护单位。

6月20日，铁道部眉山车辆工厂厂报《奋进报》正式创刊。

12月25日，隆泸铁路开工建设。

年底，四川境内3个铁路分局、工程总公司和物资工业公司相继实行分局长（经理）负责制，主要站、段实行站、段长负责制。

1989年

6月，铁道部下达西南铁路北通路扩能可行性研究任务。铁道部第二勘测设计院为主体单位，铁道部第四勘测设计院参加，研究多种扩能方案和方案组合上报铁道部。

8月1日，青（白江）温（家店）铁路建成通车。

1990年

4月7日，四川省地方铁路局普乐铁路建设管理处成立。

7月13日，国家计委转发了国务院批准的《达成铁路项目建议书》。

8 月 1 日，青温铁路建成通车。

9 月，四川省成立了达成铁路建设办公室。

11 月 23 日，国家计委下达了《达成铁路设计任务书》。

11 月 24 日，四川省政府批复，原则上同意了成立四川省地方铁路局。

12 月 16 日，电气化川黔铁路中段赶水至南宫山 166 公里开通。

1991 年

4 月 24 日，铁道部下达了《关于新建达成铁路初步设计的批复》。

4 月 27 日，铁道部和四川省政府正式签订了《关于达成铁路建设协议书》。

10 月 8 日，川黔铁路南宫山至贵阳段电气化铁路胜利开通，铁道部致电祝贺。

12 月 28 日，川黔铁路北段重庆至赶水电气化铁路开通。

1992 年

6 月 29 日，达成铁路开工建设。

8 月 1 日，经中共四川省委研究同意，正式任命省地方铁路局领导班子成员，四川省地方铁路局成立，是统一组织全省地方铁路建设及营运的省属国有大型骨干企业。

8 月 28 日，铁道部工作组成都现场办公会决定："宝成复线工程由铁二院负责，按站前两阶段、站后三阶段设计。"

10 月 15 日，达成铁路东段（三汇镇至南充）渠江大桥开工。

12 月 12 日，隆泸铁路全线铺通。

12 月 29 日，宝成复线南段控制工程新会龙场隧道开工典礼隆重举行，由四川省副省长马麟主持，铁道部部长李森茂、副部长屠由瑞、四川省副省长肖秧、四川省委副书记谢世杰等剪彩。

同日，宝成铁路复线开工。

1993 年

3 月 18 日，成昆铁路电气化工程开工典礼在西昌车站举行。

3 月，经过铁道部第二、第四勘察设计院和经济规划研究院两年的研究比选工作，正式向铁道部报送了《西南东通路规划研究报告》。从大范围选线的五个方案中比选推荐出两个西南东通路方案：方案一，成都—遂宁—重庆—涪陵—怀化—株洲；方案二，成都—达县、重庆—达县—万县—利川—枝城—荆门—汉西，并建议"九五"期间建设重庆—怀化线。

5 月，四川省地方铁路局铁路工程勘察设计所成立，是四川省地方铁路局直辖的勘测设计单位。

6 月 8 日，攀钢冷轧薄板厂铁路联络线正式开工。

6 月，铁道部与四川省联合向国家计划委员会上报《宝成铁路阳平关至成都段增建二线可行性研究报告》，国家计划委员会批复同意宝成铁路阳成段增建第二线（含成都枢纽相关工程）。

8 月，中铁二院完成达万线可行性研究报告的编制。

1994 年

1 月 25 日，普乐铁路全线铺通。

10 月 29 日，宝成铁路复线新会龙场隧道按期实现贯通。

1995 年

3 月 10 日，四川省和铁道部签订协议，决定共同出资，建设达万铁路。协议确定四川省出资 52%，铁道部出资 48%，组建四川达万铁路有限责任公司。

4 月，四川省地方铁路局枕梁构件厂成立。

6 月，襄渝铁路西段达县至重庆西段电气化工程正式动工修建。

10 月 6 日，朱镕基副总理赴昭通视察工作时指示，要求内昆铁路在"九五"计划期间建成通车。

10月，四川省地方铁路监理有限公司成立，主要负责铁路工程的施工监理。

1996 年

1月23日，国家计委发计能〔1996〕107号文《关于新建达县至万县铁路可行性研究报告的批复》批准了达万铁路建设立项，并要求力争在"九五"期间建成。

3月19日，成都铁路局电通总公司正式成立，下设办公室、计财部。成都铁路局电通总公司直接受管委会领导，重大决策由管委会决定。

5月4日，朱镕基在南昌考察时再次强调："我目前主要抓四条铁路的建设，一是南昆，二是株六，三是内昆，四是南疆。"

7月，四川达万铁路公司得悉重庆将成为直辖市，考虑到变化因素，公司决定一切工作暂停。

12月5日，具有重要史料价值的《四川省志·交通志（铁路篇)》正式出版发行，该书荣获四川省第七次地方志优秀成果二等奖。

12月29日，达成铁路实现了东、西段接轨，全线顺利铺通。

1997 年

5月6日，国家计委召开达万铁路建设协调会议，重新确定达万铁路作为支援三峡工程的重要基础设施，并决定重启工程项目。

6月18日，重庆市委、市政府在重庆人民大礼堂举行重庆直辖市领导机构挂牌仪式。

9月3日，铁道部、重庆市和四川省正式批准成立了新的达万铁路有限责任公司，由三个出资方出资10亿元。其中，铁道部出资7亿元，重庆市出资1.665亿元，四川省出资1.335亿元。

10月27日，达万铁路公司在重庆市万县市注册，注销原四川达万铁路公司，其资产移交四川省，由新公司投资并进行达万铁路的管理。

10月30日，达万铁路开工典礼在重庆市万县市隆重举行。与此同时，作为项目法人和业主的达万铁路有限责任公司也在典礼上正式成立，标志着该项目进入了实质性的推进阶段。

12月25日，达成铁路全线交付达成铁路公司临管运营。

1998 年

3月，铁道部成立内昆铁路建设指挥部，负责内昆铁路的建设管理和组织指挥。

6月18日，铁道部第二工程局正式改制为中铁二局集团有限公司。

6月，内昆铁路复工续建。铁道部和四川、云南、贵州三省分别在宜宾、昭通和六盘水先后举行了内昆铁路续建复工典礼，内昆铁路水富至梅花山段施工全面展开。

8月，四川省地方铁路物业有限公司成立。

9月28日，金筠铁路文昌宫隧道、怀远河特大桥作为控制工期重点工程先行开工，四川省人民政府在文昌宫隧道进口举行金筠铁路开工典礼。

10月，铁道部在审查完可行性研究报告后，要求中铁二院编制遂渝铁路初步设计文件并上报。

11月30日，资阳内燃机车厂隆重举行东风8B型机车出厂庆典，从而跻身于铁路运输"高速重载"机车生产行列。

11月，中铁二院对遂渝段的常规铁路预留快速铁路标准方案进行初测，并于1999年2月完成初步设计。

12月20日，成昆铁路电气化工程成都至燕岗（159公里）开通。

12月28日，襄渝铁路西段达县至重庆西段电气化工程开通交付运营。

同年，根据中央3号文件要求，经铁道部研究决定将川渝东通路和遂宁—重庆线的建设列入了1998—2002年铁路建设计划。

1999 年

1月1日，成都铁路运输学校、成都铁路成人中专学校以及四川省广播电视大学成都铁路局分校三校宣布合并，共同组建一所新的学校，新学校沿用成都铁路运输学校校名。

7月15日，中铁二局集团有限公司党政联席会正式将"开路先锋"精神确定为中铁二局企业精神。

8月19日，成都铁路通信信息有限公司正式挂牌成立。

9月，铁道部审查遂渝铁路上报项目建议书。

10月，铁道部对遂渝铁路进行现场调研。

11月28日，成昆铁路电气化工程普雄至西昌南168公里电气化铁路开通。

12月10日，泸纳铁路经四川省计委批准开工建设，属国家国债支持项目、四川省西部大开发重点建设项目、泸州市重点工程。

12月20日，泸纳铁路建设单位四川隆纳铁路有限公司成立。

12月26日，成昆铁路电气化工程西昌南至攀枝花（含渡口支线）204公里电气化铁路开通。

12月28日，成昆铁路电气化工程燕岗至普雄234公里电气化铁路开通。

12月30日，成都铁路局在成都车站隆重举行宝成复线（四川境内）正线开通典礼。

12月，中铁二院完成遂渝铁路文件编制并上报铁道部。

2000年

2月12日，西南交通大学由铁道部划归教育部直属。

10月，铁道部科学研究院西南分院经国务院和部党组决定，从铁科院剥离，进入中国铁路工程总公司，正式冠名为中铁西南科学研究院。

11月18日，泸纳铁路控制工程——全长1444.5米的泸州长江特大桥动工，标志着泸纳铁路工程正式开工。

同年，中铁二局集团跟随中国铁路总公司变更隶属关系，不再受铁道部领导，进入了央企序列。

2001 年

3 月 9 日，铁道通信信息有限责任公司四川分公司在原成都铁路通信信息公司的基础上正式成立。

8 月 9 日，在水利部召开的《水土保持法》颁布 10 周年纪念大会上，内昆铁路作为典型在会上进行了交流，中铁二院、铁道部工程管理中心被评为全国水保先进单位。

9 月 19 日，内昆铁路水梅段续建工程全线铺通。

2002 年

1 月 1 日，四川隆纳铁路有限公司与四川省地方铁路局泸州分局合并，改制成立四川泸州铁路有限责任公司。

5 月 12 日，内昆铁路正式运营通车。

8 月 20 日，受四川省地方铁路局委托，中国华西工程设计建设总公司（集团）对乐巴铁路进行预可行性研究。

10 月 23 日，达万铁路通过初验投入临管运营。

11 月 25 日，成都铁路局成立遂渝铁路建设指挥部，负责工程建设的组织领导。

2003 年

2 月 25 日，遂渝铁路开工典礼在重庆合川市举行。

3 月 18—20 日，四川省国际工程咨询公司组织有关单位和专家，对乐巴铁路预可研报告进行评估。

7 月 15 日，铁道部印发遂渝铁路初步设计批复。

8 月 18 日，金筑铁路全线铺通。

12 月 22 日，中铁八局正式成立，该局由成都铁路局、昆明铁路局各自所属的工程集团以及中国铁路工程集团有限公司所属的成都桥梁工厂等单位组建而成。

2004 年

1月7日，国务院原则通过了《中长期铁路网规划》，对四川的铁路发展极具指导意义。"四横"客运专线中，包含南京到成都的连接西南和华东地区的快速客运专线。规划新建兰州（或西宁）—重庆（或成都）线，形成西北至西南新通道。规划还指出加快成都枢纽改造和集装箱中心站建设。

1月11日，达万铁路通过国家验收并正式交付运营。

3月，中铁二十三局集团有限公司正式成立，该局是由原中铁路桥集团有限公司、齐齐哈尔铁路建设集团有限公司、中铁十四局集团第一工程有限公司、中铁十五局集团第三工程有限公司整合重组而成的。

6月12日，四川中铁纳叙铁路有限责任公司组建。

6月，按照铁道部、四川省、重庆市三方协议，采取达成铁路吸收合并达万铁路的方式实施重组，成立了新的达成铁路有限责任公司，达万铁路公司与达成铁路公司重组。

8月20日，原铁道通信信息有限责任公司四川分公司正式更名为中国铁通集团有限公司四川分公司。

8月，中国华西工程设计建设总公司（集团）编制完成乐巴铁路可行性研究报告。

11月，达成铁路扩能改造工程开工。

11月17日，金筠铁路通过初验，11月28日18时起交付使用。

11月18日，纳叙铁路开工典礼和中铁纳叙公司揭牌仪式在纳溪火车站举行。

2005 年

2月9日，泸纳铁路全线铺通。

4月16—18日，由铁道部、四川省地方铁路局、成都铁路局等单位专家组成的专家组前往巴中，就乐（坝）巴（中）铁路可行性研究报告进行审查。

4月23日，遂渝铁路全线竣工通过初验。

8月4日，铁道部发展计划司同意巴乐铁路投资方案。

9月25日，乐巴铁路工程正式开工。

2006 年

1月15日，遂渝铁路试运营，开通货运列车。

2月13日，中铁西南科学研究院在成都市工商局登记注册，正式冠名为中铁西南科学研究院有限公司。

5月1日，遂渝铁路开行成渝城际列车。设计速度为160公里/小时，是当时西南地区设计速度最高的线路。

12月25日，四川省地方铁路局整体改制为四川铁路集团有限责任公司。

2007 年

1月3日，遂渝铁路无砟轨道试验段开始综合试验，这是我国首条无砟轨道试验段。

1月10日，铁道部组织在遂渝铁路引入重庆枢纽无砟轨道综合试验段开展实车试验，沿线的桥梁、隧道、路基等工程分别经受时速200公里动车组列车、时速120公里货物列车和轴重25吨双层集装箱列车高强动力作用的考验。

2008 年

10月31日，国家发展和改革委员会正式批准《中长期铁路规划（2008年调整）》。调整的规划增加了对西部铁路建设的支持力度，在四川省，规划建设成渝沿线经济发达和人口稠密地区城际铁路，新增乐山—贵阳—广州、西安—汉中—绵阳等线路，进一步加强四川与其他地区的联系通道，扩大四川地区铁路网规模。

12月26日，四川省铁路集团有限责任公司和四川公路桥梁建设集团有限公司整合成立四川省铁路产业投资集团有限责任公司。

参考文献

一、档案资料

中铁二院工程集团有限责任公司档案

中铁二局集团有限公司档案

四川蜀道铁路投资集团有限责任公司档案

中车眉山车辆有限公司档案

中车资阳机车有限公司档案

二、回忆口述

吕正操：《吕正操回忆录》，解放军出版社，2007。

刘圣化：《回顾与前瞻：刘圣化铁路建设文集》，中国铁道出版社，1998。

刘建章：《我的九十年（1910～2000年)》，中国铁道出版社，2001。

三、文献史料

《毛泽东文集》（第六卷），人民出版社，1999。

《毛泽东年谱》（第五卷），中央文献出版社，2013。

《毛泽东书信选集》，人民出版社，1983。

《邓小平文选》（第三卷），人民出版社，1993。

《邓小平西南工作文集》，重庆出版社，2006。

《陈云文选》（第二卷），人民出版社，1995。

《李富春选集》，中国计划出版社，1992。

薄一波：《若干重大决策与事件的回顾（修订本）》（下卷），人民出版社，1997。

《吴邦国论经济社会发展》（上），人民出版社，2017。

《曾培炎论发展与改革》（中卷），人民出版社，2014。

《十五大以来重要文献选编》（上、中），北京：中央文献出版社，2011。

《建国以来重要文献选编》（第4、6、19—20册）。

《中华人民共和国发展国民经济的第一个五年计划 1953—1957》，人民出版社，1955。

《中华人民共和国国民经济和社会发展第十一个五年计划纲要》，人民出版社，2006。

《中国铁道年鉴（1996—2009）》

《中国交通年鉴（1988）》

《中国建筑业年鉴（1998）》

《中国铁道建筑总公司年鉴（2007）》

《中国铁路工程总公司年鉴（2006、2008）》

《四川年鉴（1990—2009）》

《重庆年鉴（1989、1992）》

《四川经济年鉴（1986—1987）》

《四川交通年鉴（1993）》

《四川工业年鉴（2007）》

《四川科技年鉴（2000—2001、2004）》

《成都年鉴（1988、1990）》

《西南交通大学年鉴（1992—2009）》

《成都铁路局年鉴（1997—2009）》

《铁道部第二工程局年鉴（1997—2009）》

《眉山车辆厂年鉴（2001—2009）》

《成昆铁路技术总结（1—4册）》

《宝成铁路修建总结（1—4册）》

铁道部档案史志中心：《新中国铁路50年》，中国铁道出版社，1999。

中国铁路史编辑研究中心：《中国铁路大事记》（1876—1995），中国铁道出版社，1996。

铁道部成都铁路局：《成都铁路局铁路工程史料汇编第一辑（1963—1980）》，1985。

何云庵、李万青主编：《竢实扬华　自强不息：从山海关北洋铁路官学堂到西南交通大学》（下），西南交通大学出版社，2011。

中共四川省委全面深化改革领导小组办公室、四川省地方志工作办公室：《四川改革开放40周年大事记（1978—2018）》（上、下册），方志出版社，2018。

《中国铁路建设史》编委会：《中国铁道建设史》，中国铁道出版社，2003。

《中国铁路桥梁史》，中国铁道出版社，1987。

中华人民共和国铁道部：《跨世纪中国铁路建设：1998—2002》，中国铁道出版社，2003。

《中国铁路建设史》编委会：《中国铁路建设史》，中国铁道出版社，2003。

《万里论铁路改革与建设》编辑组：《万里论铁路改革与建设》，中国民主法制出版社，1997。

本书编辑委员会：《中国铁路通信史》，中国铁道出版社，1999。

何云庵主编：《西南交通大学史（第五卷　1972—1989）》，西南交通大学出版社，2016。

西南交通大学校史编辑室：《西南交通大学（唐山交通大学）校史》，

西南交通大学出版社，1996。

《攀枝花市志》编纂委员会：《攀枝花市志》，四川科学技术出版社，1994。

铁道部科学研究院西南研究所：《铁道部科学研究院西南研究所志（1959—1987）》，1988。

成都市地方志编纂委员会：《成都市志·科学技术志》（上），四川科学技术出版社，1999。

成都市地方志编纂委员会，《成都市志·大事记》，方志出版社，2010。

成都市交通局、中国民用航空西南管理局、成都铁路分局、四川省地方铁路局彭州分局：《成都市交通志》，四川人民出版社，1994。

成都市金牛区地方志编纂委员会办公室：《成都市金牛区志（1991—2005）》，方志出版社，2012。

成都铁路局教育志编纂委员会：《成都铁路局教育志（1901—1990）》，内部资料，1991。

成都铁路局史志编纂委员会：《成都铁路局志（1903—1988）》（上、下），中国铁道出版社，1997。

成都铁路局志编纂委员会：《成都铁路局志（1989—2012）》（上、下），中国铁道出版社，2017。

成都铁路局志编撰委员会：《成都铁路局志稿　综合篇》，内部资料，1992。

贵州省地方志编纂委员会：《贵州省志·铁道志》，方志出版社，1997。

陕西省地方志编纂委员会：《陕西省志·铁路志》，陕西人民出版社，1993。

云南省地方志编纂委员会：《云南省志·铁道志》，云南人民出版社，1994。

湖北省地方编纂委员会：《湖北省志·交通邮电》，湖北人民出版社，1995。

重庆市地方志编纂委员会总编辑室：《重庆市志》（第五卷），成都科技大学出版社，1994。

贵阳铁路分局史志办公室：《贵阳铁路分局志（1898—1988）》，中国铁道出版社，2000。

眉山车辆厂志编审委员会：《眉山车辆厂志（1966—1995）》，中国铁道出版社，1999。

綦江县志编纂委员会主编：《綦江县志》，西南交通大学出版社，1991。

四川省地方志编纂委员会：《四川省志·大事纪述》（上），四川科学技术出版社，1999。

四川省地方志编纂委员会：《四川省志·地理志》，成都地图出版社，1996。

四川省地方志编纂委员会：《四川省志·地质志》，四川科学技术出版社，1998。

四川省地方志编纂委员会：《四川省志·电子工业志》，四川科学技术出版社，1993。

四川省地方志编纂委员会：《四川省志·机械工业志》，四川辞书出版社，1994。

四川省地方志编纂委员会：《四川省志·铁路志（1986—2005）》，方志出版社，2018。

四川省地方志编纂委员会：《四川省志·政务述》（上），方志出版社，2000。

四川省地方志编纂委员会：《四川省志·综合管理志》（上），方志出版社，2000。

四川省地方志编纂委员会：《四川省志·交通志》（下），四川科学技术出版社，1995。

四川省地方志编纂委员会：《四川省志·军事志》，四川人民出版社，1999。

四川省地方志编纂委员会，《四川省志·建材工业志》，四川科学技术出版社，1999。

四川省地方志编纂委员会：《四川省志·报业志》，四川人民出版社，1996。

中共四川省党史研究室：《三线建设在四川·省卷》，内部资料，2016。

中共四川省党史研究室：《三线建设四川简史》，内部资料，2019。

中共四川省委全面深化改革领导小组办公室、四川省地方志工作办公室：《四川改革开放40周年大事记（1978—2018）》，方志出版社，2018。

李后强、刘晓晨主编：《中国改革开放全景录　四川卷》，四川人民出版社，2018。

解洪主编：《攀西开发志综合卷》，四川人民出版社，2007。

铁道部第三勘测设计院志编写委员会：《铁道部第三勘测设计院志》（1953—1993），1995。

铁二院史志编辑委员会：《铁道部第二勘测设计院志（1952—1995）》，内部发行，2000。

中国铁道学会安全委员会、本书编委会：《中国铁路安全志（1876—2011）》，上海交通大学出版社，2012。

中铁二局集团有限公司史志编纂委员会：《铁道部第二工程局志（1950—1995）》（上），中国铁道出版社，2000。

中共中央党校理论研究室：《历史的丰碑——中华人民共和国国史全鉴科技卷》，中央文献出版社，2005。

中国铁道学会、铁道部统计中心：《中国铁道（1949～2001）》，中国铁道出版社，2003。

中国人民解放军铁道兵第一指挥部：《襄渝铁路施工总结》，内部资料，1981。

中国社会科学院、中央档案馆：《1958—1965　中华人民共和国经济档案资料选编　交通通讯卷》，中国财政经济出版社，2011。

中国社会科学院、中央档案馆：《1953—1957　中华人民共和国经济档案资料选编　劳动工资和职工保险福利卷》，中国物价出版社，1998。

《中国铁路机车车辆工业总公司十年》编纂委员会：《中国铁路机车车

辆工业总公司十年 1986—1995》，中国铁道出版社，1996。

国家计委办公厅：《1992—1993 经济政策法规汇编》，中国计划出版社，1994。

国家统计局综合司：《全国各省自治区直辖市历史资料汇编（1949—1989）》，1990。

铁道部统计中心：《全国铁路历史统计资料汇编（1949—2006）》，内部资料，2008。

铁道部档案史志中心（中国铁路史）编委会办公室：《中国铁路概述（1876—2005）》，内部资料，2007。

四、著作

中华人民共和国铁道部第六工程局政治部宣传部：《不灭的光辉 宝成铁路通讯特写集》，陕西人民出版社，1956。

吕林画、雁翼诗：《秦岭之晨——宝成铁路诗画集》，重庆人民出版社，1956。

裹征：《通向幸福之路——宝成铁路介绍》，四川人民出版社，1956。

匡于中：《战斗在宝成铁路工地上的英雄们》，重庆人民出版社，1954。

《宝成铁路（纪念集）》，人民铁道出版社，1958。

西宁铁路局：《宝成铁路（修建记)》，人民铁道出版社，1960。

孙连捷：《邓小平与中国铁路》，中共中央党校出版社，1995。

王致中、魏丽英：《中国铁路改革与发展研究（1978—1998）》，当代中国出版社，2001。

张治中：《中国铁路机车史》（上、下），山东教育出版社，2007。

中共四川省委党史研究室：《中国共产党四川 100 年简史 1921—2021》，中共党史出版社，2022。

《当代四川》丛书编辑部组：《当代四川铁路》，四川人民出版社，1993。

《当代中国》丛书编辑部：《当代中国的四川》（上、下），中国社会科学出版社，1995。

中铁二院工程集团有限责任公司：《内昆铁路》（上、下），西南交通大学出版社，2008。

中国人民政治协商会议南充市委员会：《襄渝铁路大会战南充民兵师纪实》，内部资料，2004。

中华人民共和国铁道部：《决战大西南》，中国铁道出版社，2003。

中华人民共和国铁道部：《世纪大决策》，中国铁道出版社，2003。

中华人民共和国铁道部：《挺进大西北》，中国铁道出版社，2003。

中华人民共和国铁道部：《构筑大通道》，中国铁道出版社，2003。

傅志寰：《中国铁路改革发展探索与实践》，中国铁道出版社，2004。

傅志寰主编：《共和国辉煌五十年　铁道事业卷》，中国经济出版社，1999。

铁道部政治宣传部：《跨越式发展的中国铁路》，中国铁道出版社，2004。

中共四川省委党史研究室、四川省中共党史学会：《三线建设纵横谈》，四川人民出版社，2015。

张宝生主编：《春华秋实——西南交通大学杰出校友风采录》（第一卷），西南交通大学出版社，2006。

徐棣华等：《中华人民共和国国民经济和社会发展计划大事辑要》（1949—1985），红旗出版社，1987。

铁道部第二工程局史志编写委员会：《铁道部第二工程局四十年》，1990。

四川省政协文史委员会、凉山州政协：《凉山彝族文史资料专辑》，四川民族出版社，2000。

陈夕主编：《中国共产党与西部大开发》，中共党史出版社，2014。

陈夕主编：《中国共产党与三线建设》，中共党史出版社，2014。

《世纪之交的中国铁路》编委会：《世纪之交的中国铁路》，中国铁道出版社，2002。

本书编写组：《科技创新管理》，上海科学技术出版社，2010。

陈东林：《三线建设——备战时期的西部开发》，中共中央党校出版社，2003。

陈栋生：《西部大开发干部参考读本》，中央文献出版社，2000。

陈夕：《中国共产党与 156 项工程》，中共党史出版社，2015。

陕西省西部开发领导小组办公室、陕西省政府办公厅办公自动化管理中心、西部大开发杂志社：《西部大开发政策》，陕西人民出版社，2002。

四川省档案馆：《档案中的初心故事》，四川人民出版社，2020。

成都铁路局文联主编：《成都铁路局二十年职工文学作品选 1995—2015 抵达铁路　小说卷》，四川人民出版社，2015。

董兆祥、彭小华主编：《中国改革开放 20 年纪事》，上海人民出版社，1998。

冯金声：《中国西南铁路纪事》，西南交通大学出版社，2017。

关宝树：《隧道工程施工要点集》，人民交通出版社，2003。

国家科学技术委员会：《中国技术政策交通运输》，国家科学技术委员会，1985。

国务院能源基地规划办公室：《能源基地概况　第Ⅳ部分：铁路》，国务院能源基地规划办公室，1987。

何光全：《难忘峥嵘岁月》，宁夏人民出版社，2010。

侯雄飞：《扶贫开发　阳光工程　四川省推进扶贫开发纪实》，四川人民出版社，2012。

胡绳：《中国共产党七十年》，中共党史出版社，1991。

黄世玮、张海舟、徐开扬等主编：《中国铁路历史上的今天》，中国铁道出版社，2001。

亢宾、纪丽君、白月廷：《图说建国初期铁路》，中国铁道出版社，2011。

亢宾：《凝固的历史，永恒的遗存——解读全国重点文物保护单位中的铁路文化遗产》，中国铁道出版社，2014。

李春芝：《丰碑——襄渝铁路建设纪实》，陕西人民出版社，2021。

李海军主编：《铁道概论》，西南交通大学出版社，2018。

李鸿达：《当代中国铁路劳动工资管理》，中国铁道出版社，1996。

李吉荣主编：《奋进自强，争创一流：铁道部眉山车辆工厂经验集》，西南交通大学出版社，1990。

李捷主编：《〈中华人民共和国史稿〉简明读本》，学习出版社，2015。

林凌：《四川大中城市经济概况》（上），四川省社会学院经济研究，1982。

林瑜筠：《铁路信号基础》，中国铁道出版社，2019。

刘国光：《中国十个五年计划研究报告》，人民出版社，2006。

吕建昌、莫兴伟主编：《激情岁月的记忆——聚焦三线建设亲历者》，上海大学出版社，2021。

吕荫华：《中国铁路在改革中前进》，中国铁道出版社，1994。

马麟：《四川省现代物流业 2006—2007 发展报告》，西南交通大学出版社，2007。

马述林、孙力达、张海荣，《重庆铁路发展：历史与愿景》，重庆大学出版社，2020。

马述林、张同庆：《四川铁路东通道建设研究》，西南交通大学出版社，1994。

马有举：《崛起之路：中铁二院 60 年发展纪实》，作家出版社，2012。

马泽文：《中国有一套：从"一五"计划到"十三五"规划》，广东人民出版社，2017。

陈文书、谭继和主编：《成渝铁路今昔记》，四川人民出版社，1999。

卿三惠：《铁路工程勘察设计与施工技术研究》，中国铁道出版社，2014。

卿三惠：《西南铁路工程地质研究与实践》，中国铁道出版社，2009。

四川人民出版社：《万水千山只等闲：记成昆铁路的胜利建成》，四川人民出版社，1974。

谭金宇主编：《地方铁路设备及运营》，中国铁道出版社，1990。

陶武光、王荣轩主编：《成都五十年 1949—1999》，中国统计出版社，1999。

王春才：《三线建设铸丰碑》，四川人民出版社，1999。

吴启迪：《中国工程师史》，同济大学出版社，2017。

熊复：《熊宇忠纪念文集》，成都科技大学出版社，1992。

薛启亮、杨汝戡主编：《中国重点建设工程概览》，河北人民出版社，1992。

严新平、曹钟勇：《中国交通研究与探索（1999）》，人民交通出版社，1999。

杨永寿：《百年梦圆内昆铁路建设写真（上）》，云南民族出版社，2003。

张家麒主编：《当代中国铁路卫生事业管理》，中国铁道出版社，1997。

张陇得、李涛、袁智强主编：《青春无悔》，陕西旅游出版社，1997。

张神根、张倔：《百年党史——决定中国命运的关键抉择》，人民出版社，2021。

张学亮：《西南干线襄渝铁路设计施工与建成通车》，吉林出版集团有限责任公司，2010。

张雪永等：《扩张的动脉——改革开放 40 年的中国铁路》，社会科学文献出版社，2021。

赵昌文：《可持续发展与全球化挑战——中国西部开发新思路》，巴蜀书社，2006。

赵国良：《眉山车辆厂》，当代中国出版社，1994。

郑启清：《新时期火车头精神》，中国铁道出版社，1996。

中共四川省委党史研究室：《四川改革开放 40 年实践与探索》，四川人民出版社，2018。

中共中央党史研究室：《中国共产党历史第二卷（1949—1978）》（下册），中共党史出版社，2011。

中共四川省委宣传部、四川省社会科学院、四川日报报业集团：《敢为天下先——四川改革开放 30 周年大事记 1978～2008》，四川人民出版社，2008。

中国国家铁路集团有限公司党组宣传部：《铁路红色基因》，中国铁道出版社，2021。

中国南车集团资阳机车有限公司：《岁月如歌 中国南车集团资阳机车厂40 年 1966—2006》，中国铁道出版社，2006。

中国四川科技博览编辑部：《中国四川科技博览专辑》，四川科学技术出版社，1995。

中国铁道学会电气化委员会：《中国铁路电气化建设（1958—2012）》，中国铁道出版社，2014。

中国中铁二院工程集团有限责任公司主编：《铁路工程地质实例（西南及相邻地区分册)》，中国铁道出版社，2011。

中华人民共和国国家经济贸易委员会：《中国工业五十年——新中国工业通鉴 第四部（1961—1965）》（上），中国经济出版社，2000。

中华人民共和国铁道部、新华通讯社：《走向新世纪中国铁路建设"八五"重点工程概览》，经济日报出版社，1996。

中铁八局人才战略规划课题组：《铸造企业坚强的基石——中铁八局人才发展规划》，西南交通大学出版社，2007。

中共重庆市委党史研究室、重庆市地方志办公室：《半个世纪看重庆》，重庆大学出版社，1999。

重庆日报编辑部：《重庆在前进 执行第一个五年计划三年来的成就》，重庆人民出版社，1955。

朱海燕：《沧桑拾零》，长城（香港）文化出版公司，2001。

庄正：《中国铁路建设》，中国铁道出版社，1990。

五、期刊论文

常怀立、李菱等：《巴山深处的精神坚守》，《红旗文稿》2017 年第

15 期。

陈东林：《党的三次西部开发战略及指导思想的探索发展》，《毛泽东邓小平理论研究》2011 年第 6 期。

程中原：《邓小平与一九七五年铁路整顿》，《党的文献》1996 年第 5 期。

李浩：《八大重点城市规划：新中国城市规划事业的奠基石》，《城市规划》2019 年第 7 期。

刘东：《宝成铁路增建第二线工程概述》，《中国铁路》1995 年第 2 期。

马立平：《浅谈铁路建设在西部大开发中的战略意义》，《中国科协第四届青年学术年会卫星会议——中国铁道学会第八届青年学术会议论文集》，2001。

沈国凡：《彭德怀与成昆铁路烈士纪念碑》，《云南档案》2009 年第 10 期。

宋毅军：《关于以毛泽东为核心中央领导集体作出三线建设战略决策的回顾和思考》，《安徽史学》2014 年第 2 期。

孙东升：《我国经济建设战略布局的大转变——三线建设决策形成述略》，《党的文献》1995 年第 3 期。

田永秀：《成渝铁路建成通车与民众认同》，《西南交通大学学报》（社会科学版）2016 年第 6 期 17 卷。

铁道建设报社：《铁道建设报简史》，《当代劳模》1997 年第 3 期。

王东：《铁路建设对西部大开发战略的贡献分析》，《扩大铁路对外开放、确保重点物资运输——中国科协 2005 年学术年会铁道分会场暨中国铁道学会学术年会和粤海通道运营管理学术研讨会论文集》，2005。

魏晓萌等：《做好成昆铁路红色资源的保护与利用》，《理论学习与探索》2023 年第 2 期。

武力：《陈云与"一五"计划若干问题研究》，《中共党史研究》2005 年第 4 期。

许浩平：《铁路建设在西部大开发中的重要作用》，《中国铁道学会 2003

年年会论文集》，2003。

闫鹏飞：《投融资改革——中国铁路迟到的选择》，《中国科技财富》2004 年第 10 期。

张必容：《宝成铁路复线建设速写》，《今日四川》1995 年第 1 期。

张敬诚、张宗科：《修建成都铁路枢纽环线对枢纽布局和城市经济发展的作用》，《中国铁路》1992 年第 5 期。

周明长：《铁路网建设与三线城市体系研究》，《宁夏社会科学》2020 年第 4 期。

六、报刊资料

《人民日报》

《四川日报》

《重庆日报》

《人民铁道》

《新华日报》（西南军政委员会）

《西南铁道报》（成都铁路局）

《铁道建设报》（中铁二局）

《中国铁道建筑报》

《四川铁道》

《奋进报》（中车眉山车辆有限公司）

《资厂工人》

四川
铁路
史

三卷本

第三卷

从慢到快

四川铁路迈进高速时代

田永秀
张雪永
刁成林
著

四川人民出版社

图书在版编目（CIP）数据

从慢到快：四川铁路迈进高速时代 / 田永秀，张雪永，刁成林著 . -- 成都：四川人民出版社，2025.5.
（四川铁路史）. -- ISBN 978-7-220-14082-2

Ⅰ . F532.9

中国国家版本馆 CIP 数据核字第 2025LU0650 号

CONG MAN DAO KUAI: SICHUAN TIELU MAIJIN GAOSU SHIDAI

从慢到快：四川铁路迈进高速时代

田永秀　张雪永　刁成林　著

出 品 人	黄立新
责任编辑	蒋东雪　王定宇
装帧设计	李其飞
责任校对	吴 玥
责任印制	周 奇　刘雨飞
出版发行	四川人民出版社（成都三色路238号）
网 址	http://www.scpph.com
E-mail	scrmcbs@sina.com
新浪微博	@四川人民出版社
微信公众号	四川人民出版社
发行部业务电话	（028）86361653　86361656
防盗版举报电话	（028）86361661
照 排	成都木之雨文化传播有限公司
印 刷	成都蜀通印务有限责任公司
成品尺寸	170mm×235mm
印 张	21.25
字 数	314 千字
版 次	2025 年 5 月第 1 版
印 次	2025 年 5 月第 1 次印刷
书 号	ISBN 978-7-220-14082-2
定 价	128.00 元（全三卷）

导　言

　　本卷叙述 2008 年以来四川铁路的建设发展历程。和前两卷相比，本卷涉及时间跨度虽仅 16 年，但对四川铁路而言，却是发展最快、变化最剧烈的 16 年。2008 年的时候，四川铁路运营里程是 3000 公里，到 2023 年底，这个数字翻了一番多，达到 6588 公里。更重要的是，2008 年的四川只拥有传统的普通铁路，而到 2023 年，已建成 1863 公里高速铁路，覆盖全省 21 个市（州）中的 18 个，在县级以上行政区域已形成铁路网格局。截至本书作最后一次修改的 2024 年末，高铁通车里程达到了 2185 公里。2024 年，四川铁路基建计划投资额居全国第一，巴中至南充高铁、川青铁路镇江关至黄胜关段、渝昆高铁川渝段相继建成通车，成渝中线高铁、成达万高铁、西渝高铁等 9 个铁路项目亦在持续推进中。

　　当然，在 2008 年的时候，整个中国还没有一条高速铁路①，所以从比较的角度，也不能简单断言当时四川铁路发展落后于全国水平。本卷以 2008 年为起点，主要考量京沪高速铁路于该年年初开工，标志着中国铁路进入高

---

　　① 有一种看法，秦沈客运专线是中国第一条高铁。该线的设计时速是 250 公里，符合国际铁路联盟关于高速铁路的标准，但由于当时中国还未掌握成熟的高速动车组技术，所以在几年时间内"有路无车"，还不能说是真正意义上的高铁。事实上，在公认的中国第一条高铁京沪高铁 2011 年通车之前，武广高铁、郑西高铁分别于 2009 年、2010 年开通运营。这种情况涉及中国重大工程决策中非技术的方面，所以仅仅依据技术标准认为秦沈客运专线是我国第一条高铁的观点尚不充分。

铁时代。如果考虑到一个事实，就在同一年，成都到青城山的成灌快铁也开工了，尽管铁路的两端甚至都没有跨出成都市域，设计时速也只是 200 公里，距离高速铁路的速度标准门槛还略有差距，但以当时中国铁路的总体水平看，也可以把它看作一条"高速"铁路了。尽管该路的迅速决策得益于汶川特大地震灾后重建的迫切需求，但它的发起其实是在一年之前。强调这一点是想指出这样一个事实：四川地方政府对于发展高速铁路这样一种在当时的中国还存在认识分歧的新型现代化交通方式有超前的认识，体现了远见和勇气，使四川和全国的最先进地区同步进入高铁时代。

从另一个角度，四川在中国高铁发展中的地位也有大书特书之处。中国最古老的铁路院校①从 1972 年开始就从唐山内迁到四川②。不仅该校的毕业生遍布各铁路设计院、工程局、机车车辆厂、铁路局内，该校自身也是中国高速铁路的策源地之一。早在 20 世纪 80 年代，该校的几位教授就开始了高速铁路的技术研发工作，并坚定地认为这是中国铁路的未来发展方向。当然，不管如何自信，这些中国高铁技术的探索者还是想象不到今天高铁建设取得的巨大成就。和西南交通大学毗邻的铁路单位是中铁二院，铁道部③直属的四家综合设计院之一；再加上旁边中铁二局和成都铁路局，以及这些单位在计划经济格局下附属的医院、中小学、幼儿园、职工宿舍等配套设施，在成都城市格局上素有"铁半城"之称。

在规划成灌快铁之前更早，四川省规划了贯穿成都平原南北的绵阳—成都—峨眉城际客运专线。这条线路不仅在里程上比成灌快铁长很多，更是串联起了四川最主要的经济带。2005 年 4 月 2 日，铁道部与四川省人民政府就四川境内铁路建设有关问题进行会谈，会谈纪要中提到了"适时研究建设成

---

① "铁路院校"是个计划经济时代的概念，彼时是按照行业（专业）设置大学，诸如石油、煤炭、钢铁、纺织，不一而足，在管辖上这些学校也是隶属各行业主管部门。在改革开放中这些学校大多转隶教育部或地方，专业上也大为拓展，但行业特色仍大体保留下来。

② 在 1972 年之前，这所建立于 1896 年的大学使用过山海关铁路官学堂、唐山路矿学堂、唐山交通大学、唐山铁道学院等多个校名。1972 年之后，才以"西南交通大学"之名稳定下来。校名的不断变化和办学地的多次搬迁可以看作中国铁路发展的一个缩影。参见何云庵主编：《西南交通大学史》，西南交通大学出版社，2016 年。

③ 铁道部已于 2013 年 3 月撤销。

都至绵阳城际客运专线",铁道部与四川省还谋求将"绵阳—成都—峨眉城际客运专线、峨眉至宜宾铁路纳入铁路'十一五'规划"①。

因为各种原因,这些线路规划推进缓慢。直至 2008 年,国家发改委才批复了绵阳—成都—乐山城际客运专线,并于当年底开工建设。铁路的建设速度也和中国的基建狂魔形象不同,直到 6 年后的 2014 年底,该铁路才建成通车,运行时速 250 公里。虽然新建时速 250 公里铁路符合高铁的国际技术标准,但在此时国人的高铁认知中,这已经算不上"高速"铁路了。该铁路延伸到宜宾的计划则无限期搁置了,直到 2019 年 6 月,作为成贵高铁的一段,乐山至宜宾段终于开通运营,结束了川南没有高铁的历史。应了"好饭不怕晚"的古训,就在乐宜段开通的同时,成自宜高速铁路开工建设,并于 2023 年 12 月开通运营,这样就形成了成都—自贡—宜宾—乐山—成都的环状高铁网络,再加上预计 2025 年开通的同样经由宜宾的渝昆高铁和成渝之间的三条高铁,云贵川渝四省市之间在几年内线路纵横,变成通途。

而在 2013 年,乃至 2018 年,是无法想象现在如火如荼的高铁建设场面的。2013 年,经过京沪高铁开通后的短暂停滞,中国铁路迎来建设大潮。贵州在 2015 年乘坐高铁可以到达广州。2016 年,随着沪昆高铁的全线贯通,可以便捷地连接东部沿海和华北地区,而此时的四川,却没有一条真正意义上的出川高铁线路。

四川也意识到了这个问题。《四川省"十三五"综合交通运输发展规划》在总结"十二五"期间的交通建设情况时,直言"铁路网络覆盖不足,建成及在建铁路的技术标准普遍偏低,到京津冀、长三角、珠三角三大经济圈的直达高速铁路通道不畅,缺乏 350 公里/小时对外高铁客运大通道"。尽管表达了直面问题的勇气,但在新一轮的规划中却并未提出有力的举措扭转这种局面,只泛泛地提出"加快打通铁路西向通道,有效提升北向、南向、东向铁路通道能力"。具体目标包括:铁路营业里程达到 6000 公里。铁路网

---

① 熊燕:《部省合作升级四川铁路》,《四川日报》2005 年 4 月 3 日。

整体结构进一步优化，形成高速铁路、区域干线铁路、城际铁路和支线铁路合理配置的铁路运营网络，设计时速 200 公里及以上的铁路里程达到 2100 公里，复线率、电气化率分别超过 60%、90%。然而在 5 年后盘点完成情况显示：铁路营业里程达到 5312 公里，目标达成率 89%，还算过得去，但设计时速 200 公里及以上的铁路里程仅达到 1291 公里，目标达成率只有 60%。与全国的高铁建设热潮比，可算"冷冷清清"。复线率、电气化率分别为53.7%、87.2%，均未达标。①

直到 2018 年，四川终于意识到在高铁建设上的迟滞及对四川发展的不利影响。地方主政者表示，四川的交通体系不完善，尤其是高铁通车里程较少、等级偏低，与全国主要经济中心城市通达性不高，难以适应"高铁时代"和四川经济社会发展需求。② 同年 9 月，时任四川省委书记和省长代表四川省政府与交通运输部签署了《关于加快四川省交通运输发展 2018—2020 年合作协议》③，就全面推进四川综合交通运输体系建设达成一致意见，明确到 2020 年，四川将初步形成"四向八廊"现代综合交通运输体系，打造西部地区战略性综合交通走廊和对外经济走廊，真正形成贯通东西、连接南北、陆海互联的交通新局面。省委书记更表态："砸锅卖铁也要把成达万高速铁路建起来。"该路的重要性表现在，向北可以经郑州到北京形成全线350 公里/小时的高铁连接，向东经武汉连接沿江高铁到上海，也可以形成全线 350 公里/小时的高铁连接。

自此，四川高铁建设走上了快车道。除了高铁建设之外，在高山地区，充分考虑了施工难度和成本，务实的普速铁路仍是四川铁路网建设的选项，其中具有代表性的成昆复线建设也是拉动沿线地区脱贫和发展的重要工程。当然，此时的"普速"也达到了时速 160 公里，攀枝花作为曾经的三线重

---

① 见《四川省"十四五"综合交通运输发展规划》，四川省人民政府网站。

② 《"解锁"蜀道难，四川到底多缺高铁？》，https://www.thepaper.cn/newsDetail_forward_3704523。

③ 《四川省人民政府与交通运输部签署加快四川省交通运输发展 2018—2020 年合作协议》，川观新闻网，https://cbgc.scol.com.cn/news/94292（检索时间 2020‑11‑16 14:15）。

镇、四川和云南交界处的重要城市，从成都出发前往只需要 5 个小时左右。工程更为艰巨的川藏铁路则是支撑国家战略的重大工程。

更重要的是，在 2018 年，四川建设高铁的着眼点还只是打通进出川大通道，而现在，则是在成渝地区双城经济圈的视野中布局区域轨道交通网。在成都和重庆之间，即将有三条高速铁路连接。以成都为中心的成都平原经济区，密布着高速铁路、市域铁路和地下铁道（尽管不是本书的研究对象，但地下铁道通常被认为是都市圈轨道交通网络的重要部分）。川南经济区高速铁路已经成网，川东北经济区的网络也在形成过程中。即便人口相对稀少的川西北经济区，也由于川青铁路的修建，成为四川—甘肃—青海铁路通道的腹地。

作为全书的最后一卷，本卷还承担着为全书收尾的任务。从百年历史看，四川铁路史在中国铁路史中占有什么地位？四川为中国铁路做出了什么贡献？四川铁路又如何折射了四川的百年发展？这些当然都是大问题，因此在本卷中与其说对这些问题做出了回答，不如说是提出了新的有待研究的问题。

目　　录

---●— 第一章 —●---

顺风使帆：中国铁路进入高铁时代

随着改革开放的不断深入，中国经济高速发展，各地区经济往来频繁，人员流动空前增加，客运需求激增。除了"量"的需求，人民群众对"质"的要求也在不断提高，速度和舒适度也成为人们选择交通方式时考虑的重要因素。20 世纪 90 年代初，当世界发达国家的高速铁路已达到时速 250 公里时，我国铁路客车的平均时速还不到 60 公里。铁路发展滞后、运输能力不足、出行体验感欠佳等突出问题使中国铁路部门承受巨大压力，需求旺盛和运力不足的矛盾成为中国铁路的主要矛盾。经过多年的准备和论证，发展高速铁路成为提升运力，推进中国铁路现代化的现实选择。2008年，京沪高速铁路的开工建设，标志着中国铁路发展迈入了一个新的发展阶段。四川也顺应全国铁路发展趋势，积极向国家争取，不断构建四川区域高速铁路网。

第一节　中国高铁的产生

"二战"后，随着高速公路和民用航空运输的发展，发达国家铁路经历了一段"低迷期"，一度成为"夕阳产业"。直到 1964 年 10 月，日本东海道新干线（东京—大阪）作为世界第一条高速铁路建成通车，实现了铁路行业的升级换代，让各国重新看到了铁路发展的希望和潜力。法国、德国、意大利等国纷纷效仿，大力发展高速铁路，世界铁路逐步摆脱困境，走上新的发展阶段。1978 年 10 月，邓小平在日本考察，第一次乘坐了日本东海道新干线，认为"就感觉到快"，并且一语双关地指出，"有催人跑的意思，我们现在正合适坐这样的车"①。随着改革开放的深入，20 世纪 90 年代初，发展高速铁路提上了中国铁路发展的日程。高速铁路是高新技术的集成，需要大量资金投入，对于当时的中国来说，还有很多条件并不具备。经过十几年艰苦的技术积累和多次反复的科学审慎论证，高速铁路终于从理想成为现实。

一、高铁建设构想的提出

20 世纪 80 年代，随着改革开放的不断深入，我国铁路运能不足对经济社会发展的制约矛盾日益突出。早在 1980 年，铁道部就提出了"铁路现代化包括铁路技术设备现代化和管理现代化两个方面"②。但受世界铁路发展"低迷"的影响，"夕阳产业"的论断影响了当时的高层决策，这一时期，我国并未跟随世界高速铁路发展的脚步，普通铁路的发展也非常缓慢。新中国成立初期，我国在国家财力、物力都面临巨大困难和压力之下，1953—1960 年新建铁路仍达到了年均 1300 公里以上；而迈入改革开放的 80 年代，我国新建交付运营的铁路年均还不到 400 公里。③

20 世纪 90 年代，随着高速公路和航空运输的飞速发展，中国铁路仍在徘徊。尽管已经开始有发展高铁的规划，准备进行自主开发，但何时大规模

---

① 中共中央文献研究室：《邓小平年谱（1975—1997）》（上），中央文献出版社，2004 年，第 413 页。

② 李秀芝：《中国铁路现代化学术讨论会会议纪要》，《铁道科技动态》1980 年第 19 期，第 1—5 页。

③ 参见雷风行：《中国速度——高速铁路发展之路》，五洲传播出版社，2013 年，第 16 页。

建设仍是一个未知数。早在 1990 年，我国就已经启动了高铁科研攻关。铁道部发布了《铁路"八五"科技发展设想——先行计划》，明确提出要重点组织"高速铁路成套技术"重大科技攻关项目论证，正式立项"中国高速铁路发展模式和规划的研究"等相关课题。① 但是"高铁"这个全新的事物仍然存在太多的不确定性因素。1990 年 12 月，《京沪高铁线路方案构想报告》出炉，但这个计划总造价超过千亿元人民币的"大项目"引起了巨大的争议，围绕"要不要修""怎么修"的争论持续了十多年，直到 2008 年 4 月京沪高铁才开工建设。

1991 年底，被视为中国第一条"准高铁"的广深线正式开工，全长 147 公里，设计最高时速 160 公里。经过三年的建设，1994 年 12 月 22 日，广深线开通运营。但由于当时资金、技术等各方面因素的限制，我国当时还无法马上大规模兴建高速铁路。虽然一时无法得到推广和发展，但广深线的建设仍为我国高速铁路的建设积累了宝贵的经验。

二、高铁筹建迎来机遇

社会主义市场经济的发展对中国铁路的现代化发展提出了新的要求，也为中国高铁的发展带来新的机遇。1992 年 10 月，中共十四大确立了建立社会主义市场经济体制的目标，中国改革开放出现新的高潮，发展长期滞后的铁路运输更加紧迫。在当年的全国铁路领导干部会议上，国务院领导就提出了一个尖锐的问题：面对国民经济发展，"铁路怎么办？"为了加快"八五"期间的铁路建设，国家从 1991 年开始，批准征收铁路建设基金，尽管在一定程度上对铁路建设资金紧缺的局面有一定的缓解，但对于铁路建设庞大的投资需求来说仍是杯水车薪。

新千年前后，我国铁路总体质量仍滞后于世界铁路发展。1998 年，亚

---

① 参见铁道部科技司：《先行计划——铁路科技发展十年规划和"八五"计划纲要》，《中国铁路》1992 年第 1 期，第 1—6 页。

洲金融危机爆发。面临严峻的经济形势，我国通过增加基础设施建设来拉动国民经济发展，给铁路建设带来新的机遇。国家决定加快铁路建设，将于1998—2002 年间投资 2500 亿元用于修建铁路。截至 2002 年底，我国铁路营业里程接近 7.2 万公里，位居亚洲第一、世界第三。从数量上看，我国铁路网建设取得了巨大的进步，但是从铁路网质量来看，我国铁路仍存在技术标准低、客货混跑、复线率和电气化率低、列车速度慢等诸多问题，与世界铁路先进水平仍存在很大差距。20 世纪末，世界高速铁路已突破时速 300 公里，大多时速也已达 200 公里以上。2001 年，我国经过第四次铁路大面积提速后，平均客车时速才勉强达到 70 公里，高速铁路方面仍是空白。这一时期，尽管我国铁路网规模总量取得了一定成绩，但和我国庞大的人口基数、辽阔的国土面积、巨大的运输需求和快速发展的经济水平相比，铁路仍不能适应经济社会发展的需要。

"跨越式发展"方针的确立，推动了中国高铁发展提速。2003 年，国家启动中长期科技发展规划制定工作，决定上马包括核电发展、大飞机制造等一批重大工程，高铁正式列入国家发展进程。同年 6 月，铁道部召开铁路"跨越式发展"研讨会，围绕铁路发展的总体思路、重点任务和工作措施等方面进行部署，明确从快速提高运输能力和装备水平两个方面来实现铁路跨越式发展，计划通过大规模引进高速列车技术，重点实现铁路技术装备的现代化。

三、拉开高铁发展大幕

高速铁路的建设和发展是国家经济社会发展到一定阶段的产物。一方面，经济社会发展和人们生活水平的提高，对交通工具提出了更高的需求；另一方面，高速铁路基础建设和日常运营维护，均有赖于一定的经济实力和先进科技。随着改革开放的不断推进，中国综合国力显著增强、科技创新能力大幅提升，我国从 20 世纪 90 年代就开始的高铁科研攻关、相关课题研究与实践，以及长期积累的工业技术能力和制造业基础，为建设高铁积累了宝贵的经验，也储备了一批高铁工程师和技术工人等人才。相比于我国公路建设，特别是高速公路突飞猛进的发展，铁路发展的滞后性更加突出；再加上民用航空在航线数量和覆盖范围等方面迅速发展，航空运输的客货运量持续增长，铁路面临着来自高速公路和民航的巨大外部压力。在这样的背景下，我国大规模推进高速铁路的建设和发展，努力提升铁路运输质量和水平就成为顺理成章的必然选择。

在铁路"跨越式发展"战略方针的指导下，国家通过一系列举措，推动了中国铁路创新式发展，也促进了中国高铁的飞速发展。2004年，是中国高铁的起步之年，也是备战之年。2004年初，国务院常务会议讨论通过了《中长期铁路网规划》（以下简称"2004年规划"），明确提出要高标准建设超过1.2万公里的"四纵四横"客运专线。这是国家批复通过的第一个铁路行业的中长期规划，也是进入新世纪以来国家批准的第一个行业专项规划，足见国家对铁路建设的高度重视。随后，4月1日，国务院再次召开专题会议，围绕"铁路机车车辆和装备现代化"这一主题，形成了《研究铁路机车车辆有关问题的会议纪要》，提出"引进先进技术、联合设计生产、打造中国品牌、发展中国高速列车和高速铁路"的发展思路，进一步明确要在更高的起点上实现中国铁路的创新。至此，标志着以引进吸收为切入点、以加快发展铁路装备现代化为重点，加快推进中国高铁建设上升为国家意志，拉开了中国高铁发展的序幕。同年，国家有关部门修订了《铁路主要技术政策》，制定了《铁路工程建设标准管理办法》《新建200～250公里客运专线铁路设计暂行规定》，发布了《大功率交流传动电力机车技术引进与国产化实施方案》《时速200公里动车组技术引进与国产化实施方案》。同时，我国完成了时速200～250公里客运专线铁路桥跨结构标准设计，初步建立了客运专线和客货共线分级标准设计体系。2004年底，我国还组建了中国铁路建设投资公司，铁道部进一步明确了"政府主导、多元投资、市场运作"的铁路投融资改革思路，新建高铁项目均严格按照规范组建合资铁路公司，实行项目法人制。这一系列举措，为中国高铁大步向前迈进做好了准备。

2005 年，11 条高铁和客运专线①相继开工。其中，京津城际铁路作为中国完全新建的、第一条时速 350 公里的高速铁路，具有划时代的意义，标志着中国高铁的快速发展。高铁发展总体思路和方针的转变，为我国高铁从无到有、从探索到突破、从制造到创造、从跟跑到领跑奠定了基础。

2006 年 1 月，全国科技大会召开，国家领导人明确提出要建设"创新型国家"，为我国建设发展提供了新的导向。2 月，国务院批准通过《京沪高速铁路项目建议书》，结束了关于这条世界上一次建成、线路最长、标准最高的高铁长达 16 年的争论。同年，《国家中长期科学和技术发展规划纲要（2006—2020）》发布，确立了"自主创新，重点跨越，支撑发展，引领未来"的科技工作指导方针，明确将高速轨道交通系统②列入重点领域的优先主题，在下一阶段加快发展。③ 京沪高铁成了我国高铁技术发展的一座里程碑。至此，中国高铁开始由大规模技术引进转向以自主创新为主，成为中国高铁迅速崛起并快速发展的重要转折点。

2007 年 4 月 18 日，我国铁路第六次大面积提速，时速 200 公里及以上的"和谐号"动车组在我国铁路干线大量开行，标志着中国既有线提速改造技术已跻身世界先进行列。2008 年初，京沪高速铁路全线开工。中国终于全面迎来高铁时代。

第二节　国家战略规划中的四川铁路

因为四川独特的区位和地形特点，四川路网一直处于国家整体交通格局的边缘和末端。李白"蜀道难，难于上青天"的感叹，生动刻画了四川盆

---

① 包括石太、武广、京津、郑西、武合、合宁、甬台温、温福、福厦、广深港、广珠等 11 条高速铁路和客运专线。

② 高速轨道交通系统包括两大体系：一是高速轮轨铁路系统，二是高速磁悬浮铁路系统。

③ 参见《国家中长期科学和技术发展规划纲要（2006—2020）》，《中华人民共和国国务院公报》2006 年第 9 期，第 11、18 页。

地群山环绕，特殊的地形地势环境。在古代，"蜀道"主要指连接长安（今陕西西安）和蜀地（今四川）之间的道路，因需要翻越秦岭和大巴山区，路途艰险，行路困难。到今天，"蜀道"更多时候成为四川交通或道路的代名词。如果说古诗中的"蜀道难"生动地描绘了这条路线"行路难"的自然条件，那么对现代社会而言，"蜀道难"更凸显出了其经济意义和社会性问题，更强调因交通运输不便造成的经济要素流动难、人们出行难和民族交流融合难等方面的问题，是制约四川经济社会快速发展的瓶颈。四川省面积约48.6万平方公里，位居全国第五；第七次全国人口普查结果显示，四川常住人口8300多万，也位居全国第五，占全国人口比重5.93%。① 新中国成立以来，成渝、宝成、内昆（内宜段）、川黔、成昆、襄渝等铁路干线先后建成通车，从东、南、北三个方向开辟了出川通道。这些线路的开通，对缓解"蜀道难"的状况起到了很大的作用。但是，随着四川经济社会的发展和人们交通出行需求的增长，老铁路干线因建设年代久远、线路等级低、速度慢、行车耗时长等方面存在局限，远远不能满足当前的客货运需求。到20世纪末，四川全省铁路仅有2300公里左右，路网密度低、通行能力差、行车速度慢，不能适应四川省整体工业化和城市化的发展进程。改革开放后，国家一系列战略规划的相继出台，给四川经济社会发展带来新的契机，客观上促进了四川交通特别是四川铁路的建设与发展。

一、西部大开发战略促进四川铁路进一步提速

受自然环境、资源分布、人口集聚等方面因素的影响，我国中西部经济社会发展极不平衡。为了进一步促进区域协调发展，实现共同富裕，国家开始谋划西部地区的崛起和发展。2000年1月，国务院成立了西部地区开发领导小组，研究制定推动西部地区经济社会发展，进一步促进民族团结和社会稳定，最终实现共同富裕的基本思路和战略任务。10月，中共十五届五

---

① 数据来源：四川省情网，http://www.scsqw.cn/（检索时间2021-01-10 12:05）。

中全会召开，会议通过了《中共中央关于制定国民经济和社会发展第十个五年计划的建议》，至此"西部大开发"成为社会主义现代化建设进程中的一项重要战略部署。随后，2001年3月，九届全国人大四次会议召开，通过并发布《中华人民共和国国民经济和社会发展第十个五年计划纲要》，对"西部地区"①范围进一步明确，细化了实施西部大开发战略的具体安排。四川省位于西部地区的中心位置，具有重要的区位优势。西部大开发战略的实施，为四川省经济社会发展带来新的历史机遇。

西部大开发，交通要先行。广大西部地区因深处内陆，长期以来，交通不便一直是制约地区发展的重要因素。西部地区地广山多，物种多样，能源、矿产资源丰富，但生态环境脆弱，经济发展落后，铁路具有运量大、运费相对较低、节能环保等特点，而成为最符合西部自然条件和地域特点的交通运输方式。2000—2001年，我国先后两次在全国范围内进行了铁路提速，"着力强化东部地区与中西部地区的快运通道建设""加强中西部地区铁路提速"成为亮点。随着西部大开发国家战略的推进，加快西部地区路网建设、提高铁路运输能力和效率已经越来越成为发展共识，为四川高速铁路的发展创造了主客观条件。

加快铁路网建设，是拉动内需、保持国民经济快速发展稳定性和持续性的内在需求，也是实施西部大开发战略、促进区域经济协调发展的客观需要。2002年，党的十六大召开，新的领导集体明确提出要保持经济持续较快增长的目标，继续坚持扩大内需的方针政策。铁路是国民经济发展的支柱，是拉动内需、促进增长的重要基础设施。随着2004年《中长期铁路网规划》的出台，中国铁路进入加快发展的黄金时期。2007年，中国全面迎来高铁时代，四川高铁建设紧跟全国铁路建设的步伐，迎来新的发展阶段，国家规划中也越来越重视四川铁路的发展。

2007年4月，国家发展改革委和国务院西部开发办联合发布《西部大

---

① 西部地区包括新疆、西藏、内蒙古、甘肃、青海、宁夏、陕西、四川、重庆、云南、贵州、广西等12个省、自治区和直辖市。

开发"十一五"规划》，明确提出要以发展为第一要务，实现西部地区经济又好又快发展的总目标。规划明确指出，继续将基础设施建设作为一项重大任务促进西部大开发。铁路作为国民经济发展的重要基础设施，"十一五"期间，西部路网规模将达到35000公里。其中，四川铁路路网建设方面，将遂宁至重庆（遂渝线）增建二线项目纳入主要交通基础设施建设重点工程。此外，规划还提出将成渝经济区作为重点经济区，依托重庆、成都两大国家级特大城市率先发展重大装备制造，促进城市圈集聚发展。①

二、国家综合交通网的构建推动四川路网进一步完善

改革开放以来，我国客货运输需求持续稳定增长，全国铁路网建设的外部环境发生了深刻变化。为了适应我国经济社会快速发展的新形势、新变化，2007年11月，国家发展改革委印发《综合交通网中长期发展规划》。这是新中国成立以来第一个全国性的总体交通空间布局规划。该规划明确了新阶段我国交通发展的核心任务是要构筑国家陆域范围内交通网络的主要框架，即重点打造"五纵五横"国家主要交通干线，解决全国范围内各大区域之间人员与物资的交流问题。其中，沿江运输大通道是"五横"通道之一，四川地区的路网建设是沿江运输大通道的重要组成部分，也能促进东向出川通道进一步拓展，有助于加强川渝地区与长江沿线地区、长三角地区的沟通和联系。②

在综合交通网规划的指导和客观形势的推动下，2008年，国家修订了《中长期铁路网规划》（以下简称"2008年规划"）。"2008年规划"是在科学发展观的指导下对"2004年规划"的升级，是在综合交通网的总体布局下指导我国铁路建设发展的纲领性文件，充分彰显了中国铁路现代化建设的最新趋势和发展方向。"2008年规划"明确了到2020年铁路网建设的总体

---

① 《西部大开发"十一五"规划》，《西部大开发》2007年第4期，第13-27页。
② 国家发展和改革委员会交通运输司：《综合交通网中长期发展规划》，《交通运输系统工程与信息》2008年第8卷第1期，第17-28页。

目标，提出要建设1.6万公里以上的客运专线，并进一步细化"四纵四横"客运专线建设。四川路网方面，"四横"通道之一的南京—武汉—重庆—成都客运专线，建成后将更好地连接我国西南和华东地区，促进长江沿江经济带和长三角经济带的交流和往来。同时，"2008年规划"进一步提出要扩大客运专线的覆盖面，建设绵阳—成都—乐山客运专线；还提出要在经济发达和人口稠密地区建设城际客运系统，首次将成渝城市群城际客运系统建设纳入规划考虑之列。除此之外，"2008年规划"还明确提出以扩大西部路网规模为主，建设西部开发性新线，包括哈达铺—成都、张掖—西宁—成都、格尔木—成都等西北至西南新通道，成都—波密—林芝等四川至西藏新通道，乐山—贵阳—广州等西南至华南通道，逐步形成西部铁路网骨架。一方面，抓好客运专线和西部开发性新线建设的总体设计，进一步完善路网布局；另一方面，在"五纵五横"综合运输大通道路网内，进一步对既有干线铁路进行复线建设和电气化改造。另外，还规划加强重点客货枢纽建设，提升铁路与城市轨道交通等公共交通系统的衔接水平，加强公路、民航和港口等各类交通方式的衔接，并将重庆、成都纳入国家级客货枢纽重点建设。

"十二五"期间，我国铁路建设的总体目标是基本建成国家快速铁路网。2011年3月，《中华人民共和国国民经济和社会发展第十二个五年规划纲要》（以下简称"十二五"规划）发布，明确我国"十二五"时期将进一步加快铁路客运专线、区际干线和煤运通道建设，大力发展高速铁路，形成快速客运网，强化重载货运网。为了更好地支持我国高铁事业的发展，"高速铁路用钢"被纳入国家制造业的重点发展方向；"高速列车及城市轨道交通装备"等高端装备制造产业被纳入国家战略性新兴产业创新发展工程。"十二五"规划还明确要加快推动成渝经济区发展，以点带面，推进新一轮西部大开发战略实施。此外，"十二五"规划还提出要加快研究建设川藏铁路，并给予西部大开发特殊政策支持。几个月后，《"十二五"综合交通运输体系规划》发布，明确要以西部地区为重点建设开发性铁路。2011年7月，《铁路"十二五"发展规划》出台，以国家"十二五"规划为指导，对我国铁路建设和发展做了具体部署。四川路网建设方面，明确要加快建设上海—成都高铁（成渝客专是其重要组成部分）、西安—成都高铁（西成客专）、成都—贵阳—广州快速铁路（成贵、贵广高铁）以及成渝经济区城际铁路。此外，成兰铁路、川藏铁路成都至昌都段建设、成昆铁路扩能改造、遂渝铁路增建二线、成渝铁路成都至内江段扩能改造等项目被纳入区际干线及煤运通道项目；隆黄铁路内江至叙永段、隆黄铁路叙永至毕节段、巴达铁路、广巴铁路扩能改造等项目被纳入开发性铁路项目。①

铁路投融资体制改革的不断推进，为铁路带来新的发展机遇。2013 年 8 月 9 日，国务院出台《关于改革铁路投融资体制加快推进铁路建设的意见》，鼓励社会资本进一步参与投资建设铁路，明确了要将城际铁路、市域（郊）铁路、资源开发性铁路和支线铁路的所有权和经营权逐步向地方政府和社会资本放开。

2015 年 12 月 24 日，《国务院关于支持沿边重点地区开发开放若干政策措施的意见》发布，提出要进一步加大国家对互联互通境内段项目的投资补助力度，加快推进项目实施；明确了铁路方面，将积极推动川藏铁路建设，加快雅安—林芝等剩余路段的统筹研究，推进建设进展；另外，还强调要强化中央财政专项支持，扶持资金向沿边重点地区倾斜，提高这些地区在基础设施、城镇建设、产业发展等方面专项资金的投入比重，提高国家有关部门对其公路、铁路、民航、通信等建设项目投资补助标准和资本金注入比例。②

"十三五"期间，国家铁路建设重点向中西部转移，尤其是高速铁路网建设。2016 年 3 月，《中华人民共和国国民经济和社会发展第十三个五年规划纲要》（以下简称"十三五"规划）发布，明确了高速铁路仍然是交通建设的重点工程，要继续发展先进轨道交通装备，继续推进铁路市场化改革，打造高品质的快速网络，加快推进高速铁路成网，着力完善现代综合交通运

---

① 中共四川省委全面深化改革领导小组办公室、四川省地方志工作办公室：《四川改革开放 40 周年大事记（1978—2018）》，方志出版社，2018 年，第 975 页。

② 参见《国务院关于支持沿边重点地区开发开放若干政策措施的意见》，人民出版社，2016 年，第 16－19 页。

输体系；明确了"十三五"时期基本贯通沿江高速铁路、建设川藏铁路等沿边铁路的目标；继续强调发展壮大成渝城市群，加快城际铁路网建设，"建设城市群中心城市间、中心城市与周边节点城市 1~2 小时交通圈，打造城市群中心城市与周边重要城镇间 1 小时通勤都市圈"；继续深入实施西部大开发战略，推进"一带一路"和长江经济带发展。[①]

2016 年 6 月 29 日，国务院常务会议原则通过《中长期铁路网规划（2016—2025 年）》，远期展望到 2030 年。党的十九大召开后，中国特色社会主义进入新时代，明确提出要加快建设"交通强国"，国家和地方也随之对原有的规划进行再次修编，将目标规划到更长远的 2035 年。"2016 年规划"是对"十三五"规划在铁路发展方面的进一步具体细化和落实，第一次明确提出了"高速铁路网"的概念，计划到 2025 年，我国高速铁路将达到 3.8 万公里左右；并计划将"高速铁路网"与"普通铁路网"一起形成交通"互联网"；重点强调了要加快中西部地区铁路建设，促进贫困地区和少数民族地区发展，进一步促进我国路网的整体完善，更好地服务脱贫攻坚、经济社会整体协调发展。"2016 年规划"还进一步明确了新建铁路的时速标准，如新建高速铁路项目时速 250 公里及以上；沿线人口集聚、城镇密集、经济发达及贯通特大城市的铁路可采用时速 350 公里的标准；区域铁路连接线时速 250 公里以下；城际铁路时速 200 公里以下；如有特殊地形、地质或气候条件的地区可以根据实际情况适当降低标准，因地制宜、更加科学地建设铁路。"2016 年规划"在"四纵四横"客运专线的基础上构筑"八纵八横"高速铁路主通道。其中，四川路网方面，西安—成都高铁是京昆通道的重要组成部分，西宁—成都高铁是兰（西）广通道的重要组成部分，重庆—成都高铁是沿江通道的重要组成部分（包括万州—达州—遂宁—成都高速铁路，即规划中的成达万高铁，其中成都至遂宁段利用既有达成铁路）。"2016 年规划"还进一步提出要建设绵阳—遂宁—内江—自贡等西部地区区

---

① 参见《中华人民共和国国民经济和社会发展第十三个五年规划纲要》，人民出版社，2016 年，第 67-71 页。

域连接线，继续大力发展成渝市群城际客运铁路，继续加强重庆、成都两个国家级综合交通枢纽的构建和完善，进一步建设成昆、内昆、达成、成渝、黔江—遵义—昭通—攀枝花—大理、泸州—遵义等铁路，积极促进川藏铁路雅安—昌都—林芝段、格尔木—成都等少数民族地区通道建设，扩大中西部路网覆盖面，提高中央资金对中西部铁路建设投入比重，促进脱贫攻坚和国土开发性铁路建设。除此之外，"2016 年规划"的最大特色在于第一次明确提出了发展高铁经济的概念。发展铁路最首要的问题是建设资金的匮乏，"2016 年规划"明确了要通过多种方式吸引地方政府和社会资本，包括吸引民间资本和外部投资等各方力量，积极参与铁路投资建设。通过进一步放宽市场准入条件、拓展融资渠道等方式弥补建设资金的不足。以"八纵八横"高速通道为主骨架，中国逐步建立起互联互通、统筹规划的交通格局，标志着中国铁路经济时代的到来。

2016 年 12 月，中国第一个关于交通运输建设的白皮书正式发布。《中国交通运输发展》白皮书对新中国成立以来的不同交通运输方式阶段性发展进行了总结，认为我国已基本形成了以高速铁路为骨架、城际铁路为补充的多层次快速客运网络。白皮书明确指出我国在基础设施建设方面的技术已跻身世界先进行列，高速铁路、重载铁路技术世界领先，并且已具备在高寒、高原、沙漠等特殊复杂地质条件下修建铁路和建设桥隧的能力；以高速列车、大功率机车等为代表的装备制造技术现代化水平显著提高；交通信息化、智能化系统的开发与应用也取得一定突破。白皮书还充分肯定了西部地区交通条件的明显改善，明确了未来五年将继续加强中西部地区铁路建设，加快西部地区高铁发展。当年年底召开的中央经济工作会议还特别强调了 2017 年包括铁路在内的七大领域①的混合所有制改革要有实质性突破。随后，2017 年 1 月，中国铁路总公司召开工作会议，积极响应国家开展混合所有制改革的号召，将推进铁路资产资本化经营作为 2017 年重点改革

---

① 该七大领域包括电力、石油、天然气、铁路、民航、电信、军工。

任务。①

2017 年 2 月，国务院发布《"十三五"现代综合交通运输体系发展规划》，强调进一步构建高品质的快速交通网，继续推进高速铁路建设，推进高速列车等先进技术装备自主化，着力开发应用中国自己的标准动车组谱系产品，标志着我国综合交通运输进入了一个新的发展阶段。规划对铁路客票"一站式"票务系统、全路网列车智能化调度指挥及运输管理水平、铁路安保工程、高铁及城际铁路客运站建设、交通市场化改革、法律保障体系完善、中央对铁路等绿色集约运输方式的投资支持力度、高铁经济培育、中欧班列资源整合等各个方面都进行了具体部署，可以看出中央决策层对铁路发展的全面审视和深刻思考。该规划明确提出"十三五"期间，四川路网方面，将建成西安—成都高铁（即西成客专）、成都—贵阳高铁；加快建设西宁—成都高铁、成都—自贡高铁；继续加快中西部干线铁路建设，提升既有路网质量和运输能力，实施既有铁路复线和电气化改造；继续加强普通干线网重点工程建设，推进川藏铁路项目，完成成昆扩能改造工程；积极推进成渝城市群城际铁路建设，形成便捷城际交通网络；继续推进矿区、物流园区、产业园区、长江干线主要港口等重点区域的支线建设，切合实际地发展铁路、公路、水运、航空等多种交通方式的联运，促进现代综合交通运输体系的整体构建；还进一步明确了要重点打造成都、重庆为国际性综合交通枢纽，全面提升泸州、宜宾、攀枝花等城市的交通基础设施，将其打造成为全国性综合交通枢纽。②

2017 年 4 月，国家发展改革委、交通运输部和中国铁路总公司③联合印

---

① 参见中华人民共和国国务院新闻办公室：《中国交通运输发展》，人民出版社，2016 年。
② 《"十三五"现代综合交通运输体系发展规划》，《中华人民共和国国务院公报》2017 年第 8 期，第 47 - 75 页。
③ 中国铁路总公司，简称"铁总"，成立于 2013 年，承担铁道部的企业职能。2018 年 12 月 6 日，国家工商行政管理总局网站披露，"中国国家铁路集团有限公司"企业名称已获核准。2019 年 6 月 18 日，经国务院批准同意，中国铁路总公司改制成立中国国家铁路集团有限公司，简称"中国铁路"，在北京挂牌，属于国有独资企业。

发了《"十三五"铁路集装箱多式联运发展规划》①，这是我国第一个国家层面制定的铁路专项规划，也是以铁路为主导的第一个发展多式联运的纲领性文件。四川省域内泸州港、宜宾港、广元港、乐山港、南充港等港口在全国内河港口中发展迅速、业务繁忙，充分利用长江干支流上游水系发达的先天优势与不断发展完善的四川铁路网，为大力发展铁水联运、缓解运输压力、促进区域经济发展奠定了良好的基础；为四川省发展国际联运、促进四川对外开放、打通中欧贸易通道提供了重要指导，有利于四川在进一步融入和服务西部大开发及"一带一路"国家战略发展进程中更好地实现自身的跨越式发展。

三、交通强国战略助力四川铁路进一步发展

党的十九大明确提出建设"交通强国"的目标，赋予了交通运输在新时代的新使命，也为新时代铁路发展指明方向。2017 年 11 月，多部委联合印发《铁路"十三五"发展规划》②，这是我国发布的第三个中国铁路五年发展规划。该规划提出将进一步贯彻落实创新驱动发展和《中国制造 2025》战略，加快推进中国标准动车组"复兴号"的开发研制及应用，全面提升铁路装备现代化水平；继续打造中欧班列物流品牌，推进"一带一路"建设；明确新时代铁路建设将继续以中西部地区为重点，四川路网方面，将建成西安—成都高速铁路，实施成昆线扩能改造等项目。

2019 年 9 月，国家发布《交通强国建设纲要》，明确了交通强国战略的"两步走"目标：第一阶段，到 2035 年，要实现基本建成交通强国的目标；第二阶段，到 21 世纪中叶，全面建成世界前列的交通强国。在基础设施建设方面，进一步融合发展干线铁路、城际铁路、市域（郊）铁路和城市轨道交通等。2020 年 5 月，《中共中央国务院关于新时代推进西部大开发形成

---

① 参见国家发展改革委、交通运输部、中国铁路总公司：《关于印发〈"十三五"铁路集装箱多式联运发展规划〉的通知》（发改基础〔2017〕738 号），2017 - 04 - 19。

② 参见郑健：《铁路"十三五"发展规划研究》，中国铁道出版社，2019 年。

新格局的指导意见》发布，对西部大开发战略在新时代的进一步深化实施作了重要部署。该意见明确要加快运输通道建设，协同发展高速铁路和普通铁路，加快推进川藏铁路、沿江高铁、西（宁）成（都）铁路等重大工程的进展；以成渝城市群和关中平原城市群的协同发展作为西部地区的核心引擎，促进西南和西北地区交流互动，带动西部整体发展；还要依托长江黄金水道，加强沿江铁路通道和港口集疏运体系的整体建设，促进铁水联运的发展；此外，继续加强和完善中欧班列枢纽节点和运营管理建设，促进西部地区进一步对外开放。① 同年 10 月 29 日，中国共产党第十九届中央委员会第五次全体会议召开，讨论通过了《中共中央关于制定国民经济和社会发展第十四个五年规划和 2035 年远景目标的建议》。"十四五"时期，我国将继续完善综合运输大通道和交通枢纽、物流网络等方面的基础设施，推进交通强国建设；进一步激发市场活力，推进沿边沿江沿海交通等重大项目，四川路网方面，明确将推进川藏铁路、西部陆海新通道等重大工程；还要继续深化成渝双城经济圈建设，完善城市群城际轨道交通一体化发展，促进区域协调，形成新时代西部大开发和长江经济带发展新格局。②

2021 年 2 月 24 日，中共中央、国务院印发了《国家综合立体交通网规划纲要》，为 2021—2035 年加快交通强国建设作进一步部署，远景展望到 21 世纪中叶。该纲要对改革开放特别是党的十八大以来，我国交通运输的现状进行了总结，认为高铁、民航、私家车出行占我国运输需求的比例将继续提升，并从运输需求总量和规模来看，东部地区仍是需求最集中的区域，但从增速来看，中西部地区将更快发展。该纲要明确指出了我国国家综合立体交通网将继续以铁路为主干，到 2035 年，我国铁路总里程将达到 20 万公里（其中，高铁 7 万公里，普速铁路 13 万公里）；总体目标是打造"两个

---

① 参见《中共中央国务院关于新时代推进西部大开发形成新格局的指导意见》，人民出版社，2020 年，第 8 - 13 页。

② 参见《中国共产党第十九届中央委员会第五次全体会议文件汇编》，人民出版社，2020 年，第 34 - 47 页。

圈"：即"全国 123 出行交通圈"① 和"全球 123 快货物流圈"②。该纲要规划了下一阶段我国交通格局将按照极、组群、组团等三个不同的层次，构建 6 条主轴、7 条走廊和 8 条通道，成渝经济圈将作为我国重点发展的"四个极"③ 之一，是国家综合立体交通网主骨架的重要组成部分，成都和重庆也将作为国际性综合交通枢纽来建设和完善；此外，还将以发展中欧班列为重点，促进国际道路运输便利化。④ 3 月 15 日，国家发展改革委、交通运输部、国家铁路局和中国国家铁路集团有限公司等四家单位联合发布《关于进一步做好铁路规划建设工作的意见》（以下简称"意见"）。⑤ "意见"再次强调了建设交通强国，铁路先行；明确指出铁路是现代化建设的重要引擎，是关系国计民生、支撑经济社会发展的重要基础设施；强调了我国要继续推动铁路高质量发展，做好国家级铁路发展规划（包括铁路中长期发展规划和五年发展规划）、优化完善铁路网络布局，合理处理铁路债务规模和控制负债水平。"意见"对各级铁路的时速标准再次进行了具体细化，明确了中西部地区路网空白区域新建铁路通常采用客货共线标准。"意见"还提出了铁路"分类分层"的建设思路，其中，国家干线铁路仍主要由中央和地方政府共同出资建设，城际铁路、市域（城郊）铁路、支线及专用线铁路可以由地方政府、企业和社会其他资本以不同出资比例共同承担，建设和运营方式由项目业主自主选择，国铁集团要给予地方铁路支持和帮助。另外，针对铁路建设债务问题，"意见"一方面指出要多渠道增加铁路融资，另一方面明确提出新建中西部铁路项目资本金不低于 50% 的要求，严格控制新增债务；涉及四川、西藏等地区的国家开发性铁路项目，原则上以中央出资为主。

当月，《中华人民共和国国民经济和社会发展第十四个五年规划和 2035

---

① 即都市区 1 小时通勤、城市群 2 小时通达、全国主要城市 3 小时覆盖。
② 即国内 1 天送达、周边国家 2 天送达、全球主要城市 3 天送达。
③ 另外三个"极"为京津冀、长三角、粤港澳大湾区。
④ 参见《国家综合立体交通网规划纲要》，人民出版社，2021 年。
⑤ 《国务院办公厅转发国家发展改革委等单位关于进一步做好铁路规划建设工作意见的通知》，《中华人民共和国国务院公报》2021 年第 10 期，第 29 - 32 页。

年远景目标纲要》发布，规划部署了我国下一个"五年"的总体发展目标和重要任务，明确了我国将继续深化铁路企业改革，加快铁路建设，促进交通强国目标的实现。该纲要提出，一方面要加强建设出疆入藏、中西部地区、沿江沿边战略骨干通道，另一方面也要加快普速铁路建设，川藏铁路雅安至林芝段、成都—重庆—上海沿江高铁被纳入了交通强国建设重点工程；还要通过既有线路电气化改造，来不断完善我国的干线网络，优化铁路客货布局；另外，要推动区域性铁路、城际和市域（郊）铁路建设，发展城市轨道交通，建设我国现代化综合交通运输体系；此外，还要加强西部陆海新通道、中欧班列等国际运输通道的建设。

2022 年 10 月 16 日，中国共产党第二十次全国代表大会召开。大会总结了过去五年的工作和新时代十年的伟大变革，在基础设施建设方面，我国取得了重大成就，已建成了世界最大的高速铁路网。站在第二个百年奋斗目标的新起点，高质量发展仍将是首要任务。在此基础上，继续深入推进交通强国战略，在建设现代化产业体系、全面推进乡村振兴、促进区域协调发展、推进高水平对外开放等领域，中国高铁都将大有可为，也必定大有作为。"十四五"时期，我国将继续坚持高铁自主创新的总方针，推进重大技术装备的现代化升级，"CR450 科技创新工程"将是我国高铁建设的又一亮点，高速度等级中国标准动车组的研发和应用，将为我国高铁发展提供重要技术支撑，也是中国高铁世界领先的又一例证，中国高铁将继续领跑世界。在全国高铁快速发展的大背景下，四川铁路，特别是四川高速铁路的发展也迎来了"黄金期"。

第三节　四川地方的铁路发展策略

四川地广山多，人口密集，能源、矿产资源丰富，但生态环境脆弱，铁路运输以其运量大、运费低、节能环保等特点，成为拉动四川经济社会发展的重要交通运输方式。但四川山区较多，地形地貌复杂，给铁路建设增加了不小的难度。再加上四川交通长期处于全国路网的边缘和西南末端，经济社会发展相对落后、交通基础较差、建路资金缺乏、运输成本高等客观原因，四川铁路建设起步较晚且发展较慢。到 2007 年，四川铁路密度在全国仅居第 27 位，东、南、北向尽管有部分铁路，但建设年代较久、线路标准低、复线率低，运力整体较弱。此外，西向、西北向通道近乎空白。特别是 2008 年汶川特大地震后，铁路路网密度小、标准低，抗震救灾通道严重不足、灾后重建交通运输能力弱等突出问题愈发凸显。

一、积极谋划铁路建设：改变"蜀道难"现状

在中国高铁飞速发展的整体背景下，国家进一步深入实施西部大开发、"一带一路"等国家战略，以及积极推进长江经济带发展等重要举措，给西部地区经济社会发展注入新的动力和活力。交通基础设施建设、路网改善，特别是铁路运输能力和效率的提高是必须突破的瓶颈，这样的发展共识为四川地区铁路建设，特别是高速铁路的建设和发展创造了主客观条件。为了积极响应国家各项战略决策的要求，四川地方政府也积极谋划和推动自身铁路的发展，力求改变"蜀道难"的现状。

四川省委、省政府以西部大开发为契机，把交通基础设施建设作为重要抓手，加快部署，优先安排，推动四川交通建设快速发展。西部大开发战略实施 10 年来，先后完成新建达万铁路、达成铁路和襄渝铁路扩能改造工程等，四川省交通基础设施建设共完成投资 2892.3 亿元。[①] "十二五"时期，四川交通建设拟完成的 7000 亿元投资中，铁路投资预计 2800 亿元，占比达到 40%。早在 2006 年 1 月公布的四川省"十一五"规划中，就明确提出要扩大出川通道，争取早日建设成昆铁路复线。2007 年 12 月，四川省委九届四次全会召开，会议作出建设西部综合交通枢纽的重大战略决策，提出"突

---

① 《四川建设西部综合交通枢纽　十年建 15 条出川通道》，中国政府网，http://www.gov.cn/govweb/gzdt/2010−09/11/content_ 1700606. htm（检索时间 2023−03−29 14:54）。

出南向、加强东向、扩大北向、畅通西向",进一步建设容量更大、速度更快的出川通道。通过建设西部综合交通枢纽,改变四川交通落后的整体印象,变"蜀道难"为"蜀道通",使得以四川为核心的广大西部地区不再是全国交通路网的"西部终端",而可以通过继续向西拓展为更广阔的西部通道,变四川盆地为我国向西对外开放的"门户",也进一步使得四川路网更好地融入全国路网,成为联通东中西部的桥梁和纽带。

2008 年初,时任四川省委主要领导与铁道部主要负责人在北京围绕加快铁路建设的主题进行会谈,并签署部省会谈纪要,加强部省合作,共同推进四川铁路建设。此次会谈明确了将强化成都铁路枢纽建设,加快推进成都新客站、集装箱中心站、货车外绕线等项目前期准备工作,加快开工建设成绵乐、成昆复线、遂渝二线、兰渝等铁路线路。根据《中长期铁路网规划》(2008 年调整),纳入成都—兰州、成都—贵阳、成都—西安、成渝高铁、川藏铁路等 6 条铁路线路,总里程约 4900 公里,投资总额约为 3100 亿元,其中,完全在四川省境内的铁路里程达到了 1900 多公里,投资总额超过 1400 亿元。由此,四川出川铁路通道将开启东南西北四向全面建设的全新局面,是四川铁路建设的重要里程碑,也为推进西部综合交通枢纽建设迈出重要一步。此次会谈结束后两年内,至 2010 年 3 月,四川省委、省政府先后和铁道部签署了三个部省会议纪要,部署包括成渝、西成、成贵等客运专线以及成康、隆黄(叙织段)、成昆复线(峨广段)、丽攀昭、广巴和巴达等地方铁路建设。[①]

为了更好地推进铁路建设与发展,2008 年底,经四川省委、省政府批准,国有特大型投资集团四川省铁路产业投资集团有限责任公司成立(以下简称"四川铁投")。该公司代表四川省负责铁路及相关交通设施建设、项目运营管理、资源开发利用等工作,并通过铁路行业发展带动沿线现代农业、服务业以及新型城镇化建设和发展。截至 2017 年底,"四川铁投"已与

---

① 中共四川省委全面深化改革领导小组办公室、四川省地方志工作办公室:《四川改革开放 40 周年大事记 (1978—2018)》,方志出版社,2018 年,第 841 – 842 页。

全国 28 个省（区、市）建立了项目合作关系，并积极拓展了海外市场，项目辐射东南亚、欧、澳、非等地，累计利税达 120 亿元，大大促进了四川地区经济社会发展。[①]

2009 年 5 月，四川省委、省政府召开建设西部综合交通枢纽工作会议，明确四川交通建设将以铁路为重中之重，拉开投资规模最大、建设进度最快的新时期。2008 年，四川铁路投资总额约为 138 亿元；2009 年几乎翻倍，投资额近 275 亿元。[②] 会议明确指出，到 2020 年，西部综合交通枢纽将基本形成。届时，四川铁路运营总里程将达到 8000 公里，计划在省内建成对外联通的 18 条铁路，包括成都至都江堰、成绵乐、成兰铁路等一大批新项目，并将铁路建设与高速公路和水运航道一起，形成全方位的综合交通运输网络。5 月 18 日，四川省历史上第一次自主编制的综合交通枢纽建设规划——《西部综合交通枢纽建设规划》正式出台。[③] 此次规划，将以成都作为主枢纽中心，加大区域内次级枢纽和节点城市发展，优化交通网络，发挥多种交通运输方式的联动优势，大力建设出川大通道，形成高效综合交通运输体系。预计到 2020 年，西部综合交通枢纽建设将涉及公、铁、水、空等各类项目 107 个，投资总额预计高达 10866 亿元。届时，成都枢纽将形成包括 12 条铁路、16 条高速公路、2 个机场在内的大型综合交通枢纽，形成四川省内成都市至周边各市（州）1 至 2 小时可达、省内各大城市半日交通圈，以及成都至贵阳、西安、兰州等省会城市 4 小时交通圈，再通过与国内其他铁路交通要道衔接，形成四川至珠三角、长三角、环渤海经济带等地区 8 小时交通圈。届时四川路网将高效接入全国路网，形成贯通东西、连接南北、辐射中亚南亚地区的西部综合交通枢纽，彻底改变"蜀道难"的局面。[④] 该规划

---

① 中共四川省委全面深化改革领导小组办公室、四川省地方志工作办公室：《四川改革开放 40 周年大事记（1978—2018）》，方志出版社，2018 年，第 878 页。

② 《四川建设西部综合交通枢纽　十年建 15 条出川通道》，中国政府网，http://www.gov.cn/govweb/gzdt/2010 - 09/11/content_ 1700606. htm（检索时间 2023 - 03 - 29 14:54）。

③ 中共四川省委全面深化改革领导小组办公室、四川省地方志工作办公室：《四川改革开放 40 周年大事记（1978—2018）》，方志出版社，2018 年，第 894 页。

④ 《〈西部综合交通枢纽建设规划〉描绘四川人民夙愿》，中国政府网，http://www.gov.cn/wszb/zhibo332/content_ 1349009. htm（检索时间 2020 - 12 - 15 17:38）。

出台后，四川省紧紧抓住西部大开发战略发展，以及全国扩大内需、汶川灾后重建等重大机遇，相继开工成兰铁路、成贵客专等项目，2010 年，在建铁路项目就多达 14 个。

二、稳步推进铁路发展：打造"蜀道通"格局

在西部综合交通枢纽建设各项工作的积极推进过程中，"十二五"时期，四川铁路建设迎来了较快发展的时期。2012 年 2 月，《四川省"十二五"综合交通建设规划》发布。从规划来看，"十二五"时期，四川省铁路建设将继续围绕成都枢纽，加强东南西北四个方向的铁路通道建设。

表 1-1 "十二五"期间进出川铁路通道规划表

通道	主要铁路线路	连接省份或区域
东向通道	成渝客专、成遂渝高铁	重庆
南向通道	成贵高铁、成昆铁路、隆黄铁路	贵州、云南
西向通道	川藏铁路	西藏
北向通道	西成客专、西宁—成都高铁、成兰铁路、兰渝铁路	陕西、甘肃

此外，"十二五"时期，四川还将重点推进川藏铁路建设，争取建成成都—雅安段，进而通过欧亚大陆桥及泛亚铁路打通面向欧洲、中亚、南亚等区域的西部"门户"通道；积极推进雅安—康定—昌都段、成昆铁路复线峨眉—广通段等项目开工。[1] 在《四川省"十二五"综合交通建设规划》的指导下，2012 年 3 月，《西部综合交通枢纽建设规划及四川省"十二五"综合交通规划 2012 年实施计划》[2] 发布。2012 年，全省境内在建铁路项目将多达 19 个，总里程超过 2300 公里，投资总额超过 2400 亿元，包括成绵乐、遂渝二线、兰渝铁路等。其中，成贵高铁、西成客专、成兰铁路等 10 个项目举行了开工动员，成昆复线成都—峨眉段、米易—攀枝花段等 7 个即将开

---

① 《蜀道变通途》，《四川党的建设》2017 年第 9 期，第 70-71 页。
② 该文件已于 2017 年 12 月 29 日宣布失效。

工的新项目也在紧锣密鼓地筹备。2016 年 1 月四川省政府发布的政府工作报告显示，"十二五"时期，四川铁路通车里程达到了 4600 公里。仅 2015年，四川铁路投资就突破了 400 亿元。2016 年，四川铁路建设预计投资 377亿元，实际完成超过 382 亿元，投资额位居全国第一，明显改变了当时铁路建设投资较滞后的状态。

随着国家铁路投融资体制改革的不断推进，四川省铁路建设和发展也迎来新的机遇。2013 年 8 月 9 日，国务院出台《关于改革铁路投融资体制加快推进铁路建设的意见》（国发〔2013〕33 号），鼓励社会资本参与铁路建设，逐步开放各级铁路所有权和经营权。在国家各项政策的积极推动下，地方和社会资本开始进入铁路建设领域。2015 年，四川省开始探索制定本省的铁路投融资体制改革方案，积极探索新的铁路建设和运营模式。

"十三五"时期，四川省铁路发展稳步推进，进入改革开放以来投资规模最大、发展速度最快的时期。2016 年 5 月，四川省人民政府发布了《关于深化铁路投融资体制改革的指导意见》（川府发〔2016〕27 号），结合四川自身实际，特别是铁路建设和运营的现实状况和瓶颈问题，提出铁路投融资改革在四川省内实施的发展方向和重要举措。这一时期，结合四川发展实际，主要以城际铁路建设为重点，但建设资金是不可回避的难题。同时，地方投资建设还需处理好项目收益等方面的问题，否则难以为继。而高铁造价普遍较高，特别是四川山区较多，地理环境特殊，铁路建设需要大量挖隧架桥，造价高昂，单纯依靠铁路运输的收益，在短期内很难给地方政府带来财务方面的平衡，对于吸引大量社会资本形成天然投资壁垒。为此，四川省按照 2013 年国家出台的对铁路投融资改革的相关指导意见，结合本省实际，提出五个方面的具体措施：一是铁路投资建设、运营的领域进一步开放，积极推广 PPP 模式（即"政府＋社会资本"的模式），鼓励、吸引社会资本参与铁路建设和运营；二是对于铁路项目的审批流程进一步简化，对于已经纳入国家和省级中长期铁路网或是已经通过的专项规划铁路项目，可以跳过项目建议书的审批阶段，直接进入可研阶段的相关准备和审批工作，大大减少铁路项目审核环节和时间；三是对省内铁路建设进一步加大政策支持，除了专项建设资金，进一步研究落实铁路建设发展基金，对用于铁路建设的地方政府债券发放、参与建设的企业、提供贷款的金融机构等在政策上给予优惠和倾斜；四是对铁路建设土地开发的进一步支持，鼓励综合性开发利用，如川南城际铁路在设计时就考虑了针对铁路车站、沿线周边用地等方面的综合开发计划，除了铁路仓储和物流等常规配套项目，还积极探索包括房地产开发、物业管理、商贸广告等多种形式，即 TOD 模式，经营范围除了常规的铁路建设，还覆盖了相关领域的投资和运营；五是进一步规范铁路市场化运营，形成更加完善的运价机制，通过公益性、政策性运输补贴，放宽地方铁路价格制定、核算等方面的限制，加强市场化运作和管理，进一步促进、吸引更多主体参与铁路的建设和运营。

2017 年 3 月，四川省政府印发了《四川省"十三五"综合交通运输发展规划》[1]，明确提出了四项重点任务，包括基础设施网络的继续完善、运输服务系统的优化升级、支持保障平台的努力夯实以及交通绿色发展的进一步促进。该规划还提出了要积极推进重点区域城际铁路建设，构建"一个网络、两个系统、三个平台"。其中，"一个网络"是物质基础，是由公、铁、空、水和城市轨道交通等运输方式综合而成的交通基础设施网络[2]；"两个系统"是顺应现代综合交通体系发展的需要，包括了人本化客运服务系统和物流化货运服务系统，力求满足现代交通更加安全、舒适、便捷、集约、智能、高效的新需求；"三个平台"是外部保障，包括信息服务、行业管理和安全保障三个平台的构建与完善，力求保障整个综合交通运输体系能够灵活协调、高效运转，同时还能做到安全可靠。按照该规划的发展目标，到2020 年，全省铁路营业里程预计超过 6000 公里，其中，超过三分之一的线路将达到时速 200 公里及以上。"十三五"时期，全省综合交通运输规划预

---

[1] 《四川省人民政府关于印发〈四川省"十三五"综合交通运输发展规划〉的通知》（川府发〔2017〕20 号），四川省人民政府网，http://www.sc.gov.cn/10462/c103044/2017/4/10/a445c3cef7e741e98356f95aeb7e3d06.shtml（检索时间 2020 - 11 - 10 09：30）。

[2] 根据规划，"十三五"时期四川省交通基础设施网络涵盖"八射三联"综合运输大通道、快速干线交通网、一般干线交通网、城乡基础交通网、综合运输枢纽站场体系和综合交通衔接转换系统。

计投资 10300 亿元，其中，铁路投资总额预计完成 2300 亿元。① 旨在到 2030 年，在全省全面形成符合现代社会发展需求的综合交通运输体系，实现"互联贯通、功能完备、无缝对接、安全高效"的目标。2018 年 9 月，时任四川省委书记彭清华、省长尹力等代表政府进一步与交通运输部签署了《关于加快四川省交通运输发展 2018—2020 年合作协议》②，就全面推进四川综合交通运输体系建设达成一致意见，明确到 2020 年，四川将初步形成"四向八廊"现代综合交通运输体系，打造西部地区战略性综合交通走廊和对外经济走廊。届时，真正形成贯通东西、连接南北、陆海互联的交通新局面。③

四川省积极响应国家对外开放的政策和"一带一路"发展战略，也为该区域铁路建设发展带来新的机遇。2015 年 4 月和 6 月，四川省委常委会会议先后审议通过了《四川省贯彻落实国家"一带一路"发展战略实施方案》和《四川省参与建设丝绸之路经济带和 21 世纪海上丝绸之路实施方案》，8 月，省发改委还正式成立了四川省推进"一带一路"建设工作领导小组，旨在紧跟国家"一带一路"发展政策，把握国家战略、国际合作机遇，以更加开放的姿态优化发展思路、规划重大项目，推动四川地区经济社会发展。④ 为了进一步推进四川对外开放与交流合作，2018 年 5 月 22 日，四川宜宾火车北站举行了宜宾—钦州集装箱铁路班列首发活动，该路线是"川—桂—港（马）"南向通道（成都—宜宾—钦州）的重要组成部分，是四川南向出海最便捷的通道，由四川宜宾港（集团）有限公司负责日常运营和管理，将进一步推动川桂地区以及继续向南深入东南亚地区的国际物流通道的全线贯通，正式启动"两地三港"的交流与合作。

随着铁路建设各项工程如火如荼地开展，四川省也在积极构建省内更加

---

① 《我省"十三五"综合交通运输发展规划出炉》，《四川党的建设》2017 年第 8 期，第 5 页。
② 《四川省人民政府与交通运输部签署加快四川省交通运输发展 2018—2020 年合作协议》，川观新闻网，https://cbgc. scol. com. cn/news/94292（检索时间 2020－11－16 14:15）。
③ 中共四川省委全面深化改革领导小组办公室、四川省地方志工作办公室：《四川改革开放 40 周年大事记（1978—2018）》，方志出版社，2018 年，第 1314 页。
④ 中共四川省委全面深化改革领导小组办公室、四川省地方志工作办公室：《四川改革开放 40 周年大事记（1978—2018）》，方志出版社，2018 年，第 1162 页。

完善的铁路产业发展生态圈。2012 年 9 月 25 日，四川省政府与中国南车股份有限公司签署战略合作框架协议，积极谋划铁路货车研发及出口、铁路货车零部件生产等项目在四川落地。2013 年 3 月，第一列"成都造"地铁车辆在成都南车轨道车辆公司竣工下线。2014 年 10 月，成都地铁 2 号线东延线开通试运营的 10 列地铁列车均为成都南车制造而成。2015 年 2 月，中国南车成都轨道交通产业园在新都区举行了奠基仪式，标志着中国南车完成了以成都为核心的西南市场战略布局。① 7 月，继北京、上海、武汉、广州之后，全国第 5 个、西南地区首个动车段——成都八里庄动车段建成，主要承担成都铁路局全部 CRH 型动车组及部分西南地区其他路局动车组的三级检修工作，至此，四川地区具备了配属 300 列车的检修能力。② 2016 年 9 月，作为四川省推进轨道交通全产业链发展的标志性成果——中国中车成都公司研制生产的首列铝合金 A 型地铁车辆正式下线。③ 9 月 30 日，全新的城市交通出行模式、世界第一列新能源空铁④在成都双流区挂线，并于 11 月 21 日正式投入运行。⑤ 2018 年 5 月，由西南交通大学牵头，联合巴西、阿根廷等拉美国家的知名高校以及国内轨道交通龙头企业共建的"中国—拉共体轨道交通联合实验室"在西南交通大学揭牌，该项目将为中拉轨道交通科技合作提供技术支持、人才培养和学术交流平台，促进相关技术的融合发展。⑥ 2018 年 6 月，成都新津新筑股份有限公司还引进了全球第二条也是国内第一条内嵌式中低速磁浮交通系统。⑦ 6 月底，四川中车铁投轨道交通产业项

---

① 中共四川省委全面深化改革领导小组办公室、四川省地方志工作办公室：《四川改革开放40周年大事记（1978—2018）》，方志出版社，2018 年，第 1017、1042、1126、1146 页。

② 中共四川省委全面深化改革领导小组办公室、四川省地方志工作办公室：《四川改革开放40周年大事记（1978—2018）》，方志出版社，2018 年，第 1160 页。

③ 中共四川省委全面深化改革领导小组办公室、四川省地方志工作办公室：《四川改革开放40周年大事记（1978—2018）》，方志出版社，2018 年，第 1163 页。

④ 新能源空铁是以锂电池动力包代替高压电为牵引动力的空中悬挂式轨道列车。

⑤ 中共四川省委全面深化改革领导小组办公室、四川省地方志工作办公室：《四川改革开放40周年大事记（1978—2018）》，方志出版社，2018 年，第 1170 页。

⑥ 中共四川省委全面深化改革领导小组办公室、四川省地方志工作办公室：《四川改革开放40周年大事记（1978—2018）》，方志出版社，2018 年，第 1302 页。

⑦ 中共四川省委全面深化改革领导小组办公室、四川省地方志工作办公室：《四川改革开放40周年大事记（1978—2018）》，方志出版社，2018 年，第 1303 页。

目在成都签约，该项目位于宜宾市临港国家级经济技术开发区，由宜宾市政府、中车株洲所、四川铁投集团、五粮液集团、四川交职院、时代高新投资六方投资共建，旨在打造集核心技术研发、整车总装、零部件生产、运营维保、综合服务为一体的智能轨道交通快运系统大西南产业基地。[1]2022 年 5 月发布的《四川省综合立体交通网规划纲要》中，明确要借助铁路建设高峰期的机遇，大力推动省内轨道交通产业的发展，积极打造一批国家级重点实验室、创新中心、科技中心等，攻克轨道交通、运维装备等核心技术，加强创新联合，构建省内铁路相关产业更加完整的产业发展生态圈。

三、逐步实现路网完善：达到"蜀道畅"目标

"十二五""十三五"时期，四川整体铁路建设成效突出，基本改变了"蜀道难"的交通现状；通过东南西北四向通道建设，基本形成"蜀道通"的格局。"十四五"时期，将进一步丰富和完善路网结构，实现"蜀道畅"的目标。2021 年 10 月 26 日，四川省人民政府印发了《四川省"十四五"综合交通运输发展规划》，总结了"十三五"时期四川交通发展取得的突破性进展，其中，铁路方面成效显著。五年间，铁路营业里程从 4442 公里增长到了 5312 公里，增长率约为 20%（其中，设计时速 200 公里及以上的铁路达到 1261 公里）；铁路复线率达到 53.7%，较 2015 年的 42.9%上升超过 10 个百分点；铁路电气化率达到 87.2%，较 2015 年上升 6.5 个百分点；西成客专、成贵高铁等多条线路建成通车，进出川铁路大通道达到了 11 条；19 个市（州）实现了通铁路的目标；在保障和改善民生、推进交通脱贫攻坚的过程中，快速发展了"交通＋电商快递""慢火车"等创新型交通扶贫模式；2016—2019 年铁路客运量年均增长率达到了 15%左右；多条线路进一步优化，如成渝高铁提质改造工程顺利完工，成雅、成灌、成绵乐等线路

① 中共四川省委全面深化改革领导小组办公室、四川省地方志工作办公室：《四川改革开放 40 周年大事记（1978—2018）》，方志出版社，2018 年，第 1307 页。

实现铁路公交化运营；中欧班列（成都）开行数量位居全国第一位，突破了 7000 列；此外，还发展了铁海、铁水联运等业务，建成了全国第一个铁路智慧无人港——成都国际铁路港，充分发挥铁路在经济顺畅循环方面的优势。此次规划还明确提出了"十四五"时期，全省铁路营业里程计划达到 7000 公里，其中，高速铁路营业里程达到 1800 公里；预计铁路投资总额为 3000 亿元；计划新增 1 条铁路进出川通道，实现 13 个市（州）通高速铁路的目标。加快推进各类铁路建设，高铁方面，继续推进成自宜、渝昆、成达万等 3 条高铁线路工程进展，推动西宁—成都、成渝中线、渝西高铁（重庆—安康段）等线路开工，积极争取在国家"十四五"相关规划中纳入大理—攀枝花、宜宾—西昌—攀枝花、泸州—遵义等高铁项目；城际铁路方面，继续推进绵泸高铁内自泸段、汉巴南铁路（南充—巴中段）建设，促成绵遂内铁路开工，争取在国家相关规划中纳入成都都市圈环线、南充—广安、重庆—自贡—雅安等城际铁路；普速铁路方面，加快成兰（成川段）、成昆复线（峨米段）、川藏（雅林段）工程进度，还要加快连界—乐山、隆黄（叙永—毕节段）等地方铁路建设，促成隆黄（隆昌—叙永段）、川藏（引入成都枢纽天府—朝阳湖段）、成渝（成都—隆昌段）扩能改造工程动工，力争在国家规划中纳入广元—巴中、达州—万州等线路扩能改造工程，还要继续研究论证彭白铁路改建项目；此外，还要大幅提升成都向西向南开放国际门户的能力；进一步优化运输结构，争取铁路、水运在货物运输方面提升 5 个百分点。[①]

为了更好地建设交通强国，进一步贯彻落实《交通强国建设纲要》和《国家综合立体交通网规划纲要》的各项目标和任务，2022 年 5 月 31 日，《四川省综合立体交通网规划纲要》正式发布，明确到 2035 年，将在省内打造现代化、高质量的综合立体交通网。截至 2021 年底，四川省铁路营业里程达到了 5687 公里。过去几年，四川省铁路建设规模、投资总额等各方面

---

① 《四川省"十四五"综合交通运输发展规划》，《四川省人民政府公报》2021 年第 21 期，第 3-36 页。

已经连续多年在全国名列前茅。铁路建设具有"火车头"作用，能够促投资、稳增长，四川铁路要牢牢把握新一轮铁路建设的"黄金期"，加快建设铁路强省，融合不同类型铁路的建设发展，推动干线铁路、城际铁路、市域（城郊）铁路和城市轨道交通的有效衔接，丰富和完善更加发达的现代化铁路路网，初步形成对外"四向八廊"、对内"1轴2环3带4联"的全省综合立体交通网主骨架（详见表1－2、表1－3）。其中，高速铁路5600公里、普速铁路3000公里，为久居"内陆腹地"的四川迈向"开放高地"，形成西南地区新的开放门户，实现跨越式发展。从该规划中可以看出，四川铁路将进入建设高峰期，多个在建项目积极推进，几乎每个方向都有正在建设、即将开工兴建或已经列入规划的铁路。包括成渝中线、成自宜、成达万、渝昆、西渝等高铁建设，进一步丰富贯通东西、畅达南北的高铁网络；此外，还要加快川藏、成兰、成昆复线等线路的各项建设进展；抓紧成都—眉山、成都—德阳—绵遂内等市域和郊区铁路的前期准备工作，形成更加通达的综合交通运输体系。①

表1－2 四川省综合立体交通网对外主骨架布局②

战略性综合交通走廊	涉及的四川铁路
川黔粤贵走廊	成贵客专、成渝铁路、隆黄铁路
川滇走廊	重庆至昆明高速铁路、成昆铁路
长江北走廊	成都至达州至万州高速铁路、达万铁路
长江南走廊	成渝客专、成渝中线高铁、成遂渝铁路
川甘青走廊	兰渝铁路、西宁至成都铁路、成都至兰州铁路
川藏走廊	川藏铁路
川陕京走廊	西成客专、西渝高铁、宝成铁路
川陕蒙走廊	汉巴南铁路

---

① 《四川省综合立体交通网规划纲要》，《四川省人民政府公报》2022年第11期。
② 表1－2、表1－3均根据《四川省综合立体交通网规划纲要》（川府发〔2022〕17号）内容整理。

表 1-3　四川省综合立体交通网对内主骨架布局

1轴2环 3带4联	涉及范围	涉及的四川铁路
1轴	成渝交通主轴	成渝客专（南线）、成渝中线高铁、成遂渝铁路（北线）、成渝铁路
2环	成都都市圈环线（成都经德阳、资阳、眉山至成都）	成都外环铁路
	成渝地区环线（绵阳经遂宁、内江—自贡、乐山至雅安）	绵泸高铁、重庆至自贡至雅安铁路（研究论证中）
3带	成德绵广成眉乐雅西攀（成都经德阳、绵阳至广元和成都经眉山、乐山/雅安、西昌至攀枝花）	西成客专、宝成铁路、成昆铁路
	成遂南达（成都经资阳、遂宁、南充至达州，支线为南充经广安至达州）	成都至达州至万州高速铁路、南充至广安铁路、达成铁路
	攀乐宜泸渝广达（攀枝花经凉山、泸州—宜宾、重庆、广安至达州，支线为宜宾至乐山）	宜宾至西昌至攀枝花高速铁路（力争纳入国家规划）、重庆至昆明高速铁路、成贵高铁、渝西高铁
4联	马尔康经成都、资阳、内江—自贡至泸州—宜宾	成都至自贡至宜宾高速铁路、成都至格尔木铁路（力争纳入国家规划）
	康定经雅安、成都至巴中	川藏铁路、成雅铁路
	广元经巴中至达州	广巴铁路、巴达铁路
	广元至南充	兰渝铁路

　　为了促进省内各区域之间均衡发展，四川相继出台了省内城市群和经济区规划，跨区域基础设施建设势在必行，客观上也促进了四川地区城际铁路的发展。从 2014 年开始，《成渝经济区成都城市群发展规划（2014—2020）》和《成渝经济区南部城市群发展规划（2014—2020）》相继出台，进一步明确了以成都为核心的城市群发展规划，形成包括成都、德阳、绵阳、遂宁、乐山、雅安、眉山和资阳八城为一体的发展思路。[①] 2016 年 9 月，四川历史上第一次编制印发了五大经济区"十三五"发展规划，包括

---

　　①　中共四川省委全面深化改革领导小组办公室、四川省地方志工作办公室：《四川改革开放40周年大事记（1978—2018）》，方志出版社，2018 年，第 1121 页。

成都平原经济区、川南经济区、川东北经济区、攀西经济区和川西北生态经济区。① 2021 年 6 月，四川省人民政府以五大经济区为单位印发了"十四五"规划。其中，《川南经济区"十四五"一体化发展规划》（以下简称"川南经济区规划"）将位于川渝滇黔结合区域的川南经济区定位为四川南向开放的重要门户以及长江上游绿色发展示范区域，明确指出，至 2025 年，把该区域打造成为全省第二经济增长极，预计川南经济区生产总值将达到 1.1 万亿元；到 2035 年，该区域将成为带动成渝地区高质量发展的重要增长极。"川南经济区规划"明确指出，从经济总量来看，四川省排名在全国第六，但区域内发展不平衡的矛盾却是长期存在的。从全省经济发展版图来看，成都平原经济圈占据了绝大部分位置，多年来在全省经济总量中占比超过了 50%。以 2021 年四川省 GDP 数据为例，成都市排名第一，而排名第二的绵阳市 GDP 只有成都市的 1/6 左右。随着川南地区城际铁路的建设和发展，"十三五"时期，川南经济区各方面发展取得了较大的突破。2020 年，该地区生产总值从 2015 年的 4828 亿元一跃提高到了 7884 亿元，年均增长速度超过 7%，增速位列全省五大经济区之首，占全省的比重提高了 0.3 个百分点，其中，宜宾、泸州地区生产总值先后突破 2000 亿元。②

　　成渝地区双城经济圈建设给川渝两地路网完善带来新的发展契机。成渝地区历史上本就是一家，近年来，从国家到地方，通过各种举措积极推动成渝地区协同发展。交通建设是地区间协同发展的先导条件。新中国成立以来，成渝、宝成、内昆、川黔、成昆、襄渝等铁路干线相继建成，在成渝地区现代化发展进程中起到了重要的推动作用。随着我国铁路建设逐步实现从线到网、从普速到高速的发展，成渝地区的高速铁路建设也成为推动该区域经济社会发展的重要力量。2014 年 6 月，四川省政府印发的有关成都城市

---

①　中共四川省委全面深化改革领导小组办公室、四川省地方志工作办公室：《四川改革开放 40 周年大事记（1978—2018）》，方志出版社，2018 年，第 1225 页。

②　参见李秀中：《破题投融资改革　四川这条铁路将产生哪些影响》，《第一财经日报》2021 年 6 月 29 日，第 A06 版。

群和成渝地区南部城市群发展的两个规划①，拉开了成渝地区协同发展的序幕。2018 年 6 月 6 日，省委主要领导带队的四川省党政代表考察团赴重庆市考察调研，围绕两地经济社会发展情况进行深入交流，签署《深化川渝合作深入推动长江经济带发展行动计划（2018—2022 年）》和 12 个专项合作协议。②此后，随着国家一系列支持和推动成渝地区双城经济圈发展的规划和政策相继出台，川渝两地政府也积极谋划，合力推进川渝地区的进一步合作。2019 年，两地政府签订了"2 + 16"一揽子合作协议（方案）③，其中就包括加强成渝城市群交通基础设施建设、推进互联互通的重点工作方案。为了进一步深入实施区域协调发展战略，推进西部大开发形成新格局，2021 年 10 月 20 日，中共中央、国务院印发《成渝地区双城经济圈建设规划纲要》，进一步明确了成渝地区双城经济圈的范围④，将成渝地区双城经济圈建设上升为国家战略，为成渝地区发展提供了根本遵循和重要指引。成渝地区在"一带一路"、长江经济带、西部大开发等一系列重大国家战略深入实施的大背景下，又迎来新的发展机遇。

---

① 即前文提到的《成渝经济区成都城市群发展规划（2014—2020）》《成渝经济区南部城市群发展规划（2014—2020）》。参见中共四川省委全面深化改革领导小组办公室、四川省地方志工作办公室：《四川改革开放 40 周年大事记（1978—2018）》，方志出版社，2018 年，第 1121 页。

② 中共四川省委全面深化改革领导小组办公室、四川省地方志工作办公室：《四川改革开放 40 周年大事记（1978—2018）》，方志出版社，2018 年，第 1303 页。

③ 包括《深化川渝合作推进成渝城市群一体化发展重点工作方案》《成渝轴线区（市）县协同发展联盟 2019 年重点工作方案》《推进成渝城市群交通基础设施互联互通 2019 年重点工作方案》《推进成渝城市群生态环境联防联治 2019 年重点工作方案》《深化规划和自然资源领域合作助推成渝城市群一体化发展协议》《推进成渝城市群无障碍旅游合作 2019 年重点工作方案》《深化建筑业协调发展战略合作协议》等 18 个协议（方案）。

④ 明确了"成渝地区双城经济圈"范围包括重庆市的中心城区及万州、涪陵、綦江、大足、黔江、长寿、江津、合川、永川、南川、璧山、铜梁、潼南、荣昌、梁平、丰都、垫江、忠县等 27 个区（县）以及开州、云阳的部分地区，四川省的成都、自贡、泸州、德阳、绵阳（除平武县、北川县）、遂宁、内江、乐山、南充、眉山、宜宾、广安、达州（除万源市）、雅安（除天全县、宝兴县）、资阳等 15 个市，总面积 18.5 万平方公里。

---・ 第二章 ・---

厚积薄发：四川高速铁路的起步

　　2010 年被媒体誉为四川的"高铁元年"，这一年全国首条市域铁路——成灌快速铁路正式开通运营，设计运行速度为 200 公里/小时。2014 年，成绵乐城际铁路正式开通，这是西南地区首条高速铁路客运专线。成绵乐城际铁路以 250 公里/小时的实际运行速度将"蜀道难"的四川推进"高铁时代"。随后，多条高铁相继建成通车，不仅让四川步入了高铁时代，也促进了中国高速铁路相关技术的突破。

第一节　遂渝铁路无砟轨道综合试验段：四川与高铁的首次结缘

　　四川与高铁的结缘并非来自新线建设，而是为京沪高速铁路做技术准备的遂渝铁路无砟轨道综合试验段。无砟轨道的技术突破是高铁发展至关重要的核心环节，遂渝铁路无砟轨道综合试验段（以下简称"试验段"）工程建设为我国掌握无砟轨道自主技术提供了场域，也为四川进入高铁时代积累了宝贵的技术人才与经验。

一、实验工程决策背景

高速铁路和传统铁路的重要区别之一是采用无砟轨道①，但该技术在高速铁路使用上其实面临着极大的挑战，因为无砟轨道需要承受的动荷载大，"高铁是一个高频强震的荷载，每过一趟列车，振动强度非常大。振动加速度很高，轨道上的振动加速度一般来讲 100 个 G 以上。即使像无砟轨道下面的道床，那也好几十个 G。高频强震下用钢筋混凝土结构需要经受很多考验。无砟轨道相当于每天每时都在遭受强地震，所以做无砟轨道其实面临着挺大的挑战"②。

2000 年后，为发展高速铁路，我国积极组织相关人员赴德国、日本等国进行考察，以期能引入先进的高铁技术。但是，在以无砟轨道为代表的核心技术方面，德、日等国要么不肯进行转移出售，要么就漫天要价，售价极高。③ 我国不得不走上具有自主知识产权的无砟轨道成套技术的研发之路。2004 年 9 月，铁道部决定在遂渝线建设中引入无砟轨道试验段工程，并结合工程建设开展无砟轨道关键技术试验研究，为客运专线铁路建设提供成套技术支撑，试验段正线全长 13.157 公里，并批复资金 72245 万元。④

二、遂渝铁路无砟轨道综合试验段工程建设

我国无砟轨道的运用虽早已有之，但早期的研究成果只在铁路隧道、

---

① 相对于以散粒砟石作床道的有砟轨道，无砟轨道以混凝土、沥青混合料等整体基础作道床。相比之下，无砟轨道的维修量小，比较稳定，变形小，也不容易突然变形，高速度行车也没有石子飞溅的危险。由于各国技术传统的不同，虽然并非所有国家高速铁路都采用无砟轨道技术，但该技术日益成为高铁技术的主流。另外说明的是，我国对该技术最初的翻译是"无碴轨道"，后来改为"无砟轨道"。作为历史著述，本书遵从所引材料的原始表述。

② 刘学毅教授口述访谈，2018 年 11 月 29 日，四川成都西南交通大学土木馆。

③ 澎湃新闻：《中国首条无砟轨道在这里诞生》，https://www.thepaper.cn/newsDetail_forward_4803695（2019-10-30）［2023-04-09］。

④ 国家铁路局·工程建设：《遂渝铁路无砟轨道综合试验段工程》，https://www.nra.gov.cn/ztzl/hy/gcjs/xmjj/syjj/201403/t20140307_145938.shtml（2014-03-07）［2023-04-09］。

站场和地铁内铺设。① 20 世纪 90 年代后期，有关无砟轨道的研究，开始聚焦且运用于客运专线的轨道研究，当时的研究仅是以独立的桥隧试验工点来进行尝试，以室内模拟实验为主。这些分段实验及室内模拟实验，为中国无砟轨道设计、生产以及施工等方面积累了一定的经验，但对于成段地铺设无砟轨道以及路基上和道岔区无砟轨道的实验和研究基本上是空白。②

2004 年 12 月，铁道部发布《遂渝线无碴轨道综合试验段无碴轨道设计技术条件》。该函中提到，"为满足遂渝线无碴轨道综合试验段的设计需要"，在我国无砟轨道系列科研成果的基础上，借鉴国外无砟轨道的相关技术标准，结合遂渝线无碴轨道综合试验段的具体情况，特制定本技术条件。③ 同时，该函还指出由于遂渝线无砟轨道综合试验段为我国首次成段铺设，技术新、难度大，要求各单位在执行过程中，应结合工程实践，认真总结经验，积累资料。④ 这个旨在指引试验段的技术文件，点明了这个具有里程碑意义的实验工程的主要目的在于展开实验、积累经验，研发出符合中国国情、中国铁路发展需要、具有自主知识产权的无砟轨道技术，同时也从侧面反映出当时遂渝无砟轨道综合试验段"白手起家"且任务艰巨的情形。

在难度巨大又暂无相关经验可借鉴情况下，遂渝铁路无砟轨道综合试验段工程的建设于 2005 年 5 月开工。试验段坐落在重庆北碚蔡家，属于遂渝铁路的一部分，设计里程为 13 公里左右。在这并不算长的施工段里，既有桥梁、隧道、涵洞，又有站场规划等多样化类型的路段，路况较为复杂。正

---

① 朱颖：《致力打造具有中国自主知识产权的高速铁路——遂渝线无砟轨道综合试验段总体设计》，《铁道工程学报》2008 年 10 月增刊。

② 朱颖：《致力打造具有中国自主知识产权的高速铁路——遂渝线无砟轨道综合试验段总体设计》，《铁道工程学报》2008 年 10 月增刊。

③ 中华人民共和国铁道部：《遂渝线无碴轨道综合试验段无碴轨道设计技术条件》（铁科技函〔2004〕825 号）。

④ 中华人民共和国铁道部：《遂渝线无碴轨道综合试验段无碴轨道设计技术条件》（铁科技函〔2004〕825 号）。

是这样特殊的复杂路况特点，使得蔡家段成为无砟轨道试验的基地。①

试验段的建设依托于遂渝铁路建设，由成都铁路局遂渝铁路建设指挥部统一组织建设并配合后期提速试验。2006年12月试验段竣工，正线全长13.157公里②，起于桐子林隧道出口，止于蒋家桥大桥遂宁端。作为我国首条成区段铺设的无砟轨道综合试验段，段内包含有车站1座，涵洞22座，桥梁3座计711米，隧道4出计7048米，路基为5398米③，在蔡家试验段站台上还设了一个石碑，上刻有铁道部领导题字"中国首条无砟轨道试验段"以示纪念④。试验段的设计速度为200公里/小时，初步设计为客货共线，试验段全段均为Ⅰ级铁路，初建成为单线，但设计预留双线条件，以备后期改造。⑤

针对试验段内川南地区独特的地形地貌，在路基方面采用了多种类型，分别有一般路基形式、斜坡地面路基形式、半挖半填路基形式、高度大于路基形式、矮路基形式、浅挖路基形式等六种。⑥ 为了实现研发出适合我国国情的具有自主知识产权的无砟轨道技术的目标，解决成段铺设无砟轨道的技术难题，试验段针对不同线下基础、不同轨道结构形式开展了多样化的尝试，分别铺设了双块式无砟轨道、岔区轨枕埋入式无砟轨道、平板形板式轨道、框架形板式轨道及纵连板式无砟轨道等多种型号的无砟轨道结构，实验铺轨长度18.557米。⑦

---

① 澎湃新闻：《中国首条无砟轨道在这里诞生》，https://www.thepaper.cn/newsDetail_forward_4803695（2019－10－30）［2023－04－09］。遂渝铁路无砟轨道综合试验段工程的主体均在重庆，但其设计、参建单位成都铁路局，铁二院，中铁二、五、八、十八工程局等多为四川铁路力量，他们在其后四川高铁的建设中做出不小的贡献，故我们认为该试验段的建设仍是为四川高铁建设积累了宝贵的经验。

② 另有记录提到最终总长度为13.192公里，与襄渝线引入工程并修段5.84公里。本书采用国家铁路局发布数据，即13.157公里。

③ 国家铁路局·工程建设：《遂渝铁路无砟轨道综合试验段工程》，https://www.nra.gov.cn/ztzl/hy/gcjs/xmjj/syjj/201403/t20140307_145938.shtml（2014－03－07）［2023－04－09］。

④ 刘学毅教授口述访谈，2018年11月29日，四川成都西南交通大学土木馆。

⑤ 蔡成标等：《遂渝线无砟轨道动力学性能研究》，《铁道工程学报》2007年第8期。

⑥ 冯金声：《中国西南铁路记事》，西南交通大学出版社，2017年。

⑦ 国家铁路局·工程建设：《遂渝铁路无砟轨道综合试验段工程》，https://www.nra.gov.cn/ztzl/hy/gcjs/xmjj/syjj/201403/t20140307_145938.shtml（2014－03－07）［2023－04－09］。

三、综合试验的开展

2007 年 1 月 3 日，试验段迎来了综合试验测试。由中铁二院工程集团有限责任公司牵头，成都铁路局、中国中铁股份有限公司、中国铁道科学研究院、中铁八局、中铁五局、中铁十八局等单位参与，组成试验组，340 名技术人员直接参与了测试，中国工程院院士陈新等十数名专家登上动车组列车参加综合试验。①

综合试验区间在北碚北站、蔡家站以及井口站三个站台之间，含两个站间区间，全长计 24.589 公里，13.157 公里的无砟轨道试验段便包含于其中。② 综合试验要在试验区间内进行动车组、货物列车的实车试验，在高速运行下（当时的提速目标为 200 公里/小时）检验该区间内无砟轨道的安全性与平稳性，进而对这套由中国轨道技术人员设计研发的无砟轨道的技术进行合理性、可操作性、科学性的评估。测评的各项指标一旦通过，意味着中国拥有了具有自主知识产权的无砟轨道的成套技术，中国高铁技术的发展又突破了一重壁垒。

成都铁路局 2007 年 1 月 11 日发布消息，遂渝铁路无砟轨道试验段综合试验已于 1 月 10 日晚全部完成，试验结果十分理想。动车组试验时速逐步提升，最高时速达到了 232 公里。在高速运行下，测试的各项数据都在安全标准之内，动车组的平稳性及舒适度均达到标准的优级。③

遂渝线运营的旅客列车主要有"长白山"号快速旅客列车、双层集装箱货物列车以及普通货物列车，行驶速度在 80～200 公里/小时之间。经过试验组成员对这些运营列车的长期的实验和观察，遂渝线无砟轨道试验段在

---

① 《成都铁路局：我国首条无砟铁路轨道完成综合试验》，中央人民政府网，http://www.gov.cn/jrzg/2007-01/11/content_493153.htm（2007-01-11）[2023-04-11]。

② 姚力：《遂渝线无砟轨道综合试验段路基段无砟轨道设计与施工》，西南交通大学工程硕士学位论文，2009 年。

③ 《成都铁路局：我国首条无砟铁路轨道完成综合试验》，中央人民政府网，http://www.gov.cn/jrzg/2007-01/11/content_493153.htm（2007-01-11）[2023-04-11]。

多种速度的列车运营条件下，轮轨动力性能、行车的安全性、路基面动应力（即受外在因素，如温度、受力等而产生的变化的应力）均小于容许值[1]，符合安全运营的标准。

2008年1月28日至1月30日，"遂渝线无砟轨道综合试验段关键技术试验研究"的成果评审会在重庆召开。该会由铁道部科技司主持，评审会成员给出了"本课题技术路线正确，研究内容全面、数据翔实"的评审意见。[2] 他们对试验段无砟轨道道床结构、扣件、道岔、路基结构及变形控制、施工装备、电气特性、施工工艺、测量控制以及大跨度桥无砟轨道等关键技术进行了系统的检测，认为试验段取得了成区段铺设无砟轨道的成套技术成果，正式宣告中国首条无砟轨道综合试验段取得圆满成功。[3]

试验数据显示，其设计和建造的技术业已达到当时世界的领先水平，从根本上打破了世界高铁无砟技术的壁垒，时任铁道部总工程师提到，遂渝试验段取得了多项"比较系统的研究成果，基本掌握了具有自主知识产权的无砟轨道成套技术，对进一步发展我国无砟轨道技术和高速铁路建设具有重要意义"[4]。而对于四川铁路发展历程来说，遂渝线无砟轨道综合试验段还具有另一个重要意义：试验段从设计、建设到试验开展，均由四川铁路技术力量承担，这为四川铁路提速发展培养了大量人才、积累了宝贵经验，进一步增强了四川人民加快铁路建设的信心。

① 蔡成标等：《遂渝线无砟轨道动力学性能研究》，《铁道工程学报》2007年第8期。
② 《遂渝线无砟轨道综合试验段关键技术试验研究》，《人民铁道》2009年4月8日，第B02版。
③ 冯金声：《中国西南铁路纪事》，西南交通大学出版社，2017年。
④ 何华武：《创新的中国高速铁路技术》（下），《中国工程科学》2007年第5期。

第二节　成灌快铁——西南地区首条市域快铁①的破茧成蝶

　　成灌快铁（又称成灌线、成灌铁路），始发于成都火车北站，止于成都县级市都江堰市青城山站（因都江堰旧称灌县而得名成灌线），是西南地区第一条在市域内运行的快速铁路。② 成灌铁路包含一条主线即成灌线主体部分（成都北—青城山），两条支线即离堆支线及彭州支线③（见图2-1）。主线于2010年5月12日正式开通运营，进一步强化成都与周边区域的联系，推动城市内的互动发展，促进沿线经济发展。2013年7月23日，成灌快铁离堆支线开通运营，是连接都江堰水利工程鱼嘴、玉垒山景区的便捷通道，为"拜水都江堰"的市民及旅客带来更多便利。④ 2014年4月30日，彭州支线开通，连接高新西区（郫都）、新民场、三道堰、古城和彭州。

---

　　①　由于城市轨道交通的多元化的不断发展，关于成灌线的种类界定的认识经历了一系列的变迁。2020年国家铁路局发布《市域（郊）铁路设计规范》（TB 10624—2020）对市域（郊）铁路作出界定：为都市圈中心城市城区连接周边城镇组团及其城镇组团之间提供公交化、大运量、快速便捷的轨道交通系统，是城市综合交通体系的重要组成部分。而在城市轨道交通的概念中，往往将市域快速轨道系统界定为最高运行速度在120公里/小时及以上的特快速车辆［蒲棋等主编：《城市轨道交通概论》（第2版），2021年，第57页］，因此今天，我们更倾向于将"成都—都江堰"铁路界定为市域快铁。

　　②　国内不少媒体和学者将成灌快铁称为中国第一条在市域内运行的铁路，这种说法存在一定争议，北京S2线经北京市域内既有线路的改造，于2008年8月6日正式开通运营，最高运行速度达到120公里/小时，早于成灌快铁，但其运行速度仍为普通列车速度，所以将成灌快铁看作西南地区的首条市域快铁线是合理的。

　　③　秦健：《成都至都江堰市域铁路建设必要性分析》，《科技交流》2008年第3期。

　　④　徐正宣等：《成都至都江堰铁路工程地质勘察》，《铁道标准设计》2014年第58卷增刊。

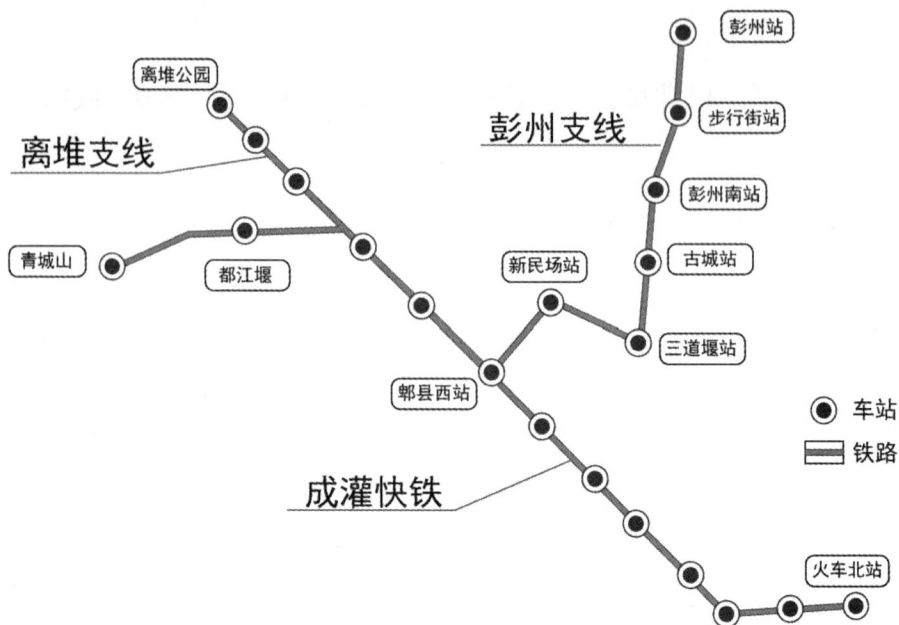

图 2-1 成灌线运行示意图

一、成灌线的筹建

成灌铁路线（成都—都江堰）曾是成都市 2007 年规划的"三轨九路"① 重大交通项目规划中的一段，被称为"成郫灌轨道交通线"②，是成都市地铁 2 号线的延伸线路，计划线路有 40 多公里。根据当时的估算，以建设费用相对较低的轻轨的方式来建设的话，"需耗费近 100 亿元"③，这样一笔巨大的投资对于财力相对有限，又要推进多项交通建设任务的地方财政来说，无疑是非常棘手的，短时间内难以实现。"成郫灌轨道交通

---

① 成都市 2007 年远期规划中提出"三轨九路"。"三轨"：成郫灌线轨道、成龙线轨道、成温大线轨道三条轻轨线路；"九路"：指川陕干道、川陕路复线、成德快速通道、成灌快速路（沙西线延伸线）、成郫灌干道（IT 大道郫灌段）、成温邛快速路、新蒲快速路、成仁快速路、成简快速路九条快速通道。

② 《三轨九路 打通城乡交通"节点"》，《成都日报》2007 年 12 月 29 日。

③ 黄颖：《巧破"钱题" 蓝图渐"变现"：成都通过各种方式拓宽投融资渠道、加快综合交通枢纽建设》，《成都日报》2008 年 10 月 28 日，第 A05 版·要闻。

线"项目于 2007 年提出，而成都市委、市政府规划中该线路于 2020 年修建完成。①

2008 年汶川特大地震后，国家各部委加大对四川发展的帮扶力度，铁道部也确立了"以加快推进四川铁路项目建设步伐来带动灾区的恢复重建"的建设支援方案。② 成都交通方面敏锐地捕捉到了机会，进行了积极的谋划。他们以京津城际铁路为例进行了考察，认为其建成后备受欢迎、效果良好、对沿线经济发展带动极大，极具效仿价值。成都交通部门设想以京津城际铁路的方式来建设成灌快铁，希望与铁道部达成共识，合作共建。经过迅速翔实的前期论证，成都市最终赢得了铁道部以及四川省内相关部门的支持，为这条铁路争取到了开工建设的机会。2008 年汶川特大地震发生仅仅16 天后，5 月 28 日晚上，铁道部与成都市就签订了"双方共同出资修建成都至极重灾区都江堰快速铁路"的协议。③ 根据协议内容，成都至都江堰的铁路确立了"域际快速客运铁路"的建设目标，估算总投资 122.58 亿元，其中铁道部出资 70%（使用铁路建设专项资金），成都市出资 30%（地方自筹）。④ 在项目经费管理方面，征地拆迁费用计入项目成本，建设贷款及日常运营管理均由铁路部门负责，这样就极大地减轻了成都市政府资金筹措压力。⑤ 同时，在 2008 年 8 月 28 日，铁道部、成都市政府分别授权成都铁路局、成都地铁有限责任公司作为出资代表，共同组建成立成都市域铁路有限责任公司，负责建设管理、资金筹措、生产经营、资产保值增值等，接受行业和地方政府监督检查。⑥

---

① 成都市域铁路有限责任公司：《成都至都江堰铁路工程总结》序，中国铁道出版社，2009 年。

② 《四川与铁道部签署加快推进铁路恢复重建会谈纪要》，四川省人民政府网，http://www.gov.cn/gzdt/2008-07/03/content_1035143.htm（2008-07-03）[2023-03-05]。

③ 黄颖：《巧破"钱题" 蓝图渐"变现"：成都通过各种方式拓宽投融资渠道、加快综合交通枢纽建设》，《成都日报》2008 年 10 月 28 日，第 A05 版·要闻。

④ 李冒：《成灌铁路运输组织模式相关问题研究》，西南交通大学硕士学位论文，2009 年。

⑤ 黄颖：《巧破"钱题" 蓝图渐"变现"：成都通过各种方式拓宽投融资渠道、加快综合交通枢纽建设》，《成都日报》2008 年 10 月 28 日，第 A05 版·要闻。

⑥ 成都铁路局志编纂委员会：《成都铁路局志（1989—2012）》（上），中国铁道出版社，2017 年，第 131 页。

能够在短短的几个月时间内，集合各方力量，快速解决资金、设计、施工管理等各方面问题，将一个总投资逾百亿元的重大项目迅速推向开工建设，是地方政府运用综合资源与铁路建设部门合作建设区域重大交通项目的一次成功尝试。

二、18个月的中国速度

2008年5月28日，成灌快铁建设方案正式敲定；9月28日，初步设计得到铁道部批复；11月4日，成灌铁路正式破土开工。① 可以说这条线路的兴建，给四川人民以无限憧憬。

除了民众的期盼，成灌快铁作为西南地区首条市域铁路，在筹建之初还承载着另外三层重要的意义。首先，它是汶川特大地震后四川首个大型工程项目，被视作能给灾区人民群众带来鼓舞的"信心工程"，且作为恢复和开发青城山—都江堰旅游资源的重大交通项目，承担了受灾群众迫切希望"一切都快好起来"的期望。其次，它被视作中国铁路快速发展阶段推动的部省合作的典范性工程，其推进速度与推进效果是中国铁路建设改革的一个侧影。最后，在城市轨道交通方兴未艾的阶段，成灌快铁被寄予建成我国市域铁路"创新性工程""引领性工程"的期望。就这样，成灌快铁在外界的关注下，紧锣密鼓展开修建。②

一条主线不到70公里的线路，肩负了诸多重大的期望，被期盼为四川乃至国家标志性建筑，其建设被要求做到又快又好，但同时这条并不算长的线路也是四川铁路在速度、平稳度、运营模式都向高铁靠拢的一次尝试，其修建的过程是充满挑战的。从成都火车站到都江堰青城山站全长65公里的高速线路，开工到通车，仅仅用了18个月的时间。③

---

① 姚鸣、陈欢：《市域快铁——成都至都江堰铁路的启示》，《交通企业管理》2011年第5期。

② 秦健：《成都至都江堰市域铁路建设必要性分析》，《科技交流》2008年第3期。

③ 中国日报四川记者站：《成灌铁路：地震废墟里走出的"重生之路"》，http://www.chinadaily.com.cn/dfpd/2010-08/24/content_11192661.htm（2010-08-24）[2023-04-18]。

　　成灌快铁修筑过程施工密度极大，在施工的最高峰时期，仅中铁二局一家承建方就有 1.2 万多人同时在工地上施工，再加上另一个承建方中铁八局 5000 多人的施工队伍，在 60 多公里的狭长工地上，近 2 万人在同时施工。①

　　成灌铁路位于成都冲洪积平原西部边缘，冲洪积形成的漂石和软弱层多，不良地质构造加大了施工难度。② 线路联通成都与都江堰，正线经过金牛区、郫县和都江堰市，所经地区主要为城市区域，建筑物多，人口密集，施工管理难度较大。人口较密集区域征地拆迁、管线迁改难度也大。为了满足城际交通的需要，成灌铁路站台较多，长度为 56.362 公里的正线，初建设置了 15 个站台，为工程设计、施工与管理，增加了不小的难度。同时，作为跨越市区的城际线路，成灌快铁主线沿线与其他交通衔接，特别是高架桥跨越高速公路、城市道路、地铁线路、大河流等。

　　作为西南地区首条市域快铁，成灌铁路的线路受地形影响，以高架为主要的铺设方式，全线新建桥梁共 37 座，其中双线特大桥 6 座、单线特大桥 5 座，桥梁占全线线路总长度的 67.8%。③ 其中特殊桥多，尤其是不同跨度的连续梁、有配线高架车站内的道岔连续梁和变线间距部分的支架梁多④，因此架设箱梁便成了成灌铁路建设过程中的最重要、最具难度的施工环节。成灌快铁 1 个箱梁可达 32.6 米长、11.4 米宽、680 吨重⑤，要将这样的庞然大物架上桥墩，其难度可见一斑。成灌快铁跨绕城高速铁路桥，跨度长为 152 米、重达 2000 吨，施工难度极大，被称为成灌快铁的"咽喉性工程"之一。综合技术、经济等因素，国内铁路客运专线桥梁跨度简支梁一般为 34 米或

---

　　① 《汶川震区首个灾后重建重大项目成灌快铁建设纪实》，中央政府门户网站，http://www.gov.cn/jrzg/2010-05/12/content_1604806.htm（2010-05-12）[2022-03-03]。

　　② 成都市域铁路有限责任公司：《成都至都江堰铁路工程总结》，中国铁道出版社，2009 年，第 11 页。

　　③ 徐正宣等：《成都至都江堰铁路工程地质勘察》，《铁道标准设计》2014 年第 58 卷增刊。

　　④ 成都市域铁路有限责任公司：《成都至都江堰铁路工程总结》，中国铁道出版社，2009 年，第 523 页。

　　⑤ 陈兴鹏：《成灌快铁跨绕城高速桥提前合龙》，《四川日报》2009 年 6 月 9 日。

24 米，而成灌跨绕城桥的三截桥梁有两处为 44 米，最长的为 64 米。[①] 同时，工程时间紧迫也进一步加大了施工难度。

从正式破土动工到全线贯通，成灌铁路只用了 18 个月。作为一条"高标准、高等级"的市域铁路，成灌快铁具有完全自主知识产权，有着极高的建设品质，它有共计 16 项自主创新技术在建设过程中得到实际应用和技术完善，例如：全线采用优化和创新的无砟轨道、自密实混凝土灌注技术、桥梁防水层技术方案等[②]，同时它还拥有国内首个铁路客运专线与地铁无缝对接的车站——犀浦地铁站，采用国内最先进声屏障将铁路运营噪声降到最低……[③]

三、城市"摆锤"：成灌铁路运营对市域铁路的运营方式的探索

2010 年 5 月 12 日，一辆 D6139 次列车从成都火车北站驶出。在成灌铁路行驶 65 公里后，到达都江堰市青城山站，成灌快铁的正式运行也随着这趟列车的出发拉开了帷幕。在当年以及十年后的诸多媒体报道中，都将这个时刻视作中国西南地区正式进入高铁时代的标志，也是国内市域铁路的兴起的重要基点。将成灌快铁称作"高铁"，显然不符合后来我们对高铁的速度的理解，于是后来其被称为"快铁"。我们也可以从中看出，四川人民对高速铁路的翘首以盼，以及他们对成灌快铁的高度认可。成灌快铁一方面改变了成都平原人们的出行方式和生活方式；另一方面作为国内市域铁路具有里程碑意义的线路，开启了一次市域铁路运营方式的探索。

成灌线由成都轨道交通集团有限公司与中国铁路成都局集团有限公司合资的成都市域铁路有限责任公司负责建设与管理，由中国铁路成都局集团有

---

① 陈兴鹏：《成灌快铁跨绕城高速桥提前合龙》，《四川日报》2009 年 6 月 9 日。

② 成都市域铁路有限责任公司：《成都至都江堰铁路工程总结》，中国铁道出版社，2009 年，第 3 页。

③ 陈兴鹏：《成灌快铁跨绕城高速桥提前合龙》，《四川日报》2009 年 6 月 9 日。

限公司托管运营。① 由于在建设阶段就参与管理，管理的移交过程非常顺利。

从运营模式来看，成灌铁路是"公交化"市域快速轨道交通系统，兼顾旅游休闲功能和通勤通学功能，因此其主客流目标为游客、上班族及学生等客流群体。成灌快铁作为一条双线客运专线铁路，郫县西至青城山速度目标值为200公里/小时，成都至郫县西、离堆公园支线为120公里/小时。在运营初期成灌全线采用CRH1电动车组，运行八年后为适应公交化需求主线及支线均改用CRH6A－A型列车，车辆编组为4辆，日开行动车组74.5对。成灌线采用线路阶梯计价，票价区间在5~15元人民币之间②（见表2－1）。

表2－1 成灌线阶梯计价模式（人民币）

里程区间	票价
0~20公里	5元
20~50公里	10元
50公里以上	15元

在成灌快铁开通前，成都开往都江堰的大巴客车票价为每人20元，行车时长在1小时以上。不难发现，成灌快铁车票的价位远低于该运行线路上的其他所有出行方式，这也进一步改变了成都—都江堰线的出行者们原有的出行方式。③

成灌铁路作为市域铁路，自开通以来，向着更加公交化的方向不断变化。犀浦站于2017年以"双岛式站"实现了成灌铁路与成都地铁2号线的双向同台换乘。④"零换乘"有效提升了市域铁路衔接地方公共交通客流的

---

① 李冒：《成灌铁路运输组织模式相关问题研究》，西南交通大学硕士学位论文，2009年。
② 范玲丽：《成灌市域铁路运营状况及对策研究》，西南交通大学硕士学位论文，2012年。
③ 数据来源于车站实地访谈。
④ 成都市交通运输局：《犀浦站铁路与地铁明起安检互信同台换乘》，http://sc.china.com.cn/2020/onlynew_ 0512/369972. html（2017－07－24）［2022－05－04］。

换乘效率。① 2018 年 12 月，为了满足市民公交化出行需求新型 CRH6A－
A 型动车组在成灌快铁正式上线，其少座席、多站立区的车内格局可以容
纳更多人员乘车。2019 年 1 月 6 日，成灌铁路正式实行公交化运营。为了
充分展现公交化模式的特点，班次首发列车时间由原来的早上 6 时 30 分
提前至 6 时整，收车时间由晚上 11 时延迟到 11 时 30 分，列车班组由 18
对提升至 59 对。②

　　2020 年，成灌快铁公交化改造工程正式开展，改造的内容包括"成灌
（彭）铁路车站售检票系统及进出站闸机、站台滑动门系统；新增青城山、车
站引导系统、静态标识、广播系统、安检仪、站台旅客座椅"等客运服务设
备③，这使得整个线路具备公交化运营条件。2021 年 2 月 21 日，成都市交通
运输局宣布"成都市域铁路公交化运营改造一期工程于近期完工并顺利通过
验收，已正式投入使用"④。成灌成彭高铁开行的公交化动车组为 74 对/日，
高峰时段 10 分钟发车一趟，基本实现"随到随走"。乘客可凭移动终端天府
通软件的支付二维码或经实名认证的天府通卡（成都市交通卡），即可开闸
进出站，无须再刷身份证验票。⑤ 成灌成彭高铁公交化运营正式投用进一步
提升了沿线市民出行通勤效率。成灌成彭高铁宛如一只"钟摆"，在成都与
都江堰之间来回。这样的格局，大大促进了区域间的人员流动，不少市民选
择在成都与都江堰之间通勤。成灌铁路作为全国首条市域列车开通后，城市
"钟摆"族正在悄然形成。他们大多数人的工作地点和家分隔在成都、都江

---

　　① 中华人民共和国发改委基础设施发展司：《成灌（彭）铁路公交化运营创新突破　7 月 25
日起犀浦站铁路与地铁安检互信同台换乘（四川报送）》，https://www.ndrc.gov.cn/fggz/zcssfz/dffz/
201708/t20170821_ 1147698.html（2017－08－21）[2022－05－04]。

　　② 《中国市域铁路兴起的奠基者——成灌铁路 10 岁了》，中国网，http://sc.china.com.cn/
2020/onlynew_ 0512/369972.html（2020－05－12）[2022－05－04]。

　　③ 曹菲：《成都市域铁路公交化改造开始　有望实现刷天府通坐成灌线》，《华西都市报》
2020 年 10 月 12 日。

　　④ 杨力：《好消息！成灌、成彭高铁公交化改造完成　市民可刷天府通进站了》，封面新闻－四
川在线，https://sichuan.scol.com.cn/cddt/202102/58062059.html（2021－02－23）[2022－05－
04]。

　　⑤ 闫宇恒：《"天府号"新型动车组投运　成灌成雅成绵乐铁路公交化再加密》，《成都商报》
2020 年 9 月 30 日。

堰，每天都通过成灌铁路穿梭在家和公司之间。[①]

成灌快铁筹建之初便提出了建立我国市域铁路"创新性工程""引领性工程"的目标，从建设结果来看，目标实现了。2010 年，成灌铁路的建设、开通及运营为国内市域铁路的发展奠定了基础，起到了"立标打样"的作用，打造了市域铁路的"四川范式"。而成灌铁路公交化运营进一步提升了沿线市民出行通勤效率，对推广成都平原经济区铁路公交化运营具有较好的示范和引领作用。

第一，地铁与快铁无缝连接——候车站台的公交化。作为城市轨道交通的新尝试，成灌快铁从规划设计、建设到运营便突出了公交化的倾向，这是城市轨道交通发展的必然趋势。但是铁路轨道交通与传统市域轨道、公交系统的统一最大的难点便在于换乘，而当时换乘便捷度与轨道交通运行速度不匹配。

城市交通中，往往出现不同客运方式的换乘，而不同的客运方式往往意味着不一样的候车与乘车方式。即使在同一个交通枢纽里，不同客运方式的换乘都会给乘客带来诸如重复安检、候车点距离长等问题，这对于需要提高出行速度和效率的市域交通来说无疑是巨大阻碍。

而在成灌快铁公交化发展的过程中，从站台上对"换乘难""换乘慢"等问题进行了解决。成灌快铁与成都市地铁（刚开通时仅有 2 号线）在犀浦站采用"同一站点、同一平面、同一站台、同一方向"的换乘方式，实现成灌铁路与成都地铁 2 号线的双向同台换乘，车站按全高架设计，规模为 2 台 4 线，可实现两者间的换乘客流"门对门"的直接换乘。[②]

第二，让"子弹头"在半空中飞——市域铁路桥梁技术的突破。成灌铁路桥梁占线路全长的 67.8%，这也是当时四川省所建铁路中高架桥比例最大的线路。中铁二院工程集团有限责任公司（简称"中铁二院"）的成灌

---

① 《中国市域铁路兴起的奠基者——成灌铁路 10 岁了》，中国网，http://sc. china. com. cn/ 2020/onlynew_ 0512/369972. html（2020 – 05 – 12）[2022 – 05 – 04]。

② 澎湃新闻：《全国首例！动车组与地铁实现同台换乘，西南交大专家为你解读》，https:// www. thepaper. cn/newsDetail_ forward_ 1745053（2017 – 05 – 28）[2022 – 05 – 04]。

铁路桥梁设计研究提出了 0.6UIC 铁路荷载标准，并在城际铁路设计中导入了景观设计的理念，经四川省科技厅鉴定，达到了国际先进水平，各项目成果的创新点也得到了业内专家的肯定。①

成灌铁路客运专线全线以高架桥为主。为满足灾后科学重建的要求，通过优化桥面布置减小了桥梁宽度，选用外形圆顺的箱形截面梁和桥墩增强了桥梁景观效果，采用与相邻简支梁平顺过渡的连续梁外形使桥梁线形流畅，采用配有阻尼器的盆式橡胶支座以降低连续梁主墩的地震作用，对无砟轨道道岔连续梁桥纵向分幅减小了桥梁横向伸缩量，在上跨公路的框架墩柱上设竖向拉槽改善了桥墩视觉效果，在长盖梁框架墩边柱顶设置支座以减少温度作用，结合结构整体受力分析、局部应力分析及动力分析，确保了桥梁设计满足安全性、舒适性、经济合理性、可持续发展和景观要求。②

第三，建筑垃圾造出的声屏障——市域铁路降噪技术的创新。成灌快铁的声屏障设计与线路设计高度匹配，既考虑到线路建设的实用性又关照到了线路运行中的可观赏性，在穿过居民区的线路两边设置不透明的声屏障，充分保护居民隐私，乡村路段又设置透明声屏障，乘客可一路欣赏田园风光。除此之外，更令人震惊的是，这些声屏障几乎全是由建筑垃圾制造的。建筑垃圾经过再生车间咀嚼分类后，将其碎混凝土块拌制成板式建材。用建筑垃圾再生制成高铁声屏障在国外相当普遍，而国内多采用的材料基本是金属板和有机板，但金属板的寿命只有 15 年，有机板的寿命只有 20 年，有研究指出"建筑垃圾造"声屏障不但成本低 30%，而且寿命也可达到 100 年③，隔声效果也好。

第四，首创具有自主知识产权的 CRTS III 型无砟轨道。在遂渝铁路无砟轨道综合试验段的基础上，随着对无砟轨道技术系统的研究继续深化，具有自主知识产权的新型无砟轨道——CRTS III 型板式无砟轨道在成灌快铁的修

---

① 陈兴鹏：《成灌快铁跨绕城高速桥提前合龙》，《四川日报》2009 年 6 月 9 日。
② 陈兴鹏：《成灌快铁跨绕城高速桥提前合龙》，《四川日报》2009 年 6 月 9 日。
③ 何军林、严斌：《成都用建筑垃圾造出声屏障——将用在成灌高铁上》，《建筑工人》2010 年第 4 期。

筑过程中问世了。2010年3月，成灌铁路采用CRTSⅢ型板式无砟轨道，进行了联调联试。成灌线开通后，CRTSⅢ型板式无砟轨道的优势在运营中被进一步证实。相对于之前的无砟轨道，CRTSⅢ型板式无砟轨道结构更安全、经济更合理、施工更方便，在盘营高速铁路（盘锦—营口）、成绵乐客专（成都—绵阳—乐山）、郑徐客专（郑州—徐州）、京沈高铁（北京—沈阳）、沈丹高速铁路（沈阳—丹东）等几条高铁线路的建设中得到推广和发展。①

第三节 成绵乐城际客专——西南地区首条城际高速客专的开通

在四川铁路发展史上，2014年对于成都铁路局来说，是极其繁忙的一年：计划开通或分段开通项目15个，开通里程991公里，其中纳入中国铁路总公司必保开通项目的贵广铁路、成绵乐客专里程达613.8公里。②正是在这一年年底，成绵乐城际客运专线正式开通，这是四川乃至整个西南地区"名副其实"的第一条高铁线路。成绵乐城际客运专线以成都东站为中心点，向北依次经广汉、德阳、绵阳至江油站，向南依次经成都南站、双流机场、彭山北、眉山东、乐山最终抵达峨眉山站，其中成都东站、成都南站、德阳、绵阳等站点是既有站。从线路上来看，我们不难发现，成绵乐客专延伸于成都平原城市带人口稠密、城镇化水平最高的区域内，与四川经济发展最具活力的经济走廊平行。因此，成绵乐城际客专运营的优化对于促进成绵乐城际铁路沿线城乡一体化、区域经济快速发展起着至关重要的作用。③

---

① 史升亮：《CRTSⅢ型板式无砟轨道结构技术研究》，《铁道建筑技术》2017年1月；刘晓丽：《CRTSⅢ型板式无砟轨道结构及造价分析》，《铁路工程造价管理》2015年3月。

② 《成都铁路局加强人员培训提前介入新线建设》，《铁路采购与物流》2014年第3期。

③ 赵天洋：《成绵乐高铁隧道浅埋段环境振动分析》，西南交通大学硕士学位论文，2016年。

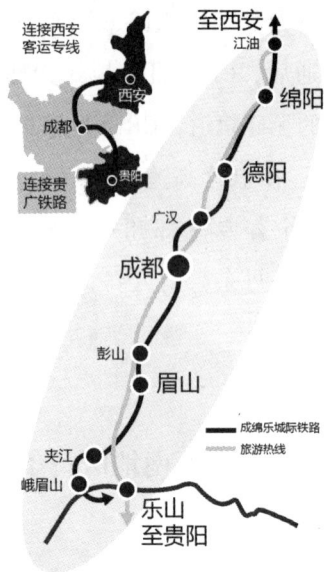

图 2-2　成绵乐客运专线线路走向图

一、成绵乐客专的筹建

2014 年前，从成都出发，到上海、广州、广西、昆明等地，铁路行程所费时间均超过 20 小时，四川未能形成适应当时经济发展的铁路运输网。2008 年，"5·12"汶川特大地震后，四川交通瓶颈问题凸显，如地震发生时，四川当时重要的出川通道宝成线受损严重[①]，尤其是 109 隧道塌陷后，在 5 月 22 日抢修完成前，所有抢险救援列车均只有绕行襄渝线。经此，打通四川出川的多条通道，对于四川的发展显得尤为重要。

与此同时，四川经济带以南北方向呈丁字形分布，成都、德阳和绵阳是四川省的核心区域（从成都出发，向东至重庆，向南至乐山，向北至江油），是四川乃至整个西部地区地理条件、城镇密集度、产业水平、产业集聚规模都十分突出的区域之一。经济活跃地带需要更快速便捷的移动和流

---

①　王晓智：《浅谈宝成铁路 109 隧道震后抢险救灾工程改线方案的合理性》，《铁道标准设计》2009 年 11 月。

通，在该线路上修建新式交通线是很有必要且条件具备的。

随着经济社会发展、铁路提速的推进，一些省市率先规划起了修建城际铁路拉动城市间的"经济距离"，推动城市群"同城效应"。2005 年 3 月，国务院审议并原则通过《环渤海京津冀地区、长江三角洲地区、珠江三角洲地区城际轨道交通网规划》。根据规划，在 2020 年建成该三个区域内的城际铁路，形成"以北京、天津为中心的环渤海'两小时交通圈'，以上海、南京、杭州为中心的长三角'1~2 小时交通圈'以及珠三角建成以广州为中心，广深、广珠城际轨道交通为主轴、衔接港澳地区的'城际轨道交通网络'"①。

与沿海地区同样信息捕捉敏锐度高的，还有位于内陆腹地的四川。2005 年 4 月 2 日，铁道部与四川省人民政府就四川境内铁路建设有关问题进行会谈，提到"适时研究建设成都至绵阳城际客运专线"。铁道部与四川省人民政府尝试将"绵阳—成都—峨眉城际客运专线、峨眉至宜宾铁路纳入铁路'十一五'规划"，且规划了该条铁路投资与建设方式——"绵阳—成都—峨眉城际客运专线由铁道部和四川省各安排资本金 50%""按照多元化投资、市场化运作方式进行建设"。②

从商谈内容来看，四川对于成都—绵阳—乐山一线的城际铁路的规划已经有较长的时间了，谋划不可谓不深。但由于各种不可抗的因素，项目没有被纳入国家铁路建设"十一五"规划。而最初的设计中，沿线涉及 14 个县市区，难以一一协调，因此该项目虽然提出很早，但推进速度却十分缓慢。

2008 年 1 月，四川省政协十届一次会议召开，由四川省政协委员、农工党绵阳市委会主委沈其霖等多位省政协委员再次提起了成绵乐城际铁路的建设，他们对成绵乐一线的交通情况进行了深入的调查研究，并提交了《关于加快推进成绵乐城际铁路建设的建议》的提案。提案认为，"资源互补、

---

① 中华人民共和国发改委：《〈环渤海京津冀地区、长江三角洲地区、珠江三角洲地区城际轨道交通网规划〉内容简介》，https://www.ndrc.gov.cn/fggz/zcssfz/zcgh/200507/t20050720_1145654.html（2005-04-01）[2022-05-09]。

② 熊燕：《部省合作升级四川铁路》，《四川日报》2005 年 4 月 3 日。

基础设施共享、产业衔接配套、协调发展、互利共赢是区域经济一体化的特征，也是建设经济发展高地的必由之路，城际快速铁路运输是实现城际之间各种生产要素以及人口高密度、大流量充分流动的最佳选择，也是形成城市经济带的必要条件"①。提案希望有关部门加强综合协调，将成（都）绵（阳）乐（山）城际铁路建设项目上报国家发展改革委，争取将其纳入成渝城际铁路规划，以期能成功开通。② 该提案受到中共四川省委、省政府领导高度重视，省发改委等有关部门多次努力尝试推进项目。

就在四川省政府积极争取成绵乐城际铁路的建设机会时，"5·12"汶川特大地震爆发，铁路系统全力以赴抗震救灾，但四川及西南地区铁路网密度小、标准低，进出四川通道严重不足、机动性差等问题也暴露出来。

既有宝成、成昆技术标准偏低，运输能力小，且运输量饱和，问题十分突出。而根据成绵乐线路的设计，向北延伸经江油、广元、汉中至西安，将形成成都至西安客运专线；向南延伸经宜宾至贵阳，将形成成都至贵阳的铁路通道，同时成绵乐沿线是成都平原城市带人口稠密、城镇化水平最高的区域，是四川工业与旅游业发展最具活力的经济走廊。这样一条线路的贯通对于四川省内的联通、构建四川省对外的强大运输通道、进一步优化西南地区铁路网结构具有重要意义。

于是，2008 年 7 月 2 日，即"5·12"汶川特大地震后的第 51 天，在铁道部、四川省签署关于加快推进四川省灾后铁路建设的会议中，成绵乐与其他 9 个项目被正式确立，投资仅次于预计长度逾 800 公里的成兰铁路（后更名为"川青铁路"）。③

2008 年 8 月，国家发展改革委批准新建四川绵阳至成都乐山铁路客运专线项目建议书。在发布通知中提到，建设该项目，有利于完善铁路网结

---

① 赵朝晖：《一个关乎经济发展和民生问题的提案》，《前进论坛》2009 年第 12 期。
② 赵朝晖：《一个关乎经济发展和民生问题的提案》，《前进论坛》2009 年第 12 期。
③ 《四川与铁道部签署加快推进铁路恢复重建会谈纪要》，《华西都市报》2008 年 7 月 3 日，第 1 版。

构，提高运输能力和服务质量，促进区域经济社会协调发展。[①] 线路起自江油，经"绵阳、德阳、广汉、成都、彭山、眉山、夹江、峨眉至乐山，全长323公里"[②]。12月29日，成绵乐城际铁路客运专线正式开工建设。

二、成绵乐城际客专的修筑

2008年12月29日，成绵乐铁路客运专线、新建铁路成都东客站开工动员大会在成都举行，成绵乐各段的建设正式拉开序幕（因多方面原因，乐山段的开工推迟到2010年9月底）。[③] 根据规划，成绵乐铁路客运专线北起江油市，途经绵阳、德阳、成都、眉山、峨眉，南至乐山市，线路全长319公里，为双线客运专线，近期设车站20座，每年单向输送能力8000万人次，工程投资估算总额为392亿元（设计批复后更改为406.913亿元），由铁道部和四川省共同出资（其中铁道部安排铁路建设基金和铁路企业自有资金98亿元，四川省筹集资金98亿元），建设工期4年。[④] 在四川交通基建的加速时期，建设四川第一条真正意义上的高速铁路，这样的工程注定是充满挑战的。除了设计、施工等技术方面的考验，要在最短时间内把大量的人财物资源投放到现场，并进行科学组织和有效聚合，这对资源配置、施工组织也是一次前所未有的考验。

（一）出奇招、克艰难

成绵乐城际客专的建筑体量对于当时的四川铁路建设能力来说，无疑是大规模的。按照预设，工程将在4年内完成建设，而最终完成时间却是5

---

① 赵朝晖：《一个关乎经济发展和民生问题的提案》，《前进论坛》2009年第12期。

② 国家发改委：《新建四川绵阳至成都乐山铁路客运专线项目建议书通过批准》，https://zfxxgk.ndrc.gov.cn/web/iteminfo.jsp?id=6403（2008-08-31）[2022-05-06]。

③ 《成绵乐铁路客运专线、新建铁路成都东客站开工》，中央政府门户网站，http://www.gov.cn/ztzl/2008-12/30/content_1191768.htm（2008-12-30）[2022-05-06]。

④ 张迪南：《以成绵乐城高速铁路为例的中国铁路项目融资研究》，西南交通大学硕士学位论文，2007年。

年。工期紧，任务重可想而知。在修筑成绵乐城际客专的同时，四川进入交通基建的加速阶段，许多基建项目同时进行，有大量的问题需要进行协调。作为跨多个城市的铁路项目，其区域协调沟通难度进一步加大。面对建设规模大、工期紧、协调难度大的情况，各承建单位采取多种方式来保证工程的顺利推进。

中铁五局二公司成绵乐铁路工程乐山指挥部第二项目部（简称乐山二项目部）是一支来自湖南衡阳的施工队伍，担任乐山境内铁路正线 17.68 公里施工。受地形地貌影响，成绵乐沿线 50% 路段均为桥梁隧道[①]，施工复杂程度高、难度大。乐山二项目部的工段是成绵乐各标段"难度最大、任务最艰巨"的路段之一[②]，而该段于 2019 年 10 月才开工，时间晚于整体施工时间，导致压力更大。进场后，乐山二项目部仅用三天时间就完成了驻地的建设，七个架子队也完成列队；乐山二项目部进场 19 天后，修建成标准化工地试验室 1 座，占地 400 余平方米；进场不到 20 天的时间，拌和站从开工到验收投产；"一个月完成施工前期准备"，这一建设奇迹被中铁五局指挥部和业主单位赞誉为"超深圳速度"[③]。

（二）"绣花工程"——精细严密的工程质量

成绵乐城际客专原设计标准为 250 公里/小时有砟轨道客运专线，后几经论证，调整为设计速度目标值 300 公里/小时无砟轨道客运专线，这对于施工有了更精细更严密的要求。

中铁五局六公司成绵乐项目部是一支曾经在哈大客专线上取得了安全质量和进度两个第一的施工队伍，他们的参建项目眉山东特大桥，是一座有 16.678 公里长的特大桥。[④]

---

① 李万全、张小俊、黄宗文：《山间机响铁军来》，《企业文明》2011 年第 6 期。
② 张小俊等：《跨江雄兵——写在成绵乐客专青衣江特大桥 128 米连续梁成功合龙之际》，《企业文明》2012 年第 5 期。
③ 李万全、张小俊、黄宗文：《山间机响铁军来》，《企业文明》2011 年第 6 期。
④ 蒋方槐等：《高铁线上的斗智斗勇者》，《企业文明》2014 年第 2 期。

CRTSⅢ型轨道板施工是成绵乐客专的严格紧密的突出表现，而其建筑精细度在桥梁上就更加突出，CRTSⅢ型板要在场内把自密实混凝土先拌和好，必须在 2 个小时内将完整尺寸的型板运到现场上桥再灌注完毕，超过 2 个小时的材料就必须废弃重做，这是对工艺和技术的精密性的重要挑战。为保证桥梁预制质量，梁场在施工实施阶段严格控制源头，把好材料采购关，搞好技术交底，把好试验检测关，按照施工规范和试验规程，做好施工前、施工中和施工后的各项试验检测，确保满足设计和规范要求。

2009 年 10 月，中铁五局成绵乐铁路工程第二项目部在项目部组织的质量自检活动中，发现综合队施工的骨架护坡质量不达标，项目经理陈锋贵当即决定返工重做，并当晚就召开项目部质量反省会，秉持"坚决不给质量留隐患，坚决不做历史的罪人"。一线的施工人员在接受采访时将一些精细化施工比拟为"绣花"①。

（三）加强建设队伍思想建设——"只要思想不滑坡，方法总比困难多"

面对巨大的施工压力，参建人员的思想教育和引导对于建设"士气"至关重要。建设过程中，各个项目部积极重视思想政治教育工作的开展，有人喊出"只要思想不滑坡，方法总比困难多"的口号。

中铁五局六公司把党组织的政治优势、思想优势和组织优势作用于应对变化、共克时艰和施工生产之中，坚持基层党组织建设与服务施工生产一起动的工作思路，走出了一条适应形势任务需要的党建工作新路子。②

中铁五局成绵乐铁路工程第二项目部领导团队则从自身思想建设入手，项目部挂牌第七天，其党工委就组织召开了"党风廉政吹风会"，提出"党风廉政向班子看齐"的口号。项目部党工委把创建"项目廉洁示范点"作为重要工作内容，从组织、制度、考核等方面认真落实。项目组建以来共拒礼拒贿近 70 万元，上交礼物礼金折价近 20 万元。2010 年 6 月 2 日，在项目

---

① 张小俊等：《挺起川西脊梁——中铁五局二公司成绵乐铁路项目部施工纪实》，《企业文明》2011 年第 3 期。

② 蒋方槐等：《击水岷江党旗红》，《企业文明》2014 年第 1 期。

部召开的中国中铁西南片区反腐倡廉区域联建启动会上，项目部被集团公司纪委、国家监察委员会授予全局首个"项目廉洁示范点"，同时，党员员工的带头作用也被充分发挥。在宝成铁路复线石亭江大桥的应急抢险中，不少共产党员在生死关头冲在危险的最前沿，赢得了社会各界的高度赞誉，集团公司发文授予项目部党工委和桥工五队、德阳制梁场党支部"抢险救援先进基层党组织"，授予三名党员"抢险救援优秀共产党员"荣誉称号。项目经理陈锋贵先后荣获"中国中铁劳动模范"、铁道部"火车头"奖章等荣誉称号。①

2014年2月12日，成都铁路局组织工务有关人员进行贵广铁路设计文件、验收标准、业务技术等方面的培训，拉开了提前介入贵广铁路、成绵乐客专建设的序幕。在贵广铁路、成绵乐客专项目联调联试前的建设期间，成都局工务系统及设计、监理和施工单位对项目的工务工程提前介入检查。检查组设5个桥隧专业检查组及若干线路专业检查组，检查人员采取徒步方式，深入项目施工现场，逐设备、逐里程进行检查，内容涵盖路基、防洪、桥隧等。②

成绵乐城际客专于2014年8月底完成了设备静态综合验收，于9月10日开始联调联试，东风4D内燃机牵引车搭载局检测车（轨道检查车、电务试验车、接触网试验车），对成绵乐客专沿线轨道、接触网、通信、信号、电务等各项设备逐步测试调整，使各系统和整体系统性能、功能均能达到设计要求。2014年9月13日，实验动车组CRH380以160公里/小时速度首次试跑，随后连续开展联调联试工作，通过逐级提速，全面检测线路轨道、供电接触网、信号显示接收等设施设备的状态参数，直至联调联试目标值275公里/小时，最高可达320公里/小时。③

---

① 张小俊等：《挺起川西脊梁——中铁五局二公司成绵乐铁路项目部施工纪实》，《企业文明》2011年第3期。
② 《成都铁路局加强人员培训提前介入新线建设》，《铁路采购与物流》2014年第3期。
③ 四川省人民政府网：《成绵乐客专"调试" 首列和谐号动车到达乐山》，https://www.sc.gov.cn/10462/10464/10465/10574/2014/9/16/10313300.shtml（2014-09-16）[2023-03-03]。

2014 年 12 月 20 日，成绵乐城际客专正式开通，四川正式进入高铁时代。

四川进入高铁时代对于西南地区的交通、经济都产生了较大的影响。作为有着丰富轨道产业的省份，四川进入高铁的时间却较晚，但这一步"迈进"是四川铁路一大跨越式发展，为四川交通的发展注入了新的活力。

首先，四川进入高铁时代离不开政府的主动谋划及应时而动。四川今天的高铁时代是四川各级政府、四川人民积极谋求的结果，紧随国家交通发展战略，顺承于中国铁路发展的时代和潮流。虽素有"蜀道难"之称，但在全国铁路蓬勃发展的情况下，四川积极谋划出川通道的建设，前瞻性极强。2007 年底，四川省委出台了建设"西部综合交通枢纽"的重大决策，其中包含逐步建成 18 条铁路、21 条高速公路、2 条水运航道等，形成全方位开放的综合交通运输大通道。① 正是因为有这些筹划，在铁道部对四川进行灾后重建帮扶倾斜时，四川才能积极迅速行动，改变策略，抓住关键机遇。当全国多数省份对市域铁路及城际铁路的定位和管理持不明态度时，四川以奇迹般的速度建成西南地区第一条市域快铁和西南地区第一条城际客专，引发了城市轨道交通建设的新思考。

其次，四川高速铁路时代的到来受益于国家政策的倾斜，这是关键时刻社会主义制度"集中力量办大事"的优势体现。在全国铁路快速发展的阶段，四川也在积极规划铁路建设。如在 2006 年 1 月公布的四川省"十一五"规划中，就明确提出要扩大出川通道，争取早日建设成昆铁路复线。2007 年 12 月，四川省委九届四次全会召开，会议作出建设西部综合交通枢纽的重大战略决策，提出"突出南向、加强东向、扩大北向、畅通西向"，进一步建设容量更大、速度更快的出川通道。但是囿于投资经费和建设政策的影响，许多规划未能及时开展。成绵乐线路在 2005 年就开始规划，却未能有效推进；2007 年成都到都江堰的铁路建设构思已经出现，但在原计划中这条线路要 2020 年才能建成。"5·12"汶川特大地震后，四川铁路网问题暴

---

① 张雪永等：《扩张的动脉：改革开放 40 年的中国铁路》，社会科学文献出版社，2021 年，第 144 页。

露。为了更快更好地灾后重建，四川受到了多方面的政策倾斜，铁路建设便是其中之一，如途经成都、阿坝等重灾区的成州铁路，经成都、德阳、绵阳等重灾区的成绵乐城际铁路，途经重灾区广元的兰渝铁路，成汶支线恢复建设等。

同时，四川进入高铁时代经历了较为丰富的积淀，四川高铁建设"首秀"得以高质量完成为全国高铁设计、建设以及运营提供了成功经验。四川有以西南交通大学为代表的铁路技术科研单位，中铁二院、中铁二局为代表的设计建设单位，眉山、资阳等车厂为代表的制造单位，四川轨道交通行业在高铁技术方面有着雄厚的基础，为四川铁路在紧急领命的情况下仍能高质量、高要求地完成建设目标和任务提供了重要保障。

四川以市域快铁进入准高铁时代，以城际快铁进入高铁时代，是四川城镇化发展带来的影响。"十五"期间，四川省经济社会发展进入了城乡统筹、"四位一体"科学发展的新阶段。随着改革开放不断深入，以成都市为代表的城市化进程开始步入正轨，进入持续稳步发展的时期：城市实体空间扩张迅速，市区人口不断增长；非农人口比重加速提升，外来人口数量持续上升；城镇发展迅猛，城市辐射功能逐步增强。2007 年成都市政府数据显示，成都全市建成区面积由 2000 年的 348.25 平方公里扩大到 2005 年的 558.73 平方公里，全市非农业人口从 2000 年的 318.13 万人增至 2005 年的 468.44 万人，城市化率从 2000 年的 34.13% 提高到 2005 年的 50.3%（按户籍人口计算），城市化总体上保持逐年上升的正常态势。[①] 如此快速的城镇化发展，不仅对成都市区内部的传统交通模式带来巨大挑战，更催生了市域快铁等新式城市轨道交通和城际客运的发展。

四川进入高铁时代的历程是中国高铁时代发展的缩影，顺应潮流、主动谋求、扎实沉淀、积极实践的过程是四川乃至中国铁路跨越式发展历程的真实写照——厚积薄发、跨越而就。

---

① 成都市人民政府：《成都市城市化发展第十一个五年规划》（成府发〔2007〕5 号），2007 年 1 月 27 日。

——•= 第三章 •——

地北天南：出川高铁大通道建设

　　成灌、成绵乐等高速铁路的起步和发展，为联通成都平原及其周边地区、促进省内经济文化往来提供了便利。但只有省内的高铁发展是远远不够的，要想进一步实现四川省的对外开放，促进四川地区与全国各大区域的沟通和联系，务必要将四川铁路网和全国高速路网联结起来，出川高速通道的建设尤为重要，四川高铁与全国高铁网的对接对于四川乃至整个西南地区的政治、经济、文化以及国防建设都有着至关重要的意义。

第一节　东北向出川高铁通道建设

　　西安—成都高速铁路，又名西成客专，是北向出川的重要通道，是连接陕西西安和四川成都两大交通枢纽的客运专线，是川渝乃至西南地区北上经西安到达北京的快速客运通道，也是我国《中长期铁路网规划》"八纵八横"高速铁路通道中"京昆通道"的重要组成部分。西成高铁不仅促进了西部高速铁路网的完善，形成川渝地区继 1958 年宝成铁路通车以来，第一条北向出川连接西北和中原地区，辐射华北、东北以及华东地区北部的快速客运通道，还可与成渝、成贵、宝兰、徐兰、西武、大西、郑西以及沿江高铁等线路衔接，进一步丰富和完善全国高速铁路网络。另一条则为规划建设中的西宁—成都高速铁路。

一、西成高速铁路总体情况

西成高铁始发西安北站，先是与郑（州）西（安）客专并行一段，经户县进入秦岭山区，向南一路穿越关中平原、秦岭山脉、汉中平原、巴山山脉，翻越米仓山经四川省广元市进入四川盆地，再经剑阁、青川等，在江油与成绵乐城际铁路相连，利用既有成绵乐城际铁路的江油至成都段，经绵阳、德阳等地，最终抵达成都东站。

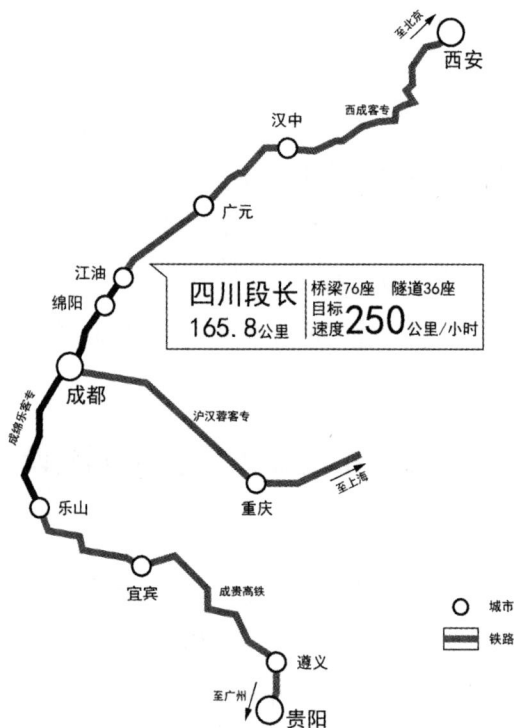

图 3-1　西成高速铁路规划图①

———————————

① 图片来源：四川省人民政府网，http://www.sc.gov.cn/10462/10464/13298/13301/2017/4/11/10419821.shtml（检索时间 2020-11-06 08：15）。

和原有需要绕道宝鸡的宝成铁路相比，西成高铁近乎直线，能更好地满足人们高效、便捷的出行需求。全线为电气化双线客运专线，设计最高时速250公里。[①] 其中，西安至江油段为新建线路，全长509公里；四川段新建线路从广元（省界）到江油，正线全长约166公里，设江油、江油北、青川、剑门关、广元和朝天（棋盘关）等6个站点；陕西段全部为新建线路，约343公里，设宁强南、新集、城固北、洋县西、佛坪、新场街、户县东和阿房宫等8个站点。这些站点中，江油站与既有成绵乐客专共站，成为西成高铁与成绵乐客专的连接点。青川站是根据青川县地方要求增设的站点，也是西成高铁全线最狭小的车站，站场长度还不足4公里；由于该处不具备建站的条件，设计时首次采用了正线与站台分离的方式。[②] 青川站的设立，将为青川县这个汶川特大地震重灾区的灾后重建和经济社会发展带来新的活力。全线另一重要站点——剑门关站，离著名景区剑门关的距离只有十多分钟车程，是该线路四川段新建的最大站点，能够更好地为景区服务，带动当地旅游业的发展。另外，广元站一直是四川北上出川重要的交通枢纽，此前，宝成铁路在此经过，西成客专建设时，在原来的铁路站点基础上，对广元站进行了改造，完全按照高铁站点的要求，设计改造成一座现代化的站点，更好地提供各项服务，方便旅客出行，为广元以及川东北地区带来了新的发展机遇。[③]

西成高铁沿线地理环境险峻、地质条件复杂、地貌情况特殊、施工难度极大，开创了我国山区高铁建设的新历史，实现了多项新突破。西成高铁不仅要穿越四川"5·12"汶川特大地震影响带，还是我国第一条穿越秦岭和

---

① 参见《西成高铁全线启动初步验收 进入开通倒计时》，四川省人民政府网，http://www.sc.gov.cn/10462/12771/2017/11/14/10438038.shtml（检索时间2020-11-09 08:35）。

② 参见《别具一格的青川站》，中国铁路成都局集团有限公司官网，http://www.cd-rail.cn/#（路局要闻；时间：2017-11-29 18:40）（检索时间2020-11-26 09:38）。

③ 参见《西成客专四川段跑给你看！下半年通车，3小时到西安!》，四川省人民政府网，http://www.sc.gov.cn/10462/12771/2017/6/15/10425436.shtml（检索时间2020-11-14 11:35）。

大巴山的高速铁路，被称为"中国最穿越高铁"①，还被誉为"我国最复杂的具有山区特点的快速铁路客运专线"②。西成高铁需穿越秦岭和大巴山地区，鄠邑与新场街之间海拔落差高达 1100 米。③ 为了缩短线路和保障运行安全，桥梁和隧道建设在山区铁路整个工程项目中至关重要。据统计，正线部分仅四川段就需架设桥梁 76 座，总长度约为 42 公里；开挖隧道 36 座，总长度约为 93 公里。④ 全线桥隧比高达 82%。列车在山区穿行，除了一路钻洞、过桥，坡长、坡陡也给施工和运营增加了难度。西成高铁四川段平均坡度达到了 20‰，相当于列车每行进 1000 米，要爬升 20 米，超过了以每层约 3 米计算的 6 层楼的高度。⑤ 西安段地质条件同样复杂。从西安北站向南引出，线路首次采用了我国目前山区高铁建设的最大坡度设计，坡度达到了 25‰；其中，有一段坡度达 20‰、连续长度约为 70 公里的长大坡道，是我国目前现有的高铁线路中，长度最长的连续长大坡道。⑥ 此外，全线长度超过 10 公里的特长隧道共有 7 座，总长度超过 110 公里；秦岭山区多个隧道连在一起，形成长大而密集的隧道群，创下了我国乃至世界高铁建设的新纪录。按照以往的经验，长大隧道在遇到突发、紧急状况时，由于隧道的特殊地形，紧急疏散和开展救援的难度较大，为了解决这个难题，西成高铁在建设之初就为应对突发状况做好了紧急预案，秦岭隧道群特别设置了 7 处救援站，考虑设计了临时停靠点、应急疏散救援通道等设施，更好地保障列车运

---

① 《西成高铁正式开通运营 蜀道难成为历史》，四川省人民政府网，http://www.sc.gov.cn/10462/12771/2017/12/7/10440098.shtml（检索时间 2020 - 11 - 14 10：12）。

② 《〈四川省人民政府关于印发四川省"十三五"综合交通运输发展规划的通知〉解读二》，四川省人民政府网，http://www.sc.gov.cn/10462/10464/13298/13301/2017/4/10/10419818.shtml（检索时间 2020 - 12 - 10 09：18）。

③ 张丰、王越：《西成高铁——从栈道到高铁：联通梦想的千年演进》，西南交通大学出版社，2019 年，第 65 页。

④ 参见《〈四川省人民政府关于印发四川省"十三五"综合交通运输发展规划的通知〉解读二》，四川省人民政府网，http://www.sc.gov.cn/10462/10464/13298/13301/2017/4/10/10419818.shtml（检索时间 2020 - 12 - 10 09：18）。

⑤ 参见《西成高铁进入开通倒计时！首发司机揭秘线路特点》，四川省人民政府网，http://www.sc.gov.cn/10462/12771/2017/11/7/10437437.shtml（检索时间 2020 - 12 - 10 10：11）。

⑥ 参见《西成客专陕西段本月联调联试 四川段最快下月通电》，四川省人民政府网，http://www.sc.gov.cn/10462/12771/2017/5/10/10422394.shtml（检索时间 2020 - 12 - 25 12：07）。

营安全。西成高铁线路坡度大、桥隧多的特点不仅给施工建设增加了难度，还对列车驾驶运行有更高的技术要求，运行过程中，列车司机需要特别注意行车速度的控制，还要克服因不断进出隧道引起的光线变化对眼睛的刺激以及耳膜负压引起的耳鸣等不良反应。针对西成高铁全线桥隧比较高的实际情况，运行动车组全部采用了密闭车厢结构，既能对抗山区风雨、霜冻等恶劣天气，又能大大降低列车因通过隧道和桥梁带来的车内噪声和身体不适，给乘客更加舒适的乘车体验。

二、西成高速铁路的规划

西成高铁的规划最早可追溯到 2008 年初。1 月 10 日，时任四川省委领导在北京与铁道部负责人进行会谈，双方协商一致、达成共识，签署了加快铁路建设的部省会谈纪要。会谈明确要积极推进四川省铁路建设，加强部省合作，旨在打造便捷、高效的出川通道，将四川铁路更好地融入全国铁路运输网络。会议决定，拟将成都经江油延伸至西安的高速铁路纳入正在准备调整的、2004 年制定的全国铁路网中长期规划方案。[1] 同年 10 月 31 日，国家发展和改革委员会正式批准通过《中长期铁路网规划（2008 年调整）》，规划虽然没有明确要建设西成高铁，但提出了加快西安和成都等全国重点客货枢纽建设的要求，注重加强各种交通方式的衔接。

汶川特大地震在一定程度上加快了国家推动西成高铁建设的步伐。此次灾害发生时，2007 年贯通的西汉高速公路在驰援灾区和人员、物资运送等方面发挥了巨大的作用。但公路运力毕竟有限。该地区原有的宝成铁路虽然一直以来都是北向出川、连接川陕地区的重要铁路干线，但因年代久远，修建标准较低，难以应对特大、紧急、特殊的自然灾害。为了更好地连接西南和西北地区，打造一条更加高速便捷的交通要道，国家将西成高速铁路项目

---

① 中共四川省委全面深化改革领导小组办公室、四川省地方志工作办公室：《四川改革开放 40 周年大事记（1978—2018）》，方志出版社，2018 年，第 841－842 页。

列入了汶川灾后重建规划，极大地推动了该项目的进展。

为了大力推动西成高铁项目尽快落地，2010 年 3 月，成都"成绵峨城际铁路有限责任公司"更名为"成绵乐铁路客运专线有限责任公司"，负责同时开展成绵乐客专、成兰铁路、西成客专（四川段）三个项目的建设。① 8 月，铁道部发布《关于成立成兰铁路项目管理机构的批复》，同意成立成兰铁路公司筹备组，负责项目的建设管理任务。② 10 月 29 日，由成都铁路局和四川铁路产业投资集团有限责任公司（简称"四川铁投集团"）共同组建的西成铁路客运专线四川有限公司第一次股东大会在成都召开。③ 会议审议通过了公司章程及相关议事规则，为推进西成高铁建设迈出坚实一步，工程各项筹备工作如期进行。

2011 年 2 月④，铁道部批复通过了新建西安至成都铁路西安至江油段的初步设计方案⑤。同年 7 月，铁道部发布《铁路"十二五"发展规划》，以国家文件的形式，明确规划建设西安—成都快速铁路。⑥

三、西成高速铁路的建设

在各方积极推动和共同努力下，经过四年的规划和筹备，西成高速铁路于 2012 年 10 月 27 日正式开工建设。⑦

---

① 参见成都铁路局史志办公室：《成都铁路局年鉴 2011》，中国铁道出版社，2011 年，第137 页。

② 参见成都铁路局史志办公室：《成都铁路局年鉴 2012》，中国铁道出版社，2012 年，第129 页。

③ 参见成都铁路局史志办公室：《成都铁路局年鉴 2011》，中国铁道出版社，2011 年，第118 页。

④ 此处在《成都铁路局年鉴 2012》第 130 页原文为"2010 年 2 月"，但结合资料前后文分析，应该是 2011 年，故判断材料原文时间记录有误。

⑤ 参见成都铁路局史志办公室：《成都铁路局年鉴 2012》，中国铁道出版社，2012 年，第130 页。

⑥ 参见陆东福：《铁路"十二五"发展规划研究》，中国铁道出版社，2013 年。

⑦ 中共四川省委全面深化改革领导小组办公室、四川省地方志工作办公室：《四川改革开放40周年大事记（1978—2018）》，方志出版社，2018 年，第 1019 页。

（一）工程全面铺开

开工后的第一个关卡是位于四川省境内的皇泽寺1、2、3号隧道及相关工程。该工程分为三个部分：一是西成客专兰渝联络线（包括上行、下行），二是新皇泽寺1、2、3号隧道及进出口路基（包括西成客专正线及下行、上行联络线），三是广元车站内地道、天桥及3座立交通道。2012年12月27日，距离西成客专开工建设仅两个月，西成铁路客运专线四川有限公司与成都铁路局签订了《新建西安至成都铁路西安至江油段（四川省境内）皇泽寺1、2、3号隧道及相关工程委托代建协议书》。考虑到该工程与正在建设的渝利铁路广元站区相关工程存在交叉部分且不易分割，为了工程能够更好地统一组织调配，保证工程的质量和安全生产，确保两个项目的施工进度，2013年3月18日，成都建设指挥部讨论决定将西成客专皇泽寺隧道及相关项目交由兰渝铁路广元站区相关工程施工单位中铁八局集团有限公司统一实施，并由成都建设指挥部对两个项目同时进行管理。5月10日，该工程顺利开工，保障了项目按计划有序开展。[①] 历时两年半，直到2015年12月，皇泽寺1、2、3号隧道及相关工程才全部完工，并于2017年底验收合格，保证了西成客专如期开通。[②]

西成高铁开工后，得到了四川省政府和各有关部门的大力支持，保障了各项施工进展顺利。位于四川省青川县金子山乡的青川站，其设立颇费周折，离不开地方政府的积极争取和努力协调。在中铁一院2012年8月公布的西成高铁西安至江油段环境影响评价的公示中，考虑到高铁线路尽量取直的要求，取消了青川站的设置。据了解，当年10月，西成高铁四川段已经动工建设。青川县牢牢抓住铁道部和科技部对口帮扶广元的机会，把握秦巴山片区区域发展和脱贫攻坚工程的历史性机遇，以灾后恢复和重建为契机，

---

① 参见成都铁路局史志办公室：《成都铁路局年鉴 2014》，中国铁道出版社，2014年，第143－144页。

② 参见《成都铁路局年鉴》编委会：《成都铁路局年鉴 2017》，中国铁道出版社，2018年，第105页。

提出并积极争取增设青川站，并于 2014 年 7 月得到了国家铁路总公司同意设立青川站的正式批复。[①] 然而受到山地的特殊地形限制，该处无法在正线设置站台，已经开工的项目再次修改线路走向已不太可能。经过设计团队的反复讨论和多方协调，最终决定采用正线与站台分离的设计，不停靠该站的列车可以从正线直接通过，需要经停该站的列车则要"拐个弯"驶入站台停靠。这项设计使得青川站成为全国首个且目前仍是唯一一个站台与正线分离的高铁站。[②] 青川站站房以灰色作为主色基调，其样式、色彩和材料运用在设计上都充分融入了青川县的传统特色，成为青川标志性的地标建筑和文化名片。

2014 年 11 月 21 日，西成高铁四川段开始架设箱梁，标志着施工取得了阶段性进展。[③] 2016 年 3 月 17 日，《中华人民共和国国民经济和社会发展第十三个五年规划纲要》发布，明确提出"十三五"期间我国铁路建设重点向中西部转移，尤其是要加强高速铁路网建设。2016 年 6 月 29 日，国务院第三次修编了《中长期铁路网规划》。规划提出，在"四纵四横"高速铁路的基础上，"形成以'八纵八横'主通道为骨架、区域连接线衔接、城际铁路补充的高速铁路网，实现省会城市高速铁路通达、区际之间高效便捷相连"[④]。西成高速铁路正式纳入"八纵八横"高速铁路主通道"京昆通道"的重要组成部分，也是中国首条穿越秦岭的高速铁路。同年 10 月 15 日，西成高铁四川段正式进入铺轨阶段。西成高铁全线采用 CRSTI 型双块式无砟轨道，这是高铁的核心技术，铺轨工程又是一项新的挑战。为了保障高铁的安全运行，误差必须控制在毫米级范围内。这是一个什么概念？精调小组负责

---

① 参见张丰、王越：《西成高铁——从栈道到高铁：联通梦想的千年演进》，西南交通大学出版社，2019 年，第 157 - 158 页。

② 参见张丰、王越：《西成高铁——从栈道到高铁：联通梦想的千年演进》，西南交通大学出版社，2019 年，第 73 - 74 页。

③ 参见《西成客专四川段开始架梁 预计 2017 年正式投入运营》，四川省人民政府网，http://www.sc.gov.cn/10462/12772/2014/11/21/10319107.shtml（检索时间 2020 - 11 - 27 17:20）。

④ 余巧凤、梁栋：《中长期高速铁路网规划相关问题研究》，《铁道经济研究》2017 年第 1 期，第 5 - 9 页。

人邱仲成用了一个形象的比喻来解释，一张 A4 纸的厚度大约 0.1 毫米，一般来说高铁轨距的偏差，业主通常要求在 0.5 毫米，而西成高铁铺轨项目的标准更加严格，控制在 0.3 毫米。[①] 正是这样的高标准、严要求，2016 年 11 月 5 日，西成高铁全线无砟轨道工作提前两天圆满完成。

2017 年 2 月 28 日，国务院发布《"十三五"现代综合交通运输体系发展规划》，提出要积极推进高速铁路建设，构建高品质的快速交通网。该规划明确了要大力建设京昆高速铁路通道，其中，将西安—成都高速铁路列入了国家快速交通网的重点建设工程，并计划在"十三五"时期建成通车。[②] 为积极推动和落实国家现代综合交通运输体系发展规划的各项要求，3 月，《四川省"十三五"综合交通运输发展规划》发布。四川省的规划方案遵循国家总体布局的指导，立足本地实际，积极支撑国家全方位对外开放新格局，围绕服务国家"一带一路"和长江经济带发展战略，规划"十三五"时期在全省构建"八射三联"综合运输大通道。其中，西成客专为"八射"综合运输大通道之一——"成都—川东北—京津冀通道"的重要组成部分。方案还明确了"十三五"时期，"西成客专西安—江油段"的续建项目是四川省高速铁路建设的重点项目之一。[③] 一系列文件的颁布，既充分体现了国家和地方对西成高铁建设项目的重视程度，也从侧面印证了该项目的重要意义，又为加快建设西成高铁起到了极大的推动和保障作用。2017 年 3 月 29 日，西成高铁四川段与成绵乐城际铁路在四川省江油市正式接轨，实现了省内高铁和北向出川通道的对接，推动了四川高铁网和全国高铁网的有效衔接。

（二）关键性工程

嘉陵江特大桥是西成高铁从陕西南下进入四川境内的第一座大桥，也是

---

① 参见张丰、王越：《西成高铁——从栈道到高铁：联通梦想的千年演进》，西南交通大学出版社，2019 年，第 74 页。

② 《"十三五"现代综合交通运输体系发展规划》，《中华人民共和国国务院公报》2017 年第 8 期，第 47－75 页。

③ 《我省"十三五"综合交通运输发展规划出炉》，《四川党的建设》2017 年第 8 期，第 5 页。

西成高铁四川境内排名第二的大桥。大桥全长约 1700 米,主跨 144 米,横跨嘉陵江,桥高约为 53 米;每个桥墩高约 42 米,直径达到 7 米,是目前国内跨度最大的连续梁结构高铁大桥。嘉陵江大桥建设过程中还有个小插曲。西成高铁最初设计的线路在四川境内的连蒙村隧道附近与既有的宝成铁路有一段交叉重叠路段。既有的宝成铁路是四川北上出川的重要干线,承载了大量的客货运压力,不可能因西成高铁项目施工而随便停运。在建设西成高铁的过程中,为了不影响宝成铁路正常行驶,施工团队经过研究,决定通过"让路"的方式将宝成铁路改线。为此,新修了 1782 米铁路线,其中包括长达 1247 米的连蒙村隧道。在此基础上,还要对既有宝成铁路约 2 公里的旧线进行平移。2015 年 7 月 1 日半夜,白天业务繁忙的宝成铁路暂时停止通行,实行区间封闭。上千名铁路工人在连蒙村隧道两侧连夜赶工,把旧轨道切断、平移、合龙,推上西成高铁新轨道,轨道平移最大距离长达 9 米。由于施工条件和场地有限,改线工程几乎全靠人工完成。耗时近 8 个小时,近 2 公里旧线完成了平移,实现了新旧轨道完全重叠,"让"出的新线路跨上了嘉陵江特大桥,成为桥的一部分,并且以最快的速度完成了铁路供电、通信信号、轨道调试等工作。改道后的宝成铁路从新建的连蒙村隧道穿行,解决了西成高铁建设过程中的"肠梗阻"难题。与嘉陵江特大桥相连的广元特大桥,是西成高铁四川境内最大的一座桥梁,全长约为 3 公里。改道工程顺利完工后,两座特大桥的建设才能如期进行,全线工程才能顺利推进。①

隧道工程在山区铁路项目中至关重要。西成高铁的隧道工程是推进全线顺利贯通的重要环节。2015 年 12 月 4 日,西成高铁毛毛山隧道全线贯通。该隧道是全线重点控制性工程之一,全长 1958 米,两省境内各 979 米。由于隧道地理位置特殊,位于四川广元转斗乡和陕西宁强关沟村之间,跨四川和陕西两省,被誉为西成高铁"出陕入川"第一隧道。该隧道先后两次穿越大巴山地质断层带和破碎带,土层较浅、稳定性差,建设过程中容易发生

---

① 参见《宝成线连夜改道 西成客专打通"肠梗阻"》,四川省人民政府网,http://www.sc. gov.cn/10462/10464/11716/11718/2015/7/2/10341627.shtml(检索时间 2020 − 11 − 18 14:38)。

危岩落石、隧道塌方等地质灾害，安全风险高、施工难度大。在施工过程中，针对特殊复杂地质特点，施工团队创新采用弱爆破、强支护、短进尺等技术方法，历时两年半，终于实现全线贯通。由于隧道口紧挨 108 国道，为了不影响国道正常通车，还采取了加装临时防护网、加强支护管棚等措施，保证隧道施工安全。① 2016 年初，西成高铁又有三个隧道相继完工。1 月 28 日，四川境内金家岩隧道贯通。随后，2 月 1 日，施工建设长达三年之久、设计为单洞双线的黄家梁隧道全线贯通。该隧道位于四川广元青川县，全长 11632 米。隧道所在区域瓦斯浓度高、原油浸染、围岩破碎，地质地貌复杂，施工难度极大，为 I 级风险隧道。该隧道的全线贯通，意味着西成高铁四川段修建难度最大的隧道工程已被攻克。紧接着，2 月 3 日，西成高铁川陕边界最长的隧道七盘关隧道全线贯通。该隧道全长 9220 米，位于陕西省汉中市宁强县境内。隧道穿越大巴山地区，紧邻汶川地震带，两次下穿京昆高速公路，洞内最大坡度高达 22‰，地质条件严峻复杂，施工难度极大，并且隧道所在地段，地表、地下水系发达，隧道施工过程中，排水量大，透水风险高，为此，施工团队灵活采用多种智能抽水设备，创新采用控水技术，确保施工安全。七盘关隧道的成功贯通，标志着西成高铁项目实现了川陕交界所有通道全部打通，为项目全线贯通又迈进了一大步。② 5 月 25 日，房家湾隧道顺利贯通。这是西成高铁 9 标段的最后一座隧道。该标段全长 27.7 公里，光隧道就长达 26.3 公里，隧道比接近 95%，是大巴山区最长的隧道群。除此之外，该隧道群穿越的地区地质情况非常复杂，山势陡峭、岩溶发育、涌水突泥、高地应力等难题一个个接踵而来。再者，该标段地形地貌特殊、施工条件有限，长大隧道密集，为隧道建设增加了安全风险，是西成高铁线路中最长的高风险隧道群。其中，长达 12.4 公里的何家梁隧道为 I 级风险隧道，有两段都要经过富水区，涌水、突泥、塌方等风险极高；漆

---

① 参见《西成客专川陕交界隧道贯通 2017 年成都 8 小时飘拢北京》，四川省人民政府网，http://www.sc.gov.cn/10462/12771/2015/12/5/10361241.shtml（检索时间 2020 - 11 - 13 16:11）。

② 参见《西成客专 2017 年建成投用 成都动车 8 小时飘到北京》，四川省人民政府网，http://www.sc.gov.cn/10462/12771/2016/2/5/10367805.shtml（检索时间 2020 - 11 - 13 15:27）。

树坝隧道、房家湾隧道等，也都处于一定的高危环境之中，面临不同的施工建设风险。中铁隧道集团经过艰难施工，耗时 41 个月，高峰期作业面多达 19 个，铁路工人 2500 余人参与建设，确保整个标段按计划顺利完成。① 该标段的全线贯通，也为西成高铁全线贯通向前推进一大步。6 月 7 日，继毛毛山隧道、金家岩隧道、黄家梁隧道和七盘关隧道等四条穿越秦岭的隧道后，全长 12.553 公里、位于陕西省户县境内的清凉山隧道也终于顺利贯通。这是西成高铁自北向南进入秦岭的第一条长大隧道，项目需要穿越秦岭北部褶皱带和断裂带，地质松软，碎石密布；又下穿曲峪河，施工难度非常大。2012 年 12 月开工建设，历时三年半，才终于顺利打通。② 随着一系列隧道先后贯通，西成高铁项目整体桥隧工程接近尾声。7 月 8 日，全线最长的天华山隧道顺利贯通。该隧道位于陕西陕县境内，全长 15989 米，也是全亚洲最长的双线高铁隧道。该隧道是西成高铁秦岭隧道群中长度最长的 I 级高风险隧道，横切秦岭山脉，海拔高、地势险，最大埋深超过 1000 米。③ 该区段隧道洞口多为 V 形沟谷，为了有效避免危岩落石给高铁行车运营带来的不良影响，施工单位创新性地采用了"桥隧一体化柔性钢网防落石棚洞"和"桩柱式钢筋混凝土防落石明洞"两种新型技术。④ 9 月 12 日，西成高铁大秦岭隧道贯通。该隧道贯穿秦岭主脉，是全线海拔最高的隧道；跨越我国南北两种地理环境，地形条件复杂；全长 14.84 公里，最大埋深达 1185 米，是全线建设难度最大的工程之一。⑤ 10 月 30 日，施工长达三年之久、西成高铁四川段最长的双线隧道、位于朝天至江油段的小安隧道全线贯通，全长

① 参见《房家湾隧道贯通 西成客专建成通车后西安 3 小时到成都》，四川省人民政府网，http://www.sc.gov.cn/10462/12771/2016/5/26/10381939.shtml（检索时间 2020 - 11 - 13 11:38）。

② 参见《西成客专入秦岭第一隧道贯通 9 月底全线铺轨明年开通运营》，四川省人民政府网，http://www.sc.gov.cn/10462/12771/2016/6/12/10383733.shtml（检索时间 2020 - 11 - 13 11:54）。

③ 参见《亚洲最长单洞双线高铁隧道 西成高铁秦岭天华山隧道贯通》，四川省人民政府网，http://www.sc.gov.cn/10462/12771/2016/7/10/10387435.shtml（检索时间 2020 - 11 - 13 11:45）。

④《西成客专陕西段本月联调联试 四川段最快下月通电》，四川省人民政府网，http://www.sc.gov.cn/10462/12771/2017/5/10/10422394.shtml（检索时间 2020 - 11 - 13 11:38）。

⑤ 参见《西安至成都高速铁路大秦岭隧道 12 日贯通》，四川省人民政府网，http://www.sc.gov.cn/10462/12771/2016/9/13/10395576.shtml（检索时间 2020 - 11 - 13 11:35）。

13430 米。[①] 小安隧道贯通后，西成高铁全线所有在建隧道都已实现顺利贯通，西成高铁项目主体线下工程如桥梁、隧道和路基建设等均全部完工，项目全面进入了站房装修、轨道铺设、电力和信号工程等方面的施工阶段，为推进全线建成通车取得突破性进展。

西成高铁还有一处特殊的车站——新场街站。它是全线海拔最高的车站，位于大秦岭隧道与菜子坪一号隧道之间。新场街站的特殊之处，在于它是一个越行站，没有乘客上下车。这样一座车站存在的意义何在呢？据了解，为了更好地保障高铁的运行安全，方便同方向列车越行，故设置了运行站，能够让同一线路、同一方向的快车顺利越行慢车。除了有 3 对方便站点工作人员通勤的高铁会临时停靠，其他列车均呼啸而过，按照设计时速 250 公里的速度，每列高铁通过这个小站的时间大约只有 3 秒钟，乘客甚至都来不及看清写有"新场街站"4 个字的站台。然而在这样一个位于秦岭深处、交通不便、气候恶劣的小小站点，却有 6 名工作人员坚守，只为保障高铁的安全顺利运行。他们中，有"80 后"站长张华权，"90 后"值班站长田鹏，2 名"小将"带着 4 名"60 后""70 后"值班员，长期扎根秦岭深处默默奉献。这里夏天经常因为暴雨引发泥石流而冲断山路，冬天又往往因气温过低而导致大雪封山。2017 年 5 月，该站点刚开通，张华权和田鹏率先入驻，没有食堂，只能自己在户外架起炉灶做饭；出行只能靠大巴车，且一天只有一班。6 月 6 日，其余 4 名值班员到岗，这个小站才算全员配齐。他们当中只有张华权有高铁工作经验。在艰苦的工作条件下，6 人互帮互助，短短几个月就完全适应了从普速铁路到高铁工作模式的转换。[②]

---

① 参见《西成客专小安隧道贯通 系四川最长铁路隧道》，四川省人民政府网，http://www.sc.gov.cn/10462/12771/2016/10/31/10401974.shtml（检索时间 2020 - 11 - 13 11:32）。

② 参见张丰、王越：《西成高铁——从栈道到高铁：联通梦想的千年演进》，西南交通大学出版社，2019 年，第 66 - 67 页。

四、西成高速铁路建成通车

为了保证西成高铁顺利开通运营，自 2016 年 9 月开始，成都电务段就组织了 6 名工作人员组成专项工作配合组，开始了全线各项检查和测试工作。2017 年 4 月，西成高铁进入了静态验收阶段，配合组人员也增加到 11 人。5 月下旬，西成高铁陕西段进入线路开通前最后的联调联试。[1] 7 月 3 日，由中国铁路总公司负责，开始利用综合检测动车组对西成高铁四川段（朝天—江油段）进行试验运行，标志着西成高铁进入了全线联调联试阶段，为全线建成通车迈进了一大步。[2] 各项验收调试工作一直持续到 11 月，配合组人员也不断增加，最终增加到 33 人。在长达 14 个月的验收工作中，工作人员克服了简陋的工作环境和艰苦的生活条件，对全线 10 个站点、78 组道岔、81 架信号机和 544 个轨道区段进行了严格把关，全线实现了信号从无到有、设备从零散到整体的转变，为西成高铁的通车运营做好充分准备。[3] 四川和陕西两个路段分别的联调联试结束后，铁路部门从 11 月 13 日开始组织相关业务单位和专家组进一步对西成高铁进行验收，确保全线在线路、设备和列车运行等各个方面均能达到运营通车的各项要求。[4] 11 月 22 日，一列 55252 次 CRH3A 型动车组列车从成都顺利抵达西安，全线运营时间 4 小时 15 分。[5] 西成高铁全线正式开始了拉通空载模拟运行。铁路部门每

---

[1] 联调联试是铁路部门在高速铁路开通运行前，运用高速检测列车等设备，对线路轨道、供电、信号、接触网等进行测试，依据测试数据结果对全线进行综合评估和调整，确保整个系统满足列车快速、安全运行的各项要求。

[2] 参见《开通倒计时！西成客专四川段联调联试 全线封闭隔离管理》，四川省人民政府网，http://www.sc.gov.cn/10462/12771/2017/7/4/10427160.shtml（检索时间 2020 - 11 - 18 09:43）。

[3] 参见《齐心协力铸精品——成都电务段确保西成高铁顺利开通侧记》，中国铁路成都局集团有限公司官网，http://www.cd - rail.cn/#（路局要闻；时间：2017 - 11 - 17 18:01）（检索时间 2020 - 11 - 25 11:12）。

[4] 高速铁路建成通车前的必备流程：静态验收（含轨道精调、接触网冷滑等）→动态验收（含接触网送电、热滑等）→联调联试（综合检测车上线、逐级提速）→运行试验（按图模拟开通）。

[5] 参见《西成高铁全线拉通空载运行》，四川省人民政府网，http://www.sc.gov.cn/10462/10778/10876/2017/11/23/10438906.shtml（检索时间 2020 - 11 - 18 09:23）。

天开行共计 8 对动车，分别从成都东站和重庆北站驶往西安，由专门的工作人员负责对全线轨道、车辆、线路、供电、信号、车站、设备等各个方面进行最后的检查和测试，还要全面记录全线在指挥调度、运行控制和客运服务等各方面的情况，综合模拟数据不断进行调整和完善，这也是每一条高铁线路开通运营之前必不可少的环节，标志着西成高铁正式开通运营进入倒计时。此次空载模拟运行，是我国首次使用了由中车长春轨道客车股份有限公司制造的、即将投运西成客专的 CRH3A 型动车组，是四川"和谐号"动车组家族的新成员。它车体高 3.9 米、宽 3.3 米，车厢与其他型号动车组相比更为宽敞，座椅也有所升级，坐起来更加柔软和舒适，全车安装的传感设备可实现随时随地自动监控行车数据，能够更好地保证行车安全。值得一提的是，该型号动车组的网络控制系统、核心部件以及制造技术等均完全由我国自主研发，并且，它是目前国内使用的客运专线动车组中唯一既可以适用于时速 160～250 公里的城际铁路，又适用于时速 200～250 公里线路的车型。① 空载模拟运行持续了大约两周的时间。2017 年 12 月 6 日，一列满载乘客的 D4251 次动车组列车从西安北站出发驶往成都，标志着西成高速铁路（西安—江油段）正式开通运营。② 在此之前，西成高铁成都至江油段与成绵乐城际铁路共线，已于 2014 年 12 月 20 日开通运营；此次西安至江油段建成通车，标志着西成高铁实现了全线的开通运营。通车初期，该条线路每日开行 19 对动车组列车，成都与西安两地之间最快 4 小时 07 分即可到达；后期调整列车运行图之后，每日开行的动车组列车增加到 62 对，成都至西安的通行时间最快缩短到了 3 小时 27 分。③ 西成客专全线采用动车组，是名副其实的铁路大通道。根据线路建设运营的总体规划，2020 年，西成高铁每日

---

① 参见《CRH3A 动车组将"首秀"西成客专　记者提前探访》，四川省人民政府网，http://www.sc.gov.cn/10462/12771/2017/7/29/10429256.shtml（检索时间 2020 - 11 - 18 08:11）。

② 参见《西成高铁正式开通运营　蜀道难成为历史》，四川省人民政府网，http://www.sc.gov.cn/10462/12771/2017/12/7/10440098.shtml（检索时间 2020 - 11 - 18 08:15）。

③ 参见《西成高铁开通初期最短旅行时间 4 小时 7 分　年底将压缩至 3 小时 27 分》，四川省人民政府网，http://www.sc.gov.cn/10462/12771/2017/12/4/10439830.shtml（检索时间 2020 - 11 - 18 08:25）。

通行客车 125 对；计划到 2030 年，每日通行客车数量将达到 185 对；最高峰时期，预计发车间隔将缩短到 4 分钟左右；按这样的运量计算，该线路每年单向通行能力可高达 7000 万人次。①

在线路运营方面，西成高铁也不断创新。2018 年 8 月，西成高铁全线站点率先实现"一证通行"，四川和陕西两省路段均开通了通过直接刷身份证即可实现顺利进出站的业务，这也是中国铁路成都局集团管辖的高铁线路中，第一条可以全线"一证通行"的线路。②"一证通行"实现后，旅客进出站、查验过闸等流程更为简化，减少了排队等候的时间，提升了出行效率；旅客通过互联网即可完成订购车票、退改签手续等，更加便捷；节省车票打印的各种耗材，更为节能环保，更符合低碳交通的新需求；此外，还进一步提升了铁路客运质量、优化了服务措施，提升了旅客的出行舒适感，更好地满足了客运需求。西成高铁在货运服务方面也有新的突破。2018 年 5 月，中国民用航空总局和中国铁路总公司签订了空铁联运战略合作协议。9 月 15 日，西成高铁首次完成了"一单制"空铁联运货物运输，这是两家单位货运项目在西成高铁的试点，也是两家单位合作落地的首单跨境联运项目。③

西成高铁的建成通车，改写了四川交通自古以来"蜀道难，难于上青天"的历史，西安至成都的列车最短运行时间由之前普通快速列车的 11 个小时缩短为 4 小时。④ 长期以来，受横亘的秦岭山脉阻隔的我国西南、西北地区终于实现了"半日达"。西成高速铁路建成通车，成为连接我国成都平原、关中平原和汉中盆地最快捷的通道，将进一步完善我国西部地区高速铁

① 参见《西成客专连接郑西、京广等客运专线 北上出川第二条铁路即将形成》，四川省人民政府网，http://www.sc.gov.cn/10462/10464/10797/2016/10/16/10399252.shtml（检索时间 2020 - 11 - 10 08:38）。

② 参见《西成高铁实现全线直刷身份证进出站》，中国铁路成都局集团有限公司官网，http://www.cd - rail.cn/#（局局要闻；时间：2018 - 08 - 23 08:11）（检索时间 2020 - 11 - 10 08:40）。

③ 中共四川省委全面深化改革领导小组办公室、四川省地方志工作办公室：《四川改革开放 40 周年大事记（1978—2018）》，方志出版社，2018 年，第 1314 页。

④ 中共四川省委全面深化改革领导小组办公室、四川省地方志工作办公室：《四川改革开放 40 周年大事记（1978—2018）》，方志出版社，2018 年，第 1019 页。

路网络，也将进一步丰富和发展我国整体的高速铁路网。西成高铁串联起"成都—重庆""关中—天水"西部两大重要经济区，使得西部三大城市成都、西安和重庆之间的时空距离缩短到5小时以内，实现了区域内部更为密切地互联互通；也大幅缩短了西南地区通往北京、上海等城市的时空距离，增进了东西部地区之间的交流与合作；还促进了秦岭和大巴山山区人民脱贫致富，共享高铁经济带来的丰硕成果，促进乡村振兴和区域协调发展战略落到实处；还将推动铁路沿线城镇经济发展、文化交流、社会进步和民生改善，进一步深化和落实西部大开发战略，促进西部进入"城市集群发展"的新阶段。

西成高铁因其特殊地理环境，全线桥隧比例高、建设难度大。5年的建设过程中，先后参与施工的人员总数超过了8万人次。在设计和施工的过程中，相关单位不断创新工程技术、改革施工技法，适应山区高铁建设的特殊要求。中铁十七局集团的工人刘奇曾参与了天华山隧道的施工，这个难度极大的隧道工程给当时年仅24岁的他留下了深刻的印象。位于高风险区域的天华山隧道最大埋深超过千米，且围岩破碎，爆破和挖掘均存在较大安全隐患。为了防止掉落的石头砸伤工人，保障施工安全，每名工作人员都配备了由铁皮和薄钢特制的防护服。据刘奇回忆，2014年6月，在2号斜井打通后准备进入主洞时曾发生岩爆，工人们能够及时撤离得益于先进的报警技术。他所说的这项先进技术便是西成高铁施工过程中应用的危岩监测系统。该系统与工作人员手机联通，每隔4小时便实时更新一次数据，如遇突发情况或突破安全指数就会立即自动报警，为工人们的安全撤离赢得宝贵的时间。除了先进的施工设备，隧道工程的安全还有赖于工作人员的每日检查，他们被形象地称为"耳朵医生"。"耳朵医生"每日的工作便是用7.5千克重的敲击棒击打隧道岩壁，根据敲击发出的回声来判断隧道墙壁是否存在安全隐患，如裂缝、渗水或空鼓等。为了保障施工安全，短短数百米的隧道，每日往往要敲击上万次。[1] 正是由于先进施工设备的运用和施工人员的细心负

① 张丰、王越：《西成高铁——从栈道到高铁：联通梦想的千年演进》，西南交通大学出版社，2019年，第68页。

责，才保障了西成高铁这项高难度工程的顺利完工。各项难关的一一突破，保障了工程顺利推进，既为全线建成通车奠定了良好的基础，又充分体现了我国高铁事业发展取得的突破性成就，为我国和世界高铁建设提供了经验借鉴。

西成高铁在建设过程中还特别注重对生态环境的保护，尽可能减小沿线施工对自然环境造成的影响，努力将"钢铁大道"建成"绿色长廊"[1]。西成高铁项目备受关注，除了穿越秦岭这一重要区位因素，还由于沿线需经过多个自然保护区，涉及大熊猫、金丝猴、朱鹮、羚牛等国家级珍稀动物的保护。全线建设过程中，仅涉及环境保护方面的投资就高达8993.1万元。[2] 在选线时，就充分考虑了铁路对沿线生态敏感区的影响，对多个方案进行了反复勘测、研究和比选，通过线路绕行或增加桥隧等方式，减小对沿线自然保护区、水源保护区和风景名胜区的影响。如线路途经秦岭自然保护区、剑门山地质公园和水磨沟省级自然保护区，尽量选择了通过绕路的方式远离主景区，减小对连片集中分布并且保护等级较高的区域的影响。线路经过陕西菜子坪大熊猫走廊带、宁强汉水国家湿地公园和四川嘉陵江源湿地自然保护区等地时，为了保护自然环境、减小对自然生态的破坏和影响，95.7%的路段都采用了架设桥梁和开挖隧道的方式[3]，为沿线的大熊猫、金丝猴等珍稀动物留出了生命通道。铁路沿线还搭建了世界首个大规模鸟类防护网，长达33公里，珍稀保护动物朱鹮等鸟类能够轻松地识别钢轨两侧的蓝色金属网，从而避免撞上动车，顺利从高铁上方飞过。[4] 为了降低铁路沿线噪声污染，全线还采取了无缝线路、封闭施工等措施，对沿线受噪声影响较为敏感的区

---

① 张丰、王越：《西成高铁——从栈道到高铁：联通梦想的千年演进》，西南交通大学出版社，2019年，第78页。

② 参见《西成客专2017年建成投用　成都动车8小时飙到北京》，四川省人民政府网，http://www.sc.gov.cn/10462/12771/2016/2/5/10367805.shtml（检索时间2020-11-13 15:27）。

③ 参见《西成客专四川段开始架梁　预计2017年正式投入运营》，四川省人民政府网，http://www.sc.gov.cn/10462/12772/2014/11/21/10319107.shtml（检索时间2020-11-13 15:30）。

④ 参见《新蜀道西成高铁开跑》，中国铁路成都局集团有限公司官网，http://www.cd-rail.cn/#（路局要闻；时间：2017-12-07 08:18）（检索时间2020-11-13 15:00）。

域还通过设置隔声窗、建立噪声屏障等方式来降噪。西成高铁并没有因线路环境的复杂性和建设的高难度而降低工程要求，该项目获得了 2019 年菲迪克（FIDIC）[1] 最高奖——全球杰出工程项目奖[2]。

西成高铁的顺利通车和给沿线带来的社会经济效益，将进一步促进和推动四川高铁建设和发展。西成高铁规划之初，沿线各市县政府竞相发力，积极争取高铁站点的停靠，力图为自身发展谋求更加优越的区位优势。江油市[3]是全国拥有最多高铁站的县级市之一。如果说西南"三线建设"四川是重要环节，那么江油则是四川主战场中非常重要的一环。新中国成立前，江油没有铁路，交通十分落后。新中国成立后，随着宝成铁路的建成通车，江油丰富的煤、铁、铝、天然气、石灰石等矿产资源得到了更好的开发和利用。国家在江油境内先后设置 14 个大、小车站，丰富的自然资源和便利的运输条件，吸引了大批"三线"企业和科研院所落户江油，奠定了其中国西部重要特殊钢生产基地和四川工业重镇的发展定位，并在后续的发展中逐步形成了以能源、冶金、航空等为主体的工业体系。但随着国家政策的调整，"三线"企业的转产和关闭，江油经济开始下滑。要改变落后局面，产业结构转型升级势在必行。西成高铁带来的交通优势将是江油再次发展的新机遇。成绵乐城际客专在此地设有江油、青莲两个高铁站，西成高铁则设立了江油站（与成绵乐客专共用）、江油北（厚坝）站。这样的设置使得江油成为全国高铁站点最多的县级市之一。当年江油市争取西成高铁"江油北站"落户厚坝时亦经历了诸多辛酸。高铁项目的顺利推进离不开沿线土地征迁。然而对于农民来说土地是衣食父母，可想而知征迁的难度有多大。此外，人们对于高铁的认识和接受也有一个过程，建设过程中不支持的声音一直都有。江油市和厚坝镇党委、政府面对各种压力和困难，通过一次次宣传

---

① 菲迪克（FIDIC）指国际咨询工程师联合会，全称是 International Federation of Consulting Engineers。该组织于 1913 年在比利时成立，是国际上最具权威的、独立性咨询工程师组织。

② 《中国中铁年鉴》编委会：《中国中铁年鉴：勘察设计与咨询服务》，中国经济出版社，2020 年，第 128 页。

③ 由绵阳市代管的县级市。

教育，向农民讲清发展机遇；又通过建立奖励扶助基金等措施，积极沟通、稳妥落实，争取到了沿线群众对西成高铁建设的支持，群众纷纷让地拆房，保证了江油北站的落成，也保证了西成高铁项目的顺利实施。西成高铁通车后，厚坝镇旅游经济的发展为群众带来了实实在在的好处，也给江油带来跨越式发展的新机遇。老百姓对高铁的肯定和称赞，为四川各地政府积极支持和推动高铁建设营造了有利的舆论环境。

第二节　西北向出川通道的建设

四川西北边，与青海、甘肃两省接壤，这三个省份是西部地区的重要区域，但交通布局留白较多。建设四川西北向出川通道，结束川西北没有铁路的历史，不仅能提升四川出川通道的通达度，更能强化西部地区铁路网的布局，把位于中国西北方向的兰西城市群和西南方向的成渝地区双城经济圈连在一起，促进西北、西南的铁路大通道的建立。于是成兰铁路、成都至西宁铁路等规划相继出台，最终形成了西北向出川通道——川青铁路①的建设格局。

一、成兰铁路的基本情况

成兰铁路是继 2006 年青藏铁路建成通车后，又一条在海拔 3000 米以上

---

① 按照国家铁路局制定的行业规范和今天人们对高速铁路的认知来看，目前设计速度为 200 公里/小时的川青铁路似乎不能算是正规意义上的高速铁路，但由于川青铁路为国家"八纵八横"高速铁路网中兰（西）广高铁通道的重要组成部分，鉴于《中长期铁路网规划》文件，将部分时速 200 公里的轨道线路纳入中国高速铁路网范畴，我们仍将川青铁路视作出川的高速铁路通道。川青铁路黄胜关到海东西段是"200 公里/小时，部分路段预留提速至 250 公里/小时平面条件"，这与公认为高铁的兰新高铁线路相似，该线只有乌鲁木齐到哈密和兰州到西宁是 250 公里/小时的运营速度。[国家铁路局颁布的《高速铁路设计规范》文件中将高铁定义为新建设计时速为 250 公里（含）至 350 公里（含），运行动车组列车的标准轨距的客运专线铁路，国家发展和改革委员会将中国高铁定义为时速 250 公里及以上标准的新线或既有线铁路]

的高原修建的"天路"。线路经过"5·12"汶川特大地震的震中区，也是汶川特大地震灾后重建的重点交通基础设施项目之一。按照规划，成兰铁路既可以与兰渝铁路、西成铁路和宝成铁路等线路连接，又和规划建设中的成都—西宁铁路、川藏铁路相连，是我国西南和西北地区联系的纽带，还可以进一步贯通西北—西南—华南沿海地区，是我国铁路区际铁路干线网络重要的组成部分，也是我国内陆地区经成都向西北延伸、进而通往欧亚大陆的又一条陆上铁路大通道。

成兰铁路位于四川和甘肃两省境内，全长463公里，其中，四川路段约为378公里，甘肃路段约为85公里。[①] 线路起于四川省成都市青白江站，经广汉、什邡、绵竹、安县、茂县、叠溪、松潘、川主寺、黄胜关、九寨沟等站，再经川陇交界处的郎木寺站出川继续北上，经在建兰渝铁路哈达铺站往东北到合作，走兰合铁路最终抵达甘肃省兰州市。全线设计为客货共线的国铁Ⅰ级电气化双线快速铁路。客运设计时速200公里。全线大的站点均办理客运业务，货运业务主要在沿途部分小的站点办理。其中，九寨沟站最多可同时容纳2000人，是全线规模最大的站点。

成兰铁路具有工程难度大、建设风险高、环保要求严、桥隧比例高等特点。线路从成都平原出发，经过四川西北部和甘肃南部山区，全线大部分在山区穿越；需跨越龙门山、岷江、秦岭三大断裂带，还要经过大九寨地区和大熊猫栖息地；加上"5·12"特大地震对该区域地质地貌的影响，工程环境非常复杂。全线共有隧道33座，累计长达332.437公里，其中，10公里以上的长大隧道达14座。全线桥隧比约为86.28%。[②]

---

① 参见《朱颖陪同卢春房视察由中铁二院设计的成绵乐和成兰客运专线项目》，中铁二院工程集团有限责任公司官网，https://www.creegc.com/tabid/82/InfoID/1895/frtid/150/Default.aspx（检索时间 2021-01-10 09:00）。

② 参见成都铁路局史志办公室：《成都铁路局年鉴　2012》，中国铁道出版社，2012年，第128页。

二、成兰铁路的规划与建设历程

成兰铁路的规划与建设早在 2008 年就已开始。年初，时任四川省委领导在北京与铁道部负责人进行会谈时，就提出了在即将进行调整的全国铁路网中长期规划方案中，计划纳入成都经甘肃哈达铺到兰州的铁路。[①]

成兰铁路是 2009 年四川省规划的"7 + 2"[②] 铁路项目中率先开工建设的第一条铁路。它在当时也被认为是中国铁路建设历史中沿线环境最复杂的铁路。[③] 由于工程建设的复杂性和高难度，成兰铁路成都至川主寺（黄胜关）段（又称成川线）作为全线工程的试验段，于 2009 年 2 月 21 日在松潘县先行开工建设。全长 275 公里的线路中，有 17 座隧道，其中，长度超过 20 公里的隧道有 3 座，隧道平均里程 10.2 公里。该路段隧道比超过了 63％。[④] 在铁路建设的历史上，成川线全部 275 公里都作为试验段建设是比较少见的，从侧面反映出成兰铁路工程建设之艰难。

2009 年 10 月 12 日，国家发展改革委对年度国家西部大开发战略支持下新开工的 18 项重点工程进行了公布，投资规模高达 4689 亿元。其中，涉及四川的重点工程共 6 项，总投资 1247.8 亿元。[⑤] 成兰铁路位列其中。

为了更好地推进成兰铁路建设，2010 年 3 月，成都"成绵峨城际铁路有限责任公司"更名为"成绵乐铁路客运专线有限责任公司"，负责同时开

---

① 中共四川省委全面深化改革领导小组办公室、四川省地方志工作办公室：《四川改革开放 40 周年大事记（1978—2018）》，方志出版社，2018 年，第 841 - 842 页。

② 即 2019 年四川省新开工"7 + 2"个项目：成兰铁路、成贵铁路、成西客专、成渝城际铁路、成昆新建双线、川藏线成都至康定段、巴中至达州铁路，以及成都车站扩能改造和达万电气化改造。

③ 中共四川省委全面深化改革领导小组办公室、四川省地方志工作办公室：《四川改革开放 40 周年大事记（1978—2018）》，方志出版社，2018 年，第 888 页。

④ 参见《成兰铁路茂县隧道 6 年多才打通 平均每天掘进不到 5 米——仿动物脊柱"撑"起这个难点工程》，四川省人民政府网，http://www.sc.gov.cn/10462/12771/2020/1/13/62e6b11c244e437fb25909e7b74574a1.shtml（检索时间 2020 - 11 - 09 14:15）。

⑤ 中共四川省委全面深化改革领导小组办公室、四川省地方志工作办公室：《四川改革开放 40 周年大事记（1978—2018）》，方志出版社，2018 年，第 903 页。

展成兰铁路、成绵乐城际铁路和西成客专（四川段）3 个项目的建设工作。[①]
后来，为了更好地推动成兰铁路建设，铁道部同四川省、甘肃省共同出资组
建了成兰铁路有限责任公司，负责工程建设、资金筹措和经营管理等工作。

试验段开工两年后，2011 年 2 月 25 日，成兰铁路先期开工段授标大会
在成都召开。次日，阿坝州政府和成兰铁路公司在黄胜关举行誓师大会，力
推成兰铁路建设；在前期试验段顺利推进的基础上，三星堆至绵竹南段、川
主寺至黄胜关段、池沟双线大桥、花儿坡双线中桥等多个标段都于 2 月 26
日集体动工，标志着成兰铁路项目取得突破性进展。[②]

2011 年 7 月，铁道部印发《铁路“十二五”发展规划》，成兰铁路纳入
了国家区际干线重点项目。[③]

2012 年，成川线的建设遭遇了波折。12 月 17 日，环保部对一批建设项
目的环评情况进行了公示，其中，成川线工程设计变更的环境影响报告书由
于对线路涉及的自然保护区相关环境影响论证不够充分、保护措施力度不
够，公众参与度不高、代表性不强，线路噪声影响突出以及与其他铁路包夹
居住用地等原因，被列为“拟暂缓审批”。工程相关团队不得不再次对方案
进行修改和调整，更多地采用了桥隧的方式绕避生态环境敏感区域，虽在一
定程度上增加了成本，但确保了项目的顺利推进。

为了保证项目按计划推进，保障重点工程的实施是重要的环节。位于四
川阿坝州茂县的平安隧道是成兰铁路全线最长的隧道，也是我国铁路隧道中
西南地区最长、全国第二长的隧道。全长 28.427 公里[④]，最大埋深达 1720

---

① 参见成都铁路局史志办公室：《成都铁路局年鉴 2011》，中国铁道出版社，2011 年，第
137 页。

② 中共四川省委全面深化改革领导小组办公室、四川省地方志工作办公室：《四川改革开放40
周年大事记（1978—2018）》，方志出版社，2018 年，第 888 页。

③ 中共四川省委全面深化改革领导小组办公室、四川省地方志工作办公室：《四川改革开放40
周年大事记（1978—2018）》，方志出版社，2018 年，第 975 页。

④ 参见成都铁路局史志办公室：《成都铁路局年鉴 2012》，中国铁道出版社，2012 年，第
128 页。

米，设计为双洞单线。① 隧道于 2013 年 10 月开工建设，其间，相关单位克服了重重困难，针对工程重难点问题进行了多次研讨。2016 年 3 月，中国铁路总公司在成都组织召开成兰铁路试验段工程第四次专题推进会。会上，相关专家围绕成兰铁路平安隧道等重点工程进行了讨论，结合在艰险困难山区和复杂地质条件下修建高铁隧道的相关技术研究成果进行了探讨，为进一步解决工程难题，推进项目进展起到了重要作用。② 2017 年 2 月 16 日，平安隧道终于全线贯通，填补了我国在强烈地震带和极端地质条件下成功建设特长隧道的历史空白，是我国在铁路建设领域位于世界领先水平的又一例证，在隧道设计、施工技术等方面取得的创新性成果可以推广应用于类似的复杂山区铁路建设。

2017 年 3 月，四川省人民政府发布《四川省"十三五"综合交通运输发展规划》，明确要加快出川通道的干线铁路建设，强调要加快建设成都至兰州等项目。成兰铁路是四川省"八射"大通道之一——成都—兰西广通道的重要组成部分。成兰铁路成川段被纳入了四川省"十三五"时期干线铁路建设重点项目。③

2017 年 9 月 22 日，位于四川阿坝州松潘县境内的金瓶岩隧道全线贯通。④ 隧道全长 1.2773 公里，所在路段极易发生软岩地质变形，存在有害气体等风险，并且要穿越四条冲击沟，埋深跨度 30～790 米，建设难度较大。

2018 年 8 月，成兰铁路成川段站房工程正式开工。该路段新建三星堆、什邡西、绵竹南、安县、南川、茂县、镇江关、松潘、川主寺和黄胜关等

---

① 参见《西南地区最长铁路隧道——成兰铁路平安隧道胜利贯通》，中铁二院工程集团有限责任公司官网，https://www.creegc.com/tabid/83/InfoID/2583/frtid/150/Default.aspx（检索时间2020 - 11 - 19 11:10）。

② 参见《成都铁路局年鉴》编委会：《成都铁路局年鉴 2017》，中国铁道出版社，2018 年，第113 页。

③ 参见《四川省人民政府关于印发〈四川省"十三五"综合交通运输发展规划的通知〉》（川府发〔2017〕20 号），四川省人民政府网，http://www.sc.gov.cn/10462/c103044/2017/4/10/a445c3cef7e741e98356f95aeb7e3d06.shtml（检索时间 2020 - 11 - 05 09:00）。

④ 中共四川省委全面深化改革领导小组办公室、四川省地方志工作办公室：《四川改革开放40周年大事记（1978—2018）》，方志出版社，2018 年，第888 页。

10 个站房，建筑面积总计 2.7 万平方米。① 由于该路段穿越龙门山断裂带，地质活动频繁剧烈，站房在选址过程中已进行充分考虑，尽量避开易发生滑坡和泥石流灾害的位置，在建设过程中，还对周围山体增加了防护措施。此外，站房还充分考虑了房屋的抗震功能，全面提升抗震能力，确保各站点顺利施工和后期运营安全。12 月 26 日，成川段海拔最高的红桥关隧道顺利贯通，项目继续向前推进。

2020 年 11 月 5 日，位于四川阿坝藏族羌族自治州的松潘隧道顺利贯通。该隧道全长 8048 米，设计为双线。隧道所在地段地处青藏高原东麓，海拔近 3000 米；穿越岷江断裂带，地震频繁；有 2360 米处于软岩地段，山体易变形和滑坡；最大埋深达到了 270 米，最浅处仅有 28 米。② 地质条件复杂，给工程造成了一定的困难。为了解决软岩易碎、易变形等工程中的疑难杂症，设计施工团队自主创新了"隧道微三台阶上部核心土施工工法"等 9 项关键技术，大大提高了隧道软岩变形段的施工效率，掘进速度从最初的月均掘进 22 米提高到了 35 米。③ 松潘隧道的顺利贯通，为我国在高原、高寒地区和地震高发的破碎软岩地区进行隧道施工和铁路建设提供了技术借鉴，为世界铁路建设史提供了新的范例和成功经验。

2021 年 4 月 26 日，位于阿坝州茂县境内全长 16.3 公里的榴桐寨隧道顺利贯通。该隧道工程范围内均为软弱易碎的围岩，是全线在四川境内的隧道工程中软岩变形最严重的路段；此外，隧道正好处于薛城至卧龙 S 形构造带与石大关弧形构造带的复合地带，地质环境非常复杂。按照设计，隧道埋深超过 500 米的路段总长度约为 11 公里，最深处可达 1410 米，项目难度极

---

① 参见《成兰铁路成都至川主寺（黄胜关）段客站站房正式开建》，中国铁路成都局集团有限公司官网，http://www.cd - rail.cn/#（路局要闻；时间：2018 - 08 - 14 08:18）（检索时间 2020 - 11 - 15 15:15）。

② 参见《历时 3000 天 成兰铁路松潘隧道贯通》，国家铁路局官网，http://www.nra.gov.cn/xwzx/zlzx/jwtlxx/202011/t20201106_ 123679.shtml（检索时间 2020 - 11 - 15 15:25）。

③ 参见《成兰铁路松潘隧道贯通 通车后将结束川西北地区没有铁路的历史》，四川省人民政府网，http://www. sc. gov. cn/10462/12771/2020/11/6/651515ecd7034b8c8a40a5c8d2d72d03. shtml（检索时间 2020 - 11 - 19 11:00）。

大、技术要求极高。通过反复试验和不断地科研攻关,施工团队创新解决了"软岩大变形处理技术""软弱基础及既有桥梁等条件下修建大型明洞""长短锚杆组合及大断面开挖快速封闭的工法"① 等一系列技术难题,经过长达八年的艰苦奋战,隧道终于顺利贯通,标志着茂县至松潘段工程进入冲刺阶段,也为成川段顺利建成通车奠定了坚实的基础。

2023 年 11 月 28 日,青白江东至镇江关段开通运营。

2024 年 8 月 30 日,镇江关段至黄胜关段开通运营,从成都可以乘火车去黄龙九寨。

三、成兰铁路的代表性工程

成兰铁路被称为"中国最难的在建铁路",被认为是"有史以来地质条件最为复杂的路线",还是国内外评估专家公认的"全球土木工程界瞩目的在建工程"。从海拔 500 米左右的成都平原出发,一路攀升,抵达海拔超过 3000 米的青藏高原东部,建设过程中需要应对各种复杂的地形、地质环境。沿线穿越多个地质活动活跃地带,既要穿越龙门山断裂带和西秦岭褶皱带,中间还有部分路段与岷江断裂带平行,是我国第一条同时跨越南北地震带的铁路,也是我国铁路建设史上任务艰巨、难度极高、富有挑战性的工程项目之一。例如位于四川松潘境内的云屯堡隧道,全长 22.92 公里,是当前在建的亚洲最长单洞双线铁路隧道。隧道位于龙门山、秦岭和岷江三条断裂带上,地理位置特殊、地质构造复杂、地形切割强烈、岩性软弱易碎、地震等地质活动频繁剧烈,在如此复杂的地质地貌条件下修建长大隧道,被业内人士看作世界性的难题。成兰铁路全线这样的"拦路虎"项目还有很多,因线路多处路段处于软岩分布、地质条件极不稳定的区域,成兰铁路项目又被

---

① 参见《成兰铁路这条隧道奋战 8 年终于贯通》,四川省人民政府网,http://www.sc.gov.cn/10462/12771/2021/4/27/f80b349d9fc74a5c99acaf7b7a7be5e5.shtml(检索时间 2020 - 11 - 19 10:05)。

形象地称为在"豆花"上修铁路。① 其中，茂县隧道和跃龙门隧道是成兰铁路项目中两个"异常难建"的代表性工程。

（一）茂县隧道

茂县隧道是成兰铁路全线非常具有代表性的一项重难点工程。首先，贯通全长 9.9 公里的茂县隧道必须解决两个方面的世界难题。龙门山由三条大断裂带构成，汶川特大地震就发生在此。因此，第一个要解决的难题是面对隧道必经之地龙门山时，除了要考虑施工过程中的安全性，保证施工时隧道能够顺利通过，还需考虑隧道建成后能否经受地震的考验、地震后隧道能否快速修复、铁路线路运营是否安全等方面的问题。经过多次实地勘测和反复研究，设计者从动物脊柱的构造上获得灵感。众所周知，脊柱由一段一段既能够活动错位又彼此相互铰接的脊骨组成，有较强的支撑力和抗压力，脊柱中空的结构刚好与隧道的整体结构契合。于是，工程设计师根据对龙门山断裂带错动的概率进行精密的观测和计算，将龙门山隧道一段大约 500 米长的核心断裂带仿照脊柱的构造，切分成类似脊骨的 34 个小节，每一个小节之间特意留出大约 15 厘米的空间，采用特殊止水带进行铰接。这样的设计方式既能在整体上保持隧道的结构，又能在龙门山活动断裂带发生错动时预留出可以承受错位的变形缝，最大程度地减少隧道建成后可能要遭遇的地质风险带来的冲击和损害。

第二个要解决的难题是软岩。龙门山一带岩体破碎松软，加上高地应力②的作用，隧道即使建成，也极易发生变形。侯国强是中铁十七局成兰铁路项目的指挥长，他回忆隧道在掘进过程中遭遇的一次大变形时说："手掌宽的钢条被挤压成'S'形，直径 11 米的空间在短时间内'缩小'到了 7

---

① 参见《新华社：在"豆花"上掘进　成兰铁路云屯堡隧道攻坚显成效》，中国中铁二局集团有限公司官网，http://www.cregc.com.cn/eportal/ui?pageId=594944&articleKey=599950&columnId=595103（检索时间 2020－11－19 10：45）。

② 即岩石抗压强度与地应力的比值。

米多。"① 这么严重的变形，在铁路建设史上非常罕见。为了解决软岩的难题，建设者不断创新施工工艺，最终通过提高施工速度，以最短的时间完成隧道挖掘、支护和锚固，并抢在软岩变形前迅速给山体注入混凝土，以此来增强岩体的强度，达到稳固隧道的目的。除此之外，由于复杂的地质环境，隧道工程常见的涌水、突泥等危险情况时有发生。侯国强回忆隧道建设的"最初 20 天，天天都像在打仗"，直到建了一条从掌子面到 2000 米外、约 160 米高的排水管道，工程才恢复正常；此后 900 多天，每天都采用抽水泵不间断抽水，抽水量最多的一天达到了 3 万立方米，这个水量大约可灌满 20 个标准游泳池。此外，由于抽出的水中含有大量泥沙，影响了水泵的使用功能就要停下来更新，几年下来大约更换了 400 多台水泵，才保证了隧道的建设安全。②

此外，茂县隧道内部结构非常复杂。据工程师介绍，成兰铁路所经山区地势陡峭、地形复杂，在对茂县车站进行选址时就遇到了难题，经过多次勘测和反复考量，最终决定将茂县车站设在茂县隧道的入口处。然而，为了穿越龙门山的隧道能够顺利贯通并且将来能够安全运营，又不得不将隧道缩小，尽可能使断面变窄。为此，仅开挖隧道就尝试了 7 种工法。为了隧道和车站更好地相互融合，保障通车运营安全，茂县隧道呈现了世界铁路建设史上极度罕见的复杂结构：一进隧道即为茂县车站，接下来长约 1200 米的隧道线路经历了三线和两线、单洞和双洞的变化共 10 次。"隧道三线的断面面积有 261 平方米，单洞变双洞时最大截面 320 平方米，是普通单线隧道截面的 4 倍，而单洞断面面积仅 80 平方米。"③

---

① 参见《成兰铁路茂县隧道 6 年多才打通　平均每天掘进不到 5 米——仿动物脊柱"撑"起这个难点工程》，四川省人民政府网，http://www.sc.gov.cn/10462/12771/2020/1/13/62e6b11c244e437fb25909e7b74574a1.shtml（检索时间 2020－11－19 10:18）。

② 参见《成兰铁路茂县隧道 6 年多才打通　平均每天掘进不到 5 米——仿动物脊柱"撑"起这个难点工程》，四川省人民政府网，http://www.sc.gov.cn/10462/12771/2020/1/13/62e6b11c244e437fb25909e7b74574a1.shtml（检索时间 2020－11－19 10:18）。

③ 参见《成兰铁路茂县隧道 6 年多才打通　平均每天掘进不到 5 米——仿动物脊柱"撑"起这个难点工程》，四川省人民政府网，http://www.sc.gov.cn/10462/12771/2020/1/13/62e6b11c244e437fb25909e7b74574a1.shtml（检索时间 2020－11－19 10:18）。

2020 年 1 月 12 日，全长 9913 米的茂县隧道在经过了长达 74 个月的不断突破后终于顺利贯通，平均每天掘进不到 5 米，可以想象工程之难。建设者经过反复试验，攻克了一系列技术难题：申请了 16 项实用新型专利，形成了 5 项省部级施工工法，除了世界首创的"脊柱形"隧道，还创造性地总结出"成兰铁路高地应力软岩大变形控制技术"。① 贯通的茂县隧道，是我国在西南地区软岩地质条件下进行隧道施工的又一次突破，为我国铁路建设积累了宝贵经验，也为世界铁路建设贡献了中国力量。

（二）跃龙门隧道

长达 20 公里的跃龙门隧道是成兰铁路建设过程中需要攻克的又一难关。跃龙门隧道为双洞分修隧道，位于四川盆地和青藏高原的交界地带，隧道进出口高差 346.3 米，是成兰铁路全线的"超难隧道"，被视为"成兰铁路难上之难"。跃龙门隧道和茂县隧道一样，需要穿越龙门山断裂带，并且跃龙门隧道正好处于汶川地震灾害的核心区域。地震灾害频发，山区地形陡峭、地势险峻，盆地向高原攀升，高差极大，地质条件极为恶劣，工程复杂程度极高。因工程建设需要，隧道内分布了纵横交错的施工通道，"十字""丁字"交叉路口多达 130 余个。为了更好地保证施工安全，施工团队在隧洞内设置了交通灯；为了适应长大隧道施工的特殊要求，还创新性地研发使用"交通调度安全管控系统"进行综合调度。据统计，隧道建设高峰期，仅 3 号斜井每日进出的施工车辆就多达 560 车次。

此外，隧道所在地段地质复杂，十余种不良地质都聚集在一个洞内，综合应对的难度系数成几何倍数增长。要在如此艰难的环境中成功修建隧道，在世界铁路史上极为罕见。自 2013 年隧道开工建设以来，隧道施工团队就在不断应对各种挑战。软岩变形、高地应力、岩溶富水、高岩温、高瓦斯、硫化氢等各种隧道施工或常见或罕见的问题，跃龙门隧道的施工团队几乎都

---

① 参见《历时 74 个月　成兰铁路茂县隧道贯通》，四川省人民政府网，http://www.sc.gov.cn/10462/12771/2020/1/13/bbcb8f764edf4c51b76dee49ceb4a83f.shtml（检索时间 2020 - 11 - 19 10: 30）。

遭遇了。中铁十九局首席隧道专家王俊涛和成兰铁路项目副总工程师刘国强两师徒，自隧道开建时起就长期驻扎在施工现场。他们一边指导隧道建设，一边进行相关课题研究，与北京交通大学、西南交通大学、山东大学等有隧道相关专业的高等院校以及中铁二院等单位开展了多项合作。师徒二人回忆起隧道建设过程中克服了一个又一个技术难题。2016 年，计划进行隧道下穿的高川河由于长期经受山洪、泥石流等自然灾害，河底堆积了大量泥沙等杂物，按照常规的勘测方法，一时间很难准确判断出河床的真正位置，倘若判断失误将给隧道建设带来巨大损失。科研团队经过反复讨论、试验，开展了"超前地质预报探测"等相关创新性研究，获取了"富水量大小""破碎带规模"等关键数据，最终成功突破了"深长隧道重大突涌水灾害预测预警与风险控制关键技术"，还更加精准地定位了潜在富水体的位置。在科学探测基础上获取的宝贵数据，为选取适应的施工方法提供了重要参考，并且有利于对隧道的加固、治水等方面制定针对性的方案，终于成功、安全地穿过了高川河。

解决了一个难题，新的问题又接踵而至。2017 年底，施工团队又遇到了更为严峻的挑战。在软岩大变形的恶劣地质条件下，工程遭遇了高瓦斯、硫化氢等有毒有害气体同时出现，整整 10 个月，建设没有一点进展。刘国强回忆当时的情况，称工程仿佛"进入了一个死循环"——为了解决软岩变形等地质问题，在完成岩体爆破后需要第一时间打锚注浆，通过注入混凝土来增强岩体强度，但一打洞，浓度极高的有毒有害气体就瞬间溢出，影响正常施工。为了打破这个"死循环"，施工团队成立了"隧道通风施工技术研究中心"，开创性地采用了"特长型高瓦斯隧道阶段型动态施工通风技术"，建立起"9 级通风系统"，终于攻克了"特长型、复杂型隧道施工通风安全及高瓦斯管控"的难题。此外，为了稀释空气中的硫化氢浓度，隧洞内建立了能够喷洒碱性石灰水的喷淋系统，保障施工安全。

2021 年 11 月 28 日，位于四川境内高川乡和阿坝土门乡的跃龙门隧道左线实现贯通。至此，跃龙门隧道修建时间已长达 8 年多，全长 20.042 公里的右线和 19.981 公里长的左线实行双洞分修。左线隧道的贯通为该隧道整体完工奠定了坚实的基础，也为实现成兰铁路成川段的建成通车向前迈进了一大步，标志着成兰铁路全线建设工程进入了最后冲刺阶段。跃龙门隧道创造了多个"全国第一"：辅助坑道规模"单隧穿越地质地层时空长度""早古生界非煤有害气体逸出段落长度""5亿年前寒武系高地应力软岩变形段落长度"等均为全国第一；施工通道累计超过71公里，也是全国之最。此外，该项工程建设要求完成精度极高，20公里的长大隧道贯通后，其"接口的横向误差值28毫米、高程18毫米，分别是规范要求误差值的7%和1/3"①。隧道穿越地质复杂的龙门山，最大埋深达到了1445米，经过地震活动断裂带和岩溶富水带，加之受到2008年汶川特大地震的影响，该路段危岩落石、山体滑坡、泥石流等地质灾害频发，还有高瓦斯、高地温、硫化氢有毒有害气体等安全隐患，建设风险极高。施工最繁忙的时候，洞内同时拥有130多个交通信号灯；最困难的时候，每天平均只能推进2～6米，特别是施工进行到最艰难的时期，24小时隧道只推进了60厘米。跃龙门隧道工程的成功突破，为中国铁路乃至世界范围内高原山区铁路的建设提供了宝贵的经验。

四、从"成兰铁路"到"川青铁路"

为了修通成兰铁路，勘测设计和施工建设的各单位做出了巨大的努力，从技术层面也取得了一定的成绩。然而，由于环评无法通过、造价飙升等，黄胜关至哈达铺段迟迟无法动工，成兰铁路的规划发生了重大转变。线路原规划自成都经什邡、绵竹、茂县、松潘至九寨沟，向北延伸与兰渝铁路哈达铺站接轨至兰州，但这一地区是大熊猫栖息地的东侧，也是大熊猫自西南往东北秦岭等地的迁徙通道，还经过龙门山褶皱断裂带、岷江断裂带、东昆仑断裂带、舟曲—迭部断裂带等。除复杂的地形地貌带来的安全问题外，还要考虑民族地区、旅游景区、野生动物保护等问题，经多次研究、论证、评

---

① 参见《穿越龙门山断裂带，建设历时近9年这条超难隧道"跃龙门"背后……》，四川省人民政府网，http://www.sc.gov.cn/10462/12771/2021/11/29/1965def3dc4540c28262b24c2b31c9b6.shtml（检索时间2020－11－15 10:00）。

审,环保部于 2012 年暂缓审批"新建铁路成都至兰州线成都至川主寺(黄胜关)段工程设计变更",缓批准原因为"自然保护区内环境影响论证不充分、措施不到位,线路与其他铁路包夹居住用地、噪声影响突出,公众参与代表性不足"①,至此,作为成兰铁路上最重要的跨越两省的线路规划段——黄胜关至哈达铺段,陷入了长期的沉寂,直到 2023 年 4 月,成都经黄胜关至西宁铁路被正式命名为"川青铁路"②。

川青铁路修筑范围为四川青白江至青海海东,是成都—西宁铁路的新建工程,是国家"八纵八横"高速铁路网中兰(西)广高铁通道的重要组成部分,也是国家"十三五"期间重点工程建设项目之一。川青铁路建成后形成的成都—西宁铁路线路是四川地区继宝成、成兰等普速铁路和西成客专(西安—成都)等高速铁路之后,又一条北向出川的重要通道;与成渝、成贵、西武、郑西及沿江高铁等线路衔接,有利于改善西部路网"留白"较多的现状,进一步丰富和完善全国高速铁路网络。

成都至西宁高速铁路跨越青海、甘肃、四川三个省区,从青海省西宁枢纽海东西站出发,向南经化隆、尖扎、同仁等地,转向东南方向进入甘肃省境内,经夏河、合作、碌曲等地后,往南从若尔盖县进入四川境内并继续南下,在黄胜关站与正在建设的成兰铁路共线③,最终引入终点站四川省成都枢纽。全线途经青海黄南藏族自治州、甘肃甘南藏族自治州、四川阿坝藏族羌族自治州等多个少数民族聚居区。共设置大大小小站点 29 个,其中,新建站点 25 个、既有站点 4 个。长期以来,该区域自然资源匮乏,气候条件恶劣,交通不便,地广人稀,经济欠发达,社会化程度较低,各方面条件相对落后,成都及周边地区一直是该区域重要的物产资源、人力资源、经贸往

---

① 中华人民共和国生态环境部:《关于 2012 年 12 月拟对建设项目环境影响评价文件作出审批意见的公示》,https://www.mee.gov.cn/ywgz/hjyxpj/jsxmhjyxpj/nscxmgs/201605/t20160522_339477. shtml(检索时间 2024 - 07 - 27 09:35)。

② 《成兰铁路更名为川青铁路,预计年内通车!》,《德阳日报》,https://mp.weixin.qq.com/s? __ biz = MjM5NzIyMzQ1Mw = = &mid = 2649694914&idx = 3&sn = 9434029f9d75527ede4768cb67a6b987(检索时间 2024 - 07 - 26 22:35)。

③ 共线部分为成兰铁路成川线,即成都至川主寺(黄胜关)段。

来重要的支撑，成都至西宁高速铁路将带来更多交通便利，在物资运送、人员往来等方面为少数民族地区的发展创造更为有利的条件。

线路全长833.1公里，其中，利用兰新高铁既有线路26.3公里；海东西至黄胜关段为新建线路，长约499.1公里。新建线路包括青海境内143.046公里，甘肃境内183.408公里以及四川境内172.615公里。黄胜关以南与在建的成兰铁路共线，约307.75公里。成都至西宁高速铁路全线为电力牵引的双线铁路，设计时速200公里，部分路段预留提速条件，如郎木寺至红原段线路提速后最快可达到每小时250公里。项目全线将和西宁动车所及相关工程同步进行，计划2029年全线完工。其中，甘青段（西宁—黄胜关段）预计投资总额近832亿元。该线路建成通车后，成都至西宁不再需要绕道宝鸡等地，有望实现5小时以内到达，两地时空距离比目前缩短了一半左右。[①]

虽然经历了改线、改名的风波，但四川到西宁的高速通道，国家和地方对其谋划已久。2015年11月，成都铁路局与成都市人民政府签署《关于深化铁路规划、建设及运营合作框架协议》，地方和路局将进一步深化在铁路规划、成都枢纽发展、铁路物流、市域铁路公交化运营等方面的紧密合作，明确提出要新建最高时速达200公里的成都至西宁高速铁路。[②] 2016年，国务院第三次修编《中长期铁路网规划》，兰（西）广通道成为国家"八纵八横"高速通道之一。[③] 2017年2月28日，国务院发布《"十三五"现代综合交通运输体系发展规划》，更加明确国家建设高品质高速铁路网的总体目标，进一步明确加快建设兰（西）广高速铁路通道的要求，并将成都—

①　参见《西宁至成都铁路2028年建成4.5小时西宁跑拢成都》，四川省人民政府网，http://www.sc.gov.cn/10462/c102943/2021/1/25/af6c7cafa22648ee8f0766342d80e67d.shtml（检索时间2020-11-15 11:12）。

②　参见《深化路地双方铁路规划、建设及运营合作　路局与成都市签署合作框架协议》，中国铁路成都局集团有限公司官网，http://www.cd-rail.cn/#（路局要闻；时间：2015-11-12 08:58）（检索时间2020-11-23 10:27）。

③　参见《中长期铁路网规划（2016）》，国家铁路局官网，http://www.nra.gov.cn/jgzf/flfg/gfxwj/zt/other/201607/t20160721_26055.shtml（检索时间2020-11-13 08:27）。

西宁高速铁路列入快速交通网重点工程建设。① 3 月，四川省人民政府发布《四川省"十三五"综合交通运输发展规划》，成都—西宁铁路是四川省"八射"大通道之一——"成都—兰西广通道"的重要组成部分，并将成都—西宁新开工项目纳入了四川省"十三五"时期干线铁路建设重点项目。②

尽管国家和地方在各类文件和规划中早早开始谋划成都至西宁高速铁路的建设，然而因为种种原因，项目迟迟未能落地。2019 年 10 月 30 日至 11 月 1 日，国家发展改革委基础设施发展司组织了成都—西宁高速铁路西宁至黄胜关段的专项调研工作组，国家规划与标准研究院、国铁集团发展改革部、中铁一院和中铁二院相关部门，以及青海、甘肃、四川三省发改委等各有关单位均派代表参加了调研。工作组沿路考察了该路段各个站点的位置，了解在建的黄胜关站的施工情况，听取了沿线各单位以及地方政府的意见和建议，为进一步修改和完善全线建设方案、推动下一步项目批复做好充分准备。③

新的发展形势为推动项目落地创造了机遇和条件。2020 年 5 月，《中共中央国务院关于新时代推进西部大开发形成新格局的指导意见》发布，提出了新时代继续深入推进西部大开发战略的各项具体要求，明确了要进一步加强西南、西北地区的合作互动，加快成都—西宁铁路等重大工程规划建设。④ 2021 年 10 月 20 日，中共中央、国务院印发了《成渝地区双城经济圈建设规划纲要》，再次提出要加快建设成都至西宁等铁路项目，拓展出

---

① 《"十三五"现代综合交通运输体系发展规划》，《中华人民共和国国务院公报》2017 年第 8 期，第 47—75 页。

② 《我省"十三五"综合交通运输发展规划出炉》，《四川党的建设》2017 年第 8 期，第 5 页。

③ 参见《规划与标准研究院参加西宁至成都铁路西宁至黄胜关段专项调研》，国家铁路局官网，http://www. nra. gov. cn/zzjg/sydw/ghybzyjy/gzdt6/201911/t20191111＿96604. shtml（检索时间 2020－11－13 11：25）。

④ 参见《中共中央国务院关于新时代推进西部大开发形成新格局的指导意见》，人民出版社，2020 年，第 8 页。

渝出川客运大通道，助力成渝地区双城经济圈建设。① 在新的机遇下，西宁至成都高速铁路的各项工作再次提上日程。2022 年 9 月，成都至西宁高速铁路（甘青段）站前招标工程的公告发布，明确了该路段将进入全面施工阶段。计划于 2022 年 10 月底开工建设，预计工期为 7 年。10 月 29 日，西宁至成都高铁（海东西—黄胜关段）正式开工，拉开了全线建设的大幕。该路段地质地貌条件极为复杂，约为 502.5 公里长的正线中有 60% 的线路位于海拔 3000 米以上的山区，需经过盆地、高原等地形，多次穿越河谷，还要经过多处断裂带，桥隧比高达 80%。其中，甘青特长隧道（位于青海黄南藏族自治州境内）、东祁连山隧道（位于青海海东市境内）、则岔隧道（位于甘肃甘南藏族自治州境内）以及包座隧道（位于四川阿坝藏族羌族自治州境内）等隧道为全线控制性工程，其建设进展直接影响着整个项目的顺利推进。全线还需经过 7 个自然保护区，承担着较大的生态环境保护责任和压力。为了减少对沿线自然环境的影响，项目通过增加桥梁架设数量、以桥代路的方式绕避自然保护区；此外，还通过加大基柱深度、定期保养沿线植被等手段尽可能减弱对自然保护区生态环境的破坏。全线按时速 200 公里设计，其中：郎木寺—红原段预留时速 250 公里提速条件。②

我们可以看到，从兰成铁路到川青铁路，不只是名称和选线的变化，更是线路规划调整、区域经济发展需求以及国家铁路网规划变化的综合结果。这一转变不仅体现了我国铁路建设的灵活性和适应性，还展示了我国铁路事业在推动区域协调发展、服务国家战略方面的重要作用。

川青铁路仍将延续"成兰铁路"的使命，结束川西高原，特别是四川甘孜州、阿坝州长期以来不通铁路的历史，解决长期以来少数民族地区因交通桎梏存在的发展难题，促进沿线地区社会经济发展。铁路沿线有优美的自

---

① 《成渝地区双城经济圈建设规划纲要》，《中华人民共和国国务院公报》2021 年第 31 期，第 13 - 33 页。

② 《西宁至成都高速铁路全线开工建设》，中国铁建股份有限公司官网，https://www.crcc.cn/art/2022/10/31/art_ 104_ 4090383. html（检索时间 2023 - 05 - 10 15：04）。

然风景和丰富的旅游资源，建成通车后，从成都出发，大约 2 小时即可到达九寨沟；到兰州也将从目前的 15 小时缩短为 4 小时左右，为九寨沟、黄龙等知名旅游区的进一步开发和发展创造有利条件；还可以接入既有宝成铁路、西成客专以及正在建设中的西宁—成都高铁，丰富和拓展北向出川通道，进一步联通西南和西北地区，也为我国进一步深入推进西部大开发战略、统筹区域经济社会协调发展、促进西部少数民族地区发展、增进少数民族和汉族人民沟通交流带来新的机遇。

成兰铁路的线路位于川陇两地的地震高发区。成兰铁路是国务院批准的《汶川地震灾后恢复重建总体规划》中重点强调的灾后重建项目之一，属于重公益性的交通基础设施建设项目。成兰铁路的建成通车，将大大改善沿线交通运输条件，填补川西北地区没有铁路的空白，为地震高发的四川西北山区和甘肃南部山区提供一条快捷的交通运输和绿色生命救援通道。

而成都至西宁高铁建成后将以客运为主、兼顾沿线少量货运需求，成为北向出川又一条重要的区际快速铁路干线，以此线路为重要组成部分的兰（西）广通道是连接我国西北、西南再辐射到华南地区重要的纵向高铁通道，也是陆上"丝绸之路经济带"与"海上丝绸之路"对接的纽带，能进一步加强区域路网与全国路网的融合对接，丰富和完善我国高铁网络，还能实现我国内陆铁路运输与海运的有限衔接，提升大宗货物运输能力。成都至西宁高速铁路的开通，不仅能够缩短四川、甘肃、青海三省区之间的时空距离，还能有效促进川、甘、青三省少数民族地区对外开放和交流合作，推动经济发展、民族团结、文化交融和社会稳定，进一步深化实施西部大开发战略，带动我国西部地区整体快速发展，助力共同富裕目标的实现。

第三节　南向出川高铁通道建设

南向出川的高铁通道主要为成贵高铁。成贵高铁又称成贵客专，由铁道部和四川、云南、贵州三省共同出资建设。它是重要的南向出川通道，也是我国"八纵八横"高速铁路网中"兰（西）广通道"的重要组成部分。成贵高铁是国家实施新一轮西部大开发战略的标志性工程，是国家快速铁路网建设的骨干项目。线路经成都、重庆两个国家级交通枢纽，可对接西成高铁、渝贵铁路、贵广高铁和沪昆高铁，连接起西北地区经由西南地区，进而通往珠三角地区、长三角地区以及华东、东南和华南等沿海地区的快速铁路网。

一、成贵高铁的总体情况

成贵高铁地跨川、滇、黔三省，被称为"世界第一条山区高速铁路"[①]。线路始发四川省成都东站，四川境内经眉山、乐山、宜宾等地，云南境内经昭通、威信、镇雄等地，贵州境内经毕节、黔西等地，最终到达贵阳市。其中，成都至乐山段与成绵乐客专共线，是四川省域内主要的城际快速铁路通道之一；乐山至贵阳段是西南地区通往华南沿海地区，并连接湖南、福建、江西、浙江等省份区际快速铁路的重要客运通道。线路正线全长515.386公里，其中，四川段258.653公里，云南段79.886公里，贵州段约176.847公里。[②] 线路设计为双线客运专线，设计时速250公里（预留350公里电气化设计），主要采用CRH3A、CRH380D两种车型。项目投资总额预计为780亿元。[③]

成贵高铁被看作是"我国山区客运专线中地质条件最复杂的项目"。全

---

① 中共四川省委全面深化改革领导小组办公室、四川省地方志工作办公室：《四川改革开放40周年大事记（1978—2018）》，方志出版社，2018年，第955页。

② 参见成都铁路局史志办公室：《成都铁路局年鉴　2011》，中国铁道出版社，2011年，第143页。

③ 参见《乌蒙欢歌高铁来——写在成贵高铁通车之际》，四川省人民政府网，http://www.sc.gov.cn/10462/12771/2019/12/18/d044884f4fcb4092968072f50b56d3d8.shtml（检索时间2020－11－20 13:10）。

线建有隧道 183 座、桥梁 365 座①, 桥隧比高达 81%②。线路从海拔约 260 米的四川盆地出发, 一路向平均海拔高达 2400 多米的云贵高原爬升, 部分路段坡度高达 25‰~30‰, 达到了目前高铁建设坡度的极限。沿线经过川黔地区南北向和北东向构造带的交接复合处, 并且穿越地震断裂带, 地形复杂, 岩层破碎。受独特的喀斯特地貌影响, 该地区土壤贫瘠、暗河汹涌, 被称为我国西部的"大漏斗"。成贵高铁又被称为"世界上最具喀斯特山区特点的高速铁路"③, 据统计, 线路穿越喀斯特地貌 197 公里, 经过 53 个大褶曲构造, 约有 138 公里线路穿越了煤层和气田。④ 地质情况极其复杂, 项目开展难度极大。中铁二院地质专家岳志勤曾说,"成贵铁路全线的检测费用, 是高速铁路平均检测费用的 6 倍之多"⑤。以四川段为例, 线路不仅经过联片的煤矿采空区, 还经过西南大型气田; 乐山至宜宾段线路约为 225 公里, 就有 50 座隧道不同程度地穿过煤层或气田, 隧道施工工程中存在高瓦斯风险; 此外, 该路段还有宽达 15 米的地下暗河, 隧道涌水突泥也是必须防范的风险。复杂的地质情况使得隧道施工和全线建设难度倍增。

成贵高铁还被称为我国首条绿色山区高速铁路。⑥ 它是我国第一条完全按照《铁路工程绿色通道建设指南》⑦ 设计建造的铁路。在设计选线和施工

---

① 参见《成贵高铁建设过程中 多个重点工程创下世界之最》, 四川省人民政府网, http://www.sc.gov.cn/10462/12771/2019/4/12/402936212eb6433ebca17f4b660439c9.shtml (检索时间 2020 - 11 - 20 13:12)。

② 参见《成贵高铁四川段正线铺轨完成 该段年底有望先期开通》, 四川省人民政府网, http://www.sc.gov.cn/10462/12771/2018/5/31/10452141.shtml (检索时间 2020 - 11 - 20 13:13)。

③ 《成贵铁路云贵段正线开始铺轨》, 中国铁路成都局集团有限公司官网, http://www.cd-rail.cn/# (路局要闻; 时间: 2018 - 10 - 13 08:48) (检索时间 2020 - 11 - 20 13:13)。

④ 参见《乌蒙欢歌高铁来——写在成贵高铁通车之际》, 四川省人民政府网, http://www.sc.gov.cn/10462/12771/2019/12/18/d044884f4fcb4092968072f50b56d3d8.shtml (检索时间 2020 - 11 - 20 13:10)。

⑤ 《中铁二院设计的成贵铁路乐山至宜宾段开通运营》, 中铁二院工程集团有限责任公司官网, https://www.creegc.com/tabid/83/InfoID/3636/frtid/150/Default.aspx (检索时间 2020 - 11 - 20 13:15)。

⑥ 《成贵高铁全线开通 四川北向东向南向均有出川高铁通道》, 四川省人民政府网, http://www.sc.gov.cn/10462/10464/10797/2019/12/17/2701be105c964b7a9a52548421e3def8.shtml (检索时间 2020 - 11 - 20 13:18)。

⑦ 该指南由中国国家铁路集团有限公司 (原中国铁路总公司) 2013 年 8 月 6 日发布实施。

建设的过程中，采取了多项特殊措施，注意加强边坡防护、控制水土流失，非常重视对沿线生态环境的保护。成贵高铁在宜宾境内需跨越岷江，岷江有长达 90 公里河道、约 33 万平方公里水域属于国家级珍稀、特有鱼类自然保护区，仅宜宾流域大约就有 4 万平方公里。[①] 为了保护沿线流域的珍稀鱼类，成贵高铁在线路设计时，就比选了多个方案，最终在保护区内选择了一处江面较窄的缓冲区跨越岷江，既符合对生态环境影响较小的要求，同时又达到了线路较短、投资更省的目标。全线建在金沙江和岷江上的大桥，建设过程中除非必须有桥墩涉水，其他的尽可能地采用了跨桥设计，桥墩不涉水，尽量减少高铁建设对沿线自然生态环境造成的影响。[②] 仅成贵高铁乐山至宜宾段，就通过绕道等方式成功避开 17 处生态环境敏感区。对于因地质地貌特殊或技术限制等因素而无法绕避的敏感区域，采取了"桥隧代路"的方式，把对生态环境的影响降到最低。铁路沿线还通过设置声屏障、隔声窗等办法来减震降噪，减少铁路运营对周边环境的影响。为了进一步节能减排，成贵高铁首次在牵引供电系统中采用了节能型自耦变压器，统计显示，乐山至宜宾段采用节能型变压器后，每年可节约用电 71 万度，这就相当于每年可节约煤炭资源约 284 吨，进而减少二氧化碳排放约 707.5 吨、二氧化硫排放约22 吨，减少产生粉尘 194 吨。[③] 此外，沿线站房选用了保温隔热的建筑材料以达到降低能耗的目标；站房设计方面，通过合理计算，选择了大跨度网架结构，用钢量更为经济；等等。通过一系列措施，真正做到了铁路在设计、施工和使用过程中充分考虑环保节能的要求，达到了"绿色铁路"的建设标准。

---

① 参见《中铁二院设计的成贵铁路乐山至宜宾段开通运营》，中铁二院工程集团有限责任公司官网，https://www.creegc.com/tabid/83/InfoID/3636/frtid/150/Default.aspx（检索时间 2020 - 11 - 20 13：20）。

② 参见《成贵高铁建设过程中 多个重点工程创下世界之最》，四川省人民政府网，http://www.sc.gov.cn/10462/12771/2019/4/12/402936212eb6433ebca17f4b660439c9.shtml（检索时间 2020 - 11 - 20 13：10）。

③ 参见《中铁二院设计的成贵铁路乐山至宜宾段开通运营》，中铁二院工程集团有限责任公司官网，https://www.creegc.com/tabid/83/InfoID/3636/frtid/150/Default.aspx（检索时间 2020 - 11 - 20 13：20）。

二、成贵高铁的规划和战略布局

与西成高铁规划提出的历程一样，最早成贵高铁规划的提出也是源自 2008 年初的部省会谈。铁道部负责人和四川省领导协商一致、达成共识，要大力推进四川省的铁路建设，着力打造高效、便捷的铁路运输网络。拟将成都至贵阳铁路纳入全国铁路网中长期规划调整方案。①

2008 年 12 月 29 日，成贵高铁第一阶段成都至乐山段开工建设。该路段与四川省域内城际高铁成绵乐客专共线，并于 2014 年 12 月 20 日顺利开通运营。

2009 年 1 月 16 日，铁道部与川、滇、黔三地政府联合向国家发展改革委报送了成贵铁路项目建议书。8 月 24 日、11 月 5 日、12 月 15 日，云南、四川和贵州三省住房和城乡建设厅先后出台了成贵铁路云南段、四川段和贵州段的建设项目选址意见书。12 月 8 日，成贵高铁项目获得了国家发展改革委批复，顺利立项。②

项目立项后，前期准备工作也按部就班顺利进行。2010 年 1 月 20 日，部省联合向国家发展改革委报送了《新建成都至贵阳铁路乐山至贵阳段可行性研究报告》。5 月 28 日，国土资源部以《关于新建成都至贵阳铁路乐山至贵阳段项目建设用地预审意见的复函》予以批复。6 月，水利部、环保部先后受理了成贵铁路的水保报告和环评报告，并进行了批复。6 月 26 日，成贵铁路初步设计文件上报到铁道部。12 月 6 日，终于等来了国家发展改革委对项目的可行性研究报告批复通过的结果。③

为了更好地推进成贵高铁项目，2010 年 7 月 30 日，成都铁路局、四川

---

① 中共四川省委全面深化改革领导小组办公室、四川省地方志工作办公室：《四川改革开放 40 周年大事记（1978—2018）》，方志出版社，2018 年，第 841－842 页。

② 参见成都铁路局史志办公室：《成都铁路局年鉴 2011》，中国铁道出版社，2011 年，第 143 页。

③ 参见成都铁路局史志办公室：《成都铁路局年鉴 2011》，中国铁道出版社，2011 年，第 143 页。

省铁路产业投资集团有限责任公司（简称"四川铁投集团"）、贵州铁路投资有限责任公司、云南省铁路投资有限公司共同组建的成贵铁路有限责任公司在成都召开了第一次股东会议。会议审议通过了公司的章程、董事会和股东会议事规则，选举产生了董事会、监事会成员。同年 10 月，工商登记等各项手续完备，公司正式成立。① 成贵高铁项目继续有序推进。

2010 年 12 月 23 日，成贵高铁（贵州段）建设动员大会在贵州毕节召开，贵州省委书记栗战书宣布了该项目贵州方面正式开工。三天后，12 月 26 日，四川省在宜宾市召开了成贵高铁（四川段）建设动员大会，标志着成贵高铁第二阶段宜宾至贵阳段全面开工。②

2011 年 4 月，铁道部对四川省铁路项目建设标准进行了梳理，明确了成贵高铁按照时速 250 公里的客运专线标准建设，并进一步开展有砟、无砟轨道研究。成贵铁路公司和设计单位一起，针对全线客货方案以及成贵高铁乐山至宜宾段客运专线、宜宾至贵阳段客货方案进一步开展研究讨论，并结合地方政府的意见，提出了全线客运专线方案的建议，并向铁道部报送了《新建铁路成都至贵阳线乐山至贵阳段建设方案补充研究》报告。7 月，国家发布了《铁路"十二五"发展规划》，明确指出建设发达完善的铁路网是国家"十二五"期间的重点任务之一；进而提出了大力发展高速铁路、基本建成快速铁路网的总体目标。规划还回顾了"十一五"时期西部地区基础设施条件的改善，明确了要进一步加强西部铁路的建设和运营，并将成都—贵阳高速铁路纳入了铁路"十二五"发展规划。③ 根据国家对铁路发展的新要求和铁道部对成贵高铁的新定位，同年 5—8 月，设计单位对成贵客专的初步设计方案再次进行了修改完善。④ 成贵高铁项目各项工作进一步细

---

① 参见成都铁路局史志办公室：《成都铁路局年鉴　2011》，中国铁道出版社，2011 年，第 118 页。

② 参见成都铁路局史志办公室：《成都铁路局年鉴　2011》，中国铁道出版社，2011 年，第 44 页。

③ 参见陆东福：《铁路"十二五"发展规划研究》，中国铁道出版社，2013 年。

④ 参见成都铁路局史志办公室：《成都铁路局年鉴　2012》，中国铁道出版社，2012 年，第 134 页。

化和落实。

经过反复的修改和论证，2013 年 9 月，中国铁路总公司批复通过了成贵铁路乐山至贵阳段的初步设计方案。该阶段项目计划 6 年完成，其中，乐山至宜宾段站前工程预计 52 个月完成，宜宾至贵阳段站前工程预计 56 个月完成，并基本确定了全线的控制、重点工程。[1]

伴随着国家铁路"十二五"总体规划的积极推进和四川省铁路建设的蓬勃发展，2013 年 12 月，全长约为 225 公里的成贵高铁第三阶段乐山至宜宾（兴文）段正式开工，成贵高铁项目全部路段工程均已投入建设阶段。2017 年 2 月 28 日，国务院发布《"十三五"现代综合交通运输体系发展规划》，进一步明确大力推进我国高铁建设、打造高品质快速交通网的总体目标。成都—贵阳高速铁路项目被列入了国家快速交通网建设的重点工程之一，并计划在"十三五"时期建成通车。[2] 2017 年 3 月，《四川省"十三五"综合交通运输发展规划》发布，明确要以铁路大通道建设为重点，建成成都至贵阳北向高速铁路出川通道。其中，成贵客专是四川省"八射"大通道之一——"成都—川南—珠三角通道"的重要组成部分。方案还明确了"十三五"时期，"成贵客专乐山—贵阳段"的续建项目是四川省高速铁路建设的重点项目之一。[3]

三、成贵高铁项目的关键性工程

成贵高铁号称地质条件最复杂的山区客运专线，桥隧工程在整个项目中举足轻重。特殊的地质条件，让工程创下了多项"世界之最""中国之最"。

成贵高铁的桥梁工程充分展示了我国桥梁建设的实力。2016 年 5 月 6

---

[1]　参见成都铁路局史志办公室：《成都铁路局年鉴　2014》，中国铁道出版社，2014 年，第 164 页。

[2]　《"十三五"现代综合交通运输体系发展规划》，《中华人民共和国国务院公报》2017 年第 8 期，第 47 - 75 页。

[3]　《我省"十三五"综合交通运输发展规划出炉》，《四川党的建设》2017 年第 8 期，第 5 页。

日，成贵高铁重点建设工程，国内首座大跨度变截面下弦加劲连续钢桁梁铁路桥宜宾菜坝岷江特大桥"零误差"合龙。① 月底，五通岷江特大桥钢桁梁也实现了顺利合龙，填补了国内在大跨度下弦钢桁梁施工领域的技术空白。② 位于贵州毕节境内的鸭池河特大桥是成贵高铁的控制性工程之一，桥两端连接清镇市暗流乡和黔西县铁石乡，横跨的鸭池河是贵州第一大河乌江（又名"黔江"）干流之一段。鸭池河特大桥全长 971 米，主跨 436 米，是世界上第一座用于双线高铁并且跨径最大的中承式钢桁梁提篮拱桥。由于桥梁地处具有典型喀斯特地貌的山区峡谷，两岸地势险峻，河谷崖壁陡峭，部分岩崖和河面形成的夹角竟然接近 90 度，架桥难度极大。为了适应特殊地形，经过反复勘察测量和不断修改完善，该桥梁工程才确定了最终的设计方案。在山区建设这样一座铁路拱桥，需要克服种种困难，2014 年 12 月开始动工，耗时约两年，2016 年 11 月 18 日大桥主体才正式合龙，项目也创下了多项国内外纪录。山区建桥，由于地理位置特殊，大型施工设备的架设一直是需要重点解决的难题。鸭池河特大桥作为目前世界跨径最大且为钢混结构结合的提篮拱桥，在建桥过程中需要配备足够高且大的缆索吊机，在建斜拉桥的同时安装架设桥的钢拱肋。为了解决这一难题，施工方自主创新、研发设计了我国最大规模的横移式缆索吊机，最大单次吊装重量可以达到 270 吨，刷新了我国同类大型起重装备的吊装纪录。据施工相关负责人介绍，鸭池河特大桥无论是在建设的难度还是施工技术的先进性方面都是数一数二的。大桥施工采用的缆索吊机跨径达到 460 米，塔架高 184 米，吊机顶高出水面 344 米，约相当于 115 层楼的高度；吊装重量 240 吨，相当于 70 头成年大象被同时吊起；随着钢拱肋不断架高，工人基本需要在 300 米左右高空的施工面作业。③ 2016 年 12 月 26 日，成贵高铁又一处重点控制性工程——

---

① 参见《成都铁路局年鉴》编委会：《成都铁路局年鉴 2017》，中国铁道出版社，2018 年，第 19 页。

② 参见《中国中铁年鉴》编委会：《中国中铁年鉴：大事记》，中国经济出版社，2017 年，第 29 页。

③ 参见《成贵铁路鸭池河特大桥合龙 多项技术创下国内外之最》，四川省人民政府网，http://www.sc.gov.cn/10462/12771/2016/11/19/10404545.shtml（检索时间 2020 - 11 - 20 13:18）。

金沙江公路铁路两用特大桥全线贯通。该大桥位于四川省宜宾市高桥村，全长 1875 米，主跨 336 米，创下了多项世界纪录。大桥设计为上下两层，上层是供成贵高铁通行的四线轨道高速铁路桥，设计时速 250 公里；下层为双向六车道的高速公路桥，设计时速 60 公里。这是世界上跨度最大的钢箱拱桥，也是世界上首例设计为铁路桥在上、公路桥在下的公路铁路两用桥；上下两层达到了目前世界最大高度差，相差 32 米。大桥主拱由钢箱梁组成，在桥梁建设过程中，需要利用轮船把一片片事先浇筑好的钢箱梁通过金沙江航运运抵桥梁下方，再通过大型起重设备吊起，工人需要在超过百米的高空中完成钢箱梁的安装和固定工作。最重的一片钢箱梁达到了 193 吨，从运输、吊装到安装的各个环节都需要环环相扣，才能保证桥梁建设的精准度。此外，金沙江特大桥还有一项国内首创的技术。大桥主拱首次采用了"刚柔并济"的设计方式，作为上下两层桥面的受力点，上层铁路桥采用了更为坚固的刚性吊杆；下层公路桥采用了更有韧劲的柔性吊杆，实现了桥梁主拱的完美受力。[1] 大桥于 2013 年 12 月开工建设，2019 年 9 月铁路桥通车运营，11 月公路桥通车运营。[2]

　　成贵高铁在地形地质复杂的山区穿行，隧道工程既是重点也是难点。位于四川宜宾市兴文县境内的老房子隧道，正洞全长 6423 米；还有一个辅助施工的平行导洞，长约 4696 米，通过 9 个横通道连接正洞。正洞和辅助导洞均为高瓦斯隧道，高瓦斯段落长达 4142 米，是成贵高铁四川段最长的高瓦斯隧道。[3] 面对隧道施工的高瓦斯风险，在施工过程中，既要精细管理、科学施工，还需积极创新，采用新设备、新工艺、新技术和新材料，保证施工的效率和安全。2018 年 1 月 5 日，随着老房子隧道的顺利贯通，成贵高铁

---

　　① 参见《成贵高铁建设过程中　多个重点工程创下世界之最》，四川省人民政府网，http://www.sc.gov.cn/10462/12771/2019/4/12/402936212eb6433ebca17f4b660439c9.shtml（检索时间 2020 - 11 - 20 13：18）。

　　② 参见《中国中铁年鉴》编委会：《中国中铁年鉴：勘察设计与咨询服务》，中国经济出版社，2020 年，第 134 页。

　　③ 参见《成贵铁路四川段最长高瓦斯隧道顺利贯通》，中铁二院工程集团有限责任公司官网，https://www.creegc.com/tabid/83/InfoID/2931/frtid/150/Default.aspx（检索时间 2020 - 11 - 20 13：20）。

四川段完成了全部线下工程，为四川段按期开展铺轨作业、推进项目按计划进行打好了基础。2018年1月31日，成贵高铁第一长大高风险隧道——姚家坪隧道全线贯通。该隧道位于云贵两省交界处的镇雄县境内，全长8848米。[①] 山区地势陡峭、植被发育，运输条件差，施工难度大。同时，岩溶、涌水、突泥、瓦斯等不良地质条件给隧道施工带来极大挑战。施工团队顶住压力，克服困难，创新工艺，安全施工，保证了成贵高铁全线建设的施工进度。2019年8月22日，全长6306米的玉京山隧道铺轨作业终于完成。自2014年5月开工后，玉京山隧道前期进展一直较为顺利。出乎意料的是，2016年7月，距离全线贯通还剩下最后300米时，出现一个最宽处达230米、最高处达97米的巨型岩溶洞，约有三个标准足球场的大小，溶洞底部有45～120米不等的堆积物，还有一条水深4米、宽13米的地下暗河。[②] 经过反复勘测，该岩溶洞集高瓦斯、多软岩、特大涌水等各种复杂地质环境于一身，被视为中国铁路史上难度最大、地质情况最复杂、体量最大的岩溶洞，玉京山隧道也被认定为成贵高铁线路中的Ⅰ级高风险隧道。[③] 针对这个突如其来的难题，经过5次专家会审、上百场现场会议和10个月的方案研究，技术人员最终确定了在洞内挖洞、架桥的方案。由于岩溶洞十分巨大，工人们先分层向洞内回填了100多万方土石，再在回填的土石中挖出一个隧道，新挖的"隧中隧"断面约有440平方米；此外，还对岩溶洞的顶部通过锚索加锚杆的方式进行了加固，这样就形成了一个类似巨型蛋壳结构的回填体；最后，在这个"蛋壳"之上加起一座中跨100米、长度约220米的"洞内桥"，利用"蛋壳"的稳定性支撑起隧道中的"铁轨桥"。在各方的共同

---

① 参见《成贵铁路一批控制工程安全贯通》，中国铁路成都局集团有限公司官网，http://www.cd-rail.cn/#（路局要闻；时间：2018-02-06 09:16）（检索时间2020-11-20 13:20）。

② 参见《中铁二院勘察设计的成贵高铁全线开通运营》，中铁二院工程集团有限责任公司官网，https://www.creegc.com/tabid/83/InfoID/3834/frtid/150/Default.aspx（检索时间2020-11-20 13:21）。

③ 参见《成贵铁路玉京山隧道暗河溶洞处理工程完工》，中国铁路成都局集团有限公司官网，http://www.cd-rail.cn/#（路局要闻；时间：2019-08-27 08:41）（检索时间2020-11-20 13:22）。

努力下，历时 3 年多，2019 年 8 月 18 日玉京山隧道暗河溶洞处理的相关工程正式完工，为铺轨工作的展开做好了准备。此次巨型岩溶洞的处理，是集桥隧、路基各项工程技术为一体的成功案例，开创了在复杂岩溶地质条件下修建大型隧道的新方法，突破了岩溶地区隧道建设技术的瓶颈，提高了今后高铁选线的自由度。"成贵高铁玉京山隧道跨越巨型溶厅暗河工程（Tunnel Crossing Giant Karst Cave）"项目获得了素有"隧道行业奥斯卡"之称的隧道工程大奖——2020 国际隧协 ITA 攻坚克难奖（OVERCOMING THE CHALLENGE），这是国际隧道行业的最高荣誉，也是我国第一次获得该项荣誉，在我国铁路建设史上具有里程碑的意义。[①] 玉京山隧道的顺利贯通，不仅赶走了成贵高铁项目的"拦路虎"，有力推动了项目的建设进程，还为我国和世界铁路在处理巨型暗河溶洞、进行复杂地质条件下的隧道施工建设等方面积累了新的经验。

四、成贵高铁建成通车

在国家和地方政府的积极推动下，成贵高铁建设进展顺利。2018 年 1 月 5 日，成贵高铁四川段（乐山—宜宾）开始铺轨作业[②]；5 月 7 日，该路段进入静态验收环节[③]；5 月 30 日，一对长达 500 米的钢轨稳稳落于川滇交界处的老房子隧道和应山岩隧道之间，成贵高铁四川段完成了正线部分的全部铺轨任务。[④] 同年 10 月 10 日，成贵高铁云贵段进入铺轨阶段，全线建设

---

① 参见《"成贵高铁玉京山隧道跨越巨型溶厅暗河工程"获"隧道行业奥斯卡奖"》，中铁二院工程集团有限责任公司官网，https://www.creegc.com/tabid/83/InfoID/4071/frtid/150/Default.aspx（检索时间 2020 - 11 - 20 13:25）。

② 参见《成贵高铁四川段正线铺轨完成 该段年底有望先期开通》，四川省人民政府网，http://www.sc.gov.cn/10462/12771/2018/5/31/10452141.shtml（检索时间 2020 - 11 - 12 09:37）。

③ 中共四川省委全面深化改革领导小组办公室、四川省地方志工作办公室：《四川改革开放 40 周年大事记（1978—2018）》，方志出版社，2018 年，第 930 页。

④ 参见《成贵铁路四川段正线铺轨完成》，中国铁路成都局集团有限公司官网，http://www.cd-rail.cn/#（路局要闻；时间：2018 - 06 - 01 19:21）（检索时间 2020 - 11 - 20 13:34）。

继续顺利推进。①

2019 年 3 月 9 日，成贵高铁乐山至兴文段采用试验动车组开始运行试验，通过列车按图行驶、故障模拟、应急救援等一系列演练，测试列车运行各项参数，检验列车整体控制系统、供电、通信信号、站台指挥协调等各个方面的情况，检验列车在正常和非正常条件下行车的稳定性、适应性和安全性，为制定合理的行车方案和应急预案等提供科学依据，为正式通车运营做好充分准备。该路段全长 225 公里，沿途设置了乐山、犍为、泥溪、屏山、宜宾西、长宁、兴文等 7 个站点。② 该路段从 2013 年 12 月开始建设，历时 6 年多才顺利贯通。从 2018 年 11 月 28 日开始，进行了长达 4 个月的联调联试，确保了全线接触网、通信、供电、灾害监测预警、客运服务系统等方面各项功能达标。此次试运行顺利通过后，将与 2014 年底已经通车运营的成都至乐山段连接起来，意味着成贵铁路四川段全部完工。各项工作准备就绪后，成贵高铁乐山至宜宾段于 2019 年 6 月 15 日正式开通运营，并对接成都至乐山段，实现了成贵高铁四川段全面通车。运营初期，列车即达到了国家客运专线标准时速 250 公里。

2019 年 10 月 9 日，成贵高铁四川宜宾兴文至贵州贵阳段进入了联调联试这一工程验收关键环节，标志着成贵高铁进入全线贯通的最后冲刺阶段。12 月 16 日，随着 C6041 次首发列车从成都东站驶出，成贵高铁宜宾至贵阳段建成通车，历经 11 年规划建设的成贵高铁终于全线贯通。线路运营初期，成贵高铁计划每日开行 20 对动车组；同年 12 月 30 日，全国铁路运行图进行了统一调整，成贵高铁每日开行 58 对动车组，其中，含高峰线 14 对；此外，每日还开行了 2 对"标杆车"，以满足旅客的特殊需求，"标杆车"中

---

① 参见《成贵铁路云贵段正线开始铺轨》，中国铁路成都局集团有限公司官网，http://www.cd-rail.cn/#（路局要闻；时间：2018-10-13 08:48）（检索时间 2020-11-20 13:37）。

② 参见《成贵铁路乐山至兴文段进入运行试验阶段》，中国铁路成都局集团有限公司官网，http://www.cd-rail.cn/#（路局要闻；时间：2019-03-12 09:14）（检索时间 2020-11-20 13:15）。

途不停靠站点，从四川成都直达贵州贵阳最快只需要 2 小时 58 分。① 宜宾至贵阳所需的时间也从此前的 11.5 小时缩短到 2 小时。② 成贵高铁通车后，成都至宜宾铁路通行时间从之前的 6 小时缩短到最快 2 小时以内，被誉为"万里长江第一城""长江第一港城"的宜宾终于迎来了高铁时代，将进一步实现高铁和长江航运的有效衔接。

成贵高铁的建成通车，结束了我国川南地区不通高铁的历史。此前，川南地区只有成昆、内昆两条普速铁路经过宜宾和乐山，但因建设年代久远，铁路级别不高、速度较慢，随着社会经济的发展，既有铁路早已无法满足川南乃至整个西南地区日益增长的客货运需求。此外，川南地区拥有丰富的煤矿、旅游和盐卤资源，宜宾、泸州两大国家级长江航运港口巨大的内河航运资源优势也无法和铁路形成有效衔接，大大制约了川南地区的发展。成贵高铁建成通车，将与既有线成绵乐客专、成渝客专以及正在规划建设中的川南城际铁路等共同组成川南地区城际高铁网络，带动乐山、内江、自贡、宜宾、泸州等城市的进一步发展。

除了给四川省内部，特别是川南地区的交通带来极大便利，成贵高铁的建成通车，还极大地改变了川、滇、黔三省的交通状况，打破了我国西南、西北地区长期以来因乌蒙山阻隔而造成的交通困局。自此，四川地区北向、东向、南向均有了出川的高铁通道。在此之前，从成都到贵阳需要经过成渝、内昆和川黔铁路等中转几次，没有直达的路线，最快也要十几个小时的车程。成贵高铁是经成都南下出川最便捷的高速通道，它的建成通车将川黔地区时空距离缩短到 3 小时左右，增进了成都、贵阳两个省会城市的沟通和交流，进一步密切了云、贵、川、渝地区的联系和往来，更好地发挥成都、贵阳两大重要客运中心的交通枢纽作用，形成成贵经济走廊。此外，铁路沿

---

① 参见《成贵高铁全线开通　四川北向东向南向均有出川高铁通道》，四川省人民政府网，http：//www. sc. gov. cn/10462/10464/10797/2019/12/17/2701be105c964b7a9a52548421e3def8. shtml（检索时间 2020－11－20 13：15）。

② 参见《成贵高铁 16 日全线开通运营　成都至贵阳 2 小时 58 分可达》，四川省人民政府网，http：//www. sc. gov. cn/10462/12771/2019/12/15/e103fc889a714b2fbc48d5780b3f67b2. shtml（检索时间 2020－11－20 13：16）。

线在煤矿资源、旅游资源、内河航运资源等方面优势突出，成贵高铁既能拉动成贵经济走廊沿线地区的经济社会发展，又能使西南地区成为我国西北与东南沿海地区交流往来的纽带。成贵高铁通过成都、贵阳两大交通枢纽，可与西成、贵广、渝贵、沪昆等高铁连接，促进西南片区高铁路网更好地融入全国高铁路网，形成西南、西北地区向南连接珠三角经济区、向北连接京津冀地区和向东连接长江经济带的高铁大通道，对推动成渝地区双城经济圈和川南经济区的发展有重要意义，对国家深入推进新一轮西部大开发战略，缩小东西部地区差异，实现共同富裕目标具有深远影响。

　　成贵高铁的建设，见证了我国高铁事业的飞速发展，通过一系列科研攻关，成贵高铁多项技术世界领先。如我国拥有线路铺设的 CRTS Ⅲ 型板式无砟轨道完全自主知识产权；云贵段采用了我国特制的、长达 500 米的长轨，并为此自主研发了具有国际领先水平的无砟轨道长轨铺轨机，每日可完成 9 公里的铺轨作业；为了更好地适应特殊路段的喀斯特地形地貌，对铺轨技术和工艺进行了创新和改造，通过加装长轨推动制动、行车电阻制动等装置，保障施工和行车安全。此外，还打造了我国"智能铁路"的示范点——宜宾西变电所，该所采用我国自主研发的巡控机器人系统，每 100 公里线路可减少 7 名值守人员，提高了巡检频次和质量，大大提升工作效率。

　　成贵高铁的建设，丰富了我国在地质环境复杂的山区成功建设高铁的实践，在中国和世界铁路建造史上创造了多个工程奇迹，为我国和世界在极端山区环境下建设高铁提供了可以参考借鉴的宝贵经验。例如，在最大落差超过 120 米的巨型溶洞地质条件下成功建造的玉京山隧道，被称为"高铁第一洞"；鸭池河双线特大桥、金沙江特大桥等项目创造了多项世界纪录；西溪河大桥成功实现了首座钢管混凝土转体拱桥的双向空中转体；作为一条山区客运专线，成贵高铁的宜宾至贵阳段海拔高度差超过了 2000 米，需要列车不断持续爬升，从四川盆地"爬"上云贵高原。全线最大纵坡度高达 30‰，相当于列车每行驶 1000 米要爬升约 10 层楼的高度，这已是国内高铁能够达到的最大极限。此外，成贵高铁沿线受山区气候条件影响，空气湿度大、雾气重，轨道表面容易变得湿滑。列车在山岭中穿行，不断上坡下坡，列车的运行和操纵也与其他高铁线路有很大的不同。由于有30‰的纵坡度，停车时还存在溜车风险，需要特别注意动车的制动情况。中国铁路成都局公司成都机务段为此专门成立了应对特殊路况的技术攻关小组，经过多次研讨和反复试验，摸索出一套适应该路段的操纵办法，尽可能地保证列车运行平稳，又保证列车准时准点。线路有一段全长12公里、连续30‰坡道的路段，列车短短几分钟内相当于需要爬升约120层楼，仍然能够保持高速且平稳，充分体现了我国高铁建设和运营技术新的突破和飞跃。① 另外，成贵高铁在瓦斯隧道建设方面积累的实践经验，为修改我国相关建设规范提供了重要依据，也为山区铁路建设，特别是涉及岩溶山区隧道项目、深大峡谷桥梁架设等方面提供了宝贵的参考数据和丰富的实战经验，还为面临诸多共性问题的川藏铁路项目提供了重要的建设技术支撑。

成贵高铁的建成通车为贫困山区脱贫攻坚创造了必要条件。成贵高铁穿越乌蒙山区。乌蒙之地古称"夜郎"，由于山区交通不便、对外隔绝，形成了数千年来相对封闭的环境。长期以来，因交通闭塞，沿线农副产品无法销售出去、外地游客无法进来，开发条件极为有限，一直是我国集中连片特殊困难地区。如云南省的威信县，曾经是"三不通"的偏远地区——不通高速公路、不通高铁、不通货运铁路；再如沿线的四川屏山、云南镇雄、贵州大方等地一直为国家级贫困县，成贵高铁的通车为贫困地区的发展带来了新的机遇。成贵高铁通车后，四川长宁、兴文，云南威信、昭通、镇雄和贵州毕节等地第一次迎来了高铁，沿线城镇走出山区、经贵阳到达广州沿海地区的时间大幅缩短，交通的便利给山区带来了前所未有的人流、资金流和信息流，促进了沿线人民思想观念进一步开放、信息交流进一步通畅，将为贫困山区脱贫致富创造更多的机遇，推动共同富裕目标的实现。

高铁通车对铁路沿线地区文化旅游业的发展起到了巨大的带动作用。成贵高铁沿线经过川、滇、黔三省，涵盖大大小小的景区数十个，包括四川峨

---

① 参见《乌蒙欢歌高铁来——写在成贵高铁通车之际》，四川省人民政府网，http://www.sc.gov.cn/10462/12771/2019/12/18/d044884f4fcb4092968072f50b56d3d8.shtml（检索时间 2020－11－20 13：15）。

眉山、乐山大佛、蜀南竹海、兴文石林、李庄古镇，贵州毕节百里杜鹃、黄果树瀑布等旅游热点景区，因此，成贵高铁又有"中国第一条旅游高铁"的别称。① 随着全国高速铁路网的不断发展和完善，"高铁游"与"自驾游"相比，有明显的交通成本和时间成本的优势，又因其快速便捷、舒适度高、低碳环保等特点，成为越来越多人喜爱的旅游出行方式。因高铁建立起来的跨省旅游新通道，因出行速度提升而缩短的空间距离，将以前的"长线游"变成了"周边游"，给高铁沿线旅游景区带来了新热潮和新活力，也为沿线地区经济、社会和文化发展带来新的机遇。

第四节 东向出川高铁通道的建设

成都经达州至万州铁路（以下简称"成达万高铁"）是国家《中长期铁路网规划》2016 年修编以后，由原来的"四纵四横"铁路网增加到"八纵八横"铁路网，沿江通道的重要组成部分，也是国家发布《推动长江经济带沿江高铁通道建设实施方案》以来，第一个在四川落地的重大项目。成达万高铁是连接成渝的又一条新通道，并将为四川再增添一条东向出川高速铁路大通道，被誉为四川"通江达海"的关键线路，它也是四川为了实现"突破高铁瓶颈，打造现代综合交通运输体系"目标的又一项重点推进项目。

一、成达万高铁的总体情况

成达万高铁从四川省成都枢纽天府站驶出，自东向西经过资阳、遂宁、南充、达州等地，最终接入既有的万州北站。全线共设成都天府站（在

---

① 参见《一路向南 成贵高铁"跑"出省际旅游风景线》，四川省人民政府网，http://www.sc.gov.cn/10462/12771/2019/12/11/1306b29b74a949039ad5b241547379c3.shtml（检索时间 2020－11－20 13：17）。

建)、天府机场站（在建）、资阳西站（在建）、乐至站（新建）、遂宁站（既有站改造）、蓬溪南站（新建）、南充北站（既有站改造）、营山西站（新建）、渠县北站（新建）、达州南站（新建）、开江南站（新建）、岳溪站（新建）、万州北站（既有站）等 13 个站点。[①] 线路全长 486.4 公里，其中，新建线路 432.4 公里，另与在建的成自铁路（成都天府—资阳段）共线54 公里。设计为双线电力牵引线路，时速 350 公里。目前处于前期规划阶段。项目计划投资总额为 851 亿元，计划 2025 年底建成通车。[②]

成达万高铁串联了四川省和重庆市的 7 个地级市（区），具有重要的区域位置和显著优势。该线路建成后，四川省将新增一条出川高速铁路通道，改善既有沪蓉铁路和达成铁路因技术标准低、运力不足的现状，进一步完善成渝城际群铁路网。建成通车后，将满足长途客流和成渝城市群城际客流需求，满足以川东地区为主、辐射川南和川北地区的城际客运需求；该线路对助力成都天府新区建设，强化成都都市圈对沿线和周边地区经济辐射力度，进一步深化西部大开发战略、助力成渝地区双城经济圈发展、促进区域经济社会进步、推动城镇化建设、巩固拓展脱贫攻坚成果等都具有重要作用。

成达万高铁的建设是落实"交通强国、铁路先行"规划的重要举措，也是进一步完善沿江高铁通道的实际需要。建成通车后，将进一步优化提升四川区域铁路网格局，线路向东一方面通过万州枢纽与郑万高铁、西武高铁、汉宜高铁等线路对接，大大缩短成渝地区到达武汉交通枢纽的时间，再通过合武高铁、合宁高铁、沪宁高铁等线路共同形成北沿江高铁大通道，进一步加强成渝城市群与长江中下游地区、长三角城市群等地区的联系和发展；另外，通过达州枢纽与渝西高铁连接，进一步与郑西、京广高铁对接，打通川渝与京津冀地区的高铁通道。届时，成都到北京、上海等重要城市的

---

① 参见《"砸锅卖铁也要修"的成达万高铁 "一条线 13 站"怎么选如何定的》，四川省人民政府网，http://www.sc.gov.cn/10462/12771/2020/11/9/f0f214db172f40e9a30776de0064160f.shtml（检索时间 2021 - 01 - 10 09:20）。

② 参见《成达万高铁可研报告获批》，四川省人民政府网，http://www.sc.gov.cn/10462/12771/2020/11/4/3f20a81259a04eea8fb81bf4bf4e1e79.shtml（检索时间 2021 - 02 - 15 11:10）。

陆路通道运行时间将缩短到 7 小时以内，比现有沪—汉—蓉通道将节约一半的时间，为沿线旅客带来更便捷、舒适的乘车体验，推动铁路客运高质量发展。线路向西可对接川藏铁路，成为我国中东部地区深入西部、进入西藏最便捷的铁路通道，实现上海至拉萨朝发夕至，贯通我国东西两端，是我国高铁史上又一创举。线路建成通车后，将进一步提升西部地区交通条件，改善西部少数民族地区投资环境，挖掘旅游资源，促进少数民族地区对外开放，对促进民族团结发展、巩固边疆国防稳定、实现长治久安具有重要的意义。

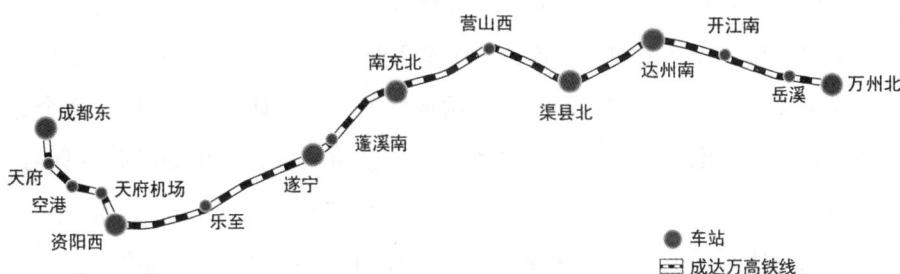

图 3－2　成达万高铁线路走向图①

成达万高铁是践行新发展理念，彰显铁路建设在"长江经济带发展国家战略"中使命担当的重要体现。作为沿江高铁通道的重要组成部分，该线路建成通车后，可以大大缓解长江经济带沿线长期以来水运和公路货运的压力，发挥铁路在沿江综合运输通道中的骨干作用，解决三峡船闸"肠梗阻"问题，进一步服务长江经济带的建设和发展。

二、成达万高铁的规划与建设

在成达万高铁所在通道，达成铁路、达万铁路早已建成通车；我国"十三五"时期规划的沪蓉高铁、郑万高铁、渝西高铁等项目，也已陆续开工建

①　蜀道投资集团有限责任公司官网：https://www.shudaojt.com/xmjs/202212/33674.html（检索时间 2023－05－11 16:40）。

设；此外，区域内绵遂内宜铁路、汉巴南铁路①等城际铁路均已开工，路网构成复杂、技术标准多样。成达万高铁是沿江通道的重要组成部分，是我国"八纵八横"高铁网的重要干道，既要快速连接成渝地区与长江经济带的沿线城市，又要与我国其他高铁通道更好地联通，实现成渝地区高铁网络和全国高铁网络的有效对接。作为成渝地区双城经济圈发展的交通新要道，成达万高铁还需承担城际客运专线的功能。因此，成达万高铁在规划设计之初，就需要充分考虑该项目的功能定位，既能更好地丰富和完善全国高铁网络，又能与既有线路更好地融合。此外，成达万高铁还需考虑对沿线地区经济发展的辐射作用，线路走向、站点设置等都需要反复考量和谨慎规划。如位于营山县和蓬安县交界处的营山西站，站点前期的设计研究就经过了 12 个方案的讨论，反复推敲、论证，最终才确定了目前的位置。再如线路设计时，零散分布了数个煤矿采空区的华蓥山作为成达万高铁的必经之地，给地质勘察、线路选线增加了不少"麻烦"。仅华蓥山的线路走向就曾提出了三个方案，经过反复勘察，确定了线路的大致走向后，又经过无数次修改、调整，耗时半年才确定了最终的方案。②

2015 年 11 月，成都铁路局与成都市人民政府联合签署《关于深化铁路规划、建设及运营合作框架协议》，成达万高铁自此开始规划建设。双方达成共识，要进一步深化地方和路局的交流合作，在铁路规划、成都枢纽发展、市域铁路公交化以及铁路物流等方面紧密合作，明确提出要新建成都至达州高铁，最高时速 350 公里。③

---

① 绵遂内宜铁路包含绵阳—遂宁—内江—自贡段和自贡—宜宾段（该段与成自宜高铁共线）。汉巴南铁路（汉中—巴中—南充）全长 147.7 公里，是国家《中长期铁路网规划》和《成渝地区城际铁路建设规划（2015—2020 年）》的项目，也是四川第一条全部由地方出资、主导建设的高铁项目，在南充与成达万高铁并线，设计时速 250 公里。2019 年 12 月 25 日，巴中至南充段正式进入全面实质性施工阶段。

② 参见《"砸锅卖铁也要修"的成达万高铁 "一条线 13 站"怎么选如何定的》，四川省人民政府网，http://www.sc.gov.cn/10462/12771/2020/11/9/f0f214db172f40e9a30776de0064160f.shtml（检索时间 2021 - 01 - 10 09:20）。

③ 参见《深化路地双方铁路规划、建设及运营合作 路局与成都市签署合作框架协议》，中国铁路成都局集团有限公司官网，http://www.cd-rail.cn/#（路局要闻；时间：2015 - 11 - 12 08:58）（检索时间 2021 - 01 - 02 11:10）。

"十三五"时期，随着国家深化长江经济带发展战略以及沿江高铁通道建设的有序推进，逐步促进成达万高铁项目一步一步走向落实。2016 年 3月，《中华人民共和国国民经济和社会发展第十三个五年规划纲要》发布，沿江高速铁路建设被纳入了我国"十三五"时期交通建设的重点工程项目。随后，《中长期铁路网规划（2016—2025）》《铁路"十三五"发展规划》《"十三五"现代综合交通运输体系发展规划》等一系列规划相继出台，我国铁路网从原有的"四纵四横"拓展为"八纵八横"，其中，明确了万州—达州—遂宁—成都高速铁路①是沿江高速铁路的重要组成部分。2017 年 3月，四川省人民政府发布《四川省"十三五"综合交通运输发展规划》，明确了"十三五"时期四川省综合交通运输发展的重点任务之一是完善基础设施网，重点推进高速铁路建设，其中，新开工的"蓉京高铁成都经南充至达州段"是四川省高速铁路建设的重点项目之一。② 2018 年，四川省委召开了十一届三次全会，提出了要"突破高铁瓶颈打造现代综合交通运输体系"，加快推进成达万高铁建设。为了进一步落实长江经济带发展战略，同年 7 月，国家推动长江经济带发展领导小组办公室印发《推动长江经济带沿江高铁通道建设实施方案》，更加细致地规划了沿江高铁通道建设，明确了该通道将经过成都—重庆—万州—宜昌—荆门—武汉—合肥—南京—上海等长江沿线重要城市，设计时速 350 公里。该方案的发布为沿江高铁建设提供了更为具体的指导，明确提出 2025 年之前要建成成达万高铁的目标，进一步推动了成达万高铁项目早日从构想变为现实。③ 2019 年 7 月 10 日，川渝两地人民政府签署《推进成渝城市群交通基础设施互联互通 2019 年重点工

---

① 沿江高速铁路的该段路线中，成都至遂宁段利用既有达成铁路，但新建成达万高铁全部为新线建设，不与既有达成铁路共线。

② 参见《四川省人民政府关于印发〈四川省"十三五"综合交通运输发展规划的通知〉》（川府发〔2017〕20 号），四川省人民政府网，http://www.sc.gov.cn/10462/c103044/2017/4/10/a445c3cef7e741e98356f95aeb7e3d06.shtml（检索时间 2020 - 11 - 05 08:45）。

③ 参见《沿江铁路建设再提速 长江沿岸铁路集团股份有限公司落户武汉》，中国国家铁路集团有限公司官网，http://www.china - railway.com.cn/xwzx/zhxw/202012/t20201221_ 111138.html（检索时间 2021 - 01 - 10 09:00）。

作方案》，深化两地在水运、铁路建设、公路建设和城市交通一体化等方面的互联互通和协同发展，明确要积极争取成达万高铁在年内能够实现开工建设。①

　　然而，由于工程环境的复杂性，项目进展并非十分顺利。成达万高铁地处四川和重庆境内，线路横贯四川盆地，主要经过龙泉山山脉和川东平行岭谷地区，西部需穿越龙泉山—巴中断裂带，东部需经过华蓥山断裂带，山谷交错，地貌复杂，还需跨越沱江、涪江、嘉陵江和渠江等通航河流，沿途水系发达，水库众多。线路需多次穿越山岭、跨越江河，还需跨越密集的既有公路、铁路线路，全线桥隧较多，也给工程增加了难度。除此之外，工程沿线需经过 2 个自然保护区、5 个风景名胜区、7 个森林公园和 29 个饮水水源保护区。设计和施工团队在项目设计之初就非常重视环境保护，线路设计时尽可能地避开环境敏感区，减少铁路建设和运营过程中可能对环境产生的不利影响，尽量选择既能满足项目功能定位，又符合生态环境保护基本要求，且经济合理的线路。经过多次勘测和反复论证，由于受沿线地质条件、轨道曲线、车站站位选址等客观条件的限制，成达万高铁在重庆市境内有 12.02 公里不可避免地涉及重庆市生态保护红线范围，沿线隧道还需穿越重庆铁峰山国家森林公园、歇凤山风景名胜区等敏感区。这在一定程度上为项目前期的各项报备审批、方案的可行性论证等工作增加了难度。线路也经过反复修改和完善，绕开、避开核心保护区域，仅穿越一般游憩区，尽可能地减少对铁路沿线植被、耕地、野生保护动物和生态敏感区（主要是水土保持和防止水土流失功能）的影响。2020 年 3 月 18 日，成都至达州至万州铁路第一次公布了环评信息。在各方的支持和关注下，成达万高铁项目进行了一定的修改，并对线路走向进行了局部调整。11 月 3 日，《国家发展改革委关于新建成都至达州至万州铁路可行性研究报告的批复》（发改基础〔2020〕1671 号）批复通过了成达万高铁万州北站（含）至达州南站（不含）段②的可行

---

　　① 参见《川渝深化合作推进交通基础设施互联互通》，中国水运网，http://www.zgsyb.com/ news.html?aid=501805（检索时间 2021-01-03 09：15）。

　　② 该路段即成达万高铁重庆段。

性研究报告，使该项工程从构想落地现实又往前迈进了一大步。年底，该项目进入工程实施阶段。

"十四五"时期，是成达万高铁项目建设的关键时期。2021 年，随着成渝地区双城经济圈建设各项工作有序推进，成渝双城城际交通进一步完善和发展，成达万高铁作为川渝地区重要的城际铁路之一，被列入双城发展的各项规划之中。2021 年 2 月，《四川省国民经济和社会发展第十四个五年规划和二〇三五年远景目标纲要》《重庆市国民经济和社会发展第十四个五年规划和二〇三五年远景目标纲要》相继发布；6 月，国家发展改革委和交通运输部联合印发《成渝地区双城经济圈综合交通运输发展规划》；10 月 20 日，中共中央、国务院印发《成渝地区双城经济圈建设规划纲要》；等等。国家和地方一系列规划都明确提出要加快建设成达万高铁，助力成渝地区双城经济圈建设。

在各项规划、政策的有力推动下，成达万高铁重庆段和四川段均取得新突破。2021 年 10 月 25 日，重庆市交通局发布了《新建成都至达州至万州铁路万州北站（含）至达州南站（不含）段环境影响评价信息公示》。①2022 年 3 月 7 日，生态环境部对《新建成都至达州至万州铁路达州南（不含）至万州段②环境影响报告书》进行了公示③。从环评报告来看，明确该段线路需穿越三大保护区，包括位于重庆境内的歇凤山风景名胜区、铁峰山国家森林公园、开州区茅坪供水工程水源地保护区，还将穿越重庆市生态保护红线。设计方案选取了增加桥隧等无害化方式，尽可能绕避和减少铁路建设对沿线环境敏感区的影响。各项工作有序推进，标志着成达万高铁重庆段的前期工作进展顺利。另一方面，2021 年 11 月 17 日，生态环境部公示了将

---

① 《新建成都至达州至万州铁路万州北站（含）至达州南站（不含）段环境影响评价信息公示》，重庆市交通局官网，https://jtj. cq. gov. cn/zwgk_ 240/zfxxgk/fdzdgknr/gggs/tzgg/202110/t20211025_ 9886375. html（检索时间 2021 – 02 – 01 09:30）。

② 该路段即成达万高铁重庆段。

③ 《生态环境部关于 2022 年 2 月 28 日—2022 年 3 月 4 日建设项目环境影响评价文件受理情况的公示》，中国生态环境部官网，http://www. mee. gov. cn/ywdt/gsgg/gongshi/gsq/202203/t20220307_ 970856. shtml（检索时间 2022 – 04 – 01 08:10）。

对新建成都至达州至万州铁路达州南（含）至成都段①建设项目环境影响评价文件展开审查工作②；并于 2022 年 1 月 7 日，批复通过了该项目的环评报告③。环评批复是铁路工程项目初步设计审批不可或缺的前置要件，环评报告获得通过后，下一步将进入项目初步设计的批复阶段，这标志着成达万高铁重庆段（万州北—达州南）和四川段（达州南—成都）两段线路开工在望。

在 2022 年 2 月发布的《成都市 2022 年重点项目计划》中，成达万高铁天府动车所被列入了成都市 2022 年重大交通基础设施项目之一。④ 这也将进一步推动成达万高铁项目的开展，各个站点的建设工作也逐步开始落实。2022 年 2 月份公布的《成达万高铁遂宁站站房建设规模及投资公开征求意见公告》显示，该站点设计方案选取了高架候车模式，预计投资总额约为 13 亿元。国铁集团与地方政府初步协商，希望由地方政府来承担站房新增面积的建设资金，提交相关材料给遂宁市政府作进一步研究，后续也将继续争取地方政府的支持，以促进成达万高铁项目顺利推进。3 月 3 日，蜀道集团作为四川省铁路项目的省级出资代表与成都局集团公司进行了座谈，路地双方达成共识，将进一步密切合作，加速推进成达万项目建设。此外，双方代表还围绕铁路投资建设、部分地方铁路运营等相关事宜进行了交流，希望加快省区域铁路公司的组建，积极推动四川铁路高质量发展。⑤ 在路地双

---

① 该路段即成达万高铁四川段。

② 参见《关于西气东输三线中段（中卫—吉安）工程重大变动等 7 项环境影响评价文件拟进行审查公示》，中国生态环境部官网，http://www. mee. gov. cn/ywgz/hjyxpj/jsxmhjyxpj/nscxmgs/202111/t20211117_ 960636. shtml（检索时间 2021 - 02 - 03 10：20）。

③ 《关于新建成都至达州至万州铁路达州南（含）至成都段环境影响报告书的批复》，中国生态环境部官网，http://www. mee. gov. cn/xxgk2018/xxgk/xxgk11/202201/t20220112_ 966823. html（检索时间 2021 - 01 - 10 14：37）。

④ 参见《2022 年成都市重点项目名单》，成都市发展和改革委员会官网，http://cddrc. chengdu. gov. cn/cdfgw/c114135/2022 - 02/28/content_ ff94c61fc2e94674ab57fc773a8098e4. shtml（检索时间 2022 - 03 - 01 07：20）。

⑤ 参见铁路建设规划微信公众号：《蜀道集团与成都局工作座谈会召开，共同推动四川铁路高质量发展》（2022 - 03 - 08 21：55），https://mp. weixin. qq. com/s/OtR2ukiD3Ye0HSBHFMW0Tg（检索时间 2022 - 03 - 09 08：20）。

方的共同推动下，成达万高铁如期推进。其中，控制性工程之一的华蓥山隧道，位于渠县和大竹县境内，全长 8748 米。全线地质地貌情况复杂，位于采空区和富水区，随时面临可溶岩、高瓦斯、涌水、突泥等各种施工风险，为Ⅰ级高风险隧道。自 2021 年 6 月正式开工以来，各项工作进展顺利。截至 2022 年 8 月，已完成掘进 2110 米。① 2022 年 12 月，连接成达万高铁川渝两段线路的光明隧道进入实质性施工阶段。该隧道全长 8468.8 米，位于四川开江县和重庆开州区交界处，是连接川渝两地的重要节点，设计为单洞双线。至此，成达万高铁全线 16 个标段工程全部开工。②

　　根据蜀道投资集团公布的项目建设进展来看，2023 年，成达万高铁各项工程稳步推进，取得了突破性进展。1 月底，全线唯一一座将站台建在桥上的车站——乐至车站特大桥正式开建，全长 4581.73 米，车站设计为 4 台8 线，将通过上下层站台来实现换乘。该车站预计 2025 年完工，建成后将作为成达万高铁和在建的成渝中线高铁共用车站。为了保障两大高铁线路列车的平稳通行，对车站路基、无砟轨道等设施的建设提出了更高的要求，桥上无砟轨道高度误差严格控制在 1 毫米以内，在采用 CPⅢ 控制网进行精准测量的基础上，预留半年静置观察期，以确保路基达到业内施工标准的“零沉降”要求。4 月 22 日，位于四川省遂宁市安居区，全长 185 米的青山隧道顺利贯通，这是全线第一座实现全面贯通的隧道工程。截至 2023 年 4 月底，全线 1048 处工点中，已开工 635 处，意味着全线已经有超过 60% 的工点进入了建设阶段，万余人在施工一线昼夜奋战，确保项目能够有序、安全进行。

---

①　《成达万高铁华蓥山隧道已完成掘进 2110 米》，《达州晚报》2022 年 8 月 9 日。

②　《成达万高铁光明隧道正式进洞施工》，蜀道投资集团有限责任公司官网，https://www.shudaojt.com/xmjs/202212/33674.html（检索时间 2023－05－11 16:47）。

第四章

双城协奏：成渝通道的高铁建设

　　成渝地区位于我国西南部，对内连接我国西南和西北，对外可辐射东南亚、南亚地区。作为西部陆海新通道的起点，同时又是"一带一路"和"长江经济带"的交汇点，成渝地区具有重要的区域地位。区域内两大中心城市——国家级特大城市重庆是我国四大直辖市之一；成都也是国家级特大城市，还是西部战区的机关驻地，两者都是国家重要的综合交通枢纽。这里聚集了我国西部最密集的人口，能源充足、矿产资源丰富，自然生态环境良好，在国家发展大局中历来就有特殊的区位优势。

　　2014年后，从国家到地方，颁布出台了一系列文件，通过各种举措积极推动成渝地区协同发展。2014年6月17日，四川省政府印发《成渝经济区成都城市群发展规划（2014—2020）》《成渝经济区南部城市群发展规划（2014—2020）》[①]，拉开了成渝地区协同发展的序幕。2016年4月12日，国务院批复同意《成渝城市群发展规划》，明确了建设具有国际竞争力的国家级城市群是成渝城市群的发展目标。[②] 2018年6月6日，重庆、四川两地政

[①] 中共四川省委全面深化改革领导小组办公室、四川省地方志工作办公室：《四川改革开放40周年大事记（1978—2018）》，方志出版社，2018年，第1121页。

[②] 中共四川省委全面深化改革领导小组办公室、四川省地方志工作办公室：《四川改革开放40周年大事记（1978—2018）》，方志出版社，2018年，第1198页。

府在重庆市举办"经济社会发展情况交流座谈会"，签署了《深化川渝合作深入推动长江经济带发展行动计划（2018—2022 年)》以及 12 个专项合作协议，进一步加强成渝两地的交流合作。① 2019 年 4 月，国家发布《2019 年新型城镇化建设重点任务》，明确提出要合力推动"形成新的重要增长极"，促进成渝城市群建设，共同进击世界级城市群。为了进一步深化川渝合作，2019 年，川渝两地政府签订了"2＋16"一揽子合作协议（方案）。②

2020 年 1 月 3 日，中央财经委员会第六次会议在北京召开，习近平总书记发表重要讲话，强调"要推动成渝地区双城经济圈建设，在西部形成高质量发展的重要增长极"③。5 月，《中共中央国务院关于新时代推进西部大开发形成新格局的指导意见》发布，明确指出要加快沿江高铁的规划建设，促进成渝城市群协调发展，"打造引领西部地区开放开发的核心引擎"；还要积极支持川渝等"跨省毗邻地区建立健全协同开放发展机制，加快推进重点区域一体化进程"④。10 月底，国家讨论通过了《中共中央关于制定国民经济和社会发展第十四个五年规划和 2035 年远景目标的建议》（以下简称《建议》）。《建议》指出，要积极推进"沿边沿江沿海交通等一批强基础、增功能、利长远的重大项目建设"，进一步明确提出要积极推动成渝地区双城经济圈建设，大力推动区域协调发展，进而推动西部大开发形成新格局和服务长江经济带发展国家战略。⑤

---

①　中共四川省委全面深化改革领导小组办公室、四川省地方志工作办公室：《四川改革开放40周年大事记（1978—2018)》，方志出版社，2018 年，第 1303 页。

②　包括《深化川渝合作推进成渝城市群一体化发展重点工作方案》《成渝轴线区（市）县协同发展联盟 2019 年重点工作方案》《推进成渝城市群交通基础设施互联互通 2019 年重点工作方案》《推进成渝城市群生态环境联防联治 2019 年重点工作方案》《深化规划和自然资源领域合作助推成渝城市群一体化发展协议》《推进成渝城市群无障碍旅游合作 2019 年重点工作方案》《深化建筑业协调发展战略合作协议》等 18 个协议（方案）。

③　参见《习近平主持召开中央财经委员会第六次会议》，中国政府网，http://www.gov.cn/xinwen/2020－01/03/content_5466363.htm（检索时间 2020－10－25 09:46)。

④　参见《中共中央国务院关于新时代推进西部大开发形成新格局的指导意见》，人民出版社，2020 年，第 12－13 页。

⑤　参见《中国共产党第十九届中央委员会第五次全体会议文件汇编》，人民出版社，2020 年，第 38、46－47 页。

2021 年 3 月 13 日，《中华人民共和国国民经济和社会发展第十四个五年规划和 2035 年远景目标纲要》发布，明确提出"推进成渝地区双城经济圈建设，打造具有全国影响力的重要经济中心、科技创新中心、改革开放新高地、高品质生活宜居地①"，进一步深入实施区域协调发展战略，推进西部大开发形成新格局。同年 10 月 20 日，中共中央、国务院印发了《成渝地区双城经济圈建设规划纲要》，将成渝地区双城经济圈建设上升为国家战略，为成渝地区发展提供了根本遵循和重要指引；成渝地区在"一带一路"、长江经济带、西部大开发等一系列重大国家战略深入实施的大背景下，又迎来新的发展机遇。②

促进区域经济社会发展，交通建设是先导。国家历来非常重视成渝地区发展，也积极推动成渝地区交通建设。铁路作为现代化的主要交通运输工具，是国家综合交通运输体系的骨干，具有运量大、速度快、辐射面广的特点，是提高资源能源利用效率、走集约式发展的有效运输方式。早在 1952 年 6 月，成渝铁路通车在即，邓小平同志明确指出："西南的铁路建设是全国建设中的一个重点。……往后的任务是很多的，西南是交通第一，有了铁路就好办事。"③ 半个多世纪过去了，这个论断对于西南地区交通建设和区域发展仍然具有重要的指导意义。

成渝地区铁路建设是推动该区域经济社会发展的重要环节。新中国成立以来，成渝、宝成、内昆、川黔、成昆、襄渝等铁路干线相继建成，在成渝地区现代化发展进程中起到了重要的推动作用。随着我国铁路建设逐步实现从线到网、从普速到高速的发展，成渝地区的高速铁路建设也成为推动该区域经济社会发展的重要力量。

---

① 《中华人民共和国国民经济和社会发展第十四个五年规划和 2035 年远景目标纲要》，《新华月报》，2021 年第 7 期，第 79 - 126 页。

② 《成渝地区双城经济圈建设规划纲要》，《中华人民共和国国务院公报》2021 年第 31 期，第 13 - 33 页。

③ 中共中央文献研究室：《邓小平文集（一九四九—一九七四年）》（上卷），人民出版社，2014 年，第 364 页。

第一节　成遂渝高铁是中国高铁的"试验田"

成遂渝高铁是成渝地区双城经济圈内连接成渝两地的三大高铁通道之一，是《中长期铁路规划（2016年修编）》新建沪汉蓉高速铁路通道的重要组成部分，又被称为成渝北线。

一、成遂渝高铁的总体情况

成遂渝高铁全长274公里，是在既有线路上改造完成的高铁项目，由遂渝铁路和遂成铁路两段线路组成。遂渝铁路，即遂宁至重庆段，在既有遂渝铁路的基础上改造完成。既有遂渝铁路最早于2003年2月25日动工修建，为了适应国家对铁路跨越式发展的新要求，从2004年8月8日开始进行电气化改造。2005年4月23日实现全线贯通。并于2006年1月和5月分别开通货运和客运业务。线路初期设计为国家一级单线（预留增建二线的条件）。随着我国铁路事业的发展和社会需求的变化，2008年，国家初设批复遂宁至重庆增建第二线铁路，正线长度130.832公里，预估工程造价约48.1552亿元，计划建设工期3年。[①] 遂宁至重庆线增建第二线位于四川盆地东南部至中部地区，线路走向大致与既有遂渝铁路平行，沿线经过地区多为丘陵和低山区，桥隧众多，桥隧比约为38.31%。线路从四川省遂宁市出发，在遂宁站与达成铁路接轨，经重庆潼南、合川、北碚等地，至石子山（原北碚北）接入桐子林线路所，最终引入重庆枢纽。[②] 线路连接达成铁路（遂成铁路）、成渝铁路、襄渝铁路、渝怀铁路等铁路

---

① 参见成都铁路局史志办公室：《成都铁路局年鉴 2009》，中国铁道出版社，2009年，第116页。
② 参见成都铁路局史志办公室：《成都铁路局年鉴 2014》，中国铁道出版社，2014年，第149页。

干线，是东向出川、加深川渝地区与我国中东部地区交流往来的一条重要通道。

成遂渝高铁的另一段为遂成铁路，是在既有达成铁路的基础上改造完成的项目，原名为"达成铁路遂成段扩能改造工程"。达成铁路于1992年6月开工建设，1997年12月建成通车，1998年1月开始运营。为了适应新的社会经济发展需要和满足更大的运输需求，2004年11月27日，达成铁路开始进行扩能改造，计划投资116亿元[①]，并于2009年7月7日全部改造结束。其中，达成铁路扩能改造工程遂宁至成都北段，于2006年7月1日完成了全长142.2公里的既有线电气化改造工程[②]。改造项目整体完成后，国家铁道部将其重新命名为遂成铁路，即为后来的成遂渝铁路客运快速通道的成都至遂宁段。此段线路同时又是新建沪汉蓉高铁通道和成渝快速客运通道的共线部分。改造完成后的遂成铁路全长146公里，以客运为主，均为双线电气化铁路，设计时速200公里。

成遂渝高铁是在既有线路改造升级的基础上形成的一条高铁新通道，它的成功改造与顺利运营为我国高铁的发展奠定了良好的基础。其遂宁至重庆段是在既有遂渝铁路的基础上改造并增建了二线，是落实铁道部铁路跨越式发展战略的重点工程，是西部地区第一条旅客列车时速目标值达到200公里的铁路。该线路也是我国第一条设计时速200公里的客货混运双层集装箱快速通道，是我国铁路第六次提速的示范性工程，是西部山区铁路旧线改造和新线建设相结合的标志性工程，对后来的山区快速铁路建设具有重要的示范和借鉴作用。

无砟轨道是高铁的一项核心技术。成遂渝高铁遂渝铁路无砟轨道试验段是铁道部的重点工程。首次在路基上铺设无砟轨道，解决了无砟轨道施工的多项技术难题，对其无砟轨道路基的性能、几何状态、沉降情况等进行长期

---

① 参见成都铁路局史志办公室：《成都铁路局年鉴 2009》，中国铁道出版社，2009年，第111页。

② 参见成都铁路局史志办公室：《成都铁路局年鉴 2009》，中国铁道出版社，2009年，第112页。

监测，既能为遂渝铁路正常运营管理和维护积累数据，又可为今后其他客运专线无砟轨道的结构设计、养护维修以及评价和检验标准等方面提供科学依据。遂渝铁路不仅建成了我国第一条拥有完全自主知识产权的无砟轨道试验铁路，还刷新了世界范围内在大跨度铁路桥上铺设无砟轨道的新纪录，打破了国外在该项技术的研发、设计、制造和施工方面的壁垒，大力推动了我国高速铁路事业的发展。"遂渝铁路无砟轨道综合试验段"获得了"第九届中国土木工程詹天佑奖。"[1]"遂渝线无砟轨道关键技术研究与应用"项目还获得了 2010 年国家科学技术进步奖一等奖（集体）。[2]

成遂渝高铁是对既有线路升级改造后形成的一条川渝新通道，与既有成渝铁路相比，距离更短，速度更快，优化了西南地区路网结构。成遂渝高铁的通车运营，有利于进一步扩大和提升成都与重庆之间便捷高铁通道的运输能力，密切成渝地区交流合作，增强成渝双城作为区域中心城市的辐射带动作用，推动成渝双城及周边地区的发展。

二、成遂渝高铁的遂渝段在曲折中前进

遂渝铁路是在铁道部提速战略全面实施的背景下开始的。该项目从立项到设计都体现了高标准、速度快的特点。对于当时的中国铁路来说，经过了四次提速后，平均客运时速也仅为 70 公里左右。遂渝铁路设计之初，预计一开通即达到 140 公里的时速（预留时速 160～200 公里的条件），已经是一个比较高的目标。

这个目标也并非不可实现。从当时的建设条件和基础来看，90 年代，我国已成功建成的广深铁路最高时速可达 160 公里；新千年之初，秦沈客专设计时速也已突破 200 公里大关。这些成功经验的积累为我国开拓性地研究高速铁路的建设奠定了坚实的技术基础。

---

① 成都铁路局史志办公室：《成都铁路局年鉴 2011》，中国铁道出版社，2011 年，第 128 页。
② 《遂渝线无砟轨道关键技术研究与应用》，中铁二院工程集团有限责任公司官网，https://www.creegc.com/tabid/105/InfoID/1153/frtid/150/Default.aspx（检索时间 2020－12－24 08：14）。

遂渝铁路是 21 世纪之初我国西南地区建设的第一条高标准的铁路干线，是西部地区第一条时速达到 160～200 公里的快速通道。项目于 2003 年 2 月动工。为了确保工程质量创优，项目动工后不久，3 月 11 日，遂渝铁路工程建设监理工作研讨会召开。会议围绕如何"快速、有序、优质、高效"建设遂渝铁路，如何做好工程监理工作等内容进行了研讨；确立了遂渝铁路"争创工程质量一流、建设工期一流、投资控制一流"的建设总体目标和"开工必优、一次成优、确保部优、争创国优"的质量管理总体目标；明确了监理工作要实施科学管理，实事求是，配备高素质的专业监理人员和足够先进的仪器设备，创新工作方法和工作手段，服务好这条高标准线路的建设。监理工作将对建设质量、进度、投资等三大目标起到推动和保证作用，为此，遂渝铁路特别注重加强监理工作的社会化程度，实现了完全由第三方承担监理工作的目标；为了确保工程质量，还制定了《遂渝铁路工程质量管理办法》《遂渝铁路优质样板工程评选办法》《遂渝铁路创优规划》《遂渝铁路建设工程监理管理细则》等规章制度，使工程质量始终处于受控状态，确保安全生产和高质量完成建设任务。①

征地拆迁工作是铁路建设项目非常重要的环节，直接影响着工程的进度。为了更好地服务生产、营造良好的建设环境，在正式动工前，即成立了遂渝铁路征地、拆迁领导小组，明确了工程涉及的征地拆迁相关工作的细节，为保障工程顺利实施打好基础。首先，明确了各方的征拆责任，合川市人民政府负责实施路段的统征统拆工作，三电及水管路拆迁任务则由中标单位负责。其次，按照《遂渝铁路建设用地/拆迁实施办法》，明确了各单位征拆工作需要注意的问题。例如，各指挥部（经理部）要负责审核征地图纸，明确征地界线，为了避免因地界不清与村民发生纠纷，要严格挖好征地界沟；要以行政村为单位提出季度用地计划，再由指挥部汇总后向地方政府有关部门申报季度用地计划，沟通协调各项工作。此外，还明确提出了在征

---

① 《关于印发遂渝铁路建设监理工作研讨会上若干同志发言的通知》，参见中铁二局档案：遂渝指－03.1－2003－短期－5。

拆过程中要严格控制用地数量，少占耕地，节约用地等要求。① 在征拆过程中，要求所有人员遵守国家相关法律法规，学习环境保护知识，"依法用地，文明施工，搞好环境保护与水土保持"；还要注意加强路地配合，"大事讲原则，小事讲风格，互相理解，互相支持"②，为遂渝铁路顺利开工全力营造良好的建设环境。

在各方的共同努力下，遂渝铁路项目进展顺利。2003 年第一季度基本完成了临时电力、道路、通信、给水管线等施工，并实现了全线重点工程草街嘉陵江特大桥、穿井坝涪江特大桥、薛家坝涪江特大桥、明月路大桥、荆竹岭隧道、西山坪隧道等"四桥两隧"工程全面开工，第二季度基本实现了全部正线站前工程全面开工的目标。③

然而好事多磨，项目开工后不久，铁道部提出了要实现铁路"跨越式发展"的方针。4 月 26 至 27 日，铁道部领导对遂渝线开展调研，与铁二院等有关部门共同研究对遂渝线进行改造和提高线路技术标准的方案。成都铁路局遂渝铁路建设指挥部随即下达了暂停全线施工作业的通知，希望各参建单位顾全大局，积极配合线路的改造和调整。④ 遂渝铁路停工调整后，不涉及改造的路段和工程项目继续按原计划有序推进，涉及调整的部分则积极配合相关部门的改造方案。

遂渝铁路除了开工就面临项目调整的困难，还遭遇了 2003 年春季突然袭来的"非典"疫情。为了确保铁路职工的身体健康，保障工程顺利进行，成都局遂渝铁路指挥部根据铁道部《关于加强铁路工作建设系统非典型肺炎

---

① 《关于遂渝铁路建设征地拆迁工作安排的通知》（遂渝指工〔2003〕12 号），参见中铁二局档案：遂渝指－03.1－2003－长期－2。

② 《关于报送 2003 年 1 季度遂渝线施工计划的报告》（遂渝指工〔2003〕06 号），参见中铁二局档案：遂渝指－03.1－2003－长期－18。

③ 《关于下达 2003 年三季度遂渝铁路建设实施计划的通知》（成铁遂渝指〔2003〕48 号），参见中铁二局档案：遂渝指－03.1－2003－长期－25。

④ 《关于调整 2003 年二季度遂渝铁路建设实施计划的通知》（成铁遂渝指〔2003〕41 号），参见中铁二局档案：遂渝指－03.1－2003－长期－23；《关于转发成都铁路局工程管理中心加强施工工地"非典"防治工作的紧急通知》（遂渝指〔2003〕39 号），参见中铁二局档案：遂渝指－03.1－2003－长期－108。

防治工作的通知》、成都铁路局工程管理中心《关于加强施工工地"非典"防治工作的紧急通知》等文件的要求和部署，成立了由主要领导负责的"非典"防治工作领导小组，采取了对职工队伍进行封闭式管理、加强劳务工健康状况监控、建立疫情报告制度、大力开展宣传教育、搞好施工现场环境卫生等措施，注重强化铁路职工防疫意识，提高自我保护能力，积极有效应对疫情，保障了遂渝铁路项目安全、顺利地推进。①

经历了春季的"非典"疫情，遂渝铁路又遭受了暴雨之害。6月下旬，西南地区四川、重庆、贵州等地连续性的大到暴雨导致山体滑坡、泥石流等灾害频发，遂渝铁路各区段受到了不同程度的影响。7月11日，成都铁路局召开了全局防洪电视电话会议，要求加强领导，认清防洪的严峻形势，确保遂渝线工程安全。此外，成都铁路局特别指出了全线的防洪重点集中在草街特大桥、薛家坝特大桥、穿井坝特大桥、鹭鸶溪大桥、荆竹岭隧道出口明洞等工点，要求各相关单位要高度重视，提前制定好防洪预案。②正是对灾情的准确把控和周密部署，才使得遂渝铁路项目得以安全抗灾、平稳过渡。

为了更好地推进项目进展，2003年上半年，全线开展以"比进度、比质量、比安全、比管理、比精神文明、比投资控制"为主要内容的社会主义劳动竞赛活动，每季度评比一次，对不达标的单位要求限期整改并处以相应的惩罚，对评比优秀的单位进行一次性奖励，以此调动参建员工的工作积极性和创造性，确保高效建设遂渝铁路；下半年，中铁二局四公司遂渝铁路第四项目部率先掀起了"大战120天"施工生产高潮，并制定了相应的奖励办法，明确组织纪律，激励全员在保证安全质量的前提下加快生产。③在一系列激励措施和奖惩办法的推动下，遂渝铁路项目有序开展。

---

① 《关于转发铁道部〈关于加强铁路工作建设系统非典型肺炎防治工作的通知〉的通知》（成铁遂渝指〔2003〕37号），参见中铁二局档案：遂渝指-03.1-2003-长期-52。

② 《调电通知》，参见中铁二局档案：遂渝指-03.1-2003-短期-36。

③ 《关于制定"大战120天"管理办法的通知》（四司遂经〔2003〕33号），参见中铁二局档案：遂渝指-03.1-2003-长期-87。

　　遂渝铁路项目进展顺利，还离不开良好的路地合作和有效的沟通协调。在项目推进过程中，路局和指挥部还积极争取合川市政府、合川市支援铁路建设办公室等有关部门在征拆工作、建设费用、工程协调等方面的大力支持。例如，在合川至渭沱14.5公里油路改建工程中，因建设实际需要改变了设计方案，增加了建设费用95.9万元，经协调，合川方面负责承担其中的60.9万元，涉及的两个工程局只需承担剩下的35万元。① 又如，2003年9月，全线进入了施工高潮，合川境内5个施工标段建设如火如荼，急需使用大量的地方料（砂、石等）。经过实地调查和勘测，当地仅有盐井料场的砂、石符合施工要求。一方面，施工所需的砂、石等原材料供不应求；另一方面，当地的盐井砂、石料场价格不断上涨（已由最初施工进场时的每立方米18元上涨到48元），大大增加了施工成本，给工程建设造成极大困难。为此，指挥部积极争取了合川市人民政府的帮助和支持，在地方政府的协调和帮助下，力求地方料保证产量，稳定价格，更好地满足工程建设所需。② 再如，2003年2月，根据遂渝铁路建设的需要，为了确保建设过程中重型车辆通行，合川市铜溪镇政府提出了对临渡至金沙公路（简称"临金公路"）整修（含养护）的要求。合川市政府、支铁办与遂渝铁路相关项目部召开专门会议，经过沟通协商，双方签署了《合川临金公路整治工程补偿协议》，铁路方一次性补偿给合川市支铁办15万元整作为临金公路的整治和养护工程费用。双方合作达成后，合川市支铁办积极配合，协调好地方各项工作以支持铁路建设。然而2004年7月，发生了铜溪镇村民堵路断道的突发事件，影响了遂渝铁路的正常施工。为此，遂渝铁路建设指挥部紧急请求合川市市委、市政府及铜溪镇政府的支持和帮助，尽快解决好临金公路的堵路断道问题，拆除路障、恢复交通，并请当地帮忙协调，避免再次发生人为堵

---

　　① 《遂渝铁路建设指挥部　合川市支援铁路建设办公室关于遂渝铁路合川段建设施工运输中的有关问题的座谈纪要》（合川支铁办函〔2003〕005号），参见中铁二局档案：遂渝指-03.1-2003-长期-100。

　　② 《关于请求紧急协调合川市境内地方料（砂、石）市场有关问题的函》（成铁遂渝指函〔2003〕12号），参见中铁二局档案：遂渝指-03.1-2003-短期-15。

路问题，为遂渝铁路的建设营造良好的秩序和环境。①

遂渝铁路作为西部地区第一条快速铁路通道的试验项目，从软硬件各个方面给予了最高配置。除了在全线设置了3~4个中心试验室，2004年3月，根据遂渝铁路建设指挥部有关人员对重庆枢纽遂渝线引入工程各标段及中心试验室的综合考评，结合进场设备、仪器、人员、资质、计量认证、工作环境和交通情况等各个方面的考评情况，增加了中铁十八局、中铁四局的试验室作为遂渝线中心试验。②

为了更好地完成遂渝铁路高标准的建设要求，2004年8月8日，遂渝铁路开始电气化工程。2005年上半年，铁道部作出要在太和至北碚北路段之间进行时速200公里的综合试验的决定，并将遂渝铁路遂宁至北碚北段纳入了将要进行的全国铁路第6次大提速的计划之中。③ 为了力争在3月就做好试验工作的各项准备，铁道第二勘察设计院遂渝铁路工程建设现场指挥部根据建设形势和施工现状，实行每日询问制，并加强与成都铁路局遂渝铁路建设指挥部的配合，及时、快速解决施工过程中的各种问题，确保遂渝铁路各项工作顺利推进。④ 4月20日，遂渝线时速200公里提速综合试验日临近，各项工作进入尾声，为了配合试验准备工作全面展开，建设指挥部决定成立"遂渝线200公里/小时提速综合试验配合工作领导小组"，负责试验前的准备工作和试验过程中的配合工作，并制定了各分局、各施工单位、电化、电务等各部门相应的工作任务书，将任务分解下达到各个责任单位，确保落实到人，全力保障遂渝铁路试验项目如期顺利进行。⑤

① 《关于请求紧急协调解决临金公路地方村民堵路断道的函》（遂渝指函〔2004〕04号），参见中铁二局档案：遂渝指－03.1－2004－长期－93。

② 《关于公布中心试验室的补充通知》（成铁遂渝指〔2004〕33号），参见中铁二局档案：遂渝指－03.1－2004－长期－35。

③ 《关于请求迅速成立遂渝线抢工领导小组的函》（遂渝指工函〔2004〕6号），参见中铁二局档案：遂渝指－03.1－2004－长期－27。

④ 《关于加强遂渝铁路配合施工的有关通知》（二设遂渝指发〔2004〕22号），参见中铁二局档案：遂渝指－03.1－2004－长期－60。

⑤ 《关于成立遂渝线200公里/小时提速综合试验配合工作领导小组的通知》（成铁遂渝指〔2005〕61号），参见中铁二局档案：遂渝指－03.1－2005－长期－14。

2005年4月23日，遂渝铁路实现了全线贯通。4月26日上午，铁道部在合川市召开了遂渝铁路时速200公里综合试验现场工作会，确定了试验时间为5月15日至6月5日，明确要求成都铁路局务必在5月10日前做好前期准备工作，并强调各参建单位和配合单位一定要在思想上提高认识，加强领导，加快建设，特别是要强化安全意识，强调了"五一"节假日期间要安排好轮休和值班等，在保障安全和质量的前提下做好配合试验及后勤保障工作，确保遂渝线太和至北碚北段综合试验顺利进行。① 在各单位的共同努力下，遂渝线按期高质量、高标准完成了建设任务和试验任务，为我国高速铁路建设积累了宝贵经验。5月建成完工的遂渝铁路合川车站明洞，是铁路与公路立交的双孔联拱明洞，总跨40.45米，单孔净跨17.32米，洞顶铁路基夯所填的土石就达到了9米之厚，刷新了国内大跨双孔联拱明洞工程的新纪录。②

遂渝铁路设计为客货混运，2006年1月15日，遂渝线先期开通了货运业务；5月1日，N880次成渝城际快速列车开始在成渝两地运行，遂渝铁路客运业务正式开通运营。③

为了更好地发挥遂渝线的作用，适应我国铁路事业的新发展形势，2008年，遂渝线增建第二线项目获得批复。自项目获批以来，各项工程进展顺利，2008年8月底，在水利部的主持下，四川省水土保持局和重庆市水利局会同遂渝铁路沿线各水土保持监测单位及水行政部门，一同验收通过了遂渝铁路水土保持设施。④ 2010年10月27日，遂渝线新增二线铁路工程线4.6公里和8.9公里两处拨接口与既有遂渝铁路顺利合龙，这也是遂渝线新

① 《关于做好遂渝铁路综合试验配合工作的通知》（遂渝指〔2005〕10号），参见中铁二局档案：遂渝指-03.1-2005-长期-65。

② 参见《企业新纪录客货共线遂渝铁路合川车站明洞奖状》，中铁二院工程集团有限责任公司官网，https://www.creegc.com/tabid/105/InfoID/1296/frtid/150/Default.aspx（检索时间2020-11-29 16:10）。

③ 参见中国铁道协会电气化委员会：《中国铁路电气化建设（1958—2012）》，中国铁道出版社，2014年，第215-217页。

④ 参见成都铁路局史志办公室：《成都铁路局年鉴 2009》，中国铁道出版社，2009年，第114页。

增二线工程开工以来，首次拨接成功。① 12 月 31 日，遂渝线新增二线工程（新桥—遂宁南）建设正式完工，并于 2011 年 1 月 18 日开通运营。② 截至 2011 年底，遂渝铁路除重庆市境内因变更设计新增的 25.3757 公顷正线建设用地暂未取得国有土地使用证（已取得国土资源部批复），以及 8 座公跨铁立交桥资产未移交之外，基本完成了收尾工作。③ 2012 年 11 月 30 日，遂渝线增建二线工程遂宁南至下太和段基本开通；12 月 30 日，下太和至黄桷线路所基本完工；2013 年 1 月 22 日，下太和至石子山段顺利开通，标志着改建铁路遂宁至重庆线增建第二线工程全部完工。④ 至此，成遂渝高铁遂宁至重庆路段基本成形。

三、成遂渝高铁遂成段的建设与运营

成遂渝高铁遂成段是在达成铁路的基础上进行的扩能改造。2004 年，达成铁路开始扩能改造。为了重点抓好该项工程建设，达成、遂渝和成都北编组站建设指挥部于 2008 年成功组建（以下简称"达成指挥部"），全年完成投资 27 亿元，基本完成了站前线下工程，开始铺轨架梁工程。改造工程开工 4 年来，已累计投资 95.6 亿元。⑤ "5·12"汶川特大地震的爆发影响了四川省多地铁路等基础设施建设，为了能够按计划完成达成铁路扩能改造工程，达成指挥部在铁道部和成都铁路局的指导下，确定了 2009 年 6 月 30 日前完成项目的总目标，并对各参建单位进行了多次动员，想办法加快施工

---

① 参见成都铁路局史志办公室：《成都铁路局年鉴 2011》，中国铁道出版社，2011 年，第 43 页。

② 参见成都铁路局史志办公室：《成都铁路局年鉴 2011》，中国铁道出版社，2011 年，第 130 页。

③ 参见成都铁路局史志办公室：《成都铁路局年鉴 2012》，中国铁道出版社，2012 年，第 117 页。

④ 参见成都铁路局史志办公室：《成都铁路局年鉴 2014》，中国铁道出版社，2014 年，第 149 页。

⑤ 参见成都铁路局史志办公室：《成都铁路局年鉴 2009》，中国铁道出版社，2009 年，第 111 页。

进度。2008 年 7 月，成都铁路局管辖范围内的达成铁路有限责任公司（以下简称"达成公司"）召开了年度第二次股东会议，决定从 7 月 11 日开始，实行全新的委托运营管理模式，即运输资产经营和运输生产经营分离。运输资产经营由达成公司负责，运输生产经营则全面委托给成都铁路局进行更加专业化的管理。这种经营模式给其他合资铁路提供了一种全新的参考，"术业有专攻"，通过分离两种经营模式，能够更有效合理地配置运输资源，提高运输效率，提升运输效益，保障运输安全。[①]

为了更好地实现 2009 年"6·30"开通目标，从 2008 年 8 月底开始，全线组织开展了"大战 100 天"活动，督促各方加快施工进度，加大对施工、监理等相关单位的考核力度，推动项目往前迈进。12 月 20 日，云顶隧道贯通。[②] 该隧道全长 7.858 公里，位于成都市金堂县与青白江区交界处，是全线高瓦斯隧道之一。自 2005 年 12 月开工以来，历时 3 年，施工方克服了重重困难，终于实现全线贯通，为项目整体顺利完工奠定了基础。

经过各参建单位的共同努力，达成铁路扩能改造工程实现了 2009 年建成完工的总目标，项目完工后被重新命名为"遂成铁路"，于 2009 年 7 月 7 日正式运营。截至 2011 年底，达成铁路扩能改造工程除了还没有取得国有土地使用证和未进行环保验收，其余收尾工作已全部完成。[③]

四、成遂渝高铁的不断发展和完善

作为中国快速铁路的提速试验项目，成遂渝高铁一直在实践中摸索前进，不断发展和完善。2008 年，"蓝箭号"动车组在成遂渝铁路运营，最快设计时速 200 公里，将成渝两地之间的通行时间缩短到 3.5 小时以内。2009

---

① 参见成都铁路局史志办公室：《成都铁路局年鉴 2009》，中国铁道出版社，2009 年，第 105 页。

② 参见成都铁路局史志办公室：《成都铁路局年鉴 2009》，中国铁道出版社，2009 年，第 112 页。

③ 参见成都铁路局史志办公室：《成都铁路局年鉴 2012》，中国铁道出版社，2012 年，第 117 页。

年 9 月 26 日，一列时速 200 公里的 D5122 次列车首次在成遂渝铁路运行，这是我国在西南地区开行的首趟"和谐号"动车组，第一次将成渝两地运行时间压缩到 2 小时左右。西南地区从此迈入了高铁时代。① 一年后，2010 年 9 月 20 日，首列时速 200 公里的"CRH 和谐号"动车组在改造完工的达成铁路上开行，标志着川东地区迎来了高铁时代。达州市也成为四川省第一个通行"和谐号"动车组的二级城市。②

自 2009 年开行"和谐号"动车，成渝地区伴随着高铁时代迎来了新的发展机遇。为了更好地适应地方发展的需要，2011 年 8 月，成都铁路局调整了四川省高铁运营计划，成遂渝铁路最初的线路设计方案中，成都至遂宁段时速 200 公里，遂宁至重庆段时速 170 ~ 200 公里；经过调整后，达成铁路东段（遂成段）运行时速由 200 公里降为 160 公里，其余路段时速不变。成渝两地每日开行动车 11 对。③

2012 年 2 月，《四川省"十二五"综合交通建设规划》发布，明确了"十二五"期间，要把成都建设成为我国西部最大的国家级综合交通枢纽。其中，规划了东、南、西、北四个方向出川的铁路大通道，成遂渝高铁是继成渝客专之后，东向出川连接重庆的第二条主干线。④

为了保证铁路的运行安全，2013 年，成都建设指挥部在成都铁路局的指导下，对遂成线云顶隧道整体道床抬升等病害进行了整治，还对遂渝铁路 8 座公跨铁立交桥进行了检测，根据检测结果，其中 2 座不需要整治，5 座需要局部整治，1 座需要对桥台进行改建或重建。⑤

---

① 参见《西南动车开行 10 周年 年发送旅客上亿，径路覆盖 25 省 311 市》，中国铁路成都局集团有限公司官网，http://www.cd‐rail.cn/#（路局要闻；时间：2019‐09‐28 18:47）（检索时间 2020‐11‐25 11:16）。

② 中共四川省委全面深化改革领导小组办公室、四川省地方志工作办公室：《四川改革开放 40 周年大事记（1978—2018）》，方志出版社，2018 年，第 941 页。

③ 参见《四川高铁降速方案公布 成渝成灌动车不降速》，四川省人民政府网，http://www.sc.gov.cn/10462/10464/10797/2011/8/20/10176872.shtml（检索时间 2020‐11‐10 10:45）。

④ 参见《详解四川"十二五"综合交通建设规划》，四川省人民政府网，http://www.sc.gov.cn/10462/10464/10927/10928/2011/9/14/10180568.shtml（检索时间 2020‐10‐26 15:11）。

⑤ 参见成都铁路局史志办公室：《成都铁路局年鉴 2014》，中国铁道出版社，2014 年，第 144‐145 页。

2013 年 8 月 1 日，我国首列时速 200 公里 CRH6A 城际动车组在成遂达线投入试运行。[①] 11 月 21 日，设计时速 250 公里的 CRH2A 型动车组从成都站开往达州投入试运行。[②] 成渝两地通行时间进一步缩短，为拉近成渝双城时空距离、便捷交流往来创造了新的条件，这也是成遂渝高铁在既有线改造升级后焕发的新的活力。

2017 年 3 月，四川省人民政府发布《四川省"十三五"综合交通运输发展规划》，成遂渝高铁为四川省"八射三联"综合运输大通道之一"成渝通道"的重要组成部分，将为成渝双城经济圈的发展继续发挥它的重要作用。[③]

第二节　成渝高铁续写新篇章

成渝铁路是新中国成立后，第一条完全由中国人民自己修筑的铁路。它的建成通车，大大提高了中国共产党和人民政府在群众中的威望，激发了人民群众建设社会主义的热情，在新中国发展进程中发挥了巨大而深远的政治影响。同时，它的建成通车，也为改变四川地区交通不便的现实，促进成渝两地及沿线地区的经济社会发展发挥了重要作用。然而随着时代的发展，通车运营了半个世纪之久的老成渝铁路早已不能满足成渝地区经济社会发展的需要和人们交通出行的需求，速度更快、质量更高、出行更加舒适便捷的成渝高铁呼之欲出。

---

① 参见成都铁路局史志办公室：《成都铁路局年鉴　2014》，中国铁道出版社，2014 年，第 31 页。

② 参见成都铁路局史志办公室：《成都铁路局年鉴　2014》，中国铁道出版社，2014 年，第 35 页。

③ 《我省"十三五"综合交通运输发展规划出炉》，《四川党的建设》2017 年第 8 期，第 5 页。

一、成渝高铁的基本情况

成渝高铁，又称"成渝客专"或"成渝南线"，是国家"十一五"规划重点建设项目之一，也是《中长期铁路网规划（2004 年）》中"四纵四横"铁路快速客运网沪—汉—蓉高速铁路客运通道和《国家中长期铁路网规划（2016 年修编）》沿江高铁通道的重要组成部分。

成渝高铁是西南山区首条客运专线，计划全线仅运行动车组，主要满足沿线中短途城际客运需求，同时兼顾部分中长途客运。全线采用双线无砟轨道，采用 CRH380D 车型，设计时速 250 公里并预留提速条件①，部分路段设计时速可达 350 公里②。线路西起四川省成都枢纽，从成都东站出发，向东穿过龙泉山进入简阳、资阳境内，经资中、内江、隆昌等站点，进入重庆境内后经过荣昌、大足、永川等地，最终抵达重庆站。线路全长 307.931 公里（运营线路 309.224 公里），其中，四川境内 185.503 公里，重庆境内 122.428 公里。③ 尽管成渝高铁与既有成渝铁路在线路上基本保持平行，经过的主要城市也大致相同，但由于成渝高铁线路通过架设桥梁和开挖隧道，更多采用了"截弯取直"的方式，在线路上就比既有成渝线缩短了近 200 公里。为了更好地兼顾成渝两个特大城市对沿线城市群和周边城镇的发展带动功能，成渝高铁在选定线路方案时，没有采用成都经川中地区、从大足取直到达重庆、线路最短的方案，而是选择了线路稍微弯曲、经内江至永川的南线方案，使得线路更多地经过成渝经济带沿线的主要城市。这些城市的产业布局相对集中、经济相对发达、人口密度较大，人流、物流量都相对较大，工业基础条件相对较好，更符合成渝客专的项目功能定位，能够更好地推动

---

① 参见成渝铁路客运专线有限责任公司：《成渝铁路客运专线工程总结》，中国铁道出版社，2020 年，第 19 页。

② 参见成渝铁路客运专线有限责任公司：《成渝铁路客运专线工程总结》，中国铁道出版社，2020 年，第 253 页。

③ 参见《成都铁路局年鉴》编委会：《成都铁路局年鉴 2017》，中国铁道出版社，2018 年，第 119 页。

城乡一体化发展，为促进区域经济社会发展服务。

成渝高铁工程建设过程中，对路基、轨道、桥梁、隧道等基础工程的要求较高。全线位于四川盆地境内，主要经过丘陵、低山和冲积平原等地貌类型，沿线水系发达，江河、水库、堰塘分布较多。线路穿越龙泉山、华蓥山，软土、松软土段落多且不良地质工点分散，存在岩溶、滑坡、危岩落石等山区常见地质灾害给工程建设带来的各种危险，需面对沿线途经地震多发区、煤窑采空区、石灰岩采空区、人为坑洞（人防工事）、天然气田等复杂环境造成的困难，还需面对老窑积水、煤层瓦斯、可燃气体等重重挑战。全线共有正线隧道 42 座，累计长度 51.681 公里①；这些隧道中，短隧道较多，长度超过 5 公里的隧道有 3 座，其中最长的隧道为龙泉山隧道，全长 7.328 公里②。全线地质环境敏感，高瓦斯、高风险岩溶、浅埋隧道等高风险隧道较多，整个工程技术含量高，施工难度大。成渝高铁与老成渝铁路有多次交叉，先后上跨成渝高速公路、成都绕城高速公路、成都第二绕城高速公路、成都三环路等。据统计，"共 17 次跨越高速公路、等级公路和既有铁路"③，因此，全线较多地采用了桥梁结构，既能满足列车高速运行过程中安全稳定的要求，又能与客观环境、地形条件等相互协调。全线新建桥梁 310 座（不含公跨桥、框架桥等），累计总长度约 160.804 公里，占正线比例 52.2%。总体来看，正线桥隧比约为 67.37%。④ 全线采用无砟轨道，较高的桥隧比给工程设计增加了难度。温度变化、收缩徐变等因素对桥梁变形特性的影响以及隧道和路基上拱等情况都会影响轨道的平顺性，因此无砟轨道的设计和对特殊地质情况的适应性问题是成渝客专轨道工程设计中的重难点。此外，运营部门也对特殊路段采取了限速的措施，列车行车速度每小时最快不能超

---

① 参见成都铁路局史志办公室：《成都铁路局年鉴 2011》，中国铁道出版社，2011 年，第142 页。

② 另两座超过 5 公里的隧道为：新红岩隧道 6.699 公里，大安隧道 5.054 公里。参见成渝铁路客运专线有限责任公司：《成渝铁路客运专线工程总结》，中国铁道出版社，2020 年，第 277 页。

③ 成渝铁路客运专线有限责任公司：《成渝铁路客运专线工程总结》，中国铁道出版社，2020 年，第 11 页。

④ 参见成都铁路局史志办公室：《成都铁路局年鉴 2011》，中国铁道出版社，2011 年，第142 页。

过 200 公里，以此来保障成渝客专运营安全。

成渝高铁是四川首条出川高铁，也是成渝地区双城经济圈大力建设和发展的城际铁路网的主骨架。它通过成都枢纽设置的华兴村线路所，从成贵、成渝客专联络线接成都南站；重庆枢纽设置了半边山线路所和芭蕉沟线路所，分别从重庆西联络线接重庆西站、成渝井西联络线接重庆北站，更好地发挥了成都、重庆两大国家级综合交通枢纽的功能，为成渝城际交通服务。成渝高铁北向通过成都连接成绵乐城际铁路，南向通过重庆连接渝万城际铁路，在川渝地区形成了一个 T 字形高速城际铁路网，又与既有成渝铁路、成遂渝铁路以及成渝高速公路、成遂渝高速公路等交通要道共同形成该地区综合交通网络，沿线各站点还可以连接成蒲铁路（成都—都江堰）、成雅铁路（成都—雅安）、成南达铁路（成都—南充—达州）、重庆—宜宾、绵阳—遂宁—宜宾、长寿—涪陵等快速铁路，进一步丰富和完善了成渝经济区内部通路。

从全国路网来看，它与西成客专、成兰铁路、兰渝铁路相连，连接西南与西北、华北和东北地区；与成贵客专、渝黔铁路、渝昆客专相连，连接西南与云贵高原、珠三角地区和北部湾地区；与渝万客专、渝利铁路相连，连接西南和华东地区以及华北、华南部分地区，大大改善了西部地区铁路路网结构，丰富和完善了我国铁路网络，将成渝地区和全国铁路快速客运网紧密联系起来，拓宽了出川大通道。

二、成渝高铁的规划建设与运营管理

早在 2007 年，国家就在谋划成渝高铁的建设。当年 11 月，国家发展和改革委员会在《综合交通网中长期发展规划》（发改交运〔2007〕3045 号）中规划建设"五纵五横"综合运输大通道，成渝客专是其重要的组成部分。[①] 两

①　参见成渝铁路客运专线有限责任公司：《成渝铁路客运专线工程总结》，中国铁道出版社，2020 年，第 6 页。

个月后，在铁道部和四川省进行的部省会谈中，再次强调了成渝城际铁路建设，并计划将该项目纳入正在修订的全国铁路网中长期规划。[①] 不料次年 5 月，四川汶川发生了百年不遇的特大地震灾害，波及多个地区，铁路建设也受到了很大的影响。7 月 2 日，铁道部部长和时任四川省委领导再次进行会谈，就四川省灾后铁路恢复和重建工作等有关问题进行了讨论，形成了《关于加快推进四川省灾后铁路恢复重建会谈纪要》，明确了要启动成渝城际铁路项目的各项前期准备和研究工作，并尽快开工建设。[②] 10 月 31 日，国家发展和改革委员会正式批准《中长期铁路网规划（2008 年调整）》，规划了到 2020 年国家铁路网的总体发展，并进一步明确"要在路网总规模扩大的同时，突出客运专线、区际干线和煤运系统的建设"，"建立省会城市及大中城市间的快速客运通道，规划'四纵四横'等客运专线以及经济发达和人口稠密地区城际客运系统"。[③] "重庆—成都"客运专线是规划调整后"四横"通道之一——"南京—武汉—重庆—成都客运专线"的重要组成部分，增进了西南地区和华东片区的交流往来。此外，方案提出了要建设成渝城际客运系统，还提出了要大力加强全国 8 个主要的客货枢纽建设，重庆和成都均位列其中。[④]

2008 年 11 月，根据中国铁路建设投资公司《成都至重庆铁路客运专线项目投标邀请书》和《关于委托开展新建成都至重庆铁路客运专线等七个峡谷勘察设计招标工作的函》（计长函〔2008〕244 号）的相关内容，中铁二院工程集团有限责任公司（以下简称"铁二院"）完成了设计标书的编制工作。一个月后，中国铁路建设投资公司成立了成渝客运专线项目总体组，并编制完成《新建成都至重庆铁路客运专线预可行性研究报告》。2009 年 1 月 19 日，铁道部计划司在成都举行了成渝高速铁路预可研专家评审会，会

---

① 中共四川省委全面深化改革领导小组办公室、四川省地方志工作办公室：《四川改革开放 40 周年大事记（1978—2018）》，方志出版社，2018 年，第 841-842 页。
② 参见成渝铁路客运专线有限责任公司：《成渝铁路客运专线工程总结》，中国铁道出版社，2020 年，第 6 页。
③ 《中长期铁路网规划（2008 年调整）》，《铁道知识》2008 年第 6 期，第 4-7 页。
④ 其余 6 个重点交通枢纽为北京、上海、广州、郑州、武汉、西安。

议组织评审通过了该报告，并最终讨论选定了经内江至永川的南线方案。①

设计方案确定后，项目前期筹备工作拉开序幕。2009 年 3 月开始，中国铁路建设投资公司开始组织编制《新建成都至重庆铁路客运专线可行性研究报告》，该报告历时 4 个月才编制完成，并于 7 月 5 日通过了铁道部鉴定中心组织的审查。② 6 月 9 日，铁道部和川渝政府联合向国家发展和改革委员会报送了成渝客专项目建议书。7 月，项目的水保报告和环评报告先后获得水利部、环保部的批复。③ 10 月 23 日，国家发展和改革委员会以《关于新建成都至重庆铁路客运专线项目建议书的批复》（发改基础〔2009〕2668号），同意了成渝客专项目，项目顺利立项。④ 10 月 26 日和 11 月 11 日，四川省住房和城乡建设厅、重庆市规划局先后出具了项目四川段、重庆段建设项目选址意见书。12 月 7 日，铁道部和川渝政府联合向国家发展和改革委员会报送了《新建成都至重庆铁路客运专线工程可行性研究报告》，并于2010 年 3 月 12 日获得了批复。⑤ 12 月 25 日，国土资源部以《关于新建成都至重庆客运专线工程建设用地预审意见的复函》（国土资预审字〔2009〕476 号）通过成渝客专项目用地预审。⑥ 2010 年 1 月，铁道部开始组织对成渝客专项目的初步设计进行审查。

各项前期准备和审批工作完成后，成渝高铁项目终于落地。2010 年 3 月 22 日，成渝高铁建设动员大会在重庆市召开，重庆段正式开工；10 月 16 日，吴家沟双线大桥钻孔桩基础开始施工，成渝高铁项目的桥梁工程正式拉

---

① 参见成渝铁路客运专线有限责任公司：《成渝铁路客运专线工程总结》，中国铁道出版社，2020 年，第 6 页。

② 参见成渝铁路客运专线有限责任公司：《成渝铁路客运专线工程总结》，中国铁道出版社，2020 年，第 6 页。

③ 参见成都铁路局史志办公室：《成都铁路局年鉴 2011》，中国铁道出版社，2011 年，第 142 页。

④ 参见成渝铁路客运专线有限责任公司：《成渝铁路客运专线工程总结》，中国铁道出版社，2020 年，第 6 页。

⑤ 参见成都铁路局史志办公室：《成都铁路局年鉴 2011》，中国铁道出版社，2011 年，第 142 页。

⑥ 参见成渝铁路客运专线有限责任公司：《成渝铁路客运专线工程总结》，中国铁道出版社，2020 年，第 6 页。

开序幕；11月10日，四川段的建设也正式启动，成渝高铁进入全面施工阶段。①

　　建设资金是工程项目施工进度的重要保障。为了更好地支持成渝高铁建设，铁道部和四川、重庆两地政府大力推动铁路投融资体制改革，充分发挥市场对资源配置的作用，积极构建铁路市场化新格局，努力实现投资主体多元化、融资方式多样化、项目建设法人制、资金来源多渠道。成渝高铁项目投资总额预估393.9亿元，其中，工程建设的投资大约360.6亿元，其余33.3亿元主要用于购置动车组。项目资本金占投资总额的一半，资本金由重庆、四川两地政府和国家铁道部分别负责筹措，铁路建设基金、铁路企业自有资金等均可作为资本金来源，地方和国家各占50%；其余部分的资金通过国内银行贷款以及亚洲开发银行（贷款3.5亿美元）等渠道解决。铁道部负责偿还亚洲开发银行的本息（费）。②

　　为了高标准建设成渝高铁，按照铁道部相关文件要求，2010年7月30日，经过一年多的筹备和组织，铁道部和四川省、重庆市人民政府分别授权中国铁路发展基金股份有限公司、四川成渝客专铁路投资有限责任公司、成都铁路有限公司、重庆城市交通开发投资（集团）有限公司、重庆融智铁路投资有限公司，共同投资组建成渝铁路客运专线有限责任公司（以下简称"成渝公司"），专门负责成渝客运专线的建设和运营管理工作。8月25日，成渝公司正式注册成立。③成渝公司实行项目法人责任制，政企分离，将工程建设和现代企业制度有机结合起来，分离投资者的所有权和经营权，能够更好地整合资源，改革和完善建设、运营和管理体制机制，与我国传统的铁路工程建设管理模式相比，具有较为明显的优势。

　　2011年3月，《中华人民共和国国民经济和社会发展第十二个五年规划

---

① 中共四川省委全面深化改革领导小组办公室、四川省地方志工作办公室：《四川改革开放40周年大事记（1978—2018）》，方志出版社，2018年，第925－926页。

② 参见成渝铁路客运专线有限责任公司：《成渝铁路客运专线工程总结》，中国铁道出版社，2020年，第88页。

③ 参见成渝铁路客运专线有限责任公司：《成渝铁路客运专线工程总结》，中国铁道出版社，2020年，第23页。

纲要》发布，进一步明确深入推进新一轮西部大开发战略，加快成渝经济区发展，促进川渝地区区域战略合作。[①] 同年7月，铁道部发布《铁路"十二五"发展规划》，将成渝经济区区城际铁路规划建设列入了重点项目。[②]

2011年4月25日，资阳沱江多线特大桥1号、2号主墩承台全部完工。该特大桥全长1602.8米，不仅跨越沱江，还需跨越老成渝铁路和资阳市规划道路，是成渝高铁项目的重点工程之一。[③] 该特大桥主跨于2013年5月15日顺利合龙，成渝高铁项目继续推进。

2011年4月26日，成渝高铁首条双线隧道——元宝山隧道顺利贯通。元宝山隧道位于成都高新区石板凳镇境内，全长224米，虽然隧道沿线危岩较多且岩体破碎，地质条件比较复杂，施工过程中岩体崩塌风险较大，但施工方克服重重困难，成渝高铁四川段开工仅5个月时间，元宝山隧道就实现了全线贯通，为成渝高铁项目的顺利实施开了个好头。

在各方的积极推动和共同努力下，成渝高铁项目进展顺利。2013年4月，全线开始无砟轨道施工。5月9日，狮子沱绛溪河双线特大桥连续梁中跨顺利合龙。7月1日，全长5054米的大安隧道顺利贯通，这是全线贯通的第一座5公里以上的长大隧道。9月12日，成渝高铁第一阶段（成都东—永川东）开始联调联试。11月1日，成渝高铁第二阶段（永川东—重庆北）也进入了联调联试阶段。两个路段顺利完成联调联试后，2015年4月19—25日，成渝高铁工务静态验收在中铁八局集团成渝客专项目部标段进行。7月13日，成渝高铁无砟轨道线路精调工作正式完成，该项工作自2014年11月启动，历时8个月，为全线联调联试做好充分准备。9月14—11月24日，成渝高铁动态验收由成都铁路局和成渝公司组织完成。12月9—11日，中国铁路总公司组成了初步验收委员会，对成渝高铁

---

① 参见《国民经济和社会发展第十二个五年规划纲要》，中国政府网，http://www.gov.cn/2011lh/content_ 1825838. htm（检索时间2020－11－01 08:18）。

② 参见陆东福：《铁路"十二五"发展规划研究》，中国铁道出版社，2013年。

③ 参见成渝铁路客运专线有限责任公司：《成渝铁路客运专线工程总结》，中国铁道出版社，2020年，第253页。

工程进行现场检查，并召开了初步验收会议，一致通过同意项目初步验收。① 随后，12 月 16 日，成渝高铁开始试运行。试运行一切顺利，2015 年 12 月 26 日，成都东站一列满载乘客的 G8501 次列车驶向重庆北站，成渝两地 1.5 小时以内可达。② 成渝高铁开通后，按时速 250 公里和 300 公里两类速度运营。③

2016 年 3 月，《中华人民共和国国民经济和社会发展第十三个五年规划纲要》发布，交通建设方面的重点工程之一即加强"城市群交通建设"，"建设城市群中心城市间、中心城市与周边节点城市 1~2 小时交通圈，打造城市群中心城市与周边重要城镇间 1 小时通勤都市圈"④；还制定了"十三五"时期基本建成成渝城市群城际铁路网的总目标。同年 7 月，经过第三次调整、通过的《中长期铁路网规划（2016 年修编）》将"四纵四横"高速铁路通道增加到"八纵八横"，其中，"重庆—成都"高速铁路为"八横"之一——"沿江通道"的重要组成部分。规划还再次强调了要加强成渝城市群建设。⑤

2017 年 2 月 28 日，国务院发布《"十三五"现代综合交通运输体系发展规划》，大力推进城际交通建设，发展引领新型城镇化的城际城市交通，再次强调了要积极推进、加快建设成渝城市群城际铁路。此外，规划还提出要重点打造成都—重庆国际性综合交通枢纽，优化布局，加快运输服务一体化进程。⑥ 在国家总体规划的指导下，2017 年 3 月，四川省人民政府发布

---

① 参见成渝铁路客运专线有限责任公司：《成渝铁路客运专线工程总结》，中国铁道出版社，2020 年，第 7 页。

② 中共四川省委全面深化改革领导小组办公室、四川省地方志工作办公室：《四川改革开放 40 周年大事记（1978—2018）》，方志出版社，2018 年，第 926 页。

③ 参见《成渝高铁提速实现一小时直达》，中国政府网，http://www.gov.cn/xinwen/2020 - 12/24/content_ 5573088.htm（检索时间 2020 - 11 - 30 11：35）。

④ 《中华人民共和国国民经济和社会发展第十三个五年规划纲要》，人民出版社，2016 年，第 67 - 71 页。

⑤ 参见《中长期铁路网规划（2016）》，国家铁路局，http://www.nra.gov.cn/jgzf/flfg/gfxwj/zt/other/201607/t20160721_ 26055.shtml（检索时间 2020 - 11 - 08 09：00）。

⑥ 《"十三五"现代综合交通运输体系发展规划》，《中华人民共和国国务院公报》2017 年第 8 期，第 47 - 75 页。

《四川省"十三五"综合交通运输发展规划》，指出成渝客专是四川省"八射三联"综合运输大通道之一——成渝通道的重要组成部分，进一步细化了加快成渝交通运输一体化以及加强网络化建设的各项要求，明确"十三五"期间要实现成渝地区及周边城市 1～2 小时可达。①

为了更好地贯彻落实国家推动成渝地区双城经济圈发展的各项战略部署，打造更高品质的成渝城际交通，国铁集团大力加强科研攻关，充分运用科技创新成果，通过完善成渝高铁基础设施建设、更新高铁防灾技术、提高动车组运用维修能力、增强高铁提速检测、实行电子客票等方式，积极促进成渝高铁不断提速提质，以求更好地满足成渝两地和沿线人民城际客运需求。2019 年 7 月，成渝高铁开始在全线站点所有 G、D、C 字头的动车组试行电子客票。② 电子客票的使用，使得旅客购票、进出站过闸、乘车及车内查验等相关流程更为简化，为旅客出行带来更多便利，大大减少旅客因车票丢失补票或临时需要退改签等突发状况而带来的麻烦手续，不仅能节约高铁集团、车站方面在车票纸张和设备方面的运营成本，也能使旅客购票、进出站等各方面效率得到大大提升，进一步提升高铁出行快速和便捷的体验感。

2021 年 3 月 13 日，《中华人民共和国国民经济和社会发展第十四个五年规划和 2035 年远景目标纲要》发布，国家将继续推进交通强国建设工程，加快高速铁路网建设，加快建设成都—重庆—上海沿江高铁；预计在"十四五"时期实现"八纵八横"高速铁路基本贯通。③

2021 年 6 月 25 日，成渝高铁开始开行我国完全拥有自主知识产权的"复兴号"智能动车组。该动车组自 2019 年 12 月开始，率先在京张高铁投

---

① 《我省"十三五"综合交通运输发展规划出炉》，《四川党的建设》2017 年第 8 期，第 5 页。

② 参见《车票电子化出行更容"e"　成渝高铁试行电子客票》，中国铁路成都局集团有限公司官网，http://www.cd - rail.cn/#（路局要闻；时间：2019 - 07 - 30 08:44）（检索时间 2020 - 11 - 23 08:40）。

③ 参见《中华人民共和国国民经济和社会发展第十四个五年规划和 2035 年远景目标纲要》，中国政府网，http://www.gov.cn/xinwen/2021 - 03/13/content_ 5592681. htm（检索时间 2020 - 11 - 01 08:54）。

入使用，是传统"复兴号"动车的"2.0 版本"。该动车组新增高加速模式，采用"以太网控车""车载安全监测"等 9 项智能运维和监控系统。[①] 高铁技术的更新和运营管理系统的升级，既能够使全新的动车组很好地适应桥隧比相对较高的成渝城际线路，又能够帮助列车司机更准确地判断和处理运行过程中的突发故障，提升了列车运营的智能化水平，又为安全平稳行车提供了保障。此外，车上增加了 5G 高铁 WI-FI、USB 充电插口、自动售货机等新的服务，为旅客带来更高品质的出行体验。截至 2021 年 10 月，成渝高铁每日开行 30.5 对"复兴号"动车组（含智能动车组 4 对），平均每日旅客运输量可达 7 万人次。[②]

2021 年 12 月 21 日，成渝地区实现公共交通"一码通"，为推进成渝城际交通公交化、加快两地互联互通和促进双城经济圈融合发展又迈出新的一步。"一码通"操作简单，在手机端，重庆居民下载"重庆市民通 APP"，成都居民下载"天府通 APP"，即可通过开通"公共交通乘车码"，实现在成都和重庆两地乘坐公交、地铁、有轨电车等城市公共交通工具"一码通刷"，获取"一机在手，如居一城"的生活体验。[③] 为了进一步方便两地居民城际出行，成渝高铁除了增加列车班次、平均每 20 分钟开行一趟动车等措施，还推出了各种优惠政策，如在国内率先推行高铁"定期票"，用户在一个月的有效期内，乘坐成渝高铁全线指定到发站、指定席别列车，即可享受最多 60 次、最低 6 折的优惠票价；除此之外，还推出"计次票"，即用户在三个月有效期内可享受最多 20 次、最低 8.5 折的购票优惠。[④] 成渝高铁运

① 参见《"复兴号"智能动车组在成渝开行满百天 累计运送旅客 46 万人次》，重庆市人民政府网，http://www.cq.gov.cn/zt/cydqscjjq/chscjjhjjq/202110/t20211008_ 9784119.html（检索时间 2020－11－18 08:25）。

② 参见《"复兴号"智能动车组在成渝开行满百天 累计运送旅客 46 万人次》，重庆市人民政府网，http://www.cq.gov.cn/zt/cydqscjjq/chscjjhjjq/202110/t20211008_ 9784119.html（检索时间 2020－11－27 09:40）。

③ 参见《成渝实现公交轨道"一码通"》，中国政府网，http://www.gov.cn/xinwen/2020－12/21/content_ 5571926.htm（检索时间 2020－11－27 09:43）。

④ 参见《成渝高铁提速实现一小时直达》，中国政府网，http://www.gov.cn/xinwen/2020－12/24/content_ 5573088.htm（检索时间 2020－11－27 09:50）。

营和管理模式的创新，为成渝两地居民特别是有通勤需求的居民带来了切实的便利和实惠。此外，成渝高铁还通过优化购票流程、简化换乘手续、试点"静音车厢"以及积极实现产品、购票、乘车和服务公交化等方式，优化提升服务品质，实现公交、地铁、高铁、航空等多种交通方式"无缝衔接"。随着不断升温的成渝地区双城经济圈建设，两地客流呈现快速增长趋势，统计显示，2019年成渝客专发送旅客3185万人次，较2016年两地客运量增加1507万人次，增长了89.8%。①

三、成渝高铁项目的关键性工程

重点控制性工程是影响高铁项目进展的关键环节。成渝高铁项目全线有三座Ⅰ级风险隧道。位于成都市龙泉驿区的龙泉山隧道是全线重点控制性工程之一，全长7325米。龙泉山位于四川盆地内部，是沱江和岷江的分水岭，也是西部成都平原和中部丘陵地带的分界线。龙泉山隧道所在之处主要为四川盆地边缘的川西褶皱带，地质以构造裂隙为主，地层岩性为泥岩夹砂岩，含水性极不均匀；根据地质调查和钻孔分析，该地段不良地质为浅层天然气，为高瓦斯隧道。复杂的地质地理条件，给龙泉山隧道的施工建设带来了挑战。② 2010年11月1日，龙泉山隧道出口正式开工。2011年3月底，隧道进口工区顺利进洞施工。2012年8月1日，隧道出口与3号斜井顺利贯通。开工三年多，2014年4月30日，龙泉山隧道实现全隧贯通；6月30日，全隧主体建设工程完工；12月31日，无砟轨道道床板全部浇筑完成。龙泉山隧道工程克服了一个又一个困难，它的一步步推进，为成渝高铁全线顺利贯通奠定了基础。

新中梁山左右线隧道是全线又一处控制性工程，位于四川盆地东南

---

① 参见《成渝实现公交轨道"一码通"》，中国政府网，http://www.gov.cn/xinwen/2020-12/21/content_5571926.htm（检索时间2020-11-27 09:43）。

② 参见成渝铁路客运专线有限责任公司：《成渝铁路客运专线工程总结》，中国铁道出版社，2020年，第277-295页。

部、中梁山山脉中部，穿越重庆市歌乐山国家级森林公园，是全线重点环境敏感点，为全线三座Ⅰ级风险隧道之一。隧道所在路段属长江、嘉陵江侵蚀河谷发育的低山丘陵地区，洞身穿越12处岩溶富水段落，岩溶发育，地下水环境复杂敏感，需特别注意避免涌水、突泥等特殊情况威胁隧道施工安全。该隧道为分修单线隧道，左线隧道引出重庆北左线联络线，右线隧道引出重庆北右线、重庆西右线联络线。隧道施工情况复杂，多次与该路段既有隧道交叉，形成立交结构，洞身依次上跨襄渝铁路中梁山单线隧道、下穿遂渝高速公路大学城隧道左右线、再上跨穿拟建童西线新双碑双线隧道、后下穿新襄渝线新双碑隧道。① 复杂交错的外部环境给隧道施工增加了难度。

　　全线另一座Ⅰ级风险隧道新红岩隧道为双线隧道，进口位于重庆市沙坪坝区，出口位于渝中区，洞身最大埋深260米。因隧道下穿重庆市区，既有建（构）筑物密集，隧道多处与既有道路、匝道、地铁轻轨线路、高层建筑等小间距立交，给隧道设计和施工造成了一定的困难，需特别注意避免因施工引起不均匀的沉降、开裂等，影响既有建（构）筑物的使用功能，甚至带来安全隐患。此外，该路段地质灾害监测预警情况的资料显示，隧道所在路段有滑坡两处、危岩四处等不良地质环境。另外，勘测发现，该路段还有多处抗日战争时期修建的用于躲避日军"重庆大轰炸"的防空工事，沿线分布有多处人防洞室，但因年代久远，地表房屋破旧且密集，许多人防设施已封闭或挖填，无法查明这些防空设施的具体走向和规模，给隧道的设计和施工建设带来不少麻烦。②

① 参见成渝铁路客运专线有限责任公司：《成渝铁路客运专线工程总结》，中国铁道出版社，2020年，第287－296页。
② 参见成渝铁路客运专线有限责任公司：《成渝铁路客运专线工程总结》，中国铁道出版社，2020年，第291－297页。

四、成渝高铁建成通车的影响和意义

成渝高铁的建成通车，大大提高了成渝地区旅客运输的质量和能力，将大大缓解该地区运量和运能的矛盾。自20世纪50年代成渝铁路通车以来，成渝两地因地理位置接近、"川渝一家"的历史渊源等原因而沟通密切、两地居民往来频繁。成渝地区"人口密度为全国平均水平的6.48倍，人均GDP为全国平均水平的1.21倍"①，是我国最具发展潜力、区域经济最活跃的地区之一。先后建成的既有干支线成渝铁路、达成铁路、遂渝铁路等线路，因修建年代较早、铁路等级相对较低、行车速度较慢等客观条件的限制，早已不能满足成渝地区快速增长的客货运需求，特别是两地及沿线居民对城际客运安全、快速、便捷的出行需求。客运专线可以实现公交化运营和管理，能充分发挥城际高铁速度快、频度高、运能大等方面的优势。此外，客运专线在土地资源利用、节能减排等方面具有其他交通方式不可替代的优越性，既符合发展绿色交通、可持续发展战略的要求，又能较好地解决因城市发展带来的交通需求激增和交通基础设施供应水平较低二者之间的矛盾，更好地实现经济、社会和环境效益的有机统一。

成渝高铁建成通车，大大缩短了成渝地区主要城市群之间的时空距离，同城效应更加明显，两地沟通往来更加密切，交流互通进一步加强，政治、经济、文化和社会发展联系更加紧密，有利于进一步构建成渝双城一体化的现代综合交通体系，更好地发挥成都和重庆这两个国家级中心城市对周边地区的辐射带动作用，促进成渝地区统筹城乡综合改革，推动沿线地区城市化进程。

成渝高铁的开通运营，还可通过与其他快速铁路干线的对接，使川渝地区高铁网直接并入全国高铁网，通过成都—重庆客运专线连接武汉直达上海

---

① 此处为2020年数据。参见成渝铁路客运专线有限责任公司：《成渝铁路客运专线工程总结》，中国铁道出版社，2020年，第3页。

的客运专线，贯通西南地区直达长三角地区乃至整个华东片区的沿江高速铁路通道，对进一步落实国家长江经济带发展战略和进一步深化西部大开发起到了重要的推动作用。

成渝高铁提速提质项目是中国第一个高铁提质改造工程。随着我国高铁网络的不断完善，成渝客专的成功实践为国内其他高铁项目的改造和提质提速提供了示范标准和实践经验。在此之前，中国铁路的既有线改造主要集中于普速铁路的电气化改造等方面，通常是在线路完工、静态验收完成后，再进行动态检测，并逐步开展提速试验，试验完成后才开通运营。成渝高铁则是在开通运营近5年后，我国首次对高铁线路进行提质提速改造。2020年6月，国铁集团和四川省、重庆市联合批复了成渝高铁提质提速项目可研报告，计划对成渝高铁成都东站至重庆沙坪坝站既有线路进行补强改造，涉及线路全长299公里，包括轨道、接触网、牵引供电、通信信号、路基上拱病害整治、防灾等工程。为了不影响高铁正常运行，采用了白天行车、晚上施工的模式，既不影响项目运营，又成功完成了提质提速任务。施工高峰期，施工人员多达3000人。① 经过半年的改造，12月6日，成渝高铁提质改造工程初步验收合格，线路最高时速提升至350公里。② 12月24日上午，首趟G8607次动车组从成都东站出发，耗时仅仅62分钟便到达了重庆市沙坪坝站，实现了成渝双城一小时可达。③ 这是我国西南地区首次采用CR400AF"复兴号"动车组，创下了成渝双城城际高铁新速度。

---

① 参见《成渝客专提质改造项目有序推进》，中国政府网，http://www.gov.cn/xinwen/2020 - 10/03/content_ 5549195. htm（检索时间 2020 - 11 - 21 13：03）。

② 参见《好消息！成渝客专提质改造通过初步验收 预计年内成渝1小时通达》，重庆市人民政府网，http://www.cq.gov.cn/zwgk/zfxxgkzl/fdzdgknr/zdxm/dtxx/202012/t20201210_ 8808451. html（检索时间 2020 - 11 - 21 13：05）。

③ 参见《成渝高铁提速实现一小时直达》，中国政府网，http://www.gov.cn/xinwen/2020 - 12/24/content_ 5573088. htm（检索时间 2020 - 11 - 15 10：33）。

第三节 成渝中线树立新时代双城高铁发展"新标杆"

成渝中线高速铁路，即 2016 年修编的《中长期铁路规划》中新建沪渝蓉高速铁路的重庆至成都段，是"八纵八横"高速铁路网沿江高铁通道的重要组成部分。这是习近平总书记亲自部署的重大交通基础设施项目，是落实成渝地区双城经济圈建设国家战略的引领性、示范性、标志性工程。①

一、成渝中线的总体情况

成渝中线位于长江经济带的核心地段，建成后将成为成都、重庆两地之间最便捷、最顺直的重要客运通道，将与成渝客专（又称"成渝南线"）和成遂渝高铁（又称"成渝北线"）一起，成为出渝出川连接成渝经济圈、长江中游城市群和长三角经济圈的重要通道。成渝中线从成都枢纽成都站出发，向东经过简州、乐至、安岳后进入重庆，经大足区、铜梁区等接入重庆枢纽，最终到达重庆北站。全线设 8 个站点，其中，除首尾两站外，其余均为新建车站。正线全长约 292 公里，其中，四川境内 191.283 公里，重庆境内 100.749 公里。桥隧比约为 85%。线路设计为双线高速铁路，设计时速 350 公里②，并预留了提速条件，最高可达到每小时 400 公里。这也是我国首条计划时速将达到 400 公里的高铁线路。③ 项目投资总额预估 722 亿元，

---

① 参见《川渝两省市同步举行成渝中线高铁建设启动活动　陈敏尔彭清华陆东福唐良智黄强分别在重庆成都出席》，四川省人民政府网，http://www.sc.gov.cn/10462/c105962/2021/9/26/04ed364342d34ed0adb615e9f8b7b803.shtml（检索时间 2020 - 11 - 15 10:25）。

② 参见《成渝中线高铁建设全面启动》，中国政府网，http://www.gov.cn/xinwen/2021 - 09 - 26/content_ 5639416.htm（检索时间 2020 - 11 - 29 13:10）。

③ 参见《成渝中线预留时速 400 公里提速空间》，四川省人民政府网，http://www.sc.gov.cn/10462/12771/2021/1/18/1f6625bf5bb14b0693fac859357a9902.shtml（检索时间 2020 - 11 - 29 13:45）。

计划建设工期约为 5 年。①

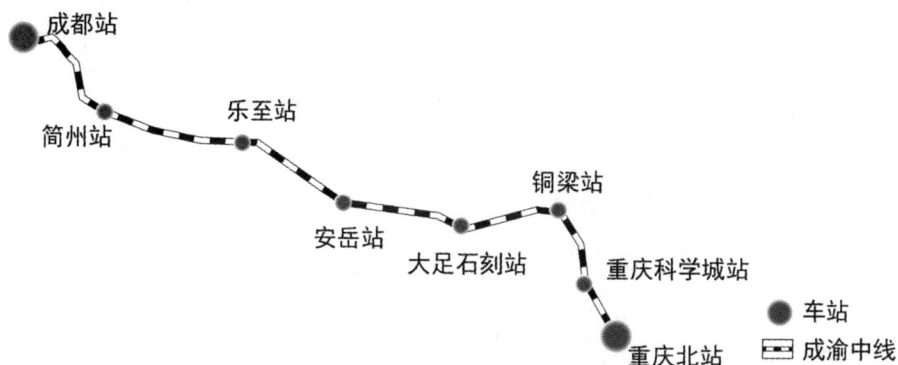

图 4 - 1 成渝中线高铁线路走向图②

二、成渝中线的规划与建设

作为重庆、成都双城发展主轴上的"大动脉"，成渝中线从设想提出到项目落地不过短短两年。这样的"高速度"，在国内外高铁建设中都非常少见。这充分体现了我国高铁事业的飞速发展，不仅在列车时速上达到了"高速度"，在推动项目落地方面也达到了世界领先的"高速度"，更充分体现了中国特色社会主义的制度优势。2019 年 7 月，成都和重庆两地人民政府联合签署了《成渝轴线区（市）县协同发展联盟 2019 年重点工作方案》，第一次明确提出规划研究建设成渝中线高铁项目，并进一步争取将该项目纳入国家中长期铁路网规划。③ 2020 年 1 月，中央财经委员会第六次会议在北京召开，将成渝双城经济圈建设上升为国家战略。紧随其后，1 月 11 日，

---

① 参见《成渝中线高铁有望年底获可研批复》，四川省人民政府网，http：//www. sc. gov. cn/ 10462/10464/10797/2020/11/25/44b25a96b70d41d788ba434cd8ac88ed. shtml（检索时间 2020 - 11 - 29 13：50）。

② 蜀道投资集团有限责任公司官网：https：//www. shudaojt. com/xmjs/202211/33292. html（检索时间 2023 - 05 - 11 17：03）。

③ 参见《更宽领域 更深层次 更加务实》，《四川日报》数字版，https：//epaper. scdaily. cn/ shtml/scrb/20190711/219480. shtml（检索时间 2020 - 11 - 21 10：50）。

重庆市第五届人民代表大会第三次会议召开，在《重庆市人民政府工作报告（2020 年）》中明确提出要开工建设成渝中线高铁项目①，这也成为继成渝地区双城经济圈国家战略提出后，两地之间首个有实质性进展的项目。随即，1 月 19 日，中国铁路投资有限公司发布《成渝中线高铁勘察设计招标公告》，招标范围和内容包括勘察设计预可研、可研和初步设计阶段。② 3 月 10 日，中国中铁二院工程集团有限责任公司（以下简称"中铁二院"）中标该项目。③ 此时，距离成渝中线高铁项目规划提出仅仅不过半年时间，在各方的大力支持和积极推动下，项目快速向前推进。

2020 年 11 月 24 日，四川省十三届人大常委会第二十三次会议召开。会议集中讨论了成渝中线高铁建设的相关工作情况，明确指出成渝中线高铁建设是落实党中央推进成渝地区双城经济圈建设国家重大战略部署的重要任务之一，要进一步推进前期工作，各有关部门要加快进度，完成项目可研报告审查；要加强沟通协调，缩短办理可研审批前置要件的时间，确保各项筹备工作有序推进，争取在 2020 年底获得国家对成渝中线项目的可研批复。针对项目资金压力、线路方案未定等问题，四川省人民政府将积极加强同重庆市人民政府的合作，推动项目尽快落地。④

2021 年 1 月，《新建沪渝蓉高铁重庆至成都段使用林地可行性报告编制及林木采伐作业设计咨询服务》公开招投标，进一步推动成渝中线高铁项目前期工作。2 月，四川省发展改革委公布了四川省 2021 年的 211 个重点建设项目。其中，成渝中线高速铁路（四川境内段）为全省 13 个重点交通项目

---

① 参见《重庆市人民政府工作报告（2020 年）》，重庆市人民政府网，http://www.cq.gov.cn/zwgk/zfxxgkml/zfgzbg/202001/t20200119_ 8804778. html（检索时间 2020 - 11 - 21 10:39）。

② 参见《成渝中线高铁勘察设计招标公告》，中国采标网，https://www. bidcenter. com. cn/newscontent - 87162021 - 1. html（检索时间 2021 - 01 - 10 11:00）。

③ 参见《中铁二院中标成渝中线高铁勘察设计项目》，中铁二院工程集团有限责任公司官网，https://www. creegc. com/tabid/83/InfoID/3916/frtid/150/Default. aspx（检索时间 2020 - 11 - 21 13:56）。

④ 参见《成渝中线高铁有望年底获可研批复》，四川省人民政府网，http://www. sc. gov. cn/10462/10464/10797/2020/11/25/44b25a96b70d41d788ba434cd8ac88ed. shtml（检索时间 2020 - 11 - 22 08:03）。

之一。① 8 月，国家发展改革委正式批复了新建成渝中线高铁（含十陵南站）的可行性研究报告，同意项目实施。② 此时，距离 2019 年第一次提出该项目的建设规划仅仅过去两年的时间。9 月 26 日，成渝中线高铁建设启动仪式在重庆、成都两地通过视频连线的方式同时进行，标志着成渝中线重庆段和四川段均全面启动。③ 项目启动后不久，10 月 20 日，中共中央、国务院印发了《成渝地区双城经济圈建设规划纲要》，再次强调了加快建设成渝中线对助力成渝双城经济圈建设的重要意义。④ 成渝双城发展上升为国家战略，也势必会进一步推动成渝中线项目的各项进展。年底，国家发展改革委印发了《成渝地区双城经济圈多层次轨道交通规划》，再次强调成渝中线高铁建设，要打造成渝两地之间"直联直通""直达客流主通道"。

2022 年初，蜀道集团召开工作会，加快推进重大项目建设，明确提出要加快成渝中线等 5 个铁路项目可行性研究，各部门协调办理前置审批要件，在土地、资金、地材等方面优化要素配置，努力推动项目有实质性进展；另外还要统筹调度，组成 24 个督导组，加强重点项目的专项督导，抓紧春季施工的有利时机，推动重点交通项目建设。⑤ 2022 年 2 月 28 日，《成都市 2022 年重点项目计划》正式发布。成渝中线高铁被列入了 15 个重大基

　　① 参见《今年我省将新开工 211 个重点项目　包括成渝中线高速铁路等 13 个重点交通项目》，四川省人民政府网，http://www.sc.gov.cn/10462/10464/10797/2021/2/5/3603c0e904d640bb9cbc8d2c1b6c132c.shtml（检索时间 2021 - 01 - 05 17：43）。

　　② 参见《成渝中线高铁获批　时速 350 公里 50 分钟可达》，四川省人民政府网，http://www.sc.gov.cn/10462/12771/2021/8/26/95c5ae84370d4e22b14497498468b7d3.shtml（检索时间 2020 - 11 - 21 13：30）。

　　③ 参见《长江铁路公司新建沪渝蓉高速铁路（武汉至宜昌段）开工建设，成渝中线高铁建设全面启动》，中国铁路投资有限公司官网，http://www.cric - china.com.cn/xwzx/gsyw/202111/t20211118_3102.html（检索时间 2020 - 11 - 21 13：33）。

　　④ 参见《成渝地区双城经济圈建设规划纲要》，中国政府网，http://www.gov.cn/zhengce/2021 - 10/21/content_5643875.htm（检索时间 2020 - 11 - 05 09：15）。

　　⑤ 参见《真抓实干　改革创新　为稳投资保增长贡献蜀道力量》，四川省政府国有资产监督管理委员会官网，http://gzw.sc.gov.cn/scsgzw/c100114/2022/2/22/4189a84538ae441fbb666e24e005cc72.shtml（检索时间 2020 - 11 - 28 09：37）。

础设施和科研平台项目之一，是成都市 2022 年要重点推进的项目。① 在国家和地方的高度重视和积极推动下，在如火如荼建设成渝地区双城经济圈的大背景下，成渝中线高铁项目按计划顺利推进。

为了更好地落实该项目，2022 年 7 月 12 日，长江沿岸铁路集团重庆有限公司注册成立，将负责承建成渝中线项目。该公司由集团公司和重庆发展投资公司共同出资，分别持股 85.04% 和 14.96%，注册资本高达 254 亿元。② 7 月 28 日，长江沿岸铁路集团重庆有限公司发布了一则公示，针对广大群众关心和热议的成渝中线环评问题给予了回复，内容涉及接入站点、廊道选线和隧道方案等问题。该公示中首先针对大家关注的成渝中线最终决定接入成都火车北站的问题作了详细说明。根据《成都市"十四五"综合交通运输和物流业发展规划》，成都铁路客运枢纽将形成以"成都站（成都火车北站）、成都东站、天府站、简州新城站为主，成都南站、成都西站、十陵南站为辅"的格局。成渝中线原规划路线中，计划经由十陵南站接入成都枢纽，但该站点目前规划为普速铁路站点，与成渝中线的发展定位并不相符；从成都市规划发展的四大主要客运枢纽来看，现有西成、成渝、成遂渝、成贵等多条高铁引入成都东站，目前接发能力已经趋于饱和状态；天府站和简州新城站均为新规划建设的辅助客运站，并已有通往重庆方向接发动车的规划安排，如成达万、成自泸渝高铁等；成都站（成都火车北站）位于中心城区，交通便利，换乘各类公共交通都非常方便，车站也具备扩建成符合高标准客专站点的条件，也符合打造成都区域综合交通枢纽的定位和功能。因此，经过综合比选，成渝中线从成都站接入是比较科学合理的选择。其次，成渝中线接入成都站，沿既有成渝铁路廊道，可以减少对城市土地的二次分割，符合国家发展改革委和铁路局对新建铁路尽量与其他交通方式共

---

① 参见《900 个重点项目！总投资逾 2.5 万亿元！成都市 2022 年重点项目计划来了》，成都市发展和改革委员会官网，http://cddrc.chengdu.gov.cn/cdfgw/c114135/2022 - 02/28/content_432fcb7c616e47be941d038373f9bdc6.shtml（检索时间 2020 - 11 - 28 09:43）。

② 参见《加快沿江高铁建设！长江沿岸铁路集团重庆有限公司成立》，铁路建设规划微信公众号，https://mp.weixin.qq.com/s/0AXXBQ3t0egPdJP0DTrLjg（检索时间 2020 - 11 - 21 11:15）。

用走廊的规定。最后，对于成渝中线接入成都站的隧道方案也作了说明。成渝中线将从绕城高速外侧开始，通过全长约 10 公里的长下穿隧道，经龙潭片区接入，沿既有成渝铁路廊道，下穿地铁 8 号线；其中，经过龙潭片区时，埋深约 39～53 米，做到尽量不下穿居民小区，减少新建线路对城市居民的影响。[①] 11 月 28 日，成渝中线高铁全线开工建设。

三、成渝中线建成通车的影响和意义

成渝地区铁路建设的发展突出展示了我国交通现代化取得的巨大成就，也是中国式现代化的典型范例。目前，连接成渝地区的铁路线路有三条：一是新中国成立后，完全由中国人民自己建成的第一条铁路——成渝铁路（1952 年），设计时速约为 80 公里，已通车运营了半个多世纪；二是成遂渝高速铁路，它是在 2006 年建成通车的遂渝铁路基础上改造升级的一条高速铁路，也是我国第一条拥有完全自主知识产权的无砟轨道铁路，设计时速 200 公里；三是经改造提速、已于 2015 年底建成通车的成渝高铁，运营时速由最初的 300 公里提升到了 350 公里，开创了我国高速铁路提速改造的先河。

成渝中线高铁建成后，将成为第四条连接成渝两地的铁路，并且线路最顺直、距离最短、速度最快，树立了新时代我国高铁建设的"新标杆"。我国现有的高等级高速铁路中，成渝中线高铁建设标准最高、运行速度最快，是我国现有高铁项目中设计时速首次将达到 400 公里的线路，体现了我国高铁事业发展取得的突破性进展。该线路建成通车后，成都与重庆之间车程将缩短至 50 分钟左右，进一步缩短了成渝两地的时空距离，丰富和完善川渝地区一体化综合交通运输体系，更好地满足铁路沿线群众城际客运需求；还将更好地发挥成都、重庆两大国家级中心城市双核引领和区域联动功能，在

---

① 参见《成渝中线高铁成都入城段作出重大调整》，铁路建设规划微信公众号，https://mp.weixin. qq. com/s/C5GlE1gYlTUjGtyOXYrk_ w（检索时间 2021－02－05 13：45）。

西部地区形成重要的高质量发展增长极，辐射带动沿线城镇经济社会协调发展；此外，还将进一步丰富和完善我国西南地区高速铁路网络，推进成渝地区双城经济圈建设形成新格局，对进一步推动"一带一路"、长江经济带发展以及西部大开发等国家战略的深入实施发挥重要作用。

———• 第五章 •———

方兴未艾：川南和川东北的区域铁路网建设

在成渝地区双城经济圈的规划中，成都和重庆是核心城市，成渝通道是主轴，两翼是川东北城市群和川南城市群，这两个区域也是四川两大经济区。在出川大通道和成渝通道高铁建设的同时，川南和川东北的域内铁路网也在推进和完善。

第一节　川南城际铁路：中国铁路投融资体制改革的"样本"

2021年10月20日，中共中央、国务院印发《成渝地区双城经济圈建设规划纲要》，将成渝地区双城经济圈建设上升为国家战略，并明确将川南四城纳入了成渝地区双城经济圈的范围。[①]　随着高铁经济的到来，川南城市群一体化和成渝双城经济圈发展进程的加快，川南四城宜宾、内江、泸州、自贡原有的高速公路网已很难满足城际客运需求。建设速度更快、运力更强的城际高速铁路迫在眉睫。

---

① 中共中央国务院印发成渝地区双城经济圈建设规划纲要编写组：《中共中央国务院印发成渝地区双城经济圈建设规划纲要》，2021年。

川南城际铁路是连接川渝地区次级中心城市及周边地区的一条城际快速铁路通道，也是国家"八纵八横"高速铁路通道中纵向通道之一——京昆通道的重要组成部分；是搭乘成渝地区双城经济圈建设的"东风"、促进川南城市群协同发展的重要纽带，也是大力发展和丰富完善川渝地区城际轨道交通网络的重要一环，对丰富和完善全国高铁网络具有重要作用。川南城际铁路项目还被列入了国家和四川省"十三五"时期重点推进项目。

一、川南城际铁路总体情况

川南城际铁路分为两段，西段为自宜（自贡—宜宾）高速铁路，东段为内自泸（内江—自贡—泸州）高速铁路。① 两段线路在自贡交会、往南分岔，分别连接起川南地区两大长江沿线重要港口城市泸州市和宜宾市，形成一个"人"字形状的高铁线路图。其中，内自泸高速铁路即绵泸高铁内自泸段；自宜高速铁路是建设中的成自宜高铁的重要组成部分，又是新建渝昆高铁和蓉昆高铁的共线部分。

川南城际铁路全长 220.645 公里②，计划设置站点 12 个。正线部分共有桥梁 157 座、隧道 16 座，桥隧比约为 46.45%③。其中，内自泸高速铁路从内江北站④始发，经自贡、富顺、泸县等地，最终到达泸州北站。线路全长130.209 公里，其中，包含内江北站成渝左右联络线 5.07 公里、泸州站渝昆场联络线 1.61 公里和泸州存车场动走线 1.372 公里。全线为高级别客运专线，设计时速 250 公里，均为双线有砟轨道。川南城际铁路内自泸段 2016 年6 月开工建设，已于 2021 年 6 月建成通车。该段新建桥梁 131 座，长度约为

---

① 该路段于 2021 年 6 月通车前夕正式更名为绵泸高铁内自泸段。
② 参见《川南城际铁路快马加鞭 内自泸线先期施工段 6 月开工》，四川省人民政府网，http://www.sc.gov.cn/10462/10464/10797/2018/4/18/10384204.shtml（检索时间 2020 - 12 - 05 09：03）。
③ 参见《川南城际铁路环评报告公示 部分居民区将受噪声影响》，四川省人民政府网，http://www.sc.gov.cn/10462/12771/2015/8/19/10349126.shtml（检索时间 2020 - 12 - 05 09：10）。
④ 内江北站为 2015 年 12 月 26 日建成通车的成渝客专的既有站点。

76.28 公里；新建隧道 8 座，长度约为 4.586 公里，桥隧比约为 55.67%。① 川南城际铁路另一段——自宜高速铁路，从规划建设中的自贡东站出发，一路

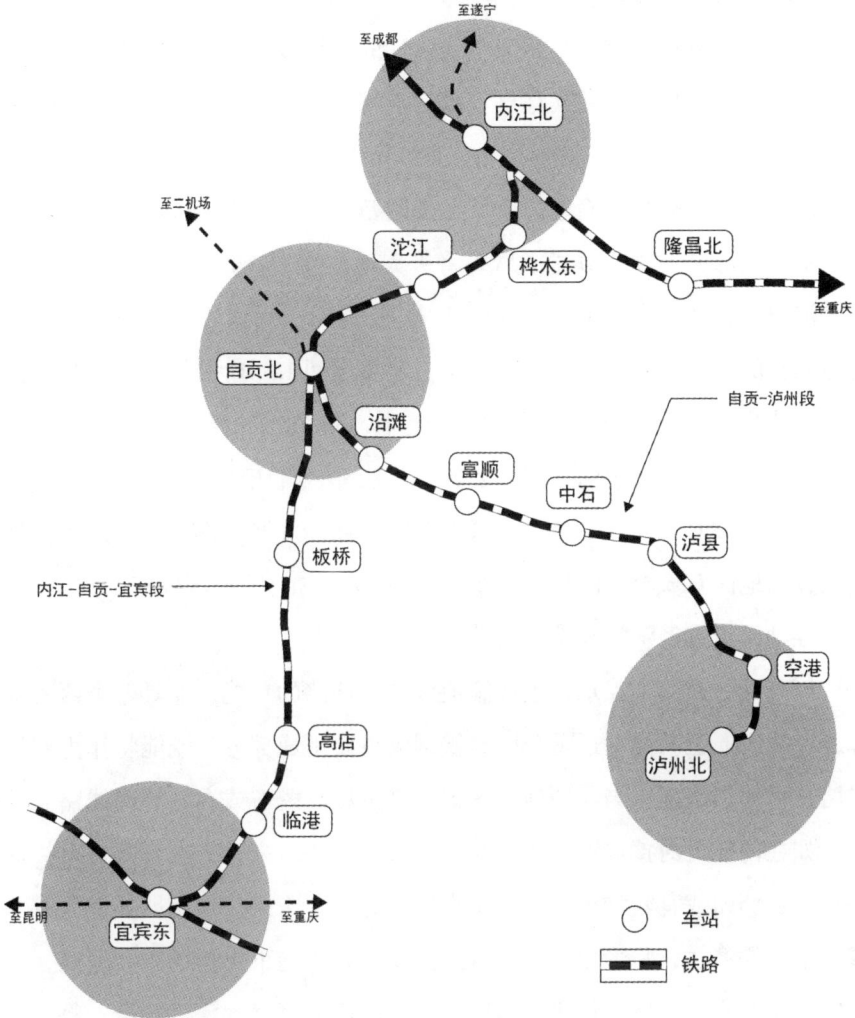

图 5 - 1　川南城际铁路规划图②

---

① 参见《新建川南城际铁路内江至自贡至泸州线竣工环境保护验收调查报告》，川南城际铁路有限责任公司官网，http://www.cncjtl.com.cn/uploadfiles/202105/20/2021052023303625159090.pdf（检索时间 2020 - 12 - 25 14:10）。

② 《川南城际铁路内自泸段获批　年内全面开工》，四川省人民政府网，http://www.sc.gov.cn/10462/12771/2016/10/21/10400360.shtml（检索时间 2020 - 12 - 05 09:16）。

向南延伸，经邓关、大观、临港等站点，到达终点站宜宾东站。① 此外，还将通过联络线接入宜宾西站，连接成贵高铁。线路正线部分为双线轨道，全长约 90 公里，设计时速 350 公里。宜宾临港站至宜宾东站路段设计时速 250公里；唐家湾隧道至宜宾东站为单线设计的联络线，全长 4.683 公里，计划时速 120 公里。川南城际铁路自宜段已于 2018 年 12 月开工，计划建设工期为 5 年。②

川南城际铁路是成渝地区双城经济圈乃至整个川渝地区城际轨道交通网的重要组成部分。该项目建成后，将极大地改变川南四城原有的交通格局，结束泸州、宜宾和自贡不通高铁的历史。③ 届时，川南、川东南地区将形成更为完善的城际铁路网络，构建内江与自贡之间 15 分钟经济圈，川南宜宾、内江、泸州、自贡四城之间半小时交通圈；进一步丰富和完善成渝地区高铁客运专线网络，实现川南地区主要城市与成都、重庆两大西部中心城市之间形成 1 小时交通圈，并带动川南城市群经济社会发展，推动川南片区更好地融入成渝地区双城经济圈建设，更好地助力成渝地区双城经济圈快速发展，成为推动四川省经济社会发展新的增长极。

川南城际铁路不仅承担了成渝地区城际铁路的功能，兼具整个西南地区客运专线大通道功能，还是全国高铁网的重要组成部分，既能将作为四川第二增长极的川南地区与成渝地区连接，又可以与既有或在建铁路线路有效衔接，如在内江可对接成渝高铁，在自贡可对接成自高铁，在宜宾可对接成贵高铁，在泸州或宜宾均可对接渝昆高铁，等等。未来，川南四城都将有一条或多条高铁经过，将形成川渝地区经昆明、贵阳南下出川的重要通道，丰富和完善全国高铁路网，促进川南四城与全国高铁网络的深度融合；将更好地发挥铁水联运优势，提升宜宾和泸州两座全国性综合交通枢纽城市的区位衔

---

① 宜宾东站为 2019 年 12 月 16 日建成通车的成贵客专的既有站点。

② 参见《川南城际铁路内江至自贡至泸州段施工图获批　全线开建》，四川省人民政府网，http://www.sc.gov.cn/10462/12771/2016/10/18/10399603.shtml（检索时间 2020－12－05 09:15）。

③ 在川南城际铁路建成之前，宜宾和自贡在客运铁路方面只有普速铁路内昆铁路；泸州只有货运铁路，没有客运铁路。

接和牵引能力，连接长江经济带，进一步促进四川沿江开发；还能积极对接西部陆海新通道，北接丝绸之路经济带，南连 21 世纪海上丝绸之路，成为成渝地区双城经济圈和广大西部内陆地区经川南城市群继续南下，连接南贵昆经济区、泛珠三角经济区；进而通过沿海沿边口岸，形成通往东盟各国的重要门户通道。这条通道打通后，由此通道南下将比经我国东部沿海通道南下节约 10 天左右，在时间和运输成本方面具有不可比拟的优势，发展潜力巨大。

川南城际铁路是一条对铁路投融资体制改革具有重要破题意义的高铁。尽管最初打算吸引民间资本参与该条铁路建设，以打造我国第一条由民营资本参与甚至控股建设这个设想没有得以实现，但该项目仍然被视为铁路投融资改革的一个重要案例。铁路建设项目投资成本大、回报期长，收益分配、运价机制、结算方式等各个环节的均衡还未有妥善的解决方案，因此，民间资本不敢轻易进入也是情有可原。但是仅靠地方政府的财力，难以支撑高铁建设庞大的经济支出，需要积极争取外部资本的参与。为此，四川方面一直积极邀请"铁总"（中国铁路总公司）参与入股，并积极争取四川省内企业的支持。2015 年，"铁总"批复显示，该项目采取多元融资方式，"铁总"和四川省共同出资建设，以地方出资为主。经过多方努力，最终，在没有民间资本进入支持的背景下，四川省和川南四城政府积极协调，"四川铁投"和"四川路桥"两方进入，成立了"纯地方版"的建设主体公司——川南城际铁路有限责任公司。这是四川省第一个由地方政府和外部资本联合出资组建的城际铁路公司，也是四川省第一个独立于"铁总"的地方城际铁路公司，为铁路投融资改革、多元融资渠道的探索提供了实践经验。四川路桥在 2018 年 4 月发布了一则公告，显示根据"铁总"和四川省政府联合下发的川南城际铁路可研批复报告，"铁总"最终出资金额超过 32 亿元，占该项目资本金的 18.36%。西南交通大学彭其渊教授在接受《第一财经》采访时也曾谈到川南城际铁路作为铁路投融资改革的典型案例非常具有代表性，随着国家各项政策的调整，未来国家主导的建设资金很可能会更多投入干线铁路建设方面，而对区域发展具有深远影响的城际铁路，其建设和运营将更多由地方政府主导、更多元化的资本力量参与，共同推进城际铁路网络的拓展和丰富，这也是未来铁路建设和发展不可避免的趋势。[①]

二、川南城际铁路的规划与建设

川南城际铁路规划的提出源于四川省区域发展战略的调整。长期以来，四川地区以省会成都市为核心，积极发展地方经济。随着成都从西部中心城市逐步发展成为国家级中心城市，"一城独大"的发展格局在一定程度上也造成了四川整体区域经济发展极不平衡的局面。为此，四川调整区域均衡发展战略，积极支持区域内其他板块的发展。统计资料显示，川南地区是继成都平原经济圈和环成都平原经济圈之后四川省年经济总量排名第三的区域。"十三五"时期，川南地区生产总值占全省的比重约为16.2%，年均增长率约为7.5%，在四川各片区中居于首位。其中，宜宾和泸州两座重要长江港口城市生产总值先后突破2000亿元。川南地区成为省内被寄予厚望的新兴增长极。此外，川南四城之间空间距离较短、城镇分布集中、人口密集度高，有连片发展城市群的先天优势；但客运铁路的发展一直相对滞后，制约了该区域的协同发展水平。修建一条连接川南四城的城际铁路的设想为该区域的发展带来了新的机遇。

川南城际铁路项目的实施离不开地方政府的大力支持和积极推动。2012年10月，宜宾、自贡和内江三地人民政府形成项目推进合作机制，共同签订了《加快推进内自宜城际铁路建设框架合作协议》，并向各有关单位积极争取，希望得到国家和地方的大力支持，积极推进内自宜城际铁路的各项前期准备工作。按照合作协议的内容，内自宜城际铁路项目预可行性研究报告、可行性研究报告等审批文件将由三地政府共同编制，项目资金筹措、业主组建、施工建设、组织运营等各个重要环节的具体方案也需要三地政府协

---

① 该批复文件为铁总计统函〔2016〕174号、铁总发改函〔2017〕933号。参见李秀中：《破题投融资改革　四川这条铁路将产生哪些影响》，《第一财经日报》2021年6月29日，第A06版。

商确定。此外，三地政府及各有关部门还要负责工程前期及建设过程中各自行政区域内在征地、拆迁等其他相关方面各项工作的组织和协调，确保项目能够顺利开展。①

为了更好地推进该项目，地方政府还积极探索铁路投融资改革的发展模式，促成地方性城际铁路公司的成立。川南城际铁路项目计划投资总额约为315.6亿元。② 为了更好地推进项目启动并保证施工进展顺利，"铁总"和四川省人民政府经过协商后达成一致，共同组建川南城际铁路有限责任公司，以负责项目的总体建设和运营管理。"铁总"和四川省分别出资10%和90%。其中，四川省的出资份额由四川公路桥梁建设集团有限公司（以下简称"四川路桥集团"）、四川省铁路产业投资集团有限责任公司（以下简称"四川铁投集团"）以及川南四城宜宾、内江、泸州和自贡的地方政府等6方共同承担。③ 2014年，川南四城首次签订《川南经济区合作发展协议》。2月20日，川南城际铁路项目相关六方——川南四城地方政府、四川路桥集团和四川铁投集团，在四川省自贡市召开项目推进工作会。会上，六个单位共同签订了《推进川南城际铁路建设合作协议书》，细化了川南城际铁路有限责任公司的组建方案及具体职责要求，进一步落实各项前期准备工作，并明确了公司将于3月底之前正式挂牌。④ 此次会议推动了川南城际铁路项目加快启动。随后，自贡市地方政府受项目六方委托，向国家工商总局上报了《川南城际铁路有限责任公司名称预先核准申请书》，并于5月中旬通过了审核批准，川南城际铁路有限责任公司正式成立。公司组建方案显示：川南城际铁路项目四川出资部分，总注册资本为人民币5亿元。其中，出资额从高

---

① 参见《内自宜城际铁路建设签订〈合作协议〉》，四川省人民政府网，http://www.sc.gov.cn/10462/10464/10465/10595/2012/10/31/10234451.shtml（检索时间2020－12－05 09:25）。

② 参见川南城际铁路有限责任公司官网，http://www.cncjtl.com.cn/gywm/gsjj/21491.shtml（检索时间2020－12－05 09:18）。

③ 参见《川南城际铁路开工　五年后全线建成通车》，四川省人民政府网，http://www.sc.gov.cn/10462/10464/10797/2015/12/26/10363400.shtml（检索时间2020－12－05 09:20）。

④ 参见《川南城际铁路公司组建方案出炉》，四川省人民政府网，http://www.sc.gov.cn/10462/10464/10465/10595/2014/2/24/10294120.shtml（检索时间2020－12－05 09:22）。

到低依次为：四川铁投集团 30%、自贡市政府 22%、泸州市政府 16%、内江市政府 15%、宜宾市政府 12%、四川路桥集团 5%。①

公司成立后，川南城际铁路项目各项工作进展更加顺利。2014 年 5 月 30 日，四川省铁路建设推进工作会议在成都举行。会议明确了要加快推进川南城际铁路前期准备工作，将项目列入下一年度工作计划，力争 2015 年能够顺利开工。② 8 月 19 日，中铁二院在成都召开了川南城际铁路的功能定位论证会，会上，充分论证了内自泸、内自宜城际铁路方案，川南城际铁路项目落地又迈出了巨大一步。③

在项目各方的大力支持和积极筹备下，2015 年 4 月 22 日，"铁总"和四川省人民政府联合下达《关于新建川南城际铁路项目建议书的批复》（铁总计统函〔2015〕354 号），批复同意了新建川南城际铁路内自泸段项目（内江至自贡至泸州线工程）。④ 几天后，4 月 29 日，在自贡召开了川南城际铁路（内自泸段）项目前期工作协调会，进一步细化和落实各项工作安排。同时，自宜段项目也在积极推进。11 月，成都铁路局与成都市人民政府联合签署《关于深化铁路规划、建设及运营合作框架协议》，加强地方政府和铁路局的紧密合作，明确了要加快建设成都经自贡至宜宾高铁，对接渝昆高铁，最高时速可达 350 公里，成为连接成都和昆明两大省会城市更为快速的高铁新通道。⑤

---

① 参见李秀中：《破题投融资改革 四川这条铁路将产生哪些影响》，《第一财经日报》2021 年 6 月 29 日，第 A06 版。

② 参见《川藏铁路成都至雅安段 8 月开工》，四川省人民政府网，http://www.sc.gov.cn/10462/10464/10797/2014/5/31/10303507.shtml（检索时间 2020 - 12 - 23 08:40）。

③ 参见《川南城际铁路功能定位论证会在成都召开》，中铁二院工程集团有限责任公司官网，https://www.creegc.com/tabid/83/InfoID/2167/frtid/150/Default.aspx（检索时间 2020 - 12 - 05 09:33）。

④ 参见《新建川南城际铁路内江至自贡至泸州线竣工环境保护验收调查报告》，川南城际铁路有限责任公司官网，http://www.cncjtl.com.cn/uploadfiles/202105/20/20210520233036251 59090.pdf（检索时间 2020 - 12 - 05 09:45）。

⑤ 参见《深化路地双方铁路规划、建设及运营合作 路局与成都市签署合作框架协议》，中国铁路成都局集团有限公司官网，http://www.cd - rail.cn/#（路局要闻；时间：2015 - 11 - 12 08:58）。

川南城际铁路在规划过程中还非常重视环境保护问题。从 2015 年 8 月公示的《新建川南城际铁路环境影响报告书》来看，报告结合该项目沿线及周边地区涉及的环境敏感区、动植物现状等综合情况，对项目建设可能对周围环境产生的影响进行了预测，并针对环境影响拟采取的保护措施以及预期达到的效果提出了具体方案。一般来说，铁路建设和项目运营给环境带来的影响主要涉及土地、植被、水源（包括地下水、地表水）、噪声、振动以及生态系统等方面。报告显示，项目沿线主要涉及农田和城镇生态系统，涉及九狮山风景区、玉蟾风景区、镇溪河南方鲌翘嘴鲌国家级水产种质资源保护区、濑溪河翘嘴鲌蒙古鲌国家级水产种质资源保护区，以及长江上游珍稀、特有鱼类国家级自然保护区等 5 处生态敏感区。经过勘察和调研发现，该项目总体上对生态敏感区影响较小。为了尽可能地保护沿线耕地，在项目建设过程中，除了在线路走向和设计方面尽可能避开耕地，对于不可避免占用耕地的部分，采取了剥离表层土 20 ~ 40 厘米的方式，用于后续植被恢复。对于公众广泛关注的高铁运营期间的噪声问题①，报告也作了说明。项目对沿线 147 处振动环境敏感点和 146 处声环境保护目标进行了测试，将通过在沿线设置隔声窗、路基和桥梁声屏障等方式来降低项目对沿线环境的影响。② 报告显示，项目线路走向、建设方案等均符合国家统一路网及四川省总体规划，与铁路沿线及周边城市总体规划也无冲突，另在建设和运营过程中采取有力的环境保护措施，可以有效减缓和有力控制项目施工和后期运营给环境带来的不利影响。因此得出最终结论：从生态环境保护的角度来看，该项目是可行的。③ 12 月 4 日，四川省生态环境厅出具《关于新建川南城际

---

① 高铁噪声两大来源：一是列车与空气摩擦产生的声响，二是动车弓网摩擦产生的电磁噪声。轮轨摩擦的声响，已经是高铁噪声来源中最小的影响因素。根据铁道部公布的京津城际高速铁路的技术数据，时速 350 公里级别的高速动车组车头处的噪声（车轮与轨道接触点与车顶）大约 120 分贝，车体中间的噪声大约 114 分贝，车尾处噪声大约 116 分贝。时速 250 公里的高速动车组，理论上噪声还将更低。

② 参见《川南城际铁路环评报告公示　部分居民区将受噪声影响》，四川省人民政府网，http://www.sc.gov.cn/10462/12771/2015/8/19/10349126.shtml（检索时间 2020 - 12 - 05 09:08）。

③ 参见《川南城际铁路预计 12 月动工　将衔接成渝客专和渝昆铁路》，四川省人民政府网，http://www.sc.gov.cn/10462/10464/10797/2015/8/18/10348959.shtml（检索时间 2020 - 12 - 07 09:10）。

铁路内江至自贡至泸州线环境影响报告书的批复》（川环审批〔2015〕513号）[1]，对川南城际铁路内自泸段在建设过程中需要落实的环保措施作了更为详细的要求，如明确了要在沿线建设弃渣场 133 处，制定了具体的隧道施工堵水防漏方案、减少施工扬尘的具体措施等。[2] 12 月 25 日，川南城际铁路在自贡市召开了开工大会，对该项目的正式启动作动员和部署。

2016 年 3 月，"铁总"和四川省人民政府联合批复通过了川南城际铁路内自泸段的可研报告（铁总计统函〔2016〕174 号）。[3] 随后，《新建川南城际铁路自贡至宜宾线环境影响报告书》也获得批复通过。[4] 报告显示，该项目自宜段涉及多处生态环境敏感区，如镇溪河芭蕉湾双线特大桥跨越镇溪河南方鲇䱗嘴鲌国家级水产种质资源保护区，宜宾临港长江大桥、南广河双线特大桥跨越长江上游珍稀、特有鱼类国家级自然保护区等。批复明确指出，项目在建设过程中要尽可能地通过优化施工方案、制定应急预案、实施针对性保护措施等方式，减少对沿线自然生态环境的不利影响；在施工过程中要落实扬尘、噪声、振动等方面的防治措施，落实生态环境保护措施，加强施工废水、污水管理，确保各项环境评价指标达到国家规范要求。

一系列报批手续完成后，2016 年 6 月，川南城际铁路内自泸段在富顺破土动工，率先启动自贡富顺县中石镇至泸州泸县段建设，全长 16.93 公里，其中泸州境内 9.09 公里，自贡境内 7.84 公里，该段共有大中桥梁 13座，约 6.403 公里；隧道 1 座，约 1.275 公里，桥梁隧道总长 7.678 公里，

---

① 参见《新建川南城际铁路内江至自贡至泸州线竣工环境保护验收调查报告》，川南城际铁路有限责任公司官网，http://www.cncjtl.com.cn/uploadfiles/202105/20/20210520233036 25159090.pdf（检索时间 2020 - 12 - 12 08:10）。

② 参见《川南城际铁路内自泸线环评获批》，四川省人民政府网，http://www.sc.gov.cn/10462/11857/13305/13370/2015/11/5/10357822.shtml（检索时间 2020 - 12 - 10 09:40）。

③ 参见《川南城际铁路（内自泸线）可研报告获铁总与省政府联合批复》，四川省人民政府网，http://www.sc.gov.cn/10462/10464/10465/10595/2016/3/29/10374310.shtml（检索时间 2020 - 12 - 12 08:15）。

④ 参见《川南城际铁路自贡至宜宾线环评获批 计划 2019 年 6 月建成通车》，四川省人民政府网，http://www.sc.gov.cn/10462/12771/2016/5/13/10380166.shtml（检索时间 2020 - 12 - 12 08:30）。

桥隧比 45.35%。① 该路段先期开工，标志着川南城际铁路项目正式落地。9月 7 日，四川省水利厅出具了《关于新建川南城际铁路内江至自贡至泸州线水土保持方案的批复》（川水函〔2016〕1174 号）。9 月 21 日，"铁总"和四川省人民政府联合签发《关于新建川南城际铁路内江至自贡至泸州线初步设计的批复》（铁总鉴函〔2016〕755 号），审批通过了内自泸段初步设计方案。② 10 月，内自泸段施工方案也获得了"铁总"的批复，标志着由四川省地方政府完全主导的第一条城际铁路即将进入全面建设阶段。12 月，内自泸项目的大安段、沿滩段陆续开工上马，实现了川南城际铁路自贡市境内全面开工，将全线建设往前推进了一大步。该线路建成后，将是自贡的第一条高铁，意味着自贡迎来了高铁时代，将进一步促进自贡灯会、恐龙博物馆等知名旅游资源的开发，为自贡经济社会发展带来新的增长点，也将进一步推动川南地区资源整合和整体发展。③

　　城际铁路的建设对区域性发展有重要的支撑作用。在《四川省"十三五"综合交通运输发展规划》中也明确积极推进重点区域城际铁路建设的目标和任务，将川南城际铁路内自泸段续建项目、自宜段新开工项目纳入重点项目之列。④ 2020 年 6 月 12 日，川南城际铁路内自泸段第一组长钢轨在泸县车站 2 号桥铺设完成，标志着该路段的铺轨作业正式开始，为项目顺利完工奠定了坚实的基础。⑤ 内自泸段建成通车后，将结束川南四城之一、长

---

① 参见《构建川南四城"半小时交通圈"　川南城际铁路自贡段加紧建设》，四川省人民政府网，http://www.sc.gov.cn/10462/10778/10876/2016/7/8/10387327.shtml（检索时间 2020 - 12 - 12 08：20）。

② 参见《新建川南城际铁路内江至自贡至泸州线竣工环境保护验收调查报告》，川南城际铁路有限责任公司官网，http://www.cncjtl.com.cn/uploadfiles/202105/20/2021052023303625159090.pdf（检索时间 2020 - 12 - 12 08：10）。

③ 参见《川南城际铁路内自泸线自贡境内全线开工》，四川省人民政府网，http://www.sc.gov.cn/10462/10464/10465/10595/2016/12/28/10409108.shtml（检索时间 2020 - 12 - 12 08：34）。

④ 参见《四川省人民政府关于印发〈四川省"十三五"综合交通运输发展规划的通知〉》（川府发〔2017〕20 号），四川省人民政府网，http://www.sc.gov.cn/10462/c103044/2017/4/10/a445c3cef7e741e98356f95aeb7e3d06.shtml（检索时间 2020 - 11 - 1 16：23）。

⑤ 参见《川南城际铁路开始铺轨　通车后将与成渝客专和在建的渝昆高铁相连》，重庆市人民政府网，http://www.cq.gov.cn/ywdt/jrzq/202006/t20200613_8637793.html（检索时间 2020 - 12 - 12 08：36）。

江重要港口泸州市长期以来没有客运铁路的历史。2020 年 10 月底，川南城际铁路内自泸段泸州站双线特大桥顺利贯通，这也是该路段最后一座特大桥，标志着该项目基本完成了主体工程。随后，川南城际铁路有限责任公司委托中国电建集团成都勘测设计研究院有限公司从 2020 年 11 月开始，对内自泸线的竣工环境进行了保护验收调查工作。

2021 年 3 月，中铁二院组织了川南城际铁路内自泸段的设计回访，对工程进度、施工情况、信号设计等方面的实际情况进行了充分了解，详细询问了施工过程中存在的问题，并与施工方讨论交流下一步改进的思路和方法，设计团队与施工团队共同努力，积极推动项目进程。4 月 22 日，川南城际铁路内自泸段环水保静态验收通过了专家审查。5 月 7 日开始联调联试，至此，川南城际铁路内自泸段站前工程已全部完成。① 5 月 20 日，中国铁路成都局集团有限公司、项目建设单位川南城际铁路有限责任公司、设计单位和环评单位中铁二院工程集团有限责任公司以及各站前工程施工单位在成都召开了川南城际铁路内自泸段自主验收会。与会专家讨论认为，川南城际铁路内自泸段项目符合国家工程建设环境保护相关规定，一致同意通过验收；并对项目后期运营过程中，噪声、振动、环保设施运营维护和污水等污染物达标排放等方面提出了具体要求。② 6 月 28 日，川南城际铁路内自泸段（近期更名为新建绵泸高铁内自泸段）正式通车。③

随着川南城际铁路内自泸段的建成通车，自宜段工程也在顺利推进。自宜段是成自宜高铁的重要组成部分，也是"京昆通道"的重要组成部分。早在 2016 年 4 月，四川省环境保护厅就公布了该路段环评报告获得批复通

---

① 参见《新建川南城际铁路内江至自贡至泸州线竣工环境保护验收调查报告》，川南城际铁路有限责任公司官网，http://www.cncjtl.com.cn/uploadfiles/202105/20/20210520233036251 59090.pdf（检索时间 2020 - 12 - 12 08：10）。

② 参见《新建川南城际铁路内江至自贡至泸州线竣工环境保护验收意见》，川南城际铁路有限责任公司官网，http://www.cncjtl.com.cn/uploadfiles/202105/20/20210520233304077101630.pdf（检索时间 2020 - 12 - 12 08：10）。

③ 参见《年度回眸：2021 年开通新线》，中国国家铁路集团有限公司官网，http://www.china-railway.com.cn/xwzx/zhxw/202201/t20220101_119179.html（检索时间 2021 - 03 - 25 15：10）。

过。2017 年 11 月，该路段可研报告也获得了铁总和四川省人民政府的联合批复。2018 年 12 月 21 日，项目正式开工。2019 年 6 月，自宜段首桩开建，标志着该路段进入了实质性施工阶段。2020 年 10 月，为了更好地对施工进行监管，确保铁路质量安全，川南城际铁路宜宾工电段成立了提前介入小组，组织供电、信号、工务、电务等部门的专业人员与施工人员同吃同住，共同参与作业，层层落实责任，确保施工质量安全达标，为后续接管运营奠定良好的基础。① 开工两年多后，2021 年 8 月，自宜段迎来了重点控制性工程的突破性进展——宜宾临港长江大桥北岸主塔顺利封顶。该大桥位于四川省宜宾市境内，是我国"八纵八横"高铁网中渝昆高铁和蓉昆高铁共用的长江过江通道，也是连接宜宾市长江南北两岸市政交通的重要通道，具有重要的区位意义。大桥全长 1724.2 米，主桥长 1073 米，主跨 522 米，桥面宽度约为 63.9 米；桥面中间设计为四线高速铁路轨道，设计时速 300 公里，最高可提升至时速 350 公里；铁路轨道的两侧各有三车道的城市快速路，设计时速 80 公里；大桥最外两侧是非机动车道和人行道。② 项目投资总额约为25.4 亿元，预计工期长达 60 个月。此次封顶的大桥北岸主塔，自 2019 年开工以来，克服了重重困难：先是在一个枯水期内，加快完成了长江上游最大体量的水下嵌岩基础施工工程；随后，2020 年初，在全国遭遇新冠疫情大背景下，积极响应复工复产的号召，实现工程的快速推进，浇筑完成了世界上宽度最大的下横梁。③ 该塔具有塔身高度高、塔柱倾斜角度大、截面尺寸大、锚固构件重、混凝土体量大等特点，是我国长江中上游桥梁的第一高

① 参见《宜宾工电段全力确保川南城际铁路施工质量安全达标》，中国铁路成都局集团有限公司官网，http://www.cd－rail.cn/#（路局要闻；时间：2020－10－27 17:50）（检索时间 2020－12－30 13:24）。

② 参见《中国中铁年鉴》编委会：《中国中铁年鉴：勘察设计与咨询服务》，中国经济出版社，2019 年，第 140 页。

③ 参见《川南城际铁路宜宾临港长江大桥北岸主塔完成封顶》，中铁二院工程集团有限责任公司官网，https://www.creegc.com/tabid/83/InfoID/4103/frtid/150/Default.aspx（检索时间 2021－02－01 14:20）。

塔，塔高 250.8 米，大约为 80 层楼的高度。① 该高塔的顺利封顶，标志着我国在大桥超高、超大尺寸索塔建设方面取得了巨大进展，为下一步钢箱梁超宽、超重吊装作业提供了重要保障。2022 年 12 月，大桥钢混结合梁完成全部架设。截至 2023 年 1 月，宜宾临港公铁两用长江大桥在经历了洪水、高温、新冠疫情等重重困难后，攻克了大面积混凝土浇筑、大截面钢箱梁合龙、主塔施工结构复杂等一项又一项技术难关，终于完成了主体部分的施工任务，力争 2023 年上半年完成"铺轨"和"四电"工程，2023 年底建成通车，为实现川南城际铁路全线贯通又迈出了坚实的一步。临港长江大桥建成后，将刷新国内外工程建设的新纪录——它将是世界上桥面最宽、跨度最大的公铁两用钢箱梁斜拉桥，也是我国第一座平层布置公路和高铁轨道的斜拉桥。

第二节　川东北铁路网的发展

川东北地区②是四川北出甘陕、东进两湖的关隘，沿线有达州、广安、南充、巴中、广元等城市，是四川省重要城市群和经济区之一。但受地理环境、区域经济等方面的影响，川东北地区交通一度发展十分缓慢，成为严重束缚地区发展的瓶颈。为了推动川东北地区的发展，四川省及域内各个城市纷纷尝试交通建设，尤其是铁路建设。随着经济的发展、城镇化进度加快、国家对西部地区战略的倾斜，川东北地区的铁路交通也取得了巨大突破，为区域内的铁路网的构建奠定了重要的基础。

川东北地区多为丘陵地貌，长期以传统农业为主，工业较为落后，这样

---

① 参见《高 250.8 米！川南城际铁路宜宾临港长江大桥北岸主塔封顶》，四川省情网，http://www.scsqw.cn/gzdt/qsfzdt/sxfzdt/content_ 65710（检索时间 2021 - 02 - 01 14:25）。

② 四川省东北部地区常被简称为"川东北"，地理位置上包含南充、达州、广安、巴中和广元等城市。根据《川东北经济区国土空间规划（2021—2035 年）》，川东北经济区包括南充、达州、广安、巴中、广元 5 市。

的地理环境和经济结构并不利于交通的建设，川东北地区的交通经历过一定的发展，形成基本可以联通川渝陕三省的交通格局。截至 2006 年，川东北域内有 108 国道、210 国道、212 国道、318 国道等公路线过境，襄渝铁路、达成铁路、达万铁路、宝成铁路等铁路线过境。

2006 年，川东北区域被列为四川"十一五"期间重点发展的三大城市群之一，规划将其发展"成为我省比较重要的经济、人口密集区"①。同时，在"十一五"规划中首次提出五大经济区的概念，而川东北经济区为五大经济区之一，包括南充、达州、广安、巴中、广元 5 市。规划确立了川东北经济区"开发资源、培育产业"的发展思路，充分发挥丰富的化石燃料资源（如天然气等）和生物资源（如茶叶、中药材等）的比较优势，"建成我国西部重要的天然气能源、化工基地"，且积极发展老革命区以"红色旅游为特色"的旅游业。

毫无疑问，这些重要的规划需要更为通达的交通体系的支撑，运量大、稳定性强且价格相对低廉的铁路交通建设，成为区域内发展必须突破的第一大瓶颈，随着川东北地区在四川省内战略规划的重要性的凸显，该区域内的铁路交通发展迎来了新的契机。

一、积极争取铁路建设：兰渝铁路的筹建历程

2008 年，穿越甘、川、渝两省一市的兰渝铁路正式开工，这条线路是中国中长期铁路网规划中西北至西南区域间客货并重的大能力运输新通道，被媒体称为第三条"纵贯中国南北的铁路大动脉"②。兰渝铁路北连兰新、包兰、兰青、陇海铁路，形成重庆、四川的北上快速通道，推动西南地区交

---

① 另两个"十一五"期间重点发展的城市群分别为成都平原区域和川南区域。参见《四川省国民经济和社会发展第十一个五年规划纲要（2006—2010 年）》。

② 央视网：《辉煌中国》第一集：《兰渝铁路，第三条纵贯中国南北的铁路大动脉全线贯通，兰州到重庆现在只需 6 小时》，https://tv.cctv.com/2018/05/28/VIDEZoJ0weRWhr3S6mMY1XbJ180528.shtml（检索时间 2024－07－27 14:28）。

通网的形成，同时也拓展了四川省境内川东北区域的铁路线路。从构想、谋划筹建到施工建成，兰渝铁路有着一段跌宕起伏的故事，尤其是四川沿线市县为兰渝铁路立项所做的历时十四年的争取，在中国铁路建设史上具有里程碑意义。

兰渝铁路的筹建历程，是铁路建设浪潮背景下地方政府与民间的力量积极推动铁路建设的一个典型样本，它顺应了国家战略和地方发展的双向需要，为其他地区的大型工程建设提供了有益的借鉴和参考。

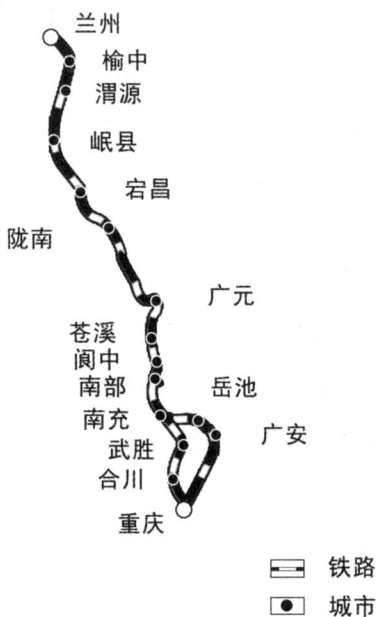

图 5-2 兰渝铁路线路示意图

关于建设连接重庆、四川、甘肃三省（市）的铁路大通道的构想由来已久。孙中山在《建国方略》中便规划了"兰州重庆线"，孙中山把这条铁路线列为其认为的"中国铁路系统中最重要者"中央铁路系统 24 条干线之一。①

新中国成立后，兰渝铁路一度被提上国家议事日程，并由铁路设计院主

————————————

① 《孙中山选集》（上），人民出版社，2011 年，第 318 页。

持线路初步勘测，勘测原计划完成"四川广元至直辖市重庆段"，但实际上仅勘察了广元到南部县段就"因故停止"了①，此后兰渝铁路的建设计划被束之高阁。

直到20世纪90年代，在全国铁路建设浪潮中，为了打通交通，带动当地经济的发展，曾经纳入兰渝铁路规划的一些沿线县市开始再次呼吁兰渝铁路的建设。1993年四川省广元市苍溪县的发展战略中明确提到了"远抓争取兰渝铁路立项上马"②，战略中使用了"远抓"二字，可见当时苍溪县的战略规划者们意识到争取铁路建设的重要性，并且清醒地意识到这样一条纵贯南北的大型项目短时间内是难以促成的，需要长期推动工作。

1994年3月1日，在阆中机场正式开工仪式上，南部、苍溪、阆中三县（市）委书记协商联合倡议修一条铁路，并达成统一意见：三县（市）联合倡议修建兰渝铁路。③3月5日，由苍溪县联合阆中市、南部县三县（市）党委、政府向国道212沿线25个县市发出了《关于促成兰（兰州）渝（重庆）铁路尽早立项上马的倡议书》，共同筹划兰渝铁路立项上马大计。④倡议书详细陈述了兴建兰渝铁路的初衷是希望解决西南、西北地区"交通不便，信息不灵，物流不畅"的问题，打破制约经济发展的"瓶颈"。倡议书还强调要发展经济，必先发展交通的观念"已成为现代社会发展经济的共识"，更是沿线各县市"广大人民群众的呼声"⑤。

这份倡议书得到了沿线各市（州）、各县（市、区）的热烈响应和积极

① 《兰渝铁路岷广段今天开通　结束陇南不通火车的历史》，中国甘肃网，https://gansu.gscn.com.cn/system/2016/12/26/011570668.shtml（检索日期2024-09-07）。

② 赵均国：《艰辛历程兰渝铁路》，载《四川改革开放口述史》，中共党史出版社，2018年，第179页。

③ 何生章：《南部不通火车的历史宣告结束了，人民不会忘记为社会进步做出贡献的功臣——记兰渝铁路从申请立项到建成通车的艰辛历程》，http://www.weixiu.it/aspcms/news/2016-2-28/377.html。

④ 邓定祥：《十二年风雨"长征"路——记兰渝铁路协作会秘书长、前期工作办公室主任赵均国》，《四川党的建设（城市版）》2005年第7期。

⑤ 何生章：《南部不通火车的历史宣告结束了，人民不会忘记为社会进步做出贡献的功臣——记兰渝铁路从申请立项到建成通车的艰辛历程》，http://www.weixiu.it/aspcms/news/2016-2-28/377.html。

支持。1994年5月10日，川、甘、渝两省一市国道212线8市（州）、25县（市、区）的地方党政领导、专家、学者聚在苍溪，筹建以"争取兰渝铁路立项上马"的"兰渝铁路协作会"（后简称"协作会"）。协作会成立大会的各项议程通过了会议纪要，签署了《协作会决定事项认同书》，建立了轮值主席制度，选举了时任南部县委书记的白明江任第一届执行主席。①同时，协作会仿照联合国的组织形式，建立了协作会秘书处，秘书长是苍溪县原副县长赵均国，工作人员由各地抽派，工作经费由会员单位出。②成立大会当天，协作会常务理事会通过了《关于秘书处工作人员几个具体问题的决定》，确定了甘肃、广元、南充、广安、重庆片区各选派两人到秘书处办公③，这确保了协作会组织人员进一步落实，更为接下来的兰渝铁路申报立项打下了坚实的组织保障基础。在这样的情况下，一个为发展而争取铁路建设的官民并举的组织建立起来，一场旷日持久、规模不断壮大、影响力渐盛的争取铁路建设的运动正式拉开了帷幕。

此后，协作会多次组织沿线地区的宣传活动，并联名向川、甘、渝两省一市计委及相关部门做报告，表达沿线县市想要促成兰渝铁路建设的迫切愿望，以期将民愿行为、基层构想变为政府的战略规划。其中影响最大的是1995年2月一份上报四川、甘肃省政府及国家计委、铁道部等相关部门的报告——《川甘两省兰渝沿线地（市、州）、县（市、区）关于申请新建兰州至重庆铁路立项的报告》，这份报告正文仅3页多，却盖有34个地方党委、政府共68枚公章，仅印章篇幅就占了9页。④从这一次的报告可以看

---

① 何生章：《南部不通火车的历史宣告结束了，人民不会忘记为社会进步做出贡献的功臣——记兰渝铁路从申请立项到建成通车的艰辛历程》，http://www.weixiu.it/aspcms/news/2016 - 2 - 28/377.html。

② 赵均国：《艰辛历程兰渝铁路》，载《四川改革开放口述史》，中共党史出版社，2018年，第179页。

③ 赵均国：《艰辛历程兰渝铁路》，载《四川改革开放口述史》，中共党史出版社，2018年，第179页。

④ 何生章：《南部不通火车的历史宣告结束了，人民不会忘记为社会进步做出贡献的功臣——记兰渝铁路从申请立项到建成通车的艰辛历程》，http://www.weixiu.it/aspcms/news/2016 - 2 - 28/377.html。

出，沿线地区对建通铁路的诉求愈加恳切。报告称沿线县市党、政府领导及广大人民群众多年来苦苦探索"发展自身经济与脱贫致富的路子"，但总是"事倍功半，收效甚微"。交通落后与经济增长的矛盾日益突出，加快铁路为代表的交通建设已成为"当务之急"和"关键之举"，亦是加强该区域与全国联系，是扩大对外开放的"先决条件"①。这既是沿线地区政府及民众向川甘两省政府、铁道部、国家计委请愿立项新建"兰州至重庆铁路"的情由，也是当时该线沿途民众急切渴望修通火车、发展经济的真切心声。

8个月后，川甘两省政府联合行文《关于申请将新建兰（州）渝（重庆）铁路纳入国家"十五"计划的请示》，上报国务院并抄送国家计委、铁道部，由甘、川、渝三省（市）政府分管副省（市）长组成的兰渝铁路前期工作领导小组和兰渝铁路项目联合办公室相继成立。② 至此，兰渝铁路的争取工作由基层政府计划和民间愿望转变为省政府层面的规划与愿景。为了推动兰渝铁路进入国家交通建设规划，甘、川、渝三省（市）持续组织了一系列调查、战略部署工作。如1997年7月，甘、川、渝三省（市）计委成立了兰渝铁路筹备协调小组，并多次联合行文请示国家计委、铁道部，恳请将兰渝铁路列入铁路计划并尽快下达前期工作任务和评审预可研报告等；还先后6次召开三省（市）兰渝铁路联席会议，研究部署兰渝铁路前期工作。③

1999年2月11日甘肃省、四川省、重庆市三省（市）政府联合行文《关于再次申请将新建兰（州）渝（重庆）铁路纳入国家"十五"重点建设项目的请示》，上报国务院，并抄送国家计委、铁道部等有关部门、单位。同时，三省（市）政府又分别将兰渝铁路项目纳入西部大开发战略的重点建设工程，于2000年初报国家计委。1999年10月29日和2000年1月2

---

① 赵均国：《艰辛历程兰渝铁路》，载《四川改革开放口述史》，中共党史出版社，2018年，第180页。

② 赵均国：《艰辛历程兰渝铁路》，载《四川改革开放口述史》，中共党史出版社，2018年，第181页。

③ 赵均国：《艰辛历程兰渝铁路》，载《四川改革开放口述史》，中共党史出版社，2018年，第181页。

日，成都军区国防动员委员会和兰州市国防动员委员会分别以《关于将兰州至重庆铁路纳入国家"十五"铁路建设计划的建议》《关于将兰州至重庆铁路纳入国家"十五"交通建设计划的建议》，报送国家国防动员委员会，并抄送国家计委和总参、总后等相关单位、部门。

与此同时，兰渝铁路协作会配合省市县各级政府、联合民间各方力量继续推动兰渝铁路建设立项落地，组织铁路专家对兰渝铁路的建设进行探讨并撰写相关论文，邀请媒体、社会知名人士、老革命家共同呼吁兰渝铁路的建设。由罗青长领衔 105 名老红军联名签字致信党中央、国务院。1999 年 3 月 23 日，国务院总理朱镕基在老红军恳请修建兰渝铁路的信件上作出批示："请岚清、邦国、家宝并培炎、由瑞（屠由瑞，时任中国国际工程咨询公司董事长）、志寰（傅志寰，时任铁道部部长）同志研究。"这一批示引起了国家相关部门和领导的高度重视。国家计委向国务院回函"我们将会同有关部门一起抓紧开展前期工作，在'十五'至 2015 年间确定建设时机"①。

在 2000 年两会期间，听取川、甘、渝三省市人大代表团的兰渝铁路专题汇报后，朱镕基再次指示："兰渝铁路应该修，政治意义大于经济意义，我管拿钱，具体事宜你们要和铁道部多联系。"② 建设兰渝铁路的提议再次受到中央决策层的重视。

而对于兰渝铁路四川段来说，新的挑战出现了。2000 年，在铁道部将《关于开展西南至西北铁路通道规划研究的通知》下达到铁道部第一、二勘察设计院后，绵阳市、遂宁市、阿坝州政府联合向铁道部上交《关于新建兰（州）—渝（重庆）铁路在四川境内走向的请示》，提出兰渝铁路进入四川境内走九寨沟经平武在江油接入宝成线至绵阳、遂宁至重庆，引发了长达两年的兰渝铁路川内选线之争。广安市、南充市、广元市立即组织应对，三市政府、计委两次向省委、省政府，三市党政一把手两次联名致信省主要领

---

① 赵均国：《艰辛历程兰渝铁路》，载《四川改革开放口述史》，中共党史出版社，2018 年，第 183 页。

② 漆志恒、胡佳：《兰渝铁路 一件跨世纪的立项争取工作》，《中国老区建设》2019 年第 7 期。

导，六次组织汇报团向省领导和有关部门作汇报，并多渠道力争。最终，广安—南充—广元走向赢得了省委、省政府的支持，在随后向铁道部的请示中力陈该选线的重要性。

2004 年 1 月，国务院通过的国家《中长期铁路网规划》中，兰渝铁路被列为西南至西北通道的比选线路，列入 2010 年阶段目标。[①] 由此，兰渝铁路被正式纳入国家交通战略的部署之中。

2008 年 9 月 26 日，国务院副总理张德江出席兰渝铁路开工动员大会并宣布"兰渝铁路正式开工"[②]。兰渝铁路建设工程终于正式启动，自川东北广元、南充、广安等县市首先发起兰渝铁路建设的呼吁，时间已经过去 14 年。

兰渝铁路由中国铁路总公司、重庆市、甘肃省、四川省合资建设，由兰渝铁路有限责任公司负责建设，历时 9 年（2017 年全线开通），总投资829.16 亿元，兰渝铁路有限责任公司以边修边建的方式，分段验收、分段运营。2015 年 12 月 30 日，兰渝铁路四川广元至重庆渭沱段开通；2016 年12 月 26 日，甘肃岷县至四川广元区段开通。[③]

建成初，兰渝铁路客车速度目标值 160～200 公里/小时，有条件地段预留 250 公里/小时。通车后，广元到重庆只需三个小时。地处兰渝铁路广元—重庆段中间的南充，北上广元、南下重庆距离大致相等，只需 90 分钟[④]，相较于此前公路交通运速、运量与畅通度都大为提升。

兰渝铁路经过的 22 个市县区中，有 13 个国家扶贫重点县、4 个省级扶贫重点县，因此媒体称兰渝铁路"打通的不仅是出山的道路，更是扶贫之路"[⑤]。

兰渝铁路是地方政府积极呼吁与中央决策层认真、慎重听取地方呼声

---

① 叶旦才让、王耀：《兰渝铁路驶入"正轨"》，《甘肃经济日报》2005 年 3 月 17 日，第 002 版。

② 严存义：《世纪铁路　一朝梦圆——写在兰渝铁路全线即将开通运营之际（上）》，《甘肃日报》2017 年 9 月 24 日，第 001 版。

③ 严存义：《世纪铁路　一朝梦圆——写在兰渝铁路全线即将开通运营之际（上）》，《甘肃日报》2017 年 9 月 24 日，第 001 版。

④ 《70 m 长铁轨拨接到位，兰渝铁路南充段主线铺轨完成》，《施工技术》2015 年第 17 期。

⑤ 《9 年 10 万人建 1 条铁路，兰渝铁路全线通车》，《隧道建设》2017 年第 10 期。

的成果，它顺应了国家战略和地方发展的双向需要。一方面，呼吁兰渝铁路建设的活动开创了县级政府推动中央战略布局的先河，为其他地区的大型工程建设提供了有益的借鉴和参考。例如，关于川东北地区筹建的另一条铁路——汉巴南城际铁路，时任南充市发展改革委铁路建设科科长的张华焰就曾提到汉南铁路"无中生有"，就是在兰渝铁路筹建经验之上，"由南充超前谋划、主动推进的又一条铁路项目"①。另一方面兰渝铁路的建设顺应了国家西部大开发、精准扶贫等伟大战略决策，是我国铁路建设重点西移的代表性工程之一。兰渝铁路是打通西南西北三方案中的优选方案，对于形成合理的路网结构具有十分重要的作用，符合西南西北地区乃至全国人民的利益，这是兰渝铁路得以建成的最根本原因。兰渝铁路过境四川东北部，加强了四川与西南西北地区的交流与联系，形成一个强大的区域性的整体优势，加快对外开放。同时，兰渝铁路也为川东北内部促进人和物交流、改善交通、发展经济起到了极大的作用，是一条极其重要的经济线、开放线和发展线。

二、革命老区高速铁路的探索：汉巴南铁路的建设

跌宕起伏的兰渝铁路建设史展示了四川民众对铁路的渴望及积极谋划、勇于争取的决心与能力，汉巴南铁路的建设则是对革命老区红色铁路的立项、建设到运营管理的重大探索和发展。

汉巴南铁路是一条连接陕西省汉中市、四川省巴中市与南充市的重要的城际高速铁路②，全长约 290 公里，其中南充至巴中段全长约 148 公里（也有资料显示为 147.723 公里），设计时速 250 公里。该段线路自兰渝铁路南充北站引出，途经南充市顺庆区、蓬安县、南部县、仪陇县，以及巴中市恩

---

① 南充市人民政府网转自《南充日报》：《巴南高铁　是这样"炼"成的》，https://www.nanchong.gov.cn/zwgk/wgk/glgk/zfjd_ 4883/jtys_ 4889/202407/t20240710_ 1992603.html（2024 年 11 月 12 日）。

② 汉巴南线原规划为客货共线的国铁Ⅰ级双线电气化快速铁路，2018 年升级为客运专线、时速 250 公里的城际铁路。

阳区、巴州区、经开区，最终接入巴中东站。汉巴南不仅是川渝地区城际铁路网的重要组成部分，也是一条生态红色旅游铁路，建成通车后将极大地缩短巴中至南充、成都和重庆的旅行时间，对助力革命老区发展、带动川东北地区融入国家高铁网、完善成渝地区城际铁路网等具有重要意义。

汉巴南铁路的决策过程历经波折，但自始至终都得到了各级政府和相关部门的高度重视。2008 年 7 月，巴中市委、市政府发布《关于尽快建设四川铁路北通道的建议》，首次提出"四川省铁路集团公司建议尽快建设四川铁路北通道（新建南充—仪陇—巴中—汉中铁路）"①，这是汉巴南（巴南）铁路谋划开端。

2009 年 5 月中旬，四川省委在成都、遂宁召开高规格的四川省建设西部综合交通枢纽工作会议，这次会议颁布的《四川省西部综合交通枢纽规划》铁路部分却没有涉及南充的项目，这让当时的南充各级党政领导、干部对未来发展感到担忧。随后，南充市领导以及发改、交通运输、铁建办等部门的负责人与专家一起谋划出一个新的铁路建设方案：在西（安）成（都）客专、兰渝铁路两条国家干线铁路组成的路网格局基础上，新建 220 公里汉（中）南（充）铁路，从西成客专汉中站径直南下，经巴中过仪陇抵兰渝铁路南充北站，然后或左接既有达成铁路西到成都，或继续由兰渝铁路南下到重庆。② 地方政府关于汉巴南铁路的建设有了更清晰的构想。

2009 年 10 月，南充市主动与巴中市对接关于汉巴南铁路的构想，从此两市协力共同推进汉巴南铁路项目的前期工作。两市领导班子多次赴省委，铁道部、国家发展改革委、交通运输部等部委，汇报修建汉巴南铁路的强烈诉求。③ 尽管南充市、巴中市人大代表、政协委员及社会各界人士通过不同

---

① 姜春：《筚路蓝缕十六载，巴南高铁呼啸而来》，《巴中日报》2024 年 6 月 24 日，第 001 版。

② 南充市人民政府网转自《南充日报》：《巴南高铁是这样"炼"成的》，https://www. nanchong. gov. cn/zwgk/wgk/glgk/zfjd_ 4883/jtys_ 4889/202407/t20240710_ 1992603. html（2024 年 11 月 12 日）。

③ 南充市人民政府网转自《南充日报》：《巴南高铁是这样"炼"成的》，https://www. nanchong. gov. cn/zwgk/wgk/glgk/zfjd_ 4883/jtys_ 4889/202407/t20240710_ 1992603. html（2024 年 11 月 12 日）。

渠道呼吁汉巴南铁路的建设，但在初期推进活动一直没有取得明显进展，这个再次由四川地方政府自主提出的铁路项目一直没有进入铁路《中长期路网规划》《铁路"十三五"发展规划》等国家规划。

2011年，国家将扶贫标准提高到2300元，革命老区贫困人口数量进一步增加，脱贫攻坚任务更加艰巨。[①] 同为革命老区的巴中市与南充市，从振兴革命老区的建设思路出发，提出修建一条贯穿秦巴山区和川陕革命根据地腹地的高铁，以极大缓解沿线山区对外交通状况，"全面支撑川陕革命老区振兴发展，促进秦巴山区深度脱贫"[②]。

2011年10月，南充市、巴中市与汉中市启动汉巴南铁路规划方案研究，三市委托中铁第一勘察设计院按照时速160公里开展路线规划研究工作。[③] 2012年初，中铁第一勘察设计院提出可将汉巴南铁路向北延伸到宝鸡市，从而引起陕西省的重视，进一步推进汉巴南铁路汉中至巴中段项目，随后编订《宝鸡至南充铁路项目南段汉巴南铁路项目方案研究报告书》。[④] 2012年8月，四川省、陕西省发改委和中铁三院领导、专家对路线方案进行审定。9月，《新建铁路宝鸡至南充线汉中至南充段预可行性研究报告》出炉。[⑤] 在论证的过程中，汉巴南铁路受到了四川省发改委的充分肯定，汉巴南铁路被补入《四川省西部综合交通枢纽规划》，随后进入了《成渝经济区铁路规划》。[⑥] 至此，汉巴南铁路项目前期推进工作进入四川省委、省政

---

① 新浪财经：《国家扶贫线上调　年收入2300元成贫困线新标准》，https://finance.sina.com.cn/roll/20111130/094410907271.shtml。

② 南充市人民政府网转自《南充日报》：《巴南高铁是这样"炼"成的》，https://www.nanchong.gov.cn/zwgk/wgk/glgk/zfjd_4883/jtys_4889/202407/t20240710_1992603.html（2024年11月12日）。

③ 巴中市发改委：《对市第三届人大七次会议第59号建议答复的函》，https://fzggw.cnbz.gov.cn/xwdt/tzgg/13262021.html。

④ 按照规划，汉中至巴中段线路长约164公里，四川境内约110公里，陕西境内约54公里，宝鸡至汉中段全长约233公里。

⑤ 巴中市发改委：《对市第三届人大七次会议第59号建议答复的函》，https://fzggw.cnbz.gov.cn/xwdt/tzgg/13262021.html。

⑥ 南充市人民政府网转自《南充日报》：《巴南高铁是这样"炼"成的》，https://www.nanchong.gov.cn/zwgk/wgk/glgk/zfjd_4883/jtys_4889/202407/t20240710_1992603.html（2024年11月12日）。

府规划层面。

2014 年 7 月 14 日，四川省人民政府办公厅印发《川东北经济区发展规划（2014—2020 年）》，明确提出"规划建设南充至巴中至汉中铁路等项目"①。随着经济社会的发展变化，汉巴南铁路最初提出的时速 160 公里的规划已不能满足沿线市县的发展需要，2016 年 3 月，巴中市、南充市联合委托中铁第五勘察设计院按时速 200 公里开展汉巴南项目预可行性研究。②2016 年 7 月，汉巴南铁路"列为促进脱贫攻坚和国土开发铁路"，列入《中长期铁路网规划（2016—2030）》普速铁路规划中③，以"扩大路网覆盖面"④。同时，汉巴南铁路还被列入《川陕革命老区振兴发展规划》《四川省"十三五"规划》《四川省长江经济带综合立体交通走廊规划》《四川省中长期铁路网规划（2030 年）》《川东北经济区发展规划》《秦巴山片区区域发展与扶贫攻坚实施规划》以及《四川省川陕革命老区振兴发展规划实施方案》等多个层面的规划中。

2018 年 5 月 30 日，汉巴南城际铁路有限责任公司成立。该公司由四川省铁路产业投资集团有限责任公司和巴中市交通投资集团有限公司共同出资组建，注册资本金 5 亿元，主要负责"南充—巴中—汉中快速铁路客运专线"的建设管理。⑤

2018 年 6 月，四川省委十一届三次全会明确提出"加快汉巴南铁路建设的前期工作"，巴南高铁项目建设按下"快进键"⑥。2018 年 9 月 27 日，《新建汉巴南铁路南充至巴中段（恩阳至巴中东先期开工段）环境影响评价

---

① 四川省人民政府网：《川东北经济区发展规划（2014—2020 年）》。

② 巴中市发改委：《对市第三届人大七次会议第 59 号建议答复的函》，https://fzggw.cnbz.gov.cn/xwdt/tzgg/13262021.html。

③ 实际建设中规划有一定调整，汉巴南铁路巴南段以时速 250 公里的城际铁路的建设规划开工。

④ 《中长期铁路网规划（2016—2030）》，第 15 页。

⑤ 搜狐新闻：《重磅！汉巴南城际铁路有限责任公司成立》，https://www.sohu.com/a/235330086_687076。

⑥ 南充市人民政府网转自《南充日报》：《巴南高铁是这样"炼"成的》，https://www.nanchong.gov.cn/zwgk/wgk/glgk/zfjd_4883/jtys_4889/202407/t20240710_1992603.html（2024 年 11 月 12 日）。

第一次公示》发布。

2019 年 4 月 17 日，汉巴南铁路南充至巴中段开工动员仪式在恩阳区元窝村举行。① 此后，项目经历了多次环境影响评价公示和初步设计批复，于 2019 年底正式开工建设。②

相比筹建过程，汉巴南铁路的建设历程也同样充满了艰辛与挑战。汉巴南铁路巴中至南充段是四川省首条由地方全额出资并主导建设的高速铁路项目，总投资 216.2 亿元，由四川省铁投集团③、南充市人民政府、巴中市人民政府共同筹资建设，资本金占总投资的 50%④。巴南线由中铁五院勘察设计，全长 148 公里，连接全线设南充北（接轨站）、睦坝、仪陇、马鞍、恩阳、巴中东 6 座车站。为更好地保护沿线生态环境与农田基础，巴南线采取"以桥代路、以隧代路"的方案，设桥梁 104 座、隧道 53 条，桥隧比约69.13%，设计时速 250 公里，最高运营时速 250 公里。⑤

建设过程中，项目团队克服了诸多困难，包括复杂的地质条件、高风险隧道和桥梁的施工等，为山地高铁建设积累了宝贵的经验。2020 年 9 月 18 日，汉巴南铁路全线首座隧道——青堡隧道顺利贯通。⑥ 2022 年 11 月 10 日，汉巴南铁路南充至巴中段第一长隧、全线控制性工程——东华山隧道实现贯通，标志着汉巴南铁路南巴段 56 座隧道全部实现贯通。⑦

2023 年 1 月，全线正线铺轨完成。2023 年 3 月 31 日，汉巴南铁路控制性工程嘉陵江特大桥实现全桥合龙。该桥以 335 米的主跨横跨嘉陵江，是目

① 姜春：《筚路蓝缕十六载，巴南高铁呼啸而来》，《巴中日报》2024 年 6 月 24 日，第 001 版。
② 徐也晴、王眉灵：《汉巴南铁路全线最后一座隧道贯通》，《四川日报》2022 年 11 月 12 日，第 001 版。
③ 2021 年四川交投集团、四川铁投集团重组整合，新设合并组建的蜀道投资集团有限责任公司。
④ 王眉灵：《汉巴南铁路巴中至南充段开工》，《四川日报》，https://www.sc.gov.cn/10462/12771/2019/12/26/384a36544657444196e6693fd8d21cd2.shtml。
⑤ 曾洲：《让梦想照进现实》，《巴中日报》2023 年 10 月 19 日，第 005 版。
⑥ 罗潼、孙腾蛟：《汉巴南铁路青堡隧道顺利贯通》。
⑦ 徐也晴、王眉灵：《汉巴南铁路全线最后一座隧道贯通》，《四川日报》2022 年 11 月 12 日，第 001 版。

前全国在建跨度最大的双线高速铁路高低塔混合梁斜拉桥。① 2023 年 8 月，巴中东站、巴中西站（恩阳站）站房封顶。2024 年 2 月 26 日起，项目进入静态验收阶段。2024 年 4 月 2 日，进入联调联试阶段。2024 年 5 月 21 日上午 8 时许，联调联试圆满结束，正式进入运行试验阶段。2024 年 6 月 25 日 13 时 50 分，试运行动车组从南充北站发出。2024 年 6 月 27 日，汉巴南铁路正式开通运营，革命老区巴中与成都、重庆的时空距离，由原先最快 4 小时分别缩短至 2 小时 16 分、2 小时 46 分，成都平原经济区与川东北经济区联系更为紧密。② 而规划中的汉中至巴中铁路，甚至宝鸡至汉中的铁路则仍在进一步推进中。

汉巴南铁路是连接长江经济带和丝绸之路经济带的战略纽带，构建了西北与西南联系的新通道，进一步完善了区域综合交通体系，解决了交通瓶颈的制约。作为贯通秦巴山片区的大动脉，它主要承担关中、陕北地区与川东北地区及重庆、昆明、贵阳等西南地区的旅客和货物运输任务，对于完善西南和西北铁路网络建设，保障陕南和川渝地区经济持续增长所需的能源供给，具有重要战略意义。此外，汉巴南铁路的建设还将促进区域开发，加快沿线脱贫步伐。作为一条"红色铁路""扶贫铁路""振兴铁路"，它纵贯仪陇、巴中、南郑等川陕革命根据地核心地带，铁路建成后将成为革命老区经济发展的重要交通基础设施，对落实国家精准扶贫、精准脱贫的各项决策部署，提高沿线居民人民生活水平等方面具有重要的现实意义。

---

① 徐也晴、王眉灵：《汉巴南铁路全线最后一座隧道贯通》，《四川日报》2022 年 11 月 12 日，第 001 版。

② 人民网：《巴南高铁开通运营："红色动脉"纵贯秦巴 革命老区高铁梦圆》，http://sc. people. com. cn/n2/2024/0627/c345509 - 40893164. html。

—————• 第六章 •—————

统筹兼顾：四川普速铁路网的进一步完善

随着多条高铁通道的建成通车，区域高速铁路网逐步形成和完善，迅速连接全国高铁网络成为国家高铁网不可或缺的重要组成部分，推动了全省经济社会的不断发展。与此同时，四川省普速铁路也在快速发展，为改变四川乃至整个西南地区交通现状、丰富全国铁路交通网络做出了巨大贡献。

第一节　西向通道的不倦探索：川藏铁路的全面启动

从目前四川铁路建设的整体情况来看，多条高速铁路和普速铁路相继建成或正在加紧建设，东向、南向、北向通道已基本形成，但西向通道一直未能打通。四川省西部大部分区域与西藏自治区相邻，西北部和西南部与青海省、云南省相连。西向通道的探索，很大程度上等同于进藏通道的探索。2006年建成通车的青藏铁路（青海西宁—西藏拉萨），是第一条通往西藏腹地的铁路干线。川藏铁路是继青藏铁路后第二条进藏"天路"，是国家重点建设项目，是《四川省"十四五"综合交通运输发展规划》对外主骨架"四向八廊"中的西向通道之一。

一、川藏铁路的总体情况

线路起于四川省成都市，经雅安、康定、理塘、昌都、波密、林芝等地，最终抵达西藏拉萨市，全线运营长度 1838 公里。其中，新建正线长度约 1738 公里。设计时速 200 公里，因沿线地质条件复杂，部分路段运营时速预计控制在 160 公里以内，以保证行车安全。川藏铁路需穿越世界上地形最复杂的地区，被称作"史上最难建的铁路"，建设周期长，耗资巨大，工程投资总额预估高达 2166 亿元。

川藏铁路的"难建"，主要体现在沿线复杂环境带来的诸多挑战，如地形的显著高差、强烈的板块活动、频发的山地灾害和脆弱的生态环境等等。川藏铁路从成都平原出发，向西驶出四川盆地，一路经过川西高原，穿越三江并流的横断山区，攀上有"世界屋脊"之称的青藏高原，沿线海拔最高可达 4400 多米，途经地区地形高差达 3000 米以上。有人形象地比喻，川藏铁路的建设像是在艰险复杂的高原上修建世界上最大的"铁路巨型过山车"。[①] 面对沿线地形高差，特别是在较短的距离内要解决落差较大的问题，川藏铁路在设计和建设过程中主要通过"延展线路"的方式来实现。例如泸定至康定路段，直线距离只有大约 50 公里，但海拔高差竟高达 2000 多米，如果按正常铁路建设，相当于线路每千米要爬升 40 ~ 50 米的高度，坡度超过了 40‰，远远超过了铁路建设的极限，根本不可能实现如此大的直线坡度爬升。因此，设计团队将该路段路线设计成了"Z"形，延展后线路长度约为 115 公里，是两地直线距离的 2 倍多。另外，还需要利用双机牵引来增加列车的动力，实现火车能在不断爬升的铁轨上安全行驶。据统计，川藏铁路"从成都至拉萨，累计爬升高度总里程超过了 1.4 万米"[②]。除了

① 参见《川藏铁路成雅段预计 2018 年建成投用》，四川省人民政府网，http://www. sc. gov. cn/10462/10464/10465/10595/2016/3/17/10373161. shtml（检索时间 2020 - 12 - 30 08：10）。

② 《川藏铁路 从盆地到世界屋脊最难铁路怎样修?》，四川省人民政府网，http://www. sc. gov. cn/10462/10464/10797/2016/10/16/10399247. shtml（检索时间 2020 - 12 - 30 08：15）。

"延展线路"的方式，川藏铁路还通过架设高桥、增加隧道等方式来解决地形高差问题。例如全长1300多米的八宿怒江特大桥，主跨约1064米，桥面离地面高达701米，以此来实现桥面与一路攀升的铁路之间的衔接。川藏铁路沿线穿越横断山脉，长、大隧道多，如伯舒拉隧道、芒康山隧道、海子山隧道等长度都在30公里左右。全线桥隧比高达81%。① 高原山区温差大、年均降雨量差异大，部分线路还需穿越喜马拉雅地震带，板块活动频繁且剧烈，地质灾害频发是建路面临的一项巨大挑战，也是沿线隧道较多的一个原因。因为地震发生时，隧道可以跟随山体摆动，相应减少一定的冲击，在震区修建铁路，隧道相对来说更为安全。风积沙、峡谷风、山洪暴发、岩体崩塌、滑坡、雪崩、泥石流灾害、季节性冻土……常见地质灾害、自然灾害似乎在川藏铁路沿线都有可能遭遇，给川藏铁路选线设计和实际施工建设带来了极大阻碍。如康定至八宿段，设计初期就提出了三种方案，经过反复勘察和综合比较，考虑到穿越横断山脉和地震带影响，最终选择了理塘、昌都方案。② 川藏铁路所经路段，"有的地方地温高达80多摄氏度；有的地方埋深近2000米，需要采用多种手段对山体深处进行探测；有的地方含氧量只有平原的50%，且常年严寒飘雪……"③ 除了复杂的地质环境和严峻的气候条件给施工带来的阻碍，铁路工人在筑路工程中还需克服高寒缺氧等问题，诸多困难使得川藏铁路一直停留在构想阶段，迟迟未能落地。

但修建从川入藏的铁路有着极其重要的意义。习近平总书记指出："建设川藏铁路是贯彻落实新时代党的治藏方略的一项重大举措，对维护国家统一、促进民族团结、巩固边疆稳定，推动西部地区特别是川藏两省区经济社会发展，具有十分重要的意义。"习近平总书记还进一步指出，要充分发扬"两路"精神和青藏铁路精神，发挥集中力量办大事的中国特色社会主义制

---

① 《川藏铁路 从盆地到世界屋脊最难铁路怎样修?》，四川省人民政府网，http://www.sc. gov.cn/10462/10464/10797/2016/10/16/10399247.shtml（检索时间 2020－12－30 08:15）。

② 参见《川藏铁路 从盆地到世界屋脊最难铁路怎样修?》，四川省人民政府网，http://www. sc.gov.cn/10462/10464/10797/2016/10/16/10399247.shtml（检索时间 2020－12－30 08:15）。

③ 《新建川藏铁路雅安至林芝段获批》，四川省人民政府网，http://www.sc.gov.cn/10462/ 12771/2020/10/1/423fbf7d056d42c392713929cd92755e.shtml（检索时间 2020－12－30 08:12）。

度优势；强调了在推进工程高质量建设的过程中，要遵从科学、安全、绿色的施工原则。李克强总理也对建设川藏铁路作出批示，认为这是"党中央和国务院立足全局、着眼长远作出的重大战略部署"；并强调了在推进工程建设的过程中坚持高起点、高标准、高质量的要求，为西藏地区群众增加福祉、促进川藏两地区域经济社会协调发展和全面建设社会主义现代化国家做出新的贡献。①

川藏铁路的建设将进一步突显四川在全国交通枢纽中的重要地位。全线建成通车后，坐火车从成都到拉萨将由目前大约需要 3 天的时间缩短到仅仅13 个小时。② 这条通道不仅可以满足沿线人民更加便捷、高效的出行需求，还将促进西藏与川渝经济圈乃至长江经济带的联系和交流，也将形成我国西向入藏进而继续通往南亚等地区的陆路通道。很长一段时间以来，西向通道一直是四川也是我国整体交通通道的弱项。出川通道总体上是东、南、北三个方向居多。此前，四川向西的通道实际上是通过北川，也就是北向通道绕道完成的。川藏铁路填补了我国铁路网西部的"空白区"，使全国铁路网向四川西部山区和西北高原进一步延伸，进一步提升四川在全国铁路网中的位置。此外，该线路建成后，将成为全国许多地区向西进入西藏的最优路线，四川成为连接西藏和其他地区的"中间站"，更加突出四川在全国铁路网中的枢纽地位，有利于更好地发挥四川对西部经济发展过程中的辐射带动作用。

川藏铁路建成通车后还将促进我国西部地区更好地对外开放。它不仅促进了西部地区与我国其他地区的融合发展，还可以通过西藏继续往南亚深入，通往印度、尼泊尔等陆路口岸，畅通我国内陆地区从陆路深入南亚的经贸通道，形成更加开放的新格局。

---

① 参见《习近平对川藏铁路开工建设作出重要指示强调 发扬"两路"精神和青藏铁路精神高质量推进工程建设 李克强作出批示》，新华网，http://www.xinhuanet.com/politics/leaders/2020 - 11/08/c_ 1126712307.htm（检索时间 2022 - 01 - 10 10:00）。

② 参见《川藏铁路最难段预可研本月完成 预计 2018 年开工》，四川省人民政府网，http:// www.sc.gov.cn/10462/10464/10797/2016/10/16/10399248.shtml（检索时间 2020 - 11 - 30 10:35）。

川藏铁路的建设也将进一步促进民族融合，增进各民族人民的沟通交流，促进西藏与川渝地区的互动发展。川藏铁路的建设结束了四川甘孜地区没有铁路的历史，为外地游客"走进来"和西藏地区农副产品"走出去"提供更为便利的通道，为川西北地区旅游业开发、农产品销售等创造更好的条件，更好地拉动少数民族地区经济增长，带动西藏地区人民共同富裕。除了经济效益，川藏铁路建设还能促进沿线地区教育、医疗、卫生等方面条件的改善，增加就业机会、促进文化繁荣，带来良好的社会效益。

川藏铁路的规划与建设对促进科技创新、带动产业发展具有重要的积极作用。目前，我国已基本具备了铁路建设从研发、生产到装备力量的产业链，从线路勘测、设计、施工、建设到后期运营和管理，都有较强的自主创新能力，真正实现了铁路从跟跑到并跑、再到领跑的质的飞跃。川藏铁路的规划、建设和运营，不仅给铁路沿线带来了交通的便利，更为重要的是，它每一个阶段带动的产业发展、带来的经济效益将远远超过项目工程本身。例如，为了更好地推进川藏铁路工程顺利实施，目前我国正在研制新型隧道掘进机，直径超过 10 米，更加适合长大隧道建设；除了对工程设备以及技术工法等方面不断进行科研攻关，对运营的动车也在不断升级改造，以便更加适应高寒、高海拔的特殊环境。①

川藏铁路的规划与建设体现了我国铁路事业发展的新成就，丰富了我国在极端条件和恶劣环境下建设铁路的实践经验。由于地理条件和气候环境的严苛，川藏铁路建设难度极大，该线路最初和青藏铁路一样，线路设计为单线轨道、最高时速 160 公里。很长一段时间以来，川藏铁路已开工建设的路段一直沿用了最初的设计。随着中国高铁事业的飞速发展，我国不断积累了在各类恶劣环境下进行铁路建设的经验，川藏铁路的设计方案也在多年的准备过程中经过了反复修改和完善。2016 年修改后的雅林段方案中，就已将原来的单线线路设计改为了双线，并且最高时速也从 160 公里提高到了 200

---

① 参见《新建川藏铁路雅安至林芝段获批》，四川省人民政府网，http://www.sc.gov.cn/10462/12771/2020/10/1/423fbf7d056d42c392713929cd92755e.shtml（检索时间 2020－12－29 11：15）。

公里。① 从 2020 年 9 月国家发展改革委通过的对雅林段可研报告的批复来看，设计方案的修改和川藏铁路预想的提速也得到了国家相关部门和专家的认可，这也从侧面反映了我国铁路事业取得的新成就，证明我国已经具备了在恶劣条件下修建高水平铁路的实力。

二、川藏铁路的规划历程

川藏铁路承载了几代人的梦想。在新中国成立初期，对川藏铁路的线路勘察就已经开始，到 20 世纪 90 年代对选线方案进行讨论，经过了漫长的准备过程，直到最近十余年，川藏铁路的建设才真正开始。我国从 20 世纪 50 年代就开始了对进藏铁路的探索。长期以来，铁道部同有关部门一起，对进藏方案进行了反复论证和比选，几代人不断勘测、设计和研究，经过了从多个方案到青藏、滇藏、川藏、甘藏四个方案。从地理位置上看，成都到西藏最近。相比被誉为"天路"的青藏铁路，川藏铁路线路短了近 100 公里。青藏铁路早在 2006 年就已经建成通车，但川藏铁路因其工程难度世所罕见，存在太多不确定因素和需要解决的难题，一直迟迟未能动工。

为了应对复杂地理环境，尽可能地选择施工危险性小、建设运营安全度高的铁路线路，中国科学院成都山地灾害与环境研究所和中国中铁二院工程集团有限责任公司（简称"中国中铁二院"）② 牵头实施了川藏铁路地质环境与重大地质灾害前期宏观研究项目，共梳理了沿线区域存在的 1000 余个地质灾害点，并在此基础上讨论确定了川藏铁路的线路走向和设计方案。最终确定的线路尽可能地避开了有一定规模的灾害点，对个别实在无法避开的灾害点进行了定量分析和评估，并制定了有针对性的施工方案和保护措施，

① 参见《新建川藏铁路雅安至林芝段获批》，四川省人民政府网，http://www.sc.gov.cn/10462/12771/2020/10/1/423fbf7d056d42c392713929cd92755e.shtml（检索时间 2020-12-29 11:15）。
② 铁道部第二勘察设计院（简称"铁二院"）。

确保川藏铁路建设和运营的安全。①

2008 年 1 月 10 日，四川省委领导在北京与铁道部负责人进行了会谈，双方达成共识，要进一步通力合作，加快推进四川省铁路建设，打造便捷、高效的铁路运输网络，并且提出了要在即将修订的国家铁路网中长期规划中纳入川藏铁路建设。② 几个月后，汶川特大地震发生，为了更好地开展灾后铁路恢复和重建工作，铁道部与四川省委形成了《关于加快推进四川省灾后铁路恢复重建会谈纪要》，明确了要加快启动川藏铁路项目前期研究工作。③

2010 年 5 月 4 日，铁道部和四川省人民政府发布《关于新建成都至雅安铁路项目建议书的批复》。④ 9 月 13 日，铁道部批复了新建成都至蒲江铁路⑤的初步设计⑥，随后，中铁二院从 9 月中旬开始进入成蒲铁路施工图设计阶段。10 月 25 日，铁道部和四川省人民政府批复了新建成都至雅安铁路的可行性研究报告，通过了线路走向和相关设计方案。成雅铁路分为北线和南线，北线即成蒲铁路，为客运城际快线；南线为客货共运线路，主要承担货运业务和部分客运业务，南线起于成都南站，继续向南从成都枢纽青龙场站引出，在蒲江与成蒲铁路对接，再继续往西经名山到达雅安。预计整个项目投资额大约为 62.5 亿元。成雅铁路由部省合资共建，投资总额的 50% 为项目资本金，其中，铁道部使用国家铁路建设专项资金投入资本金的七成，四川省自筹三成资本金；剩下的一半资本金将向中国工商银行、农业银行、建设银行及中信银行进行贷款。四川省人民政府还要负责该项目涉及范围内的征地拆迁及相关工作的协调处理，产生的费用经铁道部和四川省双方确认

---

① 参见《川藏铁路线路走向上半年确定　地质灾害点摸底已完成》，四川省人民政府网，http://www.sc.gov.cn/10462/12771/2017/1/4/10409763.shtml（检索时间 2020 - 12 - 30 08:20）。

② 中共四川省委全面深化改革领导小组办公室、四川省地方志工作办公室：《四川改革开放 40 周年大事记（1978—2018）》，方志出版社，2018 年，第 841 页。

③ 参见成渝铁路客运专线有限责任公司：《成渝铁路客运专线工程总结》，中国铁道出版社，2020 年，第 6 页。

④ 中共四川省委全面深化改革领导小组办公室、四川省地方志工作办公室：《四川改革开放 40 周年大事记（1978—2018）》，方志出版社，2018 年，第 928 页。

⑤ 成蒲铁路（成都—蒲江）为成都市域快线，是川藏铁路成雅段的一部分。

⑥ 参见成都铁路局史志办公室：《成都铁路局年鉴　2011》，中国铁道出版社，2011 年，第 139 页。

后，可以作为四川省出资的部分计入项目股份。①

2011 年 2 月中旬，川藏铁路管理、设计等相关部门在成都召开了雅安至泸定线建设方案对接会，驻成都铁路局军事代表办事处代表在会上提出了对线路走向、功能、技术标准、车站分布以及在始阳、泸定修建军用装卸线、军用站台、集结场地和配套道路等军运设施建设等方面贯彻军事要求意见，并及时上报军区军交运输部。②

2 月 25 日，成都铁路局宣布正式成立成康铁路公司筹备组，负责成雅铁路建设。由于工程存在各种不确定因素，3 月 29 日，铁道部计划司电话通知成都铁路局，要求暂停成都至雅安铁路实质性工作，重新比选方案。③成雅铁路建设被迫停滞。

2011 年 3 月，《中华人民共和国国民经济和社会发展第十二个五年规划纲要》发布，对国家交通建设的重点项目进行了总体规划和布局。在铁路方面，提出要研究建设川藏铁路。④ 2011 年 7 月，铁道部印发《铁路"十二五"发展规划》，川藏铁路成都至昌都段纳入了区际干线项目。⑤

2012 年 12 月 14 日，川藏铁路重要站点之一康定站的选址座谈会在康定召开。康定位于四川甘孜藏族自治州境内，自古以来就是茶马古道重镇，是康巴地区重要的政治、经济、文化中心和交通枢纽，以藏族人民为主，散居着部分汉族、彝族、回族和羌族等，是多民族聚居交汇区。商业往来频繁、信息通畅、贸易发达，对区域发展和民族融合有重要作用。会议围绕站点位置的规划和选择进行了激烈讨论，既要充分考虑到站点附近的地质地貌等自

---

① 参见成都铁路局史志办公室：《成都铁路局年鉴 2011》，中国铁道出版社，2011 年，第 141 页。

② 参见成都铁路局史志办公室：《成都铁路局年鉴 2012》，中国铁道出版社，2012 年，第 106 页。

③ 参见成都铁路局史志办公室：《成都铁路局年鉴 2012》，中国铁道出版社，2012 年，第 131 页。

④ 参见《中华人民共和国国民经济和社会发展第十二个五年规划纲要》，中国政府网，http://www.gov.cn/2011lh/content_ 1825838.htm（检索时间 2020 - 11 - 5 11:15）。

⑤ 中共四川省委全面深化改革领导小组办公室、四川省地方志工作办公室：《四川改革开放40周年大事记（1978—2018）》，方志出版社，2018 年，第 965 页。

然环境，又要结合甘孜州现有的发展规划、城市规模、旅游发展目标和交通发展的整体规划等，还要衡量施工技术、建设资金等方面的实际情况，充分考虑民族地区经济社会长远发展等各方面的综合因素，以保证站点设置的科学性和合理性。①

2013 年 11 月底至 12 月初，川藏铁路成都至康定（新都桥）段可行性研究设计预审会（不包括已先期报送可研报告的朝阳湖至雅安段）在成都召开。该段线路全长 325 公里，第一段为成雅铁路，过雅安后穿越二郎山，进入四川甘孜藏族自治州，继续向西经过泸定、康定等地最终到达新都桥。线路设计为国铁Ⅰ级单线（除朝阳湖至雅安段为双线外）。投资总额预估 246.4 亿元。②

2014 年 4 月 29 日，四川省国土资源厅出具《关于新建川藏铁路成都至雅安段项目用地预审意见的复函》（川国土资函〔2014〕550 号），并报国土资源部备案。③ 这标志着川藏铁路成都至雅安段的项目用地预审工作已经基本完成，为推动成雅段早日动工做好了准备。5 月 30 日，四川省铁路建设推进工作会议在成都举行。会议明确了将川藏铁路成都（朝阳湖）至雅安段纳入当年开工计划，预计 8 月开工；同时，将川藏铁路雅安至康定（新都桥）段列入 2015 年开工建设的计划，加快推进前期准备工作。④

2015 年 12 月 24 日，《国务院关于支持沿边重点地区开发开放若干政策措施的意见》发布，明确了到 2020 年之前，要进一步加大国家对沿边重点地区的建设投入力度、国家对沿边地区重点项目的建设投资补助力度和国家专项扶持资金向沿边重点地区的倾斜力度。为了加快推进沿边地区重点项目

---

① 参见《川藏铁路康定站选址座谈会在康定召开》，四川省人民政府网，http://www.sc.gov.cn/10462/10464/10465/10574/2012/12/14/10240343.shtml（检索时间 2020－12－30 08:40）。

② 参见成都铁路局史志办公室：《成都铁路局年鉴 2014》，中国铁道出版社，2014 年，第 162 页。

③ 参见《我省已顺利完成川藏铁路成都至雅安段项目用地预审工作》，四川省人民政府网，http://www.sc.gov.cn/10462/10464/10465/10574/2014/5/14/10301749.shtml（检索时间 2020－12－30 08:45）。

④ 《川藏铁路成都至雅安段 8 月开工》，四川省人民政府网，http://www.sc.gov.cn/10462/10464/10797/2014/5/31/10303507.shtml（检索时间 2020－12－30 08:35）。

的建设进度，该"意见"明确提出要进一步强化中央专项资金在基础设施、产业发展、城镇建设等方面的支持；还明确提出中央财政要加大对铁路建设方面的支持力度，要增加资金投入比重，提高"项目投资补助标准和资本金注入比例"①；此外，还强调要推动川藏铁路建设，加快统筹雅林段剩余路段的建设工作。

2016 年 3 月 16 日，《中华人民共和国国民经济和社会发展第十三个五年规划纲要》（简称《纲要》）发布。② 《纲要》指出我国要继续完善现代综合交通运输体系，再次强调要建设川藏铁路等沿边铁路，并将川藏铁路列为交通建设规划重点工程项目，川藏铁路建设正式提上日程。

7 月，国务院第三次对《中长期铁路网规划》进行修编，强调以进藏、出疆、沿疆、沿边地区以及贫困地区和少数民族地区铁路建设为重点，加大中西部铁路建设力度；进一步完善进出新疆、西藏的通道，促进脱贫攻坚、国土开发和民族地区的发展，并明确要规划建设川藏铁路雅林段（雅安—昌都—林芝）。③

然而，川藏铁路的规划建设再次遭遇波折。根据国家发展改革委早在 2012 年就已批复的成都至康定（新都桥）段项目建议书，以及中铁二院《新建铁路成都至拉萨线、康定至林芝段线路方案研究汇报材料》，新都桥至昌都段可选方案为从新都桥站出发到雅江，再穿越沙鲁里山，经理塘到达毛垭坝后线路向北折返，经白玉跨金沙江，经江达最后达到昌都。线路总长约 570 公里，桥隧比约为 56%，投资总额预估 374 亿元。④ 该段项目也从 2016 年开始了预可研设计。但由于项目难度较大，具体方案迟迟未定，川

---

① 参见《国务院关于支持沿边重点地区开发开放若干政策措施的意见》，人民出版社，2016 年，第 16 - 19 页。

② 参见《中华人民共和国国民经济和社会发展第十三个五年规划纲要》，人民出版社，2016 年，第 67 - 71 页。

③ 参见《〈中长期铁路网规划〉发布》，国家铁路局官网，http://www.nra.gov.cn/xwzx/xwdt/xwlb/201607/t20160721_26058.shtml（检索时间 2020 - 11 - 12 10：10）。

④ 参见《成都铁路年鉴》编委会：《成都铁路局年鉴 2017》，中国铁道出版社，2018 年，第 117 页。

藏铁路雅安至康定（新都桥）段可研前期工作再次处于半停顿状态。川藏铁路整体建设再次搁浅。

2017年2月28日，国务院发布《"十三五"现代综合交通运输体系发展规划》，提出要加快建设中西部干线铁路，扩大路网覆盖面，提高普速干线网效率，增强区际铁路运输能力，并将川藏铁路纳入国家建设普通干线网的重点工程项目。① 为了更好地贯彻和落实国家交通运输发展规划的相关精神，几天后，《四川省"十三五"综合交通运输发展规划》发布，对全省"十三五"时期交通建设和发展作了详细规划和部署，明确提出川藏铁路是四川省"八射"大通道之一——"川藏南通道"的重要组成部分，要积极推动川藏铁路等干线铁路项目的进展，并将川藏铁路成雅段续建项目、雅康段新开工项目纳入干线铁路建设重点项目，将成蒲铁路列入城际铁路建设重点项目。②

2020年5月，《中共中央国务院关于新时代推进西部大开发形成新格局的指导意见》发布，指出新时代将继续坚持对西部大开发战略的深入推进，强调高速铁路与普通铁路协同发展的重要性，明确要加快推进川藏铁路等国家重大项目的规划建设进程，"加强横贯东西、纵贯南北的运输通道建设，拓展区域开发轴线。强化资源能源开发地干线通道规划建设"③。

9月30日，党中央、国务院同意新建川藏铁路雅安至林芝段的消息在国家发展改革委网站公布。该段线路一直以来被视为川藏铁路的"最难段"。此次线路获批，终于结束了川藏铁路长达70年的漫长审批之路。按照铁道部的安排，自1951年我国便开始了对川藏铁路的勘察和准备工作；20世纪90年代，围绕线路选线进行了相关讨论和反复研究；到21世纪初，加快勘测设计；直到2014年成雅段（朝阳湖—雅安）④、2015年拉林段（拉萨

---

① 《"十三五"现代综合交通运输体系发展规划》，《中华人民共和国国务院公报》2017年第8期，第47-75页。
② 《我省"十三五"综合交通运输发展规划出炉》，《四川党的建设》2017年第8期。
③ 《中共中央国务院关于新时代推进西部大开发形成新格局的指导意见》，人民出版社，2020年，第8页。
④ 2014年开工的为成雅段续建项目，第一阶段已于2009年9月28日开工建设。

—林芝）相继开工，经过一代代人的不懈努力，川藏铁路终于从纸上的构想变成了现实的行动。

2021 年 3 月 13 日，《中华人民共和国国民经济和社会发展第十四个五年规划和 2035 年远景目标纲要》发布，指出"十四五"时期我国要继续推进交通强国建设工程，加快建设出疆入藏战略骨干通道，围绕服务国家重大战略，积极推进川藏铁路等重大工程，还进一步明确部署这一时期要建设川藏铁路雅林段。①

10 月 20 日，中共中央、国务院印发了《成渝地区双城经济圈建设规划纲要》，将成渝双城发展上升为国家战略，再次强调了川藏铁路的规划建设，继续拓展出渝出川客运大通道。②

三、川藏铁路建设的全面启动

川藏铁路的施工建设总体上分三段进行。最早开始建设的是成雅段，共分南北两条线路。成雅北线全长 141 公里，其中，成都西至蒲江（朝阳湖）段即成蒲铁路是继成灌线之后成都第二条市域快线。成蒲铁路从成都西站出发，经温江、崇州、大邑、邛崃等地，止于蒲江县朝阳湖站，沿线共设 11 个站点。该路段于 2009 年 9 月 28 日动工③，2010 年 10 月 15 日全面启动，2013 年 8 月正式施工建设。新建正线全长 99.087 公里，建设标准为国家 I 级电气化客运专线，最高时速 200 公里，总投资额预估 150 亿元。④ 成蒲铁

---

① 参见何立峰：《中华人民共和国国民经济和社会发展第十四个五年规划和 2035 年远景目标纲要辅导读本》，人民出版社，2021 年。

② 参见中共中央　国务院印发成渝地区双城经济圈建设规划纲要编写组：《中共中央　国务院印发成渝地区双城经济圈建设规划纲要》，2021 年。

③ 中共四川省委全面深化改革领导小组办公室、四川省地方志工作办公室：《四川改革开放 40 周年大事记（1978—2018）》，方志出版社，2018 年，第 901 页。

④ 中共四川省委全面深化改革领导小组办公室、四川省地方志工作办公室：《四川改革开放 40 周年大事记（1978—2018）》，方志出版社，2018 年，第 943 页。

路是名副其实的"高架铁路"①。全线桥梁共计 24 座，累计长度达 64.441公里，正线桥梁比高达 65%。②从成都西站一出发，随即连接全线最长的特大桥——成都西特大桥，该大桥从成都市区引出，直接穿过温江到达崇州境内，全长 35 公里；随后，连接大邑特大桥，全长 6.777 公里。③成雅南线从成都南站出发，经彭山、蒲江到达雅安市，其中，成都（南）至彭山（青龙场）段与成昆铁路复线共线，青龙场至朝阳湖段新建线路 46.9 公里，设计为国铁 I 级单线电气化铁路，桥隧比约为 61%，该段于 2010 年 1 月开建。蒲江（朝阳湖）至雅安段为川藏铁路成雅段南北线的共线路段，全长 44.18公里④，其中，新建正线 41.2 公里，新建朝阳湖车站联络线约 3 公里。正线设计为国铁 I 级双线电气化铁路，设计时速 160 公里。该路段沿途跨越 318国道、雅乐高速公路、成雅高速公路等，桥隧比约为 59.2%。⑤ 2014 年 12月 6 日，川藏铁路成雅段续建项目（朝阳湖—雅安段）开工建设。至此，川藏铁路成雅段进入了全面施工阶段。

2018 年 4 月，成雅铁路全线进入轨道铺设的攻坚阶段，为成雅铁路建成完工、继续推进川藏铁路建设奠定了基础。⑥ 8 月 26 日，雅安站最后一根钢轨铺设完成，标志着该路段正线铺轨工作圆满结束。12 月 13 日，成雅铁路各项准备工作就绪，全线开始运营前最后的模拟运行试验。12 月 28 日，

---

① 参见《川藏铁路建设列入"十三五"规划 成渝将建成 8 条城际铁路》，四川省人民政府网，http://www.sc.gov.cn/10462/10464/10797/2016/3/6/10371925.shtml（检索时间 2020 - 12 - 0114:00）。

② 参见成都铁路局史志办公室：《成都铁路局年鉴 2011》，中国铁道出版社，2011 年，第139 页。

③ 参见《川藏铁路成雅段开始实质性施工建设 有望 2018 年投用》，四川省人民政府网，http://www.sc.gov.cn/10462/10464/10797/2015/11/8/10358065.shtml（检索时间 2020 - 11 - 3011:00）。

④ 《川藏铁路成雅段进入实质性施工阶段 2018 年成都 1 小时到雅安》，四川省人民政府网，http://www.sc.gov.cn/10462/10464/10797/2015/5/8/10335077.shtml（检索时间 2020 - 11 - 3011:05）。

⑤ 参见《川藏铁路朝阳湖至雅安段完成正线铺轨》，中国铁路成都局集团有限公司官网，http://www.cd-rail.cn/#（路局要闻；时间：2018 - 08 - 30 08:05）（检索时间 2020 - 11 - 2913:35）。

⑥ 中共四川省委全面深化改革领导小组办公室、四川省地方志工作办公室：《四川改革开放 40周年大事记（1978—2018）》，方志出版社，2018 年，第 1133 页。

成雅铁路正式开通运营，改变了雅安长期以来不通铁路的现状。通车初期，成雅铁路每日开行8对动车组；后期随着全国铁路运行图的调整以及川藏铁路其余路段建设工程的推进，成雅铁路将发挥更大的作用。①

2019年3月，正值初春天气回暖，成雅铁路沿线油菜花开放、春茶待采，吸引了大批游客。为了更好地满足川西地区春季旅游的需要，成都局集团公司在成雅铁路每日的客流高峰期增开了4对动车，成都和雅安之间1小时可达，实现了公交化运营；还与成灌铁路进行了整合，将成雅线全部动车都换成了CRH6A－A型，方便两条线路的司乘人员更好地换乘作业，进一步提高工作效率，优化服务质量，提升旅客出行体验。②

成雅铁路作为川藏铁路开工建设的第一段，其顺利建成通车对全线具有重要意义，为川藏铁路的全面建设奠定了良好的基础。但因该路段是线路西向出川连接青藏高原的重要一段，山地多、海拔高差大，施工难度很大。例如雅安境内，因年均降雨较多，该段部分隧道做了特殊设计，以应对因降雨量大造成的潜在地质灾害风险。再如位于河谷地带的张学堂2号隧道，全长1.5公里，由于河谷冲刷影响，隧道最浅埋深都要达到9米以上。此外，随着地势攀升，成雅段为了与川藏铁路下一段雅安至康定段能够更好地衔接，长度约1.3公里的青冈滩特大桥最高桥墩高达46米。③ 轨道就是这样借助高桥和隧道，从四川盆地逐步攀爬上了青藏高原。

川藏铁路成雅段建成通车，结束了川西高原没有铁路的历史，改善了沿路民众的出行条件，改变了川西地区经济社会发展长期以来因交通运输方式单一而受到的制约，有利于进一步发挥川西重镇雅安市"东联成都、西进康

---

① 参见《成雅铁路通车！》，中国铁路成都局集团有限公司官网，http://www.cd－rail.cn/#（路局要闻；时间：2018－12－29 08:19）（检索时间2020－11－16 09:00）。

② 参见《成雅铁路增开4对动车满足旅客踏春出行需求》，中国铁路成都局集团有限公司官网，http://www.cd－rail.cn/#（路局要闻；时间：2019－03－01 18:32）（检索时间2020－11－18 09:40）。

③ 参见《川藏铁路成雅段进入实质性施工阶段 2018年成都1小时到雅安》，四川省人民政府网，http://www.sc.gov.cn/10462/10464/10797/2015/5/8/10335077.shtml（检索时间2020－11－30 11:05）。

藏、南下攀西"的枢纽作用①，为沿线旅游业、轻工业等产业发展带来新的机遇，加快形成成都区域"1 小时经济圈"和"一环七射"轨道交通新格局，有利于进一步发挥成都平原对周边地区的辐射带动作用，推动沿线受汶川特大地震影响的地区更好地进行灾后重建和发展振兴，促进少数民族地区农牧业、旅游业等产业结构调整，增进多民族文化交流和融合，维护民族安定团结，促进区域经济社会发展。

川藏铁路第二段开工的是拉林段。2015 年 6 月，拉萨至林芝段开工建设，这也是西藏第一条电气化铁路。② 该路段全长 435.48 公里，设计时速 160 公里。为了更好地考虑和照顾到铁路沿线农牧民出行的需要，该路段设计新建 34 个站点，车站设置密度居全国之首。③ 根据线路设计，拉林段需跨越雅鲁藏布江 16 次之多，桥隧比高达 75%。④ 该路段地质条件复杂，工程难度极大，设计和施工团队在项目实施过程中不断克服困难、迎接一个个挑战，在施工技术和管理等方面都积累了许多宝贵的经验，为川藏铁路"最难段"雅安至林芝段的开工奠定了良好的基础，也为我国在复杂地形地区建设铁路提供了范例。

2018 年 1 月 17 日，拉林段 5 标桑珠岭隧道全面贯通。该隧道虽然全长仅有 1.645 公里，和我国众多长、大隧道工程相比似乎不足为道，但它却是中国乃至世界铁路建设历史上都非常罕见的高岩温隧道。隧道所在地段岩温最高可达到 89.9℃，几乎接近西藏地区开水的沸点；施工环境非常严峻，洞内温度最高时达到了 56℃，给建设者的施工安全和机械设备的正常运转

---

① 《川藏铁路成雅段进入实质性施工阶段 2018 年成都 1 小时到雅安》，四川省人民政府网，http://www.sc.gov.cn/10462/10464/10797/2015/5/8/10335077.shtml（检索时间 2020 - 11 - 30 11:05）。

② 《习近平对川藏铁路开工建设作出重要指示强调 发扬"两路"精神和青藏铁路精神 高质量推进工程建设 李克强作出批示》，新华网，http://www.xinhuanet.com/politics/leaders/2020 - 11/08/c_1126712307.htm（检索时间 2020 - 11 - 25 10:45）。

③ 参见《川藏铁路建设列入"十三五"规划 成渝将建成 8 条城际铁路》，四川省人民政府网，http://www.sc.gov.cn/10462/10464/10797/2016/3/6/10371925.shtml（检索时间 2020 - 12 - 01 14:00）。

④ 参见《川藏铁路藏木雅江特大桥主梁合龙》，四川省人民政府网，http://www.sc.gov.cn/10462/12771/2020/6/21/42e7012607a5464c859fe7a193ff52df.shtml（检索时间 2020 - 11 - 29 13:50）。

都带来极大的挑战。① 该隧道的贯通，进一步推动了川藏铁路拉林段工程的顺利进行。

2020 年 6 月 20 日，拉林段又一个重点控制性工程——藏木雅鲁藏布江双线特大桥顺利合龙。大桥位于西藏山南市加查县境内，横跨雅鲁藏布江。全长 525.1 米，主跨 430 米。为了更好地适应桥位所在地特殊的地形环境和地质条件，施工团队实现了多项铁路工程建设的技术创新。例如创造性地采用了"钻孔群桩与嵌固桩结合基础"的方式，第一次将免涂装耐候钢材用在铁路桥梁主体结构中，拱桥和拱圈部分设计使用了从 1.8 米渐变到 1.6 米的变管径钢管混凝土，布置缆索吊机时创新性地将塔和塔吊合一，还采用了不对称、不等边跨、不等高塔架的形式。此外，为了避免桥梁建设过程中对河道造成水体流失的危害，施工便道全部用围堰土方及清理晾晒后的淤泥来铺装。②

拉林段一个又一个控制性工程的顺利完工，为川藏铁路整体项目继续向前推进积累了经验和信心。2021 年 4 月 25 日，拉林段建设取得重要突破，5 座极具藏源文化特点的站房整体亮相，包括山南、贡嘎、扎囊、桑日和加查站。这些站房自开工建设以来，施工团队克服了地质复杂、高原缺氧、物资采购和设备供应难等方面的重重困难，积极创新探索高原地区铁路站房施工技术，通过开展劳动竞赛等活动，保障项目顺利开展。5 座站房特色鲜明，较好地融合了现代建筑和藏式建筑的特色，选用金黄、雪白、藏红三种颜色作为主色调，以雪莲花、吉祥结、氆氇等民族文化元素为装饰，成为雅鲁藏布江畔耀眼的新地标。6 月 25 日，川藏铁路拉林段正式运营，由我国完全自主研发、适应高原地区特殊条件的"复兴号"内电双源动车组终于在西藏地区开行。通车初期，贡嘎、扎囊、山南、桑日、加查、朗县、米林、岗嘎、林芝等 9 个车站先期开通客货运输业务。至此，我国实现了 31 个省

---

① 参见《中国中铁年鉴》编委会：《中国中铁年鉴：大事记》，中国经济出版社，2019 年，第 42 页。

② 参见《川藏铁路藏木雅江特大桥主梁合龙》，四川省人民政府网，http://www.sc.gov.cn/10462/12771/2020/6/21/42e7012607a5464c859fe7a193ff52df.shtml（检索时间 2020 - 11 - 25 10:40）。

（区、市）"复兴号"动车组全覆盖。①

川藏铁路最后开工建设的是雅林段。2011 年 7 月 16 日，川藏铁路雅安至昌都段的可研报告完成。随后，2012 年 2 月，项目设计团队继续论证川藏铁路的两大走向方案；8 月 30 日前完成了康定至昌都段的地质加深工作，并进一步完成了内业及线路方案的调整工作；9 月 10 日，康定（新都桥）至昌都段可研报告完成。此外，川藏铁路昌都至林芝段的预可研报告也于2012 年 6 月初完成初稿；9 月 20 日完成地质加深工作。② 至此，川藏铁路雅林段全部路段的可研报告和地质加深工作均已完成。

然而，雅林段却迟迟未能开工建设。该路段被视为川藏铁路全线工程的"最难段"，因其极端恶劣的自然条件和极度复杂的地质环境，2012 年可研报告完成后，经过了长达 7 年漫长的论证、修改和不断完善。2019 年，川藏铁路雅林段项目的可研文件终于通过了国家铁路集团的审查，其深化可研报告先后通过了国铁集团、国家铁路局、专家咨询委员会和中咨公司的审查，取得相关专题研究成果及重大科技攻关阶段性成果，为国家批复项目可研奠定了良好的基础。③

2020 年 9 月 30 日，新建川藏铁路雅安至林芝段方案终于顺利通过。线路连接成雅铁路雅安站，经康定、昌都、波密等站点，最终到达西藏林芝站，为川藏铁路的中间段部分。新建正线 1011 公里，全部设计为国家 I 级双线电力牵引铁路，设计时速 120～200 公里。④ 该项目投资总额预估 3198亿元，全部由国家出资建设，总体组织由中国国家铁路集团有限公司（以下

---

① 参见《年度回眸：2021 年开通新线》，中国国家铁路集团有限公司官网，http://www.china-railway.com.cn/xwzx/zhxw/202201/t20220101_ 119179.html（检索时间 2022－01－15 14:30）。

② 参见《中国中铁年鉴》编委会：《中国中铁年鉴：市场篇》，中国经济出版社，2013 年，第100－101 页。

③ 参见《中国中铁年鉴》编委会：《中国中铁年鉴：勘察设计与咨询服务》，中国经济出版社，2020 年，第 128 页。

④ 川藏铁路从最初设想的提出到项目落地经历了漫长的论证过程，很长一段时间以来，由于项目难度较大，川藏铁路一直采用单线设计。随着中国铁路建设事业的飞速发展，我国积累了在各类恶劣环境下进行铁路建设的经验，在 2016 年修改后的川藏铁路雅安至林芝段的设计方案中，已将单线改为了双线设计，并且最高时速也从原来的 160 公里提高到了 200 公里。

简称"国铁集团"）负责，具体工程建设由集团下设的川藏铁路工程建设指挥部负责。① 11 月 8 日，雅林段先期开工"两隧一桥"重点工程②，开工动员大会以视频连线的方式在北京和各开工路段召开。雅林段的开工，将已经建成通车的成雅段和正在建设的拉林段连接起来，川藏铁路进入了全线建设的阶段。

2021 年川藏铁路雅林段的建设取得了巨大进展。3 月 20 日，首尾两段——雅安至新都桥段、波密至林芝段，站前招标工作顺利完成，并于 4 月 1 日前相继动工。两个标段总长 337 公里，其中，雅安至新都桥段全长 186 公里，位于四川境内；波密至林芝段全长 151 公里，位于西藏境内。招标前，为了能够更好地推进项目实施，国铁集团专门组织科研人员结合川藏铁路特殊地质地貌和地理环境，有针对性地对建设过程中地质灾害防控、桥隧建造和施工等方面的关键技术进行了研究攻关，为该路段以及川藏铁路全线工程的顺利推进提供了保障。③ 2020 年底先期开工的"两隧一桥"工程中，色季拉山隧道和康定 2 号隧道已完成了前期全部准备工作，转为洞内施工阶段，大渡河特大桥也全面开始了桥梁工程的基础施工。11 月 20 日，雅林段中间路段也是全线最后一个路段——新都桥至波密段站前招标工作也顺利完成，并于年底全面开工。该段全长 681 公里，位于四川甘孜藏族自治州和西藏自治区交界地带。此前开工的首尾两个标段 81 个工作面以及"两隧一桥"工程 14 个工作面有序作业、进展顺利，进入了全面施工的阶段。④ 至此，川藏铁路真正进入了全线开工建设的状态。

① 参见《习近平对川藏铁路开工建设作出重要指示强调 发扬"两路"精神和青藏铁路精神高质量推进工程建设 李克强作出批示》，新华网，http://www.xinhuanet.com/politics/leaders/2020-11/08/c_1126712307.htm（检索时间 2021-01-25 13:00）。

② 即色季拉山隧道、康定 2 号隧道和大渡河特大桥。

③ 参见《川藏铁路两个标段完成招标 4 月 1 日前相继开工建设》，四川省人民政府网，http://www.sc.gov.cn/10462/12771/2021/3/21/04aeec878fad44e7aacbd07411beaca8.shtml（检索时间 2021-10-15 09:10）。

④ 参见《川藏铁路新都桥至波密段年底前开建》，四川省人民政府网，http://www.sc.gov.cn/10462/12771/2021/11/21/32d25e28a69743a4a34d987349848d85.shtml（检索时间 2021-11-25 10:00）。

2022 年 7 月，根据四川省发改委公布的信息，川藏铁路引入成都枢纽（天府至朝阳湖段）的可行性研究报告获得了国铁集团和四川省政府的联合批复。据报告显示，该路段正线长度约为 80.6 公里，含桥梁 55 座、隧道 6 座，设天府、新津南、寿安、蒲江、朝阳湖 5 个站点。全线为国铁 I 级双线，设计时速 160 公里（预留时速 200 公里的提速条件），计划投资总额约为 126 亿元。下一步，将加快推动项目初步设计方案编制及其他前置要件办理工作，争取 2022 年年内获批并动工建设，计划 2025 年建成，为川藏铁路全线贯通打好基础。① 该路段是川藏铁路重要的组成部分，建成通车后，向东可连接成达万、成自宜等高铁通道，向西通过进藏铁路等干线深入西藏地区和西北地区；届时，将进一步通过沿江高铁、蓉昆高铁等横贯我国东西的高速铁路通道，构成横跨我国东中西部最顺直的交通要道，甚至有望实现东西两端上海至拉萨的动车直达。

第二节　南向通道的继续完善：成昆复线的建设

成昆复线即成昆铁路复线，又被称为成昆铁路扩能改造工程，主要通过在既有成昆铁路的基础上新建或增建二线来实现扩能改造。该项目是国家深入实施西部大开发战略的一项重点工程，是《西部综合交通枢纽建设规划》中南向出川大通道的进一步完善，是国家"五纵五横"综合运输大通道的重要组成部分，也是我国西南地区出境连接东盟国家铁路进而实现西南地区进一步对外开放的重要通道。

---

① 参见《126 亿构建沪藏铁路通道！川藏铁路引入成都枢纽天府至朝阳湖段可行性研究报告获批》，铁路规划建设微信公众号，https://mp.weixin.qq.com/s/Yi74QNXPHF_ 6gTzABfxblw（检索时间 2022 - 08 - 20 07:35）。

一、成昆复线建设的背景

成昆铁路是中国大三线建设的重点项目之一，修建于 1958 年，并于 1970 年 7 月全线贯通，纵向贯通四川西南部和滇北地区。该线路修建时间长达 12 年之久，究其原因，与当时的时代局限性有关，更为关键的是因地理环境特殊，工程施工难度极大、技术要求极高，该项目也因此被视为世界铁路建设史的奇迹之一。线路连接川滇两省，始于四川省省会成都市，从四川盆地出发，穿越横断山区，抵达云贵高原，止于云南省省会昆明市。沿线经过我国第一阶梯和第二阶梯的过渡地带，平原、丘陵、山地、高原、峡谷和喀斯特地貌交错，沿线地质地貌复杂。

新中国成立以来，成昆铁路作为西南地区南向出川的一条交通大动脉，曾发挥了重要的积极作用。该线路的建成通车，使得攀枝花、西昌等新兴工业城市得到了迅速发展，沿线丰富的矿产资源得到有力开发，也推动了四川西南部、云南北部少数民族地区在政治、经济、文化和教育等方面的发展。但由于铁路建设年代久远，并且沿线地区滑坡、泥石流、地震等地质灾害频发，不同程度地对铁路造成一定的损害；加之原设计建设标准偏低，既有单线双向运行的成昆铁路运力已经远远不能满足沿线地区经济社会的发展和人们的出行需求。因此成昆铁路扩能改造工程呼之欲出。

二、成昆铁路复线的总体情况

成昆铁路复线全长 915 公里①，设计时速 160～200 公里，为国铁 I 级双线客货兼顾的快速干线铁路，预估投资总额 552 亿元。② 运营初期，计划每

---

① 《新成昆铁路全线通车运营》，《人民日报》2022 年 12 月 27 日，第 1 版。

② 参见《成昆高速铁路攀枝花段开始施工设计》，四川省人民政府网，http://www.sc.gov.cn/ 10462/10464/10465/10595/2011/4/11/10157048.shtml（检索时间 2020－12－01 09：18）。

日开行45对客车，预计每年货运量约为8000万吨。[①] 后期，成昆复线全面建成通车后，将以客运为主，兼顾部分货运业务；货运功能则主要由既有成昆铁路承担，再兼顾部分短途客运业务。

成昆复线连接成都和昆明，跨四川和云南两省，呈南北走向，采取分段施工的方式，分五段进行改造。

云南省境内包括两段：永仁至广通段、广通至昆明段，均已开通运营。2020年1月9日，成昆复线攀枝花至永仁段开通运营，该段全长54公里，设计时速160公里。该段的开通，实现了四川段和昆明段的顺利连接，成昆复线攀枝花至昆明段顺利贯通，标志着成昆复线云南境内扩能改造工程全部完工。当日上午9点28分，一辆CR200J"复兴号"动车组D793次列车从攀枝花南站开往昆明南站，两地通达时间由此前的5.5小时大幅缩短至2小时左右。[②] 线路运营初期，计划每日从攀枝花站至昆明南站开行2对动车组，攀枝花南站至昆明站开行1对动车组。这是攀西地区首次迎来"复兴号"，结束了攀枝花不通动车的历史。交通的进一步便利，能够更好地发挥攀枝花市丰富的矿产资源、亚热带水果特色农业资源、旅游资源等方面的优势，带动周边地区经济发展，助力区域脱贫攻坚。

四川省境内包括三段：成都至峨眉段、峨眉至米易段、米易至攀枝花段。其中，成峨段全长129.995公里[③]，于2010年1月开建[④]，2017年12月底开通；米攀段全长约108公里，于2020年5月底开通[⑤]；峨米段全长大约384公里，途经乐山、凉山和攀枝花三个地区，沿线共设18个站点。其

---

① 参见《成昆铁路复线凉山境段有序推进》，四川省人民政府网，http://www.sc.gov.cn/10462/12771/2019/11/18/56f54dae8390411bab38b216b345dca9.shtml（检索时间2020-11-29 08:35）。

② 参见《四川攀西地区首开复兴号》，中国铁路成都局集团有限公司官网，http://www.cd-rail.cn/#（路局要闻；时间：2020-01-13 15:55）（检索时间2020-11-22 10:18）。

③ 参见成都铁路局史志办公室：《成都铁路局年鉴 2011》，中国铁道出版社，2011年，第141页。

④ 参见《成昆高速铁路攀枝花段开始施工设计》，四川省人民政府网，http://www.sc.gov.cn/10462/10464/10465/10595/2011/4/11/10157048.shtml（检索时间2020-11-22 10:20）。

⑤ 参见《开通前"排练"！成昆复线冕宁至米易段拟12月31日前开通》，西昌市人民政府网，http://www.xichang.gov.cn/jrxc_15841/202112/t20211208_2098461.html（检索时间2020-11-19 10:18）。

中，凉山彝族自治州境内约 272 公里，沿路设置 13 个站点，经甘洛、越西、喜德、冕宁、西昌、德昌等 6 个县（市）。① 此路段穿越高山峡谷，地质灾害频发；且山区气象条件恶劣，坡面泥石分布广，遇连续降雨或暴雨天气极易发生山体崩塌和泥石流灾害，是成昆铁路复线中建设最为不易、修建难度最大、里程最长、重难点工程最多的一段。为了保证工期顺利推进，峨米段的建设又分为两段进行，其中，冕宁至米易段为先期工程，投资总额预估 450 余亿元，计划建设工期 6.5 年②，已于 2021 年 12 月完工，2022 年 1 月 10 日开始通行动车。至此，成昆复线四川境内仅剩峨眉—冕宁段未开通。该段线路全长约 230 公里，工程难度极大、任务非常艰巨，是整个成昆复线改造工程"最难啃的骨头"。直至 2022 年 12 月 26 日，峨冕段终于完工。历时十余年建设，新成昆铁路实现了全线贯通，线路采取"截弯取直"的设计方式，比老成昆铁路运营里程缩短了 180 多公里。③ 全线改造项目完成后，西南地区路网结构进一步完善，此前，成都到昆明车程大约需要 19 个小时，现在降至 7 小时左右，大大缩短了交通往来的时间，为沿线人民群众出行提供了更多的便利。项目完工后，将进一步丰富和完善我国西南地区铁路路网结构，有效缓解既有成昆铁路的客货运压力，更好地适应沿线地区经济社会发展和人们交通出行的需要，密切四川、云南两省之间的沟通和联系，在进一步深化我国西部大开发战略、助推西部民族地区发展、巩固脱贫攻坚和乡村振兴成果、促进地区资源开发和产业升级、实现共同富裕目标等方面发挥重要的作用。

成昆复线是我国区际干线铁路网的重要组成部分，也是泛亚铁路和东盟国家铁路大通道的重要组成部分。该线路向北可与宝成铁路衔接，连接我国西南和西北、华北地区；向南可经由贵昆铁路一路南下，通过广西沿海继续

---

① 参见《成昆铁路复线凉山境段有序推进》，四川省人民政府网，http://www.sc.gov.cn/10462/12771/2019/11/18/56f54dae8390411bab38b216b345dca9.shtml（检索时间 2020 - 11 - 25 09：00）。

② 中共四川省委全面深化改革领导小组办公室、四川省地方志工作办公室：《四川改革开放40周年大事记（1978—2018）》，方志出版社，2018 年，第 1137 页。

③ 《新成昆铁路全线通车运营》，《人民日报》2022 年 12 月 27 日，第 1 版。

往南，进而与东南亚铁路接轨，形成我国内陆通往东南亚国际贸易口岸的重要陆上大通道；在国家推进"一带一路"、发展中国—东盟自贸区、建设中印孟缅经济走廊等战略布局中具有重要的区位优势和战略意义，将进一步促进四川省乃至西部地区实现更高水平对外开放。

三、成昆铁路复线的规划和建设历程

成昆复线工程规划已久。早在 2006 年 1 月 20 日，《四川省国民经济和社会发展第十一个五年规划纲要》发布，就提出了要扩大出川通道，争取成昆铁路复线早日建设。① 但因各种原因，项目迟迟未能有所进展。

2007 年 12 月，四川省召开省委九届四次全会，作出建设西部综合交通枢纽的重大战略决策。紧接着，2008 年 1 月，中共四川省委领导和铁道部负责人在北京进行了部省会谈，描绘了四川铁路建设的蓝图，商讨相关问题，拉开了西部综合交通枢纽建设的序幕，是四川打造西部综合交通枢纽的重要里程碑。2009 年 5 月，四川省建设西部综合交通枢纽工作会议召开，全面动员和部署了具体的建设工作，提出了到 2020 年要基本形成西部综合交通枢纽的目标。5 月 18 日，《西部综合交通枢纽建设规划》发布，这是四川省历史上第一次编制综合交通枢纽建设规划。规划进一步强调出川通道的建设，成昆铁路扩能改造工程是其中强调的重点建设项目之一。在一系列政策的推动下，成昆复线工程终于有了实质性进展。

2010 年 1 月 16 日，成昆复线扩能改造工程成都至峨眉段建设动员大会在成都双流公兴镇召开，拉开了成昆铁路扩能改造工程的序幕。② 本段线路从成都市新客站出发，沿东南环线到达成都南站，再继续向南，经过新津、眉山、乐山等地，最终到达峨眉山站。成都南站到峨眉站全长 129. 995 公

---

① 参见《四川省国民经济和社会发展第十一个五年规划纲要》，中国政府网，http://www. gov. cn/test/2006 − 07/10/content_ 332065. htm（检索时间 2020 − 11 − 05 09：40）。

② 参见成都铁路局史志办公室：《成都铁路局年鉴 2011》，中国铁道出版社，2011 年，第 32 页。

里，其中，新建双线 107.375 公里，增建二线（成都南—花龙门）22.620
公里。同时，既有成昆铁路增建二线（花龙门—回龙庵）10.566 公里。正
线设计为国铁Ⅰ级双线，设计时速 160 公里。为了推动项目进展，10 月 29
日，成昆铁路有限责任公司正式组建。负责成昆铁路扩能改造工程的资金筹
措、建设运营、债务偿还和资产经营；建成通车后，将由成都铁路局及昆明
铁路局代管成昆新双线的调度指挥工作。① 2013 年 4—8 月，成峨段完成了
扩能改造工程项目施工图的设计及送审等各项准备工作。7 月 29 日，原中
国铁路总公司（以下简称"铁总"）② 对该段项目初步设计进行了批复，对
工程的部分设计提出了要继续调整完善的要求；经过几番修改，施工图的审
核报告终于在 10 月获得"铁总"批复通过。12 月 25 日，乐山市政府组织
召开了成昆铁路扩能改造工程乐山境内集中开工动员大会，继续推进成峨段
扩能改造项目。③

　　2010 年，成峨段扩能改造工程顺利推进的同时，米攀段也取得了新进
展。12 月，国家铁道部和四川省人民政府发布《关于成昆铁路米易至攀枝
花段扩能改造工程项目建议书的批复》（铁计函〔2010〕1648 号），批准建
设成昆铁路米易至攀枝花段扩能改造工程。米攀段正线全长 93.87 公里④，
从米易西站出发，至攀枝花南站。其中，新建牛坪子站至桐子林东站、米易
站至米易西站联络线约 13.7 公里。全线主要技术标准为电力牵引的国家Ⅰ
级新建双线，设计时速 160 ~ 200 公里，并预留提速条件。⑤ 2011 年 4 月，

---

① 参见成都铁路局史志办公室：《成都铁路局年鉴　2011》，中国铁道出版社，2011 年，第
141 页。

② 2013 年，铁道部撤销，成立中国铁路总公司，简称"铁总"，承担铁道部的企业职能。
2018 年 12 月 6 日，国家工商总局网站披露，"中国国家铁路集团有限公司"企业名称已获核准。
2019 年 6 月 18 日，经国务院批准同意，中国铁路总公司改制成立中国国家铁路集团有限公司，简称
"中国铁路"，在北京挂牌，属于国有独资企业。

③ 参见成都铁路局史志办公室：《成都铁路局年鉴　2014》，中国铁道出版社，2014 年，第
160 - 161 页。

④ 参见成都铁路局史志办公室：《成都铁路局年鉴　2014》，中国铁道出版社，2014 年，第
161 页。

⑤ 参见《成昆高速铁路攀枝花段开始施工设计》，四川省人民政府网，http://www.sc.gov.cn/
10462/10464/10465/10595/2011/4/11/10157048.shtml（检索时间 2020 - 11 - 29 13：00）。

成昆铁路复线米易至攀枝花段在成都公开进行地质勘察监理招标工作，为成昆铁路攀枝花段的建设进行施工前的勘察设计准备。[①] 5—7 月，四川省国土资源厅、住房和城乡建设厅等部门先后批复了成昆铁路米攀段扩能改造工程前期准备的相关手续，为开工建设做好进一步准备。2012 年，该项目获得了可研批复（铁计函〔2012〕1114 号）。12 月 27 日，攀枝花市召开了成昆铁路米攀段扩能改造工程开工动员大会，标志着该路段正式开建。[②]

同时推进的还有成昆铁路峨米段（峨眉—米易）扩能改造工程。峨米段从峨眉站出发，经乐山市多地后进入凉山州，再继续往南经西昌、德昌到达攀枝花市米易县，与米攀段（米易—攀枝花）衔接。其中，峨眉—西昌南段为新建双线，西昌南—米易段为增建二线。全线设计为客货兼顾的国铁 I 级线路，由"铁总"和四川省合资修建，计划投资 408.8 亿元。[③] 该项目为西南地区重要的区际干线，是国家快速铁路网的重要组成部分，也是西北经四川联系西南、华南地区的重要铁路通道。2013 年 8 月 27 日，峨米段基本方案获得了国家发展改革委的批复。年底，项目设计方中铁二院组织专家组进行实地踏勘。专家组从峨眉山市出发，经峨边、金口河等地进入凉山彝族自治州，再经甘洛、冕宁、西昌等地一路到达攀枝花米易县，对该路段所有控制性工点进行了细致踏勘，真正做到了"上山到顶，下沟到底"，结合实际情况对线路的设计方案进行梳理。12 月 30 日，专家组在西昌市组织了现场会审，围绕实地踏勘过程中发现的具体情况和原来设计方案中存在的问题进行了讨论，并提出了处理意见，明确了下一步的线路优化方案以及峨米段与其他路段的贯通方案，主要包含五个方面：一是要更加精确测量大渡河水深，为架桥选址及桥跨布置提供科学依据；二是要在多方案比选的基础上，选择合适的小相岭越岭隧道方案；三是明确了安宁河谷段选线方案，确

---

① 参见《成昆高速铁路攀枝花段开始施工设计》，四川省人民政府网，http://www.sc.gov.cn/10462/10464/10465/10595/2011/4/11/10157048.shtml（检索时间 2020 - 11 - 29 13:00）。

② 参见成都铁路局史志办公室：《成都铁路局年鉴 2014》，中国铁道出版社，2014 年，第 162 页。

③ 参见成都铁路局史志办公室：《成都铁路局年鉴 2014》，中国铁道出版社，2014 年，第 161 页。

定了必要时以大跨度桥的方式通过；四是决定在德昌越岭隧道采用洞身全部位于花岗岩，有条件时尽量采用人字坡的方案；五是明确了西昌地区的引入方案要结合实际，满足当地的运输需求。① 这些方案的落细落实，为峨米段早日开工建设迈出了坚实一步。

2014 年 5 月 30 日，四川省铁路建设推进工作会议在成都举行。会上，峨米段的建设被纳入年度开工计划，项目预计当年 12 月开工。② 作为"铁总"督办的重点项目，同年 6 月，峨米段设计方中铁二院组织人员分别前往西昌、甘洛等地了解施工进展情况，并就现场发现的问题及时给予技术指导，确保先期开工的路段能够顺利实施，为全段能够按计划建设提供支持。③ 12 月 23 日，峨米段在凉山州越西县开工，至此，成昆复线四川境内的三个路段——成峨、峨米和冕米段都已进入实质性开工建设阶段。④

2015 年 10 月，渡仁西线复线（棉纱湾至高铁南站段）道路工程的前期工作在攀枝花市启动。该工程全长 4.528 公里，连接起攀枝花市仁和区 1 号路桥与成昆铁路复线重要站点——攀枝花市高铁南站，道路控制宽度 24 米，设计为双向四车道，预计投资总额达 5.37 亿元。⑤ 该工程完工后，将进一步密切攀枝花市内外交通，完善市域周边路网结构，使攀枝花市域铁路网能够更好地与成昆复线对接，为攀枝花这座川南地区重要的工业城市带来新的发

---

① 参见《中铁二院专家组赴成昆复线峨米段现场会审方案》，中铁二院工程集团有限责任公司官网，https：//www.creegc.com/tabid/83/InfoID/718/frtid/150/Default.aspx（检索时间 2020 - 11 - 29 13：30）。

② 参见《川藏铁路成都至雅安段 8 月开工》，四川省人民政府网，http：//www.sc.gov.cn/10462/10464/10797/2014/5/31/10303507.shtml（检索时间 2020 - 11 - 29 13：23）。

③ 参见《土建一院在成昆复线开展现场办公》，中铁二院工程集团有限责任公司官网，https：//www.creegc.com/tabid/83/InfoID/2116/frtid/150/Default.aspx（检索时间 2020 - 11 - 29 13：20）。

④ 中共四川省委全面深化改革领导小组办公室、四川省地方志工作办公室：《四川改革开放40周年大事记（1978—2018）》，方志出版社，2018 年，第 1137 页。

⑤ 参见《攀枝花市渡仁西线复线道路工程启动前期工作》，四川省交通运输厅官网，http：//jtt.sc.gov.cn//jtt/c101707/2015/10/19/57dabbe5aa8a493eaa559b2b61527cbe.shtml（检索时间 2020 - 11 - 29 14：00）。

展机遇。攀枝花到成都实现 5 小时以内即达，攀枝花到昆明仅需 2 小时。①

2016 年 5 月 13 日，中国中铁二局集团有限公司开始建设进场便道，标志着成昆铁路扩能改造工程项目部临建工程全面启动。② 5 月 26 日，西昌段的开工仪式顺利举行。峨米段是全线的重要节点工程，而西昌段又是峨米段的重要节点工程。该路段位于西昌境内，全长 75.476 公里，计划设置月华西站、西昌西站、佑君站和黄水塘南站等 4 个站点。③ 西昌段的建设将进一步推动成昆复线峨米段的进程，也将为西昌市及周边地区带来发展新机遇，提升凉山州在四川省乃至全国发展大局中的战略地位。

2017 年 2 月 28 日，国务院发布《"十三五"现代综合交通运输体系发展规划》④，将成昆铁路扩能改造工程列入普通干线网重点工程，并计划在"十三五"时期完工；明确要进一步完善国家普速铁路网，要积极提升路网质量，实施既有线复线建设和加快电气化改造。紧随其后，四川省人民政府于 3 月发布《四川省"十三五"综合交通运输发展规划》，明确四川省在"十三五"时期要对成昆铁路等既有干线铁路进行扩能改造。成昆铁路成都—攀枝花段扩能改造续建项目（成昆复线四川境内路段），被纳入了干线铁路建设重点项目。⑤

---

① 参见《攀枝花市交通运输局局长曾科谈"发展共享交通　当好攀枝花经济社会发展先行官"》，四川省交通运输厅官网，http://jtt. sc. gov. cn//jtt/c103118/2020/12/23/e6239e6f002d4f6693168998c43cba3f. shtml（检索时间 2020 - 12 - 20 09:00）。

② 参见《中国中铁二局成昆铁路扩能改造工程项目部进场便道正式动工》，中国中铁二局集团有限公司官网，http://www. cregc. com. cn/eportal/ui?pageId = 594944&articleKey = 597805&columnId = 595103（检索时间 2020 - 11 - 29 14:10）。

③ 参见《凉山日报：成昆铁路峨米扩能工程西昌段开工建设》，中国中铁二局集团有限公司官网，http://www. cregc. com. cn/eportal/ui?pageId = 594944&articleKey = 597860&columnId = 595103（检索时间 2020 - 11 - 29 14:02）。

④ 《"十三五"现代综合交通运输体系发展规划》，《中华人民共和国国务院公报》2017 年第 8 期，第 47 - 75 页。

⑤ 参见《四川省人民政府关于印发〈四川省"十三五"综合交通运输发展规划的通知〉》（川府发〔2017〕20 号），四川省人民政府网，http://www. sc. gov. cn/10462/c103044/2017/4/10/a445c3cef7e741e98356f95aeb7e3d06. shtml（检索时间 2020 - 11 - 27 09:00）。

2019 年 11 月，成昆复线"德昌隧道出口－2 号斜井大里程段"顺利贯通。① 该项关键控制性工程的贯通，标志着成昆复线凉山境内段的施工取得了重大突破。

2020 年 7 月 9 日，米攀段联络线的最后一个高风险控制性工程——保安营 1 号隧道顺利贯通。② 至此，成昆复线米易至昆明路段已实现贯通。

2021 年，成昆复线四川境内最后一段峨眉—米易段各项工作有序推进。为了保证项目进展，该路段又分为峨眉—冕宁段和冕宁—米易段两段进行建设。3 月 26 日，峨米段站场改造第一站——冕宁站站改工程拉开序幕。该站场的改造工程工期紧张，涉及专业多，施工环节繁复，需要铺轨 9.5 公里，其中，正线和联络线共 5.7 公里，站线 3.8 公里；需拆除既有线路 1.8 公里、道岔 16 组；升级改造原来的木枕道岔 9 组，新铺道岔 33 组（含原位铺设 27 组，插铺 6 组）。冕宁站的改造为峨米段其他站点的改造积累了经验，为年底峨米段重要路段之一的冕宁至米易段的全线开通打下了基础。③ 5 月 21 日，冕米段重难点工程、高风险隧道之一——全长 14365 米的德昌隧道全线贯通。至此，冕米段全线 25 座隧道均已贯通。两天后，位于冕宁县境内、全长 558 米的孙水河双线特大桥实现了顺利合龙。由于该特大桥位于地势陡峭的山谷之间，架设在水流湍急的孙水河之上，建设平台的搭建、工程供电等方面的保障都面临不小的困难，赶在雨季来临前完成合龙，为该路段顺利推进攻克了又一难关。④ 8 月 8 日，峨米段控制性工程——月直山隧道平导顺利贯通，为全隧贯通提供保障。隧道平导是为了增加正洞施工作业

---

① 参见《成昆铁路复线凉山境段有序推进》，四川省人民政府网，http://www.sc.gov.cn/10462/12771/2019/11/18/56f54dae8390411bab38b216b345dca9.shtml（检索时间 2020－11－29 13:40）。

② 参见《成昆铁路复线高风险隧道保安营 1 号隧道顺利贯通》，国家铁路局官网，http://www.nra.gov.cn/xwzx/tpsp/tpxw/202007/t20200710_108544.shtml（检索时间 2020－11－29 13:45）。

③ 参见《中铁二局承建成昆铁路峨米段扩能工程首次站改拉开帷幕》，中国中铁二局集团有限公司官网，http://www.cregc.com.cn/zgztej/xwzx/gsxw/634873/index.html（检索时间 2021－12－05 09:42）。

④ 《成昆复线孙水河双线特大桥合龙》，中国铁建股份有限公司官网，https://www.crcc.cn/art/2021/5/26/art_104_3335477.html（检索时间 2023－05－10 15:45）。

面而修建的、平行于隧道主洞的导洞，可以在隧道施工的过程中，提供更充足的排水设施、更便捷的交通调度及更畅通的救援通道，保障和提高隧道施工的效率和安全。月直山隧道全长 14085 米，位于四川乐山和凉山彝族自治州交界地带，设计为单洞双线。隧道地处高山峡谷地带，也是一处高风险隧道，穿越三条地质断层破碎带，岩体破碎；多处属于Ⅰ级大变形地质，因施工带来的对山体的影响，极易发生变形和塌方危险；所在地段有大渡河、尼日河两大河流，水体丰富，隧道施工时易发生涌水突泥危险，在平导建设过程中就先后发生过 4 次涌水危险，其中最严重的一次，仅一天的涌水量就超过了 2.5 万立方米；隧道最大埋深高达 1810 米，有高地温危害，在隧道平导建设过程中，实测岩体温度约 37℃，但隧道内环境温度最高达到了 42℃，给工人们的施工作业带来很大的挑战和风险。工程面临的挑战多、风险高，是全线重难点工程之一。为了能够更好地为隧道正洞施工提供支持和保障，月直山隧道自 2016 年 8 月开工以来，耗时 5 年，先行建设了长达 12570 米的平导，其中，含斜井 1731 米，辅助工作面 25 个，还创下了单作业面每月掘进 276 米的施工纪录。隧道平导的顺利贯通，更好地推动了下一步月直山隧道的整体建设，也为峨米段乃至成昆复线全线工程早日完工奠定了基础。[①] 8 月 28 日，峨米段吉布甲隧道全线贯通。[②] 峨米段是成昆复线全线地质条件最复杂的区段，吉布甲隧道又是其中施工难度巨大、建设风险极高的一项工程。隧道全长 9855 米，地处四川凉山州甘洛县，穿越三条断层破碎带，围岩破碎，易发生泥石流、滑坡、落石和变形等危险。隧道所处地段地形险峻，沟谷深切，施工过程中材料运输、施工设备等进出不便，从 G245 国道抵达隧道进口工区最快也要 1 小时以上的车程，给施工带来了极大的困难。除此之外，隧道进口段为高地温地层，洞内温度常年高达 40℃以上，

---

① 参见《成昆铁路扩能改造工程月直山隧道平导顺利贯通》，中国铁路成都局集团有限公司官网，http://www.cd‐rail.cn/#（路局要闻；时间：2021‐08‐12 08:41）（检索时间 2021‐10‐10 09:10）。

② 参见《成昆复线吉布甲隧道顺利贯通》，中铁二院工程集团有限责任公司官网，https://www.creegc.com/tabid/83/InfoID/4121/frtid/150/Default.aspx（检索时间 2021‐12‐15 14:20）。

还存在有害气体，增加了工人施工的风险，不能连续作业。该隧道的顺利贯通，为峨米段工程的顺利推进迈出了坚实一步。同一天，冕米段实现了轨通，为峨米—冕宁—米易的全线开通奠定了基础，也标志着成昆复线整体工程取得了突破性进展。

10 月 27 日，中共西昌市第十次代表大会召开，凉山州委常委、西昌市委书记马辉在会上提出，要"坚持交通先行联外畅内，奋力打通绿色引领创新驱动发展新动脉，有效带动物流、人流、资金流、技术流、信息流等各类发展要素加快集聚，形成推动高质量发展的强大动力"①。会上，西昌市交通运输局党委书记、局长袁勇表示，四川省交通运输厅已于 2021 年下半年与蜀道集团针对"成昆复线提速"进行了合作洽谈，蜀道集团预计投资 30 亿元对成昆复线的西昌至成都段进行提速。② 西昌作为川滇接合部的重要交通枢纽，在国家"一带一路"和西部大开发战略实施过程中具有重要的区位优势。该项目完成后，将会缩短西昌至成都的路程与时间，不仅给西昌市带来新的发展机遇，也为更好地连接川滇往来、服务西部大开发和"一带一路"国家战略创造了更好的条件。

11 月 27 日和 28 日，位于峨米段的黄水塘南牵引变电所和永郎西牵引变电所先后受电成功。峨米段全部牵引变电所均由凉山州管辖，对于凉山州国网公司是一个巨大的挑战，因为全公司此前仅有一座 220kV 的变电所。在国网和铁路两方面的共同努力和多次协调下，顺利实现了该路段第一批次两座牵引变电站同期受电，标志着成昆复线峨米段供电系统工程取得的阶段性进展，为后续线路整体受电和投运积累了经验，也为下一步接触网通电、路段动态验收和热滑试验做好了准备。③ 12 月 4 日，冕宁至米

---

① 参见《中国共产党西昌市第十次代表大会隆重开幕》，西昌市人民政府网，http://www. xichang. gov. cn/jrxc_ 15841/202110/t20211027_ 2061985. html（检索时间 2021 - 11 - 10 09：30）。

② 参见《成昆铁路复线西昌至成都段拟进行提速》，铁路建设规划，https://mp. weixin. qq. com/s/StNTTpsNky6MLBpu_ JG3fw（检索时间 2021 - 11 - 10 09：00）。

③ 参见《成昆铁路峨眉至米易段首批牵引变电所受电成功》，中铁二院工程集团有限责任公司官网，https://www. creegc. com/tabid/83/InfoID/4148/frtid/40/Default. aspx（检索时间 2022 - 01 - 03 10：00）。

易东段开始热滑试验。① 热滑试验②是电气化铁路开通运营前必不可少的环节，也可看作电气化铁路正式运营前的一次"排练"。"排练"结束后，12月9日，试运行动车组以最高170公里的时速在冕米段进行试车，开始动态验收。冕米段穿越西昌、德昌两个风电场，有12座风力发电机组离铁路线距离较近，存在运营安全风险隐患。为此，两地政府部门和风电企业积极协调，赶在2021年12月完成了风电机组的保护性拆除工作，为冕米段的开通运营做好最后的冲刺准备。

12月27日，成昆复线又一控制性工程、位于凉山州甘洛县境内的埃岱尼日河3号双线特大桥顺利完成13号、14号墩连续梁转体。每个桥墩高34米、转体重量约有1万吨，中跨达96米，跨越既有成昆铁路的埃岱车站，既有线和复线交角约为30°，双幅同步转体，经历108分钟的平转后精准转到设计方案预计的位置。这是成昆铁路扩能改造工程连续梁跨度最长、唯一一座跨越车站且转体重量过万吨的转体梁，也是该项工程最后一座转体梁。至此，冕米段工程全部完工，将进一步推动成昆复线最后一个路段——峨冕段的建设进程。

2022年1月10日，冕米段开通"复兴号"动车。四川凉山彝族自治州终于迎来了动车时代，也标志着成昆复线工程建设取得了突破性进展。该路段部分区域途经地质岩体极其易碎的"昔格达组"地貌，这是我国西南地区非常独特的一种地质地貌形态，围岩状态很不稳定，突出特点是"见风成粉、遇水成泥"，建设过程中稍有不慎就有崩塌的危险，给施工带来极大挑战。施工方创新施工工艺，优化排水系统，成功解决了岩层渗水、"反坡排水"、"豆腐状"的围岩崩塌等技术难题，确保工程安全推进。该路段重点控制工程之一的沙坝安宁特大桥，需要跨越运力繁忙的老成昆铁路，为了不

---

① 参见《开通前"排练"！成昆复线冕宁至米易段拟12月31日前开通》，西昌市人民政府网，http://www.xichang.gov.cn/jrxc_15841/202112/t20211208_2098461.html（检索时间 2022 - 01 - 03 10:30）。

② 即在接触网带电的情况下，由电力机车的受电弓从接触网上取电自行驱动，完成启动、牵引、制动等全部运行，并对接触网的安装状态等进行检测。

影响该路段日均约 120 辆客货列车通行，施工方反复修改建设方案，实验模拟数十次，最终选择了球铰安装的转体桥工艺，既不影响既有成昆铁路的正常运行，又保证了新成昆铁路的顺利进展。① 此外，西昌西站是冕米段也是峨米段乃至成昆复线全线的重要枢纽站点。站场规模为 4 台 10 线，总建筑面积约 3.9 万平方米，其中，站房约 1.5 万平方米。车站大厅最多可同时容纳 2000 人。冕米段开通运营后，成昆铁路扩能改造工程只剩下最后一个路段——峨冕段（峨眉山—冕宁）约 230 公里未开通。

经过中国铁建 3.3 万名建设者历时 9 年多的艰苦奋战②，2022 年 12 月 26 日，新成昆铁路（成昆复线）在解决了一项又一项世界性建设难题之后，终于实现了全线贯通。

---

① 参见《成昆铁路复线冕米段通车，大凉山迈入动车时代》，中国铁建股份有限公司官网，https://www.crcc.cn/art/2022/1/13/art_ 104_ 3485873. html（检索时间 2023 - 05 - 10 14:25）。

② 《新成昆铁路全线贯通运营》，中国铁建股份有限公司官网，https://www.crcc.cn/art/2022/12/26/art_ 104_ 4135788. html（检索时间 2023 - 05 - 10 14:25）。

第七章

铁路川军：中国铁路技术和人才的四川贡献

随着 1950 年新中国第一条铁路——成渝铁路在四川开工建设，四川诞生了铁路设计和施工企业。在三线建设中，四川又新增了机车、车辆制造企业等相关产业，同时有交通大学等高校。由于这些企业和高校，四川虽然在铁路建设步伐上落后于中东部，但在铁路技术研发和人才培养上，尤其是高铁技术研究和人才培养上却独树一帜，做出了不可忽视的"四川贡献"。

第一节　中国铁路技术的"四川力量"

一、引领中国铁路电气化

牵引动力的内燃化、电气化是铁路现代化的基础。铁路牵引动力的现代化将在行车制度、指挥系统、养路、施工、装卸等方面，带动铁路新技术的全面发展。新中国在铁路建设上取得了巨大的成就，新建了成渝、宝成、兰新、包兰、丰沙、鹰厦等铁路，但这些铁路全部采用蒸汽机车牵引，能耗大，运载力低下。1953 年，为解决宝成铁路穿越秦岭山区的动力困难，铁道部作出在宝成线宝凤（宝鸡—凤州）段修建电气化铁路的决定①，拉开了中国铁路电气化探索的序幕。此时属铁道部直接领导的唐山铁道学院（原唐山工学院，现为西南交通大学），其电机系已设置了电气运输专业，作为系主任的曹建猷积极投身中国铁路电气化的探索。在对当时苏联、西欧等国家电气化方案②进行大量的理论分析和比较研究后，曹建猷提出中国铁路应采用 25 kV 单相工频交流制，并被铁道部采纳。随后由天津第三设计院进行中国第一条电气化铁路——宝成铁路宝凤段的设计，并将单相工频交流制确定为部颁标准。曹建猷的论断为铁路电气化指明了方向，极大地节省了试错成本。20 世纪 70 年代，单相工频交流制被采纳为国家标准，并一直沿用至今。③

另外，电气化铁道远动系统是电气化铁道必然的发展方向，是一项综合遥控、遥信及遥测的先进技术，能够提高供电质量、保证供电安全。曹建猷非常重视电气化铁道远动系统方面的研究，并给予了极大的支持，使这项研究工作在我国铁道电气化领域一直处于领先地位。④

随着西南交通大学电气化技术的发展，国家轨道交通电气化与自动化工程技术研究中心主任、西南交通大学教授高仕斌带领团队实现铁路供电从"普速"到"高速"的跨越。在世界领先的我国 350 公里/小时高铁供电技术体系的建立过程中，高仕斌通过理论研究与自主创新，解决了制约运行速度与运营安全的高速运行的受电弓－接触网系统稳定受流问题，和耦合作用的动车组－牵引网系统大功率供电能力问题，主持研发了我国首套高铁弓网系统"检测－诊断－维修"成套装备、我国首套高铁供电"保护－控制－调度"一体化系统和世界首台高电压大容量卷铁心节能变压器等重大装备。其研究成果在我国高铁建设中得到全面应用，全面支撑了国家高铁工程建设

---

① 王菊、谢瑜：《曹建猷：中国铁路电气化的开路先锋》，《智慧中国》2024 年第 11 期。

② 当时，苏联采用 3 千伏直流制技术，而西欧一些国家采用 15 千伏低频交流制，法国则正在试验 25 千伏工频交流制。

③ 王菊、谢瑜：《曹建猷：中国铁路电气化的开路先锋》，《智慧中国》2024 年第 11 期。

④ 中国国家科学家博物馆：《曹建猷：西南交通大学电气和电子学科的创始人》，https://mmcs. cast. org. cn/kxjfc/kxjfc/cjy/bd6615/art/2023/art_ 04149a9105de4cacb135315f6bf1aabf. html。

和高铁安全准点运营，并随中国高铁技术输出到国外，实现了我国高铁供电理论与技术的自主创新与世界引领。①

二、助力重载铁路技术的发展

以西南交通大学为代表的四川铁路技术研发力量在重载铁路领域也做出了卓越的贡献，极大地推动了我国重载铁路技术的发展和进步。

（一）重载列车动力学研究

创立国际著名的"翟－孙模型"：西南交通大学在重载列车动力学领域取得了重要突破，由翟婉明院士和孙翔教授共同创立的"翟－孙模型"在国际上享有盛誉。该模型为重载列车的安全运行提供了重要的理论基础，推动了我国重载铁路技术的发展。②

重载列车与轨道相互作用安全保障关键技术：西南交通大学联合国能朔黄铁路发展有限责任公司、中车齐齐哈尔车辆有限公司等单位，针对纵向冲动引发重载列车运行安全及轨道结构运用安全等瓶颈问题，开展了深入研究。项目构建了重载列车与轨道动态相互作用的系统分析方法，提出了降低重载列车纵向冲动技术，开发了减轻重载列车与轨道动力作用技术。该成果在我国十多个重点工程中得到了大规模成功应用，产生了重大社会经济效益，被国际重载协会列入《重载铁路运营最佳实践指南》。③

（二）重载铁路基础设施智能运维技术

国内首创的重载铁路基础设施智能运维技术：西南交通大学在重载铁路

---

① 王轶：《电气化行业的"领路人"——记"全国高校黄大年式教师团队"带头人高仕斌》，https://www.jswmb.cn/marticle/12812/69591.html。

② 沈兴超：《翟婉明：助推铁路6次提速　让中国高铁领跑世界》，科学网转自《成都商报》，https://news.sciencenet.cn/htmlnews/2017/10/391511.shtm。

③ 西南交通大学技术转移研究院：《重载列车与轨道相互作用安全保障关键技术及工程应用》。

基础设施智能运维方面取得了重大突破。该技术由国家能源集团朔黄铁路主导研发，西南交通大学提供了关键的技术支持。该技术包括智能运维系统和智能大脑平台两部分，实现了对基础设施的全覆盖、全时段智能感知，对设备设施服役状态实时监控、及时预警，提高了基础设施运维效率和效益，全面提升了朔黄重载铁路基础设施运维的信息化、数字化、智能化水平。[①]

重载列车无线 ECP 系统：眉山中车制动科技股份有限公司联合西南交大、大连交大、北京交大等院校，基于西南交大国家重点实验室提供的数据分析、仿真计算和专家指导，成功研发了重载列车无线 ECP 系统。该系统针对重载长大列车空气制动同步性差导致列车纵向冲动大的问题，通过无线自组网络，传递机车制动缓解信号，将列车制动缓解波速从 200 米/秒提升至 1000 米/秒以上，可降低纵向冲动 20% 以上，缩短制动距离 10% 以上，有效保障了 3 万吨重载列车的安全运行。该系统已在朔黄铁路等重载线路上成功应用，显著提高了重载列车的安全性和运行效率。[②]

三、复杂地质条件下铁路建设技术的创新

四川地区地质条件复杂，多山、多地震，这对铁路建设提出了极高的技术要求。在成昆铁路、川藏铁路、成兰（川青）铁路等线路的建设过程中，建设者们克服了重重困难，创新性地采用了多项新技术和新工艺。在隧道建设、桥梁建设、防灾减灾、环保等方面都做出了相应的技术创新。

在隧道建设方面，通过采用地质雷达、TSP 超前地质预报仪等设备进行精确探测，以及注浆加固、管棚支护等特殊地质处理技术，确保了隧道施工的安全与高效。同时，引进和自主研发的大型机械化配套设备，如隧道掘进机、盾构机等，以及湿喷机械手、智能二衬台车等先进设备的应用，实现了机械化、自动化作业，提高了施工效率和质量。在桥梁建设上，针对四川地

---

①　陆成宽：《重载铁路基础设施智能运维技术发布》，《科技日报》2023 年 5 月 24 日，第 02 版。
②　《产学研合作研发 这项"眉山科技"让 3 万吨重载开行列车实现"秒刹"》，遂宁新闻网，https://xmapp.snxw.com/wap/article/index/986581。

区山高谷深的特点,采用高墩大跨桥梁技术,有效绕避了不良地质区域,保障了线路的平直和安全。同时,桥梁施工装备的智能化、自动化作业技术也大大提高了施工安全性和精度。在线路设计方面,充分考虑地质构造、地形地貌、气象水文等因素,采用减灾选线和环保选线技术,既降低了施工难度和运营风险,又减少了对生态环境的影响。信息化技术的应用也为铁路建设提供了有力支撑,北斗导航技术、远程监控技术、信息化管理平台等的应用,提高了施工精度和项目管理水平。同时,地震预警系统、低温地板辐射采暖系统、电加热道岔融雪系统等技术创新的应用,也确保了铁路在复杂地质条件下的安全运营。这些创新成果的应用,不仅提高了铁路建设的安全性和效率,也为四川地区乃至全国的铁路建设提供了宝贵经验。①

四、轨道交通装备技术的创新

四川在轨道交通装备技术方面也取得了显著成就。

在机车车辆技术方面,除了前文提及的由眉山中车制动科技股份有限公司联合西南交大等部门研发的重载列车无线 ECP 系统,中车资阳机车有限公司等企业也有诸多贡献,在机车车辆研发、制造方面具有丰富的经验和先进的技术。他们不仅掌握了电力机车、内燃机车、动车组等机车车辆的核心技术,还通过不断创新,提高了机车车辆的性能、舒适性和环保性。②

在新能源车辆技术上,也有一定的突破。中车资阳公司成功研制了我国首台混合动力机车(2010 年),以及世界首台最大功率的混合动力机车 HXN6(2015 年)。HXN6 型混合动力机车的动力源由"动力电池组 + 柴油

---

① 内容整理自以下文章:王眉灵:《正在建设的成兰铁路,有一条"难上加难"的隧道——隧道成功"跃龙门" 铁路这样爬上川西高原》,http://sc.people.com.cn/n2/2022/1014/c379470 - 40160047.html;王眉灵:《四分之三是隧道,被业内专家称为"世界地质博物馆",成昆铁路复线"最难段"这样建成》;封面新闻:《206 公里、12 年 高原"天路"建设为何这么难?》,https://baijiahao.baidu.com/s?id = 1783778980110014737&wfr = spider&for = pc;澎湃新闻:《解码!川青铁路上的"科技狠活"》,https://m.thepaper.cn/baijiahao_ 25640444。

② 参见中车资阳机车有限公司简介,https://www.crrcgc.cc/zy/32_ 1911/32_ 1921/index.html。

发电机组"共同组成，具有经济性好、节能减排效果突出、对环境友好等特点。2020 年，HXN6 型混合动力机车获得了国家铁路局颁发的型号合格证和制造许可证，成为中国首款获此"双证"的混合动力车型。HXN6 型混合动力机车已投入商业运营，在节能减排方面取得了显著成效。例如，在国能包神铁路集团，两台 HXN6 型混合动力机车累计牵引货物 1100 余万吨，节约燃油 180 吨，减少污染物排放量 6 吨，减少碳排放量 560 余吨。中车资阳公司在 2022 年成功下线了全国首列齿轨列车（电客车）。齿轨列车是一种运用于登山铁路的新型轨道交通车辆，填补了我国在齿轨领域的空白。该列车采用"轮轨＋齿轨"双制式牵引模式，可以在轮轨段和齿轨段之间不停车进行切换，大大节省了旅客的换乘时间。①

五、磁悬浮与超导技术

四川铁路技术在磁悬浮和超导技术方面也取得了显著成就。20 世纪 80 年代初，中国开始进行磁悬浮交通系统研究，几乎在同一时间，西南交通大学也开始磁浮的研制。1994 年，西南交通大学研制成功中国第一辆可载人常导低速磁悬浮车。②

1997 年获批国家 863 计划项目"高温超导磁悬浮实验车"，正式开展高温超导磁浮车的研究。③

2000 年 12 月 31 日，西南交通大学王家素团队研制成功世界首辆载人高温超导磁悬浮实验车"世纪号"④，该成果获四川省科技进步特等奖，同年

① 资阳市科协：《成德眉资十大科技成果发布，中车资阳因何独揽两项成果？》，https://mp. weixin. qq. com/s?_ _ biz = MzI2NTA5MTgyNQ = = &mid = 2651526002&idx = 1&sn = 1698e669c7818c5a 627649e61e286308&chksm = f15d1cecc62a95fa2e9c244d99faee6a63cc57d1f8ff0e166aaa36ceb1fc45ebf0944 84e8a55&scene = 27。

② 林一平：《我国磁浮列车研制取得重大进展》，《交通与运输》2017 年第 33 期。

③ 朱雪黎、张彧希等：《设计时速 600 ＋！世界首辆高温超导高速磁浮工程化样车长这样》，川观新闻，2021 年 1 月 13 日，https://mp. weixin. qq. com/s/pb5gXw37oaQeNMXAxtS7dA。

④ WANG S. Y.，WANG J. S.，WANG X. R.，et al. The man loading high-temperature superconducting Maglev test vehicle. IEEE Transactions on Applied Superconductivity，2003，13（2）.

被评为中国高等学校十大科技进展。①

2006年，中国自行研制、设计、施工的首条中低速磁悬浮线路——青城山中低速磁悬浮列车工程试验线在都江堰市建成，全长420米。②

2013年，西南交通大学研制完成我国首条高温超导磁悬浮环形试验线，是当时国际上同等载重能力、截面最小、永磁用量最少的超导悬浮系统。2014年，西南交通大学建成国际首条真空管道高温超导磁悬浮车环形试验线。2019年，西南交通大学建成真空管道高温超导磁浮车高速试验平台，最高试验速度400公里/小时，可开展高温超导磁浮车动力学、气动、振动、噪声等方面的研究。③

2021年1月13日，由西南交通大学研发的高速磁悬浮工程样车在成都下线，这是中国研发的第二款高速磁悬浮列车，也是世界上首款采用高温超导技术的1∶1磁浮工程样车。高温超导系统最大的特点是无源自稳定，即不用通电列车也可悬浮在轨道上方，导向也不需要主动控制。该工程化试验段悬浮高度为10～20毫米，每米悬浮能力设计为2吨，每米最大承载能力为3吨，车辆长度为21米。④

而在以西南交通大学为代表的四川磁悬浮技术研究者们的构想中，该技术将结合未来真空管道技术，开发填补陆地交通和航空交通速度空白的综合交通系统，将为远期向1000公里/小时以上速度值的突破奠定基础，从而构建陆地交通运输的全新模式，引发轨道交通发展的前瞻性、颠覆性变革。

---

① 朱雪黎、张或希等：《设计时速600＋！世界首辆高温超导高速磁悬浮工程化样车长这样》，川观新闻，2021年1月13日，https://mp.weixin.qq.com/s/pb5gXw37oaQeNMXAxtS7dA。

② 侯大伟：《中国首辆磁悬浮列车运行试验成功》，《发明与创新（综合版）》2006年第6期。

③ 朱雪黎、张或希等：《设计时速600＋！世界首辆高温超导高速磁悬浮工程化样车长这样》，川观新闻，2021年1月13日，https://mp.weixin.qq.com/s/pb5gXw37oaQeNMXAxtS7dA。

④ 中华人民共和国中央人民政府：《设计时速620千米　世界首台高温超导高速磁悬浮工程化样车下线》，https://www.gov.cn/xinwen/2021-01/13/content_5579614.htm。

第二节　高速铁路技术的"四川创造"

高速铁路被称为继航天业之后，世界上最庞大、最复杂的现代化系统工程。它是综合基础设施、移动装备、牵引供电、通信信号、运营维护和运输组织为一体的多个技术种群组成的铁路系统，涉及众多学科与专业，极具综合性和复杂性。中国高铁以惊人的速度发展，取得了巨大突破和赶超成果，对经济、社会、文化等方面产生了全方位的革命性影响，引起社会和学界的广泛关注。

关于高铁技术、高铁技术突破路径以及发展历程，学界有着丰富的研究，对于我们回顾、理解和反思中国高铁发展之路有着极大的贡献。但我们仍需要注意的是，当前的研究多将中心放在高铁技术快速发展的十年间里，将中国铁路史发展历程割裂来看，忽视了中国铁路技术前期的积累和发展，这导致对中国高铁技术自主创新性的源头阐释不明。另外，学界对于中国高铁技术的研究，多见于对车体（或称"线上"）的研发，忽视了高铁技术的综合性与复杂性，使得研究的全面性有所缺失。与此同时，在关于中国高铁发展的研究中，技术创新路径和成功经验占比较大，学者们从不同角度出发，将中国高铁赶超之路的经验置于某种模式之中，忽略了高铁技术发展的曲折性和复杂性，不同的技术板块有着不同的发展模式。最后，中国高铁发展历程的关注现在还多集中在经济、政策等宏观层面的考量，而鲜见考察技术背后的人为高铁发展做出了怎样的抉择和贡献。

高铁技术的发展和人才的培养是高速铁路行业发展的重要支撑，中国高速铁路技术的突破与发展经历了漫长而艰难的过程，厚积薄发，非一蹴之功，其中技术发展及人才培养是重中之重。四川高铁作为中国高铁发展的一部分，省内出现真正现代意义上的高速铁路的时间相对较晚，但四川却在中国高速铁路发展之初便高度参与其中，在理论突破、应用创新、平台建设、人才培养等方面做出了重要贡献。回顾四川对中国高速铁路发展的贡献，可以在一定程度上充实高铁技术的积累，回应外界对中国高铁技术安全性、原创性的质疑。

一、基础研究：高铁技术理论的"四川突破"

中国高速铁路发展启动时，四川的铁路科研工作者便开始对中国高速铁路建设建言献策，并以一系列原创性成果为中国高铁技术的发展奠定坚实的理论基础。这一时期四川铁路科技从业者的成果既有为中国高铁技术发展积淀经验的基础创新，又有直接服务于高铁技术的原始创新（车辆－轨道耦合动力学理论）。

（一）"沈氏理论"与铁路提速的平稳性

我国轨道交通领域唯一的中国科学院、中国工程院双院士，西南交通大学教授沈志云，是高铁最坚定的支持者[1]，也是"非线性轮轨蠕滑力模型"的提出者、创立者。

铁路速度的逐步提升会导致轮轨之间冲击力与摩擦力的增强，消耗率大幅增加。因此，车辆动力学的理论突破是高速铁路轨道研究的重要基础，轮轨蠕滑理论便是其中之一。轮轨蠕滑，是指具有弹性的钢质车轮在弹性的钢轨上以一定速度滚动时，在车轮与钢轨的接触面产生微小的相对滑动[2]，由于相对运动量非常小，难以定量测量。国际学者沃尔妙伦、约翰逊等做了很多研究，其中卡尔克的研究最为突出。卡尔克将轮轨蠕滑理论由线性发展为三维的非线性理论，还设计出 DUVOROL 程序，是公认的最精确的蠕滑理论。但其计算量太大，又没有显式公式可以输入，不能直接用于计算机动态仿真，使用起来非常不方便。[3] 找到既快速又精确的轮轨蠕滑力计算方法是

---

[1] 田永秀：《轮轨丹心　沈志云传》，中国科学技术出版社，2017 年。
[2] 田永秀：《轮轨丹心　沈志云传》，中国科学技术出版社，2017 年。
[3] 李国民、李剑康：《中国高速铁路的先驱者——记中国科学院院士、中国工程院院士沈志云教授》，《四川党的建设（城市版）》2003 年第 1 期。

当时学术界高度关注的问题，沈志云在赴美访学期间与麻省理工学院指导教师赫追克尝试解决这一世界难题。经过一系列的研究及现场测试，沈志云提出，可用卡尔克的线性理论来改造沃尔妙伦－约翰逊的线性公式，再用沃尔妙伦－约翰逊的非线性化的曲线来修正误差。[①] 沈志云按照这个设想设计新的计算方法，将其制作成计算机程序。经实验对比证明，该方法可以工程应用，而新方法的计算速度比卡尔克的方法快几十倍，可以在车辆系统动态仿真中进行在线计算，后被人命名为"沈－赫追克－叶尔金斯"理论[②]（又称沈－赫－叶氏理论、"沈氏理论"）。沈－赫－叶氏理论能够进一步定量确定轮轨蠕滑的力学特性，形成"轮轨非线性蠕滑力模型"，使蠕滑力的计算结果更加接近实验值。"沈－赫－叶"理论被认为是"1983 年世界轮轨蠕动理论新发展的标志"[③]，是车辆动力学中运用率极高的基础理论，更为后续重载和高速列车转向架的开发奠定了重要理论基础，为计算机仿真技术全面系统研究机车车辆与轨道之间的相互作用提供了更精准的理论来源，这一模型在中国铁路提速过程中的应用保证了铁路的运动稳定性和运行平稳性。

（二）翟－孙模型与车辆－轨道耦合动力学理论的建立

随着轨道交通运行速度持续提升、运载重量不断增大、运行环境愈趋复杂等，车辆与轨道之间的动力学问题日益突出，轮轨动力学的突破成为高速铁路跑起来的核心技术突破之一。20 世纪 90 年代初，四川的铁路技术研究者们就为轮轨关系的研究提供了新的研究视角与方法——翟－孙理论（又称"翟－孙模型"，指翟婉明及其导师孙翔建立的车辆－轨道垂向统一基础模型，后在国际上泛指车辆－轨道耦合动力学模型[④]）。

---

① 田永秀：《"轮轨丹心"沈志云》，《中国科学报》2014 年 12 月 12 日，第 10 版。

② 该理论让沈志云在国外学界一战成名，但他回国后，只是把它作为沃尔妙伦－约翰逊改进模型加以引用，从未对别人谈起过"沈氏理论"。直到 1991 年，卡尔克的科学名著《三维弹性体滚动接触》中译本出版后，"沈氏理论"才为国人知晓。

③ 田永秀：《轮轨丹心　沈志云传》，中国科学技术出版社，2017 年。

④ 翟婉明：《车辆－轨道耦合动力学理论的发展与工程实践》，《科学通报》2022 年第 32 期。

长期以来，车辆和轨道一直被分作两个独立被观察的子系统进行研究，有经典的车辆动力学、轨道动力学两大理论体系。随着铁路技术的发展，二者之间的关联特殊性日益突出，需要突破子系统研究框架，从整体大系统角度综合研究车辆－轨道相互作用机制，实现整体系统动力性能最优设计。20世纪80年代末至90年代初，西南交通大学机械工程系教师翟婉明在吸纳车辆动力学、轨道动力学理论成果的基础上，通过建立新型轮轨空间动态耦合模型，将车辆子系统与轨道子系统耦合成一个相互关联、相互作用的整体大系统，即翟－孙模型。翟－孙模型的重要贡献在于提出开展车辆－轨道耦合动力学的研究，并率先创建了车辆－轨道垂向统一模型。翟－孙模型最大限度地降低了轮轨间的相互动力作用，成为日后发展高速铁路理论突破的关键，而翟－孙模型在计算机技术广泛应用于工程理论计算以前大大提高了高铁设计和计算的速度，为后来中国铁路六次大提速以及高速铁路车辆与轨道的发展有着极其重要的指导意义。

随着铁路运输速度的提升、重载铁路的发展，对轨道与车辆关系的分析认识要求不断升高。例如轨道有一丝不平整，就会给列车车体带来强烈震动。而车轮也会对线路造成横向、竖向的冲击力，轮轨之间的配合度要求大大提升。翟婉明提出的车辆－轨道耦合动力学在高速铁路快速发展的时期成为高铁轮轨系统的理论基础，它把列车（轮）和线路（轨）联合起来研究，将高速铁路车辆系统和轨道系统视为一个相互作用、相互耦合的整体大系统，综合研究轮轨相互作用的动态行为、特征和规律。车辆－轨道耦合动力学为高速铁路车辆－轨道结构进行最佳匹配设计，制定养护维修策略，实现安全、平稳、舒适运营，提供了先进理论指导。轮轨系统之间通过轮轨界面而形成动态耦合作用机制。[①]

在中国高铁的起步年代，翟－孙模型起到了重要作用，它从最初连通车－轨关系，发展到高铁时代多架桥造路背景下连通车－线－桥的关系，模

---

① 靖仕元等：《高速铁路关键系统》，中国铁道出版社，2021年，第4页。

型从最初垂向基础模型的创建，到后来空间模型及三维模型的发展与完善，曾经的基础模型（垂向统一模型）最初被称为"翟－孙模型"，后来在国际上常常泛指车辆－轨道耦合动力学模型（包括空间耦合模型），而且该模型的计算结果常常被国内外同行作为考核研究结果的基准。[①] 在广深港高速铁路平纵断面设计方案选择、时速 400 公里成渝中线高速铁路线路关键参数设计等工程中应用和实践，在川藏铁路、货运动车组等多个科研攻关项目中，甚或全国几乎所有涉及动力学的模型都以它为主，或由它演变而来。

（三）高速列车耦合大系统动力学理论的形成与应用

高速列车耦合大系统动力学是以高速列车为核心，把高速列车以及与之相关并影响其动力学性能的线路、气流、供电和接触网等耦合系统作为一个统一的大系统，研究高速列车动力学行为，以实现全局仿真、优化和控制的科学。高速列车耦合大系统动力学是构建高速列车设计、制造运用、维护全寿命周期的动力学性能研究与试验体系的重要理论支撑，它的提出与应用，对于高速列车乃至整个高速铁路的发展有着极其重要的作用。

随着铁路运输速度的提升以及重载铁路的发展，弓网、轮轨以及和空气的相关动力作用加剧，列车在铁路上运行的环境更为复杂，如牵引和制动功率的增加、横向和垂向动作用的加剧、气流阻力和气流扰动的增大、运行噪声的明显增加等，而列车运行控制及安全要求在不断提高。这一切变化都对机车车辆动力学的研究提出了更多的挑战，要实现高速列车平稳、安全地运行，必须开展列车系统动力学的研究。

西南交通大学的铁路技术研究者们历来认为机车车辆动力学"向上研究牵引供电的接触网系统以及与机车上受电弓的匹配关系；向下研究线路和桥梁，特别是轮轨关系和车－线－桥的耦合振动问题"。研究的内容包括机车车辆研制的全过程，从设计、计算分析、生产、试验台上的整车试验、线路试验到线路运行。

---

① 翟婉明：《车辆－轨道耦合动力理论的发展与工程实践》，《科学通报》2022 年第 32 期。

2005 年前后，在中国高速铁路建设初期，西南交通大学张卫华教授从机车车辆动态模拟技术（包括计算机仿真和试验）的角度提出，为了满足高速列车研发的需要，不仅要建模更精确，同时还要考虑到与相关系统的相互作用和影响。他关注到机车车辆与其他系统的耦合作用，并用实物模拟、计算机模拟和混合模拟研究了机车车辆、轮轨关系和弓网关系。张卫华论证并得出了"合理的参数组合，可以得到优化的性能"，并创造性地提出参数的"全局优化"，从而实现机车车辆"综合性能"的优化。① 但因当时缺乏中国高铁的"实战"经验，未形成系统的高速列车动力学理论。② 在后来的研究与实践中，张卫华教授及其团队愈加重视高速列车与线路系统、弓网系统、供电系统及气流状态的耦合作用。

2007 年，铁道部印发《CRH2 型时速 300～350 公里动车组总体技术方案》，提出动车组的制造要实现高度国产化的目标，要求"国产化率达到80% 以上"③，并实现在动车组制造企业自身发展的基础上，带动国内相关行业的技术发展。在制定技术方案时，张卫华教授建议把"发展和应用高速列车耦合大系统动力学理论"作为高速动车组的创新要点。④ 他的团队则通过国家支撑计划项目"中国高速列车关键技术研究及装备研制"课题——"共性基础及系统集成技术"的支持，充分利用西南交通大学轨道交通国家实验室高速列车数字化仿真平台、高速列车基础研究实验平台和高速列车服役性能研究实验平台，在大量的理论与实践经验基础上，研究了高速列车耦合大系统动力学理论框架，构建了仿真平台，并尝试将其应用于高速列车动力学及其轮轨、弓网、流固和机电耦合关系研究之中，研究成果在实际工程中得到了应用和检验，成果汇集形成了《高速列车耦合大系统理论与实践》⑤ 等里程碑式的著作成果。

---

① 张卫华：《机车车辆动态模拟》，中国铁道出版社，2006 年，第 405－407 页。
② 张卫华：《高速列车耦合大系统动力学理论与实践》前言，科学出版社，2013 年。
③ 中华人民共和国铁道部：《CRH2 型时速 300～350 公里高速动车组总体技术方案》，2007 年，第 2 页。
④ 张卫华：《高速列车耦合大系统动力学研究》，《中国工程科学》2015 年第 17 期。
⑤ 张卫华：《高速列车耦合大系统动力学理论与实践》，科学出版社，2013 年。

高速列车耦合大系统动力学，就是要突出高速列车在各个子系统耦合的大系统动力学。所谓"大"，是指高速列车动力学要追求宏观层面的完整性和相关性；所谓"系统"，则体现在子系统之间相互作用、相互影响的耦合关系上；而在"动力学"上，该理论已经突破狭隘机车车辆动力学的研究范围，甚至拓展到机电的耦合，是广义的动力学问题，这既是技术的破壁式的发展，更是高铁技术走向集成的一个重要表现。

二、应用研究：技术创新的"四川动力"

高速铁路的发展除了需要在理论创新层面做出突破，实践领域的技术创新同样重要。四川的广大铁路领域的科技工作者瞄准铁路技术发展技术难题，着力打破发达国家对高铁工程应用技术的垄断，推动高速铁路应用技术创新，为我国高速铁路发展注入了强劲的动力。

（一）微机远动装置的自主研发与牵引动力技术革命的开启

电力牵引是现代化铁路及高速铁路运输的最佳方式，技术积累时期的铁路电气化技术突破为高速铁路牵引供电奠定了坚实的基础。中国工程院院士、西南交通大学钱清泉教授，长期从事铁道电气化与自动化领域的科研与教学工作，他亲历了中国铁道电气化与自动化发展历程，并在其中做出了重要的贡献。

自世界上第一台数字电子计算机问世以来，计算机技术就开始了与各项人类已有技术结合的进程。到 20 世纪 70 年代，随着计算机技术的发展，用计算机软件来实现远程控制的微机远动系统①也随之发展起来。但中国铁路学界对此领域的研究仍是空白。为了建设京秦线，中国引进了日本的全套供电远动装置。1984 年，为验收设备，钱清泉去了日本。在后来的采访中，

---

① 所谓远动，就是利用远动装置对电气化铁路沿线的变电所、分区亭等所有供电设备，实施远距离的集中监视和控制，替代历来沿用的速度慢、劳动强度大、易发生错误的人工供电电话调度方式，实现无人值守，确保运输安全，提高运输效益。

钱清泉回忆到在日本验收装置时，凡是涉及技术的问题对方统统回避①，甚至有日本同行断定在微机远动装置方面的研究，"中国没有 8 至 10 年时间是搞不出来的"②。钱清泉意识到"买别人的东西并不是长久之计，研制出自己的东西才是最终目的，才能解决根本问题"③。在日本的 4 个多月里，钱清泉每天工作到半夜两点，收集、研究相关技术资料。

1984 年到 1985 年，钱清泉组织了十多个人的研究团队，依靠从日本带回来的资料进行微机远动装置研究攻关。1986 年，历经三年时间，钱清泉团队做出了我国第一套"电气化铁道多微机远动实验装置"（另一说是"样机"）——"DWY 系列微机远动监控系统"，并在当年通过鉴定。随后，与成都铁路局合作，将远动装置应用于西南铁路上。④ 这套自主研发系统的成功开发与应用，改变了中国铁路原始的电话调度方式，开启了中国铁路牵引供电领域的技术革命，为高速铁路牵引供电及调度运营系统全部技术与装备的完全自主化开发奠定了技术基础。

此外，他相继提出采用冗余备用流动群方式的环状通道结构、控制中心采用局域网加双机冗余备用⑤方式，他还结合国内外的经验，研制出一套效率高、可靠性好、实用性强的通信规约，提出并研制成功了多级防雷、防高压、防强电磁场干扰以及 RTU 地线浮空、外壳屏蔽等技术设备，大大提高了 RTU 的可靠性。这些研究成果促进了微机监控及综合自动化研究方向的发展⑥，为我国高速铁路数据采集与监视控制系统（SCADA 系统）的技术

---

① 胡魁元：《中国铁路电气化和自动化的见证人——记中国工程院院士、西南交通大学教授钱清泉》，《中国发明与专利》2012 年第 2 期。

② 郭友敏、林德容：《一位院士的成功轨迹——记中国工程院院士钱清泉教授》，《江苏政协》2005 年第 7 期。

③ 胡魁元：《中国铁路电气化和自动化的见证人——记中国工程院院士、西南交通大学教授钱清泉》，《中国发明与专利》2012 年第 2 期。

④ 郭友敏、林德容：《一位院士的成功轨迹——记中国工程院院士钱清泉教授》，《江苏政协》2005 年第 7 期。

⑤ 通信科技中的概念，"冗余"即增加多的设备以保证系统可靠性，"备用冗余"指在正常情况下不工作，只在正在使用的设备不工作的时候才工作的设备。

⑥ 郭友敏、林德容：《一位院士的成功轨迹——记中国工程院院士钱清泉教授》，《江苏政协》2005 年第 7 期。

发展奠定了重要基础。

（二）高速铁路接触网/受电弓系统技术创新及应用

高速列车运行动力源于牵引变电所提供的高压电，"弓网"即指电力输送的受电弓和接触网。受电弓位于列车车顶，形似弓状，可折叠；而接触网即列于高铁沿线上方的线，又称作架空接触网，高铁通过受电弓与接触网的持续接触而获得电力支持，弓网系统对于高铁技术体系的重要性不言而喻。随着列车提速，受电弓和接触网耦合振动加剧，提高弓网系统动力学性能，保持弓网安全接触，以获取平稳电力，是保障高铁建设开行必须解决的重大难题。

自 1988 年起，一部分西南交通大学铁路技术研究者就对于多方面因素的弓网关系有所关注。张卫华教授团队围绕弓网系统动力学理论、试验评估和工程应用方面进行了系统的自主创新研究，形成了完整的弓网系统动力学理论体系、仿真平台、试验和评估技术、高速受电弓及接触网的技术体系，打破了国外在该领域的技术垄断。

西南交通大学联合中国铁道科学研究院、中铁第四勘察设计院集团有限公司等单位联合完成了"基于耦合动力学的高速铁路接触网/受电弓系统技术创新及应用"的研究。在系统理论方面，该研究提出了弓网接触形貌和滑动效应的耦合关系精确表征方法，把传统弓网垂直耦合拓展到了"全空间"耦合，建成任意弓网结构的弓网系统动力学仿真系统，丰富发展了弓网系统动力学理论，为受电弓、接触网匹配设计、施工分析和评估搭建了精确的仿真平台；建立了全世界公认的最完备的弓网系统动力学数学模型，在此基础上，创建涵盖车线、弓网和流固耦合，反映线路激扰、列车振动和气流扰动对弓网接触影响的高速弓网系统动力学模型，实现高速弓网振动的精确表征。

在技术实验与评估方面，该研究首创弓网混合模拟台架试验技术及试验平台，完成国外多种受电弓的性能测定及我国所有在役受电弓的评估。研发了耐高电压、大电流磁场和强气流干扰的载流弓网系统在线检测平台，并提出了动应力的互推反演技术，实现了弓网系统动力学性能、结构强度、气动特性的一体化系统检测和全局评估；研制出低噪声、低阻力的时速 500 公里高速受电弓，实现世界最高试验速度 600 公里/小时的受电弓气动特性试验。

通过弓网系统动力学理论，该研究取得了弓网频率匹配关系，发现接触网波速、不平顺度、弛度等与受电弓运行速度的制约关系，提出双弓间距与运行速度的最佳匹配公式；实现相对线路曲面坐标的接触网精确安装定位，创建了中国高速接触网不平顺谱；攻克了设计参数、施工工序和零件构造等多因素联动的一体化建造误差控制核心技术，不仅打破国际独家技术垄断，且对比国际先进水平，我国接触网技术平顺性精度（±20 mm/50 m）提高30%，工效提高 100%；在弓网匹配研究的帮助下，该项目全面实现中国时速 200 至 350 公里接触网及受电弓成套装备及工艺技术，并且技术自主创新，研制了不同速度等级、适应不同接触网类型的新型受电弓组，这即意味着实现了接触网的高平顺性、受流的高稳定性和结构的高可靠性目标，很大程度上完成了中国高铁的高稳定性技术，支撑中国高速铁路建设。自 2005 年起，系列成果就被广泛应用于我国现代高速铁路重点工程，为成功建设开通 200 至350 公里/小时高速铁路及保证弓网系统性能和安全提供了有力技术支撑，为我国既有线提速、高铁建设、海外铁路工程建设提供支撑，社会效益巨大。[1]

（三）高速动力车车体转向架技术突破助力铁路提速

转向架位于轮轨之间，一方面它要直接承载车体自重和载重，另一方面由于铁路不能直接完成转向，转向架便承担了引导车辆沿铁路轨道运行，帮助铁路车辆在曲线段完成转向。同时，转向架具有减缓车辆运行时带来震动和冲击的作用，直接关系到车辆的安全性、舒适性。当列车速度提高到 200 公里/小时以上时动态环境急剧恶化，阻力陡增、振动加剧、脱轨倾覆危险性增大。[2]

---

① 国家铁路局：《国家科学技术进步二等奖：基于耦合动力学的高速铁路接触网/受电弓系统技术创新及应用》，https://www.nra.gov.cn/ztzl/hd/cxdh/cxcg/kjj/edj/201705/t20 170509_146885. shtml［2023-07-18］。

② 沈志云、严隽耄、曾京等：《高速客车转向架的动态环境和设计原理》，《铁道学报》1994年第16卷增刊。

在此情况下，常规转向架无法适应高速化，需要研制新型高速转向架。

作为高速列车"九大关键技术"之一①，在中国铁路提速及准高速技术攻克过程中，转向架技术获得了巨大的提升。随着列车速度的提升，转向架的技术也历经了设计轻量化、强度可靠性加大、车辆系统动力学融合、智能化设计等方面的演化。②

国家科委批准"八五"国家科技重点攻关项目——高速铁路计划项目，西南交通大学在"高速动力车车体转向架关键部件的研究"专题中，研制出一台外形流线化、结构轻型化的动力车车体，并成功地研制出两台动力学性能良好、牵引制动功率大的高速动力车转向架。③

20世纪90年代，沈志云院士倡导在中国发展高速列车之时，便在对货车转向架研究的基础上，对高速列车转向架的引进吸收创新进行了初步研究。沈志云提出改变转向架结构的设想——"三无结构加转臂式定位"，即去除转向架摇枕、摇动台和旁承，极大简化结构、减轻自重，再采用转臂式定位，增强稳定性。沈志云认为这"才是现在高速列车转向架的发展方向"。沈志云关于高速列车转向架的设想，通过与长春客车厂合作的方式投入了实践，于1997年研制成功，并在西南交通大学牵引动力实验室经过试验改造，临界速度可达350公里/小时。这是我国自己研制的第一台高速列车转向架，开创了我国发展高速列车转向架的先河，其他工厂在引进基础上研究制造的高速列车转向架都跟沈志云的主张一样，使用了"三无结构"④。

（四）遂渝铁路无砟轨道综合实验的创新成果

不同于传统有砟轨道的散粒体碎石道床，无砟轨道由混凝土、沥青混合料等材料进行轨道整体塑基，使支撑高速列车运行的轨道更具稳定性、耐久

---

① 张卫华、王伯铭：《中国高速列车的创新发展》，《机车电传动》2010年第1期。

② 李秋泽、单巍、梁树林等：《中国高速动车组转向架技术发展及展望》，《机车电传动》2023年第2期。

③ 《我校主持的两项"八五"国家重点科技攻关专题通过验收》，《学术动态报道》，https://www.ixueshu.com/h5/document/0b6267206c44bdf4e0b1bfd5d8863fbc318947a18e7f9386.html。

④ 田永秀：《轮轨丹心　沈志云传》，中国科学技术出版社，2017年，第101－102页。

性，且更少维修等突出优势。因此，无砟轨道系统是高速铁路核心技术之一，对于高速铁路的运行及其稳定性都至关重要，在很长一段时间里，高速铁路无砟轨道的技术都为日、德所垄断。① 随着中国高铁的不断发展，形成符合中国国情及中国高铁建设需要的无砟轨道技术系统势在必行。正是在这样的时势之下，遂渝无砟轨道综合试验段产生了最早的中国自主知识产权的无砟轨道技术，并在成灌快铁的建设中，首创自主知识产权的 CRTS Ⅲ 型无砟轨道技术。这些技术突破都来自四川高铁建设的实验与实践。

在迄今为止中国铁路技术关于无砟轨道一系列实验中，成果最为显著的便是遂渝线上的无砟轨道综合实验。这个实验工程于 2006 年 12 月试验段竣工，并在 2007 年 1 月顺利完成综合试验。② 试验段在无砟轨道道床结构、路基结构、轨道扣件、道岔以及测量控制、变形控制、施工装备等方面都取得了关键技术的突破，正式宣告中国无砟轨道成套技术基本形成③，填补了国内外无砟轨道技术领域的多项空白，"整体技术达到国际先进水平"，这为我国客运专线的开发建设提供了重要的技术支撑。④

首先是无砟轨道结构及扣件系统的实验成果。试验线全线采用了多种无砟轨道结构型式进行尝试，例如 I 型板式轨道、双块式无砟轨道、轨枕埋入式无砟轨道和纵连板式轨道等，初步确定适应不同线路路基状况下的无砟轨道的结构型式。⑤ 扣件方面，试验段采用 WJ－7 扣件系统，分为用于路基、隧道等的"一般阻力扣件"和用于桥梁的"小阻力扣件"，它们可通过对弹条和轨下垫板的灵活组合来巧妙地完成不同线路的阻力值。⑥ 道岔与无砟轨道的适应性难题也得到了很好的解决，开发了更适应无砟轨道的高弹性、高

① 中国国家铁路集团有限公司：《"高速铁路Ⅲ型板式无砟轨道系统技术及应用"项目获国家科学技术进步奖二等奖》，http://www.china－railway.com.cn/kjcx/kjcg/202111/t20211130_118260.html（2021.11.30）［2023.04.26］。

② 关于遂渝无砟轨道综合试验段的建设情况于第二章第一节中进行了较为详细的介绍，此处略。

③ 冯金声：《中国西南铁路记事》，西南交通大学出版社，2017 年。

④ 《遂渝线无砟轨道综合试验段关键技术试验研究》，《人民铁道》2009 年 4 月 8 日，第 B02 版。

⑤ 朱颖：《致力打造具有中国自主知识产权的高速铁路——遂渝线无砟轨道综合试验段总体设计》，《铁道工程学报》2008 年 10 月增刊。

⑥ 盛伟、付传锋：《高速铁路扣件系统的类型与应用》，《金属加工（热加工）》2010 年第 7 期。

强度、大调整量要求的道岔扣件。

其次是路基工程方面，针对试验段地形、地质情况，设计上采取了桩板及桩网结构路基、换土、夯土等多种设计与施工方法作为地基沉降控制措施，有效地控制了路基工后沉降，初步提出了适合我国客运专线建设的路基填筑检测技术标准。① 同时，此次实验成功解决了无砟轨道与 ZPW-2000 电路制式的适应性问题，使铁路技术工作者们掌握了影响轨道电路传输的主要因素，基本确定了无砟轨道道床内钢筋对轨道电路的影响范围，并制定出相关技术方针。②

最后是促进中国高速铁路无砟轨道技术的标准化与规范化。研究成果被纳入《客运专线无砟轨道铁路设计指南》《客运专线无砟轨道铁路施工技术指南》《客运专线无砟轨道铁路工程施工质量验收暂行标准》，并成功运用到武广、郑西、京沪等高速无砟轨道铁路的建设中。③ 中铁二院在试验段工程实践的基础上编写了《客运专线无砟轨道铁路工程测量暂行规定》，在这份规定中首次提出了勘测控制网、施工控制网、运营维护控制网"三网合一"的测量体系④，确定了无砟轨道铁路平面控制测量分三级布网的布设原则，以及首级高程控制网应按二等水准测量精度施测的要求，确定了无砟轨道必须采用绝对定位与相对定位测量相结合的铺轨测量定位模式⑤。

由于无砟轨道综合技术实现了自主化，高速铁路投资成本大大降低。"与进口产品相比，仅无砟道岔、无砟轨道扣件两项就节省投资约 2000 万元"，采用自主研发的无砟轨道施工和制造设备，投资仅为进口设备的

---

① 姚力：《遂渝线无砟轨道综合试验段路基地段无砟轨道设计与施工》，西南交通大学硕士学位论文，2009 年。

② 刘洋：《高铁 ZPW-2000R 轨道电路应用方案研究》，2020 年第七届全路 ZPW-2000 轨道电路技术交流会。

③ 《遂渝线无砟轨道综合试验段关键技术试验研究》，《人民铁道》2009 年 4 月 8 日，第 B02 版。

④ 无砟轨道的工程施工工艺和精度要求极高，为保证测量成果质量满足勘测、施工、运营维护的三个阶段的需要，因此将三个阶段的测量均采用统一的标准。

⑤ 中铁二院：《客运专线无砟轨道铁路工程测量暂行规范（第一部分）》，2009 年。

10% ~ 20%①，大大地节省了建设成本，创造了良好的经济效益，奠定了大规模发展及修建中国高铁的重要基础，对建立中国高铁自主知识产权品牌具有重要意义。

（五）高速铁路道岔技术的突破

道岔是把一条轨道分支为两条或两条以上的轨道，使机车车辆从一股道转入或越过另一股道的轨道连接的基本设备，有道岔使用数量多、使用寿命短于其他设备（易损耗）、限制列车速度、养护维修投入大等特点，与曲线、接头并称为轨道的三大薄弱环节，在普速列车运行过程中，传统道岔被视作需要密切关注维护的薄弱部件。在高速列车运行的情况下，列车要快速安全地通过岔道成为一大难题，道岔从设计理论、制作工艺、材质选择到维护方式都形成了巨大的挑战，是影响列车运行速度和安全的关键设备，是高速铁路建设中急切需要突破的关键技术之一。

为满足我国高速铁路大规模建设的需要，打破德、法两国对高速道岔技术的垄断和封锁，铁道部制定了"引进法国技术、中德合资生产、自主研发"并行的高速道岔技术路线。铁道部科技司和工程管理中心从 2005 年开始组成了"产、学、研、用"相结合的联合课题组协同攻关。② 西南交通大学主持，中国铁道科学研究院、中铁工程设计咨询集团有限公司、北京全路通号总公司、中铁山桥集团有限公司、中铁宝桥集团有限公司、北京交通大学等十多家单位组成的联合课题组，历时六年，多学科联合攻关，历经理论研究、结构设计、试制生产、试铺试验等研发过程，完成了具有自主知识产权的时速 250 公里和 350 公里的 18 号、42 号、62 号有砟及无砟轨道基础系列高速道岔的研制。③ 其中，以王平教授为核心的西南交大高速铁路轨道研究团队经过长期的努力，终于在高速道岔平面线形设计、轮轨系统动力学评

① 朱颖：《致力打造具有中国自主知识产权的高速铁路——遂渝线无砟轨道综合试验段总体设计》，《铁道工程学报》2008 年 10 月增刊。

② 王平：《高速铁路道岔设计理论与实践》序，西南交通大学出版社，2010 年。

③ 王平：《高速铁路道岔设计理论与实践》前言，西南交通大学出版社，2010 年。

价、无缝道岔适应性检算、道岔可动部件转换阻力计算及道岔零部件动力强度检算等理论分析领域取得了开创性成果，建立了具有自主知识产权的高速道岔基础理论分析体系。该基础理论分析体系在时速 250～350 公里、60 千克/米钢轨、18 号以及 42 号和 62 号高速道岔研制工作中发挥了重要作用。[①] 以此为基础的高铁道岔在武广、沪杭等高速铁路线上铺设，通过了最高试验速度 410 公里/小时、运营速度 350 公里/小时的考核，已在哈大（哈尔滨—大连）、京郑（北京—郑州）、郑武（郑州—武汉）等高速铁路线上大规模推广应用，2010 年前市场份额已达 75% 以上。[②] 在基础理论研究成果的有力支持下，我国高速道岔的整体技术达到了世界发达国家的同等水平，有的领域还有所超越，为我国高速铁路建设节约了数十亿元的直接投资。[③]

（六）"不颠簸"的车：高速铁路轨道平顺性保持技术的技术突破

2015 年《时代周报》报道一位外国人拍摄了一段在中国高铁上立硬币的视频，在网络上引起了海内外网友的热议，外国友人称："现代高速铁路既快又舒适，中国高铁已经成为全球高铁的领导者。"[④] 硬币在动车上 9 分钟不倒，是中国高铁营运平顺的一个侧影，背后是一系列平顺性技术的支撑。正如西南交通大学王平教授说："我们有个理念叫以平稳性保平安。只有坐在不太颠簸的车里，我们老百姓才会觉得心里踏实。"[⑤] 中国高铁技术的发展不仅仅是让列车快速地跑起来，更需要它安全、舒适地跑起来，其中高速铁路平顺性的追求便是高速列车"高质量"跑起来的重要追求之一。

西南交通大学、中铁二院联合组建的高速铁路轨道四川省科学研究创新团队长期致力于轨道平顺性的研究，在 863 计划、国家自然科学基金和铁道

①　王平：《高速铁路道岔设计理论与实践》序，西南交通大学出版社，2010 年。
②　王平：《高速铁路道岔设计理论与实践》前言，西南交通大学出版社，2010 年。
③　王平：《高速铁路道岔设计理论与实践》前言，西南交通大学出版社，2010 年。
④　马欢：《一枚硬币唱出的中国高铁赞歌》，https://www.guancha.cn/Project/2015_07_15_326913.shtml。
⑤　夏小童、于洋、徐斐：《王平："顶天立地"护佑高铁平稳》，《中国交通报》2017 年 6 月 20 日，第 8 版。

部科技研究开发计划等支持下，历时 10 余年，汇聚几位主要完成人的研究成果，形成了形态测控由线及点、变形调控自下而上、平顺诊控静动结合的高速铁路轨道平顺状态诊断及高平顺性长期保持的技术体系①，并对以下三个方面的难点进行核心技术的突破。

（1）精准钢轨尺寸

传统铁路轨道长期存在几何测控误差大、效率低的技术瓶颈，而高铁因轨道的不可调与运行的特殊性，对精度要求极高，因此，高速铁路轨道四川省科学研究创新团队发明了单点形式轨道控制 CPⅢ网建网、无砟轨道标准框精密标定、基于轨迹偏差的轨道快速精调等技术，实现了高铁轨道几何形态的亚毫米级精度控制。②

高铁使用无砟轨道板，一块一块现场安装，精度要求极高，与设计位置的误差必须控制在正负 1 毫米以下，精密测量在工程中的重要性不言而喻，而这些技术由德国掌控。曾经一位德国专家甚至断言："离开精密工程测量技术，中国高铁不可能取得成功。"西南交通大学刘成龙教授带领研究生攻克了在 1 公里内精准定位 32 个 CPIII 控制点的三维坐标的技术难题，设计出国内第一套 CPIII 控制网外业数据采集软件和内业数据处理软件③，让中国高铁精密工程测量技术实现了超越。

（2）运行基础变形可控与监测

一直以来，无砟轨道与基础层间变形差异显著是阻碍铁路技术发展的一大症结所在。于此方面，高速铁路轨道四川省科学研究创新团队发明了桩板及桩网路基新型结构，这是路基上的一大标志性的发明，首创了基础不均匀变形的检测与监测技术，实现了轨下基础均匀连续变形和层间变形映射隔阻。④

---

① 李杰：《王平：高速铁路轨道平顺稳定筑梦者》，《科技日报》2017 年 1 月 20 日，第 6 版。

② 王平、汪鑫、王源等：《基于高铁轨道不平顺的车轮不圆顺识别模型》，《西南交通大学学报》2020 年第 55 期。

③ 张守帅：《西南交大教授刘成龙：搞科研别指望"岁月静好"》，《四川日报》2017 年 2 月 4 日，第 05 版。

④ 胡安华、蒋关鲁、魏永幸：《无砟轨道桩板及桩网结构路基的长期观测研究》，《路基工程》2009 年第 2 期。

（3）轨道自身结构平顺性保证

要保证列车运行的平顺性，轨道自身结构的刚度、疲劳伤损等的影响至关重要。突破的关键其一在于轨道动态刚度宽频测试装置的开发，以把控轨道自身结构刚度的情况；其二，实现轨道无缝线路的部件的发明，如桥上无缝线路加强结构、轮载过渡前移及缩短的高速道岔，实现轨道结构的低动力承载和缓变形。[1]

特别值得指出的是，在当时仅有德国和瑞士生产的轨检仪可以检测轨道铺设的平顺性。刘成龙主持的"高速铁路精密工程测量成套技术"，与中铁工程设计咨询集团开展校企合作，干劲十足地探索发明出具有自主知识产权的国产化设备，用以检测轨道的平顺性，将测量成本和时间大幅降低。这些发明都对高铁的平顺运行起到重要的作用。

（七）安全运营："高速铁路供电综合监控技术与装备"以及"高速铁路弓网系统运营安全保障成套技术与装备"的开发

高速铁路供电系统是高速列车安全运行获得持续稳定动力的根本，高速铁路供电综合监控对其实施供电调度指挥、设备保护控制、故障诊断与处理。高速铁路综合监控系统是高铁安全、可靠、高效运行的重要保障。在技术创新与集成的时代，四川铁路技术从业人员在前人研究基础上，研制了我国第一套高铁供电综合监控系统，突破了多项核心技术，打破了国外技术垄断，并在我国大规模高速铁路建设、运营中发挥了重要作用。[2]

西南交通大学高仕斌、陈奇志、陈维荣等人，联合多个相关单位针对我国高铁高速度、高密度、大规模的运行需求，以高铁四大关键系统之一的供电系统为对象，突破高密度列车群的可靠供电、高速弓网系统的稳定受流、

---

[1]　王平、徐井芒、郝超江：《时速 400 km 高速道岔设计关键技术》，《中国铁路》2022 年第 8 期。

[2]　国家铁路局：《高速铁路供电综合监控技术与装备》，https://www.nra.gov.cn/ztzl/hd/cxdh/cxcg/kjj/edj/201705/t20170522_ 146884. shtml#: ~ :text = % E5% 9B% B4% E7% BB% 95% E6% 88% 91% E5% 9B% BD1. 6% E4% B8% 87,% E6% 8A% 80% E6% 9C% AF% E8% A3% 85% E5% A4% 87% E7% 9A% 84% E7% A0% 94% E5% 88% B6% E3% 80% 82。

大规模供电网的供电能力三大技术瓶颈，系统性、原创性地解决了制约我国高铁供电系统大规模建设与安全可靠节能运行的"理论－技术－装备"难题。① 作为一套革新技术与设备，高速铁路供电综合监控技术与装备建立了我国高铁供电综合监控"统一规划、统一标准、统一调度、统一平台"技术体系，为高铁技术的标准化提供了强有力的支撑。②

高速铁路运营中，弓网系统是相对薄弱的环节，受电弓接触网系统的结构性能受损，可能导致停电停车，致使高铁晚点，打乱运输秩序。为此，高仕斌团队设立"必须实时掌控弓网系统的受流性能与安全状态"的目标，研发出 6 类检测设备，为高铁弓网"体检"，帮助迅速检测出高速铁路弓网系统出现的故障，并及时处理。这套"高速铁路弓网系统运营安全保障成套技术与装备"获得 2018 年国家科学技术进步奖二等奖。③ 需要特别指出的是，这两套设备是中国高铁技术与装备完全自主化的典型，完全由本土经验和技术发展而来。④

（八）攀钢引领高速铁路钢轨生产技术

钢轨是轨道结构的重要部件，承担着引导车轮、传递载荷的作用。高速铁路的钢轨需要满足材质与性能、尺寸与公差、表面质量以及其他一系列严格的要求。这些要求共同保证了高速列车的安全、平稳、高效运行。建设轮轨高速铁路，生产出符合高速铁路运行条件的钢轨是重要前提。

四川的攀钢集团在高速铁路钢轨生产领域具有世界领先地位。攀钢从 20 世纪 80 年代开始进行高速钢轨的探索和研究，成功打破国外企业的技术

---

① 陈彬：《高仕斌：高铁"供血"安全的守卫者》，《中国科学报》2023 年 8 月 31 日，第 4 版。

② 国家铁路局：《高速铁路供电综合监控技术与装备》，https://www.nra.gov.cn/ztzl/hd/cxdn/cxcg/kjj/edj/201705/t20170522_146884.shtml1#:~:text=%E5%9B%B4%E7%BB%95%E6%88%91%E5%9B%BD1.6%E4%B8%87,%E6%8A%80%E6%9C%AF%E8%A3%85%E5%A4%87%E7%9A%84%E7%A0%94%E5%88%B6%E3%80%82c-。

③ 王永战：《西南交大教授高仕斌 30 多年钻研铁路供电和自动化——每一步选择都瞄准现实需要》，《人民日报》2023 年 1 月 6 日，第 6 版。

④ 陈彬：《高仕斌：高铁"供血"安全的守卫者》，《中国科学报》2023 年 8 月 31 日，第 4 版。

封锁和市场垄断，先后开发生产出一系列拥有自主知识产权的高速钢轨。[①]

攀钢于 2000 年在国内率先开发生产出时速 200 公里高速轨，并成功铺设在高速轨试验线路。2003 年，国家"十五"科技攻关项目，攀钢"高速重载重轨新技术开发可行性研究"在北京通过专家评估论证。[②] 2004 年 12 月，攀钢万能生产线建成并成功轧出我国第一条 100 米长定尺钢轨，使攀钢万能生产线成为国内第一家拥有 100 米长定尺钢轨的生产企业，成为世界少有的能够按照欧洲铁路联盟（EN）标准生产高强度、高平直度、高表面光洁度、高尺寸精度 100 米长定尺钢轨的企业。[③] 2005 年 12 月，攀钢运用万能生产线开发生产出时速 350 公里的 100 米长定尺高速钢轨，同时开发出与时速 350 公里高速轨配套使用的 60D40 高速道岔轨。[④] 2005 年 12 月，攀钢时速 350 公里 100 米长定尺高速轨开始投放市场，试铺在西安陇海高速铁路线试验段。2007 年年初，攀钢时速 350 公里 100 米长定尺高速轨，独家包揽我国首条城际高速铁路——京津城际高速铁路全部订单。[⑤] 攀钢为京津城际高速铁路提供 2.75 万吨时速 350 公里 100 米长定尺高速轨，由于表面质量高、尺寸精度高、纯净度高、平直度高，完全满足了用户需求。这为用户在国内首次采用 500 米长钢轨工地焊接施工工艺，跨区进行超长无缝线路铺设，减少线路接头，提高列车行驶的平稳性、安全性、舒适性，降低噪声创造了良好的条件。据专家预测，京津城际高速铁路 60 年内轨道无须大规模维修。[⑥] 从 2000 年至 2007 年，攀钢产销时速 200 公里、时速 250 公里、时速 300 公里、时速 350 公里高速轨共 28 万多吨，其中 100 米长定尺高速轨 7 万多吨，均已铺设在遂渝、秦沈、合宁、合武、京津等高速铁路线。攀钢所

---

① 张小军：《攀钢高速轨创造时速 394.3 公里世界轨道交通第一速度》，《中国钢铁业》2008 年第 7 期。

② 徐丽萍：《攀钢百米长轨"撑"起京津大动脉》，《金属世界》2008 年第 6 期。

③ 周清跃、张银花：《高速铁路钢轨技术发展历程回顾》，《中国铁路》2018 年第 3 期。

④ 徐丽萍、张春：《攀钢产出 50 米长定尺高速道岔轨　60D40 高速道岔轨将与时速 350 公里高速轨配套使用》，《四川日报》2009 年 11 月 5 日，第 A03 版。

⑤ 徐丽萍、张春：《四川钢轨"跑出"中国速度——攀钢高速轨铺设的京津城际高铁让奥运动车组时速达 380 公里》，《四川日报》2008 年 7 月 5 日，第 C01 版。

⑥ 徐丽萍：《攀钢百米长轨"撑"起京津大动脉》，《金属世界》2008 年第 6 期。

生产的高铁用轨道在全国的市场占有率超过三分之一，是我国"八纵八横"高铁网主通道铁路用轨的主要供货商。[①]

攀钢集团不仅掌握了高速铁路钢轨生产的核心技术，还通过不断创新，提高了钢轨的耐磨性、耐腐蚀性和焊接性能，为中国高速铁路的安全、高效运营提供了坚实保障。

三、实验装置：支撑技术实验的平台贡献

中国铁路在从"提速""准高速"到"高速"的探索过程中，实验的重要性不言而喻。在 20 世纪 80 年代末，中国铁路开始迈进新增铁路线路网络的时代，四川铁路技术研究者们已经开始关注到提高铁路运行速度的重要性，本着为中国铁路提速积累经验的初心，四川铁路技术研究者们积极筹建支撑技术发展的实验平台。

（一）牵引动力国家重点实验室的成立

牵引动力国家重点实验室是我国轨道交通领域车辆界唯一的国家级开放研究实验室，于 1989 年开始筹建，1994 年成立，1996 年通过国家验收，两次被评为优秀国家重点实验室，2022 年重组更名为轨道交通运载系统全国重点实验室。

实验室运行之始正值我国铁路大提速之时，实验室以铁路"实现跨越式发展"为目标，研制成功目前世界上规模最大、功能最多的机车车辆整车滚动振动试验台，为新型机车车辆开发提供了强有力的试验研究手段。该试验台在我国铁路提速和高速机车车辆研制中发挥了不可替代的作用。围绕铁路机车车辆动态模拟研究，实验室承担了包括国家攻关项目、国家自然科学基金重点项目在内的一大批研究课题，取得以机车车辆整车滚动振动试验台、

---

① 兰楠：《我国"八纵八横"高铁网用轨三成攀钢造》，川观新闻，https://baijiahao.baidu.com/s?id=1788388883405973691&wfr=spider&for=pc。

270 公里/小时高速列车、摆式列车为代表的一批科研成果，并在机车车辆非线性稳定性、轮轨关系和弓网关系等基础理论研究方面取得突破性进展。[①]

对外开放是一个科学实验室的重要使命之一。随着牵引动力国家重点实验室成果及作用的凸显，它在国际上也享有盛誉，其他国外著名机构也来寻求合作，其中日本、韩国的铁道研究院及铁路企业因天然的地理位置关系，与牵引动力国家重点实验室有较为密切的合作关系。牵引动力国家重点实验室和韩国的铁道研究院就摆式列车研究的合作科研经费就曾达到 36.5 万美元。[②]

（二）机车车辆滚动振动试验台的建设

在西南交通大学轨道交通国家实验室筹建之机，研究者们构建了高速列车数字化仿真平台，并建设了高速列车基础研究实验平台和高速列车服役性能研究实验平台。这些实验平台和检测装备已成为高速列车全寿命周期动力学研究与试验体系的重要组成部分，也为高速列车耦合大系统动力学理论的建立和验证提供了条件。

20 世纪 80 年代，当时中国列车的平均时速只有 60～70 公里，沈志云提出要按照时速 400 公里的标准建设机车车辆滚动震动试验台，这简直是无法想象的。在沈志云的极力推动下，1989 年 4 月，国家计委派专家到西南交通大学来进行现场评估，并于 1995 年 11 月，国家重点实验室通过国家验收，国际一流的试验台正式建成。经过二十多年的实践证明，这个试验台对于中国铁路尤其是中国高铁的发展起到了不可磨灭的重要作用。时至今日，机车车辆滚动振动试验台是车辆系统动力学研究的重要台架之一，经过提速改造，该实验设备最高试验速度已达到 600 公里/小时（2015 年升级为时速 600 公里）。在该试验台上，针对我国所有型号高速动车组开展了动力学试

---

① 张卫华：《机车车辆动态模拟》前言，中国铁道出版社，2006 年。

② 《西南交通大学牵引动力国家重点实验室》，《实验科学与技术》2004 年第 2 期。

验。部分试验针对线路运营中的动力学问题，再现了动力学现象，并进行了大量的研究型实验，在我国铁路提速和高速列车研制中发挥了重要作用。①

除了以上在全国得到大力推广和运营的技术与设备，山地地区高铁建设技术也有突破。中铁二院"啃"下复杂艰险山区高铁修建这块"硬骨头"，尤其在"空、天、地"一体综合勘察、复杂艰险山区铁路减灾选线、高墩大跨桥梁、复杂环境隧道、路基变形控制及灾害防治、牵引供电系统和监测预警等穿越复杂艰险山区铁路建设领域，取得一大批行业领先的科技成果。

第三节　人才队伍：高铁人才培养中的"四川智慧"

中国高铁发展离不开铁路技术人才，四川对于中国高铁技术的贡献在很大程度上来源于铁路技术研究者的杰出贡献。川内的科技研发、勘察设计、工程建设单位都涌现出大量人才，为高铁的发展提供有力支持，而这些高铁技术从业者们在这个过程中得到迅速的成长和发展。

一、高铁人才的理论培养

在铁路进入高铁和"后高铁"时代，人才培养和培训的基础性和先导性更加凸显。② 高校是培养高新技术人才的重要力量，川内以西南交通大学为代表的行业特色高校对高铁技术人才的培养做出极大的贡献。中国高铁探索早期是从理论支撑、理论创新等方面切入的，高校的理论教育可以说是高铁技术创新力量的摇篮和高铁技术人才的"蓄水池"，一方面是针对青年学

---

① 黄丽湘、张卫华、马启文：《机车车辆整车滚动振动试验台设计》，《铁道车辆》2007 年第 1 期。

② 《西南交通大学校长徐飞在"第九届世界高铁大会"上的主旨演讲》，https://www.swjtu.edu.cn/index/ldjh1/4.htm。

生的培养，为祖国轨道交通事业培养接班人，另一方面是对青年教师和研究人员的培养，传承轨道交通领域的科学研究理念以及精神。

（一）培养了一批行业领军人才

在百年办校历史中，西南交通大学培养出大量人才以配合国家战略和时代发展的需求。

西南交通大学作为发端于铁路、服务于铁路的中国百年名校，培养出了一大批铁路行业领军人物，他们中的许多人在自己的岗位上对高铁的技术发展、勘测设计与落地建设等做出了卓越的贡献。

院士和勘察设计大师群体能从一定程度上代表这个行业的发展水平。西南交通大学自建校来，培养了60余位院士、30多位全国工程勘察设计大师，他们中不少人在工作中直接或间接推动了中国高速铁路事业的发展。从毕业于西南交大的铁路系统院士统计情况（表7-1）与毕业于西南交大的铁路系统勘察设计大师统计情况（表7-2），不难看出西南交通大学培养了大批科研人才与技术人才，他们进入全国各地铁路科研、设计及建设单位，引领了高铁技术探索以及高铁的建设。如何华武作为"高速铁路技术攻关组"团队负责人[1]，组织了铁路客运专线（高速铁路）重大关键技术攻关及系统集成总体优化，为客运专线（高速铁路）建设提供了强有力的技术支撑；丁荣军在中车株洲电力机车研究所长期从事轨道交通牵引控制、牵引变流和网络控制技术的创新研究和成果转化，为中国铁路从普载到重载、从普速到高速的突破发展做出了重大贡献；朱颖参与"遂渝线无砟轨道关键技术"的攻克，王争鸣、王长进、高宗余等人参与多条高铁线路的勘测与设计，并出色地完成任务。

这些领军人物中，不少人既积极投身高铁技术理论与实践攻关的前线，还担任铁路院校或研究机构的教授、导师，以自己卓绝的理论学术和丰富的实践经验为培养高铁技术的新一代人才做出贡献。如沈志云、翟婉明、田红

---

[1]　国家铁路局官网：https://www.nra.gov.cn/ztzl/hd/cxdh/ljrw/cxrc/。

旗、王梦恕等人，既是铁路技术的科研"领头羊"，也是年轻学生、青年学者的科研"引路人"。

表 7 - 1　毕业于西南交大的铁路系统院士统计表（部分）①

姓名	毕业院校	工作单位/职务	研究领域
沈志云	西南交通大学	西南交通大学	沈志云在机车车辆动力学尤其是轮轨动力学、运动稳定性、曲线通过理论和随机响应等研究方面成绩卓著，创建的轮轨非线性蠕滑力模型，在国际上通称"沈氏理论"被广泛引用；主持研制成功中国第一台迫导向货车转向架，开创了无轮缘磨损新纪录；主持建立的机车车辆整车滚动振动试验台，达到国际先进水平。
何华武	西南交通大学	中国铁路总公司总工程师	主持了几十项铁路枢纽、铁路干线的勘察设计、咨询评估、技术决策；作为技术总负责人，主持了铁路第六次大提速工程；组织了铁路客运专线（高速铁路）重大关键技术攻关及系统集成总体优化，为客运专线（高速铁路）建设提供了强有力的技术支撑。
卢春房	西南交通大学	中国铁路总公司副总经理	2005—2016 年间是中国高速铁路建设的实际组织者。曾任京沪高铁建设指挥长，组织建设我国高铁路网骨架，创立高铁建设标准化管理模式和动态施工组织方法，组织高铁技术一体化自主创新，建立我国高铁设计标准体系，研制 CRTS - 1 型无砟轨道系统等。
田红旗	西南交通大学	中南大学	长期从事铁路空气动力学和列车撞击动力学研究工作，在解决中国高速铁路空气动力问题、列车碰撞安全保护技术、恶劣风环境行车安全等方面取得系列原创性和工程应用成果。
钱清泉	唐山铁道学院（今西南交通大学）	西南交通大学	长期从事铁道电气化与自动化领域的科研与教学工作；主持研制成功了我国第一套电气化铁道多微机远动监控系统，在 10 多项国家、省部级重点工程中推广应用；参与组织和筹建牵引动力国家重点实验室，该室建成后通过国家验收，达到世界先进水平。

---

① 整理自国家铁路局官网：https://www.nra.gov.cn/ztzl/hd/cxdh/ljrw/lyys/。

续表

姓名	毕业院校	工作单位/职务	研究领域
王梦恕	唐山铁道学院（今西南交通大学）	中铁隧道集团有限公司、北京交通大学教授和博士生导师	从事铁路工程科技工作40余年。在隧道及地下工程的理论研究、科学试验、开发新技术、开发新方法、开发新工艺以及指导设计、施工等方面做出了突出的贡献，取得了丰硕的成果，对促进我国隧道建设技术的发展起到了重要作用。
翟婉明	西南交通大学	西南交通大学	长期从事铁路工程领域动力学理论与应用研究，创建了机车车辆－轨道耦合动力学理论体系，建立了车辆－轨道统一模型，提出了机车车辆与线路最佳匹配设计原理及方法，主持研究建立了列车－轨道－桥梁动力相互作用理论及安全评估系统，被媒体誉为中国铁路提速保护神。
丁荣军	西南交通大学	中车株洲电力机车研究所有限公司董事长	长期从事轨道交通牵引控制、牵引变流和网络控制技术的创新研究和成果转化，为中国铁路从普载到重载、从常速到高速的突破发展做出了重大贡献。
秦顺全	西南交通大学	中铁大桥勘测设计院集团有限公司董事长，西南交通大学双聘院士	长期从事大型桥梁的设计、施工技术工作，为中国桥梁事业的发展做出了重要贡献。参与京沪高速铁路南京大胜关长江大桥、京广客运专线郑州黄河公铁两用大桥、东海大桥、杭州湾跨海大桥、澳门西湾大桥、青藏铁路拉萨河特大桥、武汉二七长江大桥、孟加拉国帕克西大桥等多座国内外大型桥梁的设计、施工技术工作。

表7-2　毕业于西南交大的铁路系统勘察设计大师统计表（部分）①

姓名	毕业院校	工作单位/职务	相关成就
朱颖	西南交通大学	中铁二院	"遂渝线无砟轨道关键技术研究与应用"获2010年国家科技进步奖一等奖。结合成灌铁路研发的CRTSⅢ型板式无砟轨道结构，进一步丰富了我国无砟轨道结构体系。
王争鸣	西南交通大学	铁一院董事长、党委书记	先后主持和参与设计了青藏铁路、郑西铁路客运专线、京九铁路等30余项国家重大工程，在高速铁路、铁路干线的综合选线和总体设计，以及大型枢纽、综合交通规划方面取得重要创新成果，突破多项关键技术。

---

① 整理自国家铁路局官网：https://www.nra.gov.cn/ztzl/hd/cxdh/ljrw/sjds/index_ 1. shtml。

续表

姓名	毕业院校	工作单位/职务	相关成就
王长进	西南交通大学	中国铁路设计集团有限公司	全国工程勘察设计大师。长期从事铁路勘察设计、技术管理和科学研究工作。主持完成 50 余项国家重点铁路工程项目勘察工作和 10 余项重大专项课题研究，研究成果在高速铁路建设中发挥了重要作用。
蒋先国	西南交通大学	中国铁路设计集团有限公司	在接触网设计、四电系统集成设计、接触网零部件设计以及电气化新技术开发与应用等方面贡献突出，取得了很好的经济、社会效益。多项创新成果纳入了《高速铁路设计规范》，造就了"哈大电气化模式"。
孙树礼	西南交通大学	铁三院副总经理	主编完成《青藏铁路拉萨河特大桥》《高速铁路桥梁设计与实践》两部专著，作为副主编出版了《中国高速铁路桥梁》一书。
王玉泽	西南交通大学	中铁四院集团总工程师	担任京沪高铁总体设计负责人，带领技术团队开创性地完成大量关于高铁的技术攻关及规范编制，组织实施了国家"九五"科技攻关项目，完成了 10 多项前沿科研课题，填补了我国高铁技术领域的多项空白，其成果广泛应用于高速铁路和客运专线的研究设计。
高宗余	西南交通大学	中铁大桥勘测设计院	从事桥梁工程设计和研究工作，主持了多座大型桥梁工程的设计，在多塔缆索承重桥梁、高速铁路大跨度桥梁新结构、跨海大桥设计方面取得突出成绩。
喻渝	西南交通大学	中国中铁二院工程集团有限责任公司副总工程师	先后担任成兰线、俄罗斯高铁等共计 20 余条铁路或枢纽的隧道专业主管副总工程师，负责重大技术方案的审定和重大科研课题研究。在高速铁路黄土隧道修建技术、隧道空气动力学、长大隧道通风、特殊复杂地质隧道设计、计算机软件的研发及应用等方面积极创新，多项设计和科研成果达到国内或国际领先水平。其中，主持的高速铁路超大断面黄土隧道关键技术课题研究获国家科技进步奖二等奖。

不仅培养了一批院士和勘察设计大师，西南交通大学还云集了一批高铁技术的技术骨干，为高铁技术的探索和传承做出不可磨灭的贡献。

（二）持续为高铁发展输送人才

在中国铁路大发展，尤其高速铁路攻坚克难、迅速崛起的时代潮流中，西南交通大学发挥土木建设、轨道交通等育才优势，构建了多层次、多类型的工程人才培养模式，配合中国高速铁路国际化战略，加快推进国家轨道交通行业发展，发挥自己的独特作用，持续为高速铁路的发展输送人才。

1. 科研能力引领专业教学

在国家轨道交通事业快速发展的阶段，西南交通大学在"轨道交通""高速铁路""大型桥梁隧道""现代交通信息"等研究领域取得重大突破，诞生了以"现代轨道车辆耦合相关理论及其应用"等为代表的一系列标志性成果。以先进的科研引领专业的一流教学，既为国家轨道科技创新做出了突出贡献，也为铁路技术人才的培养提供有力的支撑。依托轨道交通、高速铁路、大型桥梁隧道、现代交通信息等研究领域优势，西南交大形成了在全国排名第一的大交通学科特色，打造了土木工程、机械工程、电气工程、通信工程、交通运输等 12 个国家级特色专业[1]，入选教育部首批卓越工程教育培养计划试点高校，形成卓越工程师教育培养计划专业 17 个、通过工程教育认证专业 17 个。[2]

西南交通大学轨道交通学科群实力位居全国前列，建立起世界轨道交通领域最完备的学科专业体系、人才培养体系和科研创新体系。交通运输工程学科位居全国第一（A＋）并进入国家"双一流"建设序列，土木工程学科位居全国 A 序列，土木工程、机械工程、电气工程进入世界前 50 强（软科世界一流学科排名和 US NEWS 学科排名）。工程学、计算机科学、材料科学、化学、社会科学、地球科学、环境/生态学等学科进入 ESI 世界排名前 1%，工程学进入 ESI 世界排名前 1‰。[3]

2. 综合素养与针对性拔尖人才培养

在中国高铁行业发展的高峰期前，西南交通大学便意识到相关技术人才会是高铁进一步发展的制约性因素，而什么样的人才是高铁发展需要的呢？

---

① 西南交通大学：《以中国式速度推进高铁人才培养》，（2011 - 01 - 10）［2023 - 10 - 28］https://www.nra.gov.cn/ztzl/hd/cxdh/cxcg/kjj/edj/201705/t20170509_ 146885. shtml。

② 西南交通大学・学校概况：https://www.swjtu.edu.cn/xxgk2/ztjs.htm。

③ 西南交通大学・学校概况：https://www.swjtu.edu.cn/xxgk2/ztjs.htm。

西南交通大学给出的答案是：创新型人才。因此，西南交通大学提出培养"德才兼备、面向未来的创新型人才"的目标，并进行了一系列的改革尝试，开展本科教育分类培养和"以研为中心"的研究生教育改革。

西南交通大学构建了兼具基础性与选择性、创新性与挑战性的通识与多元化课程体系，将知识、能力、情感态度和价值观有机结合，融入时代精神，让学生体验不同学科的视角和思维方法，从多方面培养学生综合能力，帮助学生形成更具有综合性的视野，使之既能满足学生的全面发展，又助力其实现个性化卓越发展，充分地为未来生活做准备。西南交通大学通识与多元化课程包括"交通天下"通识教育课程（含跨学科课程）、多元化课程、国际课程、大学生心理健康教育课程、学生成长与发展规划课程、体美劳教育课程。学生可结合各专业培养方案对通识与多元化课程的要求，根据课程体系中各类课程实际开课情况，按照专业培养方案要求修完规定的总学分。① 同时，西南交大提出按照"加强通识基础，拓宽学科基础，凝练专业主干，灵活专业方向"的总体思路，制定了科学教育与人文教育相融合、通识教育与专业教育相贯通的通用性人才培养方案，以培养全面发展的高素质创新人才为目标，注重思想道德品质、科学文化素养和健康人格培育，重视传授宽厚新的综合基础知识，培养社会主义现代化建设需要的、具有创新精神和实践能力的应用研究型人才。②

在专业领域分层教育方面，西南交大进行了较早的探索。如其在 2003 年和 2007 年先后开始了"茅以升班""詹天佑班"试点。"茅以升班"后发展成为"茅以升学院"，以本科为起点，按照本硕博贯通的培养方式，培养轨道交通行业领军人才。"詹天佑班"发展为"天佑铁道学院"，同样以本科为起点，按照校企联合的培养方式，通过教育和行业、高校和企业的密切合作，以实际工程为背景、工程技术为主线，以着力增强学生的工程意识、工程素质和工程实践能力为目标，培养造就一大批创新能力强、类型多样的

① 《西南交通大学通识与多元化课程修读手册》。
② 《西南交通大学 2011 年本科教学质量报告》。

优秀工程师，以适应企业发展、轨道交通行业和社会经济发展对技术拔尖人才的需求。从开设以来，他们均为培养行业拔尖创新人才做出贡献。

西南交大构建的多层次、多类型的工程人才培养模式，每年为铁路行业输送几千名毕业生，他们成为铁路和谐发展的主力军，其中不少人扎根在高铁行业，做出自己的成绩。

3. 专业特色平台培养高铁人才

建有轨道交通国家实验室（筹）、轨道交通运载系统全国重点实验室、桥梁智能与绿色建造全国重点实验室、极端环境岩土和隧道工程智能建造全国重点实验室、陆地交通地质灾害防治技术国家工程研究中心、国家轨道交通电气化与自动化工程技术研究中心等国家级平台，以及5个教育部重点实验室、2个教育部工程研究中心，另有40余个省部级科技创新平台。获批国家交通强国建设试点、科技人才评价试点、科技成果评价改革试点等。这些平台和中心，不仅提升了西南交大作为科研单位的科技创新能力，带动整个学科的发展，更是为轨道交通人才培养提供了更先进的平台。这些研究中心以重大科研项目为依托，培养高水平人才，推出高水平成果。国家重大科研项目反映了国家目标及发展需要，代表了现阶段本学科领域的前沿研究方向，并蕴含着深层次的基础问题，对培养高水平、创新型人才至关重要。这些研究中心将研究生纳入重大科研项目攻关成员，并将相关研究内容作为研究生学位论文研究内容，可以确保学位论文的先进性与创新性，甚至可以把研究生的研究工作引导至学科前沿。

如轨道交通运载系统全国重点实验室（简称"轨道运载"实验室），其前身为"牵引动力国家重点实验室"，作为轨道交通领域第一个国家重点实验室，既肩负以高速铁路、高速磁浮交通、重载铁路和新型城市轨道交通为研究对象的科学研究任务，同时又承担相关领域的青年学者和研究生的培养大任。在西南交通大学"人才强校主战略"倡导下，"轨道运载"实验室全面加强人才队伍建设，尤其是青年人才培养，坚持以提升队伍质量与水平为目标，充分利用学校与实验室的各项支持政策，在青年教师引育工作等方面取得显著成效。以2020年为例，"轨道运载"实验室多名青年教师主持或作为主要完成人获得了省部级及以上的科技奖励，王开云获"科学探索奖"（全国仅 50 名）①，邓自刚、陈再刚获国家自然科学基金优秀青年基金项目，陈再刚研究员获中国振动工程学会青年科技奖，马光同、吴圣川研究员入选四川省学术和技术带头人。除此之外，张卫华教授和王开云研究员还获得 2020 年全国创新争先奖状。②

在"轨道运载"实验室的研究生培养传统中，学生们的研究方向及论文选题往往要紧密围绕国家交通战略目标，解决现代铁路科技发展中的关键问题。这样一方面让研究生尽快接触我国铁路现代化发展方向及需要，树立科学研究服务于国民经济建设的意识，毕业后能迅速投入经济建设主战场，尽快成为国家经济建设的骨干和栋梁；另一方面也有利于将学生研究成果直接用于解决当前铁路车辆开发研制中的某些实际问题，服务于生产，培养研究生的成就感和责任心。③"轨道运载"实验室博士毕业生多选择国内高校、中国铁道科学研究院、中车集团和勘测设计院等单位，硕士毕业生多选择中车集团、勘测设计院、地铁运营公司及与专业相关的世界 500 强企业就业④，为国家轨道交通工程各个领域提供人才支撑。

二、高铁人才的实践培养

在丰富的理论素养基础上，优秀的高铁技术人才还需要充分的实践经验。省内有西南交大为代表的高校理论与实验力量，有中铁二院、设计院等为代表的设计单位，也有以中铁二局、中铁八局等为代表的建设单位，还有近 50 个轨道交通产业国家级技术专利与众多科研机构，这为四川高铁从业

---

① 西南交通大学党委宣传部（新闻中心）：《西南交大王开云研究员获"科学探索奖"》，https://news.swjtu.edu.cn/info/1011/3703.htm。

② 西南交通大学牵引动力国家实验室：《光彩 2020：牵引动力国家重点实验室：党建引领、思政赋能，人才培养展新貌、科学研究续新篇》，https://news.swjtu.edu.cn/info/1039/31388.htm。

③ 翟婉明、张卫华、曾京、王开文、沈志云：《围绕国家目标，培养铁路车辆工程创新人才》，《高等工程教育研究》2004 年第 5 期。

④ 《西南交通大学牵引动力国家重点实验室 2019 年研究生招生宣传专刊》，第 11 页。

者的发展与成长提供了完整的"理论－实践－理论"渠道。

（一）大量的生产单位为人才发展提供空间与平台

四川境内有大量的轨道交通专业的生产单位，其中一些"行业龙头"深度参与了中国多条高铁的勘测、设计、建筑以及运营，这些生产过程是高铁技术理论落地的过程，更是掌握这些理论和技术的人才在实践中接受检验，并成长和发展的过程。如中铁二院承担了北京、上海、广州、成都等43个城市约170条城市轨道交通工程的勘察设计总承包、工程设计及设计咨询。其中，中铁二院参与建成的铁路通车里程占全国铁路通车总里程的1/4，其中高速铁路占全国高铁通车里程的1/3。[①] 在参与过程中，中铁二院不但推进了中国高铁勘测设计的相关技术，更是培养了大批高铁勘测与设计相关技术的人才。中铁二局、中铁八局等单位参与了京沪、成绵乐、武广、哈大等多条高速铁路的施工建设，在实践中总结出了一套先进的施工技术，为中国高铁施工建设培养了大量人才，有力地支撑了中国高速铁路的快速发展。

（二）高铁项目实践中的人才成长

理论和技术要接受实践的检验，高铁技术人才也是在高铁设计、建设的实践中逐步成长的。例如中国自主研制的第一列高速列车"中华之星号"，西南交通大学多位专家、研究骨干、青年学者参与了研发，如"中国高速铁路轮轨之父"沈志云、"翟－孙模型"创立者翟婉明、"高速列车耦合大系统动力学"构建者张卫华等。在高速铁路技术研发起步阶段，这是极其难得的将理论付诸实践的机会，他们将自己的研究成果充分运用到"中华之星号"的研发上，在轮轨关系、弓网关系等方面的研究发挥了重要作用，而这些核心技术参与者们大多成为高铁技术研发力量的骨干甚至是领军人物。再如在"遂渝线无砟轨道关键技术研究与应用""高速铁路大断面黄土隧道建

---

① 中铁二院公司简介，https://www.creegc.com/tabid/75/Default.aspx。

设成套技术及应用"等项目的研究与开发过程中，中铁二院朱颖、颜华、魏永幸、喻渝、肖广智等设计师全程参与设计与实验，并由此成为相关领域的领军人物或骨干。

第八章

开路先锋：中国铁路文化的四川特色

铁路文化是指通过铁路广泛而深刻的"革新"功能，建构出多样且综合性的社会固有价值体系，或者由此影响人们的思维方式和行为类型。换言之，以铁路的建设发展为契机形成的现代人的感觉、认识、行为体系及其外在体现都属于铁路文化范畴。① 四川铁路文化是新中国铁路文化的重要组成部分，它伴随四川铁路建设发展而逐步形成，主要包括铁路物质文化、铁路精神文化和铁路企业文化三个方面。

第一节　铁路文化遗产的留存与保护

铁路是近代工业文明的产物，自出现起便对人类社会文明发展产生了重要影响。因此，铁路文化遗产属于工业文化遗产的重要组成部分，无论是铁路的规划设计、勘测选线，还是工程施工、建筑艺术，都记录着设计和建造者的智慧与追求，具有较高的历史价值、科技价值、社会价值和艺术价值。铁路文化遗产之所以重要，是因为它见证了铁路运输行业的发展演进历程，

---

① 宇田正：《铁道日本文化史考》，日本思文阁出版社，2007年，第12页。

每一项铁路文化遗产都重现着特定时期铁路修建的历史过程，这对于人们了解铁路作为近代工业文明的象征有着积极的作用。正如长期从事铁路文化遗产工作的亢宾所言："铁路文化遗产本身所承载的历史信息，是工业文明进步和铁路发展演变的生动见证，也是文化快速发展背景下维系空间历史感的重要力量。"[①] 自近代以来四川铁路的筹建，至新中国成立后第一条铁路新线的建成通车，伴随着四川铁路的建设发展，留下了如线路、桥梁、车站、隧道等在内的文化遗产，它们不仅见证了四川铁路从无到有的历史巨变，还是可以永续利用的文化资源。

一、辛亥秋保路死事纪念碑

辛亥秋保路死事纪念碑位于四川省成都市人民公园西北部，始建于1913年，于1988年被列入第三批全国重点文物保护单位，是目前四川境内唯一列入全国重点保护文物单位的铁路文化遗产。

1911年5月，清政府颁布"铁路国有"政策，宣布把民办的粤汉、川汉铁路主权收归国有，出卖给英、法、德、美等国银行团。随即招致湖南、广东、湖北、四川等省人民的奋起反对，纷纷组织保路同志会，开展保路斗争。川人出于爱国热情，坚持自办铁路，虽然资金筹措困难，但不用外资的决心以及租股的普遍落实已经将所有川人紧密地联系在了一起。因此，当清政府宣布铁路国有政策后，四川绅商以及普通民众开始逐步要求展开保路运动，且尤为激烈。

6月17日，四川保路同志会成立，并于次日前往总督衙门进行请愿，"请愿行列象征着四川保路斗争已开始同群众的反帝反封建斗争结合起来了"[②]。因此，在四川保路会成立后的短短半个月左右，就已吸纳了数万群众入会，参与人员众多，除了绅商，更包括广大群众，且在成都的各学校、

---

① 亢宾：《凝固的历史，永恒的遗存 解读全国重点文物保护单位中的铁路文化遗产》，中国铁道出版社，2014年，第120页。

② 隗瀛涛：《四川保路运动史》，四川人民出版社，1981年，第216页。

街道及县市都分别设立了保路协会，保路运动规模进一步扩大。

9月7日，四川总督赵尔丰奉命诱捕保路同志会和股东会数名领导人物，并"派出巡防军手持枪械，分站各街口，禁止居民行走，开枪乱击。街民及学生、小儿无辜伤毙者甚众。又驰放马队，分巡各街。冲截践踏，伤毙尤众"①。最终，制造了"成都血案"。由此激起了四川民众更大愤怒，使得全省保路、抗粮抗捐斗争蓬勃兴起，荣县、隆昌、嘉定、屏山、广安等县相继独立。四川保路运动沉重地打击了清政府的封建统治，成为辛亥革命爆发的导火索。正如孙中山所言："若没有四川保路同志会的起义，武昌革命或者要迟一年半载。"②

为纪念在保路运动中牺牲的烈士，1912年中华民国四川军政府成立，张澜、颜楷等提出在建设少城公园（现人民公园）时为在保路运动中的死难同胞立碑志念。③ 碑高31.86米，为砖石结构，由碑台、碑座、碑身、碑首和碑顶5部分组成。其中，碑台仿照铁路月台修建，共4层，自下而上逐渐缩小，每层四角紧贴砖柱，呈圆柱形状，碑台前镶嵌着汉白玉石板，上面写着"中华民国二年川路总公司建"等字样。整个碑体坐北朝南，碑座四面分别雕刻着与铁路相关的钢轨、机车、信号灯、转辙器、自动连接器等图案。碑身为方锥形，四周嵌着长条青石，且刻有"辛亥秋保路死事纪念碑"字样，由四川书法家张夔阶、颜楷、吴之英、赵熙4人分别以楷书、草书、行书、隶书4种字体书写。④ 碑顶建有尖塔，周围有4座小塔，碑顶上的瓦塑有二龙戏珠图案，装饰有云龙和蝙蝠。

纪念碑于1913年5月开始修建，设计者兼总监工为王枬（楠），字次陵，四川双流县擦耳乡（现金桥镇）人，清末时就读于成都铁道学堂，1906年考取官费留日学生，进入日本东亚铁道学堂学习，并于1909年学成

---

① 《四川公民朱叔痴等为保路风潮致岑春煊书》。参见隗瀛涛：《四川保路运动史》，四川人民出版社，1981年，第292页。

② 何一民、王毅：《成都简史》，四川人民出版社，2018年，第322页。

③ 苏祖斌：《辛亥秋保路死事纪念碑》，《重庆政协报》2011年7月15日。

④ 亢宾：《凝固的历史，永恒的遗存——解读全国重点文物保护单位中的铁路文化遗产》，中国铁道出版社，2014年，第127页。

归国。保路运动爆发时，他以双流股东分会股东代表的身份，参加川汉铁路公司股东大会，并在双流组织保路同志军，支援成都人民的武装斗争。辛亥革命后，川汉铁路公司决定用剩余路款为保路运动中死难的烈士建造一座纪念碑，经公司董事彭芬举荐，王枬任总监工，并负责图纸的设计。① 历时10个月，1914年9月纪念碑建成。② 不过，1941年7月27日这座碑被日机炸损，新中国成立后几经修复，得以呈现于公众。1961年经四川省人民政府认定，该碑成为省级文物保护单位，并于1988年成为第三批全国重点文物保护单位。这座纪念碑不仅见证四川保路运动这段悲壮的历史以及四川民众的英勇斗争，也成为四川铁路文化遗产的重要组成部分。

二、成渝铁路筑路民工纪念堂（纪念碑）

1952年7月1日，四川人民翘首期盼了40余年的成渝铁路建成通车，这是在党的领导下军民筑路的奇迹。尤其是在物资匮乏和技术落后的情况下，10万筑路民工不惧困难、不畏牺牲，众志成城修建铁路。据统计，筑路中民工"因公死亡100人，非因公死亡152人，残疾108人"③。为纪念在成渝铁路修建中做出重要贡献的10万民工，缅怀在修路中牺牲的民工英雄，1952年9月16日铁道部西南铁路工程局决定修建"成渝铁路筑路民工纪念堂"，并委托内江市承建。11月8日，经西南财政经济委员会同意，决定从西南铁路工程局的筑路民工管理费结余款中拨给内江专署5亿元人民币用以修筑工人纪念堂。④

纪念堂为何选址内江？大致有以下三方面的考量。一是从工程量上来

---

① 蒋剑康：《认识金马河》，四川大学出版社，2020年，第112-113页。

② 成都市建筑志编纂委员会：《成都市建筑志》，中国建筑工业出版社，1994年，第325-326页。

③ 四川省地方志编纂委员会：《四川省志·交通志》（下），四川科学技术出版社，1995年，第13页。

④ 《关于修建内江"成渝铁路职工纪念堂"的请示报告、通知、批复》，内江市档案馆：22-1-46。

看，成渝铁路全线长505.05公里，其中内江段从隆昌石燕桥站至金堂五凤溪站就达210公里，约占线路总长的40%。此外，内江境内路基及车站等用地为2228.7公顷，土石方工程为1571万立方米。二是从区域位置来看，内江正位于成渝铁路的中间段，比较适合选址。三是从参加筑路的民工人数来看，成渝铁路施工全线投入民工约为16.5万人，而内江段组织民工达10.2万人。① 可以看出，内江人民为修筑成渝铁路做出了突出贡献。

关于建筑样式，1953年6月13日，四川省人民政府财政经济委员会提出："依据四川省建筑工程管理局意见，可采近代立体式工字形，内部包括陈列室、文化阅览室、工人俱乐部等，纪念堂的外图及正前方须至少有五十公尺的空地及广场，以便种植常青树与增加建筑物的壮观。"② 为推进工程顺利进展，7月30日内江市人民政府召开专门会议进行讨论。一是决定成立施工管理委员会，以统一管理施工各项事宜。二是在工程结束后交由市总工会代管。三是为了充实纪念堂内容，决定报请专署函知，沿铁路各县收集有关筑路的历史资料，其中包括烈士史迹模范事迹、发掘的古物、筑路文件、锦标等，主要由铁路局提供各种资料，包括筑路烈士名单、史迹模范名单及事迹各种图片和各种报刊书籍、工人们的漫画等相关资料。③

1953年8月15日，纪念堂正式开工，并于12月10日竣工。④ 根据四川省人民政府财经委员会的要求，纪念堂采用"工"字形布局。设前厅、侧室、门楼、大厅及舞台，建筑面积833平方米。进门处为前厅；两面侧厅为展览室，陈列着有关成渝铁路的文献资料；正厅设有舞台，可供集会、演出等。⑤

---

① 中国人民政治协商会议四川省内江市委员会文史和学习委员会：《内江文史资料选辑　第16辑》，第205页。

② 《关于修建内江"成渝铁路职工纪念堂"的请示报告、通知、批复》，内江市档案馆：22-1-46。

③ 《关于修建内江"成渝铁路职工纪念堂"的请示报告、通知、批复》，内江市档案馆：22-1-46。

④ 中国人民政治协商会议四川省内江市市中区委员会学习文史资料委员会：《内江市市中区文史资料选辑　第37辑》，政协内江市市中区委员会学习文史资料委员会，1999年，第82页。

⑤ 余子美：《内江市志》，巴蜀书社，1987年，第632页。

1954 年春，在纪念堂前 40 米处，又修建了一座 14 米高的纪念碑。碑上四面刻着隶书体的"成渝铁路筑路民工纪念碑"，碑正面下方刻有毛泽东亲笔题词——庆贺成渝铁路通车，继续努力修筑天成铁路。[①] 值得一提的是，这是中国历史上第一次为纪念平民英雄修筑的纪念碑，不仅展示了筑路民工无私奉献、不惧艰辛、众志成城修建铁路的伟大壮举，更是彰显了中国共产党对劳动人民的尊重与推崇。纪念碑与纪念堂为整体建筑，交相辉映，静静地矗立在那里，仿佛在讲述民工筑路的历史风云和不朽功绩，而筑路工人的精神也将继续得到传承和发扬。

1982 年经内江市人民政府批准成渝铁路筑路民工纪念堂和纪念碑被列为内江市文物保护单位。[②] 此后，沿线越来越多的政府机关、事业单位、学校将其作为实践教育基地。随着时间的推移，纪念堂内所陈列的物品及相关资料，也成为珍贵的史料。因此，纪念堂与纪念碑不仅仅是四川铁路文化的一部分，更是一种精神力量，与内江文化融为一体，鼓舞人、教育人，展示出铁路工业文化遗产重要的历史文化价值。2019 年，四川省政府公布第九批省级文物保护单位名单，成渝铁路筑路民工纪念堂正式入选。

三、成昆铁路烈士纪念陵园

为有牺牲多壮志，敢教日月换新天。成昆铁路的建成通车被誉为 20 世纪人类征服自然的三大奇迹之一。在大西南的崇山峻岭、江河峡谷间，30万筑路大军发扬"一不怕苦，二不怕死"的革命精神，立下愚公移山志，敢破万重困难关。在外国专家断言"不能修路"的"禁区"，修筑起了一条钢铁大道，大大增长了中国人民的志气。

在当时的历史条件、自然环境和施工技术下，在铁路修建时常有伤亡事故发生。据不完全统计，成昆线共牺牲了 2000 多人，在长 1000 多公里的铁

---

① 余子美：《内江市志》，巴蜀书社，1987 年，第 632 页。

② 中国人民政治协商会议四川省内江市市中区委员会学习文史资料委员会：《内江市市中区文史资料选辑 第 37 辑》，政协内江市市中区委员会学习文史资料委员会，1999 年，第 83 页。

路线上，等于平均 1 公里牺牲 2 人。① 许多铁道兵指战员、铁路工人和民工不畏恶劣的气候和艰苦的环境，风枪钻爆、肩挑背扛，为修建铁路，奉献着青春和热血，最后光荣地留在了他们曾经挥洒汗水日夜奋战的地方。他们当中，有的在隧道施工中遭遇塌方而失去了年轻的生命，有的在山洪暴发的泥石流中停止了呼吸，还有的是在瓦斯爆炸的轰鸣中永远埋骨他乡。他们还未曾听到成昆铁路建成通车的汽笛声，更没能见到列车穿越在崇山峻岭中的壮丽景观。他们的记忆永远定格在开山筑路的某个瞬间，他们的青春乃至生命也永远奉献在了成昆线上。

1965 年 3 月 23 日，彭德怀到成昆铁路工地考察，在悼念烈士时，见墓地特别简陋，仅一个土包，长满野草，没有墓碑。这位一生信奉"慈不掌兵"的老帅十分难过，对随同的师长说，这样做对不起这些为成昆铁路建设光荣牺牲的战士，要为烈士立碑，碑上要清楚地刻上他们的籍贯、出生年月、所在部队、牺牲时间，要让烈士的亲人、战友能找到他们，要让人民纪念他们。② 彭德怀视察结束后便提出应在铁路沿线各地修建烈士陵园和烈士纪念碑，用以纪念长眠的筑路英雄。③ 此后，成昆铁路沿线陆续出现了一座座烈士陵园和高大的纪念碑（表 8-1），仅成昆线上就有 34 个烈士陵园和纪念碑。④ 一片片墓园肃穆，一座座墓碑无言，却无不在向后人讲述着成昆线上艰苦奋斗、牺牲奉献的动人故事。

表 8-1 四川境内成昆铁路烈士陵园（纪念碑）分布情况（至 2008 年）⑤

序号	名称	地址	备注
1	玉田烈士陵园	凉山彝族自治州甘洛县玉田镇	

① 吕建昌、莫兴伟：《激情岁月的记忆——聚焦三线建设亲历者》，上海大学出版社，2021 年，第 130 页。

② 吕建昌、莫兴伟：《激情岁月的记忆——聚焦三线建设亲历者》，上海大学出版社，2021 年，第 130 页。

③ 沈国凡：《彭德怀与成昆铁路烈士纪念碑》，《云南档案》2009 年第 10 期。

④ 冯金声：《中国西南铁路纪事》，西南交通大学出版社，2017 年，第 167 页。

⑤ 根据人民铁道网"成昆精神教育基地"网上展厅和《做好成昆铁路红色资源的保护和利用》一文整理而来。

续表

序号	名称	地址	备注
2	花果山烈士陵园	凉山彝族自治州越西县白果乡	
3	白石岩烈士陵园	凉山彝族自治州越西县乃托镇	
4	铁西烈士陵园	凉山彝族自治州越西县铁西站	
5	普雄烈士陵园	凉山彝族自治州越西县普雄镇	
6	红峰烈士陵园	凉山彝族自治州喜德县红峰村	
7	喜德烈士陵园	凉山彝族自治州喜德县光明大道	
8	西昌马道烈士陵园	西昌市马道镇	
9	漫水湾烈士陵园	凉山彝族自治州冕宁县	
10	米易烈士陵园	攀枝花市米易县	
11	丙谷烈士陵园	攀枝花市米易县丙谷镇	安葬修建成昆铁路牺牲的 32 名烈士
12	垭口烈士陵园	攀枝花市米易县垭口镇	两座烈士陵园共安葬修建成昆铁路牺牲的 113 名烈士
13	垭口乡甸母村烈士陵园		
14	三堆子烈士陵园	攀枝花市盐边县三堆子	
15	徐文科烈士纪念碑	乐山市沙湾区轸溪火车站旁	成昆线上唯一一个给铁道兵战士个人修建的纪念碑
16	漫水湾烈士纪念碑	漫水湾烈士陵园内	
17	纪念筑路牺牲的职工纪念碑	凉山彝族自治州喜德县喜德站	

这些烈士纪念陵园的修筑，不仅是为了供后人追忆和缅怀在成昆铁路中牺牲的烈士，也成为四川铁路文化遗产的重要组成部分。建造初期成昆铁路沿线的烈士陵园便蕴含着革命精神的红色基因，成为传承红色文化的重要载体。这些烈士陵园的修筑承载着后人对牺牲在成昆线烈士的追思和怀念，并由此赋予其红色文化的丰富内涵，且随着时代变迁，其纪念功能与教育功能不断显现，在传承红色文化中发挥着重要作用。

四、铁道兵博物馆

铁道兵战斗在巴山蜀水之间，逢山开路、遇水架桥，以凡人之躯创造了一个又一个奇迹，谱写了中华人民共和国筑路史上的壮丽诗篇。川黔、成昆、襄渝等铁路都有战士们顽强拼搏的身影，他们为四川铁路的建设铸就了丰功伟绩。尤其是成昆铁路疏通了西南交通大动脉，使得沿线川滇两省七地、市、州 13 万平方公里区域社会经济发展至少向前推进了 50 年。① 而深山峡谷里的金口河区，更是实现了千年的跨越和百年的巨变！所谓饮水思源，为传承和发扬铁道兵精神，2008 年初，乐山市金口河区政府决定修建以纪念铁道兵为主题的博物馆。

修建铁道兵博物馆的消息一经传出，立即受到了全社会尤其是铁道兵战友及其联谊组织的广泛关注和大力支持。金口河区委、区政府高度重视博物馆筹建工作，率先于 2008 年 2 月 15 日召开了铁道兵博物馆筹备工作座谈会，会议成立了铁道兵博物馆筹备工作委员会，并"围绕铁道兵博物馆选址、设计、运作方式以及如何收集馆藏铁道兵修建成昆铁路的历史图片、音像制品、实物和宣传报道等方面开展了热烈讨论，确立了铁道兵博物馆建设日程"②。这标志着铁道兵博物馆筹建工作正式启动。

金口河人民的感恩之举，使得那些已经进入花甲之年甚至古稀之年的铁道兵老战士们热泪盈眶。2008 年 4 月，"成都铁道兵战友联谊会 20 余名老战友，从成都驱车来到金口河，共同商讨建设博物馆事宜"③。博物馆究竟选址何处，这是大家最为关心的问题。经过反复权衡，金口河区委、区政府决定选址于金口河区永和镇胜利村。

落户大峡谷，意义深远。一是纵观铁道兵的历史，成昆铁路当属辉煌的

---

① 方志勤：《铭记历史告诉未来——全国唯一的铁道兵博物馆在金口河区开馆》，《乐山日报》2012 年 7 月 8 日，第 1 版。

② 《铁道兵博物馆筹建工作启动》，《三江都市报》2008 年 2 月 16 日，第 2 版。

③ 《"铁道兵之歌"在金口河回响》，《四川日报》2012 年 5 月 25 日。

一段。而成昆铁路全线工程任务最为艰巨的一段也正好位于被称为"地质博物馆"的大渡河金口河大峡谷。"成昆铁路金口河至乌斯河的大渡河峡谷段，仅隧道就有 14 座，长达 21 公里，占总长 80% 以上，使这段铁路几乎完全成为地下铁路，而隧道之间几乎全为桥梁相连。"① 二是博物馆毗邻成昆线重点工程的"一线天石拱桥"和"关村坝火车站"。博物馆下方山脚不远便是全国罕见的桥隧相连的洞中火车站——关村坝火车站。20 世纪 60 年代修建关村坝隧道时，铁路施工队伍在这里创造了单月双口成洞各百米的纪录，为此中共中央还专门向筑路队伍发出贺电，以示激励。这是党中央第一次也是唯一一次为一条隧道发来贺电，正好印证了铁道兵的伟大功绩。三是建成后的博物馆不仅会成为展示铁道兵的历史窗口和爱国主义教育基地，也有利于美丽的自然景观与人文景观相结合，提升大渡河金口大峡谷的知名度和美誉度，使金口大峡谷积极融入成都—峨眉山—金口大峡谷—海螺沟—丽江旅游环线，带动第三产业快速发展。② 可以说，"博物馆落户成昆铁路建设最困难、最艰险的金口河境内，与金口大峡谷壮美的自然景观有机结合，具有十分重要的历史和现实意义"③。

选址确定后，博物馆其他工作也如火如荼地开展起来。彼时已经 103 岁高龄的开国上将，曾任铁道兵政委的吕正操将军，热情接见了前来探望的金口河区领导，并欣然题写了"中国人民解放军铁道兵博物馆"馆名。④ 吕正操的题名不仅给予了博物馆筹建工作者莫大的鼓舞，还彰显了博物馆鲜明的红色底蕴。这支铁道技术部队自解放战争时期组建，风雨兼程三十五载，在战争时期抢修抢建铁路等基础设施工程，为解放战争、抗美援朝、援越抗美的胜利做出了重要贡献；在和平建设年代，从鹰厦、嫩林到成昆、湘黔乃至青藏、南疆等铁路建设，为新中国铁路建设立下了不朽功绩。但迄 2008 年

---

① 《成昆线建铁道兵博物馆》，《四川日报》2008 年 1 月 22 日，第 B3 版。
② 特约通讯员先云仲：《让成昆精神永放光芒——铁道兵博物馆将落户金口大峡谷》，《乐山日报》2008 年 1 月 27 日，第 1 版。
③ 《铁道兵博物馆筹建工作启动》，《三江都市报》2008 年 2 月 16 日，第 2 版。
④ 郑建军：《金口河铁道兵博物馆》，《中国铁道建筑报》2017 年 8 月 1 日，第 4 版。

时，全国尚未有纪念铁道兵的专题博物馆，因此金口河区筹建铁道兵博物馆正好弥补了这一遗憾。为筹集博物馆所需物品，原铁道兵 8 师 39 团 5 营 25 连战士雷才栋、陈先建、杨树和、杨忠新、刘金元等老兵积极响应，主动参与文物征集工作。4 年来，他们 20 余次自费来到金口河，将募集的物品无偿捐赠给铁道兵博物馆，累计捐献文物 200 余件。[①]

铁道兵博物馆是国内首座以铁道兵为纪念主题的博物馆，与北京的铁道兵纪念馆遥相呼应。2008 年，突如其来的"5·12"汶川特大地震，使博物馆修建工作不得不暂时推迟，直至 2012 年 6 月 28 日才正式开馆。2024 年 5 月 16 日升级改造后再度向社会公众免费开放。铁道兵博物馆的建成，也使得逢山凿路、遇水搭桥的宏伟场面和矢志不渝的献身精神有了传承弘扬的重要场域，并为四川铁路文化增加了厚重的历史文化底蕴。

第二节　铁路企业文化的孕育与承载

新中国成立后，四川铁路事业在党的领导下，几十年风雨兼程，逐渐发展壮大起来，并形成了较为完善的铁路工业体系。在这一过程中，诞生了中铁二院、中铁二局、成都铁路局、眉山机车厂、资阳机车厂等与铁路相关的企业。伴随这些企业的发展，四川铁路企业文化亦随之孕育、形成和发展。这些企业立足自身优势，紧随时代变迁，结合四川地域特色，通过创办报纸、刊物，编纂志书、年鉴，开设企业文化馆等方式，为其企业文化宣传做了许多努力和尝试，以此展示四川铁路的良好形象。

一、四川铁路企业文化的孕育

企业精神是企业文化的源泉，是一种以一定的价值观为核心内容的意志

---

① 方志勤：《铭记历史　告诉未来——全国唯一的铁道兵博物馆在金口河区开馆》，《乐山日报》2012 年 7 月 8 日，第 1 版。

化、信念化的群体意识，这种群体意识时刻规范着企业中绝大多数人的思想、追求、情绪和情感。伴随着企业的历史而逐渐繁衍、成长起来的企业精神，有助于建设企业文化，塑造企业形象，增强企业活力。

四川铁路企业在波澜壮阔的发展历程中，结合企业特点，逐渐孕育、铸造了极具特色的企业精神，为四川铁路企业文化建设增添了魅力和深度。中铁二局，始建于1950年6月12日，其前身是西南铁路工程局。1950年6月15日，在成渝铁路开工典礼上，贺龙元帅亲自授予刚成立三天的西南铁路工程局等筑路大军"开路先锋"的旗帜。① 从此，"开路先锋"成为中铁二局的文化基因和血脉传承，鼓舞着他们以"为人民修路、为人民造福"为己任，逢山开路、遇水架桥，踏上了铁血忠诚、筑路报国的建设征程。从修建新中国第一条铁路成渝铁路至2008年以来，中铁二局先后参与宝成、川黔、黔桂、贵昆、成昆、南昆、青藏等多条重点干线铁路建设，在这一过程中，"开路先锋"逐步形成具有强大凝聚力的群体意识，激励着二局职工不畏艰险、敢打敢拼，为国家的铁路建设书写了气壮山河的篇章。

中铁二局在发展中非常重视企业精神的凝练和总结，其中，在第六次党代会上就明确了"开路先锋"是几代二局人共同创造的宝贵精神财富，是对艰苦创业、敢打敢拼、敬业爱岗、开拓进取、优质高效、勇创一流精神的高度概括和升华。1999年7月15日，中铁二局集团有限公司党政联席会正式将"开路先锋"精神确定为中铁二局企业精神。② 随后，就"开路先锋"的内涵也作了新的阐释："开"有扩大、发展、拓展、创新之意，"路"就是发展之路、目标途径、人生追求，"先锋"即斗志昂扬、意气风发走在前列起先导作用。从此，"开路先锋"就成为中铁二局的精神标签，激励他们继承发扬逢山开路、遇水架桥、敢让"天堑变通途"的优良传统，要走艰苦奋斗的发展之路，深化改革拓展经营之路，求实创新优质树誉之路，更要

---

① 四川省地方志编纂委员会：《四川省志·交通志》（下），四川科学技术出版社，1995年，第11页。

② 中铁二局集团有限公司史志编纂委员会：《中铁二局集团年鉴 2000》，内部刊物，2000年，第131页。

敢走前人没有走过的路，在建设有中国特色社会主义的道路上永当"开路先锋"。

与中铁二局一样，伴随国家重大战略——三线建设而诞生的眉山车辆厂，自建厂以来，经历了创业的艰辛，经受了改革的考验，在谋求自身生存发展的实践中逐渐培育、锤炼了"奋进自强，争创一流"的"眉厂精神"。正是在"眉厂精神"的熏陶下，工厂物质文明建设与精神文明建设取得优异的成绩。"1984 年以来，工厂先后获得省、部级各种荣誉称号 70 余个，并连续 6 年获得全国思想政治工作优秀企业称号；1985 年起连续 5 年荣获四川省文明工厂称号；1987 年被评为省级先进企业；1988 年被评为国家二级企业；1990 年 3 月荣获全国企业管理优秀奖（金马奖），成为全市工交战线的一面红旗。"[1]

1987 年 12 月 22 日，工厂召开了第三次党员代表大会，通过了"奋进自强，争创一流"企业精神，这标志着"眉厂精神"正式诞生。[2] 事实上，"眉厂精神"的诞生得益于工厂领导的重视和全厂职工的智慧，1985 年底，眉山车辆厂实行了厂长负责制。在新形势下，工厂领导强烈地感受到，需要一种精神的力量，把企业的行为、群体的行为、职工的行为规范起来，同心同德，为发展和振兴企业做出贡献。在全体职工共同努力下，在总结工厂传统、作风、精神的基础上，1986 年初，厂党委提出了"艰苦奋斗、奋发自强、锐意进取、开拓前进"的眉厂精神，要求在工厂两个文明建设的实践中锤炼。[3] 经过一年多的实践，1987 年，厂党委在广泛征求各方面意见的基础上，正式讨论决定"眉厂精神"为"奋进自强，争创一流"。

"眉厂精神"内涵十分丰富，包括"优良的思想传统，强烈的群体意识、坚定的企业追求，正确的激励原则，明确的导向方针，鲜明的社会责任

---

① 李吉荣：《奋进自强，争创一流　铁道部眉山车辆工厂经验集》，西南交通大学出版社，1990 年，第 1 页。

② 眉山车辆厂志编审委员会：《眉山车辆厂志（1966—1995）》，中国铁道出版社，1999 年，第 20 页。

③ 赵国良：《眉山车辆厂》，当代中国出版社，1994 年，第 295 页。

感，以激励、竞争为导向，熔传统、追求为一炉"①。随后，眉山厂根据广大职工在建设和发展中所表现出来的精神风貌，又将"奋进自强，争创一流"的企业精神进行了提炼升华，并总结概括了"五种精神，五个一流"，即"艰苦创业的奋斗精神、自力更生的进取精神、勇于创新的开拓精神、团结严细的敬业精神、无私无畏的奉献精神和争创一流的队伍、争创一流的管理、争创一流的技术、争创一流的产品、争创一流的效益"②。为帮助职工充分认识"奋进自强，争创一流"的内涵和外延，引导大家确立认识，实现自我价值的正确途径，工厂还下发了《关于在职工中深入开展发扬"眉厂精神"教育活动的通知》，指出1987年下半年要在全厂范围内深入开展发扬"眉厂精神"的教育。

在企业精神教育活动中，为把企业精神与企业经营工作相结合，要求各基层单位联系实际，提炼具有自己特点的车间（处、室）工段、班组精神。例如，铸钢车间在企业精神教育活动中，紧密结合车间的生产经营工作，开展了"创优攻关"活动，发扬精益求精的精神，增加了职工执行工艺纪律和劳动纪律的自觉性。③ 在此基础上，反复总结，提出了"爱铸钢，保全厂，创一流"的铸钢车间精神。据统计，全厂已有27个车间（处、室）提炼出自己的车间（处、室）精神。④ 这样一来，不仅丰富了"眉厂精神"，还使"眉厂精神"更加落到实处，"奋进自强，争创一流"的企业精神已然成为眉山车辆厂生存和发展的精神支柱。

此外，四川铁路还有许多企业也培育、凝练了具有自身特色的企业精神，如中铁二院"勇于跨越　追求卓越"的企业精神，中车成都公司"勇于担当　追求卓越"的企业精神等。这些企业精神与各企业的生产经营工作相结合，不断引导企业职工树立起与现代化生产和管理相适应的思想意识、

---

① 李吉荣：《奋进自强，争创一流　铁道部眉山车辆工厂经验集》，西南交通大学出版社，1990年，第78页。

② 李吉荣：《奋进自强，争创一流　铁道部眉山车辆工厂经验集》，西南交通大学出版社，1990年，第8页。

③ 《寓企业精神教育于生产经营活动之中》，《奋进报》1988年10月20日，第3版。

④ 赵国良：《眉山车辆厂》，当代中国出版社，1994年，第302页。

价值观念和理想追求，在职工中产生了强大的凝聚力、感染力和约束力。正是这样的企业精神，造就了讲奉献、技术强、纪律严的四川铁路职工队伍，推动了四川铁路事业不断向前发展。

二、四川铁路企业文化的承载

企业文化是指一个企业、组织及其全体职员所具有的价值观念体系及相应的文化教育活动的综合。一方面指企业职工的价值观念、思想意识、道德规范和工作态度等，另一方面指企业的各种文化教育、技术培训、福利安排、娱乐活动等。① 企业文化的主体为企业的领导人、管理者和技术人员及其他员工，而企业的组织、制度等是企业文化的重要载体。四川铁路企业在进行生产经营活动的同时，也注重自身企业文化建设，通过创办报纸、杂志、编纂年鉴、志书等方式，记录企业成长、发展的历程，并由此承载各自的企业文化。

（一）刊发行业报纸

报纸作为纸质媒介，是物态文化的重要载体，也是进行政治思想教育，提高人民群众思想觉悟、推动生产建设的有力工具。正如毛泽东所强调，报纸"有极大的组织、鼓舞、激励、批判、推动的作用"②。因此，四川铁路各企业十分重视报纸的作用和力量，将其视为企业文化建设的关键环节。经过不断的探索与努力，四川铁路的报业文化逐渐兴起，《西南铁道报》《铁道建设报》《奋进报》等相继开办，这些报纸的创办对凝聚企业职工思想意识、推动生产经营实践都发挥了重要作用。

一是《西南铁道报》。《西南铁道报》是成都铁路局党委机关报，于1953 年 7 月 1 日创刊，创刊时报名为《重庆铁道报》，1957 年 6 月改名为

---

① 方宪珩：《企业文化教程》，杭州大学出版社，1991 年，第 5 页。
② 《毛泽东书信选集》，人民出版社，1983 年，第 533 页。

《成都铁道报》，1986 年 7 月 1 日更名为《西南铁道报》，对开 4 版，每周 3 刊，平均期发量 2.8 万份。① 报纸的主要读者对象是四川、云南、贵州三省铁路沿线的全局职工和家属，创刊之初，报纸开宗明义，指出该报是"重庆铁路工人的报纸，它要为重庆铁路工人与生产运输服务"②。这就要求报纸采编内容不仅要宣传党对铁路的具体方针、政策，传播铁路信息和知识，还要反映职工的要求和呼声，为企业生产经营管理服务，做职工的挚友。

据此，《西南铁道报》长期坚持"围绕中心，突出典型，面向班组，服务职工"的指导思想，结合具体情况打造出报纸的"山味"和"辣味"。所谓"山味"，就是针对山区铁路的特点，动员职工唱好山歌，让优秀的班组职工得以在报纸上期期露面，丰富职工的业余文化。《西南铁道报》致力于办好《班组生活》专栏，把它作为服务基层职工的重点。这个专栏在 1992 年被省评为优秀专栏，并获得二等奖。③ 所谓"辣味"，就是充分发挥报纸舆论监督的作用，开展批评与自我批评报道，主要体现在：一是让报纸成为职工的喉舌，反映职工群众的意见和诉求，传达职工对各级领导的批评建议；二是发扬民主作风，改进铁路企业的经营管理工作，通过报纸加强党与全体职工的联系，进而团结全体职工以推进铁路工作，建设良好路风。

《西南铁道报》积累了几十年的办报经验，提出了"文字要精、标题要新、栏目要清、版面要美"的办报要求。④ 在版面上，开辟《科技兴局》《艰苦奋斗的人们》《铁路佳话》《站长记事》《职工论坛》等 120 个栏目，涌现出许多优秀作品。如在四川省、全国铁路、全国企业报协会、西南铁道报 2003 年度好新闻评选中，"共计有 91 件作品分别获奖，其中在全国、省、部新闻奖评选中，获一等奖 2 篇，二等奖 10 篇，三等奖 11 篇"⑤。这些作品

---

① 邱沛篁：《新闻采写手册》，四川辞书出版社，1993 年，第 468 页。

② 《发刊词》，《重庆铁道》1953 年 7 月 1 日，第 1 版。

③ 四川省地方志编纂委员会：《四川省志·报业志》，四川人民出版社，1996 年，第 124 页。

④ 四川省地方志编纂委员会：《四川省志·报业志》，四川人民出版社，1996 年，第 124 页。

⑤ 成都铁路局史志办公室：《成都铁路局年鉴 2005》，西南交通大学出版社，2005 年，第 199 页。

受到路内外专家及广大读者的好评，展示了铁路独特的文化魅力。

二是《铁道建设报》。《铁道建设报》是中铁二局集团有限公司党委主管、主办的报纸。这份报纸伴随新中国第一条铁路成渝铁路的修建而创刊，创刊时名为《西南铁道报》。1953 年 3 月更名为《天成铁道报》，1954 年因"天成铁路"更名为"宝成铁路"，报纸又再次更名为《西南铁道建设报》。1958 年 9 月，由于"工管合一"的实施，《西南铁道建设报》一度更名为《贵州铁道报》，并于 1962 年改为《西南铁道建设报》。1965 年 6 月，由于西南铁路建设工地指挥部筹办《铁道工地报》，作为下属单位所办的《西南铁道建设报》停刊，直到 1971 年 1 月复刊，更名为《铁道建设报》。此后，一直沿用至今。① 报纸每周三、六出版，四开 4 版，每期印数 10000 份。②

《铁道建设报》历经几十年的风风雨雨，经过一代又一代办报人的接续奋斗，逐渐形成了自己的办报特色，即以"我"为主，办出"铁"色。③ 换言之，《铁道建设报》的办报宗旨、报道内容及办报风格都坚持"我"的立场，即坚持从铁路建设行业特点、铁路施工企业特点、铁二局具体实际出发，服务于企业与企业职工，力求形成自己的办报特色。即使近些年一些报纸片面追求社会化、可读性时，《铁路建设报》仍一直坚持真"我"，以企业与职工需要为新闻导向，保持姓"铁"的特色。此外，坚持群众办报也是《铁道建设报》的一大优势与特色，据不完全统计，"在铁路二局经营领域覆盖的国内 18 个省区和国外工程项目，每一个基层单位都有《铁道建设报》的通讯报道组织，通讯员总人数在 1000 人左右"④。这支庞大的铁路建设通讯队伍，成为这份报纸的重要支撑力量。

《铁道建设报》面向本局工地、基层、职工群众，主要宣传贯彻局领导

① 中铁二局集团有限公司史志编纂委员会：《铁道部第二工程局志（1950—1995）》，中国铁道出版社，2020 年，第 717 页。

② 中铁二局集团有限公司史志编纂委员会：《中铁二局集团年鉴　2004》，西南交通大学出版社，2004 年，第 189 页。

③ 《铁道建设报简史》，《当代劳模》1997 年第 3 期，第 20－21 页。

④ 《铁道建设报简史》，《当代劳模》1997 年第 3 期，第 20－21 页。

机关的决策和工作任务，推动全局的施工生产，经营管理，开展正确的新闻舆论引导，促进企业改革发展和稳定。在多年的办报实践中，开设的栏目有《路工论语》《新闻人物》《新风赞》《工余漫话》《班组管理》《警钟》《广言》《众生相》等，还有综合副刊《万水千山》《万象》两个专版。《铁路建设报》多次受到表彰和奖励，如 1996 年，在好新闻评选中获铁道部好新闻作品奖 11 件，获四川省好新闻作品奖 32 件，获中国铁路工程总公司好新闻作品奖 13 件。① 是年，《铁道建设报》在四川省首次报纸质量检查考评中被评定为一级报纸。② 2005 年，《铁道建设报》在中国企业报协会局办的第五届全国公开发行企业报评选中荣获"全国优秀企业报"称号。③

除此以外，如铁二院、眉山车辆工厂和资阳内燃机车工厂等也非常注重企业文化建设，分别开办有《铁道勘设报》《奋进报》和《资厂工人》报。以《奋进报》为例，该报是眉山车辆厂报，正式创刊于 1988 年 6 月 20 日，1991 年 5 月 4 日由半月刊改为周刊，发行量从 2000 份增至 2500 份。④ 其报名取义于"奋进自强，争创一流"的眉厂精神，体现了眉厂人勇于拼搏、进取倔强的性格。

《奋进报》共设置 4 个版面，分别为要闻版、综合消息版、企业文化版以及副刊和专刊。其中，第 3 版企业文化版，重在更新传统观念，建设企业文化，开设《党的建设》《企管天地》《职工之家》《眉厂瞭望》等专栏。⑤ 不仅如此，《奋进报》在创刊之初便立志要办成："贯彻厂长决策和党委指示的工具，展现生产经营的窗口；讴歌眉厂新风的舞台，进行'双向'沟通的桥梁；建设企业文化的阵地，培养文学新人的摇篮。"⑥ 因此，在此后的办报过程中，《奋进报》以此为奋斗目标，坚持发挥报纸"传播、引导和

---

① 四川省地方志编纂委员会：《四川省志·报业志》，四川人民出版社，1996 年，第 123 页。
② 《铁道建设报简史》，《当代劳模》1997 年第 3 期，第 20 - 21 页。
③ 《庆祝〈铁道建设报〉创刊 70 周年》，《铁道建设报》2020 年 7 月 11 日，第 4 版。
④ 眉山车辆厂志编审委员会：《眉山车辆厂志 1966—1995》，中国铁道出版社，1998 年，第 21 页。
⑤ 奋进报编辑部：《致读者》，《奋进报》1988 年 6 月 20 日，第 1 期。
⑥ 奋进报编辑部：《致读者》，《奋进报》1988 年 6 月 20 日，第 1 期。

鼓舞"的功能，为企业和职工群众热忱服务。1991 年，报纸组织进行的《道路·机遇·挑战》系列报道获全路好新闻深度报道三等奖，通讯《一位党员给妻子的信》获全路好新闻三等奖，言论《十八般武艺侃谈》、消息《我厂攻克国内大编组站和高速列车制动难题》分获省企业报好新闻二、三等奖。① 1992 年 1 月，《奋进报》荣获铁道部、政治部、宣传部和中车公司党委共同组织的评选机车车辆系统十佳报纸，主办单位指出，十佳报纸的共同特点是"思想性、指导性、可读性强，信息容量大，版面排版美观、大方、活泼，印刷质量好"②。无疑，这是对《奋进报》最中肯的评价。

（二）创办刊物

刊物作为企业文化存在的一种方式，在树立企业形象、凝聚职工力量、锻造企业精神等方面具有巨大的作用。因此，四川各铁路企业高度重视这一文化阵地的建设，大力鼓励企业发行刊物，建设文化高地。其中，成都铁路局、铁路二局、四川铁道学会等创办发行了一批富有企业精神，深受职工们欢迎的优秀刊物。

成都铁路局文联、各分局在党委、工会和中铁文联的指导下，本着服务生产经营，提供精神动力的原则，鼓励创作，涌现出许多具有影响力的刊物，如《通途》《蜀道风》《成昆线上》《蜀道风笛》《剑门铁道文艺》等。这些刊物的作者大多为基层职工，他们贴近生活，作品从不同侧面、不同角度反映了时代脉搏和铁路人的风采。因此，深受干部职工喜爱，在职工文艺爱好者中也产生了较强的凝聚力。如成都铁路局文联主办的西南铁道文艺综合季刊《通途》，全年共出版 3 期，刊物内容丰富，包含诗歌、散文、小说、小品、杂文、歌曲、摄影等艺术形式。多年的坚持不懈，《通途》得到了职工群众的认可和支持。仅 1997 年，刊物就"向各分局、站段发行 12000 册。

---

① 眉山车辆厂志编审委员会：《眉山车辆厂志（1966—1995）》，中国铁道出版社，1998 年，第 290 页。

② 《中国铁路机车车辆工业总公司十年》编纂委员会：《中国铁路机车车辆工业总公司十年（1986—1995）》，1996 年，第 449 页。

收到 325 万的文学、文艺文稿，参加投稿的干部、职工达 1200 人次"①。1998 年，路局各级文联共出版刊物 16 期，投稿达 5600 多人次，用稿达 250 万字之多。② 2001 年，成都铁路局各级文联共出书 12 期（种），发表各种文学作品 160 万字之多，投稿者达 2000 多人次。③ 作者们以各种艺术形式，讴歌西南铁路职工的工作业绩和职工文化生活，有力地促进成都铁路局安全生产和企业文化的建设。

为吸引更多职工加入企业文化建设，增强企业凝聚力，成都铁路局还依托重大节日出版特刊。如 1999 年，成都铁路局文联为庆祝新中国成立 50 周年，编辑出版了《建国 50 周年西南铁路文学作品选》，征稿通知发出后，在全局范围内反响强烈。编委会先后收到各类作品 800 多万字，来稿数量、质量均为成都铁路局历次类似活动之最，全套丛书最后入选作品为小说、诗歌、散文、报告文学、影视作品等 8 卷共 140 多万字。④ 2001 年，局文联为庆祝建党八十周年，编辑出版《庆祝建党八十周年西南铁路文学作品选》，选辑了干部职工近年创作发表的小说、报告文学、散文、诗歌等优秀作品，共 5 卷约 70 万字。这些作品热情讴歌在党的领导下，西南铁路改革发展的辉煌历程和西南铁路人的精神风貌，受到广大职工的欢迎。⑤

此外，还有许多协会也积极创办刊物，助力成都铁路局企业文化建设。如成都铁路局企业管理学会的《成铁企业管理》，财会学会的《成铁财务会计》，四川省铁道学会的《四川铁道》《川铁信息》等。其中，挂靠成都铁路局的四川省铁道学会利用学会编发的刊物《四川铁道》《川铁信息》，围绕铁路中心工作展开学术研究、经验交流、普及宣传等，做了很多探索与努力。以创刊于 1980 年的《四川铁道》为例，该杂志多次获评优秀科技期刊，

---

① 成都铁路局史志办公室：《成都铁路局年鉴 1998》，中国铁道出版社，1998 年，第 211 页。
② 成都铁路局史志办公室：《成都铁路局年鉴 1999》，中国铁道出版社，1999 年，第 217 页。
③ 成都铁路局史志办公室：《成都铁路局年鉴 2002》，西南交通大学出版社，2002 年，第 226－227 页。
④ 成都铁路局史志办公室：《成都铁路局年鉴 2000》，中国铁道出版社，2000 年，第 212 页。
⑤ 成都铁路局史志办公室：《成都铁路局年鉴 2002》，西南交通大学出版社，2002 年，第 226－227 页。

受到业界一致好评，尤其是在铁路文化建设和宣传方面工作突出，如 1991
年，在新中国第一条电气化铁路——宝成铁路通车 30 周年之际，该杂志编
辑出版《纪念电气化铁路通车 30 周年论文集》，收入论文 30 篇，全书共 15
万字，发行 700 余册。1992 年，为纪念新中国第一条铁路——成渝铁路通车
40 周年，编辑出版《庆祝成渝铁路通车 40 周年专刊（1952—1992）》，刊登
文章 47 篇约 14 万字，配以珍贵图片、领导题字等，分综述、史华、发展和
展望等栏目，发行 5000 余册。① 可见，《四川铁道》成为展示四川铁路文化
的重要窗口，同时也是成都铁路局进行企业文化建设的重要阵地。

中铁二局开办发行了《开路先锋》《路魂》《工程科技》等刊物，这些
杂志紧密结合公司改革和发展实际，为全公司交流工作经验、宣传先进典
型、培育企业精神，探索研究加强党建、思想政治工作和精神文明建设发挥
了先导作用，展示了中铁二局良好的企业形象。其中，《开路先锋》是由中
铁二局有限公司党委主办，政研会承办的综合性政工内部刊物，为季刊，内
刊号为川委办刊登第 35 号。其前身最早为《政研》杂志，后因集团公司党
委决定将党群系统的印刷刊物进行归并，遂将其更名为《二局政工》。② 更
名升级后的《二局政工》杂志在文章质量、印刷、美术等方面跃上了一个
新台阶，刊物的可读性和吸引力增强了。2000 年，《二局政工》再次更名为
《开路先锋》，沿用原刊发期数。③ 此次更改以中铁二局企业精神"开路先
锋"冠名，具有继往开来、鼓舞人心的作用，更加鲜明地体现了企业的特
色。同时，也为铁二局的企业文化注入了厚重的历史底蕴，增强了职工的责
任感、使命感、认同感。

《路魂》杂志是中铁二局有限公司文联与工会合办的综合性文艺刊物，
为半年刊，内刊号为川第 01 - 183 号，创刊于 1990 年。④ 其办刊宗旨是"坚

---

① 成都铁路局志编纂委员会：《成都铁路局志（1989—2012）》（下），中国铁道出版社，2017
年，第 1013 页。
② 中铁二局集团有限公司史志编纂委员会：《中铁二局集团年鉴 2000》，内部刊物，2000
年，第 220 页。
③ 网址：http://www.cregc.com.cn/zgztej/qywh/gsbk/629979/index.html。
④ 网址：http://www.cregc.com.cn/zgztej/qywh/gsbk/629975/index.html。

持为公司生产经营服务，坚持为公司职工服务"。每期发表约 10 万字文艺作品，印数 3000 册，发至全公司基层班组。① 杂志立足企业，面向员工，多年来坚持"以高尚的精神塑造人，以优秀的作品鼓舞人"。在栏目设置上，主要有纪实文学、小说之业、散文天地、诗歌集锦、美术书法、摄影艺术、文学对话等。这些文学艺术作品对丰富铁路职工精神文化生活、提高铁路职工文学鉴赏水平和审美情趣起到一定的作用，同时对企业文化的建设也大有裨益。

中铁二局作为铁路建设单位，创办工程类刊物是其企业文化建设的内在要求和主要特色，涵盖广泛工程科学领域的杂志《工程科技》应运而生。该杂志的前身是《科技通讯》，正式创刊于 1973 年，为季刊杂志。自创刊以来，就恪守"内容新、形式活、质量高"的办刊宗旨，坚持"立足主营、服务现场、交流学术、传播信息"的办刊方针。② 在持续实践中，杂志质量和水平不断提高，刊载内容包括但不限于机械工程、电气工程、土木工程、化学与材料工程等研究成果，在读者和 80 多个交流单位中获得了广泛认可，展示了企业重视科技发展和学术交流的良好形象。1999 年 3 月，为使《科技通讯》适应学术交流活动日益频繁和学术交流内容、空间不断扩大的新形势，更名为《工程科技》。③ 此后，该杂志在栏目、版块设计上有较大创新，深受各级工程技术人员、各交流单位的喜爱。《工程科技》秉承了《科技通讯》的办刊精神，不负众望、再攀新高，在公司技术创新中发挥了技术的先导作用，同时也把科技创新深深融入了铁二局的企业文化之中。

（三）编纂年鉴、志书

编史修志，可以资政、育人。四川铁路深受中国治史传统的熏陶，在中国共产党的领导下历来十分重视史志工作，尤其是从正、反两方面科学地阐

---

① 中铁二局集团有限公司史志编纂委员会：《中铁二局集团年鉴 2000》，内部刊物，2000 年，第 220 页。

② 网址：http://www.cregc.com.cn/zgztej/qywh/gsbk/629972/index.html。

③ 网址：http://www.cregc.com.cn/zgztej/qywh/gsbk/629972/index.html。

述和总结自身的建设和发展历程，以得出规律性的认识，鉴往知来。

年鉴、志书都属综合性资料性刊物，具有重要的史料价值，也是承载企业文化的重要物质载体。成都铁路局、中铁二局、眉山车辆工厂等在编纂年鉴、志稿方面做了很多努力，积累了一系列成果。如《成都铁路局年鉴》，创刊于 1990 年，是成都铁路局史志办编著的大型专业性年刊，为路局及各级领导干部和社会各界提供铁路运输及铁路建设等综合性资料文献。它主要记述成都铁路局的主要工作、重要活动、重大事件，以及取得的新成绩和存在的主要问题。多年来，路局史志工作者坚持不懈，以高标准、严要求加强年鉴编辑工作，实现了稳步发展与提高。令人欣喜的是，2003 年 11 月，《成都铁路局年鉴》2003 年卷荣获全路年鉴评比一等奖；2004 年 11 月，《成都铁路局年鉴》2004 年卷在全国第二届年鉴评比中荣获一等奖，这是全国铁路系统年鉴中唯一获一等奖的单位；同时，《成都铁路局年鉴》2004 年卷又荣获四川省第十一次地方志优秀成果（年鉴类）一等奖。[①] 经过全局史志工作者数年的努力，终于实现《成都铁路局年鉴》争创全国、全路、全省年鉴类"精品"目标，为成都铁路局争得了荣誉。

此外，中铁二局和眉山车辆工厂等企业也编纂了《中铁二局年鉴》和《眉山车辆厂年鉴》。其中，《中铁二局年鉴》从 1991 年至 2004 年共出版 14 卷，文字总量达 960 万字。[②] 该年鉴每年出版一卷，为内部出版物。年鉴内容主要有集团公司上年主要工作、施工工程、生产经营及管理、改革发展、重要活动、重大事件以及取得的新成就、突出的新特点、总结的新经验、发现的新问题等。《眉山车辆厂年鉴》创刊于 2001 年，全面系统地记述了工厂企业改革、生产经营、技术开发及精神文明建设等方面所取得的新成绩和新经验，是一部了解工厂年度情况的综合性、资料性工具书。

志书的编纂也是史志工作者的重要工作之一，它更为系统全面地凸显了企业文化特色。成都铁路局在志稿编纂方面也有一系列优秀的成果，如《成

---

① 成都铁路局史志办公室：《成都铁路局年鉴 2005》，中国铁道出版社，2005 年，第 202 页。
② 网址：http://www.cregc.com.cn/zgztej/qywh/gsbk/629968/index.html。

都铁路局工会志（1953—1988）》《成都铁路局志稿（综合篇）》《成都铁路局志（1903—1988）》《成都铁路局教育志（1901—1990）》等。其中，《成都铁路局志》以其丰厚的史料、简洁的文字、精美的装帧印刷，获得了干部职工和史志界的好评。《成都铁路局志》从 1989 年开始组织编纂，历时 8 年，数易其稿。全书真实地记载了西南三省从 1903 年至 1988 年铁路发展的历程。特别是以翔实的史料，重点记述了新中国成立后至 1988 年近 40 年铁路建设、运营管理等方面取得的辉煌成就和经验教训。全书分设机构体制、铁路修建、运输生产、经营管理、中共成都铁路局组织、政法人民武装、人物等 12 篇 80 章，共 120 万字，分上下册，1997 年 11 月由中国铁道出版社出版发行。①

中铁二局集团公司编辑出版了《铁道部第二工程局四十年》、《铁道部第二工程局志》（上下册）、画册《闪光之路》。一公司、二公司、四公司、五公司、新运公司、电务公司、机筑公司、建筑公司、路桥公司、深圳工程公司《司志》13 部。② 眉山车辆工厂编纂的《眉山车辆厂志（1966—1995）》，从体制机构、设施建设、生产管理、技术、后勤保障、党群等十个方面总结了眉山车辆工厂走过的近 30 个春秋，回顾了第一代眉厂人艰苦创业的历程，展现了以"铁人标兵"张希楼为代表的大批先进人物的事迹，总结了生产技术领域取得的巨大突破。③ 这些珍贵的资料得以留存下来实在是一件十分有意义而值得庆贺的事，不仅丰富了企业文化，挖掘了企业历史底蕴，更是一件功在当代、惠及后世的善举。

值得一提的是，四川铁路在志鉴编纂方面也取得了丰硕的成果。如在成都铁路局、铁二局与铁二院等单位的共同努力下，具有重要史料价值的《四川省志·交通志（铁路篇）》于 1996 年 12 月 5 日正式出版并发行，该书荣

---

① 成都铁路局史志办公室：《成都铁路局年鉴 1998》，中国铁道出版社，1998 年，第 212 页。
② 网址：http://www.cregc.com.cn/zgztej/qywh/gsbk/629968/index.html。
③ 眉山车辆厂志编审委员会：《眉山车辆厂志（1966—1995）》，中国铁道出版社，1999 年，第 2 页。

获四川省第七次地方志优秀成果二等奖。①《四川省志·交通志（铁路篇）》从 1984 年开始组织编纂，资料收集、整理等相关工作有序开展，前后历时十余载，数易其稿。该书以翔实的史料记载了从 1903 年筹建川汉铁路开始到 1985 年为止四川铁路 80 余年的历史，较为全面地反映了新中国成立后，成渝、宝成、川黔、成昆等铁路的修建、运营、管理的艰苦历程，描绘了四川铁路 80 余年来建设和发展的壮美诗篇。四川铁路企业各类年鉴、志书的编纂，不仅为四川铁路企业文化添上了浓墨重彩的一笔，还为四川铁路"存史""育人""兴企"提供了翔实的文献资料。

第三节　四川铁路精神的内涵与呈现

中国铁路精神是在长期的铁路建设发展实践中逐渐形成的精神品质，集中体现了中国铁路建设者的精神风貌和价值追求，并且随着时代的变化，其内涵也在不断丰富和发展。中国铁路精神不仅连接着一代又一代铁路人的集体记忆和集体情感，也是中国共产党精神谱系的重要组成部分，因此"在不同历史时期形成的各具特色而又一脉相承的铁路精神，成为铁路人值得骄傲、自豪的宝贵精神财富"②。四川铁路精神是中国铁路精神在四川的生动演绎，自成渝铁路建设到宝成、成昆、襄渝等进出川铁路建设，伴随四川铁路建设发展，也逐渐形成了以"开路先锋精神""成昆精神""巴山精神"为代表的四川铁路精神。这些精神既有中国铁路精神的共通性，也兼具四川地域特色，且通过文学、影视、音乐、美术等文艺作品得以生动呈现。

---

① 成都铁路局史志办公室：《成都铁路局年鉴 1997》，中国铁道出版社，1997 年，第 242 页。
② 中国铁路总公司宣传部：《培育和践行新时期铁路精神宣传提纲》，《人民铁道》2014 年 4 月 11 日。

一、四川铁路精神的内涵

自古以来，蜀地英雄辈出。在这英雄辈出的土地上，先后在筑路中孕育出"开路先锋精神""成昆精神""巴山精神"等。这些精神的生成极大程度上丰富了四川铁路文化的内涵，为其增添了一份厚重的历史底蕴。与此同时，这些宝贵的精神财富也持续滋养、激励着铁路人接续奋斗在祖国西部的铁路建设中，创造出更多铁路建设奇迹。

（一）开路先锋精神

1950 年 6 月 15 日，成渝铁路正式开工。当天，新组建的西南铁路工程局在重庆为成渝铁路举行了盛大的开工典礼，邓小平、贺龙等领导人出席典礼，邓小平同志在讲话中勉励筑路部队"要遵守劳动纪律，要学会掌握修路技术，尊重技术人员的指导（同时技术人员也要重视群众的意见），要紧密团结起来进行工作"[①]。邓小平的讲话，给予了筑路队伍巨大的勉励，也成为筑路军工修建成渝铁路的指导方针。开工典礼最后，西南军区司令员贺龙亲手将一面绣有"开路先锋"的锦旗授予由西南军区直属部队组成的军工筑路第一总队。随即这支英雄的军工队伍便高举着"开路先锋"的旗帜，一肩扛着步枪或机枪，一肩挑着扁担箩筐，唱着军歌，拉开了修筑成渝铁路的序幕。他们也成为新中国铁路建设中名副其实的"开路先锋"。随后，川东、川南、川西、川北等筑路纵队也陆续开赴各工地，开展修筑工作。由此，解决了成渝铁路建设所需的劳动力问题。

这支军工队伍承继了革命时期中国人民解放军的优良传统，以高度的劳动热忱和刚毅精神不断学习技术，克服了筑路过程中的诸多困难。例如，各军工筑路部队普遍地组织技术研究小组来钻研技术，经常召开"诸葛亮会议"，发挥集体智慧，不断掌握有关筑路的技术，创造了不少新方法，使得

---

① 《庆祝兴修成渝铁路　昨日隆重举行开工典礼》，《新华日报》1950 年 6 月 16 日。

筑路效率不断提高。1950 年抗美援朝战争爆发后，筑路军工陆续归建，随即西南铁路工程局组织动员了铁路沿线 10 万民工参与筑路。但是，由于线路所经之处大多是山地，要开山炸岩、修桥涵、建隧道，而大多数的民工在刚参加修路时候缺乏这种工作经验与技术。因此，一方面筑路军工发扬了团结精神，组织带领 10 万民工开展筑路，解决民工的实际困难，广泛深入地进行整治教育，启发他们主人翁的思想；另一方面，筑路民工充分发挥劳动积极性和创造性，陆续克服了施工中的诸多困难。由此，在筑路军民的共同努力下，工作效率不断提高，为提前完成筑路任务提供了有力的保证。在这一过程中，筑路军民用汗水、鲜血乃至生命铸就了以艰苦奋斗为表征、以攻坚克难为内核的开路先锋精神。由此，四川也成为"开路先锋"精神的重要发源地。

经过培养锻炼，参与成渝铁路建设的广大民工不仅成为一支有觉悟、有组织的生产队伍，而且也逐渐成为新西南铁路建设的骨干力量。在成渝铁路建成通车后，这支铁路建设队伍又转战至宝成铁路，后来又陆续参加了成昆、襄渝等四川铁路建设，为四川、西南乃至全国铁路建设做出了重要贡献。在成渝铁路中孕育的开路先锋精神，也伴随四川铁路建设发展而得到不断丰富和发展，继而衍生出成昆精神、巴山精神等，极具四川特色又彰显了中国铁路建设者的集体风貌。开路先锋精神的内涵也不断扩大，成为代表新中国铁路建设者的一种精神品质。2004 年 6 月，中国中铁公司召开的企业文化建设工作会议将"艰苦奋斗、攻坚克险、争创一流、尊重科学"作为"开路先锋"精神的内涵，随后又进一步将其内涵提炼为"爱国奉献、艰苦奋斗、创新创造、勇争一流"。因此，"开路先锋"精神也逐渐从四川演绎至全国，成为包括中铁二局在内的所有铁路施工企业的精神符号。

回首历史，自成渝铁路，到宝成、成昆、襄渝等铁路建设，一代又一代铁路建设者传承着"开路先锋"精神，以极大的爱国热忱和奉献精神，全面投身四川铁路乃至全国铁路建设，用鲜血和汗水乃至生命建设了一条又一条钢铁大道，也在一个又一个铁路建设辉煌成就中不断赓续着"开路先锋"精神。

（二）成昆铁路精神

成昆铁路精神的核心要义是"坚守实干，争先创新"，它承载着几代铁路人的共同记忆、奋斗历程和光荣梦想。[①] 三线建设时期"为有牺牲多壮志，敢教日月换新天"，是成昆精神的历史源头。[②] 成昆铁路从 1958 年动工，到 1970 年建成，历时 12 年。据吕正操言，成昆线作为西南铁路的典型，无论从设计、施工还是运营看，都是当时修建铁路中最困难的一条。[③] 在十分困难的筑路条件下，包括铁道兵、铁路职工、沿线民工在内的 30 万施工队伍投身建设。他们凭着"为有牺牲多壮志，敢教日月换新天"的胆识和气魄，以及"一不怕苦，二不怕死"的革命精神，越是艰险越向前。他们在筑路技术条件有限、设备设施落后、机械数量少，许多工作需要肩挑人抬、水运马驮的困难条件下，勇闯"筑路禁区"，克服了险山恶水、高原高寒、高温地热、盐层软土、滑坡落石、涌水突泥等不良地质造成的问题。筑路大军以硬骨头作风和大无畏的英雄气概，在近 1100 公里线上，共修建隧道 427 座、桥梁 991 座，桥隧总长占全线总长度的 41.6%。[④] 如此浩大的工程量，可见成昆铁路的修建极其不易，被联合国誉为"象征 20 世纪人类征服自然的三大奇迹"之一。在千辛万苦的施工过程中，智慧顽强的筑路大军掀起了群众性的技术革新热潮，创造了许多新技术、新设备、新工艺以及新的施工方法，其中在筑路科技领域有 18 项技术创中国铁路之最、有 13 项创世界铁路之最。[⑤] 可见，成昆铁路不仅是一条路，更是一部奋斗史、一首精神的赞歌，它是中华民族迎难而上、自强不息的伟大民族精神的具体体现，是人类挑战极限、超越自我的典型范例。

---

① 中国国家铁路集团有限公司党组宣传部：《铁路红色基因》，中国铁道出版社，2021 年，第 128 页。

② 中国国家铁路集团有限公司党组宣传部：《铁路红色基因》，中国铁道出版社，2021 年，第 125 页。

③ 吕正操：《吕正操回忆录》，解放军出版社，2007 年，第 442 页。

④ 成都铁路局志编纂委员会：《成都铁路局志稿（综合篇）》，1992 年，第 104 页。

⑤ 冯金声：《中国西南铁路纪事》，西南交通大学出版社，2017 年，第 171 页。

　　运营初期形成的"治山斗水保畅通，团结务实创一流"是成昆精神的传承与积淀。① 所谓开路难，守路亦难。成昆铁路经过地区素有"地质博物馆"之称，地质条件复杂。在空中，有数不清的危岩，像刀剑、炸弹一样悬在铁路上方，随时都可能飞下来折断或炸毁铁路；在地上，有 300 多条大小泥石流沟，一到雨季，极易引发泥石流、滑坡等导致铁路毁坏；在地面，有大渡河、牛日河、孙水河、安宁河、金沙江、雅砻江等江河对铁路的威胁。② 如 1980 年的铁西车站大滑坡，人们每每言之色变。大滑坡滑体达 200 多万立方米，约 17 万立方米堆积在线路上，掩埋线路 140 米，中断行车 21 次，抢险大军奋战 40 余天才建成便线恢复通车。③ 可见，要保障成昆铁路的畅通绝非易事。用"成昆精神"武装起来的广大有志青年，不畏环境艰险，从祖国各地集结到成昆铁路。他们"先生产后生活，先治坡后治窝"，克服了"吃水难、吃菜难、用电难、住房难、出行难、就医难、入学难、恋爱难"的八难问题。④ 面对一次次险象环生的地质灾害，成昆人无数次治山斗水，顽强拼搏，誓死捍卫和坚守，涌现出大量的英雄人物：有 25 年来坚持同威胁铁路畅通的孤石危岩作斗争的"五一劳动奖章"获得者戴启宽，有从警 30 年、为铁路安全出生入死的"人民铁道卫士"阿米子黑，还有为保卫国家和人民的利益而英勇献身的烈士，如王明儒、郑光华、苏应发、张道松、冉茂禄等烈士的光辉事迹，无一不是感人至深的英雄史诗。⑤ 正是第二代成昆人的接续奋斗，续写并升华了成昆精神。

　　如果说成昆铁路建成通车是中国人民征服自然的一个奇迹，那么，保障

---

　　① 中国国家铁路集团有限公司党组宣传部：《铁路红色基因》，中国铁道出版社，2021 年，第126 页。

　　② 成都铁路局文联：《成都铁路局二十年职工文学作品选（1995—2015）抵达铁路　小说卷》，四川人民出版社，2015 年，第 25 页。

　　③ 北来：《百年火车》，中国铁道出版社，2014 年，第 167 页。

　　④ 中国国家铁路集团有限公司党组宣传部：《铁路红色基因》，中国铁道出版社，2021 年，第127 页。

　　⑤ 四川省政协文史委员会、凉山州政协：《凉山彝族文史资料专辑》，四川民族出版社，2000 年，第 287 页。

成昆铁路的畅通则是西昌铁路分局全体职工无私奉献、驯服自然的又一奇迹。① 若没有几代成昆人的坚守实干，恐怕外国专家预言成昆铁路"十年后将是一堆废铁"的论调就要成真了。1988 年，西昌铁路分局提炼出的"治山斗水保畅通，团结务实创一流"企业精神，得到了成昆人的广泛认同和切实践行。② 成昆精神历久弥新，随着时代的变化发展不断升华凝结，不断教育、滋养、激励着铁路人拼搏进取、奋勇争先。

此外，成昆铁路在修建过程中，受到了党中央的高度重视，贺龙、聂荣臻、朱德、邓小平等领导同志先后到工地视察并作了亲切指示。不仅如此，周恩来总理还号召全国人民"开绿灯"，各地纷纷成立"支铁委员会"，沿线人民用实际行动支援成昆铁路建设。在这一过程中，留下了许多珍贵的文字、数据、图片等资料，这些资料大多存放于沿线档案馆，如眉山、乐山、凉山等档案馆就有许多重要的文献资料，它们作为成昆铁路建设的"见证者"，不仅是四川铁路文化不可或缺的一部分，更增添了成昆铁路文化资源的历史感、庄重感、悲壮感，可以有效丰富社会大众的精神世界，激发社会大众奋发向上的精神力量。

（三）巴山精神

巴山精神发源于巴山铁路站区，这里地处川陕交界、环境恶劣的秦巴山区腹地。面对这"抬头一线天、低头是深涧、天天云雾罩、半年雨绵绵"的恶劣环境以及隧道最长、坡道最大、桥梁最高等"六个之最"，一代代巴山铁路人在恶劣的自然环境和艰苦的工作生活中，秉持"在一天就要干好一天"的信念，科学养路，"把襄渝铁路地质条件最复杂、基础最薄弱、病害最严重的'担心线'养护成了'放心线'"③。正是几代巴山铁路人的辛勤付

---

① 四川省政协文史委员会、凉山州政协：《凉山彝族文史资料专辑》，四川民族出版社，2000年，第 287 页。

② 中国国家铁路集团有限公司党组宣传部：《铁路红色基因》，中国铁道出版社，2021 年，第128 页。

③ 《巴山精神》，《人民铁道》2021 年 7 月 30 日，第 2 版。

出、薪火相传，孕育了艰苦奋斗、无私奉献的"巴山精神"，树立起全国铁路系统的一面精神旗帜！

从孕育到形成发展，巴山精神前后历经 30 余载。具体而言，巴山精神的形成可以分为四个阶段，即"起步于改革开放的新时代，形成于市场经济的新环境，巩固于创新发展的新阶段，发展于深化改革的新时期"①。

20 世纪 60 年代末，按照毛主席"三线建设要抓紧"的指示，数十万铁道兵、学兵、民兵投身秦巴山中、汉水侧畔，修建这条横贯湖北、陕西、四川、重庆四省市，全长 800 多公里的襄渝铁路。1978 年，伴随着襄渝铁路建成通车，成立了党支部和巴山工务指导区，负责襄渝铁路 81 公里线路的养护任务。② 从此，大巴山迎来了第一代养路人。

然而，筑路难，守路更难。在该区域内共有线路 81 公里，其中有 78 座桥梁、66 座隧道，占该管辖区线路的 90% 以上。特别是襄渝铁路隧道，素有最长、坡道最大、桥梁最高、曲线半径最小、海拔最高、条件最艰苦"六个之最"之称。③ 这使得养护难度非常大。加上那个时候还没有大型捣固机械，巴山工区的工人们只得靠着镐头、九齿叉和三齿耙等"老三样"对线路进行捣固和维护。④ 每天天还未亮，工人们就扛着笨重的工具，或穿梭在铁路沿线，或扎进终日不见阳光的巴山隧道里。不仅如此，第一代巴山铁路人的生活条件异常艰苦，刚到工区时，住的是四处透风的"干打垒"房子，床是用废旧枕木垛支起的，坐的是藤条筐，点的是煤油灯，日常喝水要到几公里外去挑，蔬菜和生活用品更是要翻几座山到安康、汉中、万源等地购买。如果遇到雨雪天买不到菜，就只能清汤泡饭吃一天。⑤ 由于长期工作在这样的环境中，有近半数的人患有严重的腰肌劳损和关节炎。

即使在这样恶劣、艰苦的自然环境和工作生活条件下，以解和平等为代

① 常怀立、李菱等：《巴山深处的精神坚守》，《红旗文稿》2017 年第 15 期。
② 《弘扬"巴山精神" 坚守精神高地》，《人民日报》2014 年 9 月 16 日，第 15 版。
③ 中国国家铁路集团有限公司党组宣传部：《铁路红色基因》，中国铁道出版社，2021 年，第 175 页。
④ 李春芝：《丰碑——襄渝铁路建设纪实》，陕西人民出版社，2021 年，第 346 页。
⑤ 李春芝：《丰碑——襄渝铁路建设纪实》，陕西人民出版社，2021 年，第 346 页。

表的第一代巴山人发扬不怕吃苦、迎难而上、顽强坚守的作风，将巴山隧道由原来限速 15 公里提高到 60 公里，是原来的 4 倍。并如期实现了铁道部在襄渝线开行 2400 吨"大列"的计划。① 在这一过程中，也培养出了一支"艰苦为荣，善打硬仗"的职工队伍，为巴山精神的形成播下了种子。

改革开放后，伴随市场经济发展，越来越多铁路职工开始转向收入高、待遇好的行业。正是在这样的背景下，巴山人的坚守显得更加难能可贵。巴山工长解和平说："巴山的条件确实苦，但它却在祖国的版图上。铁路修到这里，总要有人来护，我不来别人就得来。既然来了，在一天就要干好一天。"② 病害靠人来治，线路靠人来养。这朴实动人的话语成了巴山人的"传家宝"。工区职工上下班必经的山坡小路，雨天泥泞，晴天滑沙。职工们义务劳动近 400 个工日，修砌了两条长 500 米的水泥台阶。③ 他们在艰苦的环境中练就了铮铮铁骨，敢于担当、无私奉献，用勤劳的双手改善和建设巴山环境，始终如一地守护着巴山管内的铁路运输安全。

1983 年 10 月，"以苦为荣"的巴山精神首次被提出来。在此基础上，1987 年安康铁路分局党委又提出"吃苦为荣、艰苦奋斗、无私奉献、奋发进取"为主要内容的巴山精神，并将其具体表述为"安心山区的奉献精神、开拓进取的拼搏精神、艰苦奋斗的创业精神和坚定乐观的自强精神"④。至此，巴山精神得到较全面的阐释。同时，也有力地调动了职工的积极性，为改革开放和运输生产提供了强大的精神动力。此后，巴山精神逐渐发展成熟。1987 年，《人民日报》等新闻媒体联合对巴山工务指导区的先进事迹进行了系列采访报道，掀起了一阵巴山新闻热潮。1990 年，由解和平、曹美英等杰出代表组成的"巴山精神报告团"，深入铁路系统内外展开先进事迹报告，感染了无数铁路人。中共陕西省委也将巴山精神誉为"新时期的延安

---

① 郑启清主编：《新时期火车头精神》，中国铁道出版社，1996 年，第 50 页。
② 《巴山精神》，《人民铁道》2021 年 7 月 30 日，第 2 版。
③ 郑启清主编：《新时期火车头精神》，中国铁道出版社，1996 年，第 47 页。
④ 中国国家铁路集团有限公司党组宣传部：《铁路红色基因》，中国铁道出版社，2021 年，第177 页。

精神"，号召全省"北学延安，南学巴山"。① 1994 年 7 月，郝兵等 6 名技校生和复转军人联名向段党委写信要求去巴山。西安交大、西南交大等 10 多所高等院校也将巴山工务指导区作为爱国主义教育基地。② 此外，巴山工务指导区党支部还被铁道部授予全路"党支部十面红旗"称号。经过多年的持续传承弘扬，巴山精神也从"艰苦奋斗、育人铸魂"逐步提升为"奋发有为、催人成才"③。

进入 21 世纪，伴随中国铁路建设发展，巴山精神也在实践中得到升华，"艰苦奋斗、无私奉献、务实创新"成为其新的表达。2005 年西安铁路局成立后，从"事迹很感人、想法很朴素、历程很丰富、理念很兼容、经验很全面、成绩很突出、当下很需要"7 个方面给予了巴山精神高度肯定④，同时将巴山精神确立为西安铁路局的传家宝。随着各级组织对巴山精神的宣传与弘扬，巴山精神一定会冲出大山，走向全国。

30 多年来，巴山铁路人始终将"巴山精神"视为巴山之魂、护路之本。坚持"养路先育人，育人先铸魂"的理念，带领职工在大山中安心、安身、安业，秉承筑路烈士遗志，将襄渝铁路养护成安全线、放心线、优质线，确保了铁路运输的安全畅通。随着巴山精神影响的不断扩大，越来越多的"路外青年"也受到巴山精神的洗礼，成为新时代"巴山精神"的践行者，敬业爱岗、坚忍不拔、奋发向上。

二、四川铁路精神的呈现

文艺作品是四川铁路精神呈现的重要载体之一，尤其是四川铁路艰苦卓

---

① 中国国家铁路集团有限公司党组宣传部：《铁路红色基因》，中国铁道出版社，2021 年，第177 页。

② 郝志有、刘进京：《巴山深处》，《共产党员》1996 年第 1 期。

③ 中国国家铁路集团有限公司党组宣传部：《铁路红色基因》，中国铁道出版社，2021 年，第179 页。

④ 中国国家铁路集团有限公司党组宣传部：《铁路红色基因》，中国铁道出版社，2021 年，第179 页。

绝的建设历程，给广大文学艺术工作者源源不断地提供着文学、电影、摄影及绘画等创作素材，经过几十年的创作与发展，积累了许多接地气、有深度的铁路文艺作品，如铁路文学、铁路电影、铁路歌曲、铁路绘画等。这些丰富的文学艺术作品在很大程度上净化了人们的心灵，陶冶了人们的情操，不仅丰富了沿线职工的精神文化生活、提高了铁路职工的文学鉴赏水平和审美情趣，还充分发挥着宣传群众、鼓舞群众的作用，体现出铁路行业的特性和历史使命，为铁路的发展和进步发挥着极其重要的作用。

（一）文学作品

1950 年，铁路系统的机关报《人民铁道》创办了文学副刊《汽笛》，标志着新中国铁路文学的诞生。[①] 此后，伴随着四川铁路事业的蓬勃发展，一批批铁路作家和铁路文学爱好者深入基层，以四川铁路为中心进行文学创作，成绩斐然，涌现出许多优秀的纪实文学、诗歌、散文、小说等。这些文学作品深刻地描绘了不同历史时期的铁路或铁路人，表达了人们对四川铁路的厚爱与期待。他们或赞誉四川铁路的欣欣向荣，或重现铁路修筑的历史场景，或称颂铁路人的高尚情操，这些文学作品集中彰显了铁路人的浪漫、勇敢和坚韧，同时也成为广大铁路文学爱好者的精神家园。

"一五"计划以来，在党的文艺方针的指导下，讴歌四川铁路的文学作品如雨后春笋般出现。尤其是纪实报告文学，成果可谓汗牛充栋。这些文学作品大多以铁路为主题，如以成渝铁路为主题的有《成渝铁路》《成渝铁路千里行》《成渝铁路今昔记》，以宝成铁路为主题的有《宝成铁路 纪念集》《宝成铁路 修建记》《宝成铁路》《战斗在宝成铁路工地上的英雄们》《战胜万水千山的宝成铁路》，以成昆铁路为主题的有《风雨成昆二十年》《铁血 成昆铁路大决战纪实》《万水千山只等闲——记成昆铁路的胜利建成》《口述历史——开路先锋 永恒的记忆》，以襄渝铁路为主题的有《襄渝英

---

① 邱铁鑫：《文化自信视域下新中国铁路文化建设研究》，西南交通大学博士学位论文，2020 年。

华》《襄渝铁路会战亲历记》《襄渝铁路大会战　南充民兵师纪实》，等等。其中，1958 年由人民铁道出版社出版的《宝成铁路纪念集》，图文并茂，收录了有关纪念宝成铁路的文章和领导人讲话。这些作品歌颂了修筑宝成铁路的英雄们，"让高山低头，让江河让路"的冲天干劲，同时介绍了宝成铁路的沿线风光及经济变化。1995 年由四川人民出版社出版的《铁血　成昆铁路大决战纪实》，生动地描写了成昆铁路建设的宏伟场景，突出了在党中央号召下，铁路建设者们不畏艰难、战天斗地、忘我牺牲的奉献精神和高尚情操。2004 年由政协南充市委员会编纂的《襄渝铁路大会战　南充民兵师纪实》翔实地记录了南充地区 9 个县（市）动员、抽调 5 万余人，组成南充民兵师参加襄渝铁路西段大会战的过程①，民兵们发扬"一不怕苦，二不怕死"的巴山精神，克服了艰苦的生活和工作条件，为当时的"三线"建设做出了重大贡献。这些纪实文学作品，不仅为铁路文学留下了丰厚的精神资源，也为铁路红色文化研究积累了宝贵的文献资料。

此外，还有许多诗歌、散文、小说等文学作品围绕四川铁路相关主题而展开。如《劈开川黔第一关　铁路诗集》《旅行在成昆线上》《在云彩上面》《写给静静的山岗》《夜走灵官峡》等，这些作品立足铁路，通过文学让情感直抵铁路精神内核。尤其是作家韩太康创作的长篇叙事诗《写给静静的山岗》，是第一部公开出版的以成昆铁路为题材的文学作品。该作品描写了一个青年筑路工人在成昆铁路修建中成长，以大无畏的勇气献身铁路事业的感人故事。这首诗也被评论界称为"一部撼人心魄的中国铁路建设史诗"，是现代诗歌作品中反映大工业题材的优秀作品，也是反映铁路人工作与情感的代表作。这首诗荣获第五届"中国铁路文学奖"一等奖。② 1958 年，著名作家杜鹏程到宝成铁路工地灵官峡采访时，创作了脍炙人口的小说《夜走灵官峡》，经《人民日报》发表后，在全国产生了巨大影响，后来更是入选了中

---

① 中国人民政治协商会议南充市委员会：《襄渝铁路大会战　南充民兵师纪实》，内部刊物，2004 年，第 1 页。

② 栗继华：《照亮山岗的光芒》，《中国中铁》2012 年 7 月 25 日，第 A4 版·综合副刊。

学语文课本。① 该作品将宝成铁路工人顶着严寒风雪忘我劳动、舍身奉献的时代精神凝于笔端，塑造了极具社会主义责任感和使命感的中国工人形象。他们是新生活的开拓者，那冲天的干劲和极大的热情令人肃然起敬。

不难发现，铁路建设是铁路作者关注的重点题材，而且又是以铁路职工"自己写、写自己"为主要形式，因而深受干部职工，特别是生产第一线职工们的欢迎，这在极大程度上推动了铁路职工的创作热情，并涌现出大量的优秀作品。其中，由郭建基主编的报告文学集《山路不再弯》，全书达22万多字，生动记述了中铁二局集团公司西康创优的历程和参建员工的无私奉献。② 作家孙贻荪深入株六复线著名的新东山隧道工地采访两个多月，写出报告文学《征服大山的人们》，在《通途》上发表后引起强烈反响。③ 这些作品朴实而生动地表达了铁路人献身铁路事业的感人情怀，鼓舞着他们奋勇争先。成都铁路局的《从黄牌到红牌的变迁》、尹蓉珍的《小镇掌声》、李茜等的《铁血丹心铸警魂》等文学作品，宣传和歌颂了铁路运输各条战线上共产党员的先锋模范作用，在读者中产生了良好的影响。④ 此外，还有许多铁路文学作品受到专家及读者的高度认可。如成都铁路局党办曾从技的散文集《拥抱平凡》、局文联刘昶光的诗集《船板上的月亮》获第六届中铁文学奖，局职工周世通的小说《秋雨》获四川省"五一文学奖"，孙贻荪的散文集《回望岁月》获第六届中铁文学奖，局文联陈泽旗创作的长篇报告文学《非常：南昆铁路大写真》，以生动的笔触反映了西南铁路建设者战天斗地的创业精神和可歌可泣的英雄业绩，获得了四川省第三届巴蜀文艺大奖中唯一的文学一等奖。⑤ 这一系列优秀文学作品不仅展示了铁路职工蕴藏的巨大的文学潜

---

① 张丰、王越：《西成高铁：从栈道到高铁 联通梦想的千年演进》，西南交通大学出版社，2019年，第56页。

② 中铁二局集团有限公司史志编纂委员会：《中铁二局集团年鉴 2000》，内部刊物，2000年，第221页。

③ 成都铁路局史志办公室：《成都铁路局年鉴 2002》，西南交通大学出版社，2002年，第226页。

④ 成都铁路局史志办公室：《成都铁路局年鉴 2002》，西南交通大学出版社，2002年，第226页。

⑤ 成都铁路局史志办公室：《成都铁路局年鉴 1999》，中国铁道出版社，1999年，第217页。

力，同时还反映了四川铁路文学事业伴随着铁路的发展而日益繁荣的历程。

（二）影视、音乐作品

影视作品和音乐作品都具有极强的感染力，是艺术表达的重要方式之一。广大铁路艺术爱好者围绕四川铁路进行了许多的影视、音乐作品创作，这些作品生动地、多方面地展现了四川铁路建设、发展情况，有的讲述了铁路建设者的艰苦劳动及其爱国主义情感，有的歌颂了铁路建设者的劳动热情和英雄事迹，有的反映了沿线群众对铁路建成通车的欣喜与感激，等等。这些影视、音乐作品兼具一定的民族风格和四川特色，在群众中广为流传，不仅活跃了铁路职工文化生活，还起到了教育、鼓舞群众的作用。

被联合国评为"20世纪人类征服自然三大奇迹"之一的成昆铁路，因其穿越"筑路禁区"的伟大壮举，加之特殊的历史背景，受到国内外艺术工作者的青睐，并生产加工出一系列高质量的影视作品。如1974年，中央新闻纪录电影制片厂创作的纪录片《成昆铁路》；2001年，日本拍摄的纪录片《世界的山岳铁路中国成昆》；2007年，中国国际电视总公司拍摄的《过山车成昆铁路：中国铁路修建的奇迹》；等等。值得一提的是，与铁路同名的纪录片《成昆铁路》，把四川铁路的故事从50年代开始讲起，在那火红的建设年代，社会主义建设者们憧憬着新中国的美好未来，在还没有铁路的大西南，人们更是将这种热情和信心投入铁路建设中。《成昆铁路》以此为背景，生动再现了筑路大军不畏艰难战天斗地、忘我牺牲、奉献作为的革命精神和高尚情操。

除上述在社会上较有影响力的纪录片外，许多以四川铁路为创作题材的歌曲也广为传唱，受到大家的喜爱。例如，《四唱成渝铁路》《成渝铁路千里长》《宝成颂歌》《卡沙沙》《歌唱成昆线》等。《四唱成渝铁路》由著名音乐家时乐蒙作词谱曲，是一首颂扬新中国，颂扬共产党，欢呼成渝铁路建成通车的赞歌。① 这首斗志昂扬的歌曲唱出了对成渝铁路修建历程的回顾，

---

① 《当代四川》丛书编辑部：《当代四川铁路》，四川人民出版社，1993年，第61页。

唱出了人民对旧社会的憎恨，更是唱出了对美好明天的憧憬和希望。一曲《宝成颂歌》动情地讲述了建设者的艰辛，歌颂了宝成铁路建设者的英雄事迹。由铁二局文工团田逢俊创作的《卡沙沙》① 讲述了铁二局的"修路大哥"高举"开路先锋"旗帜，浩浩荡荡地开进四川大凉山，他们特别尊重彝族同胞，教他们耕作知识、为他们治病以及理发等，受到彝族人民的热烈欢迎，彝族同胞千言万语汇成一句话：修路的大哥啊！卡沙沙，卡沙沙。这首《卡沙沙》自1960年问世以来，就受到彝族同胞的喜爱，被凉山彝族自治州政府定为全州人民必唱歌曲而流传于大小凉山，被彝族儿童作为"民歌"传唱至今。同时，这首歌也受到"修路大哥"的认可。中铁二局人每逢文艺演出时，必唱这首歌曲；四川省歌舞团将其作为保留节目，在出访欧、亚、非国家演出时受到外国友人的称赞，都知道中国的成昆铁路修到了凉山下。

这些精彩的作品在宣传、歌颂四川铁路的同时，也激发了广大铁路职工的创作热情，鼓舞着铁路文艺爱好者不断深入挖掘铁路故事，使得更多优秀作品不断涌现。如1997年1月，成都铁路局选送中国艺术家协会参评的《苗岭护路神》《侍候上帝的人们》和《凉山顶上的红旗》3部电视专题片全部入围，有2部被中国电视艺术家协会和中国行业电视委员会评为三等奖，1部评为优秀奖，并在中央电视台第七频道展播。② 1998年，成都分局工会和文联联合创作的电视小品《东哥和花妹》在铁总第一届"群星杯"小品曲艺大赛中获二等奖；局文联邓元长与开远站李冲创作并发表了电视剧本《凤凰山下》（上、下集），第一次以电视剧形式反映深山小站看守工数十年如一日为保证铁路畅通而艰苦奋斗、不惜牺牲的感人事迹。③ 这些作品播出后，受到观众及专家同行的好评。又如成都铁路局拍摄的反映广元工务

---

① "卡沙沙"，是"谢谢""非常感谢"或"特别谢意"的意思。"卡沙沙"在当今现代彝语的北部方言中是一句使用频率最高的答谢语。在彝区各族人民日常交往中"卡沙沙"成了增进友谊、沟通情感的一种方式。1960年，铁二局文工团词作家田逢俊等来到沙木拉打工地体验生活，耳闻目睹和谐的"路地关系"和"民族关系"，萌发了要创作一首"卡沙沙"的赞歌的想法。

② 成都铁路局史志办公室：《成都铁路局年鉴 1997》，中国铁道出版社，1997年，第211页。

③ 成都铁路局史志办公室：《成都铁路局年鉴 1999》，中国铁道出版社，1999年，第217页。

段先进人物事迹的专题片《危岩工》在四川电视台播放后，被广电总局、四川观点学会评为新闻一等奖；局文联组织的《国画家刘昶光》电视专题片在中国第三届电视金鹰奖评选活动中荣获优秀奖，并先后在四川有线电视台、中央电视台播放。①

（三）美术作品

铁路美术作品积淀着丰富的文化遗产，是铁路文化建设的重要组成部分。尤其是依托不同历史时期的四川铁路创作的美术作品，与时代、国家命运的紧密结合，形成了这些作品独特的历史价值和文化品格。通过对美术作品的感知和理解，我们更能了解四川铁路的发展建设历程。甚至可以说，一部四川铁路美术史，就是一部四川铁路发展的视觉图像史。

四川铁路建设和发展的伟大历程一直备受艺术家的青睐，也正是四川铁路众多的创作题材滋养了艺术家，为他们提供了充足的养分，激发了他们创作的灵感。艺术家们围绕四川铁路创作一大批反映时代风貌的美术作品，涵盖版画、摄影、油画、雕塑等多种艺术形式。这些美术作品不仅使四川铁路有了更多的艺术表达形式，还为其增添了更为丰富的文化内涵。如《四十年的愿望实现了》《勘测铁路新线》《庆祝成渝铁路通车》《支援宝成铁路》《万山丛中》《宝成铁路工地写景》《修筑宝成铁路的人们——宝成铁路工地素描集》《万水千山只等闲》《成昆铁路》《欢呼成昆铁路通车》《赶火车》《巴山幽谷》等等，这些美术作品大都是作者深入生活和生产建设第一线完成的，具有浓厚的生活气息。不仅表现了热火朝天的劳动场面和铁路生产战线上的新人新事，更是有力地展现了新中国的精神风貌。

著名版画家李少言于1953年创作的版画《四十年的愿望实现了》，通过强烈的黑白对比，展现出群众对成渝铁路通车的期待；人群中招展的红旗与一张张喜悦的脸庞相映成趣，画中崭新的轨道伸向远方，更是寓意深远，寄托着人们的美好愿望。同为20世纪50年代围绕成渝铁路而创作的版画，宋

---

① 成都铁路局史志办公室：《成都铁路局年鉴 2000》，中国铁道出版社，2000年，第212页。

广训的《勘测铁路新线》和林军的《巴山幽谷》则着重描述了修筑成渝铁路的艰辛过程，展示了新中国建设者不畏艰险的英雄气概和忘我的革命精神。值得一提的是，李少言的版画《四十年的愿望实现了》和宋广训的版画《勘测铁路新线》均被中国美术馆收藏①，为四川铁路文化走上更高艺术殿堂，供大家观摩创造了极为便利的条件。油画家高小华就以《赶火车》为题，展示了 20 世纪 90 年代市民在火车上的日常生活：网兜装着脸盆，背上的行囊里还捆扎着被褥，站台上小推车里各色美食的香味仿佛飘出了画布。② 这幅作品画面生动，故事性强，深刻地反映了火车日渐与人们的生活息息相关，深刻地影响了人们的出行方式、生活习惯等。

著名画家，长安画派创始人之一赵望云为了表现宝成铁路这一伟大工程建设，于 1955 年创作出了国画《万山丛中》。这幅画作再现了在重峦叠嶂的秦岭修建宝成铁路的壮观场面：有众人挖山填土施工作业，有工人悬吊在陡峭崖壁上凿石开路，有肩扛锄头、手握红旗的劳动群众，等等。这幅画作以宽广的构图最大限度地呈现了烟锁秦岭、峭壁千仞的重峦叠嶂，以此反衬人们高涨的建设热情和祖国的山河新貌，抒发了新的时代精神。不仅如此，在 1956 年"西北地区第三届美术作品展览会"上，《万山丛中》顺利入选，并被编入陕西人民美术出版社出版的《西北第三届美展作品选集》。③ 同时，20 世纪 50 年代画家们提出的"一手伸向传统，一手伸向生活"的主张，将艺术家的创作灵感聚集到水利工地、筑路现场、耕耘梯田等等。如著名画家吕林就深受影响，1953 年至 1956 年，他深入宝成铁路体验生活，和铁路工人一道，攀登吊脚岩、飞渡明月峡，在黑水险滩放筏写生，在剑门雄关跋涉劳动。④ 在与铁路工人共同生活、劳动的五年时间里，吕林夜以继日地创作了"宝成铁路修建"系列作品，包括素描、水彩和木刻版画等，先后出版

---

① 四川省地方志编纂委员会：《四川省志·报业志》，四川人民出版社，1996 年，第 232 页。

② 刘一叶、齐岚森：《去重庆美术馆感受成渝铁路大变化》，《重庆日报》2022 年 5 月 19 日，https://app.cqrb.cn/html/2022－05－19/1227243_ pc.html。

③ 梁鑫喆：《长安画派研究》，陕西人民出版社，2002 年，第 17 页。

④ 宁佳：《方寸之间 见微知著——吕林的"拓印版画"》，《美术》2022 年第 12 期，第 99－103 页。

了《修筑宝成铁路的人们——宝成铁路工地素描集》《秦岭之晨——宝成铁路诗画集》。尤其是《秦岭之晨——宝成铁路诗画集》中收录了《铁路尖兵》《送筏人》《让高山低头》《嘉陵江之夜》《要让火车从这里通过》等30幅作品，通过这些作品，可以窥见当时铁路职工艰辛筑路、生活的真实场景。①吕林的作品将修建宝成铁路的场景刻画得栩栩如生，兼具革命的乐观主义精神和浪漫主义情怀，历史画面感跃然纸上。在众多的美术作品中，木刻版画《要让火车从这里通过》具有较大的影响力，参加了第二届全国美展。②

谈到四川铁路相关的美术作品，不得不提及具有浓厚民族气派的牙雕作品《欢呼成昆铁路通车》。这件作品1974年由北京工艺美术工厂雕刻完成，"长180厘米，宽64厘米，高110厘米（包括底座），重318公斤，是我国目前最重的一件牙雕作品"③。该作品整体错落有致，优美和谐而又气势磅礴，它打破常规，用八根象牙拼镶而成，采用浓缩概括的艺术手法，表现了新中国的铁路建设者在险峻山区修建一条铁路干线的伟大创举。作品利用象牙雕刻精微细腻的优势，将盘绕于崇山峻岭之中的成昆铁路艺术地烘托出来，一山一石、一草一木都栩栩如生，展现了这条铁路建设工程的艰巨与浩大。这件精美的牙雕作品现珍藏于联合国，发挥着极其重要的宣传作用，它在向世界展示新中国伟大的建设成就的同时，让世界各国人民感受到中国人民战天斗地的英雄气魄。

此外，铁道兵业余美术创作组成员访遍成昆线的山山水水，创作的版画组画《万水千山只等闲》《战斗在崇山峻岭 铁道兵生活组画（版画选1）》等，形象地描绘了祖国的雄伟建设和山河新貌，再现了铁道兵战斗、生活在成昆铁路的历史场景。其中，版画《万水千山只等闲》以刻画人物为主，由《争分夺秒》《山山水水一线连》《峡谷飞彩虹》《工地大学》《钢筋铁骨》《齐心合力》等14幅画组成，刻画了铁道兵在建设工地的劳动场面和

---

① 吕林画、雁翼诗：《秦岭之晨：宝成铁路诗画集》，重庆人民出版社，1956年。
② 吴良忠：《美术版本过眼录 1949—1965（第三集）》，上海远东出版社，2008年，第16页。
③ 朱国荣：《中国美术之最》，知识出版社，1987年，第78页。

官兵的劳动形态，是铁道兵鏖战"自然地质博物馆"的真实写照。当年，《人民画报》《解放军画报》等就曾刊登过这些版画作品，并深受社会好评。作品《齐心合力》还入选了《庆祝新中国成立二十五周年全国美术作品展览作品选集》。[①] 时至今日，这些带有鲜明时代印记的美术作品依旧令人荡气回肠。这不仅彰显了铁道兵指战员和广大筑路工人的精神和风采，还形象地展示了四川铁路乃至中国铁路的创业史，引领着观赏者回味那"战斗在崇山峻岭"的峥嵘岁月。

关于四川铁路美术作品的创作还有很多，如摄影、连环画、书法等等。值得一提的是，川内各铁路单位依托四川铁路美术作品创作的深厚底蕴，乘势成立了美术协会、摄影协会、书法协会等组织。这些艺术协会依托重大工程或重大节日，开展艺术创作、展览活动，取得了不错的成绩。如 1996 年，铁道部路风建设办公室和中铁文联在北京联合举办以路风建设为主的书画、摄影展，成都铁路局推出十件作品参展并获奖：刘旭光、廖希文、王德育等 6 人的书面作品获入选奖，曹宁等 4 人的摄影作品入选，其中《上岗》等获三等奖。[②] 1999 年中铁二局美术协会围绕庆祝新中国成立五十周年、建局五十周年和澳门回归开展业余美术创作、展览活动，在庆祝活动开展期间，美术协会举办了曹小钦、程福军等 5 人的巡回画展。其中，杨卫桥、黄朝华等 4 人各有一幅作品入选四川省美展，分别获得二等奖和三等奖。[③] 是年，成都铁路局先后组织 89 场各类艺术作品展，其中局机关主办 12 场，局文联刘昶光的《马球图》在澳大利亚获得水墨画大奖，香港刊物《收藏家》还刊出他的多幅作品。[④] 2004 年，在中国文联、美协、书协、摄影协会主办的全国行业书画摄影展上，成都铁路局刘旭光、罗守中、刘自强的书画、摄影作品获优秀奖。马超的国画作品获四川省美展优秀奖，并且入选了纪念

---

① 国务院文化组美术作品征集小组：《庆祝新中国成立二十五周年全国美术作品展览作品选集》，人民美术出版社，1975 年。

② 成都铁路局史志办公室：《成都铁路局年鉴 1997》，中国铁道出版社，1997 年，第 243 页。

③ 中铁二局集团有限公司史志编纂委员会：《中铁二局集团年鉴 2000》，内部刊物，2000 年，第 220 页。

④ 成都铁路局史志办公室：《成都铁路局年鉴 2000》，中国铁道出版社，2000 年，第 212 页。

邓小平诞辰 100 周年全国美展。① 川内各级单位组织的各种文学艺术交流，积极推出职工作者的艺术作品，不仅丰富、活跃了职工精神文化生活，增强了企业凝聚力，还使得艺术爱好者在专家检验和观众点评中不断提高艺术功力。

---

① 　成都铁路局史志办公室：《成都铁路局年鉴　2005》，中国铁道出版社，2005 年，第 201 页。

大 事 记

2008 年

1月10日，四川省委领导与铁道部负责人签署部省会谈纪要，共同推动加快铁路建设，拟将成都至兰州、成都至贵阳、成都至西安、成渝城际、川藏铁路等铁路纳入全国铁路网中长期规划调整方案。

1月30日，遂渝线无砟轨道综合试验段关键技术试验研究成果在重庆通过铁道部评审。

3月20日，达成铁路跨成南高速立交桥工程完工。

5月28日，铁道部与成都市签订了"双方共同出资修建成都至极重灾区都江堰快速铁路"协议。

7月2日，铁道部部长和四川省委领导就加快推进四川省灾后铁路恢复重建有关问题进行会谈。

7月3日，成都铁路集装箱中心站在青白江区开工建设。该中心站为铁道部规划建设的 18 个集装箱中心站之一，是西南地区的铁路集装箱物流中枢。

8月，《新建四川绵阳至成都乐山铁路客运专线项目建议书》获批通过。

9月26日，兰渝（兰州—重庆）铁路开工建设。

9月28日，成灌铁路初步设计得到铁道部批复。

10月23日，国家发展改革委《关于新建成都至重庆铁路客运专线项目建议书的批复》（发改基础〔2009〕2668号），同意新建成渝客运专线。

10月31日，国家发展和改革委员会正式批准《中长期铁路网规划（2008年调整）》，规划建设"四纵四横"客运专线。"重庆—成都"客运专线建设、成渝城际客运系统建设、重庆和成都客货枢纽建设均纳入规划之列。

11月，中国铁路建设投资公司发出《成都至重庆铁路客运专线项目投标邀请书》《关于委托开展新建成都至重庆铁路客运专线等七个项目勘察设计招标工作的函》（计长函〔2008〕244号），中铁二院工程集团有限责任公司完成设计标书的编制工作。

11月4日，成灌（成都—都江堰）高速铁路开工建设。

12月，中国铁路建设投资公司成立成渝客运专线项目总体组，编制完成《新建成都至重庆铁路客运专线预可行性研究报告》。

12月12日，成都枢纽成昆货车外绕线工程开工建设。

12月26日，四川省铁路产业投资集团有限责任公司成立。

12月29日，成都东站综合交通枢纽正式开建。

12月29日，成绵乐（成都—绵阳—乐山）城际高速铁路客运专线正式开工。（西成高铁成都至江油段、成贵高铁成都至乐山段均与成绵乐高铁共线）

2009年

1月，新建成都至兰州铁路项目建议书通过国家发展改革委批准。

1月19日，成渝高速铁路预可研专家评审会在成都举行，《新建成都至重庆铁路客运专线预可行性研究报告》通过了铁道部计划司组织的评审，选定经内江至永川的南线方案。

2月21日，成兰（成都—九寨沟—兰州）铁路在松潘县开工建设。

3—7月，中国铁路建设投资公司组织编制完成《新建成都至重庆铁路客运专线可行性研究报告》。

4 月 7 日，成灌及成昆外绕线项目召开总体组会议。

4 月 22 日，成功实现首孔 32 米箱梁的架设，标志着成灌铁路建设由地面基础工程正式转入"空中"建设阶段。

4 月 27 日，铁道部评审通过西成高速铁路可行性研究报告。

5 月 18 日，《西部综合交通枢纽建设规划》正式出台。四川历史上第一次编制综合交通枢纽建设规划。

5 月 26 日，中铁二院召开"成兰铁路高烈度地震山区综合选线技术研讨会"。

5 月 27 日，成绵乐客运专线工程地质勘察成果资料通过验收审查。

6 月 4 日，铁道部和川渝两地人民政府联合向国家发展改革委提交《关于报送新建成都至重庆铁路客运专线项目建议书的函》。

6 月 8 日，成灌快铁"咽喉性"工程之一、施工难度最大的跨绕城高速铁路桥合龙。

6 月 12 日，成绵乐客专施工图设计会拉开序幕。

6 月 15 日，新建成都至兰州铁路可行性研究报告会圆满结束。

7 月，横跨成灌高速的高架桥梁顺利合龙。

7 月 5 日，铁道部鉴定中心审查通过《新建成都至重庆铁路客运专线可行性研究报告》。

7 月 7 日，达成铁路增建二线工程（即"达成铁路遂成段扩能改造工程"）开通运营。（达成铁路扩能改造工程于 2005 年 6 月开工建设）

8 月 30 日，《新建铁路川藏线成都至朝阳湖段环境影响报告书（简本）》正式发布，第一次对外公布川藏铁路设计细节。

9 月 12 日，成绵乐城际铁路首孔箱梁开始灌注。

9 月 26 日，遂渝铁路开行我国西南地区首趟"和谐号"动车组 D5122 次列车，时速 200 公里。西南地区进入高铁时代。

9 月 27 日，巴达（巴中—达州）铁路开工。

9 月 28 日，成蒲铁路、成都至都江堰铁路彭州支线、成都站扩能改造同期开工，温江、邛崃、崇州、大邑、蒲江、彭州等郊县被纳入成都"快铁包围圈"。

10月，中华人民共和国国家发展和改革委员会批准项目建议书，成渝高速铁路立项。

10月12日，国家发展改革委公布2009年西部大开发新开工18项重点工程的目录，涉及四川的重点工程共6项，成都至兰州铁路为其一。

10月23日，成渝客专项目获批通过。

11月，成昆复线广通至昆明段开工建设。

11月，成灌快线郫县特大桥最后一片箱梁架设成功，标志着该线路正线桥梁全部架通。

12月，国家发展改革委批准《新建成都至贵阳铁路乐山至贵阳段项目建议书》。

12月7日，铁道部和四川省、重庆市人民政府以《关于报送新建成都至重庆铁路客运专线可行性研究报告的函》（铁计函〔2009〕1685号），铁道部以《关于报送新建成都至重庆铁路客运专线可行性研究报告使用亚行贷款补充说明的函》（铁外资函〔2009〕1842号）联名向国家发展和改革委员会报送了可行性研究报告。

12月18日，西成客专（省界）至江油段工程地质勘查成果资料通过审查验收。

12月25日，国土资源部以《关于新建成都至重庆客运专线工程建设用地预审意见的复函》（国土资预审字〔2009〕476号）通过成渝客专项目用地预审。

12月下旬，成灌快铁高架桥无砟轨道开始全线铺设钢轨。

2010 年

1月，中铁二院工程集团有限责任公司编制完成《新建铁路成都至重庆客运专线初步设计》。

1月15日，达万铁路电气化改造工程开工建设。

1月16日，成昆复线扩能改造工程成都至峨眉段建设动员大会在成都双流公兴镇举行。

3月，铁道部鉴定中心组织审查通过《新建铁路成都至重庆客运专线初步设计》方案。

3月，四川省和铁道部就成渝客专、西成客专、成贵铁路、成康铁路、隆黄铁路叙织段、成昆铁路峨广段、丽攀昭铁路、广巴和巴达铁路等，签署3个关于加快四川铁路建设的部省会议纪要。

3月，成都"成绵峨城际铁路有限责任公司"更名为"成绵乐铁路客运专线有限责任公司"，负责同时开展成绵乐客专、成兰铁路、西成客专（四川段）建设三个项目。

3月9日，成都集装箱中心站完成初步验收。

3月12日，成都至都江堰铁路通过静态验收。

3月16日，成都铁路集装箱中心站开始试运行。

3月22日，成渝高铁（客专）建设动员大会在重庆举行，重庆段正式开工建设。

3月26日，成都至都江堰铁路正线110公里线路铺轨作业全部完成。

3月31日，成都东动车运用所建成投用。

4月1—15日，铁道部组织有关部门对成灌铁路进行初步检验，同意初步验收，最高时速200公里。

4月12日，环境保护部对成兰铁路项目环境影响报告书予以批复。

5月4日，铁道部、四川省政府印发《关于新建成都至雅安铁路项目建议书的批复》。

5月10日，成都至都江堰铁路彭州支线工程开工建设。

5月12日，汶川特大地震灾后重建第一个重大项目成灌高速铁路（成都—都江堰）正式开通运营。

5月12日，成都铁路集装箱中心站开通运营。

5月30日，铁道部批复了成渝客运专线的初步设计。

5月31日，成昆铁路货车外绕线工程建成通车。6月1日开通运营。

6月12日，国家发展改革委批复了成渝客运专线可行性研究报告。

6月28日，新建成都至兰州铁路可行性研究报告通过国家发展改革委批复。

7月15日，水利部以《关于新建成都至重庆铁路客运专线水土保持方案的复函》（水保函〔2010〕188号）复函了成渝客运专线水土保持方案。

7月20日，环境保护部以《关于新建成都至重庆铁路客运专线环境影响报告书的批复》（环审〔2010〕217号）同意了成渝客运专线项目环境影响报告。

7月30日，铁道部和四川省、重庆市人民政府分别授权中国铁路发展基金股份有限公司、四川成渝客专铁路投资有限责任公司、成都铁路有限公司、重庆城市交通开发投资（集团）有限公司、重庆融智铁路投资有限公司，共同投资组建成渝铁路客运专线有限责任公司，专门负责成渝客运专线的建设和运营管理工作。

7月30日，成贵铁路有限责任公司、成渝铁路客运专线有限责任公司和成兰铁路有限责任公司召开出资者暨第一次股东会议、第一届董事会第一次会议。

8月25日，成渝铁路客运专线有限责任公司注册成立。

9月，成渝客专项目完成土建、铺架工程招标。

9月2—3日，云南、广西、贵州、四川、重庆五省（区、市）工业（经济）和信息化委员会与南宁、成都、昆明铁路局在昆明签署铁路运输战略合作协议，加强大西南区域内政府、铁路、企业在铁路运输方面的合作，推进区域铁路统一市场建设。

9月3日，铁道部和成都市签署《推进成都市域轨道交通建设补充协议》。

9月8日，成都铁路局首条既有线提速至时速200公里的线路——达成东段（遂宁至三汇镇）开始联调联试及动态检测试验。

9月12日，成渝客专第一次建设工作会暨合同签字仪式在成都举行，成渝客专拉开建设序幕。

9月13日，铁道部下发《关于新建成都至蒲江铁路初步设计的批复》。

9 月中旬开始进入施工图设计阶段。

9 月 20 日，达州至成都首列"CRH 和谐号"动车组列车正式开行。

10 月 15 日，成蒲（成都—蒲江）铁路建设启动。

10 月 16 日，吴家沟双线大桥钻孔桩基础开始施工，成渝高铁项目的桥梁工程施工正式拉开序幕。

10 月 25 日，铁道部、四川省人民政府《关于新建成都至雅安铁路可行性研究报告的批复》。

10 月 27 日，遂渝二线铁路工程线 4.6 公里和 8.9 公里两处拨接口与遂渝既有铁路线合拢，遂渝二线首次拨接成功。

10 月 28 日，达万铁路电气化改造工程通过初步检验，开通运营。

11 月 1 日，成渝客专重点控制性工程龙泉山隧道出口正式开工。

11 月 10 日，西成客运专线（四川段）、成渝客专（四川段）、成雅铁路、成都铁路调度所以及成都铁路局管辖范围内的和谐型大功率机车检修段、客运专线综合维修段、动车检修段等 7 个项目建设动员大会在成都青白江集装箱中心站召开。

11 月 14 日，铁道部以《关于开工建设成都至重庆铁路客运专线控制工期的双河口双线特大桥等 59 处单体工程的批复》（铁计函〔2010〕1518 号）批复了成渝客运专线工程开工。

12 月 7 日，达万铁路电气化改造工程正式完工。三峡库区第一条铁路结束了 8 年内燃机车牵引的历史。

12 月 23 日，成贵铁路（贵州段）项目建设动员大会在贵州毕节召开。

12 月 26 日，成贵高铁（宜宾—贵阳）建设动员大会在四川宜宾召开，成贵高铁宜宾至贵阳段全面开工建设。

12 月 31 日，成都东客站及相关工程通过路局初检。

2011 年

1 月 6 日，成渝高铁重点工程成都高架特大桥桥梁桩基第一桩成功浇筑。

1月11日，成渝至京沪"和谐号"卧铺动车组正式开行，成渝至京沪运行时间缩短至15小时左右，西南铁路正式融入全国高铁版图。

1月14日，"遂渝线无砟轨道关键技术研究与应用"科技成果获国家科学技术进步奖一等奖。

2月26日，阿坝州和成兰铁路公司在松潘县黄胜关举行建设誓师大会；同日，成兰铁路三星堆至绵竹南段、川主寺至黄胜关段、池沟双线大桥、花儿坡双线中桥等多个标段集体动工。

3月，《中华人民共和国国民经济和社会发展第十二个五年规划纲要》发布。

3月18日，成都至都江堰铁路通过环评验收。

3月25日，成都至都江堰铁路通过水土保持设施验收。

3月30日，成渝高铁重点工程龙泉山隧道进口工区顺利进洞施工。

4月25日，成渝高铁重点工程资阳沱江多线特大桥1号、2号主墩承台全部完工。

4月26日，成渝高铁元宝山隧道全线贯通。

4月29日，成昆铁路货车外绕线通过环评验收。

5月1日，西南地区规模最大、设施最先进、现代化程度最高的成都东站综合交通枢纽正式竣工。

5月8日，成都东站正式投入运营。

5月17日，成昆铁路货车外绕线通过水土保持设施验收。

7月1日，铁道部印发《铁路"十二五"发展规划》。

7月16日，川藏铁路雅安至昌都段的可研报告完成。

9月29日，铁道部通过了成渝客运专线修改后的初步设计。

12月19日，中华人民共和国环境保护部批复《四川绵阳至成都至乐山铁路客运专线方案调整环境影响补充报告书》。

2012年

2月，《四川省"十二五"综合交通建设规划》发布。

3月22日，成渝高铁重点工程成都高架特大桥跨绕城高速连续梁第一主墩连续梁浇筑顺利完成。

5月10日，成渝客专濑溪河双线大桥连续梁首件工程顺利通过铁道部工程管理中心终评。

7月26日，成渝客专重点控制性工程成都高架特大桥跨绕城高速公路连续梁65号墩1号、1'号块成功完成首次挂篮悬臂浇筑。

8月1日，成渝客专龙泉山隧道出口与3号斜井顺利贯通。

9月10日，川藏铁路康定（新都桥）至昌都段可研报告完成。

9月12日，成渝1标龙泉山隧道1号、2号斜井平导及3号斜井工区方向工作面获得批准全面开始施工。

10月，宜宾、自贡和内江三地人民政府共同签订《加快推进内自宜城际铁路建设框架合作协议》。

10月27日，西成（西安—成都）高速铁路开工建设。

11月6日，成渝客专缙云山隧道顺利贯通，全长3175米。

12月2日，成绵乐城际铁路开始铺轨。

12月14日，川藏铁路重要站点康定站的选址座谈会在康定召开。

12月17日，新建铁路成都至兰州线成都至川主寺（黄胜关）段工程设计变更的环境影响报告书被列为"拟暂缓审批"。

2013年

1月11日，成渝高铁重点控制性工程成都高架特大桥跨绕城高速公路连续梁中跨顺利合龙。

3月，西成高铁朝天至江油段正式开工建设。

3月25日，成渝高铁成渝1标段无砟轨道先导段正式开工。

4月，成渝高铁无砟轨道全面施工。

4月26日，中欧班列蓉欧国际快速铁路货运正式开通。

5月9日，成渝高铁狮子沱绛溪河双线特大桥连续梁中跨顺利合龙。

5月15日，成渝高铁资阳沱江多线特大桥主跨顺利合龙。

7月1日，成渝高铁大安隧道顺利贯通。

7月23日，成灌铁路离堆支线开通运营。

8月，成蒲（成都—蒲江）铁路正式施工。

8月1日，全国首列时速200公里的CRH6A城际动车组在成灌线（成都至都江堰）和成遂达线（成都至遂宁至达州）投入30万公里的可靠性运用考核。

9月6日，成渝高铁重点工程成都高架特大桥跨成花铁连续梁顺利实现合龙。

10月23日，中铁五局承建的成绵乐客专CRTS Ⅲ型板式无砟轨道施工完成。

10月27日，成渝高铁项目完成站房工程招标。

11月21日，设计时速250公里的CRH2A型动车组从成都站开往达州投入试运行。

11月25日，成渝高铁简阳境内全部架通。

12月，成贵高铁乐山至宜宾（兴文）段开工建设。

12月25日，新建成都至都江堰铁路彭州支线工程通过初步验收。

12月30日，成渝高铁重点控制性工程成都高架特大桥后架段无砟轨道道床板全部浇筑完成。

2014 年

1月19日，成渝高铁项目完成四电工程（含四电用房）招标。

2月12日，"和谐号"CRH6A型城际动车组在成灌线正式运行。

2月20日，四川公路桥梁建设集团有限公司、四川省铁路产业投资集团有限责任公司以及宜宾、内江、泸州和自贡川南四城地方政府等川南城际铁路项目相关六方，在自贡市召开了川南城际铁路推进工作会，共同签订《推进川南城际铁路建设合作协议书》。

3月底，川南城际铁路有限责任公司正式挂牌。

4月29日，四川省国土资源厅出具《关于新建川藏铁路成都至雅安段项目用地预审意见的复函》（川国土资函〔2014〕550号），并报国土资源部备案。

4月30日，成灌铁路彭州支线开通运营。

4月30日，成渝高铁全线控制性工程龙泉山隧道进口工区与1号、2号斜井实现贯通，实现了全隧的贯通。

5月30日，四川省铁路建设推进工作会议在成都举行。

6月17日，四川省政府印发《成渝经济区成都城市群发展规划（2014—2020）》《成渝经济区南部城市群发展规划（2014—2020）》。

6月29日，成绵乐城际铁路正线轨道全面铺通。

6月30日，成渝高铁龙泉山隧道完工。

8月19日，中铁二院在成都召开了川南城际铁路的功能定位论证会，充分论证了内自泸、内自宜城际铁路方案。

9月1日，成绵乐城际铁路进入调试阶段。

9月12日，成渝高铁第一阶段成都东至永川东段联调联试开始。

9月13日，成绵乐城际铁路试验列车试跑，由CRH380AJ－0203检测车担当。

10月30日，成绵乐城际铁路开展联调联试集中体验活动。

11月1日，成渝高铁第二阶段永川东至重庆北段联调联试开始。

11月21日，西成高铁四川段开始架设箱梁。

11月26日，成渝高铁开始初步验收和安全评估。

12月6日，川藏铁路成都（朝阳湖）至雅安铁路全面开工建设。

12月，成贵高铁控制性工程鸭池河特大桥开工建设。

12月20日，成绵乐城际高速铁路客运专线正式通车。（西成高铁成都至江油段、成贵高铁成都至乐山段与成绵乐高铁共线）

12月23日，成昆铁路峨眉至米易段扩能工程在凉山州越西县开工。

12月30日，成都高架桥后架段无砟轨道道床板全部浇筑完成。

12月31日，成渝高铁龙泉山隧道无砟轨道道床板全部浇筑完成。中铁八局集团成渝客专项目部标段无砟轨道施工结束。

2015 年

4 月 19—25 日，成渝高铁工务静态验收在中铁八局集团成渝客专项目部标段进行。

4 月 22 日，中国铁路总公司、四川省人民政府联合批复同意新建川南城际铁路内江至自贡至泸州线工程。

4 月 29 日，川南城际铁路前期工作协调会在自贡召开。

6 月，川藏铁路拉萨至林芝段开工建设。

7 月 13 日，成渝高铁无砟轨道线路精调工作正式完成。

8 月，《新建川南城际铁路环境影响报告书》公示。

9 月 14 日—11 月 24 日，成都铁路局和成渝公司组织完成成渝高铁动态验收。

10 月，成昆复线渡仁西线复线（棉纱湾至高铁南站段）道路工程的前期工作在攀枝花市启动。

11 月，成都铁路局与成都市人民政府签署《关于深化铁路规划、建设及运营合作框架协议》。

11 月 27 日，中国铁路总公司、重庆市人民政府以《关于重庆沙坪坝铁路枢纽综合改造工程沙坪坝铁路站房及相关工程初步设计的批复》（铁总鉴函〔2015〕1352 号）批复了重庆市沙坪坝铁路站房及相关工程的初步设计。

12 月 4 日，四川省生态环境厅出具《关于新建川南城际铁路内江至自贡至泸州线环境影响报告书的批复》（川环审批〔2015〕513 号）。

12 月 4 日，西成高铁重点控制性工程毛毛山隧道全线贯通。

12 月 9—11 日，中国铁路总公司组成初步验收委员会对成渝高铁工程进行现场检查并召开了初步验收会议，同意初步验收。

12 月 24 日，《国务院关于支持沿边重点地区开发开放若干政策措施的意见》发布。

12 月 25 日，川南城际铁路开工动员大会在自贡召开。

12 月 26 日，成渝高铁正式开通运营。

12 月 30 日，兰渝铁路重庆至四川广元段正式投入运营。

2016 年

1 月 10 日，巴达铁路正式通车运营。

1 月 13 日，四川省召开铁路规划建设和轨道交通产业发展专题研究会。

1 月 28 日，西成高铁金家岩隧道全线贯通。

2 月 1 日，西成高铁黄家梁隧道全线贯通。

2 月 3 日，西成高铁七盘关隧道全线贯通。

3 月，中国铁路总公司、四川省人民政府联合批复了川南城际铁路（内自泸段）可研报告（铁总计统函〔2016〕174 号）。

3 月 17 日，《中华人民共和国国民经济和社会发展第十三个五年规划纲要》发布，将沿江铁路和川藏铁路等沿边铁路建设列入交通重点工程项目，计划"十三五"期间基本建成成渝城市群城市铁路网。

4 月，《新建川南城际铁路自贡至宜宾线环境影响报告书》获得批复通过。

4 月 12 日，国务院批复同意《成渝城市群发展规划》。

4 月 26 日，成昆铁路峨眉至米易段扩能改造工程正式开工。

5 月 6 日，成贵高铁重点建设工程、国内首座大跨度变截面下弦加劲连续钢桁梁铁路桥宜宾莱园坝岷江特大桥顺利合龙。

5 月 13 日，成昆铁路扩能改造工程项目部临建工程全面启动。

5 月 15 日，兰渝铁路四川段首趟动车 D5128 次开行。川北地区迈入"动车时代"。

5 月 25 日，西成高铁房家湾隧道顺利贯通。

5 月 26 日，成昆铁路扩能改造工程西昌段的开工仪式顺利举行。

5 月 30 日，成贵铁路五通岷江特大桥钢桁梁成功合龙，填补了国内在大跨度下弦变桁高钢桁梁施工领域的技术空白。

6 月，川南城际铁路内自泸段开工建设。

6 月 7 日，西成高铁清凉山隧道全线贯通。

6月8日，中国铁路总公司启用中欧班列统一品牌。

6月16日，成兰铁路全线首架桥梁工程星星村特大桥架梁铺设成功，成兰铁路成川段桥梁陆续进入上部构造施工阶段。

6月29日，国务院常务会议原则通过《中长期铁路网规划》修编，在"四纵四横"高速铁路通道的基础上建设"八纵八横"高速铁路网，西（安）—成（都）高速铁路是"八纵八横"高速铁路主通道中"京昆通道"的重要组成部分。

7月，国务院第三次修编《中长期铁路网规划》，规划建设川藏铁路雅安—昌都—林芝段。

7月，成都市犀浦站实现成灌铁路与成都地铁2号线的双向同台换乘，成为全国首个动车、地铁安检互信、同站台交互换乘的车站。

7月8日，西成高铁天华山隧道全线贯通。

7月19日，成兰铁路全线首座隧道——黄胜关隧道顺利贯通。

9月7日，四川省水利厅出具《关于新建川南城际铁路内江至自贡至泸州线水土保持方案的批复》（川水函〔2016〕1174号）。

9月12日，西成高铁大秦岭隧道全线贯通。

9月21日，中国铁路总公司、四川省人民政府下发《关于新建川南城际铁路内江至自贡至泸州线初步设计的批复》（铁总鉴函〔2016〕755号）。

10月15日，西成高铁四川段正式进入铺轨阶段。

10月30日，西成高铁朝天至江油段小安隧道全线贯通。

11月18日，成贵高铁控制性工程鸭池河特大桥正式合龙。

11月28日，成都至万州高铁正式开行。

12月，川南城际铁路内自泸段的大安段、沿滩段陆续开工上马，川南城际铁路自贡境内路段实现了全面开工。

12月26日，兰渝铁路甘肃岷县至四川广元区段正式投入运营。

12月26日，成贵高铁重点控制性工程金沙江公路铁路两用特大桥全线贯通。

2017 年

2 月 16 日，成兰铁路平安隧道全线贯通。

2 月 28 日，国务院发布《"十三五"现代综合交通运输体系发展规划》。

3 月，西成高铁朝天至江油段正式开始铺轨。

3 月 29 日，西成高铁四川段与成绵乐客专在江油正式接轨。

3 月 29 日，四川省人民政府印发《四川省"十三五"综合交通运输发展规划》。

5 月，西成高铁朝天至江油段启动静态验收各项工作。

7 月，西成高铁朝天至江油段正式进入联调联试阶段。

9 月 22 日，成兰铁路金瓶岩隧道贯通。

9 月 29 日，兰渝铁路全线开通运营。

11 月 13 日，西成高铁全线初步验收工作正式启动。

11 月 22 日，西成高铁正式开始全线拉通空载模拟运行。

12 月 6 日，西成高铁（西安—江油段）正式开通，标志着全线开通运营。

12 月底，成昆铁路扩能改造工程成都至峨眉段开通。

2018 年

1 月 5 日，成贵高铁四川段在乐山站正式开始铺轨。

1 月 5 日，成贵高铁控制性工程老房子隧道全线贯通。

1 月 13 日，成都局集团有限公司、成渝公司组织完成成渝高铁半边山线路所（不含）—沙坪坝站（含）区段、半边山线路所（不含）—重庆西（不含）区段工程动态验收工作。

1 月 16 日，兰渝铁路全线双线完全贯通。

1 月 17 日，川藏铁路拉林段 5 标桑珠岭隧道贯通。

1 月 17 日，成都局集团有限公司组成初步验收委员会对成渝高铁半边山线路所（不含）—沙坪坝站（含）区段、半边山线路所（不含）—重庆西（不含）区段工程进行现场检查并召开了初步验收会议，同意初步验收。

1月25日，成渝客专半边山（不含）—沙坪坝站（含）区段、半边山线路所（不含）—重庆西（不含）区段正式投入运营。

1月31日，成贵高铁姚家坪隧道全线贯通。

2月9日，满载蔬菜的中欧班列（蓉欧快铁）从成都国际铁路港启程驶向俄罗斯。这是四川农产品首趟出口专列，也是国内首趟全程冷链蔬菜出口专列。

4月，川藏铁路成雅段全线施工进入了轨道铺设攻坚阶段。

5月7日，成贵高铁四川段开始静态验收。

5月30日，成贵高铁四川段正线部分的铺轨工程全部完成。

6月6日，在重庆举行了"重庆、四川经济社会发展情况交流座谈会"，签署《深化川渝合作深入推动长江经济带发展行动计划（2018—2022年)》和12个专项合作协议。

6月12日，中国（四川）自由贸易试验区"蓉欧＋泸州港"号班列开行第一班列车，也是中欧班列（蓉欧快铁）第一条铁水联运线路。

7月，国家推动长江经济带发展领导小组办公室印发了《推动长江经济带沿江高铁通道建设实施方案》。

7月10日，成渝客运专线芭蕉沟线路所（不含）—重庆西（不含）区段开通运营。

7月12日，中欧班列（蓉欧快铁）广州—泸州首趟海铁联运班列抵达泸州港，广州—泸州海铁联运班列实现双向开行，四川新增外贸货源南向出海的便捷通道。

8月，西成高铁全线站点率先实现"一证通行"。

8月，成兰铁路成川线站房工程正式开工。

8月26日，川藏铁路朝阳湖至雅安段正线铺轨工作圆满完成。

9月15日，中国铁路总公司和中国民用航空总局在西成高铁试点进行的"一单制"空铁联运货物运输顺利完成。

10月10日，成贵高铁云贵段开始铺轨作业。

11 月 28 日，成贵高铁乐山至兴文段开始联调联试。

12 月，成灌快铁全线采用 CRH6A－A 型动车组，可容纳更多乘客，更适应城市快铁需求。

12 月 13 日，川藏铁路成都至雅安段开始运营前最后的模拟运行试验。

12 月 26 日，成兰铁路成川段红桥关隧道顺利贯通。

12 月 28 日，川藏铁路成都至雅安段开通运营。

12 月 21 日，川南城际铁路自宜段（与成自宜高铁自宜段共线）开工。

12 月 26 日，成兰铁路成都至川主寺段海拔最高的红桥关隧道顺利贯通。

2019 年

1 月 6 日，成灌铁路正式实行公交化运营，班次首发列车时间由原来的 6 时 30 分提前至 6 时整，收车时间由 11 时延长到 11 时 30 分，列车班组由 18 对提升至 59 对。

3 月 9 日，成贵高铁乐山至兴文段开始运行试验。

3 月 19 日，成兰铁路首组接触网硬横梁在三星堆车站成功架设。

3 月 27 日，成自宜高铁成自段开工建设。

4 月，国家发布《2019 年新型城镇化建设重点任务》，明确提出要加大成渝城市群建设，共同进击世界级城市群。

6 月 15 日，成贵高铁乐山至宜宾段正式开通运营。

7 月，成渝高铁开始试行电子客票。

7 月，川渝两地人民政府签署了《成渝轴线区（市）县协同发展联盟 2019 年重点工作方案》，提出在川渝两地规划研究建设成渝中线高铁项目。

7 月，中铁十八局集团建安公司承建的新建成兰铁路引入成都枢纽工程成都北机务折返段全线开通投产。

7 月 10 日，川渝两地人民政府签署《推进成渝城市群交通基础设施互联互通 2019 年重点工作方案》。

8 月 22 日，成贵高铁控制性工程玉京山隧道顺利完成铺轨。

9月，成贵高铁重点控制性工程金沙江公路铁路两用特大桥铁路桥通车运营。

10月9日，成贵高铁四川宜宾兴文至贵州贵阳段联调联试正式开始。

11月，成贵高铁重点控制性工程金沙江公路铁路两用特大桥公路桥通车运营。

11月，成昆复线"德昌隧道出口－2号斜井大里程段"顺利贯通。

12月16日，成贵高铁宜宾至贵阳段建成通车，标志着成贵高铁全线贯通。

12月25日，汉巴南城际铁路进入实质性施工阶段。

2020年

1月3日，中央财经委员会第六次会议在北京召开，明确提出要推动成渝地区双城经济圈建设，在西部形成高质量发展的重要增长极。

1月9日，成昆铁路扩能改造工程四川攀枝花至云南广通段开通运营。连接此前已开通的广通至昆明段，攀枝花至昆明贯通。

1月11日，重庆市召开第五届人民代表大会第三次会议，在《重庆市人民政府工作报告（2020年）》中，明确提出要开工建设成渝中线高铁。

1月12日，成兰隧道关键性工程茂县隧道全线贯通。

1月19日，中国铁路投资有限公司发布了《成渝中线高铁勘察设计招标公告》，招标的范围和内容包括勘察设计预可研、可研和初步设计阶段。

3月10日，中铁二院中标成渝中线高铁项目。

5月，《中共中央国务院关于新时代推进西部大开发形成新格局的指导意见》发布。

5月底，成昆铁路扩能改造工程米易至攀枝花段开通。

6月，国铁集团和四川省、重庆市联合批复了成渝高铁提质提速项目可研报告。

6月12日，川南城际铁路内（江）自（贡）泸（州）段开始铺轨。

6月20日，川藏铁路藏木雅鲁藏布江双线特大桥顺利合龙。

7月，成灌快铁公交化改造工程正式开展，主要包括成灌成彭高铁售检票系统及进出站闸机、站台屏蔽门改造，及进出站流线、乘车引导系统、客票服务优化等。

7月9日，成昆铁路扩能改造工程米易至攀枝花段下行联络线保安营1号隧道顺利贯通。

9月30日，国家发展改革委官网发布消息，经党中央、国务院批准，同意新建川藏铁路雅安至林芝段。

10月26日，西昌市与成贵公司举行项目对接座谈会，就成昆复线、西昌西站等项目推进情况及当前存在的问题进行了深入交流，共商加快成昆复线峨米段扩能工程和西昌西站工程建设重大事项，全力确保西昌西站按时建成，确保米易至冕宁段提前开通，力争早日实现全线开通。

10月29日，中国共产党第十九届中央委员会第五次全体会议通过了《中共中央关于制定国民经济和社会发展第十四个五年规划和2035年远景目标的建议》，明确提出要积极推动成渝地区双城经济圈建设，进一步推动区域协调发展，进而推动西部大开发形成新格局和服务长江经济带发展国家战略。

10月底，川南城际铁路内自泸段最后一座特大桥、位于泸州站的双线特大桥贯通，标志着川南城际铁路内自泸的主体工程基本完成。

11月3日，国家发展改革委下发《国家发展改革委关于新建成都至达州至万州铁路可行性研究报告的批复》（发改基础〔2020〕1671号），通过了成达万铁路万州北站（含）至达州南站（不含）段的可行性研究报告。

11月5日，成兰铁路成都至川主寺段松潘隧道顺利贯通。

11月8日，川藏铁路（雅安至林芝段）开工动员大会在北京和川藏铁路控制性工程色季拉山隧道、大渡河特大桥三地，以视频连线的方式同时进行。川藏铁路（雅安至林芝段）正式开工建设。

12月6日，成渝高铁提质改造工程通过了初步验收。

12月24日，成渝高铁首次采用CR400AF"复兴号"动车组，最高时速从300公里提升至350公里，实现了成渝双城高铁一小时可达，刷新了成渝双城城际新速度。

2021 年

1月，《新建沪渝蓉高铁重庆至成都段使用林地可行性报告编制及林木采伐作业设计咨询服务》公开招投标。

2月，《四川省国民经济和社会发展第十四个五年规划和二〇三五年远景目标纲要》《重庆市国民经济和社会发展第十四个五年规划和二〇三五年远景目标纲要》相继发布。

2月，成都市交通运输局宣布成都市域铁路公交化运营改造一期工程于近期完工并顺利通过验收，现已正式投入使用。成灌成彭高铁开行的公交化动车组为74对/日，高峰时段发车间隔控制在10分钟内，基本实现"随到随走"。

3月13日，《中华人民共和国国民经济和社会发展第十四个五年规划和2035年远景目标纲要》发布。

3月20日，川藏铁路雅安至新都桥、波密至林芝段站前工程招标工作顺利完成。

3月26日，成昆复线峨米段站场改造第一站——冕宁站站改工程拉开序幕。

4月22日，川南城际铁路内自泸段环水保静态验收通过了专家审查。

4月26日，成兰铁路榴桐寨隧道顺利贯通。

5月7日，川南城际铁路内自泸段开始联调联试。

5月20日，新建川南城际铁路内自泸段自主验收会在成都召开。

5月21日，成昆复线冕米段重难点工程——德昌隧道全线贯通。

6月，国家发展改革委、交通运输部印发《成渝地区双城经济圈综合交通运输发展规划》。

6月25日，成渝高铁开始开行我国完全拥有自主知识产权的"复兴号"智能动车组。

6月28日，川南城际铁路内自泸段（绵泸高铁内自泸段）建成通车。

8月，国家发展改革委正式批复新建成渝中线高铁（含十陵南站）的可行性研究报告，同意项目实施。

8月8日，成昆复线峨米段月直山隧道平导工程贯通。

8月11日，川南城际铁路自贡—宜宾段重点控制性工程宜宾临港长江大桥北岸主塔顺利封顶。

8月28日，成昆复线峨米段吉布甲隧道全线贯通。

9月26日，成渝中线高铁建设启动仪式在重庆、成都两地通过视频连线的方式同时进行。

10月20日，中共中央、国务院印发《成渝地区双城经济圈建设规划纲要》，将成渝地区双城经济圈建设上升为国家战略。

10月25日，成达万高铁万州北站（含）至达州南站（不含）环评公示。

11月20日，川藏铁路新都桥至波密段站前工程招标工作顺利完成。

11月27—28日，成昆复线峨米段黄水塘南牵引变电所和永郎西牵引变电所先后受电成功。

11月28日，成兰铁路跃龙门隧道左线贯通。

12月4日，成昆铁路复线冕宁至米易东段进入热滑试验阶段。

12月9日，成昆铁路复线冕宁至米易段开始动态验收。

12月21日，成渝两地实现了公共交通"一码通"。

12月27日，成昆复线又一控制性工程埃岱尼日河3号双线特大桥顺利完成13号、14号墩连续梁转体。

2022年

1月，成达万高铁达州南站（含）至成都段环评通过。

1月10日，成昆铁路复线冕米段开通"复兴号"动车。

2月，《成都市2022年重点项目计划》发布，成达万高铁天府动车所被列入了成都市2022年重大交通基础设施项目。

2月，《成达万高铁遂宁站站房建设规模及投资公开征求意见公告》

公布。

3月3日，蜀道集团与中国铁路成都局集团有限公司进行座谈，加速推进成达万项目建设。

9月，成都至西宁高速铁路（甘青段）站前招标工程的公告发布，明确了该路段将进入全面施工阶段。

10月29日，成都至西宁高铁（海东西—黄胜关段）正式开工，拉开全线建设大幕。

11月28日，成渝中线高铁开工建设，成渝地区双城经济圈将新增一条大通道。

12月，川南城际铁路宜宾临港公铁两用长江大桥钢混结合梁完成全部架设。

12月，成达万高铁光明隧道进入实质性施工阶段，标志着成达万高铁全线16个标段工程全部开工。

12月26日，成昆铁路复线峨米段完工，成昆铁路实现了全线贯通。

12月30日，绵遂内宜城际铁路绵阳—遂宁段开工建设。

2023年

1月，宜宾临港公铁两用长江大桥完成了主体部分的施工任务。

1月底，成达万高铁乐至车站特大桥正式开建。

3月31日，汉巴南城际铁路控制性工程嘉陵江特大桥合龙，标志着全线控制性工程全部打通。

4月22日，成达万高铁青山隧道顺利贯通。

4月23日，成达万高铁全线1048处工点中，已开工635处，意味着全线已经有超过60%的工点进入了建设阶段。

参考文献

一、档案资料

西南交通大学档案

成都铁路局集团档案

四川蜀道铁路投资集团有限责任公司档案

中铁二局集团有限公司档案

二、文献史料

《成都铁路局年鉴》（2008—2017 年）

《中国铁道年鉴》（2008—2021 年）

《中国中铁年鉴》（2009—2020 年）

《中国铁建年鉴》（2008—2021 年）

《成都铁路局年鉴》（2008—2015 年）

《四川交通年鉴》（2008—2021 年）

中国铁道协会电气化委员会：《中国铁路电气化建设（1958—2012）》，中国铁道出版社，2014。

成都铁路局六盘水工务段志编纂委员会：《成都铁路局六盘水工务段志

（1966—2016）》，中国铁道出版社，2016。

成都铁路局志编纂委员会：《成都铁路局志（1989—2012）》（上、下），中国铁道出版社，2017。

中铁电气化局集团有限公司：《中国铁路电气化建设概要（1958—2017）》，中国铁道出版社，2018。

成渝铁路客运专线有限责任公司：《成渝铁路客运专线工程总结》，中国铁道出版社，2020。

三、著作

《中共中央国务院关于新时代推进西部大开发形成新格局的指导意见》，人民出版社，2020。

《中国共产党第十九届中央委员会第五次全体会议文件汇编》，人民出版社，2020。

交通运输部推进交通强国建设领导小组：《交通强国建设专项研究成果汇编》，人民交通出版社，2020。

《交通强国建设纲要学习读本》，人民交通出版社，2020。

《国务院关于支持沿边重点地区开发开放若干政策措施的意见》，人民出版社，2016。

中共四川省委全面深化改革领导小组办公室、四川省地方志工作办公室：《四川改革开放40周年大事记（1978—2018）》，方志出版社，2018。

张雪永等：《扩张的动脉：改革开放40年的中国铁路》，社会科学文献出版社，2021。

李远福：《铁路规划与建设》，西南交通大学出版社，2020。

田永秀、张雪永：《新中国西南铁路历史文献选编》，社会科学文献出版社，2019。

中国国家铁路集团有限公司：《快速发展的中国高速铁路》，中国铁道出版社，2019。

孙永福：《中国铁路"走出去"发展战略研究》，中国铁道出版社，

2019。

张丰、王越:《西成高铁——从栈道到高铁:联通梦想的千年演进》,西南交通大学出版社,2019。

张夕和:《加快我国高速铁路建设研究》,经济管理出版社,2018。

张瑞瑞:《中国铁路的政治功能与影响》,科学出版社,2018。

冯金声:《中国西南铁路纪事》,西南交通大学出版社,2017。

赵坚:《中国铁路改革重组与高铁问题研究》,中国经济出版社,2016。

曹洪、骆玲、史敦友:《高速铁路对沿线产业发展的影响》,西南交通大学出版社,2016。

沈志云:《我的高铁情缘》,湖南教育出版社,2014。

雷风行:《中国速度——高速铁路发展之路》,五洲传播出版社,2013。

荣朝和:《探究铁路经济问题》,经济科学出版社,2004。

王致中、魏丽英:《中国铁路改革与发展研究》,当代中国出版社,2001。

《当代四川》丛书编辑部:《当代四川铁路》,四川人民出版社,1993。

四、期刊论文

路风:《冲破迷雾——揭开中国高铁技术进步之源》,《管理世界》2019年第9期。

《成都铁路局加强人员培训提前介入新线建设》,《铁路采购与物流》2014年第3期。

蒋方槐等:《高铁线上的斗智斗勇者》,《企业文明》2014年第2期。

张小俊等:《跨江雄兵——写在成绵乐客专青衣江特大桥128米连续梁成功合龙之际》,《企业文明》2012年第5期。

张小俊等:《挺起川西脊梁——中铁五局二公司成绵乐铁路项目部施工纪实》,《企业文明》2011年第3期。

秦健:《成都至都江堰市域铁路建设必要性分析》,《科技交流》2008年第3期。

朱颖：《致力打造具有中国自主知识产权的高速铁路——遂渝线无砟轨道综合试验段总体设计》，《铁道工程学报》2008 年 10 月增刊。

蔡成标等：《遂渝线无砟轨道动力学性能研究》，《铁道工程学报》2007 年第 8 期。

游经元：《铁路投融资体制改革若干问题的思考》，《铁道运输与经济》2004 年第 10 期。

石培华：《进藏铁路建设迫在眉睫》，《中国国情国力》2001 年第 3 期。

帅晓姗：《论地方政府在西部铁路建设的作用》，北方交通大学硕士学位论文，2001 年。

马永振：《谈谈进藏铁路建设问题》，《综合运输》2000 年第 12 期。

唐少卿、王明奎：《论修建进藏铁路及首期线路的确定》，《兰州大学学报》2000 年第 4 期。

唐少卿、王明奎：《首期进藏铁路方案的比选和修建》，《铁道运输与经济》2000 年第 3 期。

荣朝和：《试论铁路建立“现代企业制度”的基础》，《铁道经济研究》1999 年第 2 期。

《铁路“八五”科技发展设想——先行计划》，《中国铁路》1992 年第 1 期。

五、报刊资料

《人民日报》

《四川日报》

《人民铁道》

《四川铁道》

《西南铁道报》（成都铁路局）

《铁道建设报》（中铁二局）

六、官方网络平台

中国政府网（www.gov.cn）

国家铁路局官网（www.nra.gov.cn）

中国国家铁路集团有限公司官网（www.china - railway.com.cn）

中国经济社会大数据研究平台（data.cnki.net）

人民网（www.people.cn）

中华人民共和国发改委（www.ndrc.gov.cn）

《人民铁道》数据库（www.peoplerail.com/rmtd2016/content/2023 - 03/09/node_ 2.htm）

中铁二院工程集团有限责任公司官网（www.creegc.com）

中国中铁二局集团有限公司官网（www.cregc.com.cn）

中国铁路成都局集团有限公司官网（www.cd - rail.cn）

中国铁路经济规划研究院有限公司官网（www.crecc.com.cn）

中国铁路投资有限公司官网（www.cric - china.com.cn）

四川省人民政府网（www.sc.gov.cn）

四川省情网（www.scsqw.cn）

四川省交通运输厅官网（jtt.sc.gov.cn）

重庆市人民政府网（www.scsqw.cn）

四川省铁路集团有限责任公司官网（www.sctl.com.cn/）

蜀道投资集团有限责任公司官网（www.shudaojt.com/）

后　记

　　本书是四川省哲学社会科学规划重大项目——《四川铁路史》（多卷本）的最终研究成果。课题自 2021 年立项，至 2024 年以"优秀"评价结项后出版，前后共历时四载。即将付梓之际，不由感慨。

　　四川这片沃土，四面环山，自古就因复杂的地理环境交通不便，有"蜀道难，难于上青天"之叹。近代以来，许多仁人志士寻求交通兴川之路，却成效寥寥。新中国成立后，党领导的人民政府把铁路建设作为发展四川社会经济的先行官，并将其列为"三线建设""西部大开发""交通强国""成渝地区双城经济圈"等国家战略的重要内容，四川铁路因此逐步实现了从无到有、从线到网、从慢到快的历史巨变，"蜀道难"的局面得到根本改观。

　　这部著作的完成，不仅是对四川铁路发展历程的一次全面、系统梳理，更是对几代铁路人艰苦奋斗、无私奉献精神的致敬。在撰写过程中，我们深感历史的责任与使命。每一条隧道的贯通，每一座桥梁的架设，每一段铁轨的铺设，背后都有着无数铁路建设者的付出与牺牲。我们希望通过这部著作，能够让更多读者了解这段历史，铭记那些筑路英雄。

　　本部著作是西南交通大学"四川铁路与西南社会变迁"研究团队集体劳动的成果，从研究框架的确定到资料收集、基本观点的凝练等，团队同人均同心协力。田永秀、张雪永和习成林提出全书总体思路和写作框架，并分别负责一、二、三卷的研究组织、整体修改和最终定稿。初稿执笔人为：

刘雨丝，第一卷一、三、四章；黄沐言，第一卷一、二、五章；

王浪，第二卷一、三、四、五章；冉新月，第二卷二、六章，第三卷八章；

涂意，第三卷一、三、四、五、六章；雍晓夏，第三卷二、五、七章。

最后，我们要向所有为本书撰写提供指导和帮助的单位和个人表示衷心的感谢。感谢中铁二院工程集团有限责任公司、中铁二局集团有限公司、中国铁路成都局集团有限公司、中国铁路昆明局集团有限公司、中车眉山车辆有限公司、中车资阳机车有限公司、四川蜀道铁路投资集团有限责任公司、中铁一局集团有限公司、中国铁路西安局集团有限公司等单位，以及四川、重庆、陕西、贵州、云南等档案馆的大力支持！感谢四川省地方志办江红英副主任和牛淼处长、中共四川省委党史研究室谢海彬处长、《人民铁道》驻成都记者站原首席记者甘林在书稿修改过程中提出了诸多中肯的意见和建议。感谢四川人民出版社的各位领导和王定宇编辑给予的鼓励与支持。还有其他为本书的形成予以帮助的各位，在此一并致谢。

当然，由于史料的局限以及撰写时间的紧迫，本书难免存在疏漏与不足之处。我们诚挚地希望广大读者、专家学者以及铁路工作者能够提出宝贵的意见和建议，以便在今后的修订中不断完善。

本书课题组

2025 年 2 月 5 日